Internationale Wirtschaft

Theorie und Politik der Außenwirtschaft

6. Auflage

Bei Pearson Studium werden nur Bücher veröffentlicht, die wissenschaftliche Lehrinhalte durch eine Vielzahl von Fallstudien, Beispielen und Übungen veranschaulichen. Wir bringen moderne Gestaltung, wohlüberlegte Didaktik und besonders qualifizierte Autoren zusammen, um Studenten zeitgemäße Lehrbücher zu bieten. Sie finden in unseren Büchern den Prüfungsstoff in direktem Bezug zur Praxis und späterem Berufsleben.

Bisher sind im wirtschaftswissenschaftlichen Lehrbuchprogramm folgende Titel erschienen:

VWL

Blanchard/Illing (2003): *Makroökonomie, 3. Auflage*

Bofinger (2003): *Grundzüge der Volkswirtschaft*

Forster/Klüh/Sauer (2004): *Übungen zur Makroökonomie*

Krugman/Obstfeld (2003): *Internationale Wirtschaft, 6. Auflage*

Pindyck/Rubinfeld (2003): *Mikroökonomie, 5. Auflage*

BWL

Albaum et al. (2001): *Internationales Marketing und Exportmanagement*

Chaffey et al. (2001): *Internet-Marketing*

Fill (2001): *Marketingkommunikation*

Kotler et al. (2002): *Grundlagen des Marketing, 3. Auflage*

Möller/Hüfner (2004): *Betriebswirtschaftliches Rechnungswesen*

Solomon et al. (2001): *Konsumentenverhalten*

Spoun/Domnik (2004): *Erfolgreich studieren*

Zantow (2004): *Finanzierung*

Quantitative Verfahren

Hackl (2004): *Einführung in die Ökonometrie*

Moosmüller (2004): *Methoden der empirischen Wirtschaftsforschung*

Schira (2003): *Statistische Methoden der VWL und BWL*

Sydsæter/Hammond (2003): *Mathematik für Wirtschaftswissenschaftler*

Zöfel (2003): *Statistik für Wirtschaftswissenschaftler*

Weitere Informationen zu diesen Titeln und unseren Neuerscheinungen finden Sie unter *www.pearson-studium.de*

Paul R. Krugman
Maurice Obstfeld

Internationale Wirtschaft

Theorie und Politik der Außenwirtschaft

6. Auflage

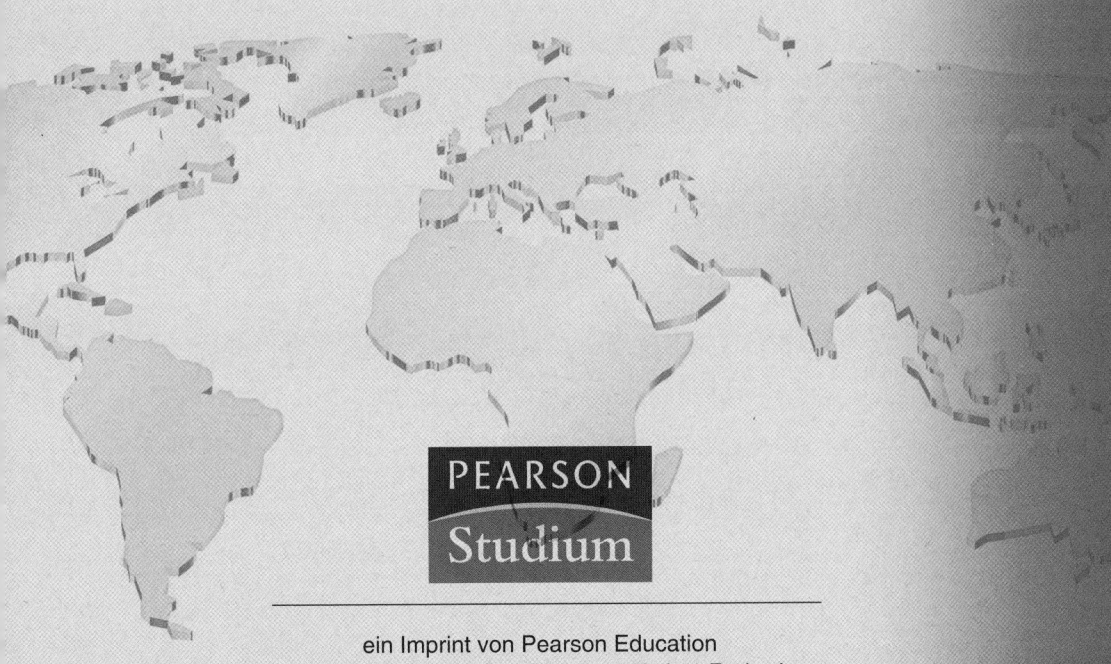

PEARSON
Studium

ein Imprint von Pearson Education
München • Boston • San Francisco • Harlow, England
Don Mills, Ontario • Sydney • Mexico City
Madrid • Amsterdam

Bibliografische Information Der Deutschen Bibliothek

Die Deutsche Bibliothek verzeichnet diese Publikation in der Deutschen Nationalbibliografie;
detaillierte bibliografische Daten sind im Internet über *http://dnb.ddb.de* abrufbar.

10 9 8 7 6 5 4 3

07 06 05

ISBN 3-8273-7081-7

© 2004 Pearson Studium
ein Imprint der Pearson Education Deutschland GmbH,
Martin-Kollar-Straße 10-12, D-81829 München/Germany
Alle Rechte vorbehalten
www.pearson-studium.de
Lektorat: Dennis Brunotte, dbrunotte@pearson.de
Übersetzung: Andrea Rietmann
Fachlektorat: Prof. Dr. Thomas Sauer
Korrektorat: Dunja Reulein, München
Einbandgestaltung: adesso 21, Thomas Arlt, München
Titelbild: Alessi
Herstellung: Elisabeth Prümm, epruemm@pearson.de
Satz: mediaService, Siegen (www.media-service.tv)
Druck und Verarbeitung: Kösel, Krugzell (www.KoeselBuch.de)

Printed in Germany

Inhaltsübersicht

Inhaltsverzeichnis

Mathematische Postskripta 909

Vorwort

Die internationalen Aspekte der Wirtschaftswissenschaften haben zu Beginn des 21. Jahrhunderts nichts an Bedeutung und Brisanz eingebüßt. Dies beweisen allein die Erfahrungen der letzten zehn Jahre: Von Ostasien bis Lateinamerika wurden Länder, die sich im Prozess der Industrialisierung befinden, von großen Währungs- und Finanzkrisen heimgesucht; eine Gruppe europäischer Länder gab ihre nationalen Währungen zugunsten der Gemeinschaftswährung Euro auf; und die zunehmenden Handels- und Finanzverflechtungen zwischen Industrie- und Entwicklungsländern lösten heftige Polemiken aus. Letztere mündeten bisweilen in offenen Protesten, deren Urheber die „Globalisierung" für die Ausbreitung weltweiter Übel, von der Armut bis hin zur Umweltverschmutzung, verantwortlich machen. Die USA sind zwar weniger von der Außenwirtschaft abhängig als kleinere Volkswirtschaften, dennoch spielen die Fragen der internationalen Wirtschaftspolitik auch hier eine vorrangige Rolle und nehmen mittlerweile auf den Titelseiten der Zeitungen eine hervorgehobene Stellung ein.

Die jüngste allgemeine Entwicklung der Weltwirtschaft wirft erneut die Fragen auf, mit denen sich die Theoretiker der Außenwirtschaft seit mehr als zweihundert Jahren auseinander setzen. Sie betreffen beispielsweise die Mechanismen des internationalen wirtschaftlichen Ausgleichs und die Vorzüge des Freihandels gegenüber dem Protektionismus. Wie bereits in früheren Perioden der Außenwirtschaftstheorie bringt auch heute die Wechselwirkung von Ideen und Wirklichkeit neue Ansätze der Analyse hervor. Drei erwähnenswerte Beispiele für solche Fortschritte aus jüngerer Zeit sind der Vermögensmarkt-Ansatz zur Bestimmung der Wechselkurse; neue Theorien des Außenhandels, die nicht auf dem komparativen Vorteil, sondern auf wachsenden Skalenerträgen und der Marktstruktur basieren; sowie die intertemporale Analyse internationaler Kapitalströme. Letztere hat entscheidend dazu beigetragen, sowohl den Begriff des „Außengleichgewichts" genauer zu fassen als auch die ausschlaggebenden Faktoren für Verschuldung und Zahlungsunfähigkeit von Entwicklungsländern zu verstehen.

Der Anstoß zu diesem Buch liegt in unserer Erfahrung als Dozenten für Außenwirtschaftslehre seit Ende der 1970er Jahre. Wir sahen uns im Unterricht vor zwei Aufgaben gestellt. Die erste bestand darin, den Studierenden die faszinierenden Fortschritte dieser dynamischen Wissenschaft zu vermitteln. Die zweite bestand in dem Nachweis, dass die Entwicklung der Außenwirtschaftstheorie stets von dem Bedürfnis geprägt war, die Weltwirtschaft in ihrem Wandel zu verstehen und die realen Probleme der internationalen Wirtschaftspolitik zu analysieren.

Wir mussten feststellen, dass die verfügbaren Lehrbücher diesen Aufgaben nicht gerecht wurden. Allzu oft präsentieren Lehrbücher der Außenwirtschaftstheorie den Studierenden eine verwirrende Aneinanderreihung von Sondermodellen und Annahmen, die kaum Rückschlüsse auf grundlegende Erkenntnisse zulassen. Weil viele dieser Modelle veraltet sind, gewinnen die Studierenden kein klares Bild über die Relevanz ihrer Analyse für die heutige Realität. So entsteht oftmals eine Kluft zwischen dem etwas antiquierten Stoff, den viele Lehrbücher abhandeln, und den spannenden Themen, die im Vordergrund der aktuellen Forschung und Politik stehen. Diese Diskrepanz hat mit der wachsenden Bedeutung weltwirtschaftlicher Probleme – und der Zunahme entsprechender Lehrveranstaltungen – deutlich zugenommen.

Das vorliegende Buch soll einen zeitgemäßen und verständlichen analytischen Rahmen bieten, der dem Leser einen Zugang zu den aktuellen Ereignissen erschließt und die Leidenschaftlichkeit der Auseinandersetzung über Fragen der internationalen Wirtschaft in den Hörsaal überträgt. Sowohl hinsichtlich der realwirtschaftlichen als auch der monetären Seite unseres Gegenstands waren wir bemüht, Schritt für Schritt einen überschaubaren, einheitlichen Rahmen zu erschaffen, anhand dessen sowohl die großen traditionellen Erkenntnisse als auch die neuesten Entdeckungen und Forschungsansätze vermittelt werden können. Um den Studierenden zu helfen, die tiefere Logik der Außenwirtschaftstheorie zu erfassen und zu verinnerlichen, untermauern wir jede Weiterentwicklung der Theorie mit einschlägigen Daten oder Themen der Politik.

Die Stellung dieses Buchs im Studienplan der Wirtschaftswissenschaften

Studierende erfassen die Außenwirtschaftslehre am leichtesten, wenn sie nicht als Ansammlung abstrakter Lehrsätze über abstrakte Modelle, sondern als Methode der Analyse dargestellt wird, die eng mit der Entwicklung der Weltwirtschaft zusammenhängt. Wir haben uns daher bemüht, das Hauptgewicht nicht auf theoretische Formeln, sondern auf Begriffe und deren Anwendung zu legen. Daher setzt dieses Buch kein umfassendes wirtschaftswissenschaftliches Hintergrundwissen voraus. Bei Studierenden, die bereits Einführungsveranstaltungen besucht haben, dürften kaum Verständnisprobleme auftreten, aber auch Absolventen von Veranstaltungen über Mikro- oder Makroökonomie in höheren Semestern bietet es eine Fülle an neuem Material. Anhänge und mathematische Postskripta zu ausgewählten Themen richten sich an die Fortgeschrittensten.

Entsprechend den gängigen Gepflogenheiten besteht auch dieses Buch aus zwei Teilen, die einerseits den realen und andererseits den monetären Fragen der internationalen Wirtschaftsbeziehungen gewidmet sind. Obwohl viele Lehrbücher keine Zusammenhänge zwischen ihnen herstellen, kehren in beiden Unterbereichen ähnliche Fragestellungen und Methoden wieder. Ein Beispiel hierfür ist der Begriff der Außenhandelsgewinne, der für den freien Handel sowohl mit Kapitalanlagen als auch mit Gütern eine wichtige Rolle spielt. Ein weiteres Beispiel ist die internationale Aufnahme und Vergabe von Krediten. Dieser Tausch von gegenwärtigem gegen zukünftigen Konsum erschließt sich am ehesten anhand des komparativen Vorteils (der daher in der ersten Hälfte des Buches eingeführt wird), doch die daraus abgeleiteten Einsichten ermöglichen wiederum ein tieferes Verständnis der makroökonomischen Probleme sich entwickelnder und entwickelter Volkswirtschaften. Wir legen Wert darauf, die Zusammenhänge zwischen der realwirtschaftlichen und der monetären Fragestellung zu beleuchten. Ungeachtet dessen können die beiden Hälften des vorliegenden Lehrbuchs völlig unabhängig voneinander verwendet werden. Ein einsemestriges Seminar über Außenhandelstheorie kann anhand der Kapitel 2 bis 11 durchgeführt werden, und ein weiteres über internationale Geldwirtschaft anhand der Kapitel 12 bis 22. Wenn das Buch allerdings für ein ganzjähriges Seminar zu beiden Themenbereichen eingesetzt wird, werden sich die Studierenden nicht fragen müssen, weshalb die Grundsätze der Außenhandelstheorie nach den Semesterferien nicht mehr gelten.

Einige Besonderheiten dieses Lehrbuchs

Dieses Buch behandelt die wichtigsten Entwicklungen der jüngeren Außenwirtschaftstheorie, ohne Abstriche an den bleibenden theoretischen und historischen Einsichten vorzunehmen, die seit jeher ihren Kern ausmachen. Im Sinne dieses universalen Ansatzes wird hervorgehoben, wie die neueren Theorien als Reaktion auf die Weiterentwicklung der Weltwirtschaft aus früheren Erkenntnissen hervorgingen. Sowohl der realwirtschaftliche Teil (Kapitel 2 bis 11) als auch der monetäre Teil (Kapitel 12 bis 22) stellen zunächst in einigen Kernkapiteln die Theorie vor, um sie anschließend in weiteren Kapiteln auf wichtige politische Fragestellungen der Vergangenheit und Gegenwart anzuwenden.

In Kapitel 1 wird die Herangehensweise dieses Lehrbuchs an die Hauptthemen der Außenwirtschaft ausführlich erläutert. An dieser Stelle sollen lediglich einige neuere Themen genannt werden, die frühere Autoren nicht systematisch behandelt haben.

Der Vermögensmarkt-Ansatz zur Bestimmung der Wechselkurse

Der moderne Devisenmarkt und die Bestimmung der Wechselkurse durch nationale Zinssätze und Zinserwartungen stehen im Zentrum unserer Ausführungen über die Makroökonomie einer offenen Volkswirtschaft. Der wichtigste Bestandteil des hier dargelegten makroökonomischen Modells ist die Relation der Zinsparität (zu der später noch die Risikoprämie hinzutritt). Im Rahmen dieses Modells besprechen wir das „Überschießen" der Wechselkurse, das Verhalten der realen Wechselkurse, Zahlungsbilanzkrisen unter fixen Wechselkursen sowie die Ursachen und Folgen von Zentralbankinterventionen in den Devisenmarkt.

Steigende Erträge und Marktstruktur

Nachdem die Bedeutung des komparativen Vorteils als Ursache für Außenhandel und Außenhandelsgewinne erläutert wurde, wenden wir uns (in Kapitel 6) der neuesten Forschung zu und erklären, wie sich steigende Erträge und Produktdifferenzierung auf den Außenhandel und die Wohlfahrt auswirken. Die dabei erörterten Modelle erfassen wichtige Aspekte der Realität, beispielsweise den des intrasektoralen Handels und den der Veränderungen der Handelsstrukturen aufgrund dynamisch ansteigender Erträge. Die Modelle zeigen darüber hinaus, dass beidseitig vorteilhafter Außenhandel nicht unbedingt auf dem komparativen Vorteil basieren muss.

Theorie und Praxis handelspolitischer Maßnahmen

Von Kapitel 3 an betonen wir, dass die Auswirkungen des Außenhandels auf die Einkommensverteilung den wichtigsten politischen Faktor für Beschränkungen des freien Handels darstellen. Dadurch erkennen die Studierenden sofort, weshalb die Empfehlungen, die sich aus der Standardanalyse der Handelspolitik zur Steigerung der Wohlfahrt ergeben, in der Praxis nur selten uneingeschränkt angewandt werden. Kapitel 11 setzt sich mit der verbreiteten Ansicht auseinander, dass die Regierung jedes Landes die als unverzichtbar geltenden Sektoren der Wirtschaft mit aktiven handelspolitischen Maßnahmen fördern sollte. Derartige Vorstellungen werden in diesem Kapitel unter anderem anhand einfacher Begriffe aus der Spieltheorie hinterfragt.

Internationale makroökonomische Politikkoordinierung

Der rote Faden unserer Darstellung der Geschichte des internationalen Finanzsystems (Kapitel 18, 19, 20 und 22) besteht in der Erkenntnis, dass verschiedene Wechselkurssysteme stets zu einer unterschiedlichen Art der *Politikkoordinierung* ihrer Mitglieder geführt haben. Der Wettlauf um die Goldvorräte in den Zwischenkriegsjahren bewies, dass eine Politik, in der jedes Land seine eigenen Interessen auf Kosten der anderen durchsetzen will, am Ende allen Beteiligten schadet. Auch die heutigen Probleme, die sich aus flexiblen Wechselkursen ergeben, zwingen die politischen Entscheidungsträger, sich über die wechselseitige Abhängigkeit ihrer Länder Rechenschaft abzulegen und ihre Politik untereinander abzustimmen. In Kapitel 19 wird dieses äußerst aktuelle Problem des heutigen Finanzsystems ausführlich erörtert.

Der internationale Kapitalmarkt und die Entwicklungsländer

Kapitel 21 enthält eine umfassende Darstellung des internationalen Kapitalmarkts. Dabei werden sowohl die Wohlfahrtsimplikationen der internationalen Streuung von Effektenbeständen als auch die Probleme der Aufsicht über die so genannten Offshore-Finanzzentren besprochen. Kapitel 22 befasst sich mit den langfristigen Wachstumsaussichten und mit den spezifischen Problemen der makroökonomischen Stabilisierung und Liberalisierung von Ländern, die sich im Industrialisierungsprozess befinden oder diesen gerade erst abgeschlossen haben. Es untersucht des Weiteren die Entstehung von Marktkrisen. Es stellt die Interaktionen zwischen Kredit aufnehmenden Entwicklungsländern, Kredit gewährenden Industrieländern und offiziellen Finanzinstitutionen wie dem Internationalen Währungsfonds dar.

Internationale Faktorbewegungen

In Kapitel 7 betonen wir das potenzielle Substitutionsverhältnis zwischen Außenhandel und internationalen Faktorbewegungen. Ein Schwerpunkt dieses Kapitels ist die Analyse der internationalen Kreditaufnahme und -vergabe als *intertemporaler Handel*, d.h. als Tausch von gegenwärtigem gegen zukünftigen Konsum. In der zweiten Hälfte des Buchs greifen wir auf die Ergebnisse dieser Analyse zurück, um die makroökonomischen Implikationen der Leistungsbilanz zu verdeutlichen.

Neuerungen der sechsten Auflage

Für die vorliegende sechste Auflage dieses Buchs wurden mehrere Kapitel gründlich umgearbeitet. Die vorgenommenen Veränderungen berücksichtigen sowohl Anregungen unserer Leser als auch wichtige Entwicklungen von Theorie und Praxis der Außenwirtschaft. Folgende durchgreifende Neuerungen sollen an dieser Stelle erwähnt werden:

Kapitel 9. Die politische Ökonomie der Handelspolitik. Neu aufgenommen wurde die Beeinflussung handelspolitischer Entscheidungen durch Zahlungen bestimmter Interessensgruppen. Die Beschreibung der Welthandelsorganisation (World Trade Organization) wurde auf den neuesten Stand gebracht.

Kapitel 11. Streitfragen der Handelspolitik. Die neue Überschrift zeigt, dass dieses Kapitel über seine frühere Konzentration auf die strategische Handelspolitik hinaus erweitert wurde. Es behandelt nun auch die jüngste Debatte über die Globalisierung. In diesem Rahmen thematisiert es die Auswirkungen des Außenhandels auf die Einkommensverteilung und die Umwelt sowie die Rolle internationaler Mindeststandards für Arbeitsverhältnisse.

Kapitel 12. Volkswirtschaftliche Gesamtrechnung und Zahlungsbilanz. Die überarbeitete Fassung des 12. Kapitels berücksichtigt die neuen Regeln zur Erstellung der Zahlungsbilanz, die in den USA und anderen Ländern eingeführt wurden.

Kapitel 18. Das internationale Finanzsystem, 1870 bis 1973. Dieses Kapitel befasst sich nun ausführlicher mit der politischen Ökonomie von Wechselkurssystemen. Als Beispiel verwendet es den Kampf um den Goldstandard, der die amerikanische Politik Ende des 19. Jahrhunderts beherrschte.

Kapitel 19. Makroökonomische Politik und Koordination bei flexiblen Wechselkursen. Das detaillierte Zweiländermodell früherer Auflagen wurde durch eine knappe, allgemein verständliche Darstellung der wichtigsten Auswirkungen internationaler politischer Maßnahmen ersetzt. Diese Veränderung ermöglicht dem Dozenten, sich stärker auf wichtige Fragen der Politik und weniger auf trockene technische Einzelheiten zu konzentrieren.

Kapitel 20. Optimale Währungsräume und die Europäische Währungsunion. Noch Mitte der 1990er Jahre erschien die europäische Vision einer gemeinsamen Währung als ein entferntes und möglicherweise unerreichbares Ziel. Doch bereits im Jahr 2002 hatten zwölf Länder Europas ihre nationalen Währungen durch den Euro ersetzt, und weitere sollen folgen. Die Neufassung von Kapitel 20 berücksichtigt die ersten Jahre des Euro.

Kapitel 21. Der globale Kapitalmarkt: Funktionsweise und politische Problemstellungen. Um an anderer Stelle Platz für aktuelleres Material zu schaffen, haben wir dieses Kapitel gestrafft, indem die detaillierte Beschreibung der Vorgeschichte des Euro in früheren Auflagen gestrichen wurde.

Neben diesen strukturellen Veränderungen wurde das Buch auch in anderer Weise aktualisiert, um die Darstellung auf den neuesten Stand zu bringen. Die Ausführungen über die Wohlfahrtseffekte der Exporte neu industrialisierter Länder wurden auf fortgeschrittenere Länder ausgedehnt (Kapitel 5); die Darstellung der japanischen Politik hinsichtlich der

Halbleiterindustrie wurde aktualisiert (Kapitel 11); wir besprechen die japanische Liquiditätsfalle (Kapitel 17) und die Daten zur Auswirkung einer Währungsunion auf das Außenhandelsvolumen (Kapitel 20); und wir schildern den Zusammenbruch der argentinischen Währung im Jahr 2002 (Kapitel 22).

Lernhilfen

Dieses Buch bietet eine Reihe von Lernhilfen, die das Interesse der Studierenden wach halten und sie bei der Bewältigung des Stoffes unterstützen.

Fallstudien

Theoretische Ausführungen werden an zahlreichen Stellen durch Fallstudien ergänzt, die eine dreifache Funktion erfüllen. Sie festigen den zuvor behandelten Lehrstoff, veranschaulichen seine Anwendung in der Realität und liefern wichtige historische Hintergrundinformationen.

Kästen zu ausgewählten Themen

Themen von weniger zentraler Bedeutung, die dennoch bestimmte Aussagen des Lehrbuchs besonders anschaulich illustrieren, werden in eigenen Kästen dargestellt. Beispiele sind die politischen Hintergründe der Theorien von Ricardo und Hume; die überraschenden potenziellen Auswirkungen des NAFTA auf die Nachfrage nach Wasser in Kalifornien; das erstaunliche Konfliktpotenzial des Bananenhandels für Länder, in denen gar keine Bananen wachsen; die Geschichte der Hyperinflation in Bolivien und der spekulative Angriff auf den mexikanischen Peso im Jahr 1994.

Kommentierte Schaubilder

Mehr als 200 Schaubilder sind mit Legenden versehen, in denen der Stoff noch einmal aufgegriffen und zum besseren Verständnis veranschaulicht wird.

Zusammenfassung und Schlüsselbegriffe

Am Ende jedes Kapitels werden die wichtigsten Punkte noch einmal zusammengefasst. Schlüsselbegriffe werden bei ihrer ersten Erwähnung im Kapitel fett hervorgehoben und am Ende jedes Kapitels aufgelistet. Um den Studierenden eine weitere Hilfestellung zu bieten, werden die Schlüsselbegriffe in der Zusammenfassung kursiv hervorgehoben.

Übungen

Jedem Kapitel folgen Übungen, die geeignet sind, das Verständnis der Studierenden zu überprüfen und zu festigen. Diese Übungen reichen von einfachen Rechenbeispielen bis hin zu umfassenden Themen, die zur Diskussion anregen. In vielen Übungen werden die Studierenden aufgefordert, das Gelernte auf Daten oder politische Fragestellungen aus der Praxis anzuwenden.

Literaturhinweise

Für Dozenten, die gern zusätzliche Texte heranziehen, und für Studierende, die das Gelernte in selbstständiger Arbeit vertiefen möchten, folgt am Schluss jedes Kapitels eine kommentierte Bibliographie, die sowohl etablierte Klassiker als auch aktuelle Texte zu Problemen neueren Datums enthält.

Dozentenhandbuch und Website

Das Dozentenhandbuch, das ebenfalls von Linda S. Goldberg, Michael W. Klein und Jay C. Shambaugh verfasst wurde, enthält Kapitelüberblicke, Antworten auf die Übungsaufgaben und Vorschläge zur Präsentation des Lehrstoffs im Unterrichts. Es wurde entsprechend den Neuerungen der sechsten Auflage überarbeitet und ist in englisch verfügbar auf der Companion-Website zu diesem Buch unter www.pearson-studium.de. Außerdem stehen Ihnen Folien zu jedem Kapitel für den Einsatz in der Lehre zur Verfügung. Wir empfehlen einen regelmäßigen Besuch dieser Website, da sukzessive weiterführendes Material zu diesem Buch bereitgestellt wird.

Danksagung

Wir stehen vor allem in der Schuld von Jane E. Tufts als Development Editor, sowie von Sylvia Mallory und Denise Clinton, die dieses Buch als Fachredakteurinnen begleiteten. Jane Tufts' sicheres Urteil und ihre Fachkompetenz zeigen sich in allen sechs Ausgaben, wir danken ihr von ganzem Herzen für ihre Leistung. Heather Johnson war als Projektleiterin unverzichtbar. Wir danken allen Redakteuren, die zur Qualität der ersten fünf Auflagen beigetragen haben.

Großen Dank schulden wir Galina Hale, die mit außerordentlicher Sorgfalt alle Angaben auf den neuesten Stand brachte, die Korrekturabzüge überprüfte und die einzelnen Kapitel durchsah. Annie Wai-Kuen Shun leistete erstklassige Arbeit. Für konstruktive Anregungen danken wir Syed M. M. Ahsan, Daniel Borer, Petra Geraats, Alan M. Taylor, Hans Visser und Mickey Wu.

Den folgenden Kritikern danken wir für ihre Anregungen und Einsichten:

Michael Arghyrou, *Brunel University, Großbritannien*

Debajyoti Chakrabarty, *Rutgers University*

Adhip Chaudhuri, *Georgetown University*

Barbara Craig, *Oberlin College*

Robert Driskill, *Vanderbilt University*

Hugh Kelley, *Indiana University*

Michael Kevane, *Santa Clara University*

Shannon Mudd, *Thunderbird American Graduate School of International Management*

Steen Nielsen, *Copenhagen Business School*

Nina Pavcnik, *Dartmouth College*

Iordanis Petsas, *University of Florida*

Außerordentlich nützliche Anmerkungen zu früheren Auflagen erhielten wir von folgenden Kritikern:

Jaleel Ahmad, *Concordia University*

Myrvin Anthony, *University of Strathclyde, Großbritannien*

Richard Ault, *Auburn University*

George H. Borts, *Brown University*

Francisco Carrada-Bravo, *American Graduate School of International Management*

Jay Pil Choi, *Michigan State University*

Brian Copeland, *University of British Columbia*

Ann Davis, *Marist College*

Gopal C. Dorai, *William Paterson University*

Gerald Epstein, *University of Massachusetts, Amherst*

JoAnne Feeney, *University of Colorado, Boulder*

Robert Foster, *American Graduate School of International Management*

Diana Fuguitt, *Eckerd College*

Byron Gangnes, *University of Hawaii, Manoa*

Ranjeeta Ghiara, *California State University, San Marcos*

Neil Gilfedder, *Stanford University*

Patrick Gormely, *Kansas State University*

Bodil Olai Hansen, *Copenhagen Business School*

Henk Jager, *Universität Amsterdam*

Arvind Jaggi, *Franklin & Marshall College*

Mark Jelavich, *Northwest Missouri State University*

Patrice Franko Jones, *Colby College*

Philip R. Jones, *University of Bath und University of Bristol, Großbritannien*

Maureen Kilkenny, *Pennsylvania State University*

Faik Koray, *Louisiana State University*

Corinne Krupp, *Duke University*

Bun Song Lee, *University of Nebraska, Omaha*

Francis A. Lees, *St. Johns University*

Rodney D. Ludema, *The University of Western Ontario*

Marcel Mérette, *Yale University*

Shannon Mitchell, *Virginia Commonwealth University*

Kaz Miyagiwa, *University of Washington*

Ton M. Mulder, *Erasmus Universität, Rotterdam*

E. Wayne Nafziger, *Kansas State University*

Terutomo Ozawa, *Colorado State University*

Arvind Panagariya, *University of Maryland*

Donald Schilling, *University of Missouri, Columbia*

Ronald M. Schramm, *Columbia University*

Craig Schulman, *University of Arkansas*

Yochanan Shachmurove, *University of Pennsylvania*

Margaret Simpson, *The College of William and Mary*

Robert M. Stern, *University of Michigan*

Rebecca Taylor, *University of Portsmouth, Großbritannien*

Scott Taylor, *University of British Columbia*

Aileen Thompson, *Carleton University*

Sarah Tinkler, *Weber State University*

Arja H. Turunen-Red, *University of Texas, Austin*

Dick van der Wal, *Freie Universität Amsterdam*

Obwohl nicht jede Anregung umgesetzt werden konnte, waren die Beurteilungen dieser Kritiker für die neue Auflage unverzichtbar. Die Verantwortung für jegliche verbliebene Mängel liegt selbstverständlich ausschließlich bei uns.

Paul R. Krugman

Maurice Obstfeld

Anmerkungen zur deutschen Ausgabe

Die Entstehung der deutsche Ausgabe ist vor allem mit zwei Personen eng verbunden: Die Übersetzerin Andrea Rietmann sorgte für eine klare und anschauliche Übersetzung; Prof. Dr. Thomas Sauer von der Fachhochschule Jena achtete immer darauf, dass die Übersetzungen fachlich korrekt sind.

Sollten Sie als Leser Anmerkungen zu diesem Buch haben, dann laden wir Sie ein, Ihre Kommentare an folgende E-Mail zu senden: wirtschaft@pearson-studium.de

Dennis Brunotte

Lektor Pearson Studium

Kapitel

1 Einführung

Die Erforschung der internationalen Güter- und Geldströme steht gewissermaßen am Anfang der Wirtschaftswissenschaften, wie wir sie heute kennen. Historiker dieser Disziplin führen häufig den Essay des schottischen Philosophen David Hume, „Of the Balance of Trade", als erstes ökonomisches Modell im eigentlichen Sinne an. Hume veröffentlichte diesen Essay im Jahr 1758, nahezu 20 Jahre bevor sein Freund Adam Smith „The Wealth of Nations" herausbrachte. Die Debatten über die britische Handelspolitik zu Beginn des 19. Jahrhunderts trugen das ihrige dazu bei, die Wirtschaftslehre, die bis dahin diskursiv und informell gehandhabt worden war, in die modellorientierte Wissenschaft zu verwandeln, als die sie wir seither kennen.

Noch nie war das Studium der Weltwirtschaft so wichtig wie heute. Enger als je zuvor sind die Nationen zu Beginn des 21. Jahrhunderts durch den Handel mit Waren und Dienstleistungen, durch Geldströme und wechselseitige Investitionen miteinander verflochten. Und in der globalen Wirtschaft, die durch diese Verflechtung entstanden ist, geht es durchaus turbulent zu: Die Entscheidungsträger in Politik und Wirtschaft jedes Landes, die USA nicht ausgenommen, müssen heute wirtschaftliche Veränderungen auf der anderen Seite des Erdballs berücksichtigen, die sich manchmal sehr rasch vollziehen.

Ein Blick auf einige elementare Handelsstatistiken vermittelt einen Eindruck von der überragenden Bedeutung außenwirtschaftlicher Beziehungen. Abbildung 1.1 zeigt die Höhe der Exporte und Importe der USA im Verhältnis zum Bruttoinlandsprodukt in den Jahren 1959 bis 2000. Das Auffallendste daran ist der steile Aufwärtstrend beider Größen: Das Gewicht das Außenhandels hat sich im Vergleich zur Gesamtwirtschaft etwa verdreifacht.

Nahezu ebenso offenkundig ist, dass zwar sowohl Exporte als auch Importe angestiegen sind, der Anstieg der Importe in den späten 1990er Jahren aber weitaus schneller erfolgte, sodass die Importe die Exporte schließlich bei weitem übertrafen. Wie konnten die Vereinigten Staaten all diese importierten Güter bezahlen? Das Geld dazu entstammte einem starken Zufluss an Kapital –Geld, das Menschen aus dem Ausland investierten, um einen Anteil an der boomenden US-Wirtschaft zu erwerben. Ein derart umfangreicher Kapitalzufluss wäre früher undenkbar gewesen, heute gilt er als selbstverständlich. Und so weist der Abstand zwischen Importen und Exporten auf einen weiteren Aspekt der zunehmenden internationalen Verflechtung hin: die wachsenden Verbindungen zwischen den nationalen Kapitalmärkten.

So wichtig die Außenwirtschaftsbeziehungen für die USA geworden sind, für andere Nationen spielen sie eine noch größere Rolle. Abbildung 1.2 zeigt die Höhe der Importe und Exporte im Verhältnis zum BIP ausgewählter Länder. Aufgrund ihrer Größe und der Vielzahl ihrer Rohstoffe sind die USA weniger vom Außenhandel abhängig als nahezu sämtliche anderen Länder. Folglich ist die Bedeutung der Außenwirtschaft für die übrige Welt noch größer als für die USA.

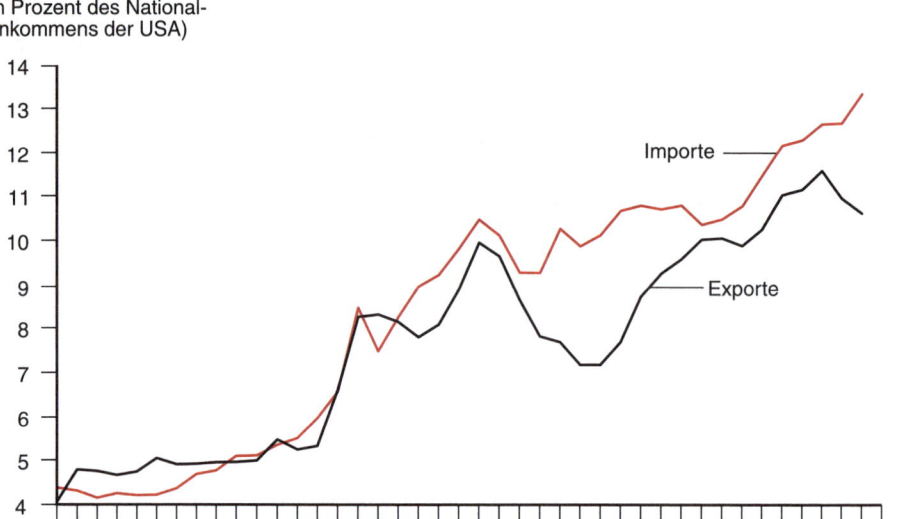

Von den 1960er Jahren bis 1980 erkennt man einen stetigen Anstieg der Exporte und Importe im Verhältnis zum Nationaleinkommen der USA. Seit 1980 schwankt das Exportvolumen stark.

Abbildung 1.1:   **Exporte und Importe im Verhältnis zum Nationaleinkommen der USA**

In diesem Buch werden die wichtigsten Begriffe und Methoden der Außenwirtschaft vorgestellt und mit Anwendungsbeispielen aus der Praxis illustriert. Ein großer Teil des Buches ist Ideen aus früheren Zeiten gewidmet, deren Gültigkeit ungebrochen ist: David Ricardos Handelstheorie aus dem 19. Jahrhundert, ja selbst die monetäre Analyse David Humes aus dem 18. Jahrhundert sind für die Weltwirtschaft des 21. Jahrhunderts nach wie vor von herausragender Bedeutung. Gleichzeitig haben wir uns sehr darum bemüht, die Analyse auf den neuesten Stand zu bringen. Die globale Wirtschaft der 1990er Jahre brachte viele neue Herausforderungen mit sich, von Protesten gegen die Globalisierung bis hin zu einer Serie von Finanzkrisen, wie man sie bislang nicht gekannt hatte. Die Wirtschaftswissenschaftler konnten diesen neuen Problemen zum Teil mit den bestehenden Analysemodellen beikommen, sahen sich aber auch gezwungen, einige wichtige Begriffe zu überdenken. Darüber hinaus entstanden neue Ansätze zum Umgang mit alten Fragen, wie zum Beispiel der Wirksamkeit steuer- und währungspolitischer Maßnahmen. Unser Anliegen besteht darin, die wichtigsten Erkenntnisse der jüngeren Forschung zu vermitteln und gleichzeitig den bleibenden Wert der alten Theorien zu verdeutlichen.

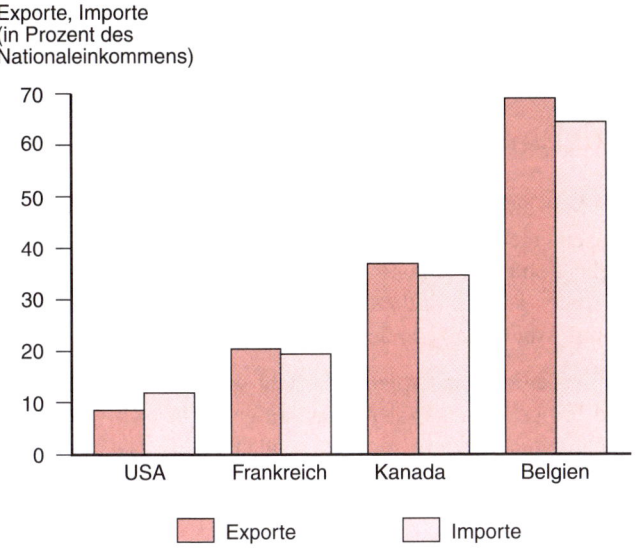

Die Bedeutung des Außenhandels ist für die meisten anderen Länder noch größer als für die USA. **Quelle:** Statistical Abstract of the United States.

Abbildung 1.2: **Exporte und Importe im Verhältnis zum Nationaleinkommen im Jahr 1994**

1.1 Themen der Theorie internationaler Wirtschaftsbeziehungen

Die Theorie internationaler Wirtschaftsbeziehungen verwendet dieselbe grundlegende Methode der Analyse wie andere Bereiche der Wirtschaftswissenschaften auch, denn die Motive und Verhaltensweisen von Individuen sind im Außenhandel dieselben wie im Binnenhandel. Feinschmeckerläden in Florida verkaufen Kaffeebohnen aus Mexiko und aus Hawaii; diese Bohnen gelangen auf ganz ähnlichen Wegen in die Geschäfte, und dabei legen die importierten sogar eine kürzere Entfernung zurück! Doch die internationale Volkswirtschaftslehre muss auch neue und andere Fragen berücksichtigen, weil sich Außenhandel und Auslandsinvestitionen zwischen unabhängigen Nationen abspielen. Die Vereinigten Staaten und Mexiko sind im Gegensatz zu Florida und Hawaii souveräne Staaten. Die Kaffeelieferungen Mexikos nach Florida könnten beeinträchtigt werden, wenn die Regierung der USA eine Importquote verhängen würde. Der mexikanische Kaffee könnte für US-amerikanische Käufer plötzlich billiger werden, wenn der Wert des Pesos gegenüber dem Dollar sinken würde. Diese Möglichkeiten sind für den Handel innerhalb der USA nicht gegeben, denn die Verfassung verbietet jegliche Beschränkung des Handels zwischen den amerikanischen Bundesstaaten, und sämtliche Bundesstaaten verwenden dasselbe Zahlungsmittel.

Gegenstand der Außenwirtschaftslehre sind also die Fragen, die durch die besonderen Probleme der wirtschaftlichen Interaktion zwischen souveränen Staaten aufgeworfen werden. Sieben Themenbereiche ziehen sich durch das gesamte Studium der Außenwirtschaft: Außenhandelsgewinne, Außenhandelsstruktur, Protektionismus, Zahlungsbilanz,

Wechselkursbestimmung, internationale Koordinierung der Wirtschaftspolitik und internationaler Kapitalmarkt.

1.1.1   Außenhandelsgewinne

Jeder weiß, das ein bestimmtes Maß an Außenhandel Nutzen bringt – niemand würde auf die Idee kommen, dass Norwegen eigene Orangenplantagen anlegen sollte. Vielen Menschen erscheint allerdings fraglich, ob es vorteilhaft ist, im Austausch Güter zu erwerben, die das eigene Land selbst herstellen könnte. Sollten Amerikaner nicht nach Möglichkeit amerikanische Waren kaufen, um Arbeitsplätze in den USA zu sichern?

Die wichtigste Erkenntnis der Außenwirtschaftstheorie besteht wohl darin, dass Handel einen Zugewinn an Wohlstand bringt, dass also der gegenseitige Austausch von Waren und Dienstleistungen allen beteiligten Ländern in nahezu allen Fällen Nutzen bringt. Diese Außenhandelsgewinne umfassen einen viel weiteren Bereich, als den meisten Menschen bewusst ist. Ein verbreitetes Vorurteil besagt, dass Handel schädlich sei, sobald zwischen den beteiligten Ländern erhebliche Produktivitäts- oder Lohnunterschiede bestehen. Auf der einen Seite befürchten Unternehmer in technologisch weniger entwickelten Ländern – wie etwa Indien – oft, dass die Öffnung ihrer Volkswirtschaften für den Welthandel zu einer Katastrophe führen werde, weil ihre Industriebranchen nicht konkurrenzfähig sein würden. Auf der anderen Seite hegt man in technologisch fortgeschrittenen Ländern, in denen die Beschäftigten höher entlohnt werden, oft die Befürchtung, dass der Handel mit weniger fortgeschrittenen Ländern, in denen das Lohnniveau niedriger ist, den eigenen Lebensstandard nach unten ziehen werde – ein amerikanischer Präsidentschaftskandidat prägte einmal den denkwürdigen Ausdruck, nach einem Freihandelsabkommen der USA mit Mexiko werde man nur noch ein „großes Saugen" vernehmen.

Demgegenüber zeigt bereits das erste Modell, das in diesem Buch (Kapitel 2) vorgestellt wird, dass zwei Länder auch dann zu beidseitigem Nutzen miteinander Handel treiben können, wenn eines auf allen Gebieten effizienter produziert als das andere und wenn die Produzenten in dem weniger effizienten Land ausschließlich durch niedrigere Löhne konkurrieren können. Wir werden sehen, dass Handel den Wohlstand auch hebt, indem er Ländern ermöglicht, diejenigen Güter zu exportieren, bei deren Produktion in erheblichem Umfang Rohstoffe aus reichhaltigen eigenen Vorkommen verwendet werden, und diejenigen Güter zu importieren, deren Produktion große Mengen solcher Rohstoffe erfordert, die im eigenen Land knapp sind (Kapitel 4). Außerdem ermöglicht der Außenhandel den beteiligten Ländern, sich auf die Produktion eines kleineren Güterangebots zu spezialisieren und damit die Effizienzvorteile der Massenproduktion stärker zu nutzen.

Dabei beschränkt sich der Nutzen des Außenhandels nicht auf den Austausch materieller Güter. Auch Migration sowie das Aufnehmen und die Vergabe von Krediten sind Formen des Handels zum gegenseitigen Vorteil – im ersten Falle werden Arbeitskräfte gegen Waren und Dienstleistungen „eingetauscht", im zweiten gegenwärtige Güter gegen das Versprechen auf zukünftige Güter (Kapitel 7). Und schließlich kann der internationale Austausch von risikobehafteten Kapitalanlagen wie Aktien und Anleihen allen Ländern Nutzen bringen, indem jedes Land auf diesem Wege sein Vermögen diversifiziert und die

Schwankungen seiner Einnahmen reduziert (Kapitel 21). Diese unsichtbaren Formen des Handels werfen ebenso reale Gewinne ab wie diejenigen, die dafür sorgen, dass auf kanadischen Märkten im Februar frisches Obst aus Lateinamerika angeboten wird.

Während die Nationen als Ganze im Allgemeinen vom Außenhandel profitieren, ist es allerdings durchaus möglich, dass bestimmte Gruppen *innerhalb* der Nationen Schaden nehmen – mit anderen Worten, dass der Außenhandel erhebliche Auswirkungen auf die Einkommensverteilung hat. Die Auswirkungen des Handels auf die Einkommensverteilung beschäftigen die Außenhandelstheoretiker seit geraumer Zeit. Sie weisen insbesondere auf Folgendes hin:

- Der Außenhandel kann sich negativ auf die Eigner derjenigen Ressourcen auswirken, die für mit Importen konkurrierende Branchen „spezifisch" sind, also nicht in anderen Branchen eingesetzt werden können (Kapitel 3).
- Der Handel kann auch die Verteilung des Einkommens zwischen größeren Gruppen, z.B. zwischen Arbeitnehmern und Kapitaleignern, verändern (Kapitel 4).

Diese Probleme sind aus den Hörsälen der Universitäten in den Mittelpunkt der tagespolitischen Auseinandersetzung gerückt, denn es hat sich herausgestellt, dass die Reallöhne gering qualifizierter Arbeitnehmer in den USA zurückgehen, obwohl das Land als Ganzes immer reicher wird. Viele Kommentatoren führen diese Entwicklung auf die Zunahme des Außenhandels zurück, insbesondere auf den rasch zunehmenden Fertigwarenexport von Niedriglohnländern. Die Bewertung dieser Aussage ist inzwischen eine wichtige Aufgabe der Außenwirtschaftsexperten und nimmt in den Kapiteln 4 und 5 großen Raum ein.

1.1.2 Handelsstrukturen

Um die Auswirkungen des Außenhandels darzulegen oder fundierte Empfehlungen zur Änderung der staatlichen Handelspolitik abzugeben, müssen sich Ökonomen sicher sein, dass ihre Theorie zur Erklärung des tatsächlich beobachteten Außenhandels taugt. Das Bemühen um die Erklärung der Außenhandelsstrukturen – wer wem was verkauft – ist seit jeher eine wichtige Aufgabe der Außenwirtschaftler.

Einige Aspekte der Handelsstruktur sind leicht zu durchschauen. Das Klima und die natürlichen Ressourcen erklären eindeutig, weshalb Brasilien Kaffee und Saudi-Arabien Öl exportiert. Doch ein großer Teil der Handelsstruktur ist komplexer. Weshalb exportiert Japan Autos, während die USA Flugzeuge ausführen? Zu Beginn des 19. Jahrhunderts erklärte der englische Ökonom David Ricardo den Handel mit Unterschieden in der Arbeitsproduktivität. Diese Erkenntnis ist nach wie vor außerordentlich erhellend (Kapitel 2). Im 20. Jahrhundert wurden jedoch auch andere Erklärungen entworfen. Eine der einflussreichsten, aber immer noch umstrittenen Theorien erklärt die Handelsstrukturen aus der Wechselwirkung zwischen dem relativen Angebot an nationalen Ressourcen wie Kapital, Arbeit und Boden einerseits und dem relativen Einsatz dieser Faktoren bei der Herstellung verschiedener Güter andererseits. Diese Theorie wird in Kapitel 4 vorgestellt. Jüngere Forschungen, in denen die Implikationen dieser Theorie überprüft wurden, legen allerdings nahe, dass sie nicht so weit trägt, wie viele erwartet hatten. In noch jüngerer Zeit haben einige Wissenschaftler auf dem Gebiet der internationalen Wirtschaft Theorien entwickelt, wonach den Strukturen des internationalen Handels eine erhebliche Zufallskomponente innewohnt. Diese Theorien werden in Kapitel 6 vorgestellt.

1.1.3   Wie viel Handel?

Der Begriff der Außenhandelsgewinne ist der wichtigste theoretische Grundgedanke der Außenwirtschaft, und die scheinbar endlose Debatte darüber, wie viel Handel zugelassen werden soll, ihr wichtigstes politisches Thema. Seit der Entstehung moderner Nationalstaaten im 16. Jahrhundert sorgen sich Regierungen um die Auswirkungen des internationalen Wettbewerbs auf das Wohlergehen ihrer einheimischen Wirtschaftsbranchen und sind bemüht, diese entweder durch Importbeschränkungen vor ausländischer Konkurrenz zu schützen oder durch Exportsubventionen im weltweiten Konkurrenzkampf zu unterstützen. Entsprechend gibt es eine Aufgabe, welche die Außenwirtschaftstheorie seit jeher beschäftigt. Sie besteht darin, die Auswirkungen dieser als Protektionismus bezeichneten Politik zu analysieren – und für gewöhnlich, wenn auch nicht immer, den Protektionismus zu kritisieren und die Vorteile eines freieren Welthandels nachzuweisen.

Die Debatte darüber, wie viel Handel zulässig sein sollte, schlug in den 1990er Jahren neue Wege ein. Seit dem Zweiten Weltkrieg waren die fortgeschrittenen Demokratien unter der Führung der USA im Großen und Ganzen bemüht gewesen, Barrieren des Welthandels abzubauen. Diese Politik war von der Auffassung geprägt, dass freier Handel nicht nur den Wohlstand, sondern auch den Weltfrieden fördere. In der ersten Hälfte der 1990er Jahre wurden mehrere bedeutende Freihandelsabkommen ausgehandelt. Die wichtigsten waren das Nordamerikanische Freihandelsabkommen (NAFTA) zwischen den USA, Kanada und Mexiko, das 1993 verabschiedet wurde, und das Abkommen der so genannten Uruguay-Runde, mit dem 1994 die Welthandelsorganisation (WTO) gegründet wurde.

Seither hat allerdings eine weltweite politische Bewegung, die sich gegen die „Globalisierung" wendet, zahlreiche Anhänger gewonnen. Zweifelhaften Ruhm erlangte diese Bewegung im Jahr 1999, als Demonstranten, die aus traditionellen Protektionisten und Vertretern neuer Ideologien zusammengesetzt waren, ein großes Welthandelstreffen in Seattle störten. Zumindest haben die Globalisierungsgegner die Befürworter des freien Handels gezwungen, neue Wege zu gehen, um ihre Ansichten zu vermitteln.

Entsprechend ihrer Bedeutung in Geschichte und Gegenwart ist der Protektionismus-Problematik etwa ein Viertel dieses Buches gewidmet. Im Laufe der Jahre haben die Außenwirtschaftsforscher einen ebenso einfachen wie überzeugenden analytischen Rahmen entwickelt, um die Auswirkungen handelspolitischer staatlicher Maßnahmen zu bestimmen. Mit Hilfe dieses Rahmens können wir nicht nur die Auswirkungen handelspolitischer Schritte prognostizieren, sondern auch eine Kosten-Nutzen-Analyse vornehmen und Kriterien definieren, anhand derer beurteilt werden kann, wann staatliche Eingriffe der Volkswirtschaft helfen. Dieser Rahmen wird in den Kapiteln 8 und 9 vorgestellt und angewandt, um in diesen und den folgenden beiden Kapiteln einige Probleme der Handelspolitik zu erörtern.

Im wirklichen Leben handeln Regierungen allerdings nicht unbedingt so, wie es die Kosten-Nutzen-Analyse der Ökonomen vorgeben würde. Dies entwertet jedoch die Analyse nicht. Die wirtschaftswissenschaftliche Analyse trägt zum Verständnis der internationalen Handelspolitik bei, indem sie aufzeigt, wem staatliche Maßnahmen wie Importquoten und Exportsubventionen nutzen und wem sie schaden. Die Schlüsselerkenntnis dieser Analyse besteht darin, dass Interessenskonflikte *innerhalb* von Nationen die Handelspolitik für gewöhnlich stärker beeinflussen als Interessenskonflikte *zwischen* Nationen. In den Kapiteln 3 und 4 wird aufgezeigt, dass der Außenhandel in der Regel ausgesprochen starke Auswirkungen auf die innere Einkommensverteilung hat. Aus den Kapiteln 9, 10 und 11 geht weiter hervor, dass die relative Stärke der verschiedenen Interessengruppen im Inland, und weniger irgendein nationales Gesamtinteresse, häufig den ausschlaggebenden Faktor darstellt, der die staatliche Politik im Hinblick auf den Außenhandel bestimmt.

1.1.4   Zahlungsbilanz

Im Jahr 1998 verzeichneten sowohl China als auch Südkorea einen großen Überschuss im Außenhandel in Höhe von jeweils 40 Milliarden US-Dollar. Im Falle Chinas war der Handelsbilanzüberschuss nichts Außergewöhnliches – das Land hatte mehrere Jahre in Folge erhebliche Überschüsse erwirtschaftet. Andere Länder, darunter auch die USA, hatten China deshalb bereits Regelverstöße vorgeworfen. Lässt sich daraus schließen, dass ein Handelsbilanzüberschuss gut und ein Handelsbilanzdefizit schlecht ist? Die Südkoreaner sagen Nein: Ihr Handelsbilanzüberschuss wurde ihnen durch eine Wirtschafts- und Finanzkrise aufgezwungen, und seine Unabwendbarkeit empörte sie nicht wenig.

Dieser Vergleich zeigt anschaulich, dass man die Bedeutung der Zahlungsbilanz eines Landes nur dann richtig beurteilen kann, wenn man diese in den Rahmen einer ökonomischen Analyse stellt. Sie tritt in unterschiedlichen Zusammenhängen zutage: bei den internationalen Kapitalbewegungen (Kapitel 7), bei der Beziehung zwischen internationalen Transaktionen und der Berechnung des Nationaleinkommens (Kapitel 12) sowie bei nahezu jedem Aspekt der internationalen Währungspolitik (Kapitel 16 bis 22). Ebenso wie der Protektionismus ist auch die Zahlungsbilanz für die USA zu einer Schlüsselfrage geworden, weil das Land seit 1982 Jahr für Jahr riesige Handelsbilanzdefizite aufgetürmt hat.

1.1.5   Bestimmung der Wechselkurse

Am 1. Januar 1999 wurde der Euro in den meisten Nationen Westeuropas als neue gemeinsame Währung eingeführt. An jenem Tag war der Euro etwa 1,17 US-Dollar wert. Nahezu unmittelbar darauf begann der Euro jedoch zu sinken, und Anfang 2002 stand er bei nur noch etwa 0,85 Dollar. Dieser Verfall war für die europäischen Politiker außerordentlich unangenehm, wenn auch viele Ökonomen argumentierten, dass das Sinken des Euros der europäischen Wirtschaft eher genutzt habe und der starke Dollar den USA Probleme bereitete.

Ein entscheidender Unterschied zwischen der Theorie der internationalen Wirtschaftsbeziehungen und anderen Bereichen der Volkswirtschaftslehre besteht darin, dass Länder normalerweise eigene Währungen haben. Und wie das Beispiel des Wechselkurses von Euro und Dollar zeigt, kann sich der relative Wert der Währungen mit der Zeit – bisweilen recht drastisch – ändern.

Die Entstehung von Wechselkursen ist aus historischen Gründen ein relativ junges Gebiet der Wirtschaftswissenschaften. Im 20. Jahrhundert wurden Wechselkurse weitgehend von staatlicher Seite festgelegt und nicht dem Markt überlassen. Vor dem Ersten Weltkrieg wurde der Wert der wichtigsten Währungen der Welt in Gold gemessen, und nach dem Zweiten Weltkrieg wurde der Wert der wichtigsten Währungen in Dollar festgelegt. Die Analyse der internationalen Währungssysteme, die Wechselkurse entstehen lassen, ist nach wie vor ein wichtiger Forschungsgegenstand. Die Kapitel 17 und 18 befassen sich mit der Funktionsweise von Systemen mit fixen Wechselkursen. Kapitel 19 gibt die Debatte über die Vor- und Nachteile fester oder flexibler Wechselkurse wieder, und Kapitel 20 widmet sich der Wirtschaft von Währungszonen wie beispielsweise der Europäischen Währungsunion. Vorerst jedoch ändern sich die wichtigsten Weltwährungen noch im Minutentakt und die Rolle schwankender Wechselkurse steht im Zentrum des weltwirtschaftlichen Geschehens. Die Kapitel 13 bis 16 konzentrieren sich auf die moderne Theorie flexibler Währungskurse.

1.1.6   Internationale Koordination

Die Weltwirtschaft umfasst souveräne Staaten, die alle ihre eigene Wirtschaftspolitik festlegen. Leider bleibt in einer integrierten Weltwirtschaft die Wirtschaftspolitik eines Landes nicht ohne Folgen für andere Länder. Als die Deutsche Bundesbank beispielsweise im Jahr 1990 die Leitzinsen erhöhte – um einer möglichen Inflation infolge der Wiedervereinigung entgegenzuwirken – trug sie dazu bei, im übrigen Westeuropa eine Rezession auf den Weg zu bringen. Unterschiedliche Zielsetzungen der einzelnen Länder führen oft zu Interessenskonflikten. Selbst wenn Länder ähnliche Ziele verfolgen, kann mangelnde Koordination zwischen ihrer Vorgehensweise zu Verlusten führen. Ein Grundproblem der internationalen Wirtschaft besteht darin, die Außenhandels- und Währungspolitik verschiedener Länder so weit wie möglich aufeinander abzustimmen, ohne dass es eine Weltregierung gäbe, die den Staaten Anweisungen geben könnte.

Seit 45 Jahren wird die internationale Handelspolitik von einem internationalen Abkommen namens Allgemeines Zoll- und Handelsabkommen (GATT, General Agreement on Tariffs and Trade) geregelt. Parallel dazu fanden außerordentlich umfangreiche internationale Verhandlungen statt, an denen jeweils Dutzende Länder beteiligt waren. Mit den Hintergründen dieses Systems befasst sich Kapitel 9, in dem auch der Frage nachgegangen wird, ob die heutigen Spielregeln für den Außenhandel in der Weltwirtschaft Bestand haben können oder sollen.

Kooperation in Sachen Außenhandel ist eine altehrwürdige Tradition, doch die Koordinierung der internationalen Politik hinsichtlich der Makroökonomie ist ein jüngeres, noch wenig gefestigtes Gebiet. Erst in den letzten Jahren haben Ökonomen begonnen, die Notwendigkeit einer politischen Koordination in Bezug auf die Makroökonomie überhaupt präzise zu formulieren. Dessen ungeachtet versucht man im praktischen Leben immer häufiger, eine solche internationale Koordination zu erreichen. Sowohl die Theorie der internationalen makroökonomischen Koordination als auch die zunehmenden Erfahrungen damit werden in den Kapiteln 18 und 19 besprochen.

1.1.7   Der internationale Kapitalmarkt

In den 1970er Jahren gaben Banken in hoch entwickelten Ländern umfangreiche Kredite an Firmen und Regierungen ärmerer Länder, insbesondere in Lateinamerika. Im Jahr 1982 fand diese Zeit der locker sitzenden Kredite allerdings ein abruptes Ende, als erst Mexiko und dann einige weitere Länder nicht in der Lage waren, ihre Schulden zurückzuzahlen. Die so entstandene „Schuldenkrise" hielt bis in die 1990er Jahre hinein an. Dann waren die Investoren erneut bereit, Hunderte Milliarden Dollar in die „aufstrebenden Märkte" zu stecken, die sie sowohl in Lateinamerika als auch in den rasch wachsenden Volkswirtschaften Asiens ausmachten. Doch auch dieser Investitionsboom schlug fehl; Mexiko erlebte Ende 1994 eine weitere Finanzkrise und ein großer Teil Asiens fand sich in den Fängen einer schweren Krise wieder, die im Sommer 1997 einsetzte. Unter den zahlreichen Lehren, die diese Achterbahnfahrt bereithält, ist eine unbestritten: Der internationale Kapitalmarkt spielt eine immer größere Rolle.

In einer entwickelten Volkswirtschaft gibt es einen ausgedehnten Kapitalmarkt: Regeln und Abmachungen, wonach Einzelpersonen und Unternehmen gegen das Versprechen auf zukünftige Rückzahlung Geld erhalten. Mit der wachsenden Bedeutung des Welthandels seit den 1960er Jahren ging die Ausbreitung des *internationalen* Kapitalmarkts einher, der die Kapitalmärkte der einzelnen Länder verbindet. Beispielsweise deponierten in den 1970er Jahren die ölreichen Nationen des Nahen Ostens ihre Öleinnahmen in Banken in London oder New York, und diese Banken wiederum vergaben Kredite an Staaten und Unternehmen in Asien und Lateinamerika. In den 1980er Jahren steckte Japan einen großen Teil des Geldes, das es durch Exporte einnahm, in Investitionen in den USA. Auf diese Weise entstanden in den USA immer mehr Tochterfirmen japanischer Unternehmen.

Internationale Kapitalmärkte unterscheiden sich in einigen wichtigen Punkten von nationalen Kapitalmärkten. Sie müssen die besonderen Einschränkungen berücksichtigen, die manche Länder Auslandsinvestitionen auferlegen; bisweilen bieten sie auch die Möglichkeit, bestimmte Vorschriften des nationalen Marktes zu umgehen. Seit den 1960er Jahren sind riesige internationale Kapitalmärkte entstanden, auf denen täglich Milliarden Dollar umgesetzt werden, ohne jemals den Boden der USA zu berühren.

Internationale Kapitalmärkte bergen eine Reihe spezifischer Risiken. Ein solches Risiko sind Devisenkursschwankungen: Wenn der Euro gegenüber dem Dollar sinkt, erleiden amerikanische Investoren, die Euro-Anlagen erworben haben, einen Kapitalverlust – wie die vielen Investoren, die auf die künftige Stärke der neuen europäischen Währung gesetzt hatten, zu ihrem Schrecken feststellen mussten. Ein weiteres Risiko ist der Staatsbankrott: Wenn sich eine Nation einfach weigert, ihre Schulden zu begleichen (weil sie dazu vielleicht gar nicht in der Lage ist), dann bieten sich den Gläubigern möglicherweise keine rechtlichen Mittel, sie dazu zu zwingen.

Die zunehmende Bedeutung der internationalen Kapitalmärkte und die neuen Probleme, die sie mit sich bringen, erfordern mehr Aufmerksamkeit als je zuvor. Zwei Kapitel dieses Buches sind Problemen gewidmet, die sich aus internationalen Kapitalmärkten ergeben: die Wirkungsweise des globalen Anlagemarktes (Kapitel 21) und die Auslandsverschuldung von Entwicklungsländern (Kapitel 22).

1.2 Weltwirtschaft: Güterverkehr und Geldverkehr

Die Theorie der internationalen Wirtschaftsbeziehungen zerfällt in zwei große Unterge-biete: *reale Außenwirtschaftstheorie* und *monetäre Außenwirtschaftstheorie*. Die reale Außenwirtschaftstheorie konzentriert sich in erster Linie auf die *realen* Gütertransaktionen in der internationalen Wirtschaft, d.h. auf diejenigen Transaktionen, bei denen tatsächlich Güter bewegt oder materielle ökonomische Ressourcen zugeteilt werden. Die monetäre Außenwirtschaftstheorie konzentriert sich auf die *monetäre* Seite der internationalen Wirt-schaft, d.h. auf Finanztransaktionen wie beispielsweise den Kauf von US-Dollars durch das Ausland. Ein Beispiel für ein Problem des internationalen Güterhandels ist der Kon-flikt zwischen den USA und Europa über die subventionierten europäischen Agrarpro-dukte; ein Beispiel für ein monetäres Problem ist die Auseinandersetzung darüber, ob der Wechselkurs des Dollars frei schwanken oder durch staatliche Maßnahmen stabilisiert werden sollte.

In der Praxis gibt es keine klare Trennlinie zwischen Güter- und Geldverkehr. Internationa-ler Güterhandel geht in der Regel mit Geldtransaktionen einher. Unsere bisherigen Bei-spiele zeigen außerdem, dass viele Entwicklungen im Finanzsektor bedeutende Auswir-kungen auf den Außenhandel haben. Dennoch ist die Trennung zwischen internationalem Güter- und Geldverkehr sinnvoll. Die erste Hälfte dieses Buches behandelt Fragen des Außenhandels mit Gütern. In Teil I (Kapitel 2 bis 7) wird die analytische Theorie des Außenhandels dargelegt und Teil II (Kapitel 8 bis 11) wendet diese Handelstheorie auf die Analyse der staatlichen Handelspolitik an. Die zweite Hälfte des Buches ist internationalen monetären Problemen gewidmet. In Teil III (Kapitel 12 bis 17) wird die internationale monetäre Theorie vorgestellt und in Teil IV (Kapitel 18 bis 22) wird diese Analyse auf die internationale Geldpolitik angewandt.

Teil 1
Theorie des internationalen Handels

Kapitelübersicht

Kapitel

2 Arbeitsproduktivität und komparativer Vorteil: das Ricardo-Modell

Kapitelübersicht

Beispiele

Es gibt zwei wesentliche Gründe, weshalb Länder Außenhandel treiben. Beide tragen zu ihren Wohlfahrtsgewinnen bei. Erstens handeln Länder miteinander, weil sie sich voneinander unterscheiden. Genau wie Individuen können auch Nationen Nutzen aus ihrer Verschiedenartigkeit ziehen, wenn im Rahmen einer Übereinkunft jeder das tut, was er verhältnismäßig gut kann. Zweitens handeln Länder miteinander, um die Kostenvorteile der Massenproduktion zu nutzen. Wenn jedes Land nur eine beschränkte Auswahl an Gütern herstellt, dann kann es diese jeweils in größerem Maßstab und folglich effizienter produzieren, als wenn es versuchen würde, alles selbst herzustellen. In der Praxis widerspiegeln die Strukturen des Außenhandels das Zusammenwirken dieser beiden Motive. Um uns dem Verständnis der Ursachen und Wirkungen des Außenhandels zu nähern, betrachten wir zunächst vereinfachte Modelle, die nur eines dieser Motive berücksichtigen.

In den kommenden vier Kapiteln wird das begriffliche Instrumentarium entwickelt, das uns zu verstehen ermöglicht, auf welche Weise Unterschiede zwischen Ländern zu Außenhandel führen und weshalb dieser Handel für beide Seiten vorteilhaft ist. Das Grundprinzip dieser Analyse ist der komparative Vorteil.

Der komparative Vorteil ist im Grunde ein einfacher Begriff, dennoch fällt es vielen Menschen erfahrungsgemäß schwer, ihn zu verstehen (oder zu akzeptieren). Paul Samuelson – der Nobelpreisgewinner unter den Ökonomen, der viel zur Entwicklung der in Kapitel 3 und 4 beschriebenen Außenhandelsmodelle beigetragen hat – bezeichnete den komparativen Vorteil einmal als das beste ihm bekannte Beispiel eines ökonomischen Prinzips, das bei all seiner unbestreitbaren Wahrheit selbst intelligenten Menschen nicht unmittelbar einleuchtet.

Dieses Kapitel beginnt mit einer allgemeinen Einführung in das Prinzip des komparativen Vorteils und wendet sich dann der Entwicklung eines spezifischen Modells zu, aus dem hervorgeht, wie der komparative Vorteil die Strukturen des internationalen Handels bestimmt.

2.1   Das Prinzip des komparativen Vorteils

Am Valentinstag des Jahres 1996 – eine knappe Woche vor den entscheidenden Vorwahlen am 20. Februar in New Hampshire – suchte der Präsidentschaftskandidat der Republikanischen Partei, Patrick Buchanan, eine Gärtnerei auf, um seiner Frau ein Dutzend Rosen zu kaufen. Bei dieser Gelegenheit hielt er eine flammende Rede gegen die zunehmenden Blumenimporte in die USA, die seiner Ansicht nach die amerikanischen Gärtnereien in den Ruin trieben. In der Tat decken Importe aus Südamerika einen immer größeren Anteil des Marktes für Winterrosen in den USA ab. Aber ist das unbedingt schlecht?

Die Winterrosen sind ein hervorragendes Beispiel für die Vorteile des Außenhandels. Man bedenke, wie schwierig es ist, amerikanischen Liebespartnern im Februar frische Rosen zu liefern. Die Blumen müssen in beheizten Gewächshäusern unter großem Einsatz von Energie, Kapitalinvestitionen und anderen knappen Ressourcen gezogen werden. Diese Ressourcen hätten ebenso gut verwendet werden können, um andere Güter zu produzieren. Hier muss ein gewisser Verzicht stattfinden. Um Winterrosen herzustellen, muss die US-Wirtschaft die Produktionsmenge anderer Dinge, beispielsweise Computer, verringern. In der Wirtschaftswissenschaft verwendet man für diesen Verzicht den Begriff **Opportunitätskosten**. Die Opportunitätskosten von Rosen, ausgedrückt in Computern, bemessen sich nach der Anzahl Computer, die mit den zur Produktion einer gegebenen Anzahl Rosen eingesetzten Ressourcen hätten hergestellt werden können.

Nehmen wir an, dass die USA derzeit 10 Millionen Rosen zum Verkauf am Valentinstag erzeugen, und dass die Ressourcen, die zu diesem Zweck verbraucht werden, auch zur Herstellung von 100.000 Computern ausgereicht hätten. In diesem Fall betragen die Opportunitätskosten der 10 Millionen Rosen 100.000 Computer. (Wenn umgekehrt die Computer produziert worden wären, dann hätten die Opportunitätskosten dieser 100.000 Computer 10 Millionen Rosen betragen.)

Diese 10 Millionen Rosen zum Valentinstag hätte man stattdessen auch in Südamerika ziehen können. Es liegt nahe, dass die Opportunitätskosten dieser Rosen in Computern dann geringer ausgefallen wären als in den USA. Jedenfalls ist es weitaus einfacher, Rosen für den Februar in der südlichen Hemisphäre zu ziehen, wo im Februar Sommer ist. Außerdem sind südamerikanische Arbeiter bei der Herstellung so komplexer Produkte wie Computer weniger effizient als ihre Kollegen in den USA, sodass mit derselben Menge Ressourcen in Südamerika weniger Computer hergestellt werden als in den USA.

Das Austauschverhältnis in Südamerika beträgt daher vielleicht 10 Millionen Winterrosen gegen nur 30.000 Computer.

Dieser Unterschied in den Opportunitätskosten birgt die Möglichkeit einer für beide Seiten vorteilhaften Neuordnung der Weltproduktion. Gehen wir davon aus, dass die USA keine Winterrosen mehr ziehen und die dadurch frei gewordenen Ressourcen für die Produktion von Computern verwenden, während Südamerika stattdessen Rosen züchtet und die dazu notwendigen Ressourcen aus seiner Computerindustrie abzieht. Die daraus folgenden Produktionsveränderungen sind in Tabelle 2.1 dargestellt.

Was ist geschehen? Die Welt produziert genauso viele Rosen wie zuvor, doch es werden jetzt mehr Computer hergestellt. Diese Umorganisation der Produktion, bei der sich die USA auf Computer und Südamerika auf Rosen konzentrieren, vergrößert den Kuchen der Weltwirtschaft. Weil die Welt nun insgesamt mehr produziert, kann im Prinzip der Lebensstandard aller Beteiligten erhöht werden.

Internationaler Handel führt deshalb zu dieser Steigerung der weltweiten Produktionsmenge, weil er jedem Land ermöglicht, sich auf die Produktion desjenigen Gutes zu spezialisieren, bei dem es einen komparativen Vorteil hat.

	Rosen in Millionen	**Computer in Tausend**
USA	-10	+100
Südamerika	+10	-30
Summe	0	+70

Tabelle 2.1: Hypothetische Produktionsveränderungen

Ein Land verfügt bei der Herstellung eines Gutes dann über einen **komparativen Vorteil**, wenn die Opportunitätskosten für dessen Produktion, ausgedrückt in anderen Gütern, in diesem Land niedriger sind als in anderen Ländern.

In unserem Beispiel verfügt Südamerika über einen komparativen Vorteil bei Winterrosen, die USA bei Computern. Der Lebensstandard kann in beiden Kontinenten erhöht werden, wenn Südamerika Rosen für den US-Markt produziert und die USA im Gegenzug Computer für den südamerikanischen Markt herstellen. Wir haben somit eine wesentliche Erkenntnis über komparativen Vorteil und Außenhandel gewonnen: *Der Handel zwischen zwei Ländern kann für beide Länder vorteilhaft sein, wenn jedes Land diejenigen Güter exportiert, bei denen es über einen komparativen Vorteil verfügt.*

Diese Aussage bezieht sich auf ein Potenzial, nicht auf die Realität. In der realen Welt gibt es keine Zentralbehörde, die festlegen würde, welches Land Rosen und welches Computer herstellen soll. Es gibt auch keine Stelle, die an beiden Orten Rosen und Computer an die Verbraucher ausgibt. Stattdessen regelt der Markt, auf dem Angebot und Nachfrage regieren, die internationale Produktion und den Handel. Gibt es irgendeinen Grund für die Annahme, dass das Potenzial beidseitiger Wohlfahrtsgewinne durch Handel auch verwirklicht wird? Werden die USA und Südamerika am Ende tatsächlich die Güter produzieren, die bei ihnen jeweils einen komparativen Vorteil aufweisen? Wird der Handel zwischen ihnen wirklich dazu führen, dass beide Länder am Ende besser dastehen?

Um diese Fragen zu beantworten, müssen wir unsere Analyse noch erheblich präzisieren. In diesem Kapitel werden wir ein Modell des Außenhandels darlegen, das auf den englischen Ökonomen David Ricardo zurückgeht. Er entwickelte Anfang des 19. Jahrhunderts den Begriff des komparativen Vorteils.[1] Diesen Ansatz, der den Außenhandel ausschließlich auf die unterschiedliche Arbeitsproduktivität in den beteiligten Ländern zurückführt, nennt man das **Ricardo-Modell**.

2.2   Das Einfaktormodell der Volkswirtschaft

Um die Bedeutung des komparativen Vorteils für die Herausbildung der internationalen Handelsstrukturen kennen zu lernen, stellen wir uns zunächst eine Volkswirtschaft vor – Inland genannt –, in der es nur einen einzigen Produktionsfaktor gibt. (In späteren Kapiteln dehnen wir die Analyse auf Modelle mit mehreren Faktoren aus.) Wir nehmen an, dass nur zwei Güter produziert werden, nämlich Wein und Käse. Der technologische Stand der Volkswirtschaft in Inland wird in beiden Branchen anhand des **Arbeitskoeffizienten** gemessen, d.h. anhand der Anzahl Arbeitsstunden, die zur Herstellung von einem Pfund Käse oder einem Liter Wein erforderlich sind. Nehmen wir beispielshalber an, die Produktion eines Pfunds Käse erfordere eine Arbeitsstunde, die Herstellung von einem Liter Wein zwei. Fortan definieren wir a_{LW} und a_{LC} als Arbeitskoeffizient für Wein bzw. Käse (*L* für *Labour*, Arbeit; *C* für *Cheese*, Käse). Die Gesamtressourcen der Volkswirtschaft setzen wir gleich *L*, dem gesamten Arbeitsangebot.

2.2.1   Produktionsmöglichkeiten

Weil die Ressourcen jeder Volkswirtschaft beschränkt sind, kann sie nur eine beschränkte Menge Güter produzieren, und um die Produktionsmenge eines Gutes zu erhöhen, muss die Produktionsmenge eines anderen gesenkt werden. Dieses Verhältnis kann man mit Hilfe der **Transformationskurve**, auch Kurve der Produktionsmöglichkeiten genannt, grafisch darstellen (Linie *PF* in Abbildung 2.1). Sie zeigt, welche Menge Wein maximal produziert werden kann, sobald eine bestimmte Produktionsmenge für Käse festgelegt worden ist, und umgekehrt.

---

[1] David Ricardo: The Principles of Political Economy and Taxation, erstmals erschienen im Jahr 1817, ist der Klassiker zu diesem Thema.

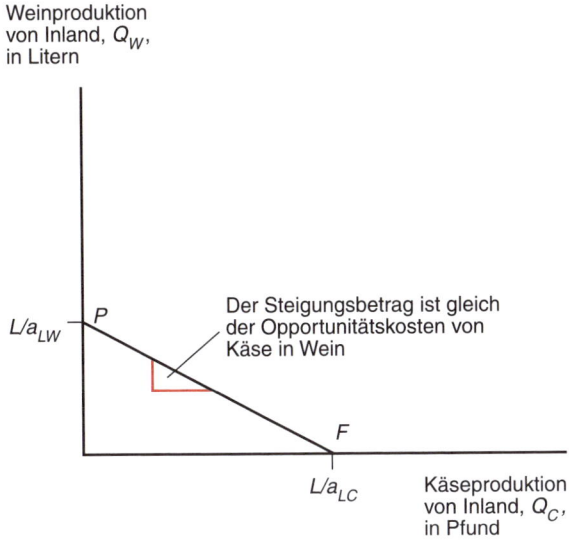

Weinproduktion
von Inland, Q_W,
in Litern

Die Linie *PF* beschreibt die maximale Menge an Käse, die Inland
bei einer gegebenen Produktionsmenge an Wein herstellen kann,
und umgekehrt.

L/a_{LW} P

Der Steigungsbetrag ist gleich
der Opportunitätskosten von
Käse in Wein

F

L/a_{LC} Käseproduktion
von Inland, Q_C,
in Pfund

Abbildung 2.1: **Transformationskurve Inland**

Wenn es nur einen Produktionsfaktor gibt, bildet die Transformationskurve eine Gerade. Wir können ihren Verlauf wie folgt ableiten: Wenn Q_W für die Weinproduktion steht und Q_C für die Käseproduktion, dann ist die für die Weinproduktion benötigte Arbeit $a_{LW}Q_W$, die für die Käseproduktion benötigte Arbeit $a_{LC}Q_C$. Die Transformationskurve wird durch die Begrenztheit der wirtschaftlichen Ressourcen bestimmt – in unserem Falle des verfügbaren Arbeitsangebots. Weil das gesamte Arbeitsangebot der Volkswirtschaft L beträgt, werden die Grenzen der Produktion durch folgende Ungleichung definiert:

$$a_{LC}Q_C + a_{LW}Q_W \leq L. \tag{2-1}$$

Wenn die Transformationskurve eine Gerade bildet, sind die *Opportunitätskosten* eines Pfunds Käse in Wein konstant. Wie wir im vorangegangenen Abschnitt sahen, definieren sich diese Opportunitätskosten als die Anzahl an Litern Wein, auf welche die Wirtschaft verzichten müsste, um ein zusätzliches Pfund Käse zu produzieren. In unserem Falle würde die Herstellung einer weiteren Einheit Käse a_{LC} Personenstunden erfordern. Jede dieser Personenstunden hätte auch darauf verwendet werden können, um $1/a_{LW}$ Liter Wein zu produzieren. Die Opportunitätskosten von Käse in Wein sind a_{LC}/a_{LW}. Wenn beispielsweise eine Personenstunde erforderlich ist, um ein Pfund Käse herzustellen, und zwei Personenstunden, um einen Liter Wein zu produzieren, dann betragen die Opportunitätskosten von Käse in Wein ½. Wie Abbildung 2.1 zeigt, entsprechen diese Opportunitätskosten dem Steigungsbetrag der Transformationsgeraden.

2.2.2   Relative Preise und Angebot

Die Transformationskurve veranschaulicht, welche Produktmischungen eine Volkswirtschaft produzieren *kann*. Um festzustellen, was sie tatsächlich produzieren wird, müssen wir die Preise berücksichtigen. Insbesondere müssen wir die relativen Preise der beiden Güter kennen, d.h. den Preis des einen ausgedrückt in dem anderen.

In einer auf dem Wettbewerb beruhenden Volkswirtschaft basieren Entscheidungen über das Angebot auf dem Bestreben von Individuen, ihre Einnahmen zu maximieren. Da in unserer vereinfachten Volkswirtschaft Arbeit der einzige Produktionsfaktor ist, wird das Angebot an Käse und Wein von der Tatsache bestimmt, dass die Arbeit in den Bereich mit den höheren Löhnen wandert.

P_C und P_W seien die Preise für Käse und Wein. Es erfordert a_{LC} Personenstunden, ein Pfund Käse zu produzieren. Da es in unserem Einfaktormodell keine Profite gibt, entspricht der Stundenlohn im Käsesektor dem Wert, den ein Arbeiter in einer Stunde erzeugen kann, nämlich P_C/a_{LC}. Da die Produktion eines Liters Wein a_{LW} Personenstunden erfordert, beträgt der Stundenlohn im Weinsektor P_W/a_{LW}. Die Löhne im Käsesektor sind dann höher, wenn $P_C/P_W > a_{LC}/a_{LW}$; die Löhne im Weinsektor wiederum sind höher, wenn $P_C/P_W < a_{LC}/a_{LW}$. Da jeder in der Branche arbeiten möchte, in der die höheren Löhne geboten werden, wird sich die Wirtschaft des Landes auf die Produktion von Käse spezialisieren, wenn $P_C/P_W > a_{LC}/a_{LW}$, und auf die Produktion von Wein, wenn $P_C/P_W < a_{LC}/a_{LW}$. Nur wenn P_C/P_W gleich a_{LC}/a_{LW}, werden beide Güter hergestellt.

Worin liegt die Bedeutung der Größe a_{LC}/a_{LW}? Wir sahen im vorherigen Abschnitt, dass sie die Opportunitätskosten von Käse in Wein ausdrückt. Wir haben also soeben eine entscheidende Aussage über die Beziehung zwischen Preisen und Produktion hergeleitet: *Die Wirtschaft wird sich auf die Produktion von Käse spezialisieren, wenn der relative Preis des Käses seine Opportunitätskosten übertrifft; sie wird sich auf die Produktion von Wein spezialisieren, wenn der relative Preis des Käses unter dessen Opportunitätskosten liegt.*

Wenn kein Außenhandel stattfände, müsste Inland beide Güter für sich selbst produzieren. Es wird jedoch nur dann beide Güter produzieren, wenn der relative Preis des Käses mindestens dessen Opportunitätskosten entspricht. Da die Opportunitätskosten gleich der Relation der Arbeitskoeffizienten für Käse und Wein sind, können wir die Bestimmung der Preise, wenn kein Außenhandel stattfindet, mit einer einfachen Arbeitswerttheorie beschreiben: *Ohne Außenhandel ist der relative Preis der Güter gleich ihrem relativen Arbeitskoeffizienten.*

2.3   Das Einfaktormodell des Welthandels

Es ist einfach, die Strukturen und Auswirkungen des Handels zwischen zwei Ländern zu beschreiben, wenn jedes nur einen Produktionsfaktor hat. Dennoch führt diese Analyse zu bisweilen überraschenden Schlussfolgerungen. In den Augen derjenigen, die sich bisher keine weiter gehenden Gedanken über internationalen Handel gemacht haben, scheinen viele dieser Schlussfolgerungen dem gesunden Menschenverstand zu widersprechen. Selbst dieses einfachste aller Handelsmodelle bietet eine Reihe wichtiger Einblicke in Probleme, die sich täglich in der Praxis stellen, wie zum Beispiel die faire Gestaltung des internationalen Wettbewerbs und Austauschs.

Bevor wir uns diesen Problemen zuwenden, wollen wir jedoch zunächst das Modell erläutern. Gehen wir von zwei Ländern aus. Das eine sei wieder Inland, das andere Ausland. Jedes dieser Länder hat einen Produktionsfaktor (Arbeit) und kann zwei Güter produzieren, Wein und Käse. Wie gehabt, bezeichnen wir die Arbeitskraft von Inland als L und die Arbeitskoeffizienten für die Wein- bzw. Käseproduktion als a_{LW} und a_{LC}. Für Variablen des Auslands werden wir in diesem Buch folgende praktische Notation verwenden: Wir verwenden dasselbe Symbol wie für Inland, versehen mit einem Sternchen. Die Arbeitskraft von Ausland wird also als L^* bezeichnet, der Arbeitskoeffizient für Wein und Käse als a^*_{LW} und a^*_{LC}, usw.

Was den Arbeitskoeffizienten angeht, so ist im Prinzip jede Variante möglich. Beispielsweise könnte Inland bei Wein weniger produktiv sein als Ausland, bei Käse aber produktiver, und umgekehrt. Vorläufig gehen wir nur von der einen willkürlichen Annahme aus, dass

$$a_{LC}/a_{LW} < a^*_{LC}/a^*_{LW} \qquad (2\text{-}2)$$

oder, entsprechend:

$$a_{LC}/a^*_{LC} < a_{LW}/a^*_{LW}. \qquad (2\text{-}3)$$

In Worten: Wir nehmen an, dass das Verhältnis der Arbeitskoeffizienten für die Produktion eines Pfunds Käse und eines Liters Wein in Inland kleiner ist als in Ausland. Noch kürzer: Wir gehen davon aus, dass Inland bei der Käseproduktion eine höhere relative Produktivität aufweist als bei der Weinproduktion.

Erinnern wir uns, dass das Verhältnis der Arbeitskoeffizienten den Opportunitätskosten von Käse in Wein entspricht; und erinnern wir uns außerdem, dass wir den komparativen Vorteil anhand eben dieser Opportunitätskosten definierten. Die Annahme hinsichtlich der relativen Produktivität für die beiden Sektoren, die in den Gleichungen (2-2) und (2-3) ausgedrückt ist, besagt also, dass *Inland bei Käse über einen komparativen Vorteil verfügt*.

Eines sollten wir sofort festhalten: Die Voraussetzungen, unter denen Inland diesen komparativen Vorteil hat, beinhalten sämtliche vier Arbeitskoeffizienten, nicht nur zwei. Man könnte annehmen, dass man lediglich den Arbeitskoeffizienten vergleichen müsste, den beide Länder für die Käseproduktion aufweisen – a_{LC} und a^*_{LC} –, um festzustellen, wem die Herstellung von Käse zufällt. Wenn $a_{LC} < a^*_{LC}$, dann ist die Arbeit in Inland bei der Käseproduktion effizienter als in Ausland. Wenn ein Land eine Gütereinheit mit weniger Arbeitseinsatz produzieren kann als ein anderes Land, dann hat ersteres Land einen **absoluten Vorteil** bei der Produktion dieses Guts. In unserem Beispiel hat Inland einen absoluten Vorteil bei der Käseproduktion.

Wir werden sogleich sehen, dass die Außenhandelsstruktur nicht allein aus absoluten Vorteilen hergeleitet werden kann. Eine der häufigsten Fehlerquellen bei der Beurteilung des internationalen Handels besteht in der Verwechslung von komparativem und absolutem Vorteil.

Wenn wir das verfügbare Arbeitsangebot und die Arbeitskoeffizienten kennen, können wir für beide Länder die Transformationskurve erstellen. Für Inland haben wir dies bereits mit der Linie *PF* in Abbildung 2.1 getan. Die Transformationskurve von Ausland ist die Linie *PF** in Abbildung 2.2. Da das Steigungsmaß der Transformationskurve die Opportunitätskosten von Käse in Wein angibt, verläuft die Gerade für Ausland steiler als diejenige für Inland.

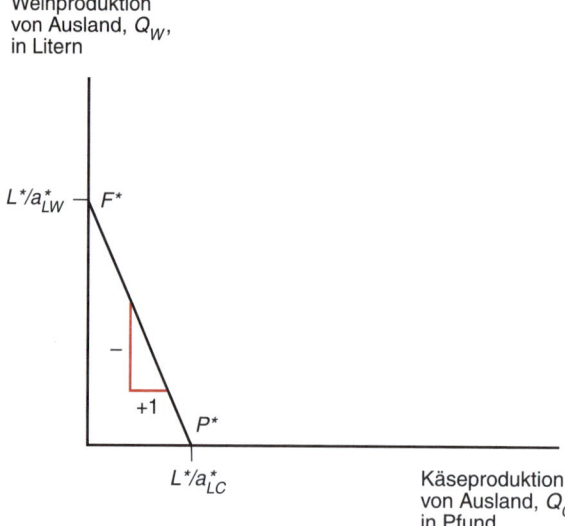

Da der relative Arbeitskoeffizient für Käse in Ausland höher ist als in Inland (es muss also auf mehr Einheiten Wein verzichten, um eine zusätzliche Einheit Käse zu produzieren), weist seine Transformationskurve eine stärkere Steigung auf.

Abbildung 2.2: Transformationskurve von Ausland

Wenn kein Außenhandel stattfände, würden die relativen Preise von Käse und Wein in jedem Land von dem relativen Arbeitskoeffizienten bestimmt. In Inland wäre der relative Käsepreis also a_{LC}/a_{LW}, im Ausland a_{LC}^*/a_{LW}^*.

Sobald wir die Möglichkeit des Außenhandels zulassen, richten sich die Preise jedoch nicht länger nach reinen Binnenkriterien. Wenn der relative Preis für Käse in Ausland höher ist als in Inland, dann lohnt es sich, Käse von Inland nach Ausland und im Gegenzug Wein von Ausland nach Inland zu transportieren. Dies hat jedoch bestimmte Grenzen. Irgendwann hat Inland genug Käse und Ausland genug Wein exportiert, um die relativen Preise auszugleichen. Doch wonach richtet sich das Niveau, auf dem sich diese Preise einpendeln?

Beispiel 2.1: Komparativer Vorteil in der Praxis: Der Fall Babe Ruth

Jeder Amerikaner kennt Babe Ruth als größten Schläger der Baseballgeschichte. Aber nur wahre Fans dieser Sportart wissen, dass Ruth überdies einer der besten *Werfer* aller Zeiten war. Weil Ruth nach 1918 nicht mehr als Werfer antrat und ausschließlich im Feld stand, wo er seine berühmten Schlagrekorde aufstellte, kam den meisten Menschen gar nicht in den Sinn, dass er auch werfen konnte. Was erklärt Ruths einseitigen Ruhm als Schläger? Die Antwort liegt im Prinzip des komparativen Vorteils.

Als Mitglied der Boston Red Sox hatte Ruth zu Beginn seiner Laufbahn einen klaren *absoluten* Vorteil im Werfen. Der Historiker Geoffrey C. Ward und der Filmemacher Ken Burns schreiben dazu:

„In der größten Zeit der Red Sox war er ihr größter Spieler, der beste linkshändige Werfer der American League. Er gewann 89 Spiele in sechs Saisons. Im Jahr 1916 erhielt er zum ersten Mal die Chance, in den World Series (US-Meisterschaften) zu werfen, und er wusste sie zu nutzen. Nachdem er in der ersten Runde einen Run aufgegeben hatte, brachte er den entscheidenden Tying Run selbst nach Hause. Anschließend sorgte er dafür, dass die Brooklyn Dodgers elf Durchgänge lang keine Punkte machten, bis seine Mannschaft den Run zum Sieg erreichte ... In den Meisterschaften von 1918 stellte er unter Beweis, dass nach wie vor mit ihm zu rechnen war. Er erhöhte seinen eigenen Meisterschaftsrekord auf 29-2/3 punktlose Durchgänge – ein Rekord, der 43 Jahre lang ungebrochen blieb."*

Den Rekord als Werfer, den Babe in den World Series aufgestellt hatte, brach Whitey Ford von den New York Yankees im selben Jahr, 1961, in dem sein Mannschaftskollege Roger Maris den Rekord von 60 Home Runs in einer einzigen Saison übertraf, den Ruth 1927 aufgestellt hatte.

Der absolute Vorteil, den Ruth als Werfer hatte, wurde noch übertroffen durch seine Fähigkeiten als Schläger im Vergleich zu seinen Mannschaftskollegen: sein *komparativer* Vorteil lag am Schlagmal. Wenn Ruth als Werfer antrat, musste er seinen Arm zwischen seinen Auftritten ausruhen und konnte daher nicht in jedem Spiel schlagen. Um Ruths komparativen Vorteil vollauf zu nutzen, versetzten ihn die Red Sox 1919 ins Centerfield, sodass er häufiger schlagen konnte.

Es zahlte sich für die Red Sox aus, dass sie Ruth gezielt als spezialisierten Schläger einsetzten. Im Jahr 1919 schlug er 29 Home Runs, „mehr als je ein Spieler in einer einzigen Saison", wie Ward und Burns schreiben. Nachdem die Yankees 1920 Ruth übernommen hatten, behielten auch sie ihn im Outerfield (und am Schlagmal). Sie erkannten das Potenzial. In diesem Jahr schlug Ruth 54 Home Runs und setzte Rekorde, die bis auf den heutigen Tag ungebrochen sind. Die Yankees wurden zur renommiertesten Baseballmannschaft überhaupt.

*Ward und Burns: Baseball. An Illustrated History, New York: Knopf, 1994, S. 155.

2.3.1   Bestimmung des relativen Preises nach Handel

Die Preise international gehandelter Güter werden wie andere Preise auch von Angebot und Nachfrage bestimmt. Der komparative Vorteil lässt sich allerdings nur bedingt mit Hilfe von Angebot und Nachfrage analysieren. In einigen Zusammenhängen, wie sie zum Beispiel bei der Analyse der Handelspolitik in den Kapiteln 8 bis 11 behandelt werden, ist es durchaus zulässig, sich ausschließlich auf Angebot und Nachfrage auf einem einzigen Markt zu konzentrieren. Um die Auswirkungen der US-amerikanischen Importquoten auf den Zuckerhandel zu bewerten, bietet sich die **partielle Gleichgewichtsanalyse** an, bei der nur ein einziger Markt, nämlich der Zuckermarkt, untersucht wird. Wenn wir dagegen den komparativen Vorteil studieren, müssen wir auch die Beziehungen zwischen verschiedenen Märkten (in unserem Fall dem Wein- und dem Käsemarkt) berücksichtigen. Da Inland Käse nur gegen den Import von Wein exportiert, und Ausland Wein im Austausch für Käse exportiert, kann es irreführend sein, den Käse- und den Weinmarkt jeweils isoliert zu betrachten. Hier ist die **allgemeine Gleichgewichtsanalyse** gefordert, welche die Zusammenhänge zwischen beiden Märkten berücksichtigt.

Eine gute Möglichkeit, beide Märkte gleichzeitig zu erfassen, besteht darin, sich nicht ausschließlich auf die absoluten Mengen von Angebot und Nachfrage an Käse und Wein zu konzentrieren, sondern auch auf ihr *relatives Angebot (RS)* und ihre *relative Nachfrage (RD)*, d.h. auf die Pfundzahl des angebotenen oder nachgefragten Käses im Verhältnis zur Literzahl des angebotenen oder nachgefragten Weins.

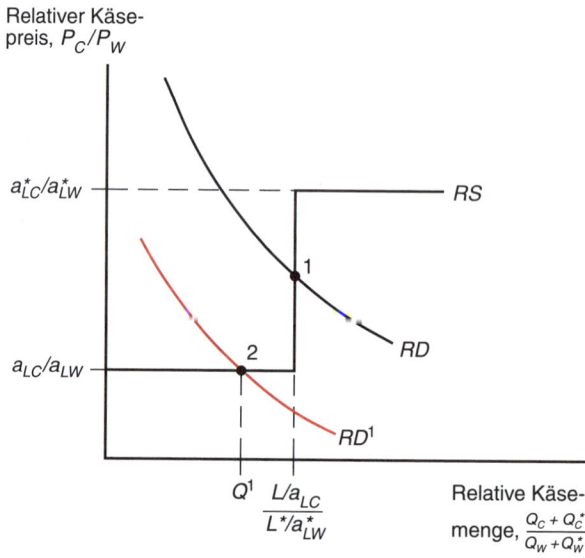

Die Kurven RD und RD^1 zeigen, dass die Nachfrage nach Käse im Verhältnis zu Wein eine abnehmende Funktion des Käsepreises in Relation zum Weinpreis darstellt. Die Kurve RS zeigt, dass das Angebot an Käse im Verhältnis zu Wein eine zunehmende Funktion desselben relativen Preises darstellt.

Abbildung 2.3:   Relatives Angebot und relative Nachfrage im Weltmaßstab

Abbildung 2.3 zeigt das Weltangebot und die Weltnachfrage für Käse im Verhältnis zu Wein, ausgedrückt als Funktion des Käsepreises in Relation zum Weinpreis. Diese **Kurve der relativen Nachfrage** ist durch die Linie RD dargestellt, die **Kurve des relativen**

Angebots durch *RS*. Ein allgemeines Weltmarktgleichgewicht setzt voraus, dass relatives Angebot und relative Nachfrage gleich groß sind und dass der relative Preis auf dem Weltmarkt durch den Schnittpunkt von *RD* und *RS* bestimmt wird.

Das Auffallende an Abbildung 2.3 ist der eigenartige Verlauf der Kurve des relativen Angebots *RS*: eine „Treppe", deren ebene Abschnitte durch vertikale Abschnitte verbunden sind. Sobald wir uns die Ableitung der *RS*-Kurve verdeutlichen, haben wir den wichtigsten Schritt zum Verständnis des gesamten Modells getan.

Aus der hier gezeigten Kurve *RS* geht hervor, dass es kein Angebot an Käse gibt, wenn der Weltpreis unter a_{LC}/a_{LW} sinkt. Erinnern wir uns, dass sich Inland, wie oben nachgewiesen, auf die Produktion von Wein konzentriert, wenn $P_C/P_W < a_{LC}/a_{LW}$. Entsprechend spezialisiert sich Ausland auf die Weinproduktion, wenn $P_C/P_W < a_{LC}^*/a_{LW}^*$. Am Beginn unserer Ausführungen über die Gleichung (2-2) stand die Annahme, dass $a_{LC}/a_{LW} < a_{LC}^*/a_{LW}^*$. Bei einem relativen Käsepreis unter a_{LC}/a_{LW} wird es folglich keine Käseproduktion auf der Welt geben.

Wenn weiter der relative Käsepreis P_C/P_W exakt a_{LC}/a_{LW} entspricht, wissen wir, dass Arbeiter in Inland in der Käseherstellung genau gleich viel verdienen können wie in der Weinbranche. Folglich wird Inland bereit sein, beide Güter in beliebigen Relationen herzustellen, was sich in einem gleichbleibenden Abschnitt der Angebotskurve ausdrückt.

Wir haben bereits gesehen, dass sich Inland dann auf die Käseproduktion spezialisiert, wenn P_C/P_W größer ist als a_{LC}/a_{LW}. Solange andererseits $P_C/P_W < a_{LC}^*/a_{LW}^*$, wird sich Ausland auf die Produktion von Wein spezialisieren. Wenn sich Inland auf die Käseproduktion spezialisiert, dann erzeugt es eine Menge von L/a_{LC} Pfund. Ausland seinerseits erzeugt L^*/a_{LW}^* Liter Wein. Bei einem relativen Käsepreis zwischen a_{LC}/a_{LW} und a_{LC}^*/a_{LW}^* ergibt sich also ein relatives Käseangebot von

$$(L/a_{LC})/(L^*/a^*_{LW}). \tag{2-4}$$

Bei $P_C/P_W = a_{LC}^*/a_{LW}^*$ wissen wir, dass es den Arbeitern in Ausland gleichgültig ist, ob sie Käse oder Wein herstellen. Daher haben wir an dieser Stelle wieder einen flachen Verlauf der Angebotskurve.

Und schließlich gilt für $P_C/P_W > a_{LC}^*/a_{LW}^*$, dass sich sowohl Inland als auch Ausland auf die Käseproduktion spezialisieren. Es wird keine Weinproduktion mehr stattfinden, sodass das relative Angebot an Käse ins Unendliche steigt.

Die Kurve der relativen Nachfrage *RD* erfordert keine derart ausführliche Analyse. Ihr Absinken widerspiegelt Substitutionseffekte. Mit steigendem relativen Käsepreis kaufen die Verbraucher weniger Käse und mehr Wein, sodass die relative Nachfrage nach Käse sinkt.

Der relative Gleichgewichtspreis des Käses ist bestimmt durch den Schnittpunkt der beiden Kurven des relativen Angebots und der relativen Nachfrage. Abbildung 2.3 zeigt die Kurve der relativen Nachfrage *RD*, die sich in Punkt 1 mit der *RS*-Kurve schneidet, wo der relative Käsepreis zwischen dem Preis liegt, den er in beiden Ländern jeweils vor Eröffnung des Handels erreicht. In diesem Fall spezialisiert sich jedes Land auf die Produktion desjenigen Gutes, bei dem es einen komparativen Vorteil hat: Inland produziert nur Käse, Ausland nur Wein.

Doch das ist nicht das einzig mögliche Ergebnis. Wenn die relevante Kurve *RD* zum Bei-spiel RD^1 wäre, dann würden sich die Kurven für das relative Angebot und die relative Nachfrage auf einem der horizontalen Abschnitte von *RS* schneiden. An Punkt 2 beträgt der relative Käsepreis nach Handel a_{LC}/a_{LW}, entspricht also den in Inland gegebenen Opportunitätskosten von Käse in Wein.

Worin besteht die Bedeutung dieses Befunds? Wenn der relative Preis von Käse dessen Opportunitätskosten in Inland entspricht, muss sich die Volkswirtschaft von Inland nicht auf die Produktion von Käse oder Wein spezialisieren. In Punkt 2 muss Inland sowohl Wein als auch Käse herstellen; wir können dies aus der Tatsache ableiten, dass das rela-tive Käseangebot (Punkt *Q′* auf der horizontalen Achse) geringer ist als bei einer voll-ständigen Spezialisierung von Inland. Da in Ausland P_C/P_W geringer ist als die Oppor-tunitätskosten von Käse in Wein, spezialisiert sich Ausland seinerseits sehr wohl vollständig auf die Weinproduktion. Daher bleibt die Aussage gültig, dass ein Land, wenn es sich spezialisiert, immer die Güter wählt, bei denen es über einen komparativen Vorteil verfügt.

Klammern wir zunächst die Möglichkeit aus, dass sich eines der beiden Länder nicht vollständig spezialisiert. Abgesehen von diesem Fall besteht das normale Ergebnis des Handels darin, dass sich der Preis der gehandelten Ware (d.h. Käse) im Verhältnis zu irgendeiner anderen Ware (Wein) irgendwo zwischen ihrem Niveau vor Handel in beiden Ländern einpendelt.

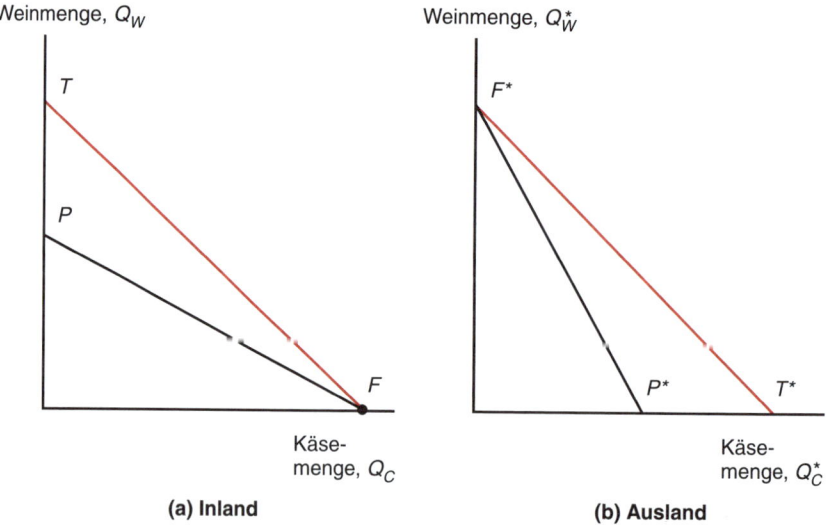

Der Außenhandel eröffnet sowohl Inland als auch Ausland Konsummöglichkeiten im Bereich der farbigen Linien, die jenseits ihrer eigenen Transformationskurven liegen.

Abbildung 2.4:   **Außenhandel erweitert die Konsummöglichkeiten**

Infolge dieser Konvergenz der relativen Preise spezialisiert sich jedes Land auf diejenigen Güter, bei denen sein Arbeitskoeffizient geringer ist als in dem anderen Land. Ein Anstieg des relativen Käsepreises in Inland wird Inland veranlassen, sich auf die Käseproduktion zu spezialisieren, was durch den Punkt F in Abbildung 2.4a angezeigt wird. Ein Sinken des relativen Käsepreises in Ausland wird Ausland veranlassen, sich auf die Weinproduktion zu spezialisieren, was durch den Punkt F^* in Abbildung 2.4b angezeigt wird.

2.3.2   Außenhandelsgewinne

Wir haben gesehen, dass Länder mit unterschiedlicher relativer Arbeitsproduktivität in bestimmten Sektoren sich auf die Produktion unterschiedlicher Güter spezialisieren. Als Nächstes zeigen wir auf, dass diese Spezialisierung beiden Ländern **Außenhandelsgewinne** bringt. Diese wechselseitigen Vorteile können auf zweierlei Wegen nachgewiesen werden.

Der erste Weg, um den Nutzen von Spezialisierung und Handel aufzuzeigen, besteht darin, den Handel als Methode indirekter Produktion aufzufassen. Inland könnte auch direkt Wein herstellen, doch der Handel mit Ausland ermöglicht ihm, Wein vermittels der Herstellung von Käse zu „produzieren", der gegen Wein eingetauscht wird. Diese indirekte Methode zur „Produktion" eines Liters Wein ist effizienter als die direkte Produktion. Betrachten wir zwei alternative Möglichkeiten zur Verwendung einer Arbeitsstunde. Zum einen könnte Inland die Stunde direkt benutzen, um $1/a_{LW}$ Liter Wein zu produzieren. Alternativ könnte Inland die Stunde verwenden, um $1/a_{LC}$ Pfund Käse herzustellen. Dieser Käse könnte dann gegen Wein eingetauscht werden, wobei jedes Pfund P_C/P_W Liter einbringt, sodass unsere ursprüngliche Arbeitsstunde $(1/a_{LC})$ (P_C/P_W) Liter Wein ergibt. Das ist eine größere Menge Wein, als die direkte Herstellung in einer Stunde erbracht hätte, solange

$$(1/a_{LC})(P_C/P_W) > 1/a_{LW} \qquad\qquad (2\text{-}5)$$

oder

$$P_C/P_W > a_{LC}/a_{LW}$$

Wir haben jedoch soeben gesehen, dass im Falle eines internationalen Gleichgewichts, wenn keines der Länder beide Güter produziert, notwendigerweise $P_C/P_W > a_{LC}/a_{LW}$. Daraus geht hervor, dass Inland durch Käseherstellung und -handel effizienter Wein „produzieren" kann als durch die direkte Produktion für den Eigenbedarf. Entsprechend kann Ausland Käse effizienter „produzieren", indem es Wein herstellt und damit handelt. Diese Sichtweise lässt den Gewinn beider Länder deutlich werden.

Ein weiterer Weg zur Erkenntnis der beidseitigen Außenhandelsgewinne führt über die Auswirkungen des Handels auf die Konsummöglichkeiten beider Länder. Wenn kein Außenhandel stattfindet, entsprechen die Konsummöglichkeiten genau den Produktionsmöglichkeiten (die schwarzen Linien PF und P^*F^* in Abbildung 2.4). Sobald Außenhandel zugelassen wird, hat jedes Land die Möglichkeit, Käse und Wein in anderen Mengenverhältnissen zu konsumieren, als es sie selbst produziert. Die Konsummöglichkeiten von

Inland werden durch die farbige Linie *TF* in Abbildung 2.4a dargestellt, die Konsummöglichkeiten von Ausland durch *T*F** in Abbildung 2.4b. In beiden Fällen hat der Handel die Optionen erweitert und so den Einwohnern jedes Landes einen Zugewinn an Wohlstand beschert.

2.3.3   Ein Zahlenbeispiel

In diesem Abschnitt festigen wir unser Verständnis der beiden wesentlichen Punkte anhand eines Zahlenbeispiels:

- Wenn zwei Länder sich auf die Produktion derjenigen Güter spezialisieren, bei denen sie über einen komparativen Vorteil verfügen, verzeichnen beide Länder Außenhandelsgewinne.

- Der komparative Vorteil darf nicht mit dem absoluten Vorteil verwechselt werden; der komparative, nicht der absolute Vorteil ist ausschlaggebend dafür, wer ein Gut herstellt und herstellen sollte.

Nehmen wir also für Inland und Ausland die in Tabelle 2.2 angegebenen Arbeitskoeffizienten an.

	Käse	Wein
Inland	$a_{LC} = 1$ Stunde pro Pfund	$a_{LW} = 2$ Stunden pro Liter
Ausland	$a_{LC}^* = 6$ Stunden pro Pfund	$a_{LW}^* = 3$ Stunden pro Liter

Tabelle 2.2: Arbeitskoeffizienten

An dieser Tabelle fällt ins Auge, dass die Arbeitskoeffizienten in Inland geringer sind, d.h. im Umkehrschluss, dass Inland in beiden Branchen eine höhere Arbeitsproduktivität aufweist. Sehen wir davon jedoch zunächst ab und wenden wir uns der Handelsstruktur zu.

Als Erstes müssen wir den relativen Preis von Käse bestimmen, P_C/P_W. Während der endgültige relative Preis von der Nachfrage abhängt, wissen wir, dass er sich zwischen den Opportunitätskosten von Käse in beiden Ländern bewegen muss. Für Inland gilt $a_{LC} = 1$, $a_{LW} = 2$, die Opportunitätskosten von Käse in Wein in Inland sind also $a_{LC}/a_{LW} = \frac{1}{2}$. Für Ausland gilt $a_{LC}^* = 6$, $a_{LW}^* = 3$, die Opportunitätskosten von Käse sind also 2. Bei internationalem Gleichgewicht muss der relative Käsepreis zwischen diesen beiden Werten liegen. In unserem Beispiel nehmen wir an, dass bei internationalem Gleichgewicht auf dem Weltmarkt ein Pfund Käse für einen Liter Wein gehandelt wird, sodass $P_C/P_W = 1$.

Wenn ein Pfund Käse zum selben Preis gehandelt wird wie ein Liter Wein, werden sich beide Länder spezialisieren. In Inland erfordert die Herstellung eines Pfunds Käse nur halb so viele Personenstunden wie die Produktion eines Liters Wein (1 gegenüber 2); Arbeiter in Inland können also durch die Käseherstellung mehr verdienen und Inland wird sich auf die Käseproduktion spezialisieren. Umgekehrt erfordert in Ausland die Herstellung eines Pfunds Käse doppelt so viele Personenstunden wie die Herstellung eines Liters Wein (6 gegenüber 3), daher können Arbeiter in Ausland durch die Weinherstellung mehr verdienen und Ausland wird sich auf die Weinproduktion spezialisieren.

Wir wollen zeigen, dass diese Spezialisierungsstruktur zu Außenhandelsgewinnen führt. Zunächst wollen wir nachweisen, dass Inland effizienter Wein „produzieren" kann, indem es Käse herstellt und gegen Wein eintauscht, als durch die direkte Weinproduktion. Bei direkter Produktion erzeugt eine Inlands-Arbeitsstunde nur einen halben Liter Wein. Diese Stunde könnte benutzt werden, um ein Pfund Käse herzustellen, für das im Handel ein Liter Wein eingetauscht werden kann. Inland zieht eindeutig einen Gewinn aus diesem Handel. Entsprechend könnte Ausland mit einer Arbeitsstunde 1/6 Pfund Käse herstellen; wenn es jedoch diese Stunde zur Herstellung von 1/3 Liter Wein nutzt, kann es dann im Außenhandel 1/3 Liter Wein gegen 1/3 Pfund Käse eintauschen. Das ist doppelt so viel wie das 1/6 Pfund Käse, das bei direkter Produktion in einer Stunde hergestellt werden kann. In diesem Beispiel kann jedes Land seine Arbeit doppelt so effizient nutzen, wenn es die Güter seines Bedarfs über den Handel erwirbt, als wenn es seine Importe selbst herstellen würde.

2.3.4   Relativer Lohn

Politische Diskussionen über Außenhandel konzentrieren sich oft auf Vergleiche zwischen den Lohnsätzen verschiedener Länder. Gegner des Handels zwischen den USA und Mexiko betonen beispielsweise häufig, dass Arbeiter in Mexiko nur etwa 2 US-Dollar Stundenlohn erhalten, während der typische Arbeitnehmer in den USA mehr als 15 US-Dollar pro Stunde verdient. Bisher haben wir in unserer Darstellung des Außenhandels die Löhne in den beiden Ländern nicht ausdrücklich verglichen, doch im Rahmen unseres Zahlenbeispiels kann man feststellen, wie sich ihre Lohnsätze zueinander verhalten.

Sobald sich beide Länder spezialisiert haben, sind in Inland sämtliche Arbeiter in der Käseproduktion beschäftigt. Da die Herstellung von einem Pfund Käse eine Arbeitstunde erfordert, verdienen Arbeiter in Inland den Gegenwert von einem Pfund Käse als Stundenlohn. Entsprechend produzieren die Arbeiter in Ausland nur Wein, und da sie für jeden Liter drei Stunden benötigen, verdienen sie den Gegenwert von 1/3 Liter Wein pro Stunde.

Um diese Zahlen in Dollargrößen wiederzugeben, müssen wir die Preise von Käse und Wein kennen. Nehmen wir also an, ein Pfund Käse und ein Liter Wein kosten beide 12 Dollar, dann verdienen die Inland-Arbeiter 12 Dollar und die Ausland-Arbeiter 4 Dollar pro Stunde. Der **relative Lohn** der Arbeiter eines Landes ist der Betrag, den sie als Stundenlohn erhalten, im Vergleich zum Stundenlohn der Arbeiter eines anderen Landes. Der relative Lohn der Inlandarbeiter ist daher 3.

Dieser relative Lohn ist offenbar unabhängig davon, ob der Preis eines Pfunds Käse 12 oder 20 Dollar beträgt, solange nur ein Liter Wein zu demselben Preis verkauft wird. Solange der relative Käsepreis – der Preis eines Pfunds Käse geteilt durch den Preis eines Liters Wein – 1 bleibt, ist der Lohn der Inlandarbeiter drei Mal so hoch wie derjenige der Auslandarbeiter.

Beachten Sie, dass dieser Lohnsatz zwischen den Relationen der Produktivitätsraten beider Länder für beide Branchen liegt. Inland ist in der Käsebranche sechs Mal so produktiv wie Ausland, in der Weinbranche jedoch nur anderthalb Mal so produktiv, und seine Löhne sind am Ende drei Mal so hoch wie diejenigen in Ausland. Gerade weil der relative Lohn zwischen den relativen Produktivitäten liegt, hat jedes Land bei einem Gut am Ende einen *Kosten*vorteil. Wegen seinem geringeren Lohnsatz hat Ausland einen Kostenvorteil bei Wein, obwohl seine Produktivität geringer ist. Inland hat trotz seines höheren Lohnsatzes einen Kostenvorteil bei Käse, weil die höheren Löhne durch seine höhere Produktivität mehr als ausgeglichen werden.

Wir haben somit das einfachste aller Außenhandelsmodelle entwickelt. Obwohl das Einfaktormodell nach Ricardo viel zu elementar ist, um eine vollständige Analyse der Ursachen und Folgen des Außenhandels zu liefern, kann die Konzentration auf die relative Arbeitsproduktivität bei der Untersuchung des Außenhandels sehr wertvolle Dienste leisten. Insbesondere bietet das einfache Einfaktormodell eine gute Handhabe gegen gängige falsche Annahmen über die Bedeutung des komparativen Vorteils und die Beschaffenheit von Gewinnen aus freiem Handel. Diese irrigen Annahmen tauchen in der öffentlichen Debatte über die Außenwirtschaftspolitik und selbst in den Aussagen vermeintlicher Experten derart häufig auf, dass wir uns im nächsten Abschnitt die Zeit nehmen, einige der verbreitetsten Irrtümer hinsichtlich des komparativen Vorteils im Lichte unseres Modells zu überprüfen.

Beispiel 2.2: Verluste aus Nicht-Handel

Wir untersuchten die Gewinne aus Handel anhand eines „Gedankenexperiments", in dem wir zwei Situationen verglichen: einmal trieben die beiden Länder überhaupt keinen Handel, das andere Mal herrschte freier Handel. Dieser hypothetische Fall hilft uns, die Prinzipien der Außenwirtschaft zu verstehen, hat aber mit der Realität wenig gemeinsam. Schließlich wechseln Länder nicht abrupt zwischen gar keinem Handel und Freihandel hin und her. Oder doch?

Der Wirtschaftshistoriker Douglas Irwin* weist darauf hin, dass die USA in ihrer frühen Geschichte dem Gedankenexperiment, von freiem Handel zu gar keinem Handel überzugehen, tatsächlich einmal sehr nahe kamen. Dies geschah vor folgendem historischen Hintergrund: Großbritannien und Frankreich trugen einen großen militärischen Konflikt aus: die Napoleonischen Kriege. Beide Länder versuchten dabei wirtschaftlichen Druck auszuüben. Frankreich bemühte sich, die europäischen Länder vom Handel mit Großbritannien abzuhalten, während Großbritannien eine Blockade gegen Frankreich verhängte. Die USA, damals ein junger Staat, verhielten sich neutral, wurden aber schwer in Mitleidenschaft gezogen. Insbesondere die britische Marine brachte häufig US-amerikanische Handelsschiffe auf. In einem Fall wurde die Besatzung sogar gezwungen, in den Dienst der britischen Armee zu treten.

Um Großbritannien zum Verzicht auf solche Praktiken zu zwingen, verhängte der amerikanische Präsident Thomas Jefferson ein völliges Verbot der überseeischen Handelsschifffahrt. Durch dieses Embargo büßten sowohl die USA als auch Großbritannien ihre Außenhandelsgewinne ein, doch Jefferson hoffte, dass Großbritannien den größeren Schaden davontragen und sich schließlich bereit finden würde, seine Übergriffe einzustellen.

Irwin weist nach, dass das Embargo recht wirkungsvoll war. Ein gewisser Schmuggel fand zwar statt, doch insgesamt ging der Handel zwischen den USA und dem Rest der Welt stark zurück. Die USA gaben den Außenhandel praktisch für eine gewisse Zeit auf.

Die Kosten waren erheblich. Irwin muss zwar in vieler Hinsicht Mutmaßungen anstellen, kommt jedoch zu dem Schluss, dass das Realeinkommen der USA infolge des Embargos um etwa 8 Prozent gesunken sein dürfte. Da Anfang des 19. Jahrhunderts nur ein Bruchteil der Produktion gehandelt werden konnte – die Transportkosten waren noch zu hoch, um beispielsweise Waren wie Weizen in großen Mengen über den Atlantik zu verschiffen –, ist dieser Betrag recht beachtlich.

Zu Jeffersons Verdruss fühlte sich Großbritannien offenbar weniger getroffen und zeigte keine Neigung, den Forderungen der USA nachzugeben. Vierzehn Monate nach seiner Verhängung wurde das Embargo wieder aufgehoben. Großbritannien eignete sich weiterhin amerikanische Frachtladungen und Seeleute an; drei Jahre später kam es zum Krieg zwischen den beiden Ländern.

*Douglas Irwin, „The Welfare Cost of Autarky: Evidence from the Jeffersonian Trade Embargo, 1807-1809", National Bureau of Economic Research Working Paper no. 8692, Dez. 2001.

2.4 Irrige Annahmen über den komparativen Vorteil

Auf dem Gebiet der Wirtschaft herrscht kein Mangel an verworrenen Vorstellungen. Politiker, Unternehmensführer und selbst Ökonomen treffen oft Aussagen, die einer sorgfältigen wirtschaftswissenschaftlichen Analyse nicht standhalten. Aus irgendeinem Grund trifft dies insbesondere auf die internationalen Wirtschaftsbeziehungen zu. Im Wirtschaftsteil jeder beliebigen Sonntagszeitung oder jedes wöchentlichen Nachrichtenmagazins dürfte sich mindestens ein Artikel finden, der undurchdachte Bemerkungen zum Thema Außenhandel enthält. Drei falsche Annahmen haben sich dabei als besonders zählebig erwiesen. Unser einfaches Modell des komparativen Vorteils gibt Aufschluss, weshalb sie nicht zutreffen.

2.4.1   Das Wettbewerbsfähigkeits-Argument

Mythos 1: Freihandel bringt nur dann Nutzen, wenn das eigene Land dem ausländischen Wettbewerb standhalten kann. Dieses Argument erscheint vielen Menschen außerordentlich einleuchtend. Ein bekannter Historiker kritisierte beispielsweise vor kurzem die Forderung nach freiem Handel, indem er ihre praktische Umsetzung in Frage stellte: „Und wenn man nun nichts billiger oder effizienter produzieren kann als irgendwo sonst, außer durch eine ständige Beschneidung der Arbeitskosten?", sorgte er sich.[2]

Diese Stellungnahme zeigt, dass der Autor das Wesentliche des Ricardo-Modells nicht begriffen hat: Außenhandelsgewinne ergeben sich aufgrund komparativer, nicht **absoluter Vorteile**. Er befürchtet, dass das eigene Land möglicherweise nichts hat, das es effizienter herstellen kann als alle anderen – dass es also in keinem Bereich einen absoluten Vorteil hat. Doch das wäre gar nicht schlimm. In unserem einfachen Zahlenbeispiel hatte Inland sowohl in der Käse- als auch in der Weinherstellung niedrigere Arbeitskoeffizienten und somit eine höhere Produktivität. Trotzdem verzeichneten, wie wir sahen, beide Länder Außenhandelsgewinne.

Es liegt immer nahe anzunehmen, dass die Fähigkeit des eigenen Landes, ein Gut zu exportieren, von seinem absoluten Produktivitätsvorteil abhängt. Doch ein absoluter Produktivitätsvorteil gegenüber anderen Ländern bei der Herstellung eines Guts ist weder eine notwendige noch eine hinreichende Bedingung für einen komparativen Vorteil bei diesem Gut. Aus unserem Einfaktormodell geht klar hervor, weshalb ein absoluter Produktivitätsvorteil in einer Branche weder notwendig noch hinreichend ist, um einen Wettbewerbsvorteil zu erringen: Der Wettbewerbsvorteil einer Branche hängt nicht nur von ihrer Produktivität im Verhältnis zu dieser Branche im Ausland ab, sondern auch vom einheimischen Lohnsatz im Verhältnis zum ausländischen Lohnsatz. Der Lohnsatz eines Landes hängt wiederum von seiner relativen Produktivität in anderen Branchen ab. In unserem Zahlenbeispiel ist Ausland bei der Weinherstellung weniger effizient als Inland, hat jedoch in der Käsebranche einen noch größeren relativen Produktivitätsnachteil. Aufgrund seiner insgesamt geringeren Produktivität muss Ausland niedrigere Löhne zahlen als Inland. Der Abstand muss so groß sein, dass seine Kosten in der Weinproduktion unter jene von Inland sinken. Entsprechend hat, um ein Beispiel aus der Praxis zu wählen, Portugal in der Bekleidungsbranche eine geringere Produktivität als die USA, weil aber Portugals Produktivitätsnachteil in anderen Branchen noch größer ist, zahlt es so niedrige Löhne, dass es in der Bekleidungsproduktion dennoch einen komparativen Vorteil erzielt.

Aber ist es nicht unfair, einen komparativen Vorteil durch niedrige Löhne zu erhalten? Viele Menschen vertreten diese Ansicht – die zweite irrige Annahme.

---

[2]   Paul Kennedy, „The Threat of Modernization", in: *New Perspectives Quarterly*, Winter 1995, S. 31-33.

2.4.2 Das Lohndumping-Argument

Mythos 2: Internationaler Wettbewerb ist unfair und schadet anderen Ländern, wenn er über niedrige Löhne ausgetragen wird. Dieser Einwand, manchmal als **Lohndumping-Argument** bezeichnet, wird besonders gern von Gewerkschaften angeführt, die Schutz vor ausländischer Konkurrenz fordern. Die Verfechter dieser Überzeugung argumentieren, dass man nicht mit Branchenvertretern aus dem Ausland konkurrieren sollte, die weniger effizient sind, aber geringere Löhne zahlen. Diese Ansicht ist weit verbreitet und hat beträchtlichen politischen Einfluss gewonnen. Im Jahr 1993 warnte Ross Perot, der aus eigener Kraft zum Milliardär aufgestiegen und als Präsidentschaftskandidat angetreten war, dass Freihandel zwischen den USA und Mexiko mit seinen weitaus niedrigeren Löhnen zu einem „großen Saugen" führen werde, da die Industrie aus den USA nach Mexiko gezogen würde. Sir James Goldsmith – ein weiterer Selfmade-Milliardär und angesehener Abgeordneter des Europaparlaments – vertrat im selben Jahr ganz ähnliche, wenn auch weniger blumig ausgeschmückte Ansichten in seinem Buch „The Trap", das in Frankreich zum Bestseller wurde.

Auch dieses Argument wird durch unser einfaches Modell widerlegt. In unserem Beispiel ist Inland in beiden Branchen produktiver als Ausland und die niedrigeren Kosten der Weinproduktion in Ausland sind einzig durch den weitaus geringeren Lohnsatz bedingt. Doch der geringere Lohnsatz von Ausland spielt für die Außenhandelsgewinne von Inland überhaupt keine Rolle. Es ist gleichgültig, ob die niedrigeren Kosten für in Ausland produzierten Wein durch höhere Produktivität oder durch niedrigere Löhne zustande kommen. Für Inland kommt es lediglich darauf an, dass es im Hinblick auf seine eigene Arbeit billiger ist, Käse zu produzieren und gegen Wein einzutauschen, als selbst Wein herzustellen.

Inland ist damit gut bedient, aber wie steht es um Ausland? Ist es nicht falsch, seine Exporte auf billige Löhne zu basieren? Gewiss ist diese Lage nicht beneidenswert, doch die Vorstellung, dass Handel nur dann gut ist, wenn man hohe Löhne erhält, ist unser dritter und letzter Irrtum.

	Entgelt pro Stunde, 1975 (US = 100)	Entgelt pro Stunde, 2000 (US = 100)	Jährlicher prozentualer Anstieg der Lohnstück-kosten, 1979-2000
USA	100	100	1,1
Südkorea	5	41	0,7
Taiwan	6	30	3,6
Hongkong	12	28	keine Angabe
Singapur	13	37	keine Angabe

Tabelle 2.3: Veränderungen bei Löhnen und Lohnstückkosten
Quelle: Bureau of Labor Statistics (Homepage für Arbeitsmarktstatistiken im Ausland, www.bls.gov/fls/home.htm)

Beispiel 5.3: Widerspiegeln Löhne die Produktivität?

In dem Zahlenbeispiel, das wir verwenden, um verbreitete irrige Vorstellungen über den komparativen Vorteil zu hinterfragen, nehmen wir an, dass die relativen Löhne zweier Länder ihre relative Produktivität widerspiegeln. Wir gehen davon aus, dass sich das Verhältnis zwischen Inlands- und Auslandslöhnen in einem Bereich bewegt, der beiden Ländern für eines der beiden Güter einen Kostenvorteil verschafft. Diese Implikation ergibt sich in unserem theoretischen Modell mit Notwendigkeit. Doch viele Menschen überzeugt dieses Modell nicht. Insbesondere die schnellen Produktivitätssteigerungen in „Schwellenländern" wie China bereiten einigen Beobachtern im Westen Kopfzerbrechen. Sie meinen, dass diese Länder auch bei steigender Produktivität weiterhin niedrige Löhne zahlen werden, sodass Hochlohnländer Kostennachteile erleiden. Die gegenteiligen Prognosen orthodoxer Ökonomen wischen sie als unrealistische theoretische Spekulation vom Tisch. Sehen wir zunächst von der Logik dieser Position ab und betrachten wir die Fakten.

Immerhin ist das Wachstum in den „neu industrialisierten Volkswirtschaften" Asiens ein klarer Testfall. Die so genannten asiatischen Tigerstaaten – Südkorea, Taiwan, Hongkong und Singapur – begannen in den 1960er Jahren einen raschen Entwicklungsprozess und erzielten während der letzten Jahrzehnte des 20. Jahrhunderts weitaus größere Produktivitätszuwächse als die Länder des Westens. Die Leistung pro Arbeiter betrug beispielsweise in Südkorea im Jahr 1975 nur 20 Prozent des US-amerikanischen Niveaus, im Jahr 1998 war sie bereits auf die Hälfte gestiegen.

Blieben die Löhne während dieses rasanten Produktivitätswachstums niedrig oder stiegen sie in den neu industrialisierten Ländern parallel zur Produktivität? Die Angaben in Tabelle 2.3 beweisen, dass sie stiegen. Die ersten beiden Spalten zeigen das Niveau des Entgelts (Löhne plus Zusatzleistungen) als Prozentsatz des US-amerikanischen Satzes von 1975 und 2000. Es ist unverkennbar, dass sich die Löhne auf dramatische Weise an das US-Niveau annäherten.

Stiegen die relativen Löhne in Asien schneller oder langsamer als die relative Produktivität? Die Behörde für Arbeitsstatistiken in den USA hat für Südkorea und Taiwan, wenn auch nicht für die anderen asiatischen Volkswirtschaften, Wechselkurse für die Lohnstückkosten errechnet. Wenn der Lohnzuwachs hinter der Produktivität zurückbliebe, würden die Lohnstückkosten im Vergleich zu den USA sinken; wenn der Lohnzuwachs die Produktivität überträfe, würden die relativen Lohnstückkosten steigen. Wie die dritte Spalte der Tabelle zeigt, blieb das Wachstum der Lohnstückkosten in Südkorea leicht hinter demjenigen der USA zurück, während es in Taiwan schneller erfolgte.

Kurz, die Fakten sprechen stark für die aus ökonomischen Modellen abgeleitete Ansicht, dass sich Produktivitätssteigerungen in Lohnerhöhungen niederschlagen.

2.4.3 Das Ausbeutungs-Argument

Mythos 3: Durch Handel wird ein Land ausgebeutet und es geht ihm insgesamt schlechter, wenn seine Arbeiter viel geringere Löhne erhalten als Arbeiter in anderen Ländern. Dieses Argument wird häufig emotionsgeladen vorgebracht. Ein Kolumnist verglich beispielsweise das Jahreseinkommen des Vorstandsvorsitzenden der Bekleidungskette „The Gap", 2 Millionen US-Dollar, mit dem Stundenlohn von 0,56 Dollar für die Arbeiter in Südamerika, die einige ihrer Handelswaren produzieren.[3] Es mag in der Tat hartherzig erscheinen, die erschreckend niedrigen Löhne zu rechtfertigen, die ein großer Teil der Arbeiter auf der Welt erhält.

Wenn man die Frage stellt, ob freier Handel wünschenswert ist, geht es allerdings nicht um die moralische Berechtigung der Ansprüche gering entlohnter Arbeiter auf mehr Geld. Man muss vielmehr beurteilen, ob es ihnen und ihrem Land aufgrund des Exports von auf niedrigen Löhnen basierenden Gütern schlechter geht, als wenn sie sich diesem entwürdigenden Tausch verweigern würden. *Gleichzeitig muss man fragen: Was ist die Alternative?*

So abstrakt es sein mag, geht aus unserem Zahlenbeispiel doch hervor, dass man einen niedrigen Lohn nicht zur Ausbeutung erklären kann, wenn man nicht in der Lage ist, eine Alternative zu benennen. In unserem Beispiel werden die Arbeiter in Ausland weitaus geringer entlohnt als die Inlandarbeiter, und man könnte sich leicht einen Kolumnisten vorstellen, der empörte Kommentare über ihre Ausbeutung schreibt. Wenn sich Ausland jedoch weigern würde, „ausgebeutet" zu werden, indem es sich dem Handel mit Inland entzieht (oder weitaus höhere Löhne in seinem Exportsektor durchsetzt, was denselben Effekt hätte), dann wären seine Löhne noch niedriger: Die Kaufkraft des Stundenlohns eines Arbeiters würde von 1/3 auf 1/6 Pfund Käse sinken.

Der Kolumnist, der auf die Einkommensunterschiede zwischen dem Vorsitzenden von „The Gap" und seinen Arbeitern hinwies, empörte sich über die Armut der Arbeiter in Mittelamerika. Ihnen die Möglichkeit des Exports und des Außenhandels zu verweigern hieße jedoch, sie zu noch größerer Armut zu verurteilen.

2.5 Der komparative Vorteil bei vielen Gütern

Bisher haben wir in unserer Darstellung ein Modell verwendet, in dem nur zwei Güter produziert und konsumiert werden. Diese vereinfachte Analyse ermöglicht uns viele wesentliche Erkenntnisse über den komparativen Vorteil und über Außenhandel. Wie wir im letzten Abschnitt sahen, trägt sie auch erstaunlich weit, wenn es um die Erörterung politischer Streitfragen geht. Um der Realität näher zu kommen muss man jedoch verstehen, wie sich der komparative Vorteil in einem Modell mit einer größeren Anzahl Güter auswirkt.

---

[3] Bob Herbert, Sweatshop Beneficiaries: How to Get Rich on 56 Cents an Hour, in: *New York Times*, 24. Juli 1995, S. A13.

2.5.1   Grundannahmen des Modells

Gehen wir wieder von einer Welt mit zwei Ländern aus, Inland und Ausland. Wie zuvor hat jedes Land nur einen Produktionsfaktor, Arbeit. Wir nehmen jedoch an, dass jedes Land eine große Menge an Gütern konsumiert und produzieren kann – N verschiedene Güter insgesamt. Wir ordnen jedem dieser Güter eine Zahl von 1 bis N zu.

Den technologischen Stand jedes Landes beschreiben wir mit Hilfe des Arbeitskoeffizienten für jedes Gut, d.h. anhand der Arbeitsstunden, die zur Herstellung einer Produkteinheit notwendig sind. Wir bezeichnen den Arbeitskoeffizienten von Inland für ein bestimmtes Gut als a_{Li}, wobei i die Zahl darstellt, die wir diesem Gut zugeordnet haben. Wenn Käse jetzt die Nummer 7 trägt, dann ist also a_{L7} der Arbeitskoeffizient für Käse. Entsprechend unserer üblichen Regel bezeichnen wir den Arbeitskoeffizienten in Ausland als a_{Li}^*.

Um den Handel analysieren zu können, wenden wir einen weiteren Kunstgriff an. Für jedes Gut können wir a_{Li}/a_{Li}^* berechnen, das Verhältnis des Arbeitskoeffizienten in Inland zu der entsprechenden Größe in Ausland. Der Kunstgriff besteht nun darin, den Gütern eine umso niedrigere Zahl zuzuordnen, je kleiner dieses Verhältnis ist. Wir ordnen die Güter bei ihrer Nummerierung also folgendermaßen an:

$$a_{L1}/a_{L1}^* < a_{L2}/a_{L2}^* < a_{L3}/a_{L3}^* < \ldots < a_{LN}/a_{LN}^*. \tag{2-6}$$

2.5.2   Relative Löhne und Spezialisierung

Nun können wir uns der Handelsstruktur zuwenden. Diese Struktur hängt von einem einzigen Faktor ab: dem Verhältnis der Inlandslöhne zu den Auslandslöhnen. Sobald wir diese Relation kennen, können wir feststellen, wer was produziert.

Nehmen wir an, w sei der Stundenlohnsatz in Inland und w^* der Lohnsatz in Ausland (w für *wage*, Lohn). Ihr Verhältnis beträgt w/w^*. Die Verteilung der Weltproduktion verläuft dann schlicht nach folgender Regel: Die Güter werden immer dort produziert, wo sie am billigsten hergestellt werden können. Die Kosten der Herstellung eines Guts, nehmen wir Gut i, ergeben sich aus dem Arbeitskoeffizienten multipliziert mit dem Lohnsatz. Die Kosten für die Herstellung von Gut i in Inland betragen wa_{Li}. Die Herstellung desselben Guts in Ausland kostet $w^*a_{Li}^*$. Es ist billiger, das Gut in Inland zu produzieren, wenn

$$wa_{Li} < w^*a_{Li}^*,$$

was umgeformt werden kann zu

$$a_{Li}^*/a_{Li} > w/w^*.$$

Andererseits ist es billiger, das Gut in Ausland zu produzieren, wenn

$$wa_{Li} > w^*a_{Li}^*,$$

was umgeformt werden kann zu

$$a_{Li}^*/a_{Li} < w/w^*.$$

Wir können die Regel der Produktionsverteilung also neu formulieren: Jedes Gut, für das $a_{Li}^*/a_{Li} > w/w^*$, wird in Inland produziert, während jedes Gut, für das $a_{Li}^*/a_{Li} < w/w^*$, in Ausland produziert wird.

Wir haben die Güter bereits in der aufsteigenden Ordnung von a_{Li}/a_{Li}^* angeordnet (Formel (2-6)). Aus diesem Kriterium für die Spezialisierung ergibt sich, dass es eine „Grenze" geben muss, die vom Lohnverhältnis der beiden Länder, w/w^*, bestimmt wird. Alle Güter zur Linken dieser Grenze werden in Inland hergestellt, alle Güter zu ihrer Rechten in Ausland. (Es ist möglich, wie wir gleich sehen werden, dass das Verhältnis der Lohnsätze genau dem Verhältnis der Arbeitskoeffizienten für ein Gut entspricht. In diesem Fall nimmt das Gut eine Grenzstellung ein und kann in beiden Ländern hergestellt werden.)

Tabelle 2.4 zeigt ein Zahlenbeispiel, in dem sowohl Inland als auch Ausland *fünf* Güter konsumieren und herstellen können: Äpfel, Bananen, Kaviar, Datteln und Enchiladas (eine lateinamerikanische Teigtasche).

Die ersten beiden Spalten dieser Tabelle erklären sich von selbst. Die dritte Spalte enthält das Verhältnis des Arbeitskoeffizienten in Inland zu jenem in Ausland für jedes einzelne Gut – mit anderen Worten, den relativen Produktivitätsvorteil von Inland für jedes Gut. Wir haben die Güter entsprechend der Größe des Produktivitätsvorteils von Inland sortiert, wobei dieser für Äpfel am größten und für Enchiladas am geringsten ist.

Gut	Arbeitskoeffizienten in Inland (a_{Li})	Arbeitskoeffizienten in Ausland (a_{Li}^*)	Relativer Produktivitätsvorteil von Inland (a_{Li}^*/a_{Li})
Äpfel	1	10	10
Bananen	5	40	8
Kaviar	3	12	4
Datteln	6	12	2
Enchiladas	12	9	0,75

Tabelle 2.4: Arbeitskoeffizienten in Inland und Ausland

Welches Land welche Güter produziert, hängt vom Verhältnis der Lohnsätze in In- und Ausland ab. Inland hat einen Kostenvorteil für alle Güter, bei denen seine relative Produktivität höher ist als sein relativer Lohn, für die übrigen hat Ausland den Vorteil. Wenn beispielsweise der Lohnsatz in Inland fünf Mal so hoch ist wie in Ausland (ein Verhältnis des Inlands- zum Auslandslohn von fünf zu eins), dann werden Äpfel und Bananen in Inland produziert, während Kaviar, Datteln und Enchiladas in Ausland hergestellt werden. Wenn der Inlandslohnsatz nur drei Mal so hoch ist wie der Auslandslohnsatz, produziert Inland Äpfel, Bananen und Kaviar, während Ausland nur Datteln und Enchiladas bleiben.

Mit Hilfe der uns bereits vertrauten Methode können wir feststellen, dass diese Spezialisierungsstruktur für beide Länder von Vorteil ist. Wir vergleichen die Arbeitskosten für die direkte Herstellung eines Gutes in einem Land mit denjenigen, die bei der indirekten „Produktion" anfallen, bei der ein anderes Gut hergestellt und gegen das gewünschte Gut eingetauscht wird. Wenn der Inlandslohnsatz drei Mal so hoch ist wie der Auslandslohnsatz (anders ausgedrückt, der Lohnsatz in Ausland ein Drittel des Inlandsniveaus beträgt), dann importiert Inland Datteln und Enchiladas. Die Produktion einer Einheit Datteln erfordert in Ausland 12 Arbeitseinheiten, doch in Inlandsarbeit gemessen betragen ihre Kosten, angesichts des Verhältnisses von drei zu eins, nur 4 Personenstunden (12/3). Diese Kosten von 4 Personenstunden liegen unter den 6 Personenstunden, die erforderlich wären, um die Einheit Datteln in Inland zu produzieren. Bei Enchiladas hat Ausland sowohl eine höhere Produktivität als auch niedrigere Löhne; es kostet Inland also nur 3 Personenstunden, durch Handel eine Einheit Enchiladas zu erwerben, deren Herstellung im eigenen Land 12 Personenstunden erfordern würde. Mittels einer einfachen Rechnung kann man nachweisen, dass auch Ausland profitiert. Bei jedem Gut, das Ausland importiert, stellt sich heraus, dass dessen Erwerb durch Außenhandel, gemessen in einheimischer Arbeit, billiger ist als dessen Produktion im eigenen Land. Die Herstellung einer Einheit Äpfel würde beispielsweise 10 Stunden Auslandsarbeit erfordern. Selbst bei einem Lohnsatz, der nur ein Drittel so hoch ist wie in Inland, kann Ausland mit nur drei Stunden Arbeit genug verdienen, um von Inland eine Einheit Äpfel zu erwerben.

Bei diesen Berechnungen haben wir einfach vorausgesetzt, dass der relative Lohn 3 beträgt. Doch wie wird dieser relative Lohn eigentlich bestimmt?

2.5.3   Bestimmung des relativen Lohns im Modell mit mehreren Gütern

In unserem Modell mit zwei Gütern bestimmten wir die relativen Löhne, indem wir zunächst die Inlandslöhne in Käse und die Auslandslöhne in Wein ausdrückten und dann den Käse- und den Weinpreis zueinander in Beziehung setzten, um das Verhältnis zwischen den Lohnsätzen beider Länder abzuleiten. Dies war möglich, weil wir wussten, dass Inland Käse und Ausland Wein herstellen würde. Im Falle mehrerer Güter können wir nur dann feststellen, wer was produziert, wenn uns der relative Lohn bereits bekannt ist. Daher ist obiges Verfahren nicht anwendbar. Um die relativen Löhne in einer Wirtschaft mit mehreren Gütern zu ermitteln, müssen wir hinter der relativen Nachfrage nach Gütern die dadurch implizierte relative Nachfrage nach Arbeit betrachten. Dabei handelt es sich nicht um eine direkte Nachfrage seitens der Verbraucher, sondern um eine **abgeleitete Nachfrage**, die sich aus der Nachfrage nach den Gütern ergibt, die mittels der Arbeit des jeweiligen Landes hergestellt werden.

Die relative abgeleitete Nachfrage nach Inlandsarbeit sinkt, sobald die Inlandslöhne im Verhältnis zu den Auslandslöhnen steigen. Dies hat zwei Gründe. Erstens werden die in Inland produzierten Güter mit steigenden Arbeitskosten in Inland im Verhältnis ebenfalls teurer, sodass die Weltnachfrage nach diesen Gütern sinkt. Zweitens werden bei steigenden Inlandslöhnen in Inland weniger und in Ausland mehr Güter produziert, sodass die Nachfrage nach Arbeit in Inland weiter sinkt.

Veranschaulichen wir uns diese beiden Effekte wieder anhand unseres Zahlenbeispiels. Nehmen wir folgende Ausgangslage an: Der Lohnsatz in Inland ist ursprünglich 3,5 Mal so hoch wie derjenige in Ausland. Bei diesem Niveau würde Inland Äpfel, Bananen und Kaviar produzieren, Ausland dagegen Datteln und Enchiladas. Wenn nun der relative Lohn in Inland von 3,5 auf knapp unter 4 steigen würde, z.B. auf 3,99, bliebe die Spezialisierungsstruktur unverändert. Da aber die in Inland produzierten Güter im Verhältnis teurer würden, würde die relative Nachfrage nach diesen Gütern leicht sinken, und mit ihr auch die relative Nachfrage nach Inlandsarbeit.

Nehmen wir nun an, dass der relative Lohn noch einmal leicht ansteigt, von 3,99 auf 4,01. Dieser geringe weitere Anstieg des relativen Inlandslohns würde eine Verschiebung in der Spezialisierungsstruktur bewirken. Weil die Produktion von Kaviar fortan in Ausland billiger wäre als in Inland, würde sie von Inland nach Ausland verlagert. Welche Folgen hat dies für die relative Nachfrage nach Inlandsarbeit? Der Anstieg des relativen Lohns von knapp unter auf knapp über 4 würde zu einem abrupten Einbruch der relativen Nachfrage führen, da die Kaviarproduktion in Inland auf Null zurückgeht und Ausland eine neue Branche erhält. Wenn der relative Lohn weiter steigt, wird die relative Nachfrage nach Arbeit in Inland allmählich weiter zurückgehen und dann bei einem relativen Lohn von 8 erneut schlagartig abfallen, weil bei dieser Lohnhöhe die Bananenproduktion nach Ausland wandert.

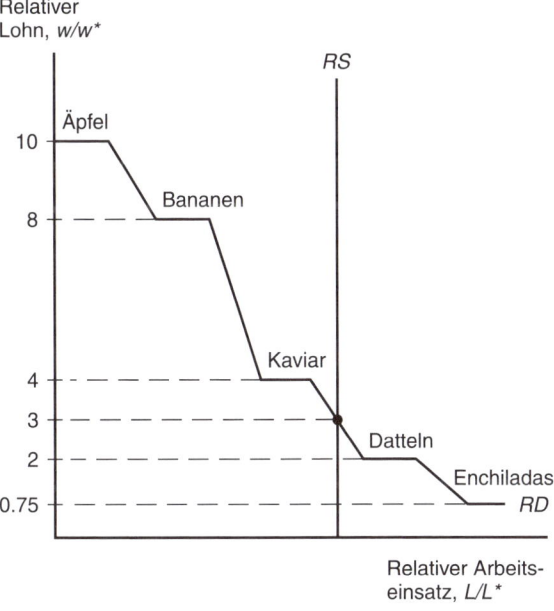

In einem Ricardo-Modell mit mehreren Gütern werden die relativen Löhne bestimmt durch den Schnittpunkt der abgeleiteten Kurve der relativen Nachfrage nach Arbeit, *RD*, mit dem relativen Angebot *RS*.

Abbildung 2.5: Bestimmung der relativen Löhne

Wir können die Bestimmung der relativen Löhne mit einem Diagramm darstellen, wie es in Abbildung 2.5 gezeigt ist. Im Gegensatz zu Abbildung 2.3 bilden die Achsen dieses Schaubilds nicht die relativen Gütermengen oder die relativen Güterpreise ab. Stattdessen geben sie die relative Quantität an Arbeit und den relativen Lohn wieder. Die Kurve *RD* zeigt die Weltnachfrage nach Inlandsarbeit im Verhältnis zur Nachfrage nach Auslandsarbeit. Die Linie *RS* zeigt das Weltangebot an Inlandsarbeit im Verhältnis zu Auslandsarbeit.

Das relative Angebot an Arbeit wird vom relativen Arbeitsangebot in Inland und Ausland bestimmt. Wenn wir davon ausgehen, dass die Anzahl der verfügbaren Personenstunden nicht von Lohnschwankungen beeinflusst wird, hat der relative Lohn keine Auswirkungen auf das relative Angebot an Arbeit. *RS* bildet dann eine vertikale Linie.

Unsere Ausführungen über die relative Nachfrage nach Arbeit erklären die „Treppenform" von *RD*. Jedes Mal, wenn wir den Lohnsatz der Inlandsarbeiter im Verhältnis zu den Auslandsarbeitern erhöhen, sinkt die relative Nachfrage nach in Inland produzierten Gütern und mit ihr auch die Nachfrage nach Inlandsarbeit. Darüber hinaus sinkt die relative Nachfrage nach Inlandsarbeit jedes Mal schlagartig, sobald eine Ware infolge einer Erhöhung des relativen Inlandslohns in Ausland billiger produziert werden kann. Der Kurvenverlauf wechselt also zwischen gleichmäßig absinkenden Abschnitten, in denen sich die Spezialisierungsstruktur nicht ändert, und flachen Abschnitten, nach denen sich die relative Nachfrage aufgrund von Verschiebungen in der Spezialisierungsstruktur abrupt ändert. Wie das Schaubild zeigt, treten diese flachen Abschnitte dort auf, wo der relative Lohn jeweils bei einem der fünf Güter dem Verhältnis der Inlands- zur Auslandsproduktivität entspricht.

Der Schnittpunkt von *RD* und *RS* bestimmt, wo sich der relative Lohn im Gleichgewicht befindet. Auf unserem Schaubild liegt dieser Punkt bei 3. Bei diesem Lohnsatz produziert Inland Äpfel, Bananen und Kaviar, Ausland dagegen Datteln und Enchiladas. Das Ergebnis hängt ab von der relativen Größe der Länder (entscheidend für die Lage von *RS*) und von der relativen Nachfrage nach den Gütern (entscheidend für Verlauf und Lage von *RD*).

Wenn der Schnittpunkt von *RD* und *RS* auf einem der flachen Abschnitte liegt, produzieren beide Länder das Gut, auf das dieser sich bezieht.

2.6   Einbeziehung der Transportkosten und der nichthandelbaren Güter

Wir bringen unser Modell nun der Realität einen Schritt näher, indem wir die Auswirkungen der Transportkosten berücksichtigen. Die Transportkosten ändern nichts an den Prinzipien des komparativen Vorteils oder der Außenhandelsgewinne. Weil die Transportkosten die Bewegung von Gütern und Dienstleistungen beeinträchtigen, spielen sie allerdings eine wichtige Rolle für die Auswirkung einer Vielzahl von Faktoren auf den Welthandel, wie zum Beispiel ausländische Hilfsgelder, Auslandsinvestitionen und Probleme der Zahlungsbilanz. Die Wirkung dieser Faktoren stellen wir an dieser Stelle noch zurück, doch das Einfaktormodell mit mehreren Gütern eignet sich gut zur Einführung in die Auswirkungen der Transportkosten.

Halten wir zunächst fest, dass die im Modell des letzten Abschnitts beschriebene Weltwirtschaft durch eine extreme internationale Spezialisierung gekennzeichnet ist. Es gibt höchstens ein Gut, das beide Länder herstellen; alle übrigen Güter werden entweder in Inland oder in Ausland produziert, nicht in beiden.

Es gibt drei Gründe, weshalb die Spezialisierung in der realen Weltwirtschaft nicht derart ausgeprägt ist:

1. Die Existenz von mehr als einem Produktionsfaktor wirkt der Spezialisierungstendenz entgegen (wie wir in den nächsten beiden Kapiteln sehen werden).

2. Manchmal schützen Länder bestimmte Branchen vor ausländischem Wettbewerb. (Dieser Fall wird in den Kapiteln 8 bis 11 ausführlich erörtert.)

3. Der Transport von Gütern und Dienstleistungen ist kostspielig, und in einigen Fällen veranlassen allein die Transportkosten Länder zur Autarkie in bestimmten Wirtschaftsbereichen.

In dem oben besprochenen Beispiel mit mehreren Gütern stellten wir fest, dass Inland bei einem relativen Lohn von 3 Äpfel, Bananen und Kaviar billiger produzieren konnte als Ausland, während Ausland Datteln und Enchiladas billiger herstellen konnte als Inland. *In Abwesenheit von Transportkosten* wird also Inland die ersten drei Güter exportieren und die beiden letztgenannten importieren.

Nehmen wir nun an, dass der Transport von Gütern Kosten verursacht und dass diese Transportkosten einen einheitlichen Prozentsatz der Produktionskosten ausmachen, sagen wir 100 Prozent. Diese Transportkosten hemmen den Handel. Betrachten wir als Beispiel die Datteln. Eine Einheit dieses Gutes erfordert zu ihrer Herstellung 6 Stunden Inlandsarbeit oder 12 Stunden Auslandsarbeit. Bei einem relativen Lohn von 3 kosten 12 Stunden Auslandsarbeit nur so viel wie 4 Stunden Inlandsarbeit. Wenn keine Transportkosten anfallen, importiert Inland demnach Datteln. Bei Transportkosten in Höhe von 100 Prozent würde der Import einer Einheit Datteln dagegen den Gegenwert von 8 Stunden Inlandsarbeit kosten und Inland seinen Dattelbedarf selbst herstellen.

Ein entsprechender Kostenvergleich ergibt, dass Ausland die Herstellung seines eigenen Kaviars billiger zu stehen kommt als der Import. Die Herstellung einer Einheit Kaviar erfordert 3 Stunden Inlandsarbeit. Bei einem relativen Inlandslohn von 3 entspricht dies 9 Einheiten Auslandsarbeit und ist damit immer noch billiger als die Produktion von Kaviar in Ausland, die 12 Stunden Arbeit erfordern würde. Wenn keine Transportkosten anfallen, ist es für Ausland also billiger, Kaviar zu importieren, als ihn selbst herzustellen. Bei 100 Prozent Transportkosten hingegen würde der Kaviar als Import den Gegenwert von 18 Stunden Auslandsarbeit kosten und daher eher vor Ort produziert.

Die Einbeziehung der Transportkosten in dieses Beispiel führt also dazu, dass Inland zwar nach wie vor Äpfel und Bananen exportiert und Enchiladas importiert, Kaviar und Datteln hingegen werden zu **nichthandelbaren Gütern**, die jedes Land selbst produziert.

In diesem Beispiel haben wir angenommen, dass die Transportkosten in allen Sektoren denselben Prozentsatz der Produktionskosten ausmachen. In der Praxis gibt es eine große Bandbreite von Transportkosten. In manchen Fällen ist Transport geradezu unmöglich:

Dienstleistungen wie das Friseurhandwerk oder die Autoreparatur können nicht international gehandelt werden (es sei denn, ein Ballungsgebiet verteilt sich auf beide Seiten einer Landesgrenze, wie zum Beispiel die Nachbarstädte Detroit und Windsor auf den US-Bundesstaat Michigan und die kanadische Provinz Ontario). Auch Güter, deren Gewicht im Verhältnis zu ihrem Wert sehr hoch ist, wie Zement, gelangen kaum in den Außenhandel. (Der Import von Zement lohnt die Transportkosten einfach nicht, selbst wenn er im Ausland viel billiger hergestellt werden kann.) Viele Güter werden schlicht wegen des Fehlens eines nennenswerten nationalen Kostenvorteils oder wegen hoher Transportkosten nicht gehandelt.

Wichtig ist an dieser Stelle die Feststellung, dass Nationen einen großen Teil ihres Einkommens für nichthandelbare Güter ausgeben. Diese Feststellung wird später, wenn wir internationale Einkommenstransfers (Kapitel 5) und die internationale Geldwirtschaft besprechen, noch von unerwartet großer Bedeutung sein.

2.7   Empirische Belege für das Ricardo-Modell

Das Ricardo-Modell eignet sich hervorragend, um zu verstehen, weshalb Außenhandel zustande kommt und wie er sich auf die nationale Wohlfahrt auswirkt. Doch entspricht dieses Modell auch der Realität? Ermöglicht das Ricardo-Modell zutreffende Prognosen über die tatsächlichen Außenhandelsströme?

Diese Frage lässt sich unter vielen Einschränkungen bejahen. Unbestreitbar kann das Ricardo-Modell zu einer Reihe irriger Prognosen führen. Erstens sagt es, wie wir in unseren Ausführungen über nichthandelbare Güter erwähnten, einen extremen Spezialisierungsgrad voraus, der uns in der Realität nicht begegnet. Zweitens geht das Ricardo-Modell über die Auswirkungen des Außenhandels auf die Einkommensverteilung *innerhalb* der beteiligten Länder hinweg und prognostiziert daher, dass Außenhandel den Nationen als Ganzen in jedem Fall Wohlfahrtsgewinne bringt. In der Praxis hat der Außenhandel jedoch starke Auswirkungen auf die Einkommensverteilung. Darauf konzentriert sich Kapitel 3 dieses Buches. Drittens berücksichtigt das Ricardo-Modell nicht, dass auch die unterschiedliche Ausstattung mit Ressourcen zu Handel zwischen Nationen führen kann, und übergeht damit einen wichtigen Aspekt des Handelssystems (hierauf konzentriert sich Kapitel 4). Und schließlich vernachlässigt das Ricardo-Modell die Massenproduktionsvorteile als mögliche Ursache für Außenhandel, sodass es keinen Aufschluss über große Handelsströme zwischen ähnlichen Nationen gibt. Dieses Problem wird in Kapitel 6 erörtert.

Trotz dieser Mängel ist die Grundprognose des Ricardo-Modells – dass Länder am ehesten diejenigen Güter exportieren, bei denen sie über eine relativ hohe Produktivität verfügen – durch eine Reihe Studien im Laufe der Jahre eindrücklich bestätigt worden.

Mit Hilfe von Daten aus der Zeit unmittelbar nach dem Zweiten Weltkrieg wurde das Ricardo-Modell einigen klassischen Tests unterzogen, bei denen die Produktivität und der

Handel Großbritanniens und Amerikas verglichen wurden.[4] Dieser Vergleich war außerordentlich aufschlussreich. Die britische Arbeitsproduktivität blieb in nahezu allen Bereichen hinter der amerikanischen zurück. Amerika hatte also überall einen absoluten Vorteil. Dennoch war das Gesamtvolumen der britischen Exporte damals ungefähr ebenso groß wie das der amerikanischen. Es muss also einige Bereiche gegeben haben, in denen Großbritannien trotz seiner absolut geringeren Produktivität einen komparativen Vorteil hatte. Gemäß dem Ricardo-Modell müssten dies die Bereiche sein, in denen Amerika über den geringsten Produktivitätsvorteil verfügte.

Abbildung 2.6 veranschaulicht die empirischen Belege für das Ricardo-Modell anhand von Daten, die der ungarische Ökonom Bela Balassa 1963 vorlegte. Das Schaubild setzt die Relation der US-Exporte zu den britischen Exporten im Jahr 1951 in Beziehung zur Relation der Produktivität beider Länder in 26 Branchen. Das Produktivitätsverhältnis ist auf der horizontalen Achse abgebildet, das Exportverhältnis auf der vertikalen. Beide Achsen sind mit einem logarithmischen Maß versehen, was lediglich der Verdeutlichung dient.

Anhand der Ricardo-Theorie müsste man annehmen, dass im Großen und Ganzen US-Firmen gegenüber britischen Firmen in einem Sektor umso mehr exportieren, je höher dort ihre relative Produktivität ist. Und genau dies geht aus Abbildung 2.6 hervor. Die Datenpunkte sind ziemlich genau um eine aufsteigende Linie gestreut, die in der Abbildung ebenfalls wiedergegeben wird. Wenn man bedenkt, dass die für diesen Vergleich herangezogenen Daten wie alle Wirtschaftsdaten erheblichen Messfehlern unterliegen, kommen sie den Prognosen des Modells bemerkenswert nahe.

Erwartungsgemäß bestätigen die in Abbildung 2.6 wiedergegebenen Daten die grundlegende Einsicht, dass der Handel nicht von *absoluten*, sondern von *komparativen* Vorteilen abhängt. In der Zeit, aus der diese Daten stammen, war die Arbeitsproduktivität der US-Industrie weitaus höher als diejenige der britischen Industrie. Im Durchschnitt betrug sie etwa das Doppelte. Die eingangs in diesem Kapitel besprochene, weit verbreitete irrige Annahme, dass ein Land nur dann wettbewerbsfähig sei, wenn es über dieselbe Produktivität verfüge wie andere Länder, hätte zu der Prognose geführt, dass die USA in allen Bereichen über einen Exportvorteil verfügen. Doch das Ricardo-Modell lehrt uns, dass eine höhere Produktivität als das Ausland in einer bestimmten Branche allein nicht gewährleistet, dass das betreffende Land die Produkte dieser Branche exportiert. Auch die relative Produktivität muss im Vergleich zur relativen Produktivität anderer Wirtschaftssektoren hoch sein. Und tatsächlich übertraf die Produktivität der USA diejenige Großbritanniens in sämtlichen 26 Sektoren (dargestellt durch Punkte), wie in Abbildung 2.6 gezeigt wird, um 11 bis 366 Prozent. Dennoch hatte Großbritannien in 12 Sektoren größere Exporte als die USA. Ein Blick auf die Zahlen zeigt, dass die US-Exporte die britischen nur in denjenigen Branchen übertrafen, in denen der Produktivitätsvorteil der USA etwas mehr als zwei zu eins betrug.

---

[4] Die bahnbrechende erste Studie von G. D. A. MacDougall wird in den Literaturhinweisen am Ende des Kapitels aufgeführt. Eine bekannte Folgestudie, auf die wir uns hier stützen, stammt von Bela Balassa: „An Empirical Demonstration of Classical Comparative Cost Theory", in: *Review of Economics and Statistics*, 4. August 1963, S. 231-238. Wir benutzen Balassas Zahlen zur Illustration.

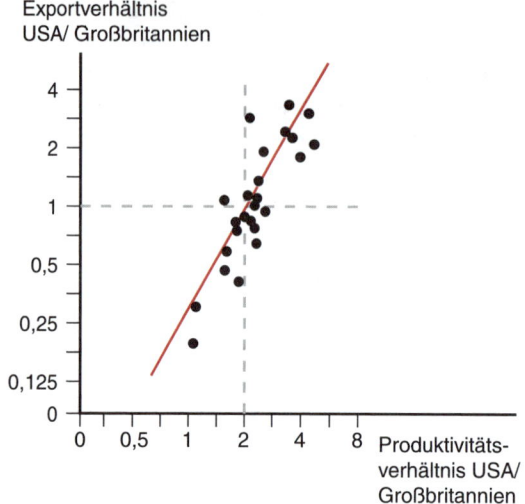

Eine Vergleichsstudie ergab, dass die Exporte der USA im Vergleich zu den Exporten Großbritanniens in denjenigen Branchen besonders hoch waren, in denen die USA über eine hohe relative Arbeitsproduktivität verfügten. Jeder Punkt steht für eine andere Branche.

Abbildung 2.6: Produktivität und Exporte

Jüngere empirische Erhebungen zum Ricardo-Modell fielen weniger eindeutig aus. Zum Teil liegt dies daran, dass aufgrund der Zunahme des Welthandels und der daraus folgenden Spezialisierung nationaler Volkswirtschaften überhaupt nicht mehr erkennbar ist, in welchen Branchen ein Land schlecht abschneidet! In der Weltwirtschaft der 1990er Jahre stellen Länder oftmals Güter, bei denen sie einen komparativen Nachteil haben, überhaupt nicht mehr her, sodass ihre Produktivität in diesen Sektoren gar nicht gemessen werden kann. Beispielsweise produzieren die meisten Länder keine Flugzeuge, sodass es keine Daten gibt, aus denen hervorginge, wie hoch ihr diesbezüglicher Arbeitskoeffizient wäre. Dennoch deutet einiges Datenmaterial darauf hin, dass Unterschiede in der Arbeitsproduktivität für die Herausbildung der Strukturen des Welthandels nach wie vor eine bedeutende Rolle spielen.

Das Wichtigste ist vielleicht, dass die Arbeitsproduktivität in verschiedenen Ländern bis heute weit auseinander klafft und dass diese Produktivitätsunterschiede je nach Sektor ganz beträchtlich variieren. Eine Studie ergab beispielsweise, dass die durchschnittliche Arbeitsproduktivität der japanischen Industrie im Jahr 1990 20 Prozent niedriger war als die Arbeitsproduktivität in den USA. Doch bei Automobilen und Autoteilen war die Produktivität Japans 16 bis 24 Prozent *höher* als in Amerika.[5] Diese Disparität erklärt natürlich weitgehend, weshalb Japan Millionen Automobile in die USA exportieren kann.

Im Falle der Automobile könnte man argumentieren, dass die Handelsstruktur einfach den absoluten Vorteil widerspiegelt: Japan verfügte über die größte Produktivität und war auch der weltgrößte Exporteur. Das Prinzip des *komparativen* Vorteils kann eher anhand des Welthandels mit Bekleidung veranschaulicht werden. Fortgeschrittene Länder wie die USA haben mit Sicherheit im Bekleidungssektor eine höhere Arbeitsproduktivität als neu

---

[5] McKinsey Global Institute, „*Manufacturing Productivity* ", Washington D. C., 1993.

industrialisierte Länder wie Mexiko oder China. Aufgrund der relativ einfachen Technik der Bekleidungsindustrie ist allerdings der Produktivitätsvorteil der fortgeschrittenen Länder in diesem Sektor geringer als in vielen anderen Branchen. Im Jahr 1992 dürfte der durchschnittliche Produktionsarbeiter in den USA etwa fünf Mal so produktiv gewesen sein wie der mexikanische Durchschnittsarbeiter, doch in der Bekleidungsindustrie betrug der Produktivitätsvorteil nur etwa 50 Prozent. Das Ergebnis ist, dass Bekleidung einen wichtigen Exportartikel von Niedriglohn- in Hochlohnländer darstellt.

Zusammenfassend lässt sich sagen: Zwar halten nur wenige Ökonomen das Ricardo-Modell für eine wirklich erschöpfende Darstellung der Ursachen und Folgen des Welthandels, doch seine beiden Hauptaussagen – dass Produktivitätsunterschiede im Außenhandel eine wichtige Rolle spielen und dass es weniger auf den absoluten als auf den komparativen Vorteil ankommt – werden von den empirischen Daten eindeutig bestätigt.

Zusammenfassung

1. Wir besprachen das Ricardo-Modell als das einfachste Modell, aus dem hervorgeht, wie Unterschiede zwischen Ländern zu Außenhandel und zu Außenhandelsgewinnen führen. In diesem Modell ist Arbeit der einzige Produktionsfaktor und Länder unterscheiden sich ausschließlich hinsichtlich der Arbeitsproduktivität in verschiedenen Sektoren.

2. Gemäß dem Ricardo-Modell exportieren Länder diejenigen Güter, die mit ihrer Arbeit relativ effizient hergestellt werden können, und importieren diejenigen, die ihre Arbeit relativ ineffizient herstellt. Mit anderen Worten, die Produktionsstruktur eines Landes wird durch den *komparativen Vorteil* bestimmt.

3. Auf zwei Wegen kann der Nachweis geführt werden, dass Außenhandel einem Land Gewinne bringt. Erstens können wir den Außenhandel als indirekte Produktionsmethode auffassen. Anstatt ein Gut selbst herzustellen, kann ein Land ein anderes Gut produzieren und für das gewünschte Gut eintauschen. Das einfache Modell zeigt, dass Folgendes gelten muss: Sobald ein Gut importiert wird, erfordert diese indirekte „Produktion" weniger Arbeit als die direkte Produktion. Zweitens lässt sich nachweisen, dass der Handel die Konsummöglichkeiten eines Landes erweitert, was *Außenhandelsgewinnen* gleichkommt.

4. Die Verteilung der Außenhandelsgewinne hängt von den relativen Preisen der Güter ab, welche die Länder herstellen. Um diese relativen Preise zu ermitteln, muss man das *relative Weltangebot* und die *relative Weltnachfrage* nach Gütern heranziehen. Mit dem relativen Preis ist zugleich ein *relativer Lohn* gegeben.

→

5. Die Aussage, dass Außenhandel Nutzen bringt, gilt uneingeschränkt. Sie setzt nicht voraus, dass ein Land „wettbewerbsfähig" oder der Handel „fair" ist. Insbesondere lässt sich nachweisen, dass drei weit verbreitete Ansichten über Handel nicht zutreffen. Erstens profitiert ein Land auch dann von Außenhandel, wenn seine Produktivität in sämtlichen Sektoren geringer ist als diejenige seiner Handelspartner. Zweitens bringt der Außenhandel auch dann Nutzen, wenn die ausländischen Sektoren nur aufgrund niedriger Löhne konkurrieren können. Drittens ist Außenhandel selbst dann von Vorteil, wenn in den Exporten eines Landes mehr Arbeit verkörpert ist als in seinen Importen.

6. Die Erweitung des Einfaktormodells von zwei Gütern auf zahlreiche Waren ändert nichts an diesen Schlussfolgerungen. Der einzige Unterschied besteht darin, dass in diesem Fall die relativen Löhne direkt anhand der relativen Nachfrage nach Arbeit bestimmt werden müssen und der Weg über die relative Nachfrage nach Gütern ausgeschlossen ist. Außerdem kann man anhand eines Modells mit mehreren Waren den wichtigen Sachverhalt verdeutlichen, dass manche Güter aufgrund ihrer Transportkosten nicht gehandelt werden.

7. Während einige Prognosen des Ricardo-Modells eindeutig unrealistisch sind, ist seine Grundprognose – dass Länder am ehesten die Güter exportieren, bei denen ihre Produktivität relativ hoch ist – von einer Reihe Studien bestätigt worden.

Schlüsselbegriffe

Übungen

1. Inland verfügt über 1200 Arbeitseinheiten. Es kann zwei Güter produzieren, Äpfel und Bananen. Der Arbeitskoeffizient beträgt pro Einheit Äpfel 3 und pro Einheit Bananen 2.

   a. Zeichnen Sie die Transformationskurve für Inland.

   b. Was sind die Opportunitätskosten von Äpfeln in Bananen?

   c. Wie hoch wäre der Apfelpreis in Bananen, wenn kein Außenhandel stattfände? Weshalb?

2. Inland verfügt über dieselben Voraussetzungen wie in Übung 1. Nun kommt ein zweites Land hinzu, Ausland, mit 800 Arbeitskräften. Der Arbeitskoeffizient beträgt in Ausland bei Äpfeln 5, bei Bananen 1.

   a. Zeichnen Sie die Transformationskurve für Ausland.

   b. Konstruieren Sie die Kurve des relativen Weltangebots.

3. Nehmen Sie nun folgende relative Weltnachfrage an: Nachfrage nach Äpfeln / Nachfrage nach Bananen = Preis von Bananen / Preis von Äpfeln.

   a. Zeichnen Sie die Kurve der relativen Nachfrage sowie die Kurve des relativen Angebots.

   b. Was ist der relative Gleichgewichtspreis von Äpfeln?

   c. Beschreiben Sie die Handelsstruktur.

   d. Weisen Sie nach, dass sowohl Inland als auch Ausland Außenhandelsgewinne verzeichnen.

4. Nehmen Sie an, dass Inland nicht 1200, sondern 2400 Arbeiter hat. Ermitteln Sie den relativen Gleichgewichtspreis. Welche Aussagen können Sie für diesen Fall über die Effizienz der Weltproduktion und die Verteilung der Außenhandelsgewinne auf Inland und Ausland treffen?

5. Nehmen Sie an, dass Inland 2400 Arbeiter hat, die aber in beiden Branchen nur halb so produktiv sind wie bisher angenommen. Konstruieren Sie die Kurve des relativen Weltangebots und ermitteln Sie den relativen Gleichgewichtspreis. Wie nehmen sich jetzt die Außenhandelsgewinne aus, im Vergleich zu dem in Übung 4 geschilderten Fall?

6. „Koreanische Arbeiter verdienen nur 2,50 US-Dollar pro Stunde. Wenn wir zulassen, dass Korea nach Belieben in die USA exportiert, dann werden unsere Arbeiter auf dasselbe Niveau gedrückt werden. Man kann nicht ein Hemd für 5 Dollar importieren, ohne sich auch den Lohn von 2,50 Dollar ins Land zu holen." Diskutieren Sie diese Aussage!

7. Die japanische Arbeitsproduktivität entspricht im Industriesektor etwa derjenigen in den USA (in einigen Branchen ist sie höher, in anderen niedriger), während die USA im Dienstleistungssektor nach wie vor weitaus produktiver sind. Doch die meisten Dienstleistungen gelangen nicht in den Außenhandel. Einige Experten sehen darin ein Problem für die USA, denn unser komparativer Vorteil liegt in Dingen, die wir auf den Weltmärkten nicht verkaufen können. Weshalb trifft dieses Argument nicht zu?

8. Wer einmal in Japan war, kennt die dortigen horrenden Preise. Obwohl japanische Arbeiter etwa dasselbe verdienen wie ihre Kollegen in den USA, ist die Kaufkraft ihres Einkommens um etwa ein Drittel geringer. Entwickeln Sie Ihre Diskussion zu Übung 7 weiter, um diese Feststellung zu erklären! (Hinweis: Denken Sie an die Löhne und an die damit implizierten Preise für nicht gehandelte Güter.)

9. Wie wirkt sich die Tatsache, dass viele Güter nicht gehandelt werden, auf den Umfang der Außenhandelsgewinne aus?

10. Wir haben uns auf den Fall konzentriert, dass nur zwei Länder am Handel beteiligt sind. Nehmen Sie an, dass viele Länder in der Lage sind, zwei Güter zu produzieren, und dass jedes Land über nur einen Produktionsfaktor, nämlich Arbeit, verfügt. Welche Aussage können wir in diesem Fall über die Produktions- und Handelsstrukturen treffen? (Hinweis: Konstruieren Sie die Kurve des relativen Weltangebots.)

Weiterführende Literatur

Donald Davis, „Intraindustry Trade: A Heckscher-Ohlin-Ricardo Approach", in: *Journal of International Economics* 39, November 1995, S. 201-226. Eine Wiederbelebung des Ricardo-Ansatzes aus jüngerer Zeit, um den Handel zwischen Ländern mit ähnlichen Ressourcen zu erklären.

Rüdiger Dornbusch, Stanley Fischer und Paul Samuelson, „Comparative Advantage, Trade and Payments in a Ricardian Model with a Continuum of Goods", in: *American Economic Review* 67, Dezember 1977, S. 823-839. Neuere theoretische Modellbildung nach dem Vorbild Ricardos, vereinfacht das Ricardo-Modell mit mehreren Gütern durch die Annahme einer derart großen Anzahl von Gütern, dass sich ein ungebrochenes Kontinuum ergibt.

Giovanni Dosi, Keith Pavitt und Luc Soete, *The Economics of Technical Change and International Trade*. Brighton: Wheatsheaf, 1988. Eine empirische Untersuchung, die darauf hinweist, dass der Außenhandel mit Industrieprodukten weitgehend von nationalen Unterschieden in der technologischen Kompetenz bestimmt wird.

G. D. A. MacDougall, „British and American Exports: A Study Suggested by the Theory of Comparative Costs", in: *Economic Journal* 61, Dezember 1951, S. 697-724; 62, September 1952, S. 487-521. In dieser berühmten Studie zog MacDougall Vergleichsdaten über die Produktivität in den USA und Großbritannien heran, um die Prognosen des Ricardo-Modells zu überprüfen.

John Stuart Mill, *Principles of Political Economy*. London: Longmans, Green, 1917. Mills Abhandlung aus dem Jahr 1848 entwickelte Ricardos Werk zu einem umfassenden Modell des internationalen Handels.

David Ricardo, *The Principles of Political Economy and Taxation*. Homewood, Illinois: Irwin, 1963. Die grundlegende Quelle für das Ricardo-Modell ist Ricardo selbst, in diesem erstmals 1817 erschienenen Werk.

Kapitel

3 Spezifische Faktoren und Einkommensverteilung

Kapitelübersicht

Beispiele

Wie in Kapitel 2 aufgezeigt, kann Außenhandel für alle beteiligten Nationen von Vorteil sein. Dennoch haben Regierungen zu allen Zeiten bestimmte Wirtschaftssektoren vor der Konkurrenz durch Importe geschützt. Die USA beispielsweise treten zwar grundsätzlich für Freihandel ein, beschränken jedoch den Import von Textilien, Zucker und anderen Gütern. Weshalb ergreift man Maßnahmen gegen die Auswirkungen des Außenhandels, die doch eigentlich günstig für die Volkswirtschaft sind? Um die Handelspolitik zu verstehen, muss man die Auswirkungen des Außenhandels nicht nur auf die Nation als Ganzes, sondern auch auf die Einkommensverteilung innerhalb des Landes betrachten.

Das in Kapitel 2 dargelegte Ricardo-Modell des Außenhandels verdeutlicht die potenziellen Außenhandelsgewinne. In diesem Modell führt Handel auf internationaler Ebene zu Spezialisierung. Jedes Land verlagert seine Arbeitskräfte aus Wirtschaftszweigen, in denen sie relativ ineffizient eingesetzt werden, in diejenigen Branchen, in denen sie vergleichsweise effizient sind. Da in diesem Modell Arbeit den einzigen Produktionsfaktor bildet und ungehindert zwischen den verschiedenen Sektoren wandern kann, ist von vornherein ausgeschlossen, dass der Außenhandel Individuen schädigt. Gemäß dem Ricardo-Modell erhöht der Außenhandel folglich nicht nur die Wohlfahrt der Nationen, sondern auch aller *Individuen*, weil er keinen Einfluss auf die Einkommensverteilung hat. In der Realität wirkt sich der Außenhandel allerdings ganz erheblich auf die Einkommensverteilung innerhalb jeder beteiligten Nation aus, sodass die Außenhandelsgewinne in der Praxis oft sehr ungleichmäßig verteilt werden.

Zwei Gründe sind dafür verantwortlich, dass sich der Außenhandel stark auf die Einkommensverteilung auswirkt. Erstens können Ressourcen nicht unmittelbar und kostenfrei von einer Branche in die andere verlagert werden. Zweitens unterscheiden sich die Branchen hinsichtlich ihrer Produktionsfaktoren. Eine Veränderung in den Mengenverhältnissen der Güter, die ein Land produziert, senkt normalerweise den Bedarf an einigen Produktionsfaktoren und erhöht den Bedarf an anderen. Aus diesen beiden Gründen sind die Vorteile des Außenhandels nicht so eindeutig, wie in Kapitel 2 nahe gelegt. Während die Nation als Ganzes vom Außenhandel profitiert, fügt er bedeutenden Gruppen innerhalb des Landes zumindest kurzfristig oft Schaden zu.

Betrachten wir beispielsweise die Auswirkungen von Japans Reispolitik. Japan lässt nur ganz geringe Reisimporte zu, obwohl der Reisanbau in Japan aufgrund der Bodenknappheit weitaus teurer ist als in anderen Ländern (einschließlich der USA). Zweifellos hätte Japan als Ganzes einen höheren Lebensstandard, wenn Reis unbeschränkt importiert werden könnte. Doch den japanischen Reisbauern würde der freie Handel schaden. Zwar könnten die Bauern, die aufgrund der Importe ihren Lebensunterhalt verlieren, in der durch Vollbeschäftigung gekennzeichneten japanischen Volkswirtschaft wahrscheinlich eine Anstellung in der Industrie oder im Dienstleistungssektor finden, doch wäre dieser Wechsel für sie kostspielig und beschwerlich. Darüber hinaus würde der Wert ihres Landbesitzes mit dem Reispreis sinken. Die japanischen Reisbauern sind daher vehemente Gegner des freien Reishandels, und ihre organisierte politische Opposition hat bislang mehr Gewicht als die potenziellen Außenhandelsgewinne für die Nation als Ganzes.

Eine realistische Analyse des Außenhandels muss über das Ricardo-Modell hinaus Modelle verwenden, welche die Auswirkungen des Außenhandels auf die Einkommensverteilung abbilden. In diesem Kapitel konzentrieren wir uns auf das Modell spezifischer Faktoren, das die Frage der Einkommensverteilung besonders klar erfasst.

3.1   Das Modell spezifischer Faktoren

Das **Modell spezifischer Faktoren** wurde von Paul Samuelson und Ronald Jones[1] entwickelt. Wie das einfache Ricardo-Modell geht es von einer Volkswirtschaft aus, die zwei Güter produziert und ihren Arbeitsbestand beiden Sektoren frei zuteilen kann. Im Unterschied zum Ricardo-Modell lässt das Modell spezifischer Faktoren allerdings neben der Arbeit weitere Produktionsfaktoren zu. Während die Arbeit als **mobiler Faktor** von einem Sektor zum anderen wandern kann, werden diese anderen Produktionsfaktoren als **spezifisch** bezeichnet, können also nur in der Produktion ganz bestimmter Güter eingesetzt werden.

---

[1] Paul Samuelson, „Ohlin Was Right", in: *Swedish Journal of Economics* 73 (1971), S. 365-384; und Ronald W. Jones, „A Three-Factor Model in Theory, Trade and History", in: Jagdish Bhagwati et. al., Hrsg., *Trade, Balance of Payments, and Growth*, Amsterdam: North-Holland, 1971, S. 3-21.

3.1.1 Annahmen des Modells

Gehen wir von einer Volkswirtschaft aus, die zwei Güter produzieren kann, Industrieprodukte und Lebensmittel. Das entsprechende Land hat nicht nur einen, sondern *drei* Produktionsfaktoren: Arbeit (*L* für *Labor*), Kapital (*K*) und Boden (*T* für *Terrain*). Die Industrieprodukte werden unter Einsatz von Kapital und Arbeit (nicht jedoch Boden) hergestellt, Lebensmittel hingegen unter Einsatz von Boden und Arbeit (nicht jedoch Kapital). Arbeit ist daher ein *mobiler* Faktor, der in beiden Sektoren eingesetzt werden kann, während Boden und Kapital *spezifische* Faktoren sind, die nur bei der Produktion eines Gutes zum Einsatz kommen.

In welchen Mengen kann die Volkswirtschaft jedes der beiden Güter produzieren? Die Produktionsmenge der Industrie hängt davon ab, wie viel Kapital und Arbeit in diesem Sektor eingesetzt werden. Dieses Verhältnis wird durch eine **Produktionsfunktion** wiedergegeben, aus der hervorgeht, in welcher Menge bei einem gegebenen Einsatz an Kapital und Arbeit Industrieprodukte hergestellt werden können. Die Produktionsfunktion für Industrieprodukte (*M* für *Manufactures*) wird durch folgende algebraische Formel ausgedrückt:

$$Q_M = Q_M(K, L_M). \qquad (3\text{-}1)$$

Dabei steht Q_M für die Produktionsmenge der Industie, *K* für die Kapitalausstattung der Volkswirtschaft und L_M für die im verarbeitenden Gewerbe eingesetzte Arbeit. Die Produktionsfunktion für den Lebensmittelsektor (*F* für *Food*) lautet entsprechend:

$$Q_F = Q_F(T, L_F). \qquad (3\text{-}2)$$

Dabei steht Q_F für die Produktionsmenge an Lebensmitteln, *T* für den Bodenbestand und L_F für die Arbeit, die in der Lebensmittelproduktion eingesetzt wird. Für die Volkswirtschaft als Ganzes gilt, dass der gesamte Arbeitsbestand eingesetzt wird:

$$L_M + L_F = L. \qquad (3\text{-}3)$$

Beispiel 3.1: Was ist ein spezifischer Faktor?

Das in diesem Kapitel vorgestellte Modell geht von zwei Produktionsfaktoren aus, Boden und Kapital, die dauerhaft an bestimmte Wirtschaftssektoren gebunden sind. In entwickelten Volkswirtschaften entfällt allerdings nur ein kleiner Teil des Nationaleinkommens auf landwirtschaftliche Nutzflächen. Wenn Ökonomen das Modell spezifischer Faktoren auf Volkswirtschaften wie etwa jene der USA oder Frankreichs anwenden, definieren sie den sektorspezifischen Charakter der Faktoren in der Regel nicht als unveränderlich, sondern als vorübergehend. Beispielsweise können die in der Bierproduktion eingesetzten Fässer und die im Karosseriebau verwendeten Pressen nicht gegeneinander ausgetauscht werden und sind daher sektorspezifisch. Mit der Zeit ist es allerdings durchaus möglich, Investitionen von Autofabriken in Brauereien umzulenken oder umgekehrt. Langfristig betrachtet können daher sowohl Fässer als auch Pressen als zwei Erscheinungsformen eines einzigen, mobilen Faktors – Kapital – aufgefasst werden.

In der Praxis sind spezifische und mobile Faktoren nicht durch eine klare Trennungslinie geschieden. Man unterscheidet sie anhand der Geschwindigkeit, mit der sie an
neue Umstände angepasst werden können. Je spezifischer die Faktoren, desto mehr
Zeit nimmt ihre Umleitung in andere Sektoren in Anspruch. Wie spezifisch sind also
die Produktionsfaktoren in der realen Volkswirtschaft?

Arbeiter mit eher allgemeinen Fähigkeiten scheinen im Gegensatz zu hoch spezialisierten Fachkräften recht mobil zu sein, wenn auch nicht ganz so mobil wie die Arbeit
in unserem Modell. Darüber gibt unter anderem der Zeitaufwand Aufschluss, den die
Arbeit braucht, um den geografischen Ort zu wechseln. Eine bekannte Studie stellte
fest, dass Arbeiter sehr schnell in andere Bundesstaaten abwandern, wenn ein US-
Bundesstaat in wirtschaftliche Schwierigkeiten gerät; innerhalb von sechs Jahren
sinkt die Arbeitslosenrate wieder auf den nationalen Durchschnittswert.* Eine Spezi-
almaschine hat demgegenüber eine typische Lebensdauer von 15 bis 20 Jahren, ein
Einkaufszentrum oder ein Bürogebäude von vielleicht 50 Jahren. Arbeit ist also mit
Sicherheit ein weniger spezifischer Faktor als die meisten Arten von Kapital. Andererseits sind hoch ausgebildete Arbeitskräfte eng an ihr Fach gebunden: Eine Hirn-
chirurgin hätte vielleicht auch eine gute Geigerin abgegeben, kann aber nicht in der
Lebensmitte umsatteln.

*Olivier Blanchard und Lawrence Katz, „Regional Evolutions", in: *Brookings Papers
on Economic Activity*, 1991.

3.1.2   Produktionsmöglichkeiten

Das Modell spezifischer Faktoren geht davon aus, dass die spezifischen Faktoren, Kapital
und Boden jeweils nur in einem Sektor, nämlich der verarbeitenden Industrie oder der
Lebensmittelproduktion, eingesetzt werden können. Nur der Faktor Arbeit kann in beiden
Sektoren verwendet werden. Um die Produktionsmöglichkeiten der Volkswirtschaft zu
analysieren, müssen wir lediglich die Frage stellen, wie sich die Zusammensetzung der
Gesamtproduktion ändert, wenn Arbeit von einem Sektor in den anderen wandert. Dies
kann in einem Schaubild dargestellt werden, indem zunächst die Produktionsfunktionen
(3-1) und (3-2) gezeichnet und dann zur Ableitung der Transformationskurve kombiniert
werden.

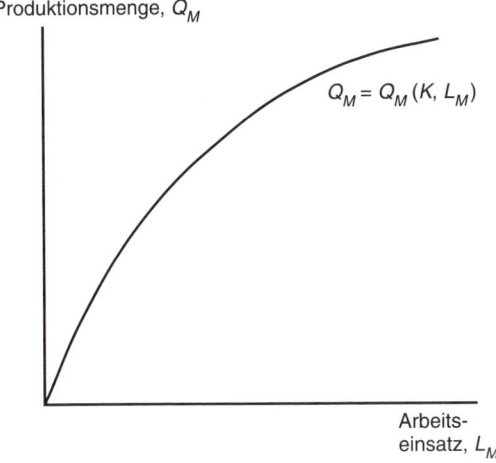

Produktionsmenge, Q_M

$Q_M = Q_M (K, L_M)$

Arbeits-
einsatz, L_M

Je mehr Arbeit in der Industrieproduktion eingesetzt wird, desto größer die Produktionsmenge. Aufgrund sinkender Erträge erhöht jede zusätzliche Personenstunde die Produktionsmenge allerdings um ein geringeres Maß als die vorherige. Daher wird die Kurve, die das Verhältnis zwischen dem Arbeitseinsatz und der Produktionsmenge wiedergibt, mit zunehmendem Arbeitseinsatz flacher.

Abbildung 3.1:   **Die Produktionsfunktion der Industrieprodukte**

Abbildung 3.1 veranschaulicht die Beziehung zwischen dem Arbeitseinsatz und der Produktionsmenge an Industrieprodukten. Je größer der Arbeitseinsatz bei einem gegebenen Kapitalstock, desto größer die Produktionsmenge. Die Steigung der Funktion $Q_M = Q_M (K, L_M)$ gibt das **Grenzprodukt der Arbeit** wieder, d.h. den Produktionszuwachs, der durch eine zusätzliche Personenstunde erreicht wird. Wenn allerdings der Arbeitseinsatz erhöht wird, ohne den Kapitaleinsatz zu steigern, stellen sich in der Regel **sinkende Erträge** ein: Da mit jedem zusätzlichen Arbeiter weniger Kapital auf die Tätigkeit jedes Einzelnen entfällt, sinkt der Produktionszuwachs mit jedem zusätzlichen Arbeitseinsatz. Diese sinkenden Erträge kommen in der Form der Produktionsfunktionskurve zum Ausdruck: Der Graph $Q_M (K, L_M)$ wird flacher, je weiter wir nach rechts gehen, und zeigt damit an, dass das Grenzprodukt der Arbeit mit zunehmendem Einsatz an Arbeitskräften sinkt. Aus Abbildung 3.2 geht dieselbe Information in anderer Form hervor. Hier ist das Grenzprodukt der Arbeit direkt als Funktion der eingesetzten Arbeit dargestellt. (Im Anhang zu diesem Kapitel zeigen wir, dass die Fläche unterhalb der Grenzproduktkurve der Gesamtproduktion der Industrie entspricht.)

Ein ähnliches Schaubild-Paar kann zur Darstellung der Produktionsfunktion im Lebensmittelsektor verwendet werden. Aus der Kombination der Schaubilder lässt sich die Transformationskurve ableiten, wie in Abbildung 3.3 gezeigt. Wie wir in Kapitel 2 sahen, gibt die **Transformationskurve** die Produktionsmöglichkeiten der Volkswirtschaft wieder. In unserem Fall zeigt sie, wie viele Lebensmittel bei einer gegebenen Produktionsmenge der Industrie hergestellt werden können und umgekehrt.

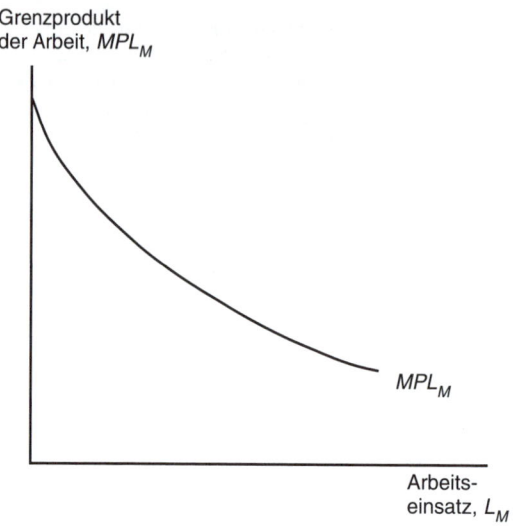

Entsprechend der Steigung der in Abbildung 3.1 gezeigten Produktionsfunktion ist das Grenzprodukt der Arbeit im Industriesektor desto niedriger, je mehr Arbeit in diesem Sektor eingesetzt wird.

Abbildung 3.2: **Das Grenzprodukt der Arbeit**

Das Schaubild in Abbildung 3.3 besteht aus vier Quadranten. Im unteren rechten Quadranten sehen wir die Produktionsfunktion für Industrieprodukte wie in Abbildung 3.1 gezeigt. Diesmal wurde die Darstellung jedoch gedreht: Eine Abwärtsbewegung entlang der vertikalen Achse steht für einen Zuwachs an Arbeit im Industriesektor, eine Bewegung nach rechts entlang der horizontalen Achse für eine Produktionssteigerung in demselben Sektor. Der Quadrant oben links zeigt die entsprechende Produktionsfunktion für den Lebensmittelsektor; auch dieser Teil der Abbildung ist gedreht, sodass eine Bewegung nach links entlang der horizontalen Achse einen Zuwachs an Arbeit im Lebensmittelsektor anzeigt, während eine Bewegung nach oben entlang der vertikalen Achse eine Produktionssteigerung in diesem Sektor wiedergibt.

Der untere linke Quadrant zeigt die Arbeitsallokation der Volkswirtschaft. Das Maß der Größen in beiden Sektoren wird entgegen der üblichen Darstellung in umgekehrter Richtung angezeigt. Eine Abwärtsbewegung entlang der vertikalen Achse steht für einen Zuwachs an Arbeit im Industriesektor; eine Bewegung nach links entlang der horizontalen Achse zeigt einen Zuwachs an Arbeit im Lebensmittelsektor. Da ein Mehr an Beschäftigung in einem Sektor die verfügbare Arbeit für den anderen Sektor verringert, ergeben die möglichen Arbeitsallokationen eine abwärts gerichtete Linie. Diese als *AA* bezeichnete Linie hat einen abfallenden 45-Grad-Winkel, d.h. eine Steigung von −1. Verdeutlichen wir uns, weshalb diese Linie die möglichen Allokationen der Arbeit wiedergibt: Wenn der gesamte Arbeitsbestand in der Lebensmittelproduktion eingesetzt wird, dann ist L_F gleich L und L_M gleich 0. Wenn dann allmählich Arbeit in den Industriesektor abwandert, dann wächst mit jeder verlagerten Personenstunde L_M um eine Einheit, während L_F um eine Einheit abnimmt, sodass eine Linie mit der Steigung −1 entsteht, bis der gesamte Arbeitsbestand L im Industriesektor eingesetzt ist. Jede denkbare Allokation der Arbeit auf beide Sektoren kann also einem Punkt auf *AA*, beispielsweise Punkt 2, zugeordnet werden.

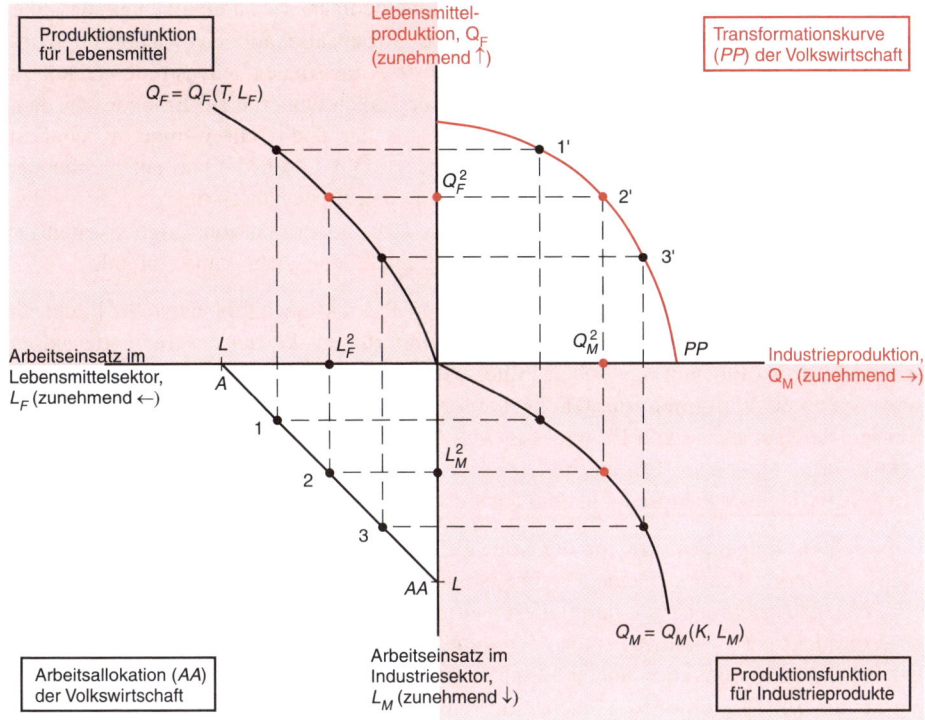

Die Produktion von Industrieprodukten und Lebensmitteln hängt von der Arbeitsallokation ab. Im Quadranten unten links kann die Allokation der Arbeit auf beide Sektoren durch einen Punkt auf der Linie *AA* dargestellt werden. Auf dieser Linie liegen sämtliche Kombinationsmöglichkeiten der Aufteilung des gesamten Arbeitsbestands auf den Industrie- und den Lebensmittelsektor. Jedem Punkt auf *AA*, wie beispielsweise Punkt 2, entspricht ein bestimmter Arbeitseinsatz im Industriesektor (L_M^2) und im Lebensmittelsektor (L_F^2). Die Kurven in den Quadranten unten rechts und oben links geben die Produktionsfunktionen für den Industrie- und den Lebensmittelsektor wieder. An ihnen kann man die Produktionsmenge Q_M^2, Q_F^2 bei einem gegebenen Arbeitseinsatz ablesen. Die Kurve *PP* im oberen rechten Quadranten zeigt schließlich, wie die Produktion in beiden Sektoren variiert, wenn die Arbeitsallokation vom Lebensmittel- in den Industriesektor verschoben wird. Dabei entsprechen die Punkte 1', 2' und 3' auf der Transformationskurve den Arbeitsallokationen 1, 2 und 3. Aufgrund sinkender Erträge verläuft *PP* nicht gerade, sondern konvex.

Abbildung 3.3: **Die Transformationskurve im Modell spezifischer Faktoren**

Auf dieser Grundlage kann die Produktion für jede Arbeitsallokation zwischen beiden Sektoren abgelesen werden. Nehmen wir an, dass die Arbeitsallokation Punkt 2 im unteren linken Quadranten entspricht, also (L_M^2) Stunden für die Industrie und (L_F^2) Stunden für Lebensmittel. Dann können wir anhand der Produktionsfunktion für jeden Sektor die Produktionsmenge bestimmen: Sie beträgt Q_M^2 Einheiten im Industriesektor und Q_F^2 Einheiten im Lebensmittelsektor. Mit Hilfe dieser Koordinaten, Q_M^2 und Q_F^2, lässt sich der Punkt 2' im oberen rechten Quadranten von Abbildung 3.3 bestimmen, der die zugehörigen Produktionsmengen im Industrie- und im Lebensmittelsektor angibt.

Um die gesamte Transformationskurve zu erhalten, nehmen wir nun einfach an, dass dieses Verfahren für zahlreiche unterschiedliche Arbeitsallokationen wiederholt wird. Beginnen wir beispielsweise damit, dass die meiste Arbeit in der Lebensmittelproduktion eingesetzt wird, entsprechend Punkt 1 im unteren linken Quadranten. Erhöhen wir dann allmählich die der Industrie zugeteilte Arbeit, bis nur noch sehr wenige Arbeiter im Lebensmittelsektor beschäftigt sind, wie in Punkt 3. Die diesem Verlauf entsprechenden Punkte im oberen rechten Quadranten bilden dann den Kurvenabschnitt von 1' bis 3'. Die Kurve *PP* im oberen rechten Quadranten zeigt also die Produktionsmöglichkeiten der Volkswirtschaft bei einer gegebenen Ausstattung mit Boden, Arbeit und Kapital.

Im Ricardo-Modell, in dem Arbeit den einzigen Produktionsfaktor darstellt, bildet die Transformationskurve eine Gerade, weil die Opportunitätskosten des Industriesektors, ausgedrückt in Einheiten des Lebensmittelsektors, konstant bleiben. Im Modell spezifischer Faktoren verformen zusätzliche Faktoren die Transformationslinie *PP* zu einer Kurve. Die Krümmung von PP widerspiegelt die sinkenden Erträge der Arbeit in jedem Sektor; diese sinkenden Erträge bilden den entscheidenden Unterschied zwischen dem Modell spezifischer Faktoren und dem Ricardo-Modell.

Beachten Sie Folgendes: Entlang der Linie *PP* wandert Arbeit vom Lebensmittel- in den Industriesektor. Wenn wir eine Personenstunde Arbeit in diese Richtung verschieben, wird die Industrieproduktion durch diesen zusätzlichen Input allerdings lediglich um das Grenzprodukt der Arbeit (*MPL* für *Marginal Product* of Labor) erhöht, also um MPL_M. Um die Industrieproduktion um eine Einheit zu steigern, müssen wir folglich den Arbeitseinsatz um $1/MPL_M$ erhöhen. Gleichzeitig senkt jede Arbeitseinheit, die aus der Lebensmittelproduktion abgezogen wird, die Produktionsmenge in diesem Sektor um das Grenzprodukt der Arbeit bei Lebensmitteln, MPL_F. Um also die Industrieproduktion um eine Einheit zu steigern, muss die Volkswirtschaft die Lebensmittelproduktion um MPL_F/MPL_M senken. Die Steigung von *PP*, welche die Opportunitätskosten von Industrieprodukten in Lebensmitteln ausdrückt – d.h. die Anzahl Lebensmitteleinheiten, die für eine Erhöhung der Industrieproduktion um eine Einheit geopfert werden müssen –, errechnet sich daher folgendermaßen:

$$\text{Steigung der Transformationskurve: } -MPL_F / MPL_M.$$

Nun wird deutlich, woraus sich der gekrümmte Verlauf von *PP* ergibt. Auf dem Weg von 1' zu 3' steigt L_M und sinkt L_F. Wir sahen allerdings in Abbildung 3.2, dass das Grenzprodukt der Arbeit im Industriesektor mit steigendem L_M sinkt; entsprechend steigt mit fallendem L_F das Grenzprodukt der Arbeit im Lebensmittelsektor. Daher nimmt die Steigung von *PP* zu, je weiter wir uns auf ihr nach rechts bewegen.

Wir haben gezeigt, wie bei gegebener Arbeitsallokation die Produktion bestimmt wird. Als Nächstes fragen wir, wie in einer Marktwirtschaft die Arbeitsallokation bestimmt wird.

3.1.3   Preise, Löhne und Arbeitsallokation

Wie viel Arbeit wird in jedem Sektor eingesetzt? Um diese Frage zu beantworten, müssen wir Angebot und Nachfrage auf dem Arbeitsmarkt betrachten. Die Nachfrage nach Arbeit in jedem Sektor hängt vom Preis der Erzeugnisse und vom Lohnsatz ab. Der Lohnsatz wiederum hängt von der Gesamtnachfrage nach Arbeit im Lebensmittel- und im Industriesektor ab. Wenn wir die Preise von Industrieprodukten und Lebensmitteln sowie den Lohnsatz kennen, können wir die Beschäftigung und die Produktionsmenge jedes Sektors bestimmen.

Betrachten wir zunächst die Nachfrage nach Arbeit. In jedem Sektor fragen Gewinn maximierende Unternehmer Arbeitskräfte bis zu dem Punkt nach, an dem der durch eine zusätzliche Personenstunde erzeugte Wert den Arbeitskosten für diese Stunde entspricht. Im Industriesektor beispielsweise entspricht der Wert einer zusätzlichen Personenstunde dem Grenzprodukt der Arbeit für diesen Sektor multipliziert mit dem Preis einer Einheit Industrieprodukte: $MPL_M \times P_M$. Wenn wir den Lohnsatz der Arbeit mit w bezeichnen, stellen die Arbeitgeber folglich so lange Arbeiter ein, bis

$$MPL_M \times P_M = w. \tag{3-4}$$

Allerdings fällt aufgrund sinkender Erträge das Grenzprodukt der Arbeit in der Industrie, wie bereits in Abbildung 3.2 gezeigt. So wird auch für jeden gegebenen Preis von Industrieprodukten P_M das Wertgrenzprodukt, $MPL_M \times P_M$, eine negative Steigung aufweisen. Daher definiert die Formel (3-4) zugleich die Nachfragekurve nach Arbeit im Industriesektor: Wenn der Lohnsatz bei ansonsten gleich bleibenden Bedingungen sinkt, werden die Arbeitgeber im Industriesektor mehr Arbeiter einstellen wollen.

Entsprechend beträgt der Wert einer zusätzlichen Personenstunde im Lebensmittelsektor $MPL_F \times P_F$. Die Kurve der Nachfrage nach Arbeit im Lebensmittelsektor kann daher durch folgende Formel beschrieben werden:

$$MPL_F \times P_F = w. \tag{3-5}$$

Aufgrund unserer Annahme, dass die Arbeit zwischen den Sektoren völlig mobil ist, muss der Lohnsatz in beiden Sektoren gleich sein. Denn wenn die Arbeit ein mobiler Faktor ist, wandert sie so lange vom Niedriglohn- zum Hochlohnsektor, bis sich die Löhne ausgeglichen haben. Der Lohnsatz wiederum wird von unserer Voraussetzung bestimmt, dass die Gesamtnachfrage nach Arbeit (die Gesamtbeschäftigung) dem Gesamtangebot an Arbeit entspricht:

$$L_M + L_F = L. \tag{3-6}$$

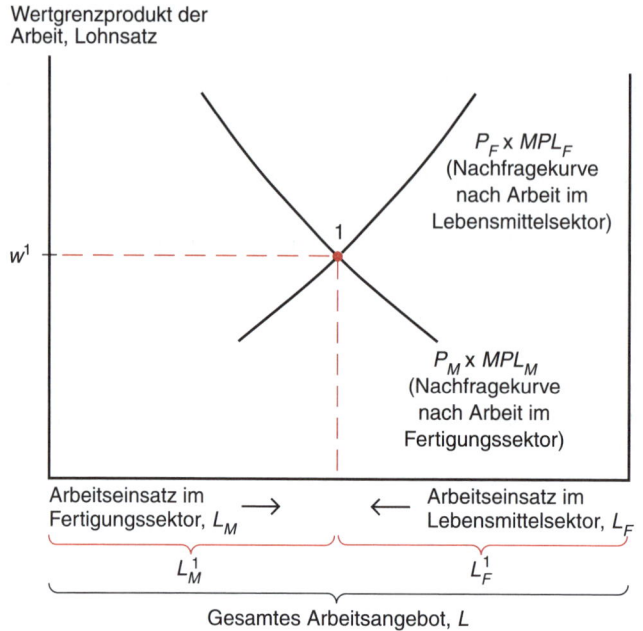

Wertgrenzprodukt der
Arbeit, Lohnsatz

$P_F \times MPL_F$
(Nachfragekurve
nach Arbeit im
Lebensmittelsektor)

1

w^1

$P_M \times MPL_M$
(Nachfragekurve
nach Arbeit im
Fertigungssektor)

Arbeitseinsatz im $\longrightarrow$ $\longleftarrow$ Arbeitseinsatz im
Fertigungssektor, L_M Lebensmittelsektor, L_F

L_M^1 L_F^1

Gesamtes Arbeitsangebot, L

Die Allokation der Arbeit
verläuft so, dass ihr Wertgrenzprodukt im Industrie-
und Lebensmittelsektor
gleich ist. Im Gleich-
gewichtszustand ist der
Lohnsatz gleich dem Wert-
grenzprodukt der Arbeit.

Abbildung 3.4:   **Die Allokation der Arbeit**

Wenn wir diese drei Gleichungen in einem Schaubild wiedergeben (Abbildung 3.4), so wird deutlich, wie der Lohnsatz und die Beschäftigungsrate in jedem Sektor von den Preisen für Lebensmittel und Industrieprodukte bestimmt werden. Auf der horizontalen Achse in Abbildung 3.4 ist das gesamte Arbeitsangebot L abgetragen. Ausgehend von der linken Seite des Schaubilds zeigen wir den Wert des Grenzprodukts der Arbeit im Industriesektor, der sich aus der Multiplikation der Kurve MPL_M aus Abbildung 3.2 mit P_M ergibt. Das ist die Nachfragekurve für Arbeit im Industriesektor. Ausgehend von der rechten Seite zeigen wir das Wertgrenzprodukt der Arbeit im Lebensmittelsektor, d.h. die Nachfrage nach Arbeit in diesem Sektor. In Punkt 1 befinden sich der Lohnsatz und die Arbeitsallokation beider Sektoren im Gleichgewicht. Bei einem Lohnsatz von w^1 ist die Summe der vom Industrie- und Lebensmittelsektor nachgefragten Arbeit, (L_M^1) und (L_F^1), gleich dem Gesamtangebot der Arbeit L.

Aus dieser Analyse der Arbeitsallokation ergibt sich eine sehr aufschlussreiche Beziehung zwischen relativen Preisen und Produktionsmengen. Diese Beziehung gilt auch für allgemeinere Situationen als diejenige, die im Modell spezifischer Faktoren beschrieben ist. Aus den Formeln (3-4) und (3-5) ergibt sich, dass

$$MPL_M \times P_M = MPL_F \times P_F = w$$

und nach Umformung:

$$-MPL_F \ / \ MPL_M = -P_M \ / \ P_F. \qquad (3\text{-}7)$$

Die linke Seite der Gleichung (3-7) gibt die Steigung der Transformationskurve im Punkt der tatsächlich erfolgenden Produktion wieder; die rechte Seite den negativen Wert des relativen Preises pro Einheit in der verarbeitenden Industrie. Aus diesem Befund geht hervor, dass im Produktionspunkt der Transformationskurve eine Tangente anliegen muss, deren Steigung dem negativen Wert des Preisverhältnisses von Industriegütern zu Lebensmitteln entspricht. Das Ergebnis ist in Abbildung 3.5 dargestellt: Wenn der relative Preis des Industriesektors bei 1 liegt, $(P_M/P_F)^1$, produziert die Volkswirtschaft in Punkt 1.

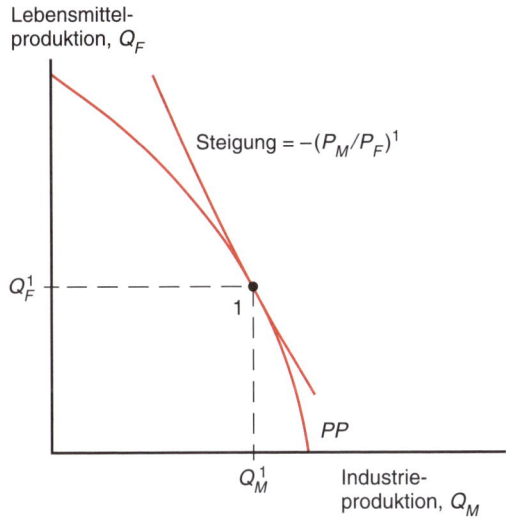

Die Volkswirtschaft produziert an dem Punkt ihrer Transformationskurve (*PP*), an dem deren Steigung dem negativen Wert des relativen Preises der Industrieprodukte entspricht.

Abbildung 3.5: Die Produktion im Modell spezifischer Faktoren

Wie verändern sich Arbeitsallokation und Einkommensverteilung, wenn sich die Preise von Lebensmitteln und Industrieprodukten verändern? Beachten Sie, dass jede Preisveränderung in zwei Bestandteile zerlegt werden kann. Entweder P_M und P_F ändern sich proportional in gleichem Maße, oder es ändert sich nur *ein* Preis. Nehmen wir beispielsweise an, dass der Preis von Industrieprodukten um 17 Prozent und jener von Lebensmitteln um 10 Prozent steigt. Um die Auswirkungen zu analysieren, fragen wir zunächst, wie sich eine Erhöhung beider Preise um 10 Prozent auswirkt, und untersuchen dann die Folgen einer weiteren Erhöhung der Industrieproduktpreise um 7 Prozent. Auf diese Weise können wir die Folgen von Veränderungen im gesamten Preisniveau von den Auswirkungen veränderter relativer Preise unterscheiden.

Gleiche proportionale Preisveränderung. Abbildung 3.6 zeigt die Auswirkungen einer gleichen proportionalen Erhöhung von P_M und P_F. P_M steigt von P_M^1 auf P_M^2; P_F steigt von P_F^1 auf P_F^2. Wenn die Preise beider Güter um 10 Prozent steigen, werden die beiden Kurven der Nachfrage nach Arbeit ebenfalls um 10 Prozent nach oben verschoben. Wie das Schaubild zeigt, führen diese Verschiebungen zu einem Anstieg des Lohnsatzes um 10 Prozent, von w^1 (Punkt 1) auf w^2 (Punkt 2). Die Allokation der Arbeit zwischen den Sektoren und die Produktionsmengen beider Güter ändern sich nicht.

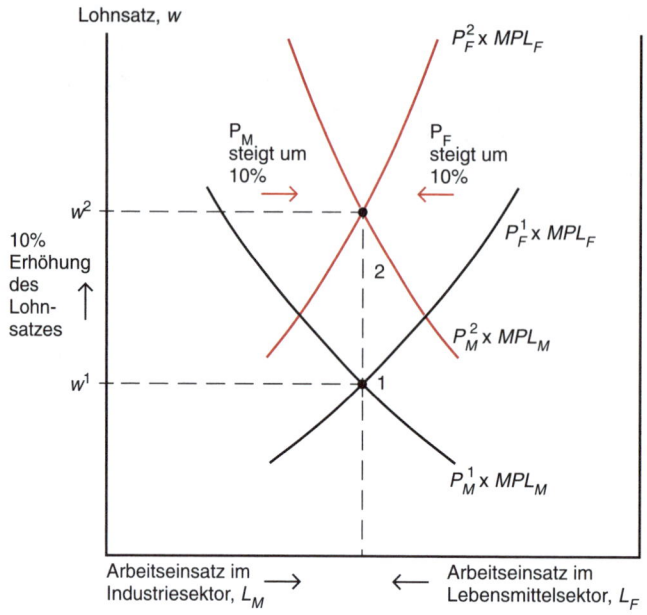

Die Kurven der Nachfrage nach Arbeit für den Industrie- und den Lebensmittelbereich werden beide nach oben verschoben, und zwar entsprechend dem Anstieg von P_M (P_M^1 auf P_M^2) und von P_F (P_F^1 auf P_F^2). Der Lohnsatz steigt proportional dazu von w^1 auf w^2, doch die Allokation der Arbeit zwischen beiden Sektoren ändert sich nicht.

Abbildung 3.6:   Gleicher proportionaler Anstieg der Preise für Industrieprodukte und Lebensmittel

Wenn sich also P_M und P_F in gleichen Proportionen verändern, bleibt eigentlich alles beim Alten. Der Lohnsatz steigt im selben Verhältnis wie die Preise, sodass die *Reallöhne*, nämlich die Verhältnisse zwischen dem Lohnsatz und den Güterpreisen, nicht betroffen werden. Jeder Sektor beschäftigt weiterhin dieselbe Menge an Arbeitskräften, die denselben Reallohn erhalten, und auch das Realeinkommen der Besitzer von Kapital und Boden bleibt gleich. Alle Beteiligten befinden sich also in genau derselben Lage wie zuvor. Dieses Phänomen steht für ein allgemein gültiges Prinzip: Veränderungen des allgemeinen Preisniveaus haben keine realen Auswirkungen, sie verändern keine physischen Mengen in der Volkswirtschaft. Nur Veränderungen der relativen Preise – in unserem Falle der Preise von Industrieprodukten im Verhältnis zu Lebensmittelpreisen, P_M/P_F – wirken sich auf den Wohlstand oder die Allokation der Ressourcen aus.

Änderung der relativen Preise. Betrachten wir die Auswirkungen einer Preisveränderung, welche im Gegensatz zu obigem Fall die relativen Preise betrifft. Abbildung 3.7 verdeutlicht die Auswirkung einer Preisveränderung bei nur einem Gut, in diesem Fall einer 7-prozentigen Erhöhung des P_M von P_M^1 auf P_M^2. Die Erhöhung von P_M führt zu einer Verschiebung der Nachfragekurve nach Arbeit im Industriesektor im selben Verhältnis wie die Preissteigerung und verlagert das Gleichgewicht von Punkt 1 nach Punkt 2. Beachten Sie im Zusammenhang mit dieser Verlagerung zwei wichtige Erscheinungen. Erstens: Der Anstieg des Lohnsatzes bleibt hinter dem Anstieg der Preise für Industrieprodukte zurück. Dies geht aus einem Vergleich der Abbildungen 3.6 und 3.7 hervor. In Abbildung 3.6, die das Ergebnis einer 10-prozentigen Erhöhung von sowohl P_M als auch P_F wiedergibt, sahen wir, dass w ebenfalls um 10 Prozent stieg. Wenn nur P_M erhöht wird, steigt w eindeutig in geringerem Maße – sagen wir, um 5 Prozent.

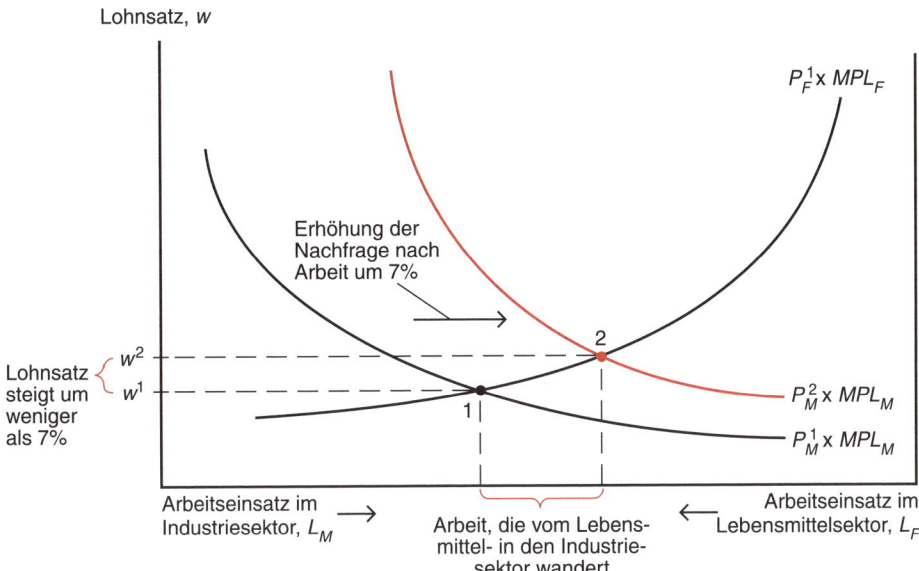

Lohnsatz, *w*

$P_F^1 \times MPL_F$

Erhöhung der
Nachfrage nach
Arbeit um 7%

2

Lohnsatz { w^2
steigt um { w^1
weniger
als 7%

1

$P_M^2 \times MPL_M$

$P_M^1 \times MPL_M$

Arbeitseinsatz im ⟶
Industriesektor, L_M

Arbeit, die vom Lebens-
mittel- in den Industrie-
sektor wandert

⟵ Arbeitseinsatz im
Lebensmittelsektor, L_F

Die Kurve der Nachfrage nach Arbeit im Industriesektor steigt entsprechend der 7-prozentigen
Erhöhung von P_M, doch der Lohnsatz steigt um einen geringeren Prozentsatz. Die Industrieproduktion steigt, die Lebensmittelproduktion sinkt.

Abbildung 3.7: **Anstieg der Preise von Industrieprodukten**

Zweitens: Wenn nur P_M steigt, wandert im Gegensatz zum Fall des gleichzeitigen
Anstiegs von P_M und P_F Arbeit vom Lebensmittelsektor in den Industriesektor. Die
Industrieproduktion steigt, während die Lebensmittelproduktion sinkt. (Hier liegt der
Grund, weshalb w nicht im selben Maße ansteigt wie P_M: Weil die Beschäftigung im
Industriesektor zunimmt, sinkt das Grenzprodukt der Arbeit in diesem Sektor.)

Die Auswirkungen eines Anstiegs der relativen Preise bei Industrieprodukten kann man
auch direkt an der Transformationskurve ablesen. Abbildung 3.8 zeigt die Auswirkungen
desselben Preisanstiegs bei Industrieprodukten. Ihr relativer Preis steigt von $(P_M/P_F)^1$ auf
$(P_M/P_F)^2$. Der Produktionspunkt, der stets dort liegt, wo die Steigung von PP gleich dem
negativen Wert des relativen Preises ist, wandert von 1 nach 2. Der Anstieg des relativen
Preises von Industrieprodukten führt dazu, dass die Lebensmittelproduktion sinkt und die
Industrieproduktion steigt.

Da höhere relative Preise im Industriesektor zu einer Erhöhung der Industrieproduktion
im Verhältnis zur Lebensmittelproduktion führen, können wir die relative Angebotskurve
Q_M/Q_F als Funktion von P_M/P_F darstellen. Diese Kurve des relativen Angebots ist in
Abbildung 3.9 als RS gezeichnet. Wie wir in Kapitel 2 aufgezeigt haben, kann man auch
eine Kurve der relativen Nachfrage zeichnen, die durch die fallende Linie RD wiedergegeben ist. Der Gleichgewichtszustand zwischen relativen Preisen $(P_M/P_F)^1$ und relativer
Produktionsmenge $(Q_M/Q_F)^1$ befindet sich im Schnittpunkt von RS und RD.

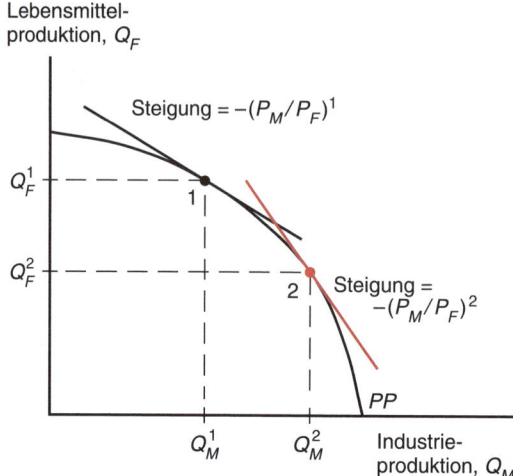

Die Volkswirtschaft produziert immer an dem Punkt ihrer Transformationskurve (*PP*), an dem die Steigung von *PP* gleich dem negativen Wert des relativen Preises der Industrieprodukte ist. Ein Anstieg des Verhältnisses P_M/P_F führt also dazu, dass sich der Produktionspunkt auf der Transformationskurve nach rechts unten verschiebt, was einer höheren Industrieproduktion und einer geringeren Lebensmittelproduktion entspricht.

Abbildung 3.8: Änderung der Produktionsmenge infolge eines veränderten relativen Preises bei Industrieprodukten

3.1.4   Relative Preise und Einkommensverteilung

Bisher haben wir folgende Aspekte des Modells spezifischer Faktoren untersucht: 1) die Bestimmung der Produktionsmöglichkeiten einer Volkswirtschaft, wenn ihre Ressourcen und Technologie gegeben sind, und 2) die Bestimmung der Ressourcenallokation, der Produktion und der relativen Preise in einer Marktwirtschaft. Bevor wir uns den Auswirkungen des Außenhandels zuwenden, müssen wir zunächst die Folgen veränderter relativer Preise für die Einkommensverteilung betrachten.

Kehren wir noch einmal zu Abbildung 3.7 zurück, in der die Auswirkung eines Preisanstiegs der Industrieprodukte wiedergegeben ist. Wir haben bereits vermerkt, dass sich die Kurve der Nachfrage nach Arbeit im Industriesektor proportional zu dem Anstieg von P_M nach oben verschiebt: Wenn P_M um 10 Prozent steigt, wird auch die durch $P_M \times MPL_M$ definierte Kurve um 10 Prozent nach oben verschoben. Wir haben auch gesehen, dass w in geringerem Maße steigt als P_M, wenn nicht der Lebensmittelpreis ebenfalls um 10 Prozent erhöht wird. Wenn also die Industrieproduktpreise um 10 Prozent steigen, dürfen wir erwarten, dass sich der Lohnsatz beispielsweise um nur 5 Prozent erhöht.

Betrachten wir nun die Auswirkungen dieser Folgeerscheinungen auf die Einkommen dreier Gruppen: Arbeiter, Kapitalbesitzer und Grundbesitzer. Die Arbeiter stellen fest, dass ihr Lohn zwar gestiegen ist, aber um weniger als der Anstieg von P_M. Folglich sinkt ihr Reallohn im Verhältnis zu den Preisen für Industrieprodukte (w/P_M), während er im Verhältnis zu den Lebensmittelpreisen (w/P_F) steigt. Anhand dieser Informationen können wir noch nicht beurteilen, ob es den Arbeitern besser oder schlechter geht als zuvor; denn dies hängt davon ab, welche relative Bedeutung Industrieprodukte und Lebensmittel für ihren Konsum haben, eine Frage, die wir an dieser Stelle nicht vertiefen.

Den Kapitalbesitzern dagegen geht es eindeutig besser. Der reale Lohnsatz ist gemessen an den Preisen für Industrieprodukte gesunken, sodass die Erträge der Kapitalbesitzer im Verhältnis zu ihren Produkten steigen. Das Einkommen der Kapitalbesitzer wächst also proportional zum Anstieg von P_M. Da P_M wiederum in Relation zu P_F gestiegen ist, ist das Einkommen der Kapitalbesitzer im Verhältnis zu den Gütern beider Sektoren ganz klar gestiegen.

Die Grundbesitzer hingegen stehen schlechter da als zuvor. Ihre Einbußen haben zwei Ursachen: Die Reallöhne steigen im Verhältnis zu den Lebensmittelpreisen, was ihr Einkommen mindert, und der Anstieg der Preise für Industrieprodukte reduziert die Kaufkraft aller gegebenen Einkünfte.

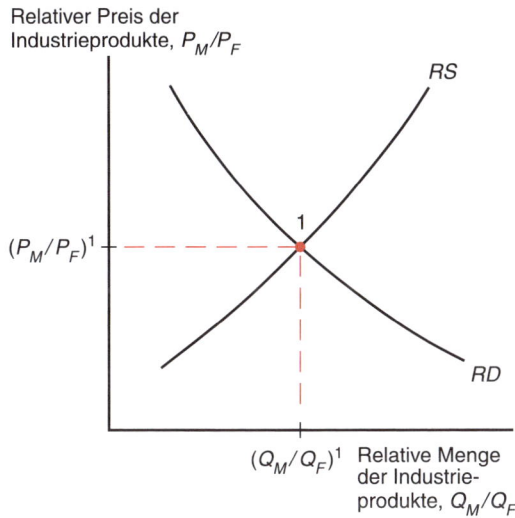

Gemäß dem Modell spezifischer Faktoren führt ein erhöhter relativer Preis für Industrieprodukte zu einem Produktionsanstieg dieses Sektors im Verhältnis zum Lebensmittelsektor. Daher steigt die Kurve des relativen Angebots RS. Die relativen Mengen und Preise befinden sich dort im Gleichgewicht, wo sich RS mit der Kurve der relativen Nachfrage RD schneidet.

Abbildung 3.9: **Bestimmung der relativen Preise**

3.2 Außenhandel im Modell spezifischer Faktoren

Nachdem wir das Modell spezifischer Faktoren auf eine einzelne Volkswirtschaft angewandt haben, können wir uns nun einer Analyse des Außenhandels zuwenden. Nehmen wir an, dass zwei Länder, Japan und Amerika, miteinander handeln. Untersuchen wir die Auswirkungen dieses Handels auf ihren Wohlstand.

Voraussetzung für das Zustandekommen von Außenhandel sind unterschiedliche relative Preise in den Industriesektoren beider Länder unter Bedingungen, in denen kein Handel stattfinden würde. In Abbildung 3.9 sahen wir, wie P_M/P_F in einer einzelnen Volkswirtschaft in Abwesenheit von Außenhandel bestimmt wird. Die Gründe für unterschiedliche relative Preise in Japan und in Amerika können in Unterschieden entweder bei der relativen Nachfrage oder beim relativen Angebot liegen. Wir wollen hier von Nachfrageunterschieden absehen. Wir nehmen also an, dass die relative Nachfrage bei einem gegebenen Verhältnis P_M/P_F für beide Länder gleich ist. Wenn beide Länder denselben relativen Preis für Industrieprodukte haben, konsumieren sie folglich Lebensmittel und Industrieprodukte im selben Verhältnis. Beide Länder weisen daher dieselbe Kurve der relativen Nachfrage auf, sodass wir uns ganz auf Unterschiede im relativen Angebot als Ursache für Außenhandel konzentrieren können.

Welche Ursachen können Unterschiede im relativen Angebot bedingen? Die Länder können, wie im Ricardo-Modell, über unterschiedliche Technologien verfügen. Da unser jetziges Modell mehr als nur einen Produktionsfaktor berücksichtigt, könnten sie sich allerdings auch hinsichtlich ihrer Ressourcen unterscheiden. Es lohnt sich, die Auswirkungen unterschiedlicher Ressourcen auf das relative Angebot näher zu betrachten.

3.2.1   Ressourcen und relatives Angebot

Die grundlegende Beziehung zwischen Ressourcen und relativem Angebot ist recht einfach: Ein Land mit viel Kapital und wenig Boden tendiert dazu, bei jedem gegebenen Preisniveau einen höheren Anteil an Industrieprodukten im Verhältnis zu Lebensmitteln zu produzieren, während ein Land mit viel Boden und wenig Kapital sich umgekehrt verhält. Was würde passieren, wenn in einem der Länder das Angebot an einer Ressource steigt? Nehmen wir beispielsweise an, dass Japan seinen Kapitalstock erhöht. Die Auswirkungen eines solchen Anstiegs sind in Abbildung 3.10 wiedergegeben.

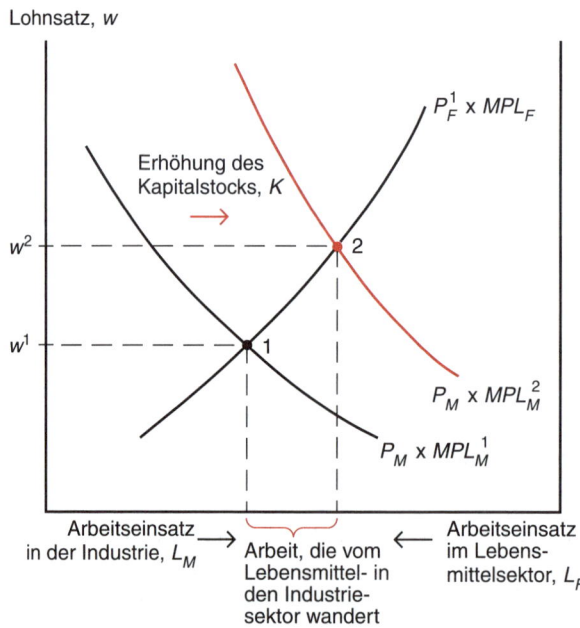

Eine Erhöhung des Kapitalstocks erhöht das Grenzprodukt der Arbeit bei jedem Beschäftigungsgrad. Dadurch steigt die Nachfrage nach Arbeit im Industriesektor, sodass der Lohnsatz insgesamt steigt. Da Arbeit aus dem Lebensmittelsektor abgezogen wird, steigt die Industrieproduktion, während die Lebensmittelproduktion sinkt.

Abbildung 3.10:   Änderung des Kapitalstocks

Bei ansonsten konstanten Bedingungen würde eine Erhöhung der Kapitalmenge das Grenzprodukt der Arbeit im Industriesektor erhöhen. Folglich würde sich die Nachfragekurve der Arbeit in diesem Sektor nach rechts verschieben, von $P_M \times MPL_M^1$ nach $P_M \times MPL_M^2$. Bei allen gegebenen Preisen für Industrieprodukte und Lebensmittel würde diese gesteigerte Nachfrage nach Arbeit im Industriesektor den Gleichgewichtszustand von Punkt 1 nach Punkt 2 verschieben. Arbeiter würden aus dem Lebensmittelsektor in den Industriesektor abwandern. Die Industrieproduktion würde aus zwei Gründen steigen: Es gäbe nun mehr Arbeiter in diesem Sektor und für ihre Arbeit stünde mehr Kapital zur Verfügung. Die Lebensmittelproduktion würde infolge des gesenkten Einsatzes an Arbeit zurückgehen. Folglich würde die relative Produktionsmenge des Industriesektors bei allen gegebenen relativen Preisen für Industrieprodukte steigen. Wir ziehen also die Schlussfolgerung, dass ein Anstieg des Angebots an Kapital die Kurve des relativen Angebots nach rechts verschieben würde.

Welche Auswirkungen hätte ein Wachstum des Arbeitsbestands? Dieser Fall ist weniger eindeutig gelagert. Arbeitgeber erhalten einen Anreiz zur Beschäftigung zusätzlicher Arbeiter, wenn der Lohnsatz sinkt. Dies führt zu zunehmender Beschäftigung und zunehmender Produktion in *beiden* Sektoren, die Auswirkungen auf die relativen Produktionsmengen sind uneindeutig.

Nehmen wir dennoch für Japan und Amerika den gleichen Arbeitsbestand an. Japan habe jedoch eine bessere Ausstattung mit Kapital und Amerika mehr Boden zur Verfügung. Diese Situation ist in Abbildung 3.11 dargestellt. Japans Kurve des relativen Angebots RS_J liegt rechts von der entsprechenden Kurve für Amerika, RS_A, weil die reichhaltige Kapitalausstattung und knappe Bodenausstattung Japan dazu veranlasst, bei jedem gegebenen relativen Preis Industrieprodukte in großer Quantität und relativ wenig Lebensmittel herzustellen, während sich Amerika genau umgekehrt verhält.

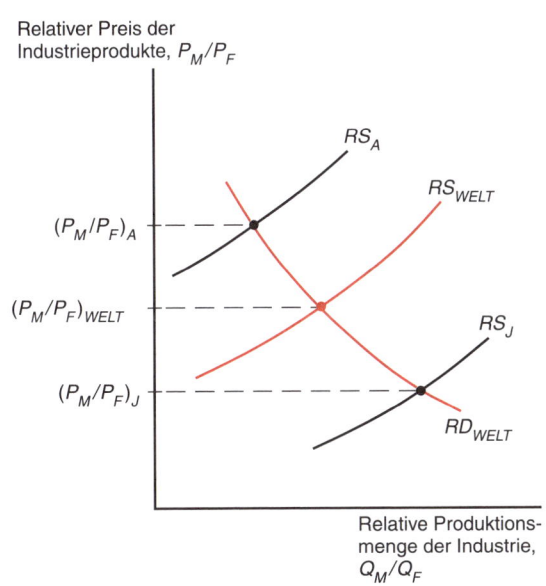

Diese Abbildung geht davon aus, dass Japan mehr Kapital pro Arbeiter hat als Amerika, während Amerika über mehr Boden pro Arbeiter verfügt als Japan. Daher liegt Japans Kurve des relativen Angebots rechts von derjenigen Amerikas. Wenn die beiden Volkswirtschaften Handel treiben, liegt die Kurve des relativen Weltangebots RS_{WELT} zwischen den entsprechenden Kurven für beide Nationen, und der relative Weltpreis für Industrieprodukte befindet sich in einem Punkt im Gleichgewicht – definiert durch den Schnittpunkt von RS_{WELT} mit der Kurve der relativen Weltnachfrage RD_{WELT} –, der zwischen den Gleichgewichtspunkten beider Länder ohne Handel liegt.

Abbildung 3.11: Handel und relative Preise

3.2.2   Handel und relative Preise

Auch in diesem Modell führt der Außenhandel wieder zu einer Konvergenz der relativen Preise, wie Abbildung 3.11 veranschaulicht. Da die relative Nachfrage in Amerika und Japan gleich ist, bezeichnet RD_{WELT} sowohl die Kurve der relativen Nachfrage beider Länder als auch die Kurve der Weltnachfrage im Falle von Außenhandel. RS_J und RS_A sind die Kurven des relativen Angebots für Japan bzw. Amerika. Japan ist in diesem Beispiel verhältnismäßig üppig mit Kapital ausgestattet und verfügt über wenig Boden, während es in Amerika umgekehrt ist. Daher liegt RS_J rechts von RS_A. Der relative Preis für Industrieprodukte vor Handel in Japan, $(P_M/P_F)_J$, ist niedriger als der relative Preis vor Handel in Amerika, $(P_M/P_F)_A$.

Sobald die beiden Länder den Handel eröffnen, schaffen sie eine integrierte Weltwirtschaft, deren Produktion im Industrie- und Lebensmittelsektor die Summe der nationalen Produktion beider Güter darstellt. Das relative Weltangebot an Industrieprodukten (RS_{WELT}) liegt zwischen den relativen Angeboten beider Länder. Der weltweite relative Preis für Industrieprodukte, $(P_M/P_F)_{WELT}$, liegt daher zwischen den entsprechenden nationalen Preisen vor Handel. Der Handel hat den relativen Preis von Industrieprodukten in Japan erhöht und in Amerika gesenkt.

3.2.3   Die Handelsstruktur

Wir haben festgestellt, dass Außenhandel aufgrund unterschiedlicher relativer Preise für Industrieprodukte zustande kommt. Auf welche Weise bestimmt nun die Konvergenz von P_M/P_F die Struktur des Außenhandels? Um diese Frage zu beantworten, müssen wir einige grundlegende Beziehungen zwischen Preisen, Produktion und Konsum festhalten.

In einem Land, das keinen Außenhandel treiben kann, muss die Produktionsmenge eines Guts gleich seinem Verbrauch sein. Wenn D_M den Konsum an Industrieprodukten und D_F den Konsum an Lebensmitteln bezeichnet, dann ist in einer geschlossenen Volkswirtschaft $D_M = Q_M$ und $D_F = Q_F$. Der Außenhandel ermöglicht nun, dass Industrieprodukte und Lebensmittel in einem anderen Verhältnis konsumiert als produziert werden. Während allerdings die Menge jedes einzelnen Gutes, das ein Land konsumiert und produziert, durchaus schwanken darf, kann ein Land nicht mehr ausgeben, als es einnimmt. Der *Wert* des Konsums muss gleich dem Wert der Produktion sein, daher gilt:

$$P_M \times D_M + P_F \times D_F = P_M \times Q_M + P_F \times Q_F. \tag{3-8}$$

Die Gleichung (3-8) kann umgeformt werden zu:

$$D_F - Q_F = (P_M / P_F) \times (Q_M - D_M). \tag{3-9}$$

$D_F - Q_F$ ergibt die Lebensmittel*importe* der Volkswirtschaft, die Menge, um die ihr Konsum an Lebensmitteln deren Produktion übersteigt. Die rechte Seite der Gleichung ist das Produkt aus dem relativen Preis der Industrieprodukte und der Menge, um welche die Produktion an Industrieprodukten deren Konsum übersteigt, also dem Industrieprodukt-*export* der Volkswirtschaft. Die Gleichung besagt demnach, dass der Lebensmittelimport dem Produkt aus Industrieproduktexport und relativem Preis der Industrieprodukte entspricht. Sie gibt keinen Aufschluss über das Volumen der Importe und Exporte, sagt aber aus, dass die Importmenge, die sich die Volkswirtschaft leisten kann, durch ihre Exportmenge beschränkt wird. Daher wird die Gleichung (3-9) als **Budgetbeschränkung**[2] bezeichnet.

Abbildung 3.12 veranschaulicht zwei wichtige Eigenschaften der Budgetbeschränkung für eine Außenhandel treibende Volkswirtschaft. Erstens ist die Steigung der Budgetbeschränkungslinie gleich dem negativen Wert von P_M/P_F, also dem relativen Preis von Industrieprodukten, denn der Verzicht auf den Konsum einer Einheit Industrieprodukte erspart der Volkswirtschaft P_M. Damit kann sie P_M/P_F zusätzliche Einheiten Lebensmittel erwerben. Zweitens tangiert die Budgetbeschränkungslinie die Transformationskurve an dem Punkt, an dem die Volkswirtschaft bei einem gegebenen relativen Preis für Industrieprodukte produziert. Dieser Punkt ist in der Abbildung mit 1 bezeichnet. Folglich kann es sich die Volkswirtschaft stets leisten, so viel zu konsumieren, wie sie produziert.

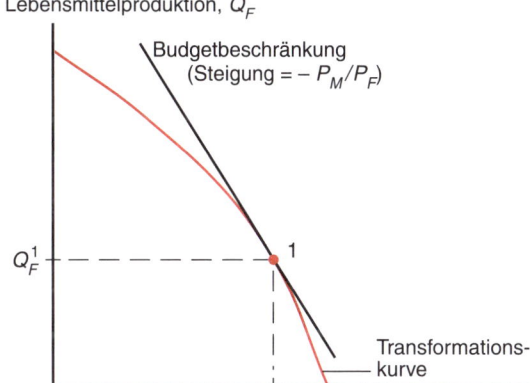

Punkt 1 zeigt die Produktion der Volkswirtschaft an. Ihr Konsum muss auf einer Linie liegen, die durch Punkt 1 geht und deren Steigung dem negativen Wert des relativen Preises von Industrieprodukten entspricht.

Abbildung 3.12: Budgetbeschränkung einer Außenhandel treibenden Volkswirtschaft

Mit Hilfe der Budgetbeschränkungen von Japan und Amerika können wir nun eine Darstellung des Handelsgleichgewichts konstruieren. Abbildung 3.13 zeigt die Produktionsmengen, Budgetbeschränkungen und Konsummöglichkeiten von Japan und Amerika bei

---

[2] Die Beschränkung, dass der Wert des Konsums gleich jenem der Produktion sein muss (bzw. dass der Wert der Importe dem der Exporte entspricht), kann außer Kraft gesetzt werden, wenn Länder bei anderen Ländern Schulden machen oder selbst Kredite vergeben. Vorläufig schließen wir diese Möglichkeiten aus, sodass die Budgetbeschränkung (Formel (3-9)) greift. Die internationale Verschuldung und Kreditvergabe werden in Kapitel 7 behandelt. Dort wird der Nachweis geführt, dass der Konsum einer Volkswirtschaft langfristig immer noch von der Notwendigkeit eingeschränkt wird, ihre Schulden bei ausländischen Gläubigern abzuzahlen.

Gleichgewichtspreisen. In Japan führt der Anstieg des relativen Preises von Industrieprodukten zu einem Anstieg des Lebensmittelkonsums im Verhältnis zum Konsum von Industriegütern und zu einem Rückgang der relativen Lebensmittelproduktion. Japan produziert eine Lebensmittelmenge von Q_F^J, verbraucht jedoch D_F^J und wird daher zu einem Exporteur von Industrieprodukten und Importeur von Lebensmitteln. In Amerika führt das Absinken des relativen Preises von Industrieprodukten nach Außenhandel zu einem Anstieg des Konsums an Industrieprodukten im Verhältnis zu Lebensmitteln und zu einem Rückgang der relativen Industrieproduktion. Amerika wird daher zu einem Importeur von Industrieprodukten und Exporteur von Lebensmitteln. Im Gleichgewichtszustand sind Japans Industrieproduktexporte exakt gleich den Importen Amerikas und Japans Lebensmittelimporte exakt gleich den Exporten Amerikas. Dieser Zustand kommt darin zum Ausdruck, dass die beiden farbigen Dreiecke in Abbildung 3.13 dieselbe Fläche haben.

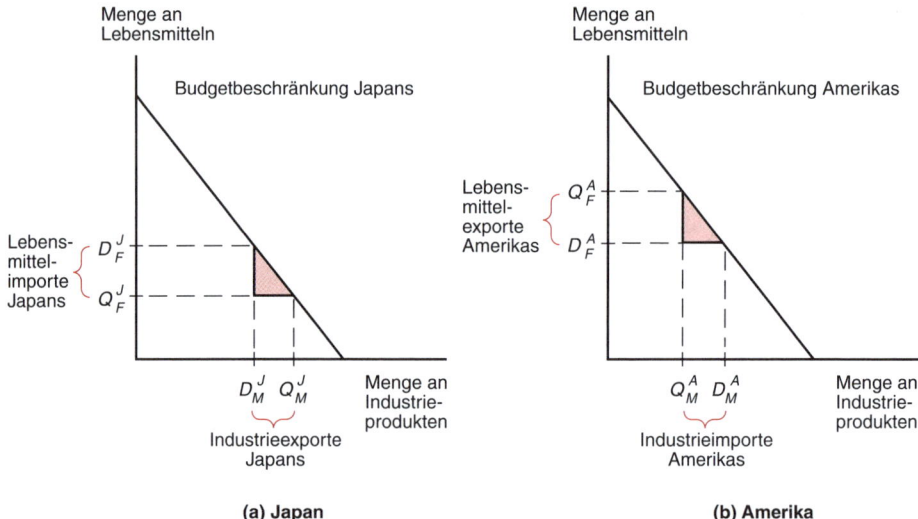

Die Lebensmittelimporte Japans sind genau gleich den -exporten Amerikas, und die Industrieproduktimporte Amerikas sind genau gleich den -exporten Japans.

Abbildung 3.13: Handelsgleichgewicht

3.3   Einkommensverteilung und Außenhandelsgewinne

Wir haben Folgendes aufgezeigt: Die Produktionsmöglichkeiten sind abhängig von den Ressourcen und der Technologie; die Wahl der zu produzierenden Güter wird vom relativen Preis der Industrieprodukte bestimmt; veränderte relative Preise der Industrieprodukte haben bestimmte Auswirkungen auf die Realeinkommen verschiedener Produktionsfaktoren; Außenhandel hat bestimmte Folgen sowohl für die relativen Preise als auch für die Budgetbeschränkung einer Volkswirtschaft. Nun können wir die entscheidende Frage stellen: Wem nützt und wem schadet der Außenhandel? Betrachten wir zunächst die Auswirkungen auf die Wohlfahrt bestimmter Gruppen, und dann die Folgen des Außenhandels für die Wohlfahrt des gesamten Landes.

Um die Auswirkungen des Außenhandels auf bestimmte Gruppen zu beurteilen, muss man in erster Linie berücksichtigen, dass Außenhandel den relativen Preis von Industrieprodukten und Lebensmitteln verändert. Wenden wir uns zunächst Japan zu. Wir nehmen an, dass Japan vor Handel einen niedrigeren relativen Preis für Industrieprodukte aufwies als die übrige Welt. In diesem Fall verursacht der Handel, der zu einer Konvergenz der relativen Preise führt, einen Anstieg von P_M/P_F. Das Ergebnis dieses Anstiegs besteht in Japan (wie wir im vorigen Abschnitt sahen) darin, dass die Kapitalbesitzer reicher werden, die Arbeiter eine uneindeutige Veränderung ihrer Lage erfahren und die Grundbesitzer ärmer werden.

In Amerika stellt sich genau die umgekehrte Wirkung des Außenhandels auf die relativen Preise ein: Der relative Preis für Industrieprodukte sinkt. Folglich geht es in Amerika den Grundbesitzern besser und den Kapitalbesitzern schlechter als zuvor, während die Auswirkungen auf die Arbeiter auch hier uneindeutig sind.

Das Gesamtergebnis ist also einfach: *Außenhandel nutzt dem Faktor, der für den Exportsektor jedes Landes spezifisch ist. Er schadet dem spezifischen Faktor desjenigen Sektors, mit dem der Import konkurriert. Die Auswirkungen auf mobile Faktoren sind nicht eindeutig.*

Wiegen die Gewinne aus Handel schwerer als die Verluste? Man könnte diese Frage zu beantworten versuchen, indem man Gewinne und Verluste addiert und vergleicht. Das Wohlfahrtsniveau, das man dabei vergleichen würde, ist allerdings subjektiver Natur. Nehmen wir an, das die Kapitalbesitzer Langweiler sind, denen ein vermehrter Konsum überhaupt nichts bedeutet, während er den Grundbesitzern als Lebenskünstlern großes Vergnügen bereiten würde. In diesem Fall könnte man sich durchaus vorstellen, dass der Außenhandel das Gesamtmaß des Genusses in Japan reduziert. Doch auch der umgekehrte Fall ist denkbar. Wie dem auch sei, die Kalkulation der Lebensfreude fällt im Allgemeinen nicht in den Bereich der ökonomischen Analyse.

Eine andere Fragestellung bringt uns weiter, wenn wir die Außenhandelsgewinne als Ganze beurteilen möchten: Könnten die Gewinner die Verlierer entschädigen und dennoch selbst besser dastehen als zuvor? Wenn dies zutrifft, dann bildet der Handel eine *potenzielle* Quelle des Gewinns für alle.

In drei Schritten soll veranschaulicht werden, dass dies der Fall ist:

1. Erstens halten wir fest, dass in Abwesenheit von Außenhandel die Volkswirtschaft alles produzieren müsste, was sie konsumiert, und umgekehrt. Der Konsum der Volkswirtschaft wäre dann ein Punkt auf der Kurve der *Produktions*möglichkeiten. Abbildung 3.14 zeigt einen solchen typischen Konsumpunkt vor Handel, Punkt 2.

2. Als Nächstes halten wir fest, dass eine Außenhandel treibende Volkswirtschaft eine größere Menge von *beiden* Gütern konsumieren kann, als es ihr ohne Außenhandel möglich wäre. Die Budgetbeschränkung in Abbildung 3.14 widerspiegelt sämtliche

Kombinationsmöglichkeiten von Lebensmitteln und Industrieprodukten, zu denen das Land bei einem gegebenen relativen Weltpreis von Industrieprodukten konsumieren könnte. Ein Teilbereich dieser Budgetbeschränkung – der im eingefärbten Bereich liegende Teil – gibt Situationen wieder, in denen die Volkswirtschaft sowohl mehr Lebensmittel als auch mehr Industrieprodukte konsumiert, als es ihr ohne Außenhandel möglich wäre. Beachten Sie, dass dieses Ergebnis nicht von der Annahme abhängt, dass Produktion und Konsum vor Außenhandel bei Punkt 2 gelegen haben. Abgesehen von dem Fall, dass die Produktion vor Außenhandel bei Punkt 1 lag, sodass sich der Außenhandel überhaupt nicht auf sie auswirkt, ergibt sich in allen Fällen ein Teilbereich der Budgetbeschränkung, der für beide Güter einen erhöhten Konsum zulässt.

3. Wenn die Volkswirtschaft als Ganzes beide Güter in größeren Mengen konsumiert, ist es im Prinzip möglich, dass jedes *Individuum* von beiden Gütern mehr erhält. Damit ginge es jedermann besser. Es kann also gewährleistet werden, dass infolge von Außenhandel jeder einen größeren Wohlstand genießt. Natürlich könnte es allen Individuen noch besser gehen, wenn jedes von ihnen gleichermaßen mehr von einem Gut und weniger von einem anderen hätte, doch dieser Sachverhalt unterstreicht lediglich die Schlussfolgerung, dass Außenhandel potenziell jedem Einzelnen Gewinn bringen kann.

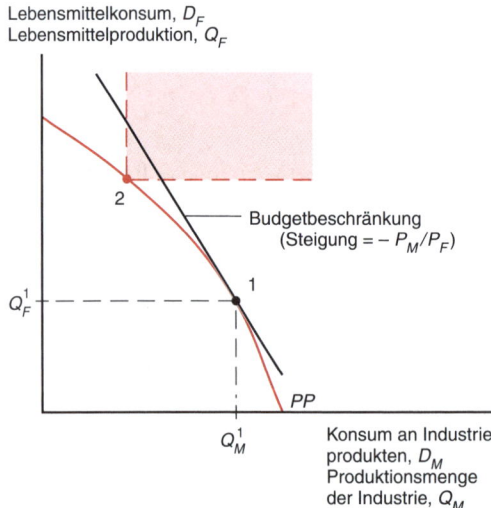

Vor Außenhandel lagen Produktion und Konsum der Volkswirtschaft in Punkt 2 ihrer Transformationskurve (*PP*). Nach Außenhandel kann die Volkswirtschaft in jedem Punkt ihrer Budgetbeschränkung konsumieren. Der Abschnitt der Budgetbeschränkung, der in den eingefärbten Bereich fällt, repräsentiert plausible Konsumentscheidungen nach Außenhandel, bei denen beide Güter in größeren Mengen konsumiert werden, als dies vor Handel in Punkt 2 der Fall war.

Abbildung 3.14:   **Außenhandel erweitert die Konsummöglichkeiten einer Volkswirtschaft**

Der letzte Grund für den potenziellen Nutzen des Außenhandels liegt darin, dass er die *Entscheidungsmöglichkeiten der Volkswirtschaft eines Landes vermehrt*. Die Erweiterung der Entscheidungsmöglichkeiten schafft die ständige Möglichkeit einer solchen Umverteilung des Einkommens, dass jedes Mitglied der Gesellschaft vom Handel profitiert.[3]

---

[3]   Das Argument, dass sich die Vorteile des Außenhandels aus der Erweiterung der Entscheidungsmöglichkeiten einer Volkswirtschaft ergeben, ist in viel höherem Maße allgemein gültig, als es hier erscheint. Umfassende Ausführungen hierzu finden Sie bei Paul Samuelson, „The Gains from International Trade Once Again", in: *Economic Journal* 72 (1962), S. 820-829.

Die Tatsache, dass Außenhandel Gewinne für alle erzeugen *könnte*, bedeutet leider nicht, dass dies auch der Fall ist. In der Realität bildet die Existenz von Verlierern neben Gewinnern einen der wichtigsten Gründe für Einschränkungen des freien Handels.

3.4 Die politische Ökonomie des Außenhandels: eine Vorschau

Außenhandel hinterlässt oftmals nicht nur Gewinner, sondern auch Verlierer. Diese Einsicht ist entscheidend, um die Erwägungen nachzuvollziehen, die in der modernen Weltwirtschaft die Handelspolitik bestimmen. In den Kapiteln 8 bis 11 wird die Handelspolitik im Einzelnen untersucht, dennoch können wir an dieser Stelle bereits eine Vorschau leisten.

Die Handelspolitik kann (wie jede staatliche Politik) unter zwei Gesichtspunkten betrachtet werden: 1) Was *sollte* die Regierung angesichts ihrer Ziele tun? Worin besteht die *optimale* Handelspolitik? 2) Was werden die Regierungen aller Wahrscheinlichkeit nach in der Praxis tun? Die Auswirkungen des Außenhandels auf die Einkommensverteilung spielen eine wichtige Rolle für die erste Fragestellung und eine ganz entscheidende für die zweite.

3.4.1 Die optimale Handelspolitik

Nehmen wir an, ein Staat möchte den Wohlstand seiner Bevölkerung mehren. Wenn jeder denselben Geschmack und dasselbe Einkommen hätte, gäbe es eine einfache Lösung: Der Staat würde sich für eine Politik entscheiden, mit deren Hilfe das repräsentative Individuum so wohlhabend wie möglich würde. In dieser homogenen Volkswirtschaft würde ein freier Welthandel dem Ziel des Staates eindeutig entgegenkommen.

Wenn die Menschen allerdings nicht alle genau gleich sind, ist die Aufgabe des Staates weniger klar umrissen. Er muss wohl oder übel den Gewinn einer Person gegen den Verlust einer anderen abwägen. Wenn die japanische Regierung beispielsweise mehr Wert darauf legt, Schaden von den Grundbesitzern abzuwenden, als den Unternehmern zu helfen, dann ist der Außenhandel, der in unserer Analyse den Kapitalbesitzern in Japan nutzte und den Grundbesitzern schadete, in den Augen der japanischen Regierung möglicherweise von Übel.

Es gibt viele Gründe, weshalb eine Gruppe mehr Gewicht haben kann als andere. Einer der zwingendsten besteht darin, dass einige Gruppen besondere Maßnahmen beanspruchen dürfen, weil sie von vornherein relativ arm sind. Obwohl Importbeschränkungen für Bekleidung und Schuhe zu höheren Preisen für die Verbraucher führen, genießen sie in den USA große Unterstützung, weil die Beschäftigten dieser Industriezweige ohnehin schlecht bezahlt werden. Die Vorteile, die wohlhabenden Verbrauchern durch die Zulassung von mehr Importen zuteil würden, haben in den Augen der amerikanischen Öffentlichkeit weniger Gewicht als die Einbußen, die den gering entlohnten Arbeitern der Schuh- und Bekleidungsindustrie entstehen würden.

Sollte Handel demnach nur dann zugelassen werden, wenn er die Angehörigen der unteren Einkommensgruppen nicht schädigt? Diese Schlussfolgerung würden wohl nur wenige Außenwirtschaftsexperten unterschreiben. Obwohl die Einkommensverteilung eine wichtige Rolle spielt, befürworten die meisten Ökonomen ausdrücklich einen mehr oder weniger freien Handel. Es gibt drei wesentliche Gründe, weshalb Ökonomen im Allgemeinen die Auswirkungen des Handels auf die Einkommensverteilung *nicht* in den Vordergrund rücken:

1. Auswirkungen auf die Einkommensverteilung sind kein spezifisches Merkmal des Außenhandels. Jede Veränderung der Volkswirtschaft eines Landes, wie zum Beispiel technologische Neuerungen, Änderungen des Verbraucherverhaltens, die Erschöpfung alter und die Entdeckung neuer Ressourcen und anderes mehr, wirkt sich auf die Einkommensverteilung aus. Wenn jede Veränderung der Volkswirtschaft erst zugelassen würde, nachdem sie auf ihre Folgen für die Einkommensverteilung hin geprüft worden wäre, könnte der wirtschaftliche Fortschritt leicht im Bürokratismus sein Ende finden.

2. Es ist immer besser, Handel zuzulassen und die Benachteiligten zu entschädigen, als Handel zu unterbinden. (Dies gilt auch für andere wirtschaftliche Veränderungen.) Alle modernen Industrieländer bieten ihren Bürgern irgendein „Sicherheitsnetz" zur Einkommensunterstützung (beispielsweise Arbeitslosengeld und staatlich geförderte Umschulungsmaßnahmen oder Umzugsbeihilfen), mit dem die Verluste der Gruppen, die unter dem Außenhandel zu leiden haben, abgefedert werden. Wenn dieses Sicherheitsnetz als unzulänglich empfunden wird, stehen Ökonomen im Allgemeinen auf dem Standpunkt, dass die richtige Lösung nicht in weniger Außenhandel, sondern in mehr staatlicher Unterstützung liegt.

3. Die potenziellen Verlierer eines gesteigerten Außenhandelsvolumens sind normalerweise besser organisiert als die voraussichtlichen Gewinner. Der so erzeugte einseitige Druck auf den politischen Prozess verlangt nach einem Gegengewicht. Die traditionelle Rolle der Ökonomen besteht darin, unter Hinweis auf den Gesamtnutzen den freien Handel mit Nachdruck zu unterstützen; den Geschädigten fällt es in der Regel nicht schwer, ihren Anliegen selbst Gehör zu verschaffen.

Die meisten Ökonomen räumen also ein, dass der Außenhandel die Einkommensverteilung beeinflusst, halten es aber für wichtiger, die potenziellen Außenhandelsgewinne hervorzuheben, als die möglichen Einbußen bestimmter Gruppen im Land zu betonen. Allerdings haben Ökonomen in der Wirtschaftspolitik häufig nicht das letzte Wort – schon gar nicht, wenn es um Interessenskonflikte geht. Um ein realistisches Bild über die Herausbildung der Handelpolitik zu gewinnen, muss man die eigentlichen Motive betrachten.

3.4.2   Einkommensverteilung und Handelspolitik

Es ist unmittelbar einsichtig, weshalb Gruppen, denen der Außenhandel schadet, Druck auf ihre Regierung ausüben, diesen Handel zu beschränken und ihr Einkommen zu schützen. Man könnte annehmen, dass die Begünstigten des Außenhandels ihre Anliegen ebenso nachdrücklich vertreten, doch dies ist selten der Fall. In den USA sind, wie in den meisten Ländern, die Befürworter von Handelsbeschränkungen politisch aktiver als die Gruppen, die ein größeres Handelsvolumen wünschen. Normalerweise sind die Gruppen, denen der Handel mit einem bestimmten Produkt Vorteile bescheren würde, weitaus weniger geschlossen, informiert und organisiert als die voraussichtlichen Verlierer.

Ein gutes Beispiel für diesen Unterschied ist die US-amerikanische Zuckerindustrie. Seit vielen Jahren beschränken die USA den Import von Zucker. Als dieses Buch geschrieben wurde, war der Zuckerpreis in den USA etwa doppelt so hoch wie auf dem Weltmarkt. Die meisten Schätzungen gehen davon aus, dass diese Importbeschränkung die Verbraucher in den USA ungefähr zwei Milliarden Dollar pro Jahr kostet – etwa 8 Dollar pro Mann, Frau oder Kind. Die Vorteile für die Produzenten fallen weitaus geringer aus, sie dürften weniger als die Hälfte betragen.

Beispiel 3.2: Spezifische Faktoren und die Anfänge der Theorie des Außenhandels

In einem 1817 erschienenen Werk erbrachte David Ricardo den Nachweis, dass Außenhandel für alle beteiligten Länder von Vorteil ist. Dies war der Beginn der modernen Außenhandelstheorie. In Kapitel 2 haben wir Ricardos Modell untersucht. Ricardo benutzte es, um für Freihandel zu werben, insbesondere für die Aufhebung der Zölle, die Englands Lebensmittelimporte beschränkten. Man kann jedoch mit einiger Sicherheit davon ausgehen, dass ein Modell spezifischer Faktoren die britische Volkswirtschaft des Jahres 1817 besser beschrieben hätte als das von Ricardo vorgelegte Einfaktormodell.

Erinnern wir uns zum besseren Verständnis der damaligen Lage, dass sich Großbritannien vom Beginn der französischen Revolution 1789 bis zur Niederlage Napoleons in Waterloo 1815 praktisch ständig im Krieg mit Frankreich befand. Dieser Krieg beeinträchtigte den Handel Großbritanniens: Freibeuter (Piraten im Auftrag fremder Regierungen) plünderten seine Schiffe und Frankreich versuchte eine Blockade gegen britische Waren zu verhängen. Da Großbritannien Industrieprodukte exportierte und Agrarprodukte importierte, führte diese Beeinträchtigung des Handels zu einem Anstieg der relativen Lebensmittelpreise in Großbritannien. Die Hersteller von Industrieprodukten erlitten Gewinneinbußen, doch die Grundbesitzer wurden während des langen Krieges reich.

Nach dem Krieg fielen die Lebensmittelpreise in Großbritannien. Um die Folgen abzuwehren, setzten die politisch einflussreichen Grundbesitzer die Verabschiedung neuer Gesetze, der so genannten Korngesetze, durch. Getreideimporteure sollten durch Gebühren abgeschreckt werden. Gegen diese Korngesetze richtete Ricardo seine Argumente.

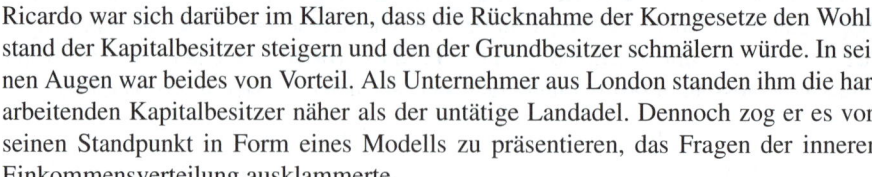

Ricardo war sich darüber im Klaren, dass die Rücknahme der Korngesetze den Wohlstand der Kapitalbesitzer steigern und den der Grundbesitzer schmälern würde. In seinen Augen war beides von Vorteil. Als Unternehmer aus London standen ihm die hart arbeitenden Kapitalbesitzer näher als der untätige Landadel. Dennoch zog er es vor, seinen Standpunkt in Form eines Modells zu präsentieren, das Fragen der inneren Einkommensverteilung ausklammerte.

Die Gründe für dieses Verhalten liegen mit einiger Sicherheit in der Politik: Während Ricardo in Wirklichkeit die Interessen einer bestimmten Gruppe vertrat, rückte er die Gewinne der Nation als Ganzes in den Vordergrund. Dies war eine kluge und höchst moderne Strategie, bei der erstmals die Wirtschaftstheorie politisch instrumentalisiert wurde. Damals wie heute sind Politik und wissenschaftlicher Fortschritt durchaus nicht unvereinbar: Die Korngesetze wurden vor mehr als 150 Jahren aufgehoben, doch Ricardos Handelsmodell zählt bis heute zu den bahnbrechenden Erkenntnissen der Wirtschaftswissenschaften.

Wenn Produzenten und Konsumenten ihre Interessen gleichermaßen durchsetzen könnten, wäre es vermutlich niemals zu dieser Politik gekommen. Betrachtet man die absoluten Größen, ist der Schaden für die Verbraucher allerdings sehr gering. Acht Dollar pro Jahr sind nicht viel; außerdem wird der Schaden größtenteils nicht wahrgenommen, weil der meiste Zucker als Zutat anderer Lebensmittel konsumiert und nicht direkt gekauft wird. Die meisten Verbraucher sind sich der Existenz der Importquote also gar nicht bewusst und ahnen nicht, dass sie ihren Lebensstandard mindert. Selbst wenn sie es wüssten wäre der Betrag von 8 US-Dollar zu gering, um Proteste und Briefe an die Kongressabgeordneten auszulösen.

In einer ganz anderen Lage befinden sich die Zuckerproduzenten. Dem durchschnittlichen Zuckerhersteller beschert die Importquote jährlich Tausende von Dollars. Darüber hinaus sind die Zuckerproduzenten in Wirtschaftsverbänden und Genossenschaften organisiert, die sich aktiv für die politischen Interessen ihrer Mitglieder einsetzen. Daher werden die Klagen der Zuckerproduzenten über die Auswirkungen der Importe vernehmlich und wirkungsvoll vorgetragen.

Wie wir in den Kapiteln 8 bis 11 sehen werden, ist die Importbeschränkung in der Zuckerbranche ein extremes Beispiel für eine Politik, die im internationalen Handel weit verbreitet ist. Die allgemeine stetige Ausweitung des freien Welthandels in den Jahren 1945 bis 1980 hing, wie wir in Kapitel 9 sehen werden, von besonderen Umständen ab, deren Zusammenwirken die offenbar naturgegebenen Vorbehalte der Politik gegen internationalen Handel im Zaum hielt.

Zusammenfassung

1. Der Außenhandel hat oft starke Auswirkungen auf die Einkommensverteilung im Innern der beteiligten Länder. Er erzeugt nicht nur Gewinner, sondern auch Verlierer. Zwei Ursachen sind für die Auswirkungen auf die Einkommensverteilung verantwortlich: Die Produktionsfaktoren können nicht ohne Zeitverzögerung und Kosten von einer Branche in die andere wandern, und Veränderungen der Produktionsstruktur einer Volkswirtschaft führen zu Veränderungen in der Nachfrage nach verschiedenen Produktionsfaktoren.

2. Zur Darstellung der Folgen des Außenhandels für die Einkommensverteilung ist das *Modell spezifischer Faktoren* besonders geeignet, denn es ermöglicht eine Unterscheidung zwischen allgemein verwendbaren Faktoren, die zwischen den Sektoren wandern können, und solchen Faktoren, die nur spezifisch einsetzbar sind. Nach diesem Modell können Unterschiede in den Ressourcen dazu führen, dass Länder verschiedene Kurven des relativen Angebots aufweisen und aus diesem Grund Außenhandel treiben.

3. Im Modell spezifischer Faktoren profitieren diejenigen Faktoren vom Außenhandel, die für die Exportsektoren des betreffenden Landes spezifisch sind. Die spezifischen Faktoren derjenigen Sektoren, die mit den Importen konkurrieren, erleiden dagegen Nachteile. Bei mobilen Faktoren, die in beiden Sektoren eingesetzt werden können, sind sowohl Gewinne als auch Verluste möglich.

4. Dessen ungeachtet erzeugt der Außenhandel Gesamtgewinne in dem eingeschränkten Sinne, dass die Gruppen, die profitieren, im Prinzip die Verlierer entschädigen könnten und dabei immer noch besser dastehen würden als zuvor.

5. Die meisten Ökonomen sehen in den Auswirkungen des Außenhandels auf die Einkommensverteilung keinen Grund für Handelsbeschränkungen. Im Hinblick auf seine Verteilungswirkungen unterscheidet sich der Handel nicht von zahlreichen anderen Formen wirtschaftlicher Veränderungen, die normalerweise nicht reguliert werden. Darüber hinaus halten es Ökonomen für besser, das Problem der Einkommensverteilung direkt anzugehen, als in die Handelsströme einzugreifen.

6. Dennoch spielt die Einkommensverteilung für die Gestaltung der Handelspolitik eine ausschlaggebende Rolle, besonders deshalb, weil die Gruppen, die Verluste aus Handel erleiden, für gewöhnlich viel besser informiert, miteinander verbunden und organisiert sind als die Gewinner.

Schlüsselbegriffe

Budgetbeschränkung	S. 89	Produktionsfunktion	S. 73
Grenzprodukt der Arbeit	S. 75	Sinkende Erträge	S. 75
Mobiler Faktor	S. 72	Spezifischer Faktor	S. 72
Modell spezifischer Faktoren	S. 72	Transformationskurve	S. 75

Übungen

1. Im Jahr 1986 fiel der Ölpreis auf den Weltmärkten erheblich. Weil die USA ein Erdöl importierendes Land sind, galt dies allgemein als vorteilhaft für die US-Wirtschaft. Dennoch verzeichneten die Bundesstaaten Texas und Louisiana in diesem Jahr einen wirtschaftlichen Einbruch. Weshalb?

2. Eine Volkswirtschaft produziert Gut 1 unter Einsatz von Arbeit und Kapital, Gut 2 unter Einsatz von Arbeit und Boden. Der Gesamtangebot an Arbeit beträgt 100 Einheiten. Bei dem gegebenen Kapitalbestand steht die Produktion beider Güter in folgendem Abhängigkeitsverhältnis zum Faktoreinsatz:

Arbeitseinsatz Gut 1	Produktion Gut 1	Arbeitseinsatz Gut 2	Produktion Gut 2
0	0,0	0	0,0
10	25,1	10	39,8
20	38,1	20	52,5
30	48,6	30	61,8
40	57,7	40	69,3
50	66,0	50	75,8
60	73,6	60	81,5
70	80,7	70	86,7
80	87,4	80	91,4
90	93,9	90	95,9
100	100	100	100

   a. Zeichnen Sie die Produktionsfunktionen für Gut 1 und Gut 2.

   b. Zeichnen Sie die Transformationskurve. Weshalb ist sie gekrümmt?

3. Die Kurven, die dem Grenzprodukt der Arbeit für die Produktionsfunktionen aus Übung 2 entsprechen, sind folgendermaßen definiert:

Anzahl der Beschäftigten	Grenzprodukt in Sektor 1	Grenzprodukt in Sektor 2
10	1,51	1,59
20	1,14	1,05
30	0,97	0,82
40	0,87	0,69
50	0,79	0,61
60	0,74	0,54
70	0,69	0,50
80	0,66	0,46
90	0,63	0,43
100	0,60	0,40

a. Der relative Preis von Gut 2 in Gut 1 sei 2. Bestimmen Sie anhand eines Schaubilds den Lohnsatz und die Arbeitsallokation zwischen beiden Sektoren.

b. Bestimmen Sie mit Hilfe des für Übung 2 erstellten Schaubilds die Produktion jedes Sektors. Weisen Sie dann anhand des Schaubilds nach, dass die Steigung der Transformationslinie in diesem Punkt dem Betrag des relativen Preises entspricht.

c. Nehmen Sie an, dass der relative Preis von Gut 2 auf 1 fällt. Wiederholen Sie die Aufgaben a. und b. für diesen Fall.

d. Berechnen Sie die Auswirkungen dieser Preisveränderung auf das Einkommen der spezifischen Faktoren in den Sektoren 1 und 2.

4. Wir haben untersucht, welche Auswirkungen sich aus einem erhöhten Bestand an Kapital und Boden ergeben. Was geschieht, wenn der Bestand des mobilen Faktors Arbeit wächst?

a. Analysieren Sie die quantitativen Auswirkungen eines erhöhten Arbeitsbestands im Modell der spezifischen Faktoren bei gleich bleibenden Preisen für beide Güter.

b. Stellen Sie für das Zahlenbeispiel der Übungen 2 und 3 grafisch dar, wie bei einem gegebenen relativen Preis von 1 die Erhöhung der Arbeitskräfte von 100 auf 140 den Gleichgewichtspunkt verschieben würde.

Weiterführende Literatur

Avinash Dixit und Victor Norman, *Theory of International Trade*. Cambridge: Cambridge University Press, 1980. (Dieses Buch ist auch in deutscher Sprache erschienen: *Außenhandelstheorie*, 4. deutschsprachige Aufl., München [u. a.], 1998). Das Problem, wie die Gewinne aus Handel bestimmt werden können, wenn dieser manchen Gruppen schadet, ist seit langem ein Diskussionsthema. Dixit und Norman weisen nach, dass eine Regierung im Prinzip immer die Möglichkeit hat, das Einkommen mit Hilfe von Steuern und Subventionen so umzuverteilen, dass es allen Bürgern mit freiem Handel besser geht als ohne.

Michael Mussa, „Tariffs and the Distribution of Income: The Importance of Factor Specificity Substitutability, and Intensity in the Short and Long Run", in: *Journal of Political Economy* 82 (1974), S. 1191-1204. Eine Erweiterung, die das Modell der spezifischen Faktoren in Beziehung setzt zu dem in Kapitel 4 behandelten Faktorproportionenmodell.

J. Peter Neary, „Short-Run Capital Specificity and the Pure Theory of International Trade", in: *Economic Journal* 88 (1978), S. 488-510. Eine weitere Interpretation des Modells der spezifischen Faktoren, die hervorhebt, wie sich unterschiedliche Annahmen über die Faktormobilität zwischen den Sektoren auf die Schlussfolgerungen des Modells auswirken.

Mancur Olson, *The Logic of Collective Action*. Cambridge: Harvard University Press, 1965. (Dieses Buch ist ebenfalls in deutscher Sprache erschienen: *Die Logik des kollektiven Handelns: Kollektivgüter und die Theorie der Gruppen*. Tübingen, 1968. Kollektive Übersetzung ins Deutsche durch ein Seminar unter der Leitung von Friedrich A. v. Hayek in Freiburg). Ein sehr einflussreiches Werk. Es begründet die Aussage, dass die staatliche Politik in der Praxis kleine, konzentrierte Gruppen gegenüber großen begünstigt.

David Ricardo, *The Principles of Political Economy and Taxation*. Homewood, Illinois: Irwin, 1963 (dt.: Über die Grundsätze der politischen Ökonomie und der Besteuerung, über. und m. e. Einl. versehen v. Gerhard Bondi, Berlin: Akademie, 1979). Ricardo betont in diesen Werk einerseits die Handelsgewinne der ganzen Nation, konzentriert sich an anderen Stellen aber auch auf den Interessenskonflikt zwischen Grundbesitzern und Kapitalbesitzern.

Anhang zu Kapitel 3

Weitere Ausführungen zu spezifischen Faktoren

Da das in diesem Kapitel dargelegte Modell spezifischer Faktoren ein außerordentlich brauchbares Analyseinstrument ist, sollen an dieser Stelle einige detailliertere Ausführungen folgen. Zwei zusammenhängende Aspekte werden genauer erläutert: 1) Die Beziehung zwischen dem Grenzprodukt und dem Gesamtprodukt in jedem Sektor, 2) die Auswirkungen veränderter relativer Preise auf die Einkommensverteilung.

3A.1   Grenzprodukt und Gesamtprodukt

In diesem Kapitel wurde die Produktionsfunktion des Industriesektors auf zweierlei Weise veranschaulicht. Abbildung 3.1 zeigte die Gesamtproduktion als Funktion des Arbeitseinsatzes bei konstantem Kapital. Wir stellten fest, dass die Steigung dieser Kurve das Grenzprodukt der Arbeit wiedergibt, und stellten dieses Grenzprodukt in Abbildung 3.2 dar. Nun soll der Nachweis geführt werden, dass die Gesamtproduktion durch die Fläche unterhalb der Grenzproduktkurve wiedergegeben wird. (Denjenigen Studenten, die mit der Differentialrechnung vertraut sind, wird dies unmittelbar einleuchten: Da das Grenzprodukt die Ableitung des Gesamtprodukts ist, ist dieses das Integral des Grenzprodukts. Doch selbst diese Studenten können von dem folgenden Ansatz profitieren.)

Abbildung 3A.1 zeigt nochmals den Verlauf des Grenzprodukts im Industriesektor. Gehen wir davon aus, dass L_M Personenstunden eingesetzt werden. Wie kann die Gesamtproduktion des Industriesektors dargestellt werden? Nähern wir uns diesem Wert mit Hilfe der Grenzproduktkurve an. Fragen wir zunächst, was passieren würde, wenn wir den Einsatz der Personenstunden leicht, sagen wir um dL_M, verringern würden. Die Produktion würde sinken, und zwar um annäherungsweise folgenden Wert:

$$dL_M \times MPL_M,$$

d.h. die Reduzierung der Personenstunden wird multipliziert mit dem Grenzprodukt der Arbeit bei dem ursprünglichen Arbeitskräfteeinsatz. Diese Reduzierung der Produktion wird durch die Fläche des eingefärbten Rechtecks in Abbildung 3A.1 wiedergegeben. Ziehen wir nun erneut einige Personenstunden ab, so ergibt sich ein weiteres Rechteck für den Produktionsverlust. Dieses Rechteck ist größer als das vorige, weil das Grenzprodukt der Arbeit mit abnehmender Arbeitsmenge steigt. Wenn wir in dieser Weise weiterverfahren, bis keine Arbeit mehr verbleibt, ergibt die Summe aller abgebildeten Rechtecke eine Annäherung an den gesamten Produktionsverlust. Wenn überhaupt keine Arbeit mehr eingesetzt wird, sinkt die Produktion allerdings auf Null. Folglich erhalten wir einen Annäherungswert an die Gesamtproduktion der Industrie, wenn wir die Summe aller Rechtecke unterhalb der Grenzproduktkurve bilden.

Dies ist nur ein Annäherungswert, weil wir bei jeder Verringerung der Arbeitsmenge nur das Grenzprodukt der jeweils ersten Arbeitsstunde berücksichtigt haben. Einen genaueren Wert erhalten wir, wenn wir kleinere Einheiten bilden – je kleiner, desto besser. Wenn die Größe der abgezogenen Einheiten gegen unendlich klein geht, werden die Rechtecke entsprechend schmaler, und wir nähern uns immer genauer der Gesamtfläche unterhalb der Grenzproduktkurve an. Am Ende ist die Gesamtproduktion des verarbeitenden Gewerbes, die unter Einsatz von L_M produziert werden kann, gleich der Fläche unterhalb der Grenzproduktkurve MPL_M bis L_M.

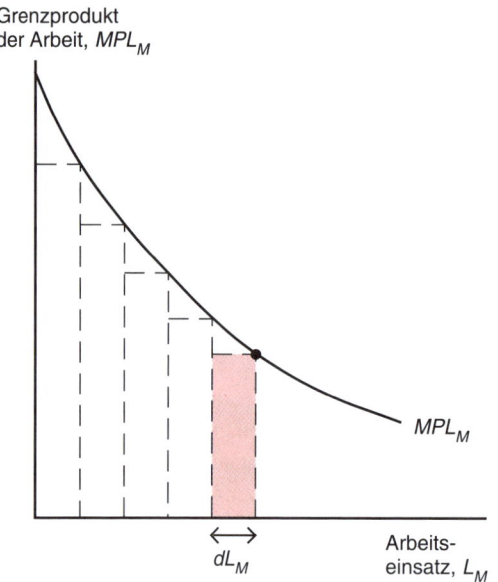

Die Annäherung an die Grenzproduktkurve vermittels aufeinander folgender schmaler Rechtecke ermöglicht den Nachweis, dass die Gesamtproduktion des Industriesektors gleich der Fläche unterhalb der Kurve ist.

Abbildung 3A.1: Die Produktionsmenge ist gleich der Fläche unterhalb der Kurve, die das Grenzprodukt der Arbeit beschreibt.

3A.2   Relative Preise und Einkommensverteilung

In Abbildung 3A.2 werden die Ergebnisse, zu denen wir soeben gelangt sind, zur Darstellung der Einkommensverteilung im Industriesektor bei einem gegebenen Reallohn angewandt. Wir wissen, dass Arbeitgeber bis zu dem Punkt Arbeit einstellen, an dem der Reallohn in Industrieprodukten, w/P_M, gleich dem Grenzprodukt ist. Wir können an dem Schaubild unmittelbar die Gesamtproduktion des Industriesektors ablesen, denn sie entspricht der Fläche unterhalb der Grenzproduktkurve. Wir können auch den Anteil der Industrieproduktion ablesen, der in Form von Löhnen ausbezahlt wird. Er ergibt sich aus den Reallöhnen multipliziert mit der Beschäftigung und entspricht folglich der Fläche des eingefärbten Rechtecks. Der Rest ist derjenige Teil der Produktion, den die Kapitalbesitzer behalten. Mit demselben Verfahren können wir die Verteilung der Nahrungsmittelproduktion zwischen den Arbeitern und den Grundbesitzern bestimmen.

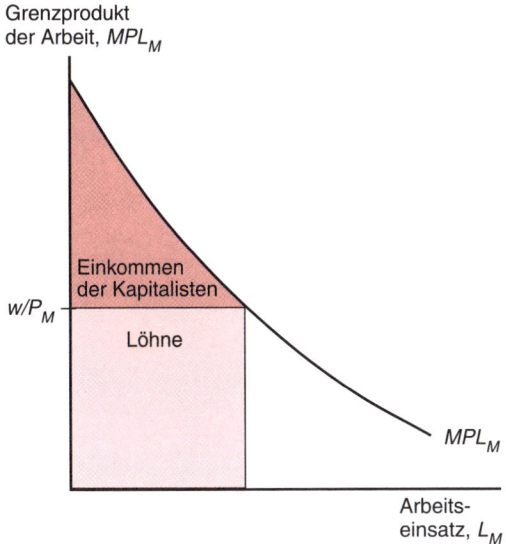

Das Einkommen der Arbeiter ist gleich dem Reallohn multipliziert mit der Anzahl der Beschäftigten. Der Rest der Produktion geht als Einkommen an die Kapitalbesitzer.

Abbildung 3A.2: Einkommensverteilung im Industriesektor

Nehmen wir nun an, dass der relative Preis der Industrieprodukte steigt. Wir sahen in Abbildung 3.7, dass ein Anstieg von P_M/P_F die Reallöhne im Verhältnis zu Industrieprodukten senkt und im Verhältnis zu Lebensmitteln erhöht. Die Abbildungen 3A.3 und 3A.4 veranschaulichen die Folgen dieser Entwicklung für das Einkommen der Kapital- und Grundbesitzer. Im Industriesektor sinkt der Reallohn von $(w/P_M)^1$ auf $(w/P_M)^2$, sodass sich das Einkommen der Kapitalbesitzer erhöht. Im Nahrungsmittelsektor steigt der Reallohn von $(w/P_F)^1$ auf $(w/P_F)^2$, sodass das Einkommen der Grundbesitzer sinkt.

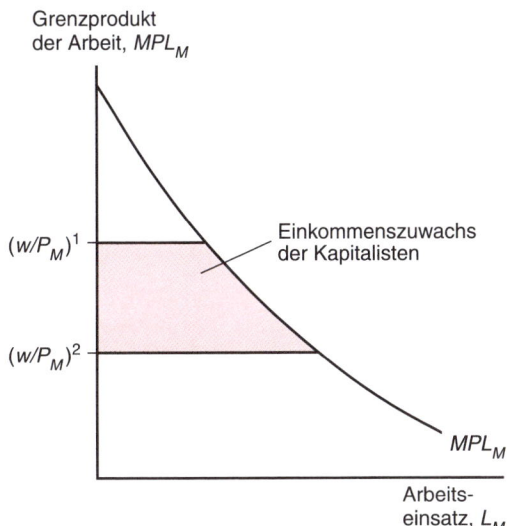

Ein im Verhältnis zu den Industrieprodukten sinkender Reallohn führt zu einem Einkommenszuwachs bei den Kapitalbesitzern.

Abbildung 3A.3: Ein Anstieg von P_M begünstigt die Kapitalbesitzer.

Die Veränderung von P_M/P_F verstärkt an sich schon diese Einkommenswirkungen. Die Kapitalbesitzer erhalten mehr Einkommen *gemessen in Industrieprodukten*; zusätzlich vergrößert sich ihre Kaufkraft durch den Preisanstieg bei Industrieprodukten im Verhältnis zu Nahrungsmitteln. Die Grundbesitzer erhalten weniger Einkommen *gemessen in Nahrungsmitteln*, zusätzlich belastet sie der Anstieg der relativen Preise von Industrieprodukten.

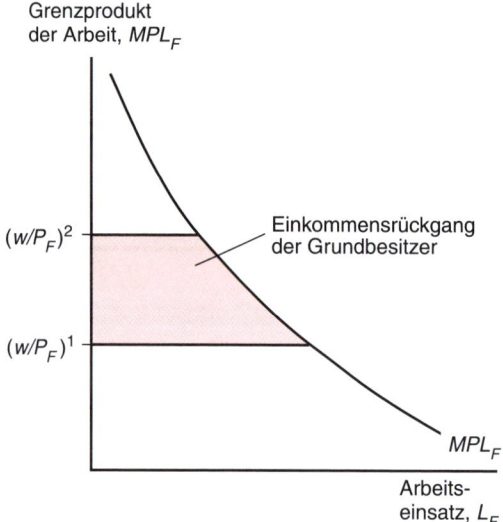

Das Realeinkommen gemessen in Nahrungsmitteln sinkt, sodass das Einkommen aus Grundbesitz abnimmt.

Abbildung 3A.4:   Ein Anstieg von P_M geht zu Lasten der Grundbesitzer.

Kapitel

4

Ressourcen und Außen-
handel: Das Heckscher-
Ohlin-Modell

Kapitelübersicht

Beispiele

Wenn Arbeit der einzige Produktionsfaktor wäre, wie das Ricardo-Modell annimmt, dann könnten komparative Vorteile einfach aus unterschiedlichen Arbeitsproduktivitäten in verschiedenen Ländern entstehen. In der Realität kann Außenhandel zum Teil durch Unterschiede in der Arbeitsproduktivität erklärt werden, widerspiegelt jedoch auch die je nach Land unterschiedliche Ausstattung mit *Ressourcen*. Kanada exportiert nicht deshalb Forstprodukte in die USA, weil seine Holzfäller gegenüber ihren nordamerikanischen Kollegen über einen größeren Produktivitätsvorsprung verfügen, sondern weil Kanada als dünn besiedeltes Land pro Kopf der Bevölkerung mehr Forstland hat als die USA. Eine realistische Herangehensweise an den Außenhandel muss die Bedeutung nicht nur der Arbeit, sondern auch anderer Produktionsfaktoren wie Land, Kapital und Bodenschätze berücksichtigen.

Dieses Kapitel erklärt die Bedeutung unterschiedlicher Ressourcen für den Außenhandel anhand eines Modells, in dem Ressourcenunterschiede die *einzige* Ursache für Außenhandel bilden. Dieses Modell widerspiegelt Einflüsse auf den komparativen Vorteil, die sich aus der Wechselwirkung zwischen den Ressourcen einer Nation (der relativen **Faktorausstattung**) und dem technologischen Entwicklungsstand ergeben (der die relative **Intensität,** mit der die verschiedenen Produktionsfaktoren bei der Herstellung unterschiedlicher Güter verwendet werden, beeinflusst). Derselbe Grundgedanke war bereits in dem in Kapitel 3 behandelten Modell spezifischer Faktoren enthalten, doch das in diesem Kapitel vorgestellte Modell bildet die Wechselwirkung zwischen Faktorausstattung und Faktorintensität präziser ab.

Der Erklärungsansatz, der den Außenhandel weitgehend auf die unterschiedliche Ressourcenausstattung der Nationen zurückführt, führte zu einer der einflussreichsten Theorien auf dem Gebiet der Außenwirtschaftslehre. Sie stammt von zwei schwedischen

Ökonomen, Eli Heckscher und Bertil Ohlin (Ohlin erhielt 1977 den Nobelpreis für Wirtschaftswissenschaften) und wird daher häufig als **Heckscher-Ohlin-Theorie** bezeichnet. Da diese Theorie abstellt auf das Zusammenwirken zwischen den Proportionen, in denen unterschiedliche Produktionsfaktoren in verschiedenen Ländern verfügbar sind, und den Proportionen, in denen diese in der Produktion unterschiedlicher Güter eingesetzt werden, wird sie auch als **Faktorproportionentheorie** bezeichnet.

Um die Faktorproportionentheorie nachzuvollziehen, beschreiben wir zunächst eine Volkswirtschaft, die keinen Außenhandel treibt, und fragen dann, was geschieht, sobald zwei solche Nationen den Außenhandel aufnehmen. Da die Faktorproportionentheorie ebenso verbreitet wie umstritten ist, schließt dieses Kapitel mit einer Erörterung der empirischen Beweise, die sie bestätigen oder widerlegen.

4.1   Modell einer Volkswirtschaft mit zwei Faktoren

In seiner einfachsten Form ähnelt das Faktorproportionenmodell in vieler Hinsicht dem in Kapitel 3 behandelten Modell der spezifischen Faktoren. Wie jenes geht es von der Annahme aus, dass jede Volkswirtschaft zwei Güter produzieren kann und dass bei der Produktion jedes Gutes zwei Produktionsfaktoren eingesetzt werden müssen. Wir gehen jetzt jedoch nicht mehr davon aus, dass jeweils einer dieser Faktoren für jeden Sektor spezifisch ist. Stattdessen werden jetzt in beiden Sektoren beide Faktoren eingesetzt. Diese Annahme führt zu einem etwas komplizierteren Modell, aber auch zu einer Reihe wichtiger neuer Erkenntnisse.

4.1.1   Annahmen des Modells

Die von uns analysierte Volkswirtschaft kann zwei Güter produzieren: Textilien (gemessen in Metern) und Lebensmittel (gemessen in Kalorien). Die Produktion dieser Güter erfordert zwei Faktoren, die nur begrenzt verfügbar sind: Arbeit (gemessen in Stunden) und Boden (gemessen in Hektar). Definieren wir folgende Variablen:

a_{TC} = der zur Produktion eines Meters Textilien (*C* für *Cloth*) eingesetzte Boden in Hektar

a_{LC} = die zur Produktion eines Meters Textilien eingesetzten Arbeitsstunden

a_{TF} = der zur Produktion einer Kalorie Lebensmittel eingesetzte Boden in Hektar

a_{LF} = die zur Produktion einer Kalorie Lebensmittel eingesetzten Arbeitsstunden

L = Arbeitsangebot der Volkswirtschaft

T = Bodenangebot der Volkswirtschaft

Beachten Sie, dass wir in diesen Definitionen nicht von dem *notwendigen*, sondern von dem *tatsächlichen* Einsatz an Boden und Arbeit zur Herstellung einer bestimmten Menge Textilien oder Lebensmittel ausgehen. Der Grund für diese Abwandlung gegenüber dem Ricardo-Modell liegt darin, dass es in einer Zweifaktorenwirtschaft einen gewissen Entscheidungsspielraum für den Faktoreinsatz gibt. Ein Landwirt ist vielleicht in der Lage, mehr Lebensmittel pro Hektar zu produzieren, wenn er sich entschließt, für die Bebauung des Bodens, für die Unkrautbekämpfung usw. ein Mehr an Arbeit aufzuwenden. Er hat womöglich die Wahl, pro Produktionseinheit weniger Boden und mehr Arbeit einzusetzen. In jedem Sektor sind die Produzenten daher nicht mit feststehenden Faktoreinsätzen (wie im Ricardo-Modell) konfrontiert, sondern müssen zwischen verschiedenen Möglichkeiten abwägen. Dies wird durch Kurve II in Abbildung 4.1 dargestellt. Sie zeigt, mit welchen alternativen Faktoreinsatzkombinationen eine Kalorie Lebensmittel erzeugt werden kann.

Einsatz an Bodeneinheiten a_{TF}, in Hektar pro Kalorie

Ein Landwirt kann eine Kalorie Lebensmittel mit weniger Boden herstellen, wenn er mehr Arbeit aufwendet, und umgekehrt.

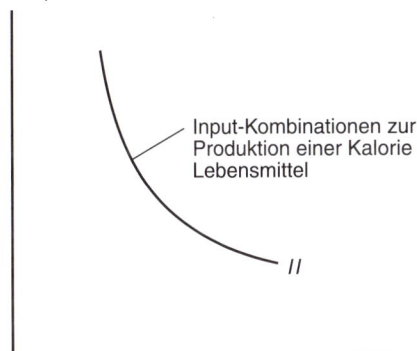

Input-Kombinationen zur Produktion einer Kalorie Lebensmittel

II

Einsatz an Arbeitseinheiten, a_{LF}, in Stunden pro Kalorie

Abbildung 4.1: Mögliche Faktoreinsatzkombinationen in der Lebensmittelproduktion

Für welche Inputkombination sich der Produzent letztlich entscheidet, hängt von den relativen Kosten des Bodens und der Arbeit ab. Wenn die Pachtpreise hoch und die Löhne niedrig sind, werden die Landwirte in der Produktion vorzugsweise relativ wenig Boden und relativ viel Arbeit einsetzen; bei niedrigen Grundrenten und hohen Löhnen werden sie bei der Arbeit sparen und viel Boden verbrauchen. Bei einem Stundenlohnsatz w und Kosten für einen Hektar Land r (für *Rent, Grundrente*) hängt die Input-Entscheidung vom Verhältnis dieser beiden **Faktorpreise** ab, also von w/r[1] (das in allgemeinerer Form als Lohn-Zins- oder Faktorpreis-Verhältnis bezeichnet wird). Die Beziehung zwischen den Faktorpreisen einerseits und dem Verhältnis von Arbeits- und Bodeneinsatz in der Lebensmittelproduktion andererseits ist in Abbildung 4.2 als Kurve *FF* dargestellt.

---

[1] Im Anhang zu diesem Kapitel wird das optimale Verhältnis zwischen Boden und Arbeit ausführlicher behandelt.

Eine entsprechende Beziehung besteht zwischen *w/r* und dem Boden-Arbeits-Verhältnis in der Textilproduktion. Diese Beziehung ist in Abbildung 4.2 als Kurve *CC* dargestellt. In unserem Beispiel liegt *CC* links von *FF*, was anzeigt, dass bei allen gegebenen Faktorpreisen der Quotient aus Land- und Arbeitseinsatz in der Lebensmittelproduktion höher ist als in der Textilproduktion. In diesem Fall ist die Lebensmittelproduktion *bodeninten-siv*, die Textilproduktion hingegen *arbeitsintensiv*. Beachten Sie, dass die Bestimmung der Intensität vom Einsatzverhältnis zwischen Boden und Arbeit abhängt, und nicht vom Verhältnis des Bodens oder der Arbeit zur Produktionsmenge. Ein Gut kann also nicht sowohl boden- als auch arbeitsintensiv sein.

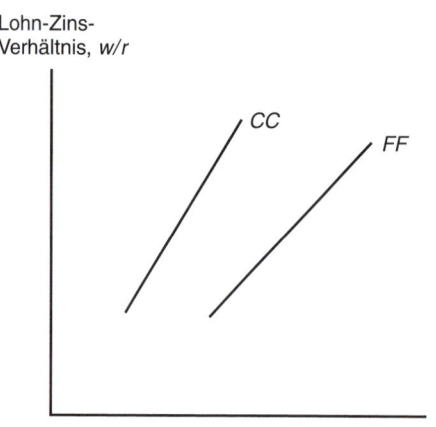

Lohn-Zins-Verhältnis, *w/r*

Boden-Arbeits-Verhältnis, *T/L*

In jedem Produktionssektor hängt das Einsatzverhältnis von Boden und Arbeit von den Arbeitskosten in Relation zu den Bodenkosten ab, also von *w/r*. Die Kurve *FF* zeigt die möglichen Boden-Arbeits-Verhältnisse in der Lebensmittelproduktion, die Kurve *CC* die entsprechenden Möglichkeiten in der Textilproduktion. Bei jedem gegebenen Lohn-Zins-Verhältnis ist der Quotient aus Boden- und Arbeitseinsatz in der Lebensmittelproduktion höher als in der Textilproduktion. In diesem Fall bezeichnen wir die Lebensmittelproduktion als *bodenintensiv* und die Textilproduktion als *arbeitsintensiv*.

Abbildung 4.2:   Faktorpreise und mögliche Faktoreinsatzkombinationen

4.1.2   Faktorpreise und Güterpreise

Nehmen wir zunächst an, dass eine Volkswirtschaft sowohl Textilien als auch Lebensmittel produziert. (Das muss nicht so sein, wenn diese Volkswirtschaft Außenhandel betreibt, denn dann könnte sie sich völlig auf die Produktion nur eines Gutes spezialisieren. Doch diese Möglichkeit klammern wir vorläufig aus.) Infolge des Wettbewerbs zwischen den Produzenten ist der Preis jedes Gutes gleich dessen Produktionskosten. Diese hängen wiederum von den Faktorpreisen ab: Wenn die Grundrente hoch ist, müssen bei ansonsten gleichen Bedingungen die Preise für alle Güter, in deren Produktion Boden eingesetzt wird, ebenfalls hoch sein.

Die Bedeutung eines bestimmten Faktorpreises für die Produktionskosten eines Guts hängt allerdings davon ab, in welchem Umfang dieser Faktor in der Produktion eingesetzt wird. Wenn in der Textilproduktion sehr wenig Boden verbraucht wird, dann wirkt sich ein Anstieg des Bodenpreises kaum auf den Textilpreis aus; wenn hingegen in der Lebensmittelproduktion große Flächen genutzt werden, dann wirkt sich ein Anstieg der Bodenpreise erheblich auf die Lebensmittelpreise aus. Es besteht also eine eineindeutige

Zuordnung zwischen dem Lohn-Zins-Verhältnis, *w/r*, und dem Preisverhältnis zwischen Textilien und Lebensmitteln, P_C/P_F. Diese Beziehung wird durch die aufsteigende Kurve *SS* in Abbildung 4.3 wiedergegeben.[2]

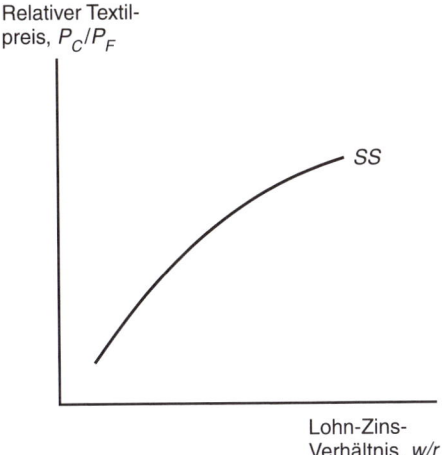

Relativer Textil-
preis, P_C/P_F

SS

Lohn-Zins-
Verhältnis, *w/r*

Weil die Textilproduktion arbeitsintensiv und die Lebensmittelproduktion bodenintensiv ist, besteht eine eineindeutige Zuordnung zwischen dem Faktorpreisquotienten *w/r* und dem relativen Preis von Textilien P_C/P_F; je höher die relativen Kosten der Arbeit, desto höher zwangsläufig der relative Preis arbeitsintensiver Güter. Diese Beziehung wird durch die Kurve *SS* veranschaulicht.

Abbildung 4.3: Faktorpreise und Güterpreise

Die Abbildungen 4.2 und 4.3 lassen sich zusammenfügen. In Abbildung 4.4 entspricht das linke Feld der gedrehten Abbildung 4.3 (der Kurve *SS*); das rechte Feld gibt Abbildung 4.2 wieder. Die Kombination der beiden Schaubilder erschließt einen zunächst verblüffenden Zusammenhang zwischen den Güterpreisen und der Relation zwischen Boden- und Arbeitseinsatz in der Produktion jedes Gutes. Der relative Preis von Textilien sei $(P_C/P_F)^1$ (linkes Feld in Abbildung 4.4). Wenn die Volkswirtschaft beide Güter produziert, muss das Lohn-Zins-Verhältnis gleich $(w/r)^1$ sein. Daraus folgt, dass die Relationen zwischen Boden- und Arbeitseinsatz in der Textil- und Lebensmittelproduktion $(T_C/L_C)^1$ bzw. $(T_F/L_F)^1$ sein müssen (rechtes Feld). Wenn der relative Preis von Textilien auf das Niveau steigt, das durch $(P_C/P_F)^2$ angezeigt wird, dann steigt das Lohn-Zins-Verhältnis seinerseits auf $(w/r)^2$. Boden ist nun relativ billiger, sodass die Relationen zwischen Boden- und Arbeitseinsatz in der Textil- und Lebensmittelproduktion auf $(T_C/L_C)^2$ bzw. $(T_F/L_F)^2$ steigen.

---

[2] Die Beziehung zwischen Güterpreisen und Faktorpreisen wurde in einem klassischen Aufsatz von Wolfgang Stolper und Paul Samuelson geklärt: „Protection and Real Wages", in: *Review of Economic Studies* 9 (1941), S. 58-73. Sie wird deshalb als *Stolper-Samuelson-Effekt* bezeichnet.

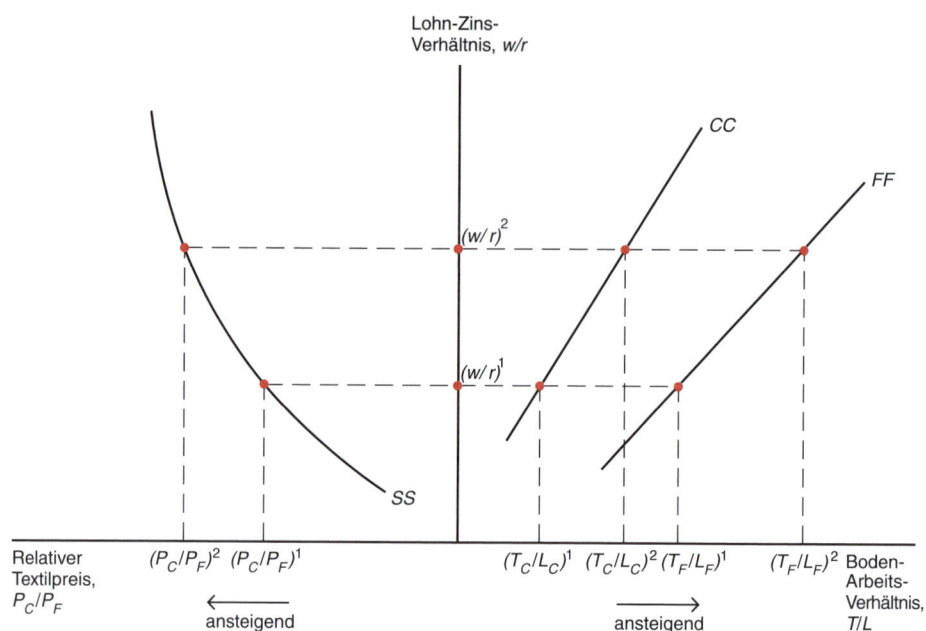

Bei einem gegebenen relativen Preis von Textilien $(P_C/P_F)^1$ muss das Lohn-Zins-Verhältnis gleich $(w/r)^1$ sein. Aus diesem Lohn-Zins-Verhältnis folgt, dass die Boden-Arbeits-Verhältnisse in der Textil- und Lebensmittelproduktion $(T_C/L_C)^1$ bzw. $(T_F/L_F)^1$ sein müssen. Wenn der relative Preis von Textilien auf $(P_C/P_F)^2$ steigt, muss das Lohn-Zins-Verhältnis auf $(w/r)^2$ steigen. Dies bedingt eine Erhöhung des Boden-Arbeits-Verhältnisses bei der Produktion beider Güter.

Abbildung 4.4:   **Von Güterpreisen zur Inputwahl**

Aus diesem Schaubild ergibt sich noch eine weitere wichtige Schlussfolgerung. Aus dem linken Feld geht bereits hervor, dass bei einer Erhöhung des relativen Textilpreises in Lebensmitteln das Einkommen der Arbeiter im Verhältnis zum Einkommen der Grundbesitzer steigt. Doch damit nicht genug. Eine solche Veränderung der relativen Preise wird darüber hinaus die Kaufkraft der Arbeiter erhöhen und jene der Grundbesitzer senken, weil im Verhältnis zu *beiden* Gütern die Reallöhne steigen und die realen Grundrenten sinken.

Wie gelangen wir zu diesem Schluss? Wenn P_C/P_F steigt, erhöht sich der Bodeneinsatz im Verhältnis zum Arbeitseinsatz sowohl in der Textil- als auch in der Lebensmittelproduktion. Wie wir jedoch in Kapitel 3 gesehen haben, werden in einer auf Wettbewerb basierenden Volkswirtschaft die Produktionsfaktoren entsprechend ihrem Grenzprodukt bezahlt – der Reallohn der Arbeiter in Textilien ist gleich der Grenzproduktivität der Arbeit in der Textilproduktion usw. Wenn das Boden-Arbeits-Verhältnis in der Produktion eines der Güter wächst, steigt das Grenzprodukt der Arbeit in diesem Sektor – sodass sich der Reallohn der Arbeiter in beiden Gütern erhöht. Das Grenzprodukt des Bodens dagegen sinkt in beiden Sektoren, sodass das Realeinkommen der Grundbesitzer in beiden Gütern abnimmt.

Wie im Modell der spezifischen Faktoren haben also auch in diesem Modell Veränderungen der relativen Preise starke Wirkungen auf die Einkommensverteilung. Eine Veränderung der Güterpreise verändert immer die Einkommensverteilung, und zwar dergestalt, dass die Besitzer des einen Produktionsfaktors gewinnen und die des anderen verlieren.

4.1.3   Ressourcen und Produktionsmenge

Vervollständigen wir nun unsere Beschreibung einer Zweifaktorenwirtschaft, indem wir die Beziehung zwischen Güterpreisen, Faktorausstattung und Produktionsmenge aufzeigen.

Setzen wir den relativen Preis von Textilien als gegeben voraus. Wir wissen aus Abbildung 4.4, dass damit das Lohn-Zins-Verhältnis w/r bestimmt ist, und folglich auch das Verhältnis von Boden- und Arbeitseinsatz im Textil- und im Lebensmittelsektor. Die Volkswirtschaft muss allerdings ihren gesamten Bestand an Arbeit und Boden einsetzen. Diese letztere Bedingung entscheidet über die Allokation der Ressourcen auf beide Sektoren und damit über die Produktionsmenge der Gesamtwirtschaft.

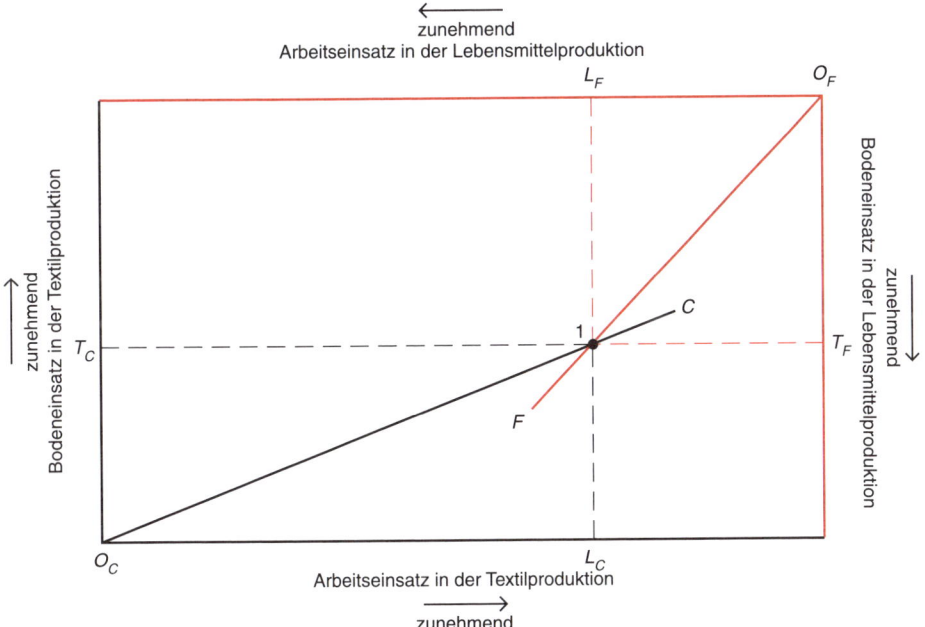

An den Seiten der Box ist das Gesamtangebot der Volkswirtschaft an Arbeit (horizontale Achse) und Boden (vertikale Achse) abgetragen. Der Einsatz beider Faktoren in der Textilproduktion wird von der unteren linken Ecke aus gemessen, derjenige in der Lebensmittelproduktion von der oberen rechten Ecke aus. Bei einem (gegebenen) Boden-Arbeits-Verhältnis von T_C/L_C in der Textilproduktion muss der Ressourceneinsatz in der Textilindustrie auf der Linie O_CC liegen, einer vom Ursprung ausgehenden Linie mit der Steigung T_C/L_C. Entsprechend muss der Ressourceneinsatz der Lebensmittelindustrie auf der Linie O_FF liegen. Die Ressourcenallokation kann daher an Punkt 1 abgelesen werden, in dem sich diese Linien schneiden.

Abbildung 4.5:   **Allokation der Ressourcen**

Besonders geeignet zur Analyse der Ressourcenallokation in einer Zweifaktorenwirtschaft ist ein „Box-Diagramm" wie in Abbildung 4.5. Die Breite der Box gibt das Gesamtangebot an Arbeit wieder, die Höhe das Gesamtangebot an Boden. Die Allokation der Ressourcen auf beide Sektoren kann durch einen einzigen Punkt innerhalb der Box, beispielsweise Punkt 1, dargestellt werden. Wir messen den Einsatz an Arbeit und Boden im Textilsektor anhand des horizontalen und vertikalen Abstands dieses Punkts von Q_C; in Punkt 1 ist folglich $O_C L_C$ die in der Textilproduktion eingesetzte Arbeit und $O_C T_C$ der in der Textilproduktion eingesetzte Boden. Die Inputgrößen für den Lebensmittelsektor messen wir ausgehend von der gegenüberliegenden Ecke: $O_F L_F$ ist die in der Lebensmittelproduktion eingesetzte Arbeit, $O_F T_F$ der dabei eingesetzte Boden.

Wie können wir die Lage dieses Ressourcenallokationspunkts ermitteln? Aufgrund von Abbildung 4.4 wissen wir, dass wir bei gegebenen Güterpreisen das Boden-Arbeits-Verhältnis in der Textilproduktion, T_C/L_C, bestimmen können. Zeichnen wir von O_C ausgehend eine gerade Linie mit einer Steigung, die gleich dem Boden-Arbeits-Verhältnis ist, also $O_C C$. Der gesuchte Punkt 1 muss irgendwo auf dieser Linie liegen. Entsprechend ist mit dem bekannten Boden-Arbeits-Verhältnis in der Lebensmittelproduktion die Steigung einer weiteren Linie, nämlich $O_F F$, gegeben. Punkt 1 muss auch auf dieser Linie liegen. ($O_F F$ verläuft deshalb steiler als $O_C C$, weil, wie oben aufgezeigt, in der Lebensmittelproduktion der Einsatz an Boden im Verhältnis zur Arbeit größer ist als in der Textilproduktion.) Die Ressourcenallokation der Volkswirtschaft wird also durch den Punkt wiedergegeben, in dem sich die beiden Linien für das jeweilige Boden-Arbeits-Verhältnis schneiden – in unserem Beispiel Punkt 1.[3]

Wenn also die Preise für Textilien und Lebensmittel sowie der Bestand an Boden und Arbeit gegeben sind, kann man ermitteln, welche Ressourcenanteile die Volkswirtschaft der Produktion jedes Guts zuweist. Folglich lässt sich auch die Produktionsmenge jedes Guts bestimmen. Als Nächstes stellt sich die Frage nach den Wirkungen von Ressourcenänderungen auf die Produktionsmengen der Volkswirtschaft.

Die zunächst überraschende Antwort zeigt Abbildung 4.6. Sie zeigt, was geschieht, wenn das Bodenangebot der Volkswirtschaft zunimmt, während sowohl die Güterpreise als auch das Arbeitsangebot konstant bleiben. Durch das gesteigerte Bodenangebot wird die Box größer. Der Input in die Lebensmittelproduktion kann also nicht mehr von O_F (jetzt als O_F^1 bezeichnet) aus abgelesen werden, sondern muss von der Ecke der neuen, vergrößerten Box aus gemessen werden (O_F^2). Die ursprüngliche Linie $O_F^1 F^1$ muss ersetzt werden durch $O_F^2 F^2$. Der Ressourcenallokationspunkt wandert folglich von 1 nach 2.

Was ist das Überraschende an diesem Ergebnis? Beachten Sie, dass der Arbeits- und Bodeneinsatz in der Textilproduktion quantitativ *sinkt*, von L_C^1 und T_C^1 auf L_C^2 und T_C^2. Folglich senkt ein erhöhtes Bodenangebot bei konstant bleibenden Preisen die Produk-

---

[3]　Einigen Lesern ist vielleicht aufgefallen, dass sich $O_C C$ und $O_F F$ nicht unbedingt innerhalb der Box schneiden müssen. In diesem Fall wird sich die Volkswirtschaft auf die Produktion nur eines Gutes spezialisieren und ihr Gesamtangebot an Boden und Arbeit in diesem Sektor einsetzen. Vergegenwärtigen Sie sich noch einmal, dass die in den Abbildungen 4.3 und 4.4 gezeigte Beziehung zwischen Güterpreisen und Faktorpreisen nur unter der Voraussetzung gilt, dass die Volkswirtschaft beide Güter produziert.

tionsmenge des arbeitsintensiven Guts. Was geschieht mit dem Boden und der Arbeit, die nicht länger in der Textilproduktion eingesetzt werden? Sie wandern in den Lebensmittelsektor, dessen Produktion überproportional zu der Erhöhung des Bodenangebots gestiegen sein muss, sodass bei einer Erhöhung des Bodenangebots um 10 Prozent die Steigerung der Lebensmittelproduktion vielleicht 15 oder 20 Prozent beträgt.

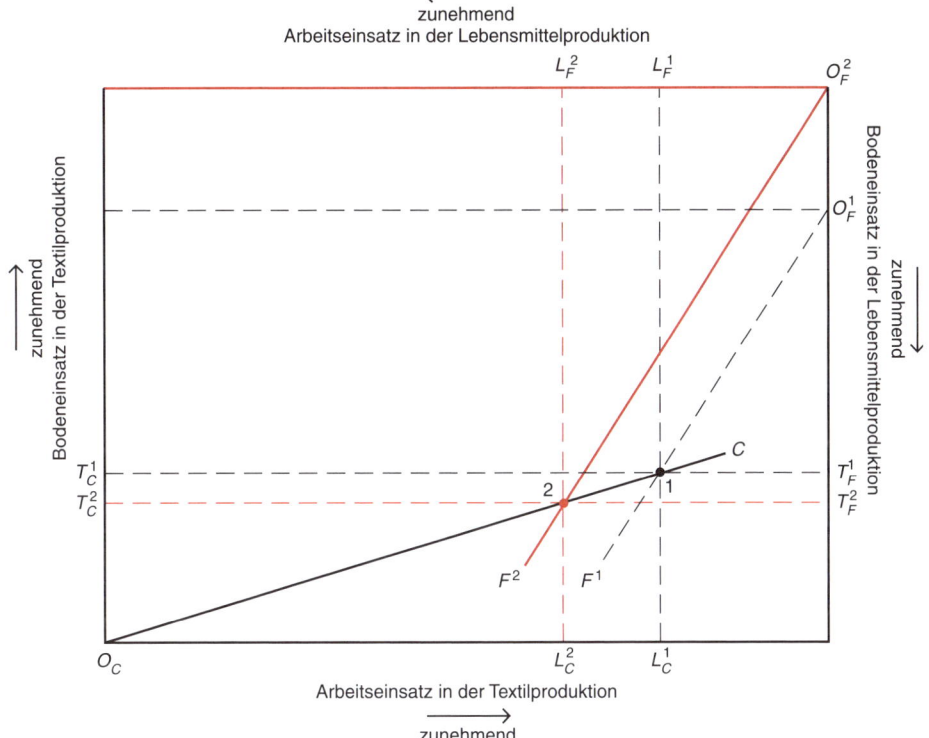

Ein erhöhtes Bodenangebot vergrößert die Ressourcen der Volkswirtschaft; die der Lebensmittelproduktion zugeteilten Ressourcen müssen nun von Punkt O_F^2 aus gemessen werden. Wenn die Güterpreise unverändert bleiben und daher auch die Faktorpreise sowie die Boden-Arbeits-Verhältnisse gleich bleiben, verschiebt sich die Ressourcenallokation von Punkt 1 nach Punkt 2. Dabei wird der Einsatz an Boden und Arbeit in der Lebensmittelproduktion erhöht. Die Textilproduktion sinkt, während die Lebensmittelproduktion überproportional zu der Erhöhung des Bodenangebots zunimmt.

Abbildung 4.6: Erhöhung des Bodenangebots

Man macht sich dieses Resultat am besten klar, indem man sich die Wirkung der Ressourcen auf die Produktionsmöglichkeiten vergegenwärtigt. In Abbildung 4.7 gibt die Kurve TT^1 die Produktionsmöglichkeiten der Volkswirtschaft vor Erhöhung des Bodenangebots wieder. Die Produktion ist durch Punkt 1 bezeichnet, in dem die Steigung der Transformationskurve dem negativen Wert des relativen Preises für Textilien entspricht, $-P_C/P_F$. Es werden Q_C^1 Textilien und Q_F^1 Lebensmittel produziert. TT^2 ist die Transformationskurve nach einer Erhöhung des Bodenangebots. Sie verschiebt sich nach außen, d.h. die

Volkswirtschaft kann sowohl mehr Textilien als auch mehr Nahrung produzieren als bisher. Diese Steigerung ist jedoch im Lebensmittelbereich weitaus größer als im Textilbereich. Es kommt also zu einer **einseitigen Expansion der Produktionsmöglichkeiten**, wenn sich die Transformationskurve in einer Richtung stärker verschiebt als in der anderen. In unserem Fall fällt diese Einseitigkeit so stark zugunsten der Lebensmittelproduktion aus, dass die Produktion bei unveränderten relativen Preisen von Punkt 1 nach Punkt 2 wandert. Dabei kommt es zu einem Absinken der Textilproduktion von Q_C^1 auf Q_C^2 und zu einer starken Erhöhung der Lebensmittelproduktion von Q_F^1 auf Q_F^2.

Die einseitigen Wirkungen von Ressourcenerhöhungen auf die Produktionsmöglichkeiten lassen erkennen, weshalb eine unterschiedliche Ausstattung mit Ressourcen ursächlich für Außenhandel ist.[4] Eine Erhöhung des Bodenangebots erweitert die Produktionsmöglichkeiten unverhältnismäßig in Richtung Lebensmittelproduktion, eine Erhöhung des Arbeitsangebots hingegen in Richtung Textilproduktion. Eine Volkswirtschaft mit einer im Verhältnis zum Arbeitsangebot großen Bodenausstattung ist daher zur Lebensmittelproduktion besser geeignet als eine Volkswirtschaft mit einer verhältnismäßig niedrigen Ausstattung mit Boden im Vergleich zu Arbeit. *Allgemein gesprochen ist eine Volkswirtschaft besonders zur Produktion der Güter geeignet, die einen intensiven Einsatz derjenigen Faktoren erfordern, mit denen das Land relativ gut ausgestattet ist.*

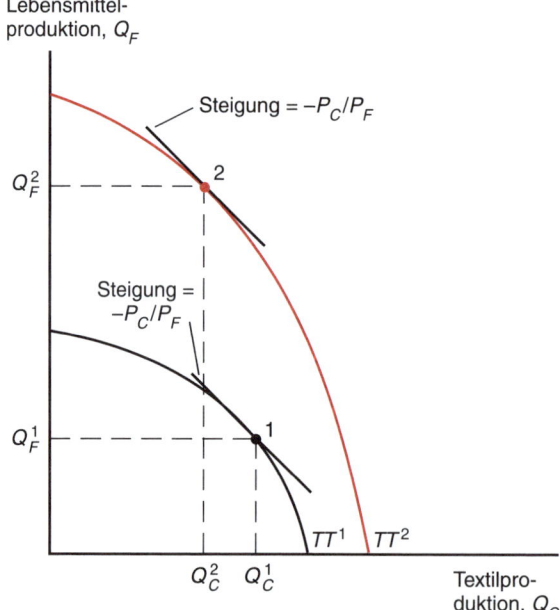

Eine Erhöhung des Bodenangebots verschiebt die Transformationskurve der Volkswirtschaft von TT^1 nach TT^2, dies jedoch unverhältnismäßig stark in Richtung Lebensmittelproduktion. Infolgedessen sinkt bei konstantem relativen Preis (angezeigt durch die Steigung $-P_C/P_F$) die Textilproduktion von Q_C^1 auf Q_C^2.

Abbildung 4.7:   **Ressourcen und Produktionsmöglichkeiten**

---

[4]   Die ungleiche Wirkung von Ressourcenänderungen auf die Produktion in verschiedenen Sektoren beschrieb erstmals der polnische Ökonom T. M. Rybczynski in seinem Aufsatz: „Factor Endowments and Relative Commodity Prices", in: *Economica* 22 (1995), S. 336-341. Sie wird daher als „Rybczynski-Effekt" bezeichnet.

4.2 Wirkungen des internationalen Handels auf Volkswirtschaften mit zwei Faktoren

Nachdem wir die Produktionsstruktur einer Zweifaktorenwirtschaft umrissen haben, können wir nun untersuchen, was geschieht, wenn zwei solche Volkswirtschaften, Inland und Ausland, miteinander zu handeln beginnen. Wie immer sind sich Inland und Ausland in vieler Hinsicht ähnlich. Ihre Einwohner haben denselben Geschmack, daher ist bei gleichen relativen Preisen für beide Güter die relative Nachfrage nach Lebensmitteln und Textilien in beiden Ländern gleich. Sie verfügen auch über dieselbe Technologie: Eine gegebene Menge an Boden und Arbeit erbringt in beiden Ländern dieselbe Produktionsmenge an Textilien oder Lebensmitteln. Lediglich im Hinblick auf ihre Ressourcen unterscheiden sich die beiden Länder: Inland hat einen höhere proportionale Arbeitsausstattung als Ausland.

4.2.1 Relative Preise und Außenhandelsstrukturen

Da Inland ein höheres Arbeits-Boden-Verhältnis aufweist als Ausland, ist Inland *arbeitsreich* und Ausland *bodenreich*. Beachten Sie, dass dieser Reichtum nicht durch absolute, sondern durch Verhältnisgrößen definiert ist. Wenn Amerika 80 Millionen Arbeiter und 200 Millionen Hektar Land hat (ein Arbeits-Boden-Verhältnis von 1 zu 2½), während Großbritannien mit 20 Millionen Arbeitern und 20 Millionen Hektar Boden aufwartet (ein Arbeits-Boden-Verhältnis von 1 zu 1), dann werten wir Großbritannien als arbeitsreich, obwohl es absolut über weniger Arbeiter verfügt als Amerika. Der Faktorreichtum wird immer in relativen Begriffen definiert, anhand der proportionalen Ausstattung beider Länder mit Arbeit und Boden. Daher kann kein Land an allen Faktoren reich sein.

Da Textilien ein arbeitsintensives Gut sind, verläuft die Inlands-Transformationskurve im Vergleich zur Auslands-Transformationskurve stärker in Richtung Textilien als in Richtung Lebensmittel. Daher neigt Inland bei ansonsten gleichen Voraussetzungen zur Produktion von mehr Textilien im Verhältnis zu Lebensmitteln.

Weil Außenhandel zu einer Konvergenz der relativen Preise führt, wird auch der relative Preis von Textilien in Lebensmitteln gleich sein. Da sich die beiden Länder aber hinsichtlich ihres Faktorreichtums unterscheiden, wird Inland bei jedem beliebigen Güterpreisverhältnis mehr Textilien im Verhältnis zu Lebensmitteln produzieren als Ausland: Inland hat daher stets ein größeres *relatives Angebot* an Textilien. Die Kurve des relativen Angebots von Inland liegt daher rechts derjenigen von Ausland.

Abbildung 4.8 zeigt die Kurven des relativen Angebots von Inland (*RS*) und Ausland (*RS**). Die Kurve der relativen Nachfrage, die wir für beide Länder als gleich angenommen haben, wird als *RD* wiedergegeben. Ohne Außenhandel befände sich das Gleichgewicht für Inland in Punkt 1, das für Ausland in Punkt 3. In Abwesenheit von Außenhandel wäre der relative Textilpreis in Inland niedriger als in Ausland.

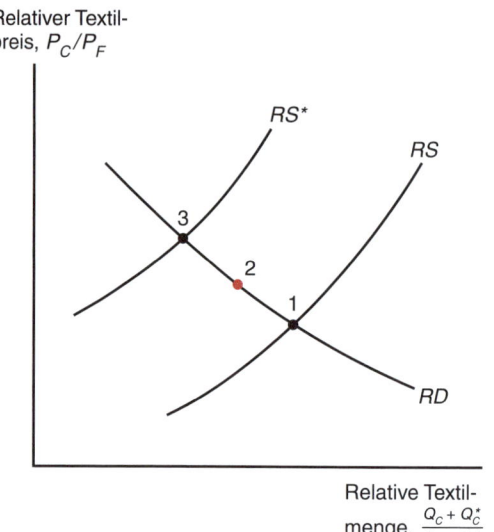

In Abwesenheit von Außenhandel läge der Gleichgewichtspunkt von Inland bei 1, dem Schnittpunkt der Kurve des relativen Angebots *RS* mit der Kurve der relativen Nachfrage *RD*. Der Gleichgewichtspunkt von Ausland läge entsprechend bei 3. Außenhandel führt zur Herausbildung eines relativen Weltmarktpreises, der zwischen den Autarkiepreisen liegt, d.h. in Punkt 2.

Abbildung 4.8:   **Außenhandel führt zum Ausgleich der relativen Preise**

Wenn Inland und Ausland handeln, nähern sich ihre relativen Preise einander an. Der relative Preis von Textilien steigt in Inland und sinkt in Ausland, und ein neuer relativer Weltpreis entsteht in irgendeinem Punkt zwischen den relativen Preisen vor Außenhandel, beispielsweise in Punkt 2. In Inland führt der Anstieg des relativen Preises für Textilien zu einer gesteigerten Textilproduktion und damit zu einem Rückgang des relativen Textilkonsums, sodass Inland zum Exporteur von Textilien und Importeur von Lebensmitteln wird. Umgekehrt führt der Rückgang des relativen Preises für Textilien in Ausland dazu, dass Textilien importiert und Lebensmittel exportiert werden.

Wir können unsere Erkenntnisse über Außenhandelsstrukturen folgendermaßen zusammenfassen: Inland hat ein höheres Arbeits-Boden-Verhältnis als Ausland, d.h. Inland ist arbeitsreich und Ausland ist bodenreich. Bei der Textilproduktion ist der Einsatz an Arbeit im Verhältnis zu Boden höher als bei der Lebensmittelproduktion, d.h. der Textilsektor ist arbeitsintensiv und der Lebensmittelsektor bodenintensiv. Inland, das arbeitsreiche Land, exportiert Textilien, das arbeitsintensive Gut. Ausland, das bodenreiche Land, exportiert Lebensmittel, das bodenintensive Gut. Diesem Befund entspricht folgende allgemeine Aussage: *Länder exportieren in der Regel diejenigen Güter, bei deren Herstellung die Faktoren intensive Verwendung finden, die im Land reichlich vorhanden sind.*

4.2.2   Außenhandel und Einkommensverteilung

Außenhandel führt zu einer Konvergenz der relativen Preise. Veränderungen der relativen Preise wiederum haben starke Wirkungen auf die relativen Erträge von Arbeit und Boden. Ein Anstieg des Textilpreises erhöht die Kaufkraft der Arbeiter in beiden Gütern und senkt die Kaufkraft der Grundbesitzer, ebenfalls in beiden Gütern. Ein Anstieg des

Lebensmittelpreises hat den entgegengesetzten Effekt. Der Außenhandel hat folglich starke Wirkungen auf die Einkommensverteilung. In Inland, wo der relative Preis der Textilien steigt, verzeichnen diejenigen Menschen einen Gewinn, die ihr Einkommen aus Arbeit beziehen. Die Gruppe, die vom Grundbesitz lebt, erleidet dagegen Einbußen. In Ausland, wo der relative Preis der Textilien sinkt, ist es umgekehrt: Den Arbeitern geht es schlechter und den Grundbesitzern besser.

Die Ressource, mit der ein Land relativ gut ausgestattet ist (Arbeit in Inland, Boden in Ausland), ist sein **reichlicher Faktor**, und diejenige, mit der es relativ schlecht ausgestattet ist, sein **knapper Faktor**. Die allgemeine Aussage über die Wirkungen des Außenhandels auf die Einkommensverteilung lautet: *Die Besitzer der reichlichen Faktoren profitieren von Außenhandel, die Besitzer der knappen Faktoren erleiden Einbußen.*

Diese Schlussfolgerung ähnelt derjenigen, die wir aus unserer Analyse der spezifischen Faktoren zogen. Dort stellten wir fest, dass die Produktionsfaktoren, die in einem mit dem Import konkurrierenden Sektor „festsitzen", durch die Aufnahme von Außenhandel geschädigt werden. In praktischer Hinsicht besteht allerdings ein wichtiger Unterschied zwischen diesen beiden Ansätzen. Die spezifische Gebundenheit der Faktoren an bestimmte Sektoren ist oft nur vorübergehend: Bekleidungshersteller können nicht über Nacht auf die Computerproduktion umstellen, doch mit der Zeit kann die Volkswirtschaft als Ganzes ihre Industriearbeiter von einem niedergehenden in einen aufsteigenden Sektor verlagern. Die Folgen für die Einkommensverteilung, die sich aus dem immobilen Charakter der Arbeit und anderer Produktionsfaktoren ergeben, sind zeitweiliger, vorübergehender Natur (was nicht heißt, dass sie für die Verlierer nicht schmerzhaft sind). Die Wirkungen des Außenhandels auf die Verteilung des Einkommens zwischen Boden, Arbeit und Kapital dagegen sind mehr oder weniger dauerhaft.

Wie wir in Kürze sehen werden, deutet die Außenhandelsstruktur der USA darauf hin, dass dieses Land im Vergleich zur übrigen Welt reichlich mit hoch qualifizierter Arbeit und entsprechend knapp mit gering qualifizierter Arbeit ausgestattet ist. Infolgedessen hat Außenhandel tendenziell nachteilige Folgen für gering qualifizierte Arbeiter – nicht nur vorübergehend, sondern dauerhaft. Die negativen Wirkungen des Außenhandels auf gering qualifizierte Arbeiter bilden ein ständiges politisches Problem. Industriezweige, die solche Arbeiter intensiv beschäftigen, wie beispielsweise die Bekleidungs- und Schuhbranche, erheben durchgehend die Forderung nach Schutz vor ausländischer Konkurrenz und stoßen damit auf erhebliche Sympathie, weil es den gering qualifizierten Arbeitern ohnehin relativ schlecht geht.

Wirkungen auf die Einkommensverteilung können also entweder auf den spezifischen Charakter der Faktoren oder auf Unterschiede in der Faktorintensität zurückzuführen sein. Diese Unterscheidung verdeutlicht, weshalb die kurzfristigen und die langfristigen Außenhandelsinteressen oftmals in Gegensatz zueinander geraten. Nehmen wir eine hoch qualifizierte Arbeiterin in den USA, die in einem Industriesektor beschäftigt ist, der intensiv gering qualifizierte Arbeiter einsetzt. Kurzfristig besteht ihr Interesse in einer Beschränkung des Außenhandels, denn sie kann nicht ständig ihren Arbeitsplatz wechseln. Langfristig jedoch wäre ihr mit freiem Handel besser gedient, denn dieser führt allgemein zu einer Einkommenserhöhung der Fachkräfte.

4.2.3   Das Faktorpreisausgleichstheorem

In Abwesenheit von Außenhandel würden Arbeiter in Inland weniger verdienen als in Ausland, und Grundbesitzer mehr. Ohne Außenhandel hätte das arbeitsreiche Inland einen geringeren relativen Preis für Textilien als das bodenreiche Ausland, und die unterschiedlichen relativen *Güterpreise* lassen auf einen noch größeren Unterschied der relativen *Faktorpreise* schließen.

Sobald Inland und Ausland Handel treiben, gleichen sich die relativen Güterpreise an. Diese Konvergenz führt ihrerseits zu einem Ausgleich der relativen Preise von Boden und Arbeit. Es gibt eine unverkennbare Tendenz zum **Faktorpreisausgleich**. Wie weit geht diese Tendenz?

Im Modell ist dieser Tendenz keine Grenze gesetzt. Hier führt Außenhandel zum völligen Ausgleich der Faktorpreise. Obwohl Inland ein höheres Arbeits-Boden-Verhältnis hat als Ausland, ergeben sich nach Außenhandel dieselben Lohnsätze und Grundrenten. Veranschaulichen wir uns diesen Effekt anhand von Abbildung 4.3. Sie zeigt, dass wir bei gegebenen Textil- und Lebensmittelpreisen den Lohnsatz und die Grundrente bestimmen können, ohne die jeweiligen Boden- und Arbeitsausstattungen heranzuziehen. Wenn Inland und Ausland dieselben relativen Preise für Textilien und Lebensmittel aufweisen, dann haben sie auch dieselben Faktorpreise.

Um zu verstehen, wie es zu diesem Ausgleich kommt, müssen wir uns vergegenwärtigen, dass der Handel von Inland und Ausland mehr beinhaltet als bloßen Güteraustausch. Indirekt werden auch die Produktionsfaktoren gehandelt. Inland überlässt Ausland den Einsatz eines Teils der Arbeit, mit der es reichlich ausgestattet ist. Dies geschieht nicht durch den direkten Verkauf der Arbeit, sondern durch den Tausch von Gütern, deren Produktion ein hohes Arbeits-Boden-Verhältnis aufweist, gegen Güter mit geringem Arbeits-Boden-Verhältnis. In die Produktion derjenigen Güter, die Inland verkauft, fließt mehr Arbeit ein als in die Produktion derjenigen Güter, die es im Gegenzug erhält; d.h. die Exporte von Inland *verkörpern* mehr Arbeit als die Importe. Inland exportiert folglich seine Arbeit in Form von arbeitsintensiven Gütern. Umgekehrt beinhalten die Exportgüter von Ausland einen größeren Einsatz an Boden als seine Importe, folglich exportiert Ausland auf indirektem Wege seinen Boden. So betrachtet überrascht es nicht, dass Außenhandel zum Ausgleich der Faktorpreise beider Länder führt.

So einfach und einleuchtend diese Sichtweise ist, sie birgt ein erhebliches Problem: In der Realität werden die Faktorpreise *nicht* ausgeglichen. Die Lohnsätze verschiedener Länder weisen beispielsweise sehr große Unterschiede auf (siehe Tabelle 4.1). In einigen Fällen widerspiegeln diese Abweichungen durchaus Qualitätsunterschiede; sie sind jedoch zu groß, um allein auf dieser Grundlage erklärt zu werden.

Um zu erfahren, weshalb die Prognosen des Modells nicht zutreffen, müssen wir die ihm zugrunde gelegten Annahmen überprüfen. Drei Annahmen, die für die Prognose des Faktorpreisausgleichs eine entscheidende Rolle spielen, treffen in der Realität mit Sicherheit nicht zu: 1) dass beide Länder beide Güter produzieren, 2) dass die Technologien dieselben sind, und 3) dass der Außenhandel tatsächlich einen Ausgleich der Güterpreise in beiden Ländern herbeiführt.

Land	Stundenentgelt für Produktionsarbeiter, 2000
USA	100
Deutschland	121
Japan	111
Spanien	55
Südkorea	41
Portugal	24
Mexiko	12
Sri Lanka*	2
*1969	

Tabelle 4.1: Internationale Lohnsätze im Vergleich (USA = 100)
Quelle: Bureau of Labor Statistics (USA), Foreign Labor Statistics Homepage

1. Zur Herleitung der Lohn- und Grundrentensätze aus den Preisen für Textilien und Lebensmittel in Abbildung 4.3 nahmen wir an, dass das Land beide Güter produziert. Dies muss jedoch nicht unbedingt der Fall sein. Ein Land mit einem sehr hohen Arbeits-Boden-Verhältnis produziert vielleicht nur Textilien, während ein Land mit einem sehr hohen Boden-Arbeits-Verhältnis vielleicht nur Lebensmittel herstellt. Daraus folgt, dass der Faktorpreisausgleich nur dann einsetzt, wenn die beteiligten Länder in ihrer relativen Faktorausstattung auf einem hinreichend gleichen Stand sind. (Eine gründlichere Abhandlung dieses Problems folgt im Anhang zu diesem Kapitel.) Zwischen Ländern mit ganz und gar unterschiedlichen Relationen von Kapital und Arbeit oder von qualifizierter und nicht qualifizierter Arbeit müssen sich die Faktorpreise nicht unbedingt ausgleichen.

2. Die Aussage, dass der Außenhandel zu einem Ausgleich der Faktorpreise führt, trifft nicht zu, wenn die Länder unterschiedliche Produktionstechnologien verwenden. Ein Land mit überlegener Technologie kann beispielsweise sowohl einen höheren Lohnsatz als auch höhere Grundrenten haben als ein Land mit minderwertiger Technologie. Wie weiter unten in diesem Kapitel erläutert, legen jüngere Forschungen nahe, dass solche Technologieunterschiede unbedingt berücksichtigt werden müssen, um das Faktorproportionenmodell mit den tatsächlichen Daten des Welthandels in Einklang zu bringen.

3. Die Prognose des völligen Faktorpreisausgleichs hängt überdies von einem völligen Ausgleich der Güterpreise ab. In der Realität werden die Güterpreise durch den Außenhandel nicht vollständig ausgeglichen. Dieses Ausbleiben der Konvergenz ist sowohl auf natürliche Grenzen (beispielsweise Transportkosten) als auch auf Handelsbarrieren wie Zölle, Importquoten und andere Beschränkungen zurückzuführen.

Beispiel 4.1: Nord-Süd-Handel und Einkommensungleichheit

Von Ende der 1970er bis Anfang der 1990er Jahre vollzog sich in den USA eine Entwicklung, in deren Folge die hohen und die niedrigen Löhne extrem auseinander klafften. Dazu ein Beispiel: Der Reallohn derjenigen männlichen Arbeiter, die mehr als die unteren 90 Prozent, jedoch weniger als die oberen 10 Prozent verdienen, stieg von 1970 bis 1989 um 15 Prozent. Der Reallohn derjenigen hingegen, die mehr als die unteren 10 Prozent, aber weniger als die oberen 90 Prozent verdienen, sank in derselben Zeit um 25 Prozent. Die zunehmende Lohnungleichheit in den USA hat die sozialen Probleme des Landes verschärft: Fallende Löhne am unteren Ende der gesellschaftlichen Leiter machen es Familien schwerer, sich aus der Armut herauszuarbeiten, und der Gegensatz zwischen den stagnierenden Einkommen vieler Familien und den rasch ansteigenden Einkommen der Spitzenverdiener hat zu der heutigen allgemeinen sozialen und politischen Misere beigetragen.

Weshalb hat die Lohnungleichheit zugenommen? Viele Beobachter führen dies auf das Wachstum des Welthandels zurück, insbesondere auf die zunehmenden Exporte von Industrieprodukten aus neu industrialisierten Volkswirtschaften (NIEs, Newly Industrialized Economies) wie Südkorea und China. Bis in die 1970er Jahre hinein bestand der Handel zwischen fortgeschrittenen Industrienationen und weniger entwickelten Ländern – der oft als „Nord-Süd-Handel" bezeichnet wurde, weil die meisten hoch entwickelten Nationen nach wie vor in den gemäßigten Zonen der nördlichen Hemisphäre liegen – überwiegend aus dem Austausch von Industrieprodukten aus dem Norden gegen Rohstoffe und Agrarprodukte, beispielsweise Öl und Kaffee, aus dem Süden. Von den 1970er Jahren an begannen die vormaligen Rohstoffexporteure allerdings zunehmend, Hochlohnländern wie den USA auch Industrieprodukte zu verkaufen. Wie Tabelle 4.2 zeigt, veränderten die sich entwickelnden Länder von Anfang der 1970er bis Mitte der 1990er Jahre den Charakter ihrer Güterexporte von Grund auf. Sie verminderten ihre traditionelle Abhängigkeit von Agrarprodukten und Rohstoffen, um sich fortan auf Industrieprodukte zu konzentrieren. Während die NIEs zugleich einen rasch wachsenden Markt für Exporte aus den Hochlohnländern eröffneten, unterschieden sich die Exporte der neu industrialisierten Volkswirtschaften in ihrer Faktorintensität stark von den Importen. In überwiegendem Maße bestanden die Exporte der NIEs in die fortgeschrittenen Länder aus Kleidung, Schuhen und anderen relativ einfach herzustellenden Gütern, in deren Produktion intensiv gering qualifizierte Arbeit eingesetzt wird. Die Exporte der fortgeschrittenen Länder in die NIEs bestanden hingegen aus kapital- oder qualifikationsintensiven Gütern wie Chemieprodukten und Flugzeugen.

	Agrarprodukte	Bodenschätze	Industrieprodukte
1973	30	47,5	22
1995	14	22,5	62,5

Tabelle 4.2: Zusammensetzung der Exporte von Entwicklungsländern
(in Prozent des Gesamtexports)
Quelle: World Trade Organization

Für viele Beobachter lagen die Schlussfolgerungen auf der Hand: Hier vollzog sich eine Entwicklung hin zum Faktorpreisausgleich. Der Handel zwischen fortgeschrittenen Ländern mit reichlicher Kapital- und Qualifikationsausstattung und den NIEs, die reichlich mit gering qualifizierter Arbeit ausgestattet sind, führte in den qualifikations- und arbeitsreichen Ländern, entsprechend der Prognose des Faktorproportionenmodells, zu Lohnerhöhungen bei den hoch qualifizierten und zu Lohnsenkungen bei den weniger qualifizierten Arbeitern.

Diese Argumentation ist bei weitem nicht nur von akademischer Bedeutung. Wenn man, wie die meisten Menschen, die zunehmende Einkommensungleichheit in den fortgeschrittenen Ländern als schwerwiegendes Problem betrachtet, und wenn man gleichzeitig den Welthandel für die Hauptursache dieses Problems hält, wird es schwierig, die traditionelle Unterstützung der Ökonomen für Freihandel aufrechtzuerhalten. (Wie in Kapitel 3 gezeigt, können Steuern und staatliche Unterstützungsgelder die Wirkungen des Außenhandels auf die Einkommensverteilung im Prinzip ausgleichen, doch dagegen lässt sich natürlich einwenden, dass dies in der Praxis nicht wahrscheinlich ist.) Einige einflussreiche Kommentatoren vertreten mittlerweile den Standpunkt, dass die fortgeschrittenen Länder ihren Handel mit Niedriglohnländern einschränken müssen, wenn sie ihren Charakter als Mittelklassegesellschaften bewahren möchten.

Während einige Ökonomen im zunehmenden Handel mit Niedriglohnländern die Hauptursache für die wachsende Einkommensungleichheit in den USA sehen, sind die meisten empirischen Forscher derzeit der Meinung, dass der Außenhandel zwar zu dieser Entwicklung beigetragen haben mag, ihre wichtigsten Ursachen aber anderswo liegen.[5] Diese Skepsis basiert im Wesentlichen auf vier Beobachtungen.

→

---

[5] Zu den wichtigsten Diskussionsbeiträgen über die Wirkungen des Außenhandels auf die Einkommensverteilung zählen folgende Aufsätze: Robert Lawrence und Matthew Slaughter, „Trade and U.S. Wages: Giant Sucking Sound or Small Hickup?", in: *Brookings Papers on Economic Activity*, 1: 1993, Jeffrey Sachs und Howard Shatz, „Trade and Jobs in U.S. Manufacturing", in: *Brookings Papers on Economic Activity, 1:1994, und Adrian Wood, North-South Trade, Employment, and Income Inequality, Oxford: Clarendon, 1994*. Einen Überblick über diese Debatte und zugehörige Themen bietet Robert Lawrence, *Single World, Divided Nations: Globalization and OECD Labor Markets, Paris: OECD, 1995*.

Erstens: Obwohl die fortgeschrittenen Länder kapitalintensive Güter exportierten und arbeitsintensive Güter importierten, hat sich seit den frühen 1990er Jahren die Einkommensverteilung zwischen Kapital und Arbeit praktisch nicht verändert. Der Anteil des Arbeitsentgelts (Löhne plus Zusatzleistungen) am Nationaleinkommen der USA war 1993 (73 Prozent) noch ebenso hoch wie 1973. Die Entwicklung des Außenhandels konnte also bestenfalls erklären, dass sich die Verteilung dieses Einkommens auf qualifizierte und unqualifizierte Arbeiter verändert hatte, und zwar bei gleich bleibender Aufteilung zwischen Arbeit und Kapital.

Zweitens: Das Faktorproportionenmodell besagt, dass der Außenhandel die Einkommensverteilung auf dem Wege veränderter relativer Güterpreise beeinflusst. Wenn also der Außenhandel der Hauptgrund für die zunehmende Ungleichheit der Einkommen wäre, müsste sich ein eindeutiger Anstieg der Preise für qualifikationsintensive Produkte im Verhältnis zu Gütern mit arbeitsintensiver Produktion im gering qualifizierten Bereich nachweisen lassen. Untersuchungen der internationalen Preisdaten erbrachten jedoch keinen klaren Nachweis solcher Veränderungen der relativen Preise.

Drittens: Das Modell prognostiziert eine Konvergenz der relativen Faktorpreise: Wenn in dem qualifikationsreichen Land die Löhne der qualifizierten Arbeiter steigen und jene der nicht qualifizierten Arbeiter sinken, dann müsste in dem arbeitsreichen Land das Gegenteil stattfinden. Zwar sind die Angaben über Löhne und Einkommensverteilung in den NIEs recht spärlich, doch allein der Augenschein zeigt, dass in vielen dieser Länder, insbesondere in China, die qualifizierten Arbeiter, ebenso wie in den hoch entwickelten Ländern, ausgesprochen gut bezahlt werden.

Viertens: Obwohl der Handel zwischen den fortgeschrittenen Ländern und den NIEs schnell zugenommen hat, macht er nach wie vor nur einen kleinen Prozentsatz der Gesamtausgaben der fortgeschrittenen Länder aus. Infolgedessen gehen Schätzungen davon aus, dass der „Faktorinhalt" dieses Handels – die qualifizierte Arbeit, die in den qualifikationsintensiven Exporten der fortgeschrittenen Länder enthalten ist, und die nicht qualifizierte Arbeit, die mit arbeitsintensiven Gütern importiert wird – nach wie vor nur einen geringen Prozentsatz des Gesamtbestands an qualifizierter und nicht qualifizierter Arbeit ausmacht. Demzufolge können die Handelsströme keine besonders starken Wirkungen auf die Einkommensverteilung haben.

Wo also liegt der *eigentliche* Grund für die zunehmende Kluft zwischen qualifizierten und unqualifizierten Arbeitern in den USA? Die Mehrheitsmeinung lautet, dass er nicht im Außenhandel, sondern in der Technologie liegt, die gering qualifizierte Arbeit entwertet hat. Dennoch hängen einige immer noch der Vorstellung an, dass der Außenhandel die wichtigste Erklärung darstelle.

4.3 Empirische Beweise für das Heckscher-Ohlin-Modell

Da die Faktorproportionentheorie des Handels in der Außenwirtschaftslehre eine sehr große Rolle spielt, wurde sie umfangreichen empirischen Tests unterzogen.

4.3.1 Tests des Heckscher-Ohlin-Modells

Tests anhand von Daten aus den USA. Bis vor kurzem, und zum Teil bis heute, nahmen die USA als Nation eine Sonderstellung ein. Bis vor wenigen Jahren waren sie weitaus wohlhabender als andere Länder, und auf die Arbeiter in den USA entfiel pro Kopf deutlich mehr Kapital als auf die Arbeiter anderer Länder. Obwohl einige westeuropäische Länder und Japan aufgeholt haben, nehmen die USA unter den Ländern mit hoher Kapitalintensität (Kapital-Arbeits-Verhältnis) bis heute eine Spitzenstellung ein.

Folglich sollte man erwarten, dass die USA kapitalintensive Güter exportieren und arbeitsintensive Güter importieren. Überraschenderweise war dies jedoch in den ersten 25 Jahren nach dem Zweiten Weltkrieg nicht der Fall. In einer berühmten, 1953 veröffentlichten Studie stellte der Ökonom Wassily Leontief (Gewinner des Nobelpreises im Jahr 1973) fest, dass die Exporte der USA weniger kapitalintensiv waren als die Importe.[6] Diesen Befund bezeichnet man als das **Leontief-Paradoxon**. Es ist der stärkste Einzelbeweis, der gegen die Faktorproportionentheorie spricht.

Tabelle 4.3 illustriert das Leontief-Paradoxon und weitere Angaben über die Handelsstrukturen der USA. Wir vergleichen die Faktoren, die im Jahr 1962 zur Produktion von Exportgütern im Wert von 1 Million Dollar eingesetzt wurden, mit denjenigen, die im selben Jahr in die Herstellung von Importgütern im selben Wert flossen. Wie die beiden ersten Zeilen der Tabelle zeigen, war das Leontief-Paradoxon in diesem Jahr noch gegenwärtig: Die US-Exporte wurden unter Einsatz einer geringeren Kapitalintensität produziert als die US-Importe. Wie der Rest der Tabelle zeigt, entsprechen die weiteren Vergleichswerte von Import und Export allerdings eher den Erwartungen. Die von den USA exportierten Produkte wiesen eine höhere Intensität an qualifizierter Arbeit auf als die Importe. Als Maß galten dabei die Ausbildungsjahre. Außerdem wurden tendenziell „technologie-intensive" Produkte exportiert, an deren Herstellung pro Umsatzeinheit eine höhere Zahl an Wissenschaftlern und Ingenieuren beteiligt gewesen war. Diese Beobachtungen decken sich mit der Stellung der USA als eine mit hoch qualifizierter Arbeit reichlich ausgestattete Nation, die über einen komparativen Vorteil bei komplexen Produkten verfügt.

Weshalb es dennoch zum Leontief-Paradoxon kommt, weiß man nicht genau. Folgende Erklärung mag plausibel sein: Die USA verfügen über einen besonderen Vorteil bei der

---

6   Siehe Wassily Leontief, „Domestic Production and Foreign Trade: The American Capital Position Re-Examined", in: *Proceedings of the American Philosophical Society* 97 (1953), S. 331-349).

Produktion neuer Produkte oder von Gütern, die mit innovativen Technologien hergestellt werden, wie zum Beispiel Flugzeuge und modernste Computerchips. Solche Produkte können durchaus weniger kapitalintensiv sein als Produkte, deren Technologie mit der Zeit zur Massenproduktionstauglichkeit ausgereift ist. Daher exportieren die USA möglicherweise Güter, bei denen in hohem Maße qualifizierte Arbeit und innovatives Unternehmertum im Spiel sind, und importieren Fertigprodukte der Schwerindustrie (z.B. Autos), deren Herstellung große Kapitalmengen erfordert.[7]

	Importe	Exporte
Kapital pro Million Dollar	$ 2.132.000	$ 1.876.000
Arbeit (Personenjahre) pro Million Dollar	119	131
Kapitalintensität (Dollar pro Arbeiter)	$ 17.916	$ 14.321
Durchschnittliche Schul- und Ausbildungszeit pro Arbeiter (Jahre)	9,9	10,1
Anteil von Ingenieuren und Wissenschaftlern in der Produktion (%)	0,0189	0,0255

Tabelle 4.3: Faktorinhalt der Exporte und Importe der USA im Jahr 1962
Quelle: Robert Baldwin, „Determinants of the Commodity Structure of U. S. Trade",
in: *American Economic Review* 61 (März 1971), S. 126-145.

Tests anhand von weltweiten Daten. In jüngerer Zeit haben Ökonomen versucht, das Heckscher-Ohlin-Modell mit Hilfe von Daten aus einer Vielzahl von Ländern zu überprüfen. Eine wichtige Studie von Harry P. Bowen, Edward E. Leamer und Leo Sveikauskas[8] ging von dem oben beschriebenen Grundgedanken aus, dass der Güterhandel eine indirekte Form des Austauschs von Produktionsfaktoren darstellt. Wenn wir daher die Produktionsfaktoren berechnen, die in den Exporten und Importen eines Landes beinhaltet sind, müsste sich ergeben, dass jedes Land ein Nettoexporteur derjenigen Produktionsfaktoren ist, mit denen es relativ reichlich ausgestattet ist, und ein Nettoimporteur derjenigen, die bei ihm relativ knapp sind.

Tabelle 4.4 gibt einen der wichtigsten Tests von Bowen et. al. wieder. Für eine Stichprobe, die 27 Länder und 12 Produktionsfaktoren umfasste, berechneten die Autoren das Verhältnis der Ausstattung jedes Landes mit jedem Produktionsfaktor zum weltweiten Gesamtangebot dieses Faktors. Anschließend setzten sie die so ermittelten Relationen in Beziehung zu dem Anteil jedes Landes am Welteinkommen. Wenn die Faktorproportio-

---

[7]   Jüngere Studien verweisen darauf, dass das Leontief-Paradoxon zu Beginn der 1970er Jahre verschwunden war. Siehe z.B. Robert M. Stern und Keith E. Maskus, „Determinants of the Structure of U. S. Foreign Trade, 1958-76", in: *Journal of International Economics* 11 (Mai 1981), S. 207-224. Aus diesen Studien geht allerdings hervor, dass das *Humankapital* zur Erklärung der US-Exporte nach wie vor eine große Rolle spielt.

[8]   Siehe Bowen, Leamer und Sveikauskas, „Multicountry, Multifactor Tests of the Factor Abundance Theory", in: *American Economic Review* 77 (Dezember 1987), S. 791-809.

nentheorie zuträfe, müsste jedes Land die Faktoren exportieren, bei denen sein jeweiliger Faktoranteil über seinem nationalen Anteil am weltweiten Gesamteinkommen lag, und diejenigen Faktoren importieren, bei denen er darunter lag. Es stellte sich aber heraus, dass bei zwei Dritteln der Produktionsfaktoren der Außenhandel in weniger als 70 Prozent aller Fälle in der vorausgesagten Richtung verlief. Dieser Befund bestätigte das Leontief-Paradoxon auf einer breiteren Ebene: Der Außenhandel nimmt oft nicht den vom Heckscher-Ohlin-Modell prognostizierten Verlauf.

Produktionsfaktor	Prognoseerfolg*
Kapital	0,52
Arbeit	0,67
Akademiker	0,78
Führungskräfte	0,22
Büroangestellte	0,59
Verkaufspersonal	0,67
Dienstleistungspersonal	0,67
Beschäftigte in der Landwirtschaft	0,63
Produktionsarbeiter	0,70
Landwirtschaftliche Nutzfläche	0,70
Weideland	0,52
Wälder	0,70

Tabelle 4.4: Tests des Heckscher-Ohlin-Modells
* Anteil der Länder, deren Netto-Faktorexport in der prognostizierten Richtung verlief.
Quelle: Harry P. Bowen, Edward E. Leamer und Leo Sveikauskas, „Multicountry, Multifactor Test of the Factor Abundance Theory", in: *American Economic Review 77* (Dezember 1987), S. 791-809.

Tests anhand des Nord-Süd-Handels. Während die Gesamtstruktur des internationalen Handels dem Heckscher-Ohlin-Modell in seiner Reinform kaum zu entsprechen scheint, steht der Nord-Süd-Handel mit Industrieprodukten eher im Einklang mit dieser Theorie. (Unsere Fallstudie über den Nord-Süd-Handel und die Einkommensverteilung legte diese Schlussfolgerung bereits nahe.) Betrachten Sie als Beispiel Tabelle 4.5, die einige Elemente des Handels zwischen den USA und Südkorea wiedergibt.

Ganz offenkundig unterscheiden sich die Güter, welche die USA nach Südkorea exportieren, ganz erheblich von denjenigen, die sie im Gegenzug importieren! Außerdem ist klar, dass die USA eher komplexe, qualifikationsintensive Produkte wie wissenschaftliche Instrumente exportieren, während die südkoreanischen Exporte nach wie vor aus eher einfachen Produkten wie Schuhen bestehen. Man sollte daher erwarten, dass die Prognosen des Heckscher-Ohlin-Modells in Anwendung auf den Nord-Süd-Handel weitaus besser abschneiden als beim internationalen Handel als Ganzem. Und diese Annahme hat sich in den meisten Studien bewahrheitet.[9]

Diese Ergebnisse widersprechen allerdings nicht der Feststellung, dass das Heckscher-Ohlin-Modell insgesamt nicht sehr zuverlässig zu sein scheint, denn der Nord-Süd-Handel mit Industrieprodukten macht nur etwa 10 Prozent des gesamten Welthandels aus.

Gütergruppe	US-Exporte nach Südkorea	US-Importe aus Südkorea
Erzeugnisse der Chemie-, Kunststoff- und Pharmaindustrie	1340	105
Geräte zur Energieerzeugung	705	93
Fachwerkzeuge und wissenschaftliche Instrumente	512	96
Transportausrüstungen außer Straßenfahrzeuge (hauptsächlich Flugzeuge)	1531	75
Bekleidung und Schuhe	11	4203

Tabelle 4.5: Handel zwischen den USA und Südkorea, 1992 (in Millionen Dollar)
Quelle: Statistical Abstracts of the United States, 1994.

Der Fall ausbleibenden Handels. In einem viel beachteten Aufsatz aus jüngerer Zeit weist Daniel Trefler[10] auf ein bislang übersehenes empirisches Problem hin, das sich aus dem Heckscher-Ohlin-Modell ergibt. Wenn man den Güterhandel als indirekten Handel mit Produktionsfaktoren auffasst, so Trefler, prognostiziert man damit nicht nur die Richtung, sondern auch das Volumen des Handels. Und der Faktorhandel ist im Allgemeinen weitaus geringer, als es das Heckscher-Ohlin-Modell erwarten ließe.

Diese Disparität ist größtenteils auf die falsche Prognose zurückzuführen, dass zwischen reichen und armen Nationen ein umfangreicher Handel stattfinden werde. Nehmen wir als Beispiel die USA und China. Auf die USA entfallen etwa 25 Prozent des Welteinkommens, aber nur 5 Prozent aller Arbeitskräfte der Welt. Die einfache Faktorproportionentheorie würde daher besagen, dass die USA auf dem Wege des Außenhandels, in Form von Importen, riesige Mengen an Arbeit einführen – etwa das Vierfache der eigenen Erwerbsbevölkerung. Doch Berechnungen über den Faktorinhalt des US-Handels ergeben einen nur geringen Nettoimport an Arbeit. Umgekehrt verfügt China über weniger als 3 Prozent des Welteinkommens, hat aber rund 15 Prozent des Weltbestands an Arbeit; folglich „müsste" es einen großen Teil seiner Arbeit über den Handel exportieren. Dies trifft aber nicht zu.

---

[9]   Siehe Adrian Wood, „Give Heckscher and Ohlin a Chance!", in: *Weltwirtschaftliches Archiv* 130 (Januar 1994), S. 20-49.

[10]   Daniel Trefler, „The case of the missing trade and other mysteries", in: *American Economic Review* 85 (Dezember 1995), S. 1029-1046.

Nach Ansicht zahlreicher Handelsökonomen können diese Ungereimtheiten nur behoben werden, indem man die von Heckscher-Ohlin gesetzte Annahme gleicher Technologien über die Ländergrenzen hinweg aufgibt. Dann ergibt sich, grob umrissen, Folgendes: Wenn die Arbeiter in den USA viel effizienter sind als diejenigen in China, dann ist das „effektive" Arbeitsangebot in den USA im Vergleich zu China weitaus größer, als die nackten Zahlen erkennen lassen. Daher muss das zu erwartende Handelsvolumen zwischen dem arbeitsreichen China und dem arbeitsarmen Amerika entsprechend geringer ausfallen. Wie oben bereits angemerkt, erklären technologische Unterschiede zwischen den Ländern wahrscheinlich auch, weshalb der Nachweis des Faktorpreisausgleichs, wie in Tabelle 4.1 dokumentiert, so kläglich scheiterte.

Wenn man von der Arbeitshypothese ausgeht, dass technologische Unterschiede zwischen Ländern durch eine einfache Bruchzahl ausgedrückt werden können – dass also bei einer gegebenen Faktoreinsatzkombination in China nur δ Mal so viel produziert wird wie in den USA, wobei δ ein Wert unter 1 ist –, dann lässt sich anhand von Daten zum Faktorhandel die relative Effizienz der Produktion in verschiedenen Ländern schätzen. Tabelle 4.6 zeigt Treflers Schätzungen für ausgewählte Länder; sie lassen auf sehr große Technologieunterschiede schließen.

Land	
Bangladesch	0,03
Thailand	0,17
Hongkong	0,40
Japan	0,70
Bundesrepublik Deutschland	0,78

Tabelle 4.6: Geschätzte technologische Effizienz, 1983 (USA = 1)
Quelle: Trefler, *American Economic Review*, Dezember 1995, S. 1037.

Wenn wir jedoch für die verschiedenen Länder unterschiedliche Technologien annehmen, weshalb sollten sie dann in allen Industriezweigen auf dem gleichen Stand sein? Weshalb nehmen wir stattdessen nicht an, dass verschiedene Länder in ganz bestimmten Bereichen über besonderes Fachwissen verfügen: die Briten bei Software, die Italiener bei Möbeln, die Amerikaner bei Actionfilmen usw. In diesem Fall könnte man die internationalen Handelsstrukturen ebenso gut anhand dieser unterschiedlichen technologischen Kapazitäten wie anhand der Faktorausstattung bestimmen.

4.3.2　Implikationen der Tests

Die uneinheitlichen Testergebnisse hinsichtlich der Faktorproportionentheorie bringen die Außenwirtschaftsexperten in eine vertrackte Lage. Wie wir in Kapitel 2 sahen, stützen die empirischen Daten weitgehend die Prognose des Ricardo-Modells, dass Länder diejenigen Güter exportieren, bei denen ihre Arbeitsproduktivität besonders hoch ist. Die meisten Außenwirtschaftsökonomen halten das Ricardo-Modell allerdings für zu beschränkt, um als Grundmodell des Außenhandels zu dienen. Das Heckscher-Ohlin-Modell hingegen nimmt in der Theorie des Außenhandels seit längerem einen zentralen Stellenwert ein, weil es sowohl Fragen der Einkommensverteilung als auch die Handelsstrukturen einbezieht. Das Modell mit den besten Außenhandelsprognosen ist also zu beschränkt für andere Zwecke, andererseits sprechen mittlerweile eine Menge empirischer Daten eindeutig gegen das reine Heckscher-Ohlin-Modell.

Wenn das Heckscher-Ohlin-Modell die realen Strukturen des Außenhandels auch weniger gut erklären konnte als ursprünglich gehofft, bleibt es dennoch unverzichtbar, um die Folgewirkungen des Außenhandels zu verstehen, insbesondere die Wirkungen auf die Einkommensverteilung. Die Zunahme des Nord-Süd-Handels mit Industrieprodukten – bei dem sich die Faktorintensität der Importe des Nordens sehr stark von derjenigen seiner Exporte unterscheidet – hat den Ansatz der Faktorproportionentheorie in das Zentrum der Debatten über die praktische Außenhandelspolitik gerückt.

Zusammenfassung

1. Um die Rolle der Ressourcen im Außenhandel zu verstehen, entwickeln wir ein Modell, in dem unter Einsatz zweier Produktionsfaktoren zwei Güter produziert werden. Diese beiden Güter unterscheiden sich hinsichtlich ihrer *Faktorintensität*, bei jedem Lohn-Zins-Verhältnis wird in der Produktion eines dieser Güter mehr Boden in Relation zu Arbeit eingesetzt als bei dem anderen.

2. Solange ein Land beide Güter produziert, besteht eine eineindeutige Zuordnung zwischen den relativen Preisen der *Güter* und den relativen Preisen der *Faktoren*, die in ihrer Produktion genutzt werden. Ein Anstieg des relativen Preises bei dem arbeitsintensiven Gut bewirkt eine Einkommensumverteilung zugunsten der Arbeiter, und zwar in erheblichem Maße: Der Reallohn der Arbeiter steigt im Verhältnis zu beiden Gütern, während das Einkommen der Grundbesitzer im Verhältnis zu beiden Gütern sinkt.

3. Eine Erhöhung der Ausstattung mit einem Faktor erweitert die Produktionsmöglichkeiten, allerdings auf höchst einseitige Weise: Bei konstanten relativen Güterpreisen steigt die Produktionsmenge desjenigen Gutes, in dessen Produktion dieser Faktor eingeht, während die Produktionsmenge des anderen Guts sinkt.

4. Wenn ein Land mit einer Ressource im Verhältnis zu anderen Ressourcen besonders gut ausgestattet ist, spricht man von *Faktorreichtum*. Ein Land wird die Güter, bei deren Herstellung seine reichlichen Ressourcen intensiv genutzt werden, in relativ großen Mengen produzieren. Daraus resultiert die Grundaussage der Theorie des Außenhandels von Heckscher-Ohlin: Länder exportieren die Güter, bei deren Produktion ihre reichlichen Faktoren intensiv genutzt werden.

5. Da sich veränderte relative Preise sehr stark auf die relativen Erträge der Ressourcen auswirken, und da der Außenhandel die relativen Preise ändert, hat er erhebliche Wirkungen auf die Einkommensverteilung. Die Besitzer der reichlichen Faktoren profitieren vom Außenhandel, die Besitzer knapper Faktoren erleiden Einbußen.

6. In einem idealisierten Modell führt der Außenhandel zum Ausgleich der Faktorpreise, etwa derjenigen für Arbeit und Kapital, in den beteiligten Ländern. In der Realität kommt es jedoch zu keinem vollständigen *Faktorpreisausgleich*. Die Gründe sind starke Unterschiede in der Ressourcenausstattung, Handelsbarrieren und Technologieunterschiede von Land zu Land.

7. Der empirische Nachweis des Heckscher-Ohlin-Modells gelang nur bedingt. Die meisten Wissenschaftler gehen nicht davon aus, dass allein Ressourcenunterschiede die Strukturen des Welthandels oder die internationalen Faktorpreise erklären können. Es scheint vielmehr notwendig zu sein, erhebliche Unterschiede in der Technologie zu berücksichtigen. Dennoch ist das Heckscher-Ohlin-Modell ausgesprochen nützlich; es eignet sich insbesondere zur Analyse der Wirkungen des Außenhandels auf die Einkommensverteilung.

Schlüsselbegriffe

Übungen

1. In den USA, wo die Bodenpreise niedrig sind, wird in der Viehzucht mehr Boden im Verhältnis zu Arbeit eingesetzt als im Getreideanbau. In dichter besiedelten Ländern, wo Boden teuer und Arbeit billig ist, wird in der Rinderhaltung üblicherweise weniger Boden und mehr Arbeit eingesetzt, als man in Amerika beim Getreideanbau aufwendet. Können wir trotzdem die Aussage aufrechterhalten, dass die Viehzucht im Vergleich zum Getreideanbau bodenintensiv ist? Begründen Sie Ihre Antwort.

2. Gehen Sie von folgender Annahme aus: Bei den aktuellen Faktorpreisen werden in der Textilproduktion 20 Arbeitsstunden pro Hektar Land aufgewendet, in der Lebensmittelproduktion hingegen nur 5 Arbeitsstunden pro Hektar.
   a. Die Gesamtressourcen der Volkswirtschaft bestehen aus 600 Arbeitsstunden und 60 Hektar Land. Bestimmen Sie mit Hilfe eines Schaubilds die Ressourcenallokation.
   b. Das Arbeitsangebot steige nun erst auf 800, dann auf 1000, dann auf 1200 Stunden. Zeigen Sie anhand eines Schaubilds entsprechend Abbildung 4.6 auf, wie sich die Ressourcenallokation verschiebt.
   c. Welche Folgen hätte ein weiterer Anstieg des Arbeitsangebots?

3. „Die ärmsten Länder der Welt finden nichts, das sie exportieren könnten. Keine Ressource ist reichlich vorhanden, Kapital und Boden nicht, und kleine arme Nationen sind noch nicht einmal arbeitsreich." Diskutieren Sie diese Aussage.

4. Die Gewerkschaftsbewegung in den USA – die vorwiegend gering qualifizierte Arbeiter und nur wenige Akademiker und hoch qualifizierte Arbeitnehmer vertritt – tritt seit jeher für die Beschränkung von Importen aus weniger wohlhabenden Ländern ein. Ist diese Politik im Hinblick auf die Interessen der Gewerkschaftsmitglieder kurzsichtig oder vernünftig? In welcher Hinsicht hängt die Antwort auf diese Frage von dem verwendeten Modell des Außenhandels ab?

5. Es gibt in den USA erhebliche regionale Lohnunterschiede. Beispielsweise sind die Löhne von Produktionsarbeitern an gleichwertigen Arbeitsplätzen im Südosten etwa 20 Prozent niedriger als im äußersten Westen. Welche Erklärung für den fehlenden Faktorpreisausgleich könnte hier greifen? Inwiefern unterscheidet sich dieser Fall von den Lohnunterschieden zwischen den USA und Mexiko (dessen geografische Entfernung sowohl vom Südosten als auch vom äußersten Westen der USA geringer ist als diejenige zwischen diesen beiden Landesteilen Nordamerikas)?

6. Erläutern Sie, weshalb das Leontief-Paradoxon und die jüngeren Befunde von Bowen, Leamer und Sveikauskas, die in diesem Kapitel wiedergegeben werden, der Faktorproportionentheorie widersprechen.

7. In unseren Ausführungen über die empirischen Daten hinsichtlich des Heckscher-Ohlin-Modells stellten wir fest, dass sich jüngeren Forschungen zufolge die Effizienz der Produktionsfaktoren von Land zu Land unterscheidet. Welche Wirkungen hätte dies auf das Faktorpreisausgleichstheorem?

Weiterführende Literatur

Alan Deardorff, „Testing Trade Theories and Predicting Trade Flows", in: Ronald W. Jones und Peter B. Kenen, Hrsg., *Handbook of International Economics.* Vol. 1. Amsterdam: North-Holland, 1984. Ein Überblick über die empirische Beweislage für Theorien des Außenhandels, insbesondere die Faktorproportionentheorie.

Ronald W. Jones, „Factor Proportions and the Heckscher-Ohlin Theorem", in: *Review of Economic Studies* 24 (1956), S. 1–10. Erweitert Samuelsons (unten angeführte) Analyse von 1948-1949, die sich in erster Linie auf die Beziehung zwischen Außenhandel und Einkommensverteilung konzentriert, zu einem Gesamtmodell des internationalen Handels.

Ronald W. Jones, „The Structure of Simple General Equilibrium Models", in: *Journal of Political Economy* 73 (1965), S. 557–572. Eine Wiedergabe des Heckscher-Ohlin-Samuelson-Modells in eleganten algebraischen Ausdrücken.

Ronald W. Jones and J. Peter Neary. „The Positive Theory of International Trade", in: Ronald W. Jones and Peter B. Kenen, Hrsg., *Handbook of International Economics.* Vol. 1. Amsterdam: North-Holland, 1984. Ein aktueller Überblick über zahlreiche Theorien des Außenhandels, darunter auch die Faktorproportionentheorie.

Bertil Ohlin, *Interregional and International Trade.* Cambridge: Harvard University Press, 1933. Das ursprüngliche Werk Ohlins, das den Faktorproportionenansatz zur Erklärung des Außenhandels vorstellt, ist nach wie vor interessant. Seine komplexe und umfassende Sicht des Außenhandels hebt sich von dem späteren, eher rigorosen und vereinfachten mathematischen Modell ab.

Robert Reich, *The Work of Nations.* New York: Basic Books, 1991. Eine einflussreiche Abhandlung, die argumentiert, dass die zunehmende Integration der USA in die Weltwirtschaft den Abstand zwischen qualifizierten und nicht qualifizierten Arbeitern vergrößert.

Paul Samuelson, „International Trade and the Equalisation of Factor Prices", in: *Economic Journal* 58 (1948), S. 163–184, und „International Factor Price Equalisation Once Again", in: *Economic Journal* 59 (1949), S. 181–196. Wieder war es Paul Samuelson, der Ohlins Überlegungen in eine systematisierte Form gebracht hat. Seine beiden Beiträge für das *Economic Journal* sind Klassiker.

Anhang zu Kapitel 4

Faktorpreise, Güterpreise und Faktoreinsatzkombinationen

Das vierte Kapitel enthielt zwei Behauptungen, die zwar zutrafen, aber nicht im Einzelnen bewiesen wurden. Erstens beinhaltet Abbildung 4.2 die Annahme, dass das Boden-Arbeits-Verhältnis in jedem Sektor vom Lohn-Zins-Verhältnis w/r abhängt. Zweitens geht Abbildung 4.3 von einer eindeutigen Zuordnung zwischen den relativen Güterpreisen P_C/P_F und dem Lohn-Zins-Verhältnis aus. In diesem Anhang werden beide Aussagen in knapper Form begründet.

4A.1   Entscheidung über den Faktoreinsatz

Abbildung 4A.1 veranschaulicht die möglichen Kombinationen von Arbeits- und Bodeneinsatz bei der Produktion einer Einheit Lebensmittel. Kurve II gibt demnach die *Isoquante* für die Produktion einer Einheit Lebensmittel wieder. Die Abbildung zeigt darüber hinaus eine Reihe *Isokostenlinien*: Input-Kombinationen von Boden und Arbeit, die jeweils dieselben Kosten verursachen.

Eine Isokostenlinie konstruiert man folgendermaßen: Die Kosten für den Erwerb einer gegebenen Menge Arbeit L sind wL; die Kosten für die Pacht einer gegebenen Fläche Boden T sind rT (r für *rent*) Wenn man also mit a_{LF} Arbeitseinheiten und a_{TF} Bodeneinheiten eine Einheit Lebensmittel produzieren kann, dann betragen die Gesamtkosten K:

$$K = wa_{LF} + ra_{TF}$$

Sämtliche Kombinationen von a_{LF} und a_{TF}, die dieselben Kosten erzeugen, können mit folgender Gleichung beschrieben werden:

$$a_{TF} = (K/r) - (w/r)a_{LF}$$

Daraus ergibt sich eine Gerade mit der Steigung $-w/r$.

Die Abbildung zeigt eine Schar solcher Isokostenlinien, die jeweils einem anderen Kostenniveau entsprechen; mit wachsender Entfernung von der ursprünglichen Linie steigen die Gesamtkosten. Ein Produzent wird sich für die geringst möglichen Kosten entscheiden, die bei dem durch Kurve II angezeigten technologischen Verhältnis zwischen beiden Sektoren noch möglich sind. In unserem Fall liegen sie bei Punkt 1, in dem II an der Isokostenlinie anliegt und ihre Steigung gleich $-w/r$ ist. (Nicht zufällig erinnert dies an die Aussage von Abbildung 3.5, dass die Volkswirtschaft an dem Punkt der Transformationskurve produziert, in dem deren Steigung dem negativen Wert von P_C/P_F entspricht. Hier ist dasselbe Prinzip am Werk.)

Vergleichen Sie nun das gewählte Boden-Land-Verhältnis für zwei verschiedene Faktorpreisverhältnisse. In Abbildung 4A.2 zeigen wir die Inputwahl angesichts eines geringen relativen Preises der Arbeit, $(w/r)^1$, und angesichts eines hohen relativen Preises der Arbeit, $(w/r)^2$. In ersterem Fall liegt die Inputwahl bei 1, in letzterem bei 2. Der höhere relative Preis der Arbeit führt also zur Entscheidung für ein höheres Boden-Arbeits-Verhältnis. Eben diese Annahme lag Abbildung 4.2 zugrunde.

Zur Produktion einer Kalorie Lebensmittel eingesetzte Bodeneinheiten, a_{TF}

Im Interesse der Kostenminimierung muss ein Produzent die niedrigste mögliche Isokostenlinie ermitteln. Dies ist der Punkt der Isoquante (der Kurve II), an dem deren Steigung dem negativen Wert des Lohn-Zins-Verhältnisses w/r entspricht.

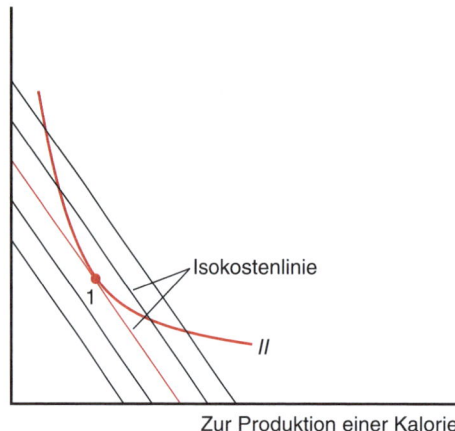

Zur Produktion einer Kalorie Lebensmittel eingesetzte Arbeitseinheiten, a_{LF}

Abbildung 4A.1:   Die Entscheidung über das optimale Boden-Arbeits-Verhältnis

Zur Produktion einer Kalorie Lebensmittel eingesetzte Bodeneinheiten, a_{TF}

Infolge eines Anstiegs von w/r verschiebt sich der Punkt der geringsten Inputkosten von 1 nach 2 und bedingt damit die Entscheidung für ein höheres Boden-Arbeits-Verhältnis.

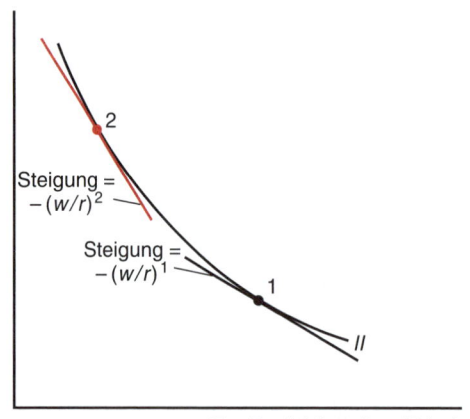

Zur Produktion einer Kalorie Lebensmittel eingesetzte Arbeitseinheiten, a_{LF}

Abbildung 4A.2:   Veränderung des Lohn-Zins-Verhältnisses

4A.2   Güterpreise und Faktorpreise

Wenden wir uns nun der Beziehung zwischen Güterpreisen und Faktorpreisen zu. Diesem Problem kann man sich auf verschiedenen gleichwertigen Wegen nähern. Wir folgen hier der Analyse, die Abba Lerner in den 1930er Jahren einführte.

Abbildung 4A.3 zeigt den Input an Boden und Arbeit für die Stoff- und für die Lebensmittelproduktion. In früheren Abbildungen haben wir bereits den für die Produktion einer Gütereinheit erforderlichen Input dargestellt. In dieser Abbildung zeigen wir jedoch, mit welchen Inputs jedes Gut *im Wert von einem Dollar* hergestellt werden kann. (Die Größe dieses Werts spielt eigentlich keine Rolle, solange sie für beide Güter gleich ist.) Die Stoffisoquante, *CC*, zeigt also die möglichen Inputkombinationen für die Produktion von $1/P_C$ Einheiten Stoff; die Lebensmittelisoquante, *FF*, zeigt die möglichen Kombinationen für die Produktion von $1/P_F$ Einheiten Lebensmitteln. Beachten Sie, dass die Lebensmittelproduktion in dieser Darstellung bodenintensiv ist: Für alle gegebenen Werte von *w/r* verwendet die Lebensmittelproduktion stets ein höheres Boden-Arbeits-Verhältnis als die Stoffproduktion.

Bodeneinsatz

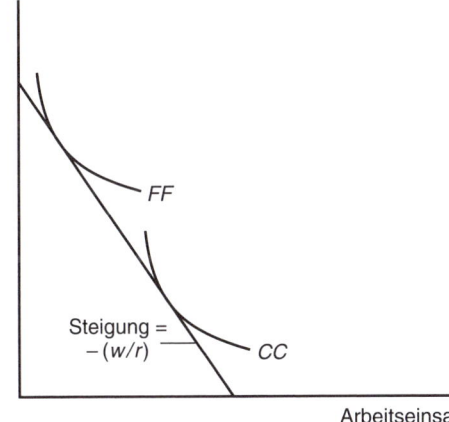

Die beiden Isoquanten CC und FF zeigen den notwendigen Input für die Produktion von Stoff und Lebensmitteln *im Wert von jeweils einem Dollar*. Da die Preise gleich den Produktionskosten sein müssen, muss auch der für jedes Gut erforderliche Input einen Dollar kosten. Folglich muss das Lohn-Zins-Verhältnis gleich dem negativen Wert der Steigung einer Tangente sein, die an beiden Isoquanten anliegt.

Abbildung 4A.3:   **Bestimmung des Lohn-Zins-Verhältnisses**

Wenn die Volkswirtschaft beide Güter herstellt, müssen die Produktionskosten für Güter im Wert von einem Dollar in beiden Sektoren ebenfalls einen Dollar betragen. Insbesondere müssen die Produktionskosten für beide Güter in diesem Fall gleich sein. Dies ist jedoch nur dann möglich, wenn der Minimalkostenpunkt für die Produktion beider Güter auf *derselben* Isokostenlinie liegt. Daher muss das Lohn-Zins-Verhältnis *w/r* gleich der Steigung der hier gezeigten Linie sein, die als Tangente an beiden Isoquanten anliegt.

Betrachten wir nun abschließend die Auswirkungen einer Erhöhung des Stoffpreises auf das Lohn-Zins-Verhältnis. Wenn der Stoffpreis steigt, kann der Gegenwert von einem Dollar durch die Produktion einer geringeren Meteranzahl geschaffen werden. Daher verschiebt sich die Isoquante, die Stoff im Wert von einem Dollar entspricht, nach innen. In Abbildung 4A.4 ist die ursprüngliche Isoquante als CC^1, die neue als CC^2 bezeichnet.

Auch hier müssen wir wieder eine Linie zeichnen, die als Tangente an beiden Isoquanten anliegt; die Steigung dieser Linie ist gleich dem negativen Wert des Lohn-Zins-Verhältnisses. An dem nun steileren Verlauf der Isokostenlinie (Steigung = $-(w/r)^2$) lässt sich unmittelbar ablesen, dass der neue w/r-Wert höher ist als der vorherige: Ein erhöhter relativer Preis für Stoff impliziert ein höheres Lohn-Zins-Verhältnis.

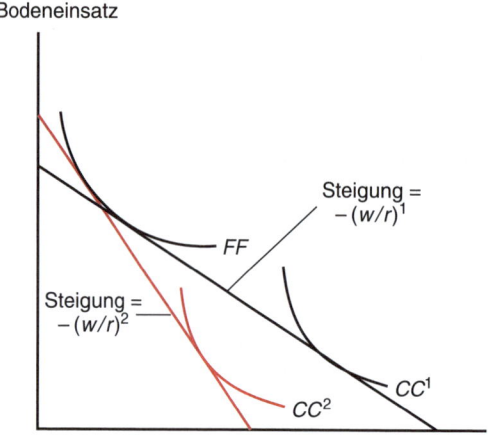

Bodeneinsatz

Steigung = $-(w/r)^1$

FF

Steigung = $-(w/r)^2$

CC^2

CC^1

Arbeitseinsatz

Wenn der Textilpreis steigt, verringert sich die Produktionsmenge, die dem Gegenwert von einem Dollar entspricht. An die Stelle von CC^1 tritt daher CC^2. Das damit implizierte Lohn-Zins-Verhältnis muss dementsprechend von $(w/r)^1$ auf $(w/r)^2$ steigen.

Abbildung 4A.4: **Anstieg des Textilpreises**

Kapitel

5 Das Standardmodell des Handels

Die drei Modelle des internationalen Handels, die in früheren Kapiteln vorgestellt wurden, gingen von jeweils unterschiedlichen Annahmen über die Determinanten der Produktionsmöglichkeiten aus. Im Interesse grundlegender Erkenntnisse blendet jedes dieser Modelle bestimmte Aspekte der Realität aus, die von den anderen besonders hervorgehoben werden. Folgende Modelle wurden behandelt:

■ *Das Ricardo-Modell.* Die Produktionsmöglichkeiten werden durch die Allokation einer einzigen Ressource, der Arbeit, auf die verschiedenen Sektoren bestimmt. Das Modell vermittelt den unverzichtbaren Grundbegriff des komparativen Vorteils, lässt aber keine Aussagen über die Einkommensverteilung zu.

■ *Das Modell spezifischer Faktoren.* Während die Arbeit frei zwischen den Sektoren wandern kann, sind andere Faktoren spezifisch an bestimmte Industrien gebunden. Dieses Modell ist ideal für das Verständnis der Einkommensverteilung, eignet sich aber nur sehr bedingt zur Erörterung von Handelsmustern.

■ *Das Heckscher-Ohlin-Modell.* Eine Vielzahl Produktionsfaktoren kann frei zwischen den Sektoren wandern. Dieses Modell ist schwieriger zu handhaben als die ersten beiden, ermöglicht aber ein tieferes Verständnis des prägenden Einflusses von Ressourcen auf die Handelsmuster.

Für die Analyse realer Probleme bietet sich eine Mischung aus diesen Modellen an. Ein Beispiel: Eine der wichtigsten Veränderungen des Welthandels in den 1990er Jahren war der schnelle Exportzuwachs der neu industrialisierten Volkswirtschaften. Die Implikationen des raschen Produktivitätsanstiegs, den diese Länder erlebten, untersuchen wir anhand des Ricardo-Modells (Kapitel 2). Der Wandel des Handelsmusters wirkt sich auf verschiedene Gruppen in den USA unterschiedlich aus, die Folgen des vergrößerten Handelsvolumens mit der Pazifikregion für die Einkommensverteilung in den USA erfassen wir mit dem Modell der spezifischen Faktoren (Kapitel 3). Und schließlich haben sich im Laufe der Zeit die Ressourcen der neu industrialisierten Länder verändert. Es kam zu einer vermehrten Kapitalakkumulation, einer verbesserten Ausbildung der Arbeitskräfte und einem entsprechenden Schwund an nicht qualifizierter Arbeit. Die Implikationen dieser Veränderung verdeutlichen wir uns anhand des Heckscher-Ohlin-Modells (Kapitel 4).

Trotz der Unterschiede in den Details teilen unsere Modelle eine Reihe von Merkmalen:

1. Die Produktionskapazität einer Volkswirtschaft kann durch ihre Transformationskurve dargestellt werden, und Unterschiede in deren Verlauf sind ursächlich für Handel.

2. Die Produktionsmöglichkeiten bestimmen die relative Angebotsstruktur eines Landes.

3. Das Welthandelsgleichgewicht ist bestimmt von der relativen Weltnachfrage und dem relativen Weltangebot, das zwischen den nationalen relativen Angebotskurven liegt.

Aufgrund dieser Gemeinsamkeiten können die bisher vorgestellten Modelle als Spezialfälle eines allgemeineren Modells der Handel treibenden Weltwirtschaft aufgefasst werden. Viele wichtige Probleme der internationalen Wirtschaft können anhand dieses allgemeinen Modells analysiert werden, wobei lediglich die Details je nach angewandtem Spezialmodell anders ausfallen. Beispiele für solche Probleme sind Veränderungen des Weltangebots infolge wirtschaftlichen Wachstums; Veränderungen der Weltnachfrage infolge ausländischer Hilfsgelder, Kriegsreparationen und anderer internationaler Einkommenstransfers, sowie gleichzeitige Angebots- und Nachfrageveränderungen infolge von Zöllen und Exportsubventionen.

Dieses Kapitel hebt diejenigen Erkenntnisse der Theorie des internationalen Handels hervor, die nur unwesentlich von den Details der Angebotsseite abhängen. Wir entwickeln ein Standardmodell einer Handel treibenden Weltwirtschaft, in das die Modelle der Kapitel 2, 3 und 4 als Sonderfälle eingeordnet werden können. Anschließend untersuchen wir anhand dieses Modells, wie sich diverse Veränderungen der zugrunde liegenden Parameter auf die Weltwirtschaft auswirken.

5.1   Standardmodell einer Handel treibenden Volkswirtschaft

Das **Standardmodell des Handels** basiert im Wesentlichen auf vier Beziehungen: 1) der Beziehung zwischen Transformationskurve und relativer Angebotskurve, 2) der Beziehung zwischen relativen Preisen und relativer Nachfrage, 3) der Bestimmung des Weltgleichgewichts durch relatives Weltangebot und relative Weltnachfrage, 4) den Auswirkungen der **Terms of Trade** – des Quotienten aus dem Preis des Gesamtexports und dem Preis des Gesamtimports eines Landes – auf die Wohlfahrt einer Nation.

5.1.1   Produktionsmöglichkeiten und relatives Angebot

Nehmen wir für unser Standardmodell an, dass jedes Land zwei Güter produziert, Lebensmittel (*F* für *Food*) und Textilien (*C* für *Cloth*), und dass die Transformationskurve jedes Landes durch eine konkav verlaufende Kurve, wie *TT* in Abbildung 5.1, dargestellt werden kann.[1]

Der Punkt der Transformationskurve, in dem eine Volkswirtschaft tatsächlich produziert, hängt vom relativen Preis der Textilien in Lebensmitteln, P_C/P_F, ab. Die Mikroökonomie geht grundsätzlich davon aus, dass eine nicht durch Monopole oder anderes Marktversagen verzerrte Marktwirtschaft effizient produziert, nimmt bei gegebenen Marktpreisen also stets den maximalen Marktwert des Outputs $P_C Q_C + P_F Q_F$ an.

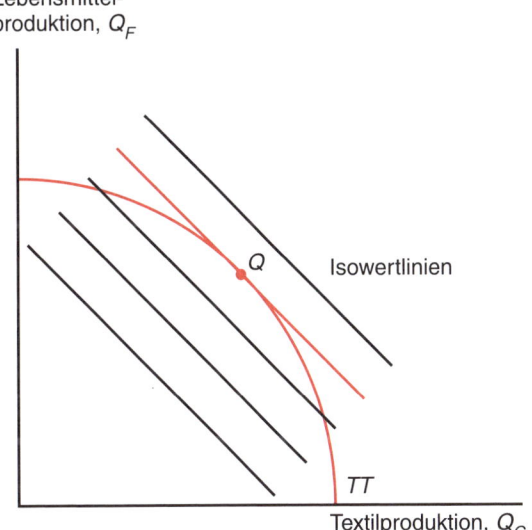

Der Produktionspunkt einer Volkswirtschaft liegt an dem Punkt Q, an dem die höchstmögliche Isowertlinie die Transformationskurve *TT* tangiert.

Abbildung 5.1:   Relative Preise bestimmen die Produktionsmengen.

Der Marktwert des Outputs kann durch eine Reihe von **Isowertlinien** dargestellt werden – Linien, auf denen der Marktwert des Outputs konstant ist. Jede dieser Linien ist definiert durch eine Gleichung der Form $P_C Q_C + P_F Q_F = V$. Durch Umformung ergibt sich $Q_F = V/P_F - (P_C/P_F)Q_C$, wobei *V* für den Wert (*Value*) des Outputs steht. Je höher *V*, desto weiter außen liegt die Isowertlinie. Größere Entfernungen der Isowertlinien vom Ursprung entsprechen also höheren Outputwerten. Die Steigung einer Isowertlinie ist gleich dem negativen Wert des relativen Preises für Textilien. Den höchstmöglichen

---

[1]   In Kapitel 2 haben wir gesehen, dass die Transformationskurve bei nur einem Produktionsfaktor eine Gerade darstellt. In den meisten Modellen bildet sie allerdings eine Kurve mit konstantem Verlauf und die Ricardo-Form kann als Extremfall betrachtet werden.

Marktwert des Outputs produziert die Volkswirtschaft in Punkt Q, in dem eine Isowertlinie TT gerade noch tangiert.[2]

Betrachten wir nun den Fall einer Erhöhung von P_C/P_F. Die Isowertlinien werden nun steiler als zuvor. In Abbildung 5.2 wird die höchste Isowertlinie, die vor der Veränderung von P_C/P_F erreicht werden konnte, als $VV1$ wiedergegeben. Nach der Preisänderung ist VV^2 die höchste Linie und der Produktionspunkt wandert von $Q1$ nach Q^2. Gemäß unseren Erwartungen verursacht eine Erhöhung des relativen Textilpreises also die Produktion von mehr Textilien und weniger Lebensmitteln. Ein Anstieg des relativen Textilpreises führt also zu einem Anstieg des relativen Textilangebots.

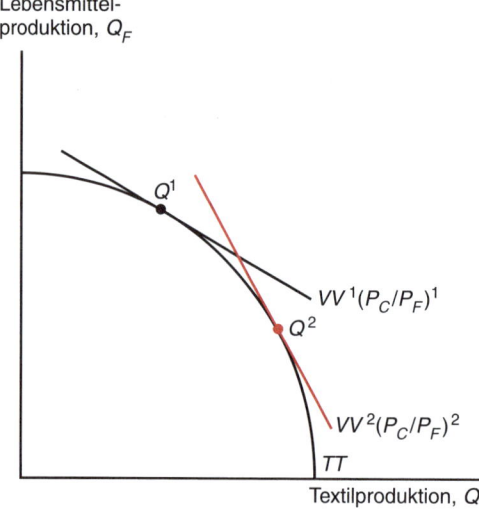

Wenn der relative Textilpreis von $(P_C/P_F)^1$ auf $(P_C/P_F)^2$ steigt, werden die Isowertlinien steiler (dargestellt durch die Drehung von VV^1 nach VV^2). Infolgedessen produziert die Volkswirtschaft mehr Textilien und weniger Lebensmittel, und das Produktionsgleichgewicht wandert von Q^1 nach Q^2.

Abbildung 5.2:   Die Auswirkung eines Anstiegs des relativen Textilpreises auf das relative Angebot

5.1.2   Relative Preise und Nachfrage

Abbildung 5.3 veranschaulicht die Beziehung zwischen Produktion, Konsum und Handel gemäß dem Standardmodell. Wie wir in Kapitel 3 sahen, ist der Wert des Konsums einer Volkswirtschaft gleich dem Wert seiner Produktion:

$$P_C Q_C + P_F Q_F = P_C D_C + P_F D_F = V,$$

---

[2]   Im Rahmen unserer Analyse des Modells spezifischer Faktoren in Kapitel 3 wiesen wir im Einzelnen nach, dass der Produktionspunkt der Volkswirtschaft immer dort liegt, wo die Steigung der Transformationskurve dem Quotienten aus beiden Güterpreisen entspricht – also dort, wo die Preislinie die Transformationskurve tangiert. Schlagen Sie noch einmal in Kapitel 3 nach, wenn Ihnen dieser Zusammenhang nicht mehr gegenwärtig ist.

wobei D_C und D_F für die nachgefragten Mengen an Textilien bzw. Lebensmitteln stehen. Die obige Gleichung besagt, dass Produktion und Konsum auf derselben Isowertlinie liegen müssen: Der Wert des Angebots muss dem Wert der Nachfrage entsprechen

Welchen Punkt auf der Isowertlinie die Volkswirtschaft wählt, hängt von den Präferenzen ihrer Verbraucher ab. In unserem Standardmodell stellen wir der Einfachheit halber die Konsumentscheidungen der Volkswirtschaft so dar, als ob sie von einem einzigen, repräsentativen Individuum getroffen würden.[3]

Die Präferenzen eines Individuums können grafisch durch **Indifferenzkurven** dargestellt werden. Eine Indifferenzkurve zeigt verschiedene Mengenkombinationen von Textilien (C) und Lebensmitteln (F), deren Konsum ein Individuum jeweils gleichermaßen zufrieden stellt. Indifferenzkurven zeichnen sich durch drei Eigenschaften aus:

1. Sie haben einen fallenden Verlauf. Wenn einem Individuum weniger Lebensmittel F angeboten werden, dann muss es entsprechend mehr Textilien C erhalten, um gleichermaßen zufrieden gestellt zu werden wie zuvor.

2. Je weiter oben und außen eine Indifferenzkurve liegt, desto höher das Wohlfahrtsniveau, dem sie entspricht. Ein Individuum wird eine größere Menge beider Güter einer kleineren Menge vorziehen.

3. Jede Indifferenzkurve wird nach rechts hin flacher: Je mehr C und je weniger F ein Individuum konsumiert, desto wertvoller wird eine Einheit F im Vergleich zu einer Einheit C. Jede folgende Reduktion von F muss also mit einer jeweils größeren Menge C ausgeglichen werden.

Abbildung 5.3 zeigt eine Reihe von Indifferenzkurven mit diesen drei Eigenschaften. Die optimale Konsumentscheidung einer Volkswirtschaft liegt an dem Punkt, wo die Isowertlinie die höchstmögliche Indifferenzkurve tangiert, und ist hier als D bezeichnet. Beachten Sie, dass die Volkswirtschaft in diesem Punkt Textilien exportiert (die produzierte Stoffmenge übersteigt die konsumierte Stoffmenge) und Lebensmittel importiert. (Wenn dies nicht unmittelbar einleuchtet, sollten Sie noch einmal die Ausführungen über Handelsstrukturen in Kapitel 3 konsultieren.)

---

[3] Diese Annahme kann durch mehrere Umstände gerechtfertigt werden. Ein solcher Umstand wäre, dass alle Individuen dieselben Präferenzen haben und denselben Anteil aller Ressourcen erhalten. Ein weiterer wäre, das die Regierung das Einkommen im Interesse eines optimalen Gesamtwohls umverteilt. Im Wesentlichen setzt unsere Annahme voraus, dass eine veränderte Einkommensverteilung keine allzu großen Folgen für die Nachfrage hätte.

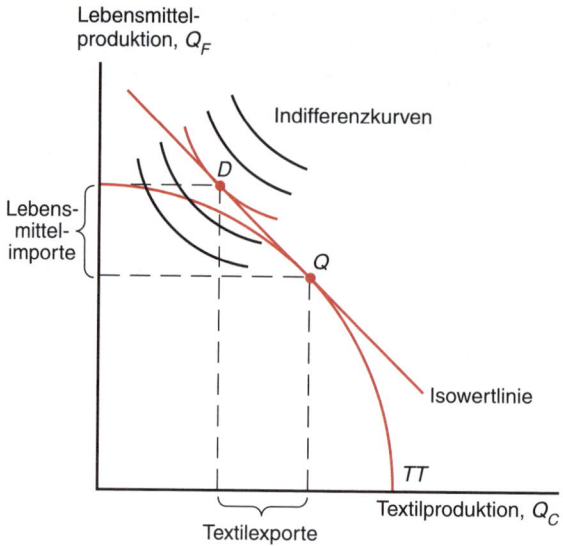

Der Produktionspunkt Q liegt dort, wo die höchstmögliche Isowertlinie als Tangente an der Transformationskurve anliegt. Der Konsum liegt in Punkt D, wo dieselbe Isowertlinie als Tangente an der höchstmöglichen Indifferenzkurve anliegt. Die Volkswirtschaft produziert mehr Textilien, als sie konsumiert, und exportiert folglich Textilien. Entsprechend konsumiert sie mehr Lebensmittel, als sie produziert, und importiert folglich Lebensmittel.

Abbildung 5.3:   **Produktion, Konsum und Handel im Standardmodell**

Welche Folgen hat nun ein Anstieg von P_C/P_F? Dies wird in Abbildung 5.4 gezeigt. Erstens produziert die Volkswirtschaft mehr C und weniger F, sodass sich die Produktion von Q^1 nach Q^2 verschiebt. Dadurch verlagert sich die Isowertlinie, auf welcher der Konsumpunkt liegen muss, von VV^1 nach VV^2. In der Folge wandert auch der Konsumpunkt von D^1 nach D^2.

Die Verschiebung von D^1 nach D^2 widerspiegelt zwei Auswirkungen des Anstiegs von P_C/P_F. Erstens ist die Volkswirtschaft zu einer höheren Indifferenzkurve übergegangen: Es geht ihr besser. Die Ursache liegt darin, dass diese Volkswirtschaft Textilien exportiert. Wenn der relative Textilpreis steigt, kann sich die Volkswirtschaft bei allen gegebenen Exportvolumen den Import einer größeren Menge Lebensmitteln leisten. Der höhere relative Preis ihres Exportguts ist also von Vorteil. Zweitens bedingt der veränderte relative Preis eine Verschiebung entlang der Indifferenzkurve, und zwar hin zu Lebensmitteln und weg von Textilien.

Diese beiden Effekte kennt man aus der allgemeinen Volkswirtschaftslehre. Das Wachstum der Wohlfahrt ist ein *Einkommenseffekt*, die Konsumverlagerung bei gegebenem Wohlfahrtsniveau ein *Substitutionseffekt*. Der Einkommenseffekt erhöht tendenziell den Konsum beider Güter, der Substitutionseffekt lässt die Volkswirtschaft mehr C und weniger F konsumieren.

Im Prinzip kann der Einkommenseffekt so stark werden, dass bei einem Anstieg von P_C/P_F sogar der Konsum beider Güter zunimmt. Normalerweise wird allerdings der Konsum von C im Verhältnis zu jenem von F sinken: die *relative* Nachfrage nach C wird zurückgehen. Dieser Fall wird in unserer Abbildung gezeigt.

5.1.3 Die Wohlfahrtswirkungen veränderter Terms of Trade

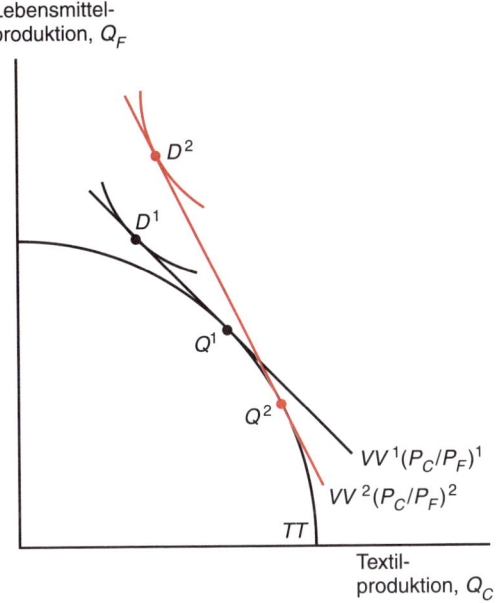

Lebensmittel-
produktion, Q_F

D^2

D^1

Q^1

Q^2

$VV^1(P_C/P_F)^1$

$VV^2(P_C/P_F)^2$

TT

Textil-
produktion, Q_C

Die Steigung der Isowertlinien ist gleich dem negativen Wert des relativen Textilpreises P_C/P_F, mit steigenden relativen Preisen werden also alle Isowertlinien steiler. Insbesondere wird die Linie, die den maximalen Wert anzeigt, von VV^1 nach VV^2 gedreht. Das Produktionsoptimum wandert von Q^1 nach Q^2, das Konsumoptimum von D^1 nach D^2.

Abbildung 5.4: Auswirkungen eines Anstiegs des relativen Textilpreises

Wenn P_C/P_F ansteigt, geht es dem ursprünglich Textilien exportierenden Land besser, wie die Verschiebung von D^1 nach D^2 in Abbildung 5.4 zeigt. Wenn P_C/P_F hingegen sinken würde, ginge es dem Land schlechter; der Konsum würde vielleicht wieder zurück von D^2 nach D^1 wandern.

Wenn das Land ursprünglich kein Textilien-, sondern ein Lebensmittelexporteur gewesen wäre, dann würde sich der umgekehrte Effekt einstellen. Ein Anstieg von P_C/P_F würde ein Sinken von P_F/P_C bewirken, sodass es dem Land schlechter ginge. Ein Absinken von P_C/P_F hingegen würde seinen Wohlstand erhöhen.

Für alle diese Fälle definieren wir die Terms of Trade (das reale Tauschverhältnis) einer Volkswirtschaft als den Quotienten aus dem Preis seines Exportguts und dem Preis seines Importguts. Die allgemeine Aussage lautet dann: *Ein Anstieg der Terms of Trade erhöht die Wohlfahrt eines Landes, ein Rückgang seines realen Tauschverhältnisses verringert sie.*

5.1.4   Bestimmung der relativen Preise

Gehen wir nun von einer aus zwei Ländern bestehenden Weltwirtschaft aus. Inland exportiere Textilien und Ausland Lebensmittel. Das Preisverhältnis P_C/P_F stellt die Terms of Trade von Inland und P_F/P_C die realen Tauschverhältnisse von Ausland dar. Q_C und Q_F seien die von Inland produzierten Textilien- und Lebensmittelmengen, Q^*_C und Q^*_F die von Ausland produzierten.

Zur Bestimmung des realen Tauschverhältnisses P_C/P_F ermitteln wir den Schnittpunkt der relativen Weltnachfrage und des relativen Weltangebots für Textilien. Die relative Weltangebotskurve (*RS* in Abbildung 5.5) zeigt einen aufsteigenden Verlauf, weil ein Anstieg von P_C/P_F beide Länder veranlasst, mehr Textilien und weniger Lebensmittel herzustellen. Die relative Weltnachfragekurve zeigt einen fallenden Verlauf, weil derselbe Anstieg beide Länder veranlasst, den Lebensmittelanteil ihres Warenkorbs zu erhöhen. Der Schnittpunkt der Kurven (Punkt 1) bestimmt den relativen Gleichgewichtspreis $(P_C/P_F)^1$.

Da wir nun wissen, wie relatives Angebot, relative Nachfrage, Terms of Trade und Wohlfahrt im Standardmodell bestimmt werden, können wir dies auf eine Reihe wichtiger Probleme der internationalen Wirtschaft anwenden.

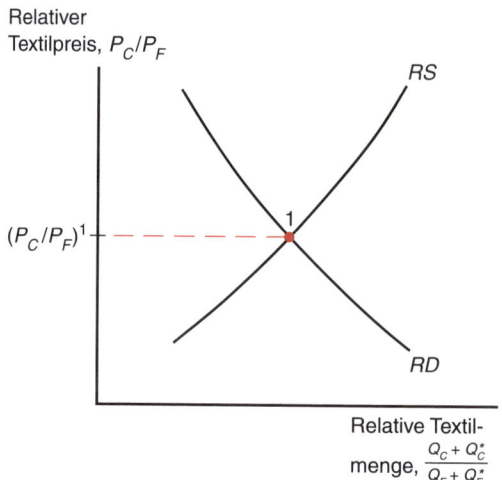

Je höher das Preisverhältnis P_C/P_F, desto größer das relative Weltangebot (*RS*) an Textilien im Verhältnis zum Weltangebot an Lebensmitteln und desto niedriger die relative Weltnachfrage (*RD*) nach Textilien im Verhältnis zur Weltnachfrage nach Lebensmitteln. Der relative Gleichgewichtspreis [die Terms of Trade des Textilien exportierenden Landes $(P_C/P_F)^1$] ergeben sich aus dem Schnittpunkt der Kurven von relativer Weltnachfrage und relativem Weltangebot.

Abbildung 5.5:   Relative Weltnachfrage und relatives Weltangebot

5.1.5   Wirtschaftswachstum: Eine Verschiebung der Kurve des relativen Angebots

Die Auswirkungen des Wirtschaftswachstums auf eine Handel treibende Weltwirtschaft bilden eine nie versiegende Quelle von Befürchtungen und Kontroversen. Die Debatte dreht sich um zwei Fragen. Erstens: Ist Wirtschaftswachstum in anderen Ländern gut oder schlecht für unsere Nation? Zweitens: Ist Wachstum von größerem oder von geringerem Wert, wenn ein Land in eine eng verflochtene Weltwirtschaft eingebunden ist?

Bei der Bewertung der Folgen des Wachstums in anderen Ländern können beide Seiten mit Argumenten aufwarten, die dem gesunden Menschenverstand einleuchten. Einerseits könnte wirtschaftliches Wachstum im Rest der Welt unserer Volkswirtschaft nützen, weil es unsere Exportmärkte vergrößert. Andererseits könnte es zusätzliche Konkurrenz für unsere Exportfirmen mit sich bringen.

Ähnliche Zwiespältigkeiten tun sich auf, wenn wir die Auswirkungen des Wachstums im eigenen Land betrachten. Einerseits müsste eine Zunahme der Produktionskapazität besonders wertvoll sein, wenn das entsprechende Land einen Teil seiner gesteigerten Produktion auf dem Weltmarkt absetzen kann. Andererseits werden die Vorteile des Wachstums womöglich in Form niedriger Exportgüterpreise an das Ausland weitergereicht und kommen gar nicht dem eigenen Land zugute.

Das im vorigen Abschnitt entwickelte Standardmodell des Handels bietet einen Rahmen, in dem diese scheinbaren Widersprüche gelöst und die Auswirkungen des Wirtschaftswachstums in einer Handel treibenden Welt bestimmt werden können.

5.1.6 Wachstum und die Transformationskurve

Wirtschaftliches Wachstum verschiebt die Transformationskurve eines Landes nach außen. Es kann entweder auf vermehrte Ressourcen oder auf einen effizienteren Einsatz der vorhandenen Ressourcen zurückgehen.

Die Auswirkungen des Wachstums auf den Außenhandel ergeben sich daraus, dass dieses Wachstum normalerweise eine Verzerrung aufweist. Man spricht daher von **verzerrtem Wachstum**. Darunter versteht man eine einseitige Verschiebung der Transformationskurve zugunsten eines von mehreren Sektoren nach außen. Abbildung 5.6 a) zeigt ein einseitiges Wachstum der Textilproduktion, Abbildung 5.6 b) eine entsprechende Wachstumsverzerrung zugunsten der Lebensmittelproduktion. In beiden Fällen verschiebt sich die Transformationskurve nach außen, von TT^1 nach TT^2.

Die Verzerrung des Wachstums kann zwei Ursachen haben:

1. Wie das in Kapitel 2 vorgestellte Ricardo-Modell zeigt, beeinflusst technologischer Fortschritt in einem Wirtschaftssektor die Produktionsmöglichkeiten der Volkswirtschaft dergestalt, dass der Output dieses Sektors stärker wächst als derjenige der anderen Sektoren.

2. Das in Kapitel 3 behandelte Modell der spezifischen Faktoren und das Faktorproportionenmodell aus Kapitel 4 zeigten beide, dass eine Angebotssteigerung bei einem Produktionsfaktor – beispielsweise eine Erhöhung des Kapitalstocks infolge von Einsparungen und Investitionen – die Produktionsmöglichkeiten einseitig erweitert. Die Verzerrung kann in Richtung zweier Güterarten liegen: Entweder sie betrifft das Gut, für das der betreffende Faktor spezifisch ist, oder das Gut, in dessen Produktion er intensiv genutzt wird. Dieselben Gegebenheiten, die Außenhandel erzeugen, bedingen also zugleich das Phänomen des *verzerrten Wachstums* einer Handel treibenden Volkswirtschaft.

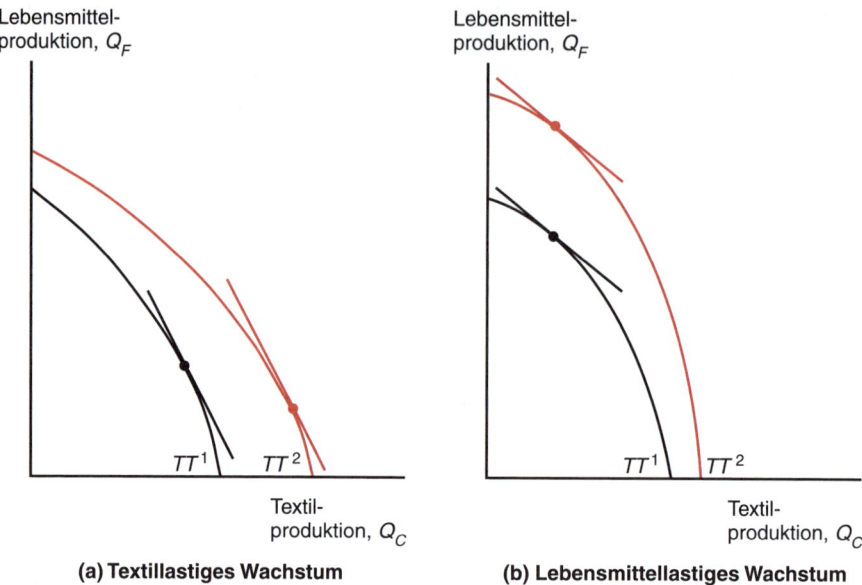

(a) Textillastiges Wachstum   (b) Lebensmittellastiges Wachstum

Von einseitigem oder verzerrtem Wachstum sprechen wir, wenn es die Produktionsmöglichkeiten stärker in Richtung eines Gutes als in Richtung anderer Güter verschiebt. In beiden
gezeigten Fällen verlagert sich die Transformationskurve nach außen, von TT^1 nach TT^2. Im
Fall **(a)** verschiebt sie sich stärker in Richtung Textilien, in Fall **(b)** stärker in Richtung Lebensmittel.

Abbildung 5.6:   **Einseitiges (verzerrtes) Wachstum**

Die Verzerrung ist in beiden Fällen der Abbildung 5.6 stark ausgeprägt. Jedes Mal kann
die Volkswirtschaft beide Güter in größeren Mengen produzieren, doch bei einem unveränderten relativen Textilpreis sinkt in Abbildung 5.6 a) die Lebensmittelproduktion, in
Abbildung 5.6 b) hingegen die Textilproduktion. Zwar ist die Verzerrung des Wachstums
nicht immer so stark wie in diesen Beispielen, doch selbst eine weniger ausgeprägte Verzerrung zugunsten der Textilien wird *bei allen relativen Preisen dieses Guts* zu einer
erhöhten Textilproduktion *im Verhältnis* zur Lebensmittelproduktion führen. Für eine
Verzerrung des Wachstums zugunsten von Lebensmitteln gilt das Umgekehrte.

5.1.7   Relatives Angebot und Terms of Trade

Das Inland erfahre nun ein stark auf die Produktion von Textilien konzentriertes Wachstum,
sodass bei gegebenem Preisverhältnis seine Textilproduktion wächst und seine Lebensmittelproduktion sinkt. Für die Welt als Ganzes wächst dann, ebenfalls bei gegebenem relativen
Preis, die Textilproduktion im Verhältnis zur Lebensmittelproduktion, und die Kurve des
relativen Weltangebots verschiebt sich nach rechts, von RS^1 nach RS^2 (Abbildung 5.7a).
Diese Verschiebung führt zu einem Absinken des relativen Textilpreises von $(P_C/P_F)^1$ auf
$(P_C/P_F)^2$, was gleichbedeutend ist mit einer Verschlechterung der inländischen Terms of
Trade und einer Verbesserung der realen Tauschverhältnisse des Auslands.

Entscheidend ist dabei nicht, welche Volkswirtschaft wächst, sondern die Verzerrung des Wachstums. Wenn das Ausland ein einseitiges Wachstum zugunsten von Textilien erfahren hätte, wären die Auswirkungen auf die relative Angebotskurve und damit auf die Terms of Trade genau dieselben gewesen. Auf der anderen Seite führt ein einseitiges Wachstum zugunsten der Produktion von Lebensmitteln (Abbildung 5.7b) in Inland oder Ausland gleichermaßen zu einer Verschiebung der RS-Kurve nach *links* (von RS^1 nach RS^2) und damit zu einem Anstieg des relativen Textilpreises von $(P_C/P_F)^1$ auf $(P_C/P_F)^2$. Dieser Anstieg verbessert die Terms of Trade des Inlands und verschlechtert diejenigen des Auslands.

Wachstum, das die Produktionsmöglichkeiten eines Landes überproportional in Richtung seines Exportguts erweitert (Textilien in Inland, Lebensmittel in Ausland), bezeichnet man als **exportlastiges Wachstum**. Eine entsprechende Erweiterung in Richtung des Guts, das ein Land importiert, lässt sich als **importlastiges** oder **importsubstituierendes** Wachstum charakterisieren. Unsere Analyse führt zu folgendem allgemeinen Prinzip: *Exportlastiges Wachstum verschlechtert im Allgemeinen die Terms of Trade eines Landes zugunsten der übrigen Welt; importsubstituierendes Wachstum verbessert im Allgemeinen die realen Tauschverhältnisse eines Landes auf Kosten der übrigen Welt.*

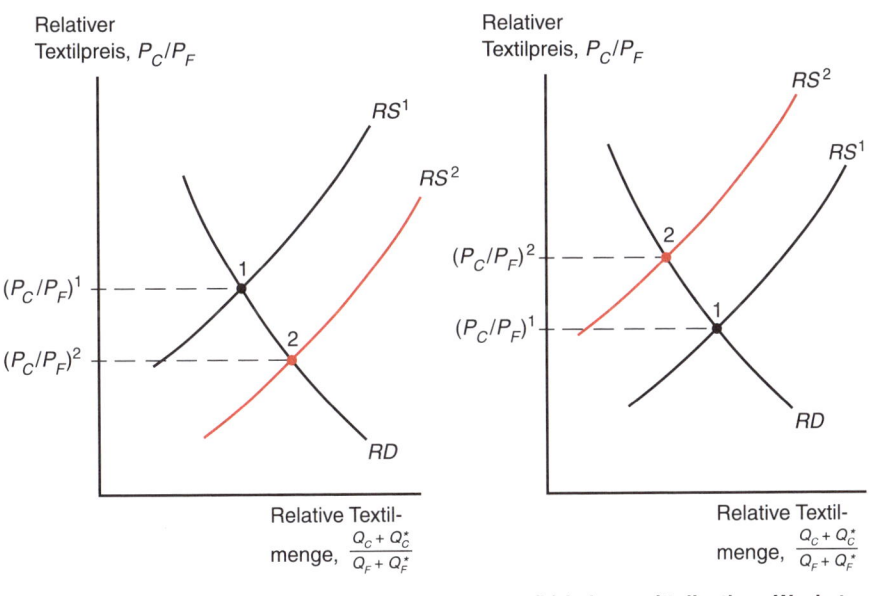

(a) **Textillastiges Wachstum**　　　(b) **Lebensmittellastiges Wachstum**

Exportlastiges Wachstum zugunsten von Textilien verschiebt die Kurve des relativen Angebots (*RS*) nach rechts (**a**), importlastiges Wachstum zugunsten von Lebensmitteln verschiebt sie nach links (**b**).

Abbildung 5.7:　　Wachstum und relatives Angebot

5.1.8   Internationale Wachstumseffekte

Mit Hilfe dieses Prinzips sind wir nun in der Lage, unsere Fragen über die internationalen Wachstumseffekte zu beantworten. Ist Wachstum in der übrigen Welt gut oder schlecht für unser Land? Werden die Außenhandelsgewinne durch die Einbindung unseres Landes in eine handelnde Weltwirtschaft erhöht oder verringert? In beiden Fällen hängt die Antwort von *der Richtung* des Wachstums ab. Exportlastiges Wachstum in der übrigen Welt ist gut für das Inland, weil es die Terms of Trade des Inlands verbessert, importlastiges Wachstum im Ausland hingegen verschlechtert die realen Tauschverhältnisse des Inlands. Exportlastiges Wachstum in unserem eigenen Land verschlechtert unsere Terms of Trade und mindert dadurch die direkten Handelsgewinne, während importlastiges Wachstum als willkommene Nebenwirkung unsere Terms of Trade verbessert.

In den 1950er Jahren erwarteten Ökonomen wie z.B. Raúl Prebisch und Hans Wolfgang Singer, dass sich die Terms of Trade der Entwicklungsländer, die in erster Linie Rohstoffe exportieren, im Laufe der Zeit ständig verschlechtern würden. Nach der Prebisch-Singer-These[4] würde das Wachstum in der industrialisierten Welt durch eine fortschreitende Substitution natürlicher Rohstoffe durch synthetische Produkte gekennzeichnet sein, das Wachstum in den ärmeren Nationen wiederum eher durch eine Ausdehnung ihrer Produktionskapazitäten für bereits bestehende Exportgüter als durch weitere Industrialisierung. Die industrialisierte Welt würde in ihrem Wachstum eine Import-Verzerrung, die weniger entwickelte Welt eine Export-Verzerrung aufweisen.

Einige Wissenschaftler vermuteten, dass sich die ärmeren Länder mit einem weiteren Wachstum sogar selbst schaden würden. Sie argumentierten, dass ein exportlastiges Wachstum ihre Terms of Trade dermaßen verschlechtern würde, dass es ihnen am Ende schlechter ginge als ohne jedes Wachstum. Diese These wird in den Wirtschaftswissenschaften als „**immiserizing growth**", als **Verelendungswachstum**, bezeichnet.

In einem berühmten, 1958 veröffentlichten Aufsatz wies der an der Columbia University tätige Ökonom Jadgish Bhagwati nach, dass es im Rahmen eines streng spezifizierten Wirtschaftsmodells in der Tat zu solch perverse Wachstumseffekten kommen kann.[5] Allerdings kann immiserizing growth nur unter extremen Voraussetzungen eintreten: Ein Wachstum mit starker Exportlastigkeit muss mit sehr unelastischen relativen Angebots- und Nachfragekurven einhergehen, damit die Veränderung der Terms of Trade groß genug ist, um die zunächst günstigen Auswirkungen erhöhter Produktionskapazitäten außer Kraft zu setzen. Die meisten Wirtschaftswissenschaftler halten heute das Verelendungswachstum eher für eine theoretische Überlegung als für ein reales Problem.

---

[4] Raùl Prebisch, „El desarollo económico de la America Latina y algunos de sus principales problemas", in: *El Trimestre Económico* 63 (1949); Hans Wolfgang Singer, „The Distribution of Gains between Investing and Borrowing Countries", in: *American Economic Review*, Papers and Proceedings, 40 (1950).

[5] „Immiserizing Growth: A Geometrical Note", in: *Review of Economic Studies* 25 (Juni 1958), S. 201-205.

Während Wachstum im eigenen Land für gewöhnlich auch in einer durch Handel geprägten Welt unsere Wohlfahrt steigert, gilt dies nicht für Wachstum im Ausland. Importlastiges Wachstum ist durchaus keine abwegige Möglichkeit – und jedes Mal, wenn die übrige Welt ein solches Wachstum erfährt, verschlechtern sich unsere Terms of Trade. Wie wir unten aufzeigen werden, haben die USA aufgrund des Wachstums im Ausland während der Nachkriegsperiode tatsächlich einiges an Realeinkommen eingebüßt.

Beispiel 5.1: Hat das Wachstum der neu industrialisierten Länder den fortgeschrittenen Nationen geschadet?

Zu Beginn der 1990er Jahre begannen viele Beobachter zu warnen, dass das Wachstum der neu industrialisierten Volkswirtschaften den Wohlstand der fortgeschrittenen Nationen bedrohe. In der Fallstudie über den Nord-Süd-Handel in Kapitel 4 sprachen wir ein Problem an, das sich aus diesem Wachstum ergeben könnte: Es könnte die wachsende Einkommensungleichheit zwischen hoch und gering qualifizierten Arbeitern in den fortgeschrittenen Ländern verschärfen. Manche Schwarzseher hielten die Bedrohung allerdings für weitaus umfassender: Das Realeinkommen der fortgeschrittenen Länder als Ganzes sei betroffen, nicht nur seine Verteilung. Es sei durch die Entstehung neuer Konkurrenten bereits geschmälert worden oder werde zumindest auf kurze Sicht reduziert. Ein Bericht der Europäischen Kommission aus dem Jahr 1993, der die Gründe für die Wirtschaftsprobleme Europas aufzählte, hob hervor, dass „andere Länder industrialisiert werden und mit uns – sogar auf unseren eigenen Märkten – auf Kostenniveaus konkurrieren, gegen die wir schlicht nicht ankommen". Ein weiterer Bericht einer angesehenen Privatorganisation ging noch weiter und behauptete, die Produktivitätszuwächse der Niedriglohnländer würden enormen Druck auf die Hochlohnländer ausüben, der so weit ginge, dass „die Existenz vieler Länder auf dem Spiel steht". [6]

Sind diese Befürchtungen berechtigt? Auf den ersten Blick mag es selbstverständlich erscheinen, dass das Heranwachsen ernst zu nehmender neuer Konkurrenten den Lebensstandard eines Landes bedroht. Wie wir allerdings gerade gesehen haben, muss man nicht davon ausgehen, dass Wachstum im Ausland das Einkommen des eigenen Landes zwangsläufig oder auch nur wahrscheinlich schmälert. Welche Auswirkungen das Wachstum des einen Landes auf das Realeinkommen des anderen hat, hängt von der Richtung dieses Wachstums ab; nur wenn es auf die Exportgüter des Auslandes gerichtet ist, wird das Einkommen des Auslands durch verschlechterte Terms of Trade vermindert.

→

---

[6] Commission of the European Communities, *Growth, Competitiveness Employment*, Brüssel 1993, World Economic Forum, *World Competitiveness Report*, 1994.

→

	1983-1992	1993-2002
Industrieländer	1,1	0,1
Erdöl exportierende Entwicklungsländer	-7,5	2,0
Entwicklungsländer, die kein Erdöl exportieren	-0,6	-0,2

Tabelle 5.1: **Durchschnittliche jährliche Veränderung der Terms of Trade in Prozent**
Quelle: International Monetary Fund, *World Economic Outlook*, Mai 2001.

In welche Richtung sich die Wachstumsverzerrung der neu industrialisierten Länder entwickelt, lässt sich nur schwer bestimmen. Dagegen kann man leicht überprüfen, ob sich die Terms of Trade der Industrieländer so weit verschlechtert haben, dass ihr Realeinkommen merklich gesunken ist. Die vom Internationalen Währungsfonds erstellte Tabelle 5.1 gibt die durchschnittlichen, jährlichen prozentualen Veränderungen der Terms of Trade für drei Ländergruppen über zwanzig Jahre hinweg wieder (die Angaben für 1993-2002 sind teilweise geschätzt, scheinen sich aber in etwa zu bewahrheiten). Die erste Gruppe umfasst die fortgeschrittenen Länder; die zweite besteht aus den Öl exportierenden Entwicklungsländern; und die dritte, die nahezu alle neu industrialisierten Ländern Asiens umfasst, besteht aus denjenigen Entwicklungsländern, die kein Öl exportieren.

Wenn die Behauptung zuträfe, dass die Konkurrenz neu industrialisierter Volkswirtschaften den fortgeschrittenen Länder Schaden zufügt, dann hätten sich die Terms of Trade der letzteren deutlich verschlechtern müssen. Wie im mathematischen Nachtrag zu diesem Kapitel gezeigt wird, entsprechen die prozentualen Auswirkungen einer Veränderung der Terms of Trade auf das Realeinkommen in etwa dem Produkt aus der prozentualen Veränderung der Terms of Trade und dem für Importe ausgegebenen Einkommensanteil. Da die fortgeschrittenen Länder ungefähr 20 Prozent ihres Einkommens für Importe ausgeben, würde eine Verschlechterung der Terms of Trade um 1 Prozent folglich ihr Realeinkommen um nur 0,2 Prozent senken. Die Terms of Trade müssten also um mehrere Prozentpunkte pro Jahr zurückgehen, um das Wirtschaftswachstum spürbar zu bremsen.

In der Realität haben sich die Terms of Trade der fortgeschrittenen Länder allerdings von 1983 bis 1992 *verbessert* und danach kaum noch verändert. Der Hauptgrund für diese Verbesserung war ein Rückgang des Ölpreises; deshalb verzeichnen die Öl exportierenden Länder eine deutliche Verschlechterung ihrer Terms of Trade.

Diese Zahlen lehren uns, dass die Schädigung der fortgeschrittenen Länder durch die Konkurrenz der Entwicklungsländer, insoweit sie überhaupt auftrat, derart geringfügig ausfiel, dass sie statistisch gar nicht erfassbar war – und daher zu klein, um ins Gewicht zu fallen.

5.2 Internationale Einkommenstransfers: Verschiebung der relativen Nachfragekurve

Bisher haben wir Veränderungen der Terms of Trade betrachtet, die auf die Angebotsseite der Weltwirtschaft zurückzuführen waren. Wenden wir uns nun Veränderungen zu, die von der Nachfrageseite ausgehen.

Die relative Weltnachfrage nach Gütern kann sich aus vielen Gründen verschieben. Vielleicht verändern sich die Präferenzen: Je mehr das Cholesterin in Verruf geriet, desto mehr Fisch wurde nachgefragt im Verhältnis zu Fleisch. Auch technologische Entwicklungen können auf die Nachfrage zurückwirken: Lampen wurden einst mit Walfischtran, dann mit Paraffin, später mit Gas und schließlich mit elektrischem Strom betrieben. In der Theorie der internationalen Wirtschaftsbeziehungen ist das vielleicht wichtigste und umstrittenste Thema die Veränderung der relativen Weltnachfrage, die sich aus **internationalen Einkommenstransfers** ergibt.

Früher erfolgten Einkommenstransfers zwischen Nationen häufig infolge von Kriegen. Nach der Niederlage Frankreichs im Deutsch-Französischen Krieg von 1871 forderte Deutschland Zahlungen von Frankreich; nach dem Ersten Weltkrieg verlangten die siegreichen Alliierten umfangreiche Reparationszahlungen von Deutschland. Nach dem Zweiten Weltkrieg gewährten die USA Japan und Deutschland sowie den einstigen Kriegsverbündeten Amerikas Wiederaufbauhilfen. Seit den 1950er Jahren leisten die fortgeschrittenen Länder ärmeren Nationen Hilfe. Diese Summen haben allerdings nur die Einkommen einiger der allerärmsten Länder merklich aufgebessert.

Internationale Kredite sind streng genommen kein Einkommenstransfer, da der laufende Kaufkrafttransfer, der mit dem Kredit stattfindet, die Verpflichtung zur späteren Rückzahlung beinhaltet. Auf kurze Sicht hat eine Geldsumme, die einer Nation direkt gegeben wird, allerdings ähnliche Effekte wie ein Kredit in selber Höhe. Die Analyse des internationalen Einkommenstransfers trägt also auch zum Verständnis internationaler Krediteffekte bei.

5.2.1 Das Transferproblem

Die Frage, wie sich internationale Transfers auf die Terms of Trade auswirken, war Gegenstand einer berühmten Debatte zwischen zwei großen Ökonomen, Bertil Ohlin (einer der Urheber der Faktorproportionentheorie) und John Maynard Keynes. Anlass der Auseinandersetzung waren die Reparationszahlungen, die Deutschland nach dem Ersten Weltkrieg abverlangt wurden. Es ging um die tatsächliche Belastung der deutschen Volkswirtschaft durch diese Zahlungen.[7]

---

[7] Siehe Keynes, „The German Transfer Problem", und Ohlin, „The German Transfer Problem: A Discussion", beide in: *Economic Journal* 39 (1929), S. 1-7 bzw. S. 172-182.

Keynes, der die von Rachegefühlen geprägten Auflagen der Alliierten (der „Punische Frieden") aus guten Gründen als zu hart bezeichnete, machte geltend, dass die wirkliche Belastung Deutschlands über die geforderten Geldsummen hinausgehe. Er verwies darauf, dass Deutschland mehr exportieren und weniger importieren müsste, um Geld an andere Länder zahlen zu können. Zu diesem Zweck, so Keynes weiter, müsste Deutschland den Preis seiner Exporte im Vergleich zu dem seiner Importe senken. Die daraus resultierende Verschlechterung der deutschen Terms of Trade würde über die direkten Zahlungsverpflichtungen hinaus eine zusätzliche Belastung darstellen.

Ohlin bezweifelte Keynes' Annahme, dass sich Deutschlands Terms of Trade verschlechtern würden. Als Gegenargument führte er an, dass die Nachfrage nach ausländischen Gütern in Deutschland automatisch sinken würde, wenn Deutschland seine Reparationszahlungen durch Steuern finanzieren würde. Gleichzeitig würden sich die Reparationszahlungen in Form von Steuersenkungen oder erhöhten Staatsausgaben auf andere Länder verteilen, und ein Teil der dadurch bedingten Nachfragesteigerung nach ausländischen Gütern würde auch auf deutsche Exporte entfallen. Deutschland könnte also doch in der Lage sein, ohne eine Verschlechterung seiner Terms of Trade die Importe zu reduzieren und die Exporte zu steigern.

In diesem speziellen Fall sollte sich der Streit als müßig erweisen: Am Ende leistete Deutschland nur einen ganz geringen Teil der auferlegten Reparationen. Doch die Frage nach den Auswirkungen eines Transfers auf die Terms of Trade stellt sich in überraschend vielfältigen Zusammenhängen in der internationalen Wirtschaft immer wieder.

5.2.2   Transfereffekte auf die Terms of Trade

Wenn das Inland einen Teil seines Einkommens in das Ausland transferiert, sinkt sein Einkommen und muss es seine Ausgaben einschränken. Entsprechend erhöht Ausland seine Ausgaben. Diese Verschiebung in der internationalen Ausgabenverteilung kann die relative Weltnachfrage verändern und auf diesem Wege die Terms of Trade beeinflussen.

Die (eventuelle) Verschiebung der relativen Nachfragekurve ist der einzige Effekt eines Einkommenstransfers. Die relative Angebotskurve verändert sich nicht. Solange nicht materielle Ressourcen wie etwa Kapitalausstattung, sondern nur Einkommen transferiert werden, wird sich bei jedem beliebigen relativen Preis in keinem der beteiligten Länder die Textilien- oder Lebensmittelproduktion ändern. Das Transferproblem betrifft also ausschließlich die Nachfrage.

Die relative Nachfragekurve muss sich bei einer Umverteilung des Welteinkommens allerdings nicht unbedingt verschieben (das war Ohlins Argument). Wenn Ausland sein zusätzliches Einkommen in denselben Proportionen auf Textilien und Lebensmittel verteilt, wie Inland seine Ausgaben senkt, dann bleiben die Ausgaben für Textilien und Lebensmittel *auf Weltebene* gleich. Die relative Nachfragekurve verschiebt sich nicht und die Terms of Trade werden nicht betroffen.

Wenn die beiden Länder ihre Ausgaben allerdings nicht in denselben Proportionen verwenden, dann beeinflusst der Transfer die Terms of Trade. Die Richtung seiner Wirkung hängt von den Unterschieden im Ausgabenverhalten zwischen Inland und Ausland ab. Nehmen wir an, dass das Inland einen größeren Anteil seiner marginalen Ausgabenerhöhung auf Textilien verwendet als das Ausland. Inland hat also eine höhere **marginale Ausgabenneigung (marginal propensity to spend)** für Textilien als Ausland. (Entsprechend muss Inland in diesem Fall eine geringere marginale Ausgabenneigung für Lebensmittel haben.) In diesem Fall reduziert die Transferzahlung von Inland an Ausland für jeden relativen Preis die Nachfrage nach Textilien und steigert die Nachfrage nach Lebensmitteln. Damit verlagert sich die relative Nachfragekurve nach links, von RD^1 nach RD^2 (Abbildung 5.8), und das Gleichgewicht wandert von Punkt 1 nach Punkt 2. Diese Verschiebung senkt den relativen Textilpreis von $(P_C/P_F)^1$ auf $(P_C/P_F)^2$, womit sich die Terms of Trade von Inland als Stoffexporteur verschlechtern und jene von Ausland verbessern. Dies ist der von Keynes beschriebene Fall: Der indirekte Effekt eines internationalen Transfers auf die Terms of Trade verstärkt den ursprünglichen Effekt auf die Einkommen beider Länder.

Daneben besteht allerdings noch eine weitere Möglichkeit. Wenn Inland eine *geringere* marginale Ausgabenneigung für Textilien hat, verlagert sich infolge eines Transfers von Inland nach Ausland die relative Nachfragekurve nach rechts, womit sich die Terms of Trade von Inland auf Kosten Auslands verbessern. Dieser Effekt setzt sowohl die negativen Einkommenseffekte für Inland als auch die positiven Einkommenseffekte für Ausland außer Kraft.

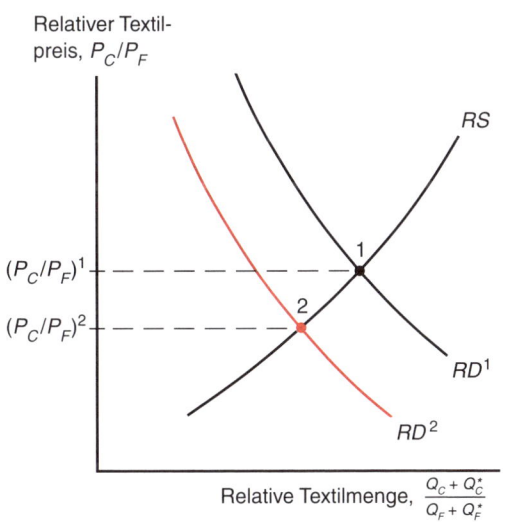

Wenn Inland eine höhere marginale Ausgabenneigung für Textilien hat als Ausland, dann verschiebt sich infolge eines Einkommenstransfers von Inland nach Ausland die relative Nachfragekurve nach links, von RD^1 nach RD^2. Dadurch sinkt der relative Gleichgewichtspreis der Textilien.

Abbildung 5.8: Transfereffekte auf die Terms of Trade

Allgemein lässt sich also sagen: *Ein Transfer verschlechtert die Terms of Trade des Geberlandes, wenn dieses eine höhere marginale Ausgabenneigung für sein Exportgut hat als das Empfängerland.* Wenn das Geberland eine niedrigere marginale Ausgabenneigung für sein Exportgut als das Empfängerland aufweist, verbessern sich hingegen seine Terms of Trade.

Diese Analyse lässt auf eine paradoxe Möglichkeit schließen. Eine Transferzahlung – beispielsweise internationale Hilfsgelder – könnte unter Umständen die Terms of Trade des Geberlandes so stark verbessern, dass es am Ende besser und der Empfänger schlechter dasteht als zuvor. In diesem Fall ist Geben in der Tat seliger denn Nehmen! Theoretische Untersuchungen haben gezeigt, dass dieses Paradoxon, ebenso wie das Verelendungswachstum, in einem streng spezifizierten Modell denkbar ist. Die Voraussetzungen sind in diesem Fall noch spezifischer und er ist mit nahezu völliger Sicherheit nur in der Theorie möglich.[8]

Diese Analyse zeigt, dass die Auswirkungen von Reparationen und Auslandshilfen auf die Terms of Trade in beide Richtungen gehen können. Ohlin war also hinsichtlich des allgemeinen Prinzips im Recht. Dennoch trifft Keynes' Annahme, dass die Auswirkungen von Transfers auf die Terms of Trade ihre Einkommenseffekte bei Gebern und Empfängern verstärken, auf viel Zustimmung.

5.2.3　Annahmen über die Auswirkungen von Transferleistungen auf die Terms of Trade

Ein Transfer verschlechtert die Terms of Trade des Gebers, wenn der Geber eine höhere marginale Ausgabenneigung für sein Exportgut hat als der Empfänger. Wenn Unterschiede in den marginalen Ausgabenneigungen einfach auf verschiedene Präferenzen zurückgingen, dann könnte man in keinem Fall von einer festen Annahme ausgehen: Welches Gut ein Land exportiert, hängt größtenteils von unterschiedlichen Technologien oder Ressourcen ab, die nichts mit Präferenzen zu tun haben müssen. Wenn wir allerdings die tatsächlichen Ausgabenmuster betrachten, scheint jedes Land eine relative Präferenz für seine eigenen Güter aufzuweisen. Die USA beispielsweise produzieren nur etwa 25 Prozent des Outputwerts aller Marktwirtschaften der Welt, sodass der Gesamtabsatz von US-amerikanischen Gütern 25 Prozent des Weltabsatzes beträgt. Wenn die Ausgabenmuster überall identisch wären, dann würden die USA nur 25 Prozent ihres Einkommens für einheimische Produkte ausgeben. In Wirklichkeit entfallen aber nur 11 Prozent des Nationaleinkommens auf Importe, d.h. die USA geben 89 Prozent ihres Einkommens für inländische Güter aus. Auf der anderen Seite verwendet die übrige Welt weniger als 3 Prozent ihres Einkommens auf den Erwerb von US-Produkten. Dieser Unterschied in den Ausgabenmustern lässt eindeutig darauf schließen, dass im Falle eines gewissen Einkommenstransfers von den USA an das Ausland die relative Nachfrage nach US-Gütern sinken und die US-amerikanischen Terms of Trade sich verschlechtern würden – genau wie Keynes voraussagte.

Der Grund, weshalb die USA einen so großen Anteil ihres Einkommens im Inland ausgeben, liegt in natürlichen und künstlichen Handelsbarrieren. Transportkosten, Zölle

---

[8]　Beispiele dafür, wie es zu einer Verelendung durch Transfer kommen könnte, findet man bei Graciele Chichilnisky, „Basic Goods, the Effects of Commodity Transfers and the International Economic Order", in: *Journal of Development Economics* 7 (1980), S. 505-519, und Jagdish Bhagwati, Richard Brecher und Tatsuo Hatta, „The Generalized Theory of Transfers and Welfare", in: *American Economic Review* 73, S. 606-618.

(Steuern auf Importe) und Importquoten (staatliche Beschränkungen der Importmengen) veranlassen die Einwohner jedes Landes, bestimmte Güter und Dienstleistungen aus inländischer Produktion zu beziehen und nicht aus dem Ausland zu importieren. Wie wir in Kapitel 2 sahen, führen solche Handelsbarrieren zur Herausbildung nicht gehandelter Güter. Selbst wenn jedes Land sein Einkommen in gleichen Anteilen auf die verschiedenen Güter aufteilt, führt der Erwerb nicht gehandelter Güter vor Ort dazu, dass die Ausgaben einen nationalen Bias aufweisen.

Betrachten wir folgendes Beispiel. Gehen wir nicht nur von zwei, sondern von *drei* Gütern aus: Textilien, Lebensmittel und Haarschnitte. Nur Inland produziert Textilien, nur Ausland produziert Lebensmittel. Haarschnitte jedoch sind ein nicht gehandeltes Gut, das jedes Land für sich produziert. Jedes Land verwendet ein Drittel seines Einkommens auf jedes Gut. Obwohl die Menschen in allen Ländern dieselben Präferenzen haben, gibt jeder von ihnen zwei Drittel seines Einkommens für inländische Produkte und nur ein Drittel für Importe aus.

Aufgrund der nicht gehandelten Güter kann der Eindruck entstehen, es herrsche eine nationale Präferenz für alle im Inland produzierten Güter. Um jedoch die Effekte eines Transfers auf die Terms of Trade zu analysieren, müssen wir wissen, wie er sich auf Nachfrage und Angebot bei den *Exporten* auswirkt. Ausschlaggebend ist hier, dass die nicht gehandelten Güter mit den Exporten um Ressourcen konkurrieren. Ein Einkommenstransfer von den USA an die übrige Welt senkt innerhalb der USA die Nachfrage nach nicht gehandelten Gütern und setzt dadurch Ressourcen frei, die für die Produktion von US-Exporten eingesetzt werden können. Infolgedessen steigt das Angebot an US-amerikanischen Exportgütern. Gleichzeitig erhöht der Einkommenstransfer von den USA an die übrige Welt deren Nachfrage nach nicht gehandelten Gütern, weil ein Teil des Einkommenszuwachses für Haarschnitte und andere nicht handelbare Dinge ausgegeben wird. Die gesteigerte Nachfrage nach nicht gehandelten Gütern in der übrigen Welt zieht ausländische Ressourcen von der Produktion von Exporten ab und senkt damit das Angebot dieser (von den USA importierten) Exporte. Im Ergebnis kann also ein Transfer der USA an andere Länder den Preis der US-Exporte gegenüber ausländischen Exporten senken und damit die Terms of Trade der USA verschlechtern.

Nachfrageverschiebungen führen überdies zu Ressourcenumschichtungen zwischen dem Sektor der nicht handelbaren Güter einerseits und den mit Importen konkurrierenden Sektoren andererseits. In der Praxis, da sind sich die meisten Außenwirtschaftler einig, bestätigt die Existenz von Handelsbarrieren allerdings die Annahme, dass ein internationaler Einkommenstransfer die Terms of Trade des Geberlandes verschlechtert. In praktischer Hinsicht hatte Keynes also Recht.

Beispiel 5.2: Das Transferproblem und die Asienkrise

In den Jahren 1997 und 1998 erlebten mehrere Nationen in Asien – Thailand, Indonesien, Malaysia und Südkorea – eine unvermittelte Umkehr der internationalen Kapitalströme. Während der vorherigen fünf Jahre waren große Summen in diese Nationen geflossen, die von den internationalen Investoren bevorzugt wurden. Daher konnten sie weitaus mehr importieren als exportieren. Doch im Jahr 1997 brach das Vertrauen in diese Volkswirtschaften zusammen. Ausländische Banken, die große Kredite an asiatische Unternehmen vergeben hatten, forderten deren Rückzahlung; die Investoren an den Aktienbörsen begannen ihre Anteile abzustoßen, und auch viele Einheimische brachten ihr Geld ins Ausland.

Die Ursachen für diese Krise und die Auseinandersetzungen über ihre Bewältigung werden wir in Kapitel 22 behandeln. Vorerst stellen wir lediglich fest, dass Investoren, aus welchen Gründen auch immer, die asiatischen Volkswirtschaften erst anheizten und dann abkühlten, indem diesen Ländern zunächst Transfers im großen Umfang zu- und dann im großen Umfang wieder abflossen. Wenn Keynes' Annahme über die Transfereffekte zuträfe, dann hätte diese schicksalhafte Kehrtwende zu einer deutlichen Verschlechterung der asiatischen Terms of Trade führen und die ohnehin schwere ökonomische Belastung noch vergrößern müssen.

Weil viele Länder zugleich in der Krise steckten und alle gleichzeitig mehr zu exportieren versuchten, befürchteten einige Beobachter auch tatsächlich, dass sich ihre Terms of Trade drastisch verschlechtern und die Krise entsprechend verschlimmern würden.

Am Ende verschlechterten sich die Terms of Trade der Entwicklungsländer in Asien allerdings nicht in dem befürchteten Maße. Die Exportpreise sanken deutlich: Im Jahr 1998 exportieren die asiatischen Entwicklungsländer dasselbe Gütervolumen wie schon 1997, doch der Wert ihrer Exporte in Dollar war um 8 Prozent gefallen. Allerdings sanken auch die Importpreise.

Andere, zeitgleiche Entwicklungen scheinen Asien ein schwereres Transferproblem erspart zu haben. Vom damaligen starken Sinken des Ölpreises profitierten sämtliche Krisenländer mit Ausnahme Indonesiens. Japan, der führende Exporteur in die Region, erlebte ebenfalls einen Einbruch seiner Exportpreise, da der Yen gegenüber dem Dollar an Wert verlor. Der Transfer stellte für Asien also durchaus ein Problem dar, doch seine Folgen wurden durch andere Kräfte verdeckt.

5.3 Zölle und Exportsubventionen: Gleichzeitige Veränderungen von relativem Angebot und relativer Nachfrage

Importzölle (auf Importe erhobene Steuern) und **Exportsubventionen** (Zahlungen an inländische Produzenten, die ein Gut im Ausland verkaufen) werden normalerweise nicht mit dem Ziel eingeführt, die Terms of Trade eines Landes zu verändern. Diese staatlichen Interventionen in den Handel dienen in der Regel der Einkommensverteilung, der Förderung von als unverzichtbar geltenden Industriezweigen oder dem Ausgleich der Zahlungsbilanz (diese Beweggründe werden in den Kapiteln 9, 10 und 11 behandelt). Ungeachtet dieser Motive wirken sich Zölle und Subventionen tatsächlich auf den Handel aus. Mit Hilfe unseres Standardmodells können diese Effekte beschrieben werden.

Das Charakteristische an Zöllen und Exportsubventionen besteht darin, dass sie einen Preisunterschied bewirken, je nachdem, ob die entsprechenden Güter auf dem Weltmarkt oder im Inland gehandelt werden. Der direkte Effekt eines Zolls besteht darin, importierte Güter im Inland teurer zu machen als im Ausland. Eine Exportsubvention bietet Produzenten im Allgemeinen einen Exportanreiz. Solange der Preis im Inland nicht höher ist, wird der Verkauf im Ausland profitabler sein. Eine solche Subvention erhöht folglich den Preis exportierter Güter im Inland.

Die durch Zölle und Subventionen verursachten Preisveränderungen wirken sich sowohl auf das relative Angebot als auch auf die relative Nachfrage aus. Auf diesem Wege verändern sich die Terms of Trade des betreffenden Landes, sodass seine Handelspolitik über die Terms of Trade unweigerlich auf den Rest der Welt übertragen wird.

5.3.1 Auswirkungen eines Zolls auf relatives Angebot und relative Nachfrage

Zölle und Subventionen treiben einen Keil zwischen die Preise, zu denen Güter auf dem Weltmarkt gehandelt werden (**Außenpreise, externe Preise**), und den Preisen, zu denen sie im Innern eines Landes gehandelt werden (**Binnenpreise, interne Preise**). Daraus folgt, dass die Terms of Trade mit großer Sorgfalt definiert werden müssen. Die Terms of Trade erfassen, in welchem Verhältnis Länder Güter austauschen, zum Beispiel, wie viele Einheiten Lebensmittel Inland für jede exportierte Einheit Textilien importieren kann. Die Terms of Trade bemessen sich daher nach den Außen-, nicht nach den Binnenpreisen. Wenn wir die Auswirkungen eines Zolls oder einer Exportsubvention analysieren, müssen wir wissen, wie sie das relative Angebot und die relative Nachfrage in ihrer Eigenschaft *als Funktion der Außenpreise* beeinflussen.

Wenn Inland einen Zoll in Höhe von 20 Prozent des Warenwerts auf Lebensmittelimporte verhängt, ist der Binnenpreis von Lebensmitteln für die inländischen Produzenten und

Konsumenten um 20 Prozent höher als der relative Außenpreis für Lebensmittel auf dem Weltmarkt. Entsprechend ist der relative Binnenpreis für Textilien, von dem die Bewohner Inlands ihre Entscheidungen abhängig machen, niedriger als dessen relativer Preis auf dem Weltmarkt.

Bei jedem gegebenen relativen Weltpreis von Textilien sehen sich die Produzenten also einem niedrigeren relativen Inlandspreis gegenüber. Daher werden sie weniger Textilien und mehr Lebensmittel produzieren. Gleichzeitig verlagern die Konsumenten in Inland ihren Verbrauch weg von Lebensmitteln hin zu Textilien. Vom Standpunkt der Welt als Ganzes her gesehen sinkt das relative Textilangebot (von RS^1 auf RS^2 in Abbildung 5.9), während die relative Textilnachfrage steigt (von RD^1 auf $RD^{2)}$). Der relative Welttextilpreis steigt von $(P_C P_F)^1$ auf $(P_C P_F)^2$, sodass sich die inländischen Terms of Trade auf Kosten von Ausland verbessern.

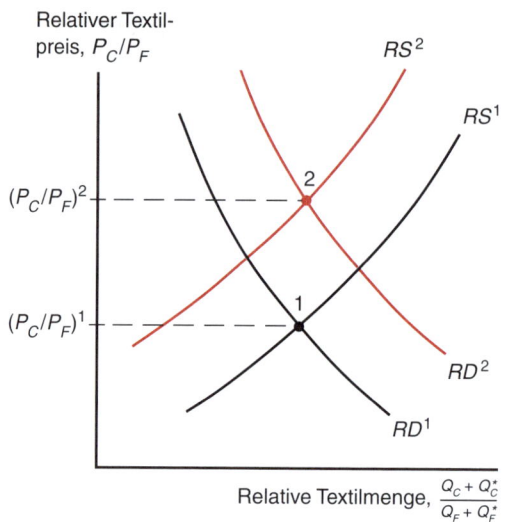

Ein von Inland verhängter Importzoll senkt das relative Textilangebot (von RS^1 auf RS^2) und erhöht die relative Nachfrage (von RD^1 auf RD^2). Infolgedessen steigt der relative Textilpreis.

Abbildung 5.9:   **Wirkung eines Zolls auf die Terms of Trade**

Das Ausmaß dieses Effekts auf die Terms of Trade hängt von der Größe des Landes ab, das den Zoll erhebt – wenn es nur einen kleinen Teil der Welt ausmacht, kann es die relative Nachfrage und das relative Angebot auf Weltebene nur unerheblich beeinflussen und daher die relativen Preise kaum verändern. Wenn die USA, ein sehr großes Land, einen Zoll in Höhe von 20 Prozent erheben würden, dann könnten ihre Terms of Trade einigen Schätzungen zufolge um 15 Prozent steigen, während der relative Preis ihrer Importe innerhalb der USA nur um 5 Prozent steigen würde. Wenn hingegen Luxemburg oder Paraguay einen 20prozentigen Zoll erheben würden, wäre die Beeinflussung der Terms of Trade wahrscheinlich gar nicht messbar.

5.3.2   Effekte einer Exportsubvention

Zölle und Exportsubventionen werden oft als ähnliche politische Maßnahmen bezeichnet, da beide die einheimischen Produzenten begünstigen sollen; doch sie haben entgegengesetzte Auswirkungen auf die Terms of Trade. Angenommen, Inland gewährt für den Textilexport eine Subvention in Höhe von 20 Prozent des Werts der exportierten Waren. Diese Subvention wird bei allen gegebenen Weltpreisen den inländischen Binnenpreis für Textilien im Verhältnis zu Lebensmitteln um 20 Prozent erhöhen. Der Anstieg des relativen Textilpreises veranlasst die Produzenten in Inland, mehr Textilien und weniger Lebensmittel zu produzieren, während die Konsumenten in Inland Textilien durch Lebensmittel ersetzen. Wie Abbildung 5.10 zeigt, erhöht die Subvention das relative Weltangebot an Textilien (von RS^1 auf RS^2) und senkt die relative Weltnachfrage nach Textilien (von RD^1 auf RD^2). Der Gleichgewichtspunkt wandert von 1 nach 2. Mit einer Exportsubvention verschlechtert Inland die eigenen Terms of Trade und verbessert diejenigen von Ausland.

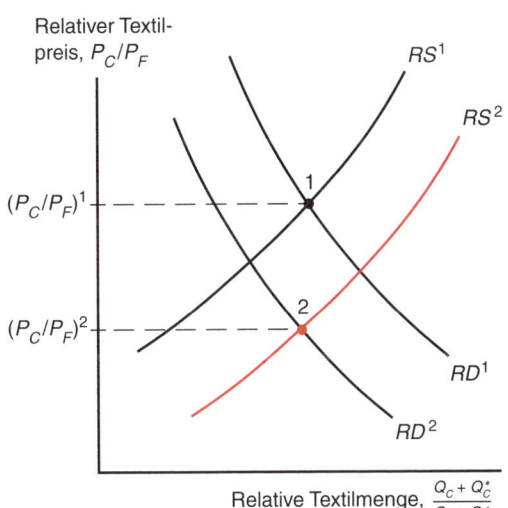

Eine Exportsubvention hat die entgegengesetzte Wirkung eines Zolls. Das relative Stoffangebot steigt, während die relative Nachfrage sinkt. Mit dem Fallen des relativen Textilpreises von $(P_C P_F)^1$ auf $(P_C P_F)^2$ verschlechtern sich die inländischen Terms of Trade.

Abbildung 5.10:   Effekte einer Subvention auf die Terms of Trade

5.3.3   Implikationen veränderter Terms of Trade: Gewinner und Verlierer

Die Frage nach den Gewinnern und Verlierern im Falle von Zöllen und Exportsubventionen hat zwei Dimensionen: Erstens die *internationale* Einkommensverteilung, zweitens die Einkommensverteilung *innerhalb* jedes beteiligten Landes.

Die internationale Einkommensverteilung. Wenn Inland einen Zoll erhebt, verbessert es seine Terms of Trade auf Kosten von Ausland. Der Zoll schädigt den Rest der Welt.

Die Auswirkungen auf die Wohlfahrt von Inland sind weniger eindeutig. Die Verbesserung der Terms of Trade begünstigt Inland; doch ein Zoll zieht auch Kosten nach sich, indem er die Produktions- und Konsumanreize in Inland verzerrt (siehe Kapitel 8). Die Vorteile verbesserter Terms of Trade gleichen die aus dieser Verzerrung folgenden Nachteile nur so lange aus, wie der Zoll nicht allzu hoch ist. An späterer Stelle werden wir sehen, wie ein optimaler Zoll definiert werden kann, der den größtmöglichen Gewinn bringt. (Für kleine Länder, die ihre Terms of Trade nur wenig beeinflussen können, liegt der Optimalzoll nahe Null.)

Die Auswirkungen einer Exportsubvention liegen auf der Hand. Die ausländischen Terms of Trade verbessern sich auf Kosten der inländischen, sodass sich Ausland eindeutig besser stellt. Inland leidet nicht nur an verschlechterten Terms of Trade, sondern zusätzlich an den durch seine eigene Politik erzeugten Verzerrungen.

Diese Analyse deutet darauf hin, dass Exportsubventionen unter keinen Umständen sinnvoll sind. Und es ist wirklich schwierig, eine Situation zu definieren, in der Exportsubventionen im nationalen Interesse liegen. Der Einsatz von Exportsubventionen hat normalerweise mehr mit eigenwilliger Handelspolitik als mit wirtschaftlicher Logik zu tun.

Ist es in allen Fällen so, dass ein Land unter ausländischen Zöllen leidet und von ausländischen Exportsubventionen profitiert? Nicht unbedingt. Unser Modell geht von zwei Ländern aus, in dem das andere Land unser Importgut exportiert und umgekehrt. In der aus vielen Ländern bestehenden realen Welt kann es vorkommen, dass eine ausländische Regierung den Export eines Guts subventioniert, das mit US-Exporten konkurriert. Diese Subvention des Auslands schadet natürlich den US-amerikanischen Terms of Trade. Ein gutes Beispiel für diesen Effekt sind die europäischen Subventionen für Agrarexporte (siehe Kapitel 8). Möglicherweise erhebt ein Land aber auch einen Zoll auf ein Gut, das die USA ebenfalls importieren, sodass dessen Preis sinkt und die USA profitieren. Wir müssen also unsere Schlussfolgerungen aus der Zweiländeranalyse einschränken: Exportsubventionen für Güter, welche die USA *importieren*, helfen uns, Zölle *gegen US-Exporte* schaden uns.

Die Ansicht, dass der Verkauf subventionierter ausländischer Waren den USA nützt, ist nicht gerade populär. Wenn ausländische Regierungen, wie ihnen bisweilen vorgeworfen wird, den Absatz ihrer Güter in den USA subventionieren, dann empfinden Bevölkerung und Politiker dies als unlauteren Wettbewerb. Als das Handelsministerium feststellte, dass europäische Regierungen Stahlexporte in die USA subventionierten, verlangte unsere Regierung, dass sie ihre Preise erhöhten. Das Standardmodell hingegen lehrt uns, dass die angemessene Reaktion unter nationalen Gesichtspunkten darin bestanden hätte, den ausländischen Regierungen für die Subventionierung ihrer Exporte in die USA ganz herzlich zu danken!

So etwas erlebt man natürlich nie. Der Grund liegt in den Auswirkungen ausländischer Subventionen auf die Einkommensverteilung innerhalb der USA. Wenn Europa seine Stahlexporte in die USA subventioniert, profitieren die meisten Amerikaner zwar von billigerem Stahl, doch die Stahlarbeiter, die Besitzer der Stahlaktien und die Industriearbeiter im Allgemeinen sehen wenig Anlass zur Freude.

Die Einkommensverteilung innerhalb der beteiligten Länder. Ausländische Zölle oder Subventionen ändern die relativen Preise der Güter. Aufgrund der Faktorimmobilität und der unterschiedlichen Faktorintensität verschiedener Industriebranchen haben solche Veränderungen starke Auswirkungen auf die Einkommensverteilung.

Auf den ersten Blick scheinen die Auswirkungen von Zöllen und Exportsubventionen auf die relativen Preise, und damit auf die Einkommensverteilung, auf der Hand zu liegen. Ein Zoll hebt unmittelbar den inländischen relativen Preis des Importguts, eine Exportsubvention hebt unmittelbar den inländischen relativen Preis des Exportguts. Wie wir jedoch soeben gesehen haben, wirken sich Zölle und Exportsubventionen indirekt auf die Terms of Trade aus. Dieser Effekt lässt auf eine paradox erscheinende Möglichkeit schließen. Ein Zoll könnte die Terms of Trade eines Landes so stark verbessern – d.h. den relativen Preis seines Exportguts auf dem Weltmarkt so stark erhöhen –, dass der inländische relative Preis des Importguts selbst einschließlich der Zollzahlung *sinkt*. In ähnlicher Weise könnte eine Exportsubvention die Terms of Trade so stark verschlechtern, dass der inländische relative Preis des Exportguts trotz dieser Subvention sinkt. Im Falle dieser paradoxen Resultate stellt sich bei der Einkommensverteilung genau der entgegengesetzte Effekt ein, den die Handelspolitik beabsichtigt hatte.

Die Möglichkeit, dass Zölle und Exportsubventionen sich in unsinniger Weise auf die Binnenpreise auswirken, wurde erstmals von Lloyd Metzler, einem Wirtschaftswissenschaftler an der University of Chicago, erkannt und nachgewiesen. Man spricht daher vom Metzler-Paradoxon.[9] Dieses Paradoxon hat in etwa denselben Stellenwert wie das Verelendungswachstum und der Transfer, in dessen Folge der Empfänger schlechter dasteht als zuvor: Es ist in der Theorie denkbar, wird aber nur unter extremen Umständen eintreten und ist in der Praxis nicht wahrscheinlich.

Abgesehen von der Möglichkeit des **Metzler-Paradoxons** hilft also ein Zoll dem mit Importen konkurrierenden Sektor in Inland und schadet dem Exportsektor. Für eine Exportsubvention gilt das Umgekehrte. Diese Verschiebungen der Einkommensverteilung innerhalb der beteiligten Länder sind für die Formulierung der Politik oftmals augenfälliger und wichtiger als die Veränderung der Einkommensverteilung zwischen den Ländern, die sich aus geänderten Terms of Trade ergibt.

---

[9] Siehe Metzler, „Tariffs, the Terms of Trade, and the Distribution of National Income", in: *Journal of Political Economy* 57, (Februar 1949), S. 1-29.

Zusammenfassung

1. Das Standardmodell des Handels leitet aus den Produktionsmöglichkeiten eine relative Weltangebotskurve und aus den Präferenzen eine relative Weltnachfragekurve ab. Der Quotient aus Export- und Importpreisen, d.h. die Terms of Trade eines Landes, liegt im Schnittpunkt dieser Kurven. Bei ansonsten konstanten Bedingungen führt eine Erhöhung der Terms of Trade zu Wohlfahrtsgewinnen. Umgekehrt verschlechtert ein Rückgang der Terms of Trade die Lage des Landes.

2. Bei Wirtschaftswachstum verschiebt sich die Transformationskurve eines Landes nach außen. Dieses Wachstum weist normalerweise eine Verzerrung auf: Die Verschiebung der Transformationskurve ist für manche Güter ausgeprägter als für andere. Der unmittelbare Effekt dieses verzerrten Wachstums besteht bei ansonsten gleichen Bedingungen in einem erhöhten relativen Weltangebot derjenigen Güter, auf die sich das Wachstum konzentriert. Diese Verschiebung der relativen Weltangebotskurve löst auf Seiten der wachsenden Volkswirtschaft eine Veränderung der Terms of Trade aus, die in zweierlei Richtungen erfolgen kann. Wenn sich die Terms of Trade verschlechtern, setzt ihr Rückgang einige der günstigen Wachstumseffekte im Inland außer Kraft. Die übrige Welt jedoch profitiert davon.

3. Die Entwicklungsrichtung der Terms of Trade hängt von der Beschaffenheit des Wachstums ab. Exportlastiges Wachstum (Wachstum, bei dem sich die Produktionskapazitäten der Volkswirtschaft für ihre ursprünglichen Exportgüter stärker erhöhen als für diejenigen Güter, die mit Importen konkurrieren) verschlechtert die Terms of Trade. Importlastiges Wachstum, das die Produktionskapazitäten für mit dem Import konkurrierende Güter unverhältnismäßig stark erhöht, verbessert die Terms of Trade eines Landes. Importlastiges Wachstum im Ausland kann dem eigenen Land schaden.

4. Internationale Einkommenstransfers, wie Kriegsreparationen und Auslandshilfen, können die Terms of Trade eines Landes verändern, indem sie die relative Weltnachfragekurve verschieben. Wenn das Empfängerland einen größeren Anteil seines Einkommenszuwachses für seine eigenen Exportgüter ausgibt als das Geberland, erhöht der Transfer die relative Weltnachfrage nach dem Exportgut des Empfängers und verbessert damit seine Terms of Trade. Diese Verbesserung verstärkt den ursprünglichen direkten Transfer und erhöht auf indirekte Weise seinen Nutzen. Wenn andererseits der Empfänger für seine Exporte eine geringere marginale Ausgabenneigung hat als der Geber, dann verschlechtert der Transfer die Terms of Trade des Empfängers und hebt damit zumindest einen Teil seiner ursprünglichen Effekte wieder auf.

5. In der Praxis geben die meisten Länder einen viel größeren Anteil ihres Einkommens für einheimische Produkte aus als das Ausland. Der Grund liegt nicht unbedingt in unterschiedlichen Präferenzen, sondern eher in natürlichen und künstlichen Handelsbarrieren, aufgrund derer viele Güter nicht gehandelt werden. Wenn nicht-gehandelte Güter mit Exportgütern um Ressourcen konkurrieren, verbessern Transfers normalerweise die Terms of Trade des Empfängers. Die verfügbaren Daten bestätigen diese Schlussfolgerung.

6. Importzölle und Exportsubventionen wirken sich sowohl auf das relative Angebot als auch auf die relative Nachfrage aus. Ein Importzoll erhöht das relative Angebot des Importguts und senkt die relative Nachfrage danach. Ein Zoll verbessert eindeutig die Terms of Trade eines Landes auf Kosten der übrigen Welt. Eine Exportsubvention hat den umgekehrten Effekt. Sie erhöht das relative Angebot des Exportguts und senkt die relative Nachfrage danach, sodass sich die Terms of Trade des betreffenden Landes verschlechtern.

7. Die Auswirkungen einer Exportsubvention auf die Terms of Trade schaden dem Land, das die Subvention gewährt, und nützen der übrigen Welt. Ein Zoll hat die umgekehrte Wirkung. Dies lässt darauf schließen, dass Exportsubventionen unter nationalen Gesichtspunkten nicht sinnvoll sind und dass man Exportsubventionen des Auslands nicht bekämpfen, sondern begrüßen sollte. Sowohl Zölle als auch Subventionen haben allerdings starke Auswirkungen auf die Einkommensverteilung innerhalb der betreffenden Länder, und diese Auswirkungen spielen für die Politik oft eine größere Rolle als Erwägungen hinsichtlich der Terms of Trade.

Schlüsselbegriffe

Außenpreis (externer Preis)	S. 157	Importzoll	S. 157
Binnenpreis (interner Preis)	S. 157	Indifferenzkurven	S. 141
Einkommenstransfer	S. 151	Isowertlinien	S. 139
Exportlastiges Wachstum	S. 147	Marginale Ausgabenneigung	S. 153
Exportsubvention	S. 157	Metzler-Paradoxon	S. 161
Immiserizing growth/Verelendungswachstum	S. 148	Standardmodell des Handels	S. 138
		Terms of Trade	S. 138
Importlastiges Wachstum	S. 148	Verzerrtes Wachstum	S. 145

Übungen

1. In manchen Volkswirtschaften kommt es vor, dass das relative Angebot Preisveränderungen nicht folgt. Wenn beispielsweise die Produktionsfaktoren vollständig immobil sind und nicht zwischen den Sektoren wandern können, würde die Transformationskurve einen rechten Winkel bilden und der Output beider Güter nicht von ihren relativen Preisen abhängen. Gilt für diesen Fall immer noch, dass eine Erhöhung der Terms of Trade die Wohlfahrt steigert? Analysieren Sie dieses Problem anhand eines Schaubilds.

2. Die Entsprechung zu immobilen Faktoren auf der Angebotsseite wäre das Ausbleiben von Substitution auf der Nachfrageseite. Gehen wir von einer Volkswirtschaft aus, deren Konsumenten unabhängig von den Preisen beide Güter stets in den richtigen Mengenverhältnissen kaufen – zum Beispiel einen Meter Textilien pro einem Pfund Lebensmittel. Untersuchen Sie, ob eine solche Volkswirtschaft von einer Erhöhung der Terms of Trade profitieren würde.

3. Japan exportiert in erster Linie Industrieprodukte und importiert Rohstoffe wie Lebensmittel und Öl. Analysieren Sie, wie sich folgende Ereignisse auf die japanischen Terms of Trade auswirken würden:
   a. Ein Krieg im Nahen Osten unterbricht die Öllieferungen.
   b. Korea entwickelt die Fähigkeit zur Produktion von Automobilen, die es in Kanada und den USA verkaufen kann.
   c. US-amerikanische Ingenieure erfinden einen Fusionsreaktor, der mit fossilen Brennstoffen betriebene Kraftwerke ersetzt.
   d. Russland verzeichnet eine Missernte.
   e. Japan senkt die Importzölle auf Rindfleisch und Zitrusfrüchte.

4. Die Länder A und B haben zwei Produktionsfaktoren, Kapital und Arbeit, mit denen sie zwei Güter produzieren, X und Y. Sie verfügen über dieselbe Technologie. X ist kapitalintensiv, A ist kapitalreich. Analysieren Sie die Auswirkungen folgender Veränderungen auf die Terms of Trade und die Wohlfahrt beider Länder:
   a. Eine Erhöhung des Kapitalstocks von A.
   b. Eine Erhöhung des Arbeitsbestands von A.
   c. Eine Erhöhung des Kapitalstocks von B.
   d. Eine Erhöhung des Arbeitsbestands von B.

5. Wirtschaftliches Wachstum kann die Terms of Trade eines Landes ebenso gut verschlechtern wie verbessern. Weshalb halten die meisten Ökonomen dennoch Verelendungswachstum, d.h. ein (exportlastiges) Wachstum, welches das eigene Land schädigt, in der Praxis für unwahrscheinlich?

6. In der Praxis ist Auslandshilfe meistens „gebunden", d.h. sie geht mit Auflagen einher, wonach der Empfänger die Hilfsgelder für den Erwerb von Gütern des Geberlandes verwenden muss. Frankreich könnte beispielsweise Mittel für ein Bewässerungsprojekt in Afrika mit der Auflage verbinden, dass die Pumpen, Leitungen und Baugeräte von Frankreich und nicht von Japan gekauft werden. Wie wirken sich solche Auflagen auf die Analyse des Transferproblems aus? Sind sie vom Standpunkt des Gebers her sinnvoll? Ist ein Szenario denkbar, bei dem der Empfänger durch die auflagengebundene Hilfe am Ende schlechter dasteht als zuvor?

7. Im Jahr 1989 wurde Osteuropa von einer Welle politischer Veränderungen erfasst, die nicht nur die Aussicht auf Demokratie, sondern auch auf den Übergang von einer zentralen Planwirtschaft zur Marktwirtschaft eröffneten. Infolgedessen hätte Westeuropa sein Geld neuen Verwendungen zuführen können: Einige Länder, allen voran Deutschland, die in den 1980er Jahren hohe Kredite an die USA gaben, hätten diese nun stattdessen den nahe gelegenen osteuropäischen Ländern gewähren können. Untersuchen Sie anhand unserer Analyse des Transferproblems, wie sich dies auf die Preise der westeuropäischen Güter im Verhältnis zu amerikanischen und japanischen Gütern ausgewirkt hätte. (Hinweis: In welcher Hinsicht würde sich der Einsatz von finanziellen Ressourcen im Wert eines Dollars in den neuen deutschen Bundesländern von ihrem Einsatz in den USA unterscheiden?)

8. Ein Land subventioniert seine Exporte und das andere Land verhängt als „Gegenmaßnahme" einen Zoll, der die Wirkung der Subvention aufhebt, sodass am Ende die relativen Preise des zweiten Landes unverändert bleiben. Wie verhalten sich dann die Terms of Trade? Wie entwickelt sich die Wohlfahrt beider Länder? Nehmen Sie als Nächstes an, das zweite Land wehre sich mit einer eigenen Exportsubvention. Vergleichen Sie die jeweiligen Folgen.

Weiterführende Literatur

Rüdiger Dornbusch, Stanley Fischer und Paul Samuelson, „Comparative Advantage, Trade, and Payments in a Ricardian Model with a Continuum of Goods", in: *American Economic Review* (1977). Dieser Aufsatz, der bereits in Kapitel 2 zitiert wurde, weist nach, dass ein Transfer die Terms of Trade des Empfängers verbessert. Er enthält in diesem Rahmen überaus klare Ausführungen über die Rolle nicht gehandelter Güter.

J. R. Hicks, „The Long Run Dollar Problem", in: *Oxford Economic Papers* 2 (1953), S. 117–135. Die Ursprünge der modernen Analyse von Wachstum und Handel liegen in den Ängsten der Europäer unmittelbar nach dem Zweiten Weltkrieg, dass der wirtschaftliche Vorsprung der USA nicht aufzuholen sei (das mutet heute veraltet an, doch viele derselben Argumente werden jetzt in Bezug auf Japan wieder ausgegraben). Der Aufsatz von Hicks ist der berühmteste zu dieser Frage.

Harry G. Johnson, „Economic Expansion and International Trade", in: *Manchester School of Social and Economic Studies* 23 (1955), S. 95–112. In diesem Aufsatz wurde erstmals die wesentliche Unterscheidung zwischen exportlastigem und importlastigem Wachstum begründet.

Paul Krugman, „Does Third World Growth Hurt First World Prosperity?", in: *Harvard Business Review* (Juli–August 1994), S. 113–121. Diese Analyse versucht zu erklären, weshalb Wachstum in Entwicklungsländern den fortgeschrittenen Ländern im Prinzip nicht schaden muss und in der Praxis auch nicht schadet.

Paul Samuelson, „The Transfer Problem and Transport Costs", in: *Economic Journal* 62 (1952), S. 278–304 (Teil I) und 64 (1954), S. 264–289 (Teil II). Wie so viele Fragen der internationalen Wirtschaft wurde auch das Transferproblem erstmals von Paul Samuelson grundlegend formal analysiert.

John Whalley, *Trade Liberalization Among Major World Trading Areas*. Cambridge: MIT Press, 1985. Die Auswirkungen von Zöllen auf den Außenhandel waren Gegenstand ausführlicher Studien. Besonders beeindruckend sind die riesigen Modelle, die sich mit dem „berechenbaren allgemeinen Gleichgewicht" befassen – Zahlenmodelle, die auf authentischen Daten basieren und mit deren Hilfe die Folgen von Zollveränderungen und anderer handelspolitischer Maßnahmen berechnet werden können. Whalley stellt ein Modell vor, das mit besonderer Sorgfalt erstellt wurde.

Anhang zu Kapitel 5

Darstellung des internationalen Gleichgewichts mit Tauschkurven

Für die meisten Zwecke ist die Analyse des internationalen Gleichgewichts anhand von relativer Nachfrage und relativem Angebot die geeignetste Vorgehensweise. Unter manchen Umständen bietet es sich allerdings an, den Handel mit Hilfe eines Schaubilds zu analysieren, das direkt wiedergibt, welche Güter sich die Länder gegenseitig liefern. Die Tauschangebote, die ein solches Schaubild abbildet, bezeichnet man als Tauschkurven.

5A.1   Die Herleitung der Tauschkurve

In Abbildung 5.3 zeigten wir, wie bei einem gegebenen relativen Preis P_C/P_F Produktion und Konsum eines Landes bestimmt werden können. Mit Hilfe der Tauschkurve bilden wir direkt ab, welche Handelsströme jedem gegebenen relativen Preis entsprechen. Auf der einen Achse der Abbildung 5A.1 tragen wir die Exporte eines Landes ab $(Q_C - D_C)$, auf der anderen die Importe $(D_F - Q_F)$. Punkt T entspricht der in Abbildung 5.3 gezeigten Situation (Produktionspunkt Q, Konsumpunkt D). Da

$$(D_F - Q_F) = (Q_C - D_C) \times (P_C/P_F),\qquad\text{(5A-1)}$$

ist die Steigung der Linie vom Ursprung zu Punkt T in Abbildung 5A.1 gleich P_C/P_F. T ist das Tauschangebot von Inland bei dem angenommenen relativen Preis: Bei diesem Preis sind die Einwohner von Inland bereit, $(Q_C - D_C)$ Einheiten Stoff gegen $(D_F - Q_F)$ Einheiten Lebensmittel einzutauschen.

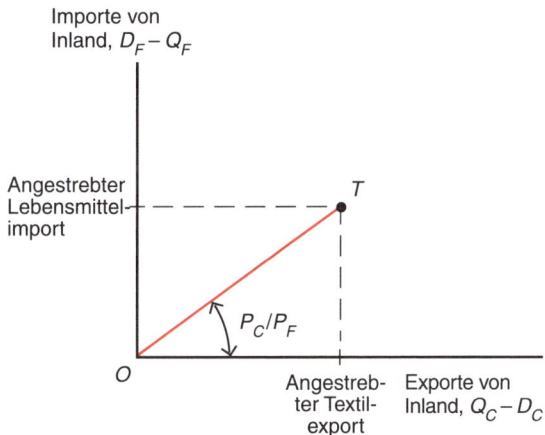

Bei einem relativen Preis, welcher der Steigung der vom Ursprung ausgehenden Linie entspricht, bietet Inland an, $(Q_C - D_C)$ Einheiten Stoff gegen $(D_F - Q_F)$ Einheiten Lebensmittel einzutauschen.

Abbildung 5A.1:   Der von Inland gewünschte Handel bei einem gegebenen relativen Preis

Die Tauschkurve von Inland ergibt sich aus der Berechnung seines Tauschangebots für unterschiedliche relative Preise (Abbildung 5A.2). In Abbildung 5.4 sahen wir, dass bei steigendem P_C/P_F Q_C steigt, Q_F fällt und D_C steigen oder fallen kann. Die gewünschten Größen $(Q_C - D_C)$ und $(D_F - Q_F)$ steigen allerdings normalerweise beide, wenn die Einkommenseffekte nicht allzu stark sind. In Abbildung 5A.2 ist T^1 das Q^1 entsprechende Tauschangebot, T^2 entspricht Q^2 und D^2. Indem wir das Tauschangebot von Inland für zahlreiche Preise ermitteln, bestimmen wir den Verlauf der inländischen Tauschkurve, OC.

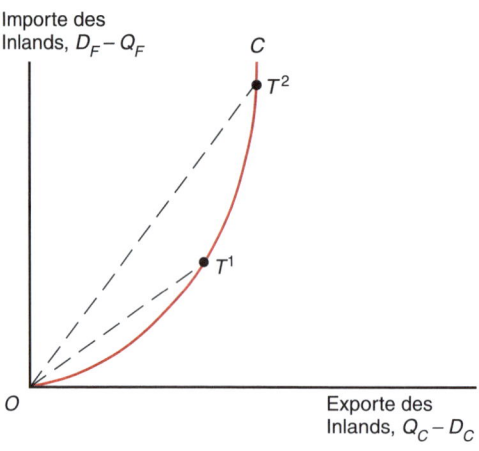

Die Tauschkurve zeigt, wie sich das Tauschangebot von Inland bei unterschiedlichen relativen Stoffpreisen verändert.

Abbildung 5A.2:   **Die Tauschkurve von Inland**

Die ausländische Tauschkurve, OF, entsteht auf dieselbe Weise (Abbildung 5A.3). Auf der vertikalen Achse tragen wir $(Q_F^* - D_F^*)$ ab, d.h. den gewünschten Lebensmittelexport von Ausland, und auf der horizontalen $(D_C^* - Q_C^*)$, den gewünschten Stoffimport. Je niedriger P_C/P_F, desto mehr Lebensmittel wird Ausland exportieren und desto mehr Stoff wird es importieren wollen.

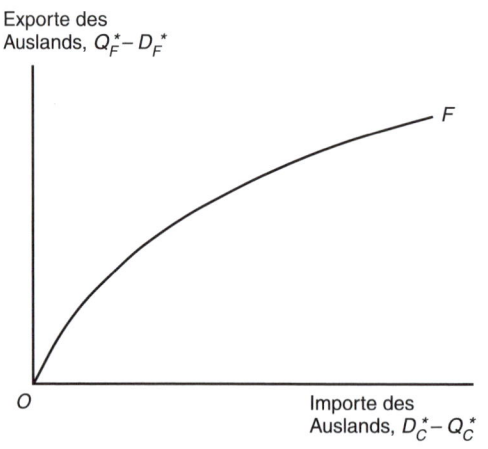

Die Tauschkurve von Ausland zeigt, wie sich der gewünschte Stoffimport und Lebensmittelexport bei verschiedenen relativen Preisen verändern.

Abbildung 5A.3:   **Die Tauschkurve von Ausland**

5A.2   Internationales Tauschgleichgewicht

Für das Gleichgewicht muss gelten: $(Q_C - D_C) = (D_C{}^* - Q_C{}^*)$ und $(D_F - Q_F) = (Q_F{}^* - D_F{}^*)$, d.h. Weltangebot und Weltnachfrage müssen sowohl für Stoff als auch für Lebensmittel gleich sein. Unter diesen Voraussetzungen können wir die Tauschkurven für Inland und Ausland im selben Schaubild wiedergeben (Abbildung 5A.4). Das Gleichgewicht liegt im Schnittpunkt der Tauschkurven für Inland und Ausland. Im Gleichgewichtspunkt E ist der relative Stoffpreis gleich der Steigung von OE. Der Stoffexport von Inland, der gleich dem Import von Ausland ist, beträgt OX. Der Lebensmittelexport von Ausland, der dem Import Inlands entspricht, beträgt OY.

Diese Darstellung hilft uns zu verstehen, dass es sich um ein *allgemeines* Gleichgewicht handelt, bei dem Angebot und Nachfrage in beiden Märkten zur gleichen Zeit ausgeglichen sind.

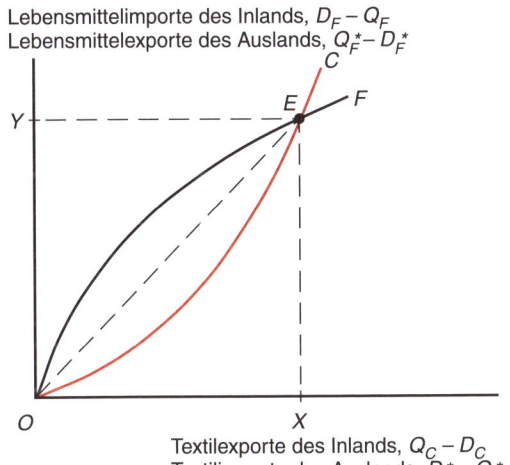

Das weltweite Gleichgewicht liegt im Schnittpunkt der Tauschkurven von Inland und Ausland.

Abbildung 5A.4:   Die Tauschkurven im Gleichgewichtszustand

Kapitel

6

Skalenerträge, unvollständiger Wettbewerb und internationaler Handel

Kapitelübersicht

Beispiele

In Kapitel 2 wurden zwei Gründe genannt, weshalb sich Länder spezialisieren und Außenhandel treiben. Erstens unterscheiden sich Länder hinsichtlich ihrer Ressourcen oder ihrer Technologie und spezialisieren sich auf die Bereiche, die sie relativ gut beherrschen; zweitens ist es aufgrund von Größenvorteilen (Economies of Scale) oder zunehmenden Skalenerträgen für jedes Land günstig, sich auf die Produktion einer begrenzten Palette von Gütern und Dienstleistungen zu beschränken. Die vorangegangenen vier Kapitel behandelten Modelle, in denen der gesamte Außenhandel durch den komparativen Vorteil verursacht wird, Unterschiede zwischen den Ländern also die einzige Handelsursache darstellen. Dieses Kapitel führt die Bedeutung der Skaleneffekte (Größenvorteile und zunehmende Skalenerträge) ein.

Die Analyse des Außenhandels anhand von Skaleneffekten thematisiert bestimmte Probleme, die wir bislang ausgeklammert haben. Bisher gingen wir von vollständigem Wettbewerb auf den Märkten aus, der keine Monopolgewinne zulässt. Bei zunehmenden Skalenerträgen sind große Unternehmen allerdings für gewöhnlich gegenüber kleinen Unternehmen im Vorteil, sodass die Märkte früher oder später von einem Unternehmen (Monopol) oder, was häufiger der Fall ist, von einigen wenigen Unternehmen (Oligopol) beherrscht werden. Wenn zunehmende Skalenerträge ins Spiel kommen, stellt sich für gewöhnlich der Zustand unvollständigen Wettbewerbs auf den Märkten ein.

Zu Beginn dieses Kapitels werden die Begriffe Skalenerträge und unvollständiger Wettbewerb knapp erläutert. Anschließend widmen wir uns zwei Modellen des internationalen Handels, in denen Skaleneffekte und unvollständiger Wettbewerb eine entscheidende Rolle spielen: das Modell des monopolistischen Wettbewerbs und das Dumping-Modell. Der Rest des Kapitels behandelt die Bedeutung externer Skaleneffekte für die Herausbildung von Handelsmustern.

6.1   Skalenerträge und internationaler Handel: ein Überblick

Die bislang vorgestellten Modelle des komparativen Vorteils gingen von der Annahme konstanter Skalenerträge aus. Wir nahmen an, dass verdoppelte Faktoreinsätze in einer Branche auch zu einer Verdopplung der Produktionsmenge führen. In der Praxis weisen viele Branchen aber zunehmende Skalenerträge auf: Ihre Produktion ist umso effizienter, in je größerem Maßstab sie durchgeführt wird. Zunehmende Skalenerträge bedeuten, dass die Verdopplung des Faktoreinsatzes die Produktionsmenge mehr als verdoppelt.

Gesamter Arbeitseinsatz	Produktionsmenge	Durchschnittlicher Arbeitseinsatz
10	5	2
15	10	1,5
20	15	1,333333
25	20	1,25
30	25	1,2
35	30	1,166667

Tabelle 6.1:   Beziehung zwischen Faktoreinsatz und Produktionsmenge einer hypothetischen Branche

Ein einfaches Beispiel soll die Bedeutung der Skalenerträge für den internationalen Handel verdeutlichen. Tabelle 6.1 zeigt die Beziehung zwischen Faktoreinsatz und Produktion einer hypothetischen Branche. Sie produziert Objekte und benötigt dazu nur einen Faktor: Arbeit. Die Tabelle gibt die Abhängigkeit der erforderlichen Arbeitsmenge von der Anzahl der produzierten Objekte wieder. Die Produktion von 10 Objekten erfordert 15 Arbeitsstunden, die Produktion von 25 Objekten 30. Die Existenz von Skalenerträgen erschließt sich aus der Tatsache, dass die Verdopplung des Arbeitseinsatzes von 15 auf 30 die Produktion mehr als verdoppelt – sie steigt um den Faktor 2,5. Sie ergeben sich auch aus dem durchschnittlichen Arbeitseinsatz für jede produzierte Einheit: Wenn nur 5 Objekte produziert werden, beträgt der durchschnittliche Arbeitseinsatz 2 Stunden pro Objekt, bei 25 produzierten Einheiten hingegen fällt der durchschnittliche Arbeitseinsatz auf 1,2 Stunden.

Dieses Beispiel illustriert, weshalb Skaleneffekte einen Anreiz für Außenhandel bieten. Nehmen wir eine aus zwei Ländern bestehende Welt, Amerika und Großbritannien, die beide über dieselbe Technologie zur Produktion von Objekten verfügen, und nehmen wir weiter an, dass jedes Land zunächst 10 Objekte herstellt. Wie aus der Tabelle hervorgeht, erfordert dies in jedem Land 15 Arbeitsstunden, sodass in der Welt als Ganzes mit 30 Arbeitsstunden 20 Objekte hergestellt werden. Doch nun konzentriere sich die Weltproduktion in einem Land, beispielweise Amerika, und Amerika verwende 30 Arbeitsstunden auf die Objektindustrie. In einem einzigen Land eingesetzt, können diese 30 Arbeitsstunden 25 Objekte hervorbringen. Durch die Konzentration der Produktion in Amerika kann die Weltwirtschaft folglich mit demselben Arbeitseinsatz die Objektproduktion um 25 Prozent steigern.

Doch woher nimmt Amerika die zusätzliche Arbeit für die Objektproduktion, und was geschieht mit der Arbeit, die zuvor in der britischen Branche beschäftigt gewesen war? Um die für die erweiterte Produktion einiger Güter erforderliche Arbeit zu erhalten, muss Amerika die Produktion anderer Güter zurückfahren oder einstellen. Diese Güter werden stattdessen fortan in Großbritannien hergestellt, und zwar unter Heranziehung der Arbeit, die zuvor in den mittlerweile in Amerika konzentrierten Sektoren eingesetzt worden war. Gehen wir davon aus, dass zahlreiche Güter von zunehmenden Skalenerträgen in der Produktion gekennzeichnet sind, und nummerieren wir sie: 1, 2, 3, ... Um die Skalenerträge auszunutzen, muss sich jedes Land auf die Produktion einer begrenzten Anzahl von Gütern beschränken. Amerika produziert also beispielsweise die Güter 1, 3, 5 usw., während Großbritannien 2, 4, 6 usw. übernimmt. Wenn jedes Land nur einige Güter produziert, kann jedes Gut in weitaus größeren Mengen hergestellt werden, als wenn jedes Land alles selbst produzieren würde. Auf diese Weise wird die Weltwirtschaft in die Lage versetzt, sämtliche Güter in größeren Mengen zu produzieren.

Welche Rolle spielt dabei der internationale Handel? Die Verbraucher wollen in jedem Land weiterhin eine Vielfalt an Gütern konsumieren. Wenn sich Branche 1 in Amerika ansiedelt und Branche 2 in Großbritannien, dann müssen die amerikanischen Verbraucher von Gut 2 Importgüter aus Großbritannien konsumieren, und die britischen Verbraucher von Gut 1 ihrerseits Importe aus Amerika. Der Welthandel spielt eine entscheidende Rolle: Er ermöglicht jedem Land, sich auf die Produktion einer begrenzten Produktpalette zu konzentrieren und die Vorteile der Massenproduktion zu nutzen, ohne auf Vielfalt im Konsum zu verzichten. Wie wir weiter unten sehen werden, erhöht der Welthandel die Auswahl der angebotenen Güter.

Unser Beispiel zeigt also, wie Skaleneffekte zu wechselseitig vorteilhaftem Außenhandel führen können. Jedes Land spezialisiert sich auf die Produktion einer begrenzten Produktpalette und ist dadurch in der Lage, diese Produkte effizienter herzustellen, als wenn es bemüht wäre, alles selbst zu produzieren. Diese spezialisierten Volkswirtschaften handeln dann miteinander, um alle Güter uneingeschränkt konsumieren zu können.

Leider ist es nicht ganz einfach, ausgehend von dieser einleuchtenden Überlegung ein detailliertes Handelsmodell auf der Grundlage von Größenvorteilen zu entwickeln. Die Schwierigkeit liegt darin, dass diese Skaleneffekte normalerweise zu einer Marktstruktur führen, die keinen vollständigen Wettbewerb aufweist und daher besonders sorgfältig analysiert werden muss.

6.2   Skaleneffekte und Marktstruktur

Das Beispiel in Tabelle 6.1 stellte Skaleneffekte unter der Voraussetzung dar, dass der Arbeitseinsatz pro Produktionseinheit umso kleiner ist, je mehr Einheiten produziert werden. Dabei wurde nicht berücksichtigt, wie diese Produktionserhöhung zustande kam – ob die bestehenden Unternehmen einfach mehr produzierten oder ob die Anzahl der Unternehmen zunahm. Um die Auswirkungen von Skaleneffekten auf die Marktstruktur zu analysieren, muss aber bekannt sein, mit welcher Art von Produktionssteigerung die Durchschnittskosten gesenkt werden können. **Externe Skaleneffekte** (oder **Größenvorteile**) fallen an, wenn die Kosten pro Einheit von der Größe der Branche, aber nicht unbedingt von der Größe des Unternehmens abhängen. **Interne Skaleneffekte** fallen an, wenn die Kosten pro Einheit von der Größe des einzelnen Unternehmens, nicht unbedingt aber der Branche abhängen.

Die Unterscheidung zwischen externen und internen Skaleneffekten soll anhand eines hypothetischen Beispiels veranschaulicht werden. Eine Branche bestehe ursprünglich aus 10 Unternehmen, die jeweils 100 Objekte herstellen, sodass sich die Gesamtproduktion auf 1000 Objekte beläuft. Untersuchen wir nun zwei Fälle. Erstens: Die Branche wächst um das Doppelte, sodass sie nun 20 Unternehmen umfasst, die nach wie vor je 100 Objekte herstellen. Möglicherweise senkt diese Vergrößerung der Branche die Kosten jedes Einzelunternehmens, weil es nun beispielsweise Spezialmaschinen oder spezielle Dienstleistungen günstiger erwerben kann. In diesem Fall fallen in der Branche externe Skaleneffekte an. Der größere Umfang der Branche erhöht die Effizienz der Unternehmen, obwohl sich deren jeweilige Größe nicht verändert.

Zweitens: Der Branchenoutput bleibt konstant bei 1000 Objekten, doch die Anzahl der Unternehmen halbiert sich, sodass jedes der verbliebenen 5 Unternehmen 200 Objekte produziert. Wenn die Produktionskosten in diesem Fall sinken, fallen interne Skaleneffekte an: Ein Einzelunternehmen mit größerer Produktion ist effizienter.

Externe und interne Skaleneffekte wirken sich unterschiedlich auf die Branchenstruktur aus. Eine Branche mit ausschließlich externen Skaleneffekten (in der große Unternehmen also keinen Vorteil genießen) besteht typischerweise aus zahlreichen kleinen Unternehmen und ist von vollständigem Wettbewerb gekennzeichnet. Interne Skaleneffekte hingegen bescheren großen Unternehmen einen Kostenvorteil gegenüber kleinen Unternehmen und führen zur Herausbildung einer von unvollständigem Wettbewerb gekennzeichneten Marktstruktur.

Sowohl externe als auch interne Skaleneffekte sind wichtige Ursachen für Außenhandel. Aufgrund ihrer unterschiedlichen Auswirkungen auf die Marktstruktur ist es allerdings schwierig, beide durch Skaleneffekte bedingte Handelsstrukturen im Rahmen desselben Modells zu besprechen. Wir behandeln sie daher nacheinander.

Beginnen wir mit einem Modell, das auf internen Skaleneffekten basiert. Wie soeben gezeigt, zerstören interne Skaleneffekte den vollständigen Wettbewerb. Dieser Effekt zwingt uns, zunächst die Wirkungsweise des unvollständigen Wettbewerbs zu erörtern, bevor wir zur Analyse der internen Skaleneffekte im internationalen Handel zurückkehren.

6.3 Die Theorie des unvollständigen Wettbewerbs

In einem Markt mit vollständigem Wettbewerb – einem Markt, in dem es viele Käufer und Verkäufer gibt, von denen keiner einen großen Marktanteil innehat – ist den Unternehmen der Preis *vorgegeben*. Die Verkäufer gehen davon aus, dass sie zum aktuellen Preis so viel verkaufen können, wie sie möchten, ohne den Preis für ihr Produkt beeinflussen zu können. Ein Farmer, der Getreide anbaut, kann es also in beliebiger Menge verkaufen, ohne sich darüber sorgen zu müssen, dass Bemühungen um einen größeren Absatz den Marktpreis drücken könnten. Er muss sich keine Gedanken um die Auswirkungen seiner Verkaufszahlen auf die Preise machen, weil jeder individuelle Getreidefarmer nur einen winzigen Teil des Weltmarkts abdeckt.

Anders sieht es aus, wenn nur wenige Unternehmen ein Gut produzieren. Nehmen wir ein besonders klares Beispiel: Der Flugzeughersteller Boeing teilt sich den Markt für große Düsenflugzeuge mit nur einem bedeutenden Konkurrenten, dem europäischen Unternehmen Airbus. Boeing weiß daher, dass es durch eine Steigerung der Produktion das Gesamtangebot an Flugzeugen auf dem Weltmarkt maßgeblich beeinflussen und deren Preis deutlich senken kann. Anders ausgedrückt: Boeing weiß, dass es nur dann mehr Flugzeuge absetzen kann, wenn es den Preis deutlich senkt. Unter diesen Voraussetzungen des **unvollständigen Wettbewerbs** sind sich die Unternehmen also darüber bewusst, dass sie die Preise ihrer Produkte beeinflussen können und dass sie ihren Absatz nur durch Preissenkungen erhöhen können. Unvollständiger Wettbewerb ist charakteristisch für Branchen mit nur wenigen großen Produzenten und für solche Branchen, in denen die Produkte der einzelnen Hersteller in der Wahrnehmung der Konsumenten klar unterschieden werden. Unter diesen Umständen geht jedes Unternehmen davon aus, dass es den Preis seines Produkts *bestimmen* kann, anstatt ihn als vorgegeben hinzunehmen. Es sieht sich als *Preissetzer*, nicht als *Preisnehmer*.

Wenn die Unternehmen den Preis nicht als vorgegeben hinnehmen, müssen wir zusätzliche Verfahren entwickeln, um zu beschreiben, wie Preise und Produktionsmengen bestimmt werden. Die einfachste Marktstruktur mit unvollständigem Wettbewerb ist das **reine Monopol**, ein Markt, in dem ein Unternehmen überhaupt keinem Wettbewerb ausgesetzt ist. Mit den neuen Verfahren können wir dann auch komplexere Marktstrukturen analysieren.

6.3.1 Das Monopol: eine kurze Wiederholung

Abbildung 6.1 zeigt die Stellung eines einzelnen Monopolunternehmens. Es ist mit einer abfallenden Nachfragekurve konfrontiert, die in der Abbildung als *D* bezeichnet wird. Die negative Steigung von *D* zeigt, dass das Unternehmen nur dann mehr Produktionseinheiten verkaufen kann, wenn deren Preis sinkt. Es gehört zu den Grundlagen der Mikroökonomie, dass für einem Polypolisten im vollkommenen Wettbewerb die **Grenzerlöskurve** der Nachfragekurve entspricht. Der Grenzerlös ist der Erlös, der einem

Unternehmen aus dem Verkauf einer zusätzlichen Einheit zuwächst. Bei einem Monopolisten liegt der Grenzerlös dagegen stets unter dem Preis, weil dieses Unternehmen den Preis *aller* Einheiten (nicht nur der zusätzlichen) senken muss, um eine zusätzliche Einheit zu verkaufen. Für einen Monopolisten liegt die Grenzerlöskurve, *MR* (*Marginal Revenue*), daher stets unterhalb der Nachfragekurve.

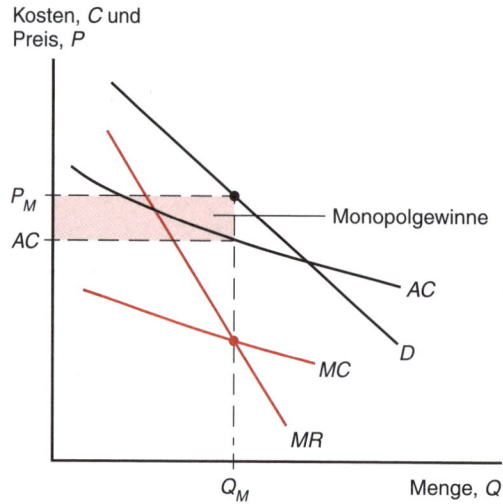

Ein monopolistisches Unternehmen entscheidet sich für eine Produktionsmenge, bei welcher der Grenzerlös, d.h. der durch den Verkauf einer zusätzlichen Einheit erzielte Erlös, den Grenzkosten entspricht, d.h. den Kosten für die Produktion einer zusätzlichen Einheit. Diese gewinnmaximierende Produktionsmenge wird hier als Q_M wiedergegeben, und der Preis, zu dem sie nachgefragt wird, als P_M. Die Grenzerlöskurve *MR* liegt unterhalb der Nachfragekurve *D*, weil bei einem Monopol der Grenzerlös stets geringer ist als der Preis. Die Gewinne des Monopolisten entsprechen der Fläche des eingefärbten Rechtecks. Man berechnet sie, indem man den Unterschied zwischen Preis und Durchschnittkosten mit Q_M multipliziert.

Abbildung 6.1: Preis- und Produktionsentscheidungen eines Monopolisten

Grenzerlös und Preis. Für das weiter unten in diesem Abschnitt eingeführte Modell des monopolistischen Wettbewerbs muss die Beziehung zwischen dem Preis, den der Monopolist pro Einheit erhält, und dem Grenzerlös bestimmt werden. Der Grenzerlös liegt stets unter dem Preis – aber um wie viel? Die Beziehung zwischen Grenzerlös und Preis hängt von zwei Faktoren ab. Erstens wird sie von der gegenwärtigen Absatzmenge des Unternehmens bestimmt. Ein Unternehmen, das nicht besonders viele Einheiten verkauft, verliert nämlich nicht viel, wenn es die Preise für diese Einheiten senkt. Zweitens hängt der Abstand zwischen Preis und Grenzerlös von der Steigung der Nachfragekurve ab, aus der hervorgeht, um welchen Betrag der Monopolist seinen Preis senken muss, um eine zusätzliche Produktionseinheit zu verkaufen. Wenn die Kurve sehr flach ist, genügt schon eine ganz geringe Preissenkung, sodass er den Preis für diejenigen Einheiten, die er ohnehin verkauft hätte, nur geringfügig herabsetzen muss. In diesem Fall liegen Grenzerlös und Preis pro Einheit nahe beisammen. Wenn die Nachfragekurve allerdings sehr steil ist, erfordert der Verkauf einer zusätzlichen Einheit eine starke Preissenkung, sodass der Grenzerlös weit unter dem Preis zu liegen kommt.

Wir können die Beziehung zwischen Preis und Grenzerlös präziser bestimmen, wenn wir davon ausgehen, dass die Nachfragekurve eine gerade Linie bildet, wir es also mit einer linearen Nachfragefunktion zu tun haben. In diesem Fall kann die Abhängigkeit des Gesamtabsatzes des Monopolisten vom verlangten Preis durch folgende Gleichung beschrieben werden:

$$Q = A - B \times P, \qquad \textbf{(6-1)}$$

wobei Q die Anzahl der verkauften Einheiten ist, P der verlangte Preis pro Einheit und A und B Konstanten sind. Im Anhang zu diesem Kapitel wird gezeigt, dass sich der Grenzerlös in diesem Fall folgendermaßen berechnen lässt:

$$\text{Grenzerlös} = MR = P - Q/B, \qquad \textbf{(6-2)}$$

woraus folgt

$$P - MR = Q/B.$$

Aus Gleichung (6-2) geht hervor, dass der Abstand zwischen Preis und Grenzerlös von der ursprünglichen Absatzmenge Q und dem Steigungsparameter B der Nachfragekurve abhängt. Mit wachsender Absatzmenge Q sinkt der Grenzerlös, weil die zur Absatzerhöhung erforderliche Preissenkung dem Unternehmen höhere Kosten verursacht. B ist entsprechend umso größer, je mehr der Absatz bei jeder gegebenen Preiserhöhung sinkt und je näher der Grenzerlös beim Preis des Guts liegt. Die Gleichung (6-2) spielt für unser Handelsmodell des monopolistischen Wettbewerbs eine entscheidende Rolle.

Durchschnittskosten und Grenzkosten. Kehren wir noch einmal zu Abbildung 6.1 zurück. *AC* gibt die **Durchschnittskosten** *(Average Cost)* der Produktion des Unternehmens an, d.h. die Gesamtkosten dividiert durch die Produktionsmenge. Der fallende Verlauf widerspiegelt unsere Annahme von Skalenerträgen: Je größer die Produktionsmenge des Unternehmens, desto geringer seine Kosten pro Einheit. *MC* steht für die **Grenzkosten** *(Marginal Cost)* des Unternehmens, d.h. für die Summe, die zur Produktion einer zusätzlichen Einheit aufgewendet werden muss. Aus den Grundzügen der Volkswirtschaftslehre ist bekannt, dass die Grenzkosten unterhalb der Durchschnittskosten liegen, wenn die Durchschnittskosten eine abnehmende Funktion der Produktionsmenge darstellen. *MC* liegt daher unterhalb von *AC*.

Die Gleichung (6-2) setzte Preis und Grenzerlös zueinander in Beziehung. Eine entsprechende Gleichung beschreibt das Verhältnis zwischen Durchschnitts- und Grenzkosten. Nehmen wir folgende Gleichung für die Kosten (C, für *Costs*) eines Unternehmens an:

$$C = F + c \times Q, \qquad \textbf{(6-3)}$$

wobei F für die fixen Kosten steht, die nicht von der Produktionsmenge des Unternehmens abhängen, c für die Grenzkosten und Q wiederum für die Produktionsmenge des Unternehmens. (Dies bezeichnet man als lineare Kostenfunktion.) *Die Fixkosten einer linearen Kostenfunktion erzeugen Skaleneffekte, weil die Fixkosten pro Einheit mit wachsender Produktion des Unternehmens sinken. Die Durchschnittskosten eines Unternehmens (Gesamtkosten dividiert durch Produktionsmenge) sind dabei folgendermaßen definiert:*

$$\text{Durchschnittskosten} = AC = C/Q = F/Q + c \qquad \textbf{(6-4)}$$

Mit wachsendem Q sinken die Durchschnittskosten, weil die Fixkosten auf eine größere Produktionsmenge verteilt werden.

Wenn beispielsweise $F = 5$ und $c = 1$, dann betragen die Durchschnittskosten für die Produktion von 10 Einheiten $5/10 + 1 = 1{,}5$; und die Durchschnittskosten für 25 Einheiten $5/25 + 1 = 1{,}2$. Wenn Ihnen diese Zahlen bekannt vorkommen, dann deshalb, weil sie auch zur Berechnung der Tabelle 6.1 verwendet wurden. Die in Tabelle 6.1 wiedergegebene Beziehung zwischen Produktionsmenge, Durchschnittskosten und Grenzkosten wird in Abbildung 6.2 grafisch dargestellt. Bei einer Produktionsmenge von Null gehen die Durchschnittskosten gegen Unendlich, und bei einer sehr großen Produktionsmenge nähern sie sich immer mehr den Grenzkosten an.

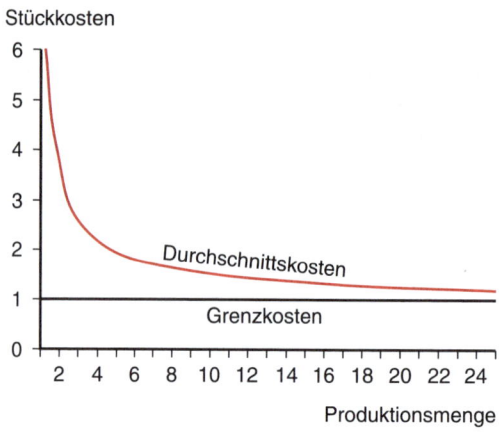

Diese Abbildung illustriert die der Gesamtkostenfunktion $C = 5 + x$ entsprechenden Durchschnitts- und Grenzkosten. Die Grenzkosten liegen durchgehend bei 1, die Durchschnittskosten sinken mit steigender Produktionsmenge.

Abbildung 6.2:   **Durchschnittskosten versus Grenzkosten**

Die gewinnmaximierende Produktionsmenge des Monopolisten liegt an dem Punkt, an dem der Grenzerlös (der durch den Verkauf einer zusätzlichen Einheit erzielt wird) gleich den Grenzkosten ist (die bei der Produktion einer zusätzlichen Einheit anfallen), also im Schnittpunkt der Kurven *MC* und *MR*. In Abbildung 6.1 sehen wir, dass der Preis, zu dem die optimale Produktionsmenge Q_M nachgefragt wird, bei P_M liegt, also über den Durchschnittskosten. Wenn $P > AC$, verzeichnet der Monopolist einen Monopolgewinn.[1]

6.3.2   Monopolistischer Wettbewerb

Monopolgewinne bleiben selten unangefochten. Ein Unternehmen, das hohe Gewinne macht, lockt für gewöhnlich Konkurrenten an. Eine reine Monopolstellung kommt in der Praxis selten vor. Die normale Marktstruktur in Branchen mit internen Skaleneffekten ist

---

[1] Die wirtschaftswissenschaftliche Definition des *Gewinns* unterscheidet sich von derjenigen der normalen Buchhaltung, in der jeder über die Arbeits- und Materialkosten hinausgehende Erlös als Gewinn bezeichnet wird. Ein Unternehmen, dessen Ertrag auf das eingesetzte Kapital unterhalb dessen liegt, was es in anderen Branchen hätte verdienen können, macht keinen Gewinn. Vom wirtschaftswissenschaftlichen Standpunkt her ist der normale Ertrag auf das eingesetzte Kapital Bestandteil der Kosten eines Unternehmens, und nur Erträge, die darüber hinausgehen, gelten als Gewinne.

die des **Oligopols**: mehrere Unternehmen, die alle groß genug sind, um die Preise zu beeinflussen, von denen aber keines ein unangefochtenes Monopol besitzt.

Die allgemeine Analyse des Oligopols ist ein komplexes und umstrittenes Gebiet, weil bei Oligopolen die Unternehmen in ihrer Preispolitik *voneinander abhängig* sind. Jedes an einem Oligopol beteiligte Unternehmen berücksichtigt bei der Festlegung seiner Preise nicht nur die Reaktionen der Konsumenten, sondern auch die zu erwartenden Reaktionen seiner Konkurrenten. Diese hängen wiederum von deren Erwartungen hinsichtlich des Verhaltens des ersten Unternehmens ab, und so befinden wir uns in einem komplizierten Spiel, in dem die Unternehmen versuchen, ihre gegenseitigen Strategien vorwegzunehmen. Weiter unten werden wir die allgemeinen Probleme der Modellierung des Oligopols in knapper Form behandeln. Ein Sonderfall des Oligopols, der monopolistische Wettbewerb, ist jedoch relativ leicht zu analysieren. Seit 1980 werden Modelle des monopolistischen Wettbewerbs in der Außenhandelstheorie in großem Umfang eingesetzt.

Die Modelle des **monopolistischen Wettbewerbs** setzen zwei Grundannahmen voraus, um das Problem der gegenseitigen Abhängigkeit zu umgehen. Die erste lautet, dass jedes Unternehmen in der Lage ist, *sein Produkt* von dem seines Konkurrenten *zu differenzieren*. Die Konsumenten werden also, da sie das spezielle Produkt eines ganz bestimmten Unternehmens kaufen wollen, wegen eines geringen Preisunterschieds nicht gleich zu den Produkten anderer Unternehmen greifen. Diese Produktdifferenzierung sorgt dafür, dass jedes Unternehmen für sein besonderes Produkt innerhalb einer Branche ein Monopol hat und daher bis zu einem bestimmten Grad vor den Wettbewerbern geschützt ist. Die zweite Annahme lautet, dass jedes Unternehmen die von seinen Konkurrenten verlangten Preise als gegeben hinnimmt und die Auswirkungen seiner eigenen Preise auf die Preise anderer Unternehmen ignoriert. Wie der Name sagt, geht das Modell des monopolistischen Wettbewerbs also davon aus, dass sich jedes Unternehmen wie ein Monopolist verhält, obwohl es in Wirklichkeit Wettbewerb ausgesetzt ist.

Gibt es in der Realität Branchen mit monopolistischem Wettbewerb? Einige kommen ihr recht nahe. Die Automobilindustrie in Europa, wo eine Reihe großer Hersteller (Ford, General Motors, Volkswagen, Renault, Peugeot, Fiat, Volvo und seit neuestem Nissan) stark differenzierte und dennoch miteinander konkurrierende Fahrzeuge anbieten, kommt den Annahmen des monopolistischen Wettbewerbs beispielsweise recht nahe. Der Hauptvorteil des Modells des monopolistischen Wettbewerbs besteht allerdings nicht in seiner Realitätsnähe, sondern in seiner Einfachheit. Wie wir im nächsten Abschnitt dieses Kapitels sehen werden, bildet es sehr genau ab, auf welche Weise Skalenerträge zu beidseitig vorteilhaftem Außenhandel führen können.

Bevor wir den Handel untersuchen, muss jedoch das Grundmodell des monopolistischen Wettbewerbs dargelegt werden. Betrachten wir eine aus mehreren Unternehmen bestehende Branche. Diese Unternehmen produzieren differenzierte Produkte, d.h. Güter, die nicht genau gleich, aber austauschbar sind. Jedes Unternehmen ist in dem Sinne ein Monopolist, dass es als einziges genau dieses spezielle Produkt herstellt, doch die Nachfrage nach seinem Produkt hängt davon ab, wie viele ähnliche Produkte zu welchen Preisen von den übrigen Unternehmen dieses Sektors angeboten werden.

Grundannahmen des Modells. Beginnen wir mit der Nachfrage, der sich ein typisches Unternehmen unter Bedingungen des monopolistischen Wettbewerbs gegenübersieht. Im Allgemeinen würde man erwarten, dass der Absatz des Unternehmens umso größer ist, je höher die Nachfrage nach seinem Produkt und je höher der Preis seiner Konkurrenten. Entsprechend erwarten wir einen geringeren Absatz, je größer die Anzahl der in dieser Branche tätigen Unternehmen und je höher der Preis des betreffenden Unternehmens. Die Nachfrage, der ein Unternehmen unter diesen Voraussetzungen begegnet, kann durch folgende Gleichung beschrieben werden[2]:

$$Q = S \times [1/n - b \times (P - \overline{P})], \tag{6-5}$$

wobei Q den Absatz des Unternehmens wiedergibt, S den Gesamtabsatz der Branche, n die Anzahl der Unternehmen in der Branche und b eine Konstante für Absatzänderungen infolge von Preisänderungen des Unternehmens, P den von dem Unternehmen verlangten Preis und $\overline{P}$ den Durchschnittspreis seiner Konkurrenten. Die Gleichung (6-5) soll an dieser Stelle vorläufig durch folgende Überlegungen begründet werden: Wenn alle Unternehmen denselben Preis verlangen, erhält jedes einen Marktanteil von $1/n$. Ein Unternehmen, das mehr als den Durchschnittspreis der anderen Unternehmen verlangt, wird einen kleineren Marktanteil erhalten. Ein Unternehmen, dessen Preis unter dem Durchschnittspreis der anderen liegt, erobert einen größeren Marktanteil.[3]

Die weiteren Überlegungen werden durch die Annahme vereinfacht, dass der Gesamtabsatz der Branche S von ihrem Durchschnittspreis $\overline{P}$ nicht beeinflusst wird. Wir nehmen also an, dass Unternehmen nur auf Kosten voneinander Kunden gewinnen können. Diese Annahme ist zwar unrealistisch, vereinfacht aber die Analyse und trägt zur Konzentration des Modells auf den Wettbewerb zwischen den Unternehmen bei. Insbesondere hat sie zur Folge, dass S die Größe des Marktes wiedergibt und dass, wenn alle Unternehmen denselben Preis verlangen, jedes von ihnen S/n Einheiten verkauft. Wenden wir uns nun den Kosten eines typischen Unternehmens zu. Hier nehmen wir der Einfachheit halber an, dass die Gesamt- und die Durchschnittskosten eines typischen Unternehmens durch die Formeln (6-3) und (6-4) beschrieben werden.

Marktgleichgewicht. Um das Verhalten dieser Branche im Zustand des monopolistischen Wettbewerbs zu modellieren, nehmen wir an, dass alle darin enthaltenen Unternehmen *symmetrisch* sind, d.h. dass ihre Nachfrage- und Kostenfunktionen für alle Unternehmen identisch sind (selbst wenn sie etwas differenzierte Produkte produzieren und verkaufen). Wenn die einzelnen Unternehmen symmetrisch sind, kann man den Zustand der Branche beschreiben, ohne die Merkmale jedes Unternehmens im Einzelnen aufzuführen. Wir müssen lediglich wissen, wie viele Unternehmen sie umfasst und welchen Preis das typische Unternehmen verlangt. Um die Branche analysieren und beispiels-

---

[2] Die Gleichung (6-5) kann aus einem Modell abgeleitet werden, in dem die Konsumenten unterschiedliche Präferenzen haben und die Unternehmen ihre Produkte auf bestimmte Marktsegmente abstimmen. Siehe Stephen Salop, „Monopolistic Competition with Outside Goals", in: *Bell Journal of Economics* 10 (1979), S. 141-156. Salop entwickelt diesen Ansatz.

[3] Die Gleichung (6-5) kann umgeformt werden zu $Q = S/n - S \times b \times (P - \overline{P})$. Wenn $P = \overline{P}$, sinkt Q auf S/n. Für $P > \overline{P}$ gilt $Q < S/n$, für $P < \overline{P}$ gilt $Q > S/n$.

weise die Auswirkungen des Außenhandels erfassen zu können, müssen wir die Anzahl der Unternehmen n und ihren durchschnittlich verlangten Preis $\bar{P}$ kennen. Sobald wir über eine Methode zur Bestimmung von n und $\bar{P}$ verfügen, können wir die Frage stellen, wie sie durch Außenhandel verändert werden.

Unsere Methode zur Bestimmung von n und $\bar{P}$ umfasst drei Schritte. 1) Wir stellen eine Beziehung zwischen der Anzahl der Unternehmen und den *Durchschnittskosten* eines typischen Unternehmens her. Wir zeigen, dass diese Beziehung durch eine ansteigende Kurve wiedergegeben werden kann. Je mehr Unternehmen es gibt, desto geringer die Produktion jedes einzelnen, und desto höher folglich seine Kosten pro Produktionseinheit. 2) Als Nächstes betrachten wir die Beziehung zwischen der Anzahl der Unternehmen und dem Preis, den sie jeweils verlangen und der im Gleichgewicht $\bar{P}$ sein muss. Diese Beziehung zeigt einen fallenden Verlauf; je mehr Unternehmen es gibt, desto härter ist der Wettbewerb zwischen ihnen und desto niedrigere Preise verlangen sie. 3) Und schließlich behaupten wir, dass zusätzliche Unternehmen in die Branche eintreten, sobald der Preis über die Durchschnittskosten steigt, und dass Unternehmen die Branche verlassen, sobald der Preis unter die Durchschnittskosten sinkt. Langfristig wird die Anzahl der Unternehmen also dort liegen, wo sich beide Kurven schneiden: die Kostenfunktion, welche die Durchschnittskosten als Funktion der Unternehmensanzahl angibt, mit der Preisfunktion, welche Preis und Unternehmensanzahl ins Verhältnis setzt.

1. *Unternehmensanzahl und Durchschnittskosten.* Als ersten Schritt zur Bestimmung von n und $\bar{P}$ fragen wir, wie sich die Durchschnittskosten eines typischen Unternehmens zu der Anzahl der Unternehmen in der Branche verhalten. Da in diesem Modell alle Unternehmen symmetrisch sind, verlangen sie im Gleichgewichtszustand alle denselben Preis. Wenn aber alle Unternehmen denselben Preis verlangen, sodass $P = \bar{P}$, dann geht aus der Gleichung (6-5) hervor, dass $Q = S/n$; d.h. auf jedes Unternehmen entfällt eine Produktionsmenge Q in Höhe von $1/n$ des Gesamtabsatzes der Branche S. In Gleichung (6-4) sahen wir jedoch, dass die Durchschnittskosten eines Unternehmens im umgekehrten Verhältnis zu ihrer Produktionsmenge stehen. Daraus schließen wir, dass die Durchschnittskosten von der Größe des Marktes und von der Anzahl der Unternehmen dieser Branche abhängen:

$$AC = F/Q + c = n \times F/S + c \qquad \textbf{(6-6)}$$

Aus Gleichung (6-6) geht hervor, *dass bei ansonsten konstanten Bedingungen die Durchschnittskosten umso höher sind, je mehr Unternehmen in der Branche vertreten sind.* Denn je mehr Unternehmen es gibt, desto weniger produziert jedes einzelne. Nehmen wir als Beispiel eine Branche mit einem Gesamtabsatz von 1 Million Objekten jährlich. Wenn in dieser Branche 5 Unternehmen tätig sind, verkauft jedes 200.000 Objekte pro Jahr. Wenn es 10 Unternehmen sind, beträgt der Jahresabsatz jedes einzelnen nur 100.000, sodass bei jedem Unternehmen höhere Durchschnittskosten anfallen. Die Beziehung zwischen n und Durchschnittskosten ist in Abbildung 6.3 als die steigende Linie CC abgebildet.

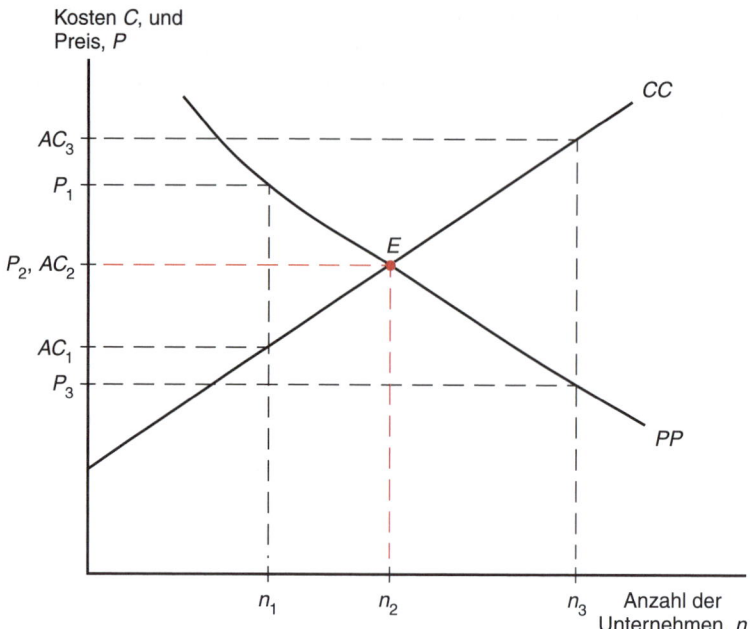

Die Anzahl der Unternehmen in einem Markt mit monopolistischem Wettbewerb und die von ihnen verlangten Preise werden durch zwei Beziehungen bestimmt. Erstens: Mit zunehmender Anzahl der Unternehmen wächst die Konkurrenz und sinkt der Preis in der Branche. Diese Beziehung wird durch PP wiedergegeben. Zweitens: Mit zunehmender Anzahl der Unternehmen sinkt für jedes einzelne der Absatz und steigen die Durchschnittskosten. Diese Beziehung wird durch CC abgebildet. Wenn der Preis die Durchschnittskosten übersteigt (wenn PP oberhalb von CC liegt), macht die Branche Gewinne und zieht zusätzliche Unternehmen an. Wenn der Preis unterhalb der Durchschnittskosten liegt, verzeichnet die Branche Verluste und Unternehmen werden abwandern. Preis und Unternehmensanzahl befinden sich im Gleichgewicht, wenn der Preis gleich den Durchschnittskosten ist, also im Schnittpunkt von PP und CC.

Abbildung 6.3:   Marktgleichgewicht bei monopolistischem Wettbewerb

2. *Die Anzahl der Unternehmen und der Preis.* Der Preis, den das typische Unternehmen verlangt, hängt indessen auch von der Anzahl der in der Branche vertretenen Unternehmen ab. Im Allgemeinen würde man erwarten, dass mit zunehmender Anzahl Unternehmen der Wettbewerb immer härter wird und daher der Preis sinkt. Das Modell bestätigt dies, doch der Nachweis ist nicht ganz einfach. Zunächst zeigen wir, dass jedes Unternehmen mit einer Nachfrage konfrontiert ist, die nach Gleichung (6-1) eine gerade Linie bildet. Dann bestimmen wir mit Hilfe der Gleichung (6-2) die Preise.

Das Modell des monopolistischen Wettbewerbs geht wie gesagt davon aus, dass die Unternehmen ihre gegenseitigen Preise als gegeben hinnehmen. Jedes Unternehmen ignoriert die Möglichkeit, dass eigene Preisänderungen andere Unternehmen veranlassen könnten, ihre Preise ebenfalls zu ändern. Wenn jedes Unternehmen $\bar{P}$ als gegeben annimmt, können wir die Gleichung für die Nachfragekurve folgendermaßen ausmultiplizieren:

$$Q = (S/n + S \times b \times \overline{P}) - S \times b \times P, \tag{6-7}$$

wobei b der Parameter der Gleichung (6-5) war, der anzeigte, wie rasch sich der Marktanteil jedes Unternehmens änderte, wenn es einen anderen Preis verlangte. Jetzt hat die Gleichung wieder dieselbe Form wie (6-1), wobei $(S/n + S \times b \times \overline{P})$ die Stelle der Konstanten A einnimmt und $S \times b$ die Stelle des Steigungskoeffizienten B. Wenn wir diese Größen wieder in die Gleichung für den Grenzerlös (6-2) einsetzen, dann erhalten wir für das typische Unternehmen einen Grenzerlös von

$$MR = P - Q/(S \times b). \tag{6-8}$$

Da die Unternehmen einen maximalen Gewinn anstreben, werden sie ihren Grenzerlös gleich ihren Grenzkosten setzen, sodass

$$MR = P - Q/(S \times b) = c,$$

woraus sich nach Umformung die folgende Gleichung für den von einem typischen Unternehmen verlangten Preis ergibt:

$$P = c + Q/(S \times b). \tag{6-9}$$

Wenn alle Unternehmen denselben Preis verlangen, wird der Absatz jedes Unternehmens, wie oben festgestellt, $Q = S/n$ sein. Wenn wir diesen Ausdruck in die Gleichung (6-9) einsetzen, erhalten wir die Beziehung zwischen der Anzahl der Unternehmen und dem Preis, den jedes von ihnen verlangt:

$$P = c + 1/(b \times n) \tag{6-10}$$

Die Gleichung (6-10) besagt: *Je mehr Unternehmen in einer Branche tätig sind, desto geringer der Preis, den jedes verlangen wird.* Die fallende Kurve *PP* in Abbildung 6.3 ist aus dieser Gleichung abgeleitet.

3. *Die Anzahl der Unternehmen im Gleichgewicht.* Stellen wir nun die Frage nach der Interpretation von Abbildung 6.3. Wir haben die Branche durch zwei Kurven dargestellt. Die fallende Kurve *PP* zeigt: Je mehr Unternehmen in der Branche tätig sind, desto geringer der Preis, den jedes von ihnen verlangen wird. Das leuchtet ein: Je mehr Unternehmen vertreten sind, desto härter der Wettbewerb für jedes einzelne. Die steigende Linie *CC* zeigt, dass mit wachsender Unternehmensanzahl die Durchschnittskosten jedes einzelnen Unternehmens steigen. Auch dies leuchtet ein: Wenn die Anzahl der Unternehmen wächst, sinkt der Absatz jedes einzelnen Unternehmens. Daher sind die Unternehmen nicht in der Lage, einen tiefer gelegenen Punkt auf ihrer Durchschnittskostenkurve zu erreichen.

Die beiden Kurven schneiden sich in Punkt E, welcher der Unternehmensanzahl n_2 entspricht. Die Bedeutung von n_2 liegt darin, dass bei dieser Anzahl Unternehmen in der Branche *kein Gewinn* gemacht wird. Wenn es in der Branche n_2 Unternehmen gibt, liegt ihr gewinnmaximierender Preis bei P_2 und entspricht damit genau den Durchschnittskosten AC_2.

Im Folgenden werden wir aufzeigen, dass die Anzahl der Unternehmen in der Branche langfristig auf n_2 zugeht, sodass das langfristige Gleichgewicht der Branche in Punkt E liegt.

Gehen wir davon aus, dass n niedriger ist als n_2, also n_1. Die Unternehmen verlangen in diesem Fall den Preis P_1, während ihre Durchschnittskosten nur bei AC_1 liegen. Sie machen also Monopolgewinne. Nehmen wir umgekehrt an, n sei größer als n_2, also n_3. Die Unternehmen verlangen nur den Preis P_3, bei Durchschnittskosten von AC_3. Sie machen Verluste.

In eine gewinnträchtige Branche steigen Unternehmen mit der Zeit ein, aus einer verlustträchtigen ziehen sie sich zurück. Wenn die Zahl der Unternehmen geringer ist als n_2, wird sie nach und nach steigen; wenn sie größer ist, wird sie fallen. Daraus folgt, dass sich bei n_2 die Anzahl der Unternehmen in der Branche im Gleichgewicht befindet und P2 der Gleichgewichtspreis ist.[4]

Wir haben somit ein Modell des monopolistischen Wettbewerbs entwickelt, anhand dessen wir bestimmen können, bei welcher Anzahl Unternehmen sich eine Branche im Gleichgewicht befindet und welchen Durchschnittspreis diese Unternehmen berechnen. Aus diesem Modell können wir einige wichtige Schlussfolgerungen über die Bedeutung von Skalenerträgen im internationalen Handel ziehen. Zuvor verweilen wir jedoch noch kurz bei einigen Beschränkungen des Modells des monopolistischen Wettbewerbs.

6.3.3   Beschränkungen des Modells des monopolistischen Wettbewerbs

Das Modell des monopolistischen Wettbewerbs erfasst bestimmte Schlüsselelemente von Märkten, die von Skalenerträgen und daher von unvollständigem Wettbewerb gekennzeichnet sind. Allerdings gilt der monopolistische Wettbewerb nur für wenige Branchen. Die häufigste Marktstruktur ist die des Oligopols, bei dem nur wenige Unternehmen aktiv miteinander konkurrieren. In dieser Situation kann die Hauptannahme des Modells des monopolistischen Wettbewerbs, dass sich jedes Unternehmen wie ein echter Monopolist verhält, nicht aufrechterhalten werden. Die Unternehmen sind sich vielmehr über den Einfluss ihres Verhaltens auf das Verhalten der anderen bewusst und stellen diese wechselseitige Abhängigkeit in Rechnung.

Unter den Bedingungen des allgemeinen Oligopols treten zwei Verhaltensmuster auf, die beide von den Annahmen des monopolistischen Wettbewerbs ausgeschlossen werden. Das erste ist abgestimmtes Verhalten (*Kollusion*). Im Rahmen einer Übereinkunft hält jedes Unternehmen seinen Preis oberhalb des Niveaus, das eigentlich den höchsten Gewinn verspricht. Da die Gewinne jedes Unternehmens höher ausfallen, wenn seine

---

[4]   Diese Analyse übergeht ein kleines Problem: Die Anzahl der Unternehmen in einer Branche muss natürlich eine ganze Zahl sein, z.B. 5 oder 8. Was geschieht also, wenn n2 gleich 6,37 ist? In diesem Fall wird es in der Branche 6 Unternehmen geben, die alle Monopolgewinne verzeichnen, aber nicht von Branchenneulingen bedroht werden, weil jeder weiß, dass die Branche mit 7 Unternehmen Verluste machen würde. In den meisten Beispielen für monopolistischen Wettbewerb fällt diese Einschränkung kaum ins Gewicht und wir berücksichtigen sie an dieser Stelle nicht.

Konkurrenten höhere Preise verlangen, können solche Absprachen die Gewinne aller Unternehmen (auf Kosten der Konsumenten) erhöhen. Ein solches Verhalten kann entweder auf explizite Verträge (die in den USA illegal sind) oder auf stillschweigende Koordinationsstrategien zurückgehen, in deren Rahmen einem Unternehmen die Rolle des Preisführers für die gesamte Branche zugestanden wird.

Auch *strategisches* Verhalten ist möglich. Dabei treffen Unternehmen Maßnahmen, die auf den ersten Blick die Gewinne senken, doch in Wirklichkeit das Verhalten der Konkurrenten gezielt beeinflussen. Zum Beispiel bauen Unternehmen manchmal zusätzliche Kapazitäten auf, die sie gar nicht benutzen wollen, nur um potenzielle Rivalen vom Eintritt in die Branche abzuschrecken.

Diese Möglichkeiten – abgestimmtes und strategisches Verhalten – machen die Analyse des Oligopols zu einer komplizierten Angelegenheit. Es gibt kein allgemein akzeptiertes Modell für das Verhalten von Oligopolen, sodass die Modellierung des Außenhandels in monopolistischen Branchen schwierig ist.

Der Vorzug des Modells des monopolistischen Wettbewerbs liegt darin, dass diese Schwierigkeiten ausgeblendet werden. Obwohl es einige Merkmale der Realität ausblendet, gilt es weithin als Ansatz, der zumindest einen ersten Zugang zum Verständnis der Bedeutung von Skalenerträgen im internationalen Handel eröffnet.

6.4 Monopolistischer Wettbewerb und Außenhandel

Der Anwendung des monopolistischen Wettbewerbsmodells auf den Außenhandel liegt der Gedanke zugrunde, dass internationaler Handel den Markt vergrößert. In Branchen mit Skaleneffekten wird sowohl die Gütervielfalt, die ein Land produzieren kann, als auch die Produktionsmenge von der Marktgröße beschränkt. Indem Nationen durch Außenhandel einen integrierten Weltmarkt schaffen, der größer ist als jeder der einzelnen nationalen Märkte, können sie diese Beschränkungen lockern. Jedes Land kann sich auf die Produktion einer engeren Produktpalette konzentrieren, als dies ohne Außenhandel möglich wäre. Durch den Erwerb der Güter, die es nicht herstellt, von anderen Ländern kann jede Nation zugleich die Güterauswahl für ihre Konsumenten erweitern. Infolgedessen verspricht Außenhandel auch dann wechselseitige Vorteile, wenn sich die Länder hinsichtlich ihrer Ressourcen oder ihrer Technologie nicht unterscheiden.

Gehen wir beispielsweise von zwei Ländern aus, die jeweils über einen Markt von 1 Million Automobilen jährlich verfügen. Durch Außenhandel können diese Länder einen kombinierten Markt von 2 Millionen Autos schaffen. In diesem kombinierten Markt können Autos zu geringeren Durchschnittskosten und in größerer Vielfalt hergestellt werden als in jedem einzelnen Markt.

Anhand des Modells des monopolistischen Wettbewerbs lässt sich nachweisen, dass Außenhandel den Zielkonflikt zwischen Größenvorteilen in der Produktion und Produktvielfalt entschärft. Zunächst soll gezeigt werden, wie ein größerer Markt im Modell des monopolistischen Wettbewerbs sowohl zu einem geringeren Durchschnittspreis als auch zu einem vielfältigeren Güterangebot führt. Die Übertragung dieses Befunds auf den Außenhandel macht deutlich, dass der Weltmarkt, der durch diesen Handel entsteht, größer ist als jeder der nationalen Märkte, die er umfasst. Die Integration der Märkte durch internationalen Handel hat folglich dieselben Auswirkungen wie das Wachstum des Marktes in einem einzelnen Land.

6.4.1   Die Auswirkungen einer Vergrößerung des Marktes

In einer Branche mit monopolistischem Wettbewerb beeinflusst die Größe des Marktes sowohl die Anzahl der in ihm tätigen Unternehmen als auch die verlangten Preise. In größeren Märkten gibt es für gewöhnlich mehr Unternehmen und mehr Absatz pro Unternehmen; den Konsumenten werden sowohl niedrigere Preise als auch eine größere Produktvielfalt geboten als den Konsumenten in kleinen Märkten.

Um diesen Sachverhalt im Rahmen unseres Modells darzustellen, kehren wir noch einmal zur Kurve CC in Abbildung 6.3 zurück. Sie zeigt, dass die Durchschnittskosten pro Unternehmen umso höher liegen, je mehr Unternehmen in der Branche vertreten sind. Die Kurve CC ist durch Gleichung (6-6) definiert:

$$AC = F/Q + c = n \times F/S + c.$$

Aus dieser Gleichung geht hervor, dass ein Anstieg des Gesamtabsatzes S die Durchschnittskosten bei jeder gegebenen Anzahl Unternehmen n senkt. Denn wenn der Markt bei einer konstant bleibenden Anzahl Unternehmen wächst, steigen die Verkäufe pro Unternehmen und sinken daher die Durchschnittskosten jedes Unternehmens. Wenn wir also zwei Märkte mit unterschiedlichem S vergleichen, wird die Kurve CC für den größeren Markt unterhalb derjenigen des kleineren Marktes liegen.

Die Kurve PP in Abbildung 6.3, die den von den Unternehmen verlangten Preis zur Anzahl der Unternehmen in Beziehung setzt, verändert sich hingegen nicht. Diese Kurve ist durch Gleichung (6-10) definiert:

$$P = c + 1/(b \times n)$$

Die Marktgröße kommt in dieser Gleichung nicht vor, eine Veränderung von SS bedingt also keine Verschiebung von PP.

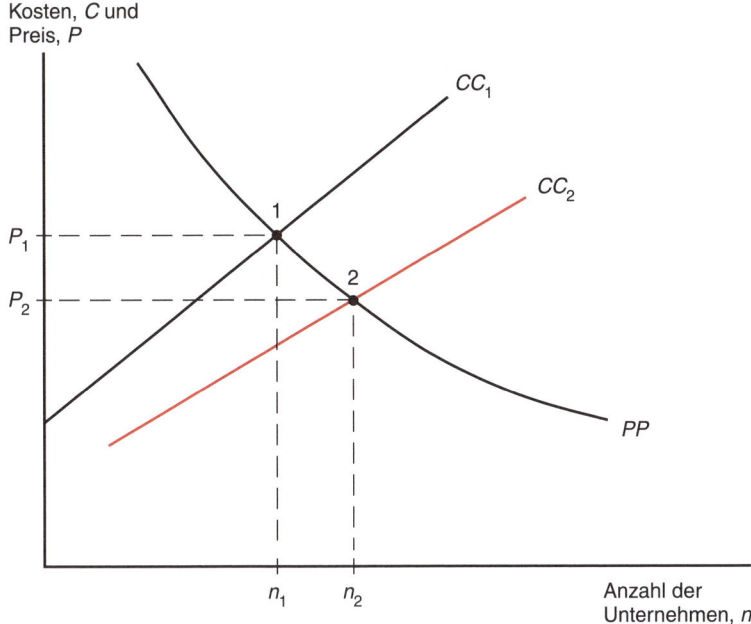

Eine Vergrößerung des Marktes ermöglicht jedem Unternehmen bei ansonsten konstanten Bedingungen, mehr zu produzieren und damit die Durchschnittskosten zu senken. Dies zeigt die Abwärtsverschiebung von CC_1 nach CC_2. In der Folge steigt die Anzahl der Unternehmen (und damit die Gütervielfalt) bei gleichzeitig sinkenden Preisen.

Abbildung 6.4: **Auswirkungen einer Vergrößerung des Marktes**

Abbildung 6.4 veranschaulicht anhand dieser Informationen die Auswirkungen eines vergrößerten Marktes auf das langfristige Gleichgewicht. Das ursprüngliche Gleichgewicht liegt in Punkt 1, bei dem Preis P_1 und der Unternehmensanzahl n_1. Eine Vergrößerung des Marktes, gemessen im Gesamtabsatz der Branche S, verschiebt die CC-Kurve nach unten, von CC_1 nach CC_2, während die Kurve PP nicht beeinflusst wird. Das neue Gleichgewicht liegt in Punkt 2: Die Anzahl der Unternehmen steigt von n_1 nach n_2, der Preis sinkt von P_1 auf P_2.

Die Konsumenten bevorzugen selbstredend einen größeren Markt: In Punkt 2 wird eine größere Produktauswahl zu einem geringeren Preis angeboten als in Punkt 1.

6.4.2   Gewinne aus einem integrierten Markt: ein Zahlenbeispiel

Außenhandel kann einen größeren Markt schaffen. Die Auswirkungen des Außenhandels auf Preise, Mengen und Vielfalt der verfügbaren Güter sollen nun anhand eines Zahlenbeispiels veranschaulicht werden.

Gehen wir von einer Automobilindustrie mit monopolistischem Wettbewerb aus. Gleichung (6-5) beschreibt die Nachfragekurve für jeden Automobilhersteller, wobei b = 1/30.000. (Dieser Wert hat keine besondere Bedeutung, es lässt sich nur leicht damit rechnen.) Jeder Hersteller sieht sich also folgender Nachfrage gegenüber:

$$Q = S \times [1/n - (1/30.000) \times (P - \overline{P})]$$

Dabei steht Q für die Anzahl verkaufter Automobile pro Unternehmen, S für den Gesamtabsatz der Branche, n für die Anzahl der Unternehmen, P für den von einem Unternehmen verlangten Preis und $\overline{P}$ für den Durchschnittspreis der übrigen Unternehmen. Wir nehmen weiter an, dass Gleichung (6-3) die Kostenfunktion für die Automobilproduktion beschreibt, mit den Fixkosten F = \$ 750.000.000 und den Grenzkosten c = \$ 5000 pro Automobil (auch diese Werte sind so gewählt, dass die Rechnung glatt aufgeht). Die Gesamtkosten betragen:

$$C = 750.000.000 + (5000 \times Q)$$

Die Durchschnittskostenkurve ist daher:

$$AC = (750.000.000/Q) + 5000$$

Gehen wir nun von zwei Ländern aus, Inland und Ausland. Inland hat einen Jahresabsatz von 900.000 Automobilen, Ausland von 1,6 Millionen. Nehmen wir zunächst gleiche Produktionskosten für beide Länder an.

Abbildung 6.5a zeigt die Kurven PP und CC für die inländische Autoindustrie. In Abwesenheit von Außenhandel hätte Inland also sechs Automobilunternehmen, die jedes pro Fahrzeug einen Preis von 10.000 Dollar verlangen. (Man kann die Gleichung auch nach n und P auflösen, wie im mathematischen Postskriptum zu diesem Kapitel gezeigt wird.) Um nachzuweisen, dass dies das langfristige Gleichgewicht ist, müssen wir zeigen, dass die Preisgleichung (6-10) erfüllt ist und dass der Preis den Durchschnittskosten entspricht.

Die Einsetzung der realen Werte für die Grenzkosten c, den Nachfrageparameter b und die inländische Unternehmensanzahl in Gleichung (6-10) ergibt:

$$P = \$10.000 = c + 1/(b \times n) = \$5000 + 1/[(1/30.000) \times 6] = \$5000 + \$5000$$

Die Bedingung für die Gewinnmaximierung – der Grenzerlös ist gleich den Grenzkosten – ist damit erfüllt. Jedes Unternehmen verkauft 900.000 Einheiten/6 Unternehmen = 150.000 Einheiten/ Unternehmen. Die Durchschnittskosten betragen daher:

$$AC = (\$750.000.000/150.000) + \$5000 = \$10.000$$

Da die Durchschnittskosten von 10.000 Dollar pro Einheit gleich dem Preis sind, hat der Wettbewerb jegliche Monopolgewinne verhindert. Das langfristige Gleichgewicht des Inlandsmarktes liegt also bei sechs Unternehmen, einem Verkaufspreis von 10.000 Dollar und einer Produktionsmenge von 150.000 Autos pro Unternehmen.

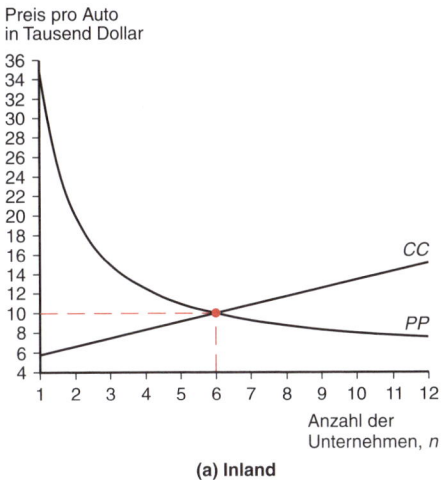

(a) Der Inlandsmarkt: Bei einer Marktgröße von 900.000 Automobilen liegt das Gleichgewicht von Inland, bestimmt durch den Schnittpunkt von *PP* und *CC*, bei sechs Unternehmen und einem Branchenpreis von 10.000 Dollar pro Auto. (b) Der Auslandsmarkt: Bei einer Marktgröße von 1,6 Millionen Automobilen liegt das Gleichgewicht von Ausland bei acht Unternehmen und einem Branchenpreis von 8750 Dollar pro Auto. (c) Der kombinierte Markt: Die Integration beider Märkte erzeugt einen Markt von 2,5 Millionen Autos. Dieser Markt trägt zehn Unternehmen und der Preis eines Autos liegt bei nur 8000 Dollar.

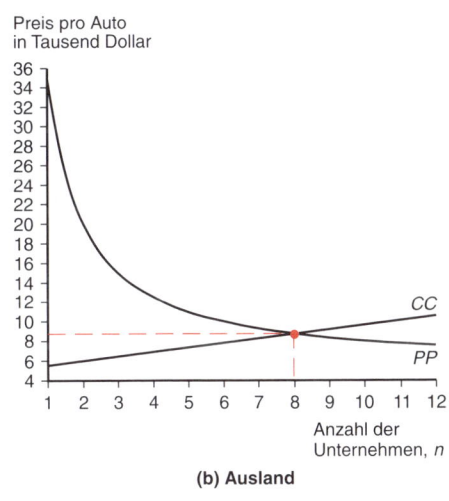

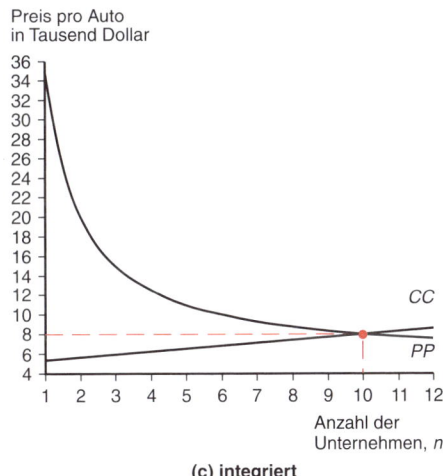

Abbildung 6.5: Gleichgewicht des Automobilmarkts

Kommen wir nun zu Ausland. Bei einem Markt von 1,6 Millionen Automobilen schneiden sich die Kurven *PP* und *CC* (Graph b) in Abbildung 6.5 bei $n = 8$ und $P = 8750$. In Abwesenheit von Außenhandel würde der Auslandsmarkt also acht Unternehmen tragen, die jeweils 200.000 Automobile herstellen und sie zu einem Preis von 8750 Dollar verkaufen. Wieder lässt sich nachweisen, dass dieses Ergebnis die Gleichgewichtsbedingungen erfüllt:

$$P = \$8750 = c + 1/(b \times n) = \$5000 + 1/[(1/30.000) \times 8] = \$5000 + \$3750$$

und

$$AC = (\$750.000.000/200.000) + \$5000 = \$8750.$$

Nehmen wir nun an, Inland und Ausland könnten kostenfrei mit Automobilen handeln. Dieser Handel schafft einen neuen, integrierten Markt (Graph *c*) in Abbildung 6.5 mit einem Gesamtabsatz von 2,5 Millionen Autos. Wenn wir nun abermals die Kurven *PP* und *CC* zeichnen, stellen wir fest, dass dieser integrierte Markt zehn Unternehmen trägt, die jeweils 250.000 Autos produzieren und sie zu einem Preis von 8000 Dollar verkaufen. Die Bedingungen für Gewinnmaximierung und fehlende Monopolgewinne sind auch hier erfüllt:

$$P = \$8000 = c + 1/(b \times n) = \$5000 + 1/[(1/30.000) \times 10] = \$5000 + \$3000$$

und

$$AC = (\$750.000.000/250.000) + \$5000 = \$8000.$$

Tabelle 6.2 fasst zusammen, zu welchen Ergebnissen die Schaffung eines integrierten Marktes geführt hat. Sie vergleicht jeden Einzelmarkt mit dem integrierten Markt. Der integrierte Markt trägt mehr Unternehmen, die jeweils in größerem Maßstab produzieren und ihre Produkte zu einem geringeren Preis verkaufen als jeder nationale Markt für sich.

Aufgrund der Integration geht es eindeutig allen Beteiligten besser. In dem größeren Markt haben die Konsumenten mehr Auswahl und dennoch kann jedes Unternehmen sein Produkt zu einem niedrigeren Preis anbieten, weil alle mehr produzieren.

Um in den Genuss dieser Integrationsgewinne zu kommen, müssen die Länder Außenhandel treiben. Um Skalenerträge zu erzielen, muss jedes Unternehmen seine Produktion in einem Land – entweder in Inland oder in Ausland – konzentrieren. Seine Produktion muss es allerdings an die Konsumenten beider Märkte verkaufen. Folglich wird jedes Produkt in nur einem Land hergestellt und in das andere exportiert.

	Inlandsmarkt vor Außenhandel	Auslandsmarkt vor Außenhandel	Integrierter Markt nach Außenhandel
Gesamtabsatz an Autos	900.000	1.600.000	2.500.000
Anzahl Unternehmen	6	8	10
Absatz pro Unternehmen	150.000	200.000	250.000
Durchschnittskosten	10.000	8750	8000
Preis	10.000	8750	8000

Tabelle 6.2: Hypothetisches Beispiel für Integrationsgewinne

6.4.3   Skalenerträge und komparativer Vorteil

Unser Beispiel einer Branche mit monopolistischem Wettbewerb sagt wenig über das durch Skalenerträge bedingte Handelsmuster aus. Das Modell nimmt gleiche Produktionskosten für beide Länder an und sieht von Handelskosten ab. Gestützt auf diese Annahmen wissen wir zwar, dass der integrierte Markt zehn Unternehmen tragen wird, können aber ihren Standort nicht vorhersagen. Es könnten sich zum Beispiel vier Unternehmen in Inland und sechs in Ausland ansiedeln – ebenso gut ist im Rahmen unseres Beispiels aber auch möglich, dass alle zehn Ausland (oder Inland) wählen.

Um zusätzlich zu der Aussage, dass der Markt zehn Unternehmen tragen wird, noch weitere Prognosen treffen zu können, müssen wir über die bisher betrachtete partielle Gleichgewichtslage hinausgehend untersuchen, wie die Wechselwirkung von Skalenerträgen und komparativem Vorteil die internationalen Handelsmuster bestimmt.

Gehen wir also wie gewohnt von einer Weltwirtschaft aus, die aus zwei Ländern, Inland und Ausland, besteht. Diese Länder haben jeweils zwei Produktionsfaktoren, Kapital und Arbeit. Inland hat insgesamt ein höheres Kapital-Arbeits-Verhältnis als Ausland, ist also das kapitalreiche Land. Außerdem gibt es zwei Sektoren, die Industrie und die Lebensmittelproduktion, wobei die Industrie kapitalintensiver ist.

Der Unterschied zwischen diesem Modell und dem Faktorproportionenmodell aus Kapitel 4 besteht darin, dass die Industrie nun nicht mehr von vollständigem Wettbewerb gekennzeichnet ist und kein homogenes Produkt mehr herstellt. Stattdessen herrschen dort die Verhältnisse des monopolistischen Wettbewerbs, unter denen eine Reihe Unternehmen differenzierte Produkte herstellen. *Aufgrund der Skalenerträge ist kein Land in der Lage, die ganze Palette der Industrieprodukte selbst herzustellen; obwohl also beide Länder möglicherweise Industrieprodukte herstellen, werden es nicht dieselben sein.* Der monopolistische Wettbewerb im Industriesektor bedingt einen wichtigen Unterschied im Handelsmuster. Dieser Unterschied wird besonders deutlich, wenn man sich vergegenwärtigt, was geschähe, wenn in diesem Sektor *kein* monopolistischer Wettbewerb herrschen würde.

Aus Kapitel 4 wissen wir, wie das Handelsmuster aussähe, wenn die Industrie *kein* Sektor mit differenzierten Produkten wäre. Weil Inland kapitalreich und die Industrie kapitalintensiv ist, hätte Inland ein größeres relatives Angebot an Industrieprodukten, folglich würde es Industrieprodukte exportieren und Lebensmittel importieren. Abbildung 6.6 stellt dieses Handelsmuster schematisch dar. Die Länge der Pfeile zeigt den Wert des Handelsvolumens in jede Richtung an. Das Schaubild zeigt, dass Inland Industrieprodukte im selben Wert exportieren würde, wie es Lebensmittel importiert.

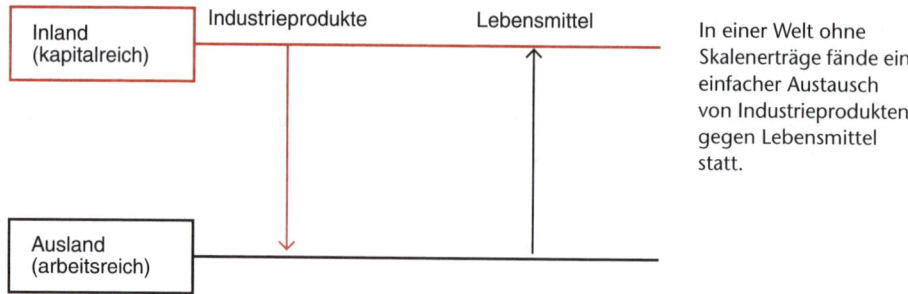

In einer Welt ohne Skalenerträge fände ein einfacher Austausch von Industrieprodukten gegen Lebensmittel statt.

Abbildung 6.6:   **Außenhandel in einer Welt ohne zunehmende Skalenerträge**

Unter der Annahme, dass in der Industrie monopolistischer Wettbewerb herrscht (jedes Unternehmen differenziert seine Produkte von denjenigen der anderen Unternehmen), ist Inland nach wie vor *Netto*exporteur von Industrieprodukten und Importeur von Lebensmitteln. Die Auslandsunternehmen im Industriesektor produzieren jedoch anders gestaltete Produkte als die Inlandsunternehmen. Da einige Inlandskonsumenten die Produktvarianten von Ausland bevorzugen, wird Inland ungeachtet seines Handelsüberschusses bei Industrieprodukten in diesem Sektor nicht nur exportieren, sondern auch importieren. Bei monopolistischem Wettbewerb in der Industrie wird sich also das in Abbildung 6.7 gezeigte Handelsmuster ergeben.

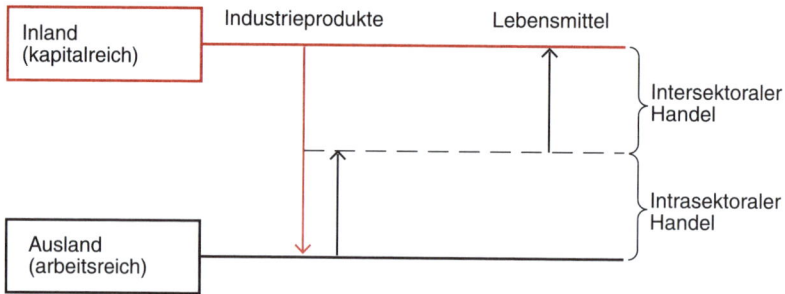

Bei monopolistischem Wettbewerb im Industriesektor stellen Inland und Ausland differenzierte Produkte her. Selbst wenn Inland Nettoexporteur von Industrieprodukten ist, importiert es daher auch Industrieprodukte. So entsteht intrasektoraler (brancheninterner) Handel.

Abbildung 6.7:   **Handel bei steigenden Skalenerträgen und monopolistischem Wettbewerb**

Das Modell des monopolistischen Wettbewerbs unterscheidet zwei Arten des Welthandels. Der erste ist der beidseitig gerichtete Handel *innerhalb* des Industriesektors. Diesen Austausch von Industrieprodukten gegen Industrieprodukte bezeichnet man als **intrasektoralen Handel**. Den übrigen Handel, bei dem Industrieprodukte gegen Lebensmittel getauscht werden, bezeichnet man als **intersektoralen Handel**.

Beachten Sie im Hinblick auf dieses Handelsmuster folgende vier Punkte:

1. *Intersektoraler* Handel (Industrieprodukte gegen Lebensmittel) widerspiegelt einen komparativen Vorteil. Das Muster des intersektoralen Handels besteht darin, dass Inland, das kapitalreiche Land, Nettoexporteur kapitalintensiver Industrieprodukte und Nettoimporteur arbeitsintensiver Lebensmittel ist. Der komparative Vorteil spielt für den Handel also nach wie vor eine große Rolle.

2. *Intrasektoraler* Handel (Industrieprodukte gegen Industrieprodukte) widerspiegelt *keinen* komparativen Vorteil. Selbst wenn die Länder insgesamt das gleiche Kapital-Arbeits-Verhältnis aufwiesen, würden ihre Branchen dennoch differenzierte Produkte herstellen, und die Nachfrage der Konsumenten nach ausländischen Produkten würde intrasektoralen Handel hervorbringen. Die Vorteile wachsender Skalenerträge halten jedes Land davon ab, die ganze Produktpalette selbst herzustellen. Skalenerträge können also eine unabhängige Ursache des Außenhandels darstellen.

3. Das Muster des intrasektoralen Handels entzieht sich der Prognose. Wir haben keine Aussagen darüber getroffen, welches Land in seinem Industriesektor welche Produkte herstellen wird, weil das Modell darüber keinen Aufschluss gibt. Wir wissen nur, dass die Länder unterschiedlich gestaltete Produkte herstellen werden. Da das Handelsmuster im Einzelnen von der geschichtlichen Entwicklung und vom Zufall abhängt, weist es zwangsläufig eine Zufallskomponente auf, sobald Skalenerträge eine wichtige Rolle spielen. Beachten Sie jedoch, dass das Handelsmuster als Ganzes nicht gänzlich unvorhersehbar ist. Während das exakte Muster des intrasektoralen Handels im Industriesektor dem Zufall überlassen bleibt, wird das Muster des intersektoralen Handels zwischen dem Industrie- und dem Lebensmittelsektor von den unterschiedlichen Faktorausstattungen der Länder bestimmt.

4. Die relative Bedeutung des intrasektoralen und des intersektoralen Handels hängt von den Ähnlichkeiten zwischen beiden Ländern ab. Wenn Inland und Ausland ähnliche Kapitalintensitäten aufweisen, wird es zu wenig intersektoralem Handel kommen und der intrasektorale Handel, der letztlich durch Skalenerträge bedingt ist, wird vorherrschen. Wenn sie sich andererseits hinsichtlich ihrer Kapitalintensitäten stark unterscheiden, sodass sich Ausland beispielsweise vollständig auf die Lebensmittelproduktion spezialisiert, wird es keinen auf unterschiedlichen Skalenerträgen basierenden intrasektoralen Handel geben. Der gesamte Handel wird auf den komparativen Vorteil zurückzuführen sein.

6.4.4   Die Bedeutung des intrasektoralen Außenhandels

Rund ein Viertel des Welthandels besteht aus intrasektoralem Handel, d.h. dem beidseitig gerichteten Güteraustausch innerhalb desselben Industriesektors. Eine besonders große Rolle spielt der intrasektorale Handel beim Austausch von Industrieprodukten unter fortgeschrittenen Industrienationen, der den größten Teil des Welthandels ausmacht. Mit der Zeit haben sich die Industrienationen hinsichtlich ihres technologischen Niveaus sowie der Verfügbarkeit von Kapital und qualifizierter Arbeit einander immer mehr angeglichen. Da sich die großen Handelsnationen inzwischen im Hinblick auf Technologie und Ressourcen ähneln, gibt es innerhalb einer Branche oft keinen klaren komparativen Vorteil. Ein großer Teil des internationalen Handels vollzieht sich daher in Form eines in beide Richtungen verlaufenden Austauschs zwischen den Branchen, der vorwiegend durch Skalenerträge bedingt sein dürfte. Die Spezialisierung auf bestimmte Branchen aufgrund eines komparativen Vorteils ist von nachrangiger Bedeutung.

Tabelle 6.3 zeigt die Bedeutung des intrasektoralen Handels für eine Reihe US-amerikanischer Branchen im Jahr 1993. Als Maß gilt der Anteil des intrasektoralen Handels am gesamten Handelsvolumen.[5] Es reicht von 0,99 für anorganische Chemieprodukte – ein Sektor, in dem sich Exporte und Importe der USA nahezu die Waage halten – bis hin zu 0,00 für Schuhe, ein Sektor, in dem die USA große Importe, aber so gut wie keine Exporte aufweisen. Für eine Branche, in der die USA ausschließlich Exporteur oder Importeur wären, aber nicht beides zugleich, würde sich das Maß 0 ergeben. Für eine Branche, in der die Exporte der USA exakt gleich den Importen wären, würde sich der Wert 1 ergeben.

Anorganische Chemieprodukte	0,99
Energieerzeugende Anlagen und Geräte	0,97
Elektrische Anlagen und Geräte	0,96
Organische Chemieprodukte	0,91
Medizinische und pharmazeutische Produkte	0,86
Büromaschinen	0,81
Telekommunikationsgeräte und Zubehör	0.69
Straßenfahrzeuge	0,65
Eisen und Stahl	0,43
Textil und Bekleidung	0,27
Schuhe	0,00

Tabelle 6.3: Indices des intrasektoralen Handels für US-Industriesektoren im Jahr 1993

---

[5] Um genauer zu sein, die Gleichung zur Bewertung der Bedeutung des intrasektoralen Handels für eine gegebene Branche ist:

$$I = 1 - \frac{\left|\text{Exporte} - \text{Importe}\right|}{\text{Exporte} + \text{Importe}}$$

Der Betrag Exporte – Importe steht für den „absoluten Wert der Handelsbilanz": Wenn die Exporte 100 Millionen Dollar höher sind als die Importe, dann ist der Zähler des Bruchs 100, wenn sie 100 Millionen Dollar niedriger sind als die Importe, bleibt der Betrag des Zählers 100. In Außenhandelsmodellen, die auf dem komparativen Vorteil basieren, gehen wir davon aus, dass ein Land ein Gut entweder importiert oder exportiert, aber nicht beides. In letzterem Fall wäre I stets gleich Null. Wenn die Exporte und Importe eines Landes innerhalb einer Branche gleich sind, ergibt sich für $I = 1$.

Tabelle 6.3 zeigt, dass in vielen Branchen ein großer Teil des Handels eher intrasektoral (näher an 1) als intersektoral (näher an 0) ist. Die Industriesektoren sind absteigend nach der relativen Bedeutung des intrasektoralen Handels geordnet. Branchen mit einem hohen Anteil an intrasektoralem Handel stellen normalerweise hochkomplexe Güter her: Chemieprodukte, Medikamente oder Anlagen zur Energieerzeugung. Diese Güter werden in erster Linie von fortgeschrittenen Nationen exportiert, und ihre Produktion dürfte erheblichen Skalenerträgen unterliegen. Die Branchen mit einem geringen Anteil an intrasektoralem Handel am unteren Ende der Skala stellen typischerweise arbeitsintensive Produkte her: Schuhe und Bekleidung. Dies sind Güter, welche die USA hauptsächlich von weniger entwickelten Ländern importieren. Der komparative Vorteil liegt dabei auf der Hand und gibt den entscheidenden Ausschlag über den Handel der USA mit diesen Ländern.[6]

6.4.5 Warum interessiert uns der intrasektorale Außenhandel?

Tabelle 6.3 zeigt, dass ein beträchtlicher Teil des Außenhandels nicht auf den intersektoralen Handel entfällt, der Gegenstand der Kapitel 2 bis 5 war, sondern auf den intrasektoralen Handel. Hat dieses Gewicht des intrasektoralen Handels Einfluss auf unsere bisherigen Schlussfolgerungen und Erkenntnisse?

Zunächst einmal erzeugt der intrasektorale Handel zusätzliche Außenhandelsgewinne, die über diejenigen des komparativen Vorteils hinausgehen, denn er beschert den beteiligten Ländern den Vorteil eines größeren Marktes. Wie wir gesehen haben, kann ein Land durch intrasektoralen Handel zur gleichen Zeit *sowohl* die Anzahl seiner selbst gefertigten Produkte reduzieren *als auch* die Produktvielfalt für seine Konsumenten erhöhen. Die Einschränkung der eigenen Produktpalette ermöglicht dem Land die Produktion in größerem Maßstab, mit höherer Produktivität und geringeren Kosten. Gleichzeitig profitieren die Konsumenten von der reichhaltigeren Auswahl. In unserem Zahlenbeispiel zu den Vorteilen des integrierten Markts hatte sich für die Konsumenten die Auswahl an Automodellen von 6 auf 10 erhöht, während gleichzeitig der Preis von 10.000 auf 8000 Dollar gesunken war. Wie unsere Fallstudie zur nordamerikanischen Autoindustrie zeigt, kann die Integration der Branchen zweier Länder auch in der Praxis bedeutende Vorteile mit sich bringen.

---

[6] Der zunehmende Handel zwischen Niedrig- und Hochlohnländern bringt bisweilen Formen des Austauschs hervor, die als intrasektoral bezeichnet werden, obwohl sie in Wirklichkeit auf komparative Vorteile zurückzuführen sind. Nehmen wir beispielsweise an, ein US-Unternehmen produziere in Kalifornien komplexe Computerchips, transportiere diese nach Asien, wo sie in Computer eingebaut werden, und bringe die fertigen Computer dann zurück in die USA. Sowohl die exportierten Komponenten als auch die importierten Computer werden wahrscheinlich unter der Rubrik „Computer und Zubehör" erfasst und die Transaktion folglich als intrasektoraler Handel gewertet. In Wirklichkeit aber exportieren die USA qualifikationsintensive Produkte (Chips) und importieren eine arbeitsintensive Dienstleistung (Computermontage). „Pseudointrasektoraler Handel" dieser Art ist zwischen den USA und Mexiko ausgesprochen häufig.

In unserer früheren Analyse über die Verteilung der Außenhandelsgewinne (Kapitel 3 und 4) wurden die Aussichten auf Vorteile für jedermann eher pessimistisch bewertet, obwohl der Außenhandel potenziell das Einkommen aller Einwohner hebt. In diesen früheren Modellen wurden sämtliche Auswirkungen des Handels über die relativen Preise vermittelt, die wiederum sehr starken Einfluss auf die Einkommensverteilung haben.

Gehen wir nun aber davon aus, dass der intrasektorale Handel die Hauptquelle für Außenhandelsgewinne darstellt. Dieser Fall tritt ein, wenn a) die beteiligten Länder sich hinsichtlich ihrer relativen Faktorausstattung ähneln, sodass wenig intersektoraler Handel entsteht, und wenn b) Skalenerträge und Produktdifferenzierung eine wichtige Rolle spielen, sodass Massenproduktion und vielfältigere Auswahl große Vorteile mit sich bringen. Unter diesen Voraussetzungen bleiben die Verteilungseffekte des Handels gering, und der intrasektorale Handel erzeugt erhebliche Zusatzgewinne. Auf diesem Wege ist es durchaus möglich, dass trotz der Auswirkungen des Handels auf die Einkommensverteilung jedermann vom Handel profitiert.

Unter welchen Umständen ist dieses Resultat am wahrscheinlichsten? Der intrasektorale Handel herrscht insbesondere zwischen Ländern vor, die sich hinsichtlich ihrer Kapitalintensitäten, Qualifikationsniveaus etc. ähneln, also auf einer ähnlichen wirtschaftlichen Entwicklungsstufe stehen. Die Gewinne aus dieser Art des Außenhandels fallen groß aus, wenn es erhebliche Größenvorteil gibt und die Produkte stark differenziert sind. Diese Merkmale sind für komplexe Industrieprodukte eher typisch als für Rohstoffe oder traditionellere Sektoren (wie Bekleidung oder Schuhe). Die Wahrscheinlichkeit starker Einkommensverteilungseffekte des Außenhandels ist also dann am geringsten, wenn fortgeschrittene Industrienationen Industrieprodukte austauschen.

Die Nachkriegserfahrung insbesondere Westeuropas bestätigt diese Erkenntnis. Im Jahr 1957 gründeten die wichtigsten Länder Kontinentaleuropas eine Freihandelszone für Industrieprodukte, den Gemeinsamen Markt bzw. die Europäische Wirtschaftsgemeinschaft (EWG). (Großbritannien trat der EWG erst 1973 bei.) Dies führte zu einer raschen Ausdehnung des Handels. Der Handel innerhalb der EWG wuchs während der 1960er Jahre doppelt so schnell wie der Welthandel. Man hätte erwarten dürfen, dass dieses rasche Anwachsen des Außenhandels zu erheblichen Verwerfungen und politischen Problemen führen würde. Doch der wachsende Handel war nahezu vollständig intrasektoraler, nicht intersektoraler Natur, sodass es zu keinen nennenswerten wirtschaftlichen Brüchen kam. Um ein Beispiel zu nennen: Die Arbeiter der französischen Elektroindustrie litten nicht, während ihre deutschen Kollegen profitierten. In beiden Ländern zogen die Beschäftigten Vorteile aus der zunehmenden Effizienz der integrierten europäischen Elektrobranche. Der wachsende innereuropäische Handel führte daher zu viel weniger sozialen und politischen Problemen, als allgemein erwartet worden war.

Diese günstige Bewertung des intrasektoralen Außenhandels hat eine gute und eine schlechte Seite. Die gute Seite ist, dass man unter bestimmten Voraussetzungen relativ problemlos mit Außenhandel leben und ihn daher politisch ohne weiteres unterstützen kann. Die schlechte Seite ist, dass Handel zwischen verschiedenartigen Ländern oder unter Bedingungen, in denen Größenvorteile und Produktdifferenzierung keine große Rolle spielen, nach wie vor politische Probleme mit sich bringt. Die fortschreitende Liberalisierung des Außenhandels, welche die dreißig Jahre von 1950 bis 1980 kennzeichnete, konzentrierte sich in erster Linie auf den Handel mit Industrieprodukten unter den entwickelten Industrienationen (wie wir in Kapitel 9 sehen werden). Aber auch anderen Formen des Außenhandels wäre mit einer Liberalisierung gedient. Und für diese eröffnen die Erfahrungen der Vergangenheit weniger vielversprechende Aussichten.

Beispiel 6.1: Intrasektoraler Handel in Aktion: Der nordamerikanische Autopakt von 1964

Das Wachstum des Automobilhandels zwischen den USA und Kanada in der zweiten Hälfte der 1960er Jahre liefert ein besonders eindeutiges Beispiel für den Beitrag von Skalenerträgen zu vorteilhaftem Außenhandel. Zwar passt der Fall nicht exakt in unser Modell, doch er veranschaulicht die praktische Anwendung der von uns entwickelten Grundbegriffe.

In der Zeit vor 1965 führte die kanadische Autoindustrie infolge von Schutzzöllen Kanadas und der USA ein weitgehend autarkes Dasein, sie importierte und exportierte nur wenig. Dabei wurde die kanadische Autoindustrie – in Abweichung von unserem Modell – von denselben Unternehmen kontrolliert wie die US-amerikanische. Doch für diese Unternehmen waren die weitgehend getrennten Produktionssysteme billiger als die Entrichtung der Zölle. Die kanadische Automobilbranche war de facto eine Miniaturausgabe der US-amerikanischen im Maßstab 1 zu 10.

Die kanadischen Töchter der US-Unternehmen mussten feststellen, dass ihre geringe Größe einen bedeutenden Nachteil bildete. Zum Teil lag es daran, dass kanadische Werke weitaus kleiner sein mussten als die Betriebsstätten in den USA. Doch noch wichtiger war, dass die Werke in den USA sich oftmals auf die Produktion eines einzigen Modells oder einer einzigen Komponente spezialisieren konnten, während die kanadischen Betriebe mehrere verschiedene Dinge herstellen mussten, sodass die Anlagen immer wieder abgeschaltet wurden, um die Produktion umzustellen, große Inventuren durchzuführen, weniger spezialisierte Maschinen zu installieren usw. Die Produktivität der kanadischen Autoindustrie war um etwa 30 Prozent geringer als diejenige der amerikanischen.

Um diese Probleme zu beheben, beschlossen die USA und Kanada 1964 die Schaffung einer Freihandelszone für Automobile (mit gewissen Einschränkungen). Dies versetzte die Automobilhersteller in die Lage, ihre Produktion zu reorganisieren. Die kanadischen Töchter der Autounternehmen reduzierten die Anzahl der in Kanada hergestellten Produkte ganz erheblich. Dabei blieb das Gesamtniveau der kanadischen Produktion und Beschäftigung allerdings erhalten. Man erreichte dies, indem man aus den USA die Produkte importierte, die nicht länger in Kanada hergestellt wurden, und die von Kanada weiterhin erzeugten Produkte exportierte. Im Jahr 1962 exportierte Kanada Automobilprodukte im Wert von 16 Millionen US-Dollar in die USA und importierte solche Produkte im Wert von 519 Millionen Dollar. Für das Jahr 1968 betrugen die entsprechenden Angaben 2,4 Milliarden und 2,9 Milliarden Dollar. Mit anderen Worten, sowohl die Exporte als auch die Importe hatten sich enorm erhöht: intrasektoraler Handel in Aktion.

> Die Gewinne waren offenbar beträchtlich. Anfang der 1970er Jahre hatte die kanadische Automobilbranche ein der US-amerikanischen vergleichbares Produktivitätsniveau erreicht.

6.5   Dumping

Das Modell des monopolistischen Wettbewerbs hilft uns zu verstehen, wie zunehmende Skalenerträge den internationalen Handel fördern. Wie oben angemerkt, klammert es allerdings viele Probleme aus, die auftreten können, sobald die Unternehmen nicht in vollständigem Wettbewerb miteinander stehen. Es berücksichtigt zwar, dass zunehmende Skalenerträge notwendigerweise zu unvollständigem Wettbewerb führen, konzentriert sich aber nicht auf die möglichen Folgen für den internationalen Handel.

Dabei hat der unvollständige Wettbewerb in der Praxis erhebliche Auswirkungen auf den Außenhandel. Die auffälligste besteht darin, dass die betreffenden Unternehmen für exportierte Güter nicht unbedingt denselben Preis verlangen wie für diejenigen, die an einheimische Konsumenten verkauft werden.

6.5.1   Die Ökonomie des Dumpings

In Märkten mit unvollständigem Wettbewerb verlangen Unternehmen bisweilen für ein Gut unterschiedliche Preise, je nachdem, ob es exportiert oder im Inland verkauft wird. Im Allgemeinen bezeichnet man die Berechnung unterschiedlicher Preise für unterschiedliche Kunden als **Preisdiskriminierung**. Die häufigste Form der Preisdiskriminierung im internationalen Handel ist das **Dumping**, eine Praxis, bei der ein Unternehmen auf den Exportmärkten für dieselben Güter einen geringeren Preis verlangt als auf dem Inlandsmarkt. Dumping ist ein umstrittenes Thema der Handelspolitik, meist gilt es als „unlautere" Praxis und ist diversen Vorschriften und Strafandrohungen unterworfen. Die politischen Auseinandersetzungen über das Thema Dumping werden wir in Kapitel 9 behandeln. An dieser Stelle folgt eine grundlegende ökonomische Analyse des Dumping-Phänomens.

Dumping kann nur stattfinden, wenn zwei Voraussetzungen erfüllt sind. Erstens muss die Branche durch unvollständigen Wettbewerb gekennzeichnet sein, sodass die Unternehmen die Preise eher festlegen denn als marktgegeben hinnehmen. Zweitens müssen die Märkte *segmentiert* sein, sodass die Inländer die für den Export bestimmten Güter nicht ohne weiteres kaufen können. Unter diesen Umständen kann ein monopolistisches Unternehmen im Dumping eine gewinnträchtige Option sehen.

Ein Beispiel soll verdeutlichen, wie Dumping als Strategie der Gewinnmaximierung dienen kann. Ein Unternehmen verkauft gegenwärtig 1000 Einheiten eines Guts im Inland und 100 Einheiten im Ausland. Dafür erhält es zurzeit 20 Dollar pro Mengeneinheit im eigenen Land, auf den Exportmärkten jedoch nur 15 Dollar. Man könnte nun annehmen, dass das Unternehmen unter diesen Umständen einen Absatzzuwachs im Inland für weitaus gewinnträchtiger halten würde als zusätzliche Exporte.

Gehen wir jedoch davon aus, dass eine Absatzsteigerung um eine Einheit in beiden Märkten eine Preissenkung um 0,01 Dollar erfordern würde. Die Reduzierung des Binnenmarktpreises um einen Cent würde also den Verkauf um eine Einheit steigern – ein direkter Erlöszuwachs von 19,99 Dollar, doch eine Reduzierung der Einnahmen für die 1000 Einheiten, die zuvor für 20 Dollar verkauft worden wären, um 10 Dollar. Der Grenzerlös aus der zusätzlich verkauften Einheit beträgt also nur 9,99 Dollar. Eine Reduzierung des Preises für ausländische Käufer zur Steigerung der Exporte um eine Einheit dagegen würde die direkten Einnahmen nur um 14,99 Dollar erhöhen. Die indirekten Kosten in Form verringerter Erlöse aus dem Verkauf der 100 Einheiten, die andernfalls zum Originalpreis verkauft worden wären, würden jedoch nur 1 Dollar betragen, sodass sich der Grenzerlös auf 13,99 Dollar beläuft. Die Steigerung der Exporte wäre in diesem Fall also gewinnträchtiger als die Erhöhung des Binnenabsatzes, obwohl die Exporte zu einem geringeren Preis verkauft werden.

Man könnte dieses Beispiel auch umkehren, sodass sich der Anreiz ergibt, im Inland einen niedrigeren Preis zu verlangen als im Ausland. Häufiger ist jedoch die Preisdiskriminierung zugunsten von Exporten anzutreffen. Da die internationalen Märkte aufgrund von Transportkosten und protektionistischen Handelsschranken nur unvollständig integriert sind, ist der Marktanteil einheimischer Unternehmen im Inland meistens größer als im Ausland. Infolgedessen hat ihre Preisgebung auf den Auslandsabsatz meistens größere Auswirkungen als auf den Inlandsabsatz. Ein Unternehmen mit einem Marktanteil von 20 Prozent muss seinen Preis nicht so stark senken, um seinen Absatz zu verdoppeln, wie ein Unternehmen mit einem 80-prozentigen Anteil. Im Hinblick auf ihre Exporte sehen sich die Unternehmen also normalerweise mit weniger Monopolmacht ausgestattet und stärker veranlasst, ihre Preise niedrig zu halten, als im Hinblick auf ihren Inlandsabsatz.

Abbildung 6.8 stellt das Dumping anhand eines Beispiels grafisch dar. Sie zeigt eine Branche mit einem einzigen Unternehmen, das im Inland eine monopolistische Stellung einnimmt. Das Unternehmen verkauft auf zwei Märkten: dem Binnenmarkt, auf dem es der Nachfragekurve D_{DOM} (für *Domestic*) gegenübersteht, und dem Exportmarkt. Für den Exportmarkt nehmen wir an, dass der Absatz in extremem Maße von dem verlangten Preis abhängig ist: Bei einem Preis von P_{FOR} (für *Foreign*) kann das Unternehmen so viel verkaufen, wie es will. Die horizontale Linie P_{FOR} ist also die Nachfragekurve für den Auslandsmarkt. Wir gehen von segmentierten Märkten aus, sodass das Unternehmen für im Inland verkaufte Güter einen höheren Preis verlangen kann als für Exporte. MC ist die Grenzkostenkurve für die Gesamtproduktion, die auf beiden Märkten verkauft werden kann.

Im Interesse der Gewinnmaximierung muss das Unternehmen auf *beiden* Märkten den Grenzerlös gleich den Grenzkosten setzen. Der Grenzerlös für den Inlandsabsatz wird durch die Kurve MR_{DOM} definiert, die unterhalb von D_{DOM} liegt. Der Auslandsabsatz erfolgt zu einem konstanten Preis P_{FOR}, sodass der Grenzerlös für eine zusätzlich exportierte Einheit genau P_{FOR} entspricht. Um auf beiden Märkten die Grenzkosten gleich dem Grenzerlös zu setzen, muss die Produktionsmenge gleich $Q_{MONOPOL}$ sein, nur so kann

Q_{DOM} auf dem Inlandsmarkt abgesetzt und $Q_{MONOPOL} - Q_{DOM}$ exportiert werden.[7] Die Kosten für die Produktion einer zusätzlichen Einheit sind in diesem Fall gleich P_{FOR}, dem Grenzerlös aus den Exporten, der wiederum gleich dem Grenzerlös des Inlandsabsatzes ist.

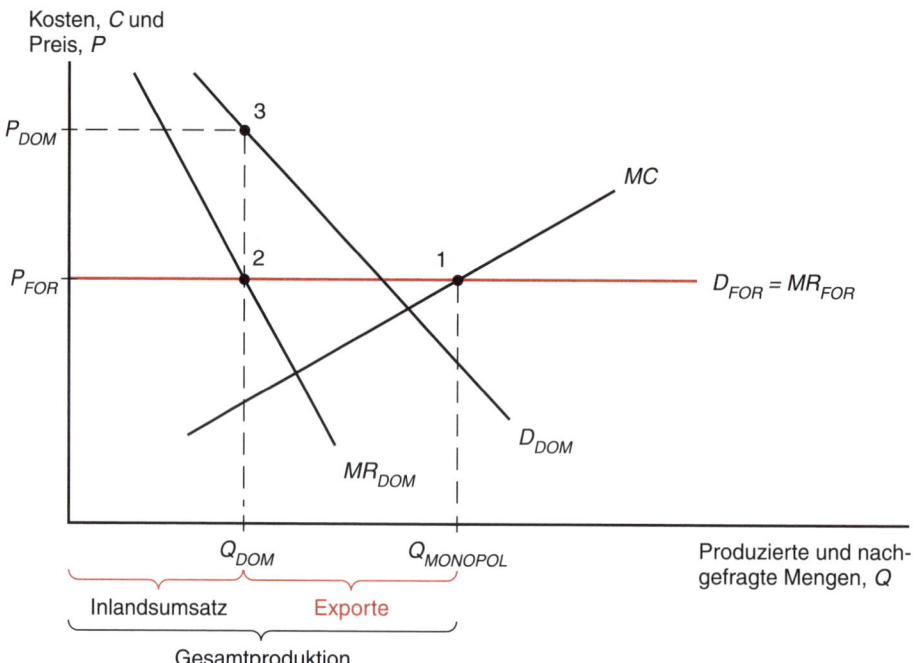

Die Abbildung zeigt die Lage eines Monopolisten, der im Inland der Nachfragekurve D_{DOM} gegenübersteht, dabei aber zum Exportpreis P_{FOR} eine beliebige Menge seines Produkts absetzen kann. Da jede zusätzliche Einheit stets zum Preis von P_{FOR} verkauft werden kann, erhöht das Unternehmen so lange die Produktion, bis die Grenzkosten gleich P_{FOR} sind; diese gewinnmaximierende Produktionsmenge ist als $Q_{MONOPOL}$ bezeichnet. Die Grenzkosten für $Q_{MONOPOL}$ entsprechen P_{FOR}, daher verkauft das Unternehmen seine Produktion so lange auf dem Inlandsmarkt, bis der Grenzerlös gleich P_{FOR} ist; dieser gewinnmaximierende Inlandsabsatz ist als Q_{DOM} bezeichnet. Der Rest der Produktion, $Q_{MONOPOL} - Q_{DOM}$, wird exportiert.

Der Preis, zu dem die inländischen Konsumenten Q_{DOM} nachfragen, ist P_{DOM}. Da $P_{DOM} > P_{FOR}$, verlangt das Unternehmen für seine Exporte einen geringeren Preis als von den inländischen Konsumenten.

Abbildung 6.8:   **Dumping**

---

[7]   Es mag den Anschein haben, als ob der Monopolist den Inlandspreis im Schnittpunkt von MC und MR_{DOM} bestimmen müsste. Bedenken Sie jedoch, dass der Monopolist den Gesamtoutput $Q_{MONOPOL}$ produziert, sodass die Kosten für die Produktion einer zusätzlichen Einheit gleich P_{FOR} sind, unabhängig davon, ob diese Einheit für den Auslands- oder den Inlandsmarkt bestimmt ist. Und eben diese tatsächlichen Kosten für die Produktion einer zusätzlichen Einheit müssen dem Grenzerlös gleichgesetzt werden. Der Schnittpunkt von MC und MR_{DOM} ist derjenige, in dem das Unternehmen produzieren würde, *wenn es keine Exportoption hätte* – doch das ist hier irrelevant.

Die Menge Q_{DOM} wird im Inland zum Preis von P_{DOM} nachgefragt, der über dem Exportpreis P_{FOR} liegt. Das Unternehmen betreibt also echtes Dumping, es verkauft im Ausland billiger als im Inland.

Sowohl in unserem Zahlenbeispiel als auch in Abbildung 6.8 liegt der Grund, weshalb sich das Unternehmen für das Dumping entscheidet, in den Unterschieden der Preiselastizität der Nachfrage zwischen Export- und Inlandsmarkt. In Abbildung 6.8 gehen wir davon aus, dass das Unternehmen seine Exporte steigern kann, ohne den Preis zu senken, sodass Grenzerlös und Preis auf dem Exportmarkt zusammenfallen. Im Inland dagegen erfordert eine Absatzsteigerung eine Preissenkung. Dies ist ein extremes Beispiel der allgemeinen Voraussetzung für Preisdiskriminierung, wie man sie aus der Mikroökonomie kennt: Unternehmen betreiben Preisdiskriminierung, sobald der Absatz in einem Markt stärker von Preis abhängig ist als in anderen.[8] (In diesem Fall haben wir angenommen, dass die Exportnachfrage unbegrenzt auf den Preis reagiert.)

Dumping gilt weithin als unlauteres Verhalten im Außenhandel. Unter ökonomischen Gesichtspunkten gibt es keinen guten Grund, Dumping für besonders schädlich zu halten, doch die US-amerikanischen Handelsgesetze verbieten ausländischen Unternehmen das Dumping auf dem US-Markt und ahnden es mit automatischen Strafzöllen.

Die in Abbildung 6.8 beschriebene Situation ist ein Extremfall möglicher Konstellationen, in denen Unternehmen dem Anreiz ausgesetzt sind, für Exporte einen geringeren Preis zu verlangen als von inländischen Konsumenten.

Beispiel 6.2: Dumpingbekämpfung als Protektionismus

In den USA und einer Reihe weiterer Länder gilt Dumping als unlauterer Wettbewerb. Unternehmen, die sich als Opfer ausländischer Unternehmen sehen, die ihre Produkte zu niedrigen Preisen im Inlandsmarkt absetzen, können eine Beschwerde beim Handelsministerium einreichen. Wenn dieser Beschwerde stattgegeben wird, verhängt das Ministerium einen „Anti-Dumping-Zoll" in Höhe des berechneten Unterschied zwischen dem tatsächlichen und dem „fairen" Importpreis. Den meisten Eingaben von US-amerikanischen Unternehmen wegen unfairer ausländischer Preispolitik wird vom Ministerium stattgegeben. Allerdings muss eine andere Behörde, die International Trade Commission, anschließend ermitteln, ob diese unfairen Preise die Beschwerde führenden Unternehmen tatsächlich geschädigt haben. Die International Trade Commission weist etwa die Hälfte der Fälle ab.

---

[8]   Die formale Bedingung für Preisdiskriminierung lautet, dass ein Unternehmen den Preis in den Märkten senkt, in denen die Nachfrage *elastischer* ist. Unter Elastizität versteht man in diesem Zusammenhang den prozentualen Absatzrückgang bei einer Preiserhöhung um 1 Prozent. Unternehmen betreiben Dumping, sobald sie für den Auslandsabsatz eine höhere Elastizität erwarten als für den Inlandsabsatz.

In den Augen der Ökonomen war das Dumping-Verbot nie besonders plausibel. Zum einen kann Preisdifferenzierung zwischen Märkten eine völlig legitime Geschäftsstrategie sein – vergleichbar den Nachlässen, die Fluggesellschaften Studenten, Senioren oder Wochenendreisenden gewähren. Außerdem weicht die juristische Definition des Dumpings erheblich von der ökonomischen ab. Da es oft schwierig ist zu beweisen, dass ausländische Unternehmen einheimischen Kunden höhere Preise abverlangen als Exportkunden, ermitteln die USA und andere Länder häufig auf der Grundlage von Schätzungen der ausländischen Produktionskosten einen angeblich fairen Preis. Dieser „faire Preis" kann zum Störfaktor für ganz normale Geschäftspraktiken werden: Immerhin kann ein Unternehmen bereit sein, ein Produkt mit Verlust zu verkaufen, wenn es noch Erfahrungen zur späteren Kostensenkung sammelt oder in einen neuen Markt eindringen will.

Trotz der fast durchgängig negativen Bewertung der Ökonomen werden seit den 1970er Jahren immer mehr formale Beschwerden wegen Dumpings eingereicht. Im April 2001 erhoben die USA auf 265 Artikel aus 40 Ländern Anti-Dumping-Zölle oder ähnliche Abgaben, die ausländische Subventionen ausgleichen sollen. Zu den 38 Artikeln aus China, auf die ein Zoll erhoben wurde, zählten ummantelte Bleistifte, Baumwollhandtücher, Büroklammern, Farbpinsel, Wunderkerzen und Süßwasserlangustenschwänze. Ist das zynischer Rechtsmissbrauch oder widerspiegelt es eine wirkliche Zunahme des Dumping? Wahrscheinlich spielt beides hinein.

Ein Grund, weshalb das Dumping tatsächlich zugenommen haben könnte, liegt in der unterschiedlichen Geschwindigkeit, mit der verschiedene Länder ihre Märkte geöffnet haben. Seit dem Jahr 1970 sind aufgrund der Liberalisierung und Deregulierung des Welthandels eine Reihe zuvor geschützter Branchen für den internationalen Wettbewerb geöffnet worden. Früher galt es zum Beispiel als selbstverständlich, dass Telefongesellschaften ihre Geräte bei einheimischen Herstellern kauften. Mit der Aufspaltung von AT&T in den USA und der Privatisierung der Telefongesellschaften in anderen Ländern ist dies nicht länger überall der Fall. Aber in Japan und mehreren europäischen Ländern gelten nach wie vor die alten Regeln. Es überrascht nicht, dass die dortigen Hersteller von Telefongeräten und -zubehör im Inland nach wie vor hohe Preise verlangen, während sie den Kunden in den USA niedrigere Preise bieten – wie ihnen zumindest vorgeworfen wird.

6.5.2   Reziprokes Dumping

Die Analyse des Dumpings lässt darauf schließen, dass auch Preisdiskriminierung eine Ursache für internationalen Handel sein kann. Nehmen wir an, es gebe zwei Monopole, die dasselbe Gut herstellen – eines in Inland, eines in Ausland. Im Interesse der Vereinfachung unserer Analyse hätten beide dieselben Grenzkosten. Nehmen wir weiter die Existenz gewisser Transportkosten zwischen beiden Märkten an, sodass es nicht zu Handel kommen wird, wenn beide Unternehmen denselben Preis verlangen. In Abwesenheit von Handel würde ihr jeweiliges Monopol nicht herausgefordert.

Sobald wir jedoch die Möglichkeit des Dumpings zulassen, kann es durchaus zu Außenhandel kommen. Beide Unternehmen beschränken dann ihre Absatzmenge im jeweiligen Inland im Wissen, dass jede Verkaufssteigerung den Preis ihres bestehenden Inlandsabsatzes senken würde. Eine gewisse Absatzsteigerung im anderen Markt hingegen erhöht ihren Gewinn auch dann, wenn der Preis niedriger ist als im Inland, weil der negative Preiseffekt auf die bestehende Absatzmenge dort nur das andere Unternehmen trifft. Für beide Unternehmen besteht also ein Anreiz, auf dem anderen Markt zu „plündern", indem sie einige Einheiten zu einem Preis verkaufen, der (nach Transportkosten) geringer ist als der Binnenmarktpreis, aber immer noch höher als die Grenzkosten.

Wenn sich allerdings beide Unternehmen in dieser Weise verhalten, wird es zu Außenhandel kommen, obwohl (wie eingangs angenommen) die beiden Märkte ursprünglich keinen Preisunterschied für das Gut aufwiesen und obwohl einige Transportkosten anfallen. Noch eigenartiger nimmt sich aus, dass dasselbe Produkt in beide Richtungen gehandelt wird: Beispielsweise transportiert eine Zementfabrik in Land A Zement in das Land B, während eine Zementfabrik in Land B umgekehrt dasselbe tut. Diese Situation, in der Dumping zum beidseitigen Austausch desselben Produkts führt, bezeichnet man als **reziprokes Dumping**.[9]

Dieser Fall mag befremdlich erscheinen, und es kommt im internationalen Handel zugegebenermaßen recht selten vor, dass identische Güter gleichzeitig in beide Richtungen transportiert werden. Dennoch dürfte der reziproke Dumpingeffekt bei nicht völlig identischen Gütern das Handelsvolumen erhöhen.

Es ist nicht leicht zu entscheiden, ob diese eigenartige und scheinbar unsinnige Form des Außenhandels gesellschaftlich wünschenswert ist oder nicht. Natürlich ist es Verschwendung, dieselben oder ganz ähnliche Güter zu hohen Kosten hin und her zu transportieren. Auf der anderen Seite zeigt unser Beispiel, dass das reziproke Dumping die zuvor bestehenden reinen Monopole aufbricht und eine gewisse Konkurrenz erzeugt. Dieser gesteigerte Wettbewerb ist ein Vorteil, der möglicherweise die Ressourcenverschwendung des Transports wieder aufhebt. Die Wohlfahrtseffekte dieser eigenartigen Form des Außenhandels lassen sich also nicht eindeutig bestimmen.

6.6   Die Theorie externer Skaleneffekte

Das Handelsmodell des monopolistischen Wettbewerbs geht davon aus, dass Skalenerträge auf der Ebene eines einzelnen Unternehmens ursächlich für Außenhandel sind. Je größer also die Produktionsmenge eines bestimmten Unternehmens, desto geringer seine Durchschnittskosten. Solche Skalenerträge auf Unternehmensebene führen zwangsläufig zu unvollständigem Wettbewerb, der wiederum Praktiken wie das Dumping ermöglicht.

---

[9]   Die Möglichkeit des reziproken Dumpings wurde erstmals aufgezeigt von James Brander, „Intraindustry Trade in Identical Commodities", in: *Journal of International Economics* 11 (1981), S. 1-14.

Wie weiter oben in diesem Kapitel ausgeführt, fallen Skalenerträge aber nicht nur auf der Ebene des einzelnen Unternehmens an. Die Konzentration der Produktion einer Branche an einem oder wenigen Standorten senkt aus verschiedenen Gründen ebenfalls die Kosten, selbst wenn die beteiligten Einzelunternehmen klein bleiben. Wenn Skalenerträge auf der Ebene der Branche im Gegensatz zum einzelnen Unternehmen anfallen, bezeichnet man sie als externe Skaleneffekte. Sie wurden schon vor mehr als einhundert Jahren erstmals von dem britischen Ökonomen Alfred Marshall analysiert, den das Phänomen der „Industriebezirke" beschäftigte – geografische Zusammenballungen einer Branche, die nicht ohne weiteres durch natürliche Ressourcen erklärt werden konnten. Die bekanntesten Beispiele zu Marshalls Zeit waren die Konzentration der Besteckhersteller in Sheffield und die der Strumpfwarenbranche in Northampton. Heute könnte man als Beispiel eines Sektors mit offenbar ausgeprägten externen Skaleneffekten die Halbleiterindustrie nennen, die sich im berühmten kalifornischen Silicon Valley versammelt hat, sowie das in New York konzentrierte Emissionsgeschäft und die Unterhaltungsindustrie in Hollywood.

Marshall nannte drei Hauptgründe, weshalb ein Cluster, d.h. eine Ansammlung von Unternehmen, effizienter sein kann als ein isoliertes Einzelunternehmen: die Fähigkeit, **spezialisierte Anbieter** zu unterhalten, **Arbeitskraft-Pooling** am Ort der konzentrierten Branche und **Wissensexternalitäten**. Diese Faktoren gelten bis heute.

6.6.1   Spezialisierte Anbieter

In vielen Branchen erfordert die Produktion von Gütern und Dienstleistungen – und vor allem die Entwicklung neuer Produkte – den Einsatz hoch spezialisierter Geräte oder unterstützender Dienstleistungen. Doch der von einem einzelnen Unternehmen gebotene Markt ist zu klein, um deren Anbietern das Überleben zu sichern. Ein geografisch konzentriertes Branchencluster kann dieses Problem lösen, indem es viele Unternehmen zusammenführt, die gemeinsam einen so großen Markt bilden, dass ein breites Spektrum spezialisierter Anbieter davon existieren kann. Dieses Phänomen ist in Silicon Valley ausführlich dokumentiert worden: Eine Studie aus dem Jahr 1994 beschreibt, wie mit dem Wachstum der lokalen Branche „Ingenieure ihre angestammten Halbleiterfirmen verließen, um Unternehmen zu gründen, die Kapitalgüter herstellten: Diffusionsöfen, Spezialkameras, sowie Prüfgeräte, Materialien und Komponenten wie Fotomasken, Teströhrchen und Spezialchemikalien ... Dieser unabhängige Ausstattungssektor förderte die weitere Gründung von Halbleiterfirmen, indem er den einzelnen Produzenten die Kosten für die interne Entwicklung der Kapitalausstattung abnahm und sie verteilte. Außerdem verstärkte er die Tendenz zur örtlichen Zusammenballung der Branche, da die meisten dieser spezialisierten Vorleistungen andernorts nicht erhältlich waren".[10]

Wie dieses Zitat zeigt, verlieh die Verfügbarkeit eines dichten Netzes aus spezialisierten Anbietern den Hochtechnologieunternehmen in Silicon Valley einen erheblichen Vorteil gegenüber Unternehmen an anderen Standorten. Wichtige Produktionsfaktoren waren preisgünstiger und leichter erhältlich, weil zahlreiche Unternehmen im Wettbewerb um ihre Lie-

---

[10]   Siehe unter den Literaturangaben am Ende des Kapitels das Buch von Saxenian, S. 40.

ferung standen. Die Unternehmen konnten sich auf ihre Stärken konzentrieren und andere Geschäftsbereiche auslagern. Einige Unternehmen aus Silicon Valley, die sich auf die Lieferung hoch spezialisierter Computerchips für bestimmte Kunden spezialisiert haben, verzichteten sogar auf eigene Fabriken. Sie konzentrierten sich ausschließlich auf die Entwicklung der Chips und beauftragten dann ein anderes Unternehmen mit der Herstellung.

Ein Unternehmen, das versuchte, an einem anderen Standort in diesem Sektor Fuß zu fassen – zum Beispiel in einem Land, in dem es keinen vergleichbaren Branchencluster gibt –, wäre von vornherein im Nachteil, weil ihm der problemlose Zugang zu den Anbietern des Silicon Valley versperrt bliebe und es ihre Dienste entweder selbst übernehmen oder versuchen müsste, mit einem in Silicon Valley angesiedelten Unternehmen über eine lange Distanz hinweg ins Geschäft zu kommen.

6.6.2   Arbeitskraft-Pooling

Eine zweite Quelle externer Skaleneffekte ist der Pool hoch qualifizierter Arbeitskräfte, den ein Unternehmenscluster herstellen kann. Ein solcher gepoolter Markt ist sowohl für die Produzenten als auch für die Beschäftigten von Vorteil. Ersteren bietet er Schutz vor Arbeitskräftemangel, Letzteren vor Arbeitslosigkeit.

Ein vereinfachtes Beispiel soll dies verdeutlichen. Zwei Unternehmen benutzen dieselbe Art von spezialisierter Arbeit, beispielsweise zwei Filmstudios, die Experten für Computeranimationen beschäftigen. Beide Arbeitgeber wissen aber noch nicht genau, wie viel Personal sie brauchen werden. Wenn die Nachfrage nach ihrem Produkt hoch ist, müssen beide je 150 Beschäftigte einstellen, bei geringer Nachfrage aber nur 50. Es gibt 200 Fachkräfte mit den gewünschten Qualifikationen. Vergleichen wir nun zwei unterschiedliche Situationen: Einmal befinden sich sämtliche 200 Fachkräfte in derselben Stadt, das andere Mal befinden sich die Unternehmen und je 100 Fachkräfte in zwei verschiedenen Städten. Man kann leicht nachweisen, dass es sowohl für die Arbeitnehmer als auch für die Arbeitgeber besser ist, wenn alle am selben Ort sind.

Betrachten wir die Situation zunächst aus dem Blickwinkel der Unternehmen. Wenn sie sich an unterschiedlichen Orten befinden, leidet jedes Unternehmen mit guter Auftragslage leicht an Arbeitskräftemangel: Es braucht vielleicht 150 Beschäftigte, aber nur 100 sind verfügbar. Wenn die Unternehmen nahe beieinander liegen, ist es zumindest möglich, dass beide Unternehmen je nach Bedarf Personal beschäftigen, wenn es dem einen gut und dem anderen schlecht geht. Durch ihre räumliche Nähe erhöhen die Unternehmen also die Wahrscheinlichkeit, geschäftliche Potenziale auch nutzen zu können.

Vom Standpunkt der Arbeitnehmer ist die Konzentration der Branche an einem Ort ebenfalls von Vorteil. Wenn sie auf zwei Städte aufgeteilt ist, wird es jedes Mal zu Arbeitslosigkeit kommen, sobald eines der Unternehmen nur wenige Arbeitskräfte nachfragt. Vielleicht stellt es dann nur 50 der 100 örtlichen Arbeitnehmer ein. Wenn die Branche allerdings an einem Ort konzentriert ist, dann kann die geringe Arbeitsnachfrage des einen Unternehmens bisweilen durch die hohe Nachfrage des anderen ausgeglichen werden. Das Risiko der Arbeitslosigkeit sinkt also.

Auch diese Vorteile sind für Silicon Valley dokumentiert worden. Es ist dort üblich, dass Unternehmen rasch wachsen und Beschäftigte den Arbeitgeber wechseln. Die oben bereits zitierte Studie über Silicon Valley stellt fest, dass die Konzentration der Unternehmen den Wechsel des Arbeitgebers erleichtert. Sie zitiert einen Ingenieur mit den Worten: „Es war nicht viel dabei, am Freitag zu kündigen und am Montag einen neuen Job zu haben ... Man musste es nicht einmal unbedingt seiner Frau sagen. Man fuhr am Montag früh einfach in eine andere Richtung."[11] Diese Flexibilität macht Silicon Valley zu einem attraktiven Standort, für hoch qualifizierte Arbeitnehmer ebenso wie für die Unternehmen, die sie beschäftigten.

6.6.3   Wissensexternalitäten

Inzwischen ist allgemein bekannt, dass Wissen in der modernen Volkswirtschaft ein mindestens ebenso wichtiger Produktionsfaktor ist wie Arbeit, Kapital und Rohstoffe. Dies gilt insbesondere für die hoch innovativen Branchen, in denen ein Rückstand von wenigen Monaten hinsichtlich der Produktionstechnologien oder dem Produktdesign eine schwere Belastung für ein Unternehmen darstellen kann.

Doch wie entsteht das Spezialwissen, das über den Erfolg in innovativen Branchen entscheidet? Unternehmen können Technologien aus eigener Forschungs- und Entwicklungsarbeit beziehen. Sie können auch versuchen, von der Konkurrenz zu lernen, indem sie deren Produkte auseinander nehmen und studieren, um sie in Design und Bauart nachzuahmen. Eine wichtige Quelle technischen Know-hows ist allerdings der informelle Austausch von Informationen und Ideen im persönlichen Gespräch. Diese Art der informellen Informationsverbreitung scheint häufig am besten zu funktionieren, wenn eine Branche auf relativ engem Raum konzentriert ist, sodass sich die Beschäftigten der verschiedenen Unternehmen auch in ihrer Freizeit treffen und über technische Probleme reden.

Marshall beschrieb dieses Phänomen eindrücklich. Er schilderte einen Bezirk mit zahlreichen Unternehmen der selben Branche: „Die Geheimnisse des Handwerks werden nicht im Verborgenen gehütet, sondern liegen geradezu in der Luft ... Gute Arbeit wird gebührend gewürdigt, der Nutzen von Erfindungen und Verbesserungen der Maschinen, der Abläufe und der allgemeinen Unternehmensorganisation wird umgehend besprochen; wenn ein Mann eine neue Idee umsetzt, wird sie von anderen aufgegriffen und mit eigenen Vorschlägen verbunden, sodass sie zur Quelle weiterer neuer Ideen wird."[12]

Eine Journalistin beschrieb die Wirkungsweise dieser Wissensexternalitäten während des Aufstiegs von Silicon Valley (und vermittelte dabei einen Eindruck vom Umfang des Fachwissens, das in dieser Branche gefragt ist): „Jedes Jahr gab es einen anderen Treffpunkt – Wagon Wheel, Chez Yvonne, Rickey's, Roundhouse –, den die Mitglieder dieser esoterischen Bruderschaft, die jungen Männer und Frauen der Halbleiterindustrie, nach der Arbeit aufsuchten. Sie tranken etwas, schwatzten und tauschten Neuigkeiten von der

---

[11]   Saxenian, S. 35.
[12]   Alfred Marshall, *Principles of Economics*, London: MacMillan, 1920.

Front aus – über Phasenjitter, Phantomschaltungen, Blasenspeicher, Stoßbetriebe, Bounce-less Contacts, Burst Modes, Sprungtests, p-n-Übergänge, Kenndatenverschlechterung, RAMs, NAKs, MOSes, PCMs, PROMs, PROM-Blower, PROM-Blaster und Tera-Größen ...“[13] Durch diese Art des Informationsflusses fällt es den Unternehmen im Gebiet von Silicon Valley leichter, auf dem neuesten technologischen Stand zu bleiben, als anderswo angesiedelten Unternehmen. Viele multinationale Unternehmen haben einfach deshalb Forschungszentren und sogar Fabriken in Silicon Valley errichtet, um den Anschluss an die modernste Technik nicht zu verlieren.

6.6.4 Externe und zunehmende Skalenerträge auf nationaler Ebene

Spezialisierte Anbieter, Arbeitskraft-Pooling und Wissensexternalitäten kann eine geografisch konzentrierte Branche in einer Weise gewährleisten, die einer verstreuten Branche nicht möglich ist. Doch ein Land kann nur dann eine starke Unternehmenskonzentration in einem Sektor haben, wenn es überhaupt eine große Branche besitzt. Die Theorie der externen Skaleneffekte besagt, dass ein Land mit einer großen Branche bei ansonsten gleichen Bedingungen in dieser Branche effizienter sein wird als ein Land, das dieselbe Branche in geringerer Größe besitzt. Anders gesagt, externe Skaleneffekte können *auf der Ebene der nationalen Branche* zu wachsenden Erträgen führen.

Während externe Skaleneffekte in der Praxis oft auf recht gewundenen und komplizierten Wegen zustande kommen (wie das Beispiel von Silicon Valley zeigt), kann es zum besseren Verständnis beitragen, einmal von den Details abzusehen und externe Skaleneffekte durch die einfache Annahme wiederzugeben, dass die Kosten einer Branche mit zunehmender Größe sinken. Wenn wir mögliche Wettbewerbsbeschränkungen ausblenden, bedeutet dies: Je größer die Produktion der gesamten Branche, desto geringer der Preis, zu dem die einzelnen Unternehmen zu verkaufen bereit sind. Dies bezeichnet man als „abfallende Angebotskurve“.

---

[13] Tom Wolfe, zitiert bei Saxenian, S. 33.

6.7   Externe Skaleneffekte und Außenhandel

Externe Skaleneffekte spielen ebenso wie interne eine wichtige Rolle im internationalen Handel, haben bisweilen jedoch ganz anders geartete Auswirkungen. Insbesondere können externe Skaleneffekte dazu führen, dass Länder in unerwünschte Spezialisierungsmuster gedrängt werden, aus denen sie sich nicht mehr befreien können. Sogar Verluste aus Außenhandel sind möglich.

6.7.1   Externe Skaleneffekte und Handelsmuster

Bei Bestehen externer Skaleneffekte hat ein Land mit umfangreicher Produktion in einer bestimmten Branche bei ansonsten gleichen Bedingungen normalerweise geringe Produktionskosten für das betreffende Gut. Auf dieser Grundlage entsteht ein sich selbst verstärkender Prozess, denn das Land, das ein Gut billig herstellen kann, wird dies wahrscheinlich in großen Mengen produzieren. Hohe externe Skaleneffekte festigen in der Tendenz bestehende Muster des intersektoralen Handels, ganz unabhängig von deren Entstehungsursachen: Länder, die in bestimmten Branchen aus irgendwelchen Gründen von vornherein Großproduzenten sind, bleiben dies normalerweise auch. Dies gilt selbst dann, wenn irgendein anderes Land über das Potenzial verfügt, diese Güter kostengünstiger herzustellen.

Abbildung 6.9 illustriert diesen Sachverhalt. Sie zeigt die Kosten für die Produktion einer Uhr in Abhängigkeit zur jährlichen Produktionsmenge an Uhren. Zwei Länder werden gezeigt: „Schweiz" und „Thailand". Die schweizerischen Kosten für die Produktion einer Uhr sind bezeichnet als AC_{SWISS}, die thailändischen als AC_{THAI}. D steht für die Weltnachfrage nach Uhren, die in unserem Beispiel entweder von der Schweiz oder von Thailand befriedigt werden kann.

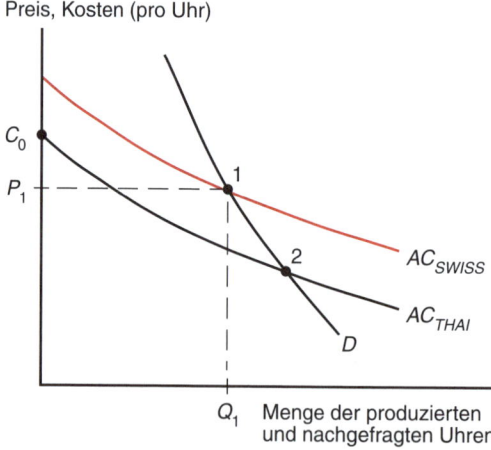

Die Durchschnittskostenkurve für Thailand, AC_{THAI}, liegt unterhalb der Durchschnittskostenkurve für die Schweiz, AC_{SWISS}. Thailand hat also das Potenzial, den Weltmarkt zu niedrigeren Preisen zu bedienen als die Schweiz. Wenn die schweizerische Branche aber als erste gegründet wurde, ist sie möglicherweise in der Lage, Uhren zum Preis P_1 zu verkaufen. Dieser liegt unterhalb der Kosten C_0, die für ein thailändisches Unternehmen anfallen würden, wenn es auf sich allein gestellt die Produktion aufnähme. Auf diese Weise kann ein durch historischen Zufall entstandenes Produktionsmuster fortbestehen, obwohl neue Produzenten potenziell geringere Kosten haben.

Abbildung 6.9:   Externe Skaleneffekte und Spezialisierung

Nehmen wir an, dass die Skalenerträge in der Uhrenproduktion ausschließlich extern anfallen und dass, da auf Unternehmensebene keine Skalenerträge anfallen, die Uhrenindustrie in jedem Land aus zahlreichen kleinen Unternehmen in vollständigem Wettbewerb besteht. Der Wettbewerb senkt den Preis der Uhren folglich auf das Niveau ihrer Durchschnittskosten.

Wir setzen die thailändische Kostenkurve niedriger an als die schweizerische, weil die Löhne in Thailand niedriger sind als in der Schweiz. Bei jedem gegebenen Produktionsniveau könnte Thailand also billiger Uhren produzieren als die Schweiz. Man könnte also hoffen, dass Thailand den gesamten Weltmarkt bedient. Leider tritt dieser Fall nicht unbedingt ein. Nehmen wir an, dass die Schweiz aus historischen Gründen ihre Uhrenindustrie als Erste etabliert hat. Dann würde das Weltgleichgewicht für Uhren zunächst in Punkt 1 von Abbildung 6.9 liegen, wo die schweizerische Produktion Q_1 Einheiten pro Jahr zum Preis von P_1 beträgt. Als Nächstes kommt die Möglichkeit der thailändischen Produktion hinzu. Wenn Thailand den Weltmarkt übernehmen könnte, würde das Gleichgewicht nach Punkt 2 wandern. Wenn es allerdings noch gar keine Produktion in Thailand gibt, ($Q = 0$), dann muss jedes thailändische Einzelunternehmen, das sich mit dem Gedanken an die Uhrenherstellung trägt, mit Produktionskosten in Höhe von C_0 rechnen. In unserem Schaubild liegen diese Kosten oberhalb des Preises, zu dem die etablierte schweizerische Industrie Uhren produzieren kann. Obwohl die thailändische Industrie also über das Potenzial verfügt, preiswertere Uhren herzustellen als die Schweiz, hindert der schweizerische Vorsprung sie am Eintritt in diese Branche.

Wie dieses Beispiel zeigt, spielt bei externen Skaleneffekten oftmals der historische Zufall eine große Rolle. Er entscheidet bisweilen darüber, wer was produziert, und gewährleistet manchmal auch dann den Fortbestand von Spezialisierungsmustern, wenn diese im Gegensatz zum komparativen Vorteil stehen.

6.7.2 Außenhandel und Wohlfahrt bei externen Skaleneffekten

Auf externen Skaleneffekten basierender Außenhandel ist in seinen Auswirkungen auf die nationale Wohlfahrt weniger eindeutig als derjenige Außenhandel, der durch komparative Vorteile oder Skaleneffekte auf Unternehmensebene verursacht wird. Die Weltwirtschaft als Ganzes mag durchaus davon profitieren, wenn die Produktion bestimmter Branchen im Interesse externer Skaleneffekte konzentriert wird. Aber es gibt keine Garantie dafür, dass damit auch jedem einzelnen Land gedient ist. Infolge von Außenhandel, der auf externen Skaleneffekten beruht, kann sich ein Land am Ende schlechter stellen als ohne Außenhandel.

Abbildung 6.10 zeigt ein solches Beispiel. Wieder nehmen wir an, dass Thailand und die Schweiz beide Uhren herstellen können und dass Thailand sie billiger produzieren könnte, die Schweiz aber zuerst da war. D_{WELT} ist die Weltnachfrage nach Uhren, und da die Schweiz die Uhren herstellt, liegt der Gleichgewichtspunkt in 1. Nun fügen wir die thailändische Nachfrage nach Uhren hinzu, D_{THAI}. Wenn kein Uhrenhandel zugelassen und Thailand zur Autarkie gezwungen wäre, läge der thailändische Gleichgewichtspunkt in 2. Aufgrund seiner niedriger liegenden Durchschnittskostenkurve ist der Preis der Uhren aus thailändischer Produktion, P_2, geringer als der Preis der Uhren schweizerischer Provenienz, P_1.

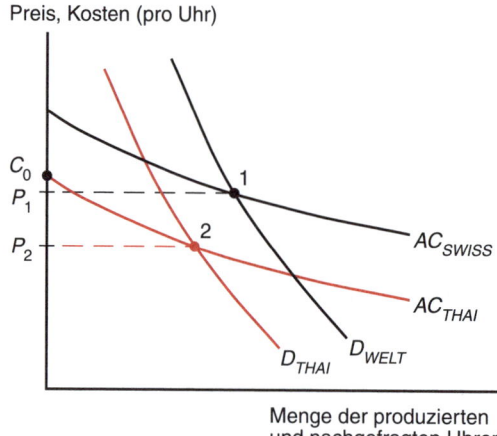

Preis, Kosten (pro Uhr)

C_0
P_1
1
2
P_2
AC_{SWISS}
AC_{THAI}
D_{THAI} D_{WELT}

Menge der produzierten
und nachgefragten Uhren

Im Fall externer Skaleneffekte kann es vorkommen, dass ein Land nach Außenhandel schlechter dasteht als ohne Handel. In diesem Beispiel importiert Thailand Uhren aus der Schweiz, die in der Lage ist, die Nachfrage auf dem Weltmarkt (D_{WELT}) zu einem Preis (P_1) zu befriedigen, der gering genug ist, um thailändischen Produzenten, die ihre Uhren zunächst zu den Kosten C_0 herstellen müssten, den Markteintritt zu verwehren. Wenn Thailand allerdings jeglichen Uhrenhandel unterbinden würde, dann könnte es seinen Inlandsmarkt (D_{THAI}) zu dem geringeren Preis P_2 beliefern.

Abbildung 6.10:   Externe Skaleneffekte und Verluste aus Außenhandel

Wir haben eine Situation dargestellt, in welcher der Preis eines von Thailand importierten Guts geringer wäre, wenn kein Handel stattfinden würde und Thailand gezwungen wäre, dieses Gut selbst herzustellen. Unter diesen Umständen steht das Land infolge von Außenhandel eindeutig schlechter da, als wenn kein Handel stattfinden würde.

In diesem Fall besteht für Thailand ein Anreiz, seine potenzielle Uhrenindustrie vor ausländischer Konkurrenz zu schützen. Bevor wir jedoch die Schlussfolgerung ziehen, dass Protektionismus von daher gerechtfertigt ist, sollten wir festhalten, dass der Nachweis solcher Fälle wie in Abbildung 6.10 in der Praxis ausgesprochen schwierig ist. In den Kapiteln 10 und 11 wird herausgearbeitet, dass die Schwierigkeiten bei der Ermittlung externer Skaleneffekte in der Praxis eines der Hauptargumente gegen staatlichen Aktivismus in der Handelspolitik bilden.

Außerdem sollte eines nicht übersehen werden: Selbst wenn externe Skaleneffekte manchmal zu nachteiligen Spezialisierungs- und Handelsmustern führen können, profitiert die *Weltwirtschaft* als Ganzes dennoch von den Vorteilen der Industriekonzentration. Es wäre für Kanada vielleicht besser, wenn Silicon Valley nicht bei San Francisco, sondern bei Toronto liegen würde. Für Deutschland wäre es vielleicht besser, wenn London (der Finanzplatz, der neben der Wall Street die Weltfinanzmärkte dominiert) nach Frankfurt verlegt werden könnte. Die Welt als Ganze ist jedoch einfach deshalb effizienter und wohlhabender, weil der internationale Handel den Nationen ermöglicht, sich auf verschiedene Branchen zu spezialisieren und an den Gewinnen aus externen Skaleneffekten und komparativen Vorteilen teilzuhaben.

Beispiel 6.3: Hollywood-Ökonomie

Welches ist der wichtigste Exportsektor Amerikas? Die Antwort hängt in gewissem Grade von der Definition ab. Manche werden die Landwirtschaft nennen, andere den Flugzeugbau. Doch welche Maßstäbe man auch anlegt, einer der größten Exporteure der USA ist in jedem Fall die Unterhaltungsindustrie, die im Jahr 1994 mit ihrem Auslandsabsatz einen Gewinn von mehr als 8 Milliarden Dollar machte. Kino- und Fernsehfilme aus amerikanischer Produktion laufen nahezu überall auf der Welt. Auch für die Finanzen von Hollywood ist der Markt in Übersee inzwischen von entscheidender Bedeutung: Insbesondere Actionfilme bringen außerhalb der USA oftmals mehr ein als im eigenen Land.

Weshalb sind die USA der weltgrößte Exporteur von Unterhaltung? Allein die Größe des amerikanischen Marktes stellt einen wichtigen Vorteil dar. Ein vorwiegend auf den viel kleineren französischen oder italienischen Markt ausgerichteter Film kann das riesige Budget vieler amerikanischer Filme nicht rechtfertigen. Filme aus diesen Ländern sind daher normalerweise Schauspiele oder Komödien, deren Anziehungskraft auf das Publikum durch Synchronisierung oder Untertitel zerstört würde. Amerikanische Filme hingegen können diese Sprachbarrieren durch üppige Ausstattungen und spektakuläre Spezialeffekte wettmachen.

Zum anderen rührt die amerikanische Dominanz in dieser Branche aus den externen Skaleneffekten, die durch die enorme Konzentration von Unterhaltungsunternehmen in Hollywood anfallen. Hollywood erzeugt zwei der von Marshall beschriebenen externen Skaleneffekte: spezialisierte Anbieter und einen Arbeitskraftpool. Das Endprodukt wird zwar von Filmstudios und Fernsehsendern geliefert, doch diese bedienen sich eines komplexen Netzes aus unabhängigen Produzenten, Casting- und Talentagenturen, Rechtsfirmen, Experten für Spezialeffekte, usw. Wer je den Nachspann zu einem Film gesehen hat, kann sich leicht ein Bild von den Vorteilen des Arbeitskraft-Poolings machen: Jede Produktion erfordert eine riesige Truppe, die aber nur vorübergehend zusammenbleiben muss: nicht nur Kameraleute und Maskenbildner, sondern auch Musiker, Stuntmen, Filmtechniker, Bühnenarbeiter und – nicht zu vergessen – Schauspielerinnen und Schauspieler. Ob auch die dritte Form externer Skaleneffekte – Wissensexternalitäten – eine Rolle spielt, ist weniger gewiss. Denn wie der Autor Nathaniel West einst bemerkte, besteht der Schlüssel zum Verständnis der Kinobranche in der Erkenntnis, dass „niemand etwas weiß". Sollte aber doch irgendwelches Wissen vorhanden sein, dann überträgt es sich angesichts der engen sozialen Kontakte in Hollywood sicherlich besser als irgendwo sonst.

Auch die fortdauernde Anziehungskraft von Hollywood auf Talente außerhalb der USA lässt auf starke externe Skaleneffekte schließen. Von Garbo und Sternberg bis hin zu Arnold Schwarzenegger und Paul Verhoeven wurden „amerikanische" Filme oft von ehrgeizigen Ausländern gemacht, die nach Hollywood gekommen waren – und dadurch in ihren Herkunftsländern ein größeres Publikum erreichten, als wenn sie zu Hause geblieben wären.

→

Ist Hollywood ein Einzelfall? Nein, ähnliche Tendenzen haben zur Herausbildung weiterer Unterhaltungskomplexe geführt. In Indien, dessen Filmmarkt teilweise durch staatliche Maßnahmen, teilweise durch kulturelle Unterschiede vor amerikanischer Dominanz geschützt worden ist, entstand in Bombay ein Filmproduktionscluster namens „Bollywood". In Hongkong hat sich eine beachtliche Filmindustrie versammelt, die das chinesischsprachige Publikum bedient. Und im venezolanischen Caracas ist eine besondere Branche entstanden, die spanischsprachige Fernsehprogramme für ganz Lateinamerika produziert, insbesondere die „Telenovelas" genannten Seifenopern mit unzähligen Folgen. Dieser letztere Unterhaltungskomplex hat einige unerwartete Exportmärkte gefunden: Fernsehzuschauer in Russland, so hat sich gezeigt, identifizieren sich bereitwilliger mit den Charakteren lateinamerikanischer Seifenopern als mit denjenigen aus US-amerikanischer Produktion.

6.7.3   Dynamisch ansteigende Erträge

Einige der wichtigsten externen Skaleneffekte dürften auf die Akkumulation von Wissen zurückgehen. Wenn ein einzelnes Unternehmen aufgrund von Erfahrung seine Produkte oder Produktionstechniken verbessert, werden andere Unternehmen es wahrscheinlich nachahmen und von seinem Wissen profitieren. Infolge dieser Wissensexternalitäten sinken die Produktionskosten der einzelnen Unternehmen mit zunehmender Erfahrung der Gesamtbranche.

Beachten Sie, dass die aus der Wissensakkumulation herrührenden externen Skaleneffekte sich von den übrigen hier besprochenen unterscheiden. Bei dieser alternativen Form hängen die Kosten der Branche nicht von der gegenwärtigen Produktionsmenge, sondern von ihrer Erfahrung ab, als deren Maßstab normalerweise die gesamte bisherige, kumulierte Produktion der Branche gilt. So hängen die Produktionskosten einer Tonne Stahl von der Gesamttonnenzahl allen bisher in der Geschichte produzierten Stahls ab. Dieser Sachverhalt wird oft durch eine **Lernkurve** dargestellt, bei der die Kosten pro Einheit in Beziehung zur kumulativen Produktion gestellt werden. Abbildung 6.11 zeigt solche Lernkurven. Die Kostenwirkung der Produktionserfahrung verleiht ihnen einen fallenden Verlauf. Wenn die Kosten mit der kumulativen Produktion im Laufe der Zeit sinken, anstatt mit der laufenden Produktionsrate zu steigen, spricht man von **dynamisch ansteigenden Erträgen**.

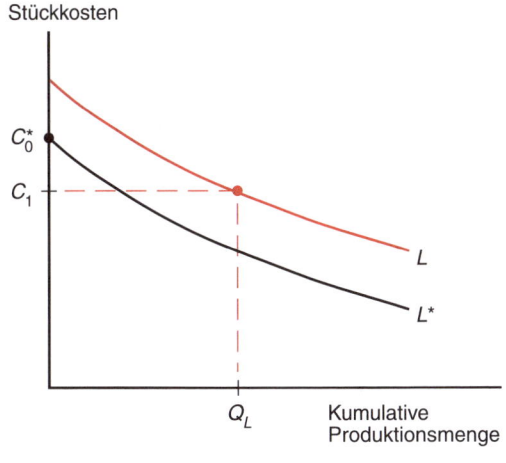

Stückkosten

C_0^*

C_1

L

L*

Q_L Kumulative
Produktionsmenge

Die Lernkurve zeigt, dass die Kosten pro
Einheit umso niedriger sind, je größer die
bisherige kumulative Produktion der
Branche eines Landes. Ein Land, das über
große Erfahrungen mit einer bestimmten
Branche verfügt (L), hat bisweilen niedrigere Kosten pro Einheit als ein anderes
Land mit wenig oder gar keiner Erfahrung, selbst wenn die Lernkurve dieses
zweiten Landes (L*) aus irgendwelchen
Gründen, vielleicht wegen eines geringeren Lohnniveaus, niedriger liegt.

Abbildung 6.11:   **Die Lernkurve**

Ebenso wie normale externe Skaleneffekte können auch dynamisch ansteigende externe
Skaleneffekte einen gegebenen Vorteil oder Vorsprung in einer Branche verfestigen. In
Abbildung 6.11 steht L für die Lernkurve eines Landes, das sich in einer Branche als Pio-
nier betätigt hat, während L^* einem anderen Land zugehört, das geringere Faktorkosten –
z.B. niedrigere Löhne – aufweist, doch über weniger Produktionserfahrung verfügt. Wenn
der zeitliche Vorsprung des ersten Landes groß genug ist, reichen die potenziell geringeren Kosten des zweiten Landes eventuell nicht aus, um ihm den Markteintritt zu ermöglichen. Nehmen wir für das erste Land eine kumulative Produktion von Q_1 Einheiten an,
sodass seine Kosten pro Einheit bei C_1 liegen. Das zweite Land hat das Gut bisher nicht
produziert. Seine Startkosten von C_0^* sind höher als die laufenden Kosten, C_1, der etablierten Branche.

Ebenso wie externe Skaleneffekte können auch dynamisch ansteigende Skalenerträge
unter bestimmten Umständen protektionistische Maßnahmen rechtfertigen. Angenommen, ein Land könnte die Produktionskosten für ein Exportgut hinreichend niedrig
halten, wenn es mehr Produktionserfahrung hätte, kann jedoch in Ermangelung dieser
Erfahrung keinen konkurrenzfähigen Preis gewährleisten. Ein solches Land könnte seine
Wohlfahrt auf lange Sicht steigern, indem es die Produktion dieses Guts fördert. Geeignete Maßnahmen wären Subventionen oder der Schutz vor ausländischer Konkurrenz, bis
die Branche auf eigenen Füßen stehen kann. Die Befürwortung einer vorübergehenden
Protektion von Branchen, die erst Erfahrungen sammeln müssen, wird als **Erziehungszollargument** bezeichnet und spielt in den Debatten über die Rolle der Handelspolitik in
der wirtschaftlichen Entwicklung eine wichtige Rolle. Kapitel 10 wird dieses Argument
ausführlich behandeln. An dieser Stelle soll lediglich vermerkt werden, dass die in Abbildung 6.11 dargestellte Situation in der Praxis ebenso schwer nachzuweisen ist wie nicht
dynamisch ansteigende Skalenerträge.

Zusammenfassung

1. Außenhandel muss nicht unbedingt auf komparative Vorteile zurückgehen. Er kann auch durch zunehmende Skalenerträge verursacht werden, d.h. von dem tendenziellen Sinken der Kosten pro Einheit mit wachsender Produktionsmenge. Skalenerträge bieten Ländern den Anreiz, sich zu spezialisieren und auch mit denjenigen Ländern zu handeln, die über die gleichen Ressourcen und Technologien verfügen. Skalenerträge können intern (mit zunehmender Unternehmensgröße) oder extern (mit zunehmender Größe der Branche) anfallen.

2. Skalenerträge zerstören normalerweise den vollständigen Wettbewerb, sodass der Handel unter diesen Bedingungen anhand von Modellen analysiert werden muss, die einen unvollständigen Wettbewerb voraussetzen. Zwei wichtige solche Modelle sind das Modell des monopolistischen Wettbewerbs und das Dumping-Modell. Ein drittes Modell, das Modell der externen Skaleneffekte, geht dagegen von vollständigem Wettbewerb aus.

3. Unter Bedingungen des monopolistischen Wettbewerbs besteht eine Branche aus einer Reihe von Unternehmen, die differenzierte Produkte herstellen. Diese Unternehmen verhalten sich wie einzelne Monopolisten, doch wenn die Branche Gewinne macht, treten so lange zusätzliche Unternehmen in den Markt ein, bis der Wettbewerb jegliche Monopolgewinne verhindert. Die Größe des Marktes wirkt sich auf das Gleichgewicht aus: Ein großer Markt trägt eine große Anzahl Unternehmen, die jeweils in größerem Maßstab und daher zu geringeren Durchschnittskosten produzieren, als im Falle eines kleineren Marktes.

4. Der internationale Handel erzeugt einen integrierten Markt, der größer ist als die jeweiligen nationalen Märkte. Er bietet den Konsumenten daher eine größere Produktvielfalt zu geringeren Preisen.

5. Das Modell des monopolistischen Wettbewerbs unterscheidet zwei Arten von Außenhandel. Den gegenseitigen Austausch differenzierter Produkte innerhalb derselben Branche bezeichnet man als intrasektoralen oder brancheninternen Handel, den Austausch der Produkte verschiedener Branchen bezeichnet man als intersektoralen Handel. Der intrasektorale Handel widerspiegelt Skaleneffekte, der intersektorale Handel widerspiegelt komparative Vorteile. Der intrasektorale Handel hat weniger starke Auswirkungen auf die Einkommensverteilung als der intersektorale Handel.

6. Dumping findet statt, sobald ein monopolistisches Unternehmen für Exporte einen geringeren Preis verlangt als im Inland. Es ist eine gewinnmaximierende Strategie, wenn der Exportabsatz stärker vom Preis abhängt als der Inlandsabsatz und wenn Unternehmen die Märkte tatsächlich segmentieren, also inländische Kunden vom Kauf der für den Export vorgesehenen Produkte abhalten können. Reziprokes Dumping bedeutet, dass zwei monopolistische Unternehmen auf ihren gegenseitigen Inlandsmärkten Dumping betreiben, und kann eine Ursache für Außenhandel darstellen.

7. Externe Skaleneffekte fallen nicht auf Unternehmensebene, sondern auf der Ebene der gesamten Branche an. In diesem Fall tragen die geschichtliche Entwicklung und der Zufall entscheidend zur Herausbildung des Handelsmusters bei. Wenn externe Skaleneffekte eine wichtige Rolle spielen, kann das Land, das von Anfang an eine große Branche hatte, diesen Vorteil selbst dann beibehalten, wenn ein anderes Land dasselbe Gut preiswerter produzieren könnte. Wenn externe Skaleneffekte eine wichtige Rolle spielen, können Länder Verluste aus Außenhandel erleiden.

Schlüsselbegriffe

Abfallende Angebotskurve	S. 207	Intrasektoraler Handel	S. 192
Arbeitskraft-Pooling	S. 204	Lernkurve	S. 212
Dumping	S. 198	Monopolistischer Wettbewerb	S. 179
Durchschnittskosten	S. 177	Oligopol	S. 179
Dynamisch ansteigende Erträge	S. 212	Preisdiskriminierung	S. 198
Erziehungszollargument	S. 213	Reines Monopol	S. 175
Externe Skaleneffekte	S. 174	Reziprokes Dumping	S. 203
Grenzerlös	S. 175	Spezialisierte Anbieter	S. 204
Grenzkosten	S. 176	Unvollständiger Wettbewerb	S. 175
Interne Skaleneffekte	S. 174	Wissensexternalitäten	S. 204
Intersektoraler Handel	S. 192		

Übungen

1. Bestimmen Sie für jedes der folgenden Beispiele, ob externe oder interne Skaleneffekte anfallen:

   a. Die meisten musikalischen Blasinstrumente in den USA werden von mehr als einem Dutzend Fabriken in Elkhart, Indiana, hergestellt.

   b. Alle in den USA verkauften Hondas werden entweder importiert oder in Marysville, Ohio, produziert.

   c. Alle Flugzeuggerippe für Airbus, den einzigen Hersteller von Großflugzeugen in Europa, werden im französischen Toulouse montiert.

   d. Hartford, Connecticut, ist das Zentrum der Versicherungsbranche im Nordosten der USA.

2. Unter den Bedingungen des vollständigen Wettbewerbs setzen die Unternehmen den Preis gleich den Grenzkosten. Weshalb ist dies nicht mehr möglich, sobald interne Skaleneffekte anfallen?

3. Häufig vernimmt man das Argument, die bloße Existenz ansteigender Erträge sei eine Quelle zwischenstaatlicher Konflikte, da sich jedes Land besser stellt, wenn es die Produktion in den von Skalenerträgen gekennzeichneten Branchen erhöht. Bewerten Sie diese Ansicht anhand des Modells des monopolistischen Wettbewerbs und des Modells externer Skaleneffekte.

4. Nehmen Sie an, dass die beiden Länder, die wir in unserem Zahlenbeispiel in diesem Kapitel behandelten, ihren Automobilmarkt mit einem dritten Land zusammenschließen, das einen Markt für 3,75 Millionen Automobile pro Jahr hat. Ermitteln Sie die Anzahl der Unternehmen, die Produktionsmenge pro Unternehmen und den Preis pro Automobil in dem neuen, integrierten Markt nach Handel.

5. Beurteilen Sie die relative Bedeutung von Skalenerträgen und komparativem Vorteil für folgende Phänomene:

   a. Das meiste Aluminium der Welt wird in Norwegen oder Kanada geschmolzen.

   b. Die Hälfte aller Großflugzeuge der Welt wird in Seattle montiert.

   c. Die meisten Halbleiter werden entweder in den USA oder in Japan produziert.

   d. Der meiste Scotch stammt aus Schottland.

   e. Der beste Wein der Welt stammt größtenteils aus Frankreich.

6. In Japan gibt es einige Geschäfte, die *japanische* Güter, nachdem sie diese aus den USA zurückimportiert haben, preisgünstiger verkaufen als andere japanische Läden. Wie ist das möglich?

7. Gehen Sie von einer ähnlichen Situation wie der in Abbildung 6.9 gezeigten aus. Zwei Länder, die dasselbe Gut produzieren können, sind abfallenden Angebotskurven unterworfen. Nehmen Sie nun aber an, dass beide Länder dieselben Kosten haben, sodass ihre Angebotskurven identisch sind.

   a. Welches Spezialisierungs- und Außenhandelsmuster erwarten Sie? Welche Faktoren geben den Ausschlag darüber, wer das Gut produziert?

   b. Worin liegen in diesem Fall die Vorteile des internationalen Handels? Werden sie nur dem Land zuteil, in dem sich die Branche letztlich ansiedelt?

8. Es kommt recht häufig vor, dass ein Industriecluster aufbricht und die Produktion an andere Standorte mit niedrigeren Löhnen verlagert wird, sobald die Technologie der Branche nicht mehr in rascher Folge verbessert wird – wenn es nicht länger von entscheidender Bedeutung ist, die absolut modernsten Maschinen zu haben, wenn der Bedarf an hoch qualifizierten Arbeitskräften zurückgeht und wenn es nur noch geringe Vorteile bringt, an der Spitze der Innovation teilzuhaben. Erläutern Sie diese Tendenz zur Auflösung von Industrieclustern anhand der Theorie externer Skaleneffekte.

Weiterführende Literatur

Frank Graham, „Some Aspects of Protection Further Considered", in: *Quarterly Journal of Economics* 37 (1923), S. 199–227. Eine frühzeitige Warnung, dass Außenhandel bei Vorliegen externer Skaleneffekte von Nachteil sein kann.

Elhanan Helpman und Paul Krugman, *Market Structure and Foreign Trade*. Cambridge: MIT Press, 1985. Eine technische Darstellung des monopolistischen Wettbewerbs und anderer Handelsmodelle, die von Skalenerträgen ausgehen.

Henryk Kierzkowski, Hrsg., *Monopolistic Competition in International Trade*. Oxford: Clarendon Press, 1984. Eine Aufsatzsammlung, an der sich viele führende Wissenschaftler auf den Gebieten unvollständiger Wettbewerb und Außenhandel beteiligt haben.

Staffan Burenstam Linder, *An Essay on Trade and Transformation*. New York: John Wiley and Sons, 1961. Eine frühe und einflussreiche Darlegung der Ansicht, dass der Handel mit Industrieprodukten zwischen fortgeschrittenen Ländern vorwiegend auf andere Ursachen als den komparativen Vorteil zurückzuführen ist.

Michael Porter, *The Competitive Advantage of Nations*. New York: Free Press, 1990. Ein Bestseller, der den Erfolg des nationalen Exports mit Industrieclustern erklärt, die sich selbst verstärken, d.h. mit externen Skaleneffekten.

Annalee Saxenian, *Regional Advantage*. Cambridge: Harvard University Press, 1994. Ein faszinierender Vergleich zweier Zentren der Hochtechnologie, Silicon Valley in Kalifornien und Route 128 in Boston.

Anhang zu Kapitel 6

Bestimmung des Grenzerlöses

Im Rahmen unserer Ausführungen über Monopole und monopolistische Konkurrenz verwendeten wir einen algebraischen Ausdruck des Grenzerlöses eines Unternehmens bei gegebener Nachfragekurve. Insbesondere behaupteten wir, dass bei einer Nachfragekurve von

$$Q = A - B \times P \qquad \text{(6A-1)}$$

der Grenzerlös folgendermaßen errechnet werden kann:

$$MR = P - (1/B) \times Q \qquad \text{(6A-2)}$$

Dies soll in diesem Anhang bewiesen werden.

Die Gleichung für die Nachfragekurve kann so umgeformt werden, dass der Preis als Funktion des Absatzes dargestellt wird, und nicht umgekehrt. Durch Umformung von (6A-1) erhalten wir:

$$P = (A/B) - (1/B) \times Q \qquad \text{(6A-3)}$$

Der Erlös eines Unternehmens ist einfach gleich dem Preis pro Einheit multipliziert mit der verkauften Anzahl Einheiten. R stehe für den Erlös des Unternehmens, sodass:

$$R = P \times Q = [(A/B) - (1/B) \times Q] \times Q \qquad \text{(6A-4)}$$

Wie ändert sich nun der Erlös bei einer Änderung des Absatzes? Angenommen, das Unternehmen beschließt, seinen Absatz um eine geringe Menge, dX, zu steigern, sodass die neue Absatzmenge $Q = Q + dQ$. Der Erlös nach dieser Absatzsteigerung, R', ist folglich:

$$R' = P' \times Q' = [(A/B) - (1/B) \times (Q + dQ)] \times (Q + dQ)$$
$$= [(A/B) - (1/B) \times Q] \times Q + [(A/B) - (1/B) \times Q] \times dQ$$
$$- (1/B) \times Q \times dQ - (1/B) \times (dQ)^2 \qquad \text{(6A-5)}$$

Durch Einsetzen der Ausdrücke aus (6A-1) und (6A-4) kann die Gleichung (6A-5) vereinfacht werden zu:

$$R' = R + P \times dQ - (1/B) \times Q \times dQ - (1/B) \times (dQ)^2 \qquad \text{(6A-6)}$$

Wenn die Veränderung des Absatzes dQ gering ist, fällt $(dQ)^2$ noch geringer aus (1 zum Quadrat ist 1, aber 1/10 zum Quadrat ist 1/100). Bei kleinen Veränderungen von Q kann also der letzte Ausdruck in (6A-6) vernachlässigt werden. Auf diesem Wege gelangen wir zu folgendem Erlös bei einer geringfügigen Absatzveränderung:

$$R' - R = [P - (1/B) \times Q] \times dQ \qquad \text{(6A-7)}$$

Der Erlöszuwachs pro zusätzlich verkaufter Einheit – per Definition der Grenzerlös – ist
also:

$$MR = (R' - R)/dQ = P - (1/B) \times Q,$$

entspricht folglich genau dem, was wir in Gleichung (6A-2) behauptet haben.[1]

---

[1]   Anm. des dt. Fachlektors: Eine einfachere Form dieses Beweises könnte auch folgendermaßen
      lauten:
         Wenn laut (6A-3) $P = A/B - Q/B$
         und $R = QP = AQ/B - Q^2/B = (1/B)(AQ - Q^2)$
         und entsprechend $dR/dQ = (1/B)(A - 2Q) = A/B - Q/B - Q/B,$
         dann gilt, weil (6A-3) eingesetzt werden kann:
                                    $MR = P - Q/B.$

Kapitel

7 Internationale Faktorbewegungen

Kapitelübersicht

Beispiele

Bisher haben wir uns ausschließlich mit internationalem *Handel* beschäftigt. Wir konzentrierten uns auf die Ursachen und Folgen des internationalen Austauschs von Gütern und Dienstleistungen. Die Bewegung von Gütern und Dienstleistungen ist jedoch nicht die einzige Form der internationalen Integration. Dieses Kapitel behandelt eine weitere Integrationsform: internationale Bewegungen der Produktionsfaktoren oder **Faktorbewegungen**. Hierzu zählen die Arbeitsmigration, der Kapitaltransfer durch internationale Kreditvergabe und die engen internationalen Verflechtungen, die bei der Schaffung multinationaler Unternehmungen entstehen.

Die Prinzipien der internationalen Faktorbewegung unterscheiden sich nicht wesentlich von denjenigen, die dem internationalen Güterhandel zugrunde liegen. Sowohl die internationale Kreditvergabe als auch die internationale Arbeitsmigration können in ihren Ursachen und Folgen der in den Kapiteln 2 bis 5 analysierten Güterbewegung analog gesetzt werden. Die Rolle der multinationalen Unternehmung erschließt sich aus der Erweiterung einiger in Kapitel 6 erläuterter Begriffe. Der Übergang vom Handel mit Gütern und Dienstleistungen zu den Faktorbewegungen erfordert also keine grundlegende Neuorientierung.

In ökonomischer Hinsicht sind sich Handel und Faktorbewegungen zwar grundsätzlich ähnlich, doch auf politischem Gebiet bestehen große Unterschiede. Unter bestimmten Voraussetzungen importiert ein arbeitsreiches Land kapitalintensive Güter, unter anderen beschafft es sich durch Kredite aus dem Ausland Kapital. Ein kapitalreiches Land kann arbeitsintensive Güter importieren oder eingewanderte Arbeiter beschäftigen. Ein Land, das zu klein ist, um Unternehmen von effizienter Größe zu tragen, kann die Güter, bei denen große Unternehmen einen Vorteil genießen, entweder importieren oder vor Ort von Tochtergesellschaften ausländischer Unternehmen produzieren lassen. In jedem dieser Fälle können die alternativen Strategien unter rein ökonomischen Gesichtspunkten ähnlich geartet sein, sich hinsichtlich ihrer politischen Akzeptanz aber grundlegend unterscheiden.

Insgesamt bringt die internationale Faktorbewegung noch mehr politische Probleme mit sich als der internationale Handel. Daher sind Faktorbewegungen größeren Einschränkungen unterworfen als der Handel mit Gütern. Nahezu überall herrschen Zuwanderungsbeschränkungen. Bis in die 1980er Jahre hinein hielten mehrere europäische Länder, beispielsweise Frankreich, Kontrollen über die Kapitalbewegungen aufrecht, obwohl der Güterhandel mit ihren Nachbarn nahezu frei war. Investitionen von im Ausland ansässigen multinationalen Unternehmungen begegnet man in großen Teilen der Welt mit Misstrauen und strengen Vorschriften. Infolgedessen dürften Faktorbewegungen in der Praxis weniger Gewicht haben als der Güterhandel, weshalb wir den Handel zunächst auch unter Ausschluss der Faktorbewegungen analysierten. Dennoch sind sie von großer Bedeutung und ihre Analyse verdient ein eigenes Kapitel.

Dieses Kapitel besteht aus drei Teilen. Wir beginnen mit einem einfachen Modell der Arbeitsmobilität. Als Nächstes folgt eine Analyse der internationalen Kreditvergabe und -aufnahme, in der gezeigt wird, dass diese als *intertemporale* Form des Handels aufgefasst werden kann: Das Kredit gebende Land verzichtet vorübergehend auf Ressourcen, um sie später zurückgezahlt zu bekommen, der Kreditnehmer verhält sich umgekehrt. Der letzte Abschnitt schließlich behandelt die Analyse multinationaler Unternehmungen.

7.1   Internationale Mobilität der Arbeit

Analysieren wir zunächst die Arbeitsmobilität und ihre Folgen. Die Anzahl der Beschränkungen für die Arbeitsmigration ist in der heutigen Welt Legion – fast jedes Land begrenzt die Einwanderung. In der Praxis ist die Arbeitsmobilität daher weniger vorherrschend als die Kapitalmobilität. Dennoch spielt sie eine wichtige Rolle und kann auch in mancher Hinsicht leichter analysiert werden als Kapitalbewegungen. Die Gründe werden weiter unten in diesem Kapitel deutlich werden.

7.1.1   Ein Modell mit einem Gut und ohne Faktormobilität

Wie bereits der Analyse des Handels nähern wir uns auch dem Verständnis der Faktormobilität am besten, indem wir von einer ökonomisch nicht integrierten Welt ausgehen und dann untersuchen, wie sich die Aufnahme internationaler Transaktionen auswirkt. Nehmen wir also wie gewohnt eine aus zwei Ländern bestehende Welt. Inland und Ausland verfügen über je zwei Produktionsfaktoren, Boden und Arbeit. Zunächst soll diese Welt jedoch noch einfacher sein als in Kapitel 4: Beide Länder produzieren nur *ein* Gut, das wir einfach als „Produktion" bezeichnen. Normaler Handel, d.h. der Austausch unterschiedlicher Güter, kann in dieser Welt nicht vorkommen. Ihre Volkswirtschaften können nur durch die Bewegung von Boden oder Arbeit integriert werden. Und da Boden per definitionem nicht bewegt werden kann, haben wir nun ein Modell der Integration vermittels internationaler Arbeitsmobilität.

Bevor wir die Faktorbewegungen einführen, sollen allerdings noch die Determinanten des Produktionsniveaus in jedem Land analysiert werden. Boden (T) und Arbeit (L) sind die einzigen knappen Ressourcen. Die Produktion jedes Landes hängt also bei ansonsten konstanten Bedingungen von der verfügbaren Quantität dieser Faktoren ab. Die Beziehung zwischen der Faktorausstattung einerseits und der Produktion der Volkswirtschaft andererseits ist die Produktionsfunktion, die wir als $Q(T, L)$ bezeichnen.

Dem Begriff der Produktionsfunktion sind wir bereits in Kapitel 3 begegnet. Wie dort bereits angemerkt, kann die Produktionsfunktion Aufschluss darüber geben, in welcher Weise die Produktion vom Angebot eines bestimmten Produktionsfaktors abhängt, indem die Quantität der übrigen Faktoren konstant gesetzt wird. So zeigt Abbildung 7.1, wie sich die Produktion eines Landes in Abhängigkeit zum Beschäftigungsniveau bei gleich bleibendem Bodenangebot ändert. Es ergibt sich dasselbe Bild wie in Abbildung 3.1. Die Steigung der Produktionsfunktion misst die Produktionssteigerung, die durch eine geringfügige Erhöhung des Arbeitseinsatzes erzielt werden kann, und wird daher als *Grenzprodukt der Arbeit* bezeichnet. Bei der in Abbildung 7.1 gezeichneten Kurve sinkt das Grenzprodukt der Arbeit in dem Maße, in dem ihr Anteil im Verhältnis zum Boden steigt. Das ist der Normalfall: Wenn ein Land auf einer gegebenen Menge Boden mehr Arbeit einsetzen möchte, muss es zunehmend arbeitsintensive Produktionstechniken einführen. Mit fortschreitender Ersetzung des Bodens durch Arbeit wird dies immer schwieriger.

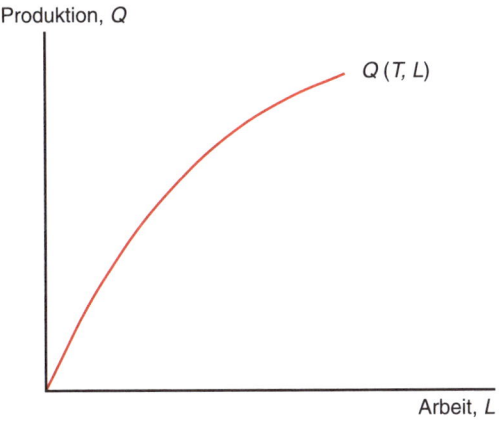

Die Produktionsfunktion $Q(T, L)$ zeigt, wie sich die Produktion in Abhängigkeit zur eingesetzten Arbeit bei gleich bleibender Bodenmenge T ändert. Je größer das Arbeitsangebot, desto größer die Produktion. Allerdings sinkt das Grenzprodukt der Arbeit, je mehr Arbeiter beschäftigt werden.

Abbildung 7.1: Die Produktionsfunktion einer Volkswirtschaft

Abbildung 7.2, die Abbildung 3.2 entspricht, enthält dieselbe Information wie Abbildung 7.1, stellt sie aber auf andere Weise dar. Sie bildet direkt die Beziehung zwischen dem Grenzprodukt der Arbeit und dem Arbeitseinsatz ab. Außerdem kann man daran ablesen, dass der Reallohn, den jede Einheit Arbeit verdient, gleich dem Grenzprodukt der Arbeit ist. Dies gilt unter Bedingungen der vollständigen Konkurrenz, die wir hier voraussetzen.

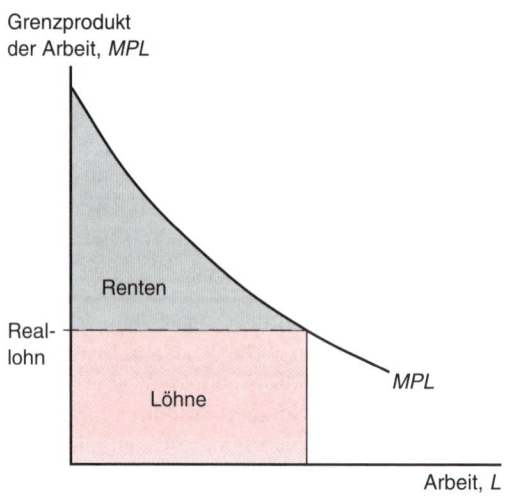

Das Grenzprodukt der Arbeit sinkt mit zunehmender Beschäftigtenzahl. Die Fläche unter der Grenzproduktkurve gibt die Gesamtproduktion wieder. Bei gegebenem Beschäftigungsniveau wird der Reallohn durch das Grenzprodukt bestimmt. Die Lohnsumme der Arbeit (der Reallohn multipliziert mit der Anzahl der Beschäftigten) wird durch das farbige Rechteck wiedergegeben. Der Rest der Produktion entfällt auf die Grundrente.

Abbildung 7.2: Das Grenzprodukt der Arbeit

Wie ist es um das mittels des Bodens erzielte Einkommen bestellt? Wie im Anhang zu Kapitel 3 gezeigt, kann man die Gesamtproduktion der Volkswirtschaft an der Fläche unterhalb der Grenzproduktkurve ablesen. Im Rahmen dieser Gesamtproduktion sind die von den Arbeitern verdienten Löhne gleich dem Produkt aus Reallohnsatz und Beschäftigtenzahl, und daher gleich der farbig markierten Fläche auf unserer Abbildung. Die übrige Fläche, die grau eingefärbt ist, entspricht der von den Grundbesitzern eingenommenen Rente.

Inland und Ausland hätten nun dieselbe Technologie, aber unterschiedliche Boden-Arbeits-Verhältnisse. Wenn Inland das arbeitsreiche Land ist, verdienen die dortigen Arbeiter weniger als diejenigen in Ausland, während Boden in Inland mehr einbringt als in Ausland. Daraus ergibt sich ein offenkundiger Anreiz zur Bewegung der Produktionsfaktoren. Die Inlands-Arbeiter würden gern ins Ausland wandern; die Grundbesitzer im Ausland würden ihr Land gern nach Inland schaffen, aber das ist in unserem Modell nicht möglich. Unser nächster Schritt besteht also darin, dass wir die Arbeiter wandern lassen und die Folgen analysieren.

7.1.2   Internationale Bewegung des Faktors Arbeit

Nehmen wir nun an, dass die Arbeiter zwischen unseren beiden Ländern wandern können. Sie ziehen von Inland nach Ausland. Diese Wanderung verringert die Anzahl der Arbeitskräfte in Inland und erhöht daher den dortigen Reallohn, während der Reallohn in

Ausland sinkt. Wenn dieser Bewegung der Arbeit keine Hindernisse im Weg stehen, wird sich dieser Prozess so lange fortsetzen, bis das Grenzprodukt der Arbeit in beiden Ländern dasselbe ist.

Abbildung 7.3 zeigt die Ursachen und Folgen der internationalen Arbeitsmobilität. Die horizontale Achse steht für die Gesamtzahl der Arbeiter auf der Welt. Die Zahl der in Inland beschäftigten Arbeiter ist von links aus abgetragen, diejenige der in Ausland beschäftigten Arbeiter von rechts. Die linke vertikale Achse misst das Grenzprodukt der Arbeit in Inland, die rechte vertikale Achse das Grenzprodukt der Arbeit in Ausland. In der Ausgangssituation gibt es OL^1 Arbeiter in Inland und L^1O* Arbeiter in Ausland. Bei dieser Allokation wäre der Reallohnsatz in Inland (Punkt C) niedriger als in Ausland (Punkt B). Wenn die Arbeiter ungehindert in das Land wandern können, das den höheren Lohn bietet, werden sie so lange von Inland nach Ausland ziehen, bis sich die Reallohnsätze ausgeglichen haben. Infolge der daraus resultierenden Neuverteilung der weltweiten Arbeit befinden sich dann OL^2 Arbeiter in Inland und L^2O* Arbeiter in Ausland (Punkt A).

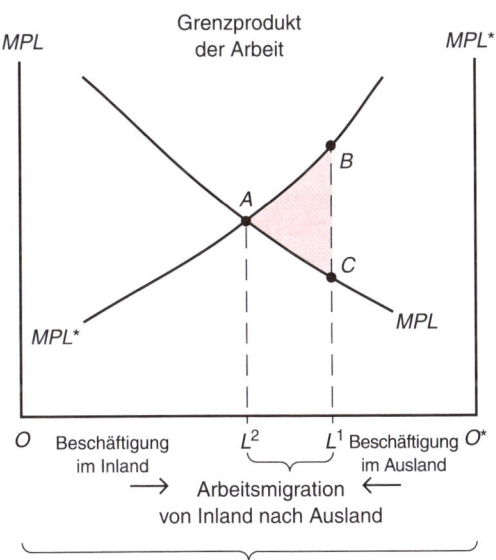

In der Ausgangssituation gibt es OL^1 Arbeiter in Inland und L^1O* Arbeiter in Ausland. Sie wandern so lange von Inland nach Ausland, bis in Inland OL^2 und in Ausland L^2O* Arbeiter beschäftigt sind. Die Löhne sind dann ausgeglichen.

Abbildung 7.3: Ursachen und Folgen der internationalen Arbeitsmobilität

Drei Feststellungen zu dieser Neuverteilung der weltweiten Arbeit:

1. Sie führt zu einer Konvergenz der Reallöhne. Die Reallöhne steigen in Inland und sinken in Ausland.

2. Sie führt zu einer Erhöhung der weltweiten Produktion. Der Produktionsanstieg von Ausland bemisst sich nach der Fläche des von L^1 und L^2 begrenzten Abschnitts unter seiner Grenzproduktkurve, während die Produktion von Inland um die entsprechende Fläche unter seiner Grenzproduktkurve sinkt. Aus der Abbildung geht hervor, dass der Zuwachs von Ausland größer ist als die Einbuße von Inland, und zwar um die eingefärbte Fläche ABC.

3. Trotz dieses Gewinns gibt es Menschen, die unter der Veränderung leiden. Diejenigen, die ursprünglich in Inland gearbeitet hätten, erhalten jetzt höhere Reallöhne, doch diejenigen, die ursprünglich in Ausland gearbeitet hätten, erhalten niedrigere Reallöhne. Die Grundbesitzer in Ausland profitieren von dem vergrößerten Arbeitsangebot, doch die Grundbesitzer in Inland stellen sich schlechter. Für die internationale Arbeitsmobilität gilt dasselbe wie für den gesamten Außenhandel: Ihre Gewinne ermöglichen im Prinzip größeren Wohlstand für alle, doch in der Praxis werden einige Gruppen geschädigt.

7.1.3   Erweiterung der Analyse

Wie wir soeben gesehen haben, gibt bereits ein ganz einfaches Modell viel Aufschluss über die Ursachen und Folgen internationaler Faktorbewegungen. Die Arbeitsmobilität wird, wie der Außenhandel gemäß dem Modell aus Kapitel 4, durch Ressourcenunterschiede zwischen den Ländern ausgelöst. Ebenfalls analog dem Außenhandel liegt ihr Nutzen in einer Steigerung der Weltproduktion, doch geht sie mit starken Einkommensverteilungseffekten einher, die diese Gewinne in einem fragwürdigen Licht erscheinen lassen.

Wie ändert sich die Analyse, wenn wir einige der Komplikationen zulassen, die wir bislang ausgeklammert haben?

Beseitigen wir die Annahme, dass die beiden Länder nur ein Gut produzieren. Gehen wir von zwei Gütern aus, von denen eines arbeitsintensiver ist als das andere. Aus unseren Ausführungen über das Faktorproportionenmodell in Kapitel 4 wissen wir, dass in diesem Fall der Handel eine Alternative zur Faktorbewegung darstellt. Inland kann gewissermaßen Arbeit exportieren und Boden importieren, indem es das arbeitsintensive Gut exportiert und das bodenintensive Gut importiert. Im Prinzip kann diese Art des Handels zum völligen Ausgleich der Faktorpreise führen, ohne dass die Faktoren mobil sein müssten. In diesem Fall bestünde für die Arbeit natürlich kein Anreiz mehr, von Inland nach Ausland zu wandern.

In der Tat ist Handel ein Substitut für internationale Faktorbewegungen, kann ihn aber aus Gründen, die bereits in Kapitel 4 zusammengefasst wurden, nicht völlig ersetzen. In der Realität stellt sich kein völliger Faktorpreisausgleich ein, weil die Ressourcenausstattung der Länder oftmals so unterschiedlich ist, dass sich Spezialisierung nicht verhindern lässt. Hinzu kommen natürliche und künstliche Handelsbarrieren sowie Unterschiede hinsichtlich der Technologien.

Andererseits könnte man die Frage stellen, weshalb Faktorbewegungen nicht den Anreiz zu Außenhandel aufheben. Auch hier lautet die Antwort, dass die Bewegung der Produktionsfaktoren zwar im einfachen Modell den internationalen Güterhandel überflüssig machen kann, in der Praxis aber der freien Bewegung von Arbeit, Kapital und anderen potenziell mobilen Ressourcen erhebliche Hindernisse im Weg stehen. Und einige Ressourcen können auch gar nicht zusammengeführt werden – kanadische Wälder und karibischer Sonnenschein lassen sich nicht verlagern.

Die Erweiterung des einfachen Modells der Faktormobilität ändert also nichts an seiner Grundaussage. Der wichtigste Punkt besteht darin, dass der Handel mit Faktoren in rein ökonomischer Hinsicht dem Güterhandel gleicht. Er findet weitgehend aus denselben Gründen statt und führt zu ähnlichen Ergebnissen.

Beispiel 7.1: Lohnkonvergenz im Zeitalter der Massenmigration

Zwar finden heute immer noch große Wanderungsbewegungen zwischen den Ländern statt, doch das wirkliche heroische Zeitalter der Arbeitsmobilität – als die Einwanderung in einigen Ländern eine Hauptquelle des Bevölkerungswachstums war, während die Auswanderung die Bevölkerung anderer Länder schrumpfen ließ – war das neunzehnte und frühe zwanzigste Jahrhundert. In einer globalen Wirtschaft, die durch Eisenbahnen, Dampfschiffe und Telegraphen erstmals integriert wurde und noch nicht unzähligen rechtlichen Migrationsbeschränkungen unterworfen war, legten Dutzende Millionen Menschen auf der Suche nach einem besseren Leben lange Wege zurück. Chinesen zogen nach Südostasien und Kalifornien, Inder nach Afrika und in die Karibik, Japaner in erheblicher Zahl nach Brasilien. Vor allem Menschen aus Europa – Skandinavien, Italien, Osteuropa – zog es dorthin, wo Land im Überfluss und hohe Löhne winkten: in die USA, aber auch nach Kanada, Argentinien und Australien.

Dieser Prozess führte in der Tat zu der Reallohnkonvergenz, die unser Modell prognostiziert. Die unten abgebildete Tabelle gibt die Reallöhne des Jahres 1870 für vier große „Einwanderungsländer" und vier wichtige „Auswanderungsländer" wieder und zeigt ihre Veränderung bis zum Vorjahr des Ersten Weltkriegs. Wie aus der Tabelle hervorgeht, waren die Reallöhne zu Beginn dieser Zeitspanne in den Einwanderungsländern weitaus höher als in den Auswanderungsländern. Über die nächsten vierzig Jahre hinweg stiegen die Reallöhne in allen Ländern, dies jedoch (abgesehen von einem überraschend großen Anstieg in Kanada) in den Auswanderungsländern weitaus stärker als in den Einwanderungsländern. Daraus lässt sich schließen, dass die Migration tatsächlich auf einen (wenn auch bei weitem nicht vollständigen) Ausgleich der Löhne hinwirkte.

Wie in unserer Fallstudie zur US-amerikanischen Volkswirtschaft dokumentiert, setzte die Einführung rechtlicher Schranken nach dem Zweiten Weltkrieg dem Zeitalter der Massenmigration ein Ende. Aus diesem und anderen Gründen (vor allem dem Rückgang des Welthandels und den unmittelbaren Auswirkungen von zwei Weltkriegen) kam die Konvergenz der Reallöhne zum Stillstand und kehrte sich für mehrere Jahrzehnte sogar um, bis sie in den Nachkriegsjahren wieder einsetzte.

→

	Reallohn 1870 (USA = 100)	Prozentualer Anstieg des Reallohns, 1870-1913
Einwanderungsländer		
Argentinien	53	51
Australien	110	1
Kanada	86	121
USA	100	47
Auswanderungsländer		
Irland	43	84
Italien	23	112
Norwegen	24	193
Schweden	24	250

Quelle: Jeffrey G. Williamson, „The Evolution of Global Labor Markets since 1830: Background Evidence and Hypotheses", in: *Explorations in Economic History* 32 (1995), S. 141-196.

Beispiel 7.2: Einwanderung und die Volkswirtschaft der USA

Im 20. Jahrhundert erfuhren die USA zwei große Einwanderungswellen. Die erste, die Ende des 19. Jahrhunderts begann, wurde durch 1924 eingeführte restriktive Gesetze beendet. Mitte der 1960er Jahre setzte ein erneuter Einwanderungsschub ein, der durch eine umfassende Gesetzeserneuerung im Jahr 1965 eingeleitet worden war. Daneben stieg die Zahl der illegalen Einwanderer, die amerikanische Regierung schätzt sie auf 200.000 bis 300.000 pro Jahr.

In der Zeit zwischen den beiden großen Einwanderungswellen hatten Immigranten wahrscheinlich wenig Einfluss auf die US-amerikanische Volkswirtschaft. Dafür gab es zwei Gründe. Erstens waren sie nicht sehr zahlreich. Zweitens sahen die Einwanderungsgesetze vor, dass Visa entsprechend der ethnischen Zusammensetzung der USA aus dem Jahr 1920 erteilt wurden. Infolgedessen wurden vorwiegend Einwanderer aus Kanada und Europa zugelassen, deren Bildungsstand im Wesentlichen dem der US-Bürger entsprach. Von 1965 an kamen die Einwanderer dagegen vorwiegend aus Lateinamerika und Asien, wo die Arbeiter im Durchschnitt eine wesentlich schlechtere Ausbildung erhalten als der amerikanische Durchschnittsarbeiter.

Die unten stehende Tabelle veranschaulicht diesen Effekt, indem sie für die Jahre 1980 und 1990 das Verhältnis der Einwanderer zu den innerhalb der USA geborenen Arbeiter für bestimmte Bildungsstufen darstellt. Aus der Tabelle geht hervor, dass sich der Anteil der Einwanderer in allen Kategorien erhöhte, am meisten jedoch in der Kategorie der High-School-Abbrecher. Die Immigration führte bei ansonsten gleichen Bedingungen also zu einem reichlicheren Angebot an gering qualifizierten Arbeitern und einer entsprechenden Verknappung hoch qualifizierter Arbeiter. Dies lässt darauf schließen, dass die Einwanderung in dieser Periode ihren Teil zur Verstärkung des Lohnunterschieds zwischen gering und hoch qualifizierten Arbeitern beigetragen haben muss.

Damit ist das Bild jedoch nicht vollständig. Trotz der Einwanderungseffekte ging die Anzahl der US-Arbeiter ohne High-School-Abschluss im Verlauf dieser zehn Jahre zurück, während der Anteil der Arbeiter mit College-Abschluss stieg. Insgesamt wuchs also die Ausstattung mit gut ausgebildeten Arbeitern und trotzdem stieg ihr relativer Lohn – wahrscheinlich infolge der technologischen Veränderungen, die den Ausbildungsfaktor immer wichtiger werden ließen.

	Einwanderer in % der in den USA geborenen Arbeiter, 1980	Einwanderer in % der in den USA geborenen Arbeiter, 1990	Veränderung von 1980 bis 1990
High-School-Abbrecher	12,2	26,2	14,0
High School	4,4	6,1	1,7
College-Abbrecher	5,8	6,9	1,1
College	7,5	9,7	2,2

Quelle: George Borjas, Richard Freeman und Lawrence Katz, „Searching for the effect of immigration on the labor market", in: *American Economic Review*, Mai 1996.

7.2 Internationale Kreditaufnahme und Kreditvergabe

Internationale Kapitalbewegungen sind ein hervorstechendes Merkmal des internationalen Wirtschaftslebens. Es ist verlockend und bisweilen auch hilfreich, diese Bewegungen analog zu unserer Analyse der Arbeitsmobilität zu analysieren. Dabei müssen jedoch einige wichtige Unterschiede beachtet werden. Wenn wir von internationaler Arbeitsmobilität sprechen, ist ganz klar, dass die Arbeiter sich physisch von einem Land zum anderen bewegen. Internationale Kapitalbewegungen sind weniger einfach beschaffen. Wenn wir von Kapitalströmen aus den USA nach Mexiko sprechen, dann meinen wir nicht, dass Maschinen aus den USA demontiert und in Richtung Süden transportiert werden. Es ist von einer *finanziellen* Transaktion die Rede. Eine amerikanische Bank gibt einem mexikanischen Unternehmen einen Kredit, oder US-Bürger kaufen Aktien in Mexiko, oder ein Unternehmen aus den USA investiert vermittels seiner mexikanischen Niederlassung. Wir konzentrieren uns zunächst auf die erste Art von Transaktion, bei der US-Bürger Mexikanern einen Kredit geben. Sie räumen ihnen damit das Recht ein, mehr auszugeben, als sie heute verdienen. Im Gegenzug versprechen die Mexikaner die Rückzahlung in der Zukunft.

Die Analyse der finanziellen Aspekte der Außenwirtschaft ist Thema der zweiten Hälfte dieses Buches. Wichtig ist allerdings schon jetzt die Erkenntnis, dass Finanztransaktionen nicht nur als Zahlen auf dem Papier stehen. Sie haben reale Konsequenzen. Insbesondere die internationale Kreditaufnahme und -vergabe kann als eine Form des internationalen Handels interpretiert werden. Dabei wird nicht zum selben Zeitpunkt ein Gut gegen ein anderes getauscht, sondern heutige Güter gegen zukünftige. Dies bezeichnet man als **intertemporalen Handel**, von dem an späterer Stelle noch die Rede sein wird. Vorläufig genügt uns ein einfaches Modell.[1]

7.2.1   Intertemporale Produktionsmöglichkeiten und Außenhandel

Selbst wenn keine internationalen Kapitalbewegungen stattfinden, muss jede Volkswirtschaft zwischen gegenwärtigem und zukünftigem Konsum abwägen. Normalerweise konsumiert eine Volkswirtschaft nicht ihre gesamte laufende Produktion. Ein Teil fließt als Investitionen in Maschinen, Gebäude und andere Formen produktiven Kapitals. Je mehr Investitionen eine Volkswirtschaft heute vornimmt, desto mehr wird sie in Zukunft produzieren und konsumieren können. Um mehr zu investieren, muss eine Volkswirtschaft daher Ressourcen freisetzen, indem sie weniger konsumiert (es sei denn, sie verfügt über ungenutzte Ressourcen – eine Möglichkeit, von der wir zunächst absehen). Gegenwärtiger und zukünftiger Konsum müssen also gegeneinander abgewogen werden.

Nehmen wir beispielshalber eine Volkswirtschaft, die nur ein Gut produziert und nur zwei Zeitspannen lang existiert, die wir Gegenwart und Zukunft nennen. Das Verhältnis zwischen gegenwärtiger und zukünftiger Produktion des Konsumguts können wir durch eine **intertemporale Transformationskurve** darstellen. Abbildung 7.4 zeigt eine solche Kurve. Sie sieht genau wie die Transformationskurven aus, die wir für zwei Güter und einen gegebenen Zeitpunkt gezeichnet haben.

---

[1]   Der Anhang zu diesem Kapitel enthält eine genauere Aufschlüsselung des in diesem Abschnitt vorgestellten Modells.

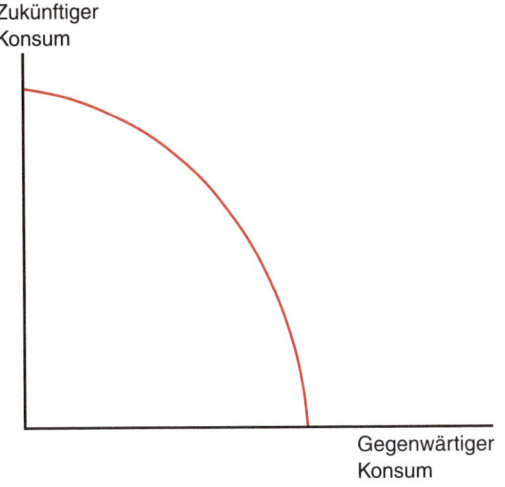

Ein Land kann gegenwärtigen Konsum gegen zukünftigen Konsum eintauschen, ebenso wie es die Produktion eines Gutes auf Kosten eines anderen steigern kann.

Abbildung 7.4: **Die intertemporale Transformationskurve**

Die Form der intertemporalen Transformationskurve ist von Land zu Land verschieden. Bei einigen Ländern weist sie eine stärkere Verzerrung zur gegenwärtigen Produktion auf, bei anderen zur zukünftigen. Wir kommen in Kürze zu der Frage, welche realen Unterschiede diese Verzerrungen widerspiegeln. Zunächst gehen wir jedoch einfach von zwei Ländern aus, Inland und Ausland, die unterschiedliche intertemporale Produktionsmöglichkeiten aufweisen. Inland hat eine stärkere Neigung zum gegenwärtigen, Ausland zum zukünftigen Konsum.

Analogieschlüsse lassen uns das Weitere bereits ahnen. Ohne internationale Kreditaufnahme und -vergabe müsste der relative Preis für zukünftigen Konsum in Inland höher sein als in Ausland. Wenn wir also die Möglichkeit des Handels zwischen Gegenwart und Zukunft zulassen, müsste Inland gegenwärtigen Konsum exportieren und zukünftigen Konsum importieren.

Dies mag etwas verwirrend erscheinen. Worin besteht der relative Preis für zukünftigen Konsum, und wie treibt man zeitübergreifenden Handel?

7.2.2   Der Realzins

Ebenso wie eine Einzelperson kann auch ein Land durch Kreditaufnahme oder -vergabe den Handel zeitlich strecken. Wenn eine Einzelperson einen Kredit aufnimmt, kann sie zunächst mehr ausgeben, als sie verdient; mit anderen Worten, sie kann mehr konsumieren, als sie produziert. Später muss sie den Kredit mit Zinsen zurückzahlen und konsumiert daher in Zukunft *weniger*, als sie produziert. Durch die Kreditaufnahme hat sie also zukünftigen Konsum gegen gegenwärtigen Konsum eingetauscht. Dasselbe gilt für ein Land, das einen Kredit aufnimmt.

Es liegt auf der Hand, dass der Preis des zukünftigen Konsums im Verhältnis zum gegenwärtigen Konsum etwas mit dem Zinssatz zu tun hat. Wie wir in der zweiten Hälfte dieses Buches sehen werden, wird die Interpretation der Zinssätze in der Realität durch mögliche Veränderungen des allgemeinen Preisniveaus erschwert. Vorläufig klammern wir dieses Problem aus, indem wir annehmen, dass die Kreditverträge mit „realen" Größen arbeiten: Wenn ein Land einen Kredit aufnimmt, erhält es das Recht auf eine bestimmte Konsummenge zum gegenwärtigen Zeitpunkt. Im Gegenzug muss es in Zukunft eine größere Menge zurückgeben. Insbesondere setzen wir die zukünftige Rückzahlung als $(1 + r)$ Mal der gegenwärtig geliehenen Menge. Dabei ist r der **Realzins** des aufgenommenen Kredits. Da hier 1 Konsumeinheit der Gegenwart gegen $(1 + r)$ Einheiten der Zukunft eingetauscht wird, beträgt der relative Preis des zukünftigen Konsums $1/(1 + r)$.

Die Parallele zum Standardmodell des Handels ist damit vollständig. Sobald die Aufnahme und Vergabe von Krediten zugelassen ist, wird der relative Preis zukünftigen Konsums, und damit der weltweite Realzins, vom relativen Weltangebot und der relativen Weltnachfrage nach zukünftigem Konsum bestimmt. Inland, dessen intertemporale Transformationskurve einen stärkere Ausprägung zum gegenwärtigen Konsum aufweist, wird gegenwärtigen Konsum exportieren und zukünftigen Konsum importieren. Inland wird also in der ersten Zeitperiode Ausland Kredit gewähren und in der zweiten Zeitperiode die Rückzahlung erhalten.

7.2.3   Intertemporaler komparativer Vorteil

Wir haben angenommen, dass die intertemporale Transformationskurve von Inland eine stärkere Ausprägung zur gegenwärtigen Produktion hat. Doch was bedeutet das? Die Quellen des intertemporalen komparativen Vorteils sind etwas anders beschaffen als diejenigen des normalen Außenhandels.

Ein Land mit komparativem Vorteil bei der zukünftigen Produktion von Konsumgütern hätte, solange es keine internationale Kreditvergabe gäbe, einen niedrigen relativen Preis für zukünftigen Konsum, d.h. einen hohen Realzins. Dieser hohe Realzins entspricht einem hohen Kapitalertrag, d.h. einem hohen Ertrag aus der Umlenkung von Ressourcen aus der gegenwärtigen Produktion von Konsumgütern in die Produktion von Kapitalgütern, Bauarbeiten und anderen wirtschaftlichen Aktivitäten, welche die künftige Produktionsfähigkeit der Volkswirtschaft verbessern. Daher werden diejenigen Länder auf dem internationalen Markt Kredite aufnehmen, die im Verhältnis zu ihren gegenwärtigen produktiven Kapazitäten äußerst produktive Investitionsmöglichkeiten aufweisen. Die Kreditvergabe liegt hingegen bei denjenigen Staaten, in deren Inland sich keine solchen Möglichkeiten auftun.

Das Muster der internationalen Kreditaufnahme und Kreditvergabe in den 1970er Jahren bestätigt diese Schlussfolgerung. Tabelle 22.3 vergleicht die internationale Kreditvergabe von drei Ländergruppen: Erdöl exportierende Länder, andere Entwicklungsländer und Industrieländer. Von 1974 bis 1981 vergaben die Erdöl exportierenden Länder Kredite in Höhe von 395 Milliarden Dollar, die weniger entwickelten Länder nahmen Kredite in Höhe von 315 Milliarden Dollar auf und die (viel größeren) Industrieländer liehen sich eine geringere Summe, 265 Milliarden Dollar. Im Lichte unseres Modells ist dieser Befund nicht überraschend. Infolge des sprunghaften Anstiegs der Ölpreise hatten Ölexporteure wie Saudi-Arabien in den 1970er Jahren ein sehr hohes laufendes Einkommen. Ihre inländischen Investitionsmöglichkeiten stiegen jedoch nicht in vergleichbarem Maße. Sie verfügten also über einen komparativen Vorteil beim gegenwärtigen Konsum. Angesichts ihrer geringen Bevölkerungszahlen, ihrer mit Ausnahme des Öls begrenzten Ressourcen und ihres Mangels an Fachkenntnissen für andere Produktion bestand ihre natürliche Reaktion darin, einen großen Teil ihres Einkommenszuwachses im Ausland zu investieren. Länder wie Brasilien und Südkorea dagegen, die eine rasche Entwicklung durchmachten, erwarteten für die Zukunft ein stark erhöhtes Einkommen und sahen in ihren wachsenden Industriesektoren hoch produktive Investitionsmöglichkeiten. Sie hatten einen komparativen Vorteil hinsichtlich des zukünftigen Einkommens. Während des hier betrachteten Zeitraums (1974 bis 1981) exportierten also die Ölexporteure gegenwärtigen Konsum, indem sie ihr Geld verliehen, und zwar zum Teil an weniger entwickelte Länder.

Beispiel 7.3: Schaden Kapitalbewegungen in Entwicklungsländer den Arbeitern in Hochlohnländern?

Mehrfach haben wir in diesem Lehrbuch bereits die Befürchtungen angesprochen, die durch das rasche Wirtschaftswachstum der neu industrialisierten Volkswirtschaften (NIV), vor allem in Asien, geweckt werden. In Kapitel 4 besprachen wir die Sorge, dass der Handel mit den NIV aufgrund des Stolper-Samuelson-Effekts die Reallöhne gering qualifizierter Arbeiter in den fortgeschrittenen Ländern reduzieren könnte, und sahen, dass sie nicht ganz unberechtigt war. In Kapitel 5 befassten wir uns mit der Möglichkeit, dass das Wachstum in den NIV die Terms of Trade der fortgeschrittenen Länder verschlechtern und damit ihr Realeinkommen als Ganzes senken könnte, was sich aber als unwahrscheinlich herausstellte. In den 1990er Jahren befürchteten einige Beobachter, dass der Kapitalexport in die NIV die Löhne der Arbeiter in den fortgeschrittenen Ländern schwer beeinträchtigen könnte.

Diese Ansicht basierte auf folgenden Überlegungen: Wenn Hochlohnländer Investitionen in Niedriglohnländern finanzieren, dann verringert dies die Rücklagen für den Aufbau des Kapitalstocks im eigenen Land. Folglich entfällt hier auf jeden Arbeiter weniger Kapital, sodass das Grenzprodukt der Arbeit – und daher die Lohnrate – niedriger sein wird als vor der Kapitalbewegung. Das Realeinkommen als Ganzes, einschließlich der Erträge aus dem im Ausland investierten Kapital, fällt vielleicht für das eigene Land höher aus als ohne Auslandsinvestitionen, doch wird ausschließlich die Kapitalseite davon profitieren, während es den Arbeitern schlechter geht als zuvor.

Im Prinzip ist dieser ungünstige Effekt denkbar, doch welche Rolle dürfte er in der Praxis spielen? Einige einflussreiche Spezialisten haben bereits schlimme Befürchtungen geäußert. Klaus Schwab, der Vorsitzende des schweizerischen Weltwirtschaftsforums, warnte vor einer „massiven Vermögensumverteilung", in deren Folge die Arbeiter in den fortgeschrittenen Länder keine hohen Löhne mehr verdienen könnten.[*] Viele Journalisten haben ähnliche Ansichten geäußert.

➜

Die Wirtschaftswissenschaftler hingegen zeigten sich von dieser Argumentation weitgehend unbeeindruckt. Sie verweisen darauf, dass die Kapitalbewegungen in Entwicklungsländer bisher langfristig recht beschränkt sind. Unsere Abbildung zeigt die Nettokapitalbewegungen in „aufstrebende Märkte" von 1977 bis 1999. Während der Schuldenkrise der 1980er Jahre, die in Kapitel 22 behandelt wird, kamen sie nahezu zum Stillstand. In den 1990er Jahren wurden sie wieder aufgenommen, nur um im Zusammenhang mit der asiatischen Finanzkrise von 1997 stark zurückzugehen. Die Bewegungen in Höhe von 233 Milliarden US-Dollar im Jahr 1996 erscheinen auf den ersten Blick erheblich; doch die Volkswirtschaften der fortgeschrittenen Länder sind so groß, dass selbst diese Größe nur etwa 7 Prozent ihrer Gesamtinvestitionen ausmachte.

* Klaus Schwab und Claude Smadja, „Power and Policy: The New Economic World Order", in: *Harvard Business Review* 72, Nr. 6 (November-Dezember 1994), S. 40-47.

Nettokapitalströme in „aufstrebende Märkte" in Milliarden Dollar

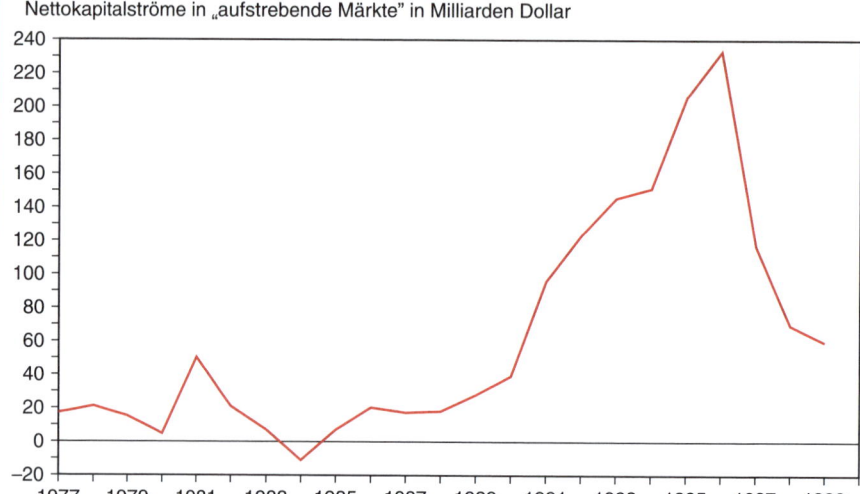

Kapitalströme in Niedriglohnländer. Große Kapitalströme in die Entwicklungsländer, die kein Erdöl exportieren, begannen in den 1970er Jahren, kamen während der Schuldenkrise der 1980er Jahre nahezu zum Stillstand und setzten nach 1990 wieder ein.
Quelle: International Monetary Fund, International Financial Statistics Yearbook, 1997.

7.3 Internationale Direktinvestitionen und multinationale Unternehmen

Im letzten Abschnitt konzentrierten wir uns auf die internationale Vergabe und Aufnahme von Krediten. Das ist eine relativ einfache Transaktion, denn der Gläubiger macht dem Schuldner keine anderen Auflagen als die spätere Rückzahlung. Ein wichtiger Teil der internationalen Kapitalbewegungen erfolgt jedoch in Form **internationaler Direktinvestitionen**.

Unter internationalen Direktinvestitionen verstehen wir internationale Kapitalströme, bei denen ein Unternehmen in einem Land, in dem es nicht ansässig ist, eine Niederlassung gründet oder erweitert. Das charakteristische Merkmal einer internationalen Direktinvestition besteht darin, dass der Ressourcentransfer mit der Übernahme von *Kontrolle* verbunden ist. Die Niederlassung hat nicht nur finanzielle Verpflichtungen gegenüber der Muttergesellschaft, sondern ist auch Bestandteil derselben Organisationsstruktur.

Wann ist ein Unternehmen multinational? Gemäß der Statistik der USA gilt ein US-Unternehmen als ausländisch kontrolliert, und daher als Niederlassung eines im Ausland ansässigen multinationalen Unternehmens, wenn ein ausländisches Unternehmen 10 Prozent oder mehr der Aktien hält. Dahinter steht der Gedanke, dass diese 10 Prozent ausreichen, um das Unternehmen de facto zu kontrollieren. Ein Unternehmen mit Sitz in den USA gilt als multinational, wenn es aufgrund seiner Kapitalanteile ausländische Unternehmen kontrollieren kann.

Der aufmerksame Leser wird bemerkt haben, dass aufgrund dieser Definitionen ein Unternehmen sowohl als amerikanische Niederlassung eines ausländischen Unternehmens als auch als multinationales US-Unternehmen gelten kann. Dies kommt bisweilen vor. Von 1981 bis 1995 war das Chemieunternehmen DuPont offiziell in ausländischer Hand (weil das kanadische Unternehmen Seagram einen großen Aktienanteil hielt), galt jedoch zugleich als amerikanisches multinationales Unternehmen. In der Praxis sind solche eigenartigen Fälle selten, für gewöhnlich haben multinationale Unternehmen einen eindeutig erkennbaren Hauptsitz in einem bestimmten Land.

Multinationale Unternehmen treten oft als internationale Kreditgeber und -nehmer auf. In der Erwartung zukünftiger Rückzahlung versorgen Mutterunternehmen ihre ausländischen Niederlassungen häufig mit Kapital. In dem Maße, wie multinationale Unternehmen ihre ausländischen Niederlassungen finanziell ausstatten, sind ausländische Direktinvestitionen eine Alternative zur Kreditvergabe an das Ausland. Doch weshalb werden diese Direktinvestitionen anderen Formen des Transfers vorgezogen? Die Existenz multinationaler Unternehmen widerspiegelt auch nicht in jedem Fall einen Nettokapitalfluss von einem Land in das andere. Manchmal beschaffen multinationale Unternehmen die Mittel für den Ausbau ihrer Niederlassungen nicht in ihrem Ursprungsland, sondern in dem Land, in dem die Niederlassung tätig ist. Darüber hinaus werden zwischen Industrieländern eine Menge wechselseitiger Direktinvestitionen getätigt, sodass zum Beispiel US-amerikanische Unternehmen ihre Niederlassungen zur gleichen Zeit erweitern, wie europäische Unternehmen ihre Niederlassungen in den USA ausbauen.

Während also multinationale Unternehmen manchmal als Urheber internationaler Kapitalströme auftreten, dürfte es verfehlt sein, Direktinvestitionen als unmittelbare Alternative zur Kreditaufnahme und -vergabe einzelner Länder aufzufassen. Bei Direktinvestitionen geht es vielmehr um die Schaffung multinationaler Organisationen. Ihr Hauptzweck besteht darin, die Kontrolle eines Unternehmens zu erweitern.

Doch weshalb streben Unternehmen diese Art der Kontrolle an? Bislang gibt es für multinationale Unternehmen keine so umfassende Theorie, wie sie Wirtschaftswissenschaftler für die meisten Außenwirtschaftsthemen entwickelt haben. Es gibt jedoch Ansätze, die im Folgenden erläutert werden sollen.

7.3.1   Die Theorie des multinationalen Unternehmens

Die notwendigen Grundelemente für eine Theorie des multinationalen Unternehmens sollen anhand eines Beispiels verdeutlicht werden: den europäischen Operationen amerikanischer Autohersteller. Ford und General Motors beispielsweise verkaufen in Europa viele Autos, die fast ausnahmslos in Werken in Deutschland, Großbritannien und Spanien hergestellt werden. Diese Aufteilung ist uns vertraut, doch es sind auch zwei offenkundige Alternativen denkbar. Zum einen könnten die US-Unternehmen stattdessen in den USA produzieren und in den europäischen Markt exportieren. Zum anderen könnte der gesamte Markt von europäischen Herstellern wie Volkswagen und Renault bedient werden. Weshalb kommt es also zu genau dieser Konstellation, bei der *dieselben* Unternehmen in *unterschiedlichen* Ländern produzieren?

Die moderne Theorie des multinationalen Unternehmens unterscheidet zunächst die zwei Fragen, die in dieser umfassenderen Frage beinhaltet sind. Erstens: Weshalb wird ein Gut in zwei (oder mehr) Ländern und nicht nur in einem Land hergestellt? Dies ist die Frage nach dem **Standort**. Zweitens: Weshalb wird die Produktion an unterschiedlichen Standorten nicht von verschiedenen Unternehmen, sondern von demselben Unternehmen betrieben? Dieses Phänomen bezeichnet man aus Gründen, die unten erläutert werden, als **Internalisierung**. Wir brauchen eine Theorie des Standorts, die erklärt, weshalb Europa seine Automobile nicht aus den USA importiert, und wir brauchen eine Theorie der Internalisierung, die erklärt, weshalb die europäische Autoindustrie nicht unter unabhängiger Kontrolle steht.

Die Standorttheorie ist im Prinzip nicht schwierig. Sie besteht im Wesentlichen aus der Theorie des Außenhandels, die in den Kapiteln 2 bis 6 dargelegt wurde. Der Produktionsstandort wird oft von den Ressourcen bestimmt. Die Vorkommen von Bauxit entscheiden darüber, wo Aluminium gefördert wird, die Verfügbarkeit billiger Elektrizität, wo es geschmolzen wird. Die Hersteller von Minicomputern siedeln ihre qualifikationsintensiven Entwicklungseinrichtungen in Massachusetts oder Nordkalifornien an und ihre arbeitsintensiven Montagefabriken in Irland oder Singapur. Auch Transportkosten und andere Handelsbarrieren können über den Standort entscheiden. Amerikanische Unternehmen produzieren zum Teil deshalb vor Ort für den europäischen Markt, weil sie ihre Transportkosten senken wollen. Da die Modelle, die in Europa großen Absatz finden, oft völlig anders gestaltet sind als die Verkaufsschlager in den USA, ist es sinnvoll, getrennte Produktionseinrichtungen zu unterhalten und sie auf verschiedenen Kontinenten anzusiedeln. Wie diese Beispiele zeigen, unterscheiden sich die Faktoren, die den Ausschlag über die Standortentscheidungen eines multinationalen Unternehmens geben, kaum von den Ursachen für die Herausbildung des Handelsmusters im Allgemeinen.

Anders steht es um die Theorie der Internalisierung. Weshalb gründet man in Europa nicht unabhängige Autounternehmen? Halten wir zunächst fest, dass zwischen den Operationen eines multinationalen Unternehmens in verschiedenen Ländern stets wichtige Transaktionen stattfinden. Die Produktion eines Tochterunternehmens dient oft als Input in die Produktion anderer Tochterunternehmen. Die in einem Land entwickelte Technologie kann auch in anderen Ländern angewandt werden. Das Management kann die Aktivitäten der Werke in unterschiedlichen Ländern sinnvoll aufeinander abstimmen. Diese Transaktionen halten das multinationale Unternehmen zusammen, dessen Zweck wiederum darin besteht, sie zu erleichtern. Doch müssen internationale Transaktionen nicht unbedingt innerhalb eines Unternehmens stattfinden. Komponenten können auch auf dem offenen Markt verkauft werden, und andere Unternehmen können Lizenzen für bestimmte Technologien erhalten. Der Grund für die Existenz multinationaler Unternehmen liegt im Endeffekt also darin, dass diese Transaktionen innerhalb eines einzigen Unternehmens günstiger durchgeführt werden können als zwischen mehreren. Deshalb wird dieses Motiv für die Schaffung eines multinationalen Unternehmens als „Internalisierung" bezeichnet.

Diese Begriffsdefinition erklärt allerdings noch nicht, weshalb es zur Internalisierung kommt. Weshalb sind einige Transaktionen günstiger, wenn sie nicht zwischen unterschiedlichen Unternehmen, sondern innerhalb desselben Unternehmens vollzogen werden? Zu dieser Frage gibt es eine Reihe von Theorien, die weder theoretisch noch empirisch so gut begründet sind wie die Standorttheorien. Dennoch sollen an dieser Stelle zwei Ansätze vorgestellt werden, die erklären, weshalb es von Vorteil sein kann, unternehmerische Aktivitäten in einem einzigen Unternehmen zu integrieren.

Der erste Ansatz betont die Vorteile der Internalisierung für den **Technologietransfer**. Technologie, grob definiert als jede Art wirtschaftlich verwertbaren Wissens, kann verkauft oder in Lizenz vergeben werden. Dies birgt allerdings erhebliche Schwierigkeiten. Oftmals ist die Technologie, die etwa zum Betrieb einer Fabrik erforderlich ist, niemals schriftlich niedergelegt worden: Sie ist im Wissen einer Gruppe von Individuen verkörpert und kann nicht verkaufsfertig abgepackt werden. Außerdem kann ein potenzieller Käufer den Wert dieses Wissens schwer abschätzen – wenn er so viel wüsste wie der Verkäufer, dann müsste er schließlich gar nicht kaufen! Und schließlich sind Eigentumsrechte an Wissen oft schwer nachzuweisen. Wenn ein europäisches Unternehmen einem US-Unternehmen die Lizenz für seine Technologie erteilt, dann kann es vorkommen, dass andere US-Unternehmen diese Technologie auf ganz legalem Wege imitieren. All diese Probleme werden vermindert, wenn ein Unternehmen seine Technologie nicht verkauft, um ihre Erträge in anderen Ländern zu ernten, sondern ausländische Niederlassungen eröffnet.

Der zweite Ansatz betont die Vorteile der Internalisierung für die **vertikale Integration**. Wenn ein Unternehmen („upstream", d.h. vorgelagert) ein Gut herstellt, das als Input für ein anderes Unternehmen („downstream", d.h. nachgelagert) dient, dann kann dies eine Reihe von Problemen mit sich bringen. Wenn beide eine Monopolstellung innehaben, kann sich ein Konflikt ergeben, falls das nachgelagerte Unternehmen den Preis niedrig zu halten versucht, während das vorgelagerte ihn erhöhen möchte. Wenn Nachfrage oder Angebot unsicher sind, kann es zu Koordinationsproblemen kommen. Und schließlich können Preisschwankungen außerordentliche Risiken für eine der beteiligten Seiten bergen. Wenn vor- und nachgelagerte Produktion in einem einzigen, „vertikal integrierten" Unternehmen zusammengefasst sind, können diese Probleme vermieden oder zumindest verringert werden.

Diese Ansätze sind wohlgemerkt bei weitem nicht so detailliert ausgearbeitet wie die Theorien des Außenhandels, die an anderer Stelle in diesem Buch erörtert werden. Die wirtschaftswissenschaftliche Organisationstheorie – um nichts anderes geht es bei einer Theorie der multinationalen Unternehmen – steckt noch in den Kinderschuhen. Dies ist besonders deshalb bedauerlich, weil die multinationalen Unternehmen in der Praxis längst ein heiß umstrittenes Thema sind. Die einen preisen sie als Zugpferd wirtschaftlichen Wachstums, die anderen beschuldigen sie der Schaffung von Armut.

7.3.2   Multinationale Unternehmen in der Praxis

Multinationale Unternehmen spielen im Welthandel und bei weltweiten Investitionen eine wichtige Rolle. So entfallen etwa die Hälfte aller Importe der USA auf Transaktionen zwischen „verwandten Parteien". Der Käufer und der Verkäufer befinden sich also weitgehend im Besitz desselben Unternehmens und werden von ihm kontrolliert. Die Hälfte aller US-Importe können also als Transaktionen zwischen Niederlassungen multinationaler Unternehmen gelten. Gleichzeitig bestehen 24 Prozent aller Anlagevermögen der USA im Ausland aus Anteilen an ausländischen Niederlassungen US-amerikanischer Unternehmen. Der Außenhandel und die Auslandsinvestitionen der USA werden demnach von den multinationalen Unternehmen zwar nicht dominiert, dennoch spielen sie darin eine erhebliche Rolle.

Land	Umsatz		Wertschöpfung		Beschäftigung	
	1985	1990	1985	1990	1985	1990
Frankreich	26,7	28,4	25,3	27,1	21,1	23,7
Vereinigtes Königreich	20,3	24,1	18,7	21,1	14,0	14,9
USA	8,0	16,4	8,3	13,4	8,0	10,8

Tabelle 7.1:   Frankreich, Vereinigtes Königreich und USA: Anteil von in ausländischem Besitz befindlichen Unternehmen an Umsatz, Wertschöpfung und Beschäftigung im verarbeitenden Gewerbe, 1985 und 1990 (in Prozent)
Quelle: US-Handelsministerium, Foreign Direct Investment in the United States: An Update (1994).

Natürlich können sich multinationale Unternehmen in inländischem oder ausländischem Besitz befinden. Multinationale Unternehmen in ausländischem Besitz spielen in den meisten Volkswirtschaften eine wichtige Rolle. Auch in den USA nimmt ihr Gewicht zu. Tabelle 7.1 vergleicht die Rolle von Unternehmen in ausländischem Besitz im Industriesektor dreier wichtiger Volkswirtschaften. (Der Anteil ausländischer Besitzer ist im Industriesektor normalerweise weitaus größer als in der Gesamtwirtschaft.) Diese Tabelle ist besonders für diejenigen Amerikaner aufschlussreich, die sich noch nicht mit der Vorstellung angefreundet haben, für solche Unternehmen zu arbeiten, und denen ihre Zunahme Kopfzerbrechen bereitet. Sie können der Tabelle unmittelbar entnehmen, dass ausländische Besitzer in anderen Ländern, im Gegensatz zu den USA, längst alltäglich sind. In Frankreich, einem Land, das Wert auf seine kulturelle Eigenständigkeit legt, war bereits 1985 mehr als ein Fünftel aller Produktionsarbeiter bei ausländischen Unternehmen beschäftigt. Die Tabelle bestätigt allerdings, dass der Anteil an Unternehmen in ausländischem Besitz seit den 1980er Jahren in den USA stark angestiegen ist. Für den Umsatz ergibt sich für die Jahre 1985 bis 1990 eine glatte Verdopplung. Durch diesen Anstieg wurden die USA anderen Ländern ähnlicher, in denen solche Verhältnisse seit langem gang und gäbe sind.

Zwar gibt es keine vergleichbaren Statistiken, dennoch wurde ermittelt, dass Japan die einzige echte Ausnahme unter den großen Volkswirtschaften darstellt. Dort gibt es sehr wenige Unternehmen, die sich in ausländischem Besitz befinden. Der Grund liegt nicht in rechtlichen Beschränkungen: Theoretisch steht Ausländern die Eröffnung von Fabriken in Japan und der Kauf japanischer Unternehmungen mit wenigen Ausnahmen offen. Doch kulturelle Unterschiede, wie etwa die mangelnde Bereitschaft vieler Japaner, für ausländische Unternehmen zu arbeiten, und möglicherweise auch bürokratische Schikanen haben bisher groß angelegte Operationen multinationaler Unternehmen mit Sitz im Ausland verhindert.

Doch kehren wir zu der Ausgangsfrage zurück, was eigentlich das Entscheidende an multinationalen Unternehmen ist. Vor dem Hintergrund eines begrenzten Verständnisses über ihre Entstehungsursachen ist diese Frage nur schwer zu beantworten. Dennoch lassen die bestehenden Theorien einige vorläufige Antworten zu.

Die meisten Aktivitäten multinationaler Unternehmen könnten auch ohne sie stattfinden, wenn auch vielleicht weniger einfach. Zwei Beispiele sind die Verlagerung arbeitsintensiver Produktionen aus Industrieländern in arbeitsreiche Länder sowie Kapitalströme aus kapitalreichen in kapitalarme Länder. Multinationale Unternehmen betätigen sich bisweilen als Agenten dieser Veränderungen und werden dafür (je nach Standpunkt des Betrachters) entweder gepriesen oder verdammt. Doch diese Verlagerungen widerspiegeln den „Standortaspekt" unserer Theorie der multinationalen Unternehmen, der sich nicht von der normalen Theorie des Außenhandels unterscheidet. Wenn es keine solchen Unternehmen gäbe, würden dieselben Vorgänge stattfinden, wenn auch vielleicht nicht im selben Umfang. Aufgrund dieser Feststellung schreiben Ökonomen multinationalen Unternehmen eine geringere Bedeutung zu als die meisten Laien.

Im weiteren Sinne erzeugen multinationale Unternehmen durch die Schaffung grenzüberschreitender Organisationen ähnliche Effekte wie der Handel und die einfache Faktormobilität. Sie sind also eine Form der internationalen wirtschaftlichen Integration. Analog zu den übrigen hier vorgestellten Formen der internationalen Integration wäre zu erwarten, dass multinationale Unternehmen Gesamtgewinne hervorbringen, deren Einkommenswirkungen allerdings bestimmte Gruppen benachteiligen. Diese Einkommenswirkungen dürften sich eher *innerhalb* der einzelnen Länder als *zwischen* ihnen ergeben.

Zusammenfassend lässt sich sagen, dass multinationale Unternehmen für die Weltwirtschaft wahrscheinlich ein weniger wichtiger Faktor sind, als ihre auffallende Allgegenwärtigkeit vermuten ließe. Ihre Rolle dürfte weder mehr noch weniger nutzbringend sein als diejenige anderer internationaler Verflechtungen. Dennoch werden sie gern, wie wir im Zusammenhang mit unseren Ausführungen über Außenhandel und Entwicklung in Kapitel 10 sehen werden, als Inkarnation des Bösen oder (seltener) des Guten dargestellt.

Beispiel 7.4: Ausländische Direktinvestitionen in den USA

Bis zu den 1980er Jahren galten die USA nahezu ausnahmslos als „Heimat" und nicht als „Gastgeber" multinationaler Unternehmen. Der französische Autor Jean-Jacques Servan-Schreiber gab seinem 1967 erschienenen Bestseller, der vor der zunehmenden Macht der multinationalen Unternehmen warnte, sogar den Titel „Die amerikanische Herausforderung".

Diese Sichtweise änderte sich Mitte der 1980er Jahre. Abbildung 7.5 zeigt die eingehenden ausländischen Direktinvestitionen – Kapital, das eingesetzt wurde, um die Kontrolle über ein US-amerikanisches Unternehmen zu übernehmen, oder in ein bereits ausländisch kontrolliertes Unternehmen investiert wurde – in Prozent des Bruttoinlandsprodukts. In der zweiten Hälfte der 1980er Jahre explodierten diese Investitionen, die zuvor weniger als 0,5 Prozent des BIP ausgemacht hatten. Japanische Unternehmen begannen Automobilwerke in den USA aufzukaufen und europäische Unternehmen erwarben US-Banken und Versicherungsgesellschaften. Zu Beginn der 1990er Jahre erlebten die ausländischen Direktinvestitionen einen Einbruch, Ende der 1990er Jahre nahmen sie wieder einen erstaunlichen Aufschwung.

Was lag diesen Schwankungen zugrunde? Paradoxerweise gingen der Boom der Direktinvestitionen Ende der 1980er und der noch größere Boom Ende der 1990er Jahre auf geradezu entgegengesetzte Ursachen zurück.

Ein großer Teil der ausländischen Direktinvestitionen in den 1980er Jahren erfolgte, weil die USA als schwach wahrgenommen wurden. Die japanischen Industrieunternehmen, insbesondere in der Autobranche, hatten ihre amerikanischen Konkurrenten auf den Gebieten Produktivität und Technologie überholt. Die niedrigeren Preise und die überlegene Qualität der japanischen Produkte ermöglichten ihnen die Übernahme eines rasch wachsenden Anteils des US-amerikanischen Marktes, und um diesen Markt besser zu bedienen, begannen die Japaner in den USA Fabriken zu eröffnen.

Außerdem war der US-Dollar in den späten 1980er Jahren relativ schwach – gegenüber dem japanischen Yen ebenso wie gegenüber europäischen Währungen, insbesondere der Deutschen Mark. Anlagen in den USA erschienen daher preisgünstig und ausländische Unternehmen fühlten sich zu Investitionen ermutigt.

Die Wahrnehmung, dass Ausländer die Schwäche der USA ausnutzten, war möglicherweise der Grund für die damalige heftige politische Reaktion auf den Anstieg der ausländischen Direktinvestitionen. Ihren Höhepunkt erreichte sie wohl 1992, als Michael Crichton den Bestseller „Rising Sun" veröffentlichte, einen Roman über die hinterhältigen Machenschaften eines japanischen Unternehmens in den USA. Das Buch, das im folgenden Jahr mit Sean Connery in der Hauptrolle verfilmt wurde, erschien mit einem langen Nachwort über die Bedrohung der USA durch japanische Unternehmen.

Aus Abbildung 7.5 geht allerdings hervor, dass die ausländischen Direktinvestitionen in die USA schon wieder zurückgingen, als „Rising Sun" an die Buchläden ausgeliefert wurde. Und mit den Investitionen ließ auch das öffentliche Interesse nach.

Ausländische Direktinvestitionen in Prozent des BNE (Jahresdurchschnitt)

Die ausländischen Direktinvestitionen in den USA stiegen von 1986 bis 1989 und erneut nach 1992 stark an. Der von ausländischen Unternehmen kontrollierte Anteil der US-amerikanischen Produktion stieg rasch an.
Quelle: Handelsministerium der USA

Abbildung 7.5:   **Ausländische Direktinvestitionen in den USA**

Als die internationalen Direktinvestitionen Ende der 1990er Jahre einen erneuten Aufschwung nahmen, bot sich ein ganz anderes Bild: Die Ursache der Investitionswelle bestand darin, dass die USA als stark wahrgenommen wurden. Sie erlebten einen bemerkenswerten Konjunkturaufschwung, während das Wachstum in Europa bescheiden war und Japan mitten in einer zehnjährigen Stagnation steckte. Angesichts der wiederbelebten wirtschaftlichen Vormachtstellung der USA stand nahezu jedes Großunternehmen der Welt unter dem Eindruck, es müsse an der US-Wirtschaft partizipieren. Und so strömten die Unternehmen in die USA, wobei sie in erster Linie die Kontrolle über bereits bestehende amerikanische Unternehmen übernahmen. Ob dies zu begrüßen war, steht auf einem anderen Blatt. Die schwierige Übernahme von Chrysler durch das deutsche Unternehmen Daimler-Benz, die weiter unten geschildert wird, gilt mittlerweile als Musterbeispiel für unachtsame Investitionen in Amerika.

→

Die allgemeine politische Reaktion auf ausländische Investoren war in den 1990er Jahren ganz anderer Art als bei der vorherigen Welle. Man weiß nicht, ob sich die Amerikaner über den Umfang der hereinströmenden Summen überhaupt bewusst waren. Michael Crichton hängte das Thema Wirtschaft an den Nagel und widmete sich in seinen Büchern wieder den Dinosauriern. In dem Maße, wie das Hereinströmen ausländischer Investitionen überhaupt zur Kenntnis genommen wurde, interpretierte man es als Zeichen für die Stärke der USA und nicht als Bedrohung.

Zum Erscheinungszeitpunkt dieses Buches hielt der Zufluss ausländischer Direktinvestitionen noch an, obwohl der konjunkturelle Aufschwung 2001 offiziell für beendet erklärt worden war.

Beispiel 7.5: Fahrt ins Ungewisse

Im November 1998 übernahm das deutsche Unternehmen Daimler-Benz für 40 Milliarden US-Dollar die Kontrolle über den US-amerikanischen Autohersteller Chrysler. Die Summe überstieg den damaligen Marktwert der Chrysler-Aktien um etwa 13 Milliarden Dollar. Das neue, fusionierte Unternehmen erhielt den Namen DaimlerChrysler.

Das Geschäft ergab nur dann einen Sinn, wenn das neue Unternehmen mehr wert war als die zuvor getrennten Unternehmen zusammengenommen. Angesichts der Summe, die Daimler-Benz für den Erwerb von Chrysler ausgab, musste die Fusion Werte in Höhe von mindestens 13 Milliarden Dollar erzeugen. Woher sollten diese Werte kommen?

Die Vorstände beider Unternehmen erwarteten „Synergien": Das Ganze würde mehr wert sein als die Summe seiner Teile, weil jedes Unternehmen etwas beisteuern würde, das dem anderen fehlte. Skeptische Analysten fanden dieses Argument allerdings nicht überzeugend. Sie verwiesen darauf, dass die Unternehmen, obwohl sie beide im Autogeschäft tätig waren, völlig unterschiedliche Marktnischen besetzten: Daimler-Benz verdankte seinen Ruf hochklassigen Luxuslimousinen, während Chrysler viel weiter unten angesiedelt war. Sein Markenzeichen waren Kleinbusse und Geländewagen. Es war durchaus nicht klar, ob Vertrieb oder Produktion an Effizienz gewinnen würden. Woher sollte der Wertzuwachs also kommen?

Bald zeigte sich, dass der Zusammenschluss keine Synergien, sondern vorläufig – besonders bei Chrysler – nur neue Probleme erzeugte. Kurz gesagt sorgten die kulturellen Unterschiede zwischen beiden Unternehmen – die zum Teil auf nationale Gepflogenheiten, zum Teil auf die beteiligten Persönlichkeiten zurückgingen – für eine Menge Missverständnisse und Verstimmungen. Ursprünglich war von einem Zusammengehen gleichberechtigter Partner die Rede gewesen, doch bald erwies sich das deutsche Unternehmen als tonangebend; viele Führungspersönlichkeiten von Chrysler kündigten innerhalb des ersten Jahres nach der Fusion. Teilweise infolge dieser Abgänge gerieten Produktentwicklung und Absatzförderung ins Hintertreffen.

Zwei Jahre nach der Fusion fuhr das Chrysler-Unternehmen, das zuvor hohe Gewinne gemacht hatte, riesige Verluste ein. Diese Entwicklungen schlugen sich in einem Kurssturz der Unternehmensaktien nieder. Zwei Jahre nach der Fusion konnte von einer Wertsteigerung gegenüber der Summe beider Einzelunternehmen keine Rede mehr sein. DaimlerChrysler war nun weniger wert als *jedes einzelne* der beiden Unternehmen vor dem Zusammenschluss.

Zusammenfassung

1. Internationale Faktorbewegungen können unter Umständen Handel ersetzen. Hinsichtlich ihrer Ursachen und Folgen ähnelt die internationale Arbeitsmigration daher dem durch unterschiedliche Ressourcenausstattung bedingten Außenhandel. Die Arbeit bewegt sich von Ländern, in denen sie reichlich vorhanden ist, in Ländern mit knapper Arbeitsausstattung. Diese Bewegung hebt die Weltproduktion, hat jedoch auch starke Auswirkungen auf die Einkommensverteilung, sodass einige Gruppen darunter leiden.

2. Die internationale Aufnahme und Vergabe von Krediten kann als eine Form des Außenhandels aufgefasst werden, bei der nicht Güter, sondern gegenwärtiger Konsum gegen zukünftigen Konsum getauscht werden. Der relative Preis, zu dem dieser intertemporale Handel stattfindet, beträgt Eins plus Realzins.

3. Multinationale Unternehmen treten zwar häufig als internationale Kreditgeber und -empfänger auf, ihr Existenzzweck besteht aber in erster Linie darin, die Aktivitäten eines Unternehmens in zwei oder mehr Ländern zu kontrollieren. Die Theorie des multinationalen Unternehmens ist weniger ausgereift als andere Bereiche der Außenwirtschaftslehre. Es besteht jedoch ein grundlegender Rahmen mit zwei wesentlichen Elementen, die für das Zustandekommen eines multinationalen Unternehmens verantwortlich sind: das Standortmotiv, das die Aktivität in verschiedenen Ländern erklärt, und das Internalisierungsmotiv, das zur Integration dieser Aktivitäten in einem einzigen Unternehmen führt.

4. Die Standortmotive der multinationalen Unternehmen sind dieselben wie die Beweggründe für internationalen Handel überhaupt. Die Internalisierungsmotive sind weniger gut erforscht, der gegenwärtige Stand der Forschung verweist auf zwei Hauptmotive: den erleichterten Technologietransfer und die eventuellen Vorteile der vertikalen Integration.

Schlüsselbegriffe

Ausländische oder internationale Direktinvestitionen	S. 234	Realzins	S. 232
Faktorbewegungen	S. 221	Standort- und Internalisierungsmotive multinationaler Unternehmen	S. 236
Intertemporale Transformationskurve	S. 230	Technologietransfer	S. 237
Intertemporaler Handel	S. 230	Vertikale Integration	S. 237

Übungen

1. Inland und Ausland verfügen über je zwei Produktionsfaktoren, Boden und Arbeit, mit denen sie nur ein Gut herstellen. Die Ausstattung mit Boden und die Produktionstechnologie sind in beiden Ländern exakt gleich. Das Grenzprodukt der Arbeit steht in beiden Ländern in folgender Abhängigkeit zur Beschäftigung:

Anzahl der beschäftigten Arbeiter	Grenzprodukt des letzten Arbeiters
1	20
2	19
3	18
4	17
5	16
6	15
7	14
8	13
9	12
10	11
11	10

Ursprünglich sind in Inland 11 Arbeiter beschäftigt, in Ausland aber nur 3.

Welche Auswirkungen hat die freie Bewegung der Arbeit von Inland nach Ausland auf Beschäftigung, Produktion, Reallöhne und das Einkommen der Grundbesitzer in beiden Ländern?

2. Ein arbeitsreiches Land und ein bodenreiches Land produzieren beide mit derselben Technologie arbeits- und bodenintensive Güter. Stellen Sie anhand der in Kapitel 4 vorgestellten Analyse zunächst fest, unter welchen Bedingungen Handel zwischen diesen beiden Ländern den Migrationsanreiz für die Arbeit aufhebt. Weisen Sie dann anhand der Analyse aus Kapitel 5 nach, dass ein Anreiz zur Arbeitsmigration entsteht, sobald ein Land einen Zoll verhängt.

3. Erläutern Sie die Analogie zwischen der internationalen Vergabe und Aufnahme von Krediten und dem normalen Außenhandel.

4. Für welche der folgenden Länder erwarten Sie eine stärkere Ausprägung der intertemporalen Produktionsmöglichkeiten zugunsten von gegenwärtigen Konsumgütern, für welche zugunsten von künftigen Konsumgütern?

   a. Ein Land, das wie Argentinien oder Kanada im letzten Jahrhundert erst vor kurzem für die umfassende Besiedlung geöffnet wurde und große Einwandererströme aufnimmt.

   b. Ein Land, das wie Großbritannien im späten 19. Jahrhundert oder die USA heute eine weltweit führende Stellung hinsichtlich der technologischen Entwicklung aufweist, die jedoch von anderen Ländern allmählich eingeholt wird.

   c. Ein Land, das große Erdölvorkommen entdeckt hat, die mittels geringer Neuinvestitionen ausgebeutet werden können (wie Saudi-Arabien).

   d. Ein Land, das große Erdölvorkommen entdeckt hat, die nur mittels sehr großer Investitionen ausgebeutet werden können (wie Norwegen, dessen Öl unter dem Nordseegrund liegt).

   e. Ein Land wie Südkorea, das den Weg zur Produktion von Industriegütern gefunden hat und rasch zu den fortgeschrittenen Ländern aufschließt.

5. Bei welchen der folgenden Beispiele handelt es sich um ausländische Direktinvestitionen, bei welchen nicht?

   a. Ein saudischer Geschäftsmann kauft IBM-Anteile im Wert von 10 Millionen US-Dollar.

   b. Derselbe Geschäftsmann kauft ein Haus mit Mietwohnungen in New York.

   c. Ein französisches Unternehmen fusioniert mit einem amerikanischen, die Aktionäre des US-Unternehmens tauschen ihre Anteile gegen Anteile des französischen Unternehmens ein.

   d. Ein italienisches Unternehmen errichtet eine Fabrik in Russland und führt sie im Auftrag der russischen Regierung.

6. Die Instant Karma Computer Company hat beschlossen, in Brasilien eine Niederlassung zu eröffnen. Die Importbeschränkungen Brasiliens halten das Unternehmen bisher davon ab, seine Produkte in diesem Markt zu verkaufen. Andererseits wollte es seine Patente nicht an brasilianische Unternehmen verkaufen oder verleasen, weil es dann um seinen technologischen Vorsprung im US-Markt fürchten müsste. Analysieren Sie die Entscheidung des Unternehmens Instant Karma anhand der Theorie des multinationalen Unternehmens.

Weiterführende Literatur

Richard A. Brecher und Robert C. Feenstra, „International Trade and Capital Mobility Between Diversified Economies", in: *Journal of International Economics* 14 (Mai 1983), S. 321–339. Eine Synthese der Handelstheorie und der Theorie über internationale Faktorbewegungen.

Richard E. Caves, *Multinational Enterprises and Economic Analysis*. Cambridge: Harvard University Press, 1982. Ein Blick auf die Aktivitäten multinationaler Unternehmen.

Wilfred J. Ethier, „The Multinational Firm", in: *Quarterly Journal of Economics* 101 (November 1986), S. 805–833. Modelliert das Internalisierungsmotiv der multinationalen Unternehmen.

Irving Fisher, *The Theory of Interest*. New York: Macmillan, 1930. Der in diesem Kapitel beschriebene „intertemporale" Ansatz geht auf Fisher zurück.

Edward M. Graham und Paul R. Krugman, *Foreign Direct Investment in the United States*. Washington, D.C.: Institute for International Economics, 1989. Ein Überblick über die Zunahme von Auslandsinvestitionen in den USA mit besonderer Betonung der politischen Fragen.

Charles P. Kindleberger, *American Business Abroad*. New Haven: Yale University Press, 1969. Eine gute Darstellung des Charakters und der Auswirkungen multinationaler Unternehmen aus einer Zeit, in der diese Unternehmen in erster Linie aus den USA stammten.

Charles P. Kindleberger, *Europe's Postwar Growth: The Role of Labor Supply*. Cambridge: Harvard University Press, 1967. Eine gute Beschreibung der Arbeitsmigration während ihres Höhepunkts in Europa.

G. D. A. MacDougall, „The Benefits and Costs of Private Investment from Abroad: A Theoretical Approach", in: *Economic Record* 36 (1960), S. 13–35. Eine klare Analyse von Kosten und Nutzen der Faktorbewegung.

Robert A. Mundell, „International Trade and Factor Mobility", in: *American Economic Review* 47 (1957), S. 321–335. In diesem Aufsatz wurde erstmals nachgewiesen, dass Handel und Faktorbewegungen Substitute füreinander sein können.

Jeffrey Sachs, „The Current Account and Macroeconomic Adjustment in the 1970s", in: *Brookings Papers on Economic Activity*, 1981. Eine Studie über internationale Kapitalströme, die diese als intertemporalen Handel auffasst.

Anhang zu Kapitel 7

Weitere Ausführungen zu intertemporalem Handel

Dieser Anhang enthält eine genauere Darstellung des intertemporalen Handels in zwei Zeitstufen, der in diesem Kapitel eingeführt wurde. Dabei werden dieselben Begriffe verwendet wie in Kapitel 5 zur Analyse des internationalen Austauschs von Konsumgütern auf *einer* Zeitstufe. Vor dem jetzt gegebenen Hintergrund erklärt das Handelsmodell die internationalen Investitions- und Kreditmuster sowie die intertemporalen Handelsbedingungen (den Realzins).

Betrachten wir zunächst Inland, dessen intertemporale Transformationskurve in Abbildung 7A.1 gezeigt wird. Die Menge der von Inland produzierten gegenwärtigen und zukünftigen Konsumgüter hängt bekanntlich davon ab, in welchem Umfang gegenwärtige Konsumgüter in die Produktion zukünftiger Güter investiert werden. Mit der Umlenkung der zum gegebenen Zeitpunkt verfügbaren Ressourcen vom gegenwärtigen Konsum in Investitionen sinkt die Produktion des gegenwärtigen Konsums, Q_P (P für *Präsens*), und steigt die Produktion zukünftigen Konsums, Q_F (F für *Futur*). Die Investitionserhöhung verschiebt den Produktionspunkt der Wirtschaft auf der Transformationskurve nach links oben.

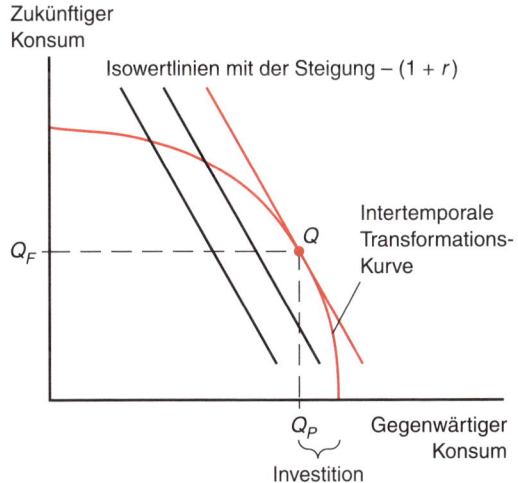

Bei einem weltweiten Realzins von r maximiert das Investitionsniveau von Inland den Wert der Produktion über beide Zeitstufen der Volkswirtschaft hinweg.

Abbildung 7A.1: Bestimmung des intertemporalen Produktionsmusters von Inland

In Kapitel 7 wurde gezeigt, dass der Preis des zukünftigen Konsums, ausgedrückt in gegenwärtigem Konsum, $1/(1 + r)$ beträgt, wobei r der Realzinssatz ist. Gemessen im gegenwärtigen Konsum beträgt der Wert der Gesamtproduktion über beide Zeiträume hinweg daher

$$V = Q_P + Q_F/(1 + r)$$

Abbildung 7A.1 zeigt die Isowertlinien, die dem relativen Preis $1/(1 + r)$ für verschiedene Werte V entsprechen. Es sind gerade Linien mit der Steigung $-(1 + r)$, weil der zukünftige Konsum auf der vertikalen Achse abgetragen ist. Entsprechend dem Standardmodell des Handels führen die Entscheidungen der Unternehmen zu einem Produktionsmuster, das den Wert der Produktion zu Marktpreisen maximiert, $Q_P + Q_F/(1 + r)$. Der Produktionspunkt liegt in Q. Die Volkswirtschaft investiert den gezeigten Betrag, sodass Q_P für den gegenwärtigen Konsum verfügbar ist und Q_F für den zukünftigen Konsum produziert wird, der stattfindet, wenn sich die Investitionen aus der ersten Zeitperiode auszahlen.

Beachten Sie, dass der zusätzliche zukünftige Konsum, der sich durch die Investition einer zusätzlichen gegenwärtigen Konsumeinheit ergeben würde, gleich $(1 + r)$ ist. Es wäre nicht effizient, die Investitionen über den Punkt Q hinauszutreiben, denn dann ginge es der Wirtschaft besser, wenn sie stattdessen zusätzlichen gegenwärtigen Konsum an das Ausland verleihen würde. Aus Abbildung 7A.1 geht hervor, dass ein Anstieg des weltweiten Realzinssatzes r, der die Steigung der Isowertlinien erhöht, einen Rückgang der Investitionen nach sich ziehen würde.

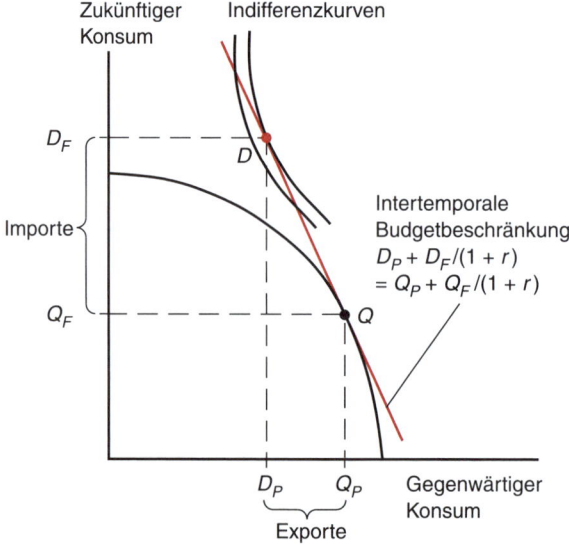

Das Konsumoptimum von Inland liegt dort, wo die höchste Indifferenzkurve die intertemporale Budgetbeschränkung berührt. Die Wirtschaft exportiert $Q_P - D_P$ Einheiten gegenwärtigen Konsums und importiert $D_F - Q_F = (1 + r) \times (Q_P - D_P)$ Einheiten zukünftigen Konsums.

Abbildung 7A.2:   **Die Bestimmung des intertemporalen Konsummusters von Inland**

Abbildung 7A.2 zeigt, dass das Konsummuster von Inland durch einen gegebenen Weltzinssatz bestimmt ist. D_P und D_F seien die Nachfragen nach gegenwärtigem und zukünftigem Konsum. Da die Produktion in Punkt Q stattfindet, unterliegen die Konsummöglichkeiten der Wirtschaft über beide Zeiträume hinweg der *intertemporalen Budgetbeschränkung*:

$$D_P + D_F/(1 + r) = Q_P + Q_F/(1 + r)$$

Diese Beschränkung besagt, dass der Wert des Konsums von Inland während beider Zeitstufen (gemessen in gegenwärtigem Konsum) gleich dem Wert der in beiden Perioden produzierten Konsumgüter ist (ebenfalls gemessen in gegenwärtigen Konsumeinheiten). Anders ausgedrückt, Produktion und Konsum müssen auf derselben Isowertlinie liegen.

Punkt D, in dem die Budgetrestriktion von Inland die höchstmögliche Indifferenzkurve berührt, zeigt Entscheidungen der Volkswirtschaft über das Niveau des gegenwärtigen und zukünftigen Konsums. Die Nachfrage nach gegenwärtigem Konsum, D_P, ist kleiner als die Produktion gegenwärtigen Konsums, Q_P. Folglich exportiert (d.h. verleiht) Inland $Q_P - D_P$ Einheiten gegenwärtigen Konsums an das Ausland. Entsprechend importiert Inland $D_F - Q_F$ Einheiten zukünftigen Konsums aus dem Ausland, wenn dieses ihm die Kredite aus der ersten Periode mit Zins zurückerstattet. Aus der intertemporalen Budgetrestriktion geht hervor, dass $D_F - Q_F = (1 + r) \times (Q_P - D_P)$, sodass der Handel intertemporal ausgeglichen ist.

Abbildung 7A.3 zeigt, wie Investitionen und Konsum in Ausland bestimmt werden. Ausland soll hier bei der Produktion *zukünftiger* Konsumgüter über einen komparativen Vorteil verfügen. Das Schaubild zeigt, dass sich Ausland bei einem Realzinssatz von r in der ersten Periode Konsumgüter ausleiht und diesen Kredit in der zweiten Periode mit Konsumgütern zurückzahlt. Die relativ reichhaltigen Investitionsmöglichkeiten im eigenen Land und die relative Präferenz des gegenwärtigen Konsums machen Ausland zum Importeur gegenwärtigen und zum Exporteur zukünftigen Konsums.

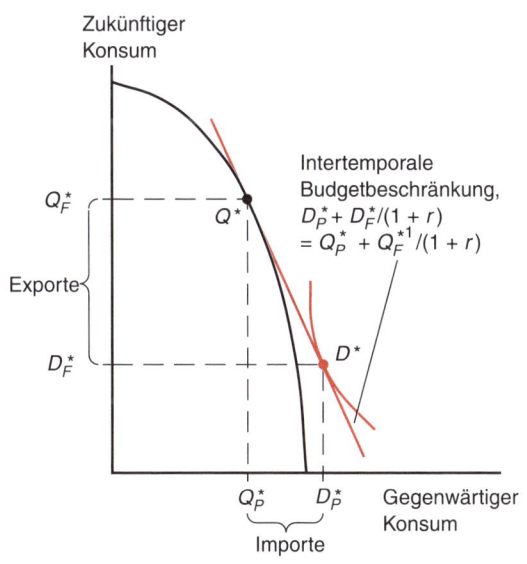

Ausland produziert in Punkt Q^* und konsumiert in Punkt D^*. Es importiert $D^*_P - Q^*_P$ Einheiten gegenwärtigen Konsums und exportiert $Q^*_F - D^*_F = (1 + r) \times (D^*_P - Q^*_P)$ Einheiten zukünftigen Konsum.

Abbildung 7A.3: Die Bestimmung der intertemporalen Produktion und der Konsummuster von Ausland

Wie in Kapitel 5 (Anhang) kann das internationale Gleichgewicht auch hier durch eine Tauschkurve dargestellt werden. Die Tauschkurve eines Landes ergab sich aus dem Verhältnis der erwünschten Exporte zu den erwünschten Importen eines Landes. Nun geht es um den Austausch gegenwärtigen und zukünftigen Konsums. Abbildung 7A.4 zeigt, dass der Gleichgewichtspunkt des Realzinssatzes durch den Schnittpunkt E der Tauschkurven von Inland (OP) und Ausland (OF) bestimmt wird. Der Strahl OE hat die Steigung $(1 + r^1)$, wobei r^1 das Gleichgewicht des Weltzinssatzes ist. In Punkt E ist der von Inland erwünschte Export gegenwärtigen Konsums gleich dem von Ausland erwünschten Import gegenwärtigen Konsums. Anders ausgedrückt, in Punkt E ist die von Inland für die erste Periode erwünschte Kreditvergabe gleich der von Ausland erwünschten Kreditaufnahme für diese Periode. Angebot und Nachfrage befinden sich daher in beiden Perioden im Gleichgewicht.

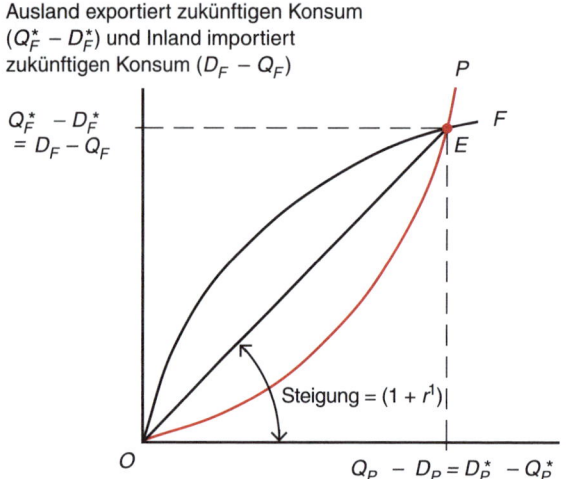

Ausland exportiert zukünftigen Konsum ($Q_F^\star - D_F^\star$) und Inland importiert zukünftigen Konsum ($D_F - Q_F$)

Das Gleichgewicht liegt in Punkt E (bei einem Zinssatz von r^1), weil die Exporte gegenwärtigen Konsums, für die sich Inland entscheidet, gleich den Importen sind, für die sich Ausland entscheidet. Umgekehrt sind die Exporte, für die sich Ausland entscheidet, gleich den Importen, für die sich Inland entscheidet.

Inland exportiert gegenwärtigen Konsum ($Q_P - D_P$) und Ausland importiert zukünftigen Konsum ($D_P^\star - Q_P^\star$)

Abbildung 7A.4: Das internationale intertemporale Gleichgewicht, dargestellt anhand der Tauschkurven

Teil 2
Politik des Welthandels

Kapitelübersicht

Kapitelübersicht

Beispiele

Die Frage „Weshalb treiben Nationen Handel?" wurde in den bisherigen Kapiteln mit einer Beschreibung der Ursachen und Folgen des Außenhandels und der Funktionsweise einer Handel treibenden Weltwirtschaft beantwortet. Diese Problemstellung ist an sich schon aufschlussreich, gewinnt jedoch zusätzlich an Interesse, wenn sie zur Beantwortung der Frage beiträgt, wie die Außenhandelspolitik einer Nation beschaffen sein sollte. Sollten die USA einen Zoll oder eine Importquote verhängen, um ihre Automobilindustrie vor Konkurrenz aus Japan und Südkorea zu schützen? Wen würde eine solche Importquote begünstigen, wem würde sie schaden? Würden die Vorteile die Nachteile aufwiegen?

Dieses Kapitel untersucht, mit welcher Politik Staaten dem Außenhandel begegnen und welcher Maßnahmen sie sich dabei bedienen. Hierzu zählen die Besteuerung oder Subventionierung bestimmter internationaler Transaktionen, gesetzliche Begrenzungen des Werts oder des Volumens von Importen und zahlreiche weitere Maßnahmen. Dieses Kapitel stellt einen Rahmen vor, anhand dessen die Wirkung der wichtigsten handelspolitischen Instrumente bestimmt werden kann.

8.1   Grundarten des Zolls

Ein Zoll, die einfachste handelspolitische Maßnahme, ist eine Steuer auf den Import eines Gutes. **Spezifische Zölle** werden in einer festen Höhe auf jede importierte Gütereinheit erhoben (z.B. 3 Dollar pro Barrel Öl). **Wertzölle** werden anteilig auf den Wert des Güterimports erhoben (z.B. 25 Prozent auf jeden in die USA eingeführten LKW). In beiden Fällen erhöht der Zoll die Einfuhrkosten. Vor der Erfindung der Einkommenssteuer stammte der größte Teil der US-amerikanischen Staatseinnahmen aus Zöllen. Doch darin besteht nicht ihr eigentlicher Zweck. Vielmehr sollen sie bestimmte einheimische Sektoren schützen. Zu Beginn des 19. Jahrhunderts setzte Großbritannien Zölle (die berühmten Korngesetze) ein, um seine Landwirtschaft vor der Konkurrenz durch Importe zu bewahren. Ende des 19. Jahrhunderts schützten sowohl Deutschland als auch die USA ihre neuen Industriesektoren durch Importzölle auf Industrieprodukte. Mittlerweile spielen Zölle keine so große Rolle mehr, weil die heutigen Regierungen ihre einheimischen Branchen lieber durch diverse **nichttarifäre Handelshemmnisse** schützen, wie etwa **Importquoten** (Mengenbeschränkungen für Importe) und **Exportbeschränkungen** (für gewöhnlich Selbstbeschränkungen, die sich das exportierende Land auf Verlangen des importierenden auferlegt). Dennoch bildet das Verständnis der Zollwirkungen nach wie vor eine unverzichtbare Voraussetzung für das Verständnis aller übrigen handelspolitischen Maßnahmen.

Die in den Kapiteln 2 bis 7 entwickelte Außenhandelstheorie beruht auf dem Begriff des *allgemeinen Gleichgewichts*. Wir waren uns stets darüber bewusst, dass Veränderungen in einem Teilbereich der Volkswirtschaft auch die übrigen Teile beeinflussen. Auf dem Gebiet der Außenhandelspolitik sieht es etwas anders aus. Viele (wenn auch nicht alle) Maßnahmen in Bezug auf einen bestimmten Sektor können hinreichend analysiert werden, ohne dass man im Einzelnen ihren Auswirkungen auf die übrige Volkswirtschaft nachgeht. Die Außenhandelspolitik kann demnach weitgehend im Rahmen eines *partiellen Gleichgewichts* untersucht werden. Sobald es um ihre gesamtwirtschaftlichen Effekte geht, greifen wir wieder auf die allgemeine Gleichgewichtsanalyse zurück.

8.1.1   Angebot, Nachfrage und Außenhandel in einem einzigen Sektor

Gehen wir von zwei Ländern aus, Inland und Ausland. Beide konsumieren und produzieren Weizen, der kostenfrei von einem Land ins andere transportiert werden kann. In beiden Ländern herrscht in der Weizenindustrie vollständiger Wettbewerb, sodass die Angebots- und Nachfragekurven Funktionen des Marktpreises sind. Angebot und Nachfrage von Inland hängen normalerweise vom Preis in der Inlandswährung ab, Angebot und Nachfrage von Ausland vom Preis in der Auslandswährung. Wir nehmen allerdings an, dass der Wechselkurs zwischen diesen Währungen von jedweder Außenhandelspolitik in diesem Markt unberührt bleibt, und geben demnach die Preise für beide Märkte in Inlandswährung an.

In einem solchen Markt kommt es dann zu Außenhandel, wenn sich die Preise vor Aufnahme von Außenhandel unterscheiden. Gehen wir davon aus, dass der Weizenpreis vor Handel in Inland höher ist als in Ausland. Als Nächstes lassen wir Außenhandel zu. Da der Weizenpreis in Inland den Auslandspreis übersteigt, beginnen die Anbieter, Weizen von Ausland nach Inland zu transportieren. Dieser Weizenexport treibt den Auslandspreis nach oben und senkt den Inlandspreis, bis der Preisunterschied ausgeglichen ist.

Um den Weltpreis und das Handelsvolumen zu bestimmen, sollen zwei neue Kurven definiert werden: die **Importnachfragekurve** von Inland und die **Exportangebotskurve** von Ausland. Sie werden von den jeweils gegebenen einheimischen Angebots- und Nachfragekurven abgeleitet. Die Importnachfrage von Inland ist die von den Inlandskonsumenten nachgefragte Gütermenge, die über das von den Inlandsproduzenten bereitgestellte Angebot hinausgeht. Das Exportangebot von Ausland ist sein Produktionsüberschuss über die von den Auslandskonsumenten nachgefragte Menge hinaus.

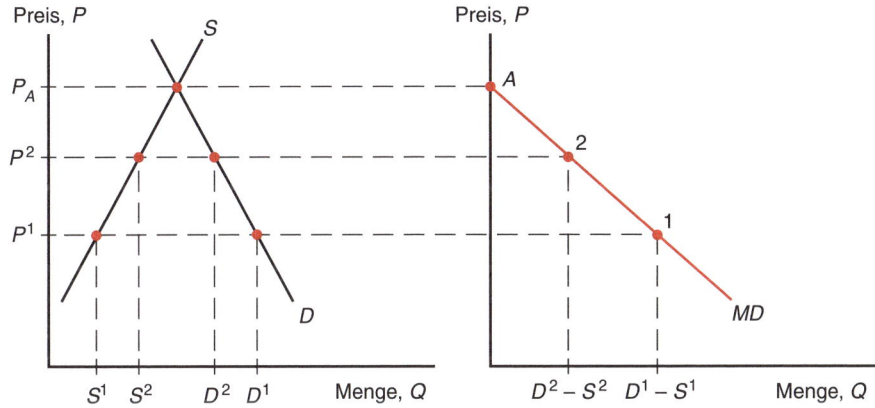

Mit steigendem Güterpreis sinkt die Nachfrage der Inlandskonsumenten und steigt das Angebot der Inlandsproduzenten, sodass die Importnachfrage sinkt.

Abbildung 8.1:   Ableitung der Importnachfragekurve von Inland

Abbildung 8.1 zeigt die Ableitung der Importnachfragekurve. Bei einem Preis P^1 beträgt die Nachfrage der Inlandskonsumenten D^1. Da die Inlandsproduzenten nur S^1 anbieten, beträgt die Importnachfrage von Inland $D^1 - S^1$. Wenn wir den Preis auf P^2 erhöhen, fragen die Inlandskonsumenten nur D^2 nach, während die Inlandsproduzenten ihre Angebotsmenge auf S^2 erhöhen, sodass die Importnachfrage auf $D^2 - S^2$ sinkt. Diese Preis-Mengen-Verhältnisse sind auf dem rechten Graph von Abbildung 8.1 als die Punkte 1 und 2 eingetragen. Die Importnachfragekurve MD hat einen fallenden Verlauf, weil mit steigendem Preis die nachgefragte Importmenge sinkt. Bei P_A befinden sich Angebot und Nachfrage von Inland im Autarkiezustand im Gleichgewicht, sodass die Importnachfragekurve die Preisachse im Punkt P_A schneidet (in dem die Importnachfrage gleich Null ist).

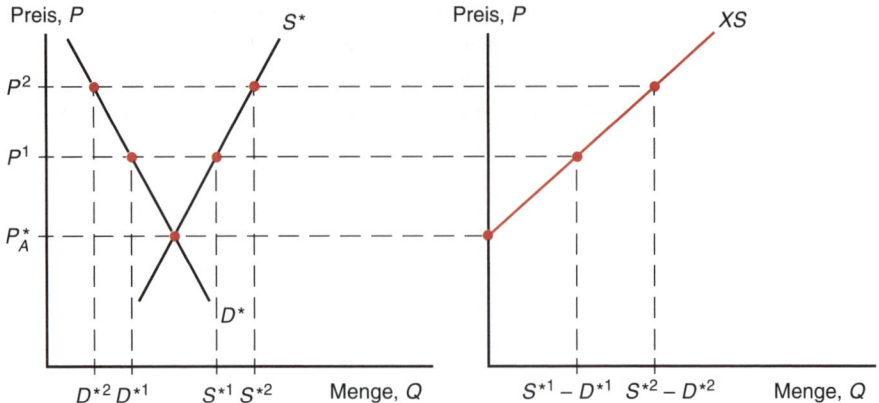

Mit steigendem Güterpreis erhöhen die Auslandsproduzenten das Angebot und senken die Auslandskonsumenten ihre Nachfrage, sodass die für den Export zur Verfügung stehende Menge wächst.

Abbildung 8.2:   Die Ableitung der Exportangebotskurve von Ausland

Abbildung 8.2 veranschaulicht die Ableitung der Exportangebotskurve von Ausland, XS. Bei einem Preis P^1 beträgt das Angebot der Auslandsproduzenten S^{*1}. Da die Auslandskonsumenten jedoch nur D^{*1} nachfragen, beträgt das Gesamtangebot der verfügbaren Exportgüter $S^{*1} - D^{*1}$. In P^2 erhöhen die Auslandsproduzenten die Angebotsmenge auf S^{*2} und die Auslandskonsumenten senken ihre Nachfragemenge auf D^{*2}, sodass das Gesamtangebot der verfügbaren Exportgüter auf $S^{*2} - D^{*2}$ steigt. Da das für den Export verfügbare Güterangebot mit steigendem Preis wächst, hat die Exportangebotskurve von Ausland einen steigenden Verlauf. In Punkt P_A^* wären Angebot und Nachfrage im Autarkiezustand gleich, sodass die Exportangebotskurve von Ausland die Preisachse in P_A^* schneidet (in dem das Exportangebot gleich Null ist).

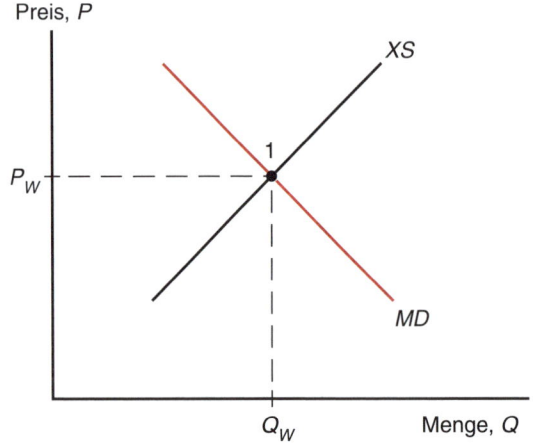

Der gleichgewichtige Weltmarktpreis liegt dort, wo die Importnachfrage von Inland (Kurve MD) gleich dem Exportangebot von Ausland (Kurve XS) ist. Mit steigendem Güterpreis erhöhen die Auslandsproduzenten das Angebot und senken die Auslandskonsumenten ihre Nachfrage, sodass die für den Export zur Verfügung stehende Menge wächst.

Abbildung 8.3:   Weltgleichgewicht

Im Weltgleichgewicht ist die Importnachfrage von Inland gleich dem Exportangebot von Ausland (Abbildung 8.3). Im Preisniveau P_W, in dem sich die Kurven schneiden, ist das Weltangebot gleich der Weltnachfrage. Für den Gleichgewichtspunkt 1 in Abbildung 8.3 gilt:

Inlandsnachfrage – Inlandsangebot = Auslandsangebot – Auslandsnachfrage

Durch Addieren und Subtrahieren auf beiden Seiten kann diese Gleichung umgeformt werden zu:

Inlandsnachfrage + Auslandsnachfrage = Inlandsangebot + Auslandsangebot,

in anderen Worten:

Weltnachfrage = Weltangebot.

8.1.2 Auswirkungen eines Zolls

Vom Standpunkt des Anbieters kommen Zölle Transportkosten gleich. Wenn Inland auf jeden importierten Scheffel Weizen 2 Dollar Zoll erhebt, finden sich die Anbieter erst dann zum Transport bereit, wenn der Preisunterschied zwischen beiden Märkten mindestens 2 Dollar beträgt.

Abbildung 8.4 zeigt die Auswirkungen eines spezifischen Zolls pro Weizeneinheit t in Dollar ($t). In Abwesenheit eines Zolls läge der Gleichgewichtspreis des Weizens sowohl in Inland als auch in Ausland bei P_W, also in Punkt 1 des mittleren Graphs, der den Weltmarkt darstellt. Sobald der Zoll eingeführt worden ist, finden sich die Anbieter allerdings nur dann zum Weizentransport von Ausland nach Inland bereit, wenn der Inlandspreis den Auslandspreis um mindestens $t übersteigt. Wenn kein Weizen transportiert wird, ergibt sich allerdings ein Nachfrageüberhang nach Weizen in Inland und ein Angebotsüberhang in Ausland. Folglich wird der Inlandspreis so lange steigen und der Auslandspreis so lange sinken, bis der Preisunterschied bei $t angelangt ist.

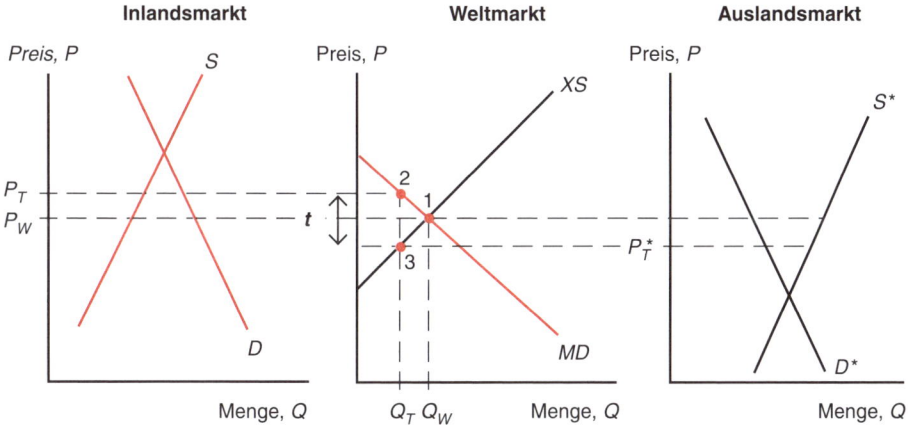

Ein Zoll hebt den Inlandspreis und senkt den Auslandspreis. Das Handelsvolumen nimmt ab.

Abbildung 8.4: Zollwirkungen

Die Einführung eines Zolls treibt einen Keil zwischen die Preise in beiden Märkten. Der Zoll erhöht den Inlandspreis auf P_T und senkt den Auslandspreis auf $P_T^* = P_T - t$. In Inland erhöhen die Produzenten das Angebot zu einem höheren Preis, während die Konsumenten weniger nachfragen, sodass die Importnachfrage sinkt (abzulesen an der Verschiebung von Punkt 1 nach Punkt 2 auf der Kurve MD). In Ausland führt der niedrigere Preis zu einem verringerten Angebot und einer erhöhten Nachfrage, womit das Exportangebot sinkt (abzulesen an der Verschiebung von Punkt 1 nach Punkt 3 auf der Kurve XS). Das Handelsvolumen des Weizens sinkt also von Q_W im Freihandelszustand auf Q_T im Zollzustand. Bei einem Handelsvolumen von Q_T ist die Importnachfrage von Inland gleich dem Exportangebot von Ausland, wenn $P_T - P_T^* = t$.

Der Preisanstieg in Inland, von P_W auf P_T, ist geringer als der Zollbetrag, weil sich ein Teil des Zolls in den sinkenden Exportpreisen von Ausland niederschlägt und daher nicht an die Inlandskonsumenten weitergereicht wird. Dies ist der übliche Effekt eines Zolls und aller anderen handelspolitischen Maßnahmen zur Importbeschränkung. Seine Wirkung auf die Preise der Exporteure ist in der Praxis oft sehr gering. Die Importgüter eines kleinen Landes, das einen Zoll verhängt, machen in der Regel von vornherein nur einen kleinen Anteil des Weltmarkts aus, sodass seine Importverringerung den Weltpreis (Auslandsexportpreis) so gut wie gar nicht beeinflusst.

Die Zolleffekte eines „kleinen Landes", das die Auslandsexportpreise nicht beeinflussen kann, werden in Abbildung 8.5 gezeigt. In diesem Fall wird der Preis des Importguts in dem Land, das ihn verhängt, um den vollen Betrag des Zolls angehoben, also von P_W auf $P_W + t$. Die (inländische) Produktion des Importguts steigt von S^1 auf S^2, während der Konsum des importierten Gutes von D^1 auf D^2 sinkt. Der Zoll führt also zu einem Rückgang der Importe des Landes, das ihn erhebt.

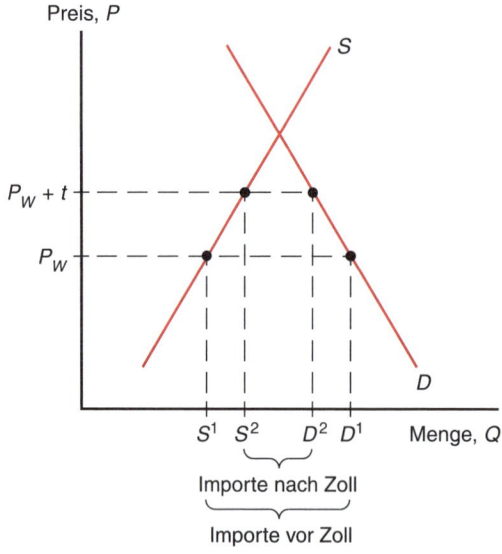

Wenn ein Land klein ist, kann ein von ihm erhobener Zoll den Auslandspreis seines Importguts nicht senken. Infolgedessen steigt der Importpreis von P_W nach $P_W + t$ und die nachgefragte Importmenge sinkt von $D^1 - S^1$ auf $D^2 - S^2$.

Abbildung 8.5:   Ein Zoll in einem kleinen Land

8.1.3   Die Schutzwirkung von Zöllen

Ein Zoll auf ein Importgut erhöht den Preis, den die einheimischen Produzenten dieses Guts erhalten. Darin besteht oft das Hauptziel des Zolls: im *Schutz* einheimischer Produzenten vor den niedrigen Preisen, die sich infolge der Importkonkurrenz einstellen würden. Bei der Analyse der Praxis der Außenhandelspolitik muss man die Frage stellen, wie viel Schutz ein Zoll oder eine andere handelspolitische Maßnahme tatsächlich gewährleisten. Für gewöhnlich wird diese Größe als Prozentsatz des Preises angegeben, der bei Freihandel gelten würde. Eine Importquote für Zucker könnte beispielsweise den Preis, den amerikanische Zuckerproduzenten für ihre Ware erhalten, um 45 Prozent erhöhen.

Auf den ersten Blick scheint die genaue Bestimmung der Schutzwirkung ganz einfach zu sein: Wenn er eine Wertsteuer darstellt, die dem Wert der Importe proportional ist, dann kann der Zollsatz selbst als Maßstab des Schutzes gelten. Wenn es sich um einen spezifischen Zoll handelt, dann erhalten wir die dem Wertzoll entsprechende Größe, indem wir den Zoll durch den Preis vor Zoll dividieren.

Diese einfache Berechnung der Schutzwirkung birgt zwei Probleme. Erstens: Wenn die Annahme, dass es sich um ein kleines Land handelt, nur bedingt zutrifft, dann besteht ein Teil der Zollwirkung nicht in einer Erhöhung der Binnenpreise, sondern in einer Senkung der Auslandsexportpreise. Diese Auswirkung der Außenhandelspolitik auf die Auslandsexportpreise ist bisweilen ganz erheblich.[1]

Das zweite Problem besteht darin, dass Zölle ganz unterschiedliche Auswirkungen auf verschiedene Produktionsstadien eines Gutes haben können. Ein einfaches Beispiel soll dies verdeutlichen.

Ein Automobil wird auf dem Weltmarkt für 8000 Dollar verkauft und seine Bestandteile für 6000 Dollar. Vergleichen wir nun zwei Länder: Das eine möchte eine Automontageindustrie aufbauen, das andere verfügt bereits über eine Montageindustrie und möchte eine Teileindustrie schaffen.

Um die Entstehung einer einheimischen Autoindustrie zu fördern, belegt das erste Land importierte Autos mit einem Zoll in Höhe von 25 Prozent, sodass einheimische Montagewerke 10.000 statt 8.000 Dollar für ihre Arbeit verlangen können. In diesem Fall wäre es falsch zu behaupten, dass der Schutz der Montagefirmen nur 25 Prozent ausmacht. Vor dem Zoll hätte im Inland Montage nur zu einem Preis von höchstens 2000 Dollar stattfinden können (der Differenz zwischen den 8000 Dollar, die ein vollständiges Auto kostet, und den 6000 Dollar, die seine Teile kosten). Nun aber kann sie auch dann zustande kommen, wenn sie bis zu 4000 Dollar kostet (die Differenz zwischen dem Autopreis von 10.000 Dollar und den Teilekosten). Der **effektive Protektionssatz** bzw. der **Effektivzoll** beträgt also 100 Prozent.

Nehmen wir nun an, dass das zweite Land zur Förderung der einheimischen Teileproduktion einen Zoll in Höhe von 10 Prozent auf alle importierten Autoteile erhebt, sodass die

---

[1]   In der Theorie (wenn auch selten in der Praxis) könnte ein Zoll die Preise für die einheimischen Produzenten sogar senken (das Metzler-Paradoxon aus Kapitel 5).

Kosten, die einheimischen Montagewerken beim Erwerb ihrer Teile entstehen, von 6000 auf 6600 Dollar steigen. Selbst wenn der Zoll für fertige Automobile gleich bleibt, verliert die einheimische Montage an Attraktivität. Vor dem Zoll lohnte sich die Montage vor Ort, wenn sie pro Auto für 2000 (8000 – 6000) Dollar möglich war. Nach dem Teilezoll kommt es nur dann zur Montage vor Ort, wenn sie für 1400 Dollar (8000 – 6600) möglich ist. Der Teilezoll bietet also den Teileherstellern einen direkten Schutz, hat aber die gegenteilige Wirkung auf Montagebetriebe, deren Stellung um 30 Prozent (600/2000) verschlechtert wird.

Ausgehend von solchen Überlegungen haben Wirtschaftswissenschaftler komplizierte Rechnungen angestellt, um zu bestimmen, welcher effektive Schutz den betroffenen Branchen durch Zölle und andere handelspolitische Maßnahmen tatsächlich zuwächst. Handelspolitische Maßnahmen zur Förderung der wirtschaftlichen Entwicklung (Kapitel 10) führen oft zu einem effektiven Protektionssatz, der weitaus höher ist als die Zollsätze an sich.[2]

8.2   Kosten und Nutzen eines Zolls

Ein Zoll erhöht den Preis eines Guts im Importland und senkt ihn im Exportland. Diese Preisverschiebungen benachteiligen die Konsumenten im Importland und begünstigen die im Exportland. Die Produzenten wiederum profitierten im Importland und leiden im Exportland. Darüber hinaus verzeichnet der Staat, der den Zoll erhebt, zusätzliche Einkünfte. Um diese Vor- und Nachteile eines Zolls gegeneinander abzuwägen, muss man sie quantifizieren. Kosten und Nutzen eines Zolls werden mit Hilfe zweier Begriffe bestimmt, die in der Mikroökonomie gang und gäbe sind: Konsumentenrente und Produzentenrente.

8.2.1   Konsumentenrente und Produzentenrente

Die **Konsumentenrente** bemisst sich nach der Differenz zwischen dem tatsächlich bezahlten Preis und dem Preis, den der Konsument zu entrichten bereit gewesen wäre. Wenn beispielsweise ein Konsument willens gewesen wäre, für einen Scheffel Weizen 8 Dollar auszugeben, der tatsächliche Preis aber nur 3 Dollar ist, dann beträgt die Konsumentenrente 5 Dollar.

---

[2]   Der effektive Protektionssatz eines Sektors ist definiert durch $(V_T - V_W)/V_W$, wobei V_W für die Wertschöpfung des Sektors in Weltmarktpreisen und V_T für die Wertschöpfung unter Bedingungen protektionistischer Maßnahmen steht. Bleiben wir in unserem Beispiel: P_A ist der Weltpreis eines fertigen Autos, P_C der Weltpreis seiner Bestandteile, t_A der Wertzollsatz für importierte Autos und t_C der Wertzollsatz für Autoteile. Unter der Voraussetzung, dass die Zölle die Weltpreise nicht beeinflussen, bieten sie den Montagefirmen folgende effektive Rate der Produktion (rechnen Sie nach!):

$$\frac{V_T - V_W}{V_W} = t_A + P_C \left(\frac{t_A - t_C}{P_A - P_C} \right).$$

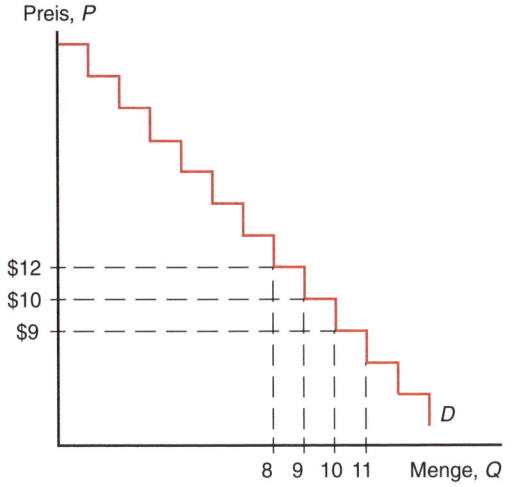

Die Konsumentenrente für jede verkaufte Einheit ist die Differenz zwischen dem tatsächlichen Preis und dem Preis, den die Konsumenten zu zahlen bereit gewesen wären.

Abbildung 8.6:   Die Ableitung der Konsumentenrente aus der Nachfragekurve

Die Konsumentenrente kann aus der Nachfragekurve des Markts abgeleitet werden (Abbildung 8.6). Nehmen wir beispielsweise an, dass der Maximalpreis, zu dem die Konsumenten 10 Einheiten eines Guts kaufen, 10 Dollar beträgt. Die zehnte Einheit des erworbenen Guts muss den Konsumenten folglich 10 Dollar wert sein. Wenn sie ihnen weniger wert wäre, würden sie sie nicht kaufen; wenn sie ihnen mehr wert wäre, wären sie auch bei einem höheren Preis zum Kauf bereit gewesen. Nehmen wir weiter an, dass der Preis auf 9 Dollar gesenkt werden muss, wenn die Konsumenten zum Kauf von 11 Einheiten veranlasst werden sollen. In diesem Fall kann die elfte Einheit den Konsumenten nur 9 Dollar wert sein.

Der Preis sei nun 9 Dollar. Dann sind die Konsumenten gerade noch bereit, die elfte Einheit des Guts zu kaufen, und dieser Kauf bringt ihnen keine Konsumentenrente. Sie wären jedoch bereit gewesen, für die zehnte Einheit 10 Dollar zu bezahlen, sodass sie nun beim Kauf des zehnten Guts eine Konsumentenrente von 1 Dollar erhalten. Für den Fall, dass sie für die neunte Einheit bereitwillig 12 Dollar entrichtet hätten, bringt ihnen der Kauf dieser Einheit eine Konsumentenrente von 3 Dollar, usw.

Verallgemeinern wir dieses Beispiel. P sei der Preis eines Guts und Q die zu diesem Preis nachgefragte Menge. Die Konsumentenrente ergibt sich, wenn die Fläche $P \times Q$ von der bis zu Q reichenden Fläche unter der Nachfragekurve abgezogen wird (Abbildung 8.7) Bei einem Preis von P^1 und der dazugehörigen Nachfragemenge Q^1 bemisst sich die Konsumentenrente nach der Fläche a. Wenn der Preis auf P^2 sinkt, steigt die Nachfragemenge auf Q^2 und die Konsumentenrente auf a plus der zusätzlichen Fläche b.

Der Begriff der **Produzentenrente** ist analog dazu definiert. Ein Produzent, der für ein Gut 5 Dollar erhält, obwohl er bereit ist, es für zwei Dollar zu verkaufen, erhält eine Produzentenrente von 3 Dollar. Dasselbe Verfahren, mit dem die Konsumentenrente aus der Nachfragekurve abgeleitet wird, kann auch verwendet werden, um die Produzentenrente aus der Angebotskurve abzuleiten. Bei einem Preis P und der dazugehörigen Angebotsmenge Q ergibt sich die Produzentenrente, wenn die Fläche unterhalb der Angebotskurve von dem Produkt $P \times Q$ abgezogen wird (Abbildung 8.8). Bei einem Preis von P^1 beträgt die Angebotsmenge Q^1 und die Produzentenrente bemisst sich nach der Fläche c. Bei einem Preisanstieg auf P^2 steigt die Angebotsmenge auf Q^2 und die Produzentenrente auf c plus der zusätzlichen Fläche d.

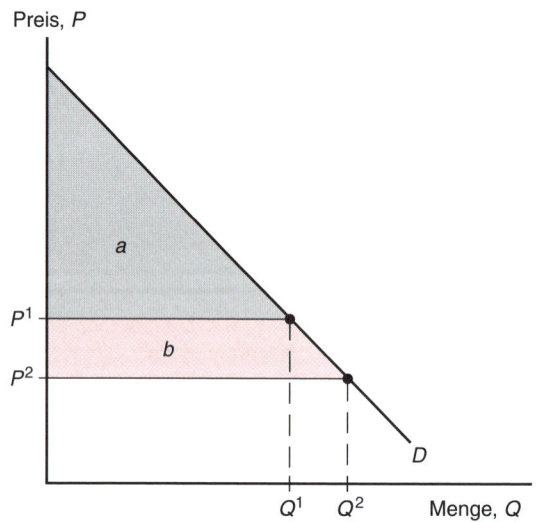

Die Konsumentenrente bemisst sich nach der Fläche zwischen Nachfragekurve und Preis.

Abbildung 8.7: Geometrische Darstellung der Konsumentenrente

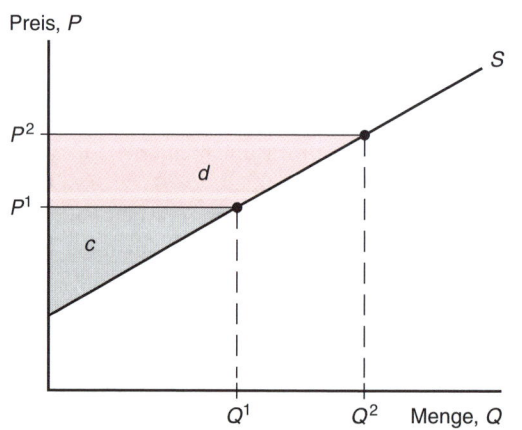

Die Produzentenrente bemisst sich nach der Fläche zwischen Preis und Angebotskurve.

Abbildung 8.8: Geometrische Darstellung der Produzentenrente

Einige Schwierigkeiten, die sich im Zusammenhang mit der Konsumenten- und der Produzentenrente ergeben, betreffen rein technische Berechnungsverfahren, die wir hier getrost beiseite lassen können. Wichtiger ist die Frage, ob die direkten Gewinne der Produzenten und der Konsumenten in einem gegebenen Markt auch *gesellschaftliche* Gewinne sind. Kosten und Nutzen, die nicht von der Produzenten- und Konsumentenrente erfasst werden, stehen im Zentrum der Argumente zugunsten einer aktiven Außenhandelspolitik, die in Kapitel 9 besprochen werden. Vorläufig wollen wir uns jedoch auf diejenigen konzentrieren, die unter diese Kategorien fallen.

8.2.2 Bestimmung von Kosten und Nutzen

Abbildung 8.9 illustriert Kosten und Nutzen eines Zolls für das importierende Land.

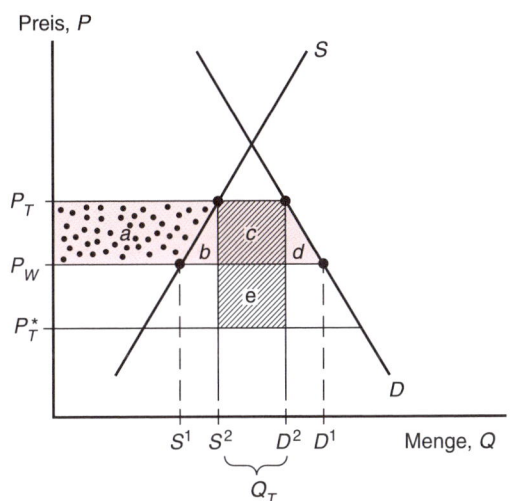

Kosten und Nutzen für verschiedene Gruppen können als Summen der fünf Flächen a, b, c, d und e dargestellt werden.

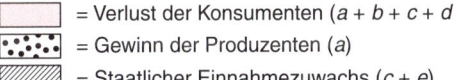

▢ = Verlust der Konsumenten ($a + b + c + d$)

▨ = Gewinn der Produzenten (a)

▨ = Staatlicher Einnahmezuwachs ($c + e$)

Abbildung 8.9: Kosten und Nutzen eines Zolls für das Importland

Der Zoll erhöht den Binnenpreis von P_W auf P_T, senkt aber den Auslandsexportpreis von P_W auf P^*_T (siehe Abbildung 8.4). Die inländische Produktion steigt von S^1 auf S^2, während der inländische Konsum von D^1 auf D^2 sinkt. Kosten und Nutzen für verschiedene Gruppen können an den fünf Flächen a, b, c, d und e abgelesen werden.

Betrachten wir als Erstes den Nutzen für die inländischen Produzenten. Sie erhalten einen höheren Preis, womit ihre Produzentenrente steigt. Wie aus Abbildung 8.8 hervorgeht, entspricht die Produzentenrente der Fläche, die oben vom Preis und unten von der Angebotskurve begrenzt wird. Vor dem Zoll war die Produzentenrente gleich der Fläche unterhalb von P_W und oberhalb der Angebotskurve. Nach der Erhöhung des Preises auf P_T wächst diese Rente um die Fläche a. Die Produzenten profitieren also von der Einführung des Zolls.

Die inländischen Konsumenten sehen sich ebenfalls einem neuen Preis gegenüber, der jedoch ihre Stellung verschlechtert. Wie aus Abbildung 8.7 hervorgeht, entspricht die Konsumentenrente der Fläche, die unten vom Preis und oben von der Nachfragekurve begrenzt wird. Da der Preis für die Konsumenten von P_W auf P_T steigt, schrumpft die Konsumentenrente um die Fläche $a + b + c + d$. Der Zoll schädigt also die Konsumenten.

Noch ein Dritter ist beteiligt: der Staat. Sein Nutzen besteht in den Zolleinnahmen. Diese entsprechen dem Zollsatz t multipliziert mit dem Importvolumen $Q_T = D^2 - S^2$. Da $t = P_T - P*_T$, entsprechen die Einnahmen des Staates der Summe der Flächen c und e.

Da diese Gewinne und Verluste jeweils bei verschiedenen Gruppen anfallen, hängt die gesamtgesellschaftliche Kosten-Nutzen-Rechnung davon ab, wie jeweils ein Dollar Gewinn für jede Gruppe gewichtet wird. Wenn beispielsweise die Produzentenrente vorwiegend den wohlhabenden Besitzern der Ressourcen zuwächst, während die Konsumenten überdurchschnittliche Einbußen verzeichnen, wird ein Zoll sicherlich anders bewertet als im Fall eines Luxusguts, das von gering entlohnten Arbeitskräften produziert und nur von den Wohlhabenden gekauft wird. Die Rolle des Staates bringt einen weiteren Unsicherheitsfaktor ins Spiel: Wird er seine Einnahmen für wichtige öffentliche Dienstleistungen verwenden oder für überflüssigen Prunk vergeuden? Ungeachtet dieser Probleme weisen Analysten der Außenhandelspolitik, die den Nettoeffekt eines Zolls auf die nationale Wohlfahrt berechnen, einem Dollar Gewinn oder Verlust bei jeder Gruppe oft denselben gesellschaftlichen Wert zu.

Betrachten wir also den Nettoeffekt eines Zolls auf die Wohlfahrt. Seine Nettokosten sind:

$$\text{Konsumentenverlust – Produzentengewinn – staatliche Einnahmen,} \qquad \text{(8-1)}$$

oder, wenn wir diese Begriffe durch die Flächen aus Abbildung 8.9 ersetzen:

$$(a + b + c + d) - a - (c + e) = b + d - e. \qquad \text{(8-2)}$$

Demnach haben wir zwei „Dreiecke", deren Fläche den Verlust für die Nation als Ganzes anzeigt, und ein „Rechteck", dessen Fläche den ausgleichenden Gewinn misst. Diese Gewinne und Verluste können folgendermaßen interpretiert werden: Die Verlustdreiecke zeigen den **Effizienzverlust** an, der sich daraus ergibt, dass ein Zoll die Anreize für Konsum und Produktion verzerrt, während das Rechteck den **Terms-of-Trade-Gewinn** wiedergibt, der sich aus der Senkung der Auslandsexportpreise infolge des Zolls ergibt.

Diese Verbesserung bemisst sich nach der Fähigkeit des den Zoll erhebenden Landes, die Auslandsexportpreise zu senken. Wenn ein Land keinen Einfluss auf die Weltpreise nehmen kann (der in Abbildung 8.5 wiedergegebene Fall des „kleinen Landes"), dann entfällt die Fläche e, welche den Terms-of-Trade-Gewinn wiedergibt. Damit liegt auf der Hand, dass der Zoll die Wohlfahrt senkt. Er verzerrt die Anreize sowohl für die Produzenten als auch für die Konsumenten, indem er sie zu einem Verhalten veranlasst, das höheren als den tatsächlichen Importpreisen entspricht. Die Kosten einer zusätzlichen Konsumeinheit für die Volkswirtschaft des Landes sind gleich dem Preis einer zusätzlichen Importeinheit, weil aber der Zoll den Binnenpreis über den Weltpreis hebt, senken die Konsumenten ihren Verbrauch bis zu dem Niveau, auf dem die Grenzeinheit ihnen dieselbe Wohlfahrt bringt wie der den Zoll einschließende Binnenpreis. Der Wert einer zusätzlichen Produktionseinheit für die Volkswirtschaft ist der Preis ihrer eingesparten Importeinheiten, doch die einheimischen Produzenten weiten die Produktion so lange aus, bis die Grenzkosten dem Preis nach Zoll entsprechen. Die Volkswirtschaft produziert folglich im Inland zusätzliche Einheiten des Guts, das sie im Ausland billiger erwerben könnte.

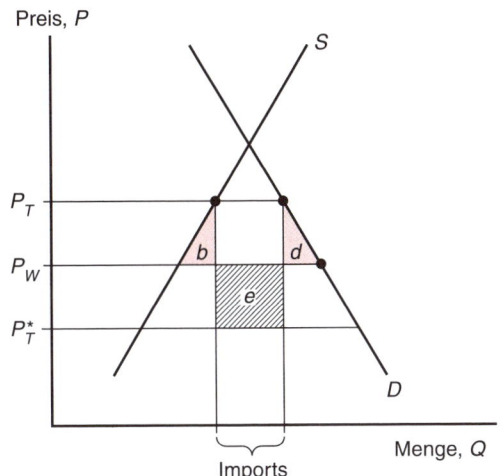

Die farbigen Dreiecke zeigen die Effizienzverluste an, das Rechteck den Terms-of-Trade-Gewinn.

▨ = Effizienzverlust ($b + d$)

▨ = Terms-of-Trade-Gewinn (e)

Abbildung 8.10: **Die Nettoeffekte eines Zolls auf die Wohlfahrt**

Abbildung 8.10 fasst die Nettoeffekte eines Zolls auf die Wohlfahrt zusammen. Die negativen Folgen zeigen sich an den beiden Dreiecken b und d. Das erste Dreieck gibt den **Verlust infolge der Produktionsverzerrung** wieder. Er ergibt sich aus der ineffizienten Produktion, zu der die einheimischen Produzenten durch den Zoll veranlasst werden. Das zweite Dreieck gibt den **Verlust infolge der Konsumverzerrung** wieder. Er ergibt sich aus der Konsumzurückhaltung, zu dem die einheimischen Konsumenten durch den Zoll veranlasst werden. Diesen Verlusten steht der Terms-of-Trade-Gewinn gegenüber, der durch das Rechteck e wiedergegeben wird. Er ergibt sich aus dem Sinken des Auslandsexportpreises, das durch den Zoll ausgelöst wird. Im häufigen Fall eines kleinen Landes, das die Auslandspreise nicht maßgeblich beeinflussen kann, entfällt der letztgenannte Effekt, sodass die Kosten eines Zolls eindeutig höher ausfallen als sein Nutzen.

8.3 Weitere Instrumente der Außenhandelspolitik

Ein Zoll ist die einfachste handelspolitische Maßnahme, doch in der heutigen Welt nehmen die meisten staatlichen Eingriffe in den Außenhandel andere Formen an: Exportsubventionen, Importquoten, freiwillige Exportbeschränkungen und Local-Content-Klauseln. Wer das Prinzip des Zolls begriffen hat, versteht ohne weiteres auch diese übrigen Instrumente der Außenhandelspolitik.

8.3.1   Exportsubventionen: die Theorie

Eine **Exportsubvention** ist eine Zahlung an ein Unternehmen oder eine Einzelperson, die ein Gut ins Ausland liefert. Ebenso wie der Zoll kann sie entweder nach Menge (eine feste Summe pro Einheit) oder nach Wert (ein bestimmter Anteil des Exportwerts) bestimmt sein. Wenn der Staat eine Exportsubvention zur Verfügung stellt, exportieren die Anbieter das Gut so lange, bis sein Binnenpreis den Auslandspreis um die Höhe der Subvention übersteigt.

Eine Exportsubvention hat die umgekehrte Wirkung auf die Preise wie ein Zoll (Abbildung 8.11). Der Preis des Exportlandes steigt von P_W auf P_S; weil jedoch der Preis des Importlandes von P_W auf P_S^* sinkt, fällt die Preiserhöhung geringer aus als die Subvention. Im Exportland leiden die Konsumenten, gewinnen die Produzenten und verliert der Staat, weil er für die Subvention aufkommen muss. Dem Verlust der Konsumenten entspricht die Fläche $a + b$, dem Gewinn der Produzenten die Fläche $a + b + c$, der staatlichen Subvention (Exportvolumen × Subventionshöhe) die Fläche $b + c + d + e + f + g$. Der Netto-Wohlfahrtsverlust ergibt sich daher aus der Summe der Flächen $b + d + e + f + g$. Dabei stehen b und d für dieselben Verzerrungsverluste bei Konsum und Produktion wie im Falle des Zolls. Im Gegensatz zu diesem *verschlechtert* die Exportsubvention darüber hinaus die Terms of Trade, indem sie den Preis der Exporte im ausländischen Markt von P_W auf P_S^* senkt. Dies führt zu einem Terms-of-Trade-Verlust von $e + f + g$; diese Größe ist gleich dem Produkt aus $(P_W - P_S^*)$ und dem Exportvolumen, für das die Subvention gewährt wird. Eine Exportsubvention erzeugt also eindeutig Kosten, die über ihren Nutzen hinausgehen.

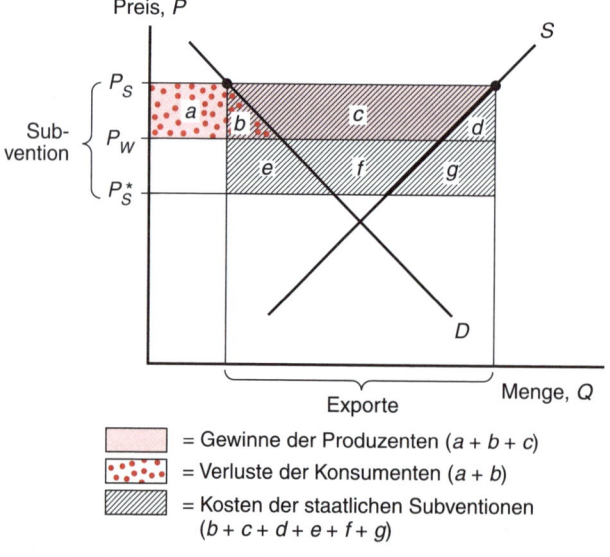

Eine Exportsubvention erhöht die Preise im Exportland und senkt sie im Importland.

Abbildung 8.11:   **Auswirkungen einer Exportsubvention**

Beispiel 8.1: Die Gemeinsame Agrarpolitik der Europäischen Union

Im Jahr 1957 schlossen sich sechs westeuropäische Länder – die Bundesrepublik Deutschland, Frankreich, Italien, Belgien, Holland und Luxemburg – zur Europäischen Wirtschaftsgemeinschaft zusammen. Später kamen Großbritannien, Irland, Dänemark und schließlich noch Spanien und Portugal hinzu. Die heutige Europäische Union (EU) ist vor allem handelspolitisch von Bedeutung, und dies in zweierlei Hinsicht. Erstens haben die Mitgliedsstaaten der Europäischen Union durch die Aufhebung sämtlicher Zollschranken eine Zollunion geschaffen. (Dies ist Thema des folgenden Kapitels.) Zweitens hat sich die Europäische Union auf dem Gebiet der Landwirtschaft zu einem gigantischen Exportsubventionsprojekt ausgewachsen.

Die Gemeinsame Agrarpolitik (GAP) der Europäischen Union war ursprünglich kein Exportsubventionsprogramm, sondern ein Versuch, den europäischen Bauern hohe Preise zu garantieren, indem die Europäische Union immer dann, wenn die Preise unter ein bestimmtes Niveau sanken, Agrarprodukte aufkaufte. Um zu verhindern, das diese Politik große Importmengen anzog, wurde sie ursprünglich von Zöllen flankiert, die den Unterschied zwischen den Agrarpreisen in Europa und auf dem Weltmarkt ausgleichen sollten.

Seit den 1970er Jahren sind die von der Europäischen Union festgelegten Mindestpreise jedoch derart hoch, dass Europa, das unter Freihandelsbedingungen die meisten Agrarprodukte importieren müsste, mehr produziert, als die Konsumenten zu kaufen bereit sind. Infolgedessen sieht sich die Europäische Union gezwungen, riesige Mengen an Lebensmitteln aufzukaufen und zu lagern. Ende 1985 beliefen sich diese Lagervorräte der europäischen Länder auf 780.000 Tonnen Rindfleisch, 1,2 Millionen Tonnen Butter und 12 Millionen Tonnen Weizen. Um zu verhindern, dass die Lagermengen völlig außer Kontrolle gerieten, begann die Europäische Union den Export dieser Güter zu subventionieren, um die Überschüsse abzubauen.

Abbildung 8.12 zeigt die Funktionsweise der GAP. Abgesehen davon, dass Europa unter Freihandelsbedingungen Lebensmittel importieren würde, entspricht sie genau der in Abbildung 8.11 gezeigten Exportsubvention. Der Mindestpreis liegt nicht nur oberhalb des Weltmarktpreises, der sich ohne staatliche Eingriffe bilden würde, sondern auch oberhalb des Preises, der sich ohne Importe aus Angebot und Nachfrage ergeben würde. Um den so erzeugten Überschuss zu exportieren, wird eine Exportsubvention gewährt, die den Unterschied zwischen dem europäischen und dem Weltmarktpreis ausgleicht. Die subventionierten Exporte wiederum drücken auf den Weltpreis und erhöhen dadurch die erforderlichen Subventionen. Eine Kosten-Nutzen-Analyse würde eindeutig zeigen, dass die Kosten für die europäischen Konsumenten und Steuerzahler den Nutzen übersteigen.

→

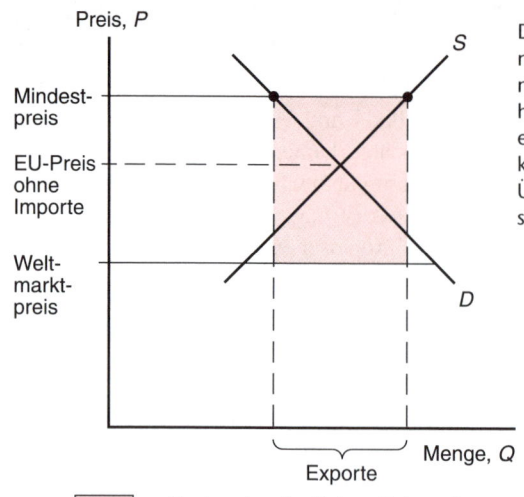

Die Preise der Agrarprodukte werden nicht nur oberhalb des Weltmarktniveaus festgelegt, sondern auch oberhalb des Preises, zu dem sie auf dem europäischen Markt abgesetzt werden könnten. Der daraus resultierende Überschuss wird mit Hilfe einer Exportsubvention abgebaut.

Abbildung 8.12:   Die Gemeinsame Agrarpolitik in Europa

Obwohl die GAP die europäischen Konsumenten und Steuerzahler teuer zu stehen kommt, ist das politische Gewicht der Bauern in der EU so groß, dass sie innerhalb Europas auf wenig Kritik stößt. Gegen die GAP wehren sich vor allem die USA und andere Länder, die Lebensmittel exportieren. Sie machen geltend, dass die europäischen Exportsubventionen den Preis ihrer eigenen Exporte drücken. In der Uruguay-Runde der Welthandelsgespräche (siehe Kapitel 9) hatten die USA zunächst die völlige Einstellung der europäischen Subventionen bis zum Jahr 2000 gefordert. Obwohl diese Forderung im Folgenden stark zurückgeschraubt wurde, führte der Widerstand der europäischen Bauern gegen jegliche Kürzungen beinahe zum Zusammenbruch der Gespräche. Schließlich erklärte sich die EU bereit, die Subventionen innerhalb von sechs Jahren um etwa ein Drittel zu kürzen.

8.3.2   Importquoten: die Theorie

Eine Importquote stellt eine direkte Mengenbeschränkung für ein Importgut dar. Ihre Umsetzung erfolgt für gewöhnlich durch die Vergabe von Lizenzen an einige Einzelpersonen oder Unternehmen. Die USA haben beispielsweise eine Importquote für Käse. Die einzigen Unternehmen, die Käse importieren dürfen, sind bestimmte Handelsgesellschaften. Jeder von ihnen wird eine jährliche Obergrenze für den Käseimport vorgegeben, wobei sich die Quote jedes Unternehmens nach der Menge richtet, die es im Vorjahr importiert hatte. Für einige wichtige Güter, insbesondere Zucker und Bekleidung, wird das Recht auf Verkauf in den USA direkt an die Exportstaaten vergeben.

Man sollte sich vor der falschen Annahme hüten, dass Importquoten die Importe beschränken würden, ohne die Binnenpreise zu erhöhen. *Eine Importquote erhöht stets den Binnenpreis des Importguts.* Das unmittelbare Resultat einer Einfuhrbeschränkung besteht darin, dass die Nachfrage zum ursprünglichen Preis über das Binnenangebot plus Importe hinausgeht. Dadurch wird der Preis so weit nach oben getrieben, dass der Markt gerade noch geräumt wird. Im Endeffekt hebt eine Importquote die Binnenpreise um denselben Betrag wie ein Zoll, der die Importe auf dasselbe Maß beschränkt. (Dies gilt nicht für den Fall eines Binnenmonopols, bei dem die Quote die Preise noch stärker erhöht; siehe dazu Anhang II zu diesem Kapitel.)

Der Unterschied zwischen einer Quote und einem Zoll besteht darin, dass die Quote dem Staat keine Einnahmen beschert. Wenn Importe nicht mit einem Zoll, sondern mit einer Quote beschränkt werden, fließt die Geldsumme, die im Falle eines Zolls an den Staat gegangen wäre, stattdessen den Inhabern der Importlizenz zu. Die Lizenzinhaber können Importgüter kaufen und sie auf dem Inlandsmarkt zu einem erhöhten Preis absetzen. Die so erzeugten Gewinne der Inhaber von Importlizenzen bezeichnet man als **Quotenrenten**. Jede Bewertung von Kosten und Nutzen einer Importquote muss berücksichtigen, bei wem diese Quotenrenten anfallen. Wenn die Verkaufsrechte für den Inlandsmarkt, wie es häufig der Fall ist, direkt an die Regierungen der Exportländer verliehen werden, sind infolge des Rententransfers ins Ausland die Kosten einer Quote erheblich höher als die Kosten eines entsprechenden Zolls.

Beispiel 8.2: Eine Importquote in der Praxis: Zucker in den USA

Das Zuckerproblem der USA hat ähnliche Wurzeln wie das Agrarproblem Europas. Eine einheimische Preisgarantie der Bundesregierung hebt die US-Preise über das Weltmarktniveau. Im Gegensatz zur Lage in der Europäischen Union geht jedoch das Binnenangebot in den USA nicht über die Binnennachfrage hinaus. Daher waren die USA in der Lage, die Binnenpreise trotz der Importquote für Zucker auf dem angestrebten Niveau zu halten.

Ein besonderes Kennzeichen dieser Importquote besteht darin, dass die Genehmigung für den Zuckerverkauf in den USA an ausländische Regierungen vergeben wird, welche die entsprechenden Rechte dann an ihre eigenen Bürger weiterreichen. Infolgedessen fallen die Quotenrenten bei Bürgern des Auslands an.

Abbildung 8.13 basiert auf Schätzungen über die Auswirkungen der Zuckerquote im Jahr 1990.[3] Die durch die Quote begrenzten Importe belaufen sich auf ungefähr 2,13 Millionen Tonnen. Der Zuckerpreis in den USA lag infolgedessen etwas mehr als 40 Prozent über dem Weltmarktpreis. Diese Angabe geht von der Annahme aus, dass die

---

[3] Diese Schätzungen beruhen auf Angaben im Werk von Hufbauer und Elliott (1994), das in den Literaturhinweisen aufgeführt wird. Ihr Modell geht davon aus, dass die Konsumenten auch unter Freihandelsbedingungen bereit wären, für einheimischen Zucker etwas mehr auszugeben. Diese Annahme wird hier aus Gründen der Vereinfachung gestrichen.

USA im Verhältnis zum Weltzuckermarkt ein „kleines Land" darstellen, dass also die Aufhebung der Quote keine nennenswerten Auswirkungen auf den Preis hätte. Dieser Schätzung zufolge würde Freihandel die Zuckerimporte ungefähr auf 4,12 Millionen Tonnen verdoppeln.

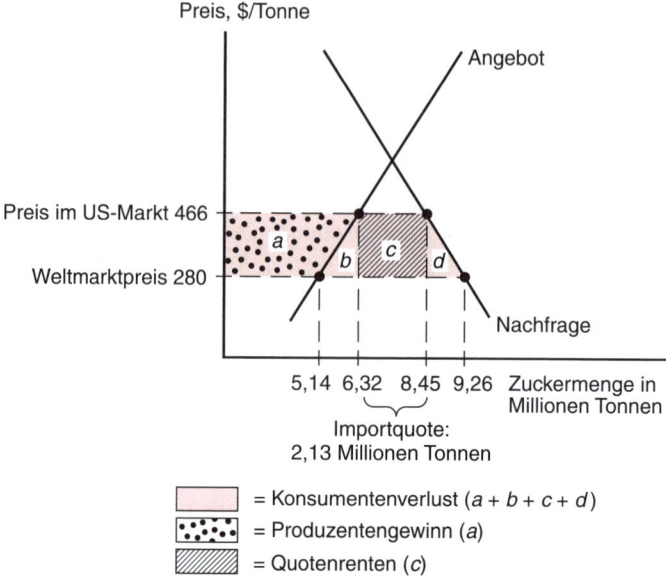

Die Importquote für Zucker hält die Zuckerimporte auf etwa der Hälfte des Niveaus, das sie unter Freihandelsbedingungen erreichen würden. Infolgedessen beträgt der Zuckerpreis in den USA 466 Dollar pro Tonne, gegenüber 280 Dollar auf dem Weltmarkt. Bei den Zuckerproduzenten der USA fällt dadurch ein Gewinn an, dem ein weitaus größerer Verlust der Konsumenten gegenübersteht. Ausgleichende Einnahmen fallen nicht an, weil die Quotenrenten an ausländische Staaten gehen.

Abbildung 8.13:   **Auswirkungen der US-amerikanischen Importquote für Zucker**

Die Wohlfahrtseffekte der Importquote werden durch die Flächen a, b c, und d wiedergegeben. Die Konsumenten der USA verlieren die Rente $a + b + c + d$ im Gesamtwert von 1,646 Milliarden Dollar. Ein Teil dieses Konsumentenverlusts entfällt auf einen Transfer an die Zuckerproduzenten der USA, welche die Produzentenrente gewinnen: 1,066 Milliarden Dollar. Ein weiterer Teil widerspiegelt die Produktionsverzerrung b (0,109 Milliarden Dollar) und die Konsumverzerrung d (0,076 Milliarden Dollar). Bei den ausländischen Regierungen, welche die Importrechte erhalten, fallen Renten in Höhe von 0,395 Milliarden Dollar an, die durch die Fläche c wiedergegeben werden.

Der Nettoverlust der USA bemisst sich aus den Verzerrungen ($b + d$) plus den Quotenrenten (c), beläuft sich also auf insgesamt 580 Millionen Dollar pro Jahr. Beachten Sie, dass der größte Teil dieses Nettoverlusts aus der Vergabe der Importrechte an das Ausland entsteht!

Die Zuckerquote ist ein extremes Beispiel dafür, dass protektionistische Maßnahmen in der Regel einer kleinen Gruppe von Produzenten nutzen. Diese heimsen auf Kosten zahlreicher Konsumenten, die pro Kopf nur geringe Kosten tragen, einen großen Gewinn ein. In dem hier beschriebenen Fall beläuft sich der jährliche Konsumentenverlust auf nur etwa 6 Dollar pro Kopf, oder etwa 25 Dollar für eine typische Familie. Es überrascht daher nicht, dass sich der amerikanische Durchschnittswähler der Existenz der Zuckerquote gar nicht bewusst ist und es daher wenig wirkungsvolle Opposition gibt.

Vom Standpunkt der Zuckerproduzenten hingegen ist die Quote eine Überlebensfrage. Die US-Zuckerindustrie beschäftigt nur etwa 12.000 Arbeiter, sodass die aus der Quote entstehende Produzentenrente eine indirekte Subvention von etwa 90.000 Dollar pro Beschäftigtem darstellt. Daher verwundert es nicht, das die Produzenten den Schutz ihrer Industrie sehr nachdrücklich einfordern.

Die Gegner protektionistischer Maßnahmen versuchen oft, ihre Kritik nicht in Begriffen der Konsumenten- oder Produzentenrente zu formulieren, sondern im Hinblick auf die Kosten, die jeder durch die Importbeschränkung „gerettete" Arbeitsplatz für die Konsumenten mit sich bringt. Wirtschaftswissenschaftler, die sich intensiv mit der Zuckerindustrie beschäftigt haben, sind der Ansicht, dass der größte Teil der US-Zuckerindustrie auch unter Freihandelsbedingungen überleben würde. Lediglich 2000 bis 3000 Beschäftigte müssten entlassen werden. Die Kosten der Konsumenten für jeden geretteten Arbeitsplatz belaufen sich also auf mehr als 500.000 Dollar.

8.3.3 Freiwillige Exportbeschränkungen

Eine Spielart der Importquote ist die **freiwillige Exportbeschränkung**. Dabei handelt es sich um ein Handelskontingent, das nicht vom Import-, sondern vom Exportland selbst festgelegt wird. Das berühmteste Beispiel ist die Beschränkung der Autoexporte in die USA, die sich Japan nach 1981 auferlegte.

Freiwillige Exportbeschränkungen werden im Allgemeinen auf Verlangen des Importlandes hin beschlossen, um weiteren Handelsbeschränkungen vorzubeugen. Wie wir in Kapitel 9 sehen werden, haben sie bestimmte politische und juristische Vorteile, die sie in jüngster Zeit zu bevorzugten Instrumenten der Außenhandelspolitik werden ließen. Unter ökonomischen Gesichtspunkten ist eine freiwillige Exportbeschränkung allerdings genau dasselbe wie eine Importquote, die mit der Lizenzvergabe an ausländische Regierungen einhergeht, sodass sie dem Importland oft hohe Kosten verursacht.

Eine freiwillige Exportbeschränkung ist für das Importland immer kostspieliger als ein Zoll, der die Importe auf dieselbe Menge beschränken würde. Denn die Gelder, die im Falle eines Zolls als Staatseinnahmen verbucht würden, fließen im Falle einer freiwilligen Exportbeschränkung dem Ausland zu, sodass sie dem Importland eindeutige Verluste beschert.

Eine Studie über die Auswirkungen der drei großen freiwilligen Exportbeschränkungen für die USA – in den Sektoren Bekleidung, Stahl und Automobile – stellte fest, dass zwei Drittel der Kosten, die infolge dieser Beschränkungen bei den Konsumenten anfallen, als Quotenrenten ins Ausland fließen.[4] Mit anderen Worten, der Großteil der Kosten entfällt nicht auf Effizienzverluste, sondern auf einen Einkommenstransfer. Auch diese Berechnung unterstreicht, dass freiwillige Exportbeschränkungen unter dem Aspekt des nationalen Interesses weitaus kostspieliger sind als Zölle. Angesichts dieser Tatsache stellt sich die Frage, weshalb sie gegenüber anderen handelspolitischen Maßnahmen weithin bevorzugt werden.

Einige freiwillige Exportbeschränkungen gelten für mehr als nur ein Land. Das berühmteste multilaterale Abkommen, das so genannte Multifaserabkommen, beschränkt die Textilexporte aus 22 Ländern. Solche multilateralen freiwilligen Marktabkommen werden als Selbstbeschränkungsabkommen (Orderly Marketing Agreements: OMAs) bezeichnet.

Beispiel 8.3: Eine freiwillige Exportbeschränkung in der Praxis: Japanische Autos

In den 1960er und 1970er Jahren war die US-amerikanische Autoindustrie gegen jede Konkurrenz durch Importe weitgehend abgeschottet, weil die Konsumenten in den USA ganz andere Modelle nachfragten als im Ausland. Die amerikanische Kundschaft, die an ein weitläufiges Land mit niedrigen Benzinsteuern gewohnt war, bevorzugte weitaus größere Autos als die Europäer und die Japaner, und im Großen und Ganzen versuchten ausländische Firmen nicht, den Herstellern in den USA ihren großen Markt streitig zu machen.

Im Jahr 1979 lösten Ölpreiserhöhungen und eine vorübergehende Benzinknappheit allerdings eine rasche Umorientierung des US-Markts zugunsten kleinerer Modelle aus. Die japanischen Hersteller, deren Kosten im Vergleich zu ihren US-Konkurrenten ohnehin gesunken waren, nutzten die Gelegenheit, die neue Nachfrage zu befriedigen. Als der japanische Marktanteil in die Höhe schnellte und die Produktionszahlen der USA sanken, forderten starke politische Kräfte innerhalb der USA den Schutz der einheimischen Industrie. Die US-Regierung, die nicht durch unilaterale Maßnahmen einen Handelskrieg riskieren wollte, forderte Japan auf, seine Exporte zu beschränken. Die Japaner, die für den Fall ihrer Weigerung unilaterale protektionistische Maßnahmen der USA befürchteten, erklärten sich dazu bereit. Das erste Abkommen, das 1981 unterzeichnet wurde, beschränkte die japanischen Exporte in die USA auf 1,68 Millionen Automobile. Für die Zeit von 1984 bis 1985 wurde diese Gesamtmenge auf 1,85 Millionen erhöht, und 1985 ließ man das Abkommen auslaufen.

---

[4] Siehe David G. Tarr, „A General Equilibrium Analysis of the Welfare and Employment Effects of U.S. Quotas in Textiles, Autos and Steel", Washington, D. C.: Federal Trade Commission, 1989.

Mehrere Faktoren gestalteten die Auswirkungen dieser freiwilligen Exportbeschränkung recht kompliziert. Erstens waren japanische und amerikanische Autos nicht beliebig austauschbar. Zweitens reagierte die japanische Industrie mit gewissen Qualitätsverbesserungen auf die Quote. Sie baute nun größere, besser ausgestattete Autos. Drittens herrscht in der Autobranche eindeutig kein vollständiger Wettbewerb. Dennoch sahen die grundlegenden Resultate so aus, wie man es bei freiwilligen Exportbeschränkungen erwarten sollte: Der Preis der japanischen Autos in den USA stieg ebenso wie die Produzentenrente der japanischen Firmen. Die US-Regierung schätzt die Gesamtkosten für ihr Land auf 3,2 Milliarden Dollar im Jahr 1984. Sie gehen in erster Linie auf Transfers nach Japan und erst in zweiter Linie auf Effizienzverluste zurück.

8.3.4 Local-Content-Klauseln

Eine **Local-Content-Klausel** schreibt vor, dass ein bestimmter Anteil des Endprodukts aus inländischer Herstellung stammen muss. In einigen Fällen ist dieser Anteil in physikalischen Einheiten definiert, wie z.B. die Ölimportquote der USA in den 1960er Jahren. Bisweilen wird er auch in Wertangaben gefasst, sodass ein Mindestanteil des Güterpreises auf einheimische Wertschöpfung zurückgehen muss. Local-Content-Gesetze wurden in großem Umfang von Entwicklungsländern eingesetzt, die versuchten, ihre Industrie von der reinen Endmontage auf die Herstellung von Zwischenprodukten umzustellen. In den USA wurde 1982 ein Gesetz über Local Content für die Automobilindustrie vorgeschlagen, fand aber wenig Resonanz.

Vom Standpunkt der einheimischen Teilehersteller bietet eine Local-Content-Klausel denselben Schutz wie eine Importquote. Vom Standpunkt der Unternehmen, die sich von einheimischen Herstellern beliefern lassen müssen, ergibt sich ein anderer Effekt. Eine Local-Content-Klausel ist nicht gleichbedeutend mit einer strengen Importbegrenzung. Die Unternehmen können ihre Importmenge steigern, solange sie auch im Inland mehr kaufen. Ihr Kostenaufwand ergibt sich aus dem Mittel der Preise für ihre importierten und ihre im Inland produzierten Teile.

Betrachten wir als Beispiel den oben beschriebenen Fall der Automobilindustrie. Die Kosten der importierten Teile betragen 6000 Dollar. Nehmen wir an, dass dieselben Teile aus einheimischer Produktion 10.000 Dollar kosten würden. Die Montageunternehmen sind verpflichtet, zu 50 Prozent Teile aus dem Inland zu verwenden. Ihre Durchschnittskosten belaufen sich dann auf $8000 ($0,5 \times \$6000 + 0,5 \times \$10.000$) und werden sich entsprechend im Endpreis des Autos niederschlagen.

Wichtig ist hier, dass eine Local-Content-Klausel weder staatliche Einnahmen noch Quotenrenten erzeugt. Der Preisunterschied zwischen Importen und einheimischen Gütern fließt in den Endpreis ein und wird an die Konsumenten weitergereicht.

Eine interessante Neuerung auf diesem Gebiet besteht darin, dass Firmen die Local-Content-Klauseln dadurch erfüllen können, dass sie Teile aus einheimischer Produktion nicht selbst verwenden, sondern exportieren. Dies spielte in mehreren Fällen eine wichtige Rolle.

Beispielsweise haben US-amerikanische Autofirmen, die in Mexiko tätig sind, einige Teile aus Mexiko in die USA exportiert, obwohl deren Produktion innerhalb der USA billiger gewesen wäre, weil sie infolgedessen bei den Autos, die in Mexiko für den mexikanischen Markt hergestellt wurden, den Anteil mexikanischer Teile reduzieren durften.

Beispiel 8.4: Amerikanische Busse, „Made in Hungary"

Im Jahr 1995 fuhren plötzlich elegante neue Busse durch die Straßen von Miami und Baltimore. Die wenigsten Passagiere dürften gewusst haben, dass sie in Ungarn gebaut worden waren.

Weshalb ausgerechnet Ungarn? Vor dem Zusammenbruch des Kommunismus in Osteuropa hatte Ungarn Busse für den Export in andere Ostblockländer hergestellt. Diese Busse waren schlecht konzipiert und schlecht gebaut. Kaum jemand hielt es für möglich, dass diese Industrie in absehbarer Zukunft den Export in westliche Länder aufnehmen könnte.

Doch es kam anders, als einige clevere ungarische Investoren ein Schlupfloch in einem wenig bekannten, aber wichtigen Gesetz der USA entdeckten: dem Buy American Act aus dem Jahr 1933. Dieses Gesetz schreibt für eine Vielzahl von Produkten Local-Content-Klauseln vor.

Der Buy American Act gilt auch für staatliche Erwerbungen bis hinunter zur Ebene einzelner Bundesstaaten und Kommunen. Bei allen öffentlichen Aufträgen müssen amerikanische Firmen bevorzugt werden. Ein Angebot eines ausländischen Unternehmens darf nur dann angenommen werden, wenn es um einen bestimmten Prozentsatz unterhalb des günstigsten Angebots eines einheimischen Unternehmens liegt. Bei Omnibussen und anderen Verkehrsmitteln muss das ausländische Angebot um mindestens 25 Prozent unter dem einheimischen Angebot liegen, sodass ausländische Produzenten in den meisten Fällen das Nachsehen haben. Dabei kann ein amerikanisches Unternehmen auch nicht als Strohmann für Ausländer fungieren: „Amerikanische" Produkte dürfen zwar einige Teile aus dem Ausland enthalten, aber 51 Prozent aller verwendeten Materialien müssen aus einheimischer Herstellung stammen.

Die Ungarn fanden einen Weg, dieses Kriterium knapp zu erfüllen. Sie gründeten zwei Werke: Eines in Ungarn, das nichts als die Karosserien der Busse fertigt, und ein Montagewerk im US-Bundesstaat Georgia. Amerikanische Achsen und Reifen wurden nach Ungarn transportiert und dort an die Karosserien montiert. Anschließend wurden diese in die USA gebracht, wo Motoren und Getriebe aus amerikanischer Produktion eingebaut wurden. Das Endprodukt bestand zu etwas mehr als 51 Prozent aus amerikanischer Herstellung. Folglich handelte es sich rechtlich gesehen um „amerikanische" Busse, die von den Kommunalbehörden gekauft werden durften. Der Vorteil des Verfahrens lag in der Ausnutzung der günstigen ungarischen Arbeitskraft. Obwohl die ungarischen Arbeiter für die Montage eines Busses 1500 Stunden brauchten, während es in den USA nur 900 sind, war der Hin- und Hertransport aufgrund ihres Stundenlohns von 4 Dollar rentabel.

8.3.5   Weitere Instrumente der Außenhandelspolitik

Es gibt zahlreiche weitere staatliche Einflussmöglichkeiten auf den Außenhandel. Wir führen einige in aller Kürze auf:

1. *Exportkreditförderung.* Sie entspricht im Wesentlichen der Exportsubvention, wird aber in Form eines geförderten Kredits an den Käufer gewährt. Wie in den meisten Ländern ist auch in den USA eine staatliche Institution, die Export-Import-Bank, für zumindest leicht vergünstigte Kredite zur Exportförderung zuständig.

2. *Nationale Beschaffung.* Der Staat oder stark regulierte Firmen können bei Einkäufen einheimische Produkte auch dann bevorzugen, wenn sie teurer sind als Importe. Das klassische Beispiel hierfür ist die europäische Telekommunikationsbranche. Zwischen den Ländern der Europäischen Union herrscht im Prinzip Freihandel. Doch die wichtigsten Käufer von Telekommunikationsgeräten sind die Telefongesellschaften – und diese befanden sich in Europa bis vor kurzem noch alle in staatlichem Besitz. Die staatlichen Telefongesellschaften kauften auch dann bei einheimischen Anbietern, wenn diese höhere Preise verlangten als entsprechende Firmen in anderen Ländern. Infolgedessen wurden Telekommunikationsgeräte innerhalb von Europa sehr wenig gehandelt.

3. *Bürokratische Schikanen.* Manchmal wenden Staaten versteckte Importbeschränkungen an. Leider ist es einfach, normale Gesundheits-, Sicherheits- und Einfuhrvorschriften zu erheblichen Handelshemmnissen umzugestalten. Das klassische Beispiel hierfür ist ein Erlass der französischen Regierung aus dem Jahr 1982, wonach sämtliche aus Japan importierten Videorekorder durch ein einziges winziges Zollamt in Poitiers geschleust werden mussten – eine effektive Beschränkung der Importe auf eine Handvoll Geräte.

8.4   Wirkungen der Außenhandelspolitik: Zusammenfassung

Die Wirkungen der wichtigsten handelspolitischen Instrumente sind in Tabelle 8.1 zusammengefasst. Sie vergleicht die Folgen von vier Formen der Außenhandelspolitik auf die Wohlfahrt der Konsumenten, Produzenten, des Staates und der Nation als Ganzes.

Die Tabelle ist keine Werbung für staatliche Interventionen in den Handel. Alle vier Formen einer solchen Politik begünstigen die Produzenten und schädigen die Konsumenten. Ihre Auswirkungen auf die volkswirtschaftliche Wohlfahrt sind bestenfalls uneindeutig. Zwei Formen schaden der Nation als Ganzes in jedem Fall. Zölle und Importquoten können nur großen Ländern nutzen, die in der Lage sind, die Weltmarktpreise zu drücken.

Weshalb also ergreifen Regierungen so häufig Maßnahmen zur Importbeschränkung oder Exportförderung? Dieser Frage werden wir in Kapitel 9 nachgehen.

	Zoll	Export-subvention	Importquote	Freiwillige Exportbe-schränkung
Produzenten-rente	wächst	wächst	wächst	wächst
Konsumenten-rente	sinkt	sinkt	sinkt	sinkt
Staatliche Einnahmen	wachsen	sinken (erhöhte staatliche Ausgaben)	unverändert (Quotenrente geht an Lizenz-inhaber)	unverändert (Quotenrente geht an Expor-teure)
Wohlfahrt der Nation	uneinheitlich (sinkt für kleine Länder)	sinkt	uneinheitlich (sinkt für kleine Länder)	sinkt

Tabelle 8.1: Die Auswirkungen verschiedener handelspolitischer Maßnahmen

Zusammenfassung

1. Im Gegensatz zu unserer anfänglichen Analyse, in der die Interaktion der Märkte nach dem Prinzip des allgemeinen Gleichgewichts betont wurde, genügt zur Analyse der Außenhandelspolitik für gewöhnlich der Ansatz des partiellen Gleichgewichts.

2. Ein Zoll treibt einen Keil zwischen Weltmarkt- und Binnenpreise. Er hebt den Binnenpreis, doch diese Erhöhung bleibt hinter dem Zollsatz zurück. Ein wichtiger und relevanter Sonderfall ist allerdings das „kleine" Land, das keinen nennenswerten Einfluss auf die Weltmarktpreise nehmen kann. Bei einem kleinen Land schlägt sich der Zoll uneingeschränkt in den Binnenpreisen nieder.

3. Kosten und Nutzen eines Zolls oder einer anderen handelspolitischen Maßnahme können anhand der Konsumenten- und Produzentenrente bestimmt werden. Mit Hilfe dieser Begriffe lässt sich nachweisen, dass die einheimischen Produzenten eines Guts gewinnen, weil ein Zoll dessen Preis erhöht; aus demselben Grund verlieren die einheimischen Konsumenten. Auch der Staat gewinnt in Form von Einnahmen.

4. Wenn wir Kosten und Nutzen eines Zolls gegeneinander aufrechnen, stellen wir fest, dass sein Nettoeffekt auf die nationale Wohlfahrt in zwei Teile zerfällt. Auf der einen Seite führt die Verzerrung der Anreize für die einheimischen Produzenten und Konsumenten zu einem Effizienzverlust. Auf der anderen Seite verbessern sich die Terms of Trade, weil der Zoll tendenziell die Auslandsexportpreise senkt. Bei einem kleinen Land, das die Auslandspreise nicht beeinflussen kann, ist letzterer Effekt gleich Null, sodass in jedem Fall Verluste entstehen.

5. Die Analyse des Zolls kann problemlos auf andere handelspolitische Maßnahmen, wie z.B. Exportsubventionen, Importquoten und freiwillige Exportbeschränkungen, übertragen werden. Exportsubventionen verursachen ähnliche Effizienzverluste wie ein Zoll, verschlechtern jedoch zusätzlich die Terms of Trade. Importquoten und freiwillige Exportbeschränkungen unterscheiden sich darin von Zöllen, dass sie keine staatlichen Einnahmen mit sich bringen. Diese fallen stattdessen im Falle einer Quote bei den Inhabern der Importlizenz an, im Falle einer freiwilligen Exportbeschränkung bei den Exporteuren.

Schlüsselbegriffe

Übungen

1. Die Nachfragekurve von Inland für Weizen ist

$$D = 100 - 20P.$$

Die Angebotskurve ist

$$S = 20 + 20P.$$

Bestimmen und zeichnen Sie die *Importnachfragekurve von Inland*. Wie hoch wäre der Weizenpreis ohne Handel?

2. Nun kommt Ausland hinzu. Seine Nachfragekurve ist

$$D^* = 80 - 20P$$

und seine Angebotskurve

$$S^* = 40 + 20P.$$

→

    a. Bestimmen und zeichnen Sie die *Export*angebotskurve von Ausland und ermitteln Sie den Weizenpreis für Ausland ohne Handel.

    b. Lassen Sie nun Handel zwischen Ausland und Inland ohne Transportkosten zu. Ermitteln Sie das Gleichgewicht unter Freihandelsbedingungen und stellen Sie es grafisch dar. Welcher Weltmarktpreis ergibt sich? Wie groß ist das Handelsvolumen?

3. Inland verhängt nun einen spezifischen Zoll von 0,5 auf alle Weizenimporte.

    a. Bestimmen Sie die Auswirkungen des Zolls auf folgende Größen und stellen Sie sie grafisch dar: 1) den Weizenpreis in beiden Ländern, 2) die angebotene und nachgefragte Weizenmenge in beiden Ländern, 3) das Handelsvolumen.

    b. Ermitteln Sie den Effekt des Zolls auf die Wohlfahrt folgender Gruppen: 1) Produzenten in Inland, die mit dem Import konkurrieren, 2) Konsumenten in Inland, 3) der Staat von Inland.

    c. Stellen Sie folgende Größen grafisch dar und berechnen Sie sie: den Terms-of-Trade-Gewinn, den Effizienzverlust und den Gesamteffekt des Zolls auf die Wohlfahrt.

4. Ausland sei nun ein weitaus größeres Land mit folgender Binnennachfrage:

$$D* = 800 - 200P$$

und dem Binnenangebot:

$$S* = 400 + 200P$$

(Damit ist impliziert, dass der Weizenpreis in Ausland ohne Handel ebenso hoch wäre wie in Übungsaufgabe 2.)

Berechnen Sie auch für diesen Fall das Freihandelsgleichgewicht und die Auswirkungen eines spezifischen Zolls von 0,5 in Inland. Setzen Sie die unterschiedlichen Ergebnisse in Beziehung zu den Ausführungen über den Fall des „kleinen" Landes.

5. Die Flugzeugindustrie in Europa wird von mehreren Staaten subventioniert. Einige Schätzungen gehen davon aus, dass diese Subventionen 20 Prozent des Kaufpreises jedes Flugzeugs ausmachen. So könnte die Produktion eines Flugzeug, das für 50 Millionen Dollar verkauft wird, 60 Millionen Dollar gekostet haben. Für die Differenz kommen die beteiligten europäischen Staaten auf. Gleichzeitig entfällt etwa die Hälfte des Kaufpreises eines „europäischen" Flugzeugs auf die Kosten für Teile, die in anderen Ländern (einschließlich der USA) gekauft werden. Worin besteht unter Zugrundelegung dieser Schätzungen der *Effektivzoll (der effektive Protektionssatz)* für die europäischen Flugzeugbauer?

6. Kehren Sie zu dem Beispiel aus Übungsaufgabe 2 zurück. Unter Bedingungen des freien Handels gewährt Ausland seinen Exporteuren eine Subvention von 0,5 pro Einheit. Berechnen Sie die Auswirkungen auf den Preis in beiden Ländern und auf die Wohlfahrt einzelner Gruppen und der Gesamtwirtschaft für beide Länder.

7. Die Nation Acirema ist „klein" und kann daher die Weltmarktpreise nicht beeinflussen. Sie importiert Erdnüsse zum Preis von 10 Dollar pro Packung. Die Nachfragekurve ist

$$D = 400 - 10P.$$

Die Angebotskurve ist

$$S = 50 + 5P.$$

Bestimmen Sie das Freihandelsgleichgewicht. Berechnen Sie anschließend für die unten aufgeführten Größen die Auswirkungen einer Importquote, mit der die Einfuhr auf 50 Packungen beschränkt wird, und stellen Sie sie grafisch dar.
a. Erhöhung des Binnenpreises
b. Quotenrenten
c. Verluste aus Konsumverzerrungen
d. Verluste aus Produktionsverzerrungen

Weiterführende Literatur

Jagdish Bhagwati, „On the Equivalence of Tariffs and Quotas", in: Robert E. Baldwin et al., Hrsg. *Trade, Growth, and the Balance of Payments*. Chicago: Rand McNally, 1965. Der klassische Vergleich von Zöllen und Quoten unter Monopolbedingungen.

W. M. Corden, *The Theory of Protection*. Oxford: Clarendon Press, 1971. Ein allgemeiner Überblick über die Auswirkungen von Zöllen, Quoten und anderen handelspolitischen Maßnahmen.

Robert W. Crandall, *Regulating the Automobile*. Washington, D.C.: Brookings Institution, 1986. Enthält eine Analyse der berühmtesten freiwilligen Importbeschränkung.

Gary Clyde Hufbauer und Kimberly Ann Elliot, *Measuring the Costs of Protection in the United States*. Washington D.C.: Institute for International Economics, 1994. Eine aktuelle Bewertung der Außenhandelspolitik der USA in 21 verschiedenen Sektoren.

Kala Krishna, „Trade Restrictions as Facilitating Practices", in: *Journal of International Economics* 26 (Mai 1989), S. 251–270. Eine bahnbrechende Analyse der Auswirkungen von Importquoten, wenn die Produzenten im In- und Ausland über Monopolmacht verfügen. Sie weist nach, dass in diesem Fall für gewöhnlich beide Gruppen ihre Gewinne steigern – auf Kosten der Konsumenten.

D. Rousslang und A. Suomela. „Calculating the Consumer and Net Welfare Costs of Import Relief", *U.S. International Trade Commission Staff Research Study 15*. Washington, D.C.: International Trade Commission, 1985. Eine Erläuterung des diesem Kapitel zugrunde gelegten Rahmens, die auch dessen Anwendung auf praktische Fälle beschreibt.

Anhang I zu Kapitel 8

Analyse des Zolls im allgemeinen Gleichgewicht

In diesem Kapitel wurde die Handelspolitik unter den Bedingungen des partiellen Gleichgewichts analysiert. Es konzentrierte sich auf die Wirkungen von Zöllen, Quoten und anderen Maßnahmen in einem einzigen Markt, ohne ihre Folgen für andere Märkte im Einzelnen zu berücksichtigen. Diese Herangehensweise ist für gewöhnlich ausreichend und weitaus einfacher als eine umfassende Untersuchung im Rahmen des allgemeinen Gleichgewichts, die über die Märkte hinweggreifende Wirkungen einbezieht. Dennoch muss auch diese Analyse vorgenommen werden. In Kapitel 5 wurden die Zolleffekte im allgemeinen Gleichgewicht kurz angesprochen. In diesem Anhang soll eine ausführlichere Analyse folgen.

Diese Analyse erfolgt in zwei Schritten. Zunächst untersuchen wir ein kleines Land, dessen Zölle seine Terms of Trade nicht beeinflussen können. Anschließend folgt der Fall eines großen Landes.

8AI.1   Ein Zoll in einem kleinen Land

Ein Land produziert und konsumiert zwei Güter, Industrieprodukte und Lebensmittel. Das Land ist klein und kann seine Terms of Trade nicht beeinflussen, es exportiert Industrieprodukte und importiert Lebensmittel. Folglich verkauft es seine Industrieprodukte auf dem Weltmarkt zu dem dort geltenden Preis P_M^* und kauft Lebensmittel zu dem gegebenen Weltmarktpreis P_F^*.

Abbildung 8AI.1 zeigt die Lage dieses Landes ohne Zoll. Die Volkswirtschaft produziert in dem Punkt ihrer Transformationskurve, in dem sie von einer Linie mit der Steigung $-P_M^*/P_F^*$ tangiert wird. Er ist hier als Q^1 bezeichnet. Diese Linie definiert auch die Budgetbeschränkung der Volkswirtschaft, d.h. sämtliche Konsumentscheidungen, die sie sich leisten kann. Die Volkswirtschaft entscheidet sich für den Punkt der Budgetgerade, an dem diese die höchstmögliche Indifferenzkurve tangiert. Dieser Punkt ist hier als D^1 gekennzeichnet.

Nun verhängt der Staat einen spezifischen Zoll von t. Der Lebensmittelpreis steigt infolgedessen sowohl für die Konsumenten als auch für die einheimischen Produzenten auf $P_F^*(1 + t)$. Die Linie, die den relativen Preis wiedergibt, wird also flacher. Ihre Steigung beträgt $-P_M^*/P_F^*(1 + t)$.

Es liegt auf der Hand, wie sich dieses Absinken des relativen Preises der Industrieprodukte auf die Produktion auswirkt: Die Industrieproduktion sinkt, die Lebensmittelproduktion steigt. Diese Veränderung lässt sich in Abbildung 8AI.2 daran ablesen, dass der in Abbildung 8AI.1 gezeigte Produktionspunkt Q^1 nach Q^2 wandert.

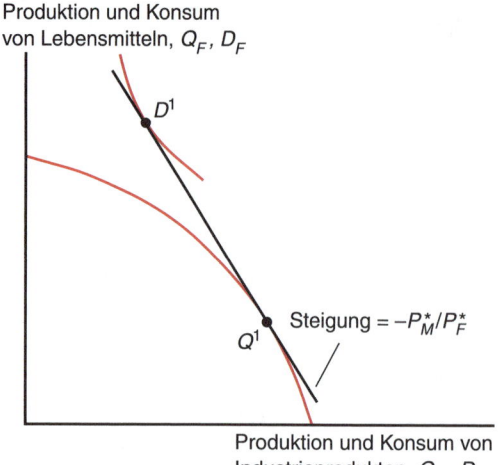

Produktion und Konsum
von Lebensmitteln, Q_F, D_F

D^1

Q^1

Steigung $= -P_M^*/P_F^*$

Produktion und Konsum von
Industrieprodukten, Q_M, D_M

Das Land produziert an dem Punkt
seiner Transformationskurve, an dem
sie von einer Linie tangiert wird, deren
Steigung den relativen Preisen entspricht. Es konsumiert in dem Punkt
seiner Budgetgeraden, an dem diese
die höchstmögliche Indifferenzkurve
tangiert.

Abbildung 8AI.1:   **Freihandelsgleichgewicht für ein kleines Land**

Die Auswirkungen auf den Konsum sind etwas komplizierter. Der Zoll erzeugt Einnahmen, die irgendwie wieder ausgegeben werden müssen. Allgemein gesprochen hängt der
genaue Effekt eines Zolls davon ab, wie der Staat die Zolleinnahmen im Einzelnen verwendet. Nehmen wir den Fall, dass der Staat sie an die Konsumenten zurückgibt. Die
Budgetbeschränkung der Konsumenten entspricht dann *nicht mehr* einer Linie mit der
Steigung $-P_M^*/P_F^*(1+t)$, die im Produktionspunkt Q^2 anliegt. Die Konsumenten können
nun mehr ausgeben, weil sie zusätzlich zu ihrem Einkommen aus der Güterproduktion
auch die Zolleinnahmen des Staates zugeteilt bekommen.

Wie ermitteln wir die wahre Budgetbeschränkung? Der Außenhandel zu Weltmarktpreisen muss nach wie vor im Gleichgewicht sein, es gilt also:

$$P_M^* \times (Q_M - D_M) = P_F^* \times (D_F - Q_F)$$

Q bezeichnet die Produktionsmenge und D den Konsum an Industrieprodukten und
Lebensmitteln, je nach näherer Bezeichnung. Die linke Seite der Gleichung gibt also den
Wert der Exporte in Weltmarktpreisen wieder, die rechte den Wert der Importe. Durch
Umformung kann man zeigen, dass der Wert des Konsums gleich dem Wert der Produk-
tion zu Weltmarktpreisen ist:

$$P_M^* \times Q_M + P_F^* \times Q_F = P_M^* \times D_M + P_F^* \times D_F$$

Damit ist eine Budgetbeschränkung definiert, die durch den Produktionspunkt Q^2 verläuft
und eine Steigung von $-P_M^*/P_F^*$ aufweist. Der Konsumpunkt muss irgendwo auf dieser
neuen Budgetbeschränkungslinie liegen.

Die Konsumenten werden allerdings keinen Punkt wählen, in dem diese Linie eine Indifferenzkurve tangiert. Der Zoll veranlasst sie, weniger Lebensmittel und mehr Industrieprodukte zu konsumieren. In Abbildung 8AI.2 wird der Konsumpunkt nach Zoll als D^2
wiedergegeben. Er liegt auf der neuen Budgetbeschränkung, aber zugleich auf einer

Indifferenzkurve, die eine Linie mit der Steigung $-P_M^*/P_F^*(1 + t)$ tangiert. Diese Linie befindet sich oberhalb der Linie mit derselben Steigung, die durch den Produktionspunkt Q^2 verläuft; der Abstand entspricht den Zolleinnahmen, die an die Konsumenten weitergereicht wurden.

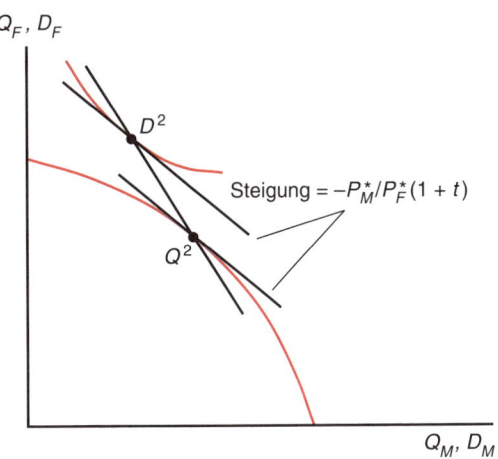

Das Land verringert die Produktion seines Exportguts und erhöht diejenige seines Importguts. Auch der Konsum wird verzerrt. Infolgedessen verringert sich die Wohlfahrt beider Länder und das Handelsvolumen des Landes, das den Zoll erhebt.

Abbildung 8AI.2:   **Ein Zoll in einem kleinen Land**

Aus dem Vergleich von Abbildung 8AI.2 mit Abbildung 8AI.1 ergeben sich drei wichtige Erkenntnisse:

1. Nach Einführung des Zolls ist die Wohlfahrt geringer als unter Freihandelsbedingungen. D^2 liegt auf einer niedrigeren Indifferenzkurve als D^1.

2. Der Wohlfahrtsverlust ergibt sich aus zwei Effekten. a) Die Volkswirtschaft produziert nicht länger in einem Punkt, der den Wert ihres Einkommens in Weltmarktpreisen maximiert. Die Budgetbeschränkung, die durch Q^2 verläuft, liegt innerhalb der durch Q^1 verlaufenden Beschränkung. b) Die Konsumenten entscheiden sich nicht für den Punkt auf der Budgetbeschränkung, der die Wohlfahrt maximiert. Sie bewegen sich nicht bis zu einer Indifferenzkurve, die an der tatsächlichen Budgetbeschränkungslinie der Wirtschaft anliegt. Sowohl a) als auch b) ergeben sich aus der Tatsache, dass die Preise, denen sich die einheimischen Konsumenten und Produzenten gegenübersehen, nicht die Weltmarktpreise sind. Der Wohlfahrtsverlust a), der sich aus ineffizienter Produktion ergibt, entspricht im allgemeinen Gleichgewicht dem Verlust aus der Produktionsverzerrung, die wir in Kapitel 8 für das partielle Gleichgewicht beschrieben haben. Der Wohlfahrtsverlust b), der sich aus dem ineffizienten Konsum ergibt, entspricht dem entsprechenden Verlust aus der Konsumverzerrung.

3. Der Zoll vermindert das Handelsvolumen. Sowohl die Exporte als auch die Importe sind nach Einführung des Zolls geringer als zuvor.

Dies sind die Auswirkungen eines Zolls für den Fall eines kleinen Landes. Wenden wir uns nun den Auswirkungen eines Zolls zu, der von einem großen Land verhängt wird.

8AI.2   Ein Zoll in einem großen Land

Die im Anhang zu Kapitel 5 entwickelte Technik der Tauschkurven eignet sich zur Untersuchung dieses Falls. Wir betrachten zwei Länder: Inland, das Industrieprodukte exportiert und Nahrungsmittel importiert, und seinen Handelspartner Ausland. In Abbildung
8AI.3 ist die Tauschkurve von Ausland als OF wiedergegeben. Die Tauschkurve von
Inland ohne Zoll ist als OM^1 bezeichnet. Das Freihandelsgleichgewicht ist durch den
Schnittpunkt von OF und OM^1 in 1 bestimmt, der relative Preis der Industrieprodukte auf
dem Weltmarkt ist $(P_M^*/P_F^*)^1$.

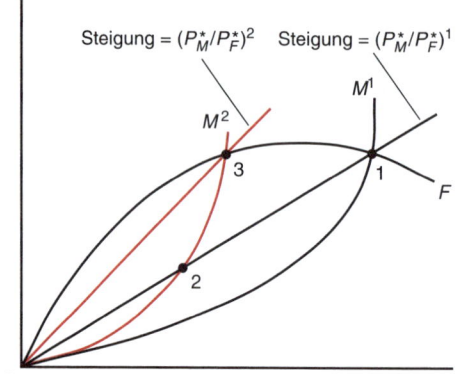

Der Zoll verursacht für alle Terms of Trade
einen Rückgang des Handelsvolumens,
die Tauschkurve verschiebt sich daher
nach innen. Damit müssen sich allerdings
auch die Terms of Trade verbessern. Die
Terms-of-Trade-Gewinne können die Verluste ausgleichen, die sich bei allen gegebenen Terms of Trade aus der Verzerrung
von Produktion und Konsum ergeben.

Abbildung 8AI.3:   **Auswirkung eines Zolls auf die Terms of Trade**

Nun verhängt Inland einen Zoll. Zunächst fragen wir, wie sich sein Handel bei gleich
bleibenden Terms of Trade verändern würde. Die Antwort ist uns bereits aus der Analyse
des kleinen Landes bekannt: Der Zoll führt bei jedem gegebenen Weltmarktpreis zu
einem Rückgang von Exporten und Importen. Wenn der relative Weltmarktpreis von
Industrieprodukten also bei $(P_M^*/P_F^*)^1$ bliebe, dann würde die Tauschkurve von Inland
von Punkt 1 nach Punkt 2 wandern. Noch allgemeiner gesprochen: Wenn Inland einen
Zoll einführt, wird seine Tauschkurve insgesamt nach innen gebogen. In der Abbildung
ist die neue Kurve als OM^2 wiedergegeben, die durch Punkt 2 verläuft.

Doch diese Veränderung der Tauschkurve von Inland ändert die Terms of Trade im
Gleichgewichtszustand. In Abbildung 8AI.3 liegt das neue Gleichgewicht in Punkt 3.
Dort gilt für den relativen Preis der Industrieprodukte: $(P_M^*/P_F^*)^2 > (P_M^*/P_F^*)^1$. Der Zoll
verbessert also Inlands Terms of Trade.

Die Auswirkungen des Zolls auf die Wohlfahrt von Inland gestalten sich uneindeutig. Auf
der einen Seite haben wir anhand des kleinen Landes soeben gesehen, dass der Zoll die
Wohlfahrt senkt, wenn er die Terms of Trade nicht verbessert. Andererseits wirkt im Falle
des großen Landes die Verbesserung der Terms of Trade wohlfahrtssteigernd. Der Wohlfahrtseffekt kann also, ebenso wie bei der Analyse im Rahmen des partiellen Gleichgewichts, in beide Richtungen gehen.

Anhang II zu Kapitel 8

Zölle und Importquoten unter Monopolbedingungen

Die in diesem Kapitel vorgestellte Analyse der Handelspolitik ging von vollständigem Wettbewerb auf den Märkten aus, sodass alle Firmen die Preise als vorgegeben hinnahmen. Wie jedoch in Kapitel 6 bereits angesprochen, herrscht auf vielen Märkten für international gehandelte Güter nur unvollständiger Wettbewerb. Die Art des Wettbewerbs kann wiederum die Auswirkungen handelspolitischer Maßnahmen beeinflussen.

Die Analyse handelspolitischer Effekte in Märkten mit unvollständigem Wettbewerb führt zu einer neuen Überlegung: Da der Außenhandel die Monopolmacht beschränkt, können politische Maßnahmen zur Handelsbeschränkung die Macht eines Monopols steigern. Selbst wenn ein Unternehmen in einem Land der einzige Produzent eines bestimmten Guts ist, kann es seine Preise kaum erhöhen, solange unter Bedingungen des Freihandels zahlreiche Lieferanten aus dem Ausland bereitstehen. Wenn allerdings die Importe kontingentiert sind, hat dasselbe Unternehmen freie Hand, seine Preise ohne Furcht vor der Konkurrenz heraufzusetzen.

Zur Verdeutlichung des Zusammenhangs zwischen Handelspolitik und Monopolmacht gehen wir von einem Modell aus, in dem ein Land ein Gut importiert und die Produktion dieses Guts im eigenen Land zugleich von nur *einem* Unternehmen kontrolliert wird. Es handelt sich um ein kleines Land auf dem Weltmarkt, sodass seine Handelspolitik keinen Einfluss auf die Preise seiner Importe hat. Im Rahmen dieses Modells untersuchen und vergleichen wir die Auswirkungen von Freihandel, Zoll und Importquote.

8AII.1 Freihandel

Abbildung 8AII.1 zeigt den freien Handel in einem Markt, in dem ein einheimischer Monopolist mit einer Konkurrenz durch Importe konfrontiert ist. D ist die Binnennachfragekurve: Sie zeigt die Nachfrage nach dem Produkt von Seiten der einheimischen Konsumenten. P_W ist der Weltmarktpreis des Guts; zu diesem Preis sind Importe in unbegrenzter Menge verfügbar. Die einheimische Branche besteht aus einem einzigen Unternehmen, deren Grenzkostenkurve als MC wiedergegeben ist.

Ohne Außenhandel würde sich das einheimische Unternehmen in diesem Markt wie ein gewöhnlicher Monopolist verhalten, der seinen Gewinn maximiert. Der Kurve D entspricht die Grenzertragskurve MR, und das Unternehmen würde folglich die gewinnmaximierenden Produktionsmenge Q_M und den Preis P_M wählen.

Unter Freihandelsbedingungen ist dieses typische Verhalten eines Monopolisten nicht möglich. Wenn das Unternehmen versuchen würde, P_M bzw. irgendeinen höheren Preis als P_W zu verlangen, dann würde aufgrund der Verfügbarkeit billigerer Importe niemand sein Produkt kaufen. Der internationale Handel begrenzt den Preis des Monopolisten also auf P_W.

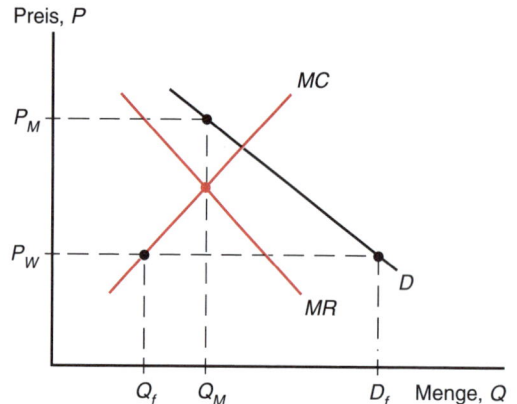

Abbildung 8AII.1:   **Ein Monopolist unter Freihandelsbedingungen**

Die Konkurrenz durch Importe zwingt den Monopolisten, sich so zu verhalten, als herrsche in seinem Sektor vollständiger Wettbewerb.

Angesichts dieses Preislimits kann der Monopolist bestenfalls versuchen, die Produktion auf den Stand zu bringen, auf dem die Grenzkosten gleich dem Weltmarktpreis sind, also auf Q_f. Bei dem Preis P_W fragen die einheimischen Konsumenten D_f Gütereinheiten nach, das Importvolumen wird also $D_f - Q_f$ betragen. Genau dasselbe Resultat hätte sich auch bei vollständigem Wettbewerb auf dem Binnenmarkt eingestellt. Unter den Bedingungen des Freihandels spielt es also keine Rolle, ob die einheimische Branche ein Monopol ist oder nicht.

8AII.2   Einführung eines Zolls

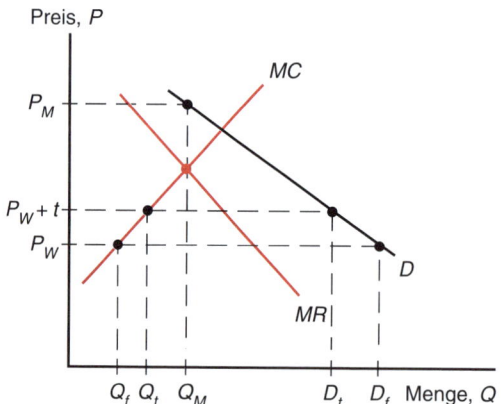

Abbildung 8AII.2:   **Ein von einem Zoll geschützter Monopolist**

Der Zoll gestattet dem Monopolisten, seinen Preis zu erhöhen, er wird aber nach wie vor durch mögliche Importe bedroht.

Ein Zoll hebt den Maximalpreis, den die einheimische Branche verlangen kann. Wenn Importe mit einem spezifischen Zoll t belegt werden, kann die einheimische Branche fortan den Preis $P_W + t$ verlangen (Abbildung 8AII.2). Es steht ihr nach wie vor nicht frei, bis zum Monopolpreisniveau zu gehen, weil die Konsumenten immer noch auf Importe ausweichen können, sobald der Preis über den Weltpreis plus Zoll steigt. Der Monopolist kann also bestenfalls den Preis bei Q_t gleich den Grenzkosten setzen. Der Zoll erhöht den Binnenpreis und die Produktionsmenge der einheimischen Branche, während die Nachfrage auf D_t sinkt und damit auch die Importe zurückgehen. Dennoch produziert die einheimische Branche nach wie vor dieselbe Gütermenge wie unter den Bedingungen des vollständigen Wettbewerbs.[1]

8AII.3   Einführung einer Importquote

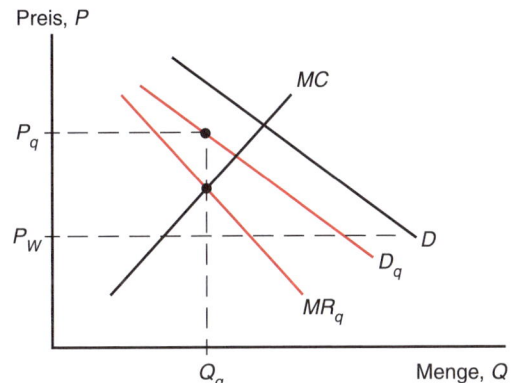

In dem Wissen, dass der Binnenpreis der Importe ebenfalls steigt, kann der Monopolist nun seine Preise erhöhen.

Abbildung 8AII.3:   Ein Monopolist unter dem Schutz einer Importquote

Der Staat begrenzt nun das Importvolumen auf eine feste Menge $\overline{Q}$. Der Monopolist weiß also, dass er nicht seinen gesamten Absatz einbüßt, wenn er seinen Preis oberhalb von P_W festlegt. Er wird zu diesem Preis die Menge verkaufen, die der einheimischen Nachfrage abzüglich der zugelassenen Importmenge $\overline{Q}$ entspricht. Daraus ergibt sich die Nachfrage, die er befriedigen kann. Wir definieren die Nachfragekurve nach dem beschränkten Import als D_q. Sie verläuft parallel zur Binnennachfragekurve D, ist jedoch um $\overline{Q}$ Einheiten nach links verschoben (Abbildung 8AII.3).

D_q entspricht als eine neue Grenzerlöskurve MR_q. Das unter dem Schutz einer Importquote stehende Unternehmen maximiert seinen Gewinn, indem es seine Grenzkosten diesem neuen Grenzerlös gleichsetzt. Es produziert also Q_q und verlangt einen Preis von P_q. (Die Einfuhrgenehmigung für eine Einheit des Guts wirft folglich eine Quotenrente von $P_q - P_W$ ab.)

---

[1]   Es gibt allerdings einen Fall, in dem ein Zoll auf eine monopolistische Branche anders wirkt als auf einen Sektor mit vollständiger Konkurrenz: Wenn der Zoll so hoch ist, dass überhaupt kein Import mehr stattfindet (Prohibitivzoll). In einem Sektor mit vollständiger Konkurrenz haben weitere Zollerhöhungen, die über die Abwehr jeglicher Importe hinausgehen, keine zusätzlichen Folgen. Ein Monopolist hingegen ist gezwungen, allein aufgrund der *Gefahr* möglicher Importe seine Preise zu begrenzen. Daher gestattet ihm jede zusätzliche Erhöhung des Prohibitivzolls, seinen Preis weiter in Richtung des gewinnmaximierenden Preises P_M zu heben.

8AII.4   Vergleich von Zoll und Quote

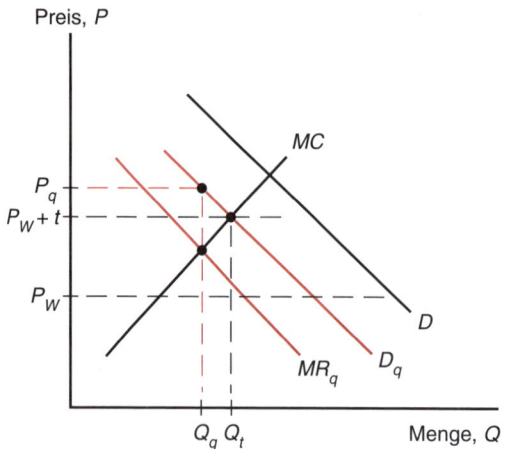

Eine Importquote führt zu einer niedrigeren einheimischen Produktionsmenge und zu einem höheren Preis als ein Zoll, der dasselbe Importniveau bedingt.

Abbildung 8AII.4:   Vergleich von Zoll und Quote

Vergleichen wir nun die Auswirkungen eines Zolls und einer Quote. Zu diesem Zweck stellen wir einen Zoll und eine Quote nebeneinander, die *zum selben Importvolumen* führen (Abbildung 8AII.4). Der Zollsatz t führt zu einem Importniveau von Q. Wir stellen also die Frage, was passieren würde, wenn der Staat direkt die Importmenge auf Q beschränken würde, anstatt einen Zoll zu verhängen.

Aus der Abbildung geht hervor, dass sich unterschiedliche Ergebnisse einstellen. Der Zoll führt zu einer einheimischen Produktion von Q_t und einem Binnenpreis von $P_W + t$. Die Quote hingegen führt zu einer höheren einheimischen Produktion, Q_q, und zu einem höheren Preis, P_q. Unter dem Schutz eines Zolls verhält sich die einheimische Branche so, als herrsche vollständige Konkurrenz. Unter dem Schutz einer Quote ist dies nicht der Fall.

Der Grund für diesen Unterschied liegt darin, dass eine Importquote mehr Monopolmacht erzeugt als ein Zoll. Wenn monopolistische Branchen durch Zölle geschützt werden, wissen die einheimischen Unternehmen, dass sie dennoch von Importen unterboten werden, sobald sie ihre Preise zu stark heraufsetzen. Eine Importquote hingegen bietet absoluten Schutz: Wie hoch die Binnenpreise auch sein mögen, die Importmenge kann das festgelegte Kontingent nicht übersteigen.

Dieser Vergleich legt nahe, dass Regierungen, die im eigenen Land die Macht eines Monopols begrenzen möchten, in ihrer Handelspolitik Zöllen den Vorzug vor Quoten geben sollten. Tatsache ist jedoch, dass man bei protektionistischen Maßnahmen immer mehr von Zöllen abrückt und stattdessen nichttarifäre Schranken errichtet, zu denen auch Importquoten gehören. Die einzige Erklärung liegt darin, dass sich Regierungen von anderen Motiven als der wirtschaftlichen Effizienz leiten lassen.

Kapitel

9 Die politische Ökonomie der Handelspolitik

Im Jahr 1981 forderten die USA Japan auf, seine Autoexporte in die USA zu begrenzen. Dies erhöhte den Preis der Importwagen und zwang die amerikanischen Konsumenten zum Kauf von Autos aus einheimischer Produktion, obwohl sie die ausländischen eindeutig bevorzugt hätten. Japan war zwar in dieser Angelegenheit bereit, den USA entgegenzukommen, verschloss sich aber einem anderen Anliegen: Die amerikanische Regierung hatte Japan ersucht, seine Importquoten für Rindfleisch und Zitrusfrüchte aufzuheben. Diese Quoten zwangen japanische Konsumenten zum Kauf unglaublich teurer einheimischer Produkte anstelle der billigeren Importerzeugnisse aus den USA. Die Regierungen beider Länder hielten also an einer Politik fest, die nach der in der Kapitel 8 erläuterten Analyse mehr Kosten als Nutzen erzeugte. Offenbar ließ sich die staatliche Politik in beiden Fällen von Zielen leiten, die über eine reine Kosten-Nutzen-Rechnung hinausgingen.

In diesem Kapitel untersuchen wir einige der Gründe, aus denen Regierungen ihre Politik nicht auf rein ökonomische Erwägungen basieren sollten oder dies zumindest nicht tun. Die Untersuchung der Beweggründe für die reale Handelspolitik wird in den Kapiteln 10 und 11 fortgesetzt, die sich mit den typischen handelspolitischen Problemstellungen für Entwicklungsländer und entwickelte Industrienationen auseinander setzen.

Der erste Schritt zum Verständnis der praktischen Handelspolitik besteht in der Frage, welche Erwägungen Regierungen veranlassen, sich *nicht* in den Außenhandel einzumischen. Dies sind die Argumente zugunsten des Freihandels. Anschließend wenden wir uns den Gegenargumenten zugunsten staatlicher Interventionen zu, die den Grundannahmen der Freihandelsbefürworter widersprechen.

9.1   Die Argumentation zugunsten des Freihandels

Wenige Länder kommen dem Zustand des völligen Freihandels auch nur annähernd nahe. Die Stadt Hongkong, die rechtlich zu China gehört, aber eine unabhängige Wirtschaftspolitik betreibt, ist vielleicht die einzige moderne Volkswirtschaft ohne Zölle oder Importquoten. Seit der Zeit von Adam Smith treten die Ökonomen für den Freihandel ein und sehen in ihm das Ideal, das die Handelspolitik anstreben sollte. Die Gründe für diese Haltung sind nicht ganz so einfach wie die Idee selbst. Theoretische Modelle zeigen, dass sich durch Freihandel die mit protektionistischen Maßnahmen einhergehenden Effizienzverluste vermeiden lassen. Viele Ökonomen sind der Ansicht, dass der freie Handel Gewinne erzeugt, die über die Vermeidung von Produktions- und Konsumverzerrungen hinausgehen. Und schließlich ist selbst unter denjenigen Ökonomen, die dem Freihandel kritisch gegenüberstehen, die Auffassung weit verbreitet, dass er in den meisten Fällen jeder anderen Politik von staatlicher Seite vorzuziehen ist.

9.1.1   Das Effizienzargument für Freihandel

Das **Effizienzargument für Freihandel** ist einfach die Entsprechung der Kosten-Nutzen-Analyse eines Zolls. Abbildung 9.1 veranschaulicht noch einmal das grundlegende Argument für den Fall eines kleinen Landes, das die Auslandsexportpreise nicht beeinflussen kann. Ein Zoll verursacht einen volkswirtschaftlichen Wohlfahrtsverlust, indem er die wirtschaftlichen Anreize sowohl für die Produzenten als auch für die Konsumenten verzerrt. Die Höhe dieses Verlusts kann an der Fläche der beiden gekennzeichneten Dreiecke abgelesen werden. Die Politik des Freihandels hingegen beseitigt diese Verzerrungen und steigert die nationale Wohlfahrt.

Es ist vielfach versucht worden, die Gesamtkosten der durch Zölle und Quoten verursachten Verzerrungen für bestimmte Volkswirtschaften zu berechnen. Tabelle 9.1 enthält einige repräsentative Schätzungen. Bemerkenswerterweise nehmen sich die Protektionskosten der USA gegenüber dem Nationaleinkommen relativ gering aus. Dies widerspiegelt zwei Tatsachen: 1) Die USA sind weniger vom Außenhandel abhängig als andere Länder, und 2) der Außenhandel der USA ist, mit einigen größeren Ausnahmen, im Großen und Ganzen frei. Im Gegensatz dazu verhängen einige kleinere Länder ausgesprochen restriktive Zölle und Quoten. Die durch diese Handelspolitik erzeugten Verzerrungen dürften sie bis zu zehn Prozent ihres potenziellen Nationaleinkommens kosten.

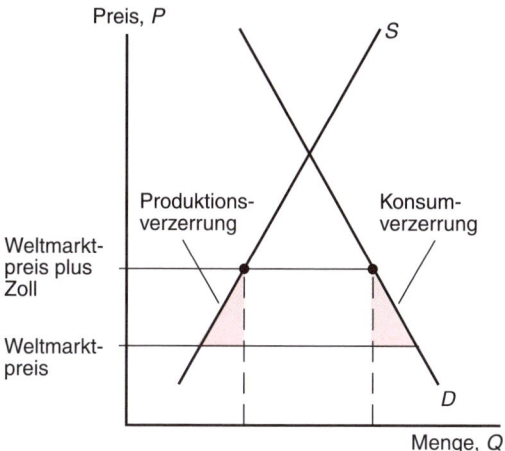

Ein Handelshemmnis, beispielsweise ein Zoll, bewirkt Produktions- und Konsumverzerrungen.

Abbildung 9.1: Das Effizienzargument für Freihandel

9.1.2 Zusätzliche Gewinne aus Freihandel[1]

Eine unter Ökonomen weit verbreitete Auffassung besagt, dass solche Berechnungen, wie sie in Tabelle 9.1 wiedergegeben werden, zwar die erheblichen Gewinne aus Freihandel für einige Fälle belegen, aber kein vollständiges Bild zeichnen. Für kleine Länder im Allgemeinen und für Entwicklungsländer im Besonderen machen viele Ökonomen geltend, dass der Freihandel wichtige Gewinne birgt, die von einer konventionellen Kosten-Nutzen-Rechnung gar nicht erfasst werden.

Brasilien (1966)	9,5
Türkei (1987)	5,4
Philippinen (1978)	5,4
USA (1983)	0,26

Tabelle 9.1: Geschätzte Kosten der Protektion in Prozent des Nationaleinkommens
Quellen: Brasilien: Bela Balassa, *The Structure of Protection in Developing Countries*. Baltimore, The Johns Hopkins Press, 1971; Türkei und Philippinen: Weltbank, *The World Development Report*. 1987, Washington 1987; USA: David G. Tarr und Morris E. Morkre: *Aggregate Costs to the United States of Tariffs and Quotas on Imports*. Washington, D.C.: Federal Trade Commission, 1984.

Ein solcher zusätzlicher Gewinn betrifft die Skaleneffekte. Geschützte Märkte führen nicht nur zu einer internationalen Fragmentierung der Produktion. Der reduzierte Wettbewerb und die erhöhten Gewinnaussichten veranlassen darüber hinaus zu viele Unter-

---

[1] Die hier besprochenen zusätzlichen Gewinne aus Freihandel werden manchmal auch als „dynamische" Gewinne bezeichnet, weil die Wirkung der gesteigerten Konkurrenz und Innovation zu ihrer Entfaltung mehr Zeit benötigt als die Aufhebung der Verzerrungen von Produktion und Konsum.

nehmen zum Eintritt in den geschützten Sektor. Wenn die Anzahl der Unternehmen in den kleinen Inlandsmärkten überhand nimmt, wird ihr Produktionsniveau ineffizient. Ein gutes Beispiel für dieses Phänomen ist die argentinische Automobilindustrie, die sich erst unter dem Schutz von Importbeschränkungen entwickeln konnte. Eine Montagewerk von effizienter Größe sollte 80.000 bis 200.000 Autos pro Jahr herstellen, doch die argentinische Industrie, die insgesamt nur 166.000 Autos produzierte, hatte dennoch im Jahr 1964 nicht weniger als 13 Unternehmen! Einigen Ökonomen zufolge ist die Notwendigkeit, übermäßigen Markteintritt und die daraus folgenden ineffizienten Produktionsniveau zu verhindern, ein weiterer Grund für Freihandel, der über die üblichen Kosten-Nutzen-Rechnungen hinausgeht.

Darüber hinaus bietet der Freihandel Unternehmen einen Anreiz, neue Möglichkeiten des Exports oder der Konkurrenz mit Importen zu suchen. Dadurch schafft er weitaus größere Lern- und Innovationsmöglichkeiten als ein System des „gelenkten" Außenhandels, bei dem der Staat die Import- und Exportmuster weitgehend diktiert. Kapitel 10 behandelt die Erfahrungen wenig entwickelter Länder, denen sich unerwartete Exportmöglichkeiten eröffneten, sobald sie von Importquoten und Zöllen zu einer offeneren Außenhandelspolitik übergingen.

Diese zusätzlichen Argumente zugunsten des Freihandels werden zumeist nicht quantifiziert. Allerdings versuchten die kanadischen Ökonomen Richard Harris und David Cox im Jahr 1985, Kanadas Gewinne aus einem Freihandel mit den USA zu quantifizieren. Dabei berücksichtigten sie auch die Gewinne der effizienteren Produktionsniveaus innerhalb Kanadas. Sie schätzten, dass sich das Realeinkommen ihres Landes um 8,6 Prozent erhöhen würde. Dieser Wert war etwa um das Dreifache höher als die üblichen Schätzungen derjenigen Ökonomen, die diesen Effekt nicht berücksichtigten.[2]

Wenn die zusätzlichen Gewinne aus Freihandel so groß ausfallen, wie einige Ökonomen annehmen, dann sind auch die Kosten der Handelsverzerrungen durch Zölle, Quoten, Exportsubventionen etc. entsprechend größer, als die konventionellen Kosten-Nutzen-Analysen angeben.

9.1.3   Das politische Argument für Freihandel

Das **politische Argument für Freihandel** ergibt sich aus der Tatsache, dass der politische Einsatz für den Freihandel in der Praxis auch dann gute Erfolge zeitigt, wenn im Prinzip bessere Möglichkeiten denkbar sind. Ökonomen argumentieren oft, dass die Handelspolitik in der Praxis eher von Sonderinteressen als von Erwägungen des gesamtgesellschaftlichen Nutzens bestimmt wird. In der Theorie, so weisen sie bisweilen nach, könnten bestimmte Zölle und Exportsubventionen die nationale Wohlfahrt durchaus stei-

---

[2]   Siehe Harris und Cox, *Trade, Industrial Policy and Canadian Manufacturing*. Toronto: Ontario Economic Council, 1984, und von denselben Autoren: „Trade Liberalization and Industrial Organization: Some Estimates for Canada", in: *Journal of Political Economy* 93, Februar 1985, S. 115–145 .

gern, doch in der Realität wird jede staatliche Behörde, die fein abgestimmte Handels-
interventionen umsetzen möchte, rasch zur Geisel bestimmter Interessengruppen, die mit
ihrer Hilfe das Einkommen zugunsten politisch einflussreicher Sektoren umverteilen.
Wenn diese Überlegung zutrifft, dann ist es vielleicht besser, ausnahmslos für Freihandel
einzutreten, obwohl er unter rein ökonomischen Gesichtspunkten nicht immer die bestmögliche Politik sein mag.

Die drei oben umrissenen Argumentationsmuster dürften die gängige Haltung der meisten Außenwirtschaftler wiedergeben, zumindest in den USA:

1. Die mit den gängigen Analysen gemessenen Kosten jedes Abweichens vom Freihandel sind hoch.

2. Freihandel bringt zusätzliche Gewinne mit sich, deren Wegfall die Kosten protektionistischer Maßnahmen erhöht.

3. Jeder Versuch, fein abgestimmte Abweichungen vom Freihandel zu verwirklichen,
   wird durch politische Prozesse untergraben.

Dennoch gibt es auch für Abweichungen vom freien Handel ernst zu nehmende wissenschaftliche Argumente, die im Folgenden genannt werden sollen.

Beispiel 9.1: Die Gewinne aus 1992

Im Jahr 1987 verabschiedeten die Länder der Europäischen Gemeinschaft (heute die
Europäische Union) die so genannte Einheitliche Europäische Akte, mit der ein wirklich einheitlicher europäischer Markt geschaffen werden sollte. Da ihre Beschlüsse
innerhalb von fünf Jahren in Kraft treten sollten, wurden die darin enthaltenen Maßnahmen unter die Sammelbezeichnung „1992" gefasst.

Das Besondere an 1992 war, dass die Europäische Gemeinschaft bereits eine Zollunion darstellte. Es gab im innereuropäischen Handel keine Zölle oder Importquoten.
Was sollte also noch liberalisiert werden? Die Befürworter von 1992 führten an, dass
es nach wie vor erhebliche Hemmnisse für den Außenhandel innerhalb Europas gab.
Ein solches Hemmnis bestand in den Kosten für Grenzübertritte. Die einfache Tatsache, dass Lastkraftwagen zwischen Frankreich und Deutschland wegen Grenzforma-
litäten anhalten mussten, brachte Wartezeiten mit sich, die viel Zeit und Treibstoff
kosteten. Ähnliche Kosten plagten Geschäftsreisende, die in einer Stunde von London
nach Paris fliegen konnten, dort aber eine weitere Stunde an der Pass- und Zollkont-
rolle Schlange stehen mussten. Auch unterschiedliche Vorschriften setzten der Integration der Märkte Grenzen. Die Gesundheitsvorschriften für Lebensmittel waren je
nach Land verschieden, sodass man nicht einfach einen Lastwagen mit britischen
Gütern beladen und nach Frankreich fahren konnte oder umgekehrt.

→

Die Beseitigung dieser komplexen Handelshemmnisse war ein sehr schwieriger politischer Prozess. Angenommen, Frankreich lässt ohne jede Kontrolle Güter aus Deutschland ins Land. Wie soll dann verhindert werden, dass die französische Bevölkerung mit Industrieprodukten beliefert wird, die den französischen Sicherheitsstandards nicht entsprechen, oder mit Lebensmitteln, die gegen die französischen Hygienevorschriften verstoßen, oder mit Medikamenten, die von französischen Ärzten nicht freigegeben wurden? Länder können ihre Grenzen nur dann wirklich öffnen, wenn sie gemeinsame Standards festlegen, sodass ein Gut, das den französischen Vorschriften entspricht, auch in Deutschland akzeptiert wird, und umgekehrt. Die Hauptaufgabe der Verhandlungen für 1992 bestand folglich in der Harmonisierung der Vorschriften für Hunderte von Bereichen. Nationale kulturelle Eigenheiten gestalteten diese Verhandlungen oft außerordentlich mühselig.

Vor allem das Thema Lebensmittel weckte heftige Leidenschaften. Alle fortgeschrittenen Länder haben beispielsweise Vorschriften über Zusätze von Lebensmittelfarben, um zu verhindern, dass die Konsumenten unwissentlich Krebs erzeugende oder anderweitig schädliche Chemikalien zu sich nehmen. Doch die ursprünglich anvisierten Vorschriften über Lebensmittelfarben hätten das Erscheinungsbild mehrerer britischer Traditionsspeisen ruiniert: Die zartrosa Frühstückswürstchen wären weiß geworden, die goldenen Bücklinge grau, und das leuchtende Grün des Erbsenmuses wäre einer tristen Farblosigkeit gewichen. Die Konsumenten auf dem Kontinent kümmerte das wenig; sie fragten sich ohnehin, wie die Briten so etwas überhaupt essen konnten. Doch in Großbritannien verband sich diese Frage mit Ängsten vor dem Verlust der nationalen Identität, sodass die Lockerung der vorgesehenen Vorschriften für die britische Regierung oberste Priorität gewann. Es gelang Großbritannien, die erforderlichen Ausnahmeregelungen zu erwirken. Doch Deutschland war gezwungen, den Import von Bier zuzulassen, das nicht dem jahrhundertealten Reinheitsgebot entsprach, und Italien musste sich mit Pasta abfinden, die – horrore! – aus der falschen Weizensorte bestand.

Weshalb nahm man diese schwierigen Verhandlungen auf sich? Welche potenziellen Vorteile stellte 1992 in Aussicht? Alle Versuche, die direkten Gewinne zu schätzen, kamen zu eher bescheidenen Ergebnissen. Die mit dem Grenzübertritt verbundenen Kosten machten immer nur ein paar Prozent des Werts der transportierten Güter aus. Die Beseitigung dieser Kosten konnte das europäische Realeinkommen bestenfalls um den Bruchteil eines Prozents erhöhen. Dennoch führten die Ökonomen der Europäischen Kommission (des Exekutivorgans der Europäischen Gemeinschaft) an, dass die wirklichen Gewinne weitaus größer sein würden.

Sie gingen bei ihren Überlegungen davon aus, das die Schaffung des Europäischen Binnenmarktes den Wettbewerb unter den Unternehmen erhöhen und zu effizienteren Produktionsmaßstäben führen würde. Besonderes Gewicht maßen sie dabei dem Vergleich mit den USA bei, einem Land, das hinsichtlich Kaufkraft und Bevölkerungszahl der Europäischen Union ähnelte, aber einen vollständig integrierten Markt ohne innere Grenzen darstellte. Die Ökonomen der Kommission wiesen darauf hin, dass einige Branchen in Europa offenbar segmentiert waren: Anstatt den gesamten Kontinent als einen einzigen Markt zu behandeln, hatten ihn die Unternehmen in lokale Teilgebiete gespalten, die von relativ kleinen nationalen Produzenten bedient wurden. Der Wegfall sämtlicher Handelsschranken würde Unternehmenszusammenschlüsse auslösen, die zu erheblichen Produktivitätssteigerungen führen würden. Diese erhofften Gewinne hoben den geschätzten Gesamtnutzen von 1992 auf mehrere Prozent des vorherigen Einkommens der europäischen Nationen. Weiter erwarteten die Ökonomen der Kommission indirekte Gewinne, weil die erhöhte Effizienz der europäischen Wirtschaft einen günstigeren Ausgleich von Inflation und Arbeitslosigkeit ermöglichen würde. Alles in allem errechnete die Kommission, dass 1992 das Einkommen Europas um 7 Prozent steigern könnte.[3]

Zwar hielt keiner der Beteiligten die Angabe von 7 Prozent für besonders verlässlich, doch viele Ökonomen teilten die Erwartung der Kommission auf hohe Gewinne. Einige Skeptiker wandten ein, dass die Marktsegmentierung weniger auf die Handelspolitik als auf kulturelle Traditionen zurückzuführen sei. Italienische Konsumenten bevorzugen beispielsweise ganz andere Waschmaschinen als deutsche. Italiener kaufen eher wenige, dafür aber modische und teure Kleidungsstücke. Daher wünschen sie sich langsame, sanfte Waschmaschinen, die ihre Investitionen in die Kleidung schonen.

Zehn Jahre nach 1992 hatte sich herausgestellt, dass sowohl die Befürworter als auch die Zweifler Recht gehabt hatten. In einigen Fällen kam es zu ausgeprägten Fusionsprozessen. Beispielsweise legte Hoover sein Staubsaugerwerk in Frankreich still und konzentrierte die gesamte Produktion in einer effizienten Fabrik in Großbritannien. In einigen Fällen wurden alte Marktsegmentierungen überwunden, und dies bisweilen in überraschender Weise: Wer hätte gedacht, dass sich vorgeschnittenes Brot aus Großbritannien in Frankreich durchsetzen würde? Doch einige Märkte zeigten wenig Neigung zum Zusammenschluss. Die Deutschen können sich mit dem Importbier nicht anfreunden und die Italiener machen einen Bogen um Pasta, die nicht aus Hartweizengrieß besteht.

---

[3] Siehe *The Economics of 1992*, Brüssel: Kommission der Europäischen Gemeinschaften, 1988.

9.2   Das Gegenargument der nationalen Wohlfahrt

Die meisten Zölle, Importquoten und anderen handelspolitischen Maßnahmen sollen in erster Linie das Einkommen bestimmter Interessengruppen schützen. Dessen ungeachtet behaupten Politiker oft, sie dienten dem gesamtnationalen Interesse, und manchmal entspricht das sogar der Wahrheit. Obwohl Ökonomen oft den Nachweis führen, dass Abweichungen vom Freihandel die nationale Wohlfahrt senken, gibt es auch theoretische Gründe für die Annahme, dass eine aktive Handelspolitik in bestimmten Fällen die Wohlfahrt der Nation als Ganzes erhöhen kann.

9.2.1   Das Terms-of-Trade-Argument für einen Zoll

Ein Argument zugunsten der Abweichung vom Freihandel ergibt sich direkt aus der Kosten-Nutzen-Analyse: Ein großes Land, das die Auslandsexportpreise zu beeinflussen vermag, kann mit Hilfe eines Zolls die Importpreise senken und seine Terms of Trade verbessern. Dieser Nutzen muss gegen die Kosten des Zolls abgewogen werden, die sich aus dem Anreiz zur Produktions- und Konsumverzerrung ergeben. In manchen Fällen kann der Terms-of-Trade-Gewinn diese Kosten durchaus aufwiegen. Dies ist das **Terms-of-Trade-Argument für einen Zoll**.

Im Anhang zu diesem Kapitel wird nachgewiesen, dass bei einem hinreichend kleinen Zoll die Terms-of-Trade-Gewinne die Zollverluste aufwiegen. Bei geringen Zöllen ist die Wohlfahrt eines großen Landes also höher als bei Freihandel (Abbildung 9.2). Mit zunehmendem Zoll wachsen die Verluste dann allerdings schneller als der Gewinne und die Kurve, die den nationalen Wohlfahrtseffekt des Zolls wiedergibt, beginnt zu fallen. Mit einem Zoll, der den Außenhandel vollständig unterbindet (t_P in Abbildung 9.2), stellt sich das Land schlechter als mit Freihandel. Zusätzliche Erhöhungen des Zolls über t_P hinaus zeigen keine Wirkung mehr, sodass die Kurve im Weiteren flach verläuft.

In Punkt 1 auf der in Abbildung 9.2 gezeigten Kurve, der dem Zoll t_O entspricht, ist die nationale Wohlfahrt maximiert. Den Zoll t_O, der die nationale Wohlfahrt optimiert, bezeichnet man als **Optimalzoll**. (Im allgemeinen Sprachgebrauch wird der Ausdruck *Optimalzoll* für einen Zoll verwendet, der mit Terms-of-Trade-Gewinnen begründet wird, und nicht für den unter Abwägung aller Umstände besten Zoll.) Der Optimalzoll entspricht stets einem positiven Wert, liegt aber unterhalb des Prohibitivzolls (t_P), der jegliche Importe verhindern würde.

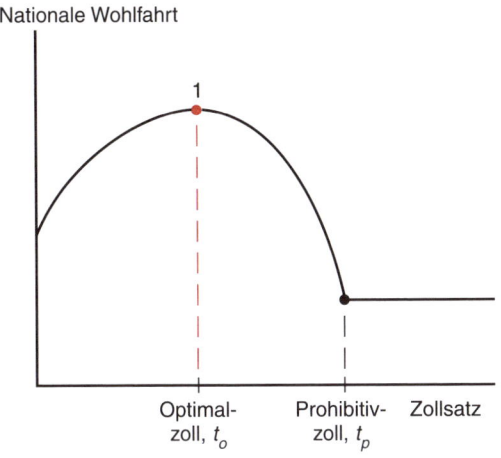

Nationale Wohlfahrt

1

Optimal-
zoll, t_o

Prohibitiv-
zoll, t_p

Zollsatz

Für ein großes Land gibt es einen Optimalzoll t_o, bei dem der Grenzgewinn
der Terms of Trade genau dem Grenz-
verlust an Effizienz entspricht, der sich
aus der Verzerrung von Produktion und
Konsum ergibt.

Abbildung 9.2: **Der Optimalzoll**

Welche Politik würde das Terms-of-Trade-Argument für die *Export*sektoren begründen?
Da eine Exportsubvention die Terms of Trade *verschlechtert* und daher die nationale
Wohlfahrt eindeutig senkt, muss die optimale Politik in den Exportsektoren eine negative
Subvention sein, also eine *Besteuerung* der Exporte, die den Preis der Exportgüter für das
Ausland erhöht. Ebenso wie der Optimalzoll ist die optimale Exportsteuer stets ein positi-
ver Wert, liegt aber unterhalb des Prohibitivzolls, der jegliche Exporte verhindern würde.

Saudi-Arabien und andere Erdöl exportierende Länder haben durch eine Besteuerung
ihrer Ölexporte den Ölpreis für die übrige Welt erhöht. Zwar sanken die Ölpreise Mitte
der 1980er Jahre wieder, doch man kann schwerlich behaupten, dass es Saudi-Arabien
unter Freihandelsbedingungen besser gegangen wäre.

Die Terms of Trade lassen sich allerdings nur in bestimmten Grenzen gegen den Freihandel ins Feld führen. Die meisten kleinen Länder können die Weltpreise ihrer Importe und
anderer Exporte sehr wenig beeinflussen, sodass dieses Argument für sie ohnehin keine
praktische Bedeutung hat. Doch auch bei großen Ländern wie den USA ist es zweifelhaft.
Denn die Begründung staatlicher Interventionen mit Terms-of-Trade-Gewinnen läuft darauf hinaus, dass die Monopolmacht des Staates eingesetzt werden sollte, um sich auf Kosten anderer Länder Vorteile zu sichern. Die USA wären dazu in gewissem Maße sicherlich
in der Lage, doch eine solche rücksichtslose Politik würde wahrscheinlich Vergeltungsmaßnahmen anderer großer Länder nach sich ziehen. Auf diese Weise würde eine Spirale
in Gang gesetzt, die sämtliche Bemühungen um die internationale Koordination der Handelspolitik, die weiter unten in diesem Kapitel beschrieben werden, untergraben würde.

Das Gegenargument gegen Freihandel, das sich auf die Terms of Trade beruft, ist daher in
wissenschaftlicher Hinsicht unanfechtbar, aber von zweifelhaftem praktischen Nutzen. Es
ist von seinem Charakter her eher eine theoretische Überlegung von Ökonomen als eine
Begründung, die Regierungen für ihre Handelspolitik anführen könnten.

9.2.2   Das Gegenargument des Marktversagens im Inland

Abgesehen von den Terms of Trade beruht die theoretische Begründung des Freihandels auf einer Kosten-Nutzen-Analyse mit Hilfe der Begriffe Konsumenten- und Produzentenrente. Viele Ökonomen begründen ihre Opposition gegen Freihandel mit dem Gegenargument, dass diese Begriffe, insbesondere die Produzentenrente, Kosten und Nutzen nicht zutreffend erfassen.

Weshalb ist es denkbar, dass die Produzentenrente den Nutzen aus der Produktion eines Gutes nicht richtig erfasst? In den nächsten beiden Kapiteln werden wir mehrere Gründe kennen lernen: die Möglichkeit, dass die in einem Sektor eingesetzte Arbeit andernfalls gar nicht oder unterbeschäftigt wäre, Defekte in den Kapital- und Arbeitsmärkten, welche den angezeigten raschen Ressourcentransfer in Sektoren mit hohen Gewinnspannen verhindern, und die Möglichkeit der Wissensexternalitäten neuer oder besonders innovativer Branchen. All diese Gründe können unter dem allgemeinen Begriff **inländischen Marktversagens** subsumiert werden. In jedem dieser Beispiele funktioniert irgendein Markt in dem in Frage stehenden Land nicht so, wie er es sollte – der Arbeitsmarkt wird nicht bereinigt, der Kapitalmarkt weist die Ressourcen nicht effizient zu usw.

Nehmen wir das Beispiel, dass die Produktion eines bestimmten Guts Erfahrungen mit sich bringt, die der Technologie der Volkswirtschaft als Ganzes zugute kommen. Die Unternehmen in diesem Sektor selbst können diesen Vorteil aber nicht verwerten und beziehen ihn daher nicht in die Entscheidung über ihre Produktion ein. So entsteht ein **gesellschaftlicher Grenznutzen**, der in der Produzentenrente nicht erfasst wird. Dieser gesellschaftliche Grenznutzen kann als Rechtfertigung für Zölle oder andere handelspolitische Maßnahmen angeführt werden.

Abbildung 9.3 veranschaulicht das gegen den Freihandel gerichtete Argument des Marktversagens im Inland. Abbildung 9.3 (a) zeigt die konventionelle Kosten-Nutzen-Analyse eines Zolls für ein kleines Land (in dem keine Terms-of-Trade-Effekte anfallen). Abbildung 9.3 (b) zeigt den Grenznutzen der Produktion, der in der Produzentenrente nicht erfasst wird. Die Abbildung zeigt die Auswirkungen eines Zolls, der den Binnenpreis von P_W auf $P_W + t$ hebt. Die Produktion steigt von S^1 auf S^2, die damit verbundene Verzerrung der Produktion wird durch die als a bezeichnete Fläche wiedergegeben. Der Konsum sinkt von D^1 auf D^2, die damit verbundene Verzerrung des Konsums wird durch die als b bezeichnete Fläche wiedergegeben. Wenn wir nur die Produzenten- und die Konsumentenrente berücksichtigen, dann übersteigen die Kosten des Zolls seinen Nutzen. Doch aus Abbildung 9.3 (b) geht hervor, dass diese Berechnung den zusätzlichen Gewinn übersieht, der den Zoll womöglich doch zur besseren Alternative macht. Die Produktionssteigerung geht mit einem gesellschaftlichen Nutzen einher, der an der als c bezeichneten, von S^1 und S^2 begrenzten Fläche unterhalb der gesellschaftlichen Grenznutzenkurve abgelesen werden kann. Im Rahmen einer Argumentation, die analog zu dem Fall verbesserter Terms of Trade verläuft, können wir nachweisen, dass bei einem hinreichend geringen Zoll die Fläche c stets größer ist als die Fläche $a + b$, und dass es daher einen wohlfahrtsmaximierenden Zoll gibt, der zu einem höheren gesellschaftlichen Wohlfahrtsniveau führt als Freihandel.

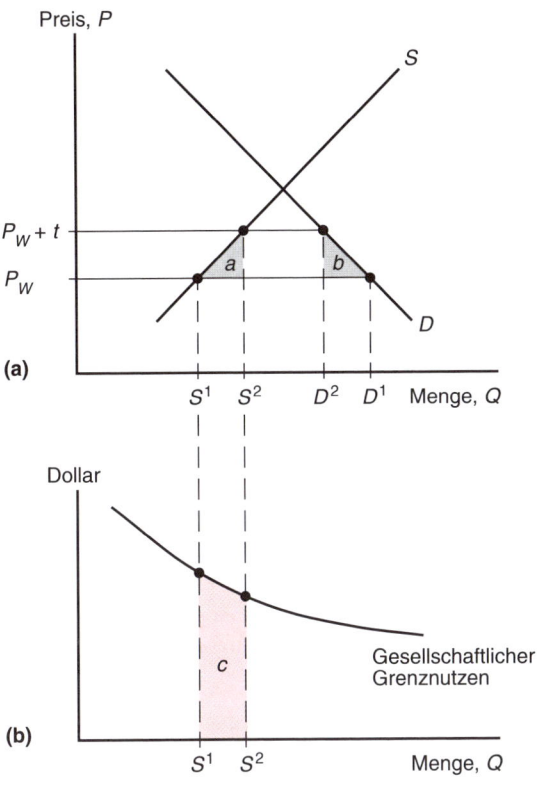

Wenn die Produktion eines Guts einen zusätzlichen gesellschaftlichen Nutzen erzeugt (Fläche *c* in Schaubild (b)), der in der Produzentenrente (Fläche *b* in Schaubild (a)) nicht erfasst wird, kann ein Zoll die Wohlfahrt steigern.

Abbildung 9.3: Begründung eines Zolls mit dem Argument des Marktversagens im Inland

Das Argument des Marktversagens, das gegen den Freihandel ins Feld geführt wird, ist ein Sonderfall einer allgemeinen Theorie, die in den Wirtschaftswissenschaften als die **Theorie des Zweitbesten** bezeichnet wird. Diese Theorie besagt, dass der Verzicht auf jegliche staatliche Intervention für einen Markt nur dann angezeigt ist, wenn alle anderen Märkte einwandfrei funktionieren. Andernfalls kann eine staatliche Intervention, die eigentlich in einem Markt die Anreize verzerrt, die Wohlfahrt durchaus erhöhen, indem sie die Folgen des Versagens anderer Märkte aufhebt. Wenn beispielsweise der Arbeitsmarkt keine Vollbeschäftigung herstellt, dann könnte die Subventionierung arbeitsintensiver Branchen, die in einer Volkswirtschaft mit Vollbeschäftigung unangebracht wäre, eventuell doch wünschenswert sein. Es wäre das Beste, etwa mit Hilfe flexiblerer Löhne den Arbeitsmarkt in Ordnung zu bringen. Wenn dies aber aus irgendeinem Grund nicht möglich ist, besteht das *Zweitbeste* womöglich darin, das Problem durch eine Intervention in andere Märkte zu lindern.

Ökonomen berufen sich im Zusammenhang mit der Theorie des Zweitbesten darauf, dass *interne* Funktionsmängel einer Volkswirtschaft Eingriffe in ihre *außen*wirtschaftlichen Beziehungen rechtfertigen können. Diese Argumentation räumt zwar ein, dass der Außenhandel nicht die Quelle des Problems darstellt, sieht in handelspolitischen Maßnahmen aber dennoch zumindest eine Teillösung.

9.2.3   Wie überzeugend ist das Argument des Marktversagens?

Als sie erstmals vorgebracht wurden, schienen die Argumente zugunsten des Protektionismus, die sich auf Marktversagen im Inland beriefen, die Befürworter des Freihandels schlagend zu widerlegen. Denn wer wollte schon behaupten, dass die realen Volkswirtschaften, in denen wir lebten, frei von Marktversagen waren? Besonders in ärmeren Ländern ist die Zahl der Marktunvollkommenheiten geradezu Legion. Arbeitslosigkeit und ein massives Lohngefälle zwischen Stadt und Land finden wir in vielen weniger entwickelten Ländern (Kapitel 10). In den fortgeschrittenen Ländern sind die Symptome für Fehlfunktionen der Märkte weniger augenfällig. Dennoch können ohne weiteres Hypothesen entwickelt werden, die auch hier Beispiele für erhebliches Marktversagen zutage fördern. Beispielsweise bleibt es innovativen Unternehmen verwehrt, die Früchte ihrer Neuerungen in vollem Umfang zu verwerten. Wie kann der Freihandel noch verteidigt werden, wenn es doch wahrscheinlich ist, dass bestimmte staatliche Interventionen der nationalen Wohlfahrt dienen?

Die Verteidigung des Freihandels ruht auf zwei Säulen. Das erste Argument lautet, dass ein Versagen der Inlandsmärkte auch durch innenpolitische Maßnahmen korrigiert werden sollte, die direkt auf dessen Ursachen abzielen. Das zweite Argument besagt, dass Ökonomen die Gründe für das Marktversagen gar nicht genau genug analysieren können, um geeignete politische Maßnahmen zu entwickeln.

Die Aussage, dass ein Marktversagen im Inland durch eine Änderung der inneren Politik, und nicht durch handelspolitische Maßnahmen behoben werden sollte, kann durch eine modifizierte Kosten-Nutzen-Analyse begründet werden, die den ansonsten unberücksichtigten gesellschaftlichen Grenznutzen einbezieht. Abbildung 9.3 zeigte, dass ein Zoll trotz der durch ihn verursachten Produktions- und Konsumverzerrungen die Wohlfahrt heben kann, weil er eine zusätzliche Produktion auslöst, die der Gesellschaft insgesamt Gewinn bringt. Wenn dieselbe Produktionssteigerung nicht durch einen Zoll, sondern durch eine Produktionssubvention herbeigeführt würde, dann könnten der Anstieg der Verbraucherpreise und der Konsumverlust b vermieden werden. Mit anderen Worten: Durch eine direkte Förderung der erwünschten wirtschaftlichen Aktivität würde eine Produktionssubvention einige Folgekosten eines Zoll vermeiden.

Beispiel 9.2: Marktversagen als zweischneidiges Argument: der Fall Kalifornien

Kritiker des Freihandels erwecken manchmal den Eindruck, dass das Phänomen des Marktversagens an sich schon für Protektionismus spricht. In Wirklichkeit kann mit dem Argument des Marktversagens im Inland sowohl der Freihandel als auch der Protektionismus begründet werden. Die Wahrscheinlichkeit versteckter gesellschaftlicher Grenzkosten einer Industrie ist ebenso groß wie diejenige eines versteckten gesellschaftlichen Grenznutzens. Ein Zoll oder eine Importquote kann daher Kosten oder Nutzen mit sich bringen, die mit konventionellen Methoden nicht erfasst werden. Beides ist gleichermaßen möglich.

Ein interessanter Fall, in dem Markversagen im Inland für Freihandel spricht, bot sich einigen Ökonomen, die eine Prognose für den Freihandel zwischen den USA und Mexiko erstellten.

Eine wichtige Auswirkung des Nordamerikanischen Freihandelsabkommens (NAFTA) besteht darin, dass es den US-amerikanischen Markt für vermehrte Obst- und Gemüseimporte aus Mexiko öffnet. Diese Importsteigerung führt mit Sicherheit zu einer gewissen Verringerung der Produktion in den USA, insbesondere in Südkalifornien.

Die interessante Beobachtung der Ökonomen bestand nun in Folgendem: Die südkalifornische Landwirtschaft ist sehr stark von der Bewässerung abhängig und die Farmer beziehen ihr Wasser aus komplexen politischen und historischen Gründen zu hoch subventionierten Preisen. Südkalifornien ist eine trockene Gegend. Das Wasser muss aus dem ganzen Westen der USA zu hohen Kosten herangeschafft werden, der Bau und Unterhalt von Dämmen, Leitungen usw. verschlingt viel Geld. Hinzu kommen erhebliche, wenn auch schwer zu messende Umweltkosten. Und wenn Kalifornien wieder einmal eine Dürre erlebt, muss der Wasserverbrauch unter beträchtlichen volkswirtschaftlichen Kosten rationiert werden. Dennoch entrichten die Farmer einen sehr geringen Preis dafür, nur etwa ein Siebtel des Wasserpreises für städtische Verbraucher. Wenn man die gesamtwirtschaftlichen Kosten berücksichtigt, ist ihr Preis (nach Ansicht vieler Ökonomen) sogar noch geringer.

Die Ökonomen, die sich mit dem NAFTA beschäftigten, stellten nun fest, dass der erhöhte Obst- und Gemüseimport, der den südkalifornischen Anbau bedrohte, Wasser von einer Verwendung abziehen würde, bei der es ein sehr geringes gesellschaftliches Grenzprodukt erzeugte, eben weil es zu einem so geringen Preis geliefert wurde. Der potenzielle Nutzen bestand darin, dass den städtischen Konsumenten weniger Wasserknappheit drohte und die Umwelt entlastet würde. Diese indirekten Gewinne aus den Obst- und Gemüseimporten könnten sich für die USA als überraschend groß erweisen: Die Studie schätzte sie auf mehr als 100 Millionen Dollar pro Jahr.

Die nächstliegende bzw. „erstbeste" Antwort auf das Problem des kalifornischen Wasserverbrauchs läge natürlich darin, Wasser zu sparen, indem jeder Verbraucher einen Preis entrichtet, der den wahren gesellschaftlichen Grenzkosten entspricht. Doch die Bereitstellung billigen Wassers für die Landwirtschaft ist ebenso wie die in Kapitel 8 besprochene Zuckerimportquote ein klassisches Beispiel für eine Politik, die wenigen große Vorteile und vielen weitaus größere, aber auf zahlreiche Schultern verteilte Kosten beschert und dennoch politisch unanfechtbar scheint.

Dieses Beispiel illustriert ein allgemeines Prinzip im Umgang mit Marktversagen: Es ist immer das Beste, Fälle von Marktversagen so direkt wie möglich anzugehen, weil indirekte politische Maßnahmen zu unbeabsichtigten Anreizverzerrungen in anderen Bereichen der Volkswirtschaft führen. Handelspolitische Maßnahmen, die mit Marktversagen im Inland begründet werden, sind daher nie die „erstbeste", sondern stets die „zweitbeste" Lösung.

Diese Einsicht ist für Entscheidungsträger von großer Bedeutung: Jede handelspolitische Maßnahme sollte zunächst mit einer rein auf den inneren Markt ausgerichteten Politik verglichen werden, die dasselbe Problem beheben könnte. Wenn diese innere Politik dann zu kostspielig erscheint oder unerwünschte Nebeneffekte hat, dann kann man nahezu sicher davon ausgehen, dass die handelspolitischen Maßnahmen noch schädlicher wären, obwohl ihre Kosten weniger offenkundig sind.

In den USA ist beispielsweise eine Importquote für Automobile mit dem Argument begründet worden, dass die Arbeitsplätze der Autoarbeiter gerettet werden müssten. Die Befürworter einer Importquote argumentieren, dass diese Arbeiter aufgrund der mangelnden Flexibilität des amerikanischen Arbeitsmarktes weder zu geringeren Löhnen weiterbeschäftigt noch in anderen Sektoren eingestellt werden könnten. Betrachten wir nun eine rein innenpolitische Maßnahme, die auf dasselbe Problem abzielt: eine Subvention an Unternehmen, die Autoarbeiter einstellen. Eine solche Maßnahme würde massive politische Opposition hervorrufen. Zum einen würde die Aufrechterhaltung des gegebenen Beschäftigungsniveaus ohne Protektionismus hohe Subventionszahlungen erfordern, also entweder das Staatsdefizit in die Höhe treiben oder Steuererhöhungen nach sich ziehen. Außerdem zählen die Autoarbeiter ohnehin zu den bestbezahlten Industriearbeitern, sodass ihre Subventionierung in der Öffentlichkeit mit Sicherheit auf Ablehnung stoßen würde. Eine Beschäftigungssubvention für Autoarbeiter dürfte schwerlich den Kongress passieren. Doch eine Importquote wäre noch teurer, denn sie würde bei etwa denselben Beschäftigungseffekten zu Verzerrungen bei den Verbraucherentscheidungen führen. Der einzige Unterschied besteht darin, dass diese Kosten weniger sichtbar sind, denn sie nehmen nicht die Form direkter Staatsausgaben, sondern höherer Automobilpreise an.

Die Gegner des Arguments, dass Marktversagen im Inland Protektionismus rechtfertige, halten diesen Fall für typisch: Die meisten Einschränkungen des Freihandels werden nicht deshalb beschlossen, weil ihr Nutzen höher ausfällt als ihre Kosten, sondern weil die Öffentlichkeit ihre wahren Kosten nicht erkennt. Wenn man die Kosten handelspolitischer Maßnahmen mit denjenigen alternativer innenpolitischer Maßnahmen vergleicht, kann man das Ausmaß dieser Kosten besser ermessen.

Das zweite Argument zur Verteidigung des Freihandels besagt, dass die geeigneten politischen Maßnahmen schwer zu definieren sind, weil sich die genauen Ursachen für Marktversagen nur schwer bestimmen lassen. Nehmen wir das Beispiel städtischer Arbeitslosigkeit in einem weniger entwickelten Land. Welche Maßnahme ist angezeigt? Eine Hypothese (die in Kapitel 10 näher betrachtet wird) geht davon aus, dass ein Schutzzoll für die städtischen Industriestandorte die Arbeitslosen in die Produktion bringen und damit einen gesellschaftlichen Nutzen erzeugen wird, der die damit verbundenen Kosten mehr als ausgleicht. Eine andere Hypothese besagt jedoch, dass diese Politik eine derartige Zuwanderung in die Städte auslöst, dass die Arbeitslosigkeit am Ende höher ist als zuvor. Welche dieser Hypothesen zutrifft, ist schwierig zu beurteilen. Die Wirtschaftstheorie trifft viele Aussagen über Märkte, die reibungslos funktionieren, bietet aber wenige Orientierungshilfen für Märkte, wo das nicht der Fall ist. Es können sich alle möglichen Fehlfunktionen einstellen, und die Entscheidung über die zweitbeste Politik hängt von der genauen Beschaffenheit des Marktversagens ab.

Die Schwierigkeit, angemessene Maßnahmen zu finden, unterstreicht das weiter oben genannte politische Argument für Freihandel. Wenn die handelspolitischen Experten nicht ganz genau wissen, inwieweit die Politik vom Freihandel abrücken sollte, und wenn sie untereinander nicht einig sind, dann gerät die Außenhandelspolitik sehr leicht unter den Einfluss von Sonderinteressen und verliert die nationale Wohlfahrt gänzlich aus den Augen. Bei Fällen von Marktversagen, die nicht allzu gravierend sind, empfiehlt es sich wohl eher, am Freihandel festzuhalten, als die Pandorabüchse eines flexibleren Ansatzes zu öffnen.

Dieses Urteil fällt jedoch in den Bereich der Politik, nicht der Wirtschaftswissenschaft. Halten wir fest, dass die Wirtschaftstheorie *keine* dogmatische Verteidigung des Freihandels vertritt, obwohl ihr dies oft vorgeworfen wird.

9.3 Einkommensverteilung und Handelspolitik

Die bisher besprochenen Argumente für oder gegen Zölle gingen von der nationalen Wohlfahrt aus. Das ist angemessen, weil die Unterscheidung zwischen der nationalen Wohlfahrt und der Wohlfahrt bestimmter Gruppen klärend wirkt und weil die Befürworter handelspolitischer Maßnahmen stets beanspruchen, für die Nation als Ganzes zu sprechen. Die Realität der Handelspolitik erschließt sich aber nur dann, wenn man erkennt, dass es eine nationale Wohlfahrt im eigentlichen Sinne gar nicht gibt. Es gibt nur die Anliegen von Individuen, die sich mehr oder weniger genau in den Zielen der staatlichen Politik niederschlagen.

Wie bildet sich aus den Einzelbestrebungen der Individuen die tatsächliche Handelspolitik? Auf diese Frage gibt es keine einfache, allgemein anerkannte Antwort. Eine wachsende Anzahl ökonomischer Analysen befasst sich allerdings mit Modellen, denen zufolge Regierungen nicht die nationale Wohlfahrt im Abstrakten, sondern der eigene politische Erfolg am Herzen liegt.

9.3.1 Wahlen und Wahlkämpfe

Politikwissenschaftler verwenden seit langem ein einfaches Modell der Konkurrenz zwischen den verschiedenen Parteien, um nachzuzeichnen, wie sich die Anliegen der Wähler in der jeweiligen Parteipolitik niederschlagen.[4] Dieses Modell sieht folgendermaßen aus: Es gibt zwei konkurrierende Parteien. Beide sind bereit, alles zu versprechen, was ihnen den Wahlsieg sichert. Diese Strategie soll nun anhand einer einzigen Dimension, nämlich dem Zoll, nachvollzogen werden. Dabei unterscheiden sich die Wähler hinsichtlich ihrer Präferenzen. Nehmen wir das Beispiel eines Landes, das qualifikationsintensive Güter exportiert und arbeitsintensive Güter importiert. Die mit hohen Qualifikationen ausgestat-

---

[4] Siehe Anthony Downs, *An Economic Theory of Democracy.* Washington: Brookings, 1957.

teten Wähler sind in diesem Fall für niedrige Zölle, aber die gering qualifizierten Wählern stellen sich besser, wenn das Land hohe Zölle verhängt (gemäß dem in Kapitel 4 besprochenen Stolper-Samuelson-Effekt). Nun könnte man alle Wähler nach ihren Präferenzen in einer Reihe anordnen: von links nach rechts, entsprechend der von ihnen befürworteten Zollhöhe.

Beide Parteien werden dann versuchen, mit ihren Versprechungen die Mitte zu treffen. Sie werden einen Zoll in Aussicht stellen, der dem „**Medianwähler**" entspricht, d.h. dem Wähler, der genau in der Mitte der Reihe steht. Die Gründe werden in Abbildung 9.4 veranschaulicht. Hier sind die Wähler dem von ihnen gewünschten Zoll entsprechend angeordnet, der wiederum durch die hypothetische, steigende Kurve angezeigt wird. Bei t_M liegt der Zoll, den sich der Medianwähler wünscht. Wenn die andere Partei für einen etwas geringeren Zoll eintritt, beispielsweise für t_B, dann werden sich fast alle Wähler, die einen geringeren Zoll wünschen, für ihr Programm entscheiden. Das wäre die Mehrheit. Mit anderen Worten, einer politischen Partei ist immer damit gedient, jeden Zollvorschlag zu unterbieten, der über der vom Medianwähler gewünschten Höhe liegt.

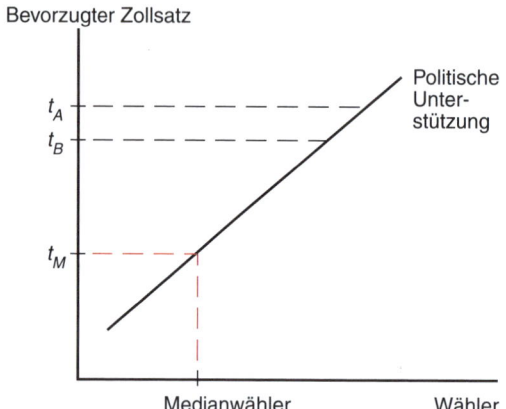

Die Wähler sind entsprechend dem von ihnen bevorzugten Zoll angeordnet. Wenn eine Partei für den höheren Zoll t_A eintritt, kann die andere die meisten Wähler auf ihre Seite ziehen, indem sie ihnen den etwas geringeren Zoll t_B in Aussicht stellt. Dieser politische Wettbewerb veranlasst beide Parteien, sich für einen Zoll in der Nähe von t_M auszusprechen, wie ihn der Medianwähler wünscht.

Abbildung 9.4:   **Politischer Wettbewerb**

Analoge Überlegungen führen zu dem Schluss, dass auf den eigenen Vorteil bedachte Politiker immer dann einen höheren Zoll befürworten sollten als ihre Gegner, wenn diese mit ihrem Vorschlag unterhalb der Wünsche des Medianwählers bleiben. Am Ende läuft es darauf hinaus, dass beide Parteien für einen Zoll eintreten, der den Vorstellungen des Medianwählers nahe kommt.

Verschiedene Politikwissenschaftler haben dieses einfache Modell in mehrerer Hinsicht modifiziert. Einige betonen beispielsweise, wie wichtig es ist, dass aktive Anhänger Stimmen werben. Denn da diese Mitglieder der Parteibasis oft aus ideologischen Motiven handeln, könnte die Notwendigkeit ihrer Mithilfe die Partei immerhin davon abhalten, sich ganz so zynisch zu verhalten oder derart identische Wahlkampfversprechen abzugeben, wie es aus diesem Modell hervorgeht. Dennoch kann man mit Hilfe des Medianwählermodells besser verstehen, wie politische Entscheidungen tatsächlich zustande kommen. Hier spielen die Auswirkungen politischer Maßnahmen auf die Einkommensverteilung oft eine größere Rolle als Effizienzeffekte.

Auf dem Gebiet der Handelspolitik scheint sich das Medianwählermodell allerdings überhaupt nicht zu bewähren. Es führt mit nahezu einhundertprozentiger Sicherheit zu der falschen Entscheidung. Diesem Modell zufolge sollte die Politik gewählt werden, die den meisten Wählern zusagt. Eine Politik, die wenigen Menschen große Verluste beschert, jedoch vielen Menschen nutzt, sollte den größten Erfolg versprechen, während umgekehrt eine Politik, die breite Schichten schädigt und eine kleine Gruppe begünstigt, zum Scheitern verurteilt sein müsste. Protektionistische Maßnahmen gehören eigentlich in die letztgenannte Kategorie. Man erinnere sich nur an das in Kapitel 8 besprochene Beispiel der Zuckerimportquote. Sie bescherte den Konsumenten der USA – also Dutzenden Millionen Wählern – einen Verlust von mehr als 1,6 Milliarden Dollar, während sie einigen Tausend Beschäftigten und Unternehmern der Zuckerindustrie einen etwa halb so hohen Gewinn brachte. Wie ist etwas Derartiges politisch möglich?

9.3.2   Kollektiventscheidungen

In einem inzwischen berühmten Werk hat der Ökonom Mancur Olson aufgezeigt, dass die politische Aktivität zugunsten einer bestimmten Gruppe ein öffentliches Gut ist: Die Früchte dieses Einsatzes kommen allen Mitgliedern der Gruppe zugute, nicht nur dem aktiven Individuum.[5] Nehmen wir folgenden Fall an: Ein Konsument fordert in einem Schreiben an seinen Parlamentsabgeordneten einen geringeren Zoll für sein Lieblingsimportgut. Dieser Brief trägt dazu bei, das Abstimmungsverhalten des Abgeordneten zu ändern, sodass die Senkung des Zolls mehrheitlich beschlossen wird. Alle Konsumenten, die das betreffende Gut kaufen, profitieren von dieser Maßnahme, auch wenn sie sich nicht die Mühe gemacht hatten, selbst zu schreiben.

Diese Eigenschaft der Politik, ein öffentliches Gut zu sein, kann dazu führen, dass politische Maßnahmen, die insgesamt große Verluste bedingen, jedes einzelne Individuum aber nur wenig treffen, auf keine effektive Opposition stoßen. Nehmen wir wieder das Beispiel der Zuckerimportquote. Diese Politik kostet die typische amerikanische Familie rund 25 Dollar pro Jahr. Sollte man als Konsument seinen Abgeordneten auffordern, sich für die Abschaffung der Quote einzusetzen? Vom Standpunkt des Eigeninteresses lohnt es sich gewiss nicht. Da ein Brief nur geringe politische Wirkung hat, dürfte der eigene Nutzen buchstäblich nicht das Papier wert sein, auf dem er geschrieben wird, von der Briefmarke ganz zu schweigen. (Wenn man sich nicht aus rein fachlichem Interesse dafür interessiert, dürfte es schon ein übermäßiger Aufwand sein, sich über die bloße Existenz der Zuckerquote kundig zu machen.) Wenn nun aber eine Million Wähler schriftlich die Abschaffung der Quote fordern würden, dann würde sie mit Sicherheit zurückgenommen, und der Nutzen für die Wähler würde die Kosten ihrer Briefe übersteigen. Um mit Olson zu sprechen, gibt es ein Problem der **Kollektiventscheidungen**: Der Einsatz für eine günstigere Politik liegt im Interesse der Gruppe als Ganzes, aber nicht im Interesse irgendeiner Einzelperson.

---

[5]   Mancur Olson, *The Logic of Collective Action*. Cambridge: Harvard University Press, 1965.

Das Problem der Kollektiventscheidungen kann am besten gelöst werden, wenn die Gruppe klein ist (sodass jedes Individuum einen bedeutenden Nutzen erwarten darf) und/oder gut organisiert (sodass die Mitglieder zum Einsatz für ihr kollektives Interesse mobilisiert werden können). Eine Politik wie die Zuckerimportquote ist deshalb möglich, weil die Zuckerhersteller eine relativ kleine, gut organisierte Gruppe darstellen, die sich über die indirekte Subventionierung ihrer Mitglieder genau bewusst ist, während die Zuckerkonsumenten aus einer großen Bevölkerung bestehen, die sich selbst gar nicht als Interessengruppe begreift. Der Begriff der Kollektiventscheidungen kann also erklären, weshalb die Politik manchmal Beschlüsse fasst, die nicht nur mehr Kosten als Nutzen erzeugen, sondern darüber hinaus auch noch mehr Wähler schädigen als begünstigen.

9.3.3   Die Modellierung des politischen Prozesses

Die Logik der Kollektiventscheidungen wird von Ökonomen seit langem angeführt, um scheinbar irrationale handelspolitische Maßnahmen zu erklären. Sie gibt aber wenig Aufschluss darüber, auf welchen Wegen organisierte Interessengruppen ihren Einfluss auf die Politik tatsächlich geltend machen. In jüngster Zeit sind vermehrt Analysen erschienen, die diese Lücke mit vereinfachten Modellen des politischen Prozesses zu schließen versuchen.[6]

Ausgangspunkt dieser Analyse ist eine einfache Feststellung: Zwar verdanken Politiker ihre Wahlsiege zum Teil populären Wahlversprechen, doch ein erfolgreicher Wahlkampf erfordert auch Geld für Werbung, Meinungsumfragen usw. Daher kann es im Interesse eines Politikers liegen, den Interessen des typischen Wählers widersprechende Positionen zu vertreten, wenn ihm als Gegenleistung eine hinreichend große finanzielle Unterstützung in Aussicht gestellt wird. Dieses zusätzliche Geld kann ihm unter Umständen mehr Wählerstimmen einbringen, als er durch das Eintreten für unpopuläre Standpunkte verliert.

Jüngere Modelle über die politische Ökonomie der Handelspolitik gehen daher von einer Art Auktion aus, bei der verschiedene Interessengruppen eine Politik „kaufen", indem sie ihre finanzielle Unterstützung nach der zu erwartenden Regierungspolitik bemessen. Die Politiker verlieren in diesem Fall die Gesamtwohlfahrt nicht völlig aus den Augen, sind aber bereit, als Gegenleistung für größere Wahlkampfspenden gewisse Abstriche an der Wählerwohlfahrt vorzunehmen. Infolgedessen sind gut organisierte Gruppen – Gruppen, die das Problem der Kollektiventscheidungen gelöst haben – in der Lage, auf Kosten der Allgemeinheit eine Politik durchzusetzen, die ihre Interessen bevorzugt bedient.

---

[6]   Siehe insbesondere Gene Grossman und Elhanan Helpman, „Protection for Sale", in: *American Economic Review*, September 1994, S. 833-850.

9.3.4 Wer wird geschützt?

Welche Branchen erhalten in der Praxis am ehesten Schutz vor der Importkonkurrenz? Viele Entwicklungsländer schützen traditionell einen großen Bereich ihrer Industrie. Diese Strategie bezeichnet man als Industrialisierung durch Importsubstitution. Sie wird in Kapitel 10 besprochen. Dabei wird auch aufgezeigt werden, weshalb sie in jüngster Zeit immer weniger angewandt wurde. In den Industrieländern ist der Protektionismus viel enger gefasst und erstreckt sich meistens nur auf zwei Sektoren, nämlich die Landwirtschaft und die Bekleidungsbranche.

Landwirtschaft. In modernen Wirtschaften gibt es nicht viele landwirtschaftliche Betriebe – in den USA liegt der Beschäftigungsanteil der Landwirtschaft bei nur etwa 2 Prozent. Die Bauern bzw. Farmer sind aber für gewöhnlich eine gut organisierte und politisch schlagkräftige Gruppe, die in vielen Fällen sehr hohe effektive Protektionssätze erreichen konnte. In Kapitel 8 wurde die Gemeinsame Agrarpolitik der Europäischen Union besprochen. Aufgrund der darin beinhalteten Exportsubventionen werden mehrere Agrarprodukte zu dem Zwei- oder Dreifachen des Weltmarktpreises abgesetzt. Japan untersagt traditionell jegliche Reisimporte und treibt damit die Inlandspreise des einheimischen Grundnahrungsmittels auf mehr als das Fünffache des Weltmarktpreises. Angesichts der Missernten Mitte der 1990er Jahre wurde das Verbot etwas gelockert, doch Ende 1998 verhängte Japan – gegen den Protest anderer Länder, darunter auch der USA – einen Reiszoll in Höhe von 1000 Prozent.

Die USA sind im Großen und Ganzen ein Exporteur von Lebensmitteln, sodass Zölle oder Importquoten ihre Preise nicht erhöhen können. (Der Zucker bildet eine Ausnahme.) Die amerikanischen Farmer erhalten zwar recht erhebliche Subventionen von der Bundesregierung, doch ihr Umfang wird dadurch in Grenzen gehalten, das der Staat nicht gern direkte Zahlungen leistet (sondern lieber den Konsumenten mehr oder weniger versteckte Kosten aufbürdet). Aufgrund dieser Zurückhaltung des Staates konzentrieren sich die protektionistischen Maßnahmen der USA auf den anderen großen geschützten Sektor, die Bekleidungsindustrie.

Bekleidung. Der Bekleidungssektor besteht aus zwei Teilen: Textilien (Spinnen und Weben) und Bekleidung (Verarbeitung der Textilien). Beide Branchen, insbesondere die Bekleidungsbranche, stehen unter dem starken Schutz von Zöllen und Importquoten. Sie unterliegen gegenwärtig dem Multifaserabkommen (MFA), das für eine große Zahl von Ländern sowohl Export- als auch Importquoten festlegt.

Die Bekleidungsindustrie hat zwei Schlüsselmerkmale. Sie ist arbeitsintensiv: Auf einen Arbeiter entfällt relativ wenig Kapital, in manchen Fällen lediglich eine Nähmaschine, und seine Tätigkeit erfordert wenig formale Bildung. Die Technologie ist relativ einfach und es ist nicht besonders schwierig, sie auch in ausgesprochen arme Länder zu transferieren. Infolgedessen verfügen die Niedriglohnländer in der Bekleidungsbranche über einen starken komparativen Vorteil und Hochlohnländer über einen entsprechenden komparativen Nachteil. Außerdem handelt es sich in den Industrienationen um einen traditionell gut organisierten Sektor. Seit langer Zeit ist ein großer Teil der amerikanischen Beschäftigten der Bekleidungsindustrie in der Ladies' Garment Workers' Union gewerkschaftlich organisiert.

Tabelle 9.2 vermittelt einen Eindruck vom Gewicht der Bekleidungsindustrie im Rahmen des heutigen Protektionismus der USA. Sie lässt auch erkennen, wie schwierig es ist, die Politik an der ökonomischen Logik neu auszurichten. Wie die Tabelle zeigt, machen die Ausgaben für Textilien und Bekleidung drei Viertel der Kosten aus, die aufgrund protektionistischer Maßnahmen im Jahr 1990 bei den Verbrauchern anfielen, und mehr als fünf Sechstel der Einbußen bei der Gesamtwohlfahrt. Dabei fällt besonders auf, dass aufgrund der Beschränkung der Importe durch das Multifaserabkommen – das den Exportländern Einfuhrgenehmigungen zuweist – die meisten Wohlfahrtseinbußen nicht auf Verzerrungen von Produktion und Konsum, sondern auf den Transfer der Quotenrenten ins Ausland zurückzuführen sind.

Auswirkungsbereich	Bekleidung	Textilien	Alle Wirtschaftszweige
Konsumentenkosten	21,16	3,27	32,32
Produzentengewinn	9,90	1,75	15,78
Zolleinnahmen	3,55	0,63	5,86
Quotenrente	5,41	0,71	7,12
Produktions- und Konsum-verzerrungen	2,30	0,18	3,55
Wohlfahrtsverlust insgesamt	7,71	0,89	10,42

Tabelle 9.2: **Auswirkungen des Protektionismus in den USA (in Milliarden Dollar)**
Quelle: Gary Hufbauer und Kimberly Elliott, *Measuring the Costs of Protection in the United States.* Washington: Institute for International Economics, 1994, S. 8-9.

Beispiel 9.3: Politiker zu verkaufen: Fakten aus den 1990er Jahren

Wie in diesem Kapitel erklärt, kann man die reale Handelspolitik nicht verstehen, wenn man davon ausgeht, dass Regierungen tatsächlich die nationale Wohlfahrt oder das Gemeinwohl zu maximieren versuchen. Ihr Sinn erschließt sich erst unter der Annahme, dass besondere Interessengruppen Einfluss kaufen können. Gibt es direkte Beweise für die Käuflichkeit von Politikern?

Die Abstimmungen des amerikanischen Kongresses über einige wichtige Fragen des Außenhandels in den 1990er Jahren sind ein guter Testfall. Denn die US-amerikanischen Wahlkampfgesetze verpflichten die Politiker zur Offenlegung von Höhe und Herkunft ihrer Wahlkampfgelder. Diese Regelung ermöglicht Ökonomen und Politikwissenschaftlern, nach Zusammenhängen zwischen solchen Spenden und der Stimmenverteilung zu forschen.

Eine Studie von Robert Baldwin und Christopher Magee aus dem Jahr 1998* konzentriert sich auf zwei wichtige Beschlüsse: die Abstimmung über das Nordamerikanische Freihandelsabkommen (das weiter unten ausführlicher beschriebene NAFTA) von 1993 und die Ratifizierung der jüngsten Einigung unter dem Allgemeinen Zoll- und Handelsabkommen (dem ebenfalls weiter unten beschriebenen GATT). Beiden Entscheidungen waren heftige Auseinandersetzungen vorausgegangen; die Lager teilten sich vorwiegend in Unternehmer und Gewerkschaften – die Unternehmerverbände waren vehement dafür, die Gewerkschaften ebenso vehement dagegen. In beiden Fällen trug die von den Unternehmern favorisierte Freihandelsposition den Sieg davon. Das Ergebnis der Abstimmung über die NAFTA blieb bis zur letzten Minute unklar und der Vorsprung der Mehrheit – 34 Stimmen im Repräsentantenhaus – fiel nicht besonders groß aus.

Baldwin und Magee gehen von einem ökonometrischen Modell der Abgeordnetenstimmen im Kongress aus, das Faktoren wie die wirtschaftliche Struktur der Wahlkreise und die Spendengelder von Seiten der Unternehmer wie der Gewerkschaften berücksichtigt. Sie stellen fest, dass das Geld die Abstimmungsmuster maßgeblich beeinflusst. Diesen Einfluss kann man mit Hilfe verschiedener „counterfactuals" (Gegenentwürfe) bewerten: Wie groß wäre der Unterschied im Abstimmungsverhalten insgesamt ausgefallen, wenn es keine Beiträge der Unternehmer, der Gewerkschaften oder überhaupt keine Spenden gegeben hätte?

Die unten abgebildete Tabelle fasst ihre Ergebnisse zusammen. Die erste Zeile zeigt, wie viele Abgeordnete für das jeweilige Gesetz gestimmt haben. Zur Verabschiedung waren mindestens 214 Ja-Stimmen erforderlich. Die zweite Zeile gibt an, welche Stimmenanzahl Baldwin und Magee aufgrund ihrer Berechnungen vorhergesagt hatten. Im Falle des NAFTA traf ihre Prognose zu, im Falle des GATT hatten sie einige Stimmen zu viel erwartet. Aus der dritten Zeile geht hervor, wie viele Stimmen jedes Gesetz diesem Modell zufolge erhalten hätte, wenn die Spenden der Gewerkschaften ausgeblieben wären; die nächste Zeile gibt die erwartete Stimmenzahl bei Ausbleiben jeglicher Gelder aus der Wirtschaft an. Die letzte Zeile zeigt, wie viele Abgeordnete mit Ja gestimmt hätten, wenn weder die Wirtschaft noch die Gewerkschaften Zahlungen geleistet hätten.

	Ja-Stimmen NAFTA	Ja-Stimmen GATT
Tatsächliches Ergebnis	229	283
Prognose des Modells	229	290
Ohne Gewerkschaftsspenden	291	346
Ohne Unternehmerspenden	195	257
Ohne jegliche Spenden	256	323

Wenn diese Schätzungen zutreffen, dann hatten Geldspenden einen großen Einfluss auf das Abstimmungsverhalten. Im Falle der NAFTA veranlassten Spenden aus den Gewerkschaften 62 Abgeordnete, die das Gesetz andernfalls unterstützt hätten, mit Nein zu stimmen. Spenden aus der Wirtschaft hatten den umgekehrten Einfluss auf 34 Abgeordnete. Wenn keine Gelder aus der Wirtschaft geflossen wären, dann hätte das Gesetz zur Bildung der NAFTA nur 195 Stimmen erhalten – zu wenig, um verabschiedet zu werden.

Da andererseits beide Seiten Zahlungen leisteten, hoben sich ihre Einflussnahmen tendenziell gegenseitig auf. Baldwins und Magees Schätzungen lassen darauf schließen, dass die Beschlüsse zugunsten der NAFTA und des GATT auch dann gefasst worden wären, wenn weder aus der Wirtschaft noch von den Gewerkschaften Spenden geflossen wären.

Dennoch wäre es wahrscheinlich falsch, dieser Tatsache zu viel Gewicht beizumessen. In den beiden hier besprochenen Fällen wurde das Endergebnis durch die Gelder der gegnerischen Lager zwar nicht verändert, doch die eigentlich wichtige Erkenntnis der Studie lautet, dass Politiker in der Tat käuflich sind. Die handelspolitischen Theorien, die das Gewicht von Sonderinteressen hervorheben, dürften folglich den richtigen Ansatz gewählt haben.

*Robert E. Baldwin und Christopher S. Magee, „Is trade policy for sale? Congressional voting on recent trade bills", National Bureau of Economic Research Working Paper no. 6376.

9.4   Internationale Verhandlungen und Handelspolitik

Unsere bisherigen Erkenntnisse über die Handelspolitik sind nicht gerade ermutigend. Wir haben festgestellt, wie schwierig es ist, die nationale Wohlfahrt durch geeignete handelspolitische Maßnahmen zu heben, und dass die Handelspolitik oft von Interessengruppen dominiert wird. Es herrscht kein Mangel an „Schauergeschichten" über handelspolitische Maßnahmen, deren Kosten ihren Nutzen weit übersteigen, und man kann angesichts der praktischen Seite der Handelspolitik leicht in gehörigen Zynismus verfallen.

Und doch haben von Mitte der 1930er bis in die 1980er Jahre hinein die USA und andere Industrienationen Zölle und andere Handelshemmnisse schrittweise abgebaut und damit ein rasches Fortschreiten der internationalen Integration ermöglicht. Abbildung 9.5 zeigt die durchschnittlichen Zölle der USA für zollpflichtige Importe von 1920 bis 1933. Nach einem starken Anstieg zu Beginn der 1930er Jahre gingen sie kontinuierlich zurück.[7] Die meisten Ökonomen halten diese fortschreitende Handelsliberalisierung für äußerst vorteilhaft. Doch nach allem, was wir in diesem Kapitel erfahren haben, müssen wir uns fragen, wie diese Abschaffung der Zölle politisch überhaupt durchgesetzt werden konnte.

Ein Teil der Antwort liegt in **internationalen Verhandlungen**. Die Staaten einigten sich auf den wechselseitigen Abbau der Zölle. Diese Abkommen verknüpften den Abbau des Protektionismus für die mit Importen konkurrierenden Branchen des einen Landes mit dem Abbau des Protektionismus für die Exportindustrien des anderen Landes. Wie wir im Folgenden sehen werden, trägt eine solche Verknüpfung zur Verminderung der politischen Probleme bei, die andernfalls die beteiligten Nationen von einer guten Handelspolitik abhalten würden.

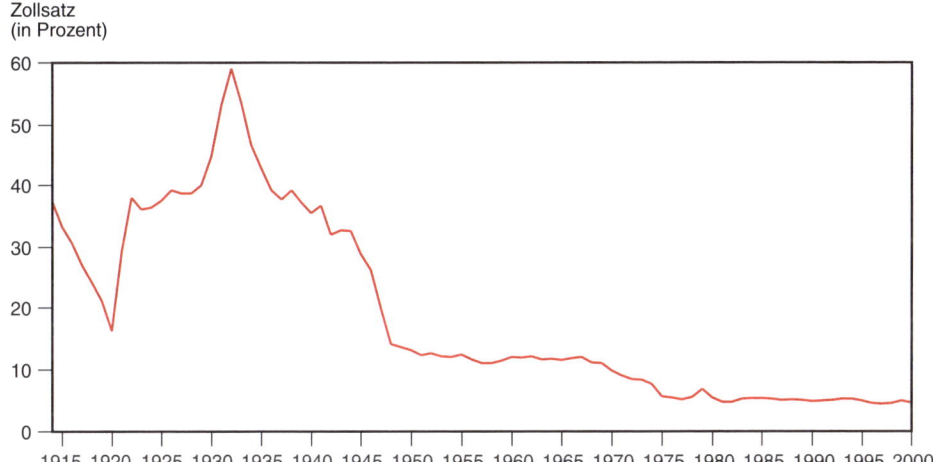

Nach einem steilen Anstieg zu Beginn der 1930er Jahre ist der durchschnittliche Zoll der USA kontinuierlich zurückgegangen.

Abbildung 9.5:   **Die Zölle der USA**

---

[7]   Aufgrund der sich ändernden Zusammensetzung der Importe ist es manchmal schwierig, die Veränderungen in der Rate der Protektion genau zu bestimmen. Nehmen wir zum Beispiel an, ein Land erhebe einen so hohen Zoll auf einige Güter, dass ihr Import ausgeschlossen wird. Dann ist der Durchschnittszoll auf die tatsächlich eingeführten Importgüter gleich Null! Um dieses Phänomen zu berücksichtigen, wird in Abbildung 9.5 nur der Zoll der „zollpflichtigen" Güter berücksichtigt, während diejenigen Importe, die aus irgendwelchen Gründen nicht besteuert wurden, ausgeklammert bleiben. Auf ihrem Höhepunkt waren die Zölle der USA so hoch, dass zollpflichtige Güter nur ein Drittel der Importe ausmachten, im Jahr 1975 war dieser Anteil auf zwei Drittel gestiegen. Infolgedessen sank der Durchschnittszoll für alle Güter weitaus weniger als derjenige für zollpflichtige Güter. Die in Abbildung 9.5 wiedergegebenen Zahlen liefern ein genaueres Bild der tatsächlichen, umfassenden Handelsliberalisierung der USA.

9.4.1   Die Vorteile von Abkommen

Es gibt zumindest zwei Gründe, weshalb Zollsenkungen im Rahmen eines beiderseitigen Abkommens einfacher sind als auf einseitigem Wege. Erstens trägt ein beiderseitiges Abkommen dazu bei, Unterstützung für den Freihandel zu gewinnen. Zweitens können Verhandlungslösungen für Handelsstreitigkeiten verhindern, dass sich Staaten unversehens in destruktiven Handelskriegen wiederfinden.

Die Auswirkungen internationaler Verhandlungen auf die öffentliche Unterstützung für Freihandel liegen auf der Hand. Wir wissen bereits, dass mit Importen konkurrierende Produzenten für gewöhnlich besser informiert und organisiert sind als die Konsumenten. Internationale Verhandlungen können die einheimischen Exporteure als Gegengewicht ins Spiel bringen. Die USA und Japan könnten zum Beispiel ein Abkommen schließen, wonach die USA auf Importquoten zum Schutz einiger ihrer Hersteller vor der japanischen Konkurrenz verzichten, wenn Japan im Gegenzug Handelshemmnisse für den Export von Agrar- oder Hochtechnologieprodukten aus den USA beseitigt. Zwar setzen sich die Konsumenten in den USA normalerweise nicht dafür ein, Importquoten für ausländische Güter auf politischem Wege zu verhindern, obwohl sie teuer dafür bezahlen müssen. Aber die Exporteure, die Zugang zu ausländischen Märkten suchen, dürften für die beidseitige Abschaffung der Importquoten eintreten und damit die Interessen der Verbraucher wahren.

Internationale Verhandlungen können auch dazu beitragen, einen **Handelskrieg** zu vermeiden. Der Begriff des Handelskriegs soll anhand eines schematischen Beispiels erläutert werden.

Nehmen wir an, es gäbe nur zwei Länder auf der Welt, die USA und Japan, und diese beiden Länder müssten sich zwischen zwei politischen Strategien entscheiden: Freihandel oder Protektionismus. Ihre Regierungen denken ungewöhnlich klar und benoten die möglichen politischen Ergebnissen mit Zahlen (Tabelle 9.3).

Die Bewertung der Vorteile jedes in der Tabelle aufgeführten Falles beruht auf zwei Annahmen. Erstens gehen wir davon aus, dass die Regierung jedes Landes sich für Protektionismus entscheiden würde, wenn sie die Politik des anderen Landes als gegeben voraussetzen könnte. Das heißt, für welche Politik Japan sich auch entscheidet, die USA stellen sich besser, wenn sie protektionistische Maßnahmen anwenden. Diese Annahme trifft keineswegs immer zu; viele Ökonomen halten den Freihandel ganz unabhängig vom Verhalten ausländischer Regierungen für die Politik, die dem eigenen Land am meisten nutzt. Doch Regierungen müssen nicht nur das öffentliche, sondern auch ihr eigenes Interesse im Auge behalten. Aus Gründen, die im vorangegangenen Abschnitt besprochen wurden, fällt es Regierungen oft schwer, den Verzicht auf den Schutz bestimmter Branchen politisch durchzusetzen.

Die zweite in Tabelle 9.3 beinhaltete Annahme besagt, dass zwar jeder einzelne Staat für sich genommen besser dastünde, wenn er protektionistische Maßnahmen anwenden würde, dass es aber andererseits beiden besser ginge, wenn sie sich gemeinsam für den Freihandel entschieden. Das heißt, die USA haben durch die Öffnung des japanischen Marktes mehr zu gewinnen als durch die Öffnung der eigenen Märkte zu verlieren. Das

Entsprechende gilt für Japan. Diese Annahme lässt sich durch einen einfachen Hinweis auf die Terms of Trade begründen.

USA \ Japan	Freihandel		Protektion	
Freihandel		10		20
	10		−10	
Protektion		−10		−5
	20		−5	

Tabelle 9.3: Das Problem des Handelskriegs

Die Spieltheorie bezeichnet diese Konstellation als **Gefangenendilemma**. Wenn jeder Staat die für ihn günstigste Option wählt, kommt es zu protektionistischen Maßnahmen. Das Ergebnis wird in der rechten Hälfte der Tabelle gezeigt. Doch es geht beiden Staaten besser, wenn beide auf solche Maßnahmen verzichten: Die obere linke Seite der Tabelle gibt einen Gewinnzuwachs für beide Länder an. Wenn beide Regierungen unilateral im anscheinend besten eigenen Interesse handeln, erzielen sie nicht das bestmögliche Ergebnis. Wenn beide unilateral protektionistische Maßnahmen verhängen, kommt es zu einem Handelskrieg, der beide schädigt. Handelskriege sind nicht so schwer wiegend wie militärische Kriege, doch ihre Vermeidung stellt Regierungen vor ähnliche Aufgaben wie die Vermeidung von bewaffneten Auseinandersetzungen oder Rüstungswettläufen.

Japan und die USA müssen sich offenbar vertraglich darauf einigen, auf protektionistische Maßnahmen zu verzichten. Jeder Staat steht besser da, wenn er seine eigene Handlungsfreiheit einschränkt, vorausgesetzt, dass sich der andere Staat ebenso verhält. Ein Abkommen erhöht die Wohlfahrt aller Beteiligten.

Dies ist ein stark vereinfachtes Beispiel. In der Realität haben wir es natürlich mit zahlreichen Ländern und mit vielen Abstufungen zwischen Freihandel und völliger Abschottung gegen Importe zu tun. Dennoch verdeutlicht unser Beispiel die Notwendigkeit der handelspolitischen Koordination durch internationale Abkommen und zeigt, dass solche Abkommen tatsächlich etwas bewirken können. Und so beruht das heutige System des Welthandels auf einer Reihe internationaler Abkommen.

9.4.2 Internationale Handelsabkommen: ein geschichtlicher Abriss

Der international koordinierte Abbau der Zölle als gezielte Handelspolitik reicht bis in die 1930er Jahre zurück. Damals verabschiedeten die USA ein besonders unverantwortliches Gesetz, den Smoot-Hawley-Act. Unter diesem Gesetz stiegen die Zölle stark an und ging der Außenhandel der USA stark zurück. Einige Ökonomen schreiben den Smoot-Hawley-Act eine Mitverantwortung für die Vertiefung der Großen Depression zu. Wenige Jahre nach seiner Verabschiedung merkte die amerikanische Regierung, dass die Zölle gesenkt werden mussten. Doch es war schwierig, das dazu notwendige politische Bündnis zu schmieden. Diejenigen Kongressabgeordneten, in deren Wahlkreisen die geschützten Güter produziert wurden, widersetzten sich jeder Zollsenkung, während die Vorteile so weit gestreut waren, dass im Kongress wenig Unterstützung für die Gegenposition mobilisiert werden konnte. Die Senkung der Zölle musste folglich mit einigen konkreten Vorteilen für die Exporteure verknüpft werden. Die ursprüngliche Lösung für dieses politische Problem bestand in bilateralen Zollverhandlungen. Die USA boten einem Land, das Großexporteur eines bestimmten Gutes – beispielsweise Zucker – war, die Senkung der entsprechenden Zölle an, wenn dieses Land seinerseits die Zölle für bestimmte US-Exporte senken würde. Die Attraktivität einer solchen Einigung für die US-amerikanischen Exporteure sollte für das nötige politische Gegengewicht zu den Zuckerinteressen sorgen. In dem ausländischen Land sollte seine Attraktivität für die dortigen Zuckerexporteure den politischen Einfluss der Hersteller neutralisieren, die mit den Exportgütern der USA konkurrierten. Derartige bilaterale Verhandlungen trugen dazu bei, den durchschnittlichen Zoll auf US-Importe von 59 Prozent im Jahr 1932 auf 25 Prozent kurz nach dem Zweiten Weltkrieg zu drücken.

Doch mit bilateralen Verhandlungen sind noch nicht alle Möglichkeiten der internationalen Koordination ausgeschöpft. Zum einen können die Vorteile einer bilateralen Einigung auf Länder „übergreifen", die gar keine Zugeständnisse gemacht haben. Wenn zum Beispiel die USA aufgrund eines Abkommens mit Brasilien den Kaffeezoll reduzieren, profitiert auch Kolumbien von dem höheren Kaffeepreis auf dem Weltmarkt. Darüber hinaus wirken einige vorteilhafte Abkommen geradezu zwangsläufig auf mehr als zwei Länder: Die USA verkaufen mehr an Europa, Europa verkauft mehr an Saudi-Arabien, Saudi-Arabien verkauft mehr an Japan, und Japan verkauft mehr an die USA. Der nächste Schritt der Liberalisierung des Welthandels bestand also in multilateralen Verhandlungen unter Beteiligung mehrerer Länder.

Diese multilateralen Verhandlungen begannen kurz nach dem Zweiten Weltkrieg. Ursprünglich hatten die siegreichen Alliierten als Rahmen ein Gremium namens International Trade Organization (ITO) vorgesehen, das parallel zum Internationalen Währungsfonds und zur Weltbank ins Leben gerufen werden sollte. (Letztere werden in der zweiten Hälfte dieses Buches vorgestellt.) Doch im Jahr 1947 begann eine Gruppe aus 23 Ländern, die nicht bis zur abschließenden Gründung der ITO warten wollten, mit Verhandlungen im Rahmen eines provisorischen Regelwerks, das als **Allgemeines Zoll- und Handelsabkommen** bzw. **GATT** (General Agreement on Tariffs and Trade) bekannt wurde. Am Ende wurde die ITO gar nicht gegründet, weil sie insbesondere in den USA auf heftige politische Opposition stieß, und so wurde der Welthandel in den nächsten 48 Jahren von einem provisorischen Abkommen geregelt.

Offiziell handelte es sich beim GATT nicht um eine Organisation, sondern um ein Abkommen – die daran beteiligten Länder galten offiziell als „Vertragspartner", nicht als Mitglieder. In der Praxis gab es allerdings ein ständiges „Sekretariat" in Genf, das von aller Welt als „GATT" bezeichnet wurde. Im Jahr 1995 folgte die Gründung der **Welthandelsorganisation** bzw. **WTO** (World Trade Organization). Damit wurde endlich die 50 Jahre zuvor geplante Organisation ins Leben gerufen. Die Regeln des GATT blieben allerdings in Kraft und an der grundlegenden Logik des Systems hat sich nichts geändert.

Man kann sich die Funktionsweise von GATT und WTO mit Hilfe einer Analogie aus der Mechanik verdeutlichen: Sie sind ein Mechanismus, mit dem ein schweres Objekt, die Weltwirtschaft, langsam einen Berg hinaufgeschoben wird – zum Freihandel. Dies erfordert zum einen „Hebel", um das Objekt in die gewünschte Richtung zu schieben, und „Bremsblöcke", die ein Zurückgleiten verhindern.

Der wichtigste dieser Blöcke in dem System ist die **Zollbindung**. Sobald ein Zoll festgeschrieben worden ist, verpflichtet sich das den Zoll erhebende Land, ihn künftig nicht mehr zu erhöhen. Gegenwärtig sind nahezu sämtliche Zölle der entwickelten Länder gebunden. Dennoch gibt es noch ein wenig Spielraum: Mit Zustimmung anderer Länder kann ein Land einen Zoll doch erhöhen, muss dies allerdings in der Regel durch die Senkung anderer Zölle ausgleichen. In der Praxis war die Bindung höchst erfolgreich, in den vergangenen 50 Jahren wurden nur wenige Zölle wieder erhöht.

Darüber hinaus zielt das GATT-WTO-System darauf ab, nichttarifäre Interventionen in den Außenhandel im Allgemeinen zu vermeiden. Exportsubventionen sind nicht zugelassen, mit einer großen Ausnahme: Gleich bei der Gründung des GATT bestanden die USA auf einem Schlupfloch für Agrarexporte, das seither in großem Maßstab von der Europäischen Union ausgenutzt wird.

Wie weiter oben in diesem Kapitel ausgeführt, fällt der größte Anteil der Kosten des Protektionismus in den USA durch Importquoten an. Obwohl das GATT-WTO-System den Erhalt bestehender Importquoten zulässt, war man ständig und oftmals erfolgreich bemüht, sie abzuschaffen oder durch Zölle zu ersetzen. Neue Importquoten sind im Allgemeinen untersagt. Sie dürfen nur vorübergehend zur Behebung einer „Marktstörung" verhängt werden, wobei dieser nicht genau definierte Begriff üblicherweise für Importsteigerungen verwendet wird, die einen einheimischen Sektor plötzlich zu verdrängen drohen.

Der Hebel, der für Fortschritt sorgen soll, ist ein recht formalisierter Prozess namens **Welthandelsrunde**. Dabei kommen die Vertreter zahlreicher Länder zusammen, um ein Paket von Zollsenkungen oder andere Maßnahmen zur Liberalisierung des Handels zu vereinbaren. Seit 1947 haben acht solcher Handelsrunden stattgefunden, deren letzte – die im Jahr 1994 abgeschlossene Uruguay-Runde – die WTO gründete. Im Jahr 1999 scheiterte der Versuch, eine neue Runde in Seattle einzuleiten. Die Gründe und die damit verbundenen Ereignisse sind Thema von Kapitel 11. Zwei Jahre später, bei Drucklegung dieses Buches, eröffnete eine Zusammenkunft in der Stadt Doha am Persischen Golf offiziell die neunte Runde.

Die ersten fünf GATT-Runden nahmen die Form „paralleler" bilateraler Verhandlungen an, bei denen jedes Land paarweise mit einer Reihe anderer Länder sprach. Wenn Deutschland beispielsweise eine Zollsenkung in Aussicht stellen wollte, von der sowohl Frankreich als auch Italien profitieren würden, forderte es beide Länder zu Gegenleistungen auf. Die so geschaffene Möglichkeit weit gespannter Abkommen trug in Kombination mit dem weltweiten Wirtschaftsaufschwung der Nachkriegszeit viel zur Verwirklichung umfangreicher Zollsenkungen bei.

Das sechste multilaterale Handelsabkommen, das als Kennedy-Runde bezeichnet wird, wurde 1967 unterzeichnet. Es sah eine generelle Senkung der Zölle um 50 Prozent auf

Seiten der großen Industrienationen vor. Ausgenommen waren einige genau bezeichnete Branchen, deren Zölle unverändert blieben. In den Verhandlungen ging es in erster Linie darum, welche Sektoren ausgenommen bleiben sollten, und nicht um die genaue Zollsenkung der übrigen. Insgesamt wurden die Durchschnittszölle im Rahmen der Kennedy-Runde um etwa 35 Prozent gesenkt.

Die so genannte Tokio-Runde (die 1979 abgeschlossen wurde) senkte die Zölle im Rahmen einer komplexeren Formel als die Kennedy-Runde. Darüber hinaus sollten neue Vorschriften die Aufrechterhaltung nichttarifärer Handelshemmnisse verhindern, wie sie z.B. freiwillige Exportbeschränkungen und Selbstbeschränkungsabkommen darstellen. Schließlich kam im Jahr 1994 die achte Verhandlungsrunde, die so genannte Uruguay-Runde, an ihr Ende. Ihre Ergebnisse, die der US-Kongress nach hitzigen Debatten ratifizierte, werden im Folgenden beschrieben.

9.4.3   Die Uruguay-Runde

Große internationale Handelsrunden beginnen immer mit einer feierlichen Eröffnungszeremonie und schließen mit einer feierlichen Unterzeichnungszeremonie an jeweils ausgefallenen Orten. Die achte Welthandelsrunde im Rahmen des GATT begann 1986 in der Küstenstadt Punta del Este in Uruguay (daher der Name Uruguay-Runde). Anschließend begaben sich die Teilnehmer nach Genf, um die nächsten sieben Jahre mit Angeboten und Gegenangeboten sowie Drohungen und Gegendrohungen zu verbringen und Tausende Sitzungsstunden zu bewältigen, die so langweilig waren, dass selbst erfahrenen Verhandlungsführern das Wachbleiben schwer fiel. Der eigentlich vorgesehene Abschluss im Jahr 1990 wurde durch ernste politische Schwierigkeiten verhindert. Ende 1993 legten die Verhandlungsführer schließlich ein grundlegendes Dokument mit einem Umfang von 400 Seiten vor. Hinzu kamen ergänzende Dokumente über die genauen Verpflichtungen der Mitgliedsländer im Hinblick auf bestimmte Märkte und Produkte, die nicht weniger als 22.000 Seiten umfassten. Das Abkommen wurde 1994 im marokkanischen Marrakesch unterzeichnet und zum Ende desselben Jahres von den wichtigsten Nationen ratifiziert. In einigen Ländern, unter ihnen die USA, löste es heftige politische Kontroversen aus.

Wie die Länge des Dokuments bereits vermuten lässt, kann man die Endergebnisse der Uruguay-Runde nicht ohne weiteres zusammenfassen. Ihre wichtigsten Resultate fallen jedoch in zwei Kategorien: Handelsliberalisierung und Verwaltungsreformen.

9.4.4   Liberalisierung des Handels

Die Uruguay-Runde führte ebenso wie die vorangegangenen GATT-Verhandlungen zu einer Senkung der Zölle auf der ganzen Welt. Die Zahlen sind beeindruckend: Der durchschnittliche Zoll der entwickelten Länder wird infolge dieser Runde um nahezu 40 Prozent sinken. Allerdings waren die Zölle bereits vorher recht niedrig. In absoluten Zahlen ausgedrückt wird der Durchschnittszoll lediglich von 6,3 auf 3,9 Prozent fallen und damit nur ein geringfügiges Wachstum des Welthandels bewirken.

Wichtiger als dieser Zollabbau sind die Maßnahmen zur Liberalisierung des Handels in den beiden wichtigen Sektoren Landwirtschaft und Bekleidung.

Der Welthandel mit Agrarprodukten ist seit jeher von starken Verzerrungen geprägt. Japan ist berüchtigt für seine Importbeschränkungen, mit denen die Binnenpreise für Reis, Rindfleisch und andere Lebensmittel auf ein Vielfaches der Weltmarktpreise gehoben werden. Die enormen Exportsubventionen Europas im Rahmen der Gemeinsamen Agrarpolitik wurden bereits in Kapitel 8 beschrieben. Zu Beginn der Uruguay-Runde hatten sich die USA ein ehrgeiziges Ziel gesetzt: Freihandel mit Agrarprodukten bis zum Jahr 2000. Das tatsächliche Ergebnis fiel weitaus bescheidener aus, war aber dennoch von Bedeutung. Die Agrarexporteure wurden verpflichtet, innerhalb von sechs Jahren den Wert ihrer Subventionen um 36 Prozent zu senken und das Volumen der subventionierten Exporte um 21 Prozent abzubauen. Länder wie Japan, die ihre Bauern durch Importquoten schützen, müssen diese Quoten durch Zölle ersetzen, die künftig nicht mehr erhöht werden dürfen.

Auch der Welthandel mit Textilien und Bekleidung wurde durch das ebenfalls in Kapitel 8 beschriebene Multifaserabkommen (MFA) erheblich verzerrt. Die Uruguay-Runde sieht vor, dass das MFA innerhalb von zehn Jahren ausläuft. In dieser Zeit sollen alle Mengenbeschränkungen für den Handel mit Textilien und Bekleidung abgeschafft werden. (Einige Zölle bleiben allerdings bestehen.) Das ist eine recht durchgreifende Liberalisierung, wenn man sich vergegenwärtigt, dass den meisten Schätzungen zufolge der Schutz der Bekleidungsindustrie den Verbrauchern in den USA höhere Kosten aufbürdet als sämtliche andere protektionistischen Maßnahmen zusammengenommen. Dennoch muss vermerkt werden, dass die Formel für das Auslaufen des MFA eine lange Vorlaufzeit vorsieht. Ein großer Teil der Liberalisierung soll erst gegen Ende der Übergangsperiode, also in den Jahren 2003 und 2004, in Kraft treten. Einige Handelsexperten zweifeln an der Glaubwürdigkeit solcher langfristiger Verpflichtungen und fragen sich, ob ein im Jahr 1994 unterzeichnetes Abkommen wirklich dazu taugt, Politiker zehn Jahre später zu schwierigen Maßnahmen zu zwingen.

Ein weiterer wichtiger Beschluss der Uruguay-Runde besteht in einem neuen Regelpaket über öffentliche Aufträge, d.h. Käufe, die nicht von privaten Unternehmen oder Konsumenten, sondern von staatlichen Einrichtungen getätigt werden. Diese Aufträge haben die Märkte einer Vielzahl von Gütern, von Baumaschinen bis hin zu Fahrzeugen, lange Zeit geschützt. (Man erinnere sich an das Beispiel der ungarischen Busse aus Kapitel 8.) Die Uruguay-Runde stellte neue Regeln auf, die einen weiten Bereich öffentlicher Aufträge für Importprodukte öffnen dürften.

9.4.5   Vom GATT zur WTO

Ein großer Teil der Berichterstattung über die Uruguay-Runde und die seitherigen Debatten über das Welthandelssystem befasst sich mit der neuen Institution, die dort geschaffen wurde, der Welthandelsorganisation (WTO). Im Jahr 1995 trat sie an die Stelle des provisorischen Sekretariats, das die GATT geführt hatte. Wie wir in Kapitel 11 sehen werden, ist die WTO zum auserkorenen Lieblingsfeind der Globalisierungsgegner geworden.

Sowohl aus dem linken als auch aus dem rechten politischen Lager wirft man ihr vor, sie gebärde sich als Weltregierung und bedrohe die Souveränität der Nationen.

Inwieweit unterscheidet sich die WTO vom GATT? Rechtlich gesehen war das GATT ein provisorisches Abkommen, während die WTO eine vollwertige internationale Organisation darstellt. Ihre Verwaltung ist aber nach wie vor klein (500 Beschäftigte). Eine aktualisierte Version des ursprünglichen GATT-Abkommens ist in das Regelwerk der WTO eingegangen. Das GATT bezog sich allerdings nur auf den Handel mit Gütern, der Welthandel mit Dienstleistungen – nichtmateriellen Dingen wie Versicherungen, Beratungsdiensten und Bankgeschäften – war keinen gemeinsamen Regeln unterworfen. Infolgedessen erließen viele Länder Vorschriften, die ausländische Anbieter de facto benachteiligten. Das Versäumnis des GATT in Bezug auf den Handel mit Dienstleistungen machte sich immer schmerzhafter bemerkbar, je mehr in den modernen Volkswirtschaften die Produktion materieller Güter durch Dienstleistungen verdrängt wurde. Das WTO-Abkommen beinhaltet folglich auch Regeln über den Handel mit Dienstleistungen (General Agreement on Trade in Services, GATS). Bislang hatte das GATS noch keine durchgreifenden Auswirkungen, sein Hauptzweck besteht darin, als Grundlage für künftige Handelsrunden zu dienen.

Neben der breiten Verlagerung von der Güter- zur Dienstleistungsproduktion hat in den entwickelten Ländern eine weitere Verschiebung stattgefunden. An die Stelle der Abhängigkeit von physischem Kapital trat die Abhängigkeit von „geistigem Eigentum“, das von Patenten und Copyrights geschützt wird. (Vor 30 Jahren war General Motors der Inbegriff des modernen Unternehmens, heute ist es Microsoft.) Folglich rückte auch die Definition der internationalen Anwendung geistiger Eigentumsrechte in den Mittelpunkt der Aufmerksamkeit. Die WTO hat dazu das so genannte Agreement on Trade-Related Aspects of International Property (TRIPS) verabschiedet. Die Umsetzung des TRIPS in der Pharmaindustrie ist zu einem heiß umkämpften Thema geworden.

Als wichtigster neuer Aspekt der WTO gilt allerdings allgemein die Schlichtung von Streitfällen. Sie tritt in Kraft, wenn ein Land einem anderen einen Verstoß gegen die Handelsregeln vorwirft. Nehmen wir zum Beispiel an, dass Kanada die USA der unfairen Beschränkung von Holzeinfuhren bezichtigt und die USA diesen Vorwurf zurückweisen. Wie geht es dann weiter?

Vor der Gründung der WTO gab es internationale Schiedsgerichte, vor denen Kanada sein Anliegen geltend machen konnte, doch die entsprechenden Verfahren nahmen für gewöhnlich Jahre, wenn nicht Jahrzehnte in Anspruch. Und es gab keine Möglichkeiten, ein ergangenes Urteil auch durchzusetzen. Das hieß nicht, dass den GATT-Regeln überhaupt keine Geltung verschafft werden konnte. Weder die USA noch irgendein anderes Land wollten sich den Ruf eines Gesetzesbrechers einhandeln und bemühten sich dementsprechend, im Rahmen der „GATT-Legalität“ zu bleiben. Doch Fälle im grauen Bereich blieben im Allgemeinen ungelöst.

Die WTO sieht eine weitaus stärker formalisierte und effektivere Verfahrensweise vor. Die Fälle werden vor Expertengremien gebracht, die normalerweise innerhalb eines Jahres eine abschließende Entscheidung fällen. Selbst wenn Berufung eingelegt wird, soll das Verfahren insgesamt nicht länger als 15 Monate dauern.

Angenommen, die WTO kommt zu dem Schluss, dass eine Nation tatsächlich gegen die Regeln verstoßen hat. Nun weigert sich diese Nation, ihre Politik zu ändern. Was dann? Die WTO verfügt über keine Vollmachten, ihren Beschlüssen direkt Geltung zu verschaffen. Sie kann allerdings dem Land, das die Klage eingereicht hat, das Recht auf Vergeltungsmaßnahmen einräumen. Im Falle unseres Beispiels könnte sie die Regierung Kanadas ermächtigen, Exporte aus den USA zu beschränken, ohne dass dies als Verstoß gegen die WTO-Regeln gewertet würde. Im Falle des weiter unten beschriebenen Bananenstreits stellte die WTO einen Regelverstoß der Europäischen Union fest, und als Europa sich nicht fügen wollte, verhängten die USA vorübergehend Zölle auf andere Waren wie z.B. Designerhandtaschen.

Man hofft und erwartet, dass wenige Auseinandersetzungen wirklich so weit getrieben werden. In vielen Fällen dürfte allein die Drohung, einen Fall vor die WTO zu bringen, zu einer Einigung führen. In der großen Mehrheit aller übrigen Fälle akzeptieren die Länder den Spruch der WTO und ändern ihre Politik.

Der unten stehende Kasten schildert des Beispiel eines WTO-Schlichtungsverfahrens in der Praxis. Es ging dabei um einen Disput zwischen den USA und Venezuela über Benzinimporte. Dieser Fall wird bevorzugt von denjenigen angeführt, die der WTO vorwerfen, sie verletze die nationale Souveränität.

9.4.6   Kosten und Nutzen

Die ökonomischen Auswirkungen der Uruguay-Runde sind schwer abzusehen. Ein genaues Schätzungsverfahren wäre außerordentlich aufwändig: Man müsste ein immens umfangreiches Dokument aus dem Fachchinesisch rechtlicher Verklausulierungen in nicht weniger umständliche wirtschaftswissenschaftliche Begriffe übersetzen, diese Übersetzung mit statistischen Daten versehen und das Ganze einem Computermodell der Weltwirtschaft einfüttern. Erschwerend kommt hinzu, dass, wie oben beschrieben, viele wichtige Maßnahmen mit zeitlicher Verzögerung in Kraft treten, sodass die Umsetzung einiger bedeutender Schritte, die von der Runde beschlossen wurden, erst zehn Jahre nach dem Beschluss beobachtet werden kann.

Die gängigsten Schätzungen wurden vom GATT selbst und von der Organisation für wirtschaftliche Zusammenarbeit und Entwicklung (Organization for Economic Cooperation and Development, OECD) erstellt, einer weiteren internationalen Organisation, der nur die reichen Länder angehören und die ihren Sitz in Paris hat. Beide Schätzungen gehen davon aus, dass die Weltwirtschaft Gewinne in Höhe von mehr als 200 Milliarden Dollar pro Jahr verzeichnen wird, sobald das Abkommen in vollem Umfang verwirklicht wird. Damit würde das Realeinkommen der Welt um etwa 1 Prozent wachsen. Wie üblich gehen auch hier die Meinungen auseinander. Einige Ökonomen halten die geschätzten Gewinne insbesondere deshalb für übertrieben, weil sie auf einer starken Import- und Exportsteigerung infolge der neuen Liberalisierungsschritte basieren. Eine etwas größere Minderheit von Kritikern dagegen hält die genannten Schätzungen für viel zu niedrig, weil sie die weiter oben in diesem Kapitel besprochenen „dynamischen" Effekte nicht berücksichtigen würden.

Fest steht, dass die normale Logik der Handelsliberalisierung greifen wird: Die Kosten der Uruguay-Runde werden einige konzentrierte und oftmals gut organisierte Gruppen treffen, während der Nutzen in erster Linie bei der breiten, unorganisierte Bevölkerung anfallen wird. Die Fortschritte auf dem Gebiet der Landwirtschaft werden die kleinen, aber einflussreichen Gruppen von Landwirten in Europa, Japan und anderen Ländern treffen, deren Agrarpreise über den Weltmarktpreisen liegen. Diese Verluste dürften durch die Gewinne für die Verbraucher und Steuerzahler in den entsprechenden Ländern mehr als ausgeglichen werden; weil diese Gewinne aber sehr weit gestreut sind, wird man sie kaum wahrnehmen. In ähnlicher Weise wird die Liberalisierung des Textil- und Bekleidungshandels die Arbeiter und Unternehmen dieser Branche hart treffen. Dem stehen jedoch weitaus größere, wenn auch weniger offensichtliche Gewinne der Konsumenten gegenüber.

Beispiel 9.4: Ein Schlichtungsspruch sorgt für neuen Zündstoff

Die erste Anwendung des neuen WTO-Schlichtungsverfahrens war auch gleich die umstrittenste. In den Augen der WTO-Anhänger bewies sie die Effektivität des neuen Systems. In den Augen der Gegner zeigte sie, dass die Organisation wichtigen gesellschaftlichen Zielen, wie dem Umweltschutz, im Wege steht.

Es ging um die neuen Abgasstandards in den USA. Sie enthalten Vorschriften über die Zusammensetzung des Benzins, das in den USA verkauft wird. Ein einheitlicher Standard hätte eindeutig im Einklang mit den Regeln der WTO gestanden. Doch er enthielt einige Schlupflöcher: In den USA ansässige oder solche Raffinerien, die mehr als 75 Prozent ihrer Erzeugnisse in den USA absetzten, erhielten „Mindestwerte", die sich nach ihrer Luftverschmutzung aus dem Jahr 1990 bemaßen. Dadurch unterlagen ihre Produkte weniger strengen Auflagen als importiertes Benzin, wodurch im Endeffekt Kraftstoffe aus einheimischer Produktion bevorzugt wurden.

Venezuela, das erhebliche Mengen Benzin in die USA exportiert, reichte Anfang 1995 eine Beschwerde gegen die neuen Umweltvorschriften ein. Venezuela argumentierte, dass die USA gegen das Prinzip der „nationalen Gleichbehandlung" verstießen, wonach importierte Güter denselben Auflagen unterliegen müssen wie einheimische (sodass diese Vorschriften nicht als indirekte Form des Protektionismus missbraucht werden können). Ein Jahr später urteilte das von der WTO eingesetzte Gutachtergremium im Sinne Venezuelas. Die USA legten Berufung ein, wurden aber abgewiesen. Anschließend handelten die USA und Venezuela ein neues Regelwerk aus.

Auf einer Ebene zeigte dieses Ergebnis, dass die WTO ihre vorgesehenen Aufgaben erfüllte. Die USA hatten Maßnahmen ergriffen, die eindeutig gegen den Buchstaben des Handelsabkommens verstießen, und ein kleines, weniger mächtiges Land konnte sich durch seinen Einspruch relativ schnell Recht verschaffen.

Andererseits waren die Umweltschützer zu Recht verärgert, denn der Spruch der WTO blockierte Regelungen, die zur besseren Reinhaltung der Luft beigetragen hätten. Darüber hinaus stand außer Zweifel, dass die Vorschriften zur Luftreinhaltung in gutem Glauben ergangen waren – d.h., sie sollten wirklich die Luftverschmutzung abbauen und nicht Exporte fernhalten.

Die Anhänger der WTO verweisen darauf, dass es den USA durchaus möglich gewesen wäre, von vornherein Vorschriften zu erlassen, die Importe nicht diskriminierten. Ihr diesbezügliches Versäumnis war ein politisches Zugeständnis an die Raffinerien, das de facto auf Protektionismus hinauslief. Die WTO-Regeln haben es nach dieser Lesart den Umweltschützern in den USA bestenfalls erschwert, zu einer politischen Einigung mit der Industrie zu gelangen.

In der Mythologie der Globalisierungsgegner, auf die wir in Kapitel 11 zu sprechen kommen, ist die Intervention der WTO gegen die Luftreinhaltungsauflagen in den Rang einer Ikone aufgestiegen: der Fall gilt als Paradebeispiel dafür, wie diese Organisation die nationale Souveränität verletzt und einzelne Länder daran hindert, eine sozial- und umweltverträgliche Politik zu betreiben. In Wirklichkeit ist dieser Fall durchaus nicht so eindeutig gelagert. Wenn die USA von vornherein „saubere" Auflagen zur Luftreinhaltung erlassen und nicht zwischen einheimischen und ausländischen Verschmutzungsquellen unterschieden hätten, dann hätte die WTO keinen Grund zur Beanstandung gehabt.

Angesichts dieser starken Verteilungseffekte der Uruguay-Runde ist allein das Zustandekommen dieses Abkommens bemerkenswert. Nachdem bis zu dem ursprünglich vorgesehenen Termin im Jahr 1990 keine Einigung erzielt worden war, begannen viele Beobachter bereits, den gesamten Verhandlungsprozess für gescheitert zu erklären. Die Tatsache, dass am Ende doch noch ein Abkommen zustande kam – wenn auch in bescheidenerem Umfang als ursprünglich erhofft –, dürfte einem ganzen Komplex politischer Überlegungen zuzuschreiben sein. Die Gewinne der Agrarexporteure und die zu erwartenden Gewinne der Dienstleistungsexporteure für den Fall, dass das GATS eine umfangreiche Liberalisierung anstößt, halfen der Regierung der USA, den Protesten der Bekleidungsindustrie standzuhalten. Viele Entwicklungsländer unterstützten die Runde wegen der neuen Möglichkeiten, die sie für ihre eigenen Textil- und Bekleidungsexporte erwarteten. Außerdem dienten ihnen einige in dem Abkommen enthaltene „Zugeständnisse" als Vorwand für politische Veränderungen, die ohnehin unumgänglich waren. Die Kosten der Gemeinsamen Agrarpolitik der EU mussten vor dem Hintergrund hoher Haushaltsdefizite in jedem Fall gesenkt werden.

Ein wichtiger Faktor für den Erfolg der Runde war allerdings auch die Angst vor den Folgen eines Scheiterns. Im Jahr 1993 befanden sich protektionistische Tendenzen sowohl in den USA als auch anderswo unverkennbar auf dem Vormarsch. Die Verhandlungsführer von Ländern, die sich andernfalls geweigert hätten, dem Abkommen zuzustimmen – beispielsweise Frankreich, Japan oder Südkorea, deren Bauernverbände wütend gegen die

Liberalisierung protestierten –, befürchteten daher, dass eine Verweigerung ihrerseits gefährliche Konsequenzen haben könnte. Ein Scheitern der Handelsrunde, so meinten sie, könnte nicht nur Stillstand, sondern einen Rückschritt gegenüber der Ausweitung des Freihandels nach sich ziehen, die in den vorangegangenen 40 Jahren erreicht worden war.

9.4.7   Präferenzzollabkommen

Die bisher beschriebenen internationalen Handelsabkommen drehten sich alle um den Abbau „diskriminierender" Zölle. Wenn beispielsweise die USA mit Deutschland eine Absenkung des Zolls auf importierte Maschinen vereinbaren, dann gilt der neue Zoll auch für Maschinen aus allen anderen Ländern, nicht nur für Importe aus Deutschland. Diese Verfahrensweise ist für die meisten Zölle üblich. Die USA gewähren vielen Ländern den „Meistbegünstigtenstatus" der „Most Favored Nation" (MFN). Er stellt eine Garantie dar, dass Exporteure aus diesen Ländern keinen höheren Zoll entrichten müssen als den niedrigsten, der für irgendein Land gilt. Für alle Länder mit MFN-Status gelten dieselben Zölle. Zollsenkungen im Rahmen des GATT erfolgen – mit einer wichtigen Ausnahme – immer auf MFN-Basis.

In einigen wichtigen Fällen schließen Nationen allerdings auch **Präferenzzollabkommen ab**, unter denen die Zölle, die sie auf ihre gegenseitigen Produkte erheben, niedriger sind als diejenigen für Güter aus Drittländern. Das GATT untersagt im Allgemeinen solche Abkommen, macht dabei aber eine eigenartige Ausnahme. Es verbietet eigentlich, dass Land A für Importe aus B niedrigere Zölle festlegt als für Importe aus C, duldet dies aber für den Fall, dass B und C sich darauf einigen, ihre gegenseitigen Produkte zollfrei zu stellen. Das GATT ächtet also Präferenzzollabkommen im Allgemeinen als Verstoß gegen das Meistbegünstigungs-Prinzip, gestattet sie aber, wenn sie zur Vereinbarung von Freihandel beitragen.[8]

---

[8]   Dieser Regelung scheint eher eine rechtliche als eine ökonomische Logik zugrunde zu liegen. Die Nationen dürfen innerhalb ihrer eigenen Grenzen Freihandel betreiben: Niemand verlangt, dass für Wein aus Kalifornien in New York derselbe Zoll entrichtet werden muss wie für französischen Wein. Das MFN-Prinzip gilt also nicht innerhalb von politischen Einheiten. Doch wie definiert man eine politische Einheit? Das GATT umgeht diese potenziell heikle Frage, indem es jeder Gruppe von Volkswirtschaften das Recht einräumt, sich genauso zu verhalten wie einzelne Länder, d.h. innerhalb festgelegter Grenzen freien Handel zuzulassen.

Beispiel 9.5: Freihandelszone oder Zollunion?

Der Unterschied zwischen einer Freihandelszone und einer Zollunion besteht kurz gesagt darin, dass erstere politisch einfach, verwaltungstechnisch aber äußerst vertrackt gestaltet ist, während es sich bei letzterer genau umgekehrt verhält.

Betrachten wir zunächst den Fall einer Zollunion. Wenn sie erst einmal geschaffen ist, lässt sie sich leicht verwalten: Zölle müssen entrichtet werden, wenn Güter die Grenze zur Union überqueren, können danach jedoch frei zwischen den beteiligten Ländern transportiert werden. Eine Fracht, die in Marseille oder Rotterdam gelöscht wird, muss dort verzollt werden, aber es fallen keine weiteren Abgaben mehr an, wenn sie dann per Lastwagen nach München gefahren wird. Damit dieses einfache System funktioniert, müssen sich die Länder auf gemeinsame Zölle einigen: Der Zoll muss gleich hoch sein, egal, ob die Fracht in Marseille, Rotterdam oder Hamburg entladen wird, weil andernfalls die Importeure nur die Grenzübergänge ansteuern würden, an denen die geringsten Kosten anfallen. Eine Zollunion setzt also voraus, dass Deutschland, Frankreich, die Niederlande und alle übrigen beteiligten Länder sich auf dieselben Zölle einigen. Das ist nicht einfach, denn die Länder treten dabei einen Teil ihrer Souveränität an eine übernationale Institution, die Europäische Union, ab.

In Europa wurde dies aus einer Reihe von Gründen möglich, unter anderem aufgrund der Überzeugung, dass die wirtschaftliche Einheit dazu beitragen würde, das politische Nachkriegsbündnis zwischen den europäischen Demokratien zu festigen. (Einer der Gründungsväter der Europäischen Union scherzte einmal, dass man Josef Stalin ein Denkmal setzen sollte, denn ohne die Bedrohung durch ihn wäre die Union vielleicht nicht zustande gekommen.) Andernorts sind diese Voraussetzungen nicht gegeben. Den drei Nationen, die sich zur NAFTA zusammenschlossen, würde es ausgesprochen schwer fallen, die Entscheidung über Zölle an eine über den Nationen stehende Behörde abzutreten. Es wäre schon schwierig, die Interessen der USA ihrem Gewicht entsprechend zu berücksichtigen, ohne dass die USA Kanada und Mexiko ihre Handelspolitik diktieren. Während die NAFTA daher zulässt, dass mexikanische Güter zollfrei in die USA gebracht werden und umgekehrt, verlangt sie nicht, dass Mexiko und die USA einen gemeinsamen Zoll für Güter festlegen, die sie aus anderen Ländern importieren.

Damit entsteht jedoch ein neues Problem. Im Rahmen der NAFTA kann ein von mexikanischen Arbeitern hergestelltes Hemd zollfrei in die USA eingeführt werden. Nehmen wir jedoch an, dass die USA weiterhin hohe Zölle auf Hemden erheben möchten, die aus anderen Ländern importiert werden, während Mexiko keine solchen Zölle verlangt. Was sollte dann Exporteure davon abhalten, Hemden beispielsweise aus Bangladesch nach Mexiko zu bringen und von dort per Lastwagen nach Chicago zu transportieren?

Dieses Problem wird dadurch gelöst, dass ungeachtet des Freihandels zwischen den USA und Mexiko alle Güter, die von Mexiko aus in die USA gebracht werden, nach wie vor einer Einfuhrkontrolle unterliegen. Sie werden nur dann zollfrei in die USA gelassen, wenn aus ihren Begleitpapieren hervorgeht, dass es sich tatsächlich um mexikanische Güter handelt, und nicht um weitertransportierte Waren aus anderen Ländern.

Was aber gilt als mexikanisches Hemd? Wird ein Hemd aus Bangladesch, dessen Knöpfe von Mexikanern aufgenäht wurden, zum mexikanischen Hemd? Wohl eher nicht. Wenn jedoch mit Ausnahme der Knöpfe alle Bestandteile aus mexikanischer Herstellung stammen, dann darf es wahrscheinlich als mexikanisches Hemd gelten. Dieses Beispiel soll verdeutlichen, dass die Verwaltung einer Freihandelszone nicht nur fortgesetzte Grenzkontrollen der beteiligten Länder erfordert, sondern auch die Festlegung komplizierter „Herkunftsregeln", aus denen hervorgeht, ob ein Gut die Grenze zollfrei passieren darf oder nicht.

Dies führt dazu, dass Freihandelsabkommen wie das NAFTA einen großen Verwaltungsaufwand mit sich bringen, der trotz des prinzipiellen Freihandels ein erhebliches Handelshemmnis bilden kann.

Generell gibt es zwei Möglichkeiten, wie zwei oder mehr Länder untereinander Freihandel einführen können. Die erste ist eine **Freihandelszone**, innerhalb derer die Güter jedes Landes zollfrei von einem Land ins andere gebracht werden. Die zweite Möglichkeit ist die Schaffung einer **Zollunion**, innerhalb derer sich die beteiligten Länder auf gemeinsame Zölle einigen. Das Nordamerikanische Freihandelsabkommen (NAFTA), das Freihandel zwischen Kanada, den USA und Mexiko einführte, schuf eine Freihandelszone: Es schreibt nicht vor, dass beispielsweise Kanada und Mexiko dieselben Zölle für Textilimporte aus China erheben müssen. Die Europäische Union hingegen ist eine Zollunion. Alle beteiligten Länder müssen sich auf denselben Zoll für jedes Importgut einigen. Beide Systeme haben ihre Vor- und Nachteile, die hier in getrennten Kästen dargelegt werden.

Beispiel 9.6: Was spricht für Präferenzzollabkommen?

Auf Handelspräferenzen für Bananen ist die Europäische Union in den vergangenen Jahren mehrfach ausgerutscht.

Die meisten Bananenexporte der Welt stammen aus einigen kleinen Ländern in Mittelamerika – den ursprünglichen „Bananenrepubliken". Einige europäische Länder bezogen ihre Bananen jedoch traditionell aus ihren noch bestehenden oder früheren Kolonien auf den Westindischen Inseln in der Karibik. Um diese Hersteller zu schützen, verhängten Frankreich und Großbritannien Importquoten für die „Dollarbananen" aus Mittelamerika, die um etwa 40 Prozent billiger sind als die Produkte der Karibikinseln. Deutschland allerdings, das nie Kolonien auf den Westindischen Inseln hatte, gestattete weiterhin die freie Einfuhr der Dollarbananen.

Nach der Schaffung des Europäischen Binnenmarktes 1992 konnte die bisherige Regelung nicht länger aufrechterhalten werden, weil es ein Leichtes war, die billigeren Dollarbananen nach Deutschland einzuführen und von dort aus in das übrige Europa zu transportieren. Um dies zu verhindern, plante die Europäische Union im Jahr 1993 die Verhängung einer neuen, gemeinsamen europäischen Importquote für Dollarbananen. Deutschland protestierte heftig gegen diese Maßnahme und bestritt sogar ihre Legalität: Die Deutschen verwiesen darauf, dass die Gründungsdokumente der Europäischen Gemeinschaft, die Römischen Verträge, eine ausdrückliche Garantie (das „Bananenprotokoll") enthielten, wonach Deutschland zur zollfreien Einfuhr von Bananen berechtigt sei.

Weshalb vollführten die Deutschen ein solches Affentheater wegen der Bananen? In der DDR waren Bananen ein seltenes Luxusgut gewesen. Weil sie nach dem Fall der Berliner Mauer nun plötzlich preisgünstig erhältlich waren, wurden Bananen zu einer Art Freiheitssymbol. Die deutsche Regierung wollte also um keinen Umständen einer Politik zustimmen, die zu einem starken Anstieg der Bananenpreise geführt hätte.

Am Ende fügten sich die Deutschen murrend einem neuen, einheitlichen Präferenzzollabkommen für Bananen. Doch damit war der Streit nicht beigelegt: Im Jahr 1995 mischten sich die USA in die Auseinandersetzung ein und erhoben den Vorwurf, dass die Europäer mit ihren Bananenpossen nicht nur die Interessen der mittelamerikanischen Länder, sondern auch diejenigen eines einflussreichen US-amerikanischen Unternehmens verletzten. Es ging um die Chiquita Banana Company, deren Leitung Politiker beider Parteien, Demokraten wie Republikaner, mit großzügigen Spenden bedacht hatte.

Im Jahr 1997 befand die Welthandelsorganisation (WTO), dass die europäischen Importvorschriften für Bananen gegen das internationale Handelsrecht verstießen. Europa änderte diese Vorschriften daraufhin ab, doch dieser halbherzige Befriedungsversuch an der Bananenfront erwies sich als fruchtlos. Der Streit mit den USA eskalierte, bis die USA schließlich aus Vergeltung hohe Zölle gegen mehrere europäische Güter verhängten, darunter Designerhandtaschen und Pecorino-Käse.

Im Jahr 2001 einigten sich Europa und die USA schließlich auf ein mehrstufiges Auslaufen der Bananenimportquoten. Dieser Plan sorgte für eine Menge Angst und Unruhe in den Karibiknationen, die befürchteten, dass der Verlust ihres bevorzugten Zugangs zum europäischen Markt schlimme Folgen haben würde.

Unter Berücksichtigung der oben erläuterten Einschränkungen sind Zollsenkungen zu begrüßen, denn sie steigern die Effizienz der Volkswirtschaften. Auf der ersten Blick mag es so scheinen, als ob Zollsenkungen im Rahmen von Präferenzzollabkommen ebenfalls gut sind, wenn auch nicht ganz so nützlich. Denn sollte eine eingeschränkte Senkung nicht besser sein als gar keine?

Es mag überraschen, aber diese Schlussfolgerung ist zu optimistisch. Manchmal steht ein Land nach dem Beitritt zu einer Zollunion schlechter da als zuvor. Der Grund soll anhand eines hypothetischen Beispiels erläutert werden. Nehmen wir die Länder Großbritannien, Frankreich und die USA. Die USA produzieren Weizen zu geringen Kosten (4 Dollar pro Scheffel), Frankreich zu mittleren Kosten (6 Dollar pro Scheffel) und Großbritannien zu hohen Kosten (8 Dollar pro Scheffel). Sowohl Großbritannien als auch Frankreich erheben einen Zoll auf alle Weizenimporte. Wenn Großbritannien nun eine Zollunion mit Frankreich bildet, entfällt der Zoll auf französischen, nicht aber auf amerikanischen Weizen. Um zu beurteilen, ob dies für Großbritannien gut oder schlecht ist, wollen wir zwei Fälle betrachten.

Nehmen wir als Erstes an, dass Großbritanniens Zoll so hoch war, dass er jegliche Weizen-importe sowohl aus den USA als auch aus Frankreich abwehrte. Bei einem Zoll von 5 Dollar pro Scheffel würde beispielsweise der Weizenimport aus den USA und aus Frankreich 9 bzw. 11 Dollar kosten. Folglich würden die britischen Konsumenten eher britischen Weizen kaufen. Nach der Abschaffung des Zolls auf französischen Weizen würde die britische Produktion durch Importe aus Frankreich verdrängt. Dies wäre für Großbritannien ein Gewinn, denn die einheimische Produktion eines Scheffels Weizen kostet 8 Dollar, während die britische Volkswirtschaft nur Güter im Wert von 6 Dollar produzieren muss, um für einen Scheffel französischen Weizens aufzukommen.

Gehen wir nun jedoch von einem niedrigeren Zoll aus, z.B. 3 Dollar pro Scheffel. In die-sem Fall hatte Großbritannien vor dem Beitritt zur Zollunion seinen Weizen aus den USA bezogen (zu einem Konsumentenpreis von 7 Dollar pro Scheffel), anstatt ihn selbst zu produzieren. Nach Gründung der Zollunion kaufen die Konsumenten lieber französischen Weizen zu 6 Dollar anstelle des amerikanischen zu 7 Dollar. Der Weizenimport aus den USA kommt also zum Stillstand. In Wirklichkeit ist der amerikanische Weizen jedoch billiger als der französische. Die Einfuhrsteuer in Höhe von 3 Dollar, die britische Ver-braucher für US-Weizen entrichten müssen, fließt als Einnahme dem britischen Staat zu und stellt daher keine Nettokosten für die britische Volkswirtschaft dar. Großbritannien muss fortan mehr Ressourcen für den Export einsetzen, um seine Weizenimporte zu bezahlen, und stellt sich daher schlechter als zuvor.

Diese Verlustmöglichkeit ist ein weiteres Beispiel für die Theorie des „Zweitbesten". Ursprünglich wandte Großbritannien zwei politische Maßnahmen an, die zu Anreizver-zerrungen führten: einen Zoll auf US-Weizen und einen Zoll auf französischen Weizen. Obwohl der Zoll gegen den französischen Weizen auf den ersten Blick die Anreize ver-zerrt, kann er auch dazu beitragen, die durch den Zoll auf US-Weizen erzeugten Verzer-rungen auszugleichen, indem er den Verbrauch des kostengünstigeren amerikanischen Produkts fördert. Die Abschaffung des Zolls auf französischen Weizens führt unter diesen Voraussetzungen zu Wohlfahrtsverlusten.

Unser Beispiel zeigt, dass Großbritannien dann gewinnt, wenn die Bildung einer Zoll-union neuen Handel hervorbringt, d.h. wenn der französische Weizen an die Stelle der einheimischen Produktion tritt. Es verliert hingegen, wenn der Handel innerhalb der Zoll-union einfach den Handel mit Ländern außerhalb der Union ersetzt. In der Analyse von Präferenzzollabkommen bezeichnet man ersteren Fall als **Handelsschaffung**, letzteren als **Handelsumleitung**. Ob eine Zollunion wünschenswert ist oder nicht, hängt weitge-hend davon ab, ob sie zu Handelsschaffung oder zu Handelsumleitung führt.

Beispiel 9.7: Handelsumlenkung in Südamerika

Im Jahr 1991 gründeten vier südamerikanische Nationen – Argentinien, Brasilien, Paraguay und Uruguay – eine Freihandelszone namens Mercosur. Das Abkommen hatte unmittelbare und dramatische Auswirkungen auf ihren Handel untereinander: Innerhalb von vier Jahren verdreifachte sich sein Wert. Die Staatsführer der Region erklärten die Mercosur stolz zum großen Erfolg im Rahmen eines umfassenden Reformpakets für die Wirtschaft.

Doch während die Mercosur im Hinblick auf den intra-regionalen Handel ein eindeutiger Erfolg war, lehrt uns die Präferenztheorie, dass dies nicht unbedingt von Vorteil sein muss: Wenn der neue Handel den Handel verhindert, der andernfalls mit dem Rest der Welt stattgefunden hätte – d.h. wenn das Abkommen keinen neuen Handel hervorbringt, sondern den bisherigen umlenkt –, dann kann er durchaus mit Wohlfahrtsverlusten einhergehen. Eine Studie des Chefhandelsökonomen der Weltbank aus dem Jahr 1996 kam prompt zu dem Schluss, dass der Nettoeffekt der Mercosur auf die beteiligten Volkswirtschaften aller Wahrscheinlichkeit nach negativ war, weil die Steigerung des regionalen Handels auf Kosten anderer Handelsströme erfolgte.

Im Wesentlichen argumentierte der Bericht, dass die Konsumenten in den Mitgliedsländern durch die Mercosur den Anreiz erhielten, die zu höheren Kosten produzierten Güter ihrer Nachbarländer zu kaufen, anstelle der billigeren, aber mit hohen Zöllen belegten Güter aus anderen Ländern. Insbesondere hatte die hoch subventionierte und ziemlich ineffiziente brasilianische Autoindustrie einen festen Marktanteil in Argentinien erobert und andere Importe verdrängt, genau wie in unserem Beispiel der französische den amerikanischen Weizen aus dem britischen Markt verdrängt hatte. „Dieser Befund", schloss die ursprüngliche Fassung des Berichts, „scheint der bislang überzeugendste und besorgniserregendste Beweis für die unerwünschten potenziellen Wirkungen regionaler Handelsabkommen zu sein."

In der Endfassung stand allerdings etwas anderes. Nachdem die ursprüngliche Fassung in die Presse gelangt war und einen Proteststurm der Mercosur-Regierungen – besonders der brasilianischen – ausgelöst hatte, verzögerte die Weltbank unter diesem Druck zunächst die Veröffentlichung und brachte schließlich eine Version heraus, die mit einer Reihe von Vorbehalten versehen war. Dennoch enthielt auch die für die Öffentlichkeit bestimmte Fassung nach wie vor die deutliche Aussage, dass die Mercosur, wenn sie auch nicht völlig kontraproduktiv war, zu Handelsumlenkung in erheblichem Umfang geführt hatte.

Zusammenfassung

1. Obwohl der Freihandel von nur wenigen Ländern praktiziert wird, halten ihn die meisten Ökonomen weiterhin für erstrebenswert. Diese Haltung beruht auf drei Argumentationslinien. Die erste besteht in dem formalen Nachweis der Effizienzgewinne aus Freihandel, der nichts weiter als den Rückschluss aus der Kosten-Nutzen-Analyse handelspolitischer Maßnahmen darstellt. Zweitens sind viele Ökonomen der Ansicht, dass Freihandel über diese formale Analyse hinaus dynamische Gewinne erzeugt. Und angesichts der schwierigen Übersetzung einer komplexen ökonomischen Analyse in konkrete politische Maßnahmen stellt der Freihandel drittens selbst für diejenigen, die ihm mit Vorbehalten begegnen, eine angemessene Grundregel dar.

2. Auch Abweichungen vom Freihandel können mit ernst zu nehmenden wissenschaftlichen Argumenten begründet werden. Eines dieser Argumente, das im Prinzip unbestreitbar ist, besagt, dass Länder durch Optimalzölle und Exportsteuern ihre Terms of Trade verbessern können. Doch auch diesem Argument kommt in der Praxis wenig Bedeutung zu. Kleine Länder können auf die Preise ihrer Importe und Exporte wenig Einfluss nehmen, sodass es ihnen nicht möglich ist, durch Zölle oder andere Maßnahmen ihre Terms of Trade zu verbessern. Große Länder hingegen *können* ihre Terms of Trade beeinflussen, indem sie Zölle erheben, gefährden damit aber bestehende Handelsabkommen und riskieren Vergeltungsmaßnahmen.

3. Ein weiteres Argument für Abweichungen vom Freihandel basiert auf *Marktversagen im Inland*. Wenn ein Markt im Inland, beispielsweise der Arbeitsmarkt, nicht richtig funktioniert, kann ein Abweichen vom Freihandel die Folgen dieser Fehlfunktion bisweilen abmindern. Die *Theorie des Zweitbesten* besagt, dass der Verzicht auf staatliche Interventionen dann nicht länger die optimale Politik ist, wenn ein Markt nur mangelhaft funktioniert. Ein Zoll kann die Wohlfahrt dann steigern, wenn die Produktion eines Guts einen *gesellschaftlichen Grenznutzen* hat, der nicht von der Produzentenrente erfasst wird.

4. Obwohl Fälle von Marktversagen häufig vorkommen dürften, sollte das Argument des Marktversagens im Inland nicht leichtfertig angewandt werden. Erstens spricht es eher für innenpolitische Maßnahmen als für Eingriffe in den Außenhandel, zweitens sind Zölle immer eine minderwertige, „zweitbeste" Methode zur Behebung eines Marktversagens im Inland, das stets an seiner Quelle bekämpft werden sollte. Darüber hinaus ist es schwierig, die Ursachen eines Marktversagens so genau zu analysieren, dass bestimmte Maßnahmen zweifelsfrei empfohlen werden können.

5. In der Praxis wird die Handelspolitik von Fragen der Einkommensverteilung beherrscht. Die Modellierung der Handelspolitik ist nicht durch eine allgemein akzeptierte Theorie vorgegeben, doch es gibt eine Reihe vielversprechender Ansätze. Politikwissenschafter führen häufig das Argument an, dass politische Entscheidungen letztlich vom Wettbewerb der Parteien um Stimmen bestimmt werden. Im einfachsten Fall führt dies zur Verwirklichung einer Politik, die den Interessen des

Medianwählers entspricht. Dieser Ansatz scheint sich in vielen Bereichen zu bewähren, führt aber auf dem Gebiet der Handelspolitik zu unrealistischen Prognosen, weil diese dazu neigt, die Interessen kleiner, konzentrierter Gruppen stärker zu berücksichtigen als das Gemeinwohl. Zur Erklärung dieses Phänomens verweisen Ökonomen und Politikwissenschaftler im Allgemeinen auf das Problem der *Kollektiventscheidungen*. Da es für Individuen wenig Anreiz gibt, sich im Sinne der Gruppen, denen sie angehören, politisch zu engagieren, gelingt es gut organisierten Gruppen – die normalerweise klein sind und viel zu verlieren haben – recht häufig, eine Politik durchzusetzen, die ihre Interessen auf Kosten der Mehrheit wahrt.

6. Wenn Handelspolitik auf ausschließlich nationaler Basis betrieben würde, dann wäre Fortschritt in Richtung Freihandel sehr schwierig. Umfangreiche Zollsenkungen haben die Industrieländer nur durch *internationale Verhandlungen* erreicht. Internationale Verhandlungen tragen auf zweierlei Wegen zur Zollsenkung bei: Sie erweitern den Kreis der an Freihandel Interessierten, indem sie den Exporteuren direkte Vorteile in Aussicht stellen, und sie erleichtern Regierungen die Vermeidung allseitig nachteiliger Handelskriege, zu denen es ohne internationale Abstimmung kommen könnte.

7. Zwar wurde auch durch bilaterale Abkommen seit den 1930er Jahren eine gewisse Liberalisierung des Welthandels erreicht, doch insgesamt nahm die internationale Koordination nach dem Zweiten Weltkrieg die Form multinationaler Abkommen im Rahmen des Allgemeinen Zoll- und Handelsabkommens (GATT) an. Das GATT, das aus einem Verwaltungsapparat und einem Regelwerk für das Verhalten der beteiligten Staaten besteht, ist die wichtigste Institution des Welthandelssystems. Das jüngste weltweite GATT-Abkommen führte zur Gründung einer neuen Organisation, der Welthandelsorganisation (WTO), welche die Einhaltung seiner Regeln überwachen und gewährleisten soll.

8. Zusätzlich zu der allgemeinen Absenkung der Zölle, die durch multilaterale Verhandlungen erreicht wurde, haben einige Ländergruppen auch *Präferenzzollabkommen* ausgehandelt, mit denen sie ihre gegenseitigen Zölle, nicht aber diejenigen für die übrige Welt senken. Das GATT lässt zwei Arten von Präferenzzollabkommen zu: die Zollunion, deren Mitglieder gemeinsame Außenzölle festlegen, und die Freihandelszone, deren Mitglieder untereinander zollfrei handeln, jedoch ihre Zölle gegenüber Dritten unabhängig voneinander festlegen. Die Wohlfahrtswirkungen beider Formen sind uneindeutig. Wenn durch die Beteiligung an einem solchen Abkommen eine kostspielige Eigenproduktion durch Importe der Partnerstaaten ersetzt wird – *Handelsschaffung* –, dann verzeichnet das Land einen Wohlfahrtsgewinn. Wenn jedoch kostengünstige Importe aus nicht beteiligten Ländern durch teurere Güter aus Partnerländern ersetzt werden – *Handelsumlenkung* –, dann verzeichnet das Land einen Wohlfahrtsverlust.

Schlüsselbegriffe

Übungen

1. „Für ein kleines Land wie die Philippinen hätte die Einführung des Freihandels enorme Vorteile. Konsumenten wie Produzenten könnten ihre Entscheidungen dann anhand der tatsächlichen Kosten treffen und nicht aufgrund künstlicher, vom Staat festgelegter Preise. So würde es möglich, den engen Grenzen des Binnenmarktes zu entkommen. Neue unternehmerische Horizonte täten sich auf und vor allem würde die Bekämpfung der politischen Korruption erleichtert." Welche Argumente zugunsten des Freihandels enthält diese Aussage?

2. Welche der folgenden Argumente für Zölle oder Exportsubventionen sind begründet, welche nicht? Begründen Sie Ihre Antworten.

   a. „Je mehr Erdöl die USA importieren, desto höher wird der Ölpreis bei der nächsten weltweiten Verknappung steigen."

   b. „Die zunehmenden Obstexporte aus Chile außerhalb der Saison, die in den USA mittlerweile 80 Prozent des Angebots an Produkten wie beispielsweise Wintertrauben ausmachen, führen zu deutlichen Preissenkungen bei diesen ehemaligen Luxusgütern."

   c. „Die Exporte US-amerikanischer Farmer erhöhen nicht nur deren Einkommen – sie bedeuten höhere Einnahmen für jeden, der im Farmsektor der USA Güter und Dienstleistungen verkauft."

   d. „Halbleiter sind der Rohstoff der Technologie. Wenn wir keine eigene Chipproduktion haben, dann wird der Informationsfluss gehemmt, der die entscheidende Voraussetzung für jede Industrie darstellt, in der Mikroelektronik eingesetzt wird."

   e. „Der Realpreis für Holz ist um 40 Prozent gesunken und Tausende Holzarbeiter waren gezwungen, sich einen neuen Arbeitsplatz zu suchen."

3. Ein kleines Land kann ein Gut zu einem Weltpreis von 10 pro Einheit importieren. Die Angebotskurve des Guts im Inland ist:

$$S = 50 + 5P$$

Die Nachfragekurve ist:

$$D = 400 - 10P$$

Darüber hinaus wirft jede Produktionseinheit einen gesellschaftlichen Grenznutzen von, 10 ab.

   a. Berechnen Sie den Wohlfahrtseffekt eines Zolls von 5 pro importierter Einheit.
   b. Berechnen Sie den Wohlfahrtseffekt einer Produktionssubvention von 5 pro Einheit.
   c. Weshalb erzeugt die Produktionssubvention einen höheren Wohlfahrtsgewinn als der Zoll?
   d. Wie hoch wäre die optimale Produktionssubvention?

4. Angebot und Nachfrage verhalten sich genauso wie in Übung 3, doch der gesell-schaftliche Grenznutzen der Produktion entfällt. Die Regierung setzt jedoch aus politischen Erwägungen 1 Dollar Zugewinn für die Produzenten gleich 2 Dollar Konsumentengewinn oder Staatseinnahmen. Berechnen Sie, wie sich ein Zoll von 5 pro Einheit *in Bezug auf die Zielsetzung der Regierung* auswirken würde.

5. „Es ist sinnlos, wenn sich die USA über die Handelspolitik Japans oder Europas beklagen. Jedes Land hat das Recht, sich so zu verhalten, dass seinen Interessen am besten gedient ist. Anstatt sich über handelspolitische Maßnahmen des Auslands zu beklagen, sollten die USA andere Länder gewähren lassen, ihre eigene Voreinge-nommenheit zugunsten des Freihandels aufgeben und sich genauso verhalten." Diskutieren Sie diese Aussage unter ökonomischen und unter politischen Gesichts-punkten.

6. Welche der folgenden Maßnahmen wären den GATT-Regeln entsprechend legal und welche nicht?
   a. Ein Zoll der USA in Höhe von 20 Prozent gegenüber jedem Land, das doppelt so viel in die USA exportiert, wie es im Gegenzug importiert.
   b. Eine Subvention für Weizenexporte der USA, mit deren Hilfe einige Märkte zu-rückerobert werden sollen, die Amerika an die Europäische Union verloren hat.
   c. Ein Zoll der USA auf kanadische Holzexporte, der nicht von gleichwertigen Zollsenkungen in anderen Bereichen begleitet wird.
   d. Eine kanadische Steuer auf Holz*exporte*, die auf Verlangen der USA verhängt wird, um die Holzproduzenten in den USA zu beruhigen.
   e. Ein Förderprogramm für Forschung und Entwicklung in Gebieten, die mit Hochtechnologiegütern wie elektronischen Geräten und Halbleitern zusam-menhängen.
   f. Staatliche Sonderbeihilfen für Beschäftigte, die aufgrund der Importkonkurrenz ihren Arbeitsplatz verlieren.

→

> **7.** Seit der politischen und wirtschaftlichen Liberalisierung in Osteuropa wurde viel über den Beitritt einiger osteuropäischer Länder zur Europäischen Union spekuliert. Diskutieren Sie die potenziellen ökonomischen Kosten der Osterweiterung der EU vom Standpunkt a) Westeuropas, b) Osteuropas und c) anderer Nationen.

Weiterführende Literatur

Robert E. Baldwin, *The Political Economy of U.S. Import Policy*. Cambridge: MIT Press, 1985. Ein grundlegendes Werk zu den Hintergründen der Handelspolitik in den USA.

Robert E. Baldwin, „Trade Policies in Developed Countries", in: Ronald W. Jones und Peter B. Kenen, Hrsg., *Handbook of International Economics*. Bd. 1. Amsterdam: North-Holland, 1984. Eine umfassende Darstellung der Theorie und Faktenlage zu zahlreichen handelspolitischen Problemfeldern.

Jagdish Bhagwati, Hrg., *Import Competition and Response*. Chicago: University of Chicago Press, 1982. Analytische Aufsätze zu den ökonomischen und politischen Fragen, die aus der Konkurrenz von Importen mit einheimischer Produktion entstehen.

Jagdish Bhagwati, *Protectionism*. Cambridge: MIT Press, 1988. Eine schlüssige Zusammenfassung der Argumente für und gegen den Protektionismus, abgeschlossen mit einer Reihe von Vorschlägen zur Förderung des freien Handels.

W. Max Corden, *Trade Policy and Economic Welfare*. Oxford: Clarendon Press, 1974. Eine sorgfältige Darlegung der ökonomischen Argumente für und gegen protektionistische Maßnahmen.

Harry Flam, „Product Markets and 1992: Full Integration, Large Gains?", in: *The Journal of Economic Perspectives* (Herbst 1992), S. 7–30. Eine sorgfältige Studie der möglichen wirtschaftlichen Auswirkungen von „1992", der Schaffung des europäischen Binnenmarktes. Sie setzt sich besonders gründlich mit der weit verbreiteten Auffassung auseinander, dass die Abschaffung der Handelshemmnisse große „dynamische" Gewinne erzeugen wird, obwohl die gemessenen Kosten dieser Hemmnisse zunächst gering anmuten.

John H. Jackson, *The World Trading System*. Cambridge: MIT Press, 1989. Eine umfassende Darstellung des rechtlichen Rahmens für den Welthandel, mit besonderer Betonung des GATT.

Dominick Salvatore, Hrsg., *The New Protectionist Threat to World Welfare*. Amsterdam: North-Holland, 1987. Eine Anthologie zu den Ursachen und Folgen des zunehmenden protektionistischen Drucks in den 1980er Jahren.

Jeffrey Schott, *The Uruguay Round: An Assessment*. Washington, D.C.: Institute for International Economics, 1994. Ein dankenswert knapper und sehr lesbarer Überblick über die Probleme und Errungenschaften der jüngste GATT-Runde, der auch die meisten relevanten Forschungen vorstellt.

Robert M. Stern, Hrsg., *U.S. Trade Policies in a Changing World Economy*. Cambridge: MIT Press, 1987. Weitere Aufsätze zu aktuellen Problemen der Handelspolitik.

Anhang zu Kapitel 9

Beweis, dass der Optimalzoll positiv ist.

Ein Zoll verbessert stets die Terms of Trade eines großen Landes, führt aber gleichzeitig zu Verzerrungen bei Produktion und Konsum. In diesem Anhang wird der Nachweis erbracht, dass bei einem hinreichend geringen Zoll die Terms-of-Trade-Gewinne stets größer ausfallen als die Verzerrungsverluste. Es gibt also für alle Fälle einen positiven Optimalzoll.

Wir setzen voraus, dass sämtliche Angebots- und Nachfragekurven einen *linearen* Verlauf haben, also gerade Linien sind.

9A.1   Nachfrage und Angebot

Für Inland, das importierende Land, nehmen wir eine Nachfragekurve mit folgender Gleichung an:

$$D = a - b\tilde{P}, \tag{9A-1}$$

wobei $\tilde{P}$ der Binnenpreis des Gutes ist. Außerdem nehmen wir folgende Angebotskurve an:

$$Q = e + f\tilde{P}. \tag{9A-2}$$

Die Importnachfrage von Inland ergibt sich aus der Differenz zwischen Binnennachfrage und Binnenangebot:

$$D - Q = (a - e) - (b + f)\tilde{P}. \tag{9A-3}$$

Auch das Exportangebot von Ausland ergibt eine gerade Linie:

$$(Q^* - D^*) = g + hP_W, \tag{9A-4}$$

wobei P_W der Weltpreis ist. Der Binnenpreis in Inland übersteigt den Weltpreis um die Höhe des Zolls:

$$\tilde{P} = P_W + t. \tag{9A-5}$$

9A.2   Zoll und Preise

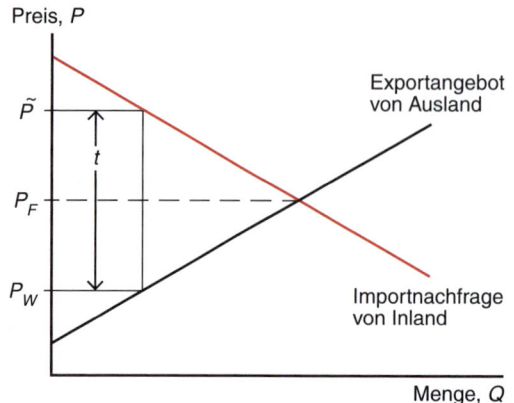

Preis, P

$\tilde{P}$

t

P_F

P_W

Exportangebot
von Ausland

Importnachfrage
von Inland

Menge, Q

In dem linearen Modell können wir die Preiswirkung eines Zolls genau berechnen.

Abbildung 9A.1:   **Preiswirkung eines Zolls**

Ein Zoll treibt einen Keil zwischen Binnen- und Weltpreise, indem er den Binnenpreis von Inland erhöht und den Weltpreis senkt (Abbildung 9A.1).

Im Weltgleichgewicht ist die Importnachfrage von Inland gleich dem Exportangebot von Ausland:

$$(a - e) - (b + f) \times (P_W + t) = g + hP_W. \qquad (9A\text{-}6)$$

P_F sei der Weltmarktpreis ohne Zoll. Der Zoll t hebt dann den Binnenpreis auf:

$$\tilde{P} = P_F + th/(b + f + h), \qquad (9A\text{-}7)$$

und senkt den Weltmarktpreis auf:

$$P_W = P_F - t(b + f)/(b + f + h). \qquad (9A\text{-}8)$$

Bei einem kleinen Land ist das Auslandsangebot sehr flexibel, h also ein sehr großer Wert. Ein Zoll eines kleinen Landes hat daher wenig Auswirkung auf den Weltpreis, hebt aber den Binnenpreis um nahezu seinen eigenen Betrag.

9A.3 Zoll und Wohlfahrt im Inland

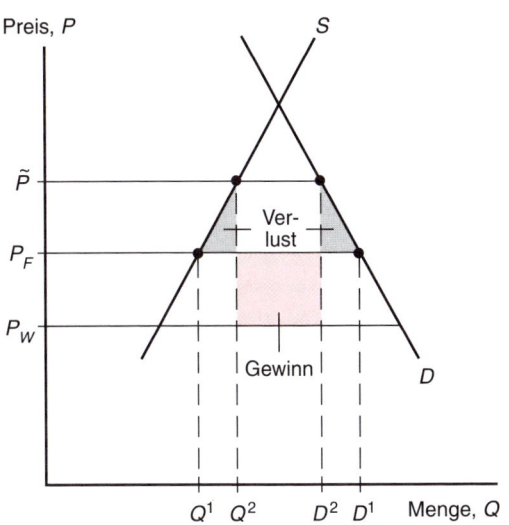

Der Nettogewinn eines Zolls ist gleich der Fläche des farbigen Rechtecks minus der Fläche der zwei grauen Dreiecke.

Abbildung 9A.2: **Wohlfahrtseffekte eines Zolls**

Wir wenden das Gelernte nun an, um die Auswirkungen eines Zolls auf die Wohlfahrt im Inland zu bestimmen (Abbildung 9A.2). Q^1 und D^1 stehen für das Konsum- und Produktionsniveau bei Freihandel. Ein Zoll hebt die Binnenpreise, sodass Q auf Q^2 steigt und D auf D^2 sinkt. Dabei gilt:

$$Q^2 = Q^1 + tfh/(b + f + h) \qquad \textbf{(9A-9)}$$

und

$$D^2 = D^1 - tbh/(b + f + h) \qquad \textbf{(9A-10)}$$

Der Gewinn aus einem gesenkten Weltpreis entspricht der Fläche des Rechtecks in Abbildung 9A.2, d.h. der Preissenkung multipliziert mit dem Importvolumen nach Zoll.

$$\text{Gewinn} = (D^2 - Q^2) \times t(b + f)/(b + f + h)$$

$$= t \times (D^1 - Q^1) \times (b + f)/(b + f + h) - (t)^2 \times h(b + f)^2/(b + f + h)^2 \qquad \textbf{(9A-11)}$$

Der Verlust aus der Konsumverzerrung entspricht der Summe der Flächen beider Dreiecke in Abbildung 9A.2:

$$\text{Verlust} = (1/2) \times (Q^2 - Q^1) \times (\tilde{P} - P_F) + (1/2) \times (D^1 - D^2) \times (\tilde{P} - P_T)$$

$$= (t)^2 \times (b + f) \times (h)^2/2(b + f + h)^2 \qquad \textbf{(9A-12)}$$

Der Nettoeffekt auf die Wohlfahrt ist daher:

$$\text{Gewinn} - \text{Verlust} = t \times U - (t)^2 \times V, \qquad \textbf{(9A-13)}$$

wobei U und V für komplizierte Ausdrücke stehen, die allerdings unabhängig von der Zollhöhe und positiv sind. Der Nettoeffekt ergibt sich also aus der Summe des Multiplikationsprodukts aus dem Zollsatz und einer positiven Zahl und des Multiplikationsprodukts aus einer negativen Zahl und dem *Quadrat* des Zollsatzes.

Hieraus geht hervor, dass der Nettoeffekt einen positiven Wert annimmt, sobald der Zoll klein genug ist. Denn je kleiner eine Zahl, desto schneller verringert sich der Wert ihres Quadrats im Verhältnis zu dieser Zahl selbst. Nehmen Sie an, das ein Zoll von 20 Prozent einen Nettoverlust erzeugt. Versuchen Sie es als Nächstes mit einem Zoll von 10 Prozent. Der positive Term wird bei diesem Zolleffekt halb so groß sein wie bei einem Zoll von 20 Prozent, der negative jedoch nur ein Viertel so groß. Sollte dieser Nettoeffekt wieder negativ ausfallen, berechnen Sie den Fall eines Zolls in Höhe von 5 Prozent; dies wird erneut den negativen Effekt doppelt so stark reduzieren wie den positiven. Sobald der Zollsatz niedrig genug angesetzt ist, wird der positive Effekt höher ausfallen als der negative.

Kapitel

10 Handelspolitik in Entwicklungsländern

Kapitelübersicht

Beispiele

Bisher haben wir die Instrumente und Ziele der Handelspolitik analysiert, ohne ihren Kontext genauer zu bestimmen – d.h. ohne viel über das Land zu sagen, das sie betreibt. Von allen geschichtlichen Besonderheiten und aktuellen Problemen ist aus Sicht der Wirtschaftspolitik das Einkommensniveau besonders augenfällig. Wie Tabelle 10.1 zeigt, sind die Pro-Kopf-Einkommen sehr unterschiedlich. An einem Ende des Spektrums befinden sich die entwickelten oder fortgeschrittenen Industrienationen. Zu diesem Club gehören Westeuropa, einige vorwiegend von Europäern besiedelte Länder (darunter die USA) und Japan. Die Pro-Kopf-Einkommen dieser Länder liegen oftmals oberhalb von 20.000 Dollar pro Jahr. Der größte Teil der Weltbevölkerung lebt allerdings in deutlich ärmeren Ländern. Auch zwischen diesen **Entwicklungsländern**[1] gibt es erhebliche Einkommensunterschiede. Einige, wie zum Beispiel Singapur, stehen den offiziellen Statistiken und ihrem Selbstverständnis nach an der Schwelle zum Status der Industrienation. Andere, wie etwa Bangladesch, sind nach wie vor bettelarm. Doch das Bemühen, den Einkommensrückstand gegenüber den fortgeschritteneren Ländern aufzuholen, wird von nahezu allen Entwicklungsländern als wichtigste Zielsetzung der Wirtschaftspolitik geteilt.

Weshalb sind manche Länder um so viel ärmer als andere? Weshalb gelangen einigen Ländern, die noch vor einer Generation arm waren, dramatische Fortschritte, während andere zurückblieben? Diese Fragen sind Gegenstand tief greifender Auseinandersetzun-

---

[1] Der Begriff Entwicklungsländer, der ursprünglich nur von internationalen Organisationen verwendet wurde, ist in den allgemeinen Sprachgebrauch eingegangen. Er ist insofern irreführend, als in einigen dieser Länder der Lebensstandard seit zehn Jahren oder mehr sinkt. Eine zutreffendere, wenn auch weniger gefällige Bezeichnung ist „wenig entwickelte Länder" (less-developed countries, abgekürzt LDCs).

gen. Der Versuch, sie zu beantworten – oder auch nur die Antworten zu umreißen, die verschiedene Ökonomen im Laufe der Jahre gegeben haben –, würde den Rahmen dieses Buches sprengen. Halten wir jedoch fest, dass die sich wandelnden Auffassungen über wirtschaftliche Entwicklung für die Handelspolitik eine große Rolle gespielt haben.

Nach dem Zweiten Weltkrieg war die Handelspolitik vieler Entwicklungsländer etwa dreißig Jahre lang von der Überzeugung geprägt, dass der Schlüssel zur wirtschaftlichen Entwicklung in der Schaffung eines starken Industriesektors liege, dessen Aufbau vorzugsweise durch den Schutz der einheimischen Branche vor internationaler Konkurrenz gewährleistet werden könne. Der erste Teil dieses Kapitels erläutert die Begründung dieser Strategie der importsubstituierenden Industrialisierung und die Kritik daran, die nach 1970 immer lauter wurde. Anschließend beschreibt es die Sichtweise, die sich in den späten 1980er Jahren durchsetzte und die Vorzüge des Freihandels betont.

Die Hauptsorge der Wirtschaftspolitik der Entwicklungsländer galt zwar dem insgesamt niedrigen Einkommensniveau, daneben sollten jedoch die starken Einkommensunterschiede zwischen bestimmten Region und Sektoren *innerhalb* vieler Entwicklungsländer nicht übersehen werden. Dieses Problem des ökonomischen Dualismus, das einige besondere politische Fragen aufwirft, wird im zweiten Teil dieses Kapitels behandelt.

Während die Ökonomen noch über die Gründe für die chronische Einkommenskluft zwischen den Nationen stritten, versetzte eine immer größere Gruppe ostasiatischer Staaten die Welt seit Mitte der 1960er Jahre mit spektakulären Wachstumsraten in Erstaunen. Der dritte Teil dieses Kapitels befasst sich mit der Interpretation des „ostasiatischen Wirtschaftswunders" und seinen (stark umstrittenen) Implikationen für die Außenhandelspolitik.

USA	33.900
Japan	23.400
Deutschland	22.700
Singapur	27.800
Südkorea	13.300
Mexiko	8.500
China	3.800
Indien	1.800

Tabelle 10.1:   **Bruttoinlandsprodukt pro Kopf der Bevölkerung im Jahr 1999 (in Dollar)**
Quelle: CIA, *World Factbook*, 2000.

10.1   Importsubstituierende Industrialisierung

Vom Zweiten Weltkrieg bis zu den 1970er Jahren versuchten viele Entwicklungsländer den Aufbau ihrer Volkswirtschaften zu beschleunigen, indem sie den Import von Industrieprodukten beschränkten. Auf diese Weise sollte ein Industriesektor für den einheimischen Markt geschaffen werden. Diese Strategie wurde aus verschiedenen Gründen populär. Dabei spielten auch wirtschaftstheoretische Erwägungen zugunsten der Importsubstitution eine wichtige Rolle. Das wichtigste dieser Argumente war der in Kapitel 6 erwähnte *Erziehungszoll*.

10.1.1   Das Erziehungszollargument

Das Erziehungszollargument besagt Folgendes: Die Entwicklungsländer verfügen über einen *potenziellen* komparativen Vorteil in der Industrieproduktion, doch zunächst können neue Branchen in Entwicklungsländern nicht mit der etablierten Branche in den entwickelten Ländern konkurrieren. Damit eine Branche überhaupt Fuß fassen kann, sollten diese Staaten sie so lange stützen, bis sie stark genug ist, um der internationalen Konkurrenz standzuhalten. Daher ist es sinnvoll, die Industrialisierung mit Hilfe zeitlich begrenzter Zölle oder Importquoten anzustoßen. Es ist eine historische Tatsache, dass die Industrialisierung der drei größten Marktwirtschaften der Welt hinter Zollschranken begann: Im 19. Jahrhundert erhoben die USA und Deutschland hohe Zölle auf Industriegüter, und auch Japan hielt bis in die 1970er Jahre hinein umfangreiche Importkontrollen aufrecht.

Einwände gegen das Erziehungszollargument. Das Erziehungszollargument erscheint auf den ersten Blick sehr einleuchtend und hat auch viele Regierungen überzeugt. Ökonomen weisen allerdings auf zahlreiche logische Ungereimtheiten hin und mahnen zur Vorsicht bei seiner Umsetzung.

Erstens ist es nicht immer günstig, heute schon Branchen aufzubauen, die irgendwann in der Zukunft einen komparativen Vorteil haben werden. Nehmen wir an, ein heute arbeitsreiches Land sei gerade dabei, Kapital zu akkumulieren. Sobald die Kapitalmenge groß genug ist, wird es einen komparativen Vorteil bei kapitalintensiven Branchen haben. Damit ist nicht gesagt, dass es auch versuchen sollte, diese Branchen sofort aufzubauen. Beispielsweise wurde Südkorea im Jahr 1980 zum Exporteur von Automobilen. Es wäre wahrscheinlich nicht gut gewesen, wenn sich Südkorea bereits in den 1960er Jahren am Aufbau einer eigenen Automobilindustrie versucht hätte, denn damals waren Kapital und qualifizierte Arbeit noch äußerst knapp.

Zweitens nützt der Schutz der Branche nur dann etwas, wenn er zu deren Wettbewerbsfähigkeit beiträgt. Pakistan und Indien schützen ihre Industriesektoren seit Jahrzehnten und haben dennoch erst vor kurzem begonnen, Industrieprodukte in nennenswerten Mengen zu exportieren. Doch diese Exportgüter sind Produkte der Leichtindustrie, wie beispielsweise Textilien, und entstammen nicht der geschützten Schwerindustrie. Vieles spricht dafür, dass beide Länder ihre Exporte von Industrieprodukten auch dann gesteigert hätten, wenn sie ihre Branche nie geschützt hätten. Einige Ökonomen warnen daher auch vor einer „Pseudo-Erziehung": Eine zunächst geschützte Branche kann aus Gründen, die überhaupt nichts mit dem staatlichen Schutz zu tun haben, irgendwann wettbewerbsfähig werden. Dies wird dann womöglich auf die protektionistische Politik zurückgeführt, obwohl diese der Volkswirtschaft netto nur Kosten verursacht hat.

Allgemeiner gesprochen spricht die Tatsache, dass der Aufbau einer Branche kostspielig und zeitraubend ist, nicht für staatliche Interventionen. Eine Ausnahme bildet ein Marktversagen im Inland. Wenn eine Branche so hohe Erträge auf Kapital, Arbeit und andere eingesetzte Produktionsfaktoren abwerfen kann, dass ihr Aufbau gerechtfertigt ist, weshalb wird sie dann nicht von Privatinvestoren ohne staatliche Hilfe aufgebaut? Bisweilen vernimmt man das Argument, dass Privatinvestoren nur an den laufenden Erträgen einer Branche interessiert seien und die Zukunftsaussichten nicht berücksichtigen würden. Doch diese Behauptung steht nicht im Einklang mit dem Verhalten des Marktes. Zumindest in den fortgeschrittenen Ländern unterstützen Investoren häufig Projekte, deren Erträge noch ungewiss sind und in der Zukunft liegen. (Ein Beispiel ist die US-amerikanische Biotechnologie, eine Branche, die bereits Jahre, bevor sie ihr erstes Produkt auf den Markt brachte, Hunderte Millionen Dollar Kapital anzog.)

Marktversagen als Rechtfertigung für den Schutz junger Branchen. Zur Begründung des Erziehungszollarguments muss man über die anscheinend plausible, aber zweifelhafte Ansicht hinausgehen, dass junge Branchen immer eines gewissen Schutzes bedürften. Ob dieser Schutz gerechtfertigt ist, muss im Einzelnen überprüft werden. Dazu eignet sich die in Kapitel 9 vorgestellte Methode der Analyse. Das Argument, eine Branche in ihrer Anfangszeit zu unterstützen, muss in Beziehung zu bestimmten Formen des Marktversagens gesetzt werden, die eine hinreichend schnelle Entwicklung der Branche durch private Märkte verhindern. Die Anhänger des Erziehungszollarguments führen zwei Arten des Marktversagens an, um Protektion zu rechtfertigen: **unvollkommene Kapitalmärkte** und die **Verwertbarkeit** (appropriability).

Die Argumentation zugunsten des Schutzes junger Branchen wegen unvollkommener Kapitalmärkte verläuft folgendermaßen: Wenn ein Entwicklungsland nicht über die nötigen Finanzinstitutionen (effiziente Aktienmärkte und Banken) verfügt, mit deren Hilfe Ersparnisse aus den traditionellen Sektoren (Landwirtschaft) in die Finanzierung neuer Sektoren (Branchen) geleitet werden können, dann behindert die dadurch bedingte Einschränkung laufender Gewinnmöglichkeiten das Wachstum der neuen Branchen. Die anfangs niedrigen Gewinnspannen bilden folglich auch dann ein Investitionshindernis, wenn die langfristigen Erträge auf das eingesetzte Kapital hoch wären. Die beste Politik besteht in der Schaffung eines besseren Kapitalmarkts. Da jedoch der Schutz neuer Branchen durch erhöhte Gewinne ein schnelleres Wachstum gewährleisten würde, ist er als zweitbeste Politikoption statthaft.

Das Argument der Verwertbarkeit kann viele Formen annehmen, denen sämtlich die Annahme zugrunde liegt, dass die Unternehmen einer neuen Branche einen gesamtgesellschaftlichen Nutzen erzeugen, der nicht vergütet wird. Bei Unternehmen, die neu in eine Branche eintreten, fallen zunächst „Startkosten" an, weil sie ihre Technologie an die örtlichen Umstände anpassen oder in neue Märkte eindringen müssen. Wenn sich weitere

Unternehmen anschließen, ohne dieselben Startkosten noch einmal aufbringen zu müssen, bleiben den Pionieren Erträge aus diesen Anschubinvestitionen versagt. Pionierunternehmen erzeugen daher bisweilen zusätzlich zu ihrer materiellen Produktion immaterielle Gewinne (Wissen oder neue Märkte), für die sie keine Eigentumsrechte geltend machen können. In einigen Fällen übersteigt der Nutzen, den die Gesellschaft aus der Gründung einer neuen Branche zieht, sogar deren Kosten. Dennoch schrecken private Unternehmer davor zurück, weil diese Gewinne von anderen verwertet werden können. Die beste Lösung besteht darin, Unternehmen für ihre immateriellen Leistungen zu entschädigen. Wenn dies nicht möglich ist, bietet sich als zweitbeste Lösung die Förderung der neuen Branche durch Zölle und andere handelspolitische Maßnahmen an.

Als Begründung für den Schutz junger Branchen stellen unvollständige Kapitalmärkte und die Verwertbarkeit Sonderfälle des *Marktversagens* als Rechtfertigung für Handelsbeschränkungen dar. Sie beziehen sich lediglich speziell auf neue, und nicht auf alle Branchen. Die grundlegenden Mängel des Ansatzes, der sich auf Marktversagen beruft, bleiben bestehen: In der Praxis ist schwer zu beurteilen, welche Branchen tatsächlich eine Vorzugsbehandlung verdienen. Es besteht die Gefahr, dass eine Politik, die eigentlich der Entwicklungsförderung dienen soll, von einzelnen Interessengruppen ausgenutzt wird. Viele einstmals junge Branchen wurden niemals erwachsen und blieben dauerhaft von Schutzmaßnahmen abhängig.

10.1.2 Förderung der Industrialisierung durch Protektionismus

Obwohl das Erziehungszollargument nicht überzeugt, stellte es in den Augen vieler Entwicklungsländer einen zwingenden Grund dar, die Entwicklung neuer Branchen besonders zu fördern. Im Prinzip konnte eine solche Förderung in unterschiedlichen Formen erfolgen. Beispielsweise konnten die betreffenden Länder die Industrieproduktion generell subventionieren, oder sie konnten sich auf Exportsubventionen für bestimmte Industriegüter konzentrieren, bei denen sie auf einen zukünftigen komparativen Vorteil hofften. In den meisten Entwicklungsländern bestand die grundlegende Industrialisierungsstrategie allerdings im Aufbau von binnenmarktorientierten Branchen. Diesem Ziel dienten Handelsbeschränkungen wie Zölle und Importquoten, mit deren Hilfe die Ersetzung importierter Industrieprodukte durch einheimische Produkte gefördert werden sollte. Diese Strategie, die einheimische Branche durch die Beschränkung des Imports von Industrieprodukten zu fördern, bezeichnet man als **importsubstituierende Industrialisierung.**

Man könnte die Frage stellen, weshalb nicht beides möglich ist. Könnte man nicht sowohl die Importsubstitution als auch Exporte fördern? Um diese Frage zu beantworten, müssen wir auf die Analyse der Zölle im allgemeinen Gleichgewicht zurückkommen, die in Kapitel 5 vorgestellt wurde. Ein Zoll, der die Importe reduziert, senkt zwangsläufig auch das Exportvolumen. Durch den Schutz von Branchen, die Importprodukte ersetzen, werden bereits bestehenden oder potenziellen Exportsektoren Ressourcen entzogen. Die Entscheidung zugunsten der Importsubstitution richtet sich also zugleich gegen die Förderung des Exportwachstums.

Die Ursachen dafür, weshalb in der Regel nicht das Exportwachstum, sondern die Importsubstitution als Industrialisierungsstrategie gewählt wurde, liegen sowohl im wirtschaftlichen als auch im politischen Bereich. Erstens wurde die Möglichkeit, Industrieprodukte zu exportieren, bis in die 1970er Jahre hinein von vielen Entwicklungsländern skeptisch beurteilt (eine Haltung, die im Grunde auch gegen das Erziehungszollargument spricht). Ihrer Ansicht nach konnte die Industrialisierung nur mittels der Ersetzung von Importen durch eine eigene Industrieproduktion erfolgen, nicht durch zunehmende Fertigwarenexporte. Zweitens lag die importsubstituierende Industrialisierung in vielen Fällen auf einer Linie mit weit verbreiteten politisch-ideologischen Konzeptionen. Wir haben bereits auf den Fall der lateinamerikanischen Länder verwiesen, die sich während der Großen Depression der 1930er Jahre und in der ersten Hälfte der 1940er Jahre zur Importsubstitution gezwungen sahen, weil der Krieg den Außenhandel beeinträchtigte (Kapitel 18). In diesen Ländern begünstigte die Importsubstitution ganz direkt mächtige, etablierte Interessengruppen, während es für die Exportförderung keine natürliche Klientel gab.

Darüber hinaus machten einige Befürworter der Importsubstitution geltend, dass die Weltwirtschaft Neulingen keinen Raum lasse. Die Vorteile der etablierten Industrienationen seien derart groß, dass die sich eben erst industrialisierenden Volkswirtschaften keine Chance hätten. Extreme Vertreter dieser Auffassung forderten die generelle Abtrennung der Entwicklungsländer von den Industrienationen; doch selbst unter den gemäßigteren Befürwortern protektionistischer Entwicklungsstrategien war die Ansicht, dass das internationale Wirtschaftssystem die Interessen der Entwicklungsländer auf allen Ebenen benachteilige, bis in die 1980er Jahre hinein weit verbreitet.

Der Höhepunkt der importsubstituierenden Industrialisierung fiel in die 1950er und 1960er Jahre. Normalerweise schützten die Entwicklungsländer zunächst die letzten Fertigungsstufen der Branche, wie z.B. die Lebensmittelverarbeitung und die Automobilmontage. In größeren Entwicklungsländern ersetzten einheimische Produkte die importierten Konsumgüter fast völlig (obwohl die Produktion oft von multinationalen Unternehmen geleistet wurde). Sobald sich die Möglichkeiten der Konsumgütersubstitution erschöpft hatten, gingen die betreffenden Länder zur Protektion von Zwischenprodukten über, wie z.B. Autokarosserien, Stahl und petrochemische Produkte.

In den meisten Entwicklungsländern wurde die Importsubstitution nicht bis zu ihrem logischen Ende getrieben: Komplexe Industriegüter wie Computer, Präzisionsmaschinen und Ähnliches wurden weiterhin importiert. Dennoch senkten die größeren Länder, die diese Strategie verfolgten, ihre Importe auf bemerkenswert niedrige Niveaus. Je kleiner die Volkswirtschaft des Landes (gemessen beispielsweise am Wert ihrer Gesamtproduktion) war, desto größer für gewöhnlich der Anteil ihrer Importe und Exporte am Nationaleinkommen. Doch Indien, dessen Binnenmarkt weniger als 5 Prozent des inneren Marktes der USA ausmacht, exportierte im Jahr 1999 einen kleineren Anteil seiner Produktion als die USA. Dies geht aus Tabelle 10.2 hervor. Brasilien ist das extremste Beispiel: Im Jahr 1990 entfielen nur 7 Prozent der Produktion auf Exporte. Dieser Anteil ist geringer als in den USA und liegt weit unter demjenigen großer Industrieländer wie beispielsweise Deutschland.

Als Strategie zur Förderung des Industriesektors hat sich die Importsubstitution eindeutig bewährt. Die lateinamerikanischen Volkswirtschaften erzeugen heute einen nahezu ebenso großen Anteil ihrer Produktion durch die Branche wie die fortgeschrittenen Länder. (Indien bleibt weiterhin zurück, was aber nur daran liegt, dass seine ärmeren Bevölkerungsgruppen nach wie vor einen großen Anteil ihres Einkommens für Lebensmittel ausgeben.) Allerdings war die Förderung der Industrieproduktion für diese Länder kein Ziel an sich. Hat die importsubstituierende Industrialisierung auch die allgemeine wirtschaftliche Entwicklung gefördert? Dies wird mittlerweile ernsthaft bezweifelt.

Brasilien	8
Indien	11
USA	12
Japan	11
Deutschland	27
Südkorea	42
Hongkong	132
Singapur	202

Tabelle 10.2: Exporte als prozentualer Anteil des Nationaleinkommens, 1999
Quelle: Weltbank, *World Development Report*, Washington, D. C.: Weltbank, 2001.

In den 1950er und frühen 1960er Jahren haben zwar viele Ökonomen Maßnahmen zur Importsubstitution gutgeheißen, doch seither wird immer schärfere Kritik laut. Die meisten Wirtschaftswissenschaftler und politischen Strategen werben mittlerweile nicht mehr für diese Strategie, sondern bemühen sich um die Behebung des Schadens, den ihre dilettantische Umsetzung angerichtet hat.

Beispiel 10.1: Das Ende der Importsubstitution in Chile

Chile war eines der ersten Länder, das die Strategie der Industrialisierung durch Importsubstitution aufgab. Bis Anfang der 1970er Jahre hatte Chile, ein relativ wohlhabendes Entwicklungsland mit ungewöhnlich starken demokratischen Traditionen, eine ähnliche Politik verfolgt wie andere lateinamerikanische Länder. Unter dem Schutz umfassender Importbeschränkungen wurde eine Industriebasis aufgebaut, während die Exporte des Landes weiterhin vorwiegend aus traditionellen Erzeugnissen, in erster Linie Kupfer, bestanden. Zu Beginn der 1970er Jahre löste allerdings die Wahl einer Regierung, die sich zum Kommunismus bekannte, politische Unruhen aus. Sie endeten mit der Machtergreifung des Militärs, das seine Gegner mit brutaler Gewalt unterdrückte.

Die neue Regierung brachte einen zu jener Zeit ungewöhnlichen Glauben an die Politik des freien Marktes mit. Die Importbeschränkungen wurden aufgehoben und durch niedrige Zölle ersetzt. Sei es wegen oder trotz dieser Politik (ein drastischer Preisverfall auf dem Weltkupfermarkt verstärkte Chiles Probleme), jedenfalls machte die Volkswirtschaft Mitte der 1970er Jahre eine sehr schwierige Periode durch. Einer Erholung Ende der 1970er, Anfang der 1980er Jahre folgte ein weiterer schwerer Abschwung, als sich Chile in der Weltschuldenkrise verfing (siehe Kapitel 22).

In der zweiten Hälfte der 1980er Jahre zeichnete sich allerdings eine eindrucksvolle Steigerung der chilenischen Wirtschaftsleistung ab. Neue Exporte, darunter Obst, das außerhalb der Saison in die nördliche Hemisphäre transportiert wurde, qualitativ hochwertiger Wein und Industrieprodukte, beispielsweise Möbel, hatten die frühere Abhängigkeit des Landes vom Kupferbergbau gemindert. Die chilenische Volkswirtschaft wuchs nun schneller als je zuvor, überholte die anderen lateinamerikanischen Länder und konnte nahezu mit den asiatischen Ländern gleichziehen. Die Folge war, dass die Politik des Freihandels – die ursprünglich sehr unpopulär war und mit der harten Herrschaft des chilenischen Militärs identifiziert wurde – immer mehr Unterstützung gewann.

Im Jahr 1990 zog sich das Militär aus der Politik Chiles zurück, stellt aber zum Erscheinungszeitpunkt dieses Buches noch immer eine Art Staat im Staate dar, der sich der Zivilregierung nicht unterordnet. Inzwischen wird die Wirtschaftspolitik der vorherigen 17 Jahre jedoch weithin als Ursache für den heutigen Wohlstand des Landes anerkannt. Die Grundrichtung der Wirtschaftspolitik blieb daher unter der frei gewählten Regierung unverändert. Und Chiles wirtschaftlicher Erfolg setzte sich fort: Mit einer Wachstumsrate von 6,9 Prozent für die Jahre 1990 bis 1994 übertrifft das Land die übrigen lateinamerikanischen Länder bei weitem.

10.1.3   Resultate einseitiger Förderung: Probleme der importsubstituierenden Industrialisierung

Die Kritik an der importsubstituierenden Industrialisierung setzt daran an, dass viele Länder, die diese Strategie verfolgten, keinerlei Anzeichen für ein Aufschließen zu den fortgeschrittenen Ländern erkennen ließen. In einigen Fällen hat die Entwicklung einer einheimischen Industriebasis die Volkswirtschaft offenbar nicht angekurbelt, sondern zu einer Stagnation des Pro-Kopf-Einkommens geführt. Dies gilt für Indien, das in 20 Jahren ehrgeiziger Wirtschaftspläne, von 1950 bis Anfang der 1970er Jahre, sein Pro-Kopf-Einkommen um nur wenige Prozent gesteigert hatte. Es gilt auch für Argentinien, das einst als wohlhabendes Land galt. Seine Wirtschaft wuchs bis zur Lockerung der Handelsbeschränkungen Ende der 1980er Jahre nur im Schneckentempo. Andere Länder, beispielsweise Mexiko, konnten zwar ein gewisses Wirtschaftswachstum erreichen, den Abstand zu den fortgeschrittenen Ländern aber nicht verringern. Nur einige wenige Entwicklungsländer sind auf der Einkommensskala wirklich nach oben gestiegen. Und diese Länder haben entweder niemals Importsubstitution betrieben oder diese inzwischen völlig aufgegeben.

Weshalb funktionierte die importsubstituierende Industrialisierung nicht in der vorgesehenen Weise? Der wichtigste Grund dürfte darin liegen, dass das Erziehungszollargument nicht so allgemein gültig war, wie weithin angenommen. Eine Periode der Protektion schafft keinen wettbewerbsfähigen Industriesektor, wenn einem Land aus fundamentalen Gründen jeder komparative Vorteil in der Industrieproduktion fehlt. Die Vergangenheit beweist, dass die Gründe für das Ausbleiben einer wirtschaftlichen Entwicklung oft tiefer liegen als in fehlender Erfahrung mit der Industrieproduktion. Armen Ländern mangelt es an qualifizierter Arbeit, Unternehmern und unternehmerischer Führungskompetenz. Außerdem fällt es ihnen aufgrund ihrer problembeladenen Sozialstruktur schwer, eine verlässliche Versorgung zu gewährleisten. Dies betrifft alle Güter und Dienstleistungen, von Ersatzteilen bis hin zum Stromanschluss. Zwar sind diese Probleme durch eine angemessene Wirtschaftspolitik grundsätzlich lösbar, *handelspolitische Maßnahmen* sind dafür jedoch ungeeignet. Eine Importquote kann einem ineffizienten Industriesektor das Überleben ermöglichen, ihn aber nicht effizienter machen. Das Erziehungszollargument besagt, dass die Branchen wenig entwickelter Nationen unter dem vorübergehenden Schutz von Zöllen oder Quoten zur Effizienz erzogen werden können. In der Praxis ist dies jedoch selten der Fall.

Da die Importsubstitution nicht den gewünschten Erfolg hatte, wandte man sich den Kosten der Industrieförderung zu. Zahlreiche Studien weisen inzwischen nach, dass die protektionistische Politik vieler wenig entwickelter Länder die Anreize für wirtschaftliche Aktivitäten stark verzerrt hat. Zum Teil liegt dies an den übermäßig komplexen Methoden, die viele Länder zur Förderung junger Branchen entwickelten. Sie verhängten komplizierte und einander häufig überschneidende Importquoten, Devisenkontrollen und Vorschriften über die Verwendung einheimischer Komponenten, anstatt einfache Zölle zu erheben. Oft lässt sich nur schwer bestimmen, welches Maß an Schutz eine behördliche Vorschrift überhaupt bietet, und entsprechende Untersuchungen zeigten, dass er oft höher ausfällt und sich je nach Branche stärker unterscheidet, als von staatlicher Seite beabsichtigt. Wie Tabelle 10.3 zeigt, stehen einige Branchen in Lateinamerika und Südasien unter dem Schutz von Vorschriften, die Zöllen von 200 Prozent oder mehr entsprechen. Diese hohen effektiven Protektionssätze ermöglichen den Fortbestand von Branchen, deren Produktionskosten drei oder vier Mal so hoch sind wie der Preis der Importe, die sie ersetzen. Selbst die überzeugtesten Vertreter des Arguments, dass Marktversagen Protektionismus rechtfertigt, verteidigen derart hohe effektive Protektionssätze nicht.

Mexiko (1960)	26
Philippinen (1965)	61
Brasilien (1966)	113
Chile (1961)	182
Pakistan (1963)	271

Tabelle 10.3: **Effektiver Protektionssatz der Industrie in ausgewählten Entwicklungsländern (in %)**
Quelle: Bela Balassa, *The Structure of Protection in Developing Countries.* Baltimore: John Hopkins Press, 1971.

Ein weiterer viel beachteter Kostenfaktor liegt darin, dass Importbeschränkungen tendenziell die Produktion in ineffizient niedrigen Stückzahlen fördern. Die Binnenmärkte selbst der größten Entwicklungsländer machen nur einen Bruchteil des US-amerikanischen oder europäischen Binnenmarkts aus. Oft ist der gesamte Binnenmarkt nicht groß genug, um einen Produktionsbetrieb von effizienter Größe zu tragen. Wenn allerdings dieser kleine Markt geschützt wird, beispielsweise durch eine Importquote, dann kann ein Unternehmen, das als einziges darin tätig wird, Monopolprofite erzielen. Der Konkurrenzkampf um diese Profite führt normalerweise dazu, dass sich gleich mehrere Unternehmen in einem Markt engagieren, der im Grunde nicht einmal genügend Raum für ein Unternehmen bietet. Die Produktion findet dann in höchst ineffizienten Größenordnungen statt. Die Antwort kleiner Länder auf das Problem des Größenvorteils besteht, wie in Kapitel 6 ausgeführt, in der Spezialisierung von Produktion und Export auf eine beschränkte Produktpalette. Andere Güter müssen importiert werden. Die Importsubstitution beseitigt diese Option, indem sie zur Ausrichtung der Industrieproduktion am einheimischen Markt führt.

Die Kritiker der importsubstituierenden Industrialisierung führen des Weiteren an, dass sie andere Probleme verschärft hat, und nennen in diesem Zusammenhang insbesondere die Einkommensungleichheit und die Arbeitslosigkeit (die weiter unten in diesem Kapitel unter „Probleme der Dualwirtschaft" behandelt werden).

Ende der 1980er Jahre hatte sich die Kritik an der importsubstituierenden Industrialisierung weitgehend durchgesetzt, und zwar nicht nur bei den Ökonomen internationaler Organisationen wie der Weltbank, sondern auch bei den politischen Entscheidungsträgern in den Entwicklungsländern selbst. Die nun veröffentlichten statistischen Daten ließen erkennen, dass diejenigen Entwicklungsländer, die eine relativ freie Handelspolitik betrieben, im Durchschnitt ein rascheres Wirtschaftswachstum erreicht hatten als diejenigen mit protektionistischer Politik. (Einige Ökonomen bezweifeln allerdings die Aussagekraft dieser Statistiken.[2]) Diese wissenschaftliche Kehrtwende führte zu einschneidenden Veränderungen in der Politik. Viele Entwicklungsländer beseitigten Importquoten und senkten Zölle.

10.2   Probleme der Dualwirtschaft

Die wenig entwickelten Länder reagieren mit ihrer Handelspolitik nicht nur auf ihren relativen Rückstand gegenüber fortgeschrittenen Nationen, sondern auch auf die ungleiche Entwicklung *im Innern*. Oft bestehen ein relativ moderner, kapitalintensiver Industriesektor mit hohen Löhnen und ein sehr armer, traditioneller Agrarsektor Seite an Seite im selben Land. Die Aufspaltung einer Wirtschaft in zwei Sektoren auf stark unterschiedlichem Entwicklungsstand bezeichnet man als **ökonomischen Dualismus**, und eine so beschaffene Volkswirtschaft als **Dualwirtschaft**.

---

[2]   Einen Überblick über die entsprechenden statistischen Angaben bietet Sebastian Edwards, „Openness, Trade Liberalization and Growth in Developing Countries", in: *Journal of Economic Literature*, September 1993.

Worin besteht der Zusammenhang zwischen ökonomischem Dualismus und Handelspolitik? Unserer Ansicht nach ist der Dualismus als Symptom für ein schlechtes Funktionieren der Märkte zu werten. In einer effizienten Volkswirtschaft bestehen beispielsweise keine allzu großen Lohnunterschiede zwischen den verschiedenen Sektoren. Wenn die Märkte schlecht funktionieren, kann dieses Marktversagen einen Grund für Abweichungen vom Freihandel abgeben. Das Bestehen eines ökonomischen Dualismus wird oft als Rechtfertigung für Zölle angeführt, die den effizienter erscheinenden Industriesektor schützen.

Ein zweiter Grund für handelspolitische Schlussfolgerungen aus dem Dualismus besteht darin, dass die Handelspolitik selbst ursächlich für sein Bestehen sein kann. Einige Kritiker der Importsubstitution unter den Ökonomen argumentieren, dass sie zur Schaffung einer dualen Wirtschaft beigetragen oder zumindest einige ihrer Symptome verschlimmert hat.

10.2.1 Die Symptome des ökonomischen Dualismus

Es gibt keine präzise Definition einer Dualwirtschaft. Im Allgemeinen versteht man darunter einen Zustand, in dem sich ein „moderner" Sektor (der typischerweise vor Importkonkurrenz geschützte Industriegüter herstellt) in mehreren Aspekten deutlich von der übrigen Volkswirtschaft abhebt:

1. Der Wert der Produktion pro Arbeiter ist in dem modernen Sektor weitaus größer als in der übrigen Volkswirtschaft. In den meisten Entwicklungsländern ist der Preis eines Guts, das ein Arbeiter im Industriesektor herstellt, um ein Mehrfaches höher als der Preis eines Guts, das ein Arbeiter im Agrarsektor produziert. Bisweilen steigt dieses Verhältnis bis auf 15 zu 1.

2. Der hohe Produktionswert pro Arbeiter geht mit einem höheren Lohnsatz einher. In der Industrie verdienen die Arbeiter manchmal bis zu zehn Mal so viel wie in der Landwirtschaft (obwohl die Löhne der Industriearbeiter im Vergleich zu Nordamerika, Westeuropa oder Japan immer noch niedrig sind).

3. Ungeachtet der hohen Löhne im Industriesektor sind die Kapitalerträge nicht unbedingt höher. Oftmals scheint das Kapital im Industriesektor sogar *geringere* Erträge abzuwerfen.

4. Der hohe Produktionswert pro Arbeiter im modernen Sektor ist zumindest teilweise auf eine höhere Kapitalintensität der Produktion zurückzuführen. In wenig entwickelten Ländern weist die Industrieproduktion normalerweise eine weitaus höhere Kapitalintensität auf als die Landwirtschaft (dies gilt *nicht* für die fortgeschrittenen Länder, deren Landwirtschaft ausgesprochen kapitalintensiv ist). In den Entwicklungsländern wird die Landwirtschaft oft mit primitivem Gerät betrieben, während sich die industriellen Anlagen kaum von denjenigen der fortgeschrittenen Länder unterscheiden.

5. In vielen wenig entwickelten Ländern ist die Arbeitslosigkeit ein ständiges Problem. Insbesondere in den Städten gibt es sehr viele Menschen, die entweder gar keine Beschäftigung oder nur sehr schlecht bezahlte Gelegenheitsjobs haben. Diese Arbeitslosen leben Seite an Seite mit den relativ gut bezahlten Arbeitern in den Städten.

Beispiel 10.2: Ökonomischer Dualismus in Indien

Die Volkswirtschaft Indiens ist ein klassisches Beispiel für Dualismus. Es gibt zwar riesige Städte, doch der größte Teil Indiens ist nach wie vor ländlich geprägt. Zwei Drittel aller Arbeitskräfte sind nach wie vor in der Landwirtschaft beschäftigt. Doch diese Landarbeiter produzieren weniger als ein Fünftel des indischen Bruttoinlandsprodukts. Ein wichtiger Grund für diese Asymmetrie besteht darin, dass die Regierung während der vergangenen 50 Jahre durch protektionistische Maßnahmen und Subventionen konsequent die Industrie gegenüber der Landwirtschaft bevorzugt hat.

Weshalb sind vor diesem Hintergrund nicht mehr Menschen in der Industrie beschäftigt? Die Antwort liegt darin, dass die staatliche Politik auch einen großen Lohnunterschied zwischen Industrie- und Landarbeitern geschaffen hat. Es gibt zwar Vorschriften über Mindestlöhne in beiden Sektoren, doch diese Bestimmungen werden auf dem Lande selten eingehalten. Außerdem gelten sie in erster Linie für Unternehmen mit 100 oder mehr Beschäftigten. Gesetze zum Schutz der Arbeiterrechte räumen außerdem den Gewerkschaften in Großbetrieben weit reichende Befugnisse ein. Und ein großer Teil der indischen Industrie befindet sich in den Händen des Staates, der normalerweise höhere Löhne zahlt als der Privatsektor.

Nach Ansicht der Ökonomen ist dieser Lohnunterschied, der einen Anreiz für kapitalintensive Produktion bietet, großenteils dafür verantwortlich, dass die Beschäftigung in der Industrie trotz der staatlichen Begünstigung dieses Sektors langsamer zugenommen hat als die Gesamtbeschäftigung. Infolge dieses langsamen Wachstums hat sich die ursprüngliche Hoffnung der indischen Wirtschaftsplaner – dass die wachsende Industrie viele Menschen aus der Landwirtschaft abziehen werde – nicht erfüllt.

In den 1990er Jahren leitete Indien Wirtschaftsreformen in die Wege, die zu einer gewissen Deregulierung des Industriesektors führten. Die bloße Existenz eines derart ausgeprägten Dualismus bedingte jedoch, dass die Arbeiter im Industriesektor jeglichen Veränderungen des Systems sehr skeptisch gegenüberstanden.

10.2.2   Duale Arbeitsmärkte und Handelspolitik

Die Symptome des Dualismus, die in vielen Ländern auftreten, sind klare Anzeichen für ein schlechtes Funktionieren der Volkswirtschaft, insbesondere der Arbeitsmärkte. Die handelspolitischen Implikationen dieser Symptome sind Gegenstand heftiger Auseinandersetzungen in der Entwicklungsforschung.

In den 1950er Jahren sahen viele Ökonomen in den Lohnunterschieden zwischen Industrie und Landwirtschaft eine weitere Rechtfertigung – neben dem Erziehungszollargument – für die Förderung der Industrie auf Kosten der Landwirtschaft. Dieses **Lohndifferenzial-Argument** kann in Begriffe des Marktversagens gefasst werden. Angenommen, ein Arbeiter verdient aus irgendeinem Grund in der Industrie einen höheren Lohn als in der Landwirtschaft. Ein Industrieunternehmen, das einen zusätzlichen Arbeiter einstellt, erzeugt dann einen gesellschaftlichen Grenznutzen, der ihm nicht vergütet wird. Er besteht darin, dass der Arbeiter durch den Wechsel von der Landwirtschaft zur Industrie einen höheren Lohn erhält. Ohne Lohngefälle wäre es diesem Arbeiter gleichgültig, ob er in der Industrie oder in der Landwirtschaft beschäftigt ist, und die Einstellung eines Industriearbeiters würde keinen anderen gesellschaftlichen Grenznutzen erzeugen als die Erträge, die er für seinen Arbeitgeber erwirtschaftet.

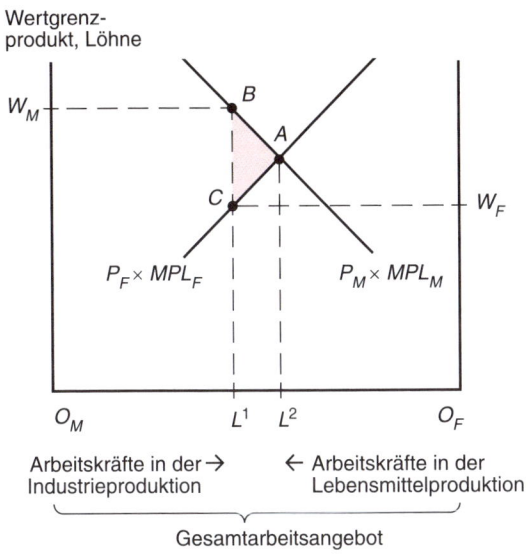

Wenn die Industrie höhere Löhne bezahlen muss als die Landwirtschaft, beschäftigt die Volkswirtschaft in der Industrie zu wenige Arbeiter und in der Landwirtschaft zu viele. Daraus ergibt sich ein Produktionsmangel, der durch die Fläche des Dreiecks ABC angezeigt wird.

Abbildung 10.1:   Der Effekt eines Lohndifferenzials

Die Effekte eines Lohndifferenzials auf die Arbeitsallokation lassen sich anhand des *Modells spezifischer Faktoren* aus Kapitel 3 darstellen. Eine Volkswirtschaft erzeuge nur zwei Güter, Industrieprodukte und Lebensmittel. Die Industrieprodukte werden unter Einsatz von Arbeit und Kapital hergestellt, die Lebensmittel unter Einsatz von Arbeit und Boden. Abbildung 10.1 zeigt die Allokation der Ressourcen unter diesen Voraussetzungen. Die vertikale Achse steht für die Lohnsätze und Grenzprodukte, auf der horizontalen ist das Beschäftigungsniveau abgetragen. Die Beschäftigung in der Industrie wird vom linken Ursprung O_M aus gemessen, diejenige in der Landwirtschaft vom rechten Ursprung O_F aus. MPL_M ist das Grenzprodukt der Arbeit in der Industrie, MPL_F das Grenzprodukt der Arbeit in der Lebensmittelproduktion. P_M ist der Preis für Industrieprodukte, P_F ist der Lebensmittelpreis. Die in der Abbildung gezeigten Kurven geben also den Wert des Grenzprodukts für jeden zusätzlichen Arbeiter in beiden Sektoren an.

Bei Bestehen eines Lohndifferenzials müssen die Industriearbeiter einen höheren Lohn erhalten als die Landarbeiter. In der Abbildung ist der Industrielohn als W_M bezeichnet, der Lohn in der Landwirtschaft als W_F. In jedem Sektor werden die Arbeitgeber so lange Arbeiter einstellen, bis das Grenzprodukt eines Arbeiters gleich seinem Lohn ist. Die Beschäftigung im Industriesektor liegt daher bei $O_M L^1$ (Punkt B), diejenige in der Landwirtschaft bei $L^1 O_F$ (Punkt C).

Nehmen wir nun an, die Volkswirtschaft sei in der Lage, einen Arbeiter vom Lebensmittel- in den Industriesektor zu verschieben. Die Industrieproduktion würde wachsen, die Lebensmittelproduktion sinken. Dabei würde der Wert der zusätzlichen Industrieproduktion dem Lohnsatz in der Industrie W_M entsprechen, die Verringerung der Lebensmittelproduktion jedoch nur dem niedrigeren Lohnsatz in diesem Sektor, W_F. Der Gesamtwert der Produktion würde daher um $W_M - W_F$ steigen. Die Tatsache, dass der Wert der Produktion durch eine Verlagerung der Arbeit vom Lebensmittelsektor in die Industrie erhöht werden kann, zeigt, dass die Volkswirtschaft dem Industriesektor zu wenige Arbeitskräfte zuweist. Eine effiziente Volkswirtschaft würde das Grenzprodukt der Arbeit in beiden Sektoren ausgleichen. Dieser Ausgleich läge bei einer Beschäftigung von $O_M L^2$ in der Industrie und $L^2 O_F$ (Punkt A) in der Lebensmittelproduktion. (Die dieser effizienten Arbeitsallokation entsprechende Produktionssteigerung wäre gleich der eingefärbten Fläche ABC.)

Ein Lohndifferenzial führt folglich zu einer Fehlallokation der Arbeit. Die Unternehmen im Industriesektor stellen zu wenige Arbeiter ein. Mit Hilfe einer staatlichen Politik, die ihnen Anreize zu vermehrten Einstellungen bietet, kann die nationale Wohlfahrt erhöht werden.

Auch in diesem Fall ist die Handelspolitik nicht die erste Wahl, um das Beschäftigungsniveau in der Industrie zu erhöhen. Die staatliche Politik sollte idealerweise direkt an der Beschäftigung ansetzen, indem sie entweder das Lohndifferenzial beseitigt oder die Einstellung zusätzlicher Arbeiter mit finanziellen Beihilfen an die Unternehmen fördert. Eine Subventionierung der Industrieproduktion ist weniger günstig, weil sie sowohl das Kapital als auch die Arbeit zum Eintritt in den Industriesektor bewegt[3] – in dem das eingesetzte Kapital keinen besonders hohen Ertrag abwirft. Noch schädlicher wären ein Zoll oder eine Importquote, weil sie die Nachfrage verzerren. Einen Zoll auf Industrieprodukte könnte das Lohndifferenzial allerdings als zweitbeste (oder eher drittbeste) Alternative rechtfertigen.

In den 1950er und 1960er Jahren erschien diese Argumentation recht überzeugend. In einem berühmten Aufsatz aus dem Jahr 1970 traten jedoch die Ökonomen John Harris und Michael Todaro mit einer vernichtenden Neuinterpretation der Arbeitsmärkte wenig entwickelter Länder an die Öffentlichkeit.[4] Sie deckten einen Zusammenhang zwischen der Landflucht und der Arbeitslosigkeit auf, der die Begründung für die Beschäftigungsförderung in der Industrie trotz der höheren Löhne widerlegte.

---

[3] Darüber gibt das Modell spezifischer Faktoren keinen Aufschluss, weil es davon ausgeht, dass im Agrarsektor kein Kapital eingesetzt werden kann. Anhand des Faktorproportionenmodells lässt sich hingegen nachweisen, dass die Subventionierung der Löhne einer Produktionssubvention überlegen ist. Siehe Harry G. Johnson, „Optimal Trade Intervention in the Presence of Domestic Distortions", in: Robert Baldwin et. al., *Trade, Growth and the Balance of Payments*. Chicago: Rand McNally, 1965, S. 3-34.

[4] John R. Harris und Michael P. Todaro, „Migration, Unemployment, and Development: A Two-Sector Analysis", in: *American Economic Review* 60 (1970), S. 126-142.

Harris und Todaro gingen von der Beobachtung aus, dass Länder mit ausgeprägtem ökonomischen Dualismus zugleich eine hohe Arbeitslosigkeit in den Städten aufwiesen. Auf den ersten Blick schien diese Arbeitslosigkeit für die Schaffung zusätzlicher Industriearbeitsplätze in den Städten zu sprechen, doch Harris und Todaro wiesen darauf hin, dass die Zuwanderung in die Städte ungeachtet der dortigen Arbeitslosigkeit nicht nachließ. Sie schlossen daraus, dass die Landarbeiter bereit waren, das Risiko der Arbeitslosigkeit auf sich zu nehmen, solange sie die Chance sahen, einen der hoch bezahlten Industriearbeitsplätze zu bekommen. Diese Chance hängt natürlich von der Anzahl der verfügbaren Arbeitplätze ab.

Dem von Harris und Todaro entwickelten Modell zufolge führt eine Aufstockung der Industriearbeitsplätze zu einer derart großen Wanderung vom Land in die Städte, dass die städtische Arbeitslosigkeit noch zunimmt. Für jeden zusätzlichen Arbeiter, den die Industrie einstellt, kommen zwei oder drei weitere vom Land in die Stadt und vergrößern dort das Heer der Arbeitslosen. Der glücklich eingestellte Arbeiter gewinnt zwar, doch dieser Gewinn wird weitgehend (wenn nicht vollständig) durch die Lohneinbußen der neuen Arbeitslosen aufgehoben. Der gesellschaftliche Nutzen der zusätzlichen Beschäftigung in der Industrie entfällt.

Die Begründung des Protektionismus mit einem Lohndifferenzial wird unter Ökonomen mittlerweile ebenso abgelehnt wie das Erziehungszollargument. Zum Teil liegt dies an Argumenten, wie sie von Harris und Todaro vorgebracht werden, zum Teil an der generellen Abwendung von der Politik der Importsubstitution. Handelspolitische Maßnahmen, die der Bekämpfung des ökonomischen Dualismus dienen sollen, werden heute oftmals als Verschlimmerung des Problems gewertet.

10.2.3 Handelspolitik als Ursache des ökonomischen Dualismus

Es wurde der Vorwurf erhoben, dass handelspolitische Maßnahmen sowohl das Lohngefälle zwischen Industrie und Landwirtschaft verstärken als auch eine übermäßige Kapitalintensität fördern.

Die Ursachen für starke Lohngefälle zwischen Landwirtschaft und Industrie sind noch unzureichend erforscht. Einige Ökonomen halten sie für eine natürliche Marktreaktion. Sie argumentieren, dass die Unternehmen hohe Löhne anbieten, um in Ländern, die nicht an die Disziplin industrieller Arbeit gewöhnt sind, eine niedrige Fluktuationsrate und eine hohe Arbeitsmoral zu gewährleisten. Andere Ökonomen halten dagegen, dass Lohndifferenziale auch die Macht der Verbände widerspiegeln, deren Industrien durch Importquoten vor der ausländischen Konkurrenz geschützt sind. Bei einem freieren Handel, so argumentieren sie, wären die Löhne in der Industrie niedriger und in der Landwirtschaft höher. Wenn dies zutrifft, werden Dualismus und Arbeitslosigkeit durch Importbeschränkungen eher verschlimmert – insbesondere durch diejenigen, die im Namen der Importsubstitution ergehen.

Die übermäßige Kapitalintensität der Industrie ist teilweise durch relativ hohe Löhne bedingt, die einen Anreiz bilden, Arbeit durch Kapital zu ersetzen. In dem Maße, wie Handelsbeschränkungen für diese hohen Löhne verantwortlich sind, tragen auch sie zu dieser Reaktion bei. In einigen Ländern bietet darüber hinaus ein staatlich kontrolliertes Bankensystem Industrieunternehmen verbilligte Kredite, mit deren Hilfe die Ersetzung von Arbeit durch Kapital zu geringen Kosten bewerkstelligt werden kann. Der direkteste Weg führt allerdings über selektive Importkontrollen. In vielen Fällen können Kapitalgüter frei von Zöllen oder anderen Restriktionen eingeführt werden, manchmal wird ihr Import sogar subventioniert. Auch diese Politik fördert den Einsatz kapitalintensiver Technologien.

10.3   Exportorientierte Industrialisierung: das ostasiatische Wirtschaftswunder

Wie oben bereits vermerkt, herrschte in den 1950er und 1960er Jahren die Ansicht vor, dass die Entwicklungsländer nur dann eine Industriebasis aufbauen könnten, wenn sie Importe durch einheimische Industrieprodukte ersetzten. Von Mitte der 1960er Jahre an zeichnete sich allerdings immer deutlicher ein anderer gangbarer Weg zur Industrialisierung ab: der *Export* von Industrieprodukten, in erste Linie in die fortgeschrittenen Länder. Die Länder, die sich auf diesem Wege entwickelten – eine Gruppe, die von der Weltbank inzwischen als **schnell wachsende asiatische Volkswirtschaften (SWAV)**[5] bezeichnet wird –, erreichten überdies ein spektakuläres Wirtschaftswachstum, das in manchen Fällen mehr als 10 Prozent jährlich betrug. Die SWAV wurden von der Finanzkrise, die 1997 einsetzte, schwer gebeutelt. Dennoch sind ihre Leistungen bis zu diesem Zeitpunkt bemerkenswert.

Die Leistungen der SWAV stehen außer Frage und ihr Erfolg widerlegte zweifelsfrei die bis dahin gängige Ansicht, dass die industrielle Entwicklung auf dem Wege der Importsubstitution erfolgen müsse. Dennoch sind die Implikationen des „ostasiatischen Wirtschaftswunders" nach wie vor Gegenstand heftiger Kontroversen. Die Rolle der staatlichen Politik, darunter auch die Handelspolitik zur Wachstumsförderung, wird von verschiedenen Beobachtern völlig unterschiedlich bewertet. Einige interpretieren den Erfolg der asiatischen Volkswirtschaften als Beweis für die Überlegenheit des relativ freien Handels und der Nichteinmischung des Staates. Andere sehen darin einen Beweis für die Wirksamkeit gezielter staatlicher Interventionen, und wieder andere sind der Meinung, dass die Handels- und Industriepolitik ohne Belang war.

---

[5] Eine sehr gute Darstellung des Wachstums der SWAVs hat die Weltbank unter folgendem Titel veröffentlicht: *The East Asian Miracle: Economic Growth and Public Policy.* Oxford: Oxford University Press, 1993.

10.3.1 Das Wachstum in Asien

Die SWAV-Definition der Weltbank umfasst drei Ländergruppen, deren „Wunder" zu verschiedenen Zeitpunkten einsetzte. An erster Stelle stand Japan, dessen rasches Wirtschaftswachstum kurz nach dem Zweiten Weltkrieg begann und das heute ein den USA und Westeuropa vergleichbares Pro-Kopf-Einkommen aufweist. Die Darstellung der japanischen Erfahrung bleibt Kapitel 11 vorbehalten, das die Handels- und Wirtschaftspolitik der entwickelten Industrienationen behandelt. In den 1960er Jahren setzte in vier kleineren asiatischen Volkswirtschaften ein rasches Wirtschaftswachstum ein. Diese werden oft als die vier „Tiger" bezeichnet: Hongkong, Taiwan, Südkorea und Singapur.[6] In den späten 1970er und in den 1980er Jahren folgte schließlich das rasche Wachstum in Malaysia, Thailand, Indonesien und – der spektakulärste Fall – China.

Jede dieser Gruppen erreichte sehr hohe Wachstumsraten. Das reale Bruttoinlandsprodukt der „Tiger"-Volkswirtschaften wuchs von Mitte der 1960er Jahre an bis zu der Asienkrise von 1997 um durchschnittlich 8 bis 9 Prozent, gegenüber 2 bis 3 Prozent in den USA und Westeuropa. Andere asiatische Volkswirtschaften erreichten in jüngster Zeit vergleichbare Wachstumsraten, und China meldet Wachstumsraten von mehr als 10 Prozent (wenngleich die chinesischen Statistiken nicht die verlässlichsten sind).

Neben ihren sehr hohen Wachstumsraten haben die SWAV ein weiteres besonderes Merkmal: Sie sind außerordentlich offen für internationalen Handel und verfolgen diesen Kurs seit geraumer Zeit. Die schnell wachsenden asiatischen Volkswirtschaften sind weitaus stärker exportorientiert als andere Entwicklungsländer insbesondere in Lateinamerika und Südasien. Tabelle 10.2 zeigt das Exportvolumen in Prozent des Bruttoinlandsprodukts für mehrere SWAV. Es ist auffallend hoch, in Singapur und Hongkong übersteigt es sogar 100 Prozent des Bruttoinlandsprodukts. Wie ist es möglich, dass ein Land über seine Gesamtproduktion hinaus exportiert? Das Bruttoinlandsprodukt gibt die *Wertschöpfung* eines Landes an, nicht den Gesamtumsatz. Wenn beispielsweise eine Kleiderfabrik in Hongkong anderswo hergestellte Textilien zu einem Anzug verarbeitet, wird das BIP nicht um den Endpreis des Anzugs gesteigert, sondern nur um die Differenz zwischen den Kosten für den Stoff und dem Wert des Anzugs. Wenn dieser Anzug allerdings exportiert wird, geht sein voller Preis in das Exportvolumen ein. Da in der modernen Industrie häufig einem importierten Vorprodukt nur ein relativ kleiner Wert beigefügt wird, kann der Wert des Exportvolumens durchaus höher ausfallen als jener der nationalen Gesamtproduktion.

---

[6] Der politische Status zweier Tiger ist verwirrend. Hongkong war zu Beginn seiner rasanten Entwicklung britische Kolonie, wurde jedoch 1997 an China zurückgegeben. In dem Rückgabevertrag heißt es, dass die Stadt ihre sozialen und wirtschaftlichen Einrichtungen beibehalten, also eine freie Marktwirtschaft bleiben wird, doch viele Beobachter bezweifeln dies. Taiwan ist de facto eine unabhängige Nation. Da jedoch China Anspruch auf Taiwan erhebt, hat dieses bisher vermieden, offiziell seine Unabhängigkeit zu erklären, um den mächtigen Nachbarn nicht zu reizen. Die Weltbank umgeht dieses Problem, indem sie konsequent die Bezeichnung „Taiwan, China" verwendet.

Es ist also eine unbestreitbare Tatsache, dass eine Gruppe asiatischer Volkswirtschaften hohe Wachstumsraten erzielte, indem sie nicht Importe durch einheimische Produkte ersetzte, sondern den Export rasch steigerte. Welche wirtschaftspolitischen Schlussfolgerungen ergeben sich aus dieser Erfahrung?

10.3.2 Handelspolitik in den aufstrebenden Volkswirtschaften Asiens

Einige Ökonomen haben den Erfolg der ostasiatischen Volkswirtschaften vereinfachend auf eine „außenorientierte" Handelspolitik zurückgeführt. Dieser Sichtweise zufolge ergaben sich die hohen Export- und Importraten der asiatischen Nationen aus einer Handelspolitik, die zwar nicht ganz dem Freihandel entsprach, den Außenhandel aber dennoch weitaus weniger einschränkte als in denjenigen Entwicklungsländern, die ihre Volkswirtschaft durch Importsubstitution aufbauen wollten. Die hohen Wachstumsraten wären demnach der Lohn für diese relativ offene Handelspolitik.

Leider sind die Beweise für diese Interpretation nicht so eindeutig, wie ihre Vertreter es wünschen. Zum einen ist nicht klar, in welchem Maße die hohen Außenhandelsquoten der SWAV wirklich der Freihandelspolitik zugeschrieben werden können. Mit Ausnahme von Hongkong herrschen für die SWAV nicht einmal annähernd Freihandelsbedingungen: Ausnahmslos halten sie recht erhebliche Zölle, Importquoten, Exportsubventionen und andere politische Auflagen für ihren Außenhandel aufrecht. Sind sie dem Freihandel zumindest näher als andere Entwicklungsländer? Dies scheint der Fall zu sein, obwohl die Komplexität der Handelspolitik von Entwicklungsländern Vergleiche im Allgemeinen schwierig macht.[7] Tabelle 10.4 gibt von der Weltbank zusammengestellte Daten wieder. Sie vergleicht die durchschnittlichen Protektionssätze (bestehende Zölle plus einem Zoll, der den Importquoten entsprechen würde) für mehrere Gruppen von Entwicklungsländern. Die Zahlen weisen in der Tat darauf hin, dass die SWAV weniger protektionistisch waren als andere, weniger erfolgreiche Entwicklungsländer, obwohl sie bei weitem keinen völligen Freihandel zuließen.

Schnell wachsende asiatische Volkswirtschaften	24
Übriges Asien	42
Südamerika	46
Afrika südlich der Sahara	34

Tabelle 10.4: **Durchschnittliche Protektionssätze, 1985 (in Prozent)**
Quelle: Weltbank, *The East Asian Miracle: Economic Growth and Public Policy*. Oxford: Oxford University Press, 1993, S. 300.

---

[7] Siehe die Publikation der Weltbank, *The East Asian Miracle*, Kapitel 6. Hier wird versucht, die protektionistischen Maßnahmen verschiedener Länder zu vergleichen.

Während die Handelspolitik also zur Offenheit der SWAV beigetragen hat, sehen die meisten Ökonomen, die ihre Volkswirtschaften untersucht haben, in ihren hohen Außenhandelsquoten nicht nur eine Ursache, sondern gleichermaßen eine Folge ihres wirtschaftlichen Erfolgs. In Thailand beispielsweise sind in den 1990er Jahren sowohl die Exporte als auch die Importe gestiegen. Der Grund liegt darin, dass das Land zum bevorzugten Produktionsstandort multinationaler Unternehmen wurde. Diese Unternehmen erzeugten direkt einen Großteil des Exportzuwachses und ihre Rohstoffimporte trugen viel zum Importanstieg bei. Der Rest erklärt sich durch die wachsenden Einkommen der thailändischen Bevölkerung. Thailand hatte also deshalb ein hohes Import- und Exportvolumen, weil es seiner Volkswirtschaft gut ging, und nicht anders herum.

Während also ein rascher Exportanstieg und gesamtwirtschaftliches Wachstum zwar korrelieren, ist damit noch nicht bewiesen, dass eine Politik des freien Handels die Hauptursache für die hohen Wachstumsraten darstellt. Die meisten Ökonomen, die sich mit diesem Thema befasst haben, sind mittlerweile der Ansicht, dass die relativ niedrigen Protektionsraten der SWAV zu ihrem Wachstum beigetragen haben, das „Wunder" jedoch nur teilweise erklären.

Beispiel 10.3: Der Boom Chinas

Obwohl China mit 1,2 Milliarden Einwohnern das bevölkerungsreichste Land der Welt darstellt, hat es bis vor kurzem in der Weltwirtschaft kaum eine Rolle gespielt. In den Jahren 1949 bis 1978 schnitt das kommunistische Regime das Land weitgehend vom Welthandel ab. Politische Faktoren haben das Wirtschaftswachstum gehemmt. Privatunternehmen waren verboten und jede Art von individuellem Erfolg galt als anstößig. Während der so genannten Kulturrevolution in den Jahren 1966 bis 1972 verloren daher viele Betriebsleiter, Beamte, Lehrer usw. ihre Arbeitsplätze und wurden zu harter körperlicher Arbeit aufs Land geschickt.

Im Jahr 1978 nahm die chinesische Politik jedoch eine überraschende Wende. Unter der Parole „Reich werden ist ehrenvoll" ließ die Kommunistische Partei sowohl einheimische Privatunternehmen als auch Außenhandel zu. Die Ergebnisse waren verblüffend. Seit 1978 verzeichnet die chinesische Volkswirtschaft Wachstumsraten von durchschnittlich nahezu 10 Prozent jährlich. Einigen Schätzungen zufolge ist China mittlerweile nach den USA die zweitgrößte Volkswirtschaft der Welt. Das Land ist zwar immer noch ärmer als Japan, die zweitgrößte Industrienation, doch seine Bevölkerung ist zehn Mal so groß und das chinesische Pro-Kopf-Einkommen dürfte höher sein als ein Zehntel des japanischen.

Wie hat China dieses Wachstum erreicht? Jüngere Forschungen ermöglichen eine provisorische, mehrteilige Antwort. Ein Teil der Erklärung lautet, dass das chinesische Wachstum in dieser Form gar nicht stattgefunden hat und teilweise eine statistische Illusion darstellt. Manches deutet darauf hin, dass die chinesische Statistik die Inflation zu gering bewertet und das reale Wachstum übertreibt, sodass die tatsächlichen Wachstumsraten mindestens 2 Prozentpunkte unter den offiziellen Angaben liegen. Doch selbst dann verbleibt noch ein sehr beeindruckendes jährliches Wachstum von 7 Prozent oder mehr.

Ein weiterer Teil der Erklärung ist die hohe Sparquote in China (rund 30 Prozent des BIP), die eine rasche Erhöhung seines Kapitalstocks ermöglichte. Dies entspricht der Erfahrung der SWAV, die ihr rasches Wachstum zum Teil einem schnellen Zuwachs von Produktionsfaktoren verdanken.

Und schließlich ist China nach Einschätzung der Forscher auf dem besten Wege, das sehr ernste Dualismusproblem seiner Volkswirtschaft zu überwinden. In der Zeit vor 1978 versuchte der chinesische Staat, Arbeiter von der Zuwanderung in die städtische Industrie abzuhalten, und hinderte gleichzeitig den Agrarsektor daran, sich unproduktiver Arbeit zu entledigen. Infolgedessen war das Grenzprodukt der Landarbeit im Verhältnis zur städtischen Arbeit sehr niedrig. Die Liberalisierung führte zu einer massiven Abwanderung der Arbeiter aus der Landwirtschaft. Deren Produktion wurde dadurch kaum beeinträchtigt, weil der Agrarsektor ohnehin einen hohen Überschuss an Arbeitskräften aufwies. Doch die Abwanderung trug dazu bei, die spektakuläre Ausweitung der Industrieproduktion zu ermöglichen.

Kann China dieses Wachstumstempo beibehalten? Wahrscheinlich nicht: Der Überhang an Arbeitskräften im Agrarsektor versiegt allmählich und die hohen Investitionsquoten dürften zu sinkende Erträgen führen. Außerdem zeichnen sich einige potenziell ernste Probleme am Horizont ab, in erster Linie die anhaltende Ineffizienz des großen staatlichen Sektors und die ungeheure Korruption der Behörden. Dennoch überstand China die asiatische Finanzkrise der Jahre 1997-1998 erstaunlich gut. Zu Beginn des neuen Jahrtausends wuchs China immer noch weitaus schneller als seine Nachbarn.

Außerdem sollte man nie vergessen, dass China aufgrund seiner riesigen Bevölkerung nicht so produktiv sein muss wie die bereits bestehenden Industrienationen, um zu einer der wichtigsten Volkswirtschaften der Welt zu werden. Es ist eine ernüchternde Erkenntnis, dass China nur ein Fünftel des Pro-Kopf-Einkommens der USA erreichen muss, um zur größten Volkswirtschaft der Welt zu werden.

10.3.3 Industriepolitik in den aufstrebenden Volkswirtschaften Asiens

Einige Beobachter vertreten die Ansicht, dass der Erfolg der SWAV nicht die Effektivität einer Politik des freien Handels, sondern die günstige Wirkung wohlerwogener staatlicher Interventionen beweist.[8] Tatsächlich haben mehrere der höchst erfolgreichen Länder eine

---

[8] Diejenigen Beobachter, die das rasche Wachstum der SWAVs auf aggressive staatliche Interventionen zurückführen, sind in der Regel keine ausgebildeten Ökonomen. Die ganze Debatte über die Ursachen des asiatischen Wachstums ist aber Bestandteil einer breiteren und recht erbitterten Auseinandersetzung über Sinn und Zweck der Wirtschaftstheorie überhaupt. Ein bekanntes Beispiel für die Behauptung, dass das asiatische Wachstum auf staatliche Interventionen zurückzuführen ist, und für die Ablehnung der Wirtschaftswissenschaft ist folgender Titel: James Fallows, *Looking at the Sun: The Rise of the New East Asian Economic and Political System*. New York: Pantheon, 1994.

Politik betrieben, die ausgewählte Industrien bevorzugt förderte. Im Rahmen dieser Industriepolitik wurden nicht nur Zölle, Importbeschränkungen und Exportsubventionen angewandt, sondern auch komplexere Maßnahmen wie zinsgünstige Darlehen und die staatliche Förderung von Forschung und Entwicklung.

Die Bewertung der Industriepolitik ist ein schwieriges Thema, das in Kapitel 11 ausführlicher behandelt wird. An dieser Stelle soll lediglich vermerkt werden, dass die meisten Ökonomen, die auf dieses Gebiet spezialisiert sind, die Einflussmöglichkeiten einer solchen Politik aus mindestens drei Gründen skeptisch beurteilen.

Erstens haben die SWAV eine große Bandbreite unterschiedlicher politischer Strategien angewandt, von einer minuziösen staatlichen Wirtschaftslenkung in Singapur bis zu einem reinen Laisser-faire in Hongkong. Südkorea förderte gezielt die Bildung sehr großer Industrieunternehmen, in der taiwanesischen Volkswirtschaft herrschen nach wie vor kleine Familienunternehmen vor. Dennoch haben alle diese Länder ähnlich hohe Wachstumsraten erreicht.

Zweitens dürfte die tatsächliche Wirkung der industriepolitischen Maßnahmen ungeachtet des öffentlichen Wirbels, der sie umgab, nicht besonders groß gewesen sein. Die Weltbank vermerkt in ihrer Studie des asiatischen Wirtschaftswunders erstaunlich wenige Hinweise darauf, dass diejenigen Länder, die eine gezielte Industriepolitik betrieben, schneller in die angepeilten Sektoren vorstießen als andere.

Drittens sind bestimmte industriepolitische Maßnahmen in Ländern, die ansonsten wirtschaftlich erfolgreich waren, eindeutig gescheitert. Südkorea förderte beispielsweise von 1973 bis 1979 die „Schwer- und Chcmieindustrie". die Chemie-, Stahl- und Autobranche usw. Diese Politik erwies sich als äußerst kostspielig und wurde schließlich als verfrüht verworfen.

Die Mehrheitsmeinung lautet, dass industriepolitische Maßnahmen nicht der Schlüssel zum Erfolg Asiens waren. Doch diese Debatte ist noch längst nicht entschieden und die Auswertung dieser Maßnahmen stellt ein großes Gebiet für weitere Forschungen dar.

10.3.4 Weitere Wachstumsfaktoren

In jüngerer Zeit haben mehrere Wissenschaftler die Vermutung geäußert, dass es ein Fehler war, das asiatische Wachstum in erster Linie mit der Handels- und Industriepolitik erklären zu wollen. Denn deren Einfluss ist selbst in einer Volkswirtschaft mit hohen Exportquoten beschränkt. Andere Aspekte der Volkswirtschaft hatten womöglich einen größeren Anteil am Erfolg.

Tatsächlich weisen die schnell wachsenden Volkswirtschaften Asiens neben ihren hohen Außenhandelsquoten noch weitere besondere Merkmale auf. Nahezu alle verfügen über ausgesprochen hohe Sparquoten, sodass sie sehr hohe Investitionsquoten finanzieren können. Beinahe ausnahmslos haben sie ihr öffentliches Bildungssystem stark ausgebaut. Mehrere Einschätzungen jüngeren Datums lassen vermuten, dass die Kombination hoher Investitionsquoten und eines rasch steigenden Ausbildungsniveaus das rasante Wachstum in Ostasien wenn nicht vollständig, so doch weitgehend erklärt.[9] In diesem Fall ist die bisherige Konzentration auf die Handels- und Industriepolitik fehl am Platze. Man könnte argumentieren, dass die Außenhandelspolitik der asiatischen Länder in dem Sinne gut war, dass sie ein rasches Wachstum *zuließ*; doch zu behaupten, sie habe das Wachstum *verursacht*, hieße die Bedeutung dieser Politik stark übertreiben.

Wie alle Themen, die mit dem asiatischen Wachstum in Zusammenhang stehen, ist auch diese Interpretation höchst umstritten. Jedenfalls hat sie die vertrauten Gewissheiten in allen Lagern der aktuellen Debatte erschüttert.

Eines lässt sich über die asiatische Erfahrung allerdings mit Sicherheit sagen: Sie widerlegt einige Annahmen über wirtschaftliche Entwicklung, die zuvor weithin als gesichert galten. Die Ansicht, dass Industrialisierung und Entwicklung auf einer binnenorientierten Strategie der Importsubstitution basieren müssen, ist eindeutig falsch. Im Gegenteil, alle erfolgreichen Entwicklungsstrategien beruhten auf einer nach außen orientierten Industrialisierung, die sich auf den Export von Industrieprodukten stützte. Die zweite durchschlagend widerlegte Annahme bestand in der pessimistischen Unterstellung, dass der Weltmarkt Neuankömmlingen keine Chance lasse und damit arme Länder am Reichwerden hindere. Niemals in der Menschheitsgeschichte ist der Lebensstandard so vieler Menschen derart schnell gestiegen.

Zusammenfassung

1. Die Handelspolitik von Entwicklungsländern kann mit denselben Instrumenten analysiert werden wie diejenigen fortgeschrittener Länder. Es sind jedoch spezifische Merkmale, die *Entwicklungsländer* von Industrieländern unterscheiden. Ihre Handelspolitik soll zwei Zielen dienen: Förderung der Industrialisierung und Überwindung der ungleichen Entwicklung der inländischen Wirtschaft.

2. Staatliche Maßnahmen zur Förderung der Industrialisierung werden oft mit dem Erziehungszollargument gerechtfertigt, demzufolge neue Branchen in einer Übergangsperiode vor der Konkurrenz etablierter Wettbewerber aus anderen Ländern geschützt werden müssen. Das Erziehungszollargument ist nur dann gültig, wenn es einen Sonderfall der Begründung staatlicher Interventionen mit Marktversagen darstellt. Zwei gängige solche Begründungen sind *unvollkommene Kapitalmärkte* und die *Verwertbarkeit* des Wissens, das Pionierunternehmen erzeugen.

---

[9] Eine Zusammenfassung dieser Forschung und ihrer Implikationen bietet P. Krugman, „The Myth of Asia's Miracle", in: *Foreign Affairs* (November 1994).

3. Unter Berufung auf das Erziehungszollargument haben viele wenig entwickelte Länder eine Politik der importsubstituierenden Industrialisierung betrieben, in deren Rahmen unter dem Schutz von Zöllen oder Importquoten einheimische Industrien aufgebaut wurden. Obwohl diese Politik die Industrieproduktion mit Erfolg förderte, wurde sie den in sie gesetzten Erwartungen hinsichtlich des Wirtschaftswachstum und erhöhten Lebensstandards nicht gerecht. Mittlerweile werden die Ergebnisse der Importsubstitution von vielen Ökonomen heftig kritisiert, weil sie zu einer kostspieligen, ineffizienten Produktion geführt habe.

4. Die meisten Entwicklungsländer weisen einen ökonomischen *Dualismus* auf. Ein kapitalintensiver Industriesektor mit hohen Löhnen besteht neben einem traditionellen Sektor mit niedrigen Löhnen. Duale Volkswirtschaften sind außerdem häufig durch eine hohe Arbeitslosigkeit in den Städten gekennzeichnet.

5. Der Lohnunterschied zwischen den modernen und den traditionellen Sektoren wird bisweilen als Begründung für Zölle angeführt, die den Industriesektor schützen sollen. Als Begründung für protektionistische Maßnahmen wird das *Lohndifferenzial-Argument* angeführt. Diese Ansicht gilt unter Ökonomen mittlerweile als überholt. Jüngere Analysen gehen davon aus, dass Protektionismus die Zuwanderung in die Städte erhöht. Dies verschlimmert die Arbeitslosigkeit und kann die Symptome des Dualismus verstärken.

6. Die Auffassung, dass der Weg zu wirtschaftlicher Entwicklung über die Importsubstitution führe – und der Pessimismus, der angesichts des augenfälligen Scheiterns dieser Strategie um sich griff –, wurde durch das rasche Wirtschaftswachstum einer Reihe asiatischer Volkswirtschaften widerlegt. Diese **schnell wachsenden asiatischen Volkswirtschaften** (SWAV) sind nicht durch Importsubstitution industrialisiert worden, sondern durch den Export von Industrieprodukten. Sie zeichnen sich durch sehr hohe Außenhandelsquoten im Verhältnis zum Nationaleinkommen und durch extrem hohe Wachstumsraten aus. Die Gründe für den Erfolg der SWAV sind stark umstritten. Einige Beobachter verweisen darauf, dass sie zwar keinen Freihandel zulassen, aber dennoch niedrigere Protektionsraten haben als andere Entwicklungsländer. Andere schreiben der interventionistischen *Industriepolitik* einiger SWAV eine Schlüsselrolle zu. Jüngere Forschungen lassen jedoch vermuten, dass die Ursachen des Erfolgs vorwiegend in inländischen Faktoren liegen, insbesondere in hohen Sparquoten und einem raschen Ausbau des Bildungswesens.

Schlüsselbegriffe

Übungen

1. „Die Erfahrung Japans beweist, dass sich das Erziehungszollargument besser bewährt hat als jede andere Theorie. Zu Beginn der 1950er Jahre war Japan ein armes Land, das sich mit dem Export von Textilien und Spielwaren über Wasser hielt. Die japanische Regierung schützte die Stahl- und die Autoindustrie, die zunächst ineffizient waren und hohe Kosten verursachten. Inzwischen dominieren diese Industrien die Weltmärkte." Diskutieren Sie diese Aussage kritisch.

2. Ein Land importiert Automobile für 8000 Dollar das Stück. Seine Regierung ist der Auffassung, dass die einheimischen Produzenten nach einer gewissen Übergangszeit Autos für nur 6000 Dollar herstellen könnten, doch zunächst würden die Kosten für Autos aus einheimischer Produktion kurzfristig auf 10.000 Dollar steigen.
   a. Nehmen Sie an, dass jedes Unternehmen, das Autos produzieren möchte, diese Periode hoher Kosten aus eigener Kraft durchstehen muss. Unter welchen Umständen würden die hohen Anfangskosten einen Erziehungszoll rechtfertigen?
   b. Nehmen Sie nun den gegenteiligen Fall an: Sobald ein Unternehmen unter hohem Kostenaufwand gelernt hat, Autos für 6000 Dollar pro Stück zu produzieren, können andere Unternehmen es imitieren und dasselbe leisten. Erläutern Sie, weshalb dies die Entwicklung einer einheimischen Industrie verhindern kann und wie ein Erziehungszoll zur Überwindung dieses Problems beitragen würde.

3. Weshalb könnte die importsubstituierende Industrialisierung in großen Entwicklungsländern wie Brasilien mehr Erfolg haben als in kleineren Ländern wie beispielsweise Ghana?

4. Die sehr kleine Volkswirtschaft von Catabrigia verfügt über 20 Arbeiter. Diese Arbeiter können zwei Güter produzieren, Industrieprodukte und Lebensmittel. In der Industrieproduktion besteht folgende Abhängigkeit zwischen dem *Grenzprodukt* der Arbeit und dem Beschäftigungsniveau:

Anzahl der Arbeiter	Grenzprodukt des letzten Arbeiters
1	20
2	18
3	16
4	14
5	12
6	11
7	10
8	9
9	8
10	7

Im Lebensmittelsektor beträgt das Grenzprodukt der Arbeit unabhängig vom Beschäftigungsniveau stets 9. Der Weltmarktpreis einer Einheit Industrieprodukte beträgt ebenso wie der Weltmarktpreis einer Einheit Lebensmittel 10 Dollar.

a. Bestimmen Sie für einen Arbeitsmarkt ohne Verzerrungen den Lohnsatz, die Allokation der Arbeit auf den Industrie- und den Lebensmittelsektor sowie die Produktionsmengen beider Güter.

b. Nehmen Sie nun an, dass der Mindestlohn im Industriesektor aus irgendeinem Grund 150 Dollar beträgt. Dabei herrscht Vollbeschäftigung. Bestimmen Sie für diesen Fall die Produktionsmenge der Volkswirtschaft. Wie hoch sind die Verzerrungsverluste?

c. Nehmen Sie an, dass Landarbeiter so lange in die Städte abwandern, bis der Lohn der städtischen Arbeiter multipliziert mit der Wahrscheinlichkeit, eingestellt zu werden, gleich dem Lohn auf dem Lande ist. Ermitteln Sie Produktions- und Beschäftigungsniveau.

5. In einem Land herrscht der von Harris und Todaro beschriebene Missstand. Aus irgendeinem Grund sind die Löhne in den Städten viel höher als auf dem Land, sodass sich die Industrieproduktion auf einem ineffizient niedrigen Niveau befindet. Gleichzeitig herrscht jedoch eine hohe städtische Arbeitslosigkeit, weil die Landarbeiter auf der Suche nach hoch bezahlten Arbeitsplätzen in die Städte wandern. Welche politischen Maßnahmen würden Sie vorschlagen, um dieses Problem zu lösen?

6. „Importquoten für kapitalintensive Güter und Subventionen für den Import von Investitionsgütern sollten in vielen Entwicklungsländern ursprünglich zur Schaffung von Industriearbeitsplätzen beitragen. Leider trugen sie wahrscheinlich eher dazu bei, das Arbeitslosenproblem in den Städten zu schaffen." Erläutern Sie diese Aussage.

Weiterführende Literatur

Jagdish N. Bhagwati, Hrsg., *The New International Economic Order*. Cambridge: MIT Press, 1977. Ende der 1970er Jahre, als die Nord-Süd-Debatte ihren Höhepunkt erreichte, wurde vielfach die Forderung nach einer „neuen Weltwirtschaftsordnung" erhoben, die das Einkommen von den reichen auf die armen Länder umverteilen sollte. Dieses Buch gibt einen guten Überblick über die Debatte.

Jagdish N. Bhagwati und T. N. Srinivasan, „Trade Policy and Development", in: Rüdiger Dornbusch und Jacob A. Frenkel, Hrsg., *International Economic Policy: Theory and Evidence*. Baltimore: Johns Hopkins University Press, 1979, S. 1–35. Überblick über die Forschungsergebnisse im Hinblick auf Zusammenhänge zwischen der Handelspolitik und der wirtschaftlichen Entwicklung.

W. Max Corden, *Trade Policy and Economic Welfare*. Oxford: Clarendon Press, 1974. Eine klare analytische Darstellung der Rolle der Handelspolitik in der wirtschaftlichen Entwicklung.

Anne O. Krueger, „Trade Policies in Developing Countries", in: Ronald W. Jones und Peter B. Kenen, Hrsg., *Handbook of International Economics*, Vol. 1. Amsterdam: North-Holland, 1984. Eine analytische Übersicht über Handelsprobleme von Entwicklungsländern.

W. Arthur Lewis, *The Theory of Economic Development*. Homewood, IL: Irwin, 1955. Ein gutes Beispiel für die Begeisterung für handelspolitische Maßnahmen zur Förderung der wirtschaftlichen Entwicklung, die auf dem Höhepunkt der Importsubstitution in den 1950er und 1960er Jahren herrschte.

I. M. D. Little. *Economic Development*. New York: Basic Books, 1982. Eine unterhaltsame Darstellung des nicht immer wissenschaftlichen Prozesses, der handelspolitische Strategien für Entwicklungsländer in und aus der Mode kommen ließ.

I. M. D. Little, Tibor Scitovsky und Maurice Scott. *Industry and Trade in Some Developing Countries*. New York: Oxford University Press, 1970. Ein wegweisendes Werk zu einer etwas gedämpfteren Auffassung der Importsubstitution in den 1970er und 1980er Jahren.

Dani Rodrik, „Imperfect Competition, Scale Economies and Trade Policy in Developing Countries", in: Robert E. Baldwin, Hrsg. *Trade Policy Issues and Empirical Analysis*. Chicago: University of Chicago Press, 1988. Betrachtet die Wirtschaftspolitik von Entwicklungsländern aus der Perspektive von Handelsmodellen mit unvollständigem Wettbewerb.

World Bank, *The East Asian Miracle: Economic Growth and Public Policy*. Oxford: Oxford University Press, 1993. Ein hervorragender Überblick über das Wachstum der SWAV.

World Bank, *World Development Report 1991: The Challenge of Development*. Washington, D.C.: World Bank, 1991. Eine Zusammenfassung der Daten zur Entwicklungspolitik.

Alwyn Young, „A Tale of Two Cities: Factor Accumulation and Technical Change in Hong Kong and Singapore", in: O. J. Blanchard and S. Fischer, Hrsg. *NBER Macroeconomics Annual 1992*. Ein faszinierender Vergleich des Wachstumsprozesses in zwei rasch wachsenden Stadtstaaten.

Alwyn Young, „The Tyranny of Numbers: Confronting the Statistical Realities of the East Asian Growth Experience", in: *Quarterly Journal of Economics* 101 (August 1994), S. 641–680. Dieser Essay führt das spektakuläre Wachstum der SWAV auf die rasche Zunahme der messbaren Inputs zurück.

Kapitel

11 Streitfragen der Handelspolitik

Kapitelübersicht

Beispiele

Wie wir gesehen haben, hat die Theorie der Außenhandelspolitik ebenso wie die Außenwirtschaftslehre insgesamt eine lange wissenschaftliche Tradition. Daher begegnen erfahrene Wissenschaftler dieser Disziplin „neuen" Fragestellungen in der Regel äußerst skeptisch. Meistens sehen sie in angeblich neuen Problemlagen nur längst widerlegte Irrtümer in neuer Verpackung.

Hin und wieder ergeben sich jedoch tatsächlich neue Fragen. Dieses Kapitel beschreibt zwei Kontroversen über den Außenhandel, die in den 1980er und 1990er Jahren ausgetragen wurden. Sie drehten sich um Themen, die bis dahin nicht gründlich analysiert worden waren.

Erstens wurde in den 1980er Jahren in den fortgeschrittenen Ländern eine neue, ausgefeilte Begründung für staatliche Interventionen in den Außenhandel entwickelt. Sie konzentrierte sich auf die Branchen der „Hochtechnologie", deren Siegeszug mit der Ausbreitung des Silikonchips begann. Einige der in diesem Zusammenhang entwickelten Argumente lehnten sich an die Analyse des Marktversagens im Inland an, die in Kapitel 9 vorgestellt wurde. Doch die neue **Theorie der strategischen Außenhandelspolitik** basierte auf anderen Überlegungen. Sie sorgte für erheblichen Wirbel.

Zweitens entspann sich in den 1990er Jahren eine hitzige Auseinandersetzung über die Auswirkungen des wachsenden Welthandels auf die Arbeiter in den Entwicklungsländern. Es ging darum, ob Handelsabkommen Mindeststandards für Lohnsätze und Arbeitsbedingungen beinhalten sollten. Diese Auseinandersetzung wuchs sich vielfach zu einem umfassenderen Streit über die Folgen der Globalisierung aus, der nicht nur in Fachzeitschriften, sondern bisweilen auch auf der Straße ausgetragen wurde.

11.1   Detaillierte Begründungen für eine aktive Außenhandelspolitik

Der in den Kapiteln 8 und 9 entwickelte analytische Rahmen schließt an keiner Stelle aus, dass staatliche Interventionen in den Außenhandel unter Umständen angebracht sein können. Allerdings muss eine solche aktive staatliche Politik im Einzelnen genau begründet sein. Sie muss geeignet sein, ein bestehendes Marktversagen im Inland zu beheben. Viele Argumente zugunsten einer aktiven Außenhandelspolitik kranken daran, dass sie keinen Nachweis über das Versagen einer der spezifischen Voraussetzungen erbringen, auf denen die Argumentation zugunsten des Laisser-faire beruht.

Die Begründung einer staatlichen Intervention mit Marktversagen ist deshalb schwierig, weil Letzteres zunächst eindeutig diagnostiziert werden muss. Mit Industrieländern befasste Ökonomen unterscheiden zwei Formen des Marktversagens, die für die Außenhandelspolitik fortgeschrittener Länder relevant sind. Eines besteht in der Unfähigkeit von Hochtechnologie-Unternehmen, eine Rendite aus denjenigen Teilen ihrer Forschung zu ziehen, die aufgrund ihrer Verwertbarkeit von anderen Unternehmen übernommen werden. Wenn Unternehmen in einem Industriesektor Wissen entwickeln, das sich andere Unternehmen unentgeltlich zunutze machen können, dann produziert diese Branche einen zusätzlichen Output – den gesellschaftlichen Grenznutzen des Wissens –, der sich nicht in Angebot und Nachfrage niederschlägt. Wenn solche **externen Effekte** (Gewinne, die bei anderen Parteien als den sie erzeugenden Unternehmen anfallen) nachweislich eine große Rolle spielen, dann ist ein guter Grund für die Subventionierung der Industrie gegeben.

Auf abstrakter Ebene gilt dieses Argument für junge Wirtschaftszweige in wenig entwickelten und für etablierte Branchen in fortgeschrittenen Ländern gleichermaßen. In den fortgeschrittenen Ländern gewinnt es allerdings besonderes Gewicht, denn dort gibt es wichtige Hochtechnologiebranchen, in denen die Erzeugung von Wissen in vieler Hinsicht der zentrale Aspekt der Unternehmen ist. Die Unternehmen in diesen Branchen verwenden einen großen Teil ihrer Ressourcen auf die Verbesserung der Technologie. Dies geschieht in Form direkter Ausgaben für Forschung und Entwicklung oder durch die Bereitschaft, bei neuen Produkten und Prozessen anfängliche Verluste in Kauf zu nehmen, um Erfahrungen zu sammeln. Ähnliches findet man natürlich in fast allen Branchen; die Hochtechnologie ist nicht durch eine klare Trennungslinie von den übrigen Sektoren der Volkswirtschaft geschieden. Dennoch rechtfertigen deutliche graduelle Unterschiede durchaus, von einem Hochtechnologiesektor zu sprechen, in dem Investitionen in Wissen den Schlüsselaspekt eines Unternehmens darstellen.

Hier lautet das Argument zugunsten einer aktiven Außenhandelspolitik, dass diese Unternehmen zwar einen gewissen Gewinn aus ihren eigenen Investitionen in die Wissensbildung ziehen (sonst würden sie nicht investieren!), sich aber nicht alle Gewinne in vollem Umfang aneignen. Einige kommen anderen Unternehmen zugute, welche die Ideen und Techniken der Pioniere imitieren. In der Elektronikindustrie ist es beispielsweise durchaus üblich, dass Unternehmen die Erzeugnisse der Konkurrenz auseinander nehmen, um ihre Funktions- und Bauweise zu ermitteln. Der lückenhafte Patentschutz für Innovationen legt die Vermutung nahe, dass Laisser-faire-Bedingungen den Anreiz zu Innovationen hemmen.

Die Begründung staatlicher Unterstützungsmaßnahmen für Hochtechnologiebranchen. Sollte die Regierung der USA Hochtechnologiebranchen subventionieren? Vieles spricht dafür, dennoch ist Vorsicht angebracht. Insbesondere stellen sich zwei Fragen. Erstens: Kann die staatliche Politik die Förderung an der richtigen Stelle anbringen? Zweitens: Wie hoch soll die Förderung bemessen sein?

Zwar dürften Hochtechnologiebranchen aufgrund des von ihnen erzeugten Wissens der Gesellschaft zusätzliche Gewinne bringen, doch auch in diesem Sektor geschieht vieles, das nichts mit der Erzeugung von Wissen zu tun hat. Es besteht kein Grund, den Einsatz von Kapital oder Nicht-Technikern in Hochtechnologiebetrieben zu subventionieren. Andererseits bringen auch solche Branchen, die eigentlich nichts mit Hochtechnologie zu tun haben, bis zu einem bestimmten Grade Innovationen und verwertbares technologisches Wissen hervor. Politische Maßnahmen in Bezug auf Außenhandel und Industrie sollten grundsätzlich präzise auf die Funktionen abgestimmt sein, bei denen der Markt versagt. Die Politik sollte sich also bemühen, die Erzeugung genau desjenigen Wissens zu subventionieren, das andere Unternehmen verwerten können. Eine generelle Subvention für eine Gruppe von Branchen, die mutmaßlich solches Wissen erzeugen, ist für diesen Zweck ein eher grobes Instrument.

Stattdessen sollte der Staat versuchen, Forschung und Entwicklung genau dort zu fördern, wo sie stattfinden. Das ist eine Frage der Definition. Wie kann man feststellen, ob ein Unternehmen Wissen erzeugt? Eine zu breite Definition könnte zu Missbrauch verführen: Wer entscheidet, ob Büroklammern und Firmenwagen tatsächlich die Wissensentwicklung fördern oder nur zwecks Erhöhung des Subventionsanspruchs in den Etat der Forschungsabteilung eingestellt wurden? Eine zu strenge Definition hingegen birgt das Risiko der Bevorzugung großer, bürokratischer Formen der Forschung, bei denen die Ressourcenverteilung genau dokumentiert werden kann, gegenüber kleinen, informellen Organisationen, obwohl diese nach Meinung vieler Experten die originellsten Ideen hervorbringen.

Die USA subventionieren Forschung und Entwicklung auf indirektem Wege, zumindest im Vergleich mit anderen Investitionsformen. Unternehmen können Forschung und Entwicklung als laufende Kosten von der Körperschaftsteuer absetzen. Investitionen in Maschinen und Anlagen können nicht als unmittelbare Ausgaben deklariert und nur entsprechend ihrer Wertminderung stufenweise abgeschrieben werden. Diese bevorzugte Behandlung des Wissens ist zwar eher einem historischen Zufall des Steuerrechts als einer gezielten Politik zu verdanken, dennoch sollte man sie zur Kenntnis nehmen, bevor man die Behauptung aufstellt, dass die USA zu wenig Mittel für Forschung und Entwicklung ausgeben oder dass der Hochtechnologiesektor einer stärkeren Förderung bedarf. Um eine solche Schlussfolgerung zu rechtfertigen, müsste man zunächst Umfang und Höhe der erforderlichen Subventionen ermitteln.

Wie groß sind die externen Effekte? Die Frage des angemessenen Subventionsniveaus für die Hochtechnologie hängt von der Antwort auf ein schwieriges empirisches Problem ab: Wie soll die Verwertbarkeit von Wissen in Bezug auf die Subventionshöhe gewichtet werden? Beträgt die optimale Subvention 10, 20 oder 100 Prozent? Das lässt sich nicht genau sagen. Es liegt in der Natur der externen Effekte, dass sie keinen Marktpreis haben und schwer zu erfassen sind.

Selbst bei nachgewiesenen großen externen Effekten der Hochtechnologiebranchen wäre der Anreiz zu ihrer Förderung in allen Ländern wohl eher gering. Denn die Gewinne aus Wissen, die in einem Land erzeugt werden, können sich durchaus auch Unternehmen in anderen Ländern aneignen. Wenn ein belgisches Unternehmen eine neue Technik zur Stahlerzeugung entwickelt, befinden sich die meisten Unternehmen, die diese Technik imitieren können, nicht in Belgien, sondern in anderen europäischen Ländern, den USA und Japan. Eine Weltregierung würde eine Subvention für diese Innovation vielleicht befürworten, die belgische Regierung dürfte eher davon absehen. Solche Probleme der Verwertbarkeit sind auf der Ebene der *Nation* (im Unterschied zur Unternehmensebene) weniger schwerwiegend, aber immer noch bedeutsam – selbst für Länder, die so groß sind wie die USA. Ungeachtet aller kritischen Einwände ist das Argument, das sich auf die Verwertbarkeit technologischen Wissens beruft, die wohl beste wissenschaftliche Begründung für eine aktive Industriepolitik. Die Auswahl „wünschenswerter" Branchen anhand höchst zweifelhafter, simplifizierter Kriterien ist strikt abzulehnen, doch die Entscheidung für oder gegen die Förderung „wissensintensiver" Branchen muss im Einzelfall sorgfältig abgewogen werden.

11.1.1 Unvollständiger Wettbewerb und strategische Außenhandelspolitik

In den 1980er Jahren erregte ein neues Argument für die gezielte Förderung bestimmter Branchen in der Fachwelt große Aufmerksamkeit. Dieses Argument, das erstmals die Ökonomen Barbara Spencer und James Brander von der University of British Columbia formulierten, wertet das Fehlen des vollständigen Wettbewerbs als ein Marktversagen, das staatliche Interventionen rechtfertigt. In manchen Branchen, so Spencer und Brander, gibt es nur einige Unternehmen, die tatsächlich miteinander konkurrieren. Aufgrund ihrer geringen Anzahl sind die Voraussetzungen des vollständigen Wettbewerbs nicht gegeben. Insbesondere stellen sich **Extragewinne in Form von Oligopolrenten** ein, d.h. die Gewinne der betreffenden Unternehmen übersteigen die zu erwartenden Gewinne aus vergleichbar riskanten Investitionen in anderen Sektoren der Volkswirtschaft. Diese Oligopolrenten werden zum Gegenstand eines internationalen Konkurrenzkampfs.

Spencer und Brander stellten fest, dass ein Staat in diesem Fall die Spielregeln beeinflussen kann, indem er die Oligopolrenten von ausländischen auf einheimische Unternehmen verlagert. Im einfachsten Fall kann eine Subvention an einheimische Unternehmen, die ausländische Wettbewerber von Investitionen und Produktion abschreckt, die Renditen der einheimischen Unternehmen um einen Betrag steigern, der die Subventionssumme übersteigt. Abgesehen von den Folgen für die Konsumenten – sie entfallen bei Unternehmen, die ihre Produkte ausschließlich im Ausland absetzen – erhöht dieses Abfangen der Renditen ausländischer Konkurrenten vermittels der Subvention das eigene Nationaleinkommen auf Kosten anderer Länder.

Die Brander-Spencer-These: ein Beispiel. Die Brander-Spencer-These lässt sich anhand eines einfachen Beispiels veranschaulichen, in dem nur zwei Unternehmen miteinander konkurrieren, die jeweils in einem Land angesiedelt sind. Nennen wir die Unternehmen

Boeing und Airbus und die Länder USA und Europa, wobei jede Ähnlichkeit mit tatsächlichen Gegebenheiten rein zufällig ist. Es gebe nun ein neues Produkt, ein Flugzeug mit 150 Sitzen, das beide Unternehmen herstellen können. Der Einfachheit halber gebe es keine Zwischenlösungen, jedes Unternehmen kann das Flugzeug entweder ganz oder gar nicht bauen.

Tabelle 11.1 zeigt die möglichen Entscheidungen in Abhängigkeit von den zu erwartenden Gewinnen. (Das Modell ähnelt demjenigen, mit dem wir in Kapitel 9 die Interaktion der Handelspolitik zweier Länder untersuchten.) Die Zeilen stehen für jeweils eine bestimmte Entscheidung bei Boeing, die Spalten entsprechend für die Entscheidungen von Airbus. Jeder Kasten enthält zwei Angaben: unten links die Erträge von Boeing, oben rechts diejenigen von Airbus.

Boeing ╲ Airbus	Produktion	Keine Produktion
Produktion	Airbus: −5 / Boeing: −5	Airbus: 0 / Boeing: 100
Keine Produktion	Airbus: 100 / Boeing: 0	Airbus: 0 / Boeing: 0

Tabelle 11.1: Wettbewerb zwischen zwei Unternehmen

Die Tabelle gibt folgende Annahmen wieder: Jedes Unternehmen für sich könnte mit der Produktion des neuen Flugzeugs Gewinne machen; wenn es jedoch beide Unternehmen herstellen, fahren beide Verluste ein. Welches Unternehmen wird sich die Gewinne sichern? Es kommt darauf an, wer schneller ist. Angenommen, Boeing beginnt die Produktion mit einem kleinen Vorsprung, bevor Airbus tätig werden kann. Damit entfällt der Produktionsanreiz für Airbus. Das Ergebnis ist im oberen rechten Kasten der Tabelle wiedergegeben: Boeing macht die Gewinne.

Nun kommt die Brander-Spencer-Theorie ins Spiel: Die europäischen Regierungen können die Lage umkehren. Angenommen, Europa stellt seinem Unternehmen eine Subvention in Höhe von 25 in Aussicht, falls es die Produktion aufnimmt. Dann ändert sich die Ertragslage gemäß Tabelle 11.2. Ganz unabhängig vom Verhalten Boeings lohnt es sich nun für Airbus, das neue Flugzeug zu bauen.

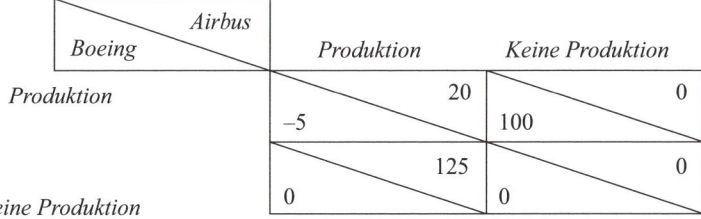

Boeing ╲ Airbus	Produktion	Keine Produktion
Produktion	Airbus: 20 / Boeing: −5	Airbus: 0 / Boeing: 100
Keine Produktion	Airbus: 125 / Boeing: 0	Airbus: 0 / Boeing: 0

Tabelle 11.2: Die Folgen einer Subvention für Airbus

Betrachten wir im Einzelnen die Implikationen dieser Verschiebung. Boeing weiß nun, dass es in jedem Fall mit Airbus konkurrieren muss und daher Einbußen verzeichnen wird, wenn es sich für die Produktion entscheidet. Nun ist Boeing also das Unternehmen, das vom Markteintritt abgeschreckt wird. Die Subvention hat den Vorteil des früheren Baubeginns, den wir zunächst Boeing einräumten, wieder aufgehoben und auf Airbus übertragen.

Im Ergebnis verlagert sich das Gleichgewicht von dem oberen rechten Kasten in Tabelle 11.1 zum unteren linken in Tabelle 11.2. Airbus verbucht einen Gewinn von 125 statt 0, und zwar aufgrund einer Subvention von lediglich 25. Die Subvention steigert den Gewinn also um ein Mehrfaches ihres Eigenbetrags, weil sie die ausländische Konkurrenz von der Produktion abhält. Dieser Effekt der Subvention ergibt sich daraus, dass sie Airbus eine dem *strategischen* Vorteil ähnliche Überlegenheit verschafft, die Airbus dann gehabt hätte, wenn es anstelle Boeings früher mit der Produktion begonnen hätte.

Einwände gegen die Brander-Spencer-These. Dieses hypothetische Beispiel könnte zu der Schlussfolgerung verleiten, dass das Argument der strategischen Außenhandelspolitik auf jeden Fall für staatliche Eingriffe spricht. Eine Subvention Europas führt zu einer deutlichen Gewinnsteigerung bei einem europäischen Unternehmen auf Kosten seines ausländischen Rivalen. Abgesehen von den Interessen der Konsumenten scheint sie eindeutig die europäische Wohlfahrt zu steigern (und diejenige der USA zu senken). Sollte die Regierung der USA ihre praktische Politik nicht an solchen Überlegungen ausrichten?

Doch die strategische Rechtfertigung für eine aktive Außenhandelspolitik hat nicht nur viel Interesse, sondern auch viel Kritik auf sich gezogen. Die Kritiker führen an, dass die praktische Anwendung dieser Theorie weitaus mehr Informationen erfordern würde, als normalerweise verfügbar sind, und dass sie außerdem das Risiko von Vergeltungsmaßnahmen des Auslands mit sich bringe. Außerdem sei die Anwendung derart ausgefeilter Analyseinstrumente aufgrund der innenpolitischen Gegebenheiten in Handel und Industrie von vornherein ausgeschlossen.

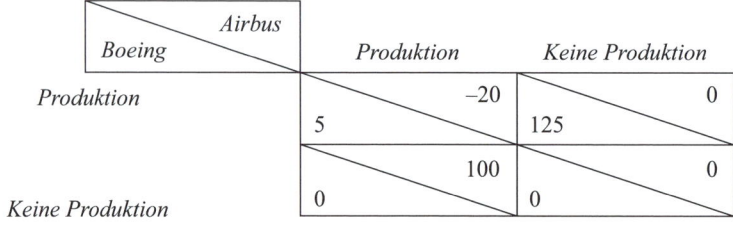

Boeing \ Airbus	Produktion		Keine Produktion	
Produktion		−20		0
	5		125	
Keine Produktion		100		0
	0		0	

Tabelle 11.3:   Wettbewerb zwischen zwei Unternehmen: ein alternativer Fall

Das Problem der unzureichenden Informationen hat zwei Aspekte. Erstens ist es selbst dann, wenn man eine Industrie isoliert betrachtet, recht schwierig, annähernd richtige Werte für eine Tabelle des oben gezeigten Typs zu ermitteln. Und wenn der Staat die falschen Werte einsetzt, kann sich die Subventionspolitik als kostspieliger Irrtum erweisen. Nehmen wir zur Veranschaulichung an, dass die wirklichen Werte nicht in Tabelle 11.1, sondern in Tabelle 11.3 wiedergegeben sind, die scheinbar ähnliche Gewinne angibt. Die Zahlen unterscheiden sich kaum, doch der kleine Unterschied hat große Folgen. Tabelle 11.3 setzt voraus, dass Boeing irgendeinen zugrunde liegenden Vorteil hat – vielleicht eine bessere Technologie – und daher auch dann mit Gewinn produzieren kann, wenn Airbus ebenfalls einsteigt. Airbus hingegen kann nicht mit Gewinn produzieren, wenn außer ihm auch Boeing tätig wird.

Ohne Subvention wird das Resultat also so aussehen, wie in der oberen rechten Ecke der Tabelle angezeigt. Boeing produziert, Airbus nicht. Nehmen wir nun erneut an, dass Europa eine Subvention von 25 gewährt, die ausreicht, um Airbus zur Produktion zu veranlassen. Die neue Ertragslage ist in Tabelle 11.4 dargestellt. Der obere linke Kasten zeigt das Resultat: Beide Unternehmen produzieren. In diesem Fall macht Airbus, das eine Subvention von 25 erhält, nur einen Gewinn von 5. Dies ist eine Umkehr des vorherigen Ergebnisses, bei dem die Gewinnsteigerung infolge der Subvention deren Eigenbetrag übertraf. Der Grund für dieses anders geartete Ergebnis besteht darin, dass die Subvention dieses Mal keine abschreckende Wirkung auf Boeing entfalten konnte.

Boeing \ Airbus	Produktion		Keine Produktion	
Produktion		5		0
	5		125	
Keine Produktion		125		0
	0		0	

Tabelle 11.4: Folgen einer Subvention für Airbus

Auf den ersten Blick stellen sich beide Fälle ganz ähnlich dar, doch in dem einen ist eine Subvention segensreich, im anderen fatal. Die Entscheidung, ob strategische handelspolitische Maßnahmen angebracht sind oder nicht, hängt von einer exakten Beurteilung der Lage ab. Einige Ökonomen stellen daher die Frage, ob die zur erfolgreichen Anwendung dieser Theorie erforderliche Datenmenge überhaupt zusammengetragen werden kann.

Die Beschaffung der notwendigen Daten gestaltet sich ungemein kompliziert, weil die Branchen nicht isoliert betrachtet werden dürfen. Wenn ein Wirtschaftszweig subventioniert wird, zieht er Ressourcen aus anderen Branchen ab und erhöht damit deren Kosten. Selbst eine Politik, die Unternehmen aus den USA einen strategischen Vorteil in einer Branche verschaffen könnte, würde an anderer Stelle strategische Nachteile bewirken. Um zu beurteilen, ob eine solche Politik sinnvoll ist, müssten die zuständigen Behörden der USA diese gegenläufigen Effekte abwägen. Präzise Informationen über eine Branche genügen dazu nicht. Ebenso notwendig sind genaue Erkenntnisse über diejenigen Branchen, mit denen der Subventionsanwärter um Ressourcen konkurriert.

Selbst wenn eine vorgeschlagene strategische Außenhandelspolitik diesen Kritikpunkten standhält, bleibt das Problem ausländischer Vergeltungsmaßnahmen bestehen. Dabei handelt es sich im Wesentlichen um dieselbe Gefahr, die bereits im Zusammenhang mit einem Zoll zur Verbesserung der Terms of Trade besprochen wurde (Kapitel 9). Strategische Außenhandelspolitik ist immer „**Beggar-thy-neighbor-Politik**", sie folgt dem Sankt-Florians-Prinzip: Sie erhöht die eigene Wohlfahrt auf Kosten anderer Länder. Sie birgt das Risiko eines Handelskriegs, der alle Beteiligten schädigt. Kaum ein Ökonom würde den USA raten, eine solche Politik zu initiieren. Man geht höchstens so weit, den USA die Bereitschaft zur Vergeltung von aggressiven strategischen Maßnahmen anderer Länder nahe zu legen.

Eignen sich Theorien wie diese überhaupt zur Anwendung in der politischen Praxis? Diese Frage wurde in Kapitel 9 angesprochen. Bereits dort stellten wir fest, dass die begründeten Zweifel daran für eine Politik des Freihandels sprechen.

Beispiel 11.1: Der Chip-Poker

In den Jahren, in denen die Auseinandersetzung um die strategische Außenhandelspolitik ihren Höhepunkt erreichte, behaupteten die Befürworter einer stärker protektionistisch ausgerichteten Handelspolitik seitens der USA häufig, dass Japan seinen Wohlstand der gezielten Förderung bestimmter Schlüsselindustrien verdanke. Zu Beginn der 1990er Jahre galt insbesondere die Produktion von Halbleiterchips als Paradebeispiel dafür, dass sich der Schutz von Schlüsselindustrien auszahle. Als James Fallows im Jahr 1994 eine Artikelserie veröffentlichte, in der er die Freihandelsideologie angriff und die Überlegenheit des Interventionismus nach japanischem Vorbild rühmte, erschien der erste Teil unter der Überschrift „Die Chips-Parabel". Doch bereits Ende der 1990er Jahre galt das Beispiel der Halbleiter als Lehrstück über die Tücken einer aktiven Außenhandelspolitik.

Ein Halbleiterchip ist ein kleines Stück Silikon, in das komplexe Schaltkreise eingebrannt wurden. Die Anfänge des Wirtschaftszweigs liegen im Jahr 1971, als in den USA das Unternehmen Intel den ersten Mikroprozessor in Chipform baute. Seither hat die Branche einen raschen, jedoch erstaunlich berechenbaren technologischen Wandel durchgemacht: Etwa alle 18 Monate verdoppelt sich die Anzahl der Schaltkreise, die auf einem Chip untergebracht werden können – eine Regel, die als Moore's Law bekannt ist. Dieser Fortschritt bildet die wichtigste Grundlage der Revolution in der Informationstechnologie, die in den letzten dreißig Jahren stattgefunden hat.

Japan gelang Ende der siebziger Jahre der Vorstoß auf den Halbleitermarkt. Die Industrie wurde von der japanischen Regierung gezielt aufgebaut. Die Forschung zum Aufbau einheimischer technologischer Kapazitäten wurde staatlich gefördert. Die dabei eingesetzten Subventionen waren allerdings recht gering. Der wichtigste Aspekt von Japans aktiver Außenhandelspolitik bestand nach Ansicht ihrer US-amerikanischen Kritiker in einem verdeckten Protektionismus. Obwohl Japan nur wenige offizielle Zölle und andere Importschranken hatte, mussten die US-Unternehmen feststellen, dass Halbleitertypen aus amerikanischer Produktion kaum noch abgesetzt werden konnten, sobald Japan in der Lage war, sie selbst herzustellen. Die Kritiker erhoben den Vorwurf, dass sich die japanischen Unternehmen in Branchen wie beispielsweise der Unterhaltungselektronik, in denen das Land ohnehin führend war, stillschweigend darauf geeinigt hätten, auch dann einheimische Halbleiter zu kaufen, wenn ihr Preis höher oder ihre Qualität schlechter war als bei amerikanischen Produkten. Die Berechtigung dieses Vorwurfs ist bis heute umstritten.

Darüber hinaus wurde die Anschuldigung erhoben, dass der geschützte japanische Markt – wenn er denn geschützt war – indirekt die Exportchancen japanischer Halbleiter verbesserte. Die Argumentation verlief folgendermaßen: Die Halbleiterproduktion zeichnet sich durch eine steile Lernkurve aus (siehe die dynamischen Skalenerträge aus Kapitel 6). Angesichts eines garantierten Absatzes in einem großen Binnenmarkt konnten die japanischen Halbleiterhersteller sicher sein, dass sie die Lernkurve abarbeiten würden. Daher investierten sie zuversichtlich in neue Produktionsstätten, die auch für den Export arbeiten konnten.

Bis heute bleibt ungeklärt, inwieweit die Eroberung großer Teile des Halbleitermarktes durch Japan dieser Politik zuzuschreiben ist. Möglicherweise verschafften auch einige Eigenheiten des japanischen Industriesystems dem Land einen „natürlichen" komparativen Vorteil in der Halbleiterproduktion, in der die Qualitätskontrolle eine entscheidende Rolle spielt. In den 1970er und 1980er Jahren entwickelten die japanischen Betriebe neue Produktionsmethoden, bei denen die tolerierte Fehlerquote weitaus niedriger angesetzt wurde als in den USA.

Mitte der 1980er Jahre hatte Japan die USA jedenfalls überholt. Es verkaufte eine größere Menge eines bestimmten Halbleitertyps, der weithin als Schlüssel zum Erfolg der Branche galt: Random Access Memories bzw. RAMs. Das Argument, die RAM-Produktion sei der Schlüssel zur Beherrschung der gesamten Halbleiterbranche, beruhte auf der festen Erwartung, dass sie sowohl große externe Effekte als auch Oligopolrenten abwerfen werde. RAMs wurden von allen Halbleitern in den größten Mengen hergestellt und nach Ansicht der Experten entschied das in der RAM-Produktion gewonnene Know-how über die Fähigkeit eines Landes, mit dem technologischen Fortschritt bei anderen Halbleitern, wie etwa Mikroprozessoren, Schritt zu halten. Folglich ging man allgemein davon aus, dass Japans Dominanz in der RAM-Produktion bald seine Vormachtstellung in der gesamten Halbleiterproduktion begründen werde. Diese Überlegenheit wiederum werde Japan in der Produktion vieler anderer Güter, die Halbleiter verwenden, einen Vorteil verschaffen.

Außerdem war die Überzeugung weit verbreitet, dass die RAM-Produktion, die vor 1990 kein besonders gewinnträchtiges Unterfangen gewesen war, sich schließlich zu einer Branche mit Oligopolrenten entwickeln werde. Der Grund bestand darin, dass die Anzahl der Unternehmen, die RAMs produzierten, ständig gesunken war. Bei jeder Folgegeneration von Chips waren einige Produzenten aus dem Markt ausgeschieden, ohne dass neue hinzugekommen wären. Am Ende, so glaubten viele, würden nur noch zwei oder drei höchst profitable RAM-Produzenten übrig bleiben.

→

Keine dieser Annahmen, die Subventionen für die RAM-Produktion rechtfertigen sollten, bewahrheitete sich in den 1990er Jahren. Es stellten sich weder externe Effekte der Technologie noch Oligopolrenten ein. Zum einen entwickelte sich Japans Vorsprung bei den RAMs nicht zu einem Vorteil bei anderen Halbleitertypen. Amerikanische Unternehmen behielten beispielsweise ihren sicheren Vorsprung bei Mikroprozessoren bei. Zum andern sank die Anzahl der RAM-Produzenten nicht, sondern begann wieder zu steigen. Die wichtigsten Neuzugänge stammten aus Südkorea und anderen neu industrialisierten Volkswirtschaften. Zum Ende der 1990er Jahre galt die RAM-Produktion als normales „Rohstoffgeschäft": Viele Unternehmen konnten RAMs herstellen und der Sektor hatte keine besondere strategische Bedeutung.

Die wichtige Lehre aus dieser Erfahrung lautet, dass es sehr schwer ist zu entscheiden, welche Unternehmen förderungswürdig sind. Die Halbleiterindustrie schien auf den ersten Blick sämtliche Merkmale eines Sektors aufzuweisen, der sich für eine aktive Außenhandelspolitik empfiehlt. Doch am Ende erbrachte er weder starke externe Effekte noch Oligopolrenten.

11.2   Globalisierung und Niedriglohnarbeit

Die Kleider, die Sie tragen, während Sie dieses Buch lesen, stammen aller Wahrscheinlichkeit nach aus einem Entwicklungsland, das weitaus ärmer ist als die USA. Die Zunahme des Exports von Industrieprodukten aus Entwicklungsländern ist eine der wichtigsten Veränderungen der Weltwirtschaft während der letzten Generation. Selbst bettelarme Länder wie Bangladesch, dessen BIP pro Kopf der Bevölkerung weniger als 5 Prozent desjenigen der USA beträgt, stützen sich heute stärker auf den Export von Industrieprodukten als auf den Export traditioneller Agrarerzeugnisse oder Rohstoffe. (Ein Regierungsvertreter eines Entwicklungslandes äußerte gegenüber einem der Autoren dieses Buches: „Wir sind keine Bananenrepublik – wir sind eine Pyjamarepublik.")

Die Arbeiter, die in Entwicklungsländern Industrieprodukte für den Export herstellen, erhalten bekanntlich nach den Maßstäben der fortgeschrittenen Länder sehr wenig Lohn – oft weniger als 1 Dollar pro Stunde, manchmal weniger als 50 Cent. Sie haben in diesen durchweg armen Volkswirtschaften schließlich kaum Alternativen. Auch die Arbeitsbedingungen sind oftmals außerordentlich schlecht.

Die niedrigen Löhne und harten Arbeitsbedingungen werden von vielen Menschen abgelehnt. In den 1990er Jahren fand die Bewegung der Globalisierungskritiker zahlreiche Anhänger in den fortgeschrittenen Ländern, besonders an den Hochschulen. Die Empörung über das Lohnniveau und die Arbeitsbedingungen in den Exportindustrien der Entwicklungsländer machte einen großen Teil der Anziehungskraft dieser Bewegung aus, obwohl auch andere Fragen (die unten besprochen werden) eine Rolle spielten.

Die meisten Ökonomen halten die Globalisierungskritiker bestenfalls für irregeleitet. Aus der Standardanalyse des komparativen Vorteils geht hervor, dass Außenhandel für alle beteiligten Länder günstig ist. Außerdem besagt sie, dass der Export arbeitsintensiver Industrieprodukte wie Bekleidung nicht nur das Nationaleinkommen arbeitsreicher Länder hebt, sondern auch die Einkommensverteilung zugunsten der Arbeit verschiebt. Verfügt die Bewegung der Globalisierungskritiker demnach über keinerlei stichhaltige Argumente?

11.2.1 Die Bewegung der Globalisierungskritiker

Vor 1995 richteten sich die Beschwerden über den Welthandel von Seiten der Einwohner fortgeschrittener Länder vorwiegend gegen dessen Auswirkungen auf die Menschen in diesen Ländern selbst. In den USA konzentrierten sich die meisten Kritiker des Freihandels während der 1980er Jahre auf die angebliche Bedrohung durch die Konkurrenz aus Japan. Zu Beginn der 1990er Jahre wurden sowohl in den USA als auch in Europa erhebliche Bedenken laut, wie sich die Importe aus Niedriglohnländern auf die Löhne gering qualifizierter Arbeiter im eigenen Land auswirken würden.

In der zweiten Hälfte der 1990er Jahre allerdings begann eine rasch anwachsende Bewegung – die unter Studenten breite Unterstützung fand – den angeblichen Schaden zu betonen, den der Welthandel den Arbeitern in Entwicklungsländern zufüge. Die Sprecher dieser Bewegung verwiesen auf die niedrigen Löhne und die miserablen Arbeitsbedingungen in Fabriken der Dritten Welt, die für die westlichen Märkte produzieren. Besonders mobilisierend wirkte im Jahr 1996 die Enthüllung, dass die von der Großhandelskette Wal-Mart vertriebene Bekleidung von sehr schlecht entlohnten Belegschaften in Honduras hergestellt wurde.

Die Bewegung der Globalisierungskritiker eroberte die Schlagzeilen der Weltpresse, als im November 1999 ein großes Treffen der Welthandelsorganisation in Seattle einberufen wurde. Es sollte im Anschluss an die in Kapitel 9 beschriebene Uruguay-Runde eine neue Handelsrunde einleiten. Tausende Globalisierungsgegner begaben sich nach Seattle. Sie waren überzeugt davon, dass die WTO die nationale Unabhängigkeit mit Füßen trete und der von ihr durchgesetzte Freihandel den Arbeitern schade. Trotz zahlreicher Vorwarnungen erwies sich die Polizei als schlecht vorbereitet und die Demonstrationen verursachten eine schwere Störung des Treffens. Die Verhandlungen kamen nur schleppend in Gang, weil sich die teilnehmenden Nationen im Vorfeld nicht auf eine Tagesordnung geeinigt hatten. Bald stellte sich heraus, dass keine gemeinsame Grundlage für den Beginn einer neuen Handelsrunde gegeben war.

Am Ende galt das Treffen als gescheitert. Die meisten Experten für Außenhandelspolitik sind der Ansicht, dass es auch ohne die Demonstrationen erfolglos verlaufen wäre. Doch die Bewegung der Globalisierungskritiker hatte zumindest den Anschein erweckt, sie habe eine wichtige internationale Konferenz zu Fall gebracht.

In den nächsten beiden Jahren erschütterten weitere große Demonstrationen die Treffen des Internationalen Währungsfonds und der Weltbank in Washington sowie eine Tagung wichtiger Wirtschaftsmächte in Genf, wo ein Demonstrant von einem italienischen Polizisten getötet wurde.

Mit anderen Worten, innerhalb relativ kurzer Zeit waren die Globalisierungskritiker in aller Munde. Doch worin besteht das Ziel dieser Bewegung? Ist sie im Recht?

11.2.2   Noch einmal: Außenhandel und Löhne

Eine Spielart der Opposition gegen die Globalisierung kennen Sie bereits aus Kapitel 2. Die Globalisierungsgegner verweisen auf die ausnehmend niedrigen Löhne vieler Arbeiter in den Exportindustrien der Entwicklungsländer. Diesen Kritikern zufolge beweisen die niedrigen Löhne (und die damit einhergehenden schlechten Arbeitsbedingungen), dass die Globalisierung im Gegensatz zu den Behauptungen der Freihandelsbefürworter den Arbeitern in den Entwicklungsländern durchaus nicht nütze.

Als Beispiel wurden die Maquiladoras in Mexiko angeführt. Diese nahe der Grenze zu den USA angesiedelten Fabriken haben sich in den fünf Jahren nach der Unterzeichnung des Nordamerikanischen Freihandelsabkommens (NAFTA) stark vermehrt und beschäftigen mittlerweile etwa doppelt so viele Arbeiter wie zuvor. Die Löhne liegen in einigen Fällen unter 5 Dollar pro Tag und die Arbeitsbedingungen sind nach US-amerikanischen Maßstäben grauenhaft. Die Gegner des Freihandelsabkommens argumentierten, dass dies den Arbeitnehmern auf beiden Seiten der Grenze schade, denn es erleichtere den Unternehmern den Ersatz hoch bezahlter Arbeiter in den USA durch gering entlohnte mexikanische Arbeiter.

Die Standardantwort der Ökonomen auf dieses Argument basiert auf der in Kapitel 2 erläuterten Analyse der gängigen Irrtümer über den komparativen Vorteil. Einem verbreiteten Irrtum zufolge muss Außenhandel zur Ausbeutung der Arbeiter führen, wenn diese in dem armen Land weitaus niedrigere Löhne erhalten als in dem reichen.

Tabelle 11.5 fasst die Analyse dieses Fehlurteils noch einmal zusammen. Sie enthält zwei Länder, die USA und Mexiko, und zwei Branchen, Hochtechnologie und Niedrigtechnologie. Arbeit, der einzige Produktionsfaktor, ist in allen Branchen der USA produktiver als in Mexiko. Eine Stunde US-Arbeit kann in beiden Branchen je eine Mengeneinheit produzieren, während in Mexiko zwei Arbeitsstunden für eine Mengeneinheit Niedrigtechnologie und acht Stunden für eine Mengeneinheit Hochtechnologie erforderlich sind. Die obere Hälfte der Tabelle enthält die Reallöhne der Arbeiter beider Länder ausgedrückt in beiden Gütern vor Außenhandel. Der Reallohn bemisst sich dann einfach nach der Gütermenge, die ein Arbeiter in einer Stunde produzieren kann.

Als Nächstes lassen wir Außenhandel zu. In dem Gleichgewicht, das sich nach Außenhandel bildet, liegen die relativen Löhne der US-amerikanischen und der mexikanischen Arbeiter irgendwo zwischen der relativen Produktivität der Arbeiter in beiden Branchen – beispielsweise sind die Löhne in den USA vier Mal so hoch wie in Mexiko. Es wird also billiger, niedrigtechnologische Güter in Mexiko zu produzieren und hochtechnologische Güter in den USA.

(A) Vor Außenhandel		
	Hochtechnologiegüter / Stunde	Niedrigtechnologiegüter / Stunde
USA	1	1
Mexiko	1/8	½
(B) Nach Außenhandel		
	Hochtechnologiegüter / Stunde	Niedrigtechnologiegüter / Stunde
USA	1	2
Mexiko	¼	½

Tabelle 11.5: Reallöhne

Ein Globalisierungskritiker könnte aus diesem Gleichgewicht schließen, dass Außenhandel die Interessen der Arbeiter schädigt. Zum einen werden in den USA hoch bezahlte Arbeitsplätze in der niedrigtechnologischen Branche durch schlechter bezahlte Jobs in Mexiko ersetzt. Zum andern könnte man einleuchtend argumentieren, dass die mexikanischen Arbeiter unterbezahlt sind. Obwohl sie in der niedrigtechnologischen Branche halb so produktiv sind wie die amerikanischen Arbeiter, die sie ersetzen, beträgt ihr Lohnsatz nur ein Viertel (nicht die Hälfte) des US-amerikanischen.

Wie jedoch aus der unteren Hälfte von Tabelle 11.5 hervorgeht, ist die Kaufkraft der Löhne in beiden Ländern gestiegen. Die Arbeiter in den USA, die jetzt alle in der Hochtechnologiebranche beschäftigt sind, können mehr niedrigtechnologische Güter kaufen als zuvor: zwei Einheiten pro Arbeitsstunde anstatt eine. Die mexikanischen Arbeiter, die nun alle im Niedrigtechnologiesektor beschäftigt sind, können pro Arbeitsstunde mehr Hochtechnologiegüter erwerben als zuvor: ein Viertel statt ein Achtel. Der Außenhandel hat den Preis des Importguts jedes Landes im Verhältnis zu seinem Lohnsatz gesenkt.

Dieses Beispiel ist natürlich keine exakte Wiedergabe der Realität. Es soll lediglich zeigen, dass die faktische Grundlage der gängigen Argumente, wonach die Globalisierung den Arbeitern in den Entwicklungsländern schade, in Wirklichkeit beweist, dass der Außenhandel den Arbeitern sowohl in den Industrie- als auch in den Entwicklungsländern nützt.

Ein denkbarer Einwand gegen dieses Modell lautet, dass es irreführend ist, weil es die Arbeit als einzigen Produktionsfaktor setzt. Wenn man vom Ricardo-Modell zum Faktorproportionenmodell übergeht, das in Kapitel 4 besprochen wurde, dann kann sich durchaus ergeben, dass der Außenhandel Verluste für die Arbeiter in dem arbeitsarmen Hochlohnland erzeugt. Aber das wären in unserem Beispiel die USA. Die Behauptung, der Außenhandel schädige die Arbeiter in den Entwicklungsländern, wird damit nicht belegt. Im Gegenteil, alles spricht für die Annahme, dass der Außenhandel den Arbeitern im Niedriglohnland Gewinn bringt: Die Analyse nach dem Standardmodell ergibt, dass die Arbeiter in einem kapitalreichen Land wie den USA durch den Außenhandel mit einem arbeitsreichen Land wie Mexiko geschädigt werden können, während die Arbeiter in dem arbeitsreichen Land eine Einkommensumverteilung zu ihren Gunsten erfahren dürften.

Im speziellen Fall der Maquiladoras argumentieren die Ökonomen, dass die dortigen Löhne zwar im Vergleich zu den USA sehr niedrig sind, dies aber angesichts des Fehlens anderer Möglichkeiten in Mexiko, mit seinem insgesamt weitaus geringeren Produktivitätsniveau, unvermeidlich ist. Daraus folgt, dass die Löhne und Arbeitsbedingungen in den Maquiladoras zwar erschreckend sein mögen, gegenüber den in Mexiko verfügbaren Alternativen aber dennoch eine Verbesserung darstellen. Die rasche Zunahme der Beschäftigtenzahlen dieser Fabriken zeigt, dass die Arbeiter unter den gegebenen Voraussetzungen die dortigen Arbeitsplätze bevorzugen. (Viele neue Arbeiter in den Maquiladoras sind Bauern aus abgelegenen Gebieten, in denen bittere Armut herrscht. Sie sind gewissermaßen aus einem extremen, öffentlich nicht wahrgenommenen Elend in eine weniger schlimme, dafür aber sichtbare Armut gekommen. Damit haben sie ihre Lage verbessert und wecken zugleich Schuldgefühle bei den US-Bürgern, denen ihr früheres Schicksal entgangen war.)

Das Standardargument der Wirtschaftswissenschaft lautet also, dass sich die Arbeiter in den Entwicklungsländern trotz ihrer geringen Löhne mit der Globalisierung besser stellen als ohne sie. Einige Globalisierungsgegner akzeptieren dieses Argument nicht. Ihrer Ansicht nach verschlechtert die Zunahme des Außenhandels die Lage der Arbeiter sowohl in den fortgeschrittenen als auch in den Entwicklungsländern. Allerdings können sie nicht klar formulieren, auf welchem Wege dies geschieht. Das gängigste Argument lautet, dass das Kapital international mobil sei, die Arbeit jedoch nicht, und dass diese Mobilität den Kapitalisten einen Vorteil verschaffe. Doch die internationale Faktormobilität hat, wie in Kapitel 7 aufgezeigt wurde, ganz ähnliche Auswirkungen wie der internationale Handel.

11.2.3   Mindeststandards in der Arbeitswelt und Handelsgespräche

Freihandelsbefürworter und Globalisierungsgegner streiten sich gern um abstrakte Kardinalfragen wie z.B.: Ist die Globalisierung für die Arbeiter gut oder schlecht? In der praktischen Politik geht es jedoch um enger gefasste Problemstellungen. Eine davon lautet, ob und in welchem Umfang internationale Handelsabkommen Vereinbarungen zur Verbesserung der Löhne und Arbeitsbedingungen in armen Ländern beinhalten sollten.

Die bescheidensten Vorschläge, die von Ökonomen vorgebracht werden, sehen die Schaffung eines Überwachungssystems vor, dessen Befunde den Verbrauchern zugänglich gemacht werden sollen. Die diesbezüglichen Argumente basieren auf einer Spielart der Marktversagens, dessen Analyse in Kapitel 9 vorgestellt wurde. Sie gehen davon aus, dass die Konsumenten in den fortgeschrittenen Ländern Industriegüter bevorzugen, die ihres Wissens nach von anständig bezahlten Arbeitern hergestellt wurden. Ein System, das diesen Konsumenten ohne großen Aufwand Aufschluss über diese Frage geben würde, läge also im beiderseitigen Interesse. (Kimberly Ann Elliot, die in den Literaturhinweisen am Ende dieses Kapitels aufgeführt wird, zitiert hierzu einen Teenager: „Ich habe keine Zeit, jedes Mal zum großen politischen Aktivisten zu werden, wenn ich in ein Einkaufszentrum gehe. Sagt mir einfach, welche Schuhe ich bedenkenlos kaufen kann, okay?") Die Verbraucher hätten die Wahl, nur „geprüfte" Güter zu kaufen, und es ginge ihnen besser, weil sie keine Gewissensbisse mehr hätten. Gleichzeitig würde sich der Lebensstandard der Arbeiter in den geprüften Betrieben erhöhen.

Die Befürworter eines solchen Systems geben zu, dass sein Einfluss auf den Lebensstandard in den Entwicklungsländern gering wäre, weil es nur die Löhne der Arbeiter in den Exportindustrien betreffen würde, die selbst in stark exportorientierten Volkswirtschaften nur eine kleine Minderheit aller abhängig Beschäftigten ausmachen. Aber immerhin, so sagen sie, würde es einen gewissen Nutzen bringen und keinen Schaden anrichten.

Eine stärkere Maßnahme wäre die Aufnahme offizieller Mindeststandards für Beschäftigungsverhältnisse in Handelsabkommen, nach denen sich die Exportindustrien richten müssten. Solche Standards genießen in den fortgeschrittenen Ländern große politische Unterstützung. Auf dem oben beschriebenen missglückten Treffen in Seattle sprach sich sogar Präsident Bill Clinton dafür aus.

Das ökonomische Argument zugunsten von Mindeststandards in Handelsabkommen entspricht in vieler Hinsicht der Begründung eines Mindestlohns für einheimische Arbeiter. Während die Wirtschaftstheorie besagt, dass ein Mindestlohn die Anzahl der Arbeitsplätze für gering Qualifizierte senkt, halten manche (doch bei weitem nicht alle!) ernsthafte Ökonomen dagegen, dass diese Effekte nur gering seien und durch die Einkommenserhöhung der in Beschäftigungsverhältnissen verbleibenden Arbeiter aufgehoben würden.

Die meisten Entwicklungsländer wehren sich energisch gegen die Aufnahme von Mindeststandards in Handelsverträge, weil diese ihrer Ansicht nach unweigerlich für protektionistische Zwecke instrumentalisiert würden: Die Politiker der fortgeschrittenen Länder würden die Standards so hoch ansetzen, dass die Entwicklungsländer sie gar nicht erfüllen könnten, wenn sie den Preis ihrer Güter nicht so stark erhöhen wollten, dass sie auf dem Weltmarkt keine Chance mehr hätten. Eine besondere Sorge – die zum Zusammenbruch der Gespräche in Seattle beitrug – besteht darin, dass die Mindeststandards für Arbeitsverhältnisse zur Grundlage für private Klagen gegen ausländische Unternehmen werden könnten. In ähnlicher Weise sind Gesetze gegen das Dumping von Privatunternehmen benutzt worden, um ausländische Konkurrenten unter Druck zu setzen.

11.2.4 Umwelt- und Kulturfragen

Die Kritik an der Globalisierung setzt nicht nur an Fragen der Arbeitswelt an. Viele Kritiker halten sie auch für umweltschädlich. Es steht außer Zweifel, dass die Umweltstandards in den Exportindustrien der Entwicklungsländern weitaus niedriger sind als diejenigen der Industrieländer. Es trifft außerdem zu, dass in mehreren Fällen die Umwelt erheblich geschädigt wird, um die Märkte der fortgeschrittenen Länder mit Gütern zu beliefern. Ein klares Beispiel ist die rücksichtslose Abholzung der Wälder in Südostasien zugunsten von Holzprodukten für die Märkte in Japan und der westlichen Welt.

Andererseits wurden im Namen der binnenorientierten Politik jener Länder, die sich nicht in die globale Wirtschaft integrieren wollten, mindestens ebenso viele Umweltschäden angerichtet. Ein eindeutiges Beispiel ist die Zerstörung vieler Quadratmeilen Regenwald in Brasilien, die teilweise durch die staatliche Förderung einheimischer Branchen bedingt ist. Diese Politik hat nichts mit Exporten zu tun und begann bereits in den Jahren, in denen Brasilien sich ausschließlich aus eigener Kraft zu entwickeln versuchte.

Wie im Falle der Arbeitsverhältnisse wird auch hier darüber diskutiert, ob Handelsabkommen Umweltstandards beinhalten sollten. Auf der einen Seite argumentieren die Befürworter, dass solche Abkommen zumindest zu bescheidenen Umweltverbesserungen beitragen könnten, von denen alle Betroffenen profitieren würden. Auf der anderen Seite betonen die Gegner, dass Umweltstandards in Handelsabkommen zur Stillegung potenzieller Exportindustrien in armen Ländern führen würden, die sich die westlichen Standards nicht annähernd leisten können. (Das in der unten stehenden Fallstudie beschriebene Beispiel der indischen Schiffsverschrottung beleuchtet beide Seiten der Debatte.)

Eine noch heikleres Problem sind die Folgen der Globalisierung für lokale und nationale Kulturen. Die zunehmende Integration der Märkte hat zu einer unübersehbaren Homogenisierung der Kulturen in aller Welt geführt. Überall tragen die Menschen allmählich dieselben Kleider, hören dieselbe Musik und sehen dieselben Filme und Fernsehshows.

Diese Homogenisierung ist zwar nicht ausschließlich, aber doch weitgehend zugleich eine Amerikanisierung. McDonald's gibt es inzwischen überall, doch dasselbe gilt für Sushi-Restaurants. Actionfilme aus Hollywood füllen die Kinokassen aller Länder, doch die stilisierten Kampfszenen in Hollywoodknüllern wie „Matrix" basieren wiederum auf den Gepflogenheiten der Kampfsportstreifen aus Hongkong.

Man kann nicht leugnen, dass diese kulturelle Homogenisierung einen gewissen Verlust bedeutet. Folglich könnte das Argument des Marktversagens zur Begründung einer Politik herangezogen werden, die auf den Erhalt nationaler Kulturunterschiede abzielt. Entsprechende Maßnahmen wären beispielsweise die Beschränkung der Anzahl amerikanischer Filme, die in den Kinos gezeigt werden dürfen, oder der Sendezeit, die mit Fernsehprogrammen aus dem Ausland bestritten werden darf.

Dieses Argument wirft allerdings eine weitere Grundsatzfrage auf: das Recht der Individuen in freien Gesellschaften, ihre Unterhaltung nach Belieben zu wählen. Wie würden Sie sich fühlen, wenn Ihnen jemand verbieten würde, die Rolling Stones zu hören oder Jackie-Chan-Filme zu sehen, weil die kulturelle Eigenständigkeit Amerikas gewahrt bleiben müsse?

11.2.5   Die WTO und die nationale Unabhängigkeit

Ein immer wiederkehrendes Leitmotiv der Bewegung der Globalisierungskritiker lautet, dass das Streben nach freiem Außenhandel und ungehindertem Kapitalfluss die nationale Souveränität untergrabe. Im Extremfall wird die Welthandelsorganisation als eine über den Nationen stehende Macht beschrieben, welche die Nationen daran hindere, ihre Politik im eigenen Interesse zu gestalten. Wie berechtigt ist dieser Vorwurf?

Die WTO ist alles andere als eine Weltregierung. Ihre Autorität beschränkt sich im Wesentlichen auf die Aufforderung an alle beteiligten Länder, ihre internationalen Handelsabkommen einzuhalten. Dennoch enthält die Sicht der WTO als über den Nationen stehende Autorität einen wahren Kern, denn die WTO ist bevollmächtigt, nicht nur die traditionellen Instrumente der Außenhandelspolitik – Zölle, Exportsubventionen und Mengenbeschränkungen – zu überwachen, sondern auch diejenigen Aspekte der Innenpolitik, die de facto Außenhandelspolitik sind. Und da die Trennungslinie zwischen legitimen Maßnahmen der Innenpolitik und faktischem Protektionismus unscharf ist, entstand bei einigen Beobachtern bisweilen der Eindruck, dass sich die WTO in innere Angelegenheiten einmische.

Weiter oben schilderten wir ein berühmtes Beispiel, das die Unbestimmtheit dieses Problems illustriert. Die USA änderten ihre Luftreinhaltungsvorschriften dahingehend, dass importiertes Benzin nicht mehr Schadstoffe freisetzen durfte als das Durchschnittsbenzin aus einheimischen Raffinerien. Die WTO wertete diese Auflage als Verstoß gegen bestehende Handelsabkommen. Kritiker der WTO führen dieses Urteil als typisches Beispiel dafür an, dass diese Institution die Bemühungen demokratisch gewählter Regierungen um den Umweltschutz unterlaufe.

Im Gegenzug verwiesen die Anhänger der WTO auf die Grundlage ihres Spruchs: Die USA legten bei Importen andere Maßstäbe an als bei inländischen Produkten. Einige Raffinerien in den USA durften ihren Betrieb weiterführen, obwohl ihr Benzin die Luft über das durchschnittliche Maß hinaus verschmutzte. Die amerikanischen Vorschriften verboten also den Verkauf besonders umweltschädlichen Benzins aus Venezuela in den US-Märkten, gestatteten aber den Verkauf ebenso schädlichen Kraftstoffs, wenn er aus einheimischen Raffinerien stammte. Wenn das neue Gesetz für ausländisches und einheimisches Benzin dieselben Standards gesetzt hätte, dann wäre es von der WTO akzeptiert worden.

Beispiel 11.2: Schiffsverschrottung in Alang

In den späten 1990er Jahren kam es zu Kontroversen über die Schiffsverschrottung in Indien. Diese Industrie nimmt ausgediente Schiffe auseinander, um Schrottmetall und andere wertvolle Bestandteile zu gewinnen. Die Auseinandersetzung darum zeigte besonders anschaulich, in welchen Dilemmas und moralischen Zwiespälten sich die Globalisierungsdebatte bewegt.

Man kann die Schiffsverschrottung als Form des Recyclings auffassen. Anstatt das Schiff einfach verrosten zu lassen, baut ein Verschrottungsunternehmen seine Teile aus und führt sie der Wiederverwertung zu. Dies bedeutet, dass im Endeffekt weniger Eisenerz und weniger Öl gefördert werden muss usw. Man könnte also meinen, die Schiffsverschrottung sei gut für die Umwelt. Andererseits kann sie die Umwelt erheblich belasten. Vom Restöl in den Schiffstanks bis hin zum Plastik der Sitze und der Innenausstattung können sämtliche Bestandteile, wenn sie nicht fachgerecht entsorgt werden, die unmittelbare Umwelt vergiften. Außerdem ist die Schiffsverschrottung zum Teil ausgesprochen gefährlich, weil große Metallteile zerschnitten werden müssen, verbliebene Öldämpfe in den Tanks und Motoren zu Explosionsgefahren führen und vieles mehr.

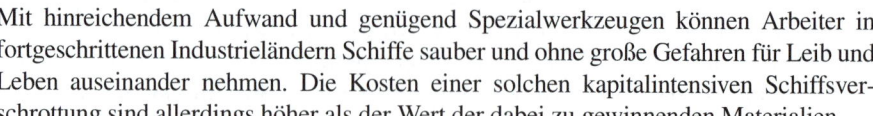

Mit hinreichendem Aufwand und genügend Spezialwerkzeugen können Arbeiter in fortgeschrittenen Industrieländern Schiffe sauber und ohne große Gefahren für Leib und Leben auseinander nehmen. Die Kosten einer solchen kapitalintensiven Schiffsverschrottung sind allerdings höher als der Wert der dabei zu gewinnenden Materialien.

Doch einige Entwicklungsländer, insbesondere Indien, haben festgestellt, dass die Schiffsverschrottung nicht unbedingt eine kapitalintensive Industrie sein muss. In Alang, an der Westküste Indiens, befindet sich ein sechs Meilen langer Strand. Dorthin bringt man alte Schiffe und lässt sie auf Grund laufen. Dann schwärmen Männer auf ihnen aus, die mit wenig mehr als Schneidbrennern ausgerüstet sind, zerschneiden die Schiffe in Stücke und schaffen diese fort.

Obwohl die kleinen Unternehmen, die diese Arbeit leisten, die Schiffe so weit wie möglich ausschlachten, verbleibt ein unvermeidlicher, großer Rest an Abfallmaterialien, der den Strand und seine Umgebung verschmutzt. Und obwohl die Vorarbeiter erfahrene Fachleute sind, kommt es zu vielen Unfällen. Es gibt so viele Arbeitswillige, dass sich kostspielige Schutzmaßnahmen nicht lohnen.

Im Jahr 1998 geriet die Schiffsverschrottung in Alang ins Visier von Protestgruppen aus aller Welt, die von der Umweltorganisation Greenpeace angeführt wurden. Greenpeace konzentrierte sich in erster Linie auf die Umweltverschmutzung, andere Gruppen prangerten die gefährlichen Arbeitsbedingungen an. Der Grundtenor der Proteste lautete, das die fortgeschrittenen Länder ihren Abfall selbst beseitigen und nicht in armen Ländern abladen sollten.

Andere Stimmen machten geltend, dass die Schiffsverschrottung in vieler Hinsicht genau die Branche sei, die ein Land wie Indien brauche. Die örtlichen Unternehmer hatten eine arbeitsintensive Lösung für eine Aufgabe gefunden, die in den fortgeschrittenen Ländern kapitalintensiv war, und damit die reichlichste Ressource der Nation bestmöglich genutzt. Auf diesem Wege hatten sie eine neue Industrie geschaffen, die direkt oder indirekt etwa eine Million Menschen ernährte und Indien die Deviseneinkünfte beschaffte, auf die es dringend angewiesen war. Nach westlichen Maßstäben erhielten die Arbeiter in Alang sehr niedrige Löhne und erduldeten schreckliche Arbeitsbedingungen, doch nach indischen Maßstäben wurden sie recht gut bezahlt. Außerdem hatte die Branche über ihren unmittelbaren ökonomischen Nutzen hinaus einen heroischen Aspekt: die Schiffsverschrotter waren stolz auf ihre Geschicklichkeit und ihren Mut.

Soll man die Schiffsverschrottung von Alang nun verurteilen oder loben? Halfen die Protestgruppen Indien, indem sie die Stillegung forderten, oder wollten sie um ihrer eigenen Verbohrtheit willen einem verarmten Volk eine unverzichtbare Chance rauben?

Zusammenfassung

1. In den 1980er und 1990er Jahren kamen einige neue Argumente für staatliche Interventionen in den Außenhandel auf. In den 1980er Jahren stellte die neue Theorie der strategischen Außenhandelspolitik einige Gründe vor, weshalb Nationen von der Förderung bestimmter Branchen profitieren könnten. In den 1990er Jahren entstand eine neue Kritik der Globalisierung, die sich auf deren Folgen für die Arbeiter in den Entwicklungsländern konzentrierte.

2. Die Forderung nach einer aktiven Außenhandelspolitik beruht auf zwei Argumenten. Das erste besagt, dass Regierungen diejenigen Branchen fördern sollten, die *externe technologische Effekte* erzeugen. Das zweite, das eine stärkere Abweichung vom Standardargument des Marktversagens beinhaltet, beruft sich auf die *Brander-Spencer-These*. Diese besagt, dass Nationen mit Hilfe strategischer Interventionen anfallende *Oligopolrenten* für sich sichern können. Diese Argumente sind in theoretischer Hinsicht überzeugend. Nach Ansicht vieler Ökonomen sind sie aber zu komplex und setzen zu viele Informationen voraus, als dass sie in der Praxis angewandt werden könnten.

3. Parallel zur Zunahme der Exporte von Industrieprodukten aus Entwicklungsländern entstand eine neue Oppositionsbewegung gegen die Globalisierung. Diese Bewegung protestiert in erster Linie gegen die niedrigen Löhne der Arbeiter in der Exportindustrie, greift aber auch andere Themen auf. Die Antwort der meisten Ökonomen lautet, dass die Arbeiter in den Entwicklungsländer nach westlichen Maßstäben zwar schlecht bezahlt werden, infolge des Außenhandels aber höhere Löhne verdienen als andernfalls.

4. Diverse Fallstudien zeigen, wie schwierig die Probleme der Globalisierung zu beurteilen sind, besonders, wenn man sie unter moralischen Aspekten sieht. Der Weg zur Hölle ist nur allzu oft mit guten Vorsätzen gepflastert. Die Forderungen der meisten Globalisierungsgegner, wie beispielsweise Standards für Beschäftigungsverhältnisse, werden von den Entwicklungsländern selbst abgelehnt, weil sie ihren Einsatz zu protektionistischen Zwecken befürchten.

5. Die Probleme der kulturellen Homogenisierung und des Umweltschutzes werfen noch weitaus schwierigere Fragen auf.

Schlüsselbegriffe

Übungen

1. Nehmen Sie an, die Regierung der USA könne feststellen, welche Branchen in den nächsten 20 Jahren am stärksten wachsen werden. Weshalb ist damit noch nicht automatisch gesagt, dass der Staat das Wachstum dieser Branchen fördern sollte?

2. Das Handelsministerium der USA fordert eine spezielle Förderung von Hochtechnologiebranchen. Es argumentiert, dass diese Branchen ein hohes Wachstumspotenzial haben, Input für zahlreiche weitere Wirtschaftszweige liefern und eine Technologie hervorbringen, von der die gesamte Volkswirtschaft profitiert. Außerdem sind einige dieser Branchen in den USA, beispielsweise der Flugzeugbau und die Mikroelektronik, mit ausländischen Konkurrenten konfrontiert, die staatlich gefördert werden. Welches dieser Argumente spricht tatsächlich für eine Förderung dieser Branchen durch die Regierung der USA?

3. Wenn es nach dem Willen der USA ginge, dann würden sie fordern, dass Japan mehr Geld für die wissenschaftliche Grundlagenforschung aufwendet und weniger für die Forschung über industrielle Anwendungen. Erklären Sie die Gründe für diese Haltung anhand der Analyse des Verwertungspotenzials.

4. Die Tabellen 11.1 und 11.2 stellten eine Situation dar, in der die europäischen Regierungen mit Hilfe einer Subvention einen strategischen Vorteil erreichen konnten. Bei den in den Tabellen 11.3 und 11.4 dargestellten Verhältnissen gelang ihnen dies nicht. Worin besteht der grundlegende Unterschied zwischen beiden Fällen? Wie lautet demzufolge die allgemeine Regel, aus der hervorgeht, in welchen Fällen eine Subvention die erwünschte Wirkung zeigt?

5. „Das neue Argument der strategischen Außenhandelspolitik unterstreicht das kluge Verhalten von Staaten wie Südkorea, die sämtliche Exporte subventionieren. Die Subvention verleiht jeder Branche den strategischen Vorteil, den sie braucht, um im internationalen Wettbewerb zu bestehen." Diskutieren Sie diese Aussage.

6. Stärkt oder schwächt der Militärhaushalt der USA die strategische Stellung der Hochtechnologieindustrien in den USA? Begründen Sie beide Standpunkte.

7. Die Europäische Kommission fordert Sie auf, ein Thesenpapier zur Begründung von Subventionen für die europäische Softwareentwicklung zu verfassen, da diese Industrie gegenwärtig von US-amerikanischen Unternehmen, insbesondere von Microsoft, dominiert wird. Welche Argumente bringen Sie vor? Wo liegen die Schwachpunkte dieser Argumente?

8. Frankreich betreibt neben seinen gelegentlichen Vorstößen in die strategische Außenhandelspolitik eine aktive *Kulturpolitik* im nationalen Sinne, indem der Staat aus Frankreich stammende Kunst, Musik, Mode, Kochkunst etc. besonders fördert. Es mag sich in erster Linie um den Versuch handeln, in einer immer homogeneren Welt die nationale Identität zu wahren. Doch einige französische Regierungsvertreter rechtfertigen diese Politik auch mit ökonomischen Argumenten. In welchem Sinne könnten einige dieser Maßnahmen auch als strategische Außenhandelspolitik gewertet werden?

Weiterführende Literatur

James A. Brander und Barbara J. Spencer, „Export Subsidies and International Market Share Rivalry", in: *Journal of International Economics* 16 (1985), S. 83–100. Grundlegende Schrift zur potenziellen Rolle von Subventionen als Instrument der strategischen Außenhandelspolitik.

Kimberly Ann Elliott, *Can Labor Standards Improve Under Globalization?* Washington: Institute for International Economics, 2001. Darstellung einer Ökonomin, die den Anliegen der Globalisierungsgegner positiv gegenübersteht.

Edward M. Graham, *Fighting the Wrong Enemy: Antiglobalization Activists and Multinational Corporations*. Washington: Institute for International Economics, 2001. Darstellung eines Ökonomen, der den Anliegen der Globalisierungsgegner weniger positiv gegenübersteht.

Elhanan Helpman und Paul Krugman, *Trade Policy and Market Structure*. Cambridge: MIT Press, 1989. Zusammenfassung und Synthese der Literatur zur strategischen Außenhandelspolitik und verwandten Themen.

William Langewiesche, „The Shipbreakers", in: *The Atlantic Monthly*, August 2000. Eine faszinierende Beschreibung der Schiffsverschrottung in Alang und der Auseinandersetzungen darum.

Laura d'Andrea Tyson, *Who's Bashing Whom? Trade Conflict in High-Technology Industries*. Washington: Institute for International Economics, 1992. Eine ausgefeilte, behutsame Verteidigung der strategischen Außenhandelspolitik. Kurz nach Erscheinen dieses Buches wurde Tyson zur obersten Wirtschaftsberaterin von Präsident Bill Clinton ernannt.

Teil 3

Wechselkurse und Makroökonomie offener Volkswirtschaften

Kapitelübersicht

Während der zehn Jahre von 1991 bis 2000 wuchs das japanische Nationaleinkommen im Durchschnitt nur um 1,5 Prozent pro Jahr, das der USA hingegen um nahezu 3,5 Prozent. Gleichzeitig stieg in Japan die Arbeitslosenrate. Sie erreichte beinahe 5 Prozent und übertraf damit zum ersten Mal seit fünfzig Jahren diejenige der USA. Doch als im Jahr 2001 in den USA eine Rezession einsetzte, wurde die gesamte Weltwirtschaft in Mitleidenschaft gezogen. Die ökonomische Analyse trägt dazu bei, sowohl die Abhängigkeiten zwischen nationalen Volkswirtschaften als auch die Gründe für ihre häufig unterschiedliche Entwicklung zu verstehen.

Thema der vorangegangenen Kapitel war vor allem die optimale Nutzung der knappen Produktionsressourcen der Welt zu einem gegebenen Zeitpunkt. Die **Mikroökonomie** untersucht dieses Problem aus der Perspektive der individuellen Unternehmen oder Verbraucher. Vom Einzelnen ausgehend entwirft sie ein Bild des Ganzen, indem sie nachzeichnet, wie das Zusammenwirken der individuellen Wirtschaftssubjekte, die jeweils ihre eigenen Interessen verfolgen, den Einsatz der Ressourcen lenkt. Unser bisheriges Studium der internationalen Mikroökonomie zeigte, wie sich aus individuellen Produktions- und Konsumentscheidungen internationale Handels- und Spezialisierungsmuster bilden. Wir sahen, dass der Freihandel im Allgemeinen einen effizienten Ressourceneinsatz fördert, während staatliche Interventionen oder Marktversagen selbst bei vollem Einsatz sämtlicher Produktionsfaktoren zu Verschwendung führen können.

Dieses Kapitel geht von einer etwas anderen Fragestellung aus: Wie kann die Wirtschaftspolitik dafür sorgen, dass die Produktionsfaktoren tatsächlich in vollem Umfang genutzt werden? Und wie wird die Volkswirtschaft in die Lage versetzt, die Produktion von Gütern und Dienstleistungen mit der Zeit zu verändern? Antworten auf diese Fragen gibt die **Makroökonomie**. Dieser Teilbereich der Wirtschaftswissenschaften untersucht Beschäftigung, Produktion und Wachstum auf der Ebene der gesamten Volkswirtschaft. Ebenso wie in der Mikroökonomie geht es auch in der Makroökonomie um den effektiven Einsatz knapper Ressourcen. Während sich jedoch die Mikroökonomie auf die wirtschaftlichen Entscheidungen von Individuen konzentriert, analysiert die Makroökonomie das Verhalten der Volkswirtschaft als Ganzes. Das Studium der internationalen Makroökonomie lehrt uns, wie sich aus der Interaktion der nationalen Volkswirtschaften die weltweiten Muster makroökonomischer Entwicklungen beeinflussen.

Die makroökonomische Analyse konzentriert sich auf vier Aspekte des Wirtschaftslebens, die wir bislang vernachlässigt haben, um unsere Darstellung der Außenwirtschaft zu vereinfachen:

1. *Arbeitslosigkeit.* In der Realität gibt es bekanntlich Arbeiter ohne Beschäftigung und Betriebe ohne Aufträge. Die Makroökonomie untersucht, welche Faktoren Arbeitslosigkeit auslösen und welche Maßnahmen Regierungen zu ihrer Vermeidung treffen können. Insbesondere bemüht sich die internationale Makroökonomie um die Gewährleistung von Vollbeschäftigung in denjenigen Volkswirtschaften, die offen für Außenhandel sind.

2. *Sparen.* In den bisherigen Kapiteln gingen wir im Allgemeinen davon aus, dass der Konsum jedes Landes genau seinem Einkommen entspricht. In Wirklichkeit können Haushalte jedoch einen Teil ihres Einkommens zurücklegen, um Vorsorge für die Zukunft zu treiben, oder zeitweilig Kredite aufnehmen, um mehr auszugeben, als sie verdienen. Das Spar- oder Kreditverhalten wirkt sich auf die Beschäftigung im Inland und auf das zukünftige nationale Wohlfahrtsniveau aus. Vom Standpunkt der Weltwirtschaft als Ganzes entscheidet die Weltsparquote darüber, wie schnell der Bestand des produktiven Kapitals wachsen kann.

3. *Handelsbilanzungleichgewichte.* Wie in früheren Kapiteln dargestellt, ist der Wert der Importe eines Landes gleich dem Wert seiner Exporte, wenn die Ausgaben gleich den Einnahmen sind. Dieser Zustand des ausgeglichenen Außenhandels wird von realen Volkswirtschaften jedoch selten erreicht. Handelsbilanzungleichgewichte spielen in den folgenden Kapiteln eine große Rolle, weil sie eine Umverteilung des Reichtums unter den Nationen bedingen und einen wichtigen Mechanismus darstellen, über den die makroökonomische Politik eines Landes auf seine Handelspartner einwirkt. Es ist daher nur natürlich, dass Handelsbilanzungleichgewichte, insbesondere wenn sie groß und von langer Dauer sind, leicht zu internationalen Verstimmungen führen.

4. *Geld und Preisniveau.* Die bisher vorgestellte Theorie des Außenhandels basiert auf dem Tausch: Güter werden auf der Grundlage ihrer relativen Preise direkt gegen andere Güter getauscht. In der Praxis dient allerdings das Geld als weithin akzeptiertes Tauschmittel und die Transaktionspreise werden in Geldbeträgen angegeben. Weil bei praktisch jeder Transaktion in der modernen Wirtschaft Geld den Besitzer wechselt, wirken sich Schwankungen in seinem Angebot oder seiner Nachfrage sowohl auf die Produktionsmenge als auch auf die Beschäftigung aus. Die internationale Makroökonomie berücksichtigt, dass jedes Land eine eigene Währung verwendet und dass mo-

netäre Veränderungen in einem Land (z.B. eine Veränderung der Geldmenge) auf andere Länder übergreifen können. Die Stabilität der Geldpreisniveaus ist daher ein wichtiges politisches Ziel der internationalen Makroökonomie.

Dieses Kapitel bietet einen Einstieg in die internationale Makroökonomie. Es stellt zunächst die verschiedenen Bilanzen vor, mit denen Ökonomen das Produktionsniveau eines Landes und seine internationalen Transaktionen erfassen. Ein vollständiges Bild der makroökonomischen Beziehungen zwischen den am Außenhandel beteiligten Ländern setzt die Beherrschung zweier verwandter Instrumente voraus. Das erste ist die **volkswirtschaftliche Gesamtrechnung**. Sie erfasst sämtliche Ausgabenposten, die zum Einkommen und zur Produktion eines Landes beitragen. Das zweite ist die **Zahlungsbilanzrechnung**. Sie gibt Aufschluss über den Stand der Verschuldung gegenüber dem Ausland und die Entwicklung der mit Importen und Exporten konkurrierenden Industrien. Die Zahlungsbilanz beleuchtet auch den Zusammenhang zwischen Transaktionen mit dem Ausland und der Geldmenge im Inland.

12.1 Volkswirtschaftliche Gesamtrechnung

Ein zentraler Begriff der makroökonomischen Analyse ist das **Bruttonationaleinkommen**[1] **(BNE)**. Es setzt sich aus den Einkommen der Produktionsfaktoren eines Landes (unabhängig davon, ob sich ihr Standort im Inland oder im Ausland befindet), den Abschreibungen sowie den Produktions- und Importabgaben abzüglich der Subventionen zusammen. Da ohne Faktoreinsatz keine Produktion stattfinden kann, besteht ein enger Zusammenhang zwischen den Ausgaben, die in das BNE eingehen, und dem Einsatz von Arbeit, Kapital und anderen Produktionsfaktoren.

Um die verschiedenen Ausgabenformen zu unterschieden, die das BNE eines Landes ausmachen, unterteilen es die mit der Erstellung der volkswirtschaftlichen Gesamtrechnung befassten Ökonomen und Statistiker in vier Kategorien: *Private Konsumausgaben* (die Konsumausgaben der privaten Haushalte), *Konsumausgaben des Staates (Konsumausgaben der öffentlichen Haushalte) sowie Investitionen* (der Betrag, die Privatunternehmen für den Bau neuer Anlagen und Maschinen für die zukünftige Produktion aufwenden) und *Leistungsbilanz* (der Nettoexport von Gütern, Dienstleistungen und Faktoreinkommen). Der Begriff *volkswirtschaftliche Gesamtrechnung* für diese vierteilige Klassifikation beinhaltet, dass das Einkommen eines Landes gleich seiner Produktion ist. Jede Transaktion, die zum Nationaleinkommen beiträgt, wird anhand ihrer Ausgabenform

---

[1] Krugman und Obstfeld benutzen noch den Begriff des Bruttosozialprodukts, der aber mit dem Übergang zum Europäischen System der Volkswirtschaftlichen Gesamtrechnung im deutschsprachigen Raum durch den Begriff des Bruttonationaleinkommens ersetzt wurde. Wir benutzen den neuerdings verbindlichen Begriff hier anstelle des alten, mit dem Hinweis, dass das Bruttonationaleinkommen dem Bruttosozialprodukt plus empfangenen Subventionen aus der übrigen Welt minus geleistete Produktions- und Importabgaben an die übrige Welt entspricht.

klassifiziert. Abbildung 12.1 zeigt die Aufteilung des Bruttonationaleinkommens der USA auf die obigen vier Kategorien im Jahr 2000.[2]

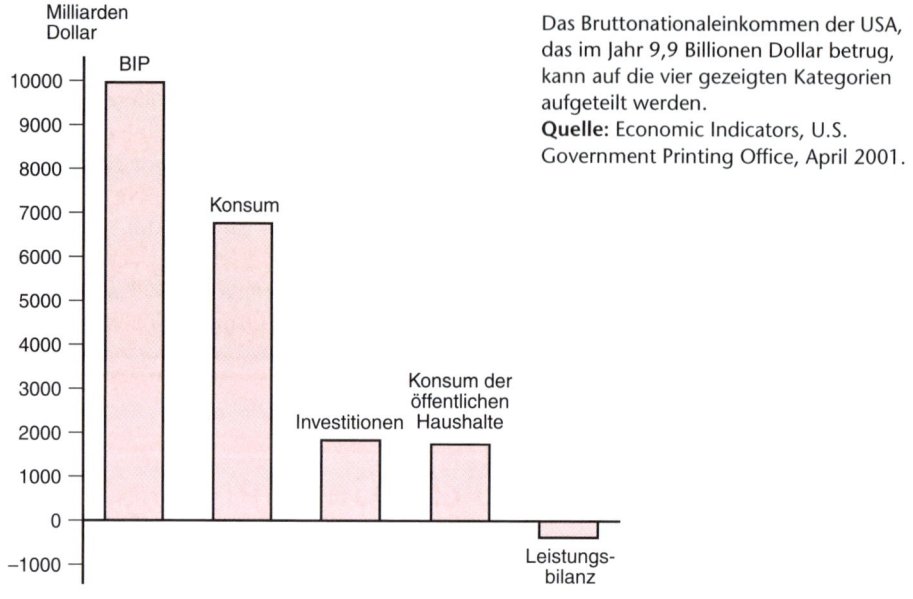

Das Bruttonationaleinkommen der USA, das im Jahr 9,9 Billionen Dollar betrug, kann auf die vier gezeigten Kategorien aufgeteilt werden.
Quelle: Economic Indicators, U.S. Government Printing Office, April 2001.

Abbildung 12.1:   BNE der USA

Weshalb ist es sinnvoll, das BNE in Konsum der privaten und öffentlichen Haushalte, Investitionen und Leistungsbilanz aufzuteilen? Ein wichtiger Grund besteht darin, dass die Ursachen für eine bestimmte Rezession oder einen Boom nur dann ermittelt werden können, wenn die Entwicklung der wichtigsten Ausgabenkategorien bekannt ist. Ohne dieses Wissen können wir keine sinnvollen politischen Maßnahmen empfehlen. Außerdem gibt die Analyse der volkswirtschaftlichen Gesamtrechnung Aufschluss darüber, weshalb manche Nationen reich sind – d.h. ein hohes BNE im Verhältnis zu ihrer Bevölkerungszahl aufweisen – und andere arm.

12.1.1   Nationaleinkommen und Volkseinkommen

Um die Analyse des BNE zu verstehen, muss man zunächst im Einzelnen nachvollziehen, weshalb die von einem Land innerhalb eines bestimmten Zeitraums erzeugte Produktion gleich seinem **Volkseinkommen** sein muss, d.h. dem Einkommen, das seine Produktionsfaktoren in diesem Zeitraum verdienen.

---

[2]   Unsere Definition der Zahlungsbilanz ist dann nicht ganz präzise, wenn das Land ein Netto-Geber oder Netto-Empfänger ausländischer Schenkungen ist. Diese und einige weitere Möglichkeiten erschweren auch unsere Gleichsetzung des BNE mit dem Nationaleinkommen. Weiter unten in diesem Kapitel wird beschrieben, wie die Definitionen des Nationaleinkommens und der Leistungsbilanz für solche Fälle geändert werden müssen.

Der Grund für diese Gleichheit liegt darin, dass jeder Dollar, der für Güter oder Dienstleistungen ausgegeben wird, zwangsläufig irgendjemandes Einnahme ist. Ein Arztbesuch ist ein einfaches Beispiel für eine Erhöhung der nationalen Produktion, welche das Nationaleinkommen in gleicher Höhe steigert. Die 75 Dollar, die Sie dem Arzt bezahlen, entsprechen dem Marktwert der Dienstleistung, die er für Sie erbringt. Ihr Besuch steigert die Produktion also um 75 Dollar. Doch er steigert auch das Einkommen des Arztes, sodass das Nationaleinkommen ebenfalls um 75 Dollar steigt.

Das Prinzip der Gleichheit von Produktion und Einkommen gilt auch für Güter, einschließlich derjenigen, die unter Einsatz zahlreicher Produktionsfaktoren hergestellt werden. Nehmen Sie das Beispiel eines Lehrbuchs der Wirtschaftswissenschaften. Wenn Sie die neue Auflage vom Verlag erwerben, wird das Nationaleinkommen um den Wert Ihres Kaufs gesteigert. Doch Ihre Zahlung geht auch in das Einkommen der Produktionsfaktoren (das Volkseinkommen) ein, die an der Herstellung des Buches mitgewirkt haben, denn der Verlag muss sie aus dem Verkaufserlös bezahlen. An erster Stelle stehen die Autoren, Redakteure, Hersteller und Setzer, die den für die Produktion des Buches notwendigen Arbeitseinsatz liefern. Als Nächstes folgen die Aktionäre des Verlags, die das für die Produktion erforderliche Kapital zur Verfügung gestellt haben und dafür Dividenden erhalten. Und schließlich folgen die Lieferanten von Papier und Druckfarbe, welche die Vorprodukte der Buchherstellung beisteuern.

Die vom Verlag erworbenen Papierbögen und Farben werden *nicht* eigens im BNE erfasst, weil ihr Beitrag zum Wert der nationalen Produktion bereits im Buchpreis enthalten ist. Um Doppelzählungen zu vermeiden, fällt nur der Verkauf von *End*produkten unter die Definition des BNE. Der Verkauf von Vorprodukten, wie in unserem Beispiel Papier und Farbe, wird im BNE nicht erfasst. Seine Definition umfasst nur Güter und Dienstleistungen als End*produkte*, ein gebrauchtes Lehrbuch fällt nicht darunter: Es wurde bereits bei seinem Erstverkauf im BNE erfasst. Durch den Verkauf eines gebrauchten Lehrbuchs fällt also bei keinem Produktionsfaktor Einkommen an.

12.1.2 Abschreibungen, laufende Übertragungen und indirekte Steuern

Da BNE und Volkseinkommen in unserer Definition gleich sind, ist ihre Gleichheit eine mathematische Identität. Dennoch müssen an der Definition des BNE einige Korrekturen vorgenommen werden, bevor die Gleichsetzung von BNE und Nationaleinkommen auch in der Praxis uneingeschränkt zutrifft.

1. Das BNE berücksichtigt nicht den wirtschaftlichen Verlust, der sich aus der Abnutzung von Maschinen und Gebäuden ergibt. Dieser Verlust, *Abschreibung* genannt, reduziert das Einkommen der Kapitalbesitzer. Um das Volkseinkommen für eine gegebene Zeitspanne zu berechnen, müssen wir die in dieser Zeit erfolgenden Abschreibungen vom BNE abziehen. Das BNE minus Abschreibungen ergibt das *Nettonationaleinkommen* (NNE).

2. Das Einkommen eines Landes kann auch Schenkungen von Bürgern anderer Länder beinhalten, die als *laufende Übertragungen oder Transfers* bezeichnet werden (weil ihnen keine Markttransaktionen gegenüber stehen). Beispiele für solche Transfers sind Rentenzahlungen an im Ausland lebende Staatsbürger, Reparationszahlungen und Auslandshilfen wie etwa Fonds für die Opfer von Dürrekatastrophen. Für die USA beliefen sich diese Zahlungen im Jahr 2000 auf etwa 53,2 Milliarden Dollar. Das entspricht einem Nettotransfer von 0,53 Prozent des BNE an Personen im Ausland. Die Übertragungen sind Bestandteil des Einkommens, nicht aber der Produktion des Empfängerlandes und müssen daher bei der Berechnung des Volkseinkommens zum NNE addiert werden.

3. Das Volkseinkommen hängt von den Preisen ab, welche die Produzenten für ihre Güter *erhalten*, das NNE hingegen von den Preisen, welche die Käufer *zahlen*. Die Summen dieser beiden Kategorien müssen nicht unbedingt identisch sein. Aufgrund von Umsatzsteuern müssen die Käufer beispielsweise mehr bezahlen, als die Verkäufer erhalten. Dadurch würde das im NNE ausgewiesene Volkseinkommen überhöht. Die *indirekten Steuern* müssen also vom NNE abgezogen werden, um das tatsächliche Volkseinkommen zu erhalten.

Das Volkseinkommen ist gleich dem BNE *minus* Abschreibungen *minus* indirekte Steuern. Die Differenz zwischen BNE und Volkseinkommen ist alles andere als geringfügig, spielt jedoch für die makroökonomische Analyse keine besondere Rolle. Daher benutzt dieses Lehrbuch die Begriffe *Bruttonationaleinkommen* und *Volkseinkommen* in gleicher Bedeutung und grenzt sie nur bei Bedarf gegeneinander ab.

12.1.3   Bruttoinlandsprodukt

Die meisten Länder benutzen nicht das BNE, sondern das **Bruttoinlandsprodukt (BIP)** als Maß ihrer volkswirtschaftlichen Aktivität. Das BIP erfasst das Produktionsvolumen innerhalb der Grenzen eines Landes. Das BNE ist gleich dem BIP *plus* dem Nettofaktoreinkommen aus der übrigen Welt. Letzteres besteht in erster Linie aus dem Einkommen, das Inländer aus Besitz in anderen Ländern beziehen, minus den Zahlungen, die Inländer an ausländische Besitzer im Inland befindlicher Werte leisten.

Im Gegensatz zum BNE berücksichtigt das BIP nicht, welcher Anteil der Produktion eines Landes unter Einsatz von Kapital erfolgt, das sich in ausländischem Besitz befindet. Betrachten wir ein Beispiel. Die Erträge einer spanischen Fabrik in britischem Besitz gehen in Spaniens BIP ein, sind aber zugleich Bestandteil des britischen BNE. Die Dienstleistungen des britischen Kapitals in Spanien sind ein Export aus Großbritannien und werden daher zur Berechnung des britischen BNE zum britischen BIP addiert. Bei der Berechnung des spanischen BNE muss der entsprechende Import aus Großbritannien vom spanischen BIP abgezogen werden.

Im Normalfall weicht die Entwicklung von BIP und BNE kaum voneinander ab. Wir gehen in diesem Buch in erster Linie vom BNE aus, weil es das Nationaleinkommen genauer erfasst als das BIP und weil die nationale Wohlfahrt unmittelbarer vom Nationaleinkommen als vom Inlandsprodukt bestimmt wird.

12.2 Volkswirtschaftliche Gesamtrechnung für eine offene Volkswirtschaft

In diesem Abschnitt übertragen wir das Modell der volkswirtschaftlichen Gesamtrechnung für eine geschlossene Volkswirtschaft, das Ihnen aus früheren Seminaren bekannt sein dürfte, auf eine offene Volkswirtschaft. Wir beginnen mit der volkswirtschaftlichen Gesamtrechnung, weil sie die Schlüsselrolle des Außenhandels für die Makroökonomie einer offenen Volkswirtschaft besonders deutlich hervortreten lässt. Da die Einwohner einer geschlossenen Volkswirtschaft keine ausländischen Produkte kaufen oder eigene Produkte an das Ausland verkaufen können, muss ihr gesamtes Nationaleinkommen aus Konsum, Investitionen oder Konsum der öffentlichen Haushalte des Inlands stammen. In einer für den Außenhandel offenen Volkswirtschaft muss diese Version der volkswirtschaftlichen Gesamtrechnung modifiziert werden, weil ein Teil der inländischen Produktion in das Ausland exportiert wird, während zugleich ein Teil des inländischen Einkommens für importierte Produkte aus dem Ausland ausgegeben wird.

Die wichtigste Erkenntnis aus diesem Abschnitt betrifft die Beziehung zwischen nationalem Sparen, Investitionen und Außenhandelsungleichgewichten. Wir werden sehen, dass Sparen und Investitionen in einer offenen Volkswirtschaft im Gegensatz zu einer geschlossenen nicht notwendigerweise gleich sind. Der Grund liegt darin, dass Länder auch dadurch sparen können, dass sie mehr exportieren als importieren. Umgekehrt können sie gewissermaßen negatives Sparen betreiben, indem sie weniger exportieren als importieren.

12.2.1 Private Konsumausgaben

Der Anteil des BNE, mit dem die Privathaushalte ihre laufenden Bedürfnisse befriedigen, wird als **Private Konsumausgaben** (oder Konsumausgaben der privaten Haushalte) bezeichnet. In diese Kategorie fällt zum Beispiel der Kauf von Kinokarten, Lebensmitteln, Zahnersatz und Waschmaschinen. In den meisten Ländern machen die Verbraucherausgaben den größten Teil des BNE aus. In den USA schwankt ihr Anteil seit dem Koreakrieg zwischen 62 und 69 Prozent.

12.2.2 Investitionen

Den Teil der Produktion, mit dem private Unternehmen zukünftige Produktion finanzieren, bezeichnet man als **Investitionen**. Investitionsausgaben sind derjenige Teil des BNE, mit dem der Kapitalbestand des Landes aufgestockt wird. Stahl und Beton für die Errichtung eines Fabrikgebäudes gehören ebenso in diese Kategorie wie die Dienstleistung eines Technikers, der an der Konstruktion von Computern für den betrieblichen Einsatz beteiligt ist. Ausgaben für die Lagerhaltung zählen ebenfalls zu den Investitionen, weil auch sie eine Verlagerung der Produktion von gegenwärtigem auf zukünftigen Konsum darstellen. Investitionen sind normalerweise flexibler als der Konsum. In den USA schwanken die (Brutto-)Investitionen seit einigen Jahren zwischen 12 und 19 Prozent des BNE. Zwar wird das Wort „Investitionen" häufig auch im Zusammenhang mit dem Erwerb von Aktien, Anleihen oder Immobilien durch Privathaushalte verwendet, doch dieser allgemeine Sprachgebrauch darf nicht mit der wirtschaftswissenschaftlichen Definition der Investition als Bestandteil des BNE verwechselt werden. Mit dem Kauf eines Pakets Microsoftaktien erwerben Sie weder ein Gut noch eine Dienstleistung, sodass er nicht im BNE erscheint.

12.2.3   Konsumausgaben des Staates

Der gesamte Erwerb von Gütern und Dienstleistungen auf der Ebene des Bundes, der Einzelstaaten oder der Kommunen wird in der volkswirtschaftlichen Gesamtrechnung als **Konsumausgaben des Staates (oder der öffentlichen Haushalte)** geführt. Die Konsumausgaben des Staates beinhalten z.B. Militärausgaben, staatliche Unterstützungsgelder für die Krebsforschung, Haushaltsposten für die Instandhaltung der Straßen und den Bildungsetat. Staatliche Leistungen wie Sozial- und Arbeitslosengeld sind nicht damit verbunden, dass der Empfänger dem Staat als Gegenleistung Güter oder Dienstleistungen zur Verfügung stellt. Sie gehen folglich nicht in den Konsum der öffentlichen Haushalte ein.

Die Konsumausgaben der öffentlichen Haushalte machen derzeit etwa 18 Prozent des BNE der USA aus, und dieser Anteil hat sich seit den späten 1950er Jahren kaum noch verändert. (Im Jahr 1959 waren es beispielsweise etwa 20 Prozent.) Im Jahr 1929 hingegen belief sich der Konsum der öffentlichen Haushalte auf nur 8,5 Prozent des BNE der USA.

12.2.4   Die Nationaleinkommensidentität in einer offenen Volkswirtschaft

In einer geschlossenen Volkswirtschaft muss jedes Endprodukt, das nicht von Privathaushalten oder der Regierung erworben wird, von Unternehmen für neue Fabriken, Maschinen oder die Lagerhaltung verwendet werden. Wenn die Konsumgüter nicht sofort an die Verbraucher oder den Staat verkauft werden, fügen sie die Unternehmen (bisweilen wider Willen) ihrem Lagerbestand zu und erhöhen damit die Investitionen.

Aus diesem Sachverhalt können wir auf eine grundlegende Identität für geschlossene Volkswirtschaften schließen. Y stehe für BNE, C für den privaten Konsum, I für Investitionen und G für den Konsum der öffentlichen Haushalte. Da in einer geschlossenen Volkswirtschaft die gesamte Produktion konsumiert, investiert oder vom Staat verbraucht wird, gilt:

$$Y = C + I + G.$$

Wir haben die Nationaleinkommensidentität für eine geschlossene Volkswirtschaft aus der Annahme abgeleitet, dass die gesamte Produktion konsumiert, investiert oder vom Staat verbraucht wird. Sobald die Möglichkeit des Außenhandels hinzukommt, wird ein Teil der Produktion von Ausländern erworben, während ein Teil der Inlandsausgaben in den Kauf von Gütern und Dienstleistungen aus ausländischer Produktion fließt. Aus der Nationaleinkommensidentität für offene Volkswirtschaften geht hervor, wie sich der Verkauf von Gütern und Dienstleistungen, aus dem das Nationaleinkommen stammt, auf Inländer und Ausländer verteilt.

Da die Einwohner einer offenen Volkswirtschaft einen Teil ihres Einkommens für Importe, d.h. vom Ausland erworbene Güter und Dienstleistungen, ausgeben, geht nur der Anteil ihrer Ausgaben in das inländische BNE ein, der nicht auf Importe entfällt. Der Wert der Importe (*IM*) muss von den Gesamtausgaben des Landes (*C + I + G*) abgezogen werden, um den Anteil der Inlandsausgaben zu erhalten, der das inländische Bruttonationaleinkommen ausmacht.

Entsprechend stellen die an Ausländer verkauften Güter und Dienstleistungen die Exporte eines Landes (*EX*) dar. Sie bestehen aus dem Betrag, um den die Käufe von Ausländern das Nationaleinkommen der inländischen Volkswirtschaft erhöhen.

Das Nationaleinkommen einer offenen Volkswirtschaft ist folglich die Summe der inländischen und ausländischen Ausgaben für die von inländischen Produktionsfaktoren erzeugten Güter und Dienstleistungen. Die Nationaleinkommensidentität für eine offene Volkswirtschaft ist daher:

$$Y = C + I + G + EX - IM. \qquad \text{(12-1)}$$

12.2.5 Eine fiktive offene Volkswirtschaft

Um ein konkretes Bild dieser Identität zu gewinnen, nehmen wir eine fiktive geschlossene Volkswirtschaft, Agraria, die ausschließlich Weizen produziert. Jeder Einwohner Agrarias ist Weizenkonsument, aber zugleich auch Farmer und damit Unternehmer. Farmer investieren, indem sie einen Teil der Jahresernte als Saatgut für das kommende Jahr zurücklegen. Außerdem erhält der Staat einen Teil der Ernte, um die Armee von Agraria zu ernähren. Die Jahresernte beträgt für ganz Agraria 100 Scheffel Weizen. Agraria kann aus dem Rest der Welt Milch gegen Weizen importieren. Um die volkswirtschaftliche Gesamtrechnung für Agraria zu erstellen, müssen wir den Milchpreis in Weizen kennen, weil alle Bestandteile der Nationaleinkommensidentität (12-1) in gleichen Einheiten gemessen werden müssen. Wenn wir den Milchpreis bei 0,5 Scheffel Weizen pro Liter ansetzen und die Agrarier zu diesem Preis 40 Liter Milch verbrauchen, dann importiert das Land im Wert von 20 Scheffel Weizen.

BNE (Gesamt-produktion)		Private Konsum-ausgaben		Investi-tionen		Konsumausgaben der öffentlichen Haushalte		Exporte		Importe
100	=	75[a]	+	25	+	10	+	10	–	20[b]

[a] 55 Scheffel Weizen + (0,5 Scheffel pro Liter) × (40 Liter Milch)
[b] 0,5 Scheffel Weizen pro Liter × 40 Liter Milch

Tabelle 12.1: Gesamtrechung für Agraria als offene Volkswirtschaft (in Scheffel Weizen)

Aus Tabelle 12.1 geht hervor, dass die Gesamtproduktion von Agraria 100 Scheffel Weizen beträgt. Der Konsum verteilt sich auf Weizen und Milch, im Laufe eines Jahres werden 55 Scheffel Weizen und 40 Liter Milch (entsprechend dem Wert von 20 Scheffel Weizen) verbraucht. Der Wert des Konsums in Weizen ist $55 + (0,5 \times 40) = 55 + 20 = 75$.

Die von Agraria produzierten 100 Scheffel Weizen werden wie folgt verbraucht: 55 werden von Inländern konsumiert, 25 werden investiert, 10 konsumieren die öffentlichen Haushalte und 10 gehen in den Export. Das Nationaleinkommen ($Y = 100$) ist gleich den Inlandsausgaben ($C + I + G = 110$) plus Exporte ($EX = 10$) minus Importe ($IM = 20$).

12.2.6   Leistungsbilanz und Auslandsverschuldung

In der Realität ist der Außenhandel eines Landes selten exakt ausgeglichen. Die Differenz zwischen Export und Import von Gütern, Dienstleistungen und Faktoreinkommen bezeichnet man als **Leistungsbilanz**. Sie ist hier als NX (für *Nettoexporte*) bezeichnet. Ihre Definition kann in folgende Form gefasst werden:

$$NX = EX - IM.$$

Wenn die Importe eines Landes seine Exporte übersteigen, hat es ein **Leistungsbilanzdefizit**. Wenn umgekehrt die Exporte die Importe übersteigen, hat es einen **Leistungsbilanzüberschuss**.[3]

Aus der Nationaleinkommensidentität in Gleichung (12-1) ergibt sich einer der Gründe, weshalb die Leistungsbilanz für die internationale Makroökonomie eine wichtige Rolle spielt. Da die rechte Seite der Gleichung die Gesamtausgaben für die inländische Produktion wiedergibt, können Veränderungen der Leistungsbilanz auf Veränderungen der Produktionsmenge – und damit der Beschäftigung – zurückgeführt werden.

Die Leistungsbilanz ist auch deshalb wichtig, weil sie Umfang und Richtung der internationalen Kreditaufnahme wiedergibt. Wenn ein Land mehr importiert als exportiert, kauft es mehr von Ausländern, als es ihnen im Gegenzug verkauft, und muss dieses Leistungsbilanzdefizit auf irgendeine Weise finanzieren. Wie bezahlt es weitere Importe, nachdem seine Exporteinnahmen aufgebraucht sind? Da das Land als Ganzes nur dann mehr

---

[3]   Neben dem Nettoexport von Gütern und Dienstleistungen (dem „Außenbeitrag zum Bruttoinlandsprodukt") plus dem Saldo der Primäreinkommen aus der übrigen Welt (dem „Außenbeitrag zum Bruttonationaleinkommen") beinhaltet die Leistungsbilanz auch die „Bilanz der laufenden Übertragungen", die oben bereits kurz angesprochen wurde. Gemäß unserer früheren Annahme vernachlässigen wir im Interesse der Einfachheit zunächst diese laufenden Übertragungen. Weiter unten in diesem Kapitel werden wir im Rahmen einer detaillierten Analyse der Zahlungsbilanz der USA sehen, wie diese in die Leistungsbilanz eingehen.

importieren als exportieren kann, wenn es sich die Differenz von Ausländern leiht, steigt die Nettoauslandsverschuldung um diesen Defizitbetrag.[4]

Entsprechend verdient ein Land mit einem Leistungsbilanzüberschuss an seinen Exporten mehr, als es für Importe ausgibt. Ein solches Land finanziert das Leistungsbilanzdefizit seiner Handelspartner, indem es ihnen Kredite gewährt. Das Auslandsvermögen des Überschusslandes steigt, weil die Ausländer alle Importe, die nicht durch ihre Exporte abgedeckt sind, nur durch die Aufnahme von Schulden bezahlen können, für die sie irgendwann einmal aufkommen müssen. Aus diesen Überlegungen ergibt sich: *Die Leistungsbilanz eines Landes ist gleich der Veränderung seines Nettoauslandsvermögens.*

Wir definierten die Leistungsbilanz als die Differenz zwischen Exporten und Importen. Aus Gleichung (12-1) geht hervor, dass die Leistungsbilanz außerdem die Differenz zwischen Nationaleinkommen und Inlandsausgaben $C + I + G$ ist:

$$Y - (C + I + G) = NX.$$

Nur durch Kreditaufnahme im Ausland kann ein Land ein Leistungsbilanzdefizit unterhalten und mehr verbrauchen, als seiner laufenden Produktion entspricht. Wenn es weniger als die von ihm produzierten Güter konsumiert, weist es einen Leistungsbilanzüberschuss auf und verleiht diesen in Form von Krediten an das Ausland.[5] Die internationale Kreditaufnahme und Kreditvergabe wurde in Kapitel 7 als eine Form des *intertemporalen Handels* analysiert. Ein Land mit einem Leistungsbilanzdefizit importiert gegenwärtigen Konsum und exportiert zukünftigen Konsum. Ein Land mit einem Leistungsbilanzüberschuss exportiert gegenwärtigen Konsum und importiert zukünftigen Konsum.

Betrachten wir als Beispiel noch einmal die in Tabelle 12.1 beschriebene fiktive Volkswirtschaft von Agraria. Der Gesamtwert von Konsum, Investitionen und Konsum der öffentlichen Haushalte ist mit 110 Scheffel Weizen größer als die Produktionsmenge von 100 Scheffeln. Diese Diskrepanz wäre in einer geschlossenen Volkswirtschaft undenkbar. In der offenen Volkswirtschaft Agrarias ist sie deshalb möglich, weil den Milchimporten im Wert von 20 Scheffeln Weizen nur Weizenexporte im Wert von 10 Scheffeln gegenüberstehen. Das Leistungsbilanzdefizit im Wert von 10 Scheffeln Weizen zeigt die Höhe der Kredite an, die Agraria im Ausland aufgenommen hat und in Zukunft zurückzahlen muss.

---

[4]   Alternativ könnte ein Land sein Leistungsbilanzdefizit auch dadurch finanzieren, dass es die zusätzlichen Importe aus bereits früher angesammeltem Auslandsvermögen bezahlt. Dieses Land würde dann sein Nettoauslandsvermögen aufbrauchen. Dies ist dasselbe wie eine Erhöhung der Nettoverschuldung gegenüber dem Ausland.

Wir übergehen an dieser Stelle die Möglichkeit, dass ein Land ausländische Werte *geschenkt* bekommt (oder selbst Werte verschenkt), wie es z.B. bei einem Schuldenerlass geschieht. Wie wir unten sehen werden, sind solche Schenkungen (im Gegensatz zu laufenden Einkommenstransfers) kein Bestandteil der Leistungsbilanz, haben aber dennoch Einfluss auf das Nettoauslandsvermögen. Sie werden in der Übertragungsbilanz erfasst, die eine Teilbilanz der Zahlungsbilanz darstellt.

[5]   Die Summe $C + I + G$ wird in der Literatur zur internationalen Makroökonomie oft als inländische *Absorption* bezeichnet. Im Rahmen dieser Terminologie ist der Leistungsbilanzüberschuss die Differenz zwischen Einkommen und Absorption.

Leistungsbilanz
Nettoauslandsvermögen (in Milliarden Dollar)

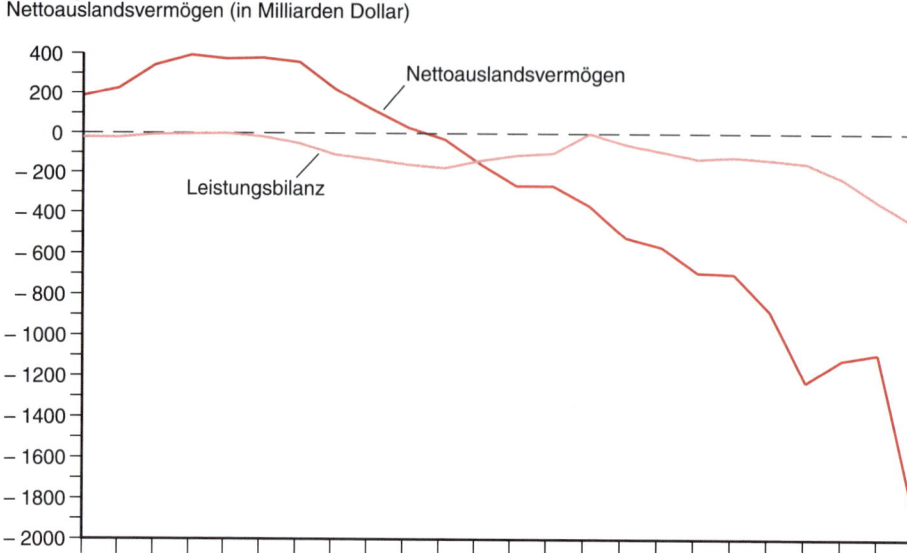

Eine Serie von Leistungsbilanzdefiziten seit den 1980er Jahren reduzierte das Nettoauslandsvermögen, sodass die USA zum Ende dieses Jahrzehnts eine erhebliche Nettoauslandsverschuldung angehäuft hatten.
Quelle: U.S. Government Printing Office, *Economic Indicators*, März 1998, April 2001.

Abbildung 12.2:   **Leistungsbilanz und Nettoauslandsvermögen der USA, 1977-2000**

Abbildung 12.2 vermittelt anschaulich, wie sich aus einer Serie von Leistungsbilanzdefiziten eine hohe Auslandsverschuldung ergeben kann. Die Abbildung zeigt die Entwicklung der Leistungsbilanz der USA im Vergleich zu ihrem Nettoauslandsvermögen. Wie Sie sehen, hatten die USA zu Beginn der 1980er Jahre ein umfangreiches Nettoauslandsvermögen angesammelt. Doch dann setzte eine ununterbrochene Kette von Leistungsbilanzdefiziten ein, deren Höhe im 20. Jahrhundert ohne Beispiel war. Im Jahr 1987 wurden die USA zum ersten Mal seit dem Ersten Weltkrieg zum Nettoschuldner gegenüber dem Ausland.

Wie unsere Fallstudie zu diesem Thema zeigt, ist es erstaunlich schwierig, das Nettoauslandsvermögen eines Landes genau zu erfassen. Einige Wirtschaftswissenschaftler bezweifeln daher die in Abbildung 12.2 wiedergegebenen Angaben und bestreiten den Zeitpunkt, zu dem die USA zur Schuldnernation wurden, sowie die Höhe ihrer Auslandsverschuldung. Unbestritten ist jedoch, dass das Auslandsvermögen der USA im Verlauf der 1980er Jahre stark abnahm.

12.2.7   Sparen und Leistungsbilanz

Die Nationaleinkommensidentität ist zwar einfach, birgt jedoch zahlreiche aufschlussreiche Implikationen. Um die wichtigste dieser Implikationen zu erläutern, definieren wir den Begriff des **nationalen Sparens** als denjenigen Anteil der Produktion Y, der nicht durch Privatkonsum (C) oder Konsum der öffentlichen Haushalte (G) aufgebraucht wird.[6] *In einer geschlossenen Volkswirtschaft ist das nationale Sparen stets gleich den Investitionen.* Folglich kann die Volkswirtschaft als Ganzes ihren Reichtum nur durch die Akkumulation neuen Kapitals vermehren.

Wir bezeichnen das nationale Sparen als S. Aus unserer Definition ergibt sich:

$$S = Y - C - G.$$

Da die Nationaleinkommensidentität in einer geschlossenen Volkswirtschaft auch als $Y = C + I + G$ geschrieben werden kann, gilt:

$$S = I,$$

sodass in einer geschlossenen Volkswirtschaft das nationale Sparen gleich den Investitionen ist. In einer offenen Volkswirtschaft hingegen unterscheiden sich diese beiden Größen. Wenn, wie oben gesagt, das nationale Sparen S gleich $Y - C - G$ ist und $NX = EX - IM$, dann kann die Nationaleinkommensidentität wie folgt umgeschrieben werden:

$$S = I + NX.$$

Diese Gleichung beleuchtet einen wichtigen Unterschied zwischen offenen und geschlossenen Volkswirtschaften: *Eine offene Volkswirtschaft kann entweder durch den Aufbau ihres Kapitalstocks oder durch den Erwerb von Auslandsvermögen sparen, eine geschlossene Volkswirtschaft nur durch den Aufbau ihres Kapitalstocks.*

Im Gegensatz zu einer geschlossenen Volkswirtschaft muss eine offene Volkswirtschaft nicht erst ihre Ersparnisse erhöhen, bevor sie gewinnträchtige Investitionsmöglichkeiten nutzen kann. Der oben stehende Ausdruck zeigt, dass sie gleichzeitig die Investitionen und die Kreditaufnahme im Ausland steigern kann, ohne das Sparen zu verändern. Wenn Neuseeland beispielsweise beschließt, ein neues Wasserkraftwerk zu bauen, dann kann es die dazu benötigten Materialien aus den USA importieren und mit amerikanischen Krediten bezahlen. Diese Transaktion erhöht die Inlandsinvestitionen Neuseelands, weil die importierten Materialien seinen Kapitalstock vergrößern. Um denselben Betrag wächst

---

6   Die volkswirtschaftliche Gesamtrechnung der USA geht davon aus, dass der Konsum der öffentlichen Haushalte nicht in den Aufbau des nationalen Kapitalstocks fließt. Wir folgen hier dieser Konvention, indem wir zur Berechnung der nationalen Ersparnis den *gesamten* Konsum der öffentlichen Haushalte von der Produktion subtrahieren. Die meisten anderen Länder unterscheiden in ihrer volkswirtschaftlichen Gesamtrechnung zwischen Konsum der öffentlichen Haushalte und staatlichen Investitionen (z.B. Investitionen in öffentliche Unternehmen), wobei sie Letztere in das nationale Sparen einschließen. Oft beinhalten die staatlichen Investitionen jedoch auch den Erwerb militärischen Geräts.

sein Leistungsbilanzdefizit. Am Sparen Neuseelands muss sich jedoch trotz steigender Investitionen nichts ändern. Voraussetzung ist allerdings die Bereitschaft der US-Amerikaner, so viel zu sparen, dass die für den Bau des Kraftwerks notwendigen Ressourcen für Neuseeland verfügbar werden. Auf diesem Wege erhalten wir ein neues Beispiel für intertemporalen Handel: Neuseeland importiert gegenwärtigen Konsum (die Kreditaufnahme bei den USA) und exportiert zukünftigen Konsum (die spätere Rückzahlung).

Da das Gesparte eines Landes von einem anderen Land zwecks Erhöhung seines eigenen Kapitalstocks geliehen werden kann, bezeichnet man den Leistungsbilanzüberschuss eines Landes oft auch als *Nettoauslandsinvestition*. Wenn ein Land einem anderen Land einen Kredit gewährt, damit eine Investition finanziert werden kann, dann muss natürlich ein Teil des Einkommens, das diese Investition in der Zukunft abwirft, an den Gläubiger zurückgezahlt werden. Inlands- und Auslandsinvestitionen sind zwei verschiedene Methoden, mit denen ein Land gegenwärtiges Sparen zur Steigerung seines zukünftigen Einkommens verwenden kann.

12.2.8   Privates und staatliches Sparen

Bisher haben wir nicht zwischen Sparen des Privatsektors und Sparen des Staates unterschieden. Im Gegensatz zu privaten Subjekten berücksichtigt der Staat oftmals die Folgen seines Sparens für Produktion und Beschäftigung. Mit Hilfe der Nationaleinkommensidentität können wir analysieren, auf welchen Wegen Sparentscheidungen des Staates die makroökonomischen Gegebenheiten der Volkswirtschaft beeinflussen. Zu diesem Zweck müssen wir das nationale Sparen zunächst in seinen privaten und seinen staatlichen Anteil zergliedern.

Als **privates Sparen** bezeichnen wir denjenigen Teil des verfügbaren Einkommens, der nicht in den Konsum fließt, sondern zurückgelegt wird. Das verfügbare Einkommen ist das Nationaleinkommen, Y, abzüglich der Nettosteuern, T, die der Staat von Privathaushalten und Unternehmen einzieht.[7] Das private Sparen, S^p, beträgt daher:

$$S^p = Y - T - C.$$

Das staatliche Sparen ist ähnlich definiert wie das private. Das „Einkommen" des Staates besteht aus seinen Nettosteuereinnahmen, T, sein „Verbrauch" aus dem Konsum der öffentlichen Haushalte, G. Wenn S^g für das Sparen des Staates steht, dann gilt:

$$S^g = T - G.$$

Die Summe der beiden hier definierten Sparformen, privat und staatlich, ergibt das nationale Sparen. Um dies nachzuweisen, greifen wir auf die Definition des nationalen Sparens S als $Y - C - G$ zurück. Dann gilt:

$$S = Y - C - G = (Y - T - C) + (T - G) = S^p + S^g.$$

---

[7] Nettosteuern sind die Steuern abzüglich Transferzahlungen des Staates. Der Begriff Staat bezieht sich hier auf Bund, Bundesstaaten und Kommunen gleichermaßen.

Mit Hilfe der Definitionen des privaten und staatlichen Sparens können wir die National-einkommensidentität in eine Form bringen, die geeignet ist, die Auswirkungen staatlicher Sparentscheidungen auf offene Volkswirtschaften zu analysieren. Da $S = S^p + S^g = I + NX$, gilt:

$$S^p = I + NX - S^g = I + NX - (T - G) = I + NX + (G - T). \qquad (12\text{-}2)$$

Die Gleichung (12-2) beschreibt den Zusammenhang zwischen privatem Sparen auf der einen und Inlandsinvestitionen, Leistungsbilanzüberschuss und staatlichem Sparen auf der anderen Seite. Zur Interpretation dieser Gleichung definieren wir das **Staatsdefizit** als $G - T$, d.h. als das staatliche Sparen unter negativem Vorzeichen. Das Staatsdefizit weist aus, in welchem Umfang der Konsum der öffentlichen Haushalte durch die Aufnahme neuer Kredite finanziert wird. Folglich besagt Gleichung (12-2), dass das private Sparen eines Landes drei Formen annehmen kann: Investitionen in Inlandskapital (I), Erwerb von Auslandsvermögen (NX) und Erwerb von Anteilen an der staatlichen Neuverschuldung ($G - T$).[8] Das folgende Fallbeispiel illustriert die Anwendung der Gleichung (12-2).

Beispiel 12.1: Der Abbau des Staatsdefizits muss den Leistungsbilanz-überschuss nicht unbedingt erhöhen

Der Zusammenhang zwischen Leistungsbilanz, Investitionen sowie privatem und staatlichem Sparen, der durch die Gleichung (12-2) dargestellt wird, gibt Aufschluss über die Resultate wirtschaftspolitischer Maßnahmen und Entwicklungen. Unsere Prognosen hinsichtlich dieser Resultate treffen nur dann zu, wenn sich Leistungs-bilanz, Investitionen und Sparen entsprechend der Gleichung (12-2) verhalten. Weil diese Gleichung jedoch eine *Identität* darstellt und sich auf keine Theorie des ökono-mischen Verhaltens stützt, benötigen wir für unsere Prognosen noch ein Wirtschafts-modell. Die Gleichung (12-2) ist eine Identität, weil sie in jedes gültige Wirtschafts-modell eingehen muss. Daher sind unzählige Modelle mit ihr konsistent.

Ein gutes Beispiel für die Schwierigkeit, die Folgen politischer Maßnahmen abzuse-hen, bieten die Auswirkungen von Staatsdefiziten auf die Leistungsbilanz. Während der Amtszeit von US-Präsident Ronald Reagan zu Beginn der 1980er Jahre führte der Staat umfangreiche Steuersenkungen durch und erhöhte einige Ausgaben. Dadurch entstand ein großes Staatsdefizit und ein deutlich gesteigertes Leistungsbilanzdefizit. Man sprach von einem „Zwillingsdefizit", das in erster Linie durch Reagans Politik ausgelöst worden sei. Wenn Sie die Gleichung (12-2) umformulieren zu:

$$NX = S^p - I - (G - T),$$

dann erkennen Sie, wie es möglicherweise zu diesem Resultat gekommen ist. Wenn das Staatsdefizit wächst ($G - T$ steigt), während sich das private Sparen und die Inves-titionen kaum verändern, dann muss der Leistungsbilanzüberschuss um etwa densel-ben Betrag fallen, wie die Neuverschuldung der öffentlichen Haushalte steigt. In den USA stieg das Staatsdefizit von 1981 bis 1985 um etwas mehr als 2 Prozent des BNE,

➜

---

8   In einer geschlossenen Volkswirtschaft ist die Leistungsbilanz immer gleich Null, sodass die Gleichung (12-2) einfach lautet: $S^p = I + (G - T)$.

während $S^p - I$ um etwa einen halben Prozentpunkt des BNE zurückging. Die Leistungsbilanz fiel daher von einem in etwa ausgeglichenen Zustand auf etwa –3 Prozent des BNE. (Die Variablen von (12-2) werden in Prozent des BNE angegeben, um ihren Vergleich zu erleichtern.) Die These des Zwillingsdefizits erscheint also schlüssig.

Dieselbe These wird allerdings abwegig, sobald Veränderungen des Staatsdefizits größere Veränderungen im privaten Spar- und Investitionsverhalten auslösen. Ein gutes Beispiel für diese Effekte sind die Bemühungen der europäischen Länder, vor der Einführung der neuen Gemeinschaftswährung im Januar 1999 ihre Staatsdefizite zu senken. Wie wir in Kapitel 20 erläutern werden, hatte die Europäische Union (EU) beschlossen, Mitgliedsländer mit hohem Staatsdefizit vorerst aus der Eurozone auszuschließen. Je näher das Jahr 1999 heranrückte, desto hektischer bemühten sich daher die EU-Regierungen, die Staatsausgaben zu senken und die Steuern zu erhöhen.

Der Theorie des „Zwillingsdefizits" zufolge hätte man erwarten müssen, dass der Leistungsbilanzüberschuss der EU infolge dieser haushaltspolitischen Maßnahmen deutlich steigt. Wie aus der unten stehenden Tabelle hervorgeht, geschah dies jedoch nicht. In der EU als Ganzes sanken die Staatsdefizite um ungefähr 4,5 Prozent der Produktion, doch der Leistungsbilanzüberschuss blieb etwa gleich.

Die Tabelle enthüllt den wahren Grund, weshalb sich die Leistungsbilanz kaum änderte: ein starker Rückgang der privaten Sparquote um etwa 4 Prozent der Produktion, eine Größe, die nahezu der Steigerung des staatlichen Sparens entspricht. (Zugleich stiegen die Investitionen leicht an.) In diesem Fall hat das Verhalten der privaten Sparer die Bemühungen der Regierung um die Erhöhung des nationalen Sparens nahezu neutralisiert!

Jahr	NX	S^p	I	G – T
1995	0,6	25,9	19,9	–5,4
1996	1,0	24,6	19,3	–4,3
1997	1,5	23,4	19,4	–2,5
1998	1,0	22,6	20,0	–1,6
1999	0,2	21,8	20,8	–0,8

Europäische Union (Angaben in Prozent des BNE)
Quelle: Organisation für Wirtschaftliche Zusammenarbeit und Entwicklung, *OECD Economic Outlook 68* (Dezember 2000), Tabellen 27, 30 und 52 (Investitionen aus den Restgrößen abgeleitet).

Die Gründe für diese Entwicklung sind schwer zu benennen, doch es gibt eine Reihe plausibler Erklärungsansätze. Einer dieser Ansätze basiert auf einer Wirtschaftstheorie über die „Ricardianische Äquivalenz" von Steuern und Staatsdefiziten. (Obwohl David Ricardo – den Sie aus Kapitel 2 bereits als Urheber der Theorie des komparativen

Vorteils kennen – diese Theorie ablehnte, ist sie nach ihm benannt.) Die Ricardianische Äquivalenz besagt Folgendes: Wenn der Staat die Steuern senkt und sein Defizit erhöht, dann gehen die Konsumenten davon aus, dass sie später höhere Steuern zahlen müssen, um die Verschuldung der öffentlichen Haushalte wieder auszugleichen. In dieser Erwartung erhöhen sie ihre eigenen Ersparnisse, um das Sinken des staatlichen Sparens auszugleichen. Umgekehrt veranlasst der Staat durch den *Abbau* seiner Defizite (und damit der Steigerung seines Sparens) den Privatsektor zur *Senkung* seines eigenen Sparens. In qualitativer Hinsicht ist dies genau das Verhalten, das man in Europa Ende der 1990er Jahre beobachten konnte.

Aus wirtschaftswissenschaftlichen Statistikanalysen geht jedoch hervor, dass die Ricardianische Äquivalenz in der Praxis selten zutrifft. Die meisten Ökonomen führen den Rückgang der privaten Sparquote in Europa bestenfalls zur Hälfte auf diesen Effekt zurück. Wie erklärt sich der Rest? Der Wert der europäischen Geldvermögen stieg Ende der 1990er Jahre generell an. Diese Entwicklung nährte sich zum Teil aus dem Optimismus über die günstigen wirtschaftlichen Effekte der kommenden Gemeinschaftswährung. Wahrscheinlich war auch der gestiegene Wohlstand der Privathaushalte ein Faktor für den Rückgang der privaten Sparquote in Europa.

Weil die Variablen für privates Sparen, Investitionen, Leistungsbilanz und Staatsdefizit gemeinsam bestimmt werden, kann die Ursache einer Veränderung der Leistungsbilanz allein anhand der Gleichung (12-2) niemals vollständig ermittelt werden. Dennoch bietet sie eine unverzichtbare Grundlage für das Verständnis der Leistungsbilanz und liefert wertvolle Hinweise.

12.3 Die Zahlungsbilanzrechnung

Im vorangegangenen Abschnitt betrachteten wir die Komponenten der volkswirtschaftlichen Gesamtrechnung: Konsum der privaten Haushalte, Investitionen, Konsum der öffentlichen Haushalte und Leistungsbilanz (das Maß für die Nettoauslandsinvestitionen eines Landes bzw. die Differenz zwischen seinen Exporten und Importen). Neben der volkswirtschaftlichen Gesamtrechnung erstellen die Ökonomen und Statistiker im Dienst des Staates auch die Zahlungsbilanz. Sie beinhaltet eine detaillierte Bestandsaufnahme der Zusammensetzung der Leistungsbilanz und der zahlreichen Transaktionen, die in sie eingehen. Die Daten der Zahlungsbilanz sind von großem öffentlichen Interesse, wie die ihnen gewidmete Medienaufmerksamkeit unterstreicht. Doch in den Presseberichten werden die Kategorien der internationalen Zahlungsströme bisweilen durcheinander geworfen. Bietet eine Schlagzeile des „Wall Street Journals", „Zahlungsbilanz der USA verzeichnet Rekorddefizit", Anlass zu Entsetzen oder zu Freude? Ein genaues Verständnis der Zahlungsbilanzrechnung trägt dazu bei, die Implikationen der internationalen Transaktionen eines Landes besser zu durchschauen.

Die **Zahlungsbilanz** verzeichnet die Zahlungseingänge und Zahlungsausgänge zwischen In- und Ausland. Jede Transaktion, die mit einer Zahlung an Ausländer verbunden ist, geht als *Debet* mit einem negativen Vorzeichen (–) versehen in die Zahlungsbilanz ein. Jede Transaktion, bei der Ausländer Zahlungen leisten, wird mit einem positiven Vorzeichen (+) versehen als *Credit* verbucht. Die Zahlungsbilanz hält drei Formen internationaler Transaktionen fest:

1. Transaktionen, bei denen Güter oder Dienstleistungen importiert oder exportiert werden. Diese gehen direkt in die Leistungsbilanz ein. Wenn beispielsweise ein französischer Konsument amerikanische Blue Jeans importiert, dann wird diese Transaktion auf der Habenseite der US-Leistungsbilanz verbucht.

2. Transaktionen, bei denen Vermögenswerte gekauft oder verkauft werden. **Vermögenswerte** können verschiedene Formen annehmen, z.B. Geld, Aktien, Fabriken oder Staatspapiere. Die **Kapitalbilanz** als Teilbilanz der Zahlungsbilanz verzeichnet sämtliche internationalen Käufe und Verkäufe von Vermögenswerten. Wenn ein amerikanisches Unternehmen eine französische Fabrik kauft, dann geht diese Transaktion als Debet in die Kapitalbilanz der US-Zahlungsbilanz ein. Es mag zunächst befremdlich wirken, dass der Kauf von Vermögenswerten mit einem negativen und der Verkauf mit einem positiven Vorzeichen verbucht wird. Der Sachverhalt wird jedoch deutlich, wenn man sich vor Augen führt, dass die USA Vermögenswerte „importieren" (kaufen) oder „exportieren" (verkaufen), und die entsprechenden Vorzeichen einsetzt: negativ für Import und positiv für Export. Der Saldo der Exporte und Importe von Vermögenswerten wird als Kapitalbilanz bezeichnet.

3. Eine Reihe weiterer Transaktionen wird als **Vermögensübertragungsbilanz** verzeichnet. Diese internationalen Vermögensbewegungen – die im Falle der USA für gewöhnlich gering sind – unterscheiden sich von denjenigen, die in die Kapitalbilanz eingehen. Größtenteils ergeben sie sich aus nicht geschäftlichen Transaktionen oder aus der Übertragung von nicht kapitalgebundenen, nicht produzierten oder immateriellen Vermögensgütern (wie z.B. Copyrights und Handelsmarken). Wenn beispielsweise die USA dem Staat Pakistan eine Milliarde Dollar Schulden erlassen, nimmt das Vermögen der USA um eine Milliarde Dollar ab, sodass in ihrer Übertragungsbilanz ein Debet von 1 Milliarde Dollar verbucht wird. Wenn, um ein anderes Beispiel zu nennen, ein Schwede in die USA einwandert und Eigentumsrechte im Wert von 100.000 Dollar mitbringt, dann schlägt sich dies in der Verbuchung von 100.000 Dollar auf der Habenseite der US-Übertragungsbilanz nieder.[9]

---

[9] Bis Juli 1999 verbuchten die USA sämtliche Transaktionen entweder in der Leistungs- oder in der Kapitalbilanz. Diese alte Kapitalbilanz wurde als Capital Account bezeichnet, die jetzige, neue heißt nun Financial Account. Die unter Capital Account verzeichneten Posten entsprechen denjenigen des heutigen Financial Account. Die alte Leistungsbilanz schloss Posten ein, die jetzt in einer separaten Vermögensübertragungsbilanz verbucht werden. Unser hypothetisches Beispiel des Schuldenerlasses für Pakistan wäre den alten amerikanischen Bilanzierungsregeln zufolge als Debet in der Leistungsbilanz verbucht worden. Der Reform der Bilanzerstellung lag die Überlegung zugrunde, die nicht geschäftlich bedingten internationalen Vermögensübertragungen, die „in erster Linie Besitzerwechsel bei bestehenden Vermögenswerten betreffen und sich dadurch auf die Bilanzen der Nation auswirken", von den laufenden Übertragungen zu trennen, „die sich auf das Nationaleinkommen und -produkt der laufenden Periode auswirken". Siehe Christopher L. Bach, „U.S. International Transactions, Revised Estimates for 1982-89", in: *Survey of Current Business*, Juli 1999, S. 61).

Die Zahlungsbilanzrechnung ist leichter zu begreifen, wenn Sie sich folgende einfache Regel der doppelten Buchführung vergegenwärtigen: *Jede internationale Transaktion geht automatisch zwei Mal in die Zahlungsbilanz ein, einmal als Debet und einmal als Credit.* Dieses Prinzip der Zahlungsbilanzrechnung gilt deshalb, weil jede Transaktion zwei Seiten hat: Wenn Sie etwas von einem Ausländer kaufen, müssen Sie ihn bezahlen, und der Ausländer muss Ihre Zahlung anschließend entweder ausgeben oder verwahren.

12.3.1 Beispiele für die Praxis der doppelten Buchführung in der Zahlungsbilanz

Einige Beispiele aus der Praxis sollen das Prinzip der doppelten Buchführung verdeutlichen.

Sie kaufen eine Schreibmaschine von dem italienischen Unternehmen Olivetti und zahlen mit einem Scheck über 1000 Dollar. Ihre Zahlung für den Erwerb eines Guts (der Schreibmaschine) von einem ausländischen Staatsbürger geht mit einem negativen Vorzeichen in die Leistungsbilanz der USA ein. Wo wird die Gegenbuchung in der Zahlungsbilanz vorgenommen? Der Olivetti-Verkäufer in den USA nimmt den Scheck und zahlt seinen Betrag auf das Unternehmenskonto bei der Citibank in New York ein. In diesem Fall wurde ein US-amerikanischer Vermögenswert – eine Bankeinlage in Höhe von 1000 Dollar – von Olivetti gekauft und von der Citibank verkauft. Die Transaktion schlägt sich als Credit von 1000 Dollar in der Kapitalbilanz der USA nieder. Insgesamt führt sie zu folgender Buchung und Gegenbuchung in der US-Zahlungsbilanz:

	Credit	Debet
Kauf einer Schreibmaschine (Leistungsbilanz, Güterimport der USA)		– $1000
Verkauf einer Bankeinlage durch die Citibank (Kapitalbilanz, Vermögensexport der USA)	+$1000	

Ein weiteres Beispiel: Sie zahlen auf einer Frankreichreise 200 Dollar für ein gepflegtes Abendessen im Restaurant de l'Escargot d'Or. Da Sie nicht genügend Bargeld bei sich tragen, bezahlen sie mit Ihrer Visakarte. Ihre Zahlung, eine Touristenausgabe, wird als Dienstleistungsimport der USA und daher als Leistungsbilanzsoll verbucht. Wo wird die Gegenbuchung als Credit vorgenommen? Ihre Unterschrift berechtigt das Restaurant, den Gegenwert von 200 Dollar in Landeswährung von dem Geldinstitut einzuziehen, das Ihre Kreditkarte ausgestellt hat. Sie ist daher ein Vermögenswert, ein Anspruch auf eine zukünftige Zahlung des Geldinstituts. Wenn Sie also im Ausland ihre Restaurantrechnung per Kreditkarte bezahlen, verkaufen Sie einen Vermögenswert an Frankreich und erzeugen ein Credit in Höhe von 200 Dollar in der Kapitalbilanz der USA. In diesem Fall kommt es zu folgender Buchung und Gegenbuchung:

	Credit	Debet
Kauf des Restaurantessens		– $200
Verkauf der Forderung an Geldinstitut (Kapitalbilanz, Vermögensexport der USA)	+ $200	

Ein weiteres Beispiel: Ihr Onkel Sid aus Los Angeles kauft ein neu aufgelegtes Aktienpaket des britischen Ölgiganten British Petroleum (BP). Er ordert über seinen Makler, Go-for-Broke, und zahlt mit einem Scheck über 95 Dollar, den er auf sein Geldmarktkonto bei Go-for-Broke ausstellt. BP lässt den Scheckbetrag auf seinem eigenen Unternehmenskonto bei der Second Bank in Chicago gutschreiben. Onkel Sids Aktienkauf schlägt sich in der Kapitalbilanz der USA mit einem Debet von 95 Dollar nieder (er hat einen Vermögenswert von einem Ausländer, BP, erworben), während die Einzahlung von 95 Dollar, die BP bei seiner Bank in Chicago vornimmt, die entsprechende Gegenbuchung in der Kapitalbilanz nach sich zieht (BP hat seine Vermögenswerte in den USA erhöht). Die spiegelbildlichen Effekte auf die Zahlungsbilanz der USA zeigen sich daher beide in der Kapitalbilanz:

	Credit	Debet
Onkel Sids BP-Aktienkauf (Kapitalbilanz, Vermögensimport der USA)		– $95
Einreichung des Schecks über Onkel Sids Zahlung bei der Second Bank of Chicago durch BP (Kapitalbilanz, Vermögensexport der USA)	+ $95	

Betrachten wir abschließend die Auswirkungen eines Schuldenerlasses auf das Zahlungsbilanzdefizit der USA. Die US-Banken erlassen in unserem Beispiel dem fiktiven Land Bygonia Verbindlichkeiten in Höhe von 5000 Dollar. In diesem Fall nehmen die USA einen Kapitaltransfer in Höhe von 5000 Dollar an Bygonia vor, der in der Vermögensübertragungsbilanz als –$ 5000 verbucht wird. Das dazugehörige Credit steht in der Kapitalbilanz in Form einer Verminderung der US-Anlagen im Ausland um ebenfalls 5000 Dollar (dies gilt als „Export" von Vermögen, der sich daher als Credit in der Zahlungsbilanz niederschlägt):

	Credit	Debet
Schuldenerlass der US-Banken (Vermögensübertragungsbilanz, Transfer der USA)		– $5000
Reduzierung der Ansprüche der Banken an Bygonia (Kapitalbilanz, Export von US-Anlagen)	+ $5000	

Diese Beispiele zeigen, dass die Art der Buchung und Gegenbuchung einer Transaktion in der Zahlungsbilanz von mannigfaltigen Umständen abhängt. Man weiß im Voraus nie genau, wo die Gegenbuchung für eine gegebene Transaktion auftaucht, aber irgendwo findet sie sich immer.

12.3.2 Die Zahlungsbilanzidentität

Da jede internationale Transaktion automatisch Buchung und Gegenbuchung in der Zahlungsbilanz auslöst, beläuft sich der Saldo der Leistungsbilanz, der Kapitalbilanz und der Übertragungsbilanz auf Null:

$$\text{Leistungsbilanz} + \text{Kapitalbilanz} + \text{Vermögensübertragungsbilanz} = 0 \qquad \textbf{(12-3)}$$

Zur Veranschaulichung dieser Identität kann man sich die Beziehung zwischen Leistungsbilanz und internationaler Kreditaufnahme und Kreditvergabe in Erinnerung rufen. Weil die Summe der Leistungsbilanz und des Saldos der Vermögensübertragungen die Gesamtveränderung des Nettoauslandsvermögens ausmacht, ist sie notwendigerweise gleich der Differenz zwischen dem Import und Export von Vermögenswerten, d.h. dem negativen Wert der Kapitalbilanz.

Im Anschluss folgt eine detailliertere Beschreibung der Zahlungsbilanz anhand eines Beispiels aus der US-amerikanischen Statistik des Jahres 2000. Tabelle 12.2 gibt die internationalen Transaktionen Amerikas in diesem Jahr wieder.

12.3.3 Noch einmal zur Leistungsbilanz

Wie oben gesagt erfasst die Leistungsbilanz den Nettoexport von Gütern und Dienstleistungen. Aus Tabelle 12.2 geht hervor, dass der Wert der US-Exporte im Jahr 2000 1.414,9 Milliarden Dollar und jener der Importe 1.797,1 Milliarden Dollar betrug. Weil die Importe Zahlungen an Ausländer nach sich ziehen, gehen sie mit negativem Vorzeichen in die Leistungsbilanz ein.

Die Zahlungsbilanz unterteilt Exporte und Importe in drei Unterkategorien. Die erste ist der *Warenhandel*, d.h. der Export oder Import von Gütern. Die zweite Kategorie, *Dienstleistungen*, umfasst Posten wie Zahlungen für Rechtsberatung, Touristenausgaben und Transportgebühren. Die letzte Kategorie, *eingehende Primäreinkommen*, besteht größtenteils aus grenzüberschreitenden Zins- und Dividendenausschüttungen sowie den Erträgen aus im Ausland tätigen Unternehmen in inländischem Besitz. Wenn Sie als amerikanischer Aktionär von einem deutschen Unternehmen eine Dividendenzahlung in Höhe von 5 Dollar erhalten, dann zählt diese als eingehendes Primäreinkommen der USA in Höhe von 5 Dollar. Auch im Ausland verdiente Löhne und Gehälter können in dieser Kategorie verbucht werden.

	Credit	Debet
Leistungsbilanz		
(1) Exporte	+1.414,19	
darunter:		
Handelswaren	+773,3	
Dienstleistungen	+296,2	
Einkommenseingänge	+345,4	
(2) Importe		−1797,1
darunter:		
Handelswaren		−1222,8
Dienstleistungen		−215,2
Einkommenszahlungen		−359,1
(3) Laufende Übertragungen (Saldo)		−53,2
Saldo der Leistungsbilanz		−435,4
[(1) + (2) + (3)]		
Vermögensübertragungsbilanz		
(4)	+0,7	
Kapitalbilanz		
(5) US-Anlagen im Ausland (Zunahme: −)		−553,3
darunter:		
Offizielle Devisenreserven		−0,3
Andere Vermögenswerte		−553,0
(6) Ausländische Anlagen in den USA (Zunahme: +)	+952,4	
darunter:		
Offizielle Devisenreserven	+35,9	
Andere Vermögenswerte	+916,5	
Saldo der Kapitalbilanz	+399,1	
[(5) + (6)]		
Statistische Diskrepanz	+35,6	
[Summe von (1) bis (6) unter umgekehrtem Vorzeichen]		

Tabelle 12.2: Die internationalen Transaktionen Amerikas
Quelle: US-Handelsministerium, *Survey of Current Business*, April 2001. Mögliche Abweichungen der Summen durch Rundung.

Einkommen aus Auslandsinvestitionen gehen in die Leistungsbilanz ein, weil dieses Einkommen als Entgelt für die *Dienstleistungen* gewertet wird, die Auslandsinvestitionen darstellen. Dieser Gedanke liegt, wie oben aufgezeigt, der Unterscheidung von BNE und

BIP zugrunde. Wenn beispielsweise ein US-amerikanisches Unternehmen in Kanada ein Werk baut, dann gelten die Produktionsdienstleistungen, die dieses Werk hervorbringt, als Dienstleistungsexport der USA nach Kanada. Ihr Wert ist gleich dem Gewinn, den das Werk für seinen amerikanischen Eigentümer abwirft. Folglich müssen diese Gewinne im Bruttonationaleinkommen der USA, nicht aber im BNE Kanadas erfasst werden. Denn die Definition des BNE bezieht sich auf die Güter und Dienstleistungen, die mit den Produktionsfaktoren eines Landes erzeugt werden, wobei diese *nicht* unbedingt innerhalb der Grenzen des Landes eingesetzt werden müssen, das sie besitzt.

Bevor wir die Leistungsbilanz berechnen können, müssen wir noch eine weitere internationale Transaktion berücksichtigen, die wir bisher weitgehend vernachlässigt haben. Im Zusammenhang mit der Beziehung zwischen Bruttonationaleinkommen und Volkseinkommen definierten wir Vermögensübertragungen zwischen Ländern als Schenkungen, d. h. als Zahlungen, die nicht dem Erwerb irgendeines Guts, einer Dienstleistung oder eines Vermögenswerts galten. Der Saldo der laufenden Übertragungen geht sowohl in die Leistungsbilanz als auch in das Nationaleinkommen ein, und die Identität $Y = C + I + G + NX$ trifft genau dann zu, wenn Y als BNE *plus* Saldo der laufenden Übertragungen interpretiert wird. Im Jahr 2000 betrugen die unilateralen Übertragungen der USA –53,2 Milliarden Dollar.

Die Tabelle weist für das Jahr 2000 ein Leistungsbilanzdefizit aus, das sich folgendermaßen ergibt: $1.414,9 Mrd. – $1.797,1 Mrd. – $53,2 Mrd. = – $435,4 Milliarden. Das negative Vorzeichen bedeutet, dass die laufenden Zahlungen die laufenden Einnahmen überstiegen und dass die Einwohner der USA mehr Produkte konsumierten als produzierten. Da diese Leistungsbilanztransaktionen irgendwie bezahlt werden mussten, wissen wir, dass diesem Eintrag von minus 435,4 Milliarden Dollar eine Gegenbuchung über plus 435,4 Milliarden Dollar in den anderen beiden Teilbilanzen der Zahlungsbilanz gegenüberstehen muss.

12.3.4   Die Vermögensübertragungsbilanz

Der Eintrag unter dieser Kategorie in Tabelle 12.2 zeigt, dass die USA im Jahr 2000 Vermögensübertragungen im Wert von rund 700 Millionen bzw. 0,7 Milliarden Dollar erhielten. Diese Einnahmen der USA gehen als Credit mit einem positiven Vorzeichen in die Zahlungsbilanz ein. Wenn wir sie zu dem Defizit der Leistungsbilanz addieren, wird der Finanzbedarf der USA zur Begleichung ihrer Verbindlichkeiten gegenüber dem Ausland geringfügig gesenkt: $435,4 Mrd. – $0,7 Mrd. = $434,7 Mrd. Weil die Zahlungseingänge in den USA aus dem Ausland über das Jahr gleich den Zahlungsausgängen an das Ausland sein müssen, steht diesem Eintrag von –$434,7 Milliarden in der Zahlungsbilanz der USA zwangsläufig eine Gegenbuchung von +$434,7 Milliarden in der noch verbleibenden Teilbilanz, nämlich der Kapitalbilanz, gegenüber.

12.3.5   Die Kapitalbilanz

So wie sich die Leistungsbilanz aus dem Saldo der an das Ausland verkauften und von ihm gekauften Güter und Dienstleistungen ergibt, erfasst die Kapitalbilanz den Saldo zwischen dem Verkauf von Vermögenswerten an Ausländer und dem Kauf von Vermögenswerten von Ausländern. Wenn die USA einen Dollar vom Ausland leihen, verkaufen sie ihm einen Vermögenswert – das Versprechen, dass der Dollar in Zukunft mit Zins zurückgezahlt wird. Eine solche Transaktion geht mit positivem Vorzeichen in die Kapitalbilanz ein, weil der Kredit eine Zahlung an die USA darstellt bzw. einen **Kapitalzufluss**. Wenn die USA allerdings einen Kredit an das Ausland vergeben, dann geht diese Zahlung an Ausländer und wird in der Kapitalbilanz als Debet verbucht. Diese Transaktion, bei der das Ausland einen Vermögenswert erwirbt, bezeichnet man als **Kapitalabfluss**.

Um ihr kombiniertes Leistungs- und Kapitalbilanzdefizit in Höhe von 434,7 Milliarden Dollar zu decken, benötigen die USA einen Kapitalzufluss in Höhe von netto 434,7 Milliarden Dollar. Mit anderen Worten, ihre Kreditaufnahmen oder Vermögenswertverkäufe an das Ausland müssten sich auf 434,7 Milliarden Dollar belaufen. Betrachten wir noch einmal Tabelle 12.2, um zu verfolgen, wie dieser Nettokapitalzufluss im Einzelnen zustande kam.

Die Tabelle verzeichnet getrennt die Zunahme der US-Vermögenswerte im Ausland (Kapitalabflüsse, die mit negativem Vorzeichen verbucht werden) und die Zunahme der ausländischen Vermögenswerte in den USA (Kapitalzuflüsse, die mit positivem Vorzeichen verbucht werden).

Aus Tabelle 12.2 geht hervor, dass sich die Vermögenswerte der USA im Ausland im Jahr 2000 um 553,3 Milliarden Dollar erhöhten, was sich in der Zahlungsbilanz als Eintrag von minus 553,3 Milliarden Dollar niederschlägt. Ausländische Vermögenswerte in den USA nahmen um 952,4 Milliarden Dollar zu, und diese Erwerbungen wurden mit einem positiven Vorzeichen verbucht. Daraus ergibt sich ein Saldo der Kapitalbilanz von \$553,3 Mrd. – \$952,4 Mrd. = \$399,1 Mrd., also ein Überschuss.

12.3.6   Die statistische Diskrepanz

Der oben ermittelte Kapitalbilanzüberschuss in Höhe von 399,1 Milliarden Dollar deckt sich nicht mit dem erwarteten Überschuss in Höhe von 434,7 Milliarden Dollar. Wie kann es zu einer solchen Diskrepanz kommen, da doch jedes Debet in der Zahlungsbilanz automatisch eine Gegenbuchung in gleicher Höhe auslöst und umgekehrt? Der Grund liegt darin, dass die Informationen über die Posten für beide Buchungen bisweilen aus verschiedenen Quellen stammen. Die Importmeldung über eine Lieferung Videorekorder aus Japan, die zu einer Debetbuchung führt, stammt vielleicht von einem US-amerikanischen Zollaufseher, während die Angaben für die Gegenbuchung auf der Habenseite der Kapitalbilanz von einer US-amerikanischen Bank übermittelt wurden, bei welcher der Scheck für die Bezahlung der Rekorder eingereicht wurde. Da sich die Meldungen aus verschiedenen Quellen hinsichtlich ihrer Vollständigkeit, Genauigkeit und Pünktlichkeit unterscheiden, ist die Zahlungsbilanz in der Praxis im Gegensatz zur Theorie selten ausgeglichen. Daher wird zum Zweck des Ausgleichs ein Posten für die statistische Diskrepanz eingeführt. Für das Jahr 2000 erforderten die nicht (oder falsch) gemeldeten internationalen Transaktionen eine ausgleichende Creditbuchung in Höhe von 35,6 Milliarden Dollar.

Der Ursprung solcher Diskrepanzen in der Leistungs-, Übertragungs- und Kapitalbilanz lässt sich nicht ermitteln. (Wenn dies möglich wäre, gäbe es sie nicht!) Meistens liegt der Fehler in der Kapitalbilanz, denn es ist bekanntlich nicht einfach, die komplizierten finanziellen Transaktionen zwischen Bürgern verschiedener Staaten zu verfolgen. Wir können allerdings nicht mit Sicherheit davon ausgehen, dass der Nettokapitalzufluss um 35,6 Milliarden Dollar höher war als ausgewiesen, weil auch die Leistungsbilanz höchst fehleranfällig ist. Die Meldungen über den Warenhandel gelten zwar als recht verlässlich, die Angaben über den Außenhandel mit Dienstleistungen hingegen als höchst unzuverlässig. Dienstleistungstransaktionen wie z.B. Finanzberatung oder Unterstützung bei der Computerprogrammierung bleiben oft unentdeckt. Besonders schwierig ist die genaue Erfassung der internationalen Zins- und Dividendenzahlungen (siehe unten stehenden Kasten).

12.3.7 Bilanz der offiziellen Reservetransaktionen (Devisenbilanz)

Die Kapitalbilanz umfasst zahlreiche Transaktionen. Eine davon soll aufgrund ihrer herausragenden Bedeutung an dieser Stelle gesondert besprochen werden. Diese Transaktion beinhaltet den Kauf oder Verkauf von Devisenreserven seitens der Zentralbanken.

Aufgabe einer **Zentralbank** ist die Steuerung des Geldangebots. Die Zentralbank der USA ist das Federal Reserve System. **Währungsreserven** sind Vermögenswerte in ausländischer Währung (Auslandsaktiva), die eine Zentralbank als Rücklagepolster für den Fall wirtschaftlicher Schwierigkeiten des eigenen Landes bereithält. Früher bestanden diese Rücklagen weitgehend aus Gold, doch die heutigen Zentralbankreserven beinhalten substanzielle Finanzaktiva wie z.B. Schatzbriefe der USA. Die Federal Reserve hat neben Gold nur geringe Mengen an Währungsreserven, denn ihre eigenen Vermögenswerte in Dollar gelten nicht als solche.

Oft kaufen oder verkaufen Zentralbanken Währungsreserven auf privaten Anlagemärkten, um die makroökonomischen Gegebenheiten in ihrem Land zu beeinflussen. Diese offiziellen Transaktionen bezeichnet man als **Devisenmarktinterventionen**. Eine Devisenmarktintervention kann die makroökonomischen Voraussetzungen unter anderem dadurch beeinflussen, dass die Zentralbank mit ihrer Hilfe die umlaufende Geldmenge vergrößert oder verringert. Darüber wird an späterer Stelle, wenn es um die Ursachen und Folgen von Devisenmarktinterventionen geht, noch ausführlich zu sprechen sein.

Neben den Zentralbanken können auch andere Staatsorgane Devisenreserven halten und in staatlicher Funktion in die Devisenmärkte intervenieren. Das Finanzministerium der USA unterhält zum Beispiel einen Fonds zur Stabilisierung der Wechselkurse, den Exchange Stabilization Fund, der bisweilen aktiv im Handel agiert. Weil die Aktivitäten solcher Institutionen für gewöhnlich keine spürbaren Auswirkungen auf die Geldmenge haben, werden wir im Interesse der Einfachheit (wenn es nicht irreführend ist) davon ausgehen, dass allein die Zentralbank Devisenreserven hält und Interventionen durchführt.

Beispiel 12.2: Das Rätsel des verschollenen Überschusses

Da die Weltwirtschaft als Ganzes geschlossen ist, muss das weltweite Sparen gleich den Weltinvestitionen sein, und die Weltausgaben gleich der Weltproduktion. Einzelne Länder können einen Überschuss oder ein Defizit in ihrer Leistungsbilanz aufweisen, wenn sie im Ausland investieren oder Kredite aufnehmen. Da jedoch die Kreditaufnahme des einen Landes die Kreditvergabe des anderen ist, muss die Summe all dieser einzelnen Leistungsbilanzüberschüsse und -defizite gleich Null sein.

Wie sieht die Realität aus? Die Leistungsbilanzdaten der einzelnen Länder ergeben, dass die Welt als Ganzes ein erhebliches Leistungsbilanz*defizit* aufweist, das zu Beginn der 1980er Jahre stark angestiegen ist und seither auf hohem Niveau verbleibt. Die unten stehende Tabelle weist die Summe der Leistungsbilanzen aller Länder von 1980 bis 1994 aus.

Das Ausmaß der globalen Diskrepanzen ist größer als die offiziellen Leistungsbilanzen der meisten Länder. Da sich die Fehler nach oben und unten in der Summe der globalen Angaben ausgleichen dürften, geben Diskrepanzen dieser Größenordnung Anlass zu der Befürchtung, dass die nationalen Leistungsbilanzstatistiken, die als Grundlage für politische Entscheidungen dienen, schwerwiegende Mängel aufweisen.

Wie kommt es zu dem Defizit der Weltleistungsbilanz, das in der Theorie doch unmöglich ist? Eine plausible Erklärung liegt in den statistischen Diskrepanzen, die sich in der volkswirtschaftlichen Gesamtrechnung und der Zahlungsbilanzrechnung der einzelnen Länder nie ganz ausmerzen lassen. Eine zusätzliche Komplikation ergibt sich aus zeitlichen Faktoren. Güter, die gegen Ende des Bilanzjahrs ein Land verlassen, erreichen womöglich ihr Ziel nicht rechtzeitig, um noch im selben Jahr in der Importstatistik des Empfängers zu erscheinen.

Ein solcher allgemeiner Hinweis auf Verbuchungsprobleme allein kann allerdings nicht erklären, weshalb die Welt als Ganzes ein ständiges Defizit verzeichnet oder weshalb sich dieses Defizit seit Beginn der 1980er Jahre verdreifacht hat. Plausibler ist die Hypothese, die den fehlenden Überschuss auf eine ganz bestimmte Ursache für Bilanzdiskrepanzen im nationalen Rahmen zurückführt, nämlich auf durchgängig falsche Meldungen über Einkommen aus Zinserträgen im Ausland. Im Ausland erzielte Zinserträge werden den Behörden im Land des Empfängers häufig nicht gemeldet. In vielen Fällen werden solche Zinszahlungen direkt auf einem Bankkonto im Ausland gutgeschrieben und überqueren keine Landesgrenze. Daraus ergibt sich ein ständig negativer globaler Saldo der internationalen Zinsertragsströme.

Nach 1980 zogen die internationalen Zinssätze stark an, und parallel dazu wuchsen die Diskrepanzen bei den internationalen Zinszahlungen. Die Zinshypothese bietet daher eine potenzielle Erklärung für die Zunahme des globalen Defizits. Das Absinken der internationalen Zinssätze ab Mitte der 1980er Jahre bestätigt diese Hypothese in gewissem Maße, denn mit dem Nachlassen der Zinssätze sank auch das Weltleistungsbilanzdefizit. Auch die übrigen Daten stehen im Einklang mit der These, dass die Zinserträge eine Schlüsselrolle spielen. In den meisten großen Industrienationen stiegen die Zinssätze nach 1987 wieder an, und die Lücke in den Weltzahlungen wuchs um mehr als das Doppelte. Das dramatische Ausmaß dieses Effekts, infolge dessen noch größere Diskrepanzen auftraten als auf dem früheren Höhepunkt im Jahr 1982, erklärt sich durch den bis zum Ende der 1980er Jahre stark angewachsenen Gesamtumfang der internationalen Vermögensanlagen und Verbindlichkeiten. Die allgemeine Lockerung der Weltzinssätze nach 1990 – ein Prozess, der sich mit dem Anschluss Europas an diesen Trend im Jahr 1993 beschleunigte (siehe Kapitel 20) – ist unverkennbar mit einer neuerlichen Abnahme des Weltleistungsbilanzdefizits verbunden.

Daneben dürften noch weitere Erfassungsprobleme im Spiel sein, wie der Internationale Währungsfonds (IWF) in einer Studie über die Leistungsbilanzdiskrepanz vermutet (siehe Literaturhinweise). Der IWF stellte fest, dass die Zinszahlungen zwar einen guten Teil der Diskrepanz erklären, daneben aber noch mehrere weitere Faktoren am Werk sind. Beispielsweise ist ein großer Teil der weltweiten Handelsflotte in Ländern registriert, die dem IWF keine Meldungen über Einnahmen aus maritimer Fracht übermitteln. Diese nicht erfassten Einkommen machen einen bedeutenden Teil des verschollenen Weltüberschusses aus.

1980	1981	1982	1983	1984	1985	9186	1987	1988	1989	1990	1991	1992	1993	1994
−38,5	−68,3	−100,2	−61,2	−73,4	−80,8	−76,7	−62,3	−78,9	−96,2	−126,0	−118,2	−99,0	−59,7	−50,3

Erfasste Weltleistungsbilanz, 1980-1994 (in Milliarden US-Dollar)
Quelle: Internationaler Währungsfonds, *World Economic Outlook*, 1989 – 1994, Tabelle A26, Oktober 1997, Oktober 2000, Tabelle A27.

Wenn eine Zentralbank einen ausländischen Vermögenswert kauft oder verkauft, wird diese Transaktion in der Kapitalbilanz des betreffenden Landes genauso verbucht wie die Transaktion einer Privatperson. Eine Transaktion, bei der die Bundesbank als deutsche Zentralbank Dollaranlagen erwirbt, könnte folgendermaßen aussehen: Ein US-Autohändler importiert einen Volkswagen aus Deutschland und bezahlt den Autohersteller mit einem Scheck in Höhe von 15.000 Dollar. Volkswagen möchte das Geld nicht in Dollaranlagen investieren, doch die Bundesbank ist bereit, den Scheck gegen den entsprechenden Gegenwert in deutscher Währung einzutauschen. Infolge dieses Geschäfts wachsen die Devisenreserven der Bundesbank um 15.000 Dollar. Da die Dollarreserven der Bundesbank Bestandteil der gesamten deutschen Vermögenswerte in den USA sind, steigen auch Letztere um 15.000 Dollar. Die Transaktion führt daher in der Kapitalbilanz der USA zu einer Verbuchung von +15.000 Dollar; in der Leistungsbilanz der USA schlägt sich der Kauf des Autos dagegen in einem Eintrag von –15.000 Dollar nieder.[10]

Tabelle 12.2 zeigt Ausmaß und Richtung der offiziellen Devisentransaktionen der USA im Jahr 2000. Die offiziellen Devisenreserven der USA – also die Währungsreserven der Federal Reserve – *stiegen* um 0,3 Milliarden Euro (ein negatives Vorzeichen an dieser Stelle bedeutet, wie oben erklärt, eine Erhöhung der US-amerikanischen Vermögenswerte im Ausland, d.h. einen „Import" ausländischer Vermögenswerte).

Ausländische Zentralbanken erwarben 35,9 Milliarden Dollar zur Aufstockung ihrer Reserven. Die Nettosteigerung der offiziellen Devisenforderungen des Auslands an die USA minus der Nettosteigerung der offiziellen Reserven der USA ergibt den Saldo der offiziellen Devisentransaktionen, der sich im Jahr 2000 auf folgenden Wert belief: $35,9 Milliarden – $0,3 Milliarden = $ 35,6 Milliarden.

Dieser Saldo erfasst, in welchem Maße die staatlichen Geldinstitutionen der USA und des Auslands im Zusammenwirken mit anderen Kreditgebern tätig wurden, um das Leistungsbilanzdefizit der USA auszugleichen. Indem die Bundesbank in dem oben angeführten Beispiel eine Bankeinlage in Höhe von 15.000 US-Dollar erwarb, finanzierte sie indirekt den amerikanischen Import eines deutschen Autos in diesem Wert. Die Buchführung über die Devisentransaktionen bezeichnet man als **Devisenbilanz** oder genauer als **Bilanz der offiziellen Reservetransaktionen**. Sie ergibt sich aus der Summe von Leistungsbilanz, Vermögensübertragungsbilanz und Kapitalbilanz ohne Devisenreserven und der statistischen Diskrepanz. Aus der Devisenbilanz geht hervor, welche Zahlungslücke durch den Kauf oder Verkauf von Devisenreserven gedeckt werden muss. Die Devisenbilanz der USA im Jahr 2000 belief sich also auf –35,6 Milliarden Dollar, das entspricht dem Saldo der offiziellen Devisentransaktionen unter umgekehrtem Vorzeichen.

Tabelle 12.3 ordnet die Hauptkategorien von Tabelle 12.2 so an, dass deutlich wird, welche Rolle die offiziellen Devisentransaktionen spielen, um die Lücke zwischen dem Leistungsbilanzdefizit (plus dem Defizit der Kapitalbilanz) und dem Überschuss der Kapitalbilanz (*ohne Devisenreserven)* zu schließen. Die Zahlungsbilanz spielte in der Geschichte eine wichtige Rolle als Maß für Ungleichgewichte im internationalen Zahlungsverkehr. Für viele Länder erfüllt sie diese Funktion bis heute. Eine negative Zahlungsbilanz (ein Defizit) kann eine Krise anzeigen, denn sie bedeutet, dass das Land seine Devisenreserven aufzehrt oder Schulden bei den Geldinstitutionen ausländischer Staaten anhäuft. Wenn einem Land die Gefahr droht, unvermittelt von ausländischen Krediten abgeschnitten zu werden, tut es gut daran, vorsorglich eine „Kriegskasse" mit Devisenreserven anzulegen.

---

[10] Um zu überprüfen, ob Sie alles richtig verstanden haben, versuchen Sie zu erklären, weshalb dasselbe Geschäft die Leistungsbilanz Deutschlands um 15.000 Dollar erhöht und seine Kapitalbilanz um 15.000 Dollar senkt.

	Credit	Debet
Leistungsbilanz		
(1) Exporte	+1.414,19	
(2) Importe		−1797,1
(3) Laufende Übertragungen (Saldo)		−53,2
(4) Saldo der Leistungsbilanz [(1) + (2) + (3)]		−435,4
Vermögensübertragungsbilanz		
(5)	+0,7	
Kapitalbilanz (ohne Devisenreserven)		
(6) US-Anlagen im Ausland (ohne offizielle Devisenreserven) (Zunahme: −)		−553,0
(7) Ausländische Anlagen in den USA (ohne offizielle Devisenreserven) (Zunahme: +)	+916,5	
(8) Saldo der Kapitalbilanz (ohne Devisenreserven) [(6) + (7)]	+363,5	
(9) Statistische Diskrepanz	+35,6	
(10) Offizielle Zahlungsbilanz [(4) + (5) + (8) + (9)]		−35,6
Offizielle Devisenmarkttransaktionen		
(11) offizielle Devisenreserven der USA im Ausland (Zunahme: −), darunter:		−0,3
Gold		0,0
Sonderziehungsrechte		−0,7
Reserveeinlagen beim Internationalen Währungsfonds	+2,3	
Devisen		−1,9
(12) offizielle Devisenreserven des Auslands in den USA (Zunahme: +), darunter:	+35,9	
US-Staatsanleihen	+29,5	
Andere Staatspapiere der USA		−2,5
Sonstige von den US-Banken gemeldete Anleihen	+5,8	
Sonstige Posten	+3,1	
(13) Bilanz der offiziellen Reservetransaktionen [(11) + (12)]	+35,6	

Tabelle 12.3: Berechnung der offiziellen Zahlungsbilanz der USA für das Jahr 2000 (in Milliarden Dollar

Quelle: US- Handelsministerium, *Survey of Current Business*, April 2001. Diskrepanzen der Summen durch Rundung möglich.

Wie jede kurzfristige Messgröße muss jedoch auch die Zahlungsbilanz mit Vorsicht interpretiert werden. Um auf unser Beispiel zurückzukommen: Die Entscheidung der Bundesbank, ihre US-amerikanischen Bankeinlagen um 15.000 Dollar zu erhöhen, steigert das Zahlungsbilanzdefizit der USA um eben diesen Betrag. Nehmen wir an, die Bundesbank zahle ihre 15.000 Dollar stattdessen bei der Barclays Bank in London ein, die sie ihrerseits an die Bankers Trust in New York überweist. In diesem Fall würde der Kapitalzufluss in die USA außerhalb der Devisenreserven um 15.000 Dollar steigen und ihr Defizit nicht zunehmen. Doch diese „Verbesserung" der Zahlungsbilanz ist von geringer wirtschaftlicher Bedeutung: Es spielt für die USA keine Rolle, ob sie das Geld direkt oder vermittels einer Londoner Bank von der Bundesbank leiht.

Beispiel 12.3: Sind die USA die größte Schuldnernation der Welt?

Das Bureau of Economic Analysis (BEA) im US-Handelsministerium überwacht die umfangreichen Datenerhebungen, die zur Erstellung der Statistiken über das Nationaleinkommen, die Produktion und die Zahlungsbilanz erforderlich sind. Darüber hinaus erstellt das BEA eine jährliche Schätzung über das Nettoauslandsvermögen der USA. Diese Schätzung ergab, dass die USA zum Ende des Jahres 1999 eine weitaus größere *negative* Nettoauslandsvermögensposition hatten als irgendein anderes Land.

Oben sahen wir, dass die Leistungsbilanz den Saldo der neuen Ansprüche auf Auslandsvermögen erfasst, die ein Land dadurch erwirbt, dass es mehr Güter und Dienstleistungen exportiert als importiert. Dies ist jedoch nicht der einzige Faktor, der Veränderungen im Nettoauslandsvermögen eines Landes bedingt. Auch Veränderungen der Marktpreise für früher erworbenes Vermögen können sich auf das Nettoauslandsvermögen auswirken. Als beispielsweise die japanische Wertpapierbörse im Verlauf der 1990er Jahre drei Viertel ihres Werts verlor, mussten die amerikanischen und europäischen Besitzer japanischer Wertpapiere zusehen, wie der Wert ihrer Forderungen an Japan verfiel, sodass das Netto*auslands*vermögen Japans in der Folge zunahm. Das BEA muss den Wert bestehender Ansprüche an die Entwicklung der Kapitalerträge anpassen, um das Nettoauslandsvermögen der USA richtig schätzen zu können.

Das BEA erstellt mittlerweile zwei Schätzungen über das Nettoauslandsvermögen der USA, die sich hinsichtlich der Bewertung der direkten Auslandsinvestitionen (siehe Kapitel 7) unterscheiden. Bis 1991 wurden diese Direktinvestitionen zu ihrem historischen, d.h. ursprünglichen Kaufpreis bewertet. Heute verwendet das BEA zwei verschiedene Methoden zur aktuellen Bewertung der direkten Auslandsinvestitionen: die *Methode der aktuellen Kosten*, d.h. die Bewertung anhand der heutigen Kosten für den Erwerb dieser Investitionen, und die *Marktwertmethode*, die von dem Preis ausgeht, zu dem die Investition aktuell verkauft werden könnte. Diese Methoden können zu unterschiedlichen Bewertungen führen, weil die Kosten für den heutigen Erwerb einer bestimmten Direktinvestition und der Preis, den sie bei einem heutigen Verkauf erzielen würde, bisweilen schwer zu bestimmen sind. (Die in Abbildung 12.2 grafisch dargestellten Daten zum Nettoauslandsvermögen basieren auf der Methode der aktuellen Kosten.)

In Tabelle 12.4 legt das BEA Rechenschaft darüber ab, wie es seine Bewertungen anpasste, um das Nettoauslandsvermögen der USA zum Jahresende 1999 zu bestimmen. Ausgehend von seiner Schätzung für 1998 (– $1.111,8 Mrd. zu aktuellen Kosten oder – $1.407,7 Mrd. zum Marktwert) subtrahierte das BEA (Spalte a) den Nettokapitalzufluss in die USA für 1999 in Höhe von $323,4 Mrd. – die Summe der Zeilen 5 und 6 in der Tabelle von Abbildung 12.2 für das Jahr 1999. (Wissen Sie noch, weshalb ein *Kapitalzufluss* in die USA zur einer *Abnahme* ihres Nettoauslandsvermögens führt?) Als Nächstes passte das BEA den Wert der bereits bestehenden Vermögenswerte an bestimmte Veränderungen ihres Dollarpreises an (Spalten b, c und d). Infolge dieser Bewertungsveränderungen *sank* das Nettoauslandsvermögen der USA um einen anderen Betrag als die $323,4 Mrd., die als neuer Nettokapitalzufluss in die USA ausgewiesen wurden. Gestützt auf die Methode, Direktinvestitionen anhand ihrer aktuellen Kosten zu bewerten, betrug die Schätzung des BEA für das Nettoauslandsvermögen der USA im Jahr 1999 –$1.085,5 Mrd. Auf der Grundlage der Marktwertmethode setzte das BEA das Nettoauslandsvermögen niedriger an, nämlich bei –$1.473,7 Mrd.

Diese Schulden sind größer als die Gesamtsumme aller Auslandsschulden sämtlicher Entwicklungsländer der westlichen Hemisphäre, die sich im Jahr 1999 auf $764,5 Mrd. beliefen. Um diese Zahlen im richtigen Verhältnis zu sehen, muss man allerdings berücksichtigen, dass die Nettoauslandsverschuldung der USA (zu aktuellen Kosten) weniger als 12 Prozent ihres BIP ausmachte, während diejenige Argentiniens, Brasiliens, Mexikos, Venezuelas und der übrigen Schuldner der westlichen Hemisphäre 43 Prozent ihres gemeinsamen BIP betrug! Die Außenverschuldung der USA belastet ihr Einkommen also weitaus weniger, als es für ihre südlichen Nachbarn der Fall ist.

Zweifellos sind die USA die größte Schuldnernation der Welt. Dies ist jedoch kein Grund zur Beunruhigung, weil auch das BNE der USA das größte der Welt ist und nicht die Gefahr besteht, dass die USA ihre Auslandsschulden nicht mehr zurückzahlen können. Außerdem ist die Kreditaufnahme im Ausland nicht unbedingt von Nachteil. Ein Land, das auf diese Weise gewinnträchtige Investitionen im Inland finanziert, kann am Ende nach Begleichung seiner Verbindlichkeiten noch Geld übrig haben (siehe Kapitel 7). Leider floss jedoch während der 1980er Jahre ein großer Teil der Kreditaufnahme der USA im Ausland nicht in Investitionen, sondern in die Finanzierung des Staatsdefizits, wie in unserer letzten Fallstudie aufgezeigt wurde. Künftigen Generationen von US-Bürgern wird eine schwere Last aufgebürdet, weil sie die so entstandene Auslandsverschuldung dereinst zurückzahlen müssen.

→

Line	Type of investment	Position, 1998	Financial flows (a)	Price changes (b)	Exchange rate changes[1] (c)	Other changes[2] (d)	Total (a+b+c+d)	Position, 1999[p]
	Net international investment position of the United States:							
1	With direct investment positions at current cost (line 3 less line 24)	−1,111,813	−323,377	344,215	−60,235	68,702	29,305	−1,082,508
2	With direct investment positions at market value (line 4 less line 25)	−1,407,670	−323,377	301,897	−57,364	12,829	−66,015	−1,473,685
	U.S.-owned assets abroad:							
3	With direct investment positions at current cost (lines 5+10+15)	5,079,056	430,187	455,115	−71,115	−4,215	809,972	5,889,028
4	With direct investment positions at market value (lines 5+10+16) ...	6,045,544	430,187	755,413	−63,035	5,264	1,127,829	7,173,373
5	U.S. official reserve assets	146,006	−8,747	642	−1,500	17	−9,588	136,418
6	Gold	75,291	....	[3] 642	....	[4] 17	659	75,950
7	Special drawing rights	10,603	−10	....	−257	....	−267	10,336
8	Reserve position in the International Monetary Fund	24,111	−5,484	....	−677	....	−6,161	17,950
9	Foreign currencies	36,001	−3,253	....	−566	....	−3,819	32,182
10	U.S. Government assets, other than official reserve assets	86,768	−2,751	....	7	202	−2,542	84,226
11	U.S. credits and other long-term assets[5]	84,850	−3,384	....	−11	202	−3,193	81,657
12	Repayable in dollars	84,528	−3,363	....	....	202	−3,161	81,367
13	Other[6]	322	−21	....	−11	....	−32	290
14	U.S. foreign currency holdings and U.S. short-term assets	1,918	633	....	18	....	651	2,569
	U.S. private assets:							
15	With direct investment at current cost (lines 17+19+22+23)	4,846,282	441,685	454,473	−69,622	−4,434	822,102	5,668,384
16	With direct investment at market value (lines 18+19+22+23)	5,812,770	441,685	754,771	−61,542	5,045	1,139,959	6,952,729
	Direct investment abroad:							
17	At current cost	1,207,059	150,901	5,475	−17,646	−14,602	124,128	1,331,187
18	At market value	2,173,547	150,901	305,773	−9,566	−5,123	441,985	2,615,532
19	Foreign securities	2,052,929	128,594	448,998	−47,135	....	530,457	2,583,386
20	Bonds	576,745	14,193	−31,341	−2,849	....	−19,997	556,748
21	Corporate stocks	1,476,184	114,401	480,339	−44,286	....	550,454	2,026,638
22	U.S. claims on unaffiliated foreigners reported by U.S. nonbanking concerns	565,466	92,328	....	−8,037	−6,010	78,281	643,747
23	U.S. claims reported by U.S. banks, not included elsewhere	1,020,828	69,862	....	3,196	16,178	89,236	1,110,064
	Foreign-owned assets in the United States:							
24	With direct investment at current cost (lines 26+33)	6,190,869	753,564	110,900	−10,880	−72,917	780,667	6,971,536
25	With direct investment at market value (lines 26+34)	7,453,214	753,564	453,516	−5,671	−7,565	1,193,844	8,647,058
26	Foreign official assets in the United States	837,701	42,864	−11,231	....	....	31,633	869,334
27	U.S. Government securities	620,285	32,527	−23,905	....	....	8,622	628,907
28	U.S. Treasury securities	589,023	12,177	−22,975	....	....	−10,798	578,225
29	Other	31,262	20,350	−930	....	....	19,420	50,682
30	Other U.S. Government liabilities[7]	18,000	−3,255	....	....	....	−3,255	14,745
31	U.S. liabilities reported by U.S. banks, not included elsewhere	125,883	12,692	....	....	....	12,692	138,575
32	Other foreign official assets	73,533	900	12,674	....	....	13,574	87,107
	Other foreign assets:							
33	With direct investment at current cost (lines 35+37+38+41+42+43) ...	5,353,168	710,700	122,131	−10,880	−72,917	749,034	6,102,202
34	With direct investment at market value (lines 36+37+38+41+42+43)	6,615,513	710,700	464,747	−5,671	−7,565	1,162,211	7,777,724
	Direct investment in the United States:							
35	At current cost	928,645	275,533	1,766	−5,209	−75,521	196,569	1,125,214
36	At market value	2,190,990	275,533	344,382	....	−10,169	609,746	2,800,736
37	U.S. Treasury securities	729,738	−20,464	−48,552	....	....	−69,016	660,722
38	U.S. securities other than U.S. Treasury securities	2,012,431	331,523	168,917	−3,549	....	496,891	2,509,322
39	Corporate and other bonds	902,155	232,814	−67,690	−3,549	....	161,575	1,063,730
40	Corporate stocks	1,110,276	98,709	236,607	....	....	335,316	1,445,592
41	U.S. currency	228,250	22,407	....	....	....	22,407	250,657
42	U.S. liabilities to unaffiliated foreigners reported by U.S. nonbanking concerns	437,973	34,298	....	−1,050	2,604	35,852	473,825
43	U.S. liabilities reported by U.S. banks, not included elsewhere	1,016,131	67,403	....	−1,072	....	66,331	1,082,462

[p] Preliminary.
[r] Revised.
1. Represents gains or losses on foreign-currency-denominated assets due to their revaluation at current exchange rates.
2. Includes changes in coverage, statistical discrepancies, and other adjustments to the value of assets.
3. Reflects changes in the value of the official gold stock due to fluctuations in the market price of gold.
4. Reflects changes in gold stock from U.S. Treasury sales of gold medallions and commemorative and bullion coins; also reflects replenishment through open market purchases. These demonetizations/monetizations are not included in international transactions financial flows.

5. Also includes paid-in capital subscriptions to international financial institutions and outstanding amounts of miscellaneous claims that have been settled through international agreements to be payable to the U.S. Government over periods in excess of 1 year. Excludes World War I debts that are not being serviced.
6. Includes indebtedness that the borrower may contractually, or at its option, repay with its currency, with a third country's currency, or by delivery of materials or transfer of services.
7. Primarily U.S. Government liabilities associated with military sales contracts and other transactions arranged with or through foreign official agencies.

NOTE.—The data in this table are from table 1 in "International Investment Position of the United States at Yearend 1999" in the July 2000 issue of the SURVEY OF CURRENT BUSINESS.

Tabelle 12.4: Stand des Auslandsvermögens der USA zum Jahresende 1998 und 1999 (in Millionen Dollar)

Quelle: US-Handelsministerium, Bureau of Economic Analysis, *Survey of Current Business*, April 2001, S. D-57.

Zusammenfassung

1. Gegenstand der internationalen *Makroökonomie* ist der vollständige Einsatz knapper ökonomischer Ressourcen und die Gewährleistung stabiler Preisniveaus in der gesamten Weltwirtschaft. Die *volkswirtschaftliche Gesamtrechnung* und die *Zahlungsbilanzrechnung* geben die nationalen Ausgabenmuster und ihre internationalen Folgewirkungen wieder. Daher sind sie unverzichtbare Instrumente für das Studium der Makroökonomie offener, in wechselseitiger Abhängigkeit stehender Volkswirtschaften.

2. Das *Bruttonationaleinkommen (BNE)* ist gleich dem Einkommen der Produktionsfaktoren eines Landes. Die volkswirtschaftliche Gesamtrechnung unterteilt das Nationaleinkommen anhand der Ausgaben, die es hervorbringen: *Konsumausgaben der privaten und der öffentlichen Haushalte, Investitionen* und *Leistungsbilanz.* Das *Bruttoinlandsprodukt (BIP)*, das gleich ist dem BNE abzüglich des Saldos der Primäreinkommen aus der übrigen Welt, erfasst die Produktion innerhalb der territorialen Grenzen eines Landes.

3. In einer Volkswirtschaft ohne Außenhandel muss das gesamte BNE vom Privatsektor konsumiert, investiert oder von den öffentlichen Haushalten verbraucht werden. Durch den Einsatz der laufenden Produktion für den Bau neuer Betriebe, für Maschinen und Lagerhaltung verwandeln Investitionen gegenwärtige in zukünftige Produktion. In einer geschlossenen Volkswirtschaft stellen Investitionen die einzige Möglichkeit des Sparens dar, sodass die Summe des privaten und des öffentlichen Sparens, das *nationale Sparen*, gleich den Investitionen sein muss.

4. In einer offenen Volkswirtschaft ist das BNE gleich der Summe von Konsum der privaten und öffentlichen Haushalte, Investitionen und dem Nettoexport von Gütern, Dienstleistungen und Faktoreinkommen. Die Handelsbilanz muss nicht ausgeglichen sein, da die Volkswirtschaft im Rest der Welt Kredite aufnehmen oder vergeben kann. Die Differenz zwischen Exporten und Importen, die Leistungsbilanz, ist gleich der Differenz zwischen der Gesamtproduktion einer Volkswirtschaft und ihrem Gesamtkonsum an Gütern und Dienstleistungen.

5. Die Leistungsbilanz gibt außerdem die Nettokreditvergabe eines Landes an das Ausland wieder. Eine offene Volkswirtschaft kann im Gegensatz zu einer geschlossenen Ersparnisse in Form inländischer *und* ausländischer Investitionen anlegen. Das nationale Sparen ist daher gleich den Inlandsinvestitionen plus dem Leistungsbilanzsaldo.

6. Die Zahlungsbilanzrechnung zeichnet ein detailliertes Bild von der Zusammensetzung und Finanzierung der Leistungsbilanz. Sämtliche Transaktionen zwischen einem Land und dem Rest der Welt werden in der Zahlungsbilanz erfasst. Die Bilanz basiert auf der Konvention, dass jede Transaktion, die zu einer Zahlung an Ausländer führt, unter negativem Vorzeichen erfasst wird, während umgekehrt jede Transaktion, bei der Einnahmen aus dem Ausland erfolgen, unter positivem Vorzeichen verbucht wird.

7. Im Rahmen der Zahlungsbilanzrechnung erscheinen Transaktionen mit Gütern und Dienstleistungen in der Leistungsbilanz. Internationale Käufe oder Verkäufe von Vermögenswerten erscheinen in der Kapitalbilanz. Die dritte Teilbilanz, die Vermögensübertragungsbilanz, ist in den USA eher klein. Jedem Defizit in der Leistungsbilanz muss ein entsprechender Überschuss in den anderen beiden Teilbilanzen der Zahlungsbilanz gegenüberstehen, und jedem Leistungsbilanzüberschuss ein entsprechendes Defizit an anderer Stelle. Dieses Merkmal der Zahlungsbilanz widerspiegelt die Tatsache, dass Diskrepanzen zwischen den Exporteinnahmen und den Importausgaben mit der Zusage einhergehen müssen, die Differenz in der Zukunft – für gewöhnlich mit Zinsen – zu begleichen.

8. Internationale Transaktionen mit Vermögenswerten, die von den *Zentralbanken* ausgeführt werden, gehen in die Kapitalbilanz ein. Eine Transaktion, bei der eine Zentralbank in privaten Märkten mit Devisenanlagen handelt, bezeichnet man als offizielle *Devisenmarktintervention*. Diese Intervention ist unter anderem deshalb von großer Bedeutung, weil sie den Banken als Instrument zur Steuerung der Geldmenge dient. Ein Land verzeichnet ein Defizit in seiner Devisenbilanz (der Bilanz dieser offiziellen Reservetransaktionen), wenn es von seinen Devisenreserven zehrt oder bei ausländischen Zentralbanken Kredite aufnimmt, im umgekehrten Fall verzeichnet es einen Überschuss.

Schlüsselbegriffe

Übungen

1. Wie in diesem Kapitel erläutert, vermeidet man bei der Berechnung des BNE Doppelzählungen, indem nur der Wert der auf dem Markt verkauften Endprodukte an Gütern und Dienstleistungen erfasst wird. Sollten dem entsprechend auch bei den Importen nur die Endprodukte erfasst werden? Wie sollten die Exporte bewertet werden?

2. Aus Gleichung 12.2 geht hervor, dass ein Land zur Senkung seines Leistungsbilanzdefizits sein privates Sparen erhöhen, seine Inlandsinvestitionen reduzieren oder sein Staatsdefizit abbauen muss. In den 1980er Jahren wurde häufig die Forderung nach einer Beschränkung der Importe aus Japan (und anderen Ländern) laut, um das amerikanische Leistungsbilanzdefizit abzubauen. Wie würden sich höhere Importbarrieren auf privates Sparen, Inlandsinvestitionen und Staatsdefizit der USA auswirken? Würden Importbeschränkungen in jedem Fall zum Abbau des Leistungsbilanzdefizits beitragen?

3. Erläutern Sie, wie jede der folgenden Transaktionen zu zwei Buchungen – Credit und Debet – in der amerikanischen Zahlungsbilanz führt, und ordnen Sie jede der richtigen Teilbilanz zu:

   a. Eine amerikanische Bank kauft deutsche Aktien und zahlt mit einem Scheck, der auf ein Konto bei einer schweizerischen Bank ausgestellt ist.

   b. Ein Amerikaner kauft deutsche Aktien und bezahlt mit einem Scheck, der auf ein Konto bei einer amerikanischen Bank ausgestellt ist.

   c. Bei einer offiziellen Devisenmarktintervention verwendet die französische Regierung Dollars von einer amerikanischen Bank, um von ihren eigenen Bürgern französische Währung zu kaufen.

   d. Ein Tourist aus Detroit speist in einem teuren Restaurant im französischen Lyons und bezahlt mit einem Reisescheck.

   e. Ein kalifornischer Winzer schickt kostenlos eine Kiste Cabernet Sauvignon zu einer Weinprobe in London.

   f. Das Management einer Fabrik in Großbritannien, die sich in US-amerikanischem Besitz befindet, verwendet lokale Erträge zum Erwerb neuer Maschinen.

4. Ein New Yorker fährt nach New Jersey, um einen Telefonanrufbeantworter zu kaufen. Das Unternehmen in New Jersey, welches das Gerät verkauft, reicht seinen Scheck über 100 Dollar bei einer New Yorker Bank ein. Wie würden diese Transaktionen in Zahlungsbilanzen von New York und New Jersey verbucht? Was würde sich ändern, wenn der New Yorker den Anrufbeantworter in bar bezahlen würde?

➜

5. Das Land Pecunia hatte im Jahr 2002 ein Leistungsbilanzdefizit von 1 Milliarde Dollar und einen Kapitalbilanzüberschuss (ohne Devisenreserven) von 500 Millionen Dollar.

   a. Was war die Zahlungsbilanz von Pecunia? Wie entwickelte sich sein Nettoauslandsvermögen?

   b. Nehmen Sie an, dass ausländische Zentralbanken keine pecunianischen Anlagen gekauft oder verkauft haben. Wie veränderten sich in diesem Fall die Devisenreserven der Zentralbank Pecunias im Jahr 2002? Wie würde sich die entsprechende Devisenmarktintervention in der Zahlungsbilanz Pecunias niederschlagen?

   c. Wie ändert sich Ihre Antwort auf Frage b), wenn Sie erfahren, dass ausländische Zentralbanken im Jahr 2002 pecunianische Anlagen in Höhe von 600 Millionen Dollar gekauft haben? Wie werden diese offiziellen Erwerbungen in den ausländischen Zahlungsbilanzen verbucht?

   d. Erstellen Sie die Zahlungsbilanz von Pecunia für das Jahr 2002 unter der Voraussetzung, dass der unter c) beschriebene Fall eingetreten ist.

6. Aus welchen Gründen könnte eine Regierung wegen eines großen Defizits oder Überschusses in der Leistungsbilanz beunruhigt sein? Weshalb muss eine Regierung auf die Zahlungsbilanz ihres Landes achten?

7. Liefern die Daten der offiziellen Zahlungsbilanz der USA ein zutreffendes Bild von dem Umfang, in dem ausländische Zentralbanken auf den Devisenmärkten Dollars kaufen und verkaufen?

8. Kann ein Land gleichzeitig ein Leistungsbilanzdefizit und einen Zahlungsbilanzüberschuss haben? Erläutern Sie Ihre Antwort anhand hypothetischer Zahlen für die Leistungs- und die Kapitalbilanz (ohne Devisenreserven). Berücksichtigen Sie insbesondere die möglichen Implikationen für offizielle Devisenkäufe und -verkäufe.

Weiterführende Literatur

Peter Hooper and J. David Richardson, Hrsg., *International Economic Transactions*. Chicago: University of Chicago Press, 1991. Interessante Aufsätze zur Erhebung internationaler Wirtschaftsdaten.

David H. Howard, „Implications of the U.S. Current Account Deficit", in: *Journal of Economic Perspectives* 3 (Herbst 1989), S. 153–165. Untersucht die möglichen Auswirkungen der US-Leistungsbilanzdefizite auf die amerikanische Wohlfahrt und das Nettoauslandsvermögen.

International Monetary Fund, *Final Report of the Working Party on the Statistical Discrepancy in World Current Account Balances*. Washington, D.C.: International Monetary Fund, September 1987. Behandelt die statistischen Diskrepanzen in der Weltleistungsbilanz sowie ihre politischen Implikationen und gibt Empfehlungen zur präziseren Erfassung.

International Monetary Fund, *Balance of Payments Manual*, 5th edition. Washington, D.C.: International Monetary Fund, 1993. Standardwerk zur Zahlungsbilanzrechnung.

Robert E. Lipsey, „Changing Patterns of International Investment in and by the United States", in: Martin S. Feldstein, Hrsg., *The United States in the World Economy*. Chicago: University of Chicago Press, 1988, S. 475–545. Eine historische Sicht auf die Kapitalströme in die USA und aus den USA.

Rita M. Maldonado, „Recording and Classifying Transactions in the Balance of Payments", in: *International Journal of Accounting* 15 (Herbst 1979), S. 105–133. Anhand umfangreicher Beispiele wird erläutert, wie verschiedene internationale Transaktionen in der Zahlungsbilanz verbucht werden.

James E. Meade, *The Balance of Payments*, Kapitel 1–3. London: Oxford University Press, 1952. Eine klassische analytische Darstellung der Grundbegriffe der Zahlungsbilanz.

Lois Stekler, „Adequacy of International Transactions and Position Data for Policy Coordination", in: William H. Branson, Jacob A. Frenkel und Morris Goldstein, Hrsg. *International Policy Coordination and Exchange Rate Fluctuations*. Chicago: University of Chicago Press, 1990, S. 347–371. Ein kritischer Blick auf die Interpretation der offiziellen Daten zur Leistungsbilanz und Auslandsverschuldung.

Robert M. Stern, Charles F. Schwartz, Robert Triffin, Edward M. Bernstein und Walther Lederer, *The Presentation of the Balance of Payments: A Symposium*, Princeton Essays in International Finance 123. International Finance Section, Department of Economics, Princeton University, August 1977. Erläutert die Veränderungen in der Darstellung der US-amerikanischen Zahlungsbilanzen.

U.S. Bureau of the Budget, Review Committee for Balance of Payments Statistics. *The Balance of Payments Statistics of the United States: A Review and Appraisal*. Washington, D.C.: Government Printing Office, 1965. Eine umfassende offizielle Neubewertung der Verfahren zur Zahlungsbilanzrechnung in den USA. Kapitel 9 konzentriert sich auf die begrifflichen Probleme bei der Definition von Überschuss und Defizit in der Zahlungsbilanz.

Kapitel

13 Wechselkurse und Devisenmarkt: ein Vermögensmarkt-Ansatz

Kapitelübersicht

Beispiele

Im Jahr 2000 wurde Paris von Amerikanern überschwemmt, die sich der französischen Küche hingaben und nach Designermode Ausschau hielten. In Dollar gemessen waren die Preise in Frankreich so tief gefallen, dass der günstige Einkauf die Kosten für einen Flug aus Amerika wettmachte. Welche ökonomischen Faktoren hatten diese Verbilligung französischer Waren für US-Bürger herbeigeführt? Ein wichtiger Grund war das starke Absinken des Dollarpreises der französischen Währung. Dadurch verbilligten sich für Amerikaner Unterkunft, Verpflegung und Handelswaren in Frankreich.

Der Preis einer Währung in einer anderen Währung ist ihr **Wechselkurs**. Am 24. Oktober 2001 um 16 Uhr konnten Sie für 1,1935 Dollar einen Euro kaufen, sodass der Wechselkurs des Dollars gegenüber dem Euro 0,8935 zu 1 betrug. Aufgrund ihres starken Einflusses auf die Leistungsbilanz und andere makroökonomische Variablen zählen die Wechselkurse zu den wichtigsten Preisen einer offenen Volkswirtschaft.

Da der Wechselkurs, als Preis einer Landeswährung in einer anderen, zugleich den Preis für die Währung als Vermögenswert darstellt, folgt sein Verhalten denselben Prinzipien, die generell die Preise von Vermögenswerten bestimmen. Wie Sie aus Kapitel 12 wissen, stellt ein Vermögenswert eine Methode dar, Kaufkraft von der Gegenwart in die Zukunft zu verlagern. Der gegenwärtige Preis eines Vermögenswerts hängt daher direkt mit den Erwartungen der Käufer hinsichtlich seiner zukünftigen Kaufkraft für Güter und Dienstleistungen zusammen. In ähnlicher Weise hängt der *heutige* Wechselkurs von Dollar und Euro eng mit den Erwartungen über seine *zukünftige* Entwicklung zusammen. Genau wie der Kurs der Microsoftaktie steigt, sobald eine günstige Meldung über die Zukunftsaussichten des Unternehmens erscheint, reagieren auch Wechselkurse unmittelbar auf jede Nachricht über den zukünftigen Wert der Währungen.

Dieses Kapitel erläutert die Rolle und Bildung der Wechselkurse im internationalen Handel. Als Erstes wird gezeigt, wie man mittels der Wechselkurse die Preise der Güter und Dienstleistungen verschiedener Länder vergleichen kann. Als Nächstes wird der internationale Vermögensmarkt, auf dem Währungen gehandelt werden, beschrieben und erläutert, wie sich auf diesem Markt das Gleichgewicht der Wechselkurse bildet. Der letzte Abschnitt untermauert unseren Vermögensmarkt-Ansatz, indem er aufzeigt, wie der aktuelle Wechselkurs auf veränderte Kurserwartungen reagiert.

13.1   Wechselkurse und internationale Transaktionen

Jedes Land hat eine Währung, in der die Preise für Güter und Dienstleistungen angegeben werden – der Dollar in den USA, der Euro in Deutschland, das Pfund in Großbritannien, der Yen in Japan und der Peso in Mexiko, um nur einige zu nennen. Die Wechselkurse spielen im internationalen Handel eine zentrale Rolle, weil sie uns ermöglichen, die Preise der Güter und Dienstleistungen aus verschiedenen Ländern zu vergleichen. Ein Verbraucher, der sich beim Autokauf zwischen zwei amerikanischen Modellen entscheiden will, vergleicht ihre Dollarpreise, z.B. 39.000 Dollar (für einen Lincoln Continental) und 19.000 Dollar (für einen Ford Taurus). Doch wie soll derselbe Verbraucher diese Preise mit den 3.000.000 Yen vergleichen, die ein importierter Subaru aus Japan kostet? Er muss den relativen Preis des Dollars in Yen kennen.

Die relativen Preise der Währungen werden täglich im Wirtschaftsteil der Zeitungen abgedruckt. Tabelle 13.1 zeigt die von der *New York Times* veröffentlichten Notierungen der Wechselkurse des Dollars für die Währungen, die am 24. Oktober 2001 und 16 Uhr in New York gehandelt wurden. Wie Sie sehen, kann der Wechselkurs auf zweierlei Arten angegeben werden: als Preis der Fremdwährung in Dollar (z.B. $0,008139 pro Yen) oder als Preis des Dollar in Fremdwährung (z.B. ¥122,87 pro Dollar). Die erste Form bezeichnet man als *direkte oder Preisnotierung* (wie viel kostet mich eine Einheit einer Fremdwährung in meiner eigenen Währung?), die zweite als *indirekte oder Mengennotierung* (wie viele Einheiten einer Fremdwährung bekomme ich für eine Einheit meiner eigenen Währung?).

Privathaushalte und Unternehmen verwenden die Wechselkurse zur Umrechnung ausländischer in einheimische Preise. Sobald die Geldpreise von inländischen Gütern und von Importen in derselben Währung ausgedrückt werden, kann man die *relativen Preise* berechnen, welche die internationalen Handelsströme beeinflussen.

13.1.1 Inlands- und Auslandspreise

Wenn wir den Wechselkurs der Währungen zweier Länder kennen, können wir die Exportpreise des einen in der Währung des anderen berechnen. Wie viele Dollar würde es beispielsweise kosten, von der exklusiven schottischen Weberei Edinburgh Woolen Mill einen Pullover zu kaufen, der 50 britische Pfund (£50) kostet? Man multipliziert den Preis des Pullovers in Pfund, 50, mit dem Preis eines Pfunds in Dollar – dem Pfundkurs in Dollar. Bei diesem direkten Wechselkurs von $1,50 ergibt sich folgender Preis in Dollar:

$$(1,50 \ \$/£) \times (£50) = \$75$$

Eine Veränderung des Wechselkurses würde auch den Preis des Pullovers in Dollar ändern. Bei einem Wechselkurs von $1,25 pro Pfund würde der Pullover nur noch kosten:

$$(1,25 \ \$/£) \times (£50) = \$62,50,$$

immer vorausgesetzt, dass sein Preis in Pfund konstant bleibt. Bei einem Wechselkurs von $1,75 pro Pfund würde der Preis des Pullovers in Dollars steigen:

$$(1,75 \ \$/£) \times (£50) = \$87,50$$

Veränderungen der Wechselkurse bezeichnet man als Abwertungen oder Aufwertungen. Eine **Abwertung** des Pfunds gegenüber dem Dollar ist eine Senkung des Pfundpreises in Dollar, zum Beispiel von $1,50 pro Pfund auf $1,25 pro Pfund. Das obige Beispiel zeigt, dass bei ansonsten gleichen Voraussetzungen *eine Währungsabwertung die Güter des entsprechenden Landes für Ausländer verbilligt*. Ein Anstieg des Pfundpreises in Dollar – zum Beispiel von $1,50 pro Pfund auf $1,75 – ist eine **Aufwertung** des Pfunds gegenüber dem Dollar. Bei ansonsten konstanten Voraussetzungen *verteuert eine Aufwertung der Landeswährung die Güter dieses Landes für Ausländer*.

Die in unserem Beispiel angeführten Wechselkursänderungen verändern zugleich die Preise, die Briten für amerikanische Güter bezahlen müssen. Bei einem Wechselkurs von $1,50 pro Pfund beträgt der Preis eines Paars amerikanischer Designerjeans zu $45 in Pfund: ($45)/ (1,50 $/£) = £30. Eine Veränderung des Wechselkurses von $1,50 auf $1,25 pro Einheit Pfund ist eine Abwertung des Pfunds. Sie hebt den Preis des Dollars in Pfund, ist also zugleich eine *Aufwertung* des Dollars gegenüber dem Pfund. Diese Aufwertung des Dollars verteuert amerikanische Jeans für Briten, denn sie hebt deren Preis in Pfund:

$$(\$45)/(1,25 \ \$/£) = £36$$

Eine Veränderung des Wechselkurses von $1,50 pro Pfund zu $1,75 pro Pfund – eine Aufwertung des Pfunds gegenüber dem Dollar und eine Abwertung des Dollars gegenüber dem Pfund – senkt den Preis der Jeans in Pfund:

$$(\$45)/(1,75 \ \$/£) = £25,71$$

Die Bezeichnung von Wechselkursänderungen als Abwertung oder Aufwertung kann also irreführend sein, weil die Abwertung der einen Währung stets die Aufwertung der anderen ist. Um jedes Missverständnis auszuschließen, muss immer klar bezeichnet werden, welche der beiden in Frage stehenden Währungen gegenüber der anderen auf- oder abgewertet wurde.

CURRENCY TRADING

Wednesday, October 24, 2001

EXCHANGE RATES

The New York foreign exchange mid-range rates below apply to trading among banks in amounts of $1 million and more, as quoted at 4 p.m. Eastern time by Reuters and other sources. Retail transactions provide fewer units of foreign currency per dollar. Rates for the 12 Euro currency countries are derived from the latest dollar-euro rate using the exchange ratios set 1/1/99.

Country	U.S. $ EQUIV.		CURRENCY PER U.S. $	
	Wed	Tue	Wed	Tue
Argentina (Peso)	1.0001	1.0001	.9999	.9999
Australia (Dollar)	.5083	.5075	1.9675	1.9704
Austria (Schilling)	.06493	.06473	15.400	15.450
Bahrain (Dinar)	2.6525	2.6525	.3770	.3770
Belgium (Franc)	.0221	.0221	45.1482	45.2927
Brazil (Real)	.3626	.3663	2.7580	2.7300
Britain (Pound)	1.4290	1.4259	.6998	.7013
1-month forward	1.4266	1.4233	.7010	.7026
3-months forward	1.4219	1.4187	.7033	.7049
6-months forward	1.4155	1.4120	.7065	.7082
Canada (Dollar)	.6354	.6363	1.5739	1.5717
1-month forward	.6351	.6360	1.5745	1.5723
3-months forward	.6348	.6357	1.5754	1.5731
6-months forward	.6345	.6353	1.5760	1.5741
Chile (Peso)	.001408	.001408	710.15	710.35
China (Renminbi)	.1208	.1208	8.2767	8.2768
Colombia (Peso)	.0004309	.0004312	2320.50	2319.00
Czech. Rep. (Koruna)				
Commercial rate	.02682	.02679	37.291	37.326
Denmark (Krone)	.1202	.1198	8.3226	8.3495
Ecuador (US Dollar)-e	1.0000	1.0000	1.0000	1.0000
Finland (Markka)	.1503	.1498	6.6544	6.6757
France (Franc)	.1362	.1358	7.3414	7.3649
1-month forward	.1361	.1356	7.3495	7.3735
3-months forward	.1358	.1353	7.3654	7.3886
6-months forward	.1354	.1350	7.3838	7.4074
Germany (Mark)	.4568	.4554	2.1890	2.1960
1-month forward	.4563	.4549	2.1914	2.1985
3-months forward	.4554	.4539	2.1961	2.2030
6-months forward	.4542	.4528	2.2016	2.2086
Greece (Drachma)	.002622	.002614	381.37	382.59
Hong Kong (Dollar)	.1282	.1282	7.8000	7.7998
Hungary (Forint)	.003538	.003550	282.69	281.71
India (Rupee)	.02082	.02084	48.030	47.980
Indonesia (Rupiah)	.0000978	.0000983	10230	10170
Ireland (Punt)	1.1346	1.1308	.8814	.8843
Israel (Shekel)	.2319	.2327	4.3130	4.2980
Italy (Lira)	.0004615	.0004600	2167.06	2174.00

Country	U.S. $ EQUIV.		CURRENCY PER U.S. $	
	Wed	Tue	Wed	Tue
Japan (Yen)	.008139	.008151	122.87	122.68
1-month forward	.008155	.008168	122.62	122.42
3-months forward	.008186	.008198	122.16	121.98
6-months forward	.008229	.008242	121.53	121.33
Jordan (Dinar)	1.4104	1.4104	.7090	.7090
Kuwait (Dinar)	3.2658	3.2658	.3062	.3062
Lebanon (Pound)	.0006634	.0006614	1507.50	1512.00
Malaysia (Ringgit)-b	.2632	.2632	3.8000	3.8000
Malta (Lira)	2.2212	2.2163	.4502	.4512
Mexico (Peso)				
Floating rate	.1083	.1084	9.2300	9.2250
Netherlands (Guilder)	.4054	.4042	2.4664	2.4743
New Zealand (Dollar)	.4184	.4181	2.3901	2.3918
Norway (Krone)	.1123	.1120	8.9071	8.9311
Pakistan (Rupee)	.01623	.01626	61.600	61.500
Peru (new Sol)	.2897	.2897	3.4515	3.4520
Philippines (Peso)	.01927	.01925	51.900	51.950
Poland (Zloty)-d	.2429	.2432	4.1175	4.1125
Portugal (Escudo)	.004457	.004443	224.38	225.10
Russia (Ruble)-a	.03381	.03382	29.576	29.564
Saudi Arabia (Riyal)	.2666	.2666	3.7512	3.7510
Singapore (Dollar)	.5472	.5477	1.8275	1.8258
Slovak Rep. (Koruna)	.02048	.02046	48.824	48.869
South Africa (Rand)	.1067	.1059	9.3716	9.4400
South Korea (Won)	.0007731	.0007683	1293.50	1301.50
Spain (Peseta)	.005370	.005353	186.22	186.81
Sweden (Krona)	.0943	.0940	10.6050	10.6382
Switzerland (Franc)	.6033	.6024	1.6575	1.6600
1-month forward	.6034	.6025	1.6573	1.6598
3-months forward	.6035	.6026	1.6571	1.6596
6-months forward	.6038	.6030	1.6561	1.6685
Taiwan (Dollar)	.02896	.02896	34.530	34.530
Thailand (Baht)	.02233	.02233	44.790	44.775
Turkey (Lira)-f	.00000062	.00000062	1615000	1610000
United Arab (Dirham)	.2723	.2723	3.6730	3.6730
Uruguay (New Peso)				
Financial	.07177	.07194	13.933	13.900
Venezuela (Bolivar)	.001346	.001346	742.76	742.75
SDR	1.2687	1.2663	.7882	.7897
Euro	.8935	.8907	1.1192	1.1227

Special Drawing Rights (SDR) are based on exchange rates for the U.S., German, British, French , and Japanese currencies. Source: International Monetary Fund.
a-Russian Central Bank rate. b-Government rate. d-Floating rate; trading band suspended on 4/11/00. e-Adopted U.S. dollar as of 9/11/00. f-Floating rate, eff. Feb. 22.

Tabelle 13.1:   Wechselkursnotierungen
Quelle: *Wall Street Journal*, 25. Oktober 2001.

Aus den bisherigen Ausführungen folgt: *Wenn die Währung eines Landes abgewertet wird, werden seine Exporte für Ausländer billiger und seine Importe für Inländer teurer. Eine Aufwertung hat den gegenteiligen Effekt: Ausländer bezahlen mehr für die Produkte des betreffenden Landes und die inländischen Konsumenten weniger für ausländische Produkte.*

13.1.2   Wechselkurse und relative Preise

Die Nachfrage nach Importen und Exporten wird, wie die Nachfrage nach allen Gütern und Dienstleistungen, von den *relativen Preisen* beeinflusst, wie beispielsweise dem Preis von Pullovern in Designerjeans. Wie wir soeben gesehen haben, gestattet der Wechselkurs den Vergleich von inländischen und ausländischen Geldpreisen, indem er ihren Ausdruck in derselben Währung ermöglicht. Folglich können mit Hilfe der Wechselkurse auch die relativen Preise von Gütern und Dienstleistungen verglichen werden, deren Geldpreise in verschiedenen Währungen angegeben sind.

Ein Amerikaner, der sich überlegt, wie viel Geld er für amerikanische Jeans und wie viel für britische Pullover ausgeben möchte, muss ihre Preise in dieselbe Währung übertragen, um den Pulloverpreis in Jeans zu ermitteln. Wie wir gesehen haben, bedeutet ein Wechselkurs von $1,50 pro Pfund, dass ein Amerikaner für einen Pullover, der in Großbritannien £50 kostet, $75 bezahlt. Weil der Preis eines Paars amerikanischer Jeans $45 beträgt, ist der Pulloverpreis in Jeans ($75 pro Pullover)/ ($45 pro Paar Jeans) = 1,67 Paar Jeans pro Pullover. Für einen Briten gilt natürlich derselbe relative Preis: (£50 pro Pullover)/ (£30 pro Paar Jeans) = 1,67 Paar Jeans pro Pullover.

Tabelle 13.2 zeigt die relativen Preise, die sich aus folgenden Wechselkursen ergeben: $1,25 pro Pfund, $1,50 pro Pfund und $1,75 pro Pfund – immer vorausgesetzt, der Dollarpreis der Jeans und der Pfundpreis der Pullover bleiben von den Wechselkursänderungen unberührt. Berechnen Sie die relativen Preise zunächst selbst, um Ihr Verständnis zu testen, und Sie werden sehen, dass sich für Briten und Amerikaner dieselben Resultate ergeben.

Die Tabelle zeigt, dass bei konstanten Geldpreisen der Güter eine Aufwertung des Dollars gegenüber dem Pfund den in Jeans ausgedrückten Preis der Pullover senkt (man erhält mehr Pullover pro Jeans), während eine Abwertung des Dollars gegenüber dem Pfund den Pulloverpreis in Jeans hebt (man erhält weniger Pullover pro Jeans). Diese Berechnungen veranschaulichen ein allgemeines Prinzip: *Bei ansonsten konstanten Bedingungen hebt eine Aufwertung der Währung die relativen Preise der Exporte des betreffenden Landes und senkt die relativen Preise seiner Importe. Umgekehrt senkt eine Abwertung die relativen Preise der Exporte des Landes und hebt die relativen Preise seiner Importe.*

Wechselkurs ($/£)	1,25	1,50	1,75
Relativpreis (Pullover/Paar Jeans)	1,39	1,67	1,94

Tabelle 13.2: Wechselkurse des Dollars gegenüber dem Pfund und relative Preise amerikanischer Designerjeans und britischer Pullover
Anmerkung: Diese Berechnungen gehen davon aus, dass sich die Geldpreise von $45 für ein Paar Jeans und £50 für einen Pullover nicht ändern.

13.2   Der Devisenmarkt

Genau wie sich in der Volkswirtschaft andere Preise durch die Interaktion von Käufern und Verkäufern bilden, so werden auch die Wechselkurse von der Interaktion derjenigen Privathaushalte, Unternehmen und Finanzinstitutionen bestimmt, die zwecks internationaler Zahlungen Fremdwährungen kaufen und verkaufen. Der Markt, auf dem der Handel mit Fremdwährungen stattfindet, heißt **Devisenmarkt**.

13.2.1   Die Akteure

Die wichtigsten Devisenmarktteilnehmer sind Geschäftsbanken, am internationalen Handel beteiligte Unternehmen, andere Finanzinstitutionen wie Vermögensverwaltungs- und Versicherungsgesellschaften sowie die Zentralbanken. Auch Individuen können am Devisenmarkt tätig werden – zum Beispiel der Tourist, der am Hotelschalter Auslandswährung einkauft –, aber der Anteil solcher Bargeschäfte am gesamten Devisenhandel ist verschwindend gering.

Beschreiben wir nun die wichtigsten Marktakteure und ihre Rollen:

1. *Geschäftsbanken.* Geschäftsbanken stehen im Zentrum des Devisenmarkts, weil bei praktisch jeder größeren internationalen Transaktion Gutschriften oder Lastschriften bei Konten der Geschäftsbanken in verschiedenen Finanzzentren vorgenommen werden. Die überwiegende Mehrheit der Devisentransaktionen besteht im Austausch von *Bankeinlagen*, die in verschiedener Währung gehalten werden.

   Betrachten wir ein Beispiel. Das Unternehmen Exxon möchte einem deutschen Lieferanten €160.000 bezahlen. Als Erstes erfragt Exxon den Wechselkurs seiner Handelsbank, der Third National Bank. Dann weist es die Third National an, zu Lasten seines Dollarkontos €160.000 auf das Konto des Lieferanten bei einer deutschen Bank zu überweisen. Wenn die Third National Exxon einen Wechselkurs von $1,20 pro Euro angibt, wird das Exxon-Konto mit $192.000 belastet ($1,20 × €160.000). Die Transaktion resultiert im Tausch einer Einlage über $192.000 bei der Third National Bank (diese Einlage gehört nun der deutschen Bank, welche die Euros zur Verfügung stellte) gegen die Einlage von €160.000, mit der die Third National den deutschen Lieferanten von Exxon bezahlte.

   Wie dieses Beispiel zeigt, werden Banken im Dienst ihrer Kunden – zumeist Unternehmen – regelmäßig am Devisenmarkt tätig. Außerdem unterbreiten sich die Banken gegenseitig Angebote, zu welchen Wechselkursen sie zum Kauf und Verkauf von Währungen bereit sind. Der **Interbankenhandel** macht den größten Anteil aller Devisenmarkttransaktionen aus. Die in Tabelle 13.1 gezeigten Wechselkurse sind die Kurse, welche sich die Banken gegenseitig berechnen. Beträge unter 1 Million Dollar werden nicht zu diesen Kursen gehandelt. Die „Einzelhandelssätze" für Geschäftskunden sind also in der Regel weniger günstig als die „Großhandelssätze" für andere Banken. Der Aufschlag macht die Vergütung der Bank für die Abwicklung des Handels aus.

   Aufgrund ihrer ausgedehnten internationalen Tätigkeit sind große Geschäftsbanken gut geeignet, Käufer und Verkäufer von Devisen zusammenzuführen. Wenn ein multinationales Unternehmen 100.000 Dollar in schwedische Kronen umtauschen möchte, müsste es viel Mühe und Kosten aufwenden, um ein anderes Unternehmen zu finden, das für genau diesen Betrag Kronen verkaufen möchte. Eine Bank, die durch einen einzigen umfangreichen Kauf von Kronen viele Kunden gleichzeitig bedienen kann, macht diesen Aufwand überflüssig.

2. *Unternehmen.* Unternehmen, die in mehreren Ländern tätig sind, leisten oder erhalten oft Zahlungen in Währungen, die im Land ihres Hauptsitzes nicht gelten. Um Arbeiter einer Fabrik in Mexiko zu entlohnen, braucht IBM beispielsweise mexikanische Pesos. Wenn IBM mit dem Absatz seiner Computer in den USA nur Dollars verdient hat, kann es mit diesen Dollars die benötigten Pesos auf dem Devisenmarkt kaufen.

3. *Bankfremde Finanzdienstleiter.* Mit der Zeit hat die Deregulierung der Finanzmärkte in den USA, Japan und anderen Ländern auch andere Finanzinstitutionen als Banken veranlasst, ihren Kunden eine breitere Palette an Dienstleistungen anzubieten, die oftmals mit denjenigen der Banken identisch sind. Eine solche Leistung sind Devisentransaktionen. Internationale Investoren, beispielsweise Pensionsfonds, handeln oft mit Devisen.

4. *Zentralbanken.* Wie in früheren Kapiteln erwähnt, intervenieren Zentralbanken gelegentlich an den Devisenmärkten. Das Volumen der Zentralbanktransaktionen ist für gewöhnlich nicht groß, ihre Wirkung allerdings bisweilen erheblich. Der Grund liegt darin, dass die Akteure des Devisenmarkts das Verhalten der Zentralbanken genau beobachten. Sie ziehen daraus Rückschlüsse auf deren zukünftige makroökonomische Politik, die sich wiederum auf die Wechselkurse auswirken kann. Auch andere staatliche Institutionen als die Zentralbanken können am Devisenmarkt handeln, doch die Zentralbanken agieren dort mit größerer Regelmäßigkeit.

Beispiel 13.1: Die Geschichte zweier Dollars

Im Jahr 1976 wurden der US-amerikanische und der kanadische Dollar zu einem Wechselkurs von etwa 1 zu 1 gehandelt. In den folgenden Jahrzehnten jedoch hat der kanadische Dollar gegenüber seinem amerikanischen Vetter ständig an Wert verloren. Anfang 2002 war der kanadische Dollar nur noch etwa 65 US-Cents wert.*

Die Abwertungstendenz der kanadischen Währung verstärkte sich Ende der 1990er Jahre, als die Weltmarktpreise der meisten von Kanada exportierten Rohstoffe stark zurückgingen. Die kanadische Exportindustrie freute sich über den erleichterten Absatz ihrer Produkte im Ausland, während die Importeure über die hohen Preise klagten. Besonders deutlich waren die Folgen an den Niagarafällen, wo Tausende Menschen täglich in beide Richtungen die Grenze zwischen den USA und Kanada überqueren. Kanadier, die am Wochenende stets gern zum Essen auf die amerikanische Seite gefahren waren, stellten fest, dass dies immer teurer wurde. Gleichzeitig fuhren die Amerikaner unversehens zum billigen Einkauf auf die kanadische Seite.

Auf der Rückseite der kanadischen Ein-Dollar-Münze ist ein Seetaucher („loon") abgebildet – jener sich von Fisch ernährende Wasservogel, den man auf den Seen Kanadas häufig sieht und hört. Der kanadische Dollar wird daher oft als „Loonie" bezeichnet. Ein Baseballteam, das sich nach einem anderen kanadischen Vogel benannt hat, machte in den späten 1990er Jahren einen großen Bogen um den Loonie. Die Toronto Blue Jays („Blauhäher") absolvieren die meisten ihrer Spiele südlich der kanadischen Grenze und beteiligen sich am Spielermarkt in den USA. Daher fallen

80 Prozent ihrer Ausgaben (einschließlich der Spielergehälter) in US-Dollars an. Auf der anderen Seite bestehen 80 Prozent ihrer Einnahmen (einschließlich der Stadieneinnahmen) aus kanadischen Dollars. Eine plötzliche starke Abwertung des Loonie würde dem Team also große Verluste bescheren, weil sie seine Ausgaben im Vergleich zu seinen Einnahmen unverhältnismäßig steigern würde. Um sich vor den Launen des Wechselkurses zu schützen, versucht das Team seinen Bedarf an US-Dollars im Voraus zu bestimmen, sodass es frühzeitig zu einem günstigen Wechselkurs Loonies gegen amerikanische Dollars eintauschen kann. Fehler auf dem Devisenmarkt kommen die Blue Jays manchmal teurer zu stehen als Fehler auf dem Spielfeld.**

*siehe: „Showing in Canada: The Mystery of the Falling Dollar", in: *New York Times*, Mittwoch, 9. Januar 2002, S. W1.

**siehe: „Don't Cry Over Diving Loonies: Canadian Dollar Plummets to a Collective Ho-Hum", in: *New York Times*, 23. Juni 1998, S. C1.

13.2.2 Charakteristische Merkmale des Devisenmarktes

Devisenhandel findet in vielen Finanzzentren statt, sein größtes Volumen erreicht er allerdings in London (dem weltgrößten Markt), New York, Tokio, Frankfurt und Singapur. Das Volumen des weltweiten Devisenhandels, das ohnehin schon enorm war, ist in den letzten Jahren noch einmal explosionsartig gewachsen. Im April 1989 betrug der Gesamtwert des globalen Devisenhandels nahezu $600 Milliarden *täglich*. Davon entfielen $184 Milliarden auf London, $115 Milliarden auf die USA und $111 Milliarden auf Tokio. Nur zwölf Jahre später, im April 2001, war der Wert des täglichen Devisenumsatzes auf rund $1,2 Billionen gestiegen – $504 Milliarden in London, $254 Milliarden in New York und $147 Milliarden in Tokio.[1]

Direkte Telefonleitungen, Fax und Internet verbinden die wichtigsten Devisenhandelszentren zu einem einzigen Weltmarkt, in dem die Sonne niemals untergeht. Wirtschaftsmeldungen werden zu jeder beliebigen Tageszeit rund um die Welt übertragen und können eine Flut von Aktivitäten der Marktteilnehmer auslösen. Selbst nach Handelsschluss in New York bleiben dort ansässige Banken und Kapitalgesellschaften, die über Tochtergesellschaften in anderen Zeitzonen verfügen, am Markt aktiv. Devisenhändler werden

---

[1] Die Zahlen für den April 1989 stammen aus Erhebungen, die gleichzeitig von der Federal Reserve Bank in New York, der Bank of England, der Zentralbanken von Japan und Kanada sowie den Währungsbehörden in Frankreich, Italien, Holland, Singapur, Hongkong und Australien durchgeführt wurden. An der Erhebung im April 2001 waren insgesamt 48 Zentralbanken beteiligt. Überarbeitete Angaben für die Jahre 1989-2001 finden sich in folgendem Bericht: „Central Bank Survey of Foreign Exchange and Derivatives Market Activity in April 2001: Preliminary Global Data", Pressemeldung der Bank für Internationalen Zahlungsausgleich, Basel, 9. Oktober 2001. Im Jahr 1980 belief sich der Devisenhandel in den USA lediglich auf rund $18 Milliarden pro Tag.

auch von Zuhause aus tätig, wenn sie spät in der Nacht mit Meldungen über wichtige Entwicklungen in einem Finanzzentrum auf einem anderen Kontinent aufgeschreckt werden.

Die Integration der Finanzmärkte bringt es mit sich, dass der Wechselkurs von Dollar und Euro, der in New York um 9 Uhr vormittags notiert wird, nicht wesentlich von demjenigen abweichen kann, der zum selben Zeitpunkt (14 Uhr Ortszeit) in London gilt. Wenn der Euro in New York für \$1,10 und in London für \$1,20 gehandelt würde, dann wären Gewinne durch **Arbitrage** möglich. Als Arbitrage bezeichnet man den Vorgang, eine Währung billig zu kaufen und teuer zu verkaufen. Zu den oben angeführten Preisen könnte ein Händler beispielsweise in New York €1 Million für \$1,1 Millionen kaufen und sofort in London für \$1,2 Millionen wieder verkaufen. Dies ergäbe einen Reingewinn von \$100.000. Wenn allerdings alle Händler versuchen würden, diese Gelegenheit zu nutzen, dann würde ihre Nachfrage nach Euros den New Yorker Preis des Euro in Dollar nach oben, und ihr Angebot an Euros den Londoner Preis des Euro nach unten treiben. Der Unterschied zwischen den Wechselkursen in New York und London würde also sehr schnell wieder ausgeglichen. Da alle Devisenhändler ihre Bildschirme sehr genau beobachten, um keine Arbitrage-Gelegenheit zu verpassen, sind die wenigen Chancen dazu geringfügig und äußerst kurzlebig.

Eine Devisentransaktion kann im Prinzip mit beliebigen Währungen durchgeführt werden, doch bei den meisten Transaktionen zwischen Banken (etwa 90 Prozent im Jahr 2001) wird ausländische Währung gegen US-Dollar eingetauscht. Dies gilt selbst dann, wenn das eigentliche Ziel der Bank darin besteht, andere Währungen als den Dollar zu kaufen und zu verkaufen. Eine Bank, die Schweizer Franken verkaufen und israelische Schekel kaufen möchte, verkauft in der Regel zunächst ihre Franken gegen Dollars und erwirbt mit diesen anschließend Schekel. Dieses Verfahren mag umständlich erscheinen, kommt die Bank aber billiger als die Suche nach einem Schekelbesitzer, der Schweizer Franken erwerben möchte. Die Vorteilhaftigkeit des Handels über den Dollar resultiert aus dem großen Gewicht der USA in der Weltwirtschaft. Aufgrund des großen Volumens der internationalen Transaktionen, an denen der Dollar beteiligt ist, findet man leicht einen Partner, der bereit ist, Dollars gegen Schweizer Franken oder Schekel einzutauschen. Im Gegensatz dazu erfordern vergleichsweise wenige Transaktionen den direkten Tausch von Schweizer Franken gegen Schekel.[2]

Aufgrund seiner herausragenden Rolle in zahlreichen Devisengeschäften wird der Dollar auch als **Vehikelwährung** bezeichnet. Eine Vehikelwährung wird in großem Umfang zum Abschluss internationaler Geschäfte herangezogen, deren Parteien nicht im Ursprungsland dieser Währung ansässig sind. Es wurde vermutet, dass der Euro, der zum Jahresbeginn

---

[2] Der Wechselkurs von Franken und Schekel lässt sich aus dem Dollar-Franken- und dem Dollar-Schekel-Kurs errechnen. Er ergibt sich aus der Division des Dollar-Schekel-Kurses durch den Dollar-Franken-Kurs. Wenn der Dollar-Franken-Kurs bei \$0,80 zu Sfr 1 liegt und der Dollar-Schekel-Kurs bei \$0,20 zu 1 Schekel, dann ergibt sich ein Franken-Schekel-Kurs von (\$0,20/ Schekel)/(\$0,80/Franken) = 0,25 Schweizer Franken/ Schekel. Die Wechselkurse zwischen Nicht-Dollar-Währungen werden von den Devisenhändlern als Kreuzkurse bezeichnet.

1999 eingeführt wurde, sich in dieser Hinsicht zur Gleichwertigkeit mit dem Dollar entwickeln würde. Doch im April 2001 war der Euro erst an 38 Prozent des Devisenhandels beteiligt. Die Bedeutung des Pfund Sterlings, dessen Rolle im Welthandel einst nur vom Dollar übertroffen wurde, hat seither abgenommen.[3]

13.2.3   Devisenkassakurs und Devisenterminkurs

Die bisher besprochenen Devisentransaktionen finden unmittelbar an Ort und Stelle statt: Zwei Parteien vereinbaren den Austausch von Bankeinlagen und führen ihn sofort durch. Die Wechselkurse, die für diese Art des Handels gelten, bezeichnet man als **Devisenkassakurse** und die entsprechenden Transaktionen als Devisenkassageschäfte.

Allerdings treten auch diese Transaktionen für gewöhnlich erst mit zweitägiger Verzögerung in Kraft, weil die Bearbeitung der Zahlungsanweisungen in der Regel zwei Tage in Anspruch nimmt.[4] Ein hypothetisches Beispiel: Apple Computer hat eine Einlage in Pfund Sterling bei der National Westminster Bank in London, verkauft diese Fremdwährung jedoch an die Bank of America in San Francisco, die Apple einen günstigeren Kassakurs anbietet als die Wells Fargo Bank, bei der das Unternehmen eigentlich sein Dollarkonto hat. Am Montag, den 20. Juni, schickt Apple der Bank of America einen in Pfund Sterling ausgeschriebenen Scheck der National Westminster Bank. Um den Betrag an Apple auszuzahlen, überweist die Bank of America auf elektronischem Wege Dollars auf das Apple-Konto bei der Wells Fargo. Erst am Mittwoch, dem 22. April, also zwei Werktage später, kann Apple im Normalfall auf seine erworbenen Dollars und die Bank of America auf die ihr übermittelten Pfund Sterlings zugreifen. Der *Abrechnungstag* eines Kassageschäfts zwei Tage auf dessen Abschluss: die Geschäftserfüllung erfolgt „zweitägig Valuta kompensiert".

Manchmal wird bei Devisengeschäften ein viel späterer Abrechnungstag vereinbart – 30 Tage, 90 Tage, 180 Tage oder sogar mehrere Jahre. Die Wechselkurse, die für solche Transaktionen gelten, nennt man **Devisenterminkurse**. Bei einem 30-Tage-Termingeschäft einigen sich beispielsweise zwei Parteien am 1. April darauf, am 1. Mai £100.000 gegen $155.000 einzutauschen. Der Devisenterminkurs, der in diesem Fall $1,55 pro Pfund Sterling beträgt, unterscheidet sich für gewöhnlich von den Kassa- und Terminkursen, die an anderen Abrechnungstagen gelten. Wenn Sie zugesagt haben, an einem zukünftigen Datum zu einem heute vereinbarten Terminkurs Pfund Sterling gegen Dollar zu verkaufen, dann haben Sie „Pfund per Termin verkauft" und „Dollar per Termin gekauft".

---

[3]   Eine detailliertere Darstellung der Vehicle Currencies finden Sie bei Richard Portes und Hélène Rey, „The Emergence of the Euro as an International Currency", in: *Economic Policy* 26, April 1998, S. 307-343. Angaben zu den Anteilen der einzelnen Währungen am Welthandel veröffentlicht die Bank für Internationalen Zahlungsausgleich, siehe Fußnote 1.

[4]   Eine wichtige Ausnahme bildet der Austausch von US- gegen kanadische Dollars in New York. Diese werden mit einem Tag Verzögerung durchgeführt. Derzeit arbeiten internationale Banken an einer Verkürzung dieser Fristen. Das dazu entwickelte System Continuous Linked Settlement soll in Kürze eingeführt werden.

Tabelle 13.1 zeigt die Devisenterminkurse für die am meisten gehandelten Währungen. (Die Terminkurse werden, wenn verfügbar, unter den entsprechenden Kassakursen aufgeführt.) Termin- und Kassakurse sind nicht unbedingt gleich, doch ihre Entwicklung verläuft in hohem Maße parallel, wie Abbildung 13.1 anhand des Dollar/Pfund-Wechselkurses zeigt. Im Anhang zu diesem Kapitel, das die Bestimmung der Devisenterminkurse erläutert, wird die enge Beziehung zwischen der Veränderung von Kassa- und Terminkursen genauer erläutert.

Ein Beispiel soll die Motive für Devisentermingeschäfte verdeutlichen: Ein Amerikaner, der Radios aus Japan importiert, weiß, dass er in 30 Tagen eine Lieferung seines japanischen Geschäftspartners in Yen bezahlen muss. Der Importeur kann jedes Radio für $100 verkaufen und muss seinem Lieferanten ¥9.000 pro Radio bezahlen. Sein Gewinn hängt also vom Dollar/Yen-Wechselkurs ab. Bei dem gegenwärtigen Devisenkassakurs von $0,0105 pro Yen müsste der Importeur pro Radio also ($0,0105 pro Yen) × (¥9.000 pro Radio) = $94,50 pro Radio bezahlen und würde daher an jedem importierten Gerät $5,50 verdienen. Er wird die Rechnung des Lieferanten jedoch erst nach dem Verkauf der Radios bezahlen können. Wenn der Dollar also im Verlauf der nächsten 30 Tage eine unerwartete Abwertung auf $0,0115 pro Yen erfährt, dann muss der Importeur ($0,0115 pro Yen) × (¥9.000 pro Radio) = $96,30 an seinen Lieferanten bezahlen. Indem er Yen per Termin kauft und Dollars per Termin verkauft, hat der Importeur einen garantierten Gewinn von $3,70 pro Radio und sichert sich gegen das Risiko ab, dass eine plötzliche Wechselkursänderung ein profitables Geschäft zu einem Verlustgeschäft werden lässt.

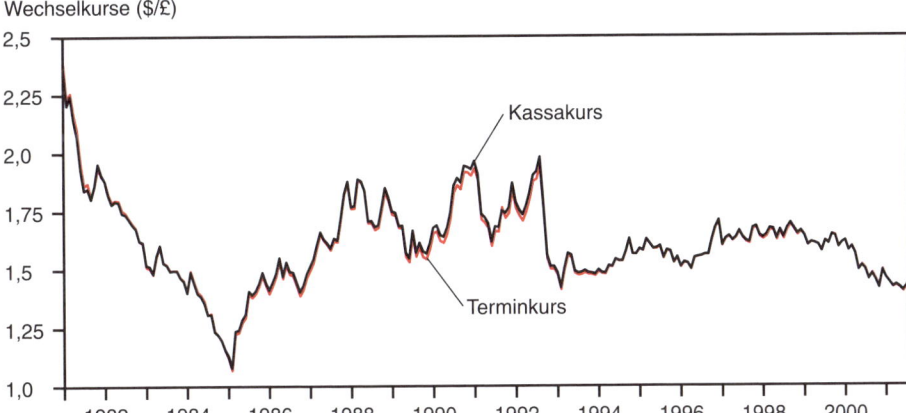

Wechselkurse ($/£)

Kassa- und Terminkurse entwickeln sich in enger Abhängigkeit voneinander.

Abbildung 13.1: Devisenkassa- und Devisenterminkurse für den Wechselkurs Dollar/Pfund, 1981-2001

Quelle: *Datastream.* Die gezeigten Wechselkurse gelten für Devisentermingeschäfte mit einer Frist von 90 Tagen und für den Kassakurs zum Monatsende.

Im Weiteren ist mit dem Wechselkurs stets der Devisenkassakurs gemeint, wenn nicht ausdrücklich etwas anderes vermerkt ist.

13.2.4   Devisenswaps

Bei einem *Devisenswap* wird der Kassaverkauf einer Währung mit ihrem Rückkauf zu einem späteren Termin, also einem Terminkauf verknüpft. Ein multinationales Unternehmen habe beispielsweise soeben 1 Million Dollar aus Verkäufen eingenommen und weiß, dass es diese Dollars in drei Monaten an einen kanadischen Lieferanten zahlen muss. Die Vermögensverwaltungsabteilung des Unternehmens möchte die Million Dollar in der Zwischenzeit in Schweizer Franken investieren. Bei einem auf drei Monate terminierten Swap von Dollars gegen Schweizer Franken fallen weniger Maklergebühren an als für zwei getrennte Transaktionen, nämlich dem Kauf von Schweizer Franken gegen Dollars am Kassamarkt und dem Kauf von Dollars gegen Schweizer Franken am Terminmarkt. Swapgeschäfte machen einen erheblichen Anteil des Devisenhandels aus.

13.2.5   Terminkontrakte und Devisenoptionen

Neben Termingeschäften gibt es am Devisenmarkt noch weitere Finanzinstrumente, die den zukünftigen Tausch von Währungen zum Gegenstand haben. Zeitpunkt und Bedingungen des Tauschs können dabei anders gestaltet sein als bei Devisentermingeschäften, um den Händlern mehr Flexibilität zur Vermeidung von Kursrisiken zu verschaffen. Noch vor 20 Jahren wurden einige dieser Instrumente nicht auf den offiziellen Märkten angeboten.

Mit dem Kauf eines *Terminkontrakts* erwerben Sie die Zusage, dass Sie zu einem festgelegten Datum einen festgelegten Betrag in ausländischer Währung erhalten werden. Alternativ dazu wäre der Abschluss eines entsprechenden Vertrags mit einer Privatperson möglich. Die Verpflichtung, die Sie für ein festgelegtes Datum eingegangen sind, müssen Sie in beiden Fällen einhalten. Doch am Devisenterminmarkt können Sie Ihren Terminkontrakt verkaufen und damit sofort Gewinn – oder Verlust – machen. Ein solcher unmittelbarer Verkauf kann zum Beispiel dann angezeigt sein, wenn sich Ihre Erwartungen hinsichtlich des zukünftigen Kassakurses ändern.

Eine *Devisenoption* verleiht ihrem Besitzer das Recht, innerhalb ihrer Laufzeit einen festgelegten Währungsbetrag zu einem festgelegten Preis zu verkaufen. Die andere beteiligte Partei, der Verkäufer der Option, muss die Währung auf Verlangen des Optionsbesitzers hin kaufen oder verkaufen. Dem Optionsbesitzer hingegen steht es frei, von seinem Recht Gebrauch zu machen oder nicht.

Angenommen, Sie wissen nicht genau, ob Sie im kommenden Monat eine Zahlung in Fremdwährung erhalten oder nicht. Als Absicherung gegen ein Verlustrisiko können Sie eine *Verkaufsoption* (put option) erwerben, die Ihnen das Recht gibt, die Devisen zu jedem Zeitpunkt innerhalb dieses Monats zu einem festgelegten Wechselkurs zu verkaufen. Wenn Sie umgekehrt damit rechnen, im Verlauf des kommenden Monats eine Zahlung an das Ausland leisten zu müssen, ermöglicht Ihnen der Erwerb einer *Kaufoption* (call option), die dazu nötigen Devisen zu einem festgelegten Preis zu kaufen. Optionen können auf zahlreiche Vermögenswerte (auch auf Devisenterminverträge) ausgestellt und ebenso wie Terminkontrakte frei gehandelt werden.

13.3 Die Nachfrage nach Fremdwährungsvermögenswerten

Wir haben nun gesehen, wie Banken, Unternehmen und andere Institutionen an einem Weltdevisenmarkt rund um die Uhr mit Bankeinlagen in Fremdwährung handeln. Um zu verstehen, wie sich am Devisenmarkt die Wechselkurse bilden, müssen wir zunächst fragen, wie die Nachfrage der wichtigsten Akteure nach verschiedenen Deviseneinlagen bestimmt wird.

Die Nachfrage nach Fremdwährungseinlagen wird von denselben Überlegungen beeinflusst wie die Nachfrage nach jedem anderen Vermögenswert auch. Die wichtigste dieser Überlegungen ist die Erwartung hinsichtlich ihres zukünftigen Werts. Der zukünftige Wert einer Fremdwährungseinlage wiederum hängt von zwei Faktoren ab: ihrem Zinssatz und der zu erwartenden Veränderung ihres Wechselkurses gegenüber anderen Währungen.

13.3.1 Vermögenswerte und ihre Renditen

Wie Sie bereits wissen, können Vermögenswerte ganz unterschiedliche Formen annehmen: Aktien, Anleihen, Bargeld, Immobilien, seltene Weine, Diamanten usw. Das Ziel der Vermögensbildung – des Sparens – besteht darin, Kaufkraft in die Zukunft zu verlagern, um beispielsweise für den Ruhestand oder die Erben vorzusorgen oder auch einfach, um den Verdienst, den man nicht unmittelbar ausgeben muss, für schlechtere Zeiten zurückzulegen.

Die Bestimmung der Rendite aus Vermögenswerten. Da das Ziel des Sparens im zukünftigen Konsum liegt, beurteilen wir einen Vermögenswert in erster Linie anhand seiner **Rendite**, d.h. anhand seiner prozentualen Wertsteigerung über einen bestimmten Zeitraum hinweg. Nehmen Sie beispielshalber an, dass Sie Anfang 2003 100 Dollar in einem Aktienanteil der Financial Soothsayers AG anlegen. Wenn dieser Aktienanteil Anfang 2004 eine Dividende von 1 Dollar abwirft, und wenn ihr Kurs im Laufe des Jahres 2003 von 100 auf 109 Dollar steigt, dann erhalten Sie für das Jahr 2003 eine Rendite von 10 Prozent. Der Wert Ihrer ursprünglichen Anlage in Höhe von 100 Dollar ist auf 110 Dollar gestiegen, nämlich um die Dividende von 1 Dollar plus die 109 Dollar, die Sie bei Verkauf Ihres Aktienanteils bekommen könnten. Wenn die Financial Soothsayers 1 Dollar Dividende ausgeschüttet hätte, der Preis Ihres Aktienanteils hingegen auf 89 Dollar gesunken wäre, dann wäre Ihre Anlage von 100 Dollar zum Jahresende nur noch 90 Dollar wert. Ihre Rendite würde sich also auf *minus* 10 Prozent belaufen.

Oft lässt sich nicht mit Sicherheit vorhersagen, ob sich der Kauf eines Vermögenswerts wirklich auszahlen wird. Sowohl die Dividende eines bestimmten Aktienanteils als auch ihr späterer Verkaufspreis lassen sich oftmals schwer prognostizieren. Man geht daher von der *erwarteten* Rendite aus. Um die erwartete Rendite für einen bestimmten Zeitraum zu berechnen, erstellt man eine möglichst genaue Prognose über den Gesamtwert der Vermögensanlage zum Ende dieses Zeitraums. Der prozentuale Unterschied zwischen diesem erwarteten Wert und dem Preis, der heute für den Erwerb des Vermögenswerts gezahlt werden muss, stellt die erwartete Rendite für diesen Zeitraum dar.

Um die Rendite eines Vermögenswerts zu bestimmen, beobachten wir die Entwicklung des Gesamtwerts der Investition in ihn innerhalb eines bestimmten Zeitraums. Im oben genannten Beispiel verglichen wir den Wert der Investition in Aktien von Financial Soothsayers zwischen 2003 (100 Dollar) und 2004 (110 Dollar), und leiteten daraus die Rendite von 10 Prozent jährlich ab. Diese bezeichnet man als *Dollarrendite (oder Dollarverzinsung)*, weil die beiden Vergleichswerte in Dollar ausgedrückt werden. Andere Renditen können berechnet werde, indem man die Vergleichswerte in einer Fremdwährung oder in einer Ware wie beispielsweise Gold angibt.

Die reale Rendite. Die Sparer entscheiden über Vermögenswerte anhand der erwarteten **realen Rendite**. Dabei wird die Rendite der Vermögenswerte im breiteren Rahmen eines für die Sparer repräsentativen Warenkorbs berechnet. Diese reale Rendite ist deshalb ausschlaggebend, weil das Sparen dem zukünftigen Konsum dient und nur die *reale* Rendite die Güter und Dienstleistungen misst, die ein Sparer durch einen heutigen Konsumverzicht in der Zukunft erwerben kann.

Bleiben wir in unserem Beispiel: Der Dollarwert einer Investition in Aktien von Financial Soothsayers steigt von 2003 bis 2004 um 10 Prozent, doch die Dollarpreise sämtlicher Güter und Dienstleistungen steigen *ebenfalls* um 10 Prozent. Die damit gegebene reale Rendite von Null ist keine Empfehlung für Financial-Soothsayers-Aktien.

Während es den Sparern also in erster Linie auf die erwarteten realen Renditen ankommt, ermöglicht die Angabe der Renditen in einer bestimmten Währung den Vergleich der *realen* Verzinsung *verschiedener* Vermögenswerte. Selbst wenn alle Dollarpreise von 2003 bis 2004 im Schnitt um 10 Prozent steigen, ist eine Flasche seltenen Weins, deren Dollarpreis um 25 Prozent steigt, eine bessere Kapitalanlage als ein Wertpapier, dessen Dollarpreis um nur 20 Prozent steigt. Der Wein bietet eine reale Rendite von 15 (25 − 10) Prozent, das Wertpapier hingegen von nur 10 (20 − 10) Prozent. Beachten Sie, dass die Differenz zwischen den Dollarrenditen beider Vermögenswerte (25 Prozent − 20 Prozent) gleich der Differenz zwischen ihren realen Renditen sein muss (15 Prozent − 10 Prozent). Die Ursache für diese Gleichheit liegt darin, dass angesichts der gegebenen Dollarrenditen jede Veränderung der Güterpreise in Dollar die realen Renditen beider Vermögenswerte gleichermaßen verändert.

Die Unterscheidung zwischen realen Renditen und Dollarrenditen spielt eine wichtige Rolle, um zu verstehen, wie die Sparer unterschiedliche Vermögenswerte beurteilen. Die Renditen zweier Vermögenswerte sind nur dann vergleichbar, wenn beide in *derselben* Einheit gemessen werden. Es ist unsinnig, die reale Rendite der Flasche Wein (15 Prozent in unserem Beispiel) direkt mit der Dollarrendite der Anleihe (20 Prozent) zu vergleichen, oder die Dollarrendite auf alte Gemälde mit der Eurorendite auf Gold. Erst wenn die Renditen in derselben Maßeinheit angegeben werden – zum Beispiel in Dollar –, kann festgestellt werden, welcher Vermögenswert die höchste reale Rendite verspricht.

13.3.2 Risiko und Liquidität

Unter ansonsten gleichen Voraussetzungen bevorzugen Individuen diejenigen Vermögenswerte, welche die höchsten realen Renditen versprechen. Weiter unten folgende Ausführungen über bestimmte Vermögenswerte werden allerdings zeigen, dass „ansonsten gleiche Voraussetzungen" selten gegeben sind. Einige Vermögenswerte werden von Sparern um anderer Qualitäten als der erwarteten realen Rendite willen geschätzt. Zwei solche Qualitäten spielen eine besonders wichtige Rolle: das **Risiko**, d.h. Unsicherheits- und Zufälligkeitsfaktoren, die das Vermögen eines Sparers beeinflussen, und die **Liquidität**, die anzeigt, wie leicht der Vermögenswert verkauft oder gegen Güter eingetauscht werden kann.

1. *Risiko*. Die reale Rendite eines Vermögenswerts lässt sich für gewöhnlich nicht vorhersagen und kann erheblich von den Erwartungen der Sparer zum Zeitpunkt ihres Erwerbs abweichen. In unserem letzten Beispiel ermittelten die Sparer die reale Rendite einer Investition in Wertpapiere (10 Prozent), indem sie den erwarteten Anstieg der Dollarpreise (10 Prozent) von der erwarteten Steigerung des Dollarwerts der Wertpapiere (20 Prozent) abzogen. Wenn diese Erwartungen sich jedoch als falsch erweisen und der Dollarwert der Wertpapiere konstant bleibt, anstatt um 20 Prozent zu steigen, verzeichnet der Sparer am Ende eine reale Rendite von *minus* 10 Prozent (0 Prozent – 10 Prozent). Sparer mögen keine Unsicherheiten und halten nicht gern Vermögenswerte, die ein starkes Schwankungsrisiko bergen. Oftmals lehnen sie daher einen Vermögenswert trotz hoher erwarteter Rendite ab, wenn seine reale Rendite starken Schwankungen unterliegt.

2. *Liquidität*. Vermögenswerte unterscheiden sich auch im Hinblick auf die Kosten und Fristen, zu denen Sparer sie abstoßen können. Ein Haus hat zum Beispiel eine geringe Liquidität, weil sein Verkauf in der Regel einige Zeit sowie die Dienstleistungen von Maklern, Gutachtern und Anwälten voraussetzt. Bargeld hat von allen Vermögenswerten die größte Liquidität: Es wird ohne weiteres zum Nennwert als Zahlung für Güter und andere Vermögenswerte akzeptiert. Ein gewisses Barvermögen dient Sparern als Vorsorge für den Fall unerwarteter Ausgaben, in deren Folge sie andernfalls weniger liquide Vermögenswerte mit Verlust verkaufen müssten. Ihre Entscheidung über die Menge der zu erwerbenden Vermögenswerte wird daher von deren Liquidität ebenso beeinflusst wie von der erwarteten Rendite und dem Risiko.

13.3.3 Zinssätze

Wie im Falle anderer Vermögenswerte auch richtet sich die Nachfrage nach Fremdwährungseinlagen am Devisenmarkt nach deren erwarteten Renditen. Um die Renditen verschiedener Einlagen zu vergleichen, benötigen die Marktteilnehmer zwei Informationen. Die erste ist die Entwicklung des Marktwerts der Einlagen. Die zweite ist die Entwicklung der Wechselkurse, denn nur auf dieser Grundlage können die in verschiedenen Währungen angegebenen erwarteten Renditen verglichen werden.

Die erste Information, die zur Berechnung der Rendite einer gegebenen Währungseinlage benötigt wird, ist ihr **Zinssatz**, d.h. der Betrag in dieser Währung, den ein Individuum verdienen kann, indem es eine Währungseinheit für ein Jahr verleiht. Bei einem Dollarzinssatz von 0,10 (10 Prozent jährlich) erhält derjenige, der $1 verleiht, zum Jahresende $1,10 zurück. Diese teilen sich auf in einen Kapitalbetrag von $1 und 10 Cents Zinsen. Von der anderen Seite der Transaktion aus gesehen ist der Zinssatz für Dollars zugleich der Betrag, der für das einjährige Ausleihen eines Dollars entrichtet werden muss. Beim Kauf eines Schatzwechsels der USA erhalten Sie den Dollarzinssatz, denn Sie leihen dem amerikanischen Staat Dollars.

Zinssätze spielen auf dem Devisenmarkt eine wichtige Rolle, denn die Zinssätze der großen Einlagen, die dort gehandelt werden, richten sich nach deren Währung, der Fakturierungswährung. Bei einem jährlichen Dollarzinssatz von 10 Prozent ist eine Einlage über $100.000 nach einem Jahr $110.000 wert. Bei einem Eurozinssatz von 5 Prozent jährlich ist eine Einlage über €100.000 nach einem Jahr €105.000 wert. Einlagen werfen deshalb Zinsen ab, weil sie in Wirklichkeit Kredite an die Bank darstellen. Wenn ein Unternehmen oder eine Finanzinstitution eine Währungseinlage erwirbt, leiht es der Bank diesen Währungsbetrag, anstatt ihn für laufende Ausgaben zu verwenden. Mit anderen Worten, der Einlagenbesitzer erwirbt einen Vermögenswert in einer bestimmten Währung.

Der Dollarzinssatz ist nichts anderes als die Dollarrendite auf Dollareinlagen. Sie „kaufen" die Einlage, indem Sie der Bank einen Kredit über $100.000 gewähren, und wenn dieser Ihnen zum Jahresende mit 10 Prozent Zinsen zurückgezahlt wird, ist Ihre Einlage $110.000 wert. Dies ergibt eine Rendite von (110.000 – 100.000)/100.000 = 0,10 oder 10 Prozent pro Jahr. Entsprechend gibt der Zinssatz einer Fremdwährung die Rendite auf Einlagen in dieser Währung wieder. Abbildung 13.2 zeigt die monatliche Entwicklung der Zinssätze des Dollars und der Deutschen Mark von 1975 bis 1998.[5] Da diese Zinssätze nicht in vergleichbaren Einheiten angegeben sind, besteht auch kein Grund, dass sie nahe beieinander liegen oder sich ähnlich entwickeln sollten.[6]

---

[5] Tabelle 13.1 zeigt die Wechselkurse des Dollars gegenüber der Deutschen Mark, dem Französischen Franc, der Italienischen Lira und anderen Währungen, die am 1. Januar 1999 durch den Euro ersetzt wurden. Die Mitgliedsländer der Eurozone sind Österreich, Belgien, Finnland, Frankreich, Deutschland, Griechenland, Irland, Italien, Luxemburg, die Niederlande, Portugal und Spanien. Ihre Währungen wurden Anfang 2002 aus dem Verkehr gezogen. Einzelheiten dazu finden Sie in Kapitel 20.

[6] Kapitel 7 stellte die *realen* Zinssätze vor, die nichts anderes als die reale Rendite auf Kredite sind, d.h. Zinssätze, deren Wert anhand ausgewählter Verbrauchsgüter bestimmt wird. Zinssätze, die in Währungen angeben werden, nennt man *Nominal*zinssätze. Der Zusammenhang zwischen Realzinssatz und Nominalzinssatz wird in Kapitel 15 im Einzelnen erläutert.

Zinssätze (in Prozent pro Jahr)

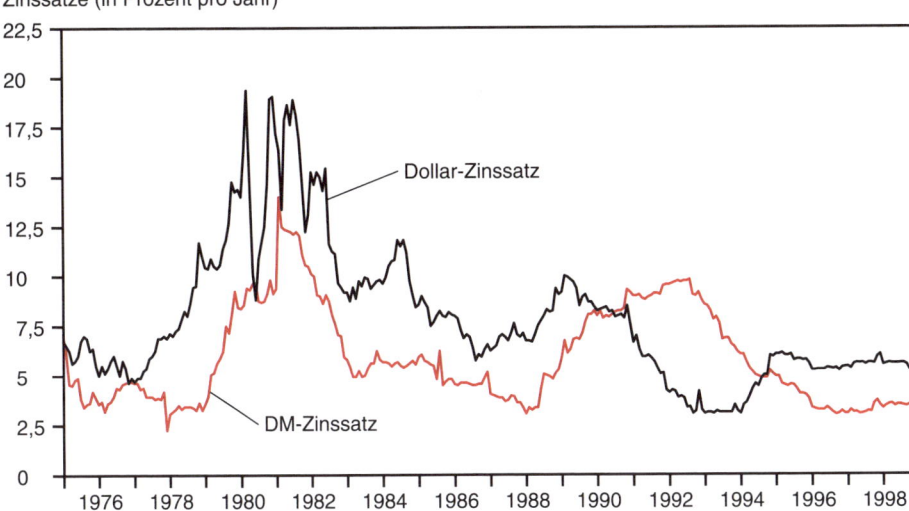

Da die Zinssätze von Dollar und DM nicht in vergleichbaren Einheiten gemessen werden, kann ihre Entwicklung ganz unterschiedlich verlaufen.

Abbildung 13.2: **Zinssätze für Einlagen in Dollar und Deutscher Mark 1975-1998**
Quelle: Datastream. Dargestellt werden die Zinsen auf Dreimonatspapiere.

13.3.4   Wechselkurse und Renditen auf Vermögenswerte

Die Zinssätze für Dollar- und Euroeinlagen geben Aufschluss über die Entwicklung des Werts beider Währungseinlagen im Laufe des bevorstehenden Jahres. Die zweite Information, die wir zum Vergleich der Renditen aus Dollar- und Euroeinlagen benötigen, ist die erwartete Veränderung des Wechselkurses von Dollar und Euro für diesen Zeitraum. Um aus amerikanischer Sicht zu beurteilen, welche Einlage die höhere erwartete Rendite bietet, muss man ausrechnen, wie viele Dollars man zurückbekommt, wenn man mit Dollars eine Euroeinlage kauft. Auf diese Weise errechnet man die *Dollar*verzinsung einer Euroeinlage, denn man vergleicht ihren heutigen *Dollar*preis mit ihrem *Dollar*wert in einem Jahr.

Folgendes Beispiel soll diese Berechnung veranschaulichen: Der heutige Wechselkurs (aus amerikanischer Sicht) ist $1,10 pro Euro, doch Sie erwarten – vielleicht aufgrund ungünstiger Annahmen über die konjunkturelle Entwicklung in den USA –, dass der Kurs in einem Jahr bei $1,165 pro Euro stehen wird. Der Dollarzinssatz sei 10 Prozent jährlich, der Eurozinssatz 5 Prozent jährlich. Eine Einlage von $100 bringt also nach einem Jahr $1,10, während für eine Einlage von €1 nach einem Jahr €1,05 zurückgezahlt werden. Welche dieser Einlagen bietet die höhere Rendite?

Diese Frage beantwortet man in fünf Schritten:

Schritt 1. Ermitteln Sie anhand des heutigen Wechselkurses von Dollar und Euro den Dollarpreis einer Euroeinlage in Höhe von beispielsweise €1. Wenn der Wechselkurs heute bei $1,10 pro Euro liegt, beträgt der Dollarpreis für eine Einlage von €1 genau $1,10.

Schritt 2. Ermitteln Sie anhand des Eurozinssatzes, welchen Eurobetrag Sie in einem Jahr erhalten werden, wenn Sie heute eine Euroeinlage über €1 erwerben. Sie wissen, dass der Zinssatz für Euroeinlagen 5 Prozent pro Jahr beträgt. Nach Ablauf eines Jahres wird Ihre Einlage also €1,05 wert sein.

Schritt 3. Ermitteln Sie anhand des Wechselkurses, den Sie nach Ablauf eines Jahres erwarten, den erwarteten Dollarwert des in Schritt 2 errechneten Eurobetrags. Da Sie davon ausgehen, dass der Wechselkurs infolge einer Abwertung des Dollars gegenüber dem Euro bei $1,165 pro Euro liegen wird, erwarten Sie folgenden Dollarwert Ihrer Euroeinlage nach Ablauf eines Jahres: $1,165 pro Euro × €1,05 = $1,223.

Schritt 4. Nun, da Sie den Dollarpreis einer heutigen Euroeinlage über €1 kennen ($1,10) und ihren Wert in einem Jahr prognostiziert haben ($1,223), können Sie die erwartete Dollarrendite auf eine Euroeinlage errechnen: (1,223 − 1,10)/1,10 = 0,11 oder 11 Prozent pro Jahr.

Schritt 5. Da die Dollarrendite auf Dollareinlagen (der Dollarzinssatz) nur 10 Prozent pro Jahr beträgt, tun Sie besser daran, Ihr Vermögen in Euroeinlagen anzulegen. Obwohl der Dollarzinssatz um 5 Prozent höher ist als der Eurozinssatz, verspricht die erwartete Aufwertung des Euro gegenüber dem Dollar den Besitzern von Euros einen Veräußerungsgewinn, der die Euroeinlagen zum Vermögenswert mit der höheren Rendite macht.

13.3.5   Eine einfache Regel

Die obige Berechnung kann durch eine einfache Regel abgekürzt werden. Dabei definiert man als Erstes die **Abwertungsrate** des Dollars gegenüber dem Euro als prozentualen Anstieg des Dollar/Euro-Wechselkurses innerhalb eines Jahres. In unserem Beispiel ist die erwartete Abwertungsrate des Dollars (1,165 − 1,10)/1,10 = 0,059 bzw. rund 6 Prozent pro Jahr. Nach der Ermittlung der Abwertungsrate gilt folgende Regel: *Die Dollarverzinsung von Euroeinlagen entspricht in etwa dem Eurozinssatz plus der Abwertungsrate des Dollars gegenüber dem Euro.* Mit anderen Worten, Sie übersetzen die Euroverzinsung von Euroeinlagen in Dollar, indem Sie die Rate, um die der Dollarpreis des Euro pro Jahr steigt (und damit der Dollar abwertet), zum Eurozinssatz addieren.

In unserem Beispiel beträgt die Summe aus Eurozinssatz (5 Prozent) und der erwarteten Abwertungsrate des Dollars (rund 6 Prozent) etwa 11 Prozent. Derselbe Wert für die erwartete Dollarrendite auf Euroeinlagen ergab sich auch aus unserer ersten Berechnung.

Als Zusammenfassung des bisher Gesagten führen wir folgende neue Notationen ein:

$R_{\unicode{8364}}$ = der heutige Zinssatz für Euroeinlagen mit einjähriger Laufzeit

$E_{\$/\unicode{8364}}$ = der heutige Dollar/Euro-Wechselkurs (in Dollar pro Euro)

$E_{\$/\unicode{8364}}^{e}$ = der erwartete Dollar/Euro-Wechselkurs (in Dollar pro Euro) in Jahresfrist

(Das ^{e} zeigt an, dass es sich bei dem letztgenannten Wechselkurs um eine Prognose handelt, die auf dem heutigen Kenntnisstand basiert.)

Mit Hilfe dieser Symbole schreiben wir die erwartete Dollarverzinsung einer Euroeinlage als Summe (1) des Eurozinssatzes und (2) der erwarteten Abwertungsrate des Dollars gegenüber dem Euro:

$$R_{\unicode{8364}} + (E_{\$/\unicode{8364}}^{e} - E_{\$/\unicode{8364}})/E_{\$/\unicode{8364}}$$

Diese erwartete Rendite muss dann mit dem Zinssatz einer Dollareinlage mit einjähriger Laufzeit, $R_{\$}$, verglichen werden, um zu entscheiden, ob Dollar- oder Euroeinlagen eine höhere Rendite versprechen.[7] Der erwartete Unterschied zwischen den Renditen auf Dollar- und auf Euroeinlagen ist daher gleich $R_{\$}$ minus dem obigen Ausdruck:

$$R_{\$} - [R_{\unicode{8364}} + (E_{\$/\unicode{8364}}^{e} - E_{\$/\unicode{8364}})/E_{\$/\unicode{8364}}] = R_{\$} - R_{\unicode{8364}} - (E_{\$/\unicode{8364}}^{e} - E_{\$/\unicode{8364}})/E_{\$/\unicode{8364}} \qquad \textbf{(13.1)}$$

Wenn diese Differenz ein positiver Wert ist, werfen Dollareinlagen die höhere erwartete Rendite ab, wenn sie negativ ausfällt, werfen Euroeinlagen die höhere erwartete Rendite ab.

Tabelle 13.3 zeigt einige anschauliche Vergleichswerte. In Fall 1 beträgt die Zinsdifferenz zugunsten der Dollareinlagen 4 Prozent jährlich ($R_{\$} - R_{\unicode{8364}} = 0{,}10 - 0{,}06 = 0{,}04$) und man erwartet keine Wechselkursänderung [$(E_{\$/\unicode{8364}}^{e} - E_{\$/\unicode{8364}})/E_{\$/\unicode{8364}} = 0{,}00$]. Dies bedeutet, dass die erwartete jährliche reale Rendite auf Dollareinlagen um 4 Prozent höher ist als diejenige auf Euroeinlagen, sodass Sie Ihr Vermögen bei ansonsten gleichen Bedingungen in Dollar anstatt in Euro anlegen sollten.

Für Fall 2 gilt dieselbe Zinsdifferenz (4 Prozent), doch dem steht eine erwartete Abwertungsrate des Dollars in Höhe von ebenfalls 4 Prozent gegenüber. Daher ergeben sich für beide Vermögenswerte dieselben Renditen.

Fall 3 ist ähnlich gelagert wie einer der oben besprochenen Fälle: Die Zinsdifferenz von 4 Prozent zugunsten von Dollareinlagen wird von einer erwarteten Abwertung des Dollars um 8 Prozent mehr als ausgeglichen, sodass die Marktteilnehmer Euroeinlagen bevorzugen.

---

[7] Wenn Sie die erwartete Dollarrendite auf Euroeinlagen errechnen, indem Sie sich genau nach den fünf Schritten der oben beschriebenen Methode richten, dann werden Sie feststellen, dass sie folgendem Wert entspricht:

$$(1 + R_{\unicode{8364}})(E_{\$/\unicode{8364}}^{e}/E_{\$/\unicode{8364}}) - 1.$$

Durch Umformung ergibt sich:

$$R_{\unicode{8364}} + (E_{\$/\unicode{8364}}^{e} - E_{\$/\unicode{8364}})/E_{\$/\unicode{8364}} + R_{\unicode{8364}} \times (E_{\$/\unicode{8364}}^{e} - E_{\$/\unicode{8364}})/E_{\$/\unicode{8364}}.$$

Dieser Ausdruck entspricht nahezu der aus der einfachen Regel abgeleiteten Formel, wenn – wie meistens der Fall – das Produkt aus $R_{\unicode{8364}} \times (E_{\$/\unicode{8364}}^{e} - E_{\$/\unicode{8364}})/E_{\$/\unicode{8364}}$ ein sehr kleiner Wert ist.

Fall	Dollarzinssatz $R_\$$	Eurozinssatz $R_€$	Erwartete Abwertungsrate des Dollars gegenüber dem Euro $\dfrac{E^e_{\$/€} - E_{\$/€}}{E_{\$/€}}$	Erwartete Differenz der Renditen von Dollar- und Euroeinlagen $R_\$ - R_€ - \dfrac{E^e_{\$/€} - E_{\$/€}}{E_{\$/€}}$
1	0,10	0,06	0,00	0,04
2	0,10	0,06	0,04	0,00
3	0,10	0,06	0,08	– 0,04
4	0,10	0,12	– 0,04	0,02

Tabelle 13.3: Vergleich der Dollarrenditen auf Dollar- und auf Euroeinlagen

In Fall 4 besteht eine zweiprozentige Zinsdifferenz zugunsten von Euroeinlagen, doch man erwartet eine *Aufwertung* des Dollars gegenüber dem Euro um 4 Prozent im Verlauf des bevorstehenden Jahres. Die erwartete Rendite auf Dollareinlagen ist daher um 2 Prozent jährlich höher als diejenige auf Euroeinlagen.

Bisher haben wir alle Renditen in Dollarbeträge übersetzt. Doch die errechneten Renditeunterschiede wären genauso ausgefallen, wenn die Renditen stattdessen in Euro oder in irgendeiner anderen Drittwährung angegeben worden wären. Versuchen wir beispielshalber, die Rendite auf Dollareinlagen in Euro anzugeben. Unserer einfachen Regel zufolge müssen wir dazu die erwartete Abwertungsrate des Euro gegenüber dem Dollar zu dem Dollarzinssatz $R_\$$ addieren. Doch die erwartete Abwertungsrate des Euro gegenüber dem Dollar entspricht ungefähr der erwarteten *Aufwertungsrate* des Dollars gegenüber dem Euro, d.h. dem negativen Wert der erwarteten Abwertungsrate des Dollars gegenüber dem Euro. Demzufolge beträgt die Rendite auf eine Dollareinlage in Euro:

$$R_\$ - (E^e_{\$/€} - E_{\$/€})/E_{\$/€}$$

Die Differenz zwischen obigem Ausdruck und R͟ ist dieselbe wie in Gleichung (13-1). Es ist für unseren Vergleich also ohne Belang, ob wir die Rendite in Dollar oder in Euro messen, solange wir in einer Währung bleiben.

13.3.6   Rendite, Risiko und Liquidität auf dem Devisenmarkt

Wie oben festgestellt, beziehen Sparer oftmals nicht nur die erwarteten realen Renditen, sondern auch das Risiko und die Liquidität in ihre Entscheidung über den Erwerb von Vermögenswerten ein. In ähnlicher Weise hängt die Nachfrage nach Fremdwährungsvermögenswerten nicht nur von den Renditen, sondern auch vom Risiko und der Liquidität ab. Selbst wenn, um ein Beispiel zu nennen, die erwartete Dollarverzinsung von Euroeinlagen höher ist als diejenige von Dollareinlagen, werden Euroeinlagen gemieden, falls ihre Rendite starken Schwankungen unterliegt.

Die Bedeutung des Risikos für den Devisenmarkt ist unter Ökonomen umstritten. Allein die Definition des Begriffs „Fremdwährungsrisiko" ist Gegenstand von Auseinandersetzungen. Diese komplexen Fragen lassen wir zunächst beiseite. Wir gehen von gleichen Renditen auf sämtliche Einlagen aus, unabhängig von der Fakturierungswährung. Mit anderen Worten, wir nehmen an, dass Risikounterschiede keinen Einfluss auf die Nachfrage nach Fremdwährungsvermögenswerten haben. In Kapitel 17 und 21 wird die Rolle des Fremdwährungsrisikos im Einzelnen besprochen.[8]

Einige Marktteilnehmer lassen sich in ihrer Entscheidung darüber, welche Währung sie kaufen sollen, auch von Liquiditätsfaktoren beeinflussen. Bei den meisten dieser Teilnehmer handelt es sich um Unternehmen und Individuen, die im Außenhandel tätig sind. Ein amerikanischer Importeur französischer Güter hält vielleicht auch dann gern Französische Francs für Routinezahlungen, wenn die erwartete Rendite für den Franc niedriger ist als für den Dollar. Da aber mit dem Außenhandel verbundene Zahlungen nur einen sehr geringen Anteil aller Devisentransaktionen ausmachen, lassen wir das Liquiditätsmotiv für den Besitz von Fremdwährungen an dieser Stelle außer Acht.

Wir gehen daher zunächst davon aus, dass die Devisenmarktteilnehmer ihre Nachfrage nach Fremdwährungsvermögenswerten ausschließlich am Vergleich der erwarteten Renditen ausrichten. Der Hauptgrund für diese Annahme besteht in der Vereinfachung unserer Analyse über die Bestimmung der Wechselkurse am Devisenmarkt. Außerdem sind das Risiko- und das Liquiditätsmotiv für die meisten Probleme der internationalen Makroökonomie, die in den folgenden Kapiteln behandelt werden, von nachrangiger Bedeutung.

13.4 Der Devisenmarkt im Gleichgewicht

Wenden wir unsere Erkenntnisse über die Nachfrage nach Fremdwährungsvermögenswerten nun auf die Bestimmung der Wechselkurse an. Dabei werden wir aufzeigen, dass sich am Markt der Wechselkurs bildet, zu dem die Marktteilnehmer zufrieden sind mit den Einlagenbeständen in sämtlichen Währungen, die sie halten. Wenn die Marktteilnehmer bereitwillig die Bestände an Einlagen in sämtlichen Währungen halten, dann befindet sich der Devisenmarkt im Gleichgewicht.

---

[8] Hinsichtlich der Devisentermintransaktionen unterscheiden einige Lehrbücher zwischen „Devisenspekulanten" – Marktteilnehmern, denen es angeblich nur um die erwarteten Renditen geht – und „Hedgern" – Marktteilnehmern, die in erster Linie jedes Risiko vermeiden möchten. Wir schließen uns dieser Tradition nicht an, weil sie irreführend sein kann: Zwar kann sowohl das Spekulations- als auch das Sicherheitsmotiv einen wichtigen Einfluss auf die Bildung der Wechselkurse haben, doch Spekulant und Hedger sind manchmal in einer Person vereint, die sowohl auf die Rendite als auch auf Sicherheit Wert legt. Unsere vorläufige Annahme, dass das Risiko keinen Einfluss auf die Nachfrage nach Fremdwährungsvermögenswerten hat, bedeutet dem traditionellen Sprachgebrauch zufolge, dass das Spekulationsmotiv für den Erwerb von Fremdwährungseinlagen eine weitaus größere Rolle spielt als das Sicherheitsmotiv.

Die in diesem Abschnitt vorgestellte Bestimmung der Wechselkurse ist nur ein erster Schritt. Umfassende Ausführungen über das aktuelle Niveau des Wechselkurses werden folgen, sobald wir untersucht haben, wie sich die Erwartungen der Devisenmarktteilnehmer über die zukünftigen Wechselkurse bilden. Die nächsten beiden Kapitel untersuchen die Faktoren, welche die Erwartungen hinsichtlich zukünftiger Wechselkurse beeinflussen. Vorerst nehmen wir jedoch die erwarteten zukünftigen Wechselkurse als gegeben an.

13.4.1   Zinsparität: die grundlegende Gleichgewichtsbedingung

Der Devisenmarkt befindet sich im Gleichgewicht, wenn die Einlagen in allen Währungen dieselbe erwartete Rendite bieten. Diese Gleichheit der erwarteten Renditen auf Einlagen in zwei beliebigen Währungen, *gemessen in derselben Währung,* bezeichnet man als **Zinsparität.** Sie impliziert die Gleichwertigkeit sämtlicher Fremdwährungseinlagen in den Augen ihrer potenziellen Besitzer.

Untersuchen wir genauer, weshalb sich der Devisenmarkt nur dann im Gleichgewicht befindet, wenn Zinsparität gegeben ist. Der Dollarzinssatz sei 10 Prozent und der Eurozinssatz 6 Prozent, doch man erwartet eine Abwertung des Dollars gegenüber dem Euro um 8 Prozent pro Jahr (Fall 3 in Tabelle 13.3). Unter diesen Voraussetzungen wäre die Rendite auf Euroeinlagen um 4 Prozent jährlich höher als diejenige auf Dollareinlagen. Am Ende des letzten Abschnitts begründeten wir die Annahme, dass Individuen immer diejenigen Währungseinlagen bevorzugen, welche die höchste Rendite versprechen. Wenn also die erwartete Rendite auf Euroeinlagen um 4 Prozent höher ist als diejenige auf Dollareinlagen, dann wird niemand bereit sein, an seinen Dollareinlagen festzuhalten, und die Besitzer von Dollareinlagen werden versuchen, sie für Euroeinlagen zu verkaufen. So entsteht auf dem Devisenmarkt ein Angebotsüberschuss bei Dollareinlagen und ein Nachfrageüberhang bei Euroeinlagen.

Nehmen wir als Gegenbeispiel an, dass die Dollareinlagen wieder einen Zinssatz von 10 Prozent bieten, die Euroeinlagen jedoch einen Zinssatz von 12 Prozent. Man erwartet allerdings eine *Aufwertung* des Dollars gegenüber dem Euro um 4 Prozent für das kommende Jahr (Fall 4 in Tabelle 13.3). Nun ist die Rendite auf Dollareinlagen um 2 Prozent höher. In diesem Fall würde die Nachfrage nach Euroeinlagen versiegen. Es entstünde ein Angebotsüberschuss bei Euroanlagen und ein Nachfrageüberhang bei Dollareinlagen.

Wenn allerdings der Dollarzinssatz bei 10 Prozent liegt, der Eurozinssatz bei 6 Prozent und die erwartete Abwertungsrate des Dollars gegenüber dem Euro bei 4 Prozent, dann bieten Dollar- und Euroeinlagen dieselbe Rendite, und die Devisenmarktteilnehmer sind mit dem Erwerb beider gleichermaßen zufrieden gestellt (Fall 2 in Tabelle 13.3).

Nur wenn alle erwarteten Renditen gleich sind – wenn also Zinsparität herrscht –, besteht weder ein Nachfrageüberschuss noch ein Angebotsüberschuss. Der Devisenmarkt befindet sich im Gleichgewicht, wenn keine Einlagenart übermäßig angeboten oder nachgefragt wird. Wir sagen daher, dass sich der Devisenmarkt dann im Gleichgewicht befindet, wenn die Bedingung der Zinsparität erfüllt ist.

Die Zinsparität von Dollar- und Euroeinlagen kann mit Hilfe des Ausdrucks (13-1) darge-stellt werden, der die Differenz zwischen den erwarteten Renditen beider Vermögens-werte in Dollar angibt. Die erwarteten Renditen sind gleich, wenn gilt:

$$R_\$ = R_\epsilon + (E^e_{\$/\epsilon} - E_{\$/\epsilon})/E_{\$/\epsilon} \qquad \text{(13-2)}$$

Wahrscheinlich erwarten Sie für den Fall, dass Dollareinlagen eine höhere Rendite bieten als Euroeinlagen, eine Aufwertung des Dollars gegenüber dem Euro, da sämtliche Inves-toren versuchen dürften, ihr Geld in Dollars anzulegen. Umgekehrt müsste der Dollar gegenüber dem Euro an Wert verlieren, wenn Euroanlagen eine höhere Rendite erwarten lassen. Diese intuitive Annahme ist richtig. Um allerdings den hier wirkenden Mechanis-mus zu verstehen, müssen wir genauer untersuchen, wie solche Wechselkursänderungen zur Aufrechterhaltung des Devisenmarktgleichgewichts beitragen.

13.4.2   Wechselkursänderungen und erwartete Renditen

Um zu verstehen, wie das Gleichgewicht auf dem Devisenmarkt hergestellt wird, betrach-ten wir zunächst, wie sich heutige Wechselkursänderungen auf die erwartete Verzinsung einer Fremdwährungseinlage auswirken. Dabei setzen wir gleich bleibende Zinssätze und Wechselkurserwartungen voraus. Unsere Analyse wird zeigen, dass bei ansonsten kon-stanten Bedingungen eine heutige Abwertung der Inlandswährung die erwartete Rendite aus einer Fremdwährungseinlage *senkt*. Eine heutige Aufwertung der Inlandswährung *steigert* umgekehrt unter ansonsten konstanten Bedingungen die erwartete Rendite aus Fremdwährungseinlagen.

Die Ursachen für diese Beziehungen sollen anhand eines Beispiels verdeutlicht werden. Welche Auswirkungen hat eine Veränderung des Dollar/Euro-Wechselkurses unter ansonsten konstanten Bedingungen auf die erwartete Dollarverzinsung von Euroeinla-gen? Der heutige Kurs des Dollars sei $1,00 pro Euro und in Jahresfrist erwarten Sie einen Wechselkurs von $1,05 pro Euro. Die erwartete Abwertungsrate des Dollars gegen-über dem Euro beträgt also (1,05 – 1,00)/1,00 = 0,05 bzw. 5 Prozent pro Jahr. Wenn Sie heute eine Euroeinlage kaufen, verdienen Sie folglich nicht nur den Zinssatz R_ϵ, sondern auch einen „Dollarabwertungsbonus" in Höhe von 5 Prozent. Nun steige der heutige Wechselkurs schlagartig auf $1,03 pro Euro (eine Abwertung des Dollars und eine Auf-wertung des Euro), doch ihre Erwartung für den zukünftigen Wechselkurs *bleibt* bei $1,05 pro Euro. Was geschieht nun mit dem „Bonus", den Sie sich aufgrund der Wertstei-gerung des Euros gegenüber dem Dollar versprochen hatten? Die erwartete Abwertungs-rate des Dollars beträgt jetzt nur noch (1,05 – 1,03)/1,03 = 0,019 bzw. 1,9 Prozent anstatt 5 Prozent. Da R_ϵ gleich geblieben ist, ist die Dollarverzinsung der Euroeinlagen, d.h. die Summe aus R_ϵ und der erwarteten Abwertungsrate des Dollars, um 3,1 Prozentpunkte (5 Prozent – 1,9 Prozent) pro Jahr *gefallen*.

Tabelle 13.4 zeigt die Dollarverzinsung von Euroeinlagen für verschiedene aktuelle Dol-lar/Euro-Wechselkurse $E_{\$/\epsilon}$. Dabei gilt immer die Voraussetzung, dass der erwartete *zukünftige* Wechselkurs $1,05 pro Euro und der Eurozinssatz 5 Prozent pro Jahr beträgt. Ein Anstieg des heutigen Dollar/Euro-Wechselkurses (eine Abwertung des Dollars gegenüber dem Euro) *senkt* in allen Fällen (wie auch in unserem Beispiel) die erwartete Dollarverzinsung der Euroeinlagen, während ein Sinken des heutigen Dollar/Euro-Wechselkurses (eine Aufwertung des Dollars gegenüber dem Euro) diese Rendite in allen Fällen *erhöht*.

Heutiger Dollar/ Euro-Wechselkurs $E_{\$/€}$	Zinssatz für Euroeinlagen $R_€$	Erwartete Abwertungsrate des Dollars gegenüber dem Euro $\dfrac{1{,}05 - E_{\$/€}}{E_{\$/€}}$	Erwartete Dollarverzinsung von Euroeinlagen $R_€ + \dfrac{1{,}05 - E_{\$/€}}{E_{\$/€}}$
1,07	0,05	− 0,019	0,031
1,05	0,05	0,00	0,05
1,03	0,05	0,019	0,069
1,02	0,05	0,029	0,079
1,00	0,05	0,05	0,10

Tabelle 13.4:   Heutiger Dollar/Euro-Wechselkurs und erwartete Dollarverzinsung von Euroeinlagen bei $E^e_{\$/€}$ = $ 1,05 pro Euro.

Es mag auf den ersten Blick befremdlich erscheinen, dass infolge einer Abwertung des Dollars gegenüber dem Euro Euroeinlagen im Vergleich zu Dollareinlagen an Attraktivität verlieren (da die erwartete Dollarverzinsung einer Euroeinlage sinkt), während umgekehrt eine Aufwertung des Dollars Euroeinlagen attraktiver werden lässt. Dieser Befund leuchtet jedoch ein, wenn Sie sich vergegenwärtigen, dass wir für die Zukunft unveränderte Wechselkurse und Zinssätze vorausgesetzt haben. Mit jeder heutigen Abwertung des Dollars *verringert* sich daher für jede erwartete Kurssenkung die noch folgende Abwertungsrate des Dollars. Bei einem unveränderten zukünftigen Dollar/Euro-Wechselkurs sinkt daher die erwartete Abwertung des Dollars gegenüber dem Euro bzw. steigt umgekehrt gegebenenfalls die erwartete Aufwertung des Dollars. Da auch die Zinssätze gleich bleiben, führt eine heutige Abwertung des Dollars folglich dazu, dass Euroeinlagen gegenüber Dollareinlagen an Attraktivität verlieren.

Mit anderen Worten, bei einer heutigen Dollarabwertung, die weder die Wechselkurserwartungen noch die Zinssätze berührt, bleibt die erwartete zukünftige Dollarverzinsung einer Euroeinlage gleich, jedoch erhöhen sich die aktuellen Kosten ihres Erwerbs in Dollar. Als natürliche Folge dieser Veränderung sinkt die Attraktivität von Euroeinlagen gegenüber Dollareinlagen.

Es mag auf den ersten Blick ebenso befremdlich erscheinen, dass sich der *heutige* Wechselkurs ändern kann, während der für die *Zukunft* erwartete Wechselkurs gleich bleibt. Weiter unten werden wir in der Tat Fälle untersuchen, in denen sich beide zugleich ändern. An dieser Stelle gehen wir jedoch von unveränderten erwarteten Wechselkursen aus, weil unter diesen Voraussetzungen die Auswirkung des heutigen Wechselkurses auf die erwartete Rendite besonders deutlich hervortritt. Wir betrachten gewissermaßen die

Wirkung einer *vorübergehenden* Änderung, die von so kurzer Dauer ist, dass sie keinen Einfluss auf den für das kommende Jahr erwarteten Wechselkurs hat.

Abbildung 13.3 zeigt die Rechenbeispiele aus Tabelle 13.4 in Form einer Grafik, die unsere Analyse der Wechselkursbestimmung verdeutlicht. Auf der vertikalen Achse des Schaubilds ist der heutige Dollar/Euro-Wechselkurs abgetragen, auf der horizontalen Achse die erwartete Dollarverzinsung einer Euroeinlage. Bei fixen Werten für den erwarteten zukünftigen Dollar/Euro-Wechselkurs und den Eurozinssatz zeigt die Kurve, welche die Beziehung zwischen dem heutigen Dollar/Euro-Wechselkurs und der erwarteten Dollarverzinsung von Euroeinlagen wiedergibt, einen fallenden Verlauf.

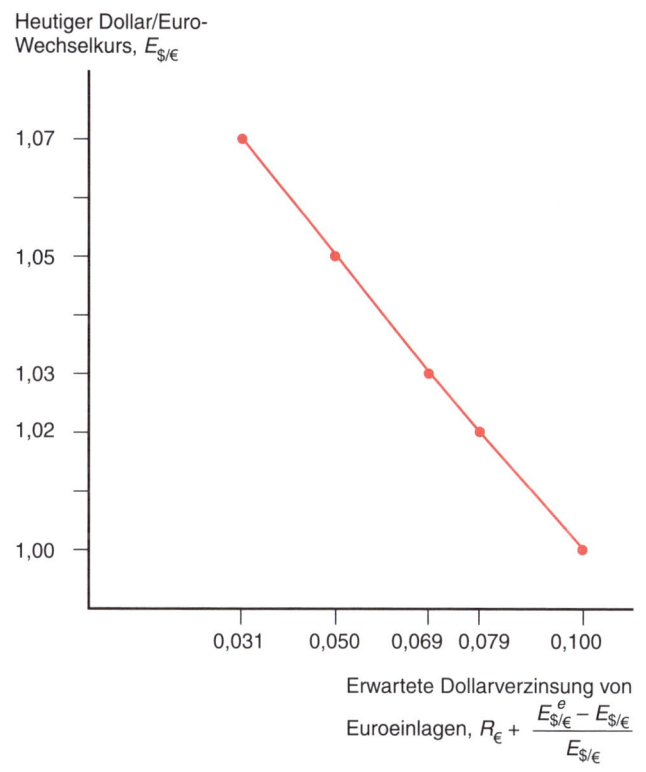

Bei $E^e_{\$/€}$ = \$1,05 und $R_€$ = 0,05 steigert eine Aufwertung des Dollars gegenüber dem Euro die erwartete Dollarverzinsung von Euroeinlagen.

Abbildung 13.3: Die Beziehung zwischen dem aktuellen Dollar/Euro-Wechselkurs und der erwarteten Dollarverzinsung von Euroeinlagen

13.4.3 Der Gleichgewichtswechselkurs

Nun, da wir verstehen, weshalb das Devisenmarktgleichgewicht Zinsparität voraussetzt und welche Bedeutung der heutige Wechselkurs für die erwarteten Renditen aus Fremdwährungseinlagen hat, können wir uns der Bestimmung des Gleichgewichtswechselkurses zuwenden. Unsere wichtigste Erkenntnis wird darin bestehen, dass die Anpassung der Wechselkurse stets der Wahrung der Zinsparität dient. Wir halten die Annahme aufrecht, dass der Dollarzinssatz $R_\$$, der Eurozinssatz $R_\euro$ und der erwartete zukünftige Dollar/Euro-Wechselkurs $E^e_{\$/\euro}$ als *gegeben* feststehen.

Abbildung 13.4 zeigt die Bestimmung des Dollar/Euro-Gleichgewichtswechselkurses unter diesen Voraussetzungen. Die vertikale Linie zeigt das gegebene Niveau von $R_\$$, d.h. der Dollarverzinsung von Dollareinlagen. Die abfallende Kurve zeigt die Abhängigkeit der erwarteten Dollarverzinsung von Euroeinlagen vom aktuellen Dollar/Euro-Wechselkurs. Sie wird genauso hergeleitet wie die gebrochene Linie in Abbildung 13.3.

Das Gleichgewicht des Dollar/Euro-Wechselkurses liegt im Schnittpunkt 1 der vertikalen Linie und der abfallenden Kurve, bei $E^1_{\$/\euro}$. Bei diesem Wechselkurs sind die Renditen von Dollar- und Euroeinlagen gleich, sodass die Bedingung der Zinsparität (13-2)

$$R_\$ = R_\euro + (E^e_{\$/\euro} - E^1_{\$/\euro})/E^1_{\$/\euro}$$

erfüllt ist.

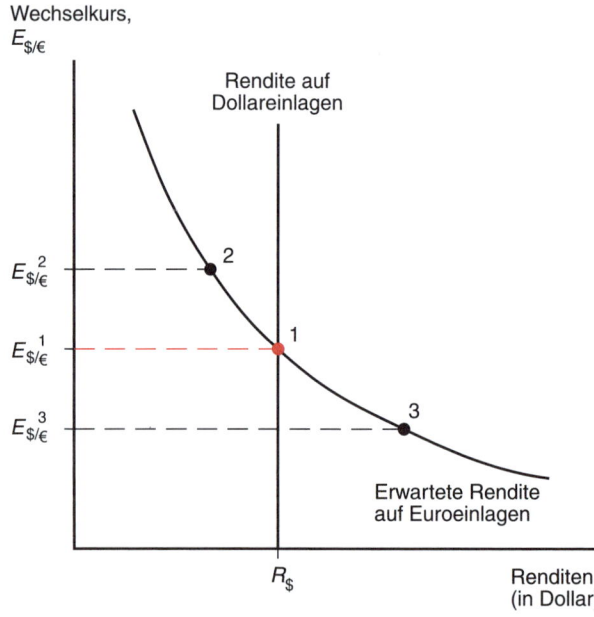

Das Devisenmarktgleichgewicht befindet sich in Punkt 1, in dem die erwarteten Dollarverzinsungen von Dollar- und Euroeinlagen gleich sind.

Abbildung 13.4:   Bestimmung des Dollar/Euro-Gleichgewichtswechselkurses

Untersuchen wir, weshalb sich der Wechselkurs in Punkt 1 von Abbildung 13.4 einpendeln wird, wenn er ursprünglich anderswo, etwa in den Punkten 2 oder 3 gelegen hat. Gehen wir zunächst von einem ursprünglichen Wechselkurs in Punkt 2, $E^2_{\$/\euro}$, aus. Die abfallende Kurve, welche die erwartete Dollarverzinsung von Euroeinlagen angibt, zeigt uns, dass bei einem Wechselkurs von $E^2_{\$/\euro}$ die Verzinsung der Euroeinlagen niedriger ist als die Verzinsung der Dollareinlagen, $R_\$$. Die Besitzer von Euroeinlagen möchten diese daher abstoßen, um stattdessen die lukrativeren Dollareinlagen zu erwerben: Der Devisenmarkt befindet sich nicht im Gleichgewicht, weil die Marktteilnehmer mit dem Besitz von Euroeinlagen *nicht zufrieden gestellt* sind.

Auf welchem Wege findet die Anpassung der Wechselkurse statt? Die unzufriedenen Besitzer von Euroeinlagen versuchen, sie gegen Dollareinlagen zu verkaufen; weil jedoch die Verzinsung der Dollareinlagen bei einem Wechselkurs von $E^2_{\$/\texteuro}$ höher ist als diejenige der Euroeinlagen, ist kein Dollareinlagenbesitzer bereit, sie zu diesem Kurs gegen Euro abzugeben. Die Euroeinlagenbesitzer versuchen nun, die Besitzer der Dollareinlagen zum Handel zu bewegen, indem sie ihnen einen besseren Preis für ihre Dollars anbieten. Infolgedessen sinkt der Dollar/Euro-Wechselkurs in Richtung $E^1_{\$/\texteuro}$, d.h. der Euro wird im Verhältnis zum Dollar billiger (der Dollar wertet auf). Sobald der Wechselkurs bei $E^1_{\$/\texteuro}$ angelangt ist, bieten Euro- und Dollareinlagen die gleiche Rendite. Damit entfällt der Anreiz für die Besitzer von Euroeinlagen, diese gegen Dollar zu verkaufen. Der Devisenmarkt befindet sich wieder im Gleichgewicht. Indem der Wechselkurs von $E^2_{\$/\texteuro}$ auf $E^1_{\$/\texteuro}$ sinkt, gleicht er die erwarteten Renditen für verschiedene Einlagen aus, denn das Sinken des Wechselkurses (des Eurokurses in Dollar) erhöht die erwartete zukünftige Abwertungsrate des Dollars und steigert damit die Attraktivität der Euroeinlagen.

Derselbe Vorgang verläuft in umgekehrter Richtung, wenn der ursprüngliche Wechselkurs in Punkt 3 bei $E^3_{\$/\texteuro}$ liegt. Hier werfen Euroeinlagen eine höhere Rendite ab als Dollareinlagen, sodass bei Letzteren ein Angebotsüberschuss entsteht. Wenn nun die Besitzer von Dollareinlagen die attraktiveren Euroeinlagen nachfragen, steigt der Preis des Euro in Dollar. Der Dollar wird also gegenüber dem Euro abgewertet. Sobald der Wechselkurs den Stand $E^1_{\$/\texteuro}$ erreicht hat, sind die Renditen für beide Währungen ausgeglichen und der Markt befindet sich wieder im Gleichgewicht. Die Abwertung des Dollars von $E^3_{\$/\texteuro}$ auf $E^1_{\$/\texteuro}$ vermindert die Attraktivität der Euroeinlagen gegenüber den Dollareinlagen, denn sie senkt die erwartete zukünftige Abwertungsrate des Dollars.[9]

13.5 Zinssätze, Erwartungen und Gleichgewicht

Da uns die Bestimmung der Wechselkurse durch die Zinsparität nun bekannt ist, wenden wir uns der Frage zu, wie Veränderungen der Zinssätze und der Erwartungen die aktuellen Wechselkurse beeinflussen. Beide Faktoren hatten wir bisher als konstant vorausgesetzt. Wir werden nun sehen, dass der Wechselkurs (der relative Preis zweier Vermögenswerte) auf diejenigen Faktoren reagiert, welche die erwarteten Renditen auf Deviseneinlagen als Vermögenswerte verändern.

---

[9] Das Schaubild hätte auch aus europäischer Perspektive hergeleitet werden können. Auf der vertikalen Achse wäre dann der Euro/Dollar-Wechselkurs abgetragen und eine vertikale Linie $R_\texteuro$ hätte die Euroverzinsung von Euroeinlagen angegeben. Eine abfallende Kurve hätte gezeigt, wie sich die Euroverzinsung von Dollareinlagen in Abhängigkeit von $E_{\texteuro/\$}$ verändert. In einer Übung am Ende dieses Kapitels werden Sie zu dem Nachweis aufgefordert, dass diese alternative Sichtweise des Devisenmarktgleichgewichts zu denselben Ergebnissen führt wie die hier dargestellte Methode.

13.5.1   Auswirkungen veränderter Zinssätze auf den aktuellen Wechselkurs

In Zeitungen ist oft zu lesen, dass der Dollar deshalb stark sei, weil die Zinssätze in den USA hoch seien, oder dass er falle, weil die Zinssätze in den USA sinken. Bestätigt unsere Analyse des Devisenmarkts diese Aussagen?

Beantworten wir auch diese Frage mit Hilfe eines Schaubilds. Abbildung 13.5 zeigt einen Anstieg des Dollarzinssatzes, von $R_\$^1$ auf $R_\$^2$. Die vertikale Linie, welche die Rendite auf Dollareinlagen anzeigt, wird dabei nach rechts verschoben. Zum ursprünglichen Wechselkurs $E_{\$/€}^1$ ist die erwartete Verzinsung von Dollareinlagen nun um den Abstand von Punkt 1 zu Punkt 1' höher als diejenige von Euroeinlagen. Wie oben aufgezeigt, führt diese Differenz zu einer Aufwertung des Dollars auf $E_{\$/€}^2$ (Punkt 2). Weil sich weder der Eurozinssatz noch der erwartete zukünftige Wechselkurs geändert haben, steigert die heutige Aufwertung des Dollars die erwartete Dollarverzinsung von Euroeinlagen, denn sie erhöht die erwartete Abwertungsrate des Dollars.

Abbildung 13.6 zeigt den Effekt eines Anstiegs des Eurozinssatzes $R_€$. Er führt zu einer Rechtsverschiebung der abfallenden Kurve (welche die erwartete Dollarverzinsung von Euroeinlagen wiedergibt). (Die Gründe erkennen Sie, wenn Sie sich vergegenwärtigen, welche Auswirkungen ein Anstieg des Eurozinssatzes auf die Dollarverzinsung von Euroeinlagen hat, wenn der aktuelle und der zukünftige Wechselkurs gegeben sind.)

Bei einem ursprünglichen Wechselkurs von $E_{\$/€}^1$ ist die erwartete Abwertungsrate des Dollars dieselbe wie vor dem Anstieg von $R_€$, sodass die erwartete Verzinsung von Euroeinlagen nun höher ist als diejenige von Dollareinlagen. Der Dollar/Euro-Wechselkurs steigt (von $E_{\$/€}^1$ auf $E_{\$/€}^2$), um den Angebotsüberschuss an Dollar-Vermögenswerten in Punkt 1 zu beseitigen. Wie zuvor eliminiert die Abwertung des Dollars gegenüber dem Euro den Angebotsüberschuss an Dollar-Vermögenswerten, indem sie die erwartete Dollarverzinsung von Euroeinlagen senkt. Ein Anstieg der europäischen Zinssätze führt daher zu einer Abwertung des Dollars gegenüber dem Euro oder, aus europäischer Perspektive, zu einer Aufwertung des Euro gegenüber dem Dollar.

Aus unseren Ausführungen ergibt sich: *Bei ansonsten konstanten Bedingungen führt eine Erhöhung der Verzinsung von Währungseinlagen zur Aufwertung der betreffenden Währung gegenüber Fremdwährungen.*

Bevor wir nun den obigen Zeitungsmeldungen über die Auswirkungen der Zinssätze auf die Wechselkurse Recht geben, müssen wir in Rechnung stellen, dass die Annahme eines *konstanten* zukünftigen Wechselkurses oft unrealistisch ist. In vielen Fällen geht eine Änderung der Zinssätze mit veränderten Erwartungen hinsichtlich des zukünftigen Wechselkurses einher. Diese Erwartungsänderung hinsichtlich des zukünftigen Wechselkurses hängt wiederum von den ökonomischen Ursachen der Zinsänderung ab. Kapitel 15 wird verschiedene mögliche Beziehungen zwischen Zinssätzen und erwarteten zukünftigen Wechselkursen vergleichen. Halten wir an dieser Stelle fest: Wenn die Gründe für eine Änderung der Zinssätze nicht bekannt sind, können in der Realität keine Prognosen über die Auswirkungen einer gegebenen Zinsänderung auf die Wechselkurse abgegeben werden.

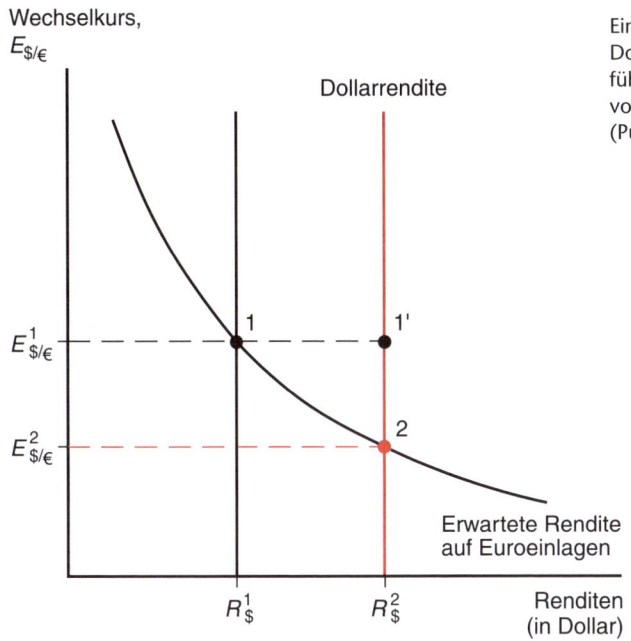

Ein Anstieg der Verzinsung von Dollareinlagen von $R_\$^1$ auf $R_\$^2$ führt zur Aufwertung des Dollars von $E_{\$/€}^1$ (Punkt 1) auf $E_{\$/€}^2$ (Punkt 2).

Abbildung 13.5: Auswirkungen eines Anstiegs des Dollarzinssatzes

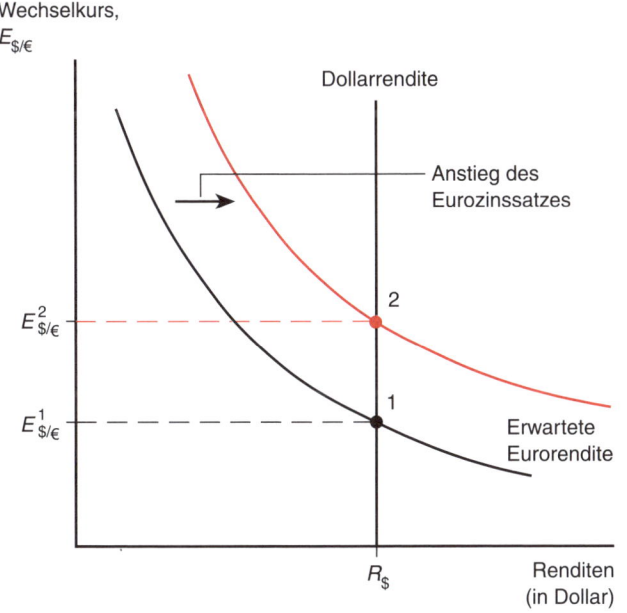

Ein Anstieg der Verzinsung von Euroeinlagen führt zur Abwertung des Dollars von $E_{\$/€}^1$ (Punkt 1) auf $E_{\$/€}^2$ (Punkt 2). (Diese Abbildung zeigt auch den Effekt eines Anstiegs des erwarteten zukünftigen $\$/€$-Wechselkurses.)

Abbildung 13.6: Auswirkungen eines Anstiegs des Eurozinssatzes

13.5.2 Auswirkungen veränderter Erwartungen auf den aktuellen Wechselkurs

Abbildung 13.6 verdeutlicht auch die Auswirkung eines Anstiegs des erwarteten zukünftigen Dollar/Euro-Wechselkurses, $E^e_{\$/€}$, auf den heutigen Wechselkurs.

Im Hinblick auf den heutigen Wechselkurs erhöht ein Anstieg des erwarteten zukünftigen Europreises in Dollar die erwartete Abwertungsrate des Dollars. Wenn der heutige Wechselkurs beispielsweise $1 pro Euro beträgt und nach Jahresfrist ein Kurs von $1,05 pro Euro erwartet wird, beträgt die erwartete Abwertungsrate des Dollars gegenüber dem Euro $(1,05 - 1,00)/1,00 = 0,05$. Wenn nun der erwartete zukünftige Wechselkurs auf $1,06 pro Euro steigt, dann steigt auch die erwartete Abwertungsrate auf $(1,06 - 1,00)/1,00 = 0,06$.

Weil ein Anstieg der erwarteten Abwertungsrate des Dollars die erwartete Dollarverzinsung von Euroeinlagen erhöht, verschiebt sich die abfallende Kurve wie in Abbildung 13.6 nach rechts. Zu dem ursprünglichen Wechselkurs von $E^1_{\$/€}$ besteht nun ein Angebotsüberschuss an Dollareinlagen: Euroeinlagen bieten eine höhere Verzinsung (in Dollar) als Dollareinlagen. Der Dollar verliert daher gegenüber dem Euro so lange an Wert, bis in Punkt 2 das Gleichgewicht hergestellt ist.

Daraus schließen wir, dass bei ansonsten konstanten Bedingungen *ein Anstieg des erwarteten zukünftigen Wechselkurses auch zu einem Anstieg des aktuellen Wechselkurses führt. Entsprechend führt ein Sinken des erwarteten zukünftigen Wechselkurses auch zu einem Sinken des aktuellen Wechselkurses.*

Beispiel 13.2: Die Tücken der Wechselkursprognose

Wenn Wechselkurse Vermögenswertpreise sind, die unmittelbar auf Erwartungs- und Zinsänderungen reagieren, müssten sie ähnliche Eigenschaften aufweisen wie die Preise anderer Vermögenswerte. Ebenso wie beispielsweise Aktienkurse müssten Wechselkurse stark auf unerwartete ökonomische und politische Ereignisse reagieren, sodass sich ihre Voraussage ähnlich schwierig gestalten dürfte.

Trotz der notorischen Unzuverlässigkeit von Aktienkursprognosen herrscht kein Mangel an Publikationen, die sich dieser Aufgabe widmen. In ähnlicher Weise haben es sich zahlreiche Unternehmen zur Aufgabe gemacht, privaten Investoren, internationalen Unternehmen und anderen Teilnehmer am Devisenmarkt Wechselkursprognosen zur Verfügung zu stellen. Richard M. Levich von der New York University hat in einer bekannten Studie untersucht, wie ein Dutzend solcher Unternehmen im Hinblick auf die kurzfristige Prognose künftiger Wechselkurse abgeschnitten hat.*

Für hoffnungsvolle Anwärter auf die Orakelrolle waren seine Ergebnisse ernüchternd; der Vermögensmarkt-Ansatz der Wechselkursanalyse hingegen wird von ihnen gestützt. Levich fand für den von ihm betrachteten Zeitraum wenig Hinweise darauf, dass die professionelle Vorhersage besser abschnitt als Prognosen von Individuen, die sich beispielsweise am Dreimonats-Terminkurs orientierten, um den für denselben Zeitpunkt erwarteten Kassakurs zu schätzen.** Dieses Ergebnis bedeutet allerdings nicht, dass die Terminkurse präzise Prognosen ermöglichen. Im Gegenteil, Levichs Befunde deuten darauf hin, dass die Terminkurse in der Regel kaum Rückschlüsse auf zukünftige Kassakurse zulassen (wie wir in Kapitel 21 sehen werden). Sie zeigen allerdings, dass unvorhersehbare „Nachrichten" einen derart starken Einfluss auf die Bestimmung der Wechselkurse haben, dass Wechselkursänderungen ebenso wie Aktienkursänderungen für Zeiträume von bis zu einem Jahr so gut wie gar nicht vorhergesagt werden können.

Die in diesem Kapitel dargelegte Theorie lässt allerdings vermuten, dass die Vorhersage von Wechselkursen nicht gänzlich unmöglich ist. Aus der Zinsparität ergibt sich, dass Zinsdifferenzen Rückschlüsse auf den Umfang künftiger Währungsabwertungen ermöglichen. In der Praxis sind allerdings *unerwartete* bzw. überraschende Bewegungen der Währungen weitaus größer als Zinsunterschiede, sodass ihre Wirkung die vorhersagbaren Wechselkursänderungen übertrifft. Ökonomische Modelle scheinen sich am ehesten für langfristige Prognosen der Wechselkurse zu eignen, die auf mehrere Jahre angelegt sind. Beispielsweise dürfte ein Land mit anhaltend steigendem Preisniveau irgendwann eine Abwertung seiner Währung erfahren, deren genauer Zeitpunkt allerdings nicht vorhergesagt werden kann. In den nächsten Kapiteln werden wir ein Modell der offenen Volkswirtschaft entwickeln, das Wechselkursänderungen in Beziehung zu Veränderungen des Preisniveaus und anderer makroökonomischer Variablen setzt.

* siehe „Evaluating the Performance of the Forecasters", in: Donald R. Lessard, Hrsg., *International Financial Management: Theory and Application*. 2. Aufl., New York 1985, S. 218-233. Eine aktualisierte Darstellung der Wechselkursprognose bieten Christian Dunis und Michael Feeny, Hrsg., *Exchange Rate Forecasting*. Chicago 1989, und das in den Literaturhinweisen aufgeführte Buch von Levich.

** Im Anhang zu diesem Kapitel wird eine mögliche Ursache für die Annahme genannt, dass Wechselkurse mit den erwarteten zukünftigen Kassakursen zusammenhängen könnten.

Zusammenfassung

1. Der Wechselkurs ist der Preis einer Landeswährung in einer anderen Landeswährung. Wechselkurse spielen für Ausgabenentscheidungen eine wichtige Rolle, weil sie uns den Vergleich der Preise in verschiedenen Ländern ermöglichen. Bei ansonsten konstanten Bedingungen führt die *Abwertung* einer Währung gegenüber Fremdwährungen (ein Anstieg des Preises der Fremdwährungen in Inlandswährung) zu einer Verbilligung der Exporte und einer Verteuerung der Exporte des betreffenden Landes. Eine Aufwertung der Währung (ein Absinken des Preises der Fremdwährungen in Inlandswährung) verteuert die Exporte und verbilligt die Importe des betreffenden Landes.

2. Die Wechselkurse bilden sich am *Devisenmarkt*. Die wichtigsten Teilnehmer dieses Marktes sind Geschäftsbanken, internationale Unternehmen, andere Finanzinstitutionen und nationale Zentralbanken. Die wichtigste Rolle kommt den Geschäftsbanken zu, weil sie den Austausch der verzinsten Bankeinlagen ermöglichen, die den größten Anteil des Devisenhandels ausmachen. Der Devisenhandel findet in zahlreichen Finanzzentren rund um die Welt statt, doch die moderne Telekommunikation verbindet diese Zentren zu einem einheitlichen Markt, der rund um die Uhr aktiv ist. Eine wichtige Kategorie des Devisenhandels ist der Terminhandel, dessen Parteien zu einem künftigen Zeitpunkt Währungen zu einem vorab vereinbarten Kurs austauschen. Im Gegensatz dazu werden Kassageschäfte (aus praktischen Gründen) sofort abgewickelt.

3. Da der Wechselkurs den relativen Preis zweier Vermögenswerte darstellt, kann man ihn selbst als Vermögenspreis auffassen. Das Grundprinzip der Preisbildung für Vermögenswerte besteht darin, dass ihr aktueller Wert von ihrer erwarteten zukünftigen Kaufkraft abhängt. Sparer beurteilen einen Vermögenswert nach seiner zu erwartenden Rendite, d.h. der Steigerungsrate des Werts einer Investition in diesen Vermögenswert. Die erwartete Rendite eines Vermögenswert kann nach verschiedenen Maßstäben bestimmt werden. Sparer achten in erster Linie auf die erwartete reale Rendite, d.h. die erwartete Wertsteigerung im Hinblick auf einen repräsentativen Warenkorb.

4. Da am Devisenmarkt die relativen Renditen der Vermögenswerte zählen, müssen die erwarteten Wertänderungen der Währungen in derselben Währung ausgedrückt und verglichen werden. Wenn Risiko- und Liquiditätsfaktoren keinen erheblichen Einfluss auf die Nachfrage nach Fremdwährungsvermögenswerten haben, ziehen die Teilnehmer am Devisenmarkt stets diejenigen Vermögenswerte vor, welche die höchsten Renditen versprechen.

5. Die Renditen auf Einlagen, die am Devisenmarkt gehandelt werden, hängen von den *Zinssätzen* und den erwarteten Wechselkursänderungen ab. Um die erwarteten Renditen auf Dollar- und auf Euroeinlagen zu vergleichen, wird beispielsweise die Verzinsung von Euroeinlagen in Dollar angegeben, indem die für deren Laufzeit erwartete *Abwertungsrate* des Dollars gegenüber dem Euro (bzw. die *Aufwertungsrate* des Euro gegenüber dem Dollar) zu dem Eurozinssatz hinzugezählt wird.

6. Das Devisenmarktgleichgewicht setzt *Zinsparität* voraus, d.h. Einlagen in sämtlichen Währungen müssen, in derselben Währung gemessen, dieselbe erwartete Rendite versprechen.

7. Bei festen Zinssätze und einer festen Erwartung des zukünftigen Wechselkurses ist mit der Zinsparität auch der Gleichgewichtswechselkurs gegeben. Wenn beispielsweise die erwartete Dollarverzinsung für Euroeinlagen höher ist als diejenige für Dollareinlagen, wird der Dollar gegenüber dem Euro sofort abgewertet. Bei ansonsten konstanten Bedingungen senkt eine Abwertung des Dollars zum gegenwärtigen Zeitpunkt die erwartete Dollarverzinsung von Euroeinlagen, denn sie senkt zugleich die erwartete zukünftige Abwertungsrate des Dollars gegenüber dem Euro. Wenn entsprechend die erwartete Verzinsung von Euroeinlagen niedriger ist als diejenige von Dollareinlagen, wird der Dollar gegenüber dem Euro sofort aufgewertet. Bei ansonsten gleichen Bedingungen steigert eine aktuelle Aufwertung des Dollars die Attraktivität von Euroeinlagen, denn sie erhöht die erwartete zukünftige Abwertungsrate des Dollars gegenüber der europäischen Währung.

8. Bei ansonsten konstanten Bedingungen verursacht ein Anstieg der Dollarzinssätze eine Aufwertung des Dollars gegenüber dem Euro, während ein Anstieg der Eurozinssätze eine Abwertung des Dollars gegenüber dem Euro auslöst. Darüber hinaus wird der aktuelle Wechselkurs von Erwartungsänderungen hinsichtlich seiner zukünftigen Entwicklung beeinflusst. Wenn beispielsweise für die Zukunft ein Anstieg des Dollar/Euro-Kurses erwartet wird, dann steigt bei unveränderten Zinssätzen auch der heutige Dollar/Euro-Wechselkurs.

Schlüsselbegriffe

Abwertung	S. 427	Liquidität	S. 439
Abwertungsrate	S. 442	Reale Rendite	S. 438
Arbitrage	S. 433	Rendite	S. 437
Aufwertung	S. 427	Risiko	S. 439
Aufwertungsrate	S. 444	Vehikelwährung	S. 433
Devisenkassakurs	S. 434	Wechselkurs	S. 425
Devisenmarkt	S. 429	Zinsparität	S. 446
Devisenterminkurs	S. 434	Zinssatz	S. 440
Interbankenhandel	S. 430		

Übungen

1. In München kostet eine Bratwurst 2 Euro, im Bostoner Fenway Park kostet ein Hotdog 1 Dollar. Der Wechselkurs ist $ 1,50/1 €. Was ist der Preis einer Bratwurst in Hotdogs? Wie verändert sich dieser relative Preis bei ansonsten gleichen Bedingungen, wenn der Dollar auf $ 1,25/1 € aufgewertet wird? Ist der Hotdog im Verhältnis zur Bratwurst teurer oder billiger geworden?

2. Ein US-Dollar kostet 7,5 Norwegische Kronen, jedoch nur 1,25 Schweizer Franken. Was ist der Wechselkurs der Norwegischen Krone gegenüber dem Schweizer Franken?

3. Berechnen Sie die Dollarrendite folgender Vermögenswerte:
   a. Ein Gemälde, dessen Preis innerhalb eines Jahres von $ 200.000 auf $ 300.000 steigt.
   b. Eine Flasche seltenen Burgunders, Domaine de la Romanée-Conti 1978, deren Preis von 1999 bis 2000 von $ 180 auf $ 216 steigt.
   c. Eine Einlage über £ 10.000 bei einer Londoner Bank, wenn der Pfundzinssatz 10 Prozent pro Jahr beträgt und der Dollar/Pfund-Wechselkurs von $ 1,50/1 £ auf $ 1,38/1 £ sinkt.

4. Welche realen Renditen ergeben sich für die Vermögenswerte aus Übung 3, wenn die genannten Preisänderungen von einem 10-prozentigen Anstieg sämtlicher Dollarpreise begleitet würden?

5. Der Dollarzinssatz und der Zinssatz des britischen Pfunds betragen beide 5 Prozent pro Jahr. Was ist die Beziehung zwischen dem aktuellen und dem zukünftigen Gleichgewichtswechselkurs? Nehmen Sie an, dass der erwartete zukünftige Dollar/Pfund-Wechselkurs von $ 1,25/1 £ konstant bleibt, während der britische Zinssatz auf 10 Prozent jährlich steigt. Welcher neue Gleichgewichtswechselkurs stellt sich ein, wenn der US-Zinssatz unverändert bleibt?

6. Die Händler an den Vermögensmärkten erfahren plötzlich, dass der Dollarzinssatz in naher Zukunft sinken wird. Bestimmen Sie mit Hilfe der Grafiken dieses Kapitels die Folgen für den *aktuellen* Dollar/Euro-Wechselkurs unter der Annahme konstanter Zinssätze für Dollar- und Euroeinlagen.

7. Wie oben gesagt, hätten wir unsere Schaubildanalyse des Devisenmarktgleichgewichts auch aus europäischer Perspektive entwickeln können, wenn wir auf der vertikalen Achse den Euro/Dollar-Wechselkurs $E_{€/\$}/$ (=$1/E_{\$/€}$) abgetragen und mit einer vertikalen Linie $R_€$ die Euroverzinsung von Dollareinlagen angezeigt hätten. Eine abfallende Kurve würde dann die Entwicklung der Euroverzinsung von Dollareinlagen entsprechend der Veränderung von $E_{€/\$}$ anzeigen. Leiten Sie diese alternative Darstellung des Gleichgewichts her und bestimmen Sie anhand dieser Darstellung die Auswirkungen von Veränderungen des Zinssatzes und des erwarteten zukünftigen Wechselkurses. Stimmen Ihre Ergebnisse mit unseren bisherigen Befunden überein?

8. Der folgende Bericht erschien am 7. August 1989 in der *New York Times* unter der Überschrift „Dollar überrascht durch Stärke":

> Inzwischen herrscht der Eindruck vor, dass die konjunkturelle Entwicklung auf eine „weiche Landung" zusteuert. Die Konjunktur verlangsamt sich und die Inflation geht zurück, ohne dass es jedoch zu einer Rezession käme.
>
> Diese Aussicht ist aus zwei Gründen gut für den Dollar. Eine weiche Landung schafft weniger Probleme als eine Rezession, sodass die Auslandsinvestitionen, die den Dollar stützen, mit größerer Wahrscheinlichkeit fortgesetzt werden.
>
> Außerdem würde eine weiche Landung die Federal Reserve nicht dazu zwingen, durch starke Zinssenkungen Wachstumsanreize zu schaffen. Sinkende Zinssätze können den Abwertungsdruck auf den Dollar verstärken, weil sie die Attraktivität von Investitionen in Dollar-Wertpapiere für Ausländer verringern und dadurch den Verkauf von Dollars auslösen. Darüber hinaus kann der Optimismus, der durch die Erwartung einer weichen Landung entsteht, auch einen Teil des Drucks auf den Dollar aufheben, der sich aus niedrigeren Zinssätzen ergibt.

   a. Interpretieren Sie den dritten Absatz dieses Artikels anhand des Modells der Wechselkursbestimmung, das in diesem Kapitel vorgestellt wurde.

   b. Welche zusätzlichen Faktoren der Wechselkursbestimmung könnten zur Erklärung des zweiten Absatzes beitragen?

9. Nehmen Sie an, dass die Wechselkurse des Dollars gegenüber dem Euro und dem Yen gleich variabel sind. Der Euro neigt jedoch zu plötzlichen Abwertungen gegenüber dem Dollar, wenn die Rendite für Ihr übriges Vermögen unerwartet hoch ausfällt, während der Yen unter denselben Voraussetzungen zu plötzlichen Aufwertungen neigt. Welche Währung, den Euro oder den Yen, würden Sie als amerikanischer Staatsbürger für die riskantere Vermögensanlage halten?

10. Finden Sie in diesem Kapitel Hinweise darauf, dass sich Dollareinlagen hinsichtlich ihrer Liquidität von anderen Währungseinlagen unterscheiden? Wenn ja, wie wirken sich diese Unterschiede auf das Zinsdifferenzial zwischen, beispielsweise, Einlagen in Dollars und in mexikanischen Pesos aus? Können Sie sich Gründe vorstellen, weshalb sich die Liquidität von Euro- und Yeneinlagen mit der Zeit eventuell ändert?

11. Im Oktober 1979 gab die Zentralbank der USA (das Federal Reserve System) bekannt, dass sie ihre Aktivitäten zur Beschränkung von Dollarzinssatzschwankungen zurücknehmen werde. Als diese neue Politik in Kraft getreten war, begannen die Wechselkurse des Dollars gegenüber Fremdwährungen stärker zu schwanken als zuvor. Lässt unsere Analyse des Devisenmarktes auf einen Zusammenhang zwischen diesen beiden Entwicklungen schließen?

12. Nehmen Sie an, dass überall auf der Welt Zinseinnahmen und jegliche Veräußerungsgewinne, die auf Wechselkursänderungen zurückgehen, mit einer Steuer in Höhe von τ Prozent belegt werden. Wie würde sich eine solche Steuer auf die Analyse der Zinsparität auswirken? Wie ändert sich Ihre Antwort, wenn die Steuer nur auf Zinseinnahmen, *nicht* aber auf Veräußerungsgewinne erhoben wird?

13. Der Terminkurs des Dollars für Zwölfmonatsgeschäfte sei $ 1,26/1 € und der Devisenkassakurs $ 1,2/1 €. Wie hoch ist der Report des Euro (und der Deport des Dollars), d.h. um wie viel liegt der Terminkurs des Euro über seinem Kassakurs, und der Kassakurs des Dollars über seinem Terminkurs? Was ist die Differenz zwischen dem Zinssatz für Dollareinlagen und demjenigen für Euroeinlagen mit jeweils einjähriger Laufzeit (wenn wir von politischen Risiken absehen)?

Weiterführende Literatur

J. Orlin Grabbe, *International Financial Markets*. 3. Auflage. Englewood Cliffs: Prentice-Hall, 1996. Besonders relevant für den Stoff dieses Kapitels sind die Kapitel 4–7.

Philipp Hartmann, *Currency Competition and Foreign Exchange Markets: The Dollar, the Yen and the Euro*. Cambridge: Cambridge University Press, 1999. Theoretische und empirische Untersuchung der Rolle von Devisen im Welthandel mit Gütern und Vermögenswerten.

John Maynard Keynes. *A Tract on Monetary Reform*, Kapitel 3. London: MacMillan, 1923. Klassische Analyse des Devisenterminmarkts und der gedeckten Zinsparität.

Paul R. Krugman, „The International Role of the Dollar: Theory and Prospect", in: John F. O. Bilson und Richard C. Marston, Hrsg. *Exchange Rate Theory and Practice*. Chicago: University of Chicago Press, 1984, S. 261–278. Theoretische und empirische Analyse der Stellung des Dollars als „Weltwährung".

Richard M. Levich, *International Financial Markets: Prices and Policies*. Boston: Irwin McGraw-Hill, 1998. Die Kapitel 3–8 dieses umfassenden Werks konzentrieren sich auf den Devisenmarkt.

Lyons, Richard K., *The Microstructure Approach to Exchange Rates*. Cambridge: MIT-Press, 2001. Anspruchsvolle Abhandlung über die Feinstruktur der Devisenmärkte.

Ronald I. McKinnon, *Money in International Exchange: The Convertible Currency System*. New York: Oxford University Press, 1979. Theoretische und institutionelle Analyse der Bedeutung des Devisenmarkts in den internationalen Finanzbeziehungen.

Michael Mussa, „Empirical Regularities in the Behavior of Exchange Rates and Theories of the Foreign Exchange Market", in: Karl Brunner und Allan H. Meltzer, Hrsg. *Policies for Employment, Prices and Exchange Rates*, Carnegie-Rochester Conference Series on Public Policy 11. Amsterdam: North-Holland, 1979, S. 9–57. Untersucht die empirische Grundlage für den Vermögensmarkt-Ansatz zur Wechselkursbestimmung.

Julian Walmsley, *The Foreign Exchange and Money Markets Guide*. New York: John Wiley and Sons, 1992. Ein grundlegendes Werk zur Terminologie und den Institutionen des Devisenmarkts.

Anhang zu Kapitel 13

Devisenterminkurse und gedeckte Zinsparität

Dieser Anhang erläutert die Bestimmung von Devisenterminkursen. Unter der Voraussetzung der Zinsparität ist der Devisenterminkurs gleich dem für den Abrechnungstag erwarteten Devisenkassakurs.

Als Erstes zeigen wir den engen Zusammenhang zwischen dem Devisenterminkurs, dem Devisenkassakurs und den Zinssätzen für Einlagen in zwei Währungen. Dieser Zusammenhang widerspiegelt sich in der gedeckten Zinsparität. Im Unterschied zur (ungedeckten) Zinsparität, die das Devisenmarktgleichgewicht bestimmt, basiert diese nicht auf dem erwarteten Devisenkassakurs, sondern auf dem Devisenterminkurs.

Betrachten wir, um ein konkretes Beispiel zu wählen, wieder Dollar- und Euroeinlagen. Sie möchten mit Dollars eine Euroeinlage kaufen, dabei jedoch *mit Sicherheit* wissen, wie viele Dollars diese nach Ablauf eines Jahres wert sein wird. Sie können das Wechselkursrisiko ausschalten, indem Sie zeitgleich mit dem Kauf der Euroeinlage die Einnahmen aus Ihrer Investition per Termin verkaufen. Wenn Sie mit Dollars eine Euroeinlage kaufen und gleichzeitig die Kapitalsumme zuzüglich der Zinsen per Termin gegen Dollars verkaufen, dann haben Sie Ihren Kauf „gedeckt", d.h. sich gegen die Möglichkeit einer unerwarteten Abwertung des Euros abgesichert.

Die gedeckte Zinsparität besagt, dass die Renditen auf Dollareinlagen und „gedeckte" Fremdwährungseinlagen gleich sein müssen. Ein Beispiel soll die Bedeutung dieser Bedingung und die Gründe für ihre unausweichliche Gültigkeit veranschaulichen. Der Zwölfmonats-Terminkurs des Euro in Dollar sei $F_{\$/€} = \$1,113$ pro Euro. Gleichzeitig sei der Devisenkassakurs $E_{\$/€} = \$1,05$ pro Euro, $R_\$ = 0,10$ und $R_€ = 0,04$. Die Dollarrendite auf eine Dollareinlage beträgt also 0,10 bzw. 10 Prozent jährlich. Wie hoch ist die Rendite einer gedeckten Euroeinlage?

Beantworten wir diese Frage mit Hilfe der in diesem Kapitel vorgestellten Methode. Eine Einlage über €1 kostet heute $1,05 und ist nach Ablauf eines Jahres €1,04 wert. Wenn Sie heute €1,04 zum Devisenterminkurs von $1,113 pro Euro verkaufen, beträgt der Dollarwert Ihrer Investition nach Ablauf eines Jahres ($1,113 pro Euro) × ($1,04) = 1,158. Die Rendite auf den gedeckten Kauf einer Euroeinlage beträgt folglich (1,158 − 1,05)/1,05 = 0,103. Diese Rendite von 10,3 Prozent jährlich übersteigt die Rendite auf Dollareinlagen in Höhe von 10 Prozent, sodass keine gedeckte Zinsparität gegeben ist. In dieser Situation wäre niemand bereit, Dollareinlagen zu halten, jeder würde Euroeinlagen bevorzugen.

Die gedeckte Rendite der Euroeinlage kann in folgender Form wiedergegeben werden:

$$\frac{F_{\$/\mathbb{\euro}}\,(1+R_{\mathbb{\euro}}) - E_{\$/\mathbb{\euro}}}{E_{\$/\mathbb{\euro}}}\,,$$

dies entspricht in etwa

$$R_{\mathbb{\euro}} + \frac{F_{\$/\mathbb{\euro}} - E_{\$/\mathbb{\euro}}}{E_{\$/\mathbb{\euro}}}\,,$$

wenn das Produkt $R_{\mathbb{\euro}} \times (F_{\$/\mathbb{\euro}} - E_{\$/\mathbb{\euro}})/E_{\$/\mathbb{\euro}}$ ein kleiner Wert ist. Die gedeckte Zinsparität kann daher in folgender Form wiedergegeben werden:

$$R_{\$} = R_{\mathbb{\euro}} + (F_{\$/\mathbb{\euro}} - E_{\$/\mathbb{\euro}})/E_{\$/\mathbb{\euro}}$$

Die Größe

$$(F_{\$/\mathbb{\euro}} - E_{\$/\mathbb{\euro}})/E_{\$/\mathbb{\euro}}$$

bezeichnet man als den *Terminaufschlag (Report)* des Euro gegenüber dem Dollar (bzw. als *Terminabschlag* oder Deport des Dollars gegenüber dem Euro). Mit Hilfe dieser Terminologie können wir die gedeckte Zinsparität folgendermaßen beschreiben: *Der Zinssatz für Dollareinlagen ist gleich dem Zinssatz für Euroeinlagen plus dem Terminaufschlag des Euro gegenüber dem Dollar (bzw. dem Terminabschlag des Dollars gegenüber dem Euro).*

Zahlreiche empirische Daten bestätigen die Annahme, dass die gedeckte Zinsparität jeweils für die Fremdwährungseinlagen gilt, die in ein und demselben Finanzzentrum gehandelt werden. Die Devisenhändler richten ihre Terminkursangebote häufig nach den laufenden Zinssätzen und Devisenkassakursen unter Anwendung der Zinsparitätenformel.[1] Abweichungen von der gedeckten Zinsparität können allerdings auftreten, wenn sich die verglichenen Einlagen in unterschiedlichen Ländern befinden. Zu solchen Abweichungen kommt es, wenn die Besitzer der Einlagen befürchten, dass die Regierung Vorschriften erlassen könnte, welche die freie Bewegung von Devisenvermögen über nationale Grenzen hinweg einschränken. Bei unserer Herleitung der gedeckten Zinsparität wurden solche politischen Risiken ausgeschlossen.[2]

Ein Vergleich der (ungedeckten) Zinsparität

$$R_{\$} = R_{\mathbb{\euro}} + (E_{\$/\mathbb{\euro}}^{e} - E_{\$/\mathbb{\euro}})/E_{\$/\mathbb{\euro}}$$

---

[1]   Empirische Belege für die gedeckte Zinsparität finden sich in Frank McCormicks Beitrag „Covered Interest Arbitrage: Unexploited Profits? Comment", in: *Journal of Political Economy 87* (April 1979), S. 411-417, und in: Kevin Clinton, „ Transactions, Costs and Covered Interest Arbitrage: Theory and Evidence", in: *Journal of Political Economy 96* (April 1988), S. 358-370.

[2]   Detailliertere Ausführungen über die Bedeutung des politischen Risikos für den Devisenmarkt finden Sie bei Robert Z. Aliber, „The Interest Parity Theorem: A Reinterpretation", in: *Journal of Political Economy 81* (November/Dezember 1973), S. 1451-1459). Natürlich können auch tatsächliche Beschränkungen grenzübergreifender Geldtransfers zu Abweichungen von der gedeckten Zinsparität führen.

mit der *gedeckten* Zinsparität zeigt, dass nur dann beide erfüllt sein können, wenn der heute notierte \$/€-Zwölfmonatsterminkurs gleich dem Kassakurs ist, der nach Jahresfrist erwartet wird:

$$F_{\$/\epsilon} = E^e_{\$/\epsilon}$$

Dies leuchtet unmittelbar ein. Wenn sich zwei Parteien darauf einigen, zu einem zukünftigen Zeitpunkt Devisen auszutauschen, dann einigen sie sich auf den Wechselkurs, den sie als Kassakurs für diesen Zeitpunkt erwarten. Der entscheidende Unterschied zwischen gedeckten und ungedeckten Transaktionen darf darüber aber nicht in Vergessenheit geraten. Bei gedeckten Transaktionen besteht kein Wechselkursrisiko, ungedeckte Transaktionen sind einem Wechselkursrisiko ausgesetzt.[3]

Die Theorie der gedeckten Zinsparität trägt dazu bei, die enge Korrelation zwischen Kassa- und Terminkursentwicklung zu erklären, die in Abbildung 13.1 dargestellt ist. Diese Korrelation ist für alle großen Währungen typisch. Die unerwarteten wirtschaftlichen Ereignisse, welche die erwarteten Renditen auf Vermögenswerte beeinflussen, haben oft relativ geringe Auswirkungen auf die internationalen Zinssatzunterschiede bei Einlagen mit kurzfristiger Fälligkeit (z.B. drei Monate). Zur Aufrechterhaltung der gedeckten Zinsparität müssen sich die Kassa- und die Terminkurse für die entsprechenden Fälligkeiten daher in etwa parallel zueinander entwickeln.

Wir schließen diesen Anhang mit einem weiteren praktischen Beispiel für die gedeckte Zinsparität. Um die Rolle der Devisenterminkurse zu veranschaulichen, verwies dieses Kapitel auf den amerikanischen Importeur japanischer Radios, der wissen möchte, welcher Dollar-Yen-Wechselkurs in 30 Tagen gelten wird, wenn er seinen Lieferanten bezahlen muss. In unserem Beispiel löste der Importeur dieses Problem, indem er so viele Dollars per Termin gegen Yen verkaufte, dass die Kosten der Radios gedeckt waren. Er hätte aber auch folgende andere, kompliziertere Lösung wählen können: (1) Er leiht sich von seiner Bank Dollars. (2) Er verkauft diese Dollars sofort auf dem Devisenkassamarkt gegen Yen, die er bei der Bank für 30 Tage in einer Yeneinlage anlegt. (3) Nach 30 Tagen bezahlt er mit der fälligen Yeneinlage seinen japanischen Lieferanten. (4) Mit den Einnahmen aus dem Verkauf der Radios in den USA zahlt er seinen ursprünglichen Dollarkredit zurück.

Welcher dieser beiden Wege – der Terminkauf von Yen oder die oben beschriebenen vier Schritte – verspricht dem Importeur einen höheren Gewinn? Wir überlassen es Ihnen, übungshalber nachzuweisen, dass beide Strategien dann denselben Gewinn erbringen, wenn die gedeckte Zinsparität erfüllt ist.

---

[3] Im Text wurde gesagt, dass die (ungedeckte) Zinsparität, die zur Vereinfachung der Analyse gute Dienste leistet, nicht unbedingt exakt gegeben sein muss, wenn das mit verschiedenen Währungen verbundene Risiko die Nachfrage auf dem Devisenmarkt beeinflusst. Der Terminkurs kann sich daher infolge eines Risikofaktors selbst dann von dem erwarteten zukünftigen Kassakurs unterscheiden, wenn die *gedeckte* Zinsparität gegeben ist. Wie oben bereits gesagt, wird die Rolle des Risikos bei der Wechselkursbestimmung in den Kapiteln 17 und 21 ausführlicher behandelt.

Kapitel

14 Geld, Zinssätze und Wechselkurse

Kapitelübersicht

Beispiele

Kapitel 13 beschrieb die Abhängigkeit des Wechselkurses von zwei Faktoren: der Verzinsung von Einlagen in den betreffenden Währungen und dem erwarteten zukünftigen Wechselkurs. Um die Bestimmung der Wechselkurse von Grund auf zu verstehen, muss man wissen, wie sich ihrerseits Zinssätze und Wechselkurserwartungen bilden. Diese Fragen sind Gegenstand der nächsten drei Kapitel, in denen wir ein ökonomisches Modell entwickeln, das Wechselkurse, Zinssätze und andere wichtige makroökonomische Variablen – die Inflationsrate und die Produktionsmenge – im Zusammenhang darstellt.

Dabei erläutern wir als Erstes, wie sich die **Geldmenge** eines Landes und die Nachfrage nach seinem Geld auf die Zinssätze und den Wechselkurs auswirken. Da der Wechselkurs der relative Preis einer Landeswährung ist, zählen diejenigen Faktoren, die Geldangebot oder Geldnachfrage des Landes beeinflussen, zu den stärksten Determinanten ihres Wechselkurses gegenüber Fremdwährungen. Geldangebot und Geldnachfrage bieten sich daher als natürlicher Ausgangspunkt für die weiterführende Analyse der Wechselkursbestimmung an.

Monetäre Entwicklungen wirken auf den Wechselkurs ein, indem sie *sowohl* die Zinssätze *als auch* die Wechselkurserwartungen verändern. Letztere hängen eng mit den Erwartungen hinsichtlich der zukünftigen Geldpreise der Produkte eines Landes zusammen; diese Preisbewegungen sind wiederum von Veränderungen des Geldangebots und der Geldnachfrage abhängig. Die Analyse monetärer Einflüsse auf den Wechselkurs befasst sich demnach mit der Wirkung monetärer Faktoren auf Produktpreise und Zinssätze. Die Erwartungen hinsichtlich der zukünftigen Wechselkurse werden allerdings auch von zahlreichen anderen Faktoren geprägt; diese nicht-monetären Faktoren sind Thema des nächsten Kapitels.

Anhand der eingangs erläuterten Theorien und Determinanten des Geldangebots und der Geldnachfrage untersucht dieses Kapitel im Weiteren die Bestimmung der Gleichgewichtszinssätze durch den Ausgleich von Geldangebot und Geldnachfrage. Anschließend verknüpfen wir unser Modell der Zinssatzbestimmung mit der Zinsparität, um die Auswirkungen monetärer Veränderungen auf den Wechselkurs zu bestimmen. Dabei gehen wir von gegebenen Preisen für Güter und Dienstleistungen, einem gegebenen Produktionsniveau und feststehenden Markterwartungen für die Zukunft aus. Abschließend folgt ein erster Ausblick auf die langfristigen Effekte monetärer Veränderungen auf die Produktpreise und die erwarteten zukünftigen Wechselkurse.

14.1   Gelddefinitionen: eine kurze Wiederholung

Wir sind derart an den Gebrauch von Geld gewöhnt, dass wir seine Rolle in nahezu allen unseren täglichen Transaktionen kaum noch bewusst wahrnehmen. Wie viele andere Dinge des modernen Lebens auch nehmen wir Geld als selbstverständlich hin, solange keine Probleme auftreten. Man kann sich die Bedeutung des Geldes leicht vergegenwärtigen, indem man sich ein Wirtschaftsleben ohne Geld vorzustellen versucht.

Ein ebensolches „Gedankenexperiment" soll in diesem Abschnitt dazu beitragen, Geld von anderen Vermögenswerten zu unterscheiden und die Eigenschaften zu bestimmen, um derentwillen man es besitzt. Diese Eigenschaften spielen für die Analyse der Geldnachfrage eine entscheidende Rolle.

14.1.1   Geld als Tauschmittel

Die wichtigste Funktion des Geldes ist seine Rolle als *Tauschmittel*, als allgemein akzeptiertes Zahlungsmittel. Die Notwendigkeit eines Tauschmittels leuchtet ein, wenn Sie sich vorstellen, wie zeitraubend der Erwerb von Gütern und Dienstleistungen auf der Grundlage des reinen Tauschhandels wäre.

Weil Geld allgemein akzeptiert wird, entfallen die immensen Kosten, die mit der Suche im Rahmen eines Tauschsystems verbunden wären. Geld ermöglicht einem Individuum den Verkauf der von ihm hergestellten Güter und Dienstleistungen an andere als die Produzenten gerade derjenigen Güter und Dienstleistungen, die es selbst konsumieren möchte. Ohne ein standardisiertes und bequemes Zahlungsmittel könnte eine komplexe moderne Volkswirtschaft nicht funktionieren.

14.1.2   Geld als Recheneinheit

Die zweite wichtige Funktion des Geldes ist seine Rolle als Recheneinheit, d.h. als weithin anerkannter Wertmaßstab. In dieser Rolle sind wir ihm in Kapitel 13 begegnet: Die Preise für Güter, Dienstleistungen und Vermögenswerte werden normalerweise in Geldbeträgen angegeben. Die Wechselkurse ermöglichen uns die Übersetzung der Geldpreise verschiedener Länder in vergleichbare Größen.

Die Konvention, Preise in Geld anzugeben, vereinfacht ökonomische Berechnungen, indem sie den problemlosen Vergleich der Preise verschiedener Waren ermöglicht. Die in Kapitel 13 angeführten internationalen Preisvergleiche mit Hilfe des Wechselkurses lassen ahnen, welche Berechnungen man viele Male täglich anstellen müsste, wenn die Warenpreise nicht in einer standardisierten Recheneinheit angegeben würden. Vielleicht empfanden Sie schon die Rechenbeispiele in Kapitel 13 als beschwerlich. Stellen Sie sich jedoch vor, Sie müssten die relativen Preise jedes Guts und jeder Dienstleistung, die Sie konsumieren, jeweils in mehreren anderen Gütern und Dienstleistungen berechnen. Dieses Gedankenexperiment dürfte Sie veranlassen, den Gebrauch des Geldes als Recheneinheit künftig bewusster zu schätzen.

14.1.3   Geld als Wertaufbewahrungsmittel

Die Fähigkeit, Kaufkraft von der Gegenwart in die Zukunft zu übertragen, macht Geld überdies zu einem Vermögenswert bzw. einem *Wertaufbewahrungsmittel*. Dies ist eine wesentliche Eigenschaft jedes Tauschmittels, denn es würde nicht als Zahlungsmittel akzeptiert, wenn sich sein Wert im Hinblick auf Güter und Dienstleistungen umgehend in Luft auflösen würde.

Die Verwendbarkeit des Geldes als Tauschmittel macht es automatisch zum *liquidesten* aller Vermögenswerte. Wie Sie aus vorigem Kapitel wissen, bezeichnet man einen Vermögenswert dann als liquide, wenn er schnell und ohne große Transaktionskosten, wie beispielsweise Maklergebühren, in Güter und Dienstleistungen verwandelt werden kann. Da Geld als Zahlungsmittel unmittelbar akzeptiert wird, dient es als Maßstab für die Liquidität aller anderen Vermögenswerte.

14.1.4   Was ist Geld?

Münzen und Banknoten sowie Sichteinlagen, auf die Schecks ausgestellt werden können, stellen zweifelsfrei Geld dar. Es sind weithin akzeptierte Zahlungsmittel, die zu geringen Kosten den Besitzer wechseln können. Privathaushalte und Unternehmen halten Bargeld und Sichteinlagen als bequemes Mittel zur Finanzierung anfallender Routinetransaktionen. Vermögenswerte wie beispielsweise Immobilien gelten nicht als Geld, weil ihnen im Gegensatz zu Bargeld und Sichteinlagen die wesentliche Eigenschaft der Liquidität fehlt.

Mit dem Begriff **Geldmenge** ist in diesem Buch das vom amerikanischen Federal Reserve System definierte Geldmengenaggregat M1 gemeint, d.h. die Gesamtmenge des Bargelds und der Sichteinlagen von Privathaushalten und Unternehmen. In den USA betrug die gesamte Geldmenge zum Ende des Jahres 2000 $ 1,115 Billionen bzw. 11,2 Prozent des Bruttonationaleinkommens jenes Jahres.[1]

Die großen Einlagen, die von den Devisenmarktteilnehmern gehandelt werden, gelten nicht als Bestandteil der Geldmenge. Sie sind weniger liquide als Geld und werden nicht zur Finanzierung von Routinetransaktionen benutzt.

14.1.5   Die Bestimmung der Geldmenge

Die Geldmenge einer Volkswirtschaft wird von deren Zentralbank kontrolliert. Die Zentralbank reguliert unmittelbar die umlaufende Geldmenge und übt auch eine indirekte Kontrolle über den Umfang der von Privatbanken ausgestellten Sichteinlagen aus. Die Verfahren der Zentralbank zur Kontrolle der Geldmenge sind komplex. Wir gehen zunächst davon aus, dass die Zentralbank die Geldmenge einfach nach Wunsch festsetzt. Die Kapitel 17 und 21 werden diesen Prozess genauer hinterfragen.

14.2   Die Geldnachfrage von Einzelnen

Nachdem wir die Funktionen des Geldes und die Definition der Geldmenge besprochen haben, wenden wir uns nun den Faktoren zu, die bestimmen, wie viel Geld ein Individuum zu halten wünscht. Die Determinanten der individuellen Geldnachfrage können aus der im vorigen Kapitel besprochenen Theorie der Vermögenswertnachfrage abgeleitet werden.

Im vorigen Kapitel sahen wir, dass Individuen ihre Nachfrage nach einem Vermögenswert von drei Kriterien abhängig machen:

- die erwartete Rendite eines Vermögenswerts im Vergleich zu den Renditen anderer Vermögenswerte,
- das mit der erwarteten Rendite des Vermögenswerts verbundene Risiko,
- die Liquidität des Vermögenswerts.

---

[1] Ein breiter angelegtes Geldmengenaggregat des Federal Reserve, M2, umfasst darüber hinaus Termineinlagen, doch diese sind weniger liquide als die in M1 erfassten Vermögenswerte, weil sie üblicherweise nicht ohne Sanktionen aufgelöst werden können. Darüber hinaus erfasst das Federal Reserve System die noch breiter angelegte M3. Die Entscheidung darüber, wo die Trennlinie zwischen Geld und geldähnlichen Forderungen verläuft, beinhaltet notwendigerweise eine gewisse Willkür und ist daher umstritten. Weitere Ausführungen dazu finden Sie bei Frederic S. Mishkin, *The Economics of Money, Banking and Financial Markets*. 6. Aufl., Kapitel 3, Boston 2001.

Die relative Nachfrage nach Vermögenswerten, die auf dem Devisenmarkt gehandelt werden, wird von deren Liquidität nur unwesentlich beeinflusst. Geld dagegen wird *ausschließlich* wegen seiner Liquidität gehalten. Wie entscheiden die Privathaushalte und Unternehmen einer Volkswirtschaft, wie viel Geld sie zu halten wünschen? Um dies zu verstehen, müssen wir den Einfluss der drei oben aufgeführten Kriterien auf die Geldnachfrage genauer untersuchen.

14.2.1 Erwartete Rendite

Bargeld wirft keine Zinsen ab. Für Sichteinlagen wird häufig ein gewisser Zinssatz gewährt, doch ihre Rendite bleibt für gewöhnlich hinter derjenigen weniger liquider Vermögensformen zurück. Der Besitz von Bargeld bedeutet daher den Verzicht auf die höheren Zinsen, die eine Anlage in Staatsanleihen, einer großen Termineinlage oder anderen relativ illiquiden Vermögenswerten erbringen würde. Der Zinssatz der Letzteren ist im Folgenden gemeint, wenn von „dem" Zinssatz die Rede ist. Da der für Bargeld gewährte Zinssatz Null und derjenige von Sichteinlagen relativ konstant ist, schlägt sich der Renditeunterschied zwischen Geld und weniger liquiden Vermögenswerten im Marktzinssatz nieder: Je höher der Zinssatz, desto größer der Verzicht, der mit der Geldform von Vermögen verbunden ist.[2]

Betrachten wir ein Beispiel: Ein US-Schatzwechsel wird mit 10 Prozent jährlich verzinst. Wenn Sie für $10.000 aus Ihrem Vermögen einen solchen Schatzwechsel erwerben, bekommen Sie nach Jahresfrist $11.000 vom amerikanischen Staat zurück. Wenn Sie die $10.000 stattdessen in bar in einem Bankschließfach aufbewahren, verzichten Sie auf die $1000 Zinsen, die Sie mit dem Kauf des Schatzwechsels hätten verdienen können. Sie opfern also eine Rendite in Höhe von 10 Prozent, indem Sie $10.000 in Geldform halten.

Aus der im vorigen Kapitel entwickelten Theorie der Vermögenswertnachfrage geht hervor, wie sich Zinssatzänderungen auf die Geldnachfrage auswirken. Dieser Theorie zufolge werden bei ansonsten gleichen Bedingungen diejenigen Vermögenswerte bevorzugt, die eine höhere erwartete Rendite bieten. Eine Zinssatzerhöhung steigert die Rendite weniger liquider Vermögenswerte im Verhältnis zur Rendite auf Geld. Sie führt also dazu, dass Individuen einen größeren Teil ihres Vermögens in anderen Vermögenswerten anlegen möchten, die zum Marktsatz verzinst werden, und einen geringeren Teil in Form von Geld. Daraus schließen wir, dass *bei ansonsten gleichen Bedingungen eine Zinssatzerhöhung die Geldnachfrage senkt.*

---

[2] Die Rendite vieler illiquider Vermögenswerte, zwischen denen sich ein Einzelner entscheiden kann, fällt nicht in Form von Zinsen an. Aktien beispielsweise erbringen Renditen in Form von Dividenden und Kapitalgewinnen. Das Ferienhaus auf Cape Cod wirft eine Rendite in Form von Kapitalgewinnen und Badefreuden ab. Unsere Analyse der Geldnachfrage basiert auf der Annahme, dass abgesehen von Risikoabweichungen alle anderen Vermögenswerte als Geld eine (in Geld gemessene) Rendite abwerfen, die dem für sie gewährten Zinssatz entspricht. Diese Annahme ermöglicht uns, mit Hilfe des Zinssatzes die Rendite wiederzugeben, die einem Individuum entgeht, wenn es Geld anstelle eines nicht liquiden Vermögenswerts besitzt.

Der Einfluss des Zinssatzes auf die Geldnachfrage lässt sich auch mit Hilfe des wirtschaftswissenschaftlichen Begriffs der *Opportunitätskosten* beschreiben – des Verzichts, der mit der Wahl einer bestimmten Alternative einhergeht. Der Zinssatz misst die Opportunitätskosten, die mit dem Halten von Geld anstelle von verzinslichen Wertpapieren verbunden sind. Eine Zinssatzerhöhung hebt daher die mit dem Halten von Geld verbundenen Kosten und führt zu einem Sinken der Geldnachfrage.

14.2.2 Risiko

Das Risiko ist kein bedeutender Faktor für die Geldnachfrage. Zwar ist das Halten von Geld durchaus mit einem Risiko verbunden, weil ein unerwarteter Anstieg der Preise für Güter und Dienstleistungen den Wert des Geldbesitzes im Hinblick auf Konsumgüter reduzieren kann. Da aber der Nominalwert verzinslicher Vermögenswerte wie beispielsweise Schatzbriefe in Geld angegeben wird, würde derselbe unerwartete Preisanstieg auch den Realwert dieser Vermögenswerte um denselben Prozentsatz senken. Da jede Veränderung des Geldrisikos gleichermaßen das Risiko in Geld bewerteter Vermögenswerte verändert, bietet sie den Einzelnen keinen Anlass, ihre Geldnachfrage zu senken und ihre Nachfrage nach verzinslichen Vermögenswerten zu steigern.

14.2.3 Liquidität

Der wichtigste Vorzug des Geldes ist seine Liquidität. Privathaushalte und Unternehmen halten deshalb Geld, weil es das einfachste Mittel zur Finanzierung ihrer täglichen Käufe darstellt. Einige große Erwerbungen können durch den Verkauf eines umfangreichen illiquiden Vermögenswerts finanziert werden. Ein Kunstsammler, der ein Haus kaufen möchte, könnte zum Beispiel einen seiner Picassos verkaufen. Um jedoch einen ständigen Strom kleiner Ausgaben zu verschiedenen Zeitpunkten und in verschiedener Höhe zu finanzieren, müssen Privathaushalte und Unternehmen einen gewissen Geldbetrag halten.

Der Liquiditätsbedarf eines Individuums wächst mit dem Durchschnittswert seiner täglichen Transaktionen. Ein Student, der jeden Tag mit dem Bus fährt, muss beispielsweise weniger Bargeld halten als ein Geschäftsleiter, der regelmäßig in den Stoßzeiten ein Taxi nimmt. Daraus schließen wir: *Die Geldnachfrage eines Privathaushalts oder eines Unternehmens wächst mit dem durchschnittlichen Wert seiner Transaktionen.*

14.3   Aggregierte Geldnachfrage

Aus unseren Ausführungen über die Bildung der Geldnachfrage der einzelnen Privathaushalte und Unternehmen können nun die Determinanten der **aggregierten Geldnachfrage** abgeleitet werden. Dies ist die Gesamtgeldnachfrage aller Privathaushalte und Unternehmen einer Volkswirtschaft. Die aggregierte Geldnachfrage entspricht genau der Summe aller einzelnen Geldnachfragen der Volkswirtschaft.

Die aggregierte Geldnachfrage wird von drei Hauptfaktoren bestimmt:

1. *Der Zinssatz.* Eine Zinssatzerhöhung veranlasst jeden Einzelnen zur Senkung seiner Geldnachfrage. Bei ansonsten gleichen Bedingungen sinkt daher die aggregierte Geldnachfrage, wenn der Zinssatz steigt.

2. *Das Preisniveau.* Unter dem **Preisniveau** einer Volkswirtschaft versteht man den Preis eines repräsentativen Warenkorbs von Gütern und Dienstleistungen in seiner Landeswährung. Wenn das Preisniveau steigt, müssen Privathaushalte und Unternehmen mehr Geld für ihren wöchentlichen Bedarf an Gütern und Dienstleistungen ausgeben. Um dasselbe Liquiditätsniveau zu halten wie vor dem Preisniveauanstieg, müssen sie daher mehr Geld halten.

3. *Das reale Nationaleinkommen.* Wenn das reale Nationaleinkommen (BNE) steigt, werden in der Volkswirtschaft mehr Güter und Dienstleistungen verkauft. Dieser Anstieg des Realwerts der Transaktionen hebt bei gegebenem Preisniveau die Geldnachfrage.

Wenn P das Preisniveau ist, R der Zinssatz und Y das reale BNE, dann kann die aggregierte Geldnachfrage, M^d, durch folgende Formel ausgedrückt werden:

$$M^d = P \times L(R, Y), \qquad \textbf{(14-1)}$$

sodass der Wert von $L(R, Y)$ mit steigendem R sinkt und mit steigendem Y steigt.[3] Sie erkennen, weshalb sich die aggregierte Nachfrage *proportional* zum Preisniveau verhält, wenn Sie einmal annehmen, dass sich sämtliche Preise verdoppeln, während der Zinssatz und alle *Real*einkommen gleich bleiben. Der Geldwert der täglichen Transaktionen jedes Individuums würde sich dann ebenso verdoppeln wie der Geldbetrag, den es zu halten wünscht.

Die Gleichung für die aggregierte Geldnachfrage (14-1) wird für gewöhnlich in folgender äquivalenter Form wiedergegeben:

$$M^d/P = L(R, Y), \qquad \textbf{(14-2)}$$

wobei $L(R, Y)$ als die aggregierte *reale* Geldnachfrage bezeichnet wird. Aus dieser Ausdrucksform ist ersichtlich, dass die aggregierte Liquiditätsnachfrage, $L(R, Y)$, keine Nachfrage nach einer bestimmten Anzahl Währungseinheiten ist, sondern eine Nachfrage nach einer bestimmten Kaufkraftmenge in liquider Form. Das Verhältnis M^d/P – die angestrebte Kassenhaltung im Hinblick auf einen typischen repräsentativen Warenkorb – ist gleich der Menge an Kaufkraft, die ein Individuum in liquider Form halten möchte. Wenn der Durchschnittsbürger beispielsweise bei einem Preisniveau von \$100 pro Warenkorb \$1000 in bar halten möchte, dann wäre seine reale Kassenhaltung gleich \$1000/(\$100 pro Korb) = 10 Körbe. Wenn sich das Preisniveau verdoppeln würde (auf \$200 pro Korb), dann würde die Kaufkraft der \$1000 in bar halbiert, denn sie wären nur noch 5 Körbe wert.

Abbildung 14.1 zeigt, wie sich der Zinssatz bei einem festen Realeinkommensniveau, Y, auf die aggregierte reale Geldnachfrage auswirkt. Die Kurve für die aggregierte reale Geldnachfrage $L(R, Y)$ fällt deshalb ab, weil ein Sinken des Zinssatzes die angestrebte reale Kassenhaltung jedes Privathaushalts und jedes Unternehmens in der Volkswirtschaft erhöht.

---

3 Natürlich steigt $L(R, Y)$ entsprechend mit sinkendem R und sinkt mit sinkendem Y.

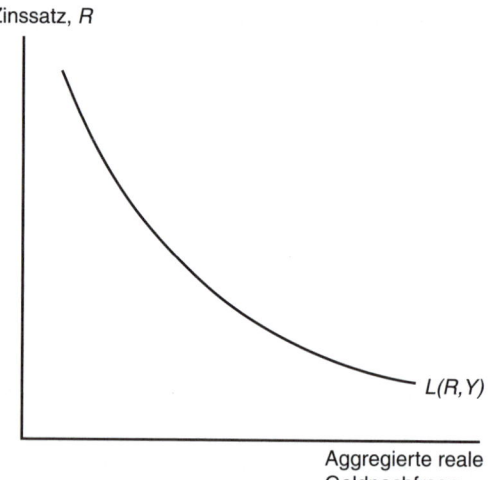

Zinssatz, *R*

Die abfallende Kurve für die reale Geldnachfrage zeigt, dass bei einem gegebenen Realeinkommensniveau die reale
Geldnachfrage mit sinkendem Zinssatz
steigt.

$L(R,Y)$

Aggregierte reale
Geldnachfrage

Abbildung 14.1:   **Die aggregierte reale Geldnachfrage und der Zinssatz**

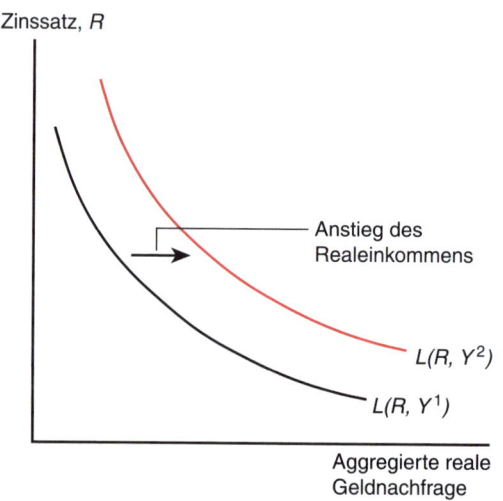

Zinssatz, *R*

Ein Anstieg des Realeinkommens von Y^1
auf Y^2 steigert auf jedem Zinssatzniveau
die reale Geldnachfrage und verschiebt
die gesamte Nachfragekurve nach
oben.

Anstieg des
Realeinkommens

$L(R, Y^2)$

$L(R, Y^1)$

Aggregierte reale
Geldnachfrage

Abbildung 14.2:   **Effekt eines Anstiegs des Realeinkommens auf die aggregierte reale
Geldnachfrage**

Bei einem gegebenen Niveau des realen BNE verursachen Zinssatzänderungen eine
Bewegung entlang der $L(R,Y)$-Kurve. Veränderungen des realen BNE hingegen bewirken
eine Verschiebung der Kurve selbst. Abbildung 14.2 zeigt, wie sich ein Anstieg des realen
BNE von Y^1 auf Y^2 auf die Lage der Kurve auswirkt, welche die aggregierte reale Geldnachfrage wiedergibt. Weil ein Anstieg des realen BNE die aggregierte reale Geldnachfrage bei jedem Zinssatzniveau erhöht, liegt die Kurve $L(R,Y^2)$ rechts von $L(R,Y^1)$, wenn
Y^2 größer ist als Y^1.

14.4 Der Gleichgewichtszinssatz: die Interaktion von Geldangebot und Geldnachfrage

Wie Sie aufgrund Ihres bisherigen Studiums gewiss schon erwarten, befindet sich der Geldmarkt dann im Gleichgewicht, wenn die von der Zentralbank zur Verfügung gestellte Geldmenge (das Geldangebot) gleich der aggregierten Geldnachfrage ist. In diesem Abschnitt wird aufgezeigt, wie der Zinssatz durch das Geldmarktgleichgewicht bestimmt wird. Dabei setzen wir das Preisniveau und die Produktionsmenge, die vorübergehend nicht von monetären Veränderungen betroffen sein sollen, als gegeben voraus.

14.4.1 Geldmarktgleichgewicht

Bei einem Geldangebot von M^S lautet die Bedingung für das Geldmarktgleichgewicht

$$M^S = M^d. \tag{14-3}$$

Nach der Division beider Seiten dieser Gleichung durch das Preisniveau können wir das Geldmarktgleichgewicht in Beziehung zur aggregierten realen Geldnachfrage folgendermaßen darstellen:

$$M^S/P = L(R,Y) \tag{14-4}$$

Bei einem gegebenen Preisniveau P und einer gegebenen Produktionsmenge Y wird der Gleichgewichtszinssatz dadurch bestimmt, dass die aggregierte reale Geldnachfrage gleich dem realen Geldangebot ist.

In Abbildung 14.3 schneidet die Kurve der aggregierten realen Geldnachfrage die Linie des realen Geldangebots in Punkt 1, sodass der Gleichgewichtszinssatz bei R^1 liegt. Das Geldangebot ist als Vertikale durch M^S/P abgebildet, da M^S von der Zentralbank festgelegt und P als gegeben vorausgesetzt ist.

Um zu verstehen, weshalb sich der Zinssatz auf sein Gleichgewichtsniveau einpendelt, nehmen wir an, dass sich der Markt zunächst in Punkt 2 befindet. Der Zinssatz R^2 liegt über R^1.

In Punkt 2 bleibt die reale Geldnachfrage um $Q^1 - Q^2$ hinter dem Angebot zurück, sodass ein Überangebot an Geld entsteht. Wenn die Individuen mehr Geld halten, als sie bei einem gegebenen Zinssatz R^2 wünschen, werden sie versuchen, ihre Liquidität zu vermindern, indem sie einen Teil des Geldes in verzinslichen Vermögenswerten anlegen. Mit anderen Worten, sie versuchen ihr überschüssiges Geld an andere zu verleihen. Da bei R^2 jedoch ein aggregiertes Überangebot an Geld herrscht, kann dies nicht jedem gelingen: Es möchten mehr Menschen zwecks Liquiditätsverringerung Geld verleihen, als Menschen zwecks Liquiditätserhöhung Kredit aufnehmen wollen. Diejenigen, die ihren Geldüberschuss nicht abbauen können, bieten potenziellen Kreditnehmern einen zusätzlichen Anreiz, indem sie den Zinssatz unter R^2 absenken. Der Druck auf den Zinssatz hält so lange an, bis dieser auf R^1 gesunken ist. Bei diesem Zinssatz kann jeder Geld verleihen, der dies möchte, denn das aggregierte Überangebot an Geld hat sich aufgelöst. Das Angebot ist wieder gleich der Nachfrage. Sobald der Markt bei Punkt 1 angelangt ist, gibt es keine weitere Veranlassung für einen sinkenden Zinssatz.[4]

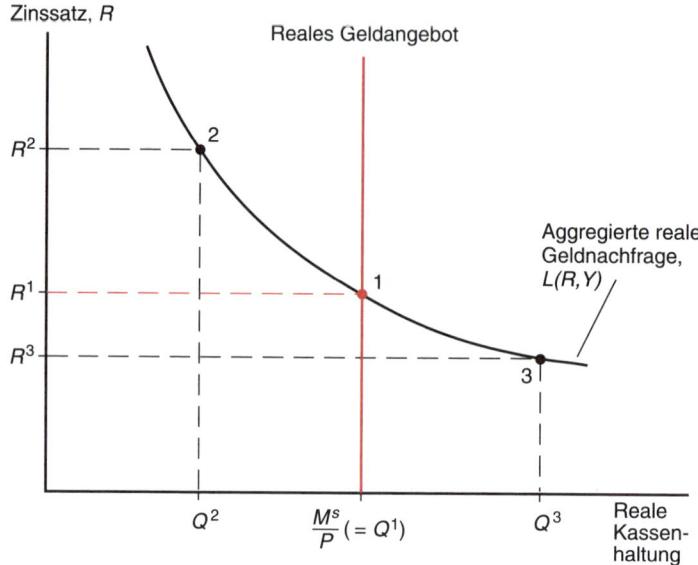

Bei gegebenen P und Y und einem realen Geldangebot von M^S/P befindet sich der Geldmarkt in Punkt 1 im Gleichgewicht. In diesem Punkt ist die aggregierte reale Geldnachfrage gleich dem realen Geldangebot. Der Gleichgewichtszinssatz liegt bei R^1.

Abbildung 14.3:   **Bestimmung des Gleichgewichtszinssatzes**

Entsprechend wird der Zinssatz steigen, wenn er ursprünglich unterhalb von R^1 bei R^3 liegt. Wie Abbildung 14.3 zeigt, besteht in Punkt 3 ein Nachfrageüberschuss nach Geld in Höhe von $Q^3 - Q^1$. Folglich versuchen Individuen verzinsliche Vermögenswerte wie beispielsweise Wertpapiere zu verkaufen, um ihren Geldbestand zu erhöhen. In Punkt 3 gelingt es jedoch nicht jedem, genügend verzinsliche Vermögenswerte zu verkaufen, um seine Geldnachfrage zu befriedigen. Daher bieten die Geldnachfrager an, immer höhere Zinsen zu zahlen, und treiben damit den Zinssatz in Richtung R^1. Erst wenn der Markt Punkt 1 erreicht hat und der Nachfrageüberschuss nach Geld aufgelöst worden ist, kommt der Anstieg des Zinssatzes zum Stillstand.

---

[4]   Man kann diesen Prozess auch unter folgendem Blickwinkel betrachten: Im letzten Kapitel sahen wir, dass die Rendite eines Vermögenswerts sinkt, wenn sein aktueller Preis im Verhältnis zu seinem zukünftigen Wert sinkt. Bei einem Überangebot an Geld werden die aktuellen Geldpreise für illiquide verzinste Vermögenswerte nach oben getrieben, denn die Individuen versuchen, ihren Geldbestand zu verringern. Der Anstieg der aktuellen Preise für diese Vermögenswerte senkt deren Rendite, und da diese Rendite (risikobereinigt) gleich dem Zinssatz ist, muss auch dieser fallen.

Fassen wir unsere Erkenntnisse zusammen: *Der Markt strebt immer die Herstellung eines Zinssatzes an, zu dem das reale Geldangebot gleich der aggregierten realen Geldnachfrage ist. Bei einem Überangebot an Geld sinkt der Zinssatz, bei einem Nachfrageüberschuss nach Geld steigt der Zinssatz.*

14.4.2 Zinssätze und Geldangebot

Abbildung 14.4 zeigt den Effekt einer Erhöhung des Geldangebots bei gegebenem Preisniveau. Ursprünglich befindet sich der Geldmarkt in Punkt 1 im Gleichgewicht. Das Geldangebot liegt bei M^1 und der Zinssatz bei R^1. Da P konstant bleibt, erhöht ein Anstieg des Geldangebots auf M^2 das reale Geldangebot von M^1/P auf M^2/P. Bei einem realen Geldangebot von M^2/P liegt das neue Gleichgewicht in Punkt 2 und der neue, niedrigere Zinssatz bei R^2. Dieser Zinssatz führt dazu, dass die Individuen das erhöhte reale Geldangebot in ihre Kassenhaltung aufnehmen.

Der Prozess, der das Sinken des Zinssatzes auslöst, ist uns inzwischen bekannt. Nachdem die Zentralbank M^S erhöht hat, besteht zu dem alten Gleichgewichtszinssatz, der den Markt bisher ausgeglichen hat, ein reales Überangebot an Geld. Da die Individuen mehr Geld halten, als sie es wünschen, versuchen sie mit ihren überschüssigen Beständen verzinsliche Vermögenswerte zu kaufen. Die Volkswirtschaft als Ganzes kann ihren Geldbestand allerdings nicht ändern. Daher werden die Zinssätze nach unten getrieben, weil die einzelnen Wirtschaftssubjekte versuchen, ihre überschüssigen Geldbestände zu verleihen. Bei Punkt 2 in Abbildung 14.4 ist der Zinssatz so weit gesunken, dass er eine Steigerung der realen Geldnachfrage entsprechend dem Anstieg des realen Geldangebots auslöst.

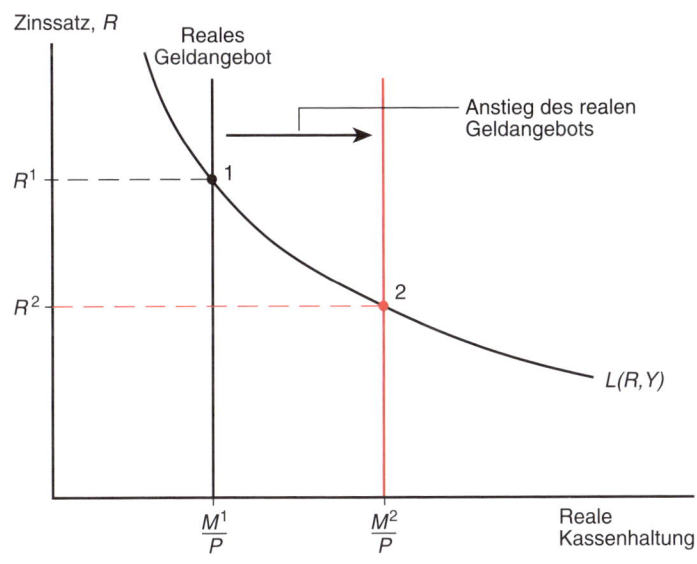

Bei einem gegebenen Preisniveau P und einem gegebenen Realeinkommensniveau Y führt ein Anstieg des Geldangebots von M^1 auf M^2 zu einer Senkung des Zinssatzes von R^1 (Punkt 1) auf R^2 (Punkt 2).

Abbildung 14.4:   Effekt einer Erhöhung des Geldangebots auf den Zinssatz

Wenn das oben beschriebene politische Experiment andersherum verläuft, bedingt eine Senkung des Geldangebots eine Erhöhung der Zinssätze. Ein Absinken von M^1 führt bei dem Zinssatz, der zuvor Angebot und Nachfrage im Gleichgewicht gehalten hatte, zu einer überhöhten Geldnachfrage. Daraufhin versuchen die Individuen, verzinsliche Vermögenswerte zu verkaufen – also Geld zu leihen –, um ihre reale Kassenhaltung wieder aufzufüllen. Da dies bei einer überhöhten Geldnachfrage nicht allen gelingen kann, wird der Zinssatz so lange nach oben getrieben, bis alle auch mit einer kleineren realen Kassenhaltung zufrieden gestellt sind.

Daraus schließen wir, dass *bei gegebenem Preisniveau und gegebener Produktion ein Anstieg des Geldangebots den Zinssatz senkt, während ein Sinken des Geldangebots den Zinssatz erhöht.*

14.4.3   Produktion und Zinssatz

Abbildung 14.5 zeigt, wie sich ein Anstieg des Produktionsniveaus von Y^1 auf Y^2 bei gegebener Geldmenge und gegebenem Preisniveau auf den Zinssatz auswirkt. Wie oben aufgezeigt, führt eine Erhöhung der Produktion dazu, dass sich die gesamte Kurve der aggregierten realen Geldnachfrage nach rechts verschiebt und das Gleichgewicht nicht länger in Punkt 1 liegt. Zum alten Gleichgewichtszinssatz R^1 besteht eine überhöhte Nachfrage nach Geld. Dieser Nachfrageüberschuss ist gleich $Q^2 - Q^1$ (Punkt 1'). Da das reale Geldangebot gegeben ist, wird der Zinssatz so lange nach oben getrieben, bis er den höheren Gleichgewichtsstand R^2 (Punkt 2) erreicht. Ein Produktionsrückgang hat die entgegengesetzten Auswirkungen. Er verschiebt die Kurve für die aggregierte reale Geldnachfrage nach links und verursacht daher ein Absinken des Gleichgewichtszinssatzes.

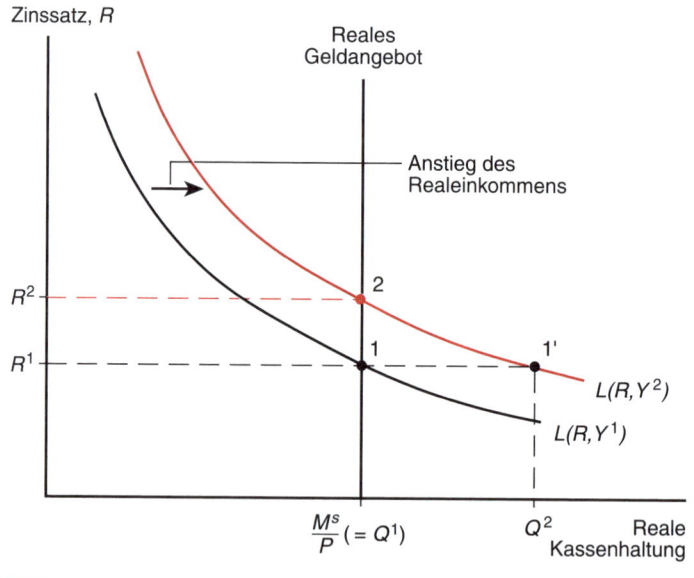

Bei einer gegebenen realen Geldmenge M^S/P $(=Q^1)$ erhöht ein Anstieg des Realeinkommens von Y^1 auf Y^2 den Zinssatz von R^1 (Punkt 1) auf R^2 (Punkt 2).

Abbildung 14.5:   **Effekt eines Anstiegs des Realeinkommens auf den Zinssatz**

Daraus schließen wir, dass *bei gegebenem Preisniveau und gegebenem Geldangebot eine Erhöhung der realen Produktion den Zinssatz hebt, während ein Rückgang der realen Produktion den Zinssatz senkt.*

14.5 Geldangebot und Wechselkurs in kurzer Frist

In Kapitel 13 wurde die Zinsparität erläutert, die bei gegebenen Wechselkurserwartungen den Einfluss von Zinssatzänderungen auf den zukünftigen Wechselkurs prognostiziert. Da wir nun wissen, wie Veränderungen des Geldangebots eines Landes die Verzinsung der in seiner Währung bewerteten Vermögenswerte beeinflussen, können wir auch die Auswirkungen monetärer Veränderungen auf den Wechselkurs analysieren. Wir werden sehen, dass eine Erhöhung der Geldmenge eines Landes zu einer Abwertung seiner Währung auf dem Devisenmarkt führt, während eine Senkung der Geldmenge eine Währungsaufwertung auslöst.

In diesem Abschnitt setzen wir das Preisniveau (ebenso wie die reale Produktion) weiterhin als gegeben voraus. Daher betrifft die Analyse in diesem Abschnitt die **kurze Frist**. Die Analyse eines ökonomischen Ereignisses in der **langen Frist** bezieht die vollständige Anpassung des Preisniveaus (die lange dauern kann) ebenso ein wie die Vollbeschäftigung sämtlicher Produktionsfaktoren. Weiter unten in diesem Kapitel untersuchen wir die langfristigen Effekte von Geldmengenänderungen auf das Preisniveau, den Wechselkurs und andere makroökonomische Variablen. Unsere Analyse der langen Frist wird zeigen, wie sich die Geldmenge auf die Wechselkurserwartungen auswirkt, die wir vorerst weiterhin als gegeben voraussetzen.

14.5.1 Geld, Zinssatz und Wechselkurs im Zusammenhang

Anhand von Abbildung 14.6 soll die Beziehung zwischen Geld und Wechselkurs in kurzer Frist analysiert werden. Dazu kombinieren wir die beiden Schaubilder des Devisenmarktes und des Geldmarktes, die wir bereits getrennt voneinander ausgewertet haben. Nehmen wir als Beispiel wieder den Dollar/Euro-Wechselkurs, d.h. den Preis des Euro in Dollar.

Das erste Schaubild (das wir als Abbildung 13.4 einführten) zeigt das Devisenmarktgleichgewicht und dessen Bestimmung bei gegebenen Zinssätzen und Wechselkurserwartungen. Dieses Schaubild ist im oberen Teil von Abbildung 14.6 wiedergegeben. Der Dollarzinssatz, $R_\$^1$, der sich im Geldmarkt bildet, bestimmt die Lage der Vertikalen.

Wie Ihnen aus Kapitel 13 bekannt ist, zeigt die abfallende Kurve der erwarteten Eurorendite die erwartete Verzinsung von Euroeinlagen in Dollars. Der abfallende Verlauf widerspiegelt die Auswirkung der aktuellen Wechselkurse auf die Abwertungserwartungen: Eine heutige Stärkung des Dollars (ein Absinken von $E_{\$/\€}$) im Verhältnis zu seinem *gegebenen* zukünftigen Stand erhöht die Attraktivität von Euroeinlagen, weil für die Zukunft eine stärkere Abwertung des Dollars zu erwarten ist.

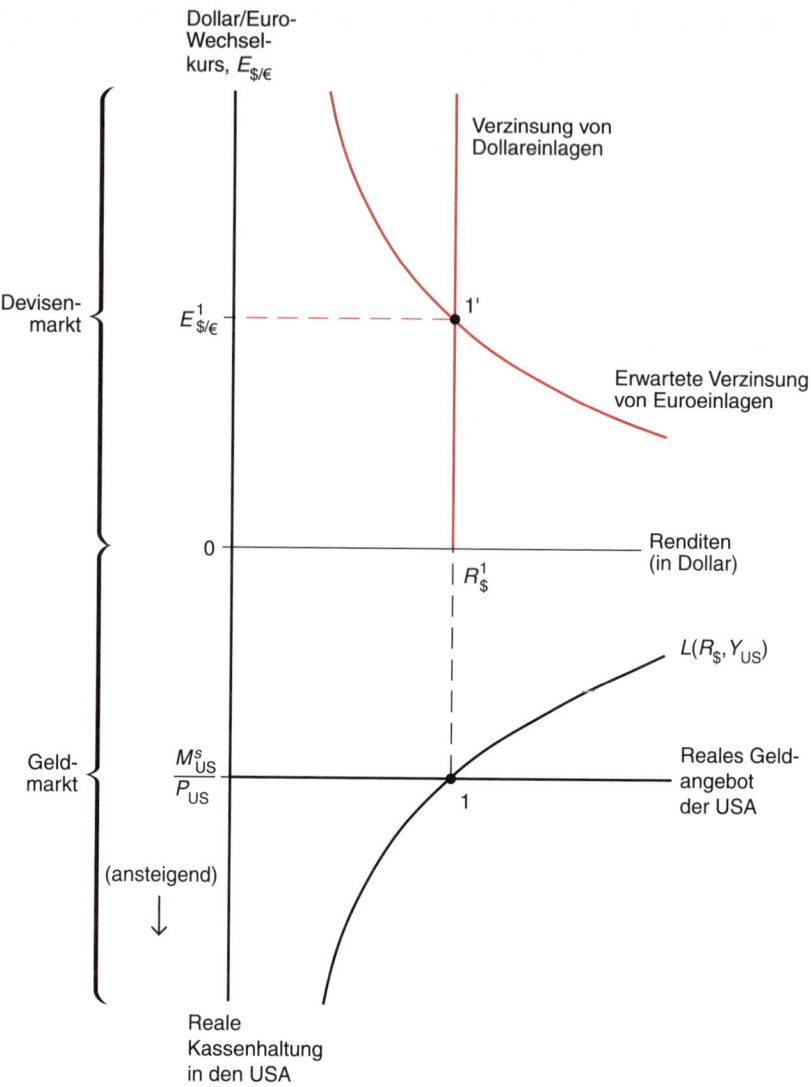

Bei einem Zinssatz $R_\$^1$ und einem Wechselkurs $E_{\$/\euro}^1$ befinden sich beide Vermögensmärkte (Devisenmarkt und Geldmarkt) im Gleichgewicht. Das Geldangebot ist gleich der Geldnachfrage (Punkt 1) und die Zinsparität ist erfüllt (Punkt 1').

Abbildung 14.6:   **Der US-Geldmarkt und der Devisenmarkt im zeitgleichen Gleichgewicht**

Im Schnittpunkt 1' sind die erwarteten Verzinsungen von Dollar- und von Euroeinlagen gleich, sodass die Zinsparität erfüllt ist. $E_{\$/\euro}^1$ ist der Gleichgewichtswechselkurs.

Das zweite Schaubild, das wir für die Analyse der Beziehung zwischen Geld und Wechselkurs benötigen, wurde in Abbildung 14.3 eingeführt. Diese Abbildung zeigt, wie der Gleichgewichtszinssatz eines Landes in seinem Geldmarkt bestimmt wird. Sie ist im unteren Teil der Abbildung 14.6 wiedergegeben. Aus praktischen Gründen wurde die Darstellung allerdings um 90 Grad gedreht, sodass der Dollarzinssatz vom Nullpunkt aus auf der horizontalen Achse abgetragen ist und das reale Geldangebot der USA vom Nullpunkt aus auf der absteigenden vertikalen Achse. Das Geldmarktgleichgewicht liegt in Punkt 1. Der hier gültige Dollarzinssatz $R_\$^1$ führt dazu, dass das reale Geldangebot der USA, M_{US}^S/P_{US}, durch die reale Nachfrage ausgeglichen wird.

Abbildung 14.6 hebt den Zusammenhang zwischen dem US-amerikanischen Geldmarkt (unten) und dem Devisenmarkt (oben) hervor. Der US-Geldmarkt bestimmt den Dollarzinssatz, der wiederum den Wechselkurs beeinflusst, zu dem die Zinsparität erhalten bleibt. (Ein ähnlicher Zusammenhang, der durch Veränderungen des Eurozinssatzes vermittelt wird, besteht natürlich zwischen dem europäischen Geldmarkt und dem Devisenmarkt.)

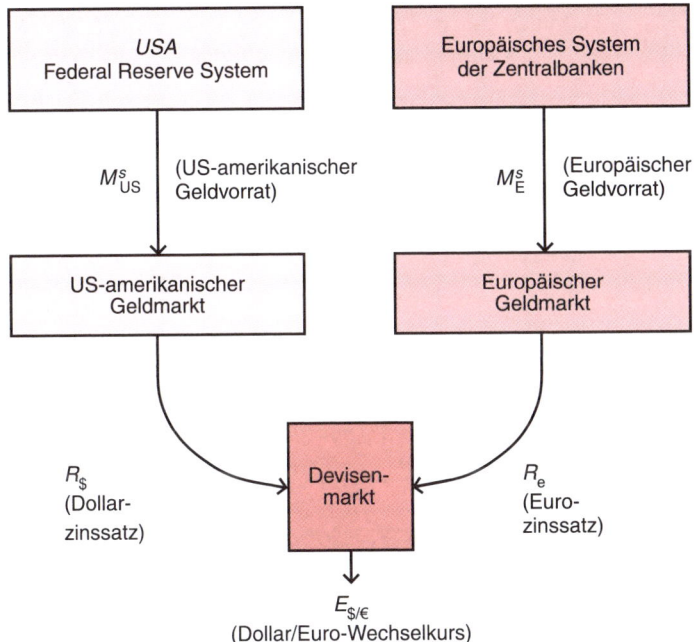

Geldpolitische Maßnahmen des Federal Reserve System wirken sich auf den Zinssatz in den USA aus und ändern dadurch auch den Dollar/Euro-Wechselkurs, bei dem der Devisenmarkt geräumt wird. Das ESZB kann durch Veränderungen von Geldmenge und Zinssatz in Europa Einfluss auf den Wechselkurs nehmen.

Abbildung 14.7: Verbindungen zwischen Geldmarkt und Wechselkurs

Abbildung 14.7 veranschaulicht diese Zusammenhänge. Die Zentralbanken der USA und Europas, das Federal Reserve System und das Europäische System der Zentralbanken (ESZB), bestimmen das Geldangebot in den USA und Europa M_{US}^S und M_E^S, die jeweilige US-amerikanische bzw. europäische Geldmenge. Bei gegebenen Preisniveaus und Nationaleinkommen beider Währungsgebiete führt das Gleichgewicht in beiden Geldmärkten zu den Dollar- und Eurozinssätzen $R_\$$ und $R_€$. Diese Zinssätze gehen in den Devisenmarkt ein, in dem bei gegebenen Erwartungen hinsichtlich des zukünftigen Dollar/Euro-Wechselkurses der aktuelle Wechselkurs, $E_{\$/€}$, von der Zinsparität bestimmt wird.

14.5.2   US-Geldangebot und Dollar/Euro-Wechselkurs

Anhand unseres Modells der Verbindungen zwischen den Vermögensmärkten (zwischen Geld- und Devisenmärkten) stellen wir nun die Frage, wie sich der Dollar/Euro-Wechselkurs ändert, wenn die Federal Reserve die Geldmenge der USA M_{US}^{S} verändert. Abbildung 14.8 fasst die Auswirkungen einer solchen Veränderung zusammen.

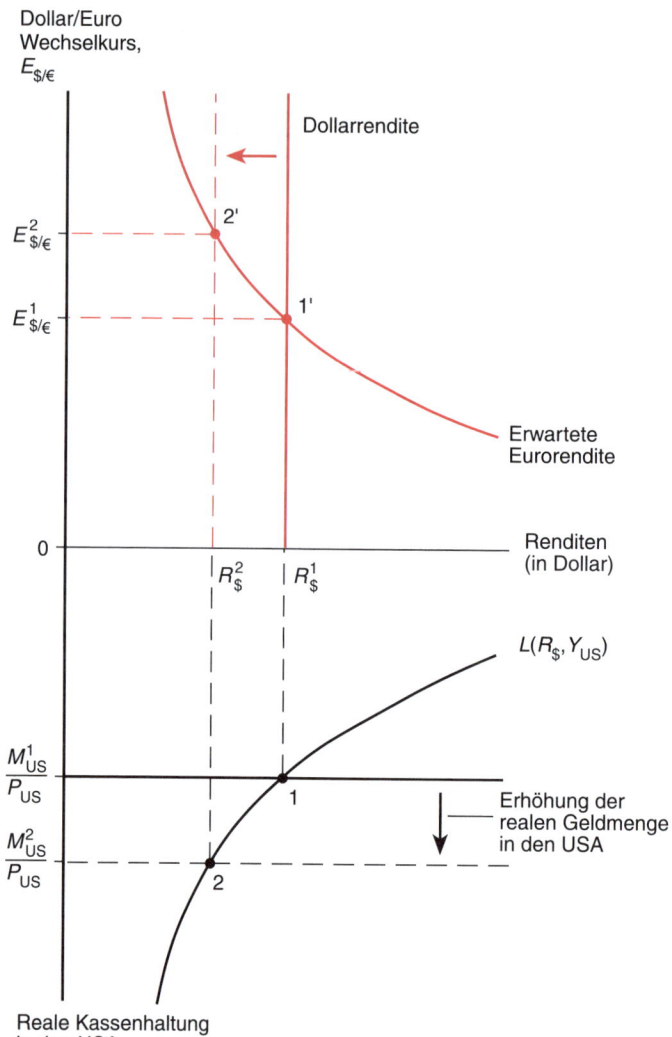

Bei gegebenen P_{US} und Y_{US} führt eine Zunahme der Geldmenge von M_{US}^{1} auf M_{US}^{2} zu einem Rückgang des Dollarzinssatzes (das Geldmarktgleichgewicht wird in Punkt 2 wiederhergestellt) und einer Abwertung des Dollars gegenüber dem Euro (das Devisenmarktgleichgewicht wird in Punkt 2' wiederhergestellt).

Abbildung 14.8:   Effekt einer Erhöhung der US-Geldmenge auf den Dollar/Euro-Wechselkurs und den Dollarzinssatz

Bei der ursprünglichen Geldmenge M_{US}^1 befindet sich der Geldmarkt in Punkt 1 bei dem Zinssatz $R_\$^1$ im Gleichgewicht. Bei gegebenem Eurozinssatz und gegebener Wechselkurserwartung impliziert ein Dollarzinssatz von $R_\$^1$ ein Devisenmarktgleichgewicht in Punkt 1'. Der Wechselkurs ist dann gleich $E_{\$/€}^1$.

Was geschieht, wenn die Federal Reserve die Geldmenge der USA von M_{US}^1 auf M_{US}^2 erhöht? Diese Erhöhung löst folgende Kette von Ereignissen aus: (1) Zum ursprünglichen Zinssatz $R_\$^1$ besteht auf dem US-Geldmarkt ein Überangebot, sodass der Dollarzinssatz auf $R_\$^2$ sinkt und der Geldmarkt ein neues Gleichgewicht (Punkt 2) findet. (2) Zu dem ursprünglich gegebenen Wechselkurs $E_{\$/€}^1$ und dem neuen, niedrigeren Dollarzinssatz $R_\$^2$ ist die erwartete Verzinsung von Euroeinlagen höher als diejenige von Dollareinlagen. Die Besitzer von Dollareinlagen versuchen diese daher gegen momentan attraktivere Euroeinlagen zu verkaufen. (3) Der Dollar wertet auf $E_{\$/€}^2$ ab, da die Besitzer von Dollareinlagen Euroeinlagen nachfragen. Der Devisenmarkt findet in Punkt 2' zu einem neuen Gleichgewicht, weil die Änderung des Wechselkurses auf $E_{\$/€}^2$ die erwartete zukünftige Abwertungsrate des Dollars so weit senkt, dass der Rückgang des Dollarzinssatzes ausgeglichen wird.

Daraus schließen wir, dass *eine Erhöhung der nationalen Geldmenge zu einer Abwertung der Landeswährung im Devisenmarkt führt*. Wenn Sie Abbildung 14.8 in umgekehrter Richtung interpretieren, erkennen Sie, dass *eine Reduzierung der nationalen Geldmenge zu einer Aufwertung der Landeswährung im Devisenmarkt führt*.

14.5.3 Die Geldmenge in Europa und der Dollar/Euro-Wechselkurs

Die Schlussfolgerungen, zu denen wir gelangt sind, treffen auch dann zu, wenn das ESZB die Geldmenge in Europa verändert. Eine Erhöhung von M_E^S führt zu einer Abwertung des Euro (d.h. einer Aufwertung des Dollars bzw. einem Sinken von $E_{\$/€}$), während eine Reduzierung von M_E^S zu einer Aufwertung des Euro führt (d.h. zu einer Abwertung des Dollars bzw. einem Anstieg von $E_{\$/€}$).

Der hier wirkende Mechanismus, der vom europäischen Zinssatz zum Wechselkurs führt, ist derselbe wie oben analysiert. Zu Übungszwecken können Sie diese Aussagen verifizieren, indem Sie den Abbildungen 14.6 und 14.8 entsprechende Schaubilder entwerfen, aus denen die Verbindung zwischen dem europäischen Geldmarkt und dem Devisenmarkt hervorgeht.

An dieser Stelle verwenden wir einen anderen Ansatz, um zu zeigen, wie sich Veränderungen der europäischen Geldmenge auf den Dollar/Euro-Wechselkurs auswirken. In Kapitel 13 erfuhren wir, dass eine Senkung des Eurozinssatzes, $R_€$, die abfallende Kurve im oberen Teil von Abbildung 14.6 nach links verschiebt. Der Grund liegt darin, dass ein Sinken von $R_€$ bei jedem Wechselkursniveau die erwartete Verzinsung von Euroeinlagen reduziert. Da ein Anstieg der europäischen Geldmenge M_E^S $R_€$ senkt, können wir seine Auswirkungen auf den Wechselkurs ablesen, indem wir die Kurve der erwarteten Eurorendite im oberen Teil von Abbildung 14.6 nach links verschieben.

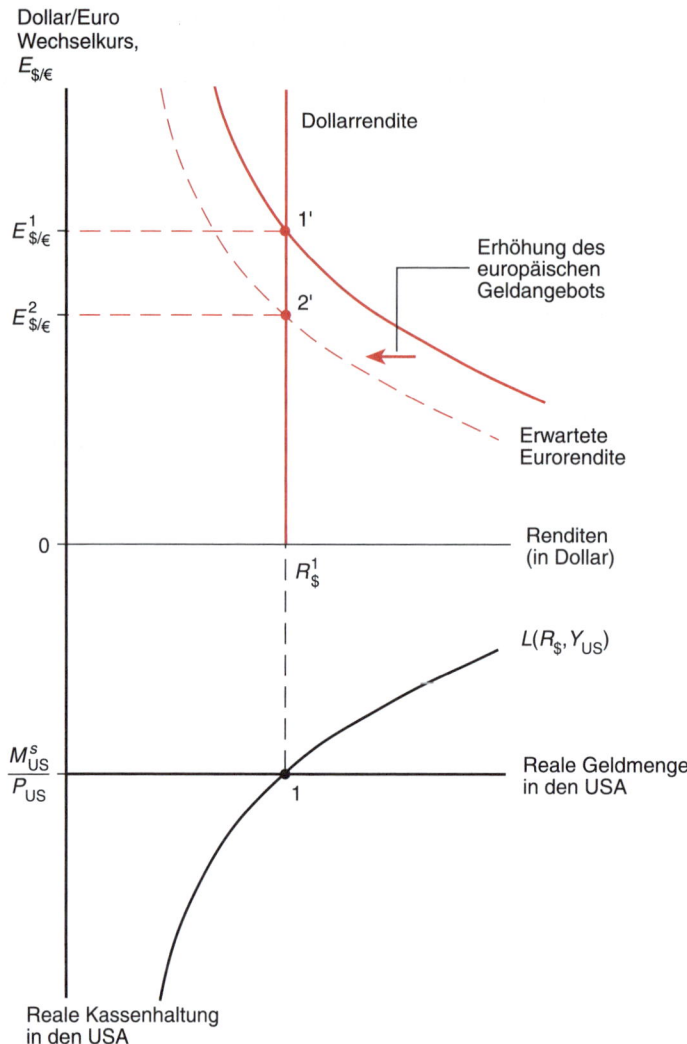

Eine Erhöhung der
europäischen
Geldmenge senkt
die Dollarverzin-
sung von Euroein-
lagen (dadurch
verschiebt sich die
Kurve der erwarte-
ten Eurorendite
nach links) und
führt dadurch zu
einer Aufwertung
des Dollars gegen-
über dem Euro.
Das Devisenmarkt-
gleichgewicht
wandert von Punkt
1' nach Punkt 2',
doch das Gleich-
gewicht des US-
Geldmarkts ver-
bleibt bei Punkt 1.

Abbildung 14.9:   **Effekt einer Erhöhung der europäischen Geldmenge**
                        auf den Dollar/Euro-Wechselkurs

Abbildung 14.9 zeigt das Resultat einer Erhöhung der europäischen Geldmenge. Ursprünglich liegt das Gleichgewicht des US-Geldmarkts in Punkt 1 und das Devisenmarktgleichgewicht in Punkt 1'. Der dazugehörige Wechselkurs ist $E^1_{\$/\euro}$. Eine Erhöhung der europäi-
schen Geldmenge senkt $R_\euro$ und verschiebt daher die Kurve, welche die Beziehung zwischen
der erwarteten Verzinsung von Euroeinlagen und dem Wechselkurs anzeigt, nach links. Das
Devisenmarktgleichgewicht wird in Punkt 2' bei einem Wechselkurs von $E^2_{\$/\euro}$ wiederherge-
stellt. Infolge einer Erhöhung der europäischen Geldmenge wertet also der Euro gegenüber
dem Dollar ab (der Preis des Euro in Dollar sinkt). Umgekehrt würde bei einer Reduzierung
der europäischen Geldmenge der Euro gegenüber dem Dollar aufwerten ($E_{\$/\euro}$ würde stei-

gen). Die Veränderung der europäischen Geldmenge hat keinen Einfluss auf das Geldmarktgleichgewicht in den USA, das bei Punkt 1 verbleibt.[5]

14.6 Geld, Preisniveau und Wechselkurs in langer Frist

Unsere Analyse der Verbindung zwischen Geld- und Devisenmarkt in kurzer Frist setzte aus Gründen der Vereinfachung Preisniveau und Wechselkurserwartung als gegeben voraus. Zur Erweiterung unseres Verständnisses der Auswirkungen von Geldangebot und Geldnachfrage auf die Wechselkurse untersuchen wir nun den Einfluss monetärer Faktoren auf das Preisniveau eines Landes in langer Frist.

Das **langfristige Gleichgewicht** einer Volkswirtschaft ist der Zustand, der sich schließlich einstellen würde, wenn im Laufe der Anpassung an Vollbeschäftigung keine neuen ökonomischen Schocks auftreten. Man kann sich das langfristige Gleichgewicht folgendermaßen vorstellen: Es würde herrschen, wenn sämtliche Löhne und Preise genügend Zeit gehabt hätten, sich auf das Niveau einzupendeln, bei dem der Markt geräumt wird. Mit anderen Worten: Es würde eintreten, wenn die Preise völlig flexibel wären und sich immer sofort so anpassen würden, dass die Vollbeschäftigung aufrechterhalten bliebe.

Im Folgenden werden wir untersuchen, wie sich monetäre Veränderungen in langer Frist auswirken und das langfristige Gleichgewicht einer Volkswirtschaft verschieben. Auch hier ist die Theorie der aggregierten Geldnachfrage unser wichtigstes Instrument der Analyse.

14.6.1 Geld und Geldpreise

Wenn Preisniveau und Produktion in kurzer Frist fix sind, wird der inländische Zinssatz R durch das Geldmarktgleichgewicht (14.4) bestimmt, das folgendermaßen definiert ist:

$$M^S/P = L(R,Y)$$

Der Geldmarkt bewegt sich jedoch immer in Richtung seines Gleichgewichts, selbst wenn wir unsere „kurzfristige" Annahme aufgeben und von Zeitspannen ausgehen, in denen sich Y und R verändern können. Die oben angeführte Gleichgewichtsbedingung kann folgendermaßen umgeformt werden:

$$P = M^S/L(R,Y) \qquad \text{(14-5)}$$

Diese Form zeigt die Abhängigkeit des Preisniveaus von Zinssatz, realer Produktion und inländischem Geldangebot.

---

[5]   Das Geldmarktgleichgewicht der USA bleibt deshalb bei Punkt 1, weil Preisanpassungen, die den europäischen Geldmarkt und den Devisenmarkt nach der Erhöhung des europäischen Geldangebots ins Gleichgewicht bringen, bei gegebenen Y_{US} und P_{US} weder Geldangebot noch Geldnachfrage in den USA verändern.

Das Preisniveaugleichgewicht in langer Frist ist derjenige Wert P, für den die Bedingung (14-5) erfüllt ist, wenn sich Zinssatz und Produktion auf ihren langfristigen, mit Vollbeschäftigung konsistenten Niveaus befinden. Wenn sich der Geldmarkt im Gleichgewicht befindet und sämtliche Produktionsfaktoren vollständig eingesetzt sind, bleibt das Preisniveau dann stabil, wenn Geldangebot, aggregierte Geldnachfrage und auch die langfristigen Werte von R und Y stabil bleiben.

Eine der wichtigsten Prognosen, die aus der oben angegebenen Gleichung für P folgt, betrifft die Beziehung zwischen dem Preisniveau eines Landes und seiner Geldmenge M^S: *Bei ansonsten gleichen Bedingungen führt eine Erhöhung der Geldmenge eines Landes zu einem proportionalen Anstieg seines Preisniveaus.* Wenn sich beispielsweise die Geldmenge verdoppelt (auf $2M^S$), während Produktion und Zinssatz unverändert bleiben, muss sich auch das Preisniveau verdoppeln (auf $2P$), um das Gleichgewicht auf dem Geldmarkt aufrechtzuerhalten.

Die ökonomischen Überlegungen, die dieser ausgesprochen präzisen Prognose zugrunde liegen, ergeben sich aus unserer Beobachtung, dass sich die Nachfrage nach Geld auf eine *reale* Kassenhaltung richtet: Die reale Geldnachfrage wird von einer Erhöhung von M^S, die R und Y (und damit die aggregierte reale Geldnachfrage $L(R,Y)$) unverändert lässt, nicht beeinflusst. Wenn sich allerdings die aggregierte reale Geldnachfrage nicht verändert, wird der Geldmarkt nur dann im Gleichgewicht bleiben, wenn auch das reale Geldangebot gleich bleibt. Um das reale Geldangebot M^S/P konstant zu halten, muss P proportional zu M^S steigen.

14.6.2   Die Effekte von Geldmengenänderungen in langer Frist

Unsere Theorie über die Wirkungen der Geldmenge bei *gegebenem* Zinssatz und *gegebener* Produktion sagt noch nichts darüber aus, wie sich Veränderungen der Geldmenge in langer Frist auf das Preisniveau auswirken. Um eine solche Theorie zu entwickeln, müssen wir zunächst die langfristigen Auswirkungen einer Geldmengenänderung auf den Zinssatz und die Produktion bestimmen. Dies ist einfacher, als es auf den ersten Blick erscheinen mag. Wir vertreten den Standpunkt, dass *eine Veränderung der Geldmenge keine Auswirkung auf die langfristigen Zinssätze oder die reale Produktion hat*.[6]

---

[6] Diese Aussage bezieht sich nur auf Veränderungen im *Niveau* der nominalen Geldmenge und nicht, beispielsweise, auf Veränderungen der *Rate*, mit der diese wächst. Die Aussage, dass eine einmalige Veränderung des Geldmengenniveaus keine Auswirkungen auf die langfristigen Werte der realen ökonomischen Variablen hat, wird oft als die *langfristige Neutralität des Geldes* bezeichnet. Veränderungen der Wachstumsrate der Geldmenge müssen hingegen langfristig nicht neutral sein. Eine anhaltende Veränderung der monetären Wachstumsrate wird zumindest nach einiger Zeit das Gleichgewicht des realen Geldausgleichs beeinträchtigen, indem es den Geldzinssatz erhöht (dies ist Thema des nächsten Kapitels).

Die langfristigen Auswirkungen der Geldmenge auf die Zinssätze und die Produktion macht man sich am besten anhand einer *Währungsreform* klar, bei der ein Staat seine nationalen Währungseinheiten neu definiert. Die französische Regierung hat beispielsweise zum 1. Januar 1960 eine Währungsreform durchgeführt, indem sie einfach „neue" französische Francs herausgab, die 100 „alte" Francs wert waren. Infolge dieser Reform wurde die Zahl der umlaufenden Währungseinheiten reduziert und alle Francpreise auf ein Hundertstel ihres alten Francwerts reduziert. Doch diese Neudefinition der Geldeinheit hatte keine Auswirkungen auf die reale Produktion, den Zinssatz oder die relativen Güterpreise. Es geschah nichts weiter als eine Veränderung sämtlicher in Francs gemessener Werte auf einen Schlag. Ein Beschluss, Entfernungen künftig nicht mehr in Meilen, sondern in halben Meilen zu messen, hätte ebenso wenig Einfluss auf die realen ökonomischen Variablen wie die Entscheidung der französischen Regierung, bei jeder in Geld gemessenen Größe zwei Nullen zu streichen.

Eine Erhöhung der Geldmenge eines Landes hat in langer Frist denselben Effekt wie eine Währungsreform. Eine Verdopplung der Geldmenge hat beispielsweise denselben langfristigen Effekt wie eine Währungsreform, bei der jede Währungseinheit durch zwei Einheiten einer „neuen" Währung ersetzt wird. Wenn sich die Volkswirtschaft im Vollbeschäftigungszustand befunden hat, verdoppeln sich dadurch alle ihre Geldpreise; doch das reale BNE, der Zinssatz und sämtliche relativen Preise kehren zu ihrem langfristigen bzw. Vollbeschäftigungsniveau zurück.

Weshalb wirkt sich eine Veränderung der Geldmenge in derselben Weise auf das langfristige Gleichgewicht der Volkswirtschaft aus wie eine Währungsreform? Das reale Produktionsniveau bei Vollbeschäftigung wird durch die Ausstattung der Volkswirtschaft mit Arbeit und Kapital bestimmt, hängt also in langer Frist nicht von der Geldmenge ab. In ähnlicher Weise ist der Zinssatz in langer Frist nicht von der Geldmenge abhängig. Wenn sich die Geldmenge und sämtliche Preise ständig verdoppeln, besteht kein Grund, weshalb Individuen, die heute bereit sind, $1 von heute gegen $1,10 in einem Jahr einzutauschen, zu einem späteren Zeitpunkt nicht bereit sein sollten, $2 von heute gegen $2,20 in einem weiteren Jahr einzutauschen, sodass der Zinssatz bei 10 Prozent pro Jahr bleiben wird. Auch die relativen Preise bleiben bei einer Verdopplung sämtlicher Geldpreise gleich, denn sie geben Verhältnisse zwischen Geldpreisen wieder. Veränderungen der Geldmenge ändern also nichts an der langfristigen Allokation der Ressourcen. Lediglich das absolute Niveau der Geldpreise ändert sich.[7]

Wenn wir den Effekt einer Erhöhung der Geldmenge über lange Zeitspannen hinweg untersuchen, dürfen wir daher getrost annehmen, dass die langfristigen Werte von R und Y von einer Änderung der Geldmenge unberührt bleiben. Daher können wir aus Glei-

---

[7] Um genauer zu verstehen, weshalb eine einmalige Veränderung der Geldmenge das langfristige Zinssatzniveau nicht ändert, kann man sich vor Augen führen, dass in Geld gemessene Zinssätze die relativen Preise von Währungseinheiten zu verschiedenen Zeitpunkten angeben. Wenn der Dollarzinssatz R Prozent jährlich beträgt, dann erhält man für $1, den man heute weggibt, in einem Jahr $ (1+R) zurück. 1/(1+R) ist also der relative Preis zukünftiger Dollars in heutigen Dollars, und dieser relative Preis würde sich nicht ändern, wenn der reale Wert der Währungseinheiten für beide Zeitpunkte um denselben Faktor herauf- oder herabgesetzt würde.

chung (14-5) folgenden Schluss ziehen: Eine ständige Erhöhung der Geldmenge führt zu einer proportionalen Erhöhung des langfristigen Preisniveauwerts. *Insbesondere unter Vollbeschäftigungsbedingungen wird einer ständigen Erhöhung der Geldmenge einer Volkswirtschaft schließlich ein proportionaler Anstieg ihres Preisniveaus folgen.*

14.6.3   Empirische Beispiele für Geldmengen und Preisniveaus

Bei realen Geld- und Preisdaten dürfen wir keine exakte Proportionalität über lange Zeiträume hinweg erwarten. Zum Teil ist dies dadurch bedingt, dass sich Produktion, Zinssatz und aggregierte reale Geldnachfrage aus Gründen verändern können, die nichts mit der Geldmenge zu tun haben. Veränderungen der Produktion können beispielsweise auf Kapitalakkumulation oder technologische Fortschritte zurückgehen, und das Geldnachfrageverhalten verändert sich manchmal infolge demografischer Trends oder finanztechnischer Innovationen wie beispielsweise dem elektronischen Zahlungsverkehr. Außerdem befinden sich Volkswirtschaften selten im Zustand des langfristigen Gleichgewichts. Dennoch müssten die Statistiken einen klaren Zusammenhang zwischen Geldmenge und Preisniveau erkennen lassen. Wenn die Realität keine eindeutigen Hinweise auf die wechselseitige Abhängigkeit von Geldmenge und Preisniveau in langer Frist liefern würde, dann wären ernste Zweifel an der von uns entwickelten Theorie der Geldnachfrage angebracht.

Abbildung 14.10 zeigt den Zusammenhang zwischen Geldmenge und Preisniveau für die sieben größten Industrienationen der Welt. Die horizontale Achse misst den prozentualen Anstieg der Geldmenge von 1973 bis 1997, die vertikale Achse den prozentualen Anstieg des Preisniveaus. Wie Sie sehen, ist für diese Gruppe von Ländern eine starke Beziehung zwischen Geldmenge und Preisniveau erkennbar. Je näher ein Land an der 45-Grad-Linie eingetragen ist, desto stärker der proportionale Einklang zwischen Geldmengen- und Preisniveausteigerung von 1973 bis 1997. In mehreren Fällen weichen die Messungen jedoch weit von der 45-Grad-Linie ab, die dem proportionalen Verlauf von Geldmengen- und Preissteigerungen entsprechen würde. In Deutschland beispielsweise stieg das Preisniveau um einen weitaus geringeren Prozentsatz als die Geldmenge, wie sich an seiner Position weit unterhalb der 45-Grad-Linie ablesen lässt.

Wie oben festgestellt, sind diese Diskrepanzen zu erwarten, weil die Theorie der Geldnachfrage exakt proportionale Steigerungen der Geldmengen- und Preisniveaus nur für den Fall voraussagt, dass alle anderen Faktoren (wie beispielsweise das reale Pro-Kopf-Einkommen) in dem betrachteten Zeitraum unverändert bleiben. Doch diese anderen Faktoren sind in den gezeigten Ländern nicht konstant geblieben. In denjenigen Ländern, die nahe bei der 45-Grad-Linie in Abbildung 14.10 liegen, haben sich die neben der Geldmenge wirkenden Faktoren in etwa die Waage gehalten. Die wichtigste Folgerung aus Abbildung 14.10 lautet, dass die empirischen Daten den starken langfristigen Zusammenhang bestätigen, den die Wirtschaftswissenschaften für die nationale Geldmenge und das nationale Preisniveau prognostizieren.

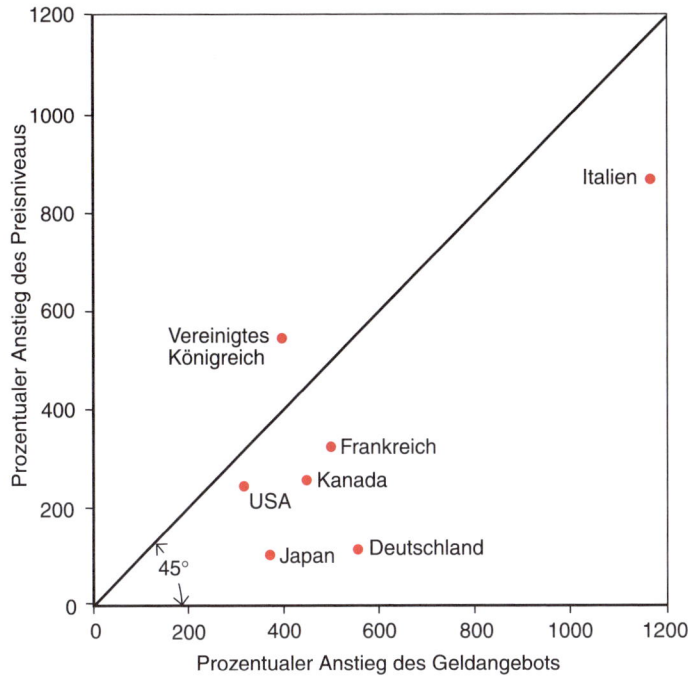

In einem Querschnitt von Ländern weisen die langfristigen Veränderungen der Geldmenge und des Preisniveaus eine klare positive Korrelation auf. (Die diagonale Linie entspricht einer exakt proportionalen Entwicklung von Geldmenge und Preisniveau.) **Quelle:** OECD, Main Economic Indicators, und IWF, International Financial Statistics.

Abbildung 14.10: Zunahme der Geldmenge und Änderung des Preisniveaus in den sieben wichtigsten Industrieländern, 1973-1997

14.6.4 Geld und Wechselkurs in langer Frist

Der Preis einer Auslandswährung in Inlandswährung (der Devisenkurs) ist einer der zahlreichen Preise einer Volkswirtschaft, die nach einer ständigen Erhöhung der Geldmenge in langer Frist steigen. Wenn Sie sich noch einmal die Auswirkungen einer Währungsreform in Erinnerung rufen, erkennen Sie die langfristige Entwicklung des Wechselkurses. Nehmen Sie beispielsweise an, dass die Regierung der USA je zwei „alte" Dollars durch einen „neuen" Dollar ersetze. Wenn der Dollar/Euro-Wechselkurs vor dieser Reform 1,20 *alte* Dollars pro Euro betragen hätte, dann würde er unmittelbar nach der Reform auf 0,60 *neue* Dollars fallen. In ganz ähnlicher Weise würde eine Halbierung der Geldmenge in den USA schließlich zu einer Aufwertung des Dollars von 1,20 Dollar/Euro auf 0,60 Dollar/Euro führen. Da auch die Preise sämtlicher US-amerikanischen Güter und Dienstleistungen in Dollars halbiert würden, lässt diese Aufwertung des Dollars um 50 Prozent die *relativen* Preise sämtlicher in- und ausländischen Güter und Dienstleistungen unberührt.

Daraus schließen wir, dass bei ansonsten gleichen Bedingungen *eine ständige Erhöhung der Geldmenge eines Landes in langer Frist zu einer Abwertung der Landeswährung gegenüber Auslandswährungen führt. Entsprechend führt eine ständige Senkung der Geldmenge eines Landes in langer Frist zu einer proportionalen Aufwertung seiner Währung gegenüber Auslandswährungen.*

Beispiel 14.1: Inflation und Geldmengenwachstum in Lateinamerika

Die starken Schwankungen der Inflationsraten, die Lateinamerika in den vergangenen Jahren erlebte, machen die Region zum idealen Objekt einer Fallstudie über die Beziehung zwischen Geldmenge und Preisniveau. Die Inflation war in Lateinamerika mehr als zehn Jahre lang hoch und variabel gewesen (mehr dazu in Kapitel 22). Mitte der 1990er Jahre versuchte man daher, die Inflation mit Hilfe makroökonomischer Reformen zu senken. Aufgrund unserer Theorien müsste man erwarten, dass derart starke Schwankungen der Inflationsraten von entsprechenden Schwankungen der Wachstumsraten der Geldmenge begleitet werden. Die unten stehende Abbildung bestätigt diese Vermutung. Sie setzt die jährlichen Wachstumsraten der Geldmenge in Beziehung zu den jährlichen Inflationsraten: Im Durchschnitt sind die Jahre mit einem höheren Wachstum der Geldmenge auch diejenigen mit höherer Inflation.

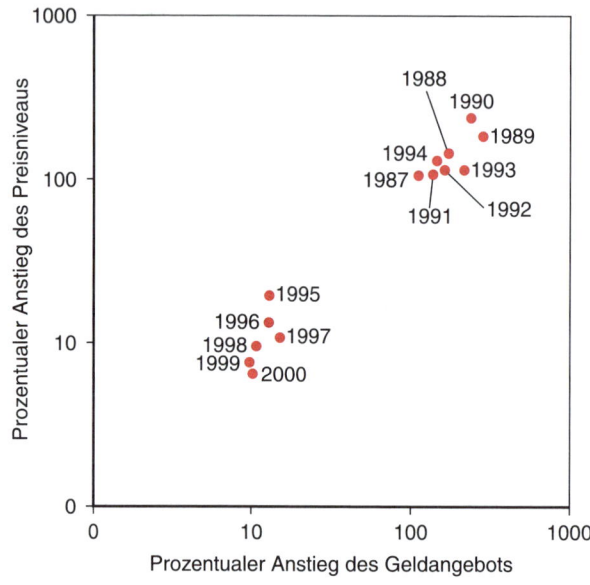

Für jedes Jahr zeigt sich eine starke positive Beziehung zwischen dem durchschnittlichen Wachstum der Geldmenge und der Inflation in Lateinamerika. (Beide Achsen sind mit logarithmischen Maßstäben versehen.) Quelle: IWF, World Economic Outlook, Mai 1995, Oktober 1997, Mai 2001. Die Gewichtung der regionalen Aggregate richtet sich nach dem Anteil ihres BIP am BIP der gesamten Region.

Durchschnittliches jährliches Wachstum der Geldmenge und Inflation in Entwicklungsländern der westlichen Hemisphäre, 1987-2000

14.7   Inflation und Wechselkursdynamik

In diesem Abschnitt verbinden wir unsere Erkenntnisse über die Effekte monetärer Veränderungen in langer und kurzer Frist, indem wir untersuchen, wie sich das Preisniveau an die lange Frist anpasst. Ein steigendes Preisniveau einer Volkswirtschaft ist gleichbedeutend mit einer **Inflation**, ein fallendes Preisniveau mit einer **Deflation**. Die Analyse der Inflation bietet uns einen tieferen Einblick in die Anpassung des Wechselkurses an monetäre Störungen der Volkswirtschaft.

14.7.1 Preisstarrheit in kurzer Frist versus Preisflexibilität in langer Frist

Bei unserer Analyse der kurzfristigen Effekte monetärer Veränderungen gingen wir davon aus, dass sich das Preisniveau eines Landes im Unterschied zum Wechselkurs nicht sprunghaft verändert. Diese Annahme kann nicht ganz richtig sein, denn zahlreiche Waren, beispielsweise Agrarprodukte, werden in Märkten gehandelt, in denen die Preise je nach Angebot und Nachfrage von Tag zu Tag ganz unterschiedlich sind. Außerdem beeinflussen auch Wechselkursänderungen die Preise einiger handelbarer Güter und Dienstleistungen, die in den das Preisniveau definierenden Warenkorb eingehen.

Zahlreiche Preise einer Volkswirtschaft sind allerdings in langfristigen Verträgen festgeschrieben und können Änderungen der Geldmenge nicht unmittelbar folgen. Die wichtigsten solchen Preise sind die Löhne, die in vielen Wirtschaftszweigen jeweils für einen bestimmten Zeitraum ausgehandelt werden. Die Löhne gehen nicht unmittelbar in Preisindices ein, machen aber einen großen Anteil der Produktionskosten von Gütern und Dienstleistungen aus. Da die Preise der Produkte stark von den Produktionskosten abhängig sind, wirkt die Trägheit der Lohnentwicklung auf das Verhalten des Gesamtpreisniveaus zurück. Abbildung 14.11 veranschaulicht die relative „Starrheit" des Preisniveaus. Sie vergleicht die monatliche prozentuale Veränderung des Dollar/DM-Wechselkurses, $E_{\$/DM}$, mit der monatlichen prozentualen Veränderung im Verhältnis der Preisniveaus in den USA und Deutschland, P_{US}/P_{G}. (Die DM, die der Euro 1999 ablöste, wurde noch bis 2002 als Zahlungsmittel in Deutschland anerkannt.) Wie Sie sehen, ist der Wechselkurs weitaus variabler als das relative Preisniveau. Dieser Befund steht im Einklang mit der Auffassung, dass Preisniveaus in kurzer Frist relativ starr sind. Das in dieser Abbildung gezeigte Muster wiederholt sich für die vergangenen Jahre in sämtlichen wichtigen Industrienationen. Im Lichte dieser und anderer empirischer Belege nehmen wir das Preisniveau für die kurze Frist weiterhin als gegeben an und schließen aus, dass es sprunghaft auf politische Veränderungen reagiert.

Es wäre jedoch verfehlt, diese Annahme für sämtliche Länder und Zeiten vorauszusetzen. Unter Bedingungen einer extremen Inflation, wie man sie in den 1980er Jahren in einigen lateinamerikanischen Ländern erlebte, werden bisweilen gar keine langfristige Verträge über inländische Geldzahlungen mehr abgeschlossen. Außerdem werden unter diesen Bedingungen die Löhne oftmals automatisch an die Veränderung des Preisniveaus angepasst. Unter diesen Umständen ist das Preisniveau weitaus weniger starr als bei einer mäßigen Inflation und kann sich durchaus sprunghaft verändern (siehe die Textkästen zur Inflation in Lateinamerika und in Bolivien).

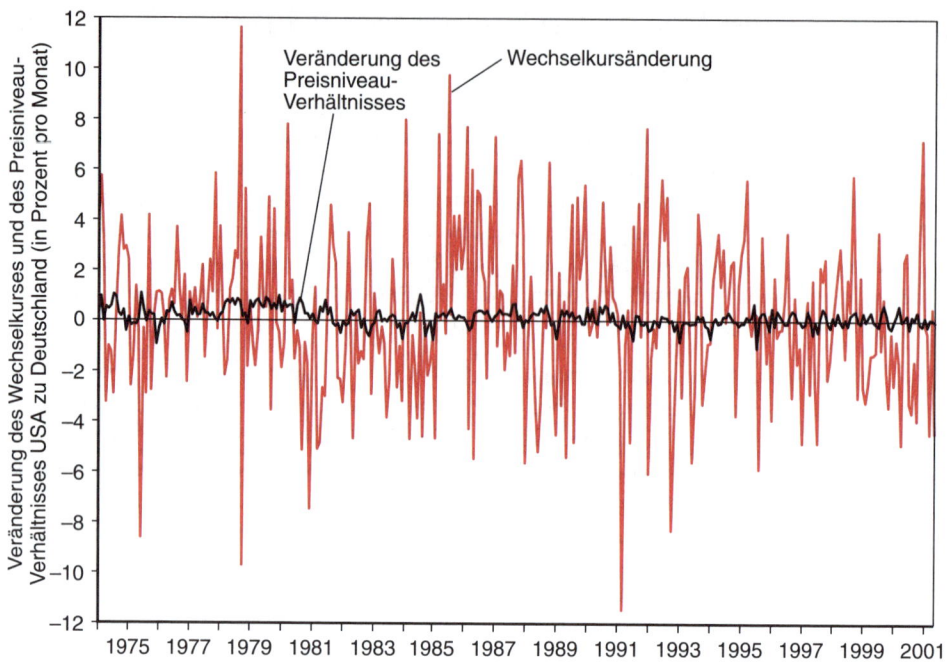

Die weitaus größere monatliche Veränderlichkeit des Wechselkurses lässt erkennen, dass das Preisniveau in der kurzen Frist relativ starr ist.
Quelle: OECD, Main Economic Indicators

Abbildung 14.11:   Monatliche Veränderlichkeit des Dollar/DM-Wechselkurses und des
Preisniveau-Verhältnisses der USA und Deutschlands, 1974-2001

Unsere Analyse, die für die kurze Frist Preisstarrheit annimmt, ist daher am ehesten auf
Länder anwendbar, die in ihrer Geschichte eine relative Stabilität des Preisniveaus aufweisen, wie beispielsweise die USA. Selbst in Ländern mit traditionell geringer Inflation
findet eine lebhafte wissenschaftliche Debatte darüber statt, ob scheinbar starre Löhne
und Preise nicht in Wirklichkeit recht flexibel sind.[8]

Obwohl die Preisniveaus in vielen Ländern augenscheinlich in kurzer Frist starr sind,
erzeugt eine Veränderung der Geldmenge einen unmittelbaren Nachfrage- und Kosten-
druck, der *in der Zukunft* schließlich zu Erhöhungen des Preisniveaus führt. Dieser Druck
entstammt im Wesentlichen drei Quellen:

---

[8] Einen Einblick in diese Debatte und in die empirischen Daten, die eine erhebliche Starrheit der
aggregierten Preise und Löhne in den USA widerspiegeln, bietet das in den Literaturhinweisen
aufgeführte Buch von Hall und Taylor. Weitere Zusammenfassungen der Daten aus den USA
bietet Mark A. Wynne, „Sticky Prices: What is the Evidence?", in: *Federal Reserve Bank of
Dallas Economic Review*, 1. Quartal 1995, S. 1-12, und John B. Taylor, „Staggered Price and
Wage Setting in Macroeconomics", in: John B. Taylor und Michael Woodford, Hrsg., *Handbook
of Macroeconomics*, Amsterdam 1999.

1. *Nachfrageüberschuss in den Bereichen Produktion und Arbeit.* Eine Erhöhung der Geldmenge führt zu einer Ausdehnung der wirtschaftlichen Tätigkeit, indem sie die Gesamtnachfrage nach Endprodukten und Dienstleistungen erhöht. Um dieser Nachfrage gerecht zu werden, müssen die Produzenten von Gütern und Dienstleistungen ihre Beschäftigten zu Überstunden heranziehen und Neueinstellungen vornehmen. Selbst wenn die Löhne in kurzer Frist gegeben sind, versetzt die gewachsene Nachfrage nach Arbeit die Beschäftigten in die Lage, bei der nächsten Verhandlungsrunde eine höhere Entlohnung zu fordern. Die Produzenten sind bereit, diese höheren Löhne zu zahlen, denn sie wissen, dass es während eines konjunkturellen Aufschwungs ein Leichtes sein wird, die höheren Löhne über höhere Produktpreise an die Konsumenten weiterzureichen.

2. *Inflationserwartungen.* Wenn allgemein ein zukünftiger Anstieg des Preisniveaus erwartet wird, steigt das heutige Inflationstempo. Die Beschäftigten werden in Tarifverhandlungen auf höheren Geldlöhnen bestehen, um die Auswirkungen der erwarteten allgemeinen Preissteigerung auf ihre *Real*löhne abzuwehren. Die Produzenten werden diesen Lohnforderungen abermals nachgeben, weil sie davon ausgehen, sie aufgrund ansteigender Produktpreise begleichen zu können.

3. *Rohstoffpreise.* Viele in der Herstellung von Endprodukten eingesetzten Rohstoffe, zum Beispiel Rohölprodukte und Metalle, werden in Märkten verkauft, in denen sich die Preise selbst in kurzer Frist stark an Angebot und Nachfrage anpassen. Indem eine Erhöhung der Geldmenge einen abrupten Anstieg solcher Rohstoffpreise auslöst, hebt sie die Produktionskosten in rohstoffverarbeitenden Wirtschaftszweigen. Infolgedessen werden die Produzenten dieser Wirtschaftszweige schließlich ihre Produktpreise erhöhen, um diese Kostensteigerungen auszugleichen.

Beispiel 14.2: Geldmengenwachstum und Hyperinflation in Bolivien

In den Jahren 1984 und 1985 erlebte das kleine lateinamerikanische Land Bolivien eine Hyperinflation – eine explosionsartige und scheinbar unkontrollierbare Inflation, in der das Geld rasch an Wert verliert und bisweilen gar nicht mehr verwendet wird.* Eine Hyperinflation erzeugt derart gewaltige monetäre Veränderungen, dass sich die „langfristigen" Effekte der Geldmenge auf das Preisniveau sehr schnell einstellen können. Sie bietet daher die Möglichkeit, die Theorien über die Auswirkungen der Geldmenge auf die Preise in langer Frist unter Laborbedingungen zu testen.

Auf der folgenden Seite sind einige Angaben über die Geldmenge und das Preisniveau Boliviens während der Hyperinflation wiedergegeben. Der offizielle Wechselkurs zwischen dem bolivianischen Peso und dem US-Dollar wurde in dieser Zeit von der bolivianischen Regierung kontrolliert. Wir führen daher diejenigen Wechselkurse an, die ein besseres Bild der Marktkräfte liefern, nämlich die Preise des Dollars in Pesos auf dem Schwarzmarkt in La Paz.

Aus den Daten lässt sich die eindeutige Tendenz ablesen, dass die Entwicklung von Geldmenge, Preisniveau und Wechselkurs in einem engen Zusammenhang steht. Die in diesem Buch dargelegte Theorie ließ dies nicht anders erwarten. Darüber hinaus bewegen sich Preisniveau- und Wechselkursentwicklung in ähnlichen Größenordnungen: Das Preisniveau stieg von April 1984 bis Juli 1985 um 22.908 Prozent und der Preis des Dollars in Pesos stieg während derselben Zeitspanne um 24.662 Prozent. Diese prozentualen Veränderungen sind größer als die damit einhergehende prozentuale Erhöhung der Geldmenge („nur" 17.433 Prozent), doch dieser Unterschied war zu erwarten. Eine explosionsartige Inflation führt mit der Zeit zu einem Rückgang der realen Geldnachfrage, und diese zusätzliche monetäre Veränderung lässt den Preis noch schneller steigen als die Geldmenge selbst.

Der Juli 1985 wurde deshalb als Endpunkt des Vergleichszeitraums gewählt, weil die bolivianische Regierung Ende August 1985 einen durchgreifenden Stabilisierungsplan umsetzte. Die Aufstellung zeigt, wie sich die Geldmenge und vor allem das Preisniveau und der Wechselkurs in den beiden Folgemonaten stabilisierten.

* Philip Cagan, seinerzeit Ökonom an der Columbia University, zog in einem klassischen Aufsatz die Trennungslinie zwischen Inflation und Hyperinflation bei einer monatlichen Inflationsrate von 50 Prozent (die sich zu einer jährlichen Inflationsrate von 12.875 Prozent summiert). Siehe dazu „The Monetary Dynamics of Hyperinflation", in: Milton Friedman (Hrsg.), *Studies in the Quantity Theory of Money.* Chicago, University of Chicago Press, 1956, S. 25-117).

Monat	Geldmenge (Milliarden Pesos)	Preisniveau (Durchschnitt von 1982 = 1)	Wechselkurs (Pesos pro Dollar)
1984			
April	270	21,1	3.576
Mai	330	31,1	3.512
Juni	440	32,3	3.342
Juli	599	34,0	3.570
August	718	39,1	7.038
September	889	53,7	13.685
Oktober	1.194	85,5	15.205
November	1.495	112,4	18.469
Dezember	3.296	180,9	24.515
1985			
Januar	4.630	305,3	73.016
Februar	6.455	863,3	141.101
März	9.089	1.078,6	128.137
April	12.885	1.205,7	167.428
Mai	21.309	1.635,7	272.375
Juni	27.778	2.919,1	481.756
Juli	47.341	4.854,6	885.476
August	74.306	8.081,0	1.182.300
September	103.272	12.647,6	1.087.440
Oktober	132.550	12.411,8	1.120.210

Makroökonomische Daten für Bolivien, April 1984 –Oktober 1985
Quelle: Juan-Antonio Morales, „Inflation Stabilization in Bolivia", in: Michael Bruno et. al, (Hrsg.): *Inflation Stabilization: The Experience of Israel, Argentina, Brazil, Bolivia, and Mexiko.* Cambridge, MIT Press, 1988, Tabelle 7A-1. Das Geldmengenaggregat ist M1.

14.7.2 Bleibende Geldmengenänderungen und Wechselkurs

Untersuchen wir nun mit Hilfe unserer Inflationsanalyse die Anpassung des Dollar/Euro-Wechselkurses an eine *ständige* Erhöhung der Geldmenge in den USA. Abbildung 14.12 zeigt die Auswirkung einer solchen Störung sowohl in kurzer (Abbildung 14.12a) als auch in langer Frist (Abbildung 14.12b). Wir setzen voraus, dass sich in der Ausgangslage sämtliche Variablen der Volkswirtschaft auf dem Niveau der kurzen Frist befinden und dass die Produktion während der Anpassung der Volkswirtschaft an die veränderte Geldmenge konstant bleibt.

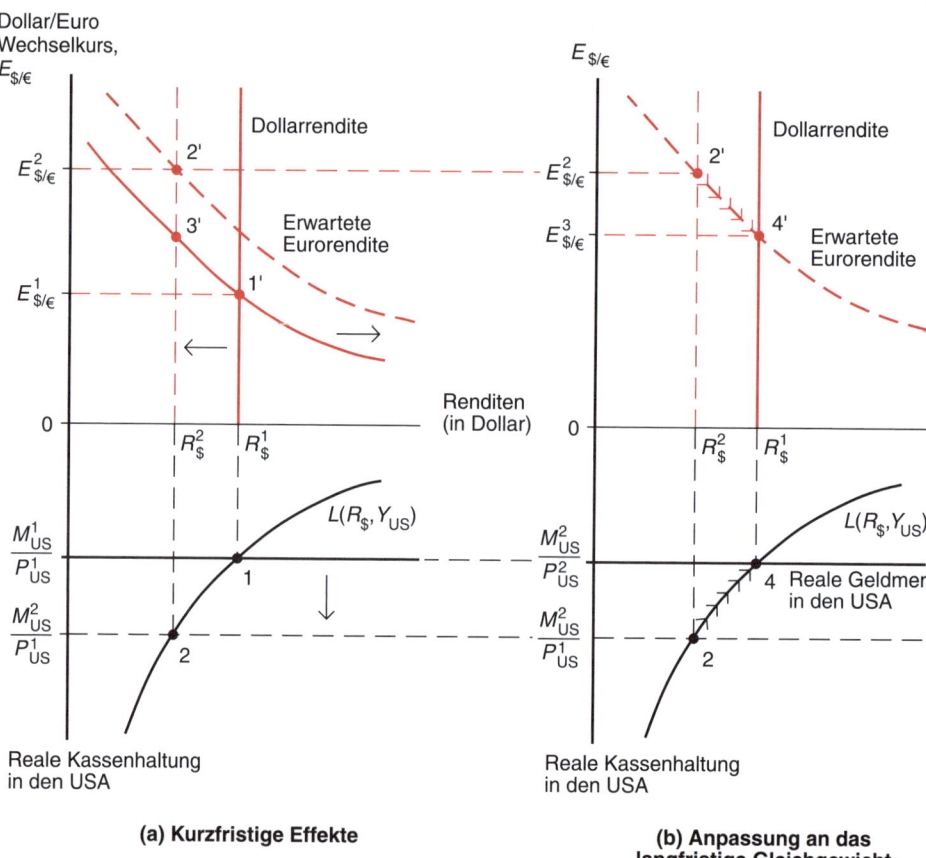

(a) Kurzfristige Effekte

(b) Anpassung an das langfristige Gleichgewicht

(a) kurzfristige Anpassung der Vermögensmärkte; (b) Entwicklung von Zinssatz, Preisniveau und Wechselkurs während der Annäherung der Volkswirtschaft an ihr langfristiges Gleichgewicht

Abbildung 14.12: **Effekte einer Geldmengenerhöhung der USA (bei gegebener realer Produktion Y)**

Abbildung 14.12a geht von einem ursprünglichen Preisniveau in den USA bei P_{us}^1 aus. Eine Erhöhung der nominalen Geldmenge von M_{us}^1 auf M_{us}^2 erhöht daher in kurzer Frist die reale Geldmenge von M_{us}^1/P_{us}^1 auf M_{us}^2/P_{us}^1 und senkt den Zinssatz von $R_\$^1$ (Punkt 1) auf $R_\$^2$ (Punkt 2). Bisher verläuft unsere Analyse also in genau denselben Bahnen wie früher in diesem Kapitel.

Sie schlägt allerdings einen neuen Weg ein, sobald wir fragen, wie sich die Veränderung der amerikanischen Geldmenge (gezeigt im unteren Teil von Abbildung 14.12a) auf den Devisenmarkt auswirkt (gezeigt im oberen Teil von Abbildung 14.12a). Wie zuvor führt das Sinken des US-Zinssatzes zu einer Linksverschiebung der vertikalen Linie, welche die Dollarrendite auf Dollareinlagen wiedergibt. Doch nun kommt hinzu, dass die Erhöhung der Geldmenge auch die *Wechselkurserwartungen* beeinflusst. Weil die Veränderung der US-Geldmenge dauerhaft ist, erwartet man einen langfristigen Anstieg sämtlicher Dollarpreise, einschließlich des Wechselkurses, denn dieser ist der Preis des Euro in Dollar. Wie Sie aus Kapitel 13 wissen, hebt ein Anstieg des erwarteten zukünftigen Dollar/Euro-Wechselkurses (eine zukünftige Abwertung des Dollars) die erwartete Dollarrendite auf Euroeinlagen; er verschiebt daher die abfallende Kurve im oberen Teil von Abbildung 14.12a nach rechts. Der Dollar wertet gegenüber dem Euro ab, sodass sich sein Wechselkurs von $E_{\$/€}^1$ (Punkt 1') nach $E_{\$/€}^2$ (Punkt 2') verschiebt. Beachten Sie, dass die Dollarabwertung *stärker* ausfällt als im Falle gleich bleibender Erwartungen für den zukünftigen Dollar/Euro-Wechselkurs (die vorliegen könnten, wenn die Geldmengenerhöhung nicht dauerhaft, sondern vorübergehend wäre). Wenn sich die Erwartung $E_{\$/€}^2$ nicht ändern würde, dann läge das neue kurzfristige Gleichgewicht nicht in Punkt 2', sondern in Punkt 3'.

Abbildung 14.12b zeigt die Entwicklung von Zinssatz und Wechselkurs im Verhältnis zum Anstieg des Preisniveaus während der Anpassung der Volkswirtschaft an ihr langfristiges Gleichgewicht. Das Preisniveau beginnt von dem ursprünglich gegebenen P_{us}^1 allmählich auf P_{us}^2 zu steigen. Da der langfristige Anstieg des Preisniveaus proportional zur Erhöhung der Geldmenge verlaufen muss, ist am Ende die *reale* Geldmenge, M_{us}^2/P_{us}^2, gleich der ursprünglichen realen Geldmenge M_{us}^1/P_{us}^1. Da die Produktion gegeben ist und die reale Geldmenge auf ihr ursprüngliches Niveau zurückgekehrt ist, muss der Gleichgewichtszinssatz in langer Frist wieder gleich $R_\$^1$ sein (Punkt 4). Parallel zum Anstieg des Preisniveaus von P_{us}^1 auf P_{us}^2 steigt daher der Zinssatz von $R_\$^2$ (Punkt 2) auf $R_\$^1$ (Punkt 4).

Der steigende US-Zinssatz führt zu Wechselkurseffekten, die ebenfalls an Abbildung 14.12b abgelesen werden können: Der Dollar *wertet* im Verlauf des Anpassungsprozesses gegenüber dem Euro *auf*. Wenn sich die Wechselkurserwartungen während des Anpassungsprozesses nicht abermals ändern, bewegt sich der Devisenmarkt entlang der abfallenden Kurve, welche die Dollarrendite auf Euroeinlagen wiedergibt, auf sein langfristiges Gleichgewicht zu. Er folgt dabei der Rechtsverschiebung der vertikalen Linie, die den Dollarzinssatz zeigt und ihrerseits auf den allmählichen Preisanstieg reagiert. In langer Frist (Punkt 4') liegt der Gleichgewichtswechselkurs $E_{\$/€}^3$ oberhalb des ursprünglichen Gleichgewichts in Punkt 1'. Ebenso wie das Preisniveau ist auch der Dollar/Euro-Wechselkurs proportional zur Erhöhung der Geldmenge gestiegen.

Abbildung 14.13 zeigt den zeitlichen Entwicklungsverlauf, der soeben für die US-Geld-menge beschrieben wurde, für den Dollarzinssatz, das US-Preisniveau und den Dollar/Euro-Wechselkurs. Die Abbildung ist so gestaltet, dass langfristige Erhöhungen des Preisniveaus (Feld c) und des Wechselkurses (Feld d) proportional zur Erhöhung der Geldmenge (Feld a) sind.

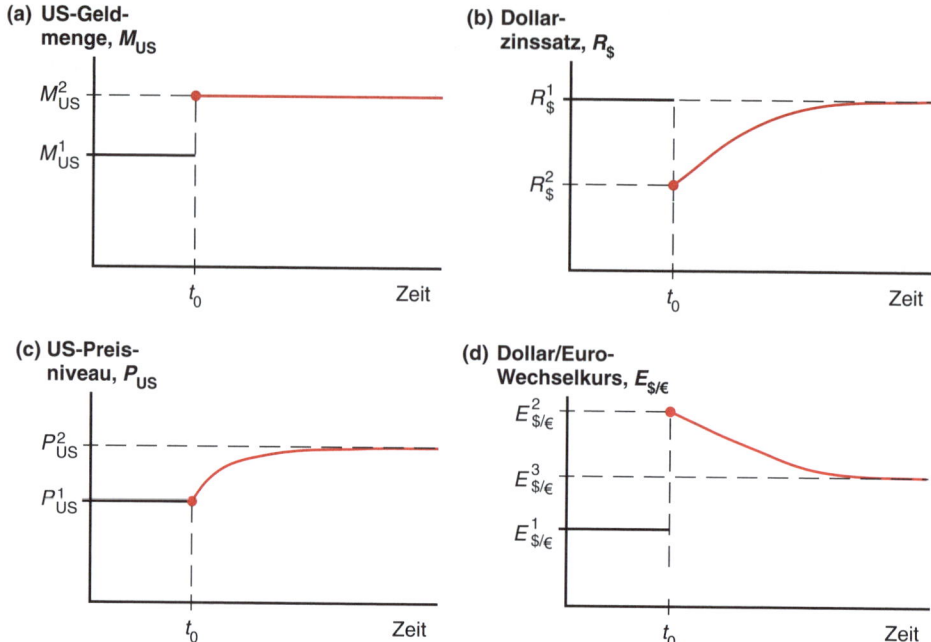

Nach einer Erhöhung der Geldmenge zum Zeitpunkt t_0 in Feld a entwickeln sich der Zinssatz (Feld b), das Preisniveau (Feld c) und der Wechselkurs (Feld d) in der gezeigten Weise in Richtung ihres langfristigen Niveaus. Wie die zunächst sprunghafte Erhöhung von $E^1_{\$/\epsilon}$ auf $E^2_{\$/\epsilon}$ in Feld d zeigt, kommt es in kurzer Frist zu einem Überschießen des Wechselkurses, bevor sich dieser bei $E^3_{\$/\epsilon}$ auf sein langfristiges Niveau einpendelt.

Abbildung 14.13:   Zeitliche Entwicklungsverläufe ausgewählter Variablen der US-amerikanischen Volkswirtschaft infolge einer dauerhaften Erhöhung der US-Geldmenge

14.7.3 Überschießen des nominalen Wechselkurses

Nach seiner ursprünglichen Abwertung infolge einer Geldmengenerhöhung steigt der Wechselkurs sprunghaft von $E^1_{\$/\epsilon}$ auf $E^2_{\$/\epsilon}$ (siehe Abbildung 14.13d). Man spricht von einem Überschießen des nominalen Wechselkurses, wenn dieser auf eine Störung unmit-telbar stärker reagiert als in der langen Frist. Das **Überschießen des nominalen Wech-selkurses** ist ein wichtiges Phänomen, denn es trägt dazu bei, die heftigen Ausschläge der Wechselkurse von einem Tag auf den anderen zu erklären.

Die wirtschaftswissenschaftliche Erklärung dieses Überschießens ergibt sich aus der Zinsparität. Man kann sie am leichtesten auf folgendem Wege nachvollziehen: Wir nehmen an, dass vor der ersten Erhöhung der Geldmenge keine Änderung des Dollar/Euro-Wechselkurses erwartet wird, sodass $R_\$^1$ gleich $R_\mathcal{E}$ ist, der gegebenen Verzinsung von Euroeinlagen. Eine dauerhafte Erhöhung der US-Geldmenge hat keine Auswirkungen auf $R_\mathcal{E}$, verursacht also ein Absinken von $R_\$^1$ unter $R_\mathcal{E}$ (Abbildung 14.13b). $R_\$^1$ verbleibt so lange unter diesem Zinssatz, bis das US-Preisniveau die in Abbildung 14.13c gezeigte langfristige Anpassung an P_{us}^2 vollzogen hat. Damit allerdings der Devisenmarkt während dieses Anpassungsprozesses im Gleichgewicht bleibt, muss die Zinsdifferenz zugunsten von Euroeinlagen durch eine erwartete *Aufwertung* des Dollars gegenüber dem Euro ausgeglichen werden, d.h. durch ein erwartetes Sinken von $E_{\$/\mathcal{E}}$. Diese zukünftige Aufwertung des Dollars gegenüber dem Euro erwarten die Marktteilnehmer nur im Fall eines ursprünglichen Überschießens des Dollar/Euro-Wechselkurses über $E_{\$/\mathcal{E}}^3$ hinaus.

Das Überschießen des nominalen Wechselkurses ist eine direkte Folge der kurzfristigen Starrheit des Preisniveaus. In einer hypothetischen Welt, in der die Preise nach einer Geldmengenerhöhung unmittelbar zu ihrem neuen langfristigen Niveau finden könnten, würde der Dollarzinssatz nicht sinken, weil die *tatsächliche* unmittelbare Anpassung der Preise eine Erhöhung der realen Geldmenge verhindern würde. Ein Überschießen des Wechselkurses zur Aufrechterhaltung des Devisenmarktgleichgewichts wäre also nicht nötig. Der Wechselkurs würde dieses Gleichgewicht einfach dadurch gewährleisten, dass er sofort auf sein neues langfristiges Gleichgewichtsniveau springt.

Zusammenfassung

1. Geld wird um seiner Liquidität willen gehalten. Die aggregierte reale Geldnachfrage ist keine Nachfrage nach einer bestimmten Anzahl Währungseinheiten, sondern eine Nachfrage nach einer bestimmten Menge Kaufkraft. Die aggregierte reale Geldnachfrage steht in umgekehrter Abhängigkeit zu den Opportunitätskosten des Haltens von Geld (gemessen im inländischen Zinssatz) und in direkter Abhängigkeit zum Transaktionsvolumen der Volkswirtschaft (gemessen im realen BNE).

2. Der Geldmarkt befindet sich im Gleichgewicht, wenn das reale *Geldangebot* gleich der aggregierten realen Geldnachfrage ist. Bei gegebenem Preisniveau und gegebener realer Produktion senkt eine Erhöhung der Geldmenge den Zinssatz, und ein Sinken der Geldmenge hebt den Zinssatz. Ein Anstieg der realen Produktion hebt bei gegebenem Preisniveau den Zinssatz, ein Sinken der realen Produktion hat die entgegengesetzte Wirkung.

3. Eine Erhöhung der Geldmenge senkt den Inlandszinssatz und führt daher (auch bei gleich bleibenden Wechselkurserwartungen) zu einer Abwertung der einheimischen Währung im Devisenmarkt. In ähnlicher Weise führt ein Sinken der inländischen Geldmenge zu einer Aufwertung der Inlandswährung gegenüber Auslandswährungen.

4. Die Annahme, dass das Preisniveau in kurzer Frist feststeht, kommt der Realität in Ländern mit mäßiger Inflation recht nahe, führt aber hinsichtlich der *langen Frist* in die Irre. Dauerhafte Veränderungen der Geldmenge verschieben das *langfristige Gleichgewicht* des Preisniveaus proportional in dieselbe Richtung, haben jedoch in langer Frist keine Auswirkungen auf die Produktionsmenge, den Zinssatz oder die relativen Preise. Ein wichtiger Geldpreis, dessen langfristiges Gleichgewichtsniveau sich proportional zu einer dauerhaften Erhöhung der Geldmenge verändert, ist der Wechselkurs als Preis einer Auslandswährung in Inlandswährung.

5. Eine Erhöhung der Geldmenge kann zu einem Überschießen des nominalen Wechselkurses führen. Dieser übersteigt dann kurzfristig sein langfristiges Niveau. Bei gegebener Produktion kann eine dauerhafte Geldmengenerhöhung beispielsweise zu einer überproportionalen kurzfristigen Abwertung der Währung führen, der eine Aufwertung auf ihren langfristigen Wechselkurs folgt. Das *Überschießen des nominalen Wechselkurses*, das die Veränderlichkeit der Wechselkurse erhöht, ist eine direkte Folge der zögerlichen Anpassung des Preisniveaus in kurzer Frist und der Zinsparität.

Schlüsselbegriffe

Übungen

1. Die aggregierte reale Geldnachfrage sinkt, d.h. die aggregierte reale Geldnachfragekurve wird in negative Richtung verschoben. Zeigen Sie die Auswirkungen einer solchen Entwicklung auf den Wechselkurs, den Zinssatz und das Preisniveau in kurzer und in langer Frist.

2. Wie würde sich Ihrer Ansicht nach ein Bevölkerungsrückgang auf die aggregierte Geldnachfragekurve eines Landes auswirken? Würde es eine Rolle spielen, ob der Bevölkerungsrückgang auf eine verringerte Anzahl Privathaushalte oder auf eine verminderte Durchschnittsgröße der Privathaushalte zurückginge?

3. Die *Umlaufgeschwindigkeit* des Geldes, *V*, ist definiert als das Verhältnis zwischen realem BNE und realen Geldmengen, $V = Y/(M/P)$, um die in diesem Kapitel verwendete Notation zu benutzen. Leiten Sie anhand von Gleichung (14-4) einen Ausdruck für die Umlaufgeschwindigkeit ab und erklären Sie, wie diese entsprechend Veränderungen von *R* und *V* variiert. (Hinweis: Der Effekt von Produktionsveränderungen auf *V* hängt von der Elastizität der aggregierten Geldnachfrage im Hinblick auf die reale Produktion ab, die nach Ansicht der Wirtschaftswissenschaft nicht einheitlich ist.) Worin besteht die Beziehung zwischen Umlaufgeschwindigkeit und Wechselkurs?

4. Worin besteht bei konstanten Wechselkurserwartungen der kurzfristige Effekt einer Erhöhung des inländischen realen BNE auf den Wechselkurs?

5. Lassen sich aus den Funktionen des Geldes als Tauschmittel und Recheneinheit Rückschlüsse darauf ziehen, weshalb einige Währungen zu Vehikelwährungen für Devisentransaktionen werden? (Der Begriff der Vehikelwährung wurde in Kapitel 13 besprochen.)

6. Wenn eine Währungsreform keine Auswirkungen auf die realen Variablen der Volkswirtschaft hat, weshalb wenden Regierungen dann im Rahmen breiterer Programme zur Bekämpfung einer überhöhten Inflation in der Regel auch das Mittel der Währungsreform an? (Hierfür gibt es neben dem im Text erwähnten Fall Frankreichs zahlreiche weitere Beispiele. In jüngerer Zeit stellte Israel vom Pfund auf den Schekel um, Argentinien vom Peso auf den Austral und wieder zurück zum Peso, und Brasilien vom Cruzeiro auf den Cruzado, vom Cruzado auf den Cruzeiro, vom Cruzeiro auf den Cruzeiro Real, und vom Cruzeiro Real auf den Real, die gegenwärtige Währung, die 1994 eingeführt wurde.)

7. Nehmen Sie an, die Zentralbank einer von Arbeitslosigkeit gekennzeichneten Volkswirtschaft verdopple die Geldmenge. Langfristig wird wieder Vollbeschäftigung hergestellt und die Produktion kehrt auf Vollbeschäftigungsniveau zurück. Gehen Sie von der (zugegebenermaßen unwahrscheinlichen) Annahme aus, dass der Zinssatz vor der Geldmengenerhöhung gleich dem langfristigen Zinssatz war. Steigt in diesem Fall das Preisniveau in langer Frist überproportional oder unterproportional zur Geldmengenerhöhung? Welches Resultat stellt sich ein, wenn sich der Zinssatz ursprünglich unterhalb seines langfristigen Niveaus befand (der wahrscheinlichere Fall)?

8. Zwischen 1984 und 1985 wuchs die Geldmenge in den USA von $570,3 Milliarden auf $641,0 Milliarden. Die Geldmenge Brasiliens hingegen wuchs von 24,4 Milliarden Cruzados auf 106,1 Milliarden Cruzados. Während derselben Zeitspanne stieg der Index der US-Verbraucherpreise von 96,6 auf 100, während der entsprechende Index für Brasilien von nur 31 auf 100 stieg. Berechnen Sie für 1984–1985 die Wachstumsraten der Geldmenge und die Inflationsraten für die USA und für Brasilien. Nehmen Sie an, dass sich die übrigen Einflussfaktoren der Geldmärkte nur unwesentlich verändert haben. Wie vertragen sich Ihre Ergebnisse mit den Prognosen des in diesem Kapitel vorgestellten Modells? Wie würden Sie die anscheinend unterschiedlichen Reaktionen der US-amerikanischen und der brasilianischen Preise erklären?

9. Frage 8 wird wie folgt fortgesetzt: Der Geldwert der Produktion betrug im Jahr 1985 in den USA \$ 4010 Milliarden und in Brasilien 1418 Milliarden Cruzados. Berechnen Sie mit Hilfe der Informationen aus Übung 3 die Umlaufgeschwindigkeit des Geldes in beiden Ländern für das Jahr 1985. Weshalb war sie Ihrer Ansicht nach in Brasilien um so vieles höher als in den USA?

10. Bei unseren Ausführungen zum Überschießen des nominalen Wechselkurses setzten wir die Produktion als gegeben voraus. Nehmen Sie nun an, dass eine Erhöhung der Geldmenge die reale Produktion kurzfristig erhöht (diese Annahme wird sich in Kapitel 16 als berechtigt erweisen). Welche Auswirkungen hat dies auf das Ausmaß des unmittelbaren Überschießens infolge der Geldmengenerhöhung? Ist ein *Unterschießen* des Wechselkurses wahrscheinlich? (Hinweis: Ziehen Sie Abbildung 14.12a heran und gehen Sie davon aus, dass sich die Kurve für die aggregierte reale Geldnachfrage infolge der Produktionserhöhung verschiebt.)

Weiterführende Literatur

Ben S. Bernanke, Thomas Laubach, Frederic S. Mishkin und Adam S. Posen, *Inflation Targeting: Lessons from the International Experience.* Princeton, NJ: Princeton University Press, 1999. Bespricht die monetäre Politik aus jüngerer Zeit und deren Folgen für die Inflation und andere makroökonomische Variablen.

Rüdiger Dornbusch, „Expectations and Exchange Rate Dynamics", in: *Journal of Political Economy* 84 (Dezember 1976), S. 1161–1176. Eine theoretische Analyse des Überschießens des nominalen Wechselkurses.

Jacob A. Frenkel und Michael L. Mussa, „The Efficiency of Foreign Exchange Markets and Measures of Turbulence", in: *American Economic Review* 70 (Mai 1980), S. 374–381. Vergleicht das Verhalten des nationalen Preisniveaus mit dem Verhalten der Wechselkurse und der Preise für andere Vermögenswerte.

Robert E. Hall und John B. Taylor, *Macroeconomics: Theory, Performance, and Policy.* 5. Auflage, New York: Norton, 1997. Die Kapitel 15 und 16 enthalten eine detaillierte Darstellung der Preisstarrheit in kurzer Frist und der langfristigen Preisanpassung in geschlossenen Volkswirtschaften.

Richard M. Levich, *„Overshooting" in the Foreign Exchange Market.* Occasional Paper 5, New York: Group of Thirty, 1981. Eine Untersuchung der Geschichte und der empirischen Daten zum Überschießen der nominalen Wechselkurse.

Kapitel

15 Preisniveaus und Wechselkurs in langer Frist

Kapitelübersicht

Beispiele

Zum Ende des Jahres 1970 konnte man mit einem einzigen amerikanischen Dollar 358 japanische Yen kaufen, zu Weihnachten 1980 war der Dollar nur noch 203 Yen wert. Ungeachtet einer vorübergehenden Erholung in den 1980er Jahren fiel der Preis des Dollars im Sommer 2001 auf etwa 120 Yen. Derartige Preisänderungen hatten viele Investoren nicht vorhergesehen, und so verlor – oder gewann – man am Devisenmarkt ganze Vermögen. Welche ökonomischen Kräfte liegen derart dramatischen langfristigen Wechselkursänderungen zugrunde?

Wie wir gesehen haben, wird der Wechselkurs von Zinssätzen und Zukunfterwartungen bestimmt, die wiederum unter dem Einfluss der nationalen Geldmärkte stehen. Ein umfassendes Verständnis der langfristigen Wechselkursentwicklung setzt allerdings voraus, dass wir unser Modell in zweierlei Hinsicht erweitern. Erstens müssen wir unsere Darstellung der Zusammenhänge zwischen Geldpolitik, Inflation, Zinssätzen und Wechselkursen vervollständigen. Zweitens müssen wir neben Geldangebot und Geldnachfrage weitere Faktoren einbeziehen, die den Wechselkurs ebenfalls nachhaltig beeinflussen können, zum Beispiel Nachfrageverschiebungen im Güter- oder Dienstleistungsmarkt.

Das Modell der langfristigen Wechselkursentwicklung, das wir in diesem Kapitel vorstellen, gibt den Rahmen wieder, an dem die Akteure der Vermögensmärkte ihre Wechselkursprognosen orientieren. Weil die Erwartungen dieser Akteure allerdings unmittelbaren Einfluss auf die Wechselkurse haben, spielen Prognosen über die *langfristige* Wechselkursentwicklung auch *in kurzer Frist* eine wichtige Rolle. In Kapitel 16, das die kurzfristigen Interaktionen zwischen Wechselkursen und Produktion behandelt, werden wir daher wiederholt auf die Erkenntnisse dieses Kapitels zurückgreifen.

In langer Frist spielen die nationalen Preisniveaus eine Schlüsselrolle bei der Bestimmung sowohl der Zinssätze als auch der relativen Preise, zu denen die Produkte eines Landes gehandelt werden. Folglich kann nur eine Theorie, welche die Interaktion zwischen nationalen Preisniveaus und Wechselkursen aufdeckt, die bisweilen durchgreifenden Wechselkursänderungen innerhalb einiger Jahre erklären. Wir beginnen unsere Analyse mit einer Darstellung der Theorie **Kaufkraftparität** (**KKP**), die Veränderungen des Wechselkurses zweier Währungen auf veränderte Preisniveaus in ihren Ursprungsländern zurückführt. Als Nächstes untersuchen wir, weshalb die KKP in manchen Fällen keine zutreffenden langfristigen Prognosen ermöglicht und wie sie gegebenenfalls modifiziert werden muss, um Verschiebungen von Angebot oder Nachfrage in den nationalen Märkten zu berücksichtigen. Abschließend betrachten wir die Prognosen der erweiterten KKP-Theorie darüber, wie sich Entwicklungen in den Geld-, Güter- und Dienstleistungsmärkten auf den Wechselkurs und die Zinssätze auswirken.

15.1   Das Gesetz der Preiseinheitlichkeit

Um zu verstehen, welche Marktkräfte zu den von der Kaufkraftparitätentheorie prognostizierten Resultaten führen könnten, besprechen wir zunächst eine verwandte, aber eigenständige These, die als das **Gesetz der Preiseinheitlichkeit (auch: Einheitspreisgesetz)** bekannt ist. Das Gesetz der Preiseinheitlichkeit besagt, dass in Märkten mit vollständigem Wettbewerb, in denen es weder Transportkosten noch offizielle Handelsbeschränkungen (z.B. Zölle) gibt, identische Güter in verschiedenen Ländern zum selben Preis verkauft werden, wenn ihre Preise in derselben Währung ausgedrückt sind. Bei einem Dollar/Pfund-Wechselkurs von $1,50 pro Pfund muss beispielsweise ein Pullover, der in New York $45 kostet, in London für £30 verkauft werden. Der Dollarpreis des in London verkauften Pullovers beträgt dann ($1,50 pro Pfund) × (£30 pro Pullover) = $45 pro Pullover. Dies ist derselbe Preis wie in New York.

Zeigen wir anhand desselben Beispiels, weshalb das Gesetz der Preiseinheitlichkeit gelten muss, wenn der Handel frei ist, keine Transportkosten anfallen und auch keine anderen Handelsbeschränkungen gelten. Wenn der Dollar/Pfund-Wechselkurs $1,45 pro Pfund betragen würde, dann könnten Sie in London einen Pullover kaufen, indem Sie $43,50 (= $1,45 pro Pfund × £30) auf dem Devisenmarkt in £30 umtauschen. Der Dollarpreis eines Pullovers würde in London also nur $43,50 betragen. Wenn derselbe Pullover in New York für $45 verkauft würde, dann wäre für US-amerikanische Importeure und britische Exporteure ein Anreiz gegeben, in London gekaufte Pullover nach New York zu transportieren. Dadurch würde der Londoner Preis so lange nach oben und der New Yorker Preis nach unten getrieben, bis die Preise an beiden Orten ausgeglichen wären. Entsprechend würde bei einem Wechselkurs von $1,55 pro Pfund der Dollarpreis der Pullover in London $46,50 (= $1,55 pro Pfund × £30) betragen, also $1,50 mehr als in New York. In diesem Fall würden Pullover so lange von Westen nach Osten transportiert, bis in beiden Märkten derselbe Preis herrschen würde.

Das Gesetz der Preiseinheitlichkeit widerspiegelt auf der Ebene der Währungen dasselbe Prinzip, das bereits in dem der Handelstheorie gewidmeten Teil dieses Buchs eine wichtige Rolle spielte: Wenn der Handel offen und kostenfrei ist, müssen identische Güter an allen Orten zum selben relativen Preis verkauft werden. Wir erinnern an dieser Stelle an dieses Prinzip, weil es eine Verbindung zwischen den inländischen Güterpreisen und den Wechselkursen darstellt. Das Gesetz der Preiseinheitlichkeit kann in folgende formalisierte Darstellung gebracht werden: P_{US}^i sei der Dollarpreis von Gut i, wenn es in den USA verkauft wird; P_E^i sei der entsprechende Europreis in Europa. Das Gesetz der Preiseinheitlichkeit besagt nun, dass der Dollarpreis des Guts i gleich ist, wo immer es verkauft wird:

$$P_{US}^i = (E_{\$/€} \times P_E^i)$$

Entsprechend ist der Dollar/Euro-Wechselkurs das Verhältnis der US-amerikanischen und europäischen Geldpreise von Gut i:

$$E_{\$/€} = P_{US}^i / P_E^i$$

15.2 Kaufkraftparität

Die Theorie der Kaufkraftparität besagt, dass der Wechselkurs zwischen den Währungen zweier Ländern deren Preisniveauverhältnis wiedergibt. Wie Sie aus Kapitel 14 wissen, drückt sich die inländische Kaufkraft einer Währung im Preisniveau ihres Landes aus, d. h. im Geldpreis eines typischen Waren- und Dienstleistungskorbs. Die KKP-Theorie prognostiziert daher, dass ein Kaufkraftverlust einer Landeswährung im Inland (angezeigt durch eine Erhöhung des nationalen Preisniveaus) mit deren proportionaler Abwertung im Devisenmarkt einhergeht. Umgekehrt prognostiziert die KKP, dass eine Landeswährung, deren Kaufkraft im Inland zunimmt, im selben Verhältnis aufwertet.

Der Grundgedanke der KKP wurde in den Schriften britischer Ökonomen des 19. Jahrhunderts entwickelt. Zu ihren Urhebern zählt auch David Ricardo (der die Theorie des komparativen Vorteils entwickelte). Gustav Cassel, ein schwedischer Ökonom des frühen zwanzigsten Jahrhunderts, popularisierte die KKP, indem er sie zum Kernstück einer Wechselkurstheorie machte. Die allgemeine Gültigkeit der KKP ist stark umstritten. Ungeachtet dessen beleuchtet diese Theorie einige wichtige Faktoren, die der Wechselkursentwicklung zugrunde liegen.

Zur Wiedergabe der KKP-Theorie in Symbolen sei P_{US} der Dollarpreis eines in den USA verkauften Warenkorbs, und P_E der Europreis desselben Warenkorbs in Europa. (Wir nehmen zunächst an, dass ein einziger Warenkorb die Kaufkraft des Geldes in beiden

Ländern hinreichend erfasst.) In diesem Fall prognostiziert die KKP einen Dollar/Euro-Wechselkurs von:

$$E_{\$/€} = P_{US}/P_E \qquad\qquad (15\text{-}1)$$

Wenn beispielsweise der Referenz-Warenkorb in den USA \$200 kostet und in Europa €160, prognostiziert die KKP einen Dollar/Euro-Wechselkurs von \$1,25 pro Euro (= \$200 pro Korb / €160 pro Korb). Eine Verdreifachung des Preisniveaus in den USA (auf \$600 pro Korb) würde auch den Dollarpreis eines Euro verdreifachen. Die KKP würde für diesen Fall einen Wechselkurs von \$3,75 pro Euro (= \$600 pro Korb / €160 pro Korb) vorsehen.

Die Umformung von Gleichung (15-1) zu

$$P_{US} = (E_{\$/€} \times P_E)$$

führt zu einer alternativen Interpretation der KKP. Die linke Seite dieser Gleichung ist der Dollarpreis des Referenz-Warenkorbs in den USA; die rechte Seite ist der Dollarpreis desselben Warenkorbs, wenn er in Europa gekauft wird (also der Europreis multipliziert mit dem Dollarpreis eines Euro). Bei geltender KKP sind diese beiden Preise gleich. *KKP besagt daher, dass die Preisniveaus sämtlicher Länder gleich sind, wenn sie in derselben Währung gemessen werden.*

Entsprechend gibt die rechte Seite der obigen Gleichung die Kaufkraft eines Dollars wieder, der gegen Euros eingetauscht und in Europa ausgegeben wurde. KKP ist daher gegeben, wenn zu den aktuellen Wechselkursen die Kaufkraft jeder Währung im Inland und Ausland gleich ist.

15.2.1   Die Beziehung zwischen KKP und dem Gesetz der Preiseinheitlichkeit

Oberflächlich betrachtet gleicht die Darstellung der KKP in Formel (15-1) dem Gesetz der Preiseinheitlichkeit, das für jede Ware i besagt, dass $E_{\$/€} = P_{US}^i / P_E^i$. Dennoch besteht ein Unterschied zwischen KKP und Preiseinheitlichkeit: Das Gesetz der Preiseinheitlichkeit gilt für einzelne Waren (z.B. Ware *i*), während sich die KKP auf das allgemeine Preisniveau bezieht, das sich aus den Preisen aller in den Warenkorb eingehenden Güter und Dienstleistungen ergibt.

Wenn das Gesetz der Preiseinheitlichkeit für jede einzelne Ware gilt, muss natürlich zwangsläufig KKP gegeben sein, solange die Preisniveaus verschiedener Länder anhand desselben Warenkorbs errechnet werden. Die Befürworter der KKP-Theorie argumentieren jedoch, dass sie auch dann zutrifft (insbesondere in der langen Frist), wenn das Gesetz der Preiseinheitlichkeit nicht uneingeschränkt gilt.

Selbst wenn das Gesetz der Preiseinheitlichkeit nicht für jede einzelne Ware erfüllt ist, so diese Argumentation, dürfte das Verhältnis von Preisen und Wechselkursen nicht allzu weit von dem aus der KKP abgeleiteten Stand abweichen. Wenn Güter und Dienstleistungen in einem Land vorübergehend teurer werden als in anderen Ländern, sinkt die Nachfrage nach dessen Währung und Produkten, sodass sich der Wechselkurs und die Inlandspreise wieder auf dem der KKP entsprechenden Niveau einpendeln. Die entgegengesetzte Situation relativ billiger inländischer Produkte bedingt analog eine Aufwertung der Währung und eine Inflation des Preisniveaus. Der KKP zufolge gleichen die ökonomischen Kräfte, die dem Gesetz der Preiseinheitlichkeit zugrunde liegen, die Kaufkraft einer Währung in allen Ländern auch dann mit der Zeit aus, wenn dieses Gesetz streng genommen nicht erfüllt ist.

15.2.2 Absolute und relative KKP

Die Aussage, dass die Wechselkurse gleich den relativen Preisniveaus sind (Gleichung (15-1)), wird auch als *absolute* KKP bezeichnet. Die absolute KKP impliziert eine These, die als **relative KKP** bezeichnet wird. Sie besagt, dass sich der Wechselkurs zweier Währungen innerhalb einer beliebigen Zeitspanne um den gleichen Prozentsatz ändert wie die Preisniveaudifferenz zwischen ihren Ländern. Die relative KKP übersetzt also die Aussage der absoluten KKP, die sich auf Preis- und Wechselkurs*niveaus* bezieht, in eine Aussage über Preis- und Wechselkurs*änderungen*. Sie postuliert, dass jegliche Veränderungen von Preisen und Wechselkursen stets dazu dienen, die Inlands- und Auslandskaufkraft jeder Währung im selben Verhältnis zu halten.

Wenn sich beispielsweise das US-amerikanische Preisniveau innerhalb eines Jahres um 10 Prozent erhöht, während das europäische um nur 5 Prozent steigt, dann prognostiziert die relative KKP eine 5-prozentige Abwertung des Dollars gegenüber dem Euro. Diese 5-prozentige Abwertung gegenüber dem Euro gleicht die in den USA um 5 Prozent höhere Inflation genau aus, sodass die relative Kaufkraft beider Währung im In- und Ausland unverändert bleibt.

Die relative KKP zwischen den USA und Europa kann in folgende Formel gefasst werden:

$$(E_{\$/€,t} - E_{\$/€,t-1})/E_{\$/€,t-1} = \pi_{US,t} - \pi_{E,t}, \tag{15-2}$$

wobei π für die Inflationsrate steht [$\pi = (P_t - P_{t-1})/P_{t-1}$, d.h. die prozentuale Preisniveauänderung zwischen den Zeitpunkten t und $t-1$].[1] Im Gegensatz zur absoluten KKP kann die relative KKP nur in Bezug auf eine bestimmte Zeitspanne definiert werden, in der sich Preisniveaus und Wechselkurse ändern.

---

[1] Um genau zu sein, stellt Gleichung (15-1) dann eine gute Annäherung an Gleichung (15-2) dar, wenn die Wechselkurse nicht allzu groß sind. Die *exakte* Beziehung ist:

$$E_{\$/€,t}/E_{\$/€,t-1} = (P_{US,t}/P_{US,t-1})/(P_{E,t}/P_{E,t-1})$$

Nach Subtraktion von 1 auf beiden Seiten ergibt sich folgende Form der exakten Gleichung :

$$(E_{\$/€,t} - E_{\$/€,t-1})/E_{\$/€,t-1} = (\pi_{US,t} + 1)(P_{E,t-1}/P_{E,t}) - (P_{E,t}/P_{E,t}).$$
$$= (\pi_{US,t} - \pi_{E,t})/(1 + \pi_{E,t})$$
$$= (\pi_{US,t} - \pi_{E,t}) - \pi_{E,t}(\pi_{US,t} - \pi_{E,t})/(1 + \pi_{E,t}).$$

Wenn jedoch $_{US,t}$ und $_{E,t}$ klein sind, dann kann der Term $-_{E,t}(_{US,t} - _{E,t})/(1 + _{E,t})$ auf der rechten Seite der letzten Gleichung vernachlässigt werden, sodass sich eine sehr gute Annäherung an (15-2) ergibt.

In der Praxis machen sich die nationalstaatlichen Institutionen nicht die Mühe, die von ihnen veröffentlichten Preisniveauindices anhand eines international standardisierten Warenkorbs zu errechnen. Doch die absolute KKP ergibt keinen Sinn, wenn die beiden Warenkörbe, deren Preise in Formel (15-1) verglichen werden, nicht gleich sind. (Schließlich kann man nicht erwarten, dass *verschiedene* Warenkörbe zum *selben* Preis verkauft werden!) Der Begriff der relativen KKP leistet daher gute Dienste, wenn wir die KKP anhand der offiziellen staatlichen Preisniveaustatistiken bewerten müssen. Der Vergleich prozentualer Wechselkursänderungen mit dem Inflationsgefälle ist auch dann sinnvoll, wenn die Schätzungen des Preis*niveaus* für verschiedene Länder auf Warenkörben basieren, die sich in Umfang und Zusammensetzung unterscheiden.

Die Bedeutung der relativen KKP ergibt sich unter anderem daraus, dass sie auch dann erfüllt sein kann, wenn keine absolute KKP gegeben ist. Unter der Voraussetzung, dass die für Abweichungen von der absoluten KKP ursächlichen Faktoren mehr oder weniger stabil bleiben, können prozentuale *Veränderungen* der relativen Preisniveaus dennoch annähernd den prozentualen *Veränderungen* der Wechselkurse entsprechen.

15.3   Ein langfristiges Modell des Wechselkurses auf Grundlage der KKP

In Verbindung mit dem in Kapitel 14 ausgeführten theoretischen Rahmen für Geldangebot und Geldnachfrage führt die KKP-Theorie zu einer aufschlussreichen Theorie über die Interaktion von Wechselkursen und monetären Faktoren in langer Frist. Weil Faktoren, die keinen Einfluss auf Geldangebot oder Geldnachfrage ausüben, dabei keine Rolle spielen, wird diese Theorie als **monetärer Ansatz der Wechselkursbestimmung** bezeichnet. Dieser monetäre Ansatz ist die erste Stufe der allgemeinen Wechselkurstheorie in langer Frist, die in diesem Kapitel entwickelt wird.

Der monetäre Ansatz bezieht sich auf die *lange*, und nicht auf die kurze Frist, weil er die Preisstarrheit nicht berücksichtigt, die zur Erklärung kurzfristiger makroökonomischer Entwicklungen, insbesondere Abweichungen von der Vollbeschäftigung, eine wichtige Rolle spielt. Dem monetären Ansatz zufolge können sich die Preise sofort anpassen, um Vollbeschäftigung und KKP aufrechtzuerhalten. Mit dem „langfristigen" Wert einer Variablen meinen wir hier, wie auch im vorhergehenden Kapitel, den Gleichgewichtswert einer Variablen in einer hypothetischen Welt mit völlig flexibler Produktion und völlig flexiblen Faktormarktpreisen.

Die Ursachen der augenscheinlichen Starrheit des Preisniveaus sind unter Makroökonomen recht umstritten. Einige vertreten den Standpunkt, dass Preise und Löhne nur starr erscheinen und sich in Wirklichkeit sofort an das Niveau anpassen, bei dem die Märkte geräumt werden. Ein Ökonom dieser Schule wäre der Ansicht, dass die in diesem Kapitel erläuterten Modelle das kurzfristige Verhalten einer Volkswirtschaft beschreiben, deren Preisniveau sich derart schnell anpasst, dass es niemals zu einer nennenswerten Arbeitslosigkeit kommt.

15.3.1   Die grundlegende Gleichung des monetären Ansatzes

Zur Entwicklung der Dollar/Euro-Wechselkursprognosen nach dem monetären Ansatz nehmen wir an, dass der Devisenmarkt in langer Frist den Wechselkurs gemäß der KKP bestimmt (siehe Gleichung (15-1)):

$$E_{\$/\euro} = P_{US}/P_E$$

Diese Gleichung wäre unserer Annahme zufolge in einer Welt erfüllt, in der keinerlei Marktstarrheiten den Wechselkurs und andere Preise daran hindern, sich sofort an das mit Vollbeschäftigung konsistente Niveau anzupassen.

Anhand von Gleichung (14-5) im vorigen Kapitel konnte das Inlandspreisniveau aus der Geldnachfrage und dem Geldangebot im Inland abgeleitet werden. In den USA gilt:

$$P_{US} = M_{US}^S/L(R_\$, Y_{US}) \qquad\qquad \textbf{(15-3)}$$

und für Europa:

$$P_E = M_E^S/L(R_\euro, Y_E). \qquad\qquad \textbf{(15-4)}$$

Wie gewohnt benutzen wir das Symbol M^S für das Geldangebot eines Landes und $L(R,Y)$ für seine aggregierte reale Geldnachfrage, die mit steigendem Zinssatz sinkt und mit steigender realer Produktion wächst.[2]

Die Gleichungen (15-3) und (15-4) zeigen, woher der monetäre Ansatz der Wechselkursbestimmung seinen Namen hat. Laut der Definition der KKP in Gleichung (15-1) ist der Dollarpreis eines Euro nichts weiter als der Dollarpreis der US-Produktion dividiert durch den Europreis der europäischen Produktion. Diese beiden Preisniveaus werden wiederum ausschließlich von Geldangebot und Geldnachfrage in dem jeweiligen Währungsgebiet bestimmt: Das Preisniveau der USA ist, wie in Gleichung (15-3) gezeigt, die Geldmenge der USA dividiert durch die reale Geldnachfrage der USA. Entsprechend ist das europäische Preisniveau, wie in Gleichung (15-4) gezeigt, die europäische Geldmenge dividiert durch die europäische reale Geldnachfrage. Der monetäre Ansatz führt daher zu folgender allgemeiner Prognose: *Der Wechselkurs, d.h. der relative Preis amerikanischen und europäischen Geldes, wird in langer Frist ausschließlich von dem relativen Angebot an diesen Währungen und der relativen Nachfrage nach ihnen bestimmt.* Veränderungen der Zinssätze und der Produktionsniveaus beeinflussen den Wechselkurs nur vermittels ihrer Wirkung auf die Geldnachfrage.

Darüber hinaus trifft der monetäre Ansatz eine Reihe spezifischer Prognosen über die langfristigen Effekte von Wechselkursveränderungen auf die Niveaus von Geldmengen, Zinssätzen und der Produktion:

---

[2]   Zur Vereinfachung der Notation gehen wir von gleichen Geldnachfragefunktionen für die USA und Europa aus.

1. *Geldmengen.* Bei ansonsten gleichen Bedingungen führt eine ständige Erhöhung der US-amerikanischen Geldmenge M^S_{US} zu einem proportionalen Anstieg des langfristigen US-Preisniveaus P_{US}, wie aus Gleichung (15-3) hervorgeht. Weil unter Bedingungen der KKP $E_{\$/\epsilon}$ allerdings gleich P_{US}/P_E ist, steigt auch $E_{\$/\epsilon}$ in langer Frist proportional zur Erhöhung der US-amerikanischen Geldmenge. (Wenn beispielsweise M^S_{US} um 10 Prozent wächst, steigen schließlich auch P_{US} und $E_{\$/\epsilon}$ um 10 Prozent.) Eine Erhöhung der US-amerikanischen Geldmenge verursacht folglich eine proportionale langfristige *Abwertung* des Dollars gegenüber dem Euro. Umgekehrt zeigt Gleichung (15-4), dass eine ständige Erhöhung der europäischen Geldmenge zu einer proportionalen Steigerung des langfristigen europäischen Preisniveaus führt. Unter Bedingungen der KKP impliziert dieser Preisniveauanstieg eine proportionale langfristige *Aufwertung* des Dollars gegenüber dem Euro (bzw. eine proportionale Abwertung des Euro gegenüber dem Dollar).

2. *Zinssätze.* Eine Erhöhung des Zinssatzes $R_\$$ für in Dollar bewertete Vermögenswerte senkt die reale US-Geldnachfrage $L(R_\$, Y_{US})$. Gemäß (15-3) steigt das langfristige US-Preisniveau, und unter Bedingungen der KKP muss der Dollar proportional zu diesem Preisniveauanstieg gegenüber dem Euro abwerten. Eine Erhöhung des Zinssatzes R_ϵ für in Euro bewertete Vermögenswerte hat den umgekehrten langfristigen Wechselkurseffekt. Weil die reale europäische Geldnachfrage $L(R_\epsilon, Y_\epsilon)$ sinkt, steigt gemäß (15-4) das Preisniveau in Europa. Unter Bedingungen der KKP muss der Dollar proportional zum europäischen Preisniveauanstieg gegenüber dem Euro aufwerten.

3. *Produktionsniveaus.* Eine Zunahme der Produktion in den USA hebt die dortige reale Geldnachfrage $L(R_\$, Y_{US})$ und führt gemäß (15-3) zu einem Rückgang des langfristigen Preisniveaus in den USA. Die KKP prognostiziert für diesen Fall eine Aufwertung des Dollars gegenüber dem Euro. Entsprechend hebt eine Zunahme der europäischen Produktion $L(R_\epsilon, Y_E)$ und verursacht gemäß (15-4) einen Rückgang des langfristigen Preisniveaus in Europa. Die KKP prognostiziert für diesen Fall eine Abwertung des Dollars gegenüber dem Euro.

Beachten Sie zum besseren Verständnis dieser Prognosen, dass der monetäre Ansatz wie jede Theorie der langen Frist im Wesentlichen davon ausgeht, dass sich die Preisniveaus ebenso rasch anpassen wie die Wechselkurse, nämlich umgehend. Eine Zunahme der realen Produktion in den USA erhöht die Zahl der Transaktionen und damit die nachgefragte reale Geldmenge. Dem monetären Ansatz zufolge sinkt nun das US-Preisniveau sofort, um das Angebot der realen Geldmenge so weit zu erhöhen, dass der Markt geräumt wird. Die KKP impliziert, dass diese unmittelbar einsetzende amerikanische Preisdeflation mit einer unmittelbaren Aufwertung des Dollars an den Devisenmärkten einhergeht.

Der monetäre Ansatz führt zu einer Erkenntnis, die wir bereits aus Kapitel 14 kennen: der langfristige Devisenkurs der Währung eines Landes ändert sich proportional zu dessen Geldmenge (die obige Prognose 1). Er führt auch zu einem augenscheinlichen Paradox (Prognose 2): In unseren früheren Beispielen *wertete* eine Währung stets *auf*, wenn ihr Zinssatz im Verhältnis zu ausländischen Zinssätzen stieg. Weshalb gelangen wir jetzt zu genau der umgekehrten Schlussfolgerung – dass eine Erhöhung des Zinssatzes die Währung *abwertet*, weil sie die reale Geldnachfrage senkt?

Zum Ende von Kapitel 13 wiesen wir darauf hin, dass die Auswirkungen veränderter Zinssätze auf den Wechselkurs erst dann vollständig analysiert werden können, *wenn die genauen Gründe für die Zinssatzänderung bekannt sind.* Dieser Hinweis erklärt unsere widersprüchlichen Erkenntnisse über den Zusammenhang von Zinssätzen und Wechselkursen. Um das Rätsel im Einzelnen zu lösen, müssen wir zunächst die Verbindung zwischen monetärer Politik und Zinssätzen in langer Frist genauer untersuchen.

15.3.2 Laufende Inflation, Zinsparität und KKP

Wie wir im letzten Kapitel sahen, erhöht eine ständige Expansion der Geldmenge eines Landes dessen Preisniveau im selben Verhältnis, bleibt jedoch ohne Einfluss auf die langfristigen Werte des Zinssatzes oder der realen Produktion. Das Gedankenexperiment einer Veränderung der Geldmenge in einem einmaligen Schritt lässt zwar die langfristigen Effekte des Geldes hervortreten, liefert aber kein besonders realistisches Bild der realen Geldpolitik. In den meisten Fällen entscheiden sich die zuständigen Institutionen für eine bestimmte *Wachstumsrate*, beispielsweise 5, 10 oder 20 Prozent pro Jahr, und lassen die Geldmenge dann allmählich, durch kleine, aber häufige Erhöhungen steigen. Welche langfristigen Effekte hat eine Politik, die ein ständiges, stetes Wachstum der Geldmenge zulässt?

Die Überlegungen aus Kapitel 14 lassen darauf schließen, dass das anhaltende Geldmengenwachstum einen ständigen Anstieg des Preisniveaus verlangt – eine *laufende* Inflation. Sobald die Unternehmen und die Arbeitnehmer merken, dass die Geldmenge stetig um beispielsweise 10 Prozent jährlich wächst, passen sie sich dieser Situation an, indem sie die Preise und Löhne ebenfalls jedes Jahr um 10 Prozent heben und damit ihre Realeinkommen konstant halten. Das Vollbeschäftigungsniveau der Produktion hängt vom Angebot der Produktionsfaktoren ab. Man kann allerdings davon ausgehen, dass das Faktorangebot und damit das Produktionsniveau in langer Frist von der gewählten Wachstumsrate der Geldmenge unbeeinflusst bleiben. *Bei ansonsten gleichen Bedingungen führt ein Geldmengenwachstum mit konstanter Rate zu einer laufenden Preisinflation mit derselben Rate, doch Veränderungen dieser langfristigen Inflationsrate haben keinen Einfluss auf das Produktionsniveau bei Vollbeschäftigung oder auf die langfristigen relativen Preise von Gütern und Dienstleistungen.*

Im Gegensatz dazu ist der Zinssatz in langer Frist mit Sicherheit nicht unabhängig von der Wachstumsrate der Geldmenge. Der langfristige Zinssatz hängt zwar nicht von dem absoluten *Niveau* der Geldmenge ab, doch ein anhaltendes *Wachstum* der Geldmenge wirkt sich früher oder später auf den Zinssatz aus. Die Auswirkungen einer ständigen Inflationssteigerung auf den langfristigen Zinssatz sind am ehesten ersichtlich, wenn man die KKP mit der Zinsparität in Zusammenhang bringt, auf der unsere erste Analyse der Wechselkursbestimmung aufbaute.

Wie in den beiden vorherigen Kapiteln herrscht Zinsparität zwischen Dollar- und Euroeinlagen, wenn gilt:

$$R_\$ = R_\euro + (E^e_{\$/\euro} - E_{\$/\euro})/E_{\$/\euro,}$$

(siehe Gleichung (13-2), S. 447). Fragen wir nun, wie diese Zinsparität, die in langer und kurzer Frist gegeben sein muss, mit der anderen Paritätsbedingung zusammenpasst, die unserem Modell der langen Frist zugrunde liegt – der Kaufkraftparität. Die relative KKP besagt, dass die prozentuale Veränderung des Dollar/Euro-Wechselkurses, zum Beispiel im bevorstehenden Jahr, gleich der Differenz zwischen den Inflationsraten der USA und Europas in diesem Jahr sein wird (siehe Gleichung (15-2)). Da sich die Marktteilnehmer über diese Beziehung bewusst sind, *erwarten* sie notgedrungen auch, dass die prozentuale Wechselkursänderung gleich der Inflationsratendifferenz zwischen den USA und Europa sein wird. Aus der oben wiedergegebenen Formel der Zinsparität geht daher Folgendes hervor: *Wenn allgemein erwartet wird, dass relative KKP herrscht, dann ist die Differenz zwischen den Zinssätzen von Dollar- und Euroeinlagen gleich der Differenz zwischen den erwarteten Inflationsraten für den in Frage stehenden Zeitraum.*

Mit Hilfe einiger zusätzlicher Notationsformen kann dieser Befund formal hergeleitet werden. Wenn P^e das in Jahresfrist erwartete Preisniveau eines Landes ist, dann ist seine erwartete Inflationsrate, π^e, der erwartete prozentuale Anstieg des Preisniveaus während des bevorstehenden Jahres:

$$\pi^e = (P^e - P)/P$$

Wenn relative KKP gegeben ist, dann richten die Marktteilnehmer ihre Erwartung an dieser aus. Dies bedeutet, dass wir die tatsächlichen Abwertungs- und Inflationsraten in Gleichung (15-2) durch die von den Märkten erwarteten Werte ersetzen können:

$$E^e_{\$/\euro} - E_{\$/\euro}/E_{\$/\euro} = \pi^e_{US} - \pi^e_{E}$$

Durch die Kombination dieser „erwarteten" KKP mit der Zinsparität,

$$R_\$ - R_\euro + (E^e_{\$/\euro} - E_{\$/\euro})/E_{\$/\euro},$$

und anschließende Umformung erhalten wir eine Formel, welche die internationale Zinssatzdifferenz als Differenz zwischen den erwarteten nationalen Inflationsraten ausdrückt:

$$R_\$ - R_\euro = \pi^e_{US} - \pi^e_{E} \tag{15-5}$$

Wenn, wie aufgrund der KKP zu erwarten, die Währungsabwertung das internationale Inflationsgefälle ausgleicht (sodass die erwartete Abwertungsrate des Dollars gleich $\pi^e_{US} - \pi^e_{E}$ ist), dann muss die Zinssatzdifferenz gleich der erwarteten Inflationsdifferenz sein.

15.3.3   Der Fisher-Effekt

Gleichung (15-5) gibt Aufschluss über die langfristige Beziehung zwischen laufender Inflation und Zinssätzen, aus der sich die Prognosen des monetären Ansatzes über den Einfluss der Zinssätze auf die Wechselkurse ergeben. Aus der Gleichung geht hervor, *dass bei ansonsten gleichen Bedingungen ein Anstieg der erwarteten Inflationsrate eines Landes den Zinssatz auf Einlagen in seiner Währung langfristig im gleichem Verhältnis wachsen lässt. Entsprechend bewirkt ein Rückgang der erwarteten Inflationsrate langfristig eine Senkung der Zinsraten.*

Diese langfristige Beziehung zwischen Inflation und Zinssätzen bezeichnet man als **Fisher-Effekt**. Der Fisher-Effekt bedeutet beispielsweise Folgendes: Wenn die Inflation in den USA dauerhaft von einem konstanten Niveau von 5 Prozent jährlich auf ein konstantes Niveau von 10 Prozent jährlich wachsen würde, dann würden die Dollarzinssätze schließlich zu der höheren Inflation aufschließen und von ihrem ursprünglichen Niveau ausgehend um 5 Prozent jährlich wachsen. Diese Veränderungen würden die *reale Verzinsung* von Dollareinlagen, gemessen in US-amerikanischen Gütern und Dienstleistungen, unverändert lassen. Der Fisher-Effekt ist daher ein weiteres Beispiel für die allgemeine Erkenntnis, dass rein monetäre Entwicklungen in langer Frist keinen Einfluss auf die relativen Preise einer Volkswirtschaft haben.[3]

Der Fisher-Effekt liegt der scheinbar paradoxen Prognose des monetären Ansatzes zugrunde, wonach eine Währung auf dem Devisenmarkt abwertet, wenn ihr Zinssatz im Verhältnis zu den Zinssätzen anderer Währungen steigt. In dem langfristigen Gleichgewicht, das der monetäre Ansatz voraussetzt, vergrößert sich die Differenz zwischen inländischen und ausländischen Zinssätzen nur dann, wenn die erwartete Inlandsinflation im Verhältnis zur erwarteten Auslandsinflation steigt. Dieser Fall ist in der kurzen Frist ausgeschlossen, denn hier ist das inländische Preisniveau starr. Wie wir in Kapitel 14 sahen, kann in kurzer Frist der Zinssatz steigen, wenn die inländische Geldmenge *sinkt*, weil die inländische Preisniveaustarrheit zum ursprünglichen Zinssatz einen Nachfrageüberhang bei der realen Geldmenge auslöst. Nach dem monetären Ansatz, der von flexiblen Preisen ausgeht, würde das Preisniveau sofort sinken und sich damit die Zinssatzänderung überflüssig machen.

Ein Beispiel soll die Interaktion zwischen Zinssätzen und Wechselkursen nach dem monetären Ansatz verdeutlichen. Unser Beispiel veranschaulicht, weshalb der monetäre Ansatz anhaltende Zinssatzerhöhungen mit einer aktuellen und auch zukünftigen Währungsabwertung in Verbindung bringt, anhaltende Zinssenkungen hingegen mit Währungsaufwertungen.

Das Federal Reserve System erhöhe zum Zeitpunkt t_0 die Wachstumsrate der US-amerikanischen Geldmenge unvermittelt von π auf $\pi + \Delta\pi$. Abbildung 15.1 zeigt die Auswirkungen dieser Veränderung auf den Dollar/Euro-Wechselkurs $E_{\$/€}$ und auf andere US-Variablen unter den Voraussetzungen des monetären Ansatzes. Zur Vereinfachung der Schaubilder nehmen wir an, dass die Inflationsrate in Europa konstant bei Null verbleibt.

Abbildung 15.1a zeigt die plötzliche Beschleunigung des US-Geldmengenwachstums zum Zeitpunkt t_0. (Der Maßstab für die vertikalen Achsen ist so gewählt, dass konstante Steigungen konstante proportionale Wachstumsraten der Variablen wiedergeben.) Die veränderte Politik erzeugt Erwartungen einer rascheren Währungsabwertung in der Zukunft: Unter den Bedingungen der KKP wird der Dollar nun nicht mehr zu der niedrigeren Rate π, sondern zu der höheren Rate $\pi + \Delta\pi$ abwerten. Die Zinsparität verlangt daher einen Anstieg des Dollarzinssatzes, wie in Abbildung 15.1b gezeigt, von seinem

---

[3]   Irving Fisher war einer der großen amerikanischen Ökonomen des frühen 20. Jahrhunderts. Der beschriebene Effekt wird in seinem Buch *The Theory of Interest (New York, 1930)* ausführlich besprochen. Fisher war auch der Urheber einer frühen Darstellung der Zinsparität, auf der unsere Theorie des Devisenmarktgleichgewichts basiert.

ursprünglichen Niveau $R_\$^1$ auf ein neues Niveau, das die erwartete zusätzliche Dollarabwertung, $R_\$^2 = R_\$^1 + \Delta\pi$ (siehe Gleichung (15-5)), in Rechnung stellt. Beachten Sie, dass diese Veränderung keinen Einfluss auf den Eurozinssatz hat; da Geldangebot und Produktion in Europa nicht verändert wurden, hält der ursprüngliche Eurozinssatz den europäischen Geldmarkt nach wie vor im Gleichgewicht.

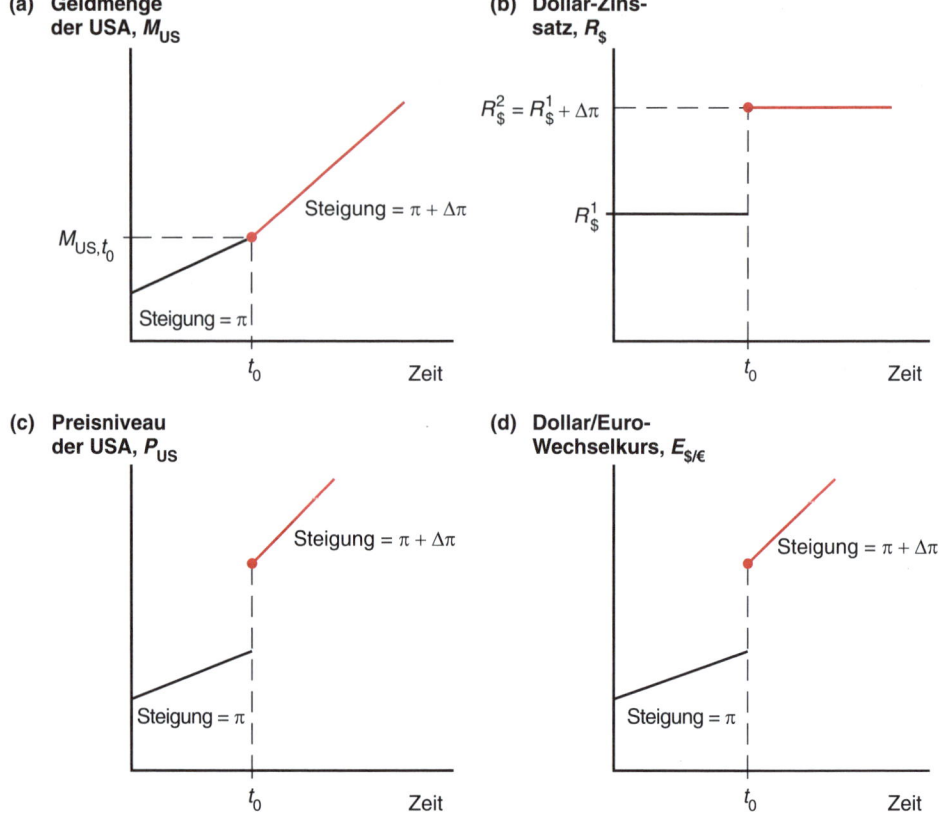

Nach der Erhöhung der Geldmengenwachstumsrate zum Zeitpunkt t_0 in Feld *a* bewegen sich der Zinssatz (Feld *b*), das Preisniveau (Feld *c*) und der Wechselkurs (Feld *d*) auf ein neues langfristiges Gleichgewicht zu. (Geldmenge, Preisniveau und Wechselkurs werden alle mit einem *natürlichen logarithmischen* Maß gemessen, infolge dessen diejenigen Variablen, die sich in konstanten proportionalen Raten ändern, im zeitlichen Verlauf als gerade Linien abgebildet werden. Die Steigung der Linie gibt die proportionale Wachstumsrate der Variablen wieder.)

Abbildung 15.1:   Langfristige zeitliche Entwicklung von ökonomischen Variablen der USA nach einer bleibenden Erhöhung der Geldmengenwachstumsrate der USA

Aus Abbildung 15.1a geht hervor, dass sich das *Niveau* der Geldmenge zum Zeitpunkt t_0 nicht sprunghaft nach oben verlagert – nur die *zukünftige Wachstumsrate* verändert sich. Da keine unmittelbare Erhöhung der Geldmenge stattfindet, während andererseits eine Zinssatzerhöhung die Geldnachfrage verringert, würde zu dem unmittelbar vor t_0 herrschenden Preisniveau ein Überangebot der realen US-Geldmenge entstehen. Angesichts dieses potenziellen Überangebots springt das US-Preisniveau bei t_0 tatsächlich in die Höhe (Abbildung 15.1c) und senkt damit das reale Geldangebot, sodass es wieder gleich der realen Geldnachfrage ist (siehe Gleichung (15-3)). Neben dem Sprung von P_{US} zum Zeitpunkt t_0 zeigt Abbildung 15.1d den gleichzeitigen proportionalen Sprung von $E_{\$/\epsilon}$, der durch die KKP bedingt ist.

Wie kann die Reaktion des Devisenmarkts zum Zeitpunkt t_0 dargestellt werden? Der Dollarzinssatz steigt in unserem Beispiel nicht aufgrund irgendeiner Veränderung des aktuellen Geldangebots oder der aktuellen Geldnachfrage, sondern ausschließlich deshalb, weil für die Zukunft ein beschleunigtes Wachstum der Geldmenge und eine Dollarabwertung erwartet werden. Die Investoren reagieren darauf mit dem Erwerb ausländischer Einlagen, die momentan die höheren erwarteten Renditen bieten. Infolgedessen wertet der Dollar im Devisenmarkt deutlich ab, wobei dieser Abwertungstrend gegenüber der Zeit vor t_0 beschleunigt ist.[4]

Beachten Sie, dass die verschiedenen Annahmen über die Geschwindigkeit der Preisniveauanpassung zu gegensätzlichen Prognosen über die Interaktion von Wechselkursen und Zinssätzen führen. Im Beispiel der abnehmenden Geldmenge bei Preisstarrheit muss das Geldmarktgleichgewicht durch eine Zinserhöhung gewährleistet werden, denn das Preisniveau kann auf die Geldmengenreduzierung hin nicht sofort sinken und folglich diese Aufgabe nicht erfüllen. Im Falle der Preisstarrheit wird eine Zinssatzerhöhung also mit einer niedrigeren Inflationserwartung und einer langfristigen Währungsaufwertung assoziiert, sodass die Währung unmittelbar aufwertet. In unserem Beispiel für den monetären Ansatz, bei dem sich das Geldmengenwachstum beschleunigte, wird eine Zinssatzerhöhung hingegen mit gesteigerten Inflationserwartungen und einer in der Zukunft generell schwächeren Währung in Verbindung gebracht. Das Ergebnis ist eine unmittelbare *Abwertung* der Währung.[5]

Diese entgegengesetzten Resultate von Zinssatzänderungen sind der Grund für den oben angeführten Hinweis, dass jede Erklärung der Wechselkurse anhand der Zinssätze unbedingt berücksichtigen muss, welche Faktoren ihrerseits die Zinssatzänderung ausgelöst haben. Denn dieselben Faktoren können auch die Wechselkurserwartungen verändern und damit die Reaktion des Devisenmarkts auf die Zinssatzerhöhung entscheidend prägen. Im Anhang zu diesem Kapitel wird im Einzelnen nachgezeichnet, wie sich in dem von uns analysierten Fall die Erwartungen ändern.

---

[4] In dem allgemeinen Fall, in dem die Inflationsrate in Europa $_E$ nicht gleich Null ist, wertet der Dollar gegenüber dem Euro nicht um π bis t_0, und um $\pi + \Delta\pi$ nach t_0 ab, sondern um $\pi - \pi_E$ bis t_0 und anschließend um $\pi + \Delta\pi - \pi_E$.

[5] Wie in Abbildung 15.1a gezeigt, wachsen die nationalen Geldmengen normalerweise mit der Zeit. Dieser Trend bedingt einen entsprechenden Trend zur Erhöhung des Preisniveaus. Wenn die Preisniveauentwicklung zweier Länder unterschiedlich verläuft, impliziert die KKP einen entsprechenden Entwicklungstrend ihres Wechselkurses. Wenn im Folgenden von einer Veränderung der Geldmenge, des Preisniveaus oder des Wechselkurses die Rede ist, meinen wir eine Veränderung dieser Variablen *im Verhältnis zu ihrer bis dahin erwarteten Steigerungsrate*. Wenn stattdessen von Veränderungen der Entwicklungstrends selbst die Rede ist, wird dies ausdrücklich erwähnt.

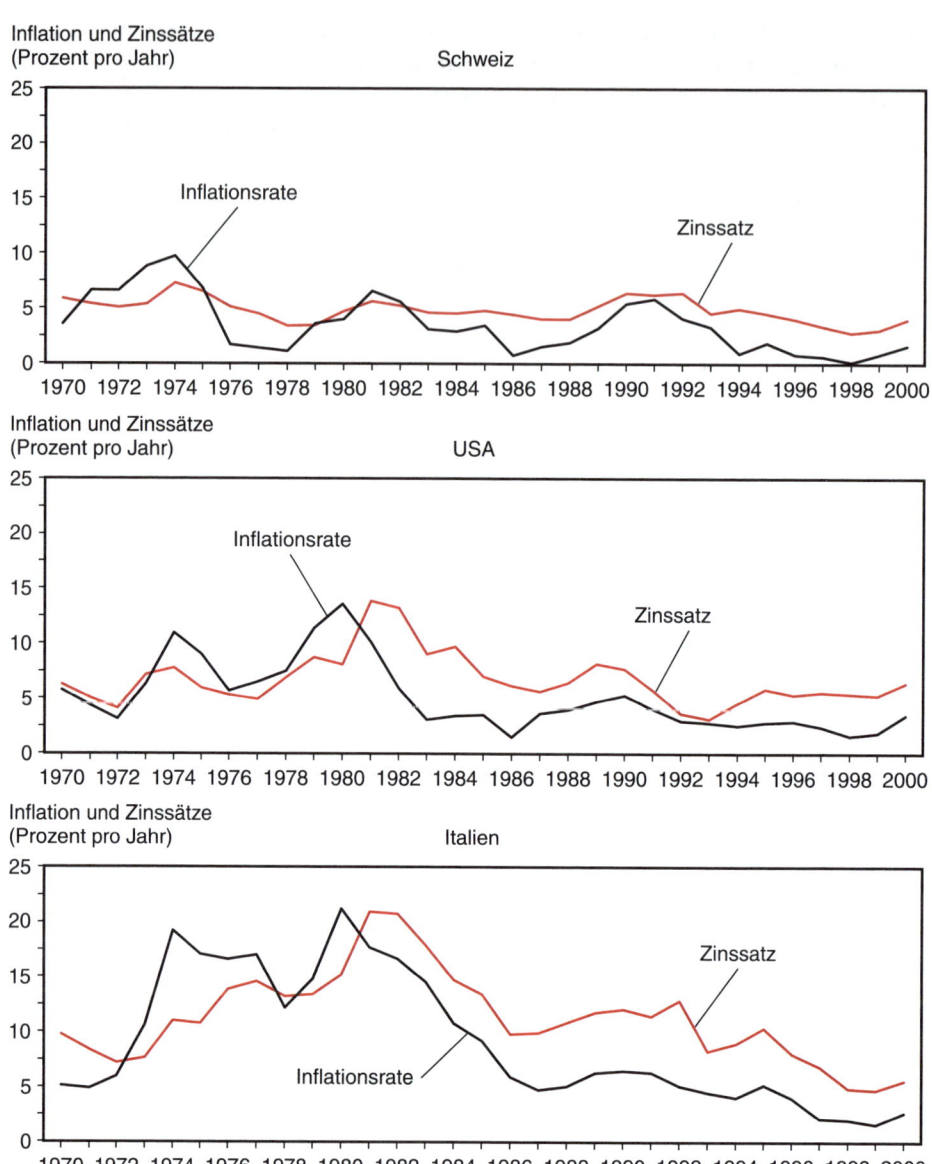

Entsprechend dem Fisher-Effekt weisen Inflationsrate und Zinssatz in langer Frist eine parallele Entwicklung auf.

Quelle: OECD, *Main Economic Indicators*. Die Inflationsraten sind die jährlichen prozentualen Veränderungen der Verbraucherpreisindices.

Abbildung 15.2:   Inflation und Zinssätze in der Schweiz, den USA und Italien, 1970–2000

Abbildung 15.2 erhärtet die wichtigste langfristige Prognose des Fisher-Effekts. Sie zeigt die Entwicklung der Inflationsraten und Zinssätze für drei Länder, die seit den 1970er

Jahren ganz unterschiedliche Inflationserfahrungen gemacht haben: die Schweiz, die USA und Italien. In jedem dieser Länder zog eine Beschleunigung der Inflation in der Regel eine Zinssatzerhöhung nach sich, während sich die Preise anpassten und sich die Bevölkerung auf höhere zukünftige Inflationsraten einstellte. Ein Rückgang der Inflation führte aus denselben Gründen zu niedrigeren Zinssätzen. Darüber hinaus finden sich die niedrigsten Durchschnittszinssätze in der Schweiz, die auch die niedrigste Inflationsrate aufweist, und die höchsten in Italien, dem Land mit der höchsten durchschnittlichen Inflationsrate.

Der Fisher-Effekt gilt im Großen und Ganzen auch dann, wenn die KKP nicht erfüllt ist. Folglich können die in Abbildung 15.2 gezeigten Daten nicht als Bestätigung des monetären Ansatzes gewertet werden. Betrachten wir also im Folgenden Daten, die in direkterer Weise über die Gültigkeit der KKP Aufschluss geben.

15.4 Empirische Belege für die KKP und die Preiseinheitlichkeit

Wie gut erklärt die KKP-Theorie die realen Wechselkurse und nationalen Preisniveaus? Kurz gesagt schneiden sämtliche Versionen der KKP-Theorie schlecht ab, wenn es um die Erklärung empirischer Tatsachen geht. Insbesondere lassen Veränderungen des nationalen Preisniveaus oftmals wenig oder gar keine Rückschlüsse auf Wechselkursbewegungen zu.

Dennoch haben wir uns nicht umsonst mit der KKP beschäftigt. Wie weiter unten in diesem Kapitel gezeigt wird, ist sie ein wichtiger Baustein von Wechselkursmodellen, die realistischer sind als der monetäre Ansatz. Das empirische Versagen der KKP liefert uns wichtige Hinweise auf die Gestaltung realistischerer Modelle.

Zur Überprüfung der *absoluten* KKP vergleichen Wirtschaftswissenschaftler die internationalen Preise eines breit gefächerten Warenkorbs, wobei sie die Qualitätsunterschiede angeblich identischer Güter von Land zu Land im Einzelnen berücksichtigen. Diese Vergleiche ergaben in der Regel, dass die absolute KKP in keiner Weise zutrifft: Die Preise identischer Warenkörbe, die in dieselbe Währung umgerechnet werden, weichen von Land zu Land ganz erheblich voneinander ab. Selbst das Gesetz der Preiseinheitlichkeit schneidet in einigen jüngeren Studien über Preisdaten, die nach Warenkategorien geordnet sind, nicht besonders gut ab. Industriegüter, die einander sehr ähnlich sind, werden seit den frühen 1970er Jahren in verschiedenen Märkten zu völlig unterschiedlichen Preisen verkauft. Da die Begründung der absoluten KKP von dem Gesetz der Preiseinheitlichkeit ausgeht, überrascht es nicht, dass KKP und reale Daten weit divergieren.[6]

---

[6] Einige der negativen Belege zur absoluten KKP werden in der weiter unten folgenden Fallstudie besprochen. Literatur zum Gesetz der Preiseinheitlichkeit ist z.B. Peter Isard, „How Far Can We Push the Law of One Price", in: *American Economic Review* 76 (Dezember 1977), S. 942-948; Irving B. Kravis und Robert E. Lipsey, „Price Behavior in the Light of Balance of Payments Theories", in: *Journal of International Economics* 8 (Mai 1978), S. 193-246; und die in den Literaturhinweisen am Ende des Kapitels aufgeführte Studie von Goldberg und Knetter.

Die relative KKP kommt den empirischen Daten manchmal schon näher, schneidet aber für gewöhnlich ebenfalls schlecht ab. Abbildung 15.3 zeigt die mangelhafte Aussagekraft der relativen KKP. Sie bildet den Dollar/DM-Wechselkurs $E_{\$/DM}$ und das Preisniveauverhältnis zwischen den USA und Deutschland, P_{US}/P_G, bis zum Jahr 2000 ab. Die Preisniveaus werden anhand von Indices gemessen, welche die zuständigen Institutionen der USA und Deutschlands veröffentlichen.[7] Aufgrund der relativen KKP wäre zu erwarten, dass sich $E_{\$/DM}$ und P_{US}/P_G proportional zueinander entwickeln, und wie Sie der Abbildung entnehmen können, war dies bis 1970 auch mehr oder weniger der Fall. Doch nach 1970 löste sich die KKP in nichts auf. Der Dollar wertete von 1970 bis 1973 stark ab, obwohl die Preise in den USA im Vergleich zu den deutschen Preisen während dieser Zeit leicht *zurückgingen*. Für die Jahre 1973 bis 1979 erscheint die KKP etwas stimmiger: Die Preise der USA stiegen im Verhältnis zu den deutschen Preisen, der Dollar wertete (mit Ausnahme eines Jahres) gegenüber der DM ab. Doch die Abwertung des Dollars von 1973 bis 1979 fiel weitaus größer aus, als es aufgrund der relativen KKP zu erwarten gewesen wäre.

Die Jahre nach 1979 sind ein einziger Verstoß gegen die relative KKP. In diesen Jahren erlebt der Dollar zunächst eine gewaltige Aufwertung gegenüber der DM, obwohl das Preisniveau der USA im Verhältnis zu jenem Deutschlands weiter ansteigt. Anschließend wertet der Dollar weitaus stärker ab, als aufgrund der KKP zu erwarten gewesen wäre. Die relative KKP trifft in etwa zu, wenn man die Zeitspanne von 1964 bis 1985 als Ganzes betrachtet: Über diese zwanzig Jahre hinweg entspricht der prozentuale Anstieg des Dollar/DM-Wechselkurses in etwa dem prozentualen Anstieg des Preisniveaus der USA im Verhältnis zu jenem Deutschlands. Angesichts der starken Abweichungen von der relativen KKP, die für zwei lange Unterperioden der Zeitspanne von 1964 bis 1985 und für die Zeit nach 1985 zu beobachten sind, muss dennoch gesagt werden, dass die KKP offenbar wenig zur Erklärung der langfristigen Wechselkursbewegungen geeignet ist.

---

[7] Die in Abbildung 15.3 gemessenen Preisniveaus sind keine Dollarbeträge, sondern Indexzahlen. Dem Verbraucherpreisindex der USA (Consumer Price Index, CPI) wurde beispielsweise das Preisniveau des Jahres 1967 mit dem Wert 100 zugrunde gelegt. Im Jahr 1983 stand er bei 298,4. Demnach hat sich der Dollarpreis für den US-amerikanischen Warenkorb des typischen Verbrauchers von 1967 bis 1983 nahezu verdreifacht. Die Ausgangsjahre für die US-amerikanischen und die deutschen Preisindices wurden so gewählt, dass ihr Verhältnis im Jahr 1964 gleich dem Wechselkurs von 1964 gesetzt wurde, doch diese künstliche Gleichsetzung bedeutet *nicht*, dass im Jahr 1964 absolute KKP geherrscht hätte. Abbildung 15.3 basiert auf dem CPI, doch andere Preisindices bieten ein ähnliches Bild. Vergegenwärtigen Sie sich nochmals, dass die Deutsche Mark bis Anfang 2002 zwar an den Euro gebunden, aber noch in Gebrauch war.

Wechselkurs ($E_{\$/DM}$),
Preisniveauverhältnis USA/Deutschland (P_{USA}/P_D)

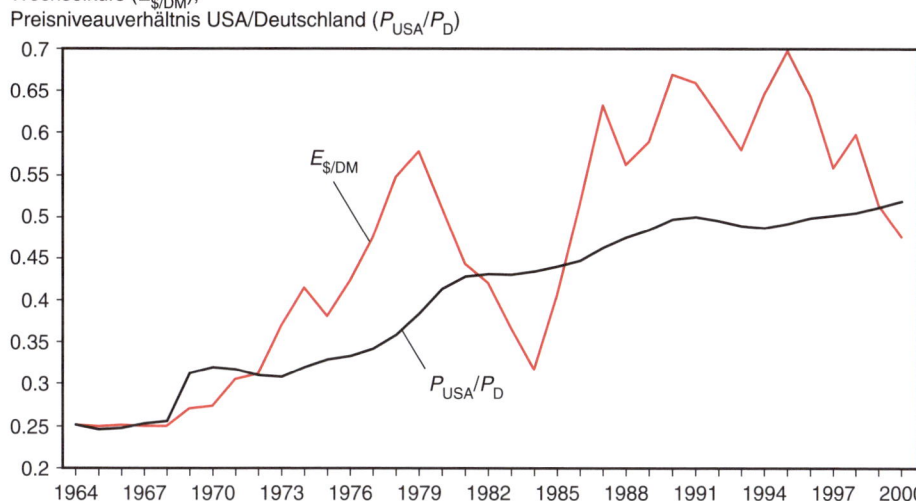

Der Kurvenverlauf zeigt, dass die relative KKP den Dollar/DM-Wechselkurs nach 1970 nicht erklären kann.
Quelle: OECD, *Main Economic Indicators*. Die Angaben über Wechselkurse und Preisniveaus stammen jeweils vom Jahresende.

Abbildung 15.3: **Der Dollar/DM-Wechselkurs und das Preisniveauverhältnis zwischen den USA und Deutschland, 1964–2000**

Studien über andere Währungen bestätigen weitgehend die aus Abbildung 15.3 abgeleiteten Ergebnisse. Die relative KKP hat sich seit den frühen 1970er Jahren nicht bewährt, war aber in den 1960er Jahren eine verlässlichere Leitlinie für die Beziehung zwischen Wechselkursen und nationalen Preisniveaus.[8] Wie Sie an späterer Stelle in diesem Buch erfahren werden, wurden die Wechselkurse vom Ende des Zweiten Weltkriegs 1945 bis Anfang der 1970er Jahre durch Zentralbankinterventionen im Devisenmarkt innerhalb enger, international vereinbarter Bandbreiten gehalten. In der ersten Hälfte der 1920er Jahre, in der viele Wechselkurse vom Markt bestimmt wurden, kam es wie in den 1970er Jahren und auch später zu bedeutenden Abweichungen von der relativen KKP.[9]

---

[8] Siehe z.B. Hans Genberg, „Purchasing Power Parity Under Fixed and Flexible Exchange Rates", in: *Journal of International Economics* 8 (Mai 1978), S. 247–276; und Robert E. Cumby und Maurice Obstfeld, „International Interest Rate and Price Level Linkages Under Flexible Exchange Rates: A Review of Recent Evidence", in: John F. O. Bilson und Richard C. Marston, Hrsg.: *Exchange Rate Theory and Practice*. Chicago 1984, S. 121–151.

[9] Siehe Paul R. Krugman, „Purchasing Power Parity and Exchange Rates: Another Look at the Evidence", in: *Journal of International Economics* 8, August 1978, S. 397–407, und Paul De Grauwe, Marc Janssens, und Hilde Leliaert, *Real Exchange-Rate Variability from 1920 to 1926 and 1973 to 1982*, Princeton Studies in International Finance 56 (International Finance Section, Department of Economics, Princeton University, September 1985).

Beispiel 15.1: „Fleischige" Beweise zum Gesetz der Preiseinheitlichkeit

Im Sommer 1986 führte die Zeitschrift *The Economist* eine breit angelegte Erhebung über die Preise von Big-Mac-Hamburgern bei McDonald's-Restaurants rund um die Welt durch. Dieses auf den ersten Blick absonderliche Unterfangen war keineswegs eine bloße Eskapade der Redaktion. Die Zeitschrift wollte diejenigen Ökonomen parodieren, die auf der Grundlage von KKP-Indices verschiedene Währungen im Brustton der Überzeugung für „überbewertet" oder „unterbewertet" erklärten. Da Big Macs „bei nur ganz geringfügigen Abwandlungen der Rezeptur in 41 Ländern verkauft werden", so die Zeitschrift, müsse ein Vergleich der Hamburger-Preise „genießbaren Aufschluss darüber geben, ob Währungen zum angemessenen Preis gehandelt werden".* Seit 1986 hat der *Economist* diese Berechnungen regelmäßig aktualisiert.

Die *Economist*-Erhebung kann auch als Test für das Gesetz der Preiseinheitlichkeit interpretiert werden. Aus dieser Sicht waren die ursprünglichen Ergebnisse höchst überraschend. Der Preis des Big Mac war in New York 50 Prozent höher als in Australien und 64 Prozent höher als in Hongkong. Doch in Paris kostete der Big Mac 54 Prozent mehr als in New York, in Tokio 50 Prozent mehr. Nur in Großbritannien und Irland waren die Dollarpreise der Hamburger auf einem ähnlichen Niveau wie in New York.

Worauf ist dieser hochgradige Verstoß gegen das Gesetz der Preiseinheitlichkeit zurückzuführen? Wie der *Economist* feststellte, liegt ein Teil der Erklärung in Transportkosten und staatlichen Auflagen. Weil in einigen Ländern relativ wenige ähnliche Ersatzprodukte für den Big Mac erhältlich sind, kann McDonald's in den dortigen Märkten womöglich mit Hilfe der Produktdifferenzierung höhere Preise durchsetzen. Darüber hinaus muss der Preis eines Big Mac nicht nur die Kosten von Hackfleisch und Brötchen decken, sondern auch die Löhne des Bedienungspersonals, Mieten, Strom usw. Diese Kosten weichen in verschiedenen Ländern stark voneinander ab.

Wie ist es um die lange Frist bestellt? Die Folgeumfragen über den Big Mac lassen keine allgemeine Tendenz zum Ausgleich der Preisunterschiede von 1986 erkennen. Die Ergebnisse vom April 1989 zeigen, dass der Big-Mac-Preis in Paris nur 12 Prozent über demjenigen in Manhattan lag, in Manhattan jedoch um 153 Prozent über demjenigen in Hongkong.** Bezeichnenderweise meldete die Zeitschrift auch Preisunterschiede zwischen den vier amerikanischen Städten Atlanta, Chicago, New York und San Francisco, die oftmals größer waren als die internationalen Diskrepanzen! Direkte staatliche Beschränkungen des Außenhandels dürften also nicht zu den wichtigsten Faktoren gehören, die das Gesetz der Preiseinheitlichkeit außer Kraft setzen.

Die unten stehende Tabelle gibt die Ergebnisse des *Economist* vom April 2001 wieder. Spalte 1 enthält den Preis des Big Macs in der jeweiligen Landeswährung. In Spalte 2 sind die lokalen *Dollar*preise berechnet, und zwar durch die Division von Spalte 1 durch Spalte 4, die den Preis eines US-Dollars in der Landeswährung angibt. Spalte 3 ist der (aus Spalte 1 übernommene) lokale Preis eines Big Macs, dividiert durch seinen durchschnittlichen Dollarpreis in den vier oben erwähnten amerikanischen Städten, $2,54. Diese „abgeleitete KKP" ist der Wechselkurs – angegeben als

Fremdwährungseinheiten pro Dollar –, der gelten würde, wenn die Hamburger-Preise unter das Gesetz der Preiseinheitlichkeit fielen.

Der Hamburger-Standard

	Big-Mac-Preise		Abgeleitete KKP* des Dollars	Tatsächlicher Dollar-Wechsel-kurs 17/04/01	Unter- (–) bzw. Über-bewer-tung (+) gegenüber dem Dollar, %
	in Landes-währung	in Dollar			
USA†	**$2.54**	**2.54**	—	—	—
Argentinien	Peso2.50	2.50	0.98	1.00	–2
Australien	A$3.00	1.52	1.18	1.98	–40
Brasilien	Real3.60	1.64	1.42	2.19	–35
Großbritannien	£1.99	2.85	1.28‡	1.43‡	12
Kanada	C$3.33	2.14	1.31	1.56	–16
Chile	Peso1260	2.10	496	601	–17
China	Yuan9.90	1.20	3.90	8.28	–53
Tschechiche R.	Koruna56.00	1.43	22.0	39.0	–44
Dänemark	DKr24.75	2.93	9.74	8.46	15
Eurozone	€2.57	2.27	0.99§	0.88§	–11
Frankreich	FFr18.5	2.49	7.28	7.44	–2
Deutschland	DM5.10	2.30	2.01	2.22	–9
Italien	Lire4300	1.96	1693	2195	–23
Spanien	Pta395	2.09	156	189	–18
Hongkong	HK$10.70	1.37	4.21	7.80	–46
Ungarn	Forint399	1.32	157	303	–48
Indonesien	Rupiah14700	1.35	5787	10855	–47
Japan	¥294	2.38	116	124	–6
Malaysia	M$4.52	1.19	1.78	3.80	–53
Mexiko	Peso21.9	2.36	8.62	9.29	–7
Neuseeland	NZ$3.60	1.46	1.42	2.47	–43
Philippinen	Peso59.00	1.17	23.2	50.3	–54
Polen	Zloty5.90	1.46	2.32	4.03	–42
Russland	Rubel35.00	1.21	13.8	28.9	–52
Singapur	S$3.30	1.82	1.30	1.81	–28
Südafrika	Rand9.70	1.19	3.82	8.13	–53
Südkorea	Won3000	2.27	1181	1325	–11
Schweden	SKr24.0	2.33	9.45	10.28	–8
Schweiz	SFr6.30	3.65	2.48	1.73	44
Taiwan	NT$70.0	2.13	27.6	32.9	–16
Thailand	Baht55.0	1.21	21.7	45.5	–52

*Kaufkraftparität, Landespreis dividiert durch den Preis in den USA
†Durchschnitt von New York, Chicago, San Francisco und Atlanta
‡Dollars pro Pfund   §Dollars pro Euro
Quelle: Mac Donald's; *The Economist*

Quelle: „Big Mac Currencies", *The Economist*, 21. April 2001, S. 74.

Die letzte Spalte zeigt, um welchen Prozentsatz die in Spalte 3 angegebene, aus dem Hamburger-Preis abgeleitete KKP den in Spalte 4 genannten, tatsächlichen Preis eines Dollars übersteigt. (Oftmals wird eine Währung als „überbewertet" bezeichnet, wenn inländische Waren aufgrund ihres Wechselkurses gegenüber ähnlichen Waren, die im Ausland verkauft werden, relativ teuer erscheinen. Im umgekehrten Fall gilt sie als „unterbewertet".) Die sich so ergebende Überbewertung der Dänischen Krone gegenüber dem US-Dollar um 15 Prozent bedeutet, dass der in Dollar umgerechnete Preis eines Kopenhagener Big Macs 1,15 Mal so hoch war wie der Preis eines Big Mac in den USA. Entsprechend war der schweizerische Preis nahezu anderthalb mal so hoch wie der amerikanische.

Die billigsten Big Macs der Welt wurden, wie Sie sehen, auf den Philippinen verkauft. Diese Tatsache widerspiegelt nicht nur die geringen Arbeitskosten, sondern auch die Abwertung der philippinischen Währung in den vorangegangenen Monaten, die zum Teil auf eine politische Krise zurückzuführen war.

* „On the Hamburger Standard", in: *The Economist*, 6.–12. September 1986

** „The Hamburger Standard", in: *The Economist*, 15. April 1989

15.5   Weshalb trifft die KKP nicht zu?

Wie kann man die im vorigen Abschnitt ausgeführten empirischen Gegenbeweise zur auf der KKP basierenden Wechselkurstheorie erklären? Die Begründung der KKP-Theorie für die Wechselkurse, die auf dem Gesetz der Preiseinheitlichkeit basiert, weist mehrere unmittelbare Mängel auf:

1. Im Gegensatz zu den Annahmen, die hinter dem Gesetz der Preiseinheitlichkeit stehen, gibt es durchaus Transportkosten und Handelsbeschränkungen. Diese Handelshemmnisse sind bisweilen so stark, dass sie den grenzüberschreitenden Handel mit manchen Gütern und Dienstleistungen verhindern.

2. Monopolistische oder oligopolistische Gegebenheiten in Gütermärkten können im Zusammenwirken mit Transportkosten oder anderen Handelshemmnissen den Zusammenhang zwischen den Preisen ähnlicher Güter in verschiedenen Ländern zusätzlich schwächen.

3. Da die von verschiedenen Länder gemeldeten Angaben über die Inflation auf unterschiedlichen Warenkörben beruhen, gibt es keinen Grund, weshalb die offiziell gemessenen Inflationsdifferenzen durch Wechselkursänderungen ausgeglichen werden sollten – selbst dann nicht, wenn es keine Handelsbeschränkungen gibt und alle Produkte gehandelt werden können.

15.5.1 Handelshemmnisse und nichthandelbare Güter

Transportkosten und staatliche Handelsbeschränkungen machen es kostspielig, Güter zu einem ausländischen Markt zu transportieren, und schwächen damit das der KKP zugrunde liegende Gesetz der Preiseinheitlichkeit in seiner Wirkung ab. Nehmen wir erneut an, dass derselbe Pullover in New York für $45 und in London für £30 verkauft wird. Der Transport des Pullovers von einer Stadt zur anderen kostet allerdings $2. Bei einem Wechselkurs von $1,45 pro Pfund ist der Dollarpreis eines Londoner Pullovers ($1,45 pro Pfund × (£39)) = $43,50. Ein amerikanischer Importeur müsste jedoch $43,50 + $2 = $45,50 bezahlen, wenn er den Pullover in London kaufen und nach New York bringen möchte. Bei einem Wechselkurs von $1,45 pro Pfund würde sich also trotz des höheren Dollarpreises am Zielort der Pulloverversand von London nach New York nicht lohnen. Entsprechend würde ein amerikanischer Exporteur bei einem Wechselkurs von $1,55 Geld verlieren, wenn er Pullover von New York nach London brächte, obwohl der New Yorker Preis von $45 dann niedriger wäre als der Dollarpreis eines Pullovers in London, der sich auf $46,50 belaufen würde.

Wie dieses Beispiel zeigt, lockern Transportkosten die enge Verbindung zwischen Wechselkursen und Güterpreisen, die das Gesetz der Preiseinheitlichkeit postuliert. Je höher die Transportkosten, desto größer die Spanne, innerhalb derer sich der Wechselkurs bei gegebenen Güterpreisen in beiden Ländern bewegen kann. Offizielle Handelsbeschränkungen wie beispielsweise Zölle wirken sich ähnlich aus, weil eine an das Zollamt entrichtete Gebühr den Gewinn des Importeurs in derselben Weise schmälert wie Transportgebühren in selber Höhe. Jede Art von Handelshindernis untergräbt die KKP, denn es erweitert die Spanne, innerhalb derer die Kaufkraft einer gegebenen Währung in verschiedenen Ländern schwanken kann. Handelshindernisse machen es beispielsweise möglich, dass man mit einem Dollar in Tokio nicht so weit kommt wie in Chicago – wie jeder, der schon einmal in Tokio war, zu seinem Leidwesen erfahren musste.

Wie Sie aus Kapitel 2 wissen, sind die Transportkosten im Verhältnis zu den Produktionskosten mancher Güter und Dienstleistungen derart hoch, dass Letztere nicht gewinnbringend in anderen Ländern verkauft werden können. Solche Güter und Dienstleistungen bezeichnet man als *nichthandelbar*. Das klassische Lehrbeispiel für eine nichthandelbare Dienstleistung ist ein Haarschnitt. Ein Franzose, der einen amerikanischen Haarschnitt wünscht, müsste sich selbst in die USA oder einen amerikanischen Friseur nach Frankreich transportieren. Weil die Transportkosten gegenüber dem Preis der erworbenen Dienstleistung in beiden Fällen übermäßig hoch wären, werden französische Haarschnitte ausschließlich von den Bewohnern Frankreichs gekauft, amerikanische Haarschnitte hingegen von den Bewohnern der USA (abgesehen von Touristen).

Weil es in allen Ländern nichthandelbare Güter und Dienstleistungen gibt, deren Preise nicht grenzübergreifend verknüpft sind, sind selbst von der relativen KKP regelmäßige Abweichungen möglich. Da die Preise nichthandelbarer Güter und Dienstleistungen ausschließlich von den inländischen Angebots- und Nachfragekurven bestimmt werden, können Veränderungen dieser Kurven den Inlandspreis eines Warenkorbs gegenüber dem Auslandspreis desselben Warenkorbs ändern. Bei ansonsten gleichen Bedingungen hebt eine Preissteigerung der nichthandelbaren Produkte das Preisniveau des betreffenden

Landes im Verhältnis zu den Preisniveaus des Auslands (gemessen in derselben Währung). Anders betrachtet: Preissteigerungen bei den nichthandelbaren Produkten eines Landes senken die Kaufkraft seiner Währung.

In die Bestimmung des nationalen Preisniveaus gehen eine Vielzahl von nichthandelbaren Produkten ein, wie zum Beispiel (neben Haarschnitten) medizinische Routinebehandlungen, Aerobicstunden und Wohnraum. Im Großen und Ganzen kann man handelbare Güter mit Industrieprodukten, Rohstoffen und Agrarprodukten gleichsetzen. Nichthandelbare Produkte sind in erster Linie Dienstleistungen und die Erzeugnisse der Baubranche. Natürlich hat diese Regel auch Ausnahmen. Beispielsweise können Finanzdienstleistungen von Banken und Maklern oft international gehandelt werden. Außerdem können hinreichend schwerwiegende Handelsbeschränkungen dazu führen, dass Güter, die unter normalen Umständen gehandelt würden, nicht mehr handelbar sind. Unter diese Kategorie fallen in den meisten Ländern eine Reihe von Industrieprodukten.

Man gewinnt einen groben Eindruck von der Bedeutung nichthandelbarer Produkte in der amerikanischen Wirtschaft, wenn man den Beitrag der Dienstleistungs- und der Baubranchen zum US-amerikanischen BNE betrachtet. Im Jahr 2000 machten die Produkte dieser Branchen etwa 53 Prozent des BNE der USA aus.

Wenn man allerdings allein von diesen Zahlen ausgeht, dürfte man die Bedeutung nichthandelbarer Produkte für die Bestimmung des nationalen Preisniveaus unterschätzen. Selbst die Preise handelbarer Produkte schließen für gewöhnlich die Kosten der mit Absatz und Vertrieb verbundenen nichthandelbaren Dienstleistungen mit ein, welche die Güter von den Produzenten zu den Konsumenten bringen (siehe „Fleischige Beweise zum Gesetz der Preiseinheitlichkeit" auf S. 518). Nichthandelbare Produkte tragen dazu bei, die in Abbildung 15.3 gezeigten großen Abweichungen von der relativen KKP zu erklären.

15.5.2   Abweichungen vom freien Wettbewerb

Wenn Handelsbeschränkungen und von unvollständigem Wettbewerb geprägte Marktstrukturen zusammentreffen, werden die Verbindungen zwischen den nationalen Preisniveaus zusätzlich gelockert. Ein Extremfall ist gegeben, wenn ein einziges Unternehmen eine Ware in verschiedenen Märkten zu unterschiedlichen Preisen verkauft. (Erinnern Sie sich an die Analyse des Dumping in Kapitel 6.)

Wenn ein Unternehmen dasselbe Produkt in verschiedenen Märkten zu unterschiedlichen Preisen verkauft, dann spricht man von **marktbezogener Preisfestsetzung**, einer Form der **Preisdiskriminierung**. Marktbezogene Preisfestsetzung widerspiegelt die unterschiedliche Nachfragesituation in verschiedenen Ländern. Je geringer beispielsweise die Preiselastizität der Nachfrage eines Landes, desto höher kann ein Monopolist den Preis über die Produktionskosten heben. Empirische Auswertungen von Exportdaten auf Unternehmensebene haben unverkennbare Hinweise ergeben, dass die marktbezogene Preisfestsetzung im Handel mit Industrieprodukten weit verbreitet ist.[10]

Zu Beginn der 1990er Jahre konnte man beispielsweise ein Auto des japanischen Unternehmens Nissan, das in Sunderland im Nordosten Englands gebaut worden war, bei einem in der Nähe dieses Werks angesiedelten Händler für €16.215 erwerben. Dasselbe Modell wurde in Japan für nur €13.375 verkauft – ungeachtet der Kosten, zu denen Nissan das Auto über rund 17.000 Kilometer von Sunderland nach Tokio bringen musste.[11] Eine solche Preisdiskriminierung ließe sich wohl schwer durchsetzen, wenn es für Autofahrer nicht teuer wäre, ihre Wagen in Japan zu kaufen und nach England zu transportieren. Auch wenn die Verbraucher in den Modellen der Unternehmen Volkswagen und Fiat einen guten Ersatz für Nissan-Modelle sähen, würde der Wettbewerb unter den Herstellern verhindern, dass der Preis der japanischen Autos in England in keinem realistischen Verhältnis zu seinen Produktionskosten mehr steht. Die Kombination von Produktdifferenzierung und segmentierten Märkten führt jedoch zu groben Verstößen gegen das Gesetz der Preiseinheitlichkeit und gegen die absolute KKP. Die relative KKP kann durch allmähliche Veränderungen der Marktstruktur und der Nachfrage außer Kraft gesetzt werden.

Beispiel 15.2: Die verblüffend hohe Inflation in Hongkong

Wenn die Kaufkraftparität zuträfe, müssten diejenigen Länder, deren Währungen durch einen unveränderlichen Wechselkurs verbunden sind, gleiche Preisinflationsraten aufweisen. Die Erfahrungen von Hongkong seit den frühen 1980er Jahren sind ein eklatanter Gegenbeweis für diese These. Obwohl der Wechselkurs seit Oktober 1983 auf 7,73 Hongkong-Dollar pro US-Dollar festgesetzt ist, war die Inflationsrate Hongkongs drei Mal so hoch wie diejenige der USA. Die unten stehende Abbildung zeigt die Entwicklung der Preisniveaus beider Länder seit 1983.

Diese hohe Inflation ist überraschend, weil Hongkong keine wesentlichen Beschränkungen des Außenhandels verfügt hat und zu den offensten Volkswirtschaften der Welt zählt. Wenn die Kräfte der internationalen Arbitrage also die Preisniveaus verschiedener Länder irgendwo ausgleichen müssten, dann in Hongkong.

Bis zu Beginn der 1970er Jahre war die Währung von Hongkong an das Pfund Sterling gekoppelt, und für diese Zeit hat sich die KKP bewahrheitet. In der Zeitspanne von 1965 bis 1972 betrug die durchschnittliche Inflationsrate in Hongkong beispielsweise 5,7 Prozent jährlich und diejenige Großbritanniens 5,9 Prozent.*

---

[10] Einen detaillierten Überblick über die Datenlage bietet die Studie von Goldberg und Knetter, die in den Literaturhinweisen am Ende dieses Kapitels aufgeführt wird. Ein theoretischer Beitrag zur marktbezogenen Preisfestsetzung ist der Essay von Rüdiger Dornbusch, „Exchange Rates and Prices", in: *American Economic Review* 77, März 1987, S. 93–106, sowie von Paul R. Krugman, „Pricing to Market: When the Exchange Rate Changes", in: Sven W. Arndt und J. David Richardson, Hrsg., *Real-Financial Linkages among Open Economies*. Cambridge 1987.

[11] „Why Buyers in Tokyo Spend $ 5,500 Less for UK-Built Nissans", in: *Financial Times*, 5. Oktober 1992, S. 16.

Was ist seit Beginn der 1980er Jahre geschehen? Als Antwort genügt ein Wort: China. Im Jahr 1978 begann China, seine Volkswirtschaft von den schlimmsten Verzerrungen der zentralen Planung zu befreien. Dabei blieb das politische Monopol der Kommunistischen Partei erhalten. Aus ökonomischer Sicht waren die Reformen erfolgreich. Sie führten zu einem raschen Produktionszuwachs und verwandelten China in einen wichtigen Spieler auf den Weltexportmärkten.**

Diese Entwicklungen hatten erhebliche Auswirkungen auf die Volkswirtschaft von Hongkong. Im Rahmen seiner wirtschaftlichen Strategie richtete China an der südchinesischen Küste, nicht weit von Hongkong entfernt, spezielle Sonderwirtschaftszonen für das freie Unternehmertum ein. Diese Zonen entwickelten sich zu Investitionsmagneten. Die meisten Investitionen stammten aus Hongkong, und ihr Erfolg begründete den Reichtum vieler Bürger Hongkongs. Ihre zunehmenden Ausgaben für Dienstleistungen und andere nichthandelbare Produkte aus Hongkong trieben deren Preise in die Höhe. Unter anderem aus diesem Grund weist der allgemeine Preisniveauindex eine hohe Inflation aus, obwohl die Preise für handelbare Güter einer weitaus geringeren Inflation unterlagen.

Ein zweiter, damit zusammenhängender Grund für die Inflation in Hongkong war der steile Anstieg der Mieten und Bodenpreise. In Hongkong, wo sich sechs Millionen Menschen auf rund 1000 Quadratkilometern drängen, die größtenteils nicht bebaubar sind, war Boden seit jeher knapp gewesen. Doch als der zunehmende Reichtum der Stadt mit der wachsenden Nachfrage internationaler Unternehmen nach Büroraum in der Nähe der chinesischen Grenze zusammentraf, schnellten die Immobilienpreise abermals in die Höhe. Käufe ebenso korrupter wie reicher chinesischer Staatsbeamter trugen (neben der allgemeinen Inflation) das ihre zum Anstieg der Immobilienpreise bei. In den späten 1990er Jahren zogen die Mieten in Hongkong so stark an wie kaum irgendwo sonst auf der Welt. Durch diese Entwicklung stieg die Mietenkomponente des Verbraucherpreisindex ebenso wie die Preise aller nichthandelbaren Produkte, in welche die Nutzung von Büroraum als Produktionsfaktor eingeht. Die Inflation in Hongkong nahm nach dem Jahr 1997 gemäßigtere Formen an, da seine Konjunktur durch die asiatischen Finanzkrisen, die in Kapitel 22 besprochen werden, abgeschwächt wurde.

* Siehe Gavin Peebles, *Hong Kong's Economy*, Hong Kong: Oxford University Press, 1988.

** Eine ausführliche Darstellung finden Sie bei Alan Gelb, Gary Jefferson und Inderjit Singh, „Can Communist Economies Transfrom Incremenally? The Experience of China", in: *NBER Macroeconomics Annual 1993*, S. 87-133.

Preisniveau (1983 = 100)

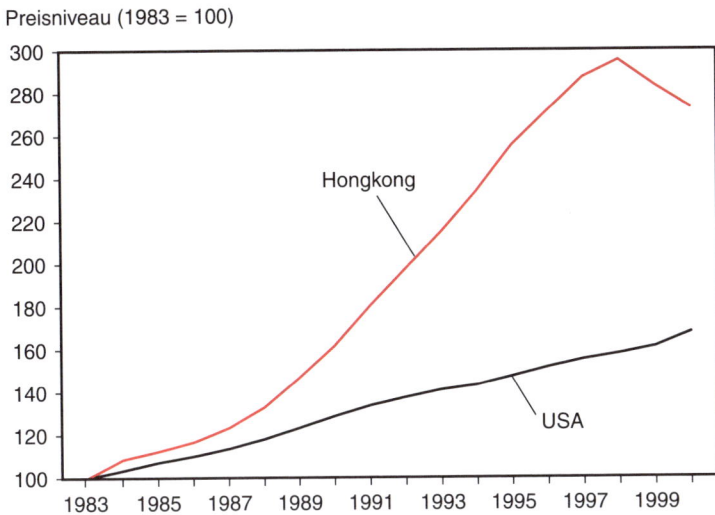

Trotz eines fixen Wechselkurses und der Abwesenheit von Handelsbeschränkungen ist das Preisniveau von Hongkong weitaus schneller gestiegen als dasjenige der USA.
Quelle: US-Handelsministerium und Regierungsbehörden von Hongkong, *Economic Prospects*, diverse Ausgaben. Der Index von Hongkong ist ein kombinierter Verbraucherpreisindex.

Preisindices für die USA und Hongkong, 1983–2000

15.5.3   Internationale Unterschiede bei der Messung des Preisniveaus

Die von staatlicher Seite durchgeführten Messungen des Preisniveaus sind von Land zu Land verschieden. Ein Grund für diese Unterschiede liegt darin, dass die Einwohner verschiedener Länder ihr Einkommen unterschiedlich verwenden. Der Durchschnittsnorweger verbraucht mehr Rentier als der Durchschnittsamerikaner, der Durchschnittsjapaner mehr Sushi und der Durchschnittsinder mehr Linsen. Es ist daher zu erwarten, dass die norwegischen Behörden bei der Zusammenstellung eines repräsentativen Warenkorbs zur Kaufkraftmessung dem Rentier relativ viel Gewicht einräumen, die japanischen dem Sushi und die indischen den Linsen.

Da die relative KKP Prognosen über Preis*änderungen*, nicht über Preis*niveaus* trifft, kann sie auch unabhängig von den Warenkörben, die zum Vergleich der Preisniveaus verschiedener Länder definiert werden, sinnvoll angewandt werden. Wenn sämtliche US-Preise um 10 Prozent fallen und der Dollar gegenüber Fremdwährungen um 10 Prozent abwertet, ist die relative KKP (vorausgesetzt, dass sich im Ausland nichts ändert) für alle denkbaren inländischen und ausländischen Preisniveauindices erfüllt.

Eine Veränderung der relativen Preise der Warenkorbkomponenten kann jedoch dazu führen, dass Überprüfungen anhand der offiziellen Preisindices die relative KKP nicht bestätigen. Ein Anstieg des relativen Preises für Fisch würde beispielsweise den Dollarpreis des offiziellen japanischen Warenkorbs gegenüber jenem der USA einfach deshalb erhöhen, weil Fisch einen großen Anteil des japanischen Warenkorbs ausmacht. Relative Preisänderungen könnten auch dann zu Verstößen gegen die relative KKP führen, wie in Abbildung 15.3 gezeigt, wenn der Handel frei und kostenlos wäre.

15.5.4   Die KKP in kurzer und in langer Frist

Aufgrund der Faktoren, die wir zur Erklärung des schlechten empirischen Abschneidens der KKP-herangezogen haben, können die nationalen Preisniveaus auch in der langen Frist divergieren, nachdem sich alle Preise auf dem Niveau einpendeln konnten, zu dem der Markt geräumt wird. Wie in Kapitel 14 ausgeführt, sind allerdings viele Preise einer Volkswirtschaft starr und passen sich erst mit der Zeit vollständig an. Abweichungen von der KKP können daher in der kurzen Frist ausgeprägter sein als in der langen.

Eine plötzliche Abwertung des Dollars gegenüber Fremdwährungen verbilligt beispielsweise landwirtschaftliche Maschinen in den USA im Verhältnis zu ähnlichen Gerätschaften aus dem Ausland. Wenn nun die Landwirte auf der ganzen Welt ihre Nachfrage nach Traktoren und Mähmaschinen an US-amerikanische Hersteller richten, steigt der Preis amerikanischer Landmaschinen, um die durch die Dollarabwertung eingetretene Abweichung vom Gesetz der Preiseinheitlichkeit zu korrigieren. Der Prozess dieses Preisanstiegs zieht sich jedoch einige Zeit hin, und während dieser Anpassung der Märkte an die Wechselkursänderung können die Preise für Landmaschinen aus den USA und aus anderen Ländern erheblich voneinander abweichen.

Vielleicht vermuten Sie bereits, dass die Preisstarrheit in kurzer Frist und die Volatilität der Wechselkurse zur Erklärung eines Phänomens beitragen, das wir im Zusammenhang mit Abbildung 15.3 erwähnt haben: In den Zeiten flexibler Wechselkurse wurde die relative KKP weitaus stärker verletzt. Die empirische Forschung bestätigt diese Interpretation der Statistiken. Abbildung 14.11, anhand derer die Starrheit von Güterpreisen im Vergleich zu den Wechselkursen verdeutlicht wurde, ist typisch für solche Erscheinungen in Zeiten flexibler Wechselkurse. In einer gründlichen Studie unter Einbeziehung zahlreicher Länder und historischer Episoden verglich der Ökonom Michael Mussa kurzfristige Abweichungen von der KKP unter den Bedingungen fixer und flexibler Wechselkurse. Er stellte fest, dass flexible Wechselkurse ausnahmslos zu weitaus größeren und häufigeren kurzfristigen Abweichungen von der KKP führen.[12] Der Textkasten auf S. 530 enthält ein besonders anschauliches Beispiel dafür, wie Preisstarrheit bei absolut identischen Gütern zu Verstößen gegen das Gesetz der Preiseinheitlichkeit führen kann.

---

[12] Siehe Mussa, „Nominal Exchange Rate Regimes and the Behavior of Real Exchange Rates: Evidence and Implications", in: Karl Brunner und Allan H. Meltzer, Hrsg.: *Real Business Cycles, Real Exchange Rates and Actual Policies*, Carnegie-Rochester Conference Series on Public Policy 25, Amsterdam 1986, S. 117-214. Charles Engel von der University of Wisconsin hat festgestellt, dass bei einem flexiblen Wechselkurs internationale Preisunterschiede bei *demselben* Gut variabler sein können als der relative Preis unterschiedlicher Güter *innerhalb* ein und desselben Landes. Siehe Engel, „Real Exchange Rates and Relative Prices: An Empirical Investigation", in: *Journal of Monetary Economics* 32, August 1993, S. 35–50.

Jüngere Forschungen zeigen, dass kurzfristige Abweichungen von der KKP, beispielsweise infolge flexibler Wechselkurse, mit der Zeit nachlassen. Nach vier Jahren bleibt nur noch die Hälfte des Effekts einer vorübergehenden Abweichung von der KKP bestehen.[13] Selbst wenn diese kurzfristigen Abweichungen von der KKP aus der Statistik herausgenommen werden, hat es immer noch den Anschein, als ob der kumulative Effekt bestimmter langfristiger Entwicklungstendenzen in zahlreichen Ländern vorhersehbare Abweichungen von der KKP bedingt. Die unten stehende Fallstudie unter dem Titel „Weshalb ärmere Länder niedrigere Preisniveaus haben" behandelt einen der wichtigsten Mechanismen, die diesen Tendenzen zugrunde liegen.

Beispiel 15.3: Weshalb ärmere Länder niedrigere Preisniveaus haben

Die Forschung über internationale Preisniveaudiskrepanzen hat eine verblüffende empirisch feststellbare Regelmäßigkeit aufgedeckt: Die Preisniveaus der Länder, ausgedrückt in derselben Währung, stehen in einer positiven Beziehung zum Niveau des Pro-Kopf-Realeinkommens. Mit anderen Worten, die Kaufkraft eines Dollars, der zum marktgültigen Wechselkurs in eine andere Landeswährung umgetauscht wird, ist in einem armen Land im Allgemeinen weitaus größer als in einem reichen. Abbildung 15.4 zeigt diese Beziehung zwischen Preisniveaus und Einkommen. Jeder Punkt steht für ein bestimmtes Land.

Aus der im letzten Abschnitts erläuterten Bedeutung nichthandelbarer Produkte für die Bestimmung des nationalen Preisniveaus ergibt sich, dass internationale Preisvariationen bei diesen Produkten zu den Preisniveaudiskrepanzen zwischen reichen und armen Nationen beitragen. Die verfügbaren Daten zeigen in der Tat, dass nichthandelbare Güter und Dienstleistungen (im Vergleich zu handelbaren Produkten) in reichen Ländern zumeist teurer sind.

Auf einen Grund für den niedrigeren relativen Preis nichthandelbarer Produkte in armen Ländern haben Bela Balassa und Paul Samuelson hingewiesen.[14] Die Balassa-Samuelson-Theorie geht davon aus, dass im Bereich der handelbaren Produkte die Arbeitskräfte armer Länder weniger produktiv sind als diejenigen reicher Länder, bei den nichthandelbaren Produkten hingegen die Produktivitätsunterschiede zu vernachlässigen sind. Selbst wenn die Preise der handelbaren Produkte in allen Ländern gleich sind, impliziert die niedrigere Arbeitsproduktivität in diesen Branchen für die

→

---

[13] Siehe z.B. Jeffrey A. Frenkel und Andrew K. Rose, „A Panel Project on Purchasing Power Parity: Mean Reversion Within and Between Countries", in: *Journal of International Economics* 40, Februar 1996, S. 209–224. Die statistische Aussagekraft dieser Ergebnisse bezweifelt Paul G. J. O'Connell in „The Overvaluation of Purchasing Power Parity", in: *Journal of International Economics* 44, Februar 1998, S. 1–19.

[14] Siehe Balassa, „The Purchasing Power Parity Doctrine: A Reappraisal", in: *Journal of Political Economy* 72, Dezember 1964, S. 584–596, und Samuelson, „Theoretical Notes on Trade Problems", in: *Review of Economics and Statistics* 64, Mai 1964, S. 145–154. Die Balassa-Samuelson-Theorie wurde in einigen Beobachtungen Ricardos vorweggenommen. Siehe Jacob Viner, *Studies in the Theory of International Trade*. New York 1973, S. 315.

armen Länder niedrigere Löhne. Diese wiederum bedingen niedrigere Produktionskosten bei den nichthandelbaren Produkten und daher auch einen niedrigeren Preis
der Letzteren. Reiche Länder mit höherer Arbeitsproduktivität bei den handelbaren
Produkten haben höhere Preise für nichthandelbare Produkte und höhere Preisniveaus. Statistiken über die Produktivität bestätigen auf der empirischen Ebene das
von Balassa und Samuelson aufgestellte Postulat des Produktivitätsdifferenzials. Und
es ist plausibel, dass internationale Produktivitätsunterschiede bei den handelbaren
Gütern stärker ausgeprägt sind als bei den nichthandelbaren. Ob ein Land reich oder
arm ist, ein Friseur kann nur eine bestimmte Anzahl Haarschnitte pro Woche ausführen, doch bei der Herstellung handelbarer Güter wie beispielsweise Personalcomputer
kann es bedeutende Produktivitätsunterschiede zwischen verschiedenen Ländern
geben.

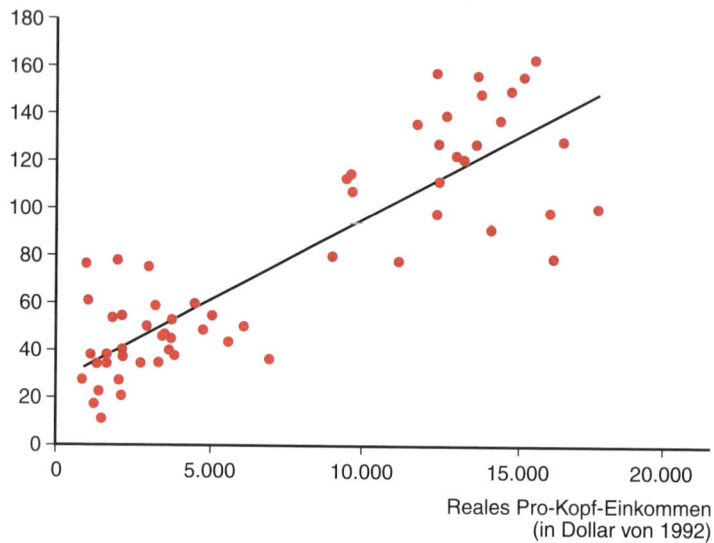

Das Preisniveau eines Landes steigt tendenziell mit seinem Realeinkommen. Jeder
Punkt steht für ein Land. Die gerade Linie zeigt die statistische Prognose für das
Preisniveau eines Landes im Verhältnis zu jenem der USA, ausgehend von seinem
realen Pro-Kopf-Einkommen.

Abbildung 15.4: **Preisniveaus und Realeinkommen im Jahr 1992**

Ein zweiter, damit zusammenhängender Grund für die Inflation in Hongkong war der steile Anstieg der Mieten und Bodenpreise. In Hongkong, wo sich sechs Millionen Menschen auf rund 1000 Quadratkilometern drängen, die größtenteils nicht bebaubar sind, war Boden seit jeher knapp gewesen. Doch als der zunehmende Reichtum der Stadt mit der wachsenden Nachfrage internationaler Unternehmen nach Büroraum in der Nähe der chinesischen Grenze zusammentraf, schnellten die Immobilienpreise abermals in die Höhe. Käufe ebenso korrupter wie reicher chinesischer Staatsbeamter trugen (neben der allgemeinen Inflation) das ihre zum Anstieg der Immobilienpreise bei. In den späten 1990er Jahren zogen die Mieten in Hongkong so stark an wie kaum irgendwo sonst auf der Welt. Durch diese Entwicklung stieg die Mietenkomponente des Verbraucherpreisindex ebenso wie die Preise aller nichthandelbaren Produkte, in welche die Nutzung von Büroraum als Produktionsfaktor eingeht. Die Inflation in Hongkong nahm nach dem Jahr 1997 gemäßigtere Formen an, da seine Konjunktur durch die asiatischen Finanzkrisen, die in Kapitel 22 besprochen werden, abgeschwächt wurde.

Eine alternative Theorie zur Erklärung des niedrigeren Preisniveaus in armen Ländern stammt von Jagdish Bhagwati und Irving Kravis von der University of Pennsylvania und Robert Lipsey von der City University of New York.[15] Der Ansatz von Bhagwati, Kravis und Lipsey geht nicht von Produktivitätsunterschieden, sondern von der unterschiedlichen Ausstattung mit Kapital und Arbeit aus, gelangt jedoch ebenfalls zu der Prognose, dass der relative Preis nichthandelbarer Produkte mit steigendem realen Pro-Kopf-Einkommen steigt. Reiche Länder haben eine hohe Kapitalintensität, während arme Länder über mehr Arbeit im Verhältnis zu Kapital verfügen. Daher ist in den reichen Ländern die Grenzproduktivität der Arbeit höher als in armen, und Erstere weisen ein höheres Lohnniveau auf als Letztere.[16] Die nichthandelbaren Produkte, die weitgehend aus Dienstleistungen bestehen, sind im Verhältnis zu den handelbaren natürlich arbeitsintensiv. Weil Arbeit in armen Ländern billiger ist und bei der Produktion nichthandelbarer Güter und Dienstleistungen intensiv eingesetzt wird, sind diese dort ebenfalls billiger als in reichen Hochlohnländern. Auch dieser internationale Unterschied des relativen Preises nichthandelbarer Produkte lässt darauf schließen, dass das Gesamtpreisniveau, ausgedrückt in derselben Währung, in reichen Ländern höher ist als in armen.

---

[15] Siehe Kravis und Lipsey, *Toward an Explanation of National Price Levels*, *Princeton Studies in International Finance* 52, International Finance Section, Department of Economics, Princeton University, November 1983, und Bhagwati, „Why Are Services Cheaper in the Poor Countries?", in: *Economic Journal* 94, Juni 1984, S. 279–280.

[16] Diese Argumentation geht davon aus, dass die Unterschiede in der Faktorausstattung reicher und armer Länder so groß sind, dass kein Faktorpreisausgleich eintreten kann.

15.6   Jenseits der Kaufkraftparität: Ein allgemeines Modell der Wechselkurse in langer Frist

Weshalb widmen wir der Kaufkraftparitätentheorie derart viel Raum, wenn es zahllose Ausnahmen von ihr gibt und sie von den empirischen Daten offenkundig widerlegt wird? Wir haben die Implikationen der KKP deshalb so genau untersucht, weil ihr Grundgedanke, die langfristigen Wechselkurse in Beziehung zu den langfristigen nationalen Preisniveaus zu setzen, einen sehr fruchtbaren Ausgangspunkt darstellt. Der oben vorgestellte monetäre Ansatz, der von der KKP ausgeht, ist zu einfach, um reale Entwicklungen präzise vorherzusagen. Wir können ihn jedoch verallgemeinernd erweitern, indem wir einige der Gründe berücksichtigen, weshalb die KKP in der Praxis kaum bestätigt wird. In diesem Abschnitt entwickeln wir ein allgemeines Modell der langfristigen Wechselkursbestimmung, das zwar komplizierter ist als der monetäre Ansatz, das tatsächliche Verhalten der Wechselkurse aber besser erklären kann.

Unser allgemeines Modell liefert einen weiteren Grund für die Nützlichkeit des KKP-Theorems, denn es zeigt, dass in jenen wichtigen Situationen, in denen monetäre Veränderungen die Hauptursache für Konjunkturschwankungen darstellen, die Prognosen des einfachen monetären Ansatzes in langer Frist *zutreffen*.

Die unten vorgestellte langfristige Analyse sieht weiterhin über die kurzfristigen Komplikationen hinweg, die sich aus der Preisstarrheit ergeben. Das Verständnis des langfristigen Verhaltens von Wechselkursen ist, wie oben gesagt, eine Voraussetzung für die kompliziertere kurzfristige Analyse, die wir im nächsten Kapitel vornehmen.

Beispiel 15.4: Preisstarrheit und das Gesetz der Preiseinheitlichkeit: Erfahrungen aus skandinavischen Duty-free-Läden

Die Starrheit von Nominalpreisen und -löhnen nimmt in makroökonomischen Theorien einen zentralen Stellenwert ein. Doch wie ist es um die Geldpreise bestellt? Gibt es Gründe, weshalb sie sich nicht von einem Tag auf den anderen veränderten Marktbedingungen anpassen können? Ein solcher Grund geht von dem Gedanken der „Menükosten" aus. Menükosten können auf verschiedene Faktoren zurückgehen, wie beispielsweise den Druck neuer „Speisekarten": Preislisten und Kataloge. Darüber hinaus fallen bei Unternehmen bisweilen auch Menükosten anderer Art an, die sich aus den unvollständigen Informationen der Kunden über die Preise ihrer Wettbewerber ergeben. Wenn ein Unternehmen seine Preise heraufsetzt, beginnen einige Kunden ihren Bedarf anderswo zu decken und bleiben manchmal selbst dann bei einem konkurrierenden Anbieter, wenn sich alle Unternehmen der Preiserhöhung anschließen. Angesichts der verschiedenen Arten von Menükosten halten Anbieter auf eine Veränderung der Marktbedingungen hin ihre Preise oft konstant, bis sie sicher sind, dass diese Veränderung von solcher Dauerhaftigkeit ist, dass sich die Kosten der Preisveränderung lohnen.*

Wenn es zwischen zwei Märkten mit in verschiedener Währung bewerteten Güterpreisen überhaupt keine Schranken gäbe, dann könnte die Preisstarrheit angesichts einer Wechselkursänderung nicht bestehen bleiben. Alle Käufer würden einfach in den Markt strömen, in dem das Gut am billigsten geworden ist. Wenn jedoch gewisse Handelshemmnisse bestehen, lösen Abweichungen vom Gesetz der Preiseinheitlichkeit keine unbeschränkte Arbitrage aus, sodass es den Anbietern möglich ist, die Preise trotz Wechselkursänderungen konstant zu halten. In der realen Welt sind Handelsbeschränkungen offenbar beträchtlich, weit verbreitet und oft recht subtil.

Arbitrage zwischen zwei Märkten kann selbst dann nur eingeschränkt möglich sein, wenn zwischen ihnen keine räumliche Distanz besteht. Zu diesem verblüffenden Befund gelangt eine Studie über das Preisverhalten in skandinavischen Duty-free-Läden. Die schwedischen Ökonomen Marcus Asplund und Richard Friberg untersuchten die Preisgebung in den Duty-free-Läden zweier skandinavischer Fährlinien und der Fluglinie SAS, die in ihren Katalogen als Dienst am Kunden die Preise jedes Guts in mehreren Währungen angeben.** Aufgrund der hohen Druckkosten werden diese Kataloge nur von Zeit zu Zeit aktualisiert. In der Zwischenzeit können sich jedoch die Preise für *dasselbe* Gut aufgrund von Wechselkursschwankungen mehrmals verändern. Die Fährlinie Birka Line, die zwischen Schweden und Finnland verkehrt, führte ihre Preise von 1975 bis 1998 beispielsweise sowohl in Finnischen Mark als auch in Schwedischen Kronen an und ließ damit erkennen, dass es bei einer relativen Abwertung der Finnischen Mark günstiger wäre, Zigaretten oder Wodka in dieser Währung anstatt in Kronen zu bezahlen.

Trotz solcher Preisunterschiede konnte die Birka Line ihr Angebot stets in beiden Währungen verkaufen. Es war nicht so, dass die Passagiere in ihrer überwiegenden Mehrheit zum niedrigsten Preis einkauften. Die schwedischen Passagiere, die relativ große Mengen ihrer eigenen Landeswährung mitbrachten, kauften eher zu den Preisen in Kronen, während die finnischen Kunden mit ihrer Mark einkauften. Oft nahm Birka Line die Herausgabe eines neuen Katalogs zum Anlass, Abweichungen vom Gesetz der Preiseinheitlichkeit zu vermindern. Im unmittelbaren Vormonat einer solchen Preisanpassung betrug die Abweichung vom Gesetz der Preiseinheitlichkeit 7,21 Prozent, gegenüber 2,22 Prozent im Monat der Anpassung. Ein großes Hindernis für die Ausnutzung der Arbitrage-Möglichkeiten lag in den Kosten für den Währungsumtausch bei der bordeigenen Wechselstube, die rund 7,5 Prozent Gebühren verlangte. Diese Transaktionskosten wirkten vor dem Hintergrund der gegebenen Währungspräferenzen der Passagiere zum Zeitpunkt ihrer Einschiffung als reale Handelsbeschränkung.***

Überraschenderweise beseitigte die Birka Line Abweichungen vom Gesetz der Preiseinheitlichkeit nicht vollständig, wenn sie die Katalogpreise änderte. Stattdessen praktizierte sie auf ihren Fähren eine Art marktbezogene Preisfestsetzung. Exporteure, die ihre Preise marktbezogen festsetzen, unterteilen die Verbraucher normalerweise nach geografischen Kriterien, doch Birka gelang die Preisdiskriminierung anhand der Nationalität und der Währungspräferenz, und dies, obwohl sich alle potenziellen Kunden auf derselben Fähre befanden.

→

Der Gedanke, dass Währungspräferenzen sowie Währungsumtausch- und Berechnungskosten eine bestimmte Bandbreite erzeugen, innerhalb derer Preisdifferenziale aufrechterhalten werden können, wird von weiteren Daten bestätigt, die Asplund und Friberg durch die Auswertung von Duty-free-Katalogen gewannen, welche die Fluglinie SAS ihren Passagieren an Bord austeilte. Auch SAS praktizierte eine marktbezogene Preisfestsetzung, wich aber bei den eher teuren Angeboten (z.B. einem Füller der Marke Mont Blanc für $135) in geringerem Maße gezielt vom Gesetz der Preiseinheitlichkeit ab. Bei einem festgesetzten Prozentsatz der Preisdiskrepanzen steigt der Gewinn aus dem Kauf zum niedrigsten Preis, je teurer die Ware. Der Befund, dass SAS bei preisgünstigen Waren mehr Spielraum für die marktbezogene Preisfestsetzung hatte, ist daher konsistent mit der Existenz fester Grenzen für die Arbitrage.

*Bei einer stark schwankenden Konjunktur scheinen die Preise am flexibelsten zu werden. Restaurants beispielsweise richten den Preis eines Fischgerichts nach dem Marktpreis, zu dem der Fang am Morgen verkauft wurde. Der verlangte Preis (und das Fischangebot) widerspiegelt daher bisweilen die starke Veränderlichkeit des Fischfangs.

**„The Law of One Price in Scandinavian Duty-Free Stores", in: *American Economic Review* 91, September 2001, S. 1072–1083.

***Die Kunden konnten nicht nur in bar in der Währung ihrer Wahl bezahlen, sondern auch per Kreditkarte. Bei der letzteren Zahlungsart fallen zwar weitaus geringere Umtauschkosten an, doch es wird der Wechselkurs berechnet, der einige Tage nach dem eigentlichen Kauf gilt. Asplund und Friberg stellen die Hypothese auf, dass bei solch kleinen Käufen die Ungewissheit und der Aufwand, die relativen Preise zu errechnen (hinzu kommen noch die Gebühren für den Währungsumtausch per Kreditkarte), genügten, um die Käufer von Transaktionen in einer relativ wenig vertrauten Währung abzuschrecken.

15.6.1   Der reale Wechselkurs

Als ersten Schritt zur Ausweitung der KKP-Theorie definieren wir den Begriff des **realen Wechselkurses**. Der reale Wechselkurs zwischen den Währungen zweier Länder ist ein breites summarisches Maß für die Preise der Güter und Dienstleistungen des einen Landes im Verhältnis zum anderen. Es bietet sich an, den Begriff des realen Wechselkurses an dieser Stelle einzuführen, weil die wichtigste Prognose der KKP darin besteht, dass sich die realen Wechselkurse niemals, zumindest nicht dauerhaft, ändern. Um unser Modell so zu erweitern, dass es die Realität genauer widerspiegelt, müssen wir Punkt für Punkt die Kräfte untersuchen, die dramatische und ständige Veränderungen der realen Wechselkurse hervorrufen können.

Wie wir sehen werden, spielen die realen Wechselkurse nicht nur für die Quantifizierung von Abweichungen von der KKP, sondern auch für die makroökonomische Analyse von

Angebot und Nachfrage in offenen Volkswirtschaften eine entscheidende Rolle. Wenn wir den realen Wechselkurs, also den relativen Preis zweier Warenkörbe, von dem relativen Preis zweier Währungen abgrenzen möchten, bezeichnen wir Letzteren im Folgenden als **nominalen Wechselkurs**. Wenn allerdings keine Verwechslungsgefahr besteht, verwenden wir weiterhin die kürzere Bezeichnung Wechselkurs, auch für den nominalen Wechselkurs.

Die realen Wechselkurse werden allerdings durch die nominalen Wechselkurse und Preisniveaus definiert. Eine präzisere Definition der realen Wechselkurse erfordert daher zunächst eine Spezifizierung des Preisniveaumaßes. Wie bisher sei P_{US} das Preisniveau der USA und P_E das Preisniveau Europas. Da wir (im Gegensatz zu unseren Ausführungen zum monetären Ansatz) an dieser Stelle keine absolute KKP voraussetzen, gehen wir nicht länger davon aus, dass das Preisniveau in den USA mit demselben Warenkorb gemessen werden kann wie in Europa. Da wir unsere Analyse in Kürze mit monetären Faktoren verbinden möchten, muss der Preisindex jedes Landes fortan diejenigen Warenkäufe wiedergeben, welche die Nachfrage seiner Bürger nach dem inländischen Geldangebot bestimmen.

Zwar gibt es kein perfektes Maß für das Preisniveau, doch wir müssen uns auf irgendeine Definition einigen, um den realen Wechselkurs in eine Formel fassen zu können. Stellen Sie sich, um ein konkretes Bild zu gewinnen, P_{US} als den Dollarpreis eines unveränderlichen Warenkorbs vor, der die typischen wöchentlichen Einkäufe von Privathaushalten und Unternehmen der USA enthält. Wichtig ist hierbei Folgendes: *Das Preisniveau in den USA wird verhältnismäßig stark von Waren geprägt, die in Amerika produziert und konsumiert werden, das europäische Preisniveau hingegen von in Europa produzierten und konsumierten Waren.*[17]

Nachdem wir nun die Warenkörbe beschrieben haben, mit deren Hilfe die Preisniveaus gemessen werden, können wir den *realen Dollar/Euro-Wechselkurs*, abgekürzt $q_{\$/€}$, definieren als den Dollarpreis des europäischen Korbes im Verhältnis zu dem amerikanischen. Der reale Wechselkurs kann nun ausgedrückt werden als der Dollarwert des Quotienten aus europäischem und amerikanischem Preisniveau. Daraus ergibt sich folgende Formel:

$$q_{\$/€} = (E_{\$/€} \times P_E)/P_{US} \qquad \textbf{(15-6)}$$

Ein Zahlenbeispiel soll den Begriff des realen Wechselkurses verdeutlichen. Der europäische Warenkorb koste €100 (P_E = €100 pro europäischem Korb), der US-amerikanische Warenkorb koste \$120 (P_{US} = \$120 pro US-Korb). Der nominale Wechselkurs sei $E_{\$/€}$ = \$1,20 pro Euro. Der reale Dollar/Euro-Wechselkurs ist dann:

$$q_{\$/€} = \frac{(\$1{,}20 \text{ pro Euro}) \times (€100 \text{ pro europäischem Warenkorb})}{(\$120 \text{ pro US-Warenkorb})}$$

$$= (\$120 \text{ pro europäischem Warenkorb})/(\$120 \text{ pro US-Warenkorb})$$

$$= 1 \text{ US-Warenkorb pro europäischem Warenkorb.}$$

---

[17] Eine ähnliche Annahme setzten wir bei unserer Abhandlung des Transferproblems in Kapitel 5 voraus. Wie in jenem Kapitel festgestellt, sind nichthandelbare Produkte ein wichtiger Faktor für die relative Präferenz einheimischer Produkte.

Einen Anstieg des realen Dollar/Euro-Wechselkurses $q_{\$/€}$ (eine **reale Abwertung** des Dollars gegenüber dem Euro) kann man unter mehreren gleichwertigen Blickwinkeln sehen. Wie unmittelbar einsichtig, zeigt Formel (15-6), dass die Kaufkraft eines Dollars innerhalb Europas gegenüber seiner Kaufkraft in den USA sinkt. Diese Veränderung der relativen Kaufkraft stellt sich deshalb ein, weil der Dollarpreis europäischer Güter ($E_{\$/€} \times P_E$) gegenüber dem Dollarpreis US-amerikanischer Güter (P_{US}) steigt.

In unserem Zahlenbeispiel führt eine nominale Abwertung des Dollars um 10 Prozent, auf $E_{\$/€}$ = \$1,32 pro Euro, zu einem Anstieg von $q_{\$/€}$ auf 1,1 US-Warenkörben pro europäischem Warenkorb. Dies entspricht einer *realen* Abwertung des Dollars gegenüber dem Euro um 10 Prozent. (Denselben Effekt hätte ein Anstieg von P_E um 10 Prozent oder ein Sinken von P_{US} um 10 Prozent.) Die reale Abwertung bedeutet, dass die Kaufkraft des Dollars für europäische Güter und Dienstleistungen gegenüber seiner Kaufkraft für US-amerikanische Güter und Dienstleistungen um 10 Prozent sinkt.

Obwohl viele nichthandelbare Produkte in die Berechnung des nationalen Preisniveaus eingehen, kann man sich den realen Wechselkurs $q_{\$/€}$ generell auch als den relativen Preis europäischer Produkte in amerikanischen Produkten vorstellen, d.h. als den Preis, zu dem ein hypothetischer Austausch amerikanischer gegen europäische Warenkörbe stattfinden könnte, wenn dieser zu inländischen Preisen möglich wäre. Aus dieser Sicht bedeutet ein Anstieg von $q_{\$/€}$ eine reale Abwertung des Dollars gegenüber dem Euro, weil die generelle, hypothetische Kaufkraft amerikanischer Produkte gegenüber europäischen Produkten sinkt. Die Güter und Dienstleistungen Amerikas werden im Verhältnis zu jenen Europas billiger.

Eine **reale Aufwertung** des Dollars gegenüber dem Euro bedeutet ein Sinken von $q_{\$/€}$. Dieses Sinken zeigt einen Rückgang des relativen Preises von Produkten, die in Europa gekauft werden, bzw. einen Anstieg der Kaufkraft des Dollars in Europa gegenüber seiner Kaufkraft in den USA.[18]

Zur Wiedergabe realer Abwertungen und Aufwertungen des Dollars gegenüber dem Euro verwenden wir dieselbe Konvention wie für die nominalen Wechselkurse (ein Anstieg von $E_{\$/€}$ ist eine Abwertung des Dollars, ein Sinken von $E_{\$/€}$ eine Aufwertung). Im Zusammenhang mit dem realen Wechselkurs halten wir daher als Sonderfall eine Beobachtung fest, die wir bereits aus Kapitel 13 kennen: Bei konstanten inländischen Geldpreisen der Güter verbilligt eine nominale Dollarabwertung US-amerikanische Güter im Vergleich zu ausländischen Gütern, während eine nominale Dollaraufwertung sie verteuert.

Aus Gleichung (15-6) ist unmittelbar ersichtlich, weshalb sich der reale Wechselkurs nicht ändern kann, solange die relative KKP erfüllt ist. Bei relativer KKP würde beispielsweise ein Anstieg von $E_{\$/€}$ um 10 Prozent stets durch einen Rückgang des Preisniveaus P_E/P_{US} um ebenfalls genau 10 Prozent ausgeglichen werden, sodass $q_{\$/€}$ unberührt bliebe.

---

[18] Da $E_{\$/€} = 1/E_{€/\$}$, sodass $q_{\$/€} = P_E/(E_{€/\$} \times P_{US}) = 1/q_{€/\$}$, ist eine reale Abwertung des Dollars gegenüber dem Euro dasselbe wie eine reale Aufwertung des Euro gegenüber dem Dollar (d.h. eine Zunahme der Kaufkraft des Euro in den USA im Verhältnis zu seiner Kaufkraft in Europa, bzw. ein Rückgang des relativen Preises amerikanischer Produkte in europäischen Produkten).

15.6.2 Nachfrage, Angebot und langfristiger realer Wechselkurs

Wenn die KKP nicht erfüllt ist, hängen die langfristigen Werte realer Wechselkurse genau wie andere relative Preise, zu denen der Markt geräumt wird, von Angebot und Nachfrage ab. Dieser Befund dürfte nicht überraschen. Da der reale Wechselkurs auf Veränderungen des relativen Preises der Ausgabenkörbe zweier Länder reagiert, hängt er allerdings von Angebot und Nachfrage in *beiden* Ländern ab. Veränderungen der Produktmärkte eines Landes sind oft komplex, und wir werden an dieser Stelle nicht in eine ausführliche (und ermüdende) Abhandlung sämtlicher Möglichkeiten abschweifen. Wir konzentrieren uns stattdessen auf zwei spezifische Fälle, die einfach zu erfassen sind und auch in der Praxis eine wichtige Rolle spielen, um die Ursachen für langfristige Änderungen der realen Wechselkurse zu erklären.

1. *Eine Veränderung der relativen Weltnachfrage nach amerikanischen Produkten.* Nehmen Sie an, dass sich die gesamten Weltausgaben für amerikanische Güter und Dienstleistungen im Verhältnis zu den Weltausgaben für europäische Güter und Dienstleistungen erhöhen. Eine solche Veränderung könnte auf verschiedene Ursachen zurückgehen, beispielsweise eine Verschiebung der privaten US-amerikanischen Nachfrage weg von europäischen und hin zu amerikanischen Gütern, oder eine zunehmende Nachfrage von Seiten des US-amerikanischen Staates, die sich vorwiegend zugunsten von US-Produkten auswirkt. Jede Erhöhung der relativen Weltnachfrage nach US-Produkten erzeugt zum bisherigen realen Wechselkurs einen entsprechenden Nachfrageüberhang. Um das Gleichgewicht wiederherzustellen, muss folglich der relative Preis amerikanischer Produkte in europäischen Produkten steigen: Die relativen Preise von nichthandelbaren US-Produkten steigen und die Preise handelbarer Produkte, die in den USA hergestellt und dort in hohem Maße konsumiert werden, steigen im Verhältnis zu denjenigen handelbarer Produkte aus Europa. Alle diese Veränderungen tragen zur Senkung von $q_{\$/€}$ bei, dem relativen Preis von Europas Ausgabenkorb im Vergleich zu jenem der USA. Daraus schließen wir: *Ein Anstieg der relativen Weltnachfrage nach US-Produkten führt zu einer langfristigen realen Aufwertung des Dollars gegenüber dem Euro (einem Sinken von $q_{\$/€}$). Entsprechend führt ein Rückgang der relativen Weltnachfrage nach US-Produkten zu einer langfristigen realen Abwertung des Dollars gegenüber dem Euro (einem Anstieg von $q_{\$/€}$).*

2. *Eine Veränderung des relativen Produktionsangebots.* Die Produktivität von Arbeit und Kapital in den USA wachse. Da Amerikaner einen Teil ihres gestiegenen Einkommens für ausländische Güter ausgeben, steigt das Angebot sämtlicher Güter und Dienstleistungen der USA im Verhältnis zur Nachfrage, sodass zum bisherigen realen Wechselkurs ein relatives Überangebot amerikanischer Produkte entsteht. Ein Rückgang des relativen Preises amerikanischer Produkte – handelbarer und nichthandelbarer – erhöht die Nachfrage nach ihnen und beseitigt somit das Überangebot. Diese Preisänderung ist eine reale Abwertung des Dollars gegenüber dem Euro, d.h. ein Anstieg von $q_{\$/€}$. *Eine relative Ausdehnung der Produktion in den USA führt zu einer langfristigen realen Abwertung des Dollars gegenüber dem Euro ($q_{\$/€}$ steigt). Eine re-*

lative Ausdehnung der europäischen Produktion führt zu einer langfristigen realen Aufwertung des Dollars gegenüber dem Euro ($q_{\$/\!\in}$ sinkt).[19]

15.6.3   Nominale und reale Wechselkurse im langfristigen Gleichgewicht

Im Folgenden sollen die Ausführung dieses und des vorigen Kapitel gebündelt werden, um die Bestimmung der langfristigen nominalen Wechselkurse herzuleiten. Unsere wichtigste Erkenntnis lautet, dass Veränderungen von Geldangebot und Geldnachfrage eines Landes in langer Frist zu denselben proportionalen Veränderungen der Wechselkurse und der Preisniveauverhältnisse führen, wie sie von der relativen Kaufkraftparitätentheorie prognostiziert werden. Verschiebungen von Angebot und Nachfrage auf den nationalen Produktmärkten hingegen führen zu nominalen Wechselkursänderungen, die der KKP widersprechen.

Erinnern wir uns an unsere Definition des realen Dollar/Euro-Wechselkurses als

$$q_{\$/\!\in} = (E_{\$/\!\in} \times P_{\mathrm{E}})/P_{\mathrm{US}}$$

(siehe Gleichung (15-5)). Wenn wir diese Formel nach dem nominalen Wechselkurs auflösen, erhalten wir eine Gleichung, die den nominalen Euro/Dollar-Wechselkurs als Produkt aus dem realen Dollar/Euro-Wechselkurs und dem Preisniveauverhältnis zwischen den USA und Europa angibt:

$$E_{\$/\!\in} = q_{\$/\!\in} \times (P_{\mathrm{US}}/P_{\mathrm{E}}) \qquad \textbf{(15-7)}$$

Der einzige formale Unterschied zwischen Gleichung (15-7) und Gleichung (15-1), die als Ausgangspunkt unserer Ausführungen über den monetären Ansatz der Wechselkursbestimmung diente, besteht darin, dass (15-7) mögliche Abweichungen von der KKP berücksichtigt, indem der *reale* Wechselkurs als zusätzliche Determinante des nominalen Wechselkurses einbezogen wird. *Aus dieser Gleichung geht hervor, dass bei einem gegebenen realen Dollar/Euro-Wechselkurs Veränderungen von Geldangebot oder Geldnachfrage in Europa oder den USA dieselben Auswirkungen auf den langfristigen nominalen Dollar/Euro-Wechselkurs haben wie nach dem monetären Ansatz. Veränderungen des langfristigen realen Wechselkurses wirken sich aber auch auf den langfristigen nominalen Wechselkurs aus.* Die mit Gleichung (15-7) gegebene Theorie der Wechselkursbestimmung in langer Frist schließt daher die tragfähigen Elemente des monetären Ansatzes mit ein, korrigiert diesen Ansatz aber zugleich, indem sie die nichtmonetären Faktoren berücksichtigt, die anhaltende Abweichungen von der Kaufkraftparität *bewirken können.*

---

[19]   Aus unseren Ausführungen über den Balassa-Samuelson in der Fallstudie auf S. 527 könnten Sie schließen, dass ein Produktivitätsanstieg, der sich auf die handelbaren Güter der USA konzentriert, eher zu einer realen Aufwertung des Dollars gegenüber dem Euro führen müsste. In diesem Absatz ging es aber um einen ausgeglichenen Produktivitätsanstieg, der beiden Sektoren, den handelbaren und den nichthandelbaren Produkten, in gleichem Maße zugute kommt. Er führt zu einer realen Dollarabwertung, indem er den Preis nichthandelbarer Güter und jener handelbaren Güter senkt, die im amerikanischen Verbraucherpreisindex stärker gewichtet werden als im europäischen.

Unter der Annahme, dass sich alle Variablen in der Ausgangslage auf ihrem langfristigen Niveau befinden, verstehen wir nun die wichtigsten Determinanten langfristiger Veränderungen der nominalen Wechselkurse:

1. *Eine Veränderung des relativen Geldmengenniveaus.* Nehmen Sie als Beispiel eine Erhöhung der US-amerikanischen Geldmenge. Wie Sie aus Kapitel 14 wissen, hat eine einmalige, ständige Erhöhung der Geldmenge eines Landes keine Auswirkungen auf die langfristigen Niveaus von Produktion, Zinssatz oder jeglichen relativen Preisen (einschließlich des realen Wechselkurses). Folglich impliziert Gleichung (15-3) auch hier einen zu M_{US} proportionalen Anstieg von P_{US}, während Gleichung (15-7) zeigt, dass das Preisniveau der USA die einzige Variable ist, die langfristig der Änderung des nominalen Wechselkurses $E_{\$/\epsilon}$ folgt. Weil der reale Wechselkurs $q_{\$/\epsilon}$ gleich bleibt, ist die nominale Wechselkursänderung mit der relativen KKP konsistent: Der einzige langfristige Effekt der Geldmengenexpansion der USA ist der proportionale Anstieg sämtlicher Dollarpreise, einschließlich desjenigen für den Euro. Zu demselben Resultat hatte auch der monetäre Ansatz geführt, was nicht überrascht, denn dieser Ansatz ist auf die Erklärung der langfristigen Effekte monetärer Veränderungen zugeschnitten.

2. *Eine Veränderung der Wachstumsraten der relativen Geldmenge.* Eine ständige Steigerung der Wachstumsrate der US-Geldmenge hebt die langfristige Inflationsrate der USA und erhöht, vermittels des Fisher-Effekts, den Dollarzinssatz gegenüber dem Eurozinssatz. Da infolgedessen die relative reale Geldnachfrage der USA zurückgeht, ergibt sich aus Gleichung (15-3) ein Anstieg von P_{US} (wie in Abbildung 15.1 gezeigt). Aufgrund ihres rein monetären Charakters ist die Veränderung, die zu diesem Resultat führt, hinsichtlich ihrer langfristigen Auswirkungen neutral; insbesondere ändert sie nichts am realen langfristigen Dollar/Euro-Wechselkurs. Gemäß Gleichung (15-7) steigt also $E_{\$/\epsilon}$ proportional zu dem Anstieg von P_{US} (eine Abwertung des Dollars gegenüber dem Euro). Auch hier führt eine rein monetäre Veränderung zu einer langfristigen Verschiebung des nominalen Wechselkurses entsprechend der relativen KKP, genau wie der monetäre Ansatz erwarten ließ.

3. *Eine Veränderung der relativen Produktionsnachfrage.* Diese Art Veränderung wird vom monetären Ansatz nicht erfasst, sodass nun die oben entwickelte erweiterte Perspektive, in der sich der reale Wechselkurs ändern kann, entscheidende Bedeutung gewinnt. Da eine Veränderung der relativen Produktionsnachfrage keinen Einfluss auf die langfristigen nationalen Preisniveaus hat – diese hängen ausschließlich von den Faktoren ab, die in den Gleichungen (15-3) und (15-4) aufgeführt sind –, ändert sich der langfristige nominale Wechselkurs in Gleichung (15-7) nur insoweit, wie sich der reale Wechselkurs ändert. Nehmen Sie als Beispiel eine Zunahme der relativen Nachfrage nach US-Produkten. Oben in diesem Abschnitt sahen wir, dass eine Nachfragesteigerung bei US-Produkten eine langfristige reale Aufwertung des Dollars gegenüber dem Euro (ein Sinken von $q_{\$/\epsilon}$) auslöst: Diese Veränderung ist nichts weiter als ein Anstieg des relativen Preises der US-Produktion. Da die langfristigen nationalen Preisniveaus allerdings unverändert bleiben, können wir aus Gleichung (15-7) ableiten, dass es langfristig auch zu einer nominalen Aufwertung des Dollars gegenüber dem Euro (einem Sinken von $E_{\$/\epsilon}$) kommen muss. Diese Prognose beleuchtet eine wichtige Tatsache: Obwohl Wechselkurse nominale Preise sind, reagieren Sie selbst auf lange Sicht nicht nur auf monetäre, sondern auch auf nichtmonetäre Ereignisse.

4. *Eine Veränderung des relativen Produktionsangebots.* Wie oben in diesem Abschnitt aufgezeigt, führt eine Ausdehnung der relativen US-Produktion zu einer realen Abwertung des Dollars gegenüber dem Euro, indem sie den relativen Preis von US-Produkten senkt. Dieser Anstieg von $q_{\$/\euro}$ ist jedoch nicht die einzige Veränderung von Gleichung (15-7), die aus einem relativen Anstieg der US-Produktion folgt. Darüber hinaus erhöht der Produktionsanstieg die Transaktionsnachfrage nach der realen Geldmenge in den USA, hebt damit die aggregierte reale Geldnachfrage und drückt, wie aus Gleichung (15-3) folgt, das langfristige US-Preisniveau nach unten. Ein erneuter Blick auf Gleichung (15-7) zeigt: Da $q_{\$/\euro}$ steigt, während P_{US} sinkt, wirken die Produktions- und Geldmarkteffekte einer Veränderung des Produktionsangebots in entgegengesetzte Richtungen, sodass ihr Nettoeffekt auf $E_{\$/\euro}$ uneindeutig ist. Unsere Analyse einer Veränderung des Produktionsangebots zeigt, dass selbst dann, wenn eine Störung von nur einem Markt ausgeht (in diesem Fall dem Güter- und Dienstleistungsmarkt), ihr Einfluss auf die Wechselkurse von sekundären Effekten bestimmt sein kann, die durch andere Märkte vermittelt werden.

Daraus schließen wir: Wenn die Störungen ausschließlich monetären Charakter haben, folgen die Wechselkurse in langer Frist der KKP. In langer Frist wirkt sich eine monetäre Störung nur auf die allgemeine Kaufkraft einer Währung aus, und diese Veränderung der Kaufkraft ändert den Wert der Währung in Bezug auf inländische und ausländische Güter in gleichem Maße. Bei Störungen in den Güter- und Dienstleistungsmärkten hingegen ist es selbst in langer Frist unwahrscheinlich, dass der Wechselkurs der relativen KKP folgt.[20] Tabelle 15.1 fasst diese Schlussfolgerungen über die Auswirkungen von Veränderungen des Geldmarkts und des Güter- und Dienstleistungsmarktes auf die langfristigen nominalen Wechselkurse zusammen.

In den folgenden Kapiteln werden wir im Zusammenhang mit *kurzfristigen* makroökonomischen Ereignissen auf das in diesem Abschnitt vorgestellte allgemeine Modell des langfristigen Wechselkurses zurückkommen. Langfristige Faktoren spielen für die kurze Frist eine wichtige Rolle, weil Erwartungen über die Zukunft für die tagtägliche Bestimmung der Wechselkurse von ausschlaggebender Bedeutung sind. Das in diesem Abschnitt entwickelte Modell des langfristigen Wechselkurses wird in den kommenden Kapiteln als Anker für Markterwartungen dienen. In seinem Rahmen werden die Marktteilnehmer die zukünftigen Wechselkurse auf der Grundlage der heute verfügbaren Informationen vorhersagen.

---

[20] Diese Schlussfolgerungen bieten einen Teil der Erklärung dafür, dass empirische Anwendungen rein monetärer Theorien der nominalen Wechselkurse dann am erfolgreichsten waren, wenn die untersuchten Veränderungen in erster Linie monetärer Natur waren. Eine ökonometrische Anwendung des monetären Ansatzes auf die deutsche Hyperinflation der 1920er Jahre bietet Jacob A. Frenkel, „A Monetary Approach to the Exchange Rate: Doctrinal Aspects and Empirical Evidence", in: Jan Herin, Assar Lindbeck, und Johan Myhrman, Hrsg., *Flexible Exchange Rates and Stabilization Policy.* Boulder (Colorado), Westview Press, 1977, S. 68-92. Das Versagen des monetären Ansatzes bei der Erklärung von Daten aus den 1970er Jahren ist dokumentiert bei Rüdiger Dornbusch, „Exchange Rate Economics: Where Do We Stand?", in: *Brookings Papers on Economic Activity* 1, 1980, S. 143–185.

Veränderung	Auswirkung auf den langfristigen nominalen Dollar/Euro-Wechselkurs, $E_{\$/€}$
Geldmarkt	
1. Erhöhung der Geldmenge in den USA	Proportionaler Anstieg (nominale Abwertung des Dollars)
2. Erhöhung der Geldmenge in Europa	Proportionales Sinken (nominale Abwertung des Euro)
3. Steigerung der Wachstumsrate der Geldmenge in den USA	Anstieg (nominale Abwertung des Dollars)
4. Steigerung der Wachstumsrate der Geldmenge in Europa	Sinken (nominale Abwertung des Euro)
Gütermarkt	
1. Steigerung der Nachfrage nach US-Produkten	Sinken (nominale Aufwertung des Dollars)
2. Steigerung der Nachfrage nach europäischen Produkten	Anstieg (nominale Aufwertung des Euro)
3. Steigerung des Güterangebots in den USA	Uneindeutig
4. Steigerung des Güterangebots in Europa	Uneindeutig

Tabelle 15.1: Die Auswirkungen von Veränderungen des Geldmarkts und des Gütermarkts auf den langfristigen nominalen Dollar/Euro-Wechselkurs $E_{\$/€}$

Beispiel 15.5: Weshalb stieg der Yen immer weiter?

Von 1950 bis 1971 war der japanische Yen zu einem nominalen Wechselkurs an den US-Dollar gebunden, der höchstens um 1 Prozent von 360 Yen pro Dollar abweichen konnte. Anfang der 1970er Jahre, als der Wechselkurs freigegeben wurde und fortan auf Marktkräfte reagieren konnte, setzte eine enorme kumulative Aufwertung des Yen gegenüber dem Dollar ein. Im Frühjahr 1999 schwankte der Dollarpreis um die 120-Yen-Marke. In rund 25 Jahren hatte der Dollar zwei Drittel seines Wechselkurswertes gegenüber dem Dollar eingebüßt!

Diese Entwicklung kann nicht mit der KKP-Theorie in ihrer einfachsten Form erklärt werden, denn sie ging nicht mit einem entsprechenden Anstieg des US-amerikanischen Warenpreisniveaus im Verhältnis zu jenem Japans einher. Kann die von uns entwickelte erweiterte Theorie der langfristigen nominalen Wechselkurse etwas Licht in die anhaltende Abwertung des Dollars gegenüber dem Yen bringen?

Ein wichtiger erster Hinweis ergibt sich aus dem Verhalten des *realen* Wechselkurses des Dollars gegenüber dem Yen, $q_{\$/¥}$. Abbildung 15.5 zeigt, dass der Preis japanischer Güter in US-Gütern seit spätestens 1950 einen steilen Aufwärtstrend aufweist. Nehmen wir diesen Trend der realen Yenaufwertung zunächst als gegeben hin und analysieren seine Bedeutung für den *nominalen* Dollar/Yen-Wechselkurs, $E_{\$/¥}$. Anschließend werden wir auf die Faktoren zurückkommen, die den Aufwärtstrend von $q_{\$/¥}$ bedingen.

Obwohl $E_{\$/¥}$ auf (ungefähr) $1/(360\ ¥/\$) = 0{,}2778$ US-Cents pro Yen festgesetzt war, konnte der reale Wechselkurs $q_{\$/¥}$ während der Zeitspanne von 1950 bis 1971 steigen, weil Japan eine höhere Inflation aufwies als die USA. Von 1950 bis 1960 betrug die japanische Inflationsrate im Durchschnitt 5,3 Prozent pro Jahr, die Inflationsrate der USA hingegen nur 2,6 Prozent. Von 1960 bis 1971 war die Inflationsrate der USA mit 3,4 Prozent jährlich höher als zuvor, doch die jährliche Inflationsrate in Japan verharrte mit durchschnittlich 5,5 Prozent deutlich oberhalb dieses Werts. Da P_J schneller stieg als P_{US}, konnte sich der in Abbildung 15.5 gezeigte tendenzielle Anstieg von $q_{\$/¥} = (E_{\$/¥} \times P_J)/P_{US}$ selbst bei festem $E_{\$/¥}$ fortsetzen.

Die Freigabe der Wechselkurse Anfang der 1970er Jahre änderte diese Konstellation. Nach sehr hohen Inflationsraten in den Jahren 1973 und 1974 begann die japanische Regierung eine niedrigere Inflation als in den USA anzustreben. Von 1979 bis 1993 betrug die amerikanische Inflationsrate beispielsweise 4,7 Prozent jährlich, während die japanische Inflationsrate durchschnittlich nur 2,3 Prozent erreichte. Ein erneuter Blick auf die Definition $q_{\$/¥} = (E_{\$/¥} \times P_J)/P_{US}$ lehrt uns, dass $q_{\$/¥}$ bei einem langsameren Anstieg von P_J gegenüber P_{US} nur dann ebenfalls weiter steigen kann, wenn $E_{\$/¥}$ noch stärker ansteigt. Und eben dieser steile, fortgesetzte Anstieg des Dollarpreises für Yen war zu konstatieren.

Dies bringt uns erneut zu der Frage, die wir oben zurückgestellt haben: Weshalb ist $q_{\$/¥}$ gestiegen, was erklärt die anhaltende *reale* Aufwertung des Yen gegenüber dem Dollar in den vergangenen 50 Jahren? Ein Hinweis auf die Antwort ergibt sich aus unserer Analyse des Balassa-Samuelson-Effekts in der Fallstudie auf S. 527. Japan verzeichnete außerordentlich hohe Wachstumsraten der Produktivität bei seinen handelbaren Gütern, doch die Produktivität derjenigen Faktoren, die in nichthandelbaren Gütern wie Dienstleistungen eingesetzt wurden, wuchs weitaus langsamer. Die zunehmende Produktivität im Bereich der handelbaren Güter führte zu einem tendenziellen Anstieg der Löhne in der gesamten Volkswirtschaft. Da die Produktivität im Bereich der nichthandelbaren Güter zurückblieb, mussten die in diesem Sektor tätigen Hersteller die Preise ihrer Produkte heraufsetzen, um die höheren Löhne bezahlen zu können. Auf diese Weise stieg in Japan mit der Zeit der relative Preis der nichthandelbaren Güter gegenüber handelbaren Gütern. Dieser Prozess vollzog sich schneller als in den USA, wo der Produktivitätsanstieg in beiden Sektoren weniger stark divergierte. In der Theorie hätte dieser Effekt dazu führen können, dass der Preis eines repräsentativen Warenkorbs der japanischen Verbraucher, ausgedrückt in einem entsprechenden US-Warenkorb, mit der Zeit stieg.

Wird diese Erklärung von den Daten bestätigt? Im letzten Abschnitt argumentierten wir, dass eine ausgeglichene, allgemeine Steigerung der japanischen Produktivität, die der Produktion handelbarer und nichthandelbarer Güter gleichermaßen zugute kommt, eine reale *Abwertung* des Yen auslösen würde. Doch eben eine solche ausgeglichene Steigerung hat in Japan nicht stattgefunden, und das auf den Bereich der handelbaren Güter konzentrierte Wachstum wirkt sich anders auf die realen Wechselkurse aus als ein allseitig ausgeglichenes Produktionswachstum. In einer gründlichen Auswertung statistischer Angaben auf Branchenebene stellte der Ökonom Richard C. Marston von der University of Pennsylvania fest, dass in den Jahren 1973 bis 1983 die Zunahme der Arbeitsproduktivität im Bereich der handelbaren Güter diejenige im Bereich der nichthandelbaren Güter in den USA um 13,2 Prozent überstieg. In Japan jedoch betrug dieser Abstand sage und schreibe 73,2 Prozent. Diese Tendenz hat sich offenbar nach 1983 fortgesetzt. Eine von der Unternehmensberatungsfirma McKinsey & Co. 1993 in Auftrag gegebene Studie ergab, dass im Jahr 1990 die japanischen Arbeiter vielfach erheblich produktiver waren als ihre Kollegen in den USA. Dies galt für mehrere Schlüsselbranchen der Industrieproduktion, die Autos, Autoteile, Stahl und Unterhaltungselektronik herstellten. Im Bereich der nichthandelbaren Güter waren japanische Arbeiter allerdings weniger produktiv als amerikanische.[21]

Unsere bisherigen Ausführungen legen nahe, dass der Preis nichthandelbarer Güter in handelbaren Gütern in beiden Ländern, in Japan aber in weitaus höherem Maße, gestiegen sein müsste. Diese Überlegung wird von den Tatsachen weitgehend bestätigt: Marston stellte fest, dass der relative Preis nichthandelbarer Güter in den USA um 12,4 Prozent anstieg, in Japan jedoch um 56,9 Prozent. Die Preise der in Japan hergestellten handelbaren Güter sanken im Verhältnis zu jenen der handelbaren Güter aus den USA tatsächlich deutlich, wie die im letzten Abschnitt vorgestellte Theorie erwarten ließ. Doch dieser Preisrückgang konnte die Auswirkungen der explodierenden Preise nichthandelbarer Güter in Japan bei weitem nicht ausgleichen. Im rascheren Preisanstieg der nichthandelbaren Güter Japans liegt also der Hauptgrund für den anhaltenden Anstieg von $q_{\$/\epsilon}$.

---

[21] Siehe Ricard C. Marston, „Real Exchange Rates and Productivity Growth in the United States and Japan", in: Sven W. Arndt und J. David Richardson, *Real-Financial Linkages Among Open Economies.* Cambridge, Massachusetts, MIT Press, 1987, S. 71–96, und McKinsey Global Institute, *Manufacturing Productivity.* Washington, D.C., McKinsey & Co., 1993.

→

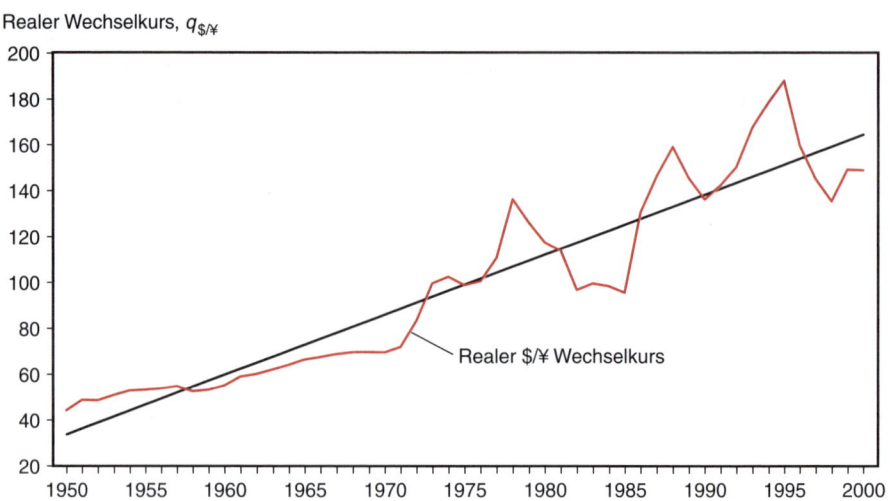

Der Dollar erfuhr eine stetige reale Abwertung gegenüber dem japanischen Yen. (Die gerade Linie zeigt die durchschnittliche Entwicklungstendenz des realen Wechselkurses über die gezeigte Zeitspanne hinweg.)
Quelle: Penn World Table, Mark 5.6, in der Wiedergabe von Robert Summers und Alan Heston, „The Penn World Table (Mark 5); An Expanded Set of International Comparisons, 1950–1988", in: *Quarterly Journal of Economics* 106, Mai 1991, S. 327–368. Die Angaben für 1993–2000 entstammen: International Monetary Fund, *International Financial Statistics Yearbook 1997, 2001.*

Abbildung 15.5:   **Der reale Dollar/Yen-Wechselkurs, 1950–2000**

Wie Abbildung 15.6 zeigt, machte sich der Effekt des ungleichmäßigen Produktivitätswachstums auf die Preise nichthandelbarer Güter in den Jahren 1970–1985 bei einem ganzen Querschnitt von Industrieländern bemerkbar. Je mehr das Wachstum der Faktorproduktivität bei handelbaren und nichthandelbaren Gütern auseinander klaffte, desto größer der durchschnittliche Anstieg des relativen Preises nichthandelbarer Güter. Wie aus der Abbildung ebenfalls hervorgeht, steht Japan mit seiner Preissteigerungsrate bei nichthandelbaren Gütern an der Spitze der Industrieländer und weist abgesehen von Norwegen auch die größten Divergenz zwischen den Produktivitätszuwächsen bei handelbaren und nichthandelbaren Gütern auf.[22] Dieses Muster der Produktivitätsentwicklung war in Verbindung mit der gegenüber Amerika niedrigeren Inflationsrate Japans der Grund für die ständige Aufwertung des Yen gegenüber dem Dollar während des größten Teils der Nachkriegsperiode.

----

[22] Abbildung 15.6 entstammt dem Aufsatz von José De Gregorio, Alberto Giovannini und Holter C. Wolf, „International Evidence on Tradables and Nontradables Inflation", in: *European Economic Review* 34, Juni 1994, S. 1225–1244. Weitere Angaben finden Sie bei Patrick K. Asea und Enrique G. Mendoza, „The Balassa-Samuelson Model: A General Equilibrium Appraisal", in: *Review of International Economics* 2, Oktober 1994, S. 244–267.

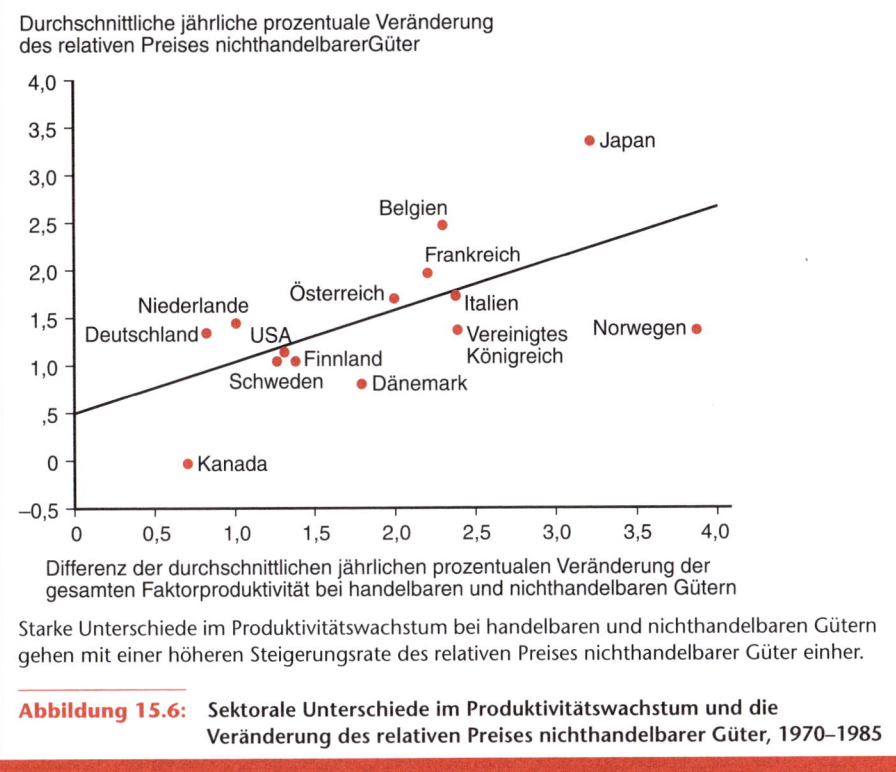

Durchschnittliche jährliche prozentuale Veränderung des relativen Preises nichthandelbarerGüter

Differenz der durchschnittlichen jährlichen prozentualen Veränderung der gesamten Faktorproduktivität bei handelbaren und nichthandelbaren Gütern

Starke Unterschiede im Produktivitätswachstum bei handelbaren und nichthandelbaren Gütern gehen mit einer höheren Steigerungsrate des relativen Preises nichthandelbarer Güter einher.

Abbildung 15.6: Sektorale Unterschiede im Produktivitätswachstum und die Veränderung des relativen Preises nichthandelbarer Güter, 1970–1985

15.7 Internationale Zinssatzdifferenzen und realer Wechselkurs

Wie weiter oben in diesem Kapitel gezeigt, ergibt sich aus der relativen KKP in Verbindung mit der Zinsparität, dass internationale Zinssatzdifferenzen Unterschiede zwischen den für verschiedene Länder erwarteten Inflationsraten ausgleichen. Da die relative KKP aber nicht allgemein gültig ist, gestaltet sich die Beziehung zwischen internationalen Zinssatzdifferenzen und nationalen Inflationsraten in der Praxis komplexer, als diese einfache Formel vermuten ließe. Ungeachtet dieser Komplexität müssen wirtschaftspolitische Entscheidungsträger, die Einfluss auf die Wechselkurse anstreben, und Privatpersonen, die sie vorhersehen möchten, im Interesse ihres Erfolgs verstehen, welche Faktoren Zinssatzunterschiede in verschiedenen Ländern bedingen.

In diesem Abschnitt erweitern wir daher unsere früheren Ausführungen über den Fisher-Effekt um die Bewegungen der realen Wechselkurse. Dabei weisen wir nach, dass Zinssatzdifferenzen im Allgemeinen nicht nur von unterschiedlichen Inflationserwartungen, sondern, wie der monetäre Ansatz postuliert, auch von den erwarteten Veränderungen des realen Wechselkurses abhängen.

Rufen wir uns zunächst in Erinnerung, dass die Veränderung von $q_{\$/\euro}$, des realen Dollar/Euro-Wechselkurses, eine *Abweichung* von der relativen KKP darstellt. Die Veränderung von $q_{\$/\euro}$ ist gleich der prozentualen Veränderung des nominalen Dollar/Euro-Wechselkurses minus der Differenz zwischen den Inflationsraten der USA und Europas. Daraus ergibt sich eine analoge Beziehung zwischen der *erwarteten* Veränderung des realen Wechselkurses, der *erwarteten* Veränderung des nominalen Wechselkurses und der *erwarteten* Inflation.

$$(q_{\$/\euro}^e - q_{\$/\euro})/q_{\$/\euro} = [(E_{\$/\euro}^e - E_{\$/\euro})/E_{\$/\euro}] - (\pi_{US}^e - \pi_E^e) \qquad \text{(15-8)}$$

Dabei ist $q_{\$/\euro}^e$ (entsprechend unserer üblichen Notation) der erwartete reale Wechselkurs nach Ablauf eines Jahres.

Kehren wir vor diesem Hintergrund zur Zinsparität zwischen Dollar- und Euroeinlagen zurück,

$$R_\$ - R_\euro = (E_{\$/\euro}^e - E_{\$/\euro})/E_{\$/\euro}.$$

Wie eine einfache Umformung von Gleichung (15-8) zeigt, ist die erwartete Veränderung des *nominalen* Euro/Dollar-Wechselkurses gleich der erwarteten Veränderung des *realen* Dollar/Euro-Wechselkurses *plus* der erwarteten Inflationsratendifferenz zwischen den USA und Europa. Aus der Verbindung von Gleichung (15-8) mit der oben angeführten Zinsparität ergibt sich daher folgende Zusammensetzung der internationalen Zinsdifferenz:

$$R_\$ - R_\euro = [(q_{\$/\euro}^e - q_{\$/\euro})/q_{\$/\euro}] + (\pi_{US}^e - \pi_E^e) \qquad \text{(15-9)}$$

Beachten Sie Folgendes: Wenn der Markt von dem Erhalt der relativen KKP ausgeht, entfallen $q_{\$/\euro}^e = q_{\$/\euro}$ und der erste Term auf der rechten Seite dieser Gleichung. In diesem Sonderfall reduziert sich (15-9) auf die einfachere Gleichung (15-5), zu der wir unter der Voraussetzung der relativen KKP gelangt waren.

Im Allgemeinen jedoch ist die Dollar/Euro-Zinsdifferenz die Summe *zweier* Komponenten: 1) der erwarteten realen Dollarabwertungsrate gegenüber dem Euro und 2) der erwarteten Inflationsratendifferenz zwischen den USA und Europa. Wenn beispielsweise die jährliche Inflationsrate der USA gleichbleibend 5 Prozent und diejenige Europas Null betragen wird, dann muss die langfristige Zinsdifferenz zwischen Dollar- und Euroeinlagen nicht unbedingt bei den 5 Prozent liegen, die sich aus der KKP (und der Zinsparität) ergeben. Wenn darüber hinaus jedermann davon ausgeht, dass der Dollar infolge der tendenziellen Entwicklung von Güterangebot und -nachfrage gegenüber dem Euro real um 1 Prozent jährlich abwertet, beträgt die internationale Zinsdifferenz in Wirklichkeit 6 Prozent.

15.8   Reale Zinsparität

Die Wirtschaftswissenschaft unterscheidet zwischen dem **Nominalzins** als der in Geldgrößen gemessenen Verzinsung und dem **Realzins** als der in realen Größen, d.h. der Produktion eines Landes, gemessenen Verzinsung. Da die reale Verzinsung oftmals ungewiss ist, beziehen wir uns in der Regel auf die *erwarteten* Realzinsen. Die Zinssätze, die wir im Zusammenhang mit der Zinsparität und den Determinanten der Geldnachfrage anführten, waren Nominalzinsen. Ein Beispiel hierfür war die Dollarverzinsung von Dollareinlagen. Doch zu zahlreichen anderen Zwecken müssen Ökonomen bestimmte Entwicklungen anhand der Realzinsen analysieren. Wer Möglichkeiten der Geldanlage abwägt, kann seine Entscheidung beispielsweise nicht allein auf die Information basieren, dass der Nominalzins 15 Prozent beträgt. Eine solche Investition wäre bei einer Inflation von Null recht attraktiv, bei einer Inflation von 100 Prozent jährlich aber kaum zu empfehlen![23]

Zum Abschluss dieses Kapitels zeigen wir Folgendes: Wie die *nominale* Zinsparität Differenzen des Nominalzinses verschiedener Währungen mit erwarteten Veränderungen der *nominalen* Wechselkurse gleichsetzt, so setzt die *reale* Zinsparität die erwarteten Differenzen des Realzinses verschiedener Währungen mit erwarteten Veränderungen der *realen* Wechselkurse gleich. Nur wenn die Erwartungen von der Gültigkeit der relativen KKP ausgehen (sodass keine Veränderung des realen Wechselkurses erwartet wird), sind die erwarteten Realzinsen in allen Ländern identisch.

Der erwartete Realzins, abgekürzt r^e, ist definiert als der Nominalzinssatz, R, minus der erwarteten Inflationsrate, π^e:

$$r^e = R - \pi^e$$

Mit anderen Worten, der erwartete Realzins eines Landes ist gleich der realen Rendite, die ein Inländer von Vergabe seiner Währung als Kredit erwartet. Die Definition des erwarteten Realzinses führt zu der Erkenntnis, dass die dem Fisher-Effekt zugrunde liegenden Kräfte allgemein gültig sind: Jeder Anstieg der erwarteten Inflationsrate, der den erwarteten Realzins nicht ändert, muss sich jeweils im Nominalzins niederschlagen.

Als willkommene Schlussfolgerung aus der oben stehenden Definition ergibt sich folgende Formel für die Differenz der erwarteten Realzinsen zwischen zwei Währungsgebieten wie beispielsweise den USA und Europa:

$$r_{US}^e - r_E^e = (R_\$ - \pi_{US}^e) - (R_\euro - \pi_E^e)$$

Indem wir Gleichung (15-9) umformen und mit der obigen Gleichung kombinieren, erhalten wir die gewünschte *reale Zinsparität*:

$$r_{US}^e - r_E^e = (q_{\$/\euro}^e - q_{\$/\euro})/q_{\$/\euro} \qquad \textbf{(15-10)}$$

Gleichung (15-10) ähnelt sehr der nominalen Zinsparität, von der sie abgeleitet ist, erklärt jedoch Differenzen der erwarteten *Real*zinsen zwischen den USA und Europa durch die erwarteten Veränderungen des *realen* Dollar/Euro-Wechselkurses.

Die erwarteten Realzinsen verschiedener Länder sind dann gleich, wenn der Erhalt der relativen KKP erwartet wird (in diesem Fall impliziert Gleichung (15-10), dass $r_{US}^e = r_E^e$). Allgemeiner gesprochen müssen die Realzinsen verschiedener Länder selbst in langer Frist nicht unbedingt gleich sein, wenn anhaltende Veränderungen der Gütermärkte erwartet werden.[24] Nehmen Sie beispielsweise an, dass für die kommenden zwanzig

---

[23] Wir könnten uns darauf beschränken, die nominalen Zins*differenzen* auf dem Devisenmarkt zu untersuchen, weil (wie in Kapitel 13 aufgezeigt) die nominalen Zinsdifferenzen gleich den realen Renditedifferenzen jedes gegebenen Investors sind. Im Rahmen des Geldmarkts ist jedoch der *Nominal*zins die *reale* Rendite, die Sie opfern, wenn Sie Währung unverzinst in bar halten.

Jahre ein Produktivitätswachstum im Sektor der handelbaren Güter Südkoreas erwartet wird, während bei den nichthandelbaren Gütern Südkoreas und in sämtlichen Wirtschaftszweigen der USA die Produktivität stagniert. Der Balassa-Samuelson-Hypothese zufolge müsste die Allgemeinheit in diesem Fall eine reale Abwertung des US-Dollars gegenüber der südkoreanischen Währung, dem Won, erwarten, denn die Preise der nichthandelbaren Güter Südkoreas steigen. Aus Gleichung (15-10) ergibt sich daher, dass der erwartete Realzins in den USA höher sein wird als in Südkorea.

Bedeuten solche Realzinsdifferenzen, dass internationale Investoren Gewinnmöglichkeiten ungenutzt verstreichen lassen? Nicht unbedingt. Eine Realzinsdifferenz bedeutet nicht, dass sich die realen Renditen auf Vermögenswerte in der Wahrnehmung der Einwohner beider Länder unterscheiden. Aus der nominalen Zinsparität geht vielmehr hervor, dass jeder *gegebene* Investor von Einlagen in inländischer und in Fremdwährung dieselbe reale Verzinsung erwartet. Zwei Investoren, die in verschiedenen Ländern ansässig sind, müssen ihre jeweilige reale Rendite nicht unbedingt in derselben Weise berechnen, wenn die Preise ihrer Konsumwarenkörbe nicht durch die relative KKP verbunden sind. Diese Berechnungsunterschiede kann allerdings keiner von ihnen ausnutzen, indem er Vermögen zwischen beiden Währungen verschiebt.

Zusammenfassung

1. Die Theorie der *Kaufkraftparität* behauptet in ihrer absoluten Form, dass der Wechselkurs zwischen den Währungen verschiedener Länder gleich dem Verhältnis ihrer Preisniveaus ist, die in den Geldpreisen eines Warenkorbs gemessen werden. Eine äquivalente Aussage der KKP lautet, dass die Kaufkraft einer Währung in jedem Land gleich ist. Die absolute KKP beinhaltet eine zweite Version der KKP-Theorie, die relative KKP. Diese sagt voraus, dass prozentuale Veränderungen der Wechselkurse gleich den Differenzen zwischen den nationalen Inflationsraten sind.

2. Bestandteil der KKP-Theorie ist das *Gesetz der Preiseinheitlichkeit (Einheitspreisgesetz)*. Es besagt, dass unter Bedingungen des freien Wettbewerbs und bei Abwesenheit von Handelsbeschränkungen ein Gut überall auf der Welt zum selben Preis verkauft werden muss. Die Befürworter der KKP-Theorie führen allerdings häufig an, dass sie auch dann erfüllt sei, wenn das Gesetz der Preiseinheitlichkeit nicht für jede einzelne Ware gilt.

---

[24] Die auf zwei Zeitperioden basierende Analyse der internationalen Kreditaufnahme und -vergabe in Kapitel 7 ging von einem einheitlichen, weltweiten Realzins für alle Länder aus. In dieser Analyse muss die relative KKP dennoch erfüllt sein, weil es in beiden Perioden nur ein Konsumgut gibt.

3. Der *monetäre Ansatz der Wechselkursbestimmung* stützt sich auf die KKP, um langfristige Entwicklungen des Wechselkurses ausschließlich aufgrund des Geldangebots und der Geldnachfrage zu erklären. Dieser Theorie zufolge ergeben sich langfristige internationale Zinsdifferenziale aus den von Land zu Land unterschiedlichen laufenden Inflationsraten. Diese Prognose folgt aus dem *Fisher-Effekt*. Anhaltende Diskrepanzen in den Wachstumsraten der nationalen Geldmengen bedingen wiederum unterschiedliche langfristige Inflationsraten. Der monetäre Ansatz führt also zu dem Befund, dass ein Anstieg des nationalen Zinssatzes mit einer Abwertung der Landeswährung einhergeht. Die relative KKP impliziert, dass internationale Zinsdifferenzen, die gleich der erwarteten prozentualen Wechselkursänderung sind, auch gleich der erwarteten internationalen Inflationsdifferenz sind.

4. Jüngere Daten bieten kaum empirische Belege für die KKP und das Gesetz der Preiseinheitlichkeit. Das Versagen dieser Thesen angesichts der Realität hängt mit Handelsbeschränkungen und Abweichungen vom freien Wettbewerb zusammen. Diese Faktoren bedingen bisweilen eine *marktbezogene Preisfestsetzung* seitens der Exporteure. Unterschiedliche Definitionen des Preisniveaus in verschiedenen Ländern machen es zudem äußerst schwierig, die KKP anhand der offiziellen Preisindices zu überprüfen. Bei einigen Produkten, darunter viele Dienstleistungen, sind die internationalen Transportkosten derart hoch, dass sie nichthandelbar werden.

5. Abweichungen von der relativen KKP kann man als Veränderungen des *realen Wechselkurses* eines Landes auffassen. Dies ist der Preis eines typischen ausländischen Warenkorbs in Einheiten eines typischen inländischen Warenkorbs. Bei ansonsten gleichen Bedingungen erfährt die Währung eines Landes eine langfristige *reale Aufwertung* gegenüber Fremdwährungen, wenn die relative Weltnachfrage nach seinen Produkten steigt. In diesem Fall sinkt der soeben definierte reale Wechselkurs. Die Inlandswährung erfährt eine langfristige *reale Abwertung* gegenüber Fremdwährungen, wenn die inländische Produktion im Verhältnis zu ausländischen wächst. In diesem Fall steigt der reale Wechselkurs.

6. Die langfristige Bestimmung der *nominalen Wechselkurse* kann durch die Kombination zweier Theorien analysiert werden: der Theorie des langfristigen *realen* Wechselkurses und der Theorie über die Bestimmung des langfristigen Preisniveaus durch inländische monetäre Faktoren. Eine stufenweise Erhöhung der Geldmenge eines Landes führt schließlich zu einem proportionalen Anstieg seines Preisniveaus und einer proportionalen Wertminderung seiner Währung gegenüber Fremdwährungen. Eben diese Prognose ergibt sich auch aus der relativen KKP. Ebenso stehen die langfristigen Auswirkungen veränderter Wachstumsraten der Geldmenge im Einklang mit der KKP. Angebots- oder Nachfrageänderungen auf den Gütermärkten hingegen lösen Wechselkursänderungen aus, die nicht der KKP entsprechen.

7. Die Zinsparität setzt internationale Differenzen der *Nominalzinsen* mit der erwarteten prozentualen Veränderung des nominalen Wechselkurses gleich. Wenn in diesem Sinne Zinsparität gilt, setzt die reale Zinsparität internationale Differenzen der erwarteten *Realzinsen* mit der erwarteten Veränderung des realen Wechselkurses gleich. Bei realer Zinsparität sind darüber hinaus die internationalen Differenzen der Nominalzinsen gleich der Differenz der erwarteten Inflation *plus* der erwarteten prozentualen Veränderung des realen Wechselkurses.

Schlüsselbegriffe

Fisher-Effekt	S. 511	Nominaler Wechselkurs	S. 533
Gesetz der Preiseinheitlichkeit (Einheitspreisgesetz)	S. 502	Nominalzins	S. 544
		Reale Abwertung	S. 534
Kaufkraftparität (KKP)	S. 502	Reale Aufwertung	S. 534
Marktbezogene Preisfestsetzung	S. 522	Realer Wechselkurs	S. 532
Monetärer Ansatz der Wechselkurs-bestimmung	S. 506	Realzins	S. 544
		Relative Kaufkraftparität	S. 505

Übungen

1. Die jährliche Inflationsrate Russlands betrage 100 Prozent, die Inflationsrate der Schweiz hingegen nur 5 Prozent. Wie müsste sich der relativen KKP zufolge über dieses Jahr hinweg der Wechselkurs des Schweizer Franken gegenüber dem russischen Rubel entwickeln?

2. Weshalb wird oft behauptet, dass Exporteure leiden, wenn ihre Inlandswährung gegenüber Fremdwährungen real aufwertet, und umgekehrt profitieren, wenn ihre Inlandswährung real abwertet?

3. Welche Auswirkungen haben Ihrer Erwartung nach folgende Veränderungen auf den realen Wechselkurs einer Währung gegenüber Fremdwährungen (bei ansonsten gleichen Bedingungen)?
   a. Das Gesamtniveau der Ausgaben ändert sich nicht, doch die Inländer geben einen größeren Anteil ihres Einkommens für nichthandelbare Produkte und weniger für handelbare Produkte aus.
   b. Die Einwohner des Auslands fragen weniger eigene Güter und mehr Exporte von Inland nach.

4. Große Kriege bringen normalerweise den internationalen Handel und internationale Finanzaktivitäten vorübergehend zum Stillstand. Die Wechselkurse verlieren unter diesen Umständen stark an Bedeutung, doch sobald der Krieg vorbei ist, müssen die Regierungen neue Wechselkurse festsetzen. Wie sollen sie diese bestimmen? Dieses Problem der Wechselkursanpassung nach Kriegen wurde oft mit Hilfe der KKP-Theorie gelöst. Versetzen Sie sich in die Rolle des britischen Finanzministers unmittelbar nach dem Ersten Weltkrieg. Wie würden Sie den durch die KKP implizierten Dollar/Pfund-Wechselkurs bestimmen? Weshalb könnte diese Anwendung der KKP abwegig sein?

5. Ende der 1970er Jahre war Großbritannien anscheinend eine Goldgrube zugefallen. Nachdem es in den vorangegangenen Jahren seine Ölfelder in der Nordsee erschlossen hatte, führte ein dramatischer Anstieg der Weltölpreise 1979–1980 unvermittelt zu einer Erhöhung seines Realeinkommens. Doch zu Beginn der 1980er Jahre gingen die Ölpreise infolge einer tiefen Rezession der Weltkonjunktur wieder zurück und die Weltnachfrage nach Erdöl brach ein.

Die unten stehende Tabelle zeigt Indexzahlen für den durchschnittlichen realen Wechselkurs des Pfunds gegenüber mehreren Fremdwährungen. (Solche Durchschnitts-Indexzahlen bezeichnet man als die realen *effektiven* Wechselkurse.) Eine Erhöhung eines dieser Werte steht für eine reale *Aufwertung* des Pfunds, d.h. für einen Anstieg des britischen Preisniveaus im Verhältnis zu dem durchschnittlichen, in Pfund gemessenen Preisniveau des Auslands. Ein Sinken steht für eine reale Abwertung.

Realer effektiver Wechselkurs des Pfund Sterling, 1976–1984 (1980 = 100)

1976	1977	1978	1979	1980	1981	1982	1983	1984
68,3	66,5	72,2	81,4	100,0	102,8	100,0	92,5	89,8

Quelle: Internationaler Währungsfonds, *International Financial Statistics*. Die Messungen des realen Wechselkurses basieren auf Indices der Nettoproduktpreise, die als Preisbereinigungsfaktoren bezeichnet werden.

Erklären Sie unter Zugrundelegung der obigen Informationen über die britische Volkswirtschaft Anstieg und Sinken des realen effektiven Wechselkurses des Pfunds von 1978 bis 1984. Berücksichtigen Sie dabei insbesondere die Rolle der nichthandelbaren Produkte.

→

6. Woche für Woche gibt das Federal Reserve System bekannt, wie schnell die Geld-menge in der vor zehn Tagen zu Ende gegangenen Woche gewachsen ist. (Diese zehntägige Verspätung ergibt sich daraus, dass die Daten über Sichteinlagen bei Banken erst zusammengetragen werden müssen.) Ökonomen haben festgestellt, dass die Nominalzinsen unmittelbar nach dieser Bekanntgabe *steigen*, wenn die Geldmenge schneller gewachsen ist als erwartet, und dass sie *sinken*, wenn sie langsamer gewachsen ist als vom Markt erwartet. Die beiden konkurrierende Er-klärungen für dieses Phänomen lauten: 1) Ein unerwartet schnelles Wachstum der Geldmenge erhöht die erwartete Inflation und hebt dadurch vermittels des Fisher-Effekts die Nominalzinsen. 2) Ein unerwartet schnelles Wachstum der Geldmenge veranlasst den Markt zu der Erwartung, dass die Zentralbank künftig das Geldmen-genwachstum drosseln wird. Daher bieten die Banken der Öffentlichkeit weniger Einlagen an, die erwartete Inflation erhöht sich aber nicht. Wie würden Sie anhand von Daten des Devisenmarkts entscheiden, welche dieser beiden Hypothesen zu-trifft? (Eine Antwort finden Sie in der Studie von Engel und Frankel, die in den Li-teraturhinweisen aufgeführt ist.)

7. Erläutern Sie, wie sich ständige Verschiebungen der realen nationalen Geldnach-frage langfristig auf die realen und nominalen Wechselkurse auswirken.

8. In Kapitel 5 wurden die Auswirkungen von Transfers besprochen. Ein Beispiel sind die Entschädigungszahlungen, die Deutschland nach dem Ersten Weltkrieg auferlegt wurden. Erläutern Sie anhand der in diesem Kapitel ausgeführten Theorie die Mechanismen, vermittels derer ein dauerhafter Transfer von Polen an die Tschechische Republik sich langfristig auf den Wechselkurs von Zloty und Krone auswirken würde.

9. Erläutern Sie im Anschluss an die vorherige Frage, wie sich der Transfer auf den langfristigen *nominalen* Wechselkurs zwischen beiden Währungen auswirken würde.

10. Ein Land verhängt einen Zoll auf Importe aus dem Ausland. Wie verändert diese Maßnahme den langfristigen realen Wechselkurs zwischen Inlands- und Auslands-währung? Welchen Einfluss hat sie auf den langfristigen nominalen Wechselkurs?

11. Zwei identische Länder hätten ihre Importe auf identische Niveaus beschränkt, das eine mit Hilfe von Zöllen, das andere unter Anwendung von Quoten. Infolge dieser politischen Maßnahmen erfahren beide Länder eine identische, ausgeglichene Er-höhung der inländischen Ausgaben. In welchem der beiden Länder dürfte die ge-steigerte Nachfrage zu einer größeren realen Währungsaufwertung führen?

12. Erläutern Sie, wie sich ständige Veränderungen der erwarteten realen Abwertungs-rate des Dollars gegenüber dem Euro (bei ansonsten gleichen Bedingungen) auf den nominalen Dollar/Euro-Wechselkurs auswirken würden.

13. Können Sie sich in einer Welt vollständiger Preisflexibilität ein Ereignis vorstellen, das zur selben Zeit sowohl eine Erhöhung des Nominalzinses eines Landes als auch eine Aufwertung seiner Währung auslöst?

14. Der erwartete Realzins in den USA betrage 9 Prozent jährlich, derjenige Europas 3 Prozent jährlich. Welche Entwicklung erwarten Sie für den Dollar/Euro-Wechselkurs für das bevorstehende Jahr?

15. In der kurzen Frist eines Modells mit starren Preisen hebt eine Reduzierung der Geldmenge den Nominalzins und wertet die Währung auf (siehe Kapitel 14). Wie verhält sich der erwartete Realzins? Erläutern Sie, weshalb die weitere Entwicklung des realen Wechselkurses der realen Zinsparität gehorcht.

16. Diskutieren Sie folgende Aussage: „Wenn eine Veränderung des Nominalzinses eines Landes von einer Erhöhung des erwarteten Realzinses ausgelöst wird, wertet die Inlandswährung auf. Wenn die Veränderung von einem Anstieg der erwarteten Inflation ausgelöst wird, wertet die Währung ab.“

17. Die Differenz zwischen dem Nominalzins und der tatsächlichen Inflationsrate wird häufig als tatsächlicher oder Ex-post-Realzins bezeichnet (im Gegensatz zum erwarteten oder Ex-ante-Realzins). Abbildung 15.2 zeigt, dass der tatsächliche Zinssatz in der Schweiz von 1976 bis 1980 in der Regel positiv war, in den USA hingegen überwiegend negativ. Nehmen Sie an, dass die Menschen in beiden Ländern während dieser Jahre in der Lage waren, die Inflationsrate präzise vorherzusagen. Wie dürfte sich in diesem Fall die Stärke des Dollars gegenüber dem Schweizer Franken im Devisenmarkt von 1976 bis 1980 entwickelt haben? Wie entwickelte sich Ihrer Meinung nach der Dollar/Franken-Wechselkurs von 1981 bis 1982? Überprüfen Sie Ihre Antwort, indem Sie sich über die Geschichte des Wechselkurses informieren (z.B. mit Hilfe der Publikation *International Financial Statistics*, die vom Internationalen Währungsfonds herausgegeben wird).

Weiterführende Literatur

Gustav Cassel, *Post-War Monetary Stabilization*. New York: Columbia University Press, 1928. Anwendung der Kaufkraftparitätentheorie der Wechselkurse auf die Analyse der monetären Probleme im Anschluss an den Ersten Weltkrieg.

Devereux, Michael B., „Real Exchange Rates and Macroeconomics: Evidence and Theory“, in: *Canadian Journal of Economics* 30, November 1997, S. 773–808. Eine Zusammenfassung jüngerer Forschungen über die Determinanten und Effekte realer Wechselkurse.

Rüdiger Dornbusch, „Purchasing Power Parity“, in: *The New Palgrave Dictionary of Money & Finance*. Bd. 3, New York: Stockton Press, 1992, S. 236–244. Untersucht die Rolle der Kaufkraftparitätentheorie in der internationalen Makroökonomie.

Rüdiger Dornbusch, „The Theory of Flexible Exchange Rate Regimes and Macroeconomic Policy“, in: Jan Herin, Assar Lindbeck, und Johan Myhrman, Hrsg. *Flexible Exchange Rates and Stabilization Policy*. Boulder, CO: Westview Press, 1977, S. 123–143. Entwickelt ein langfristiges Modell der Wechselkurse, das handelbare und nichthandelbare Güter und Dienstleistungen umfasst.

Charles Engel und Jeffrey Frankel, „Why Money Announcements Move Interest Rates: An Answer from the Foreign Exchange Market", in: *Sixth West Coast Academic/Federal Reserve Economic Research Seminar* (Economic Review Conference Supplement). San Francisco: Federal Reserve Bank of San Francisco, 1983, S. 1–26. Untersucht den Zusammenhang zwischen geldpolitischen Verlautbarungen des Federal Reserve Systems, Zinssätzen und dem Wechselkurs.

Pinelopi Koujianou Goldberg und Michael M. Knetter, „Goods Prices and Exchange Rates: What Have We Learned?", in: *Journal of Economic Literature* 35, September 1997, S. 1243–1272. Hervorragende Auswertung von Daten der Mikro-Ebene über das Gesetz der Preiseinheitlichkeit, Wechselkurseffekte und marktbezogene Preisfestsetzung.

Lawrence E. Hinkle und Peter J. Montiel, Hrsg. *Exchange Rate Misalignment: Concepts and Measurement for Developing Countries.* Oxford: Oxford University Press, 1999. Theorie und empirische Bewertung des langfristigen realen Wechselkursgleichgewichts.

Irving B. Kravis, „Comparative Studies of National Incomes and Prices", in: *Journal of Economic Literature* 22, März 1984, S. 1–39. Stellt die Ergebnisse eines von den Vereinten Nationen unterstützten Forschungsprojekts vor, in dem Einkommen und Preisniveaus von über 100 Ländern verglichen wurden.

Ronald I. McKinnon und Kenichi Ohno, *Dollar and Yen: Resolving Economic Conflict between the United States and Japan.* Cambridge, MA: MIT Press, 1997. Konzentriert sich auf den Handelskonflikt zwischen den USA und Japan als ursächlichen Auslöser der unheiligen Yenaufwertung.

Robin Marris, „Comparing the Incomes of Nations: A Critique of the International Comparison Project", in: *Journal of Economic Literature* 22, März 1984, S. 40–57. Eine kritische Bewertung des von Kravis beschriebenen Forschungsprojekts.

Lloyd A. Metzler, „Exchange Rates and the International Monetary Fund", in: *International Monetary Policies*, Postwar Economic Studies 7. Washington, D.C.: Board of Governors of the Federal Reserve System, 1947, S. 1–45. Der Autor wendet die Kaufkraftparität gekonnt und kritisch an, um die vom Internationalen Währungsfonds nach dem Zweiten Weltkrieg festgelegten Wechselkurse zu bewerten.

Frederic S. Mishkin, *The Economics of Money, Banking and Financial Markets.* 6. Auflage, Boston: Addison Wesley, 2001. Kapitel 5 behandelt die Inflation und den Fisher-Effekt.

Kenneth Rogoff, „The Purchasing Power Parity Puzzle", in: *Journal of Economic Literature* 34, Juni 1996, S. 647–668. Aktuelle kritische Zusammenfassung der Theorie und der empirischen Forschung.

Alan C. Stockman, „The Equilibrium Approach to Exchange Rates", in: *Federal Reserve Bank of Richmond Economic Review* 73, März/April 1987, S. 12–30. Theorie und Daten zu einem Modell des Wechselkursgleichgewichts, das dem in diesem Kapitel vorgestellten Modell der langen Frist ähnelt.

John Williamson, Hrsg., *Estimating Equilibrium Exchange Rates.* Washington, D.C.: Institute for International Economics, 1994. Weitere Essays über alternative Ansätze zur Berechnung der langfristigen realen Wechselkurse in der Praxis.

Anhang zu Kapitel 15

Der Fisher-Effekt, der Zinssatz und der Wechselkurs im monetären Ansatz flexibler Preise

Der monetäre Ansatz der Wechselkursbestimmung, der von vollständiger Güterpreisflexibilität ausgeht, impliziert eine Abwertung der Währung, wenn die Nominalzinsen eines Landes infolge einer Erhöhung der erwarteten Inflation steigen. Dieser Anhang enthält eine detaillierte Analyse dieser bedeutsamen Schlussfolgerung.

Nehmen Sie als Beispiel erneut den Dollar/Euro-Wechselkurs. Das Federal Reserve System erhöhe die künftige Wachstumsrate der US-Geldmenge um den Betrag $\Delta\pi$. Das Schaubild in Abbildung 15A.1 hilft uns, die Reaktion verschiedener Märkte auf diese Veränderung nachzuvollziehen.

Der untere rechte Quadrant der Abbildung ist unsere gewohnte Darstellung des US-amerikanischen Geldmarktgleichgewichts. Wie sie zeigt, war der Nominalzins des Dollars vor der Steigerung der Geldmengenwachstumsrate gleich $R_{\$}^{1}$ (Punkt 1). Der Fisher-Effekt lehrt uns, dass eine Steigerung des zukünftigen Geldmengenwachstums der USA um $\Delta\pi$ bei ansonsten gleichen Bedingungen den Nominalzins des Dollars auf $R_{\$}^{2} = R_{\$}^{1} + \Delta\pi$ (Punkt 2) erhöht.

Wie das Schaubild zeigt, senkt der Anstieg dieses Nominalzinses die Geldnachfrage und erfordert zum Ausgleich eine Reduzierung des realen Geldangebots. Doch die nominale Geldmenge bleibt in kurzer Frist unverändert, weil lediglich die *zukünftige* Wachstumsrate der US-Geldmenge gestiegen ist. Welche Entwicklung setzt nun ein? Angesichts der unveränderten nominalen Geldmenge M_{US}^{1} wird die notwendige Reduzierung der realen amerikanischen Geldmenge durch eine sprunghafte Erhöhung des US-Preisniveaus von P_{US}^{1} auf P_{US}^{2} bewirkt. Die hier vorausgesetzte Preisflexibilität lässt diesen Sprung auch in kurzer Frist zu.

Wenden wir uns nun dem unteren linken Quadranten zu, um die Reaktion des Wechselkurses zu verfolgen. Die vom monetären Ansatz vorausgesetzte Kaufkraftparität impliziert, dass mit dem Anstieg von P_{US} (bei konstantem europäischen Preisniveau) der Dollar/Euro-Wechselkurs $E_{\$/\epsilon}$ ebenfalls steigen muss (eine Abwertung des Dollars). Der untere linke Quadrant von Abbildung 15A.1 zeigt die damit gegebene Beziehung zwischen der realen Geldmenge in den USA, M_{US}/P_{US}, und dem Wechselkurs $E_{\$/\epsilon}$ unter der Voraussetzung, dass die *nominale* Geldmenge der USA und das europäische Preisniveau unverändert bleiben. Mit Hilfe der KKP können wir die hier grafisch (als abfallende Hyperbel) wiedergegebene Funktionsgleichung folgendermaßen schreiben:

$$E_{\$/\epsilon} = P_{US}/P_{E} = \frac{M_{US}/P_{E}}{M_{US}/P_{US}}$$

Aus dieser Gleichung geht hervor, dass die Abnahme der realen Geldmenge der USA, von M_{US}^1/P_{US}^1 auf M_{US}^1/P_{US}^1, mit einer Abwertung des Dollars einhergeht, bei der sich der nominale Dollar/Euro-Wechselkurs von $E_{\$/\epsilon}^1$ auf $E_{\$/\epsilon}^2$ erhöht.

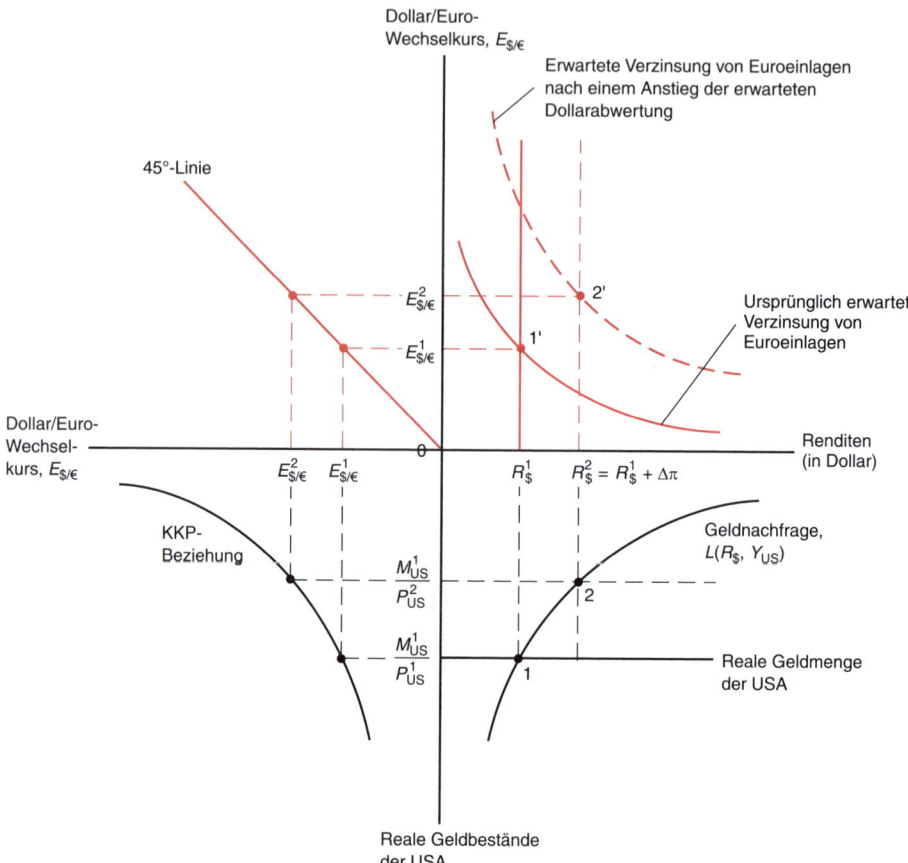

Bei vollständiger Güterpreisflexibilität zeigt das Diagramm des Geldmarktgleichgewichts (linker unterer Quadrant) zwei Effekte einer um $\Delta\pi$ erhöhten zukünftigen Wachstumsrate der US-Geldmenge. Erstens hebt sie gemäß dem Fisher-Effekt den Dollarzinssatz von $R_\$^1$ auf $R_\$^2 = R_\$^1 + \Delta\pi$. Zweitens bewirkt sie einen sprunghaften Anstieg des US-Preisniveaus von P_{US}^1 auf P_{US}^2. Das Geldmarktgleichgewicht wandert daher von Punkt 1 nach Punkt 2. (Da sich M_{US}^1 nicht unmittelbar ändert, sinkt die reale US-Geldmenge auf M_{US}^1/P_{US}^2, sodass die reale Geldmenge in Einklang mit der gesunkenen Geldnachfrage gebracht wird.) Die KKP-Beziehung im unteren linken Quadranten zeigt, dass der Sprung des Preisniveaus von P_{US}^1 auf P_{US}^2 eine Abwertung des Dollars gegenüber dem Euro nach sich ziehen muss. (Der Dollar/Euro-Wechselkurs steigt von $E_{\$/\epsilon}^1$ auf $E_{\$/\epsilon}^2$.) In der Darstellung des Devisenmarkts (oberer rechter Quadrant) zeigt sich diese Dollarabwertung als Verschiebung des Gleichgewichts von Punkt 1' nach Punkt 2'. Der Dollar wertet trotz des Anstiegs von $R_\$$ ab, weil eine Erhöhung der erwarteten zukünftigen Dollarabwertung gegenüber dem Euro die Kurve der erwarteten Dollarverzinsung von Euroeinlagen nach außen verschiebt.

Abbildung 15A.1:   **Auswirkungen eines beschleunigten US-Geldmengenwachstums auf die Dollarzinssätze und den Dollar/Euro-Wechselkurs bei flexiblen Güterpreisen**

Die 45-Grad-Linie im oberen linken Quadranten von Abbildung 15A.1 ermöglicht Ihnen, die im unteren linken Quadranten gezeigte Wechselkursänderungen auf die vertikale Achse im oberen rechten Quadranten zu übertragen. Der obere rechte Quadrant enthält unsere gewohnte Darstellung des Devisenmarktgleichgewichts.

Wie Sie dort sehen, geht die Abwertung des Dollars gegenüber dem Euro mit einer Verschiebung des Devisenmarktgleichgewichts von Punkt 1' nach Punkt 2' einher. Der Grund ist eine nach außen gerichtete Verlagerung der abfallenden Kurve, welche die erwartete Dollarverzinsung von Euroeinlagen wiedergibt. Weshalb kommt es zu dieser Verlagerung? Das beschleunigte zukünftige Geldmengenwachstum impliziert eine raschere erwartete Abwertung des Dollars gegenüber dem Euro und steigert dadurch die Attraktivität von Euroeinlagen. Diese Erwartungsänderung führt sowohl zu einem Anstieg des Nominalzinses für den Dollar als auch zu einer Abwertung des Dollars im Devisenmarkt.

Wir können also nicht vorhersagen, wie sich ein Anstieg des Dollarzinssatzes auf den Wechselkurs des Dollars auswirken wird, wenn wir die *Gründe* für diese Erhöhung des Nominalzinses nicht kennen. In einem Modell flexibler Preise, in dem sich der inländische Nominalzins auf die Erwartung eines beschleunigten Geldmengenwachstums hin erhöht, wertet die Inlandswährung nicht auf, sondern ab, weil die allgemeinen Erwartungen von einer rascheren Abwertung in der Zukunft ausgehen.

Kapitel

16 Produktion und Wechselkurs in kurzer Frist

Kapitelübersicht

Beispiel

Im September 1992 ließ die britische Regierung eine Abwertung des Pfund Sterling auf dem Devisenmarkt zu. Daraufhin schnellten die Nettoexporte des Landes in die Höhe und Großbritannien erholte sich von einer Rezession, ohne dass die Inflationsrate gestiegen wäre. Doch als Argentinien zehn Jahre später ebenfalls eine Abwertung seiner Währung zuließ, dauerten Chaos und Rezession der Volkswirtschaft fort. Wie kam es zu diesen völlig entgegengesetzten Erfahrungen? Dieses Kapitel trägt zum Verständnis der komplizierten Faktoren bei, die Veränderungen von Produktion, Wechselkursen und Inflationsraten auslösen. Es vervollständigt zu diesem Zweck das in den vorangegangenen beiden Kapiteln entwickelte makroökonomische Modell.

Die Darstellung der Zusammenhänge zwischen Wechselkursen, Zinssätzen und Preisniveaus in den Kapiteln 14 und 15 ging stets davon aus, dass die Produktionsniveaus außerhalb dieses Modells bestimmt wurden. Jene Kapitel zeichneten ein unvollständiges Bild der Auswirkungen makroökonomischer Veränderungen auf eine offene Volkswirtschaft, denn Entwicklungen, die Wechselkurse, Zinssätze und Preisniveaus verändern, können sich auch auf die Produktion auswirken. Nun vervollständigen wir das Bild, indem wir die Bestimmung von Produktion und Wechselkurs in kurzer Frist untersuchen.

Dabei verbinden wir unsere bisherigen Erkenntnisse über die Vermögensmärkte und das langfristige Verhalten von Wechselkursen mit einem neuen Element: einer Theorie, die aufzeigt, wie sich der Gütermarkt an Nachfrageverschiebungen anpasst, wenn die Angleichung der Güterpreise in der Volkswirtschaft nur langsam erfolgt. Wie in Kapitel 14 aufgezeigt, können rechtliche Faktoren wie beispielsweise langfristige, in nominalen Preisen gehaltene Verträge dazu führen, dass die Preise auf dem Gütermarkt „starr" sind oder sich erst nach und nach anpassen. Durch die Kombination eines kurzfristigen Modells des Gütermarkts mit unseren Modellen des Devisen- und des Geldmarktes (der Vermögensmärkte) erhalten wir ein Modell, welches das kurzfristige Verhalten sämtlicher wichtiger makroökonomischer Variablen einer offenen Volkswirtschaft erklärt. Das Modell des Wechselkurses in langer Frist aus dem vorigen Kapitel liefert den Rahmen, an dem die Vermögensmarktteilnehmer ihre Wechselkurserwartungen orientieren.

Weil Produktionsveränderungen die Vollbeschäftigung beeinträchtigen können, spielen die Zusammenhänge zwischen der Produktion und anderen makroökonomischen Variablen, beispielsweise der Handelsbilanz und der Leistungsbilanz, für wirtschaftspolitische Entscheidungsträger eine außerordentlich wichtige Rolle. Im letzten Abschnitt dieses Kapitels wenden wir unser Modell der kurzen Frist an, um zu untersuchen, wie sich politische Instrumente zur Beeinflussung der Makroökonomie auf die Produktion und die Leistungsbilanz auswirken, und wie sie zur Gewährleistung der Vollbeschäftigung eingesetzt werden können.

16.1 Determinanten der gesamtwirtschaftlichen Nachfrage in einer offenen Volkswirtschaft

Zur Analyse der Produktionsbestimmung bei Preisstarrheit in kurzer Frist führen wir den Begriff der **gesamtwirtschaftlichen Nachfrage** bzw. **Gesamtnachfrage** ein. Die Gesamtnachfrage ist die Menge der Güter und Dienstleistungen eines Landes, die von Privathaushalten und Unternehmen auf der ganzen Welt nachgefragt wird. Genau wie die Produktionsmenge eines einzelnen Gutes oder einer einzelnen Dienstleistung zum Teil von der Nachfrage bestimmt wird, hängt auch das kurzfristige Gesamtproduktionsniveau eines Landes von der Gesamtnachfrage nach seinen Produkten ab. Die Volkswirtschaft befindet sich (per definitionem) in langer Frist im Vollbeschäftigungszustand, weil sich die Löhne und das Preisniveau schließlich so anpassen, dass dieser gewährleistet wird. In langer Frist hängt die inländische Produktion daher nur von den verfügbaren inländischen Angeboten an Produktionsfaktoren, wie beispielsweise Arbeit und Kapital, ab. Wie wir jedoch sehen werden, können diese Produktionsfaktoren in kurzer Frist über- oder unterbeschäftigt sein, solange Verschiebungen der gesamtwirtschaftlichen Nachfrage noch nicht ihre langfristige Preiswirkung entfaltet haben.

Wie in Kapitel 12 erläutert, setzt sich die Gesamtproduktion einer Volkswirtschaft aus vier Ausgabenarten zusammen, die das Nationaleinkommen erzeugen: Konsum der Privathaushalte, Investitionen, Konsum der öffentlichen Haushalte und Leistungsbilanz. Entsprechend setzt sich die gesamtwirtschaftliche Nachfrage zusammen aus der privaten Konsumnachfrage (C), der Investitionsnachfrage (I), der Nachfrage der öffentlichen Haushalte (G) und der Nettoexportnachfrage (NX), d.h. dem Leistungsbilanzsaldo. Jede dieser Komponenten der gesamtwirtschaftlichen Nachfrage hängt von diversen Faktoren ab. In diesem Abschnitt betrachten wir diejenigen Faktoren, welche die private Nachfrage und den Nettoexport bestimmen. Die Nachfrage der öffentlichen Haushalte erörtern wir weiter unten in diesem Kapitel im Zusammenhang mit den Wirkungen der Fiskalpolitik. Vorläufig setzen wir G als gegeben voraus. Um unser Modell möglichst überschaubar zu halten, nehmen wir auch die Investitionsnachfrage als gegeben an. Die Determinanten der Investitionsnachfrage werden in Anhang *I* in das Modell integriert.

16.1.1   Determinanten der privaten Nachfrage

In diesem Kapitel gehen wir davon aus, dass die von den Einwohnern eines Landes nachgefragte Konsummenge von deren verfügbarem Einkommen abhängt, d.h. von Y^d (dem Nationaleinkommen abzüglich der Steuern, $Y - T$, Y^d für *disposable income*).[1] (C, Y und T werden in inländischen Produktionseinheiten gemessen.) Unter dieser Annahme kann das gewünschte Konsumniveau eines Landes als Funktion des verfügbaren Einkommens dargestellt werden:

$$C = C(Y^d)$$

Da jeder Verbraucher mit wachsendem Realeinkommen mehr Güter und Dienstleistungen nachfragt, dürfen wir bei einer Erhöhung des verfügbaren Einkommens auch eine Steigerung der Gesamtnachfrage erwarten. Die Nachfrage der Privathaushalte und das verfügbare Einkommen sind also positiv korreliert. Die Steigerung der privaten Nachfrage bleibt allerdings in der Regel hinter der Erhöhung des verfügbaren Einkommens zurück, weil ein Teil des Einkommenszuwachses gespart wird.

16.1.2   Determinanten der Leistungsbilanz

Der Leistungsbilanzsaldo, der sich aus der Differenz zwischen der Nachfrage nach den Exporten eines Landes und seiner eigenen Importnachfrage ergibt, wird im Wesentlichen von zwei Faktoren bestimmt: dem realen Wechselkurs der Inlandswährung gegenüber der Auslandswährung (d.h. dem Preis eines typischen ausländischen Warenkorbs in einem inländischen Warenkorb) und dem inländischen verfügbaren Einkommen. (In Wirklich-

---

[1]   Ein vollständigeres Modell würde berücksichtigen, dass auch andere Faktoren, wie beispielsweise der reale Wohlstand und der Realzins, die Konsumabsichten beeinflussen. Anhang II zu diesem Kapitel verbindet die oben angeführte Formulierung mit der mikroökonomischen Theorie des Konsumenten, die den Ausführungen im Anhang zu Kapitel 7 zugrunde lagen.

keit hängt die Leistungsbilanz eines Landes noch von zahlreichen weiteren Faktoren ab, beispielsweise dem Niveau der Auslandsausgaben, doch vorläufig setzen wir diese übrigen Faktoren als konstant voraus.)[2]

Wir schreiben die Nettoexporte eines Landes als Funktion des realen Wechselkurses seiner Währung, $q = EP^*/P$, und des inländischen verfügbaren Einkommens, Y^d:

$$NX = NX(EP^*/P, Y^d)$$

Wie Sie aus dem letzten Kapitel wissen, sind die Preise der repräsentativen Warenkörbe von Inland und Ausland in jeweils einheimischer Währung als P und EP^* bezeichnet, wobei E (der nominale Wechselkurs) den Preis der Auslandswährung in Inlandswährung angibt. P ist das inländische, P^* das ausländische Preisniveau. Der *reale* Wechselkurs q, definiert als Preis des ausländischen Warenkorbs in inländischen Warenkörben, ist folglich EP^*/P. Wenn beispielsweise bei einem Dollar/Euro-Wechselkurs (E) von \$1,10 pro Euro der repräsentative Warenkorb europäischer Güter und Dienstleistungen €40 (P^*) und der repräsentative Warenkorb der USA \$50 (P) kostet, dann ist der Preis eines europäischen Warenkorbs gemessen in US-Warenkörben:

$$EP^*/P = \frac{(1{,}10\$/€) \times (40€\,/\,\text{europäischem Warenkorb})}{(50\$\,/\,\text{US-Warenkorb})}$$

$$= 0{,}88 \ \text{US-Warenkörbe/europäischer Warenkorb}$$

Die realen Wechselkurse beeinflussen die Leistungsbilanz, weil sie die Preise inländischer Güter und Dienstleistungen gegenüber denjenigen ausländischer Produkte verändern. Das verfügbare Einkommen beeinflusst die Leistungsbilanz vermittels seiner Wirkung auf die Gesamtausgaben der inländischen Konsumenten. Zum besseren Verständnis der Wirkungen von realem Wechselkurs und verfügbarem Einkommen betrachten wir die Nachfrage nach den Exporten eines Landes, *EX*, und die Importnachfrage seiner Einwohner, *IM*, zunächst getrennt voneinander. Wie in Kapitel 12 erläutert, ist die Leistungsbilanz, die auch als Nettoexport bezeichnet wird, durch folgende Identität mit Exporten und Importen verbunden:

$$NX = EX - IM,$$

wobei *NX*, *EX* und *IM* alle in Einheiten der inländischen Produktion gemessen werden.

---

[2]   In Kapitel 19 untersuchen wir ein Zweiländermodell, das berücksichtigt, wie sich Entwicklungen der inländischen Volkswirtschaft auf die ausländische Produktion auswirken und wie diese Veränderungen der ausländischen Produktion wiederum auf die inländische Volkswirtschaft zurückwirken. Wie bereits in der vorherigen Fußnote angemerkt, klammern wir zunächst eine Reihe Faktoren (beispielsweise Wohlstand und Zinssätze) aus, obwohl diese neben dem verfügbaren Einkommen auf den privaten Konsum wirken. Da ein Teil der Konsumänderungen die Importe betrifft, tragen diese vorläufig unberücksichtigt bleibenden Determinanten des Konsums auch zur Bestimmung der Leistungsbilanz bei. Entsprechend der Konvention aus Kapitel 12 bleiben Transferleistungen in der Analyse der Leistungsbilanz ebenfalls unberücksichtigt.

16.1.3 Die Wirkung realer Wechselkursänderungen auf die Leistungsbilanz

Wie Sie bereits wissen, enthält ein repräsentativer inländischer Warenkorb einige Import-produkte, wird jedoch sein Schwergewicht bei Gütern und Dienstleistungen aus inländi-scher Produktion haben. Entsprechend überwiegen im ausländischen Warenkorb die im Ausland hergestellten Güter und Dienstleistungen. Wenn der Preis des ausländischen Warenkorbs gemessen in inländischen Warenkörben steigt, ist dies in der Regel mit einem allgemeinen Anstieg der relativen Preise ausländischer Produkte im Verhältnis zu inländi-schen verbunden.[3]

Um zu bestimmen, wie eine solche Veränderung der relativen Preise der nationalen Pro-dukte die Leistungsbilanz beeinflusst, müssen wir ihre Wirkung auf EX und IM betrachten. Infolge eines Anstiegs von EP^*/P verteuern sich beispielsweise ausländische Produkte gegenüber inländischen Produkten. Für jede inländische Produktionseinheit kann man fortan weniger ausländische Produktionseinheiten eintauschen. Die ausländischen Konsu-menten reagieren auf diese Preisänderung mit einer erhöhten Nachfrage nach inländischen Exporten. Diese Reaktion erhöht EX und verbessert die inländische Leistungsbilanz.

Komplizierter ist der Effekt derselben Änderung des realen Wechselkurses auf IM. Die inlän-dischen Konsumenten reagieren auf die Preisänderung, indem sie fortan weniger Einheiten der teureren ausländischen Produkte kaufen. Diese Reaktion muss jedoch nicht dazu führen, dass IM sinkt. IM bezeichnet den Wert der Importe *gemessen in inländischen Produktions-einheiten*, und nicht die Menge der importierten ausländischen Produkte. Da ein Anstieg von EP^*/P den Wert jeder Importeinheit in inländischen Produktionseinheiten erhöht, steigen infolge eines Anstiegs von EP^*/P die Importe nach dem Maß der inländischen Produktions-einheiten bisweilen, obwohl sie nach dem Maß der ausländischen Produktionseinheiten sin-ken. Ein Anstieg von EP^*/P kann daher IM erhöhen oder senken, sodass die Wirkung einer realen Wechselkursänderung auf die Nettoexporte NX nicht eindeutig ist.

Ob sich die Leistungsbilanz verbessert oder verschlechtert, hängt davon ab, welcher Effekt einer realen Wechselkursänderung überwiegt: der *Mengeneffekt (Substitutions-effekt)*, der sich aus der Verschiebung der Konsumentenausgaben für Export- und Import-güter ergibt, oder der *Werteffekt (Einkommenseffekt)*, der den Wert einer gegebenen Menge ausländischer Importgüter in inländischer Produktion verändert. Wir nehmen zunächst an, dass der Mengeneffekt gegenüber dem Werteffekt stets vorherrschend ist,

---

[3] Der hier verwendete reale Wechselkurs ist im Wesentlichen ein praktischen Zwecken genügendes Maß der relativen Preise inländischer gegenüber denjenigen ausländischer Güter. Eine exaktere (aber kompliziertere) Analyse würde Angebot und Nachfrage handelbarer und nichthandelbarer Güter für beide Länder genau unterscheiden. Ihre Schlussfolgerungen würden aber nicht wesent-lich von den unten angeführten abweichen.

sodass bei ansonsten gleichen Bedingungen die Leistungsbilanz durch eine reale Abwertung der Währung verbessert und durch eine reale Aufwertung verschlechtert wird.[4]

Bisher haben wir die realen Wechselkurse und die Leistungsbilanz unter dem Aspekt der Konsumentenreaktionen betrachtet, doch die Reaktionen der *Produzenten* sind ebenso wichtig und wirken weitgehend in derselben Weise. Wenn die Währung eines Landes real abwertet, stellen die ausländischen Unternehmen fest, dass Zwischenprodukte aus diesem Land billiger geworden sind. Diese Effekte sind dadurch verstärkt worden, dass multinationale Unternehmen zunehmend verschiedene Wertschöpfungsstufen in verschiedenen Ländern ansiedeln. Der deutsche Autohersteller BMW kann beispielsweise die Produktion von Deutschland in sein Werk in Spartanburg (South Carolina) verlegen, sobald eine Dollarabwertung die relativen Produktionskosten in den USA senkt. Infolge einer solchen Produktionsverlagerung erhöht sich die Weltnachfrage nach Arbeit und Produkten aus den USA.

16.1.4 Leistungsbilanzeffekte von Veränderungen des verfügbaren Einkommens

Der zweite Faktor, der die Leistungsbilanz beeinflusst, ist das inländische verfügbare Einkommen. Da ein Anstieg von Y^d die inländischen Konsumenten veranlasst, ihre Ausgaben für *sämtliche* Güter einschließlich der Importgüter zu erhöhen, verschlechtert eine Erhöhung des verfügbaren Einkommens bei ansonsten gleichen Bedingungen die Leistungsbilanz. (Eine Erhöhung von Y^d hat keinen Einfluss auf die Exportnachfrage, weil wir das ausländische Einkommen hier als konstant und von Y^d unbeeinflusst voraussetzen).

In Tabelle 16.1 sind die Wirkungen von Änderungen des realen Wechselkurses und des verfügbaren Einkommens auf die inländische Leistungsbilanz zusammengefasst.

Änderung	Wirkung auf die Leistungsbilanz, *NX*
Realer Wechselkurs, $EP^*/P\uparrow$	$NX\uparrow$
Realer Wechselkurs, $EP^*/P\downarrow$	$NX\downarrow$
Verfügbares Einkommen, $Y^d\uparrow$	$NX\downarrow$
Verfügbares Einkommen, $Y^d\downarrow$	$NX\uparrow$

Tabelle 16.1: Bestimmungsfaktoren der Leistungsbilanz

---

[4] Diese Annahme setzt voraus, dass die Import- und Exportnachfrage im Hinblick auf den realen Wechselkurs relativ *elastisch* ist. Anhang III zu diesem Kapitel beschreibt eine präzise Bedingung, die Marshall-Lerner-Bedingung, unter der diese Annahme zutrifft. Dieser Anhang untersucht auch die empirischen Beweise für die Zeitspannen, über welche die Marshall-Lerner-Bedingung gilt.

16.2 Die Gleichung der gesamtwirtschaftlichen Nachfrage

Wir verbinden nun die vier Komponenten der gesamtwirtschaftlichen Nachfrage D (für *demand*) zu folgender Formel:

$$D = C(Y - T) + I + G + NX(EP^*/P, Y - T),$$

in der das verfügbare Einkommen Y^d als Produktion, Y, vermindert um die Steuern, T, dargestellt wird. Wie diese Gleichung zeigt, kann die Gesamtnachfrage nach inländischer Produktion als Funktion von realem Wechselkurs, verfügbarem Einkommen, Investitionsnachfrage und Ausgaben der öffentlichen Haushalte geschrieben werden:

$$D = D(EP^*/P, Y - T, I, G)$$

Im Folgenden soll untersucht werden, in welcher Weise die gesamtwirtschaftliche Nachfrage von realem Wechselkurs und inländischem BNE abhängt. Dabei wird das Steuerniveau, T, die Investitionsnachfrage, I, und der Konsum der öffentlichen Haushalte, G, als gegeben vorausgesetzt.

16.2.1 Der reale Wechselkurs und die gesamtwirtschaftliche Nachfrage

Ein Anstieg von EP^*/P verbilligt inländische Güter und Dienstleistungen im Verhältnis zu ausländischen und führt dazu, dass sich die inländischen und ausländischen Ausgaben von den ausländischen auf die inländischen Güter verlagern. Infolgedessen steigt NX (wie im vorangegangenen Abschnitt angenommen) ebenso wie die gesamtwirtschaftliche Nachfrage D. *Eine reale Abwertung der Inlandswährung hebt bei ansonsten gleichen Bedingungen die gesamtwirtschaftliche Nachfrage nach inländischen Produkten, eine reale Aufwertung senkt die gesamtwirtschaftliche Nachfrage nach inländischen Produkten.*

16.2.2 Realeinkommen und gesamtwirtschaftliche Nachfrage

Die Wirkung des inländischen Realeinkommens auf die gesamtwirtschaftliche Nachfrage gestaltet sich etwas komplizierter. Wenn die Steuern auf einem bestimmten Niveau festgeschrieben sind, stellt ein Anstieg von Y eine Erhöhung des verfügbaren Einkommens Y^d im selben Verhältnis dar. Diese Erhöhung von Y^d steigert den Konsum, verschlechtert aber die Leistungsbilanz, weil mit ihr auch die inländischen Ausgaben für Importe aus dem Ausland wachsen. Die erstere dieser Wirkungen hebt die Gesamtnachfrage, die letztere senkt sie. Da sich die Konsumsteigerung in erhöhte Ausgaben für inländische und für ausländische Produkte aufteilt, ist jedoch die erste Wirkung (die Wirkung des verfügbaren Einkommens auf den Gesamtkonsum) größer als die zweite (die Wirkung des verfügbaren Einkommens allein auf Ausgaben für Importgüter). *Bei ansonsten gleichen Bedingungen erhöht folglich ein Anstieg des inländischen Realeinkommens die gesamtwirtschaftliche Nachfrage nach inländischen Produkten, und ein Rückgang des inländischen Realeinkommens senkt die gesamtwirtschaftliche Nachfrage nach inländischen Produkten.*

Abbildung 16.1 zeigt die Beziehung zwischen gesamtwirtschaftlicher Nachfrage und Realeinkommen Y bei festen Werten von realem Wechselkurs, Steuern, Investitionsnachfrage und Ausgaben der öffentlichen Haushalte. Wenn Y steigt, erhöht sich der Konsum um einen Bruchteil der Einkommenssteigerung. Ein Teil dieser Konsumerhöhung entfällt darüber hinaus auf Ausgaben für Importe. Die Wirkung einer Erhöhung von Y auf die gesamtwirtschaftliche Nachfrage nach inländischen Produkten ist daher geringer als die damit einhergehende Zunahme der Konsumnachfrage, die wiederum hinter dem Anstieg von Y zurückbleibt. Daher ist die Steigung der Linie, welche in Abbildung 16.1 die gesamtwirtschaftliche Nachfrage wiedergibt, kleiner als 1. (Diese Linie schneidet die vertikale Achse oberhalb des Nullpunkts, weil selbst in dem hypothetischen Fall, dass die inländische Produktion Null wäre, die gesamtwirtschaftliche Nachfrage oberhalb von Null liegen würde. Denn es bleibt die Nachfrage, die von Investitionen, den öffentlichen Haushalten und dem Ausland ausgeht.)

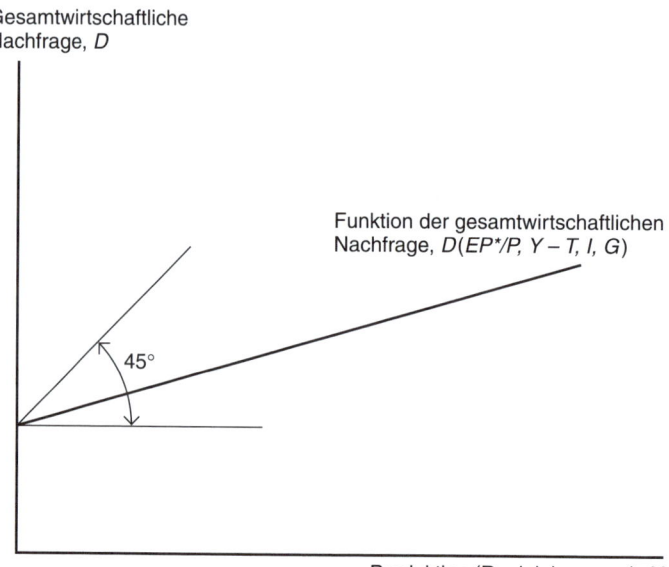

Die gesamtwirtschaftliche Nachfrage ist eine Funktion des realen Wechselkurses (EP^*/P), des verfügbaren Einkommens ($Y - T$), der Investitionsnachfrage (I) und der Ausgaben der öffentlichen Haushalte (G). Wenn alle übrigen Faktoren unverändert bleiben, hebt eine Steigerung der Produktion (bzw. des Realeinkommens), Y, die gesamtwirtschaftliche Nachfrage. Da die Erhöhung der gesamtwirtschaftlichen Nachfrage geringer ausfällt als die Produktionssteigerung, beträgt die Steigung der Linie für die gesamtwirtschaftliche Nachfrage weniger als 1 (wie ihre Lage innerhalb des 45-Grad-Winkels zeigt).

Abbildung 16.1:   **Die gesamtwirtschaftliche Nachfrage als Funktion der Produktionsmenge**

16.3 Die Bestimmung der Produktionsmenge in kurzer Frist

Nachdem wir nun die Faktoren besprochen haben, welche die Nachfrage nach der Produktion einer offenen Volkswirtschaft beeinflussen, wenden wir uns der Bestimmung der Produktionsmenge in kurzer Frist zu. In diesem Abschnitt wird aufgezeigt, dass sich der Gütermarkt dann im Gleichgewicht befindet, wenn die reale Produktion, Y, gleich der gesamtwirtschaftlichen Nachfrage nach inländischen Produkten ist:

$$Y = D(EP^*/P, Y - T, I, G) \qquad (16\text{-}1)$$

Die Gleichheit von Gesamtangebot und Gesamtnachfrage bestimmt daher das kurzfristige Gütermarktgleichgewicht.[5]

Unsere Analyse über die Bestimmung der realen Produktion bezieht sich auf die kurze Frist, weil wir von *zeitweilig fixen* Geldpreisen für Güter und Dienstleistungen ausgehen. Wie an späterer Stelle in diesem Kapitel gezeigt wird, lösen kurzfristige Änderungen der realen Produktion unter der Voraussetzung zeitweilig fixer Preise schließlich Änderungen des Preisniveaus aus, welche die Volkswirtschaft auf ihr langfristiges Gleichgewicht hin bewegen. Im langfristigen Gleichgewicht sind die Produktionsfaktoren vollbeschäftigt, das reale Produktionsniveau ist vollständig vom Faktorangebot bestimmt und der reale Wechselkurs hat sich so angepasst, dass sich langfristige reale Produktion und gesamtwirtschaftlichen Nachfrage die Waage halten.[6]

Abbildung 16.2 zeigt die Bestimmung der nationalen Produktion in kurzer Frist. Wieder ist die gesamtgesellschaftliche Nachfrage, bei festen Niveaus von realem Wechselkurs, Steuern, Investitionsnachfrage und Ausgaben der öffentlichen Haushalte, als Funktion der Produktionsmenge dargestellt. Der Schnittpunkt (Punkt 1) von gesamtwirtschaftlicher Nachfrage und 45-Grad-Linie durch den Ursprung ($Y = D$) zeigt uns, bei welchem Produktionsniveau Y^1 die Gesamtnachfrage gleich der Produktionsmenge ist.

Anhand von Abbildung 16.2 soll verdeutlicht werden, weshalb sich die Produktionsmenge in kurzer Frist bei Y^1 einpendelt. Bei einem Produktionsniveau von Y^2 ist die gesamtgesellschaftliche Nachfrage (Punkt 2) höher als die Produktionsmenge. Die Unternehmen erhöhen folglich ihre Produktion, um dem Nachfrageüberschuss gerecht zu werden. (Andernfalls müssten sie ihn aus ihrer Lagerhaltung decken und damit die Investitionen unter das erwünschte Niveau I senken.) Die Produktion wird also so lange gesteigert, bis das Nationaleinkommen bei Y^1 anlangt.

---

[5] Auf den ersten Blick sieht Gleichung (16-1) nach ihrer Umformung zu $Y = C(Y^d) + I + G + NX(EP^*/P, Y^d)$ genauso aus wie die BNE-Identität, die in Kapitel 12 besprochen wurde: $Y = C + I + G + NX$. Wie Sie aus Kapitel 12 wissen, beinhaltet die Investitionsgröße I in dieser BNE-Identität auch die *unerwünschten* oder unfreiwilligen Investitionen in Lagerhaltungen, sodass die BNE-Identität per definitionem immer erfüllt ist. Die in Gleichung (16-1) enthaltene Investitionsnachfrage umfasst dagegen die *erwünschten* oder geplanten Investitionen. Die BNE-Identität ist daher in jedem Fall erfüllt, doch die Gleichung (16-1) trifft nur dann zu, wenn die Unternehmen nicht unfreiwillig Güter anhäufen oder lagern.

[6] Gleichung (16-1) gilt folglich auch im langfristigen Gleichgewicht, bestimmt allerdings den langfristigen realen Wechselkurs, wenn Y seinen langfristigen Wert erreicht hat.

In Punkt 3 besteht ein Überangebot an inländischer Produktion und die Unternehmen häufen unfreiwillig Lagerbestände an (und heben damit wider Willen ihre Investitionskosten über das angestrebte Niveau). Mit wachsenden Lagerbeständen senken die Unternehmen ihre Produktion. Erst wenn die Produktionsmenge auf Y^1 gesunken ist, sind die Unternehmen mit ihrem Produktionsniveau zufrieden. Erneut pendelt sich die Produktionsmenge in Punkt 1 ein, an dem sie genau gleich der gesamtwirtschaftlichen Nachfrage ist.

Im kurzfristigen Gleichgewicht können private Verbraucher, Unternehmen, öffentliche Haushalte und ausländische Käufer inländischer Produkte ihre gewünschten Ausgaben tätigen und die gesamte Produktion wird verkauft.

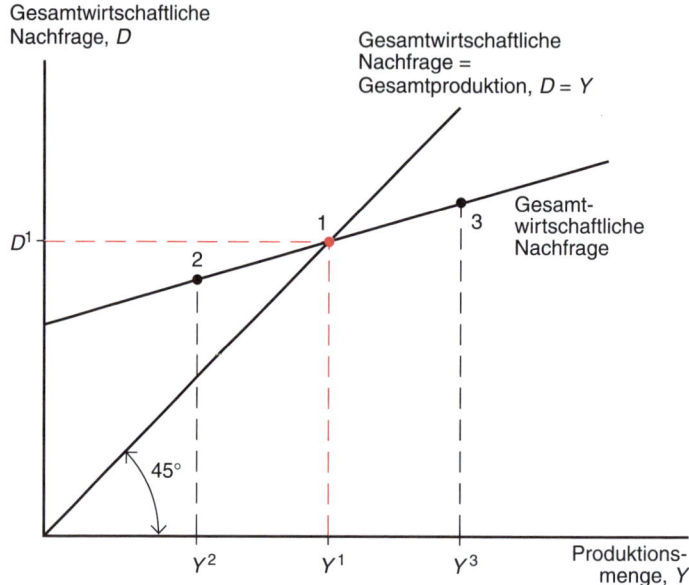

In der kurzen Frist pendelt sich die Produktion bei Y^1 (Punkt 1) ein, an dem die gesamtwirtschaftliche Nachfrage, D^1, gleich der Gesamtproduktion, Y^1, ist.

Abbildung 16.2: **Die Bestimmung der Produktionsmenge in kurzer Frist**

16.4   Das Gütermarktgleichgewicht in kurzer Frist: die *DD*-Kurve

Nun, da wir die Bestimmung der Produktion bei einem gegebenen realen Wechselkurs EP^*/P kennen, soll die zeitgleiche Bestimmung von Wechselkurs und Produktion in kurzer Frist untersucht werden. Zwei Elemente werden zum Verständnis dieses Prozesses benötigt. Das erste Element, das in diesem Abschnitt vorgestellt werden soll, ist die Beziehung zwischen Produktion und Wechselkurs bei Gütermarktgleichgewicht. Das zweite Element, das im nächsten Abschnitt erläutert wird, ist die Beziehung zwischen Produktion und Wechselkurs bei Gleichgewicht des inländischen Geldmarkts und des Devisenmarkts (der Vermögensmärkte insgesamt). Wie wir sehen werden, sind beide Elemente unverzichtbar, weil sich die Volkswirtschaft als Ganzes nur dann im Gleichgewicht befindet, wenn sowohl der Gütermarkt als auch die Vermögensmärkte diesen Zustand erreicht haben.

16.4.1 Produktion, Wechselkurs und Gütermarktgleichgewicht

Abbildung 16.3 zeigt die Beziehung zwischen Wechselkurs und Produktion bei Gütermarktgleichgewicht. Insbesondere illustriert sie die Wirkung einer Abwertung der Inlandswährung gegenüber der Auslandswährung (E steigt von E^1 auf E^2) bei festen Werten des inländischen Preisniveaus P und des ausländischen Preisniveaus P^*. Bei fixen Preisniveaus im In- und Ausland verteuert ein Ansteigen des nominalen Wechselkurses ausländische Güter und Dienstleistungen gegenüber einheimischen. Diese Änderung der relativen Preise verschiebt die Linie der gesamtwirtschaftlichen Nachfrage nach oben.

Das Sinken des relativen Preises inländischer Güter verschiebt die Linie der Gesamtnachfrage deshalb nach oben, weil die Nachfrage nach diesen Gütern nunmehr bei jedem inländischen Produktionsniveau höher ist als zuvor. Die Folge ist eine Ausdehnung der Produktion von Y^1 nach Y^2, weil die Unternehmen beim Ausgangsniveau der Produktion mit einem Nachfrageüberschuss konfrontiert sind.

Bisher haben wir die Wirkung einer Veränderung von E bei fixen P und P^* betrachtet. Es ist jedoch recht einfach, die Wirkungen einer Veränderung von P oder P^* auf die Produktion zu analysieren. *Ein Anstieg des realen Wechselkurses EP^*/P (ob aufgrund eines Anstiegs von E, eines Anstiegs von P^* oder eines Sinkens von P) führt bei ansonsten gleichen Bedingungen zu einer Aufwärtsverschiebung der Gesamtnachfragefunktion und zu einer Produktionsausdehnung.* (Ein Anstieg von P^* beispielsweise hat qualitativ identische Wirkungen wie ein Anstieg von E.) *Entsprechend führt jedes Sinken von EP^*/P unabhängig von seinen Ursachen (ein Sinken von E, ein Sinken von P^* oder ein Anstieg von P) bei ansonsten gleichen Bedingungen zu einem Produktionsrückgang.* (Ein Anstieg von P bei fixen E und P^* verteuert beispielsweise inländische Produkte im Verhältnis zu ausländischen, senkt folglich die gesamtwirtschaftliche Nachfrage nach Ersteren und führt zu einem Produktionsrückgang.)

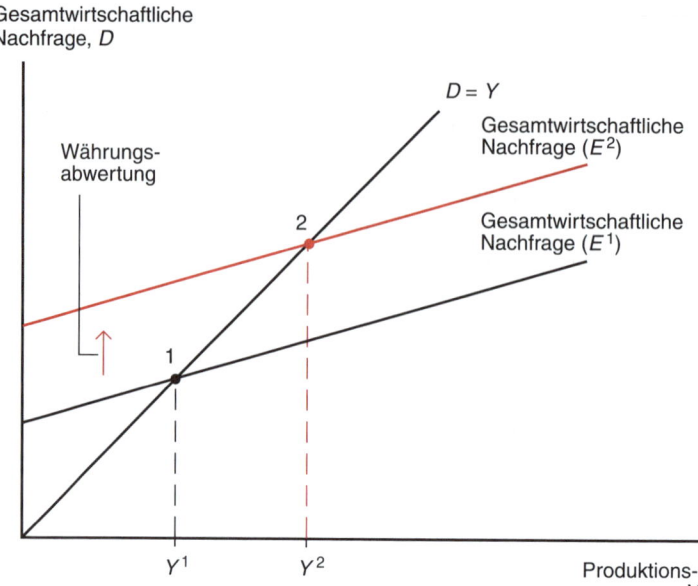

Gesamtwirtschaftliche
Nachfrage, D

$D = Y$

Gesamtwirtschaftliche
Nachfrage (E^2)

Gesamtwirtschaftliche
Nachfrage (E^1)

Währungs-
abwertung

2

1

Y^1　　Y^2　　　　Produktionsmenge, Y

Ein Anstieg des Wechselkurses von E^1 auf E^2 (eine Währungsabwertung) verschiebt die Linie der Gesamtnachfrage nach oben und erhöht die Produktion auf Y^2.

Abbildung 16.3:　**Produktionswirkung einer Währungsabwertung bei fixen Güterpreisen**

16.4.2　Ableitung der Gütermarktkurve *DD*

Wenn wir P und $P*$ in kurzer Frist als fix voraussetzen, geht eine Abwertung der inländischen Währung (ein Anstieg von E) mit einer Ausdehnung der inländischen Produktion, Y, einher. Eine Aufwertung der inländischen Währung (ein Sinken von E) ist dagegen mit einem Rückgang von Y verbunden. Dieser Zusammenhang liefert uns eine der beiden Beziehungen zwischen E und Y, die zur Beschreibung des kurzfristigen makroökonomischen Verhaltens einer offenen Volkswirtschaft erforderlich sind. Wir stellen diesen Zusammenhang in der **DD-Kurve** bzw. **Gütermarktkurve** dar, die sämtliche Kombinationen von Produktion und Wechselkurs zeigt, bei denen sich der Gütermarkt im kurzfristigen Gleichgewicht befindet (Gesamtnachfrage = Gesamtproduktion).

Abbildung 16.4 zeigt die Ableitung der *DD*-Kurve, die E und Y bei fixen P und $P*$ zueinander in Beziehung setzt. Der obere Teil der Abbildung gibt den in Abbildung 16.3 hergeleiteten Zustand wieder (eine Abwertung der Inlandswährung verschiebt die Linie der Gesamtnachfrage nach oben und führt eine Produktionsausdehnung herbei). Die *DD*-Kurve in der unteren Hälfte zeigt die daraus resultierende Beziehung zwischen Wechselkurs und Produktion (unter der Voraussetzung, dass P und $P*$ konstant bleiben). Punkt 1 auf der *DD*-Kurve bezeichnet das Produktionsniveau Y^1, bei dem die Gesamtnachfrage gleich dem Gesamtangebot ist, wenn der Wechselkurs E^1 beträgt. Eine Abwertung der Währung auf E^2 führt gemäß dem oberen Teil der Abbildung zu dem höheren Produktionsniveau Y^2, und mittels dieser Information können wir die Lage von Punkt 2 auf *DD* bestimmen.

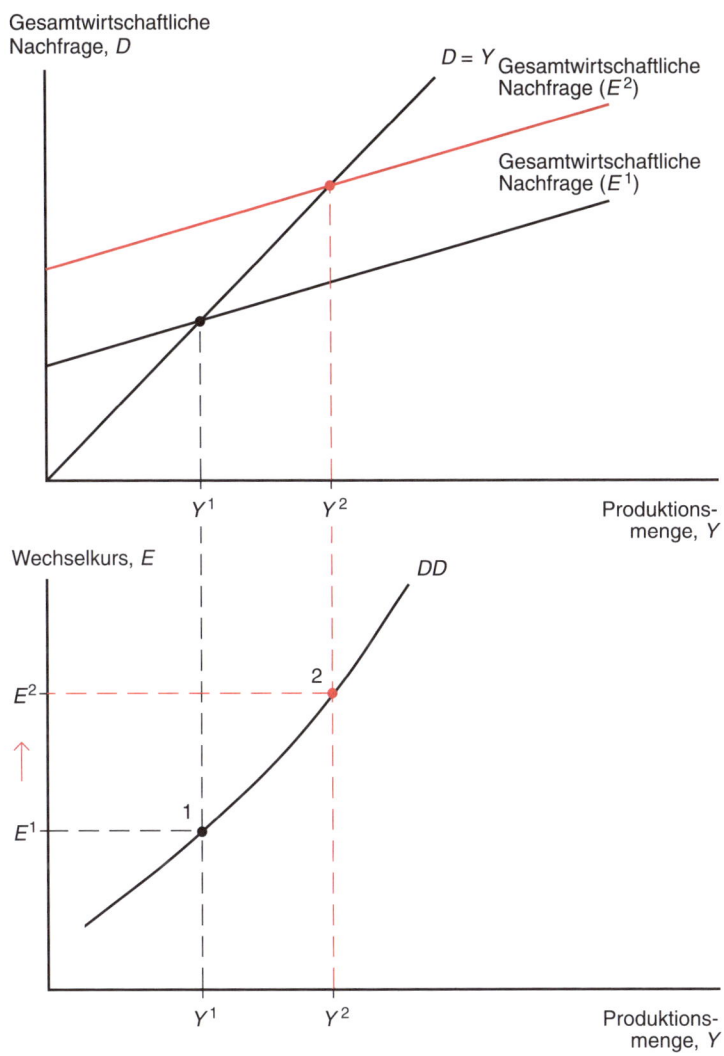

Die (im unteren Teil der Abbildung gezeigte) *DD*-Kurve weist eine positive Steigung auf, weil ein Anstieg des Wechselkurses von E^1 auf E^2 bei ansonsten gleichen Bedingungen zu einer Produktionsausdehnung von Y^1 auf Y^2 führt.

Abbildung 16.4:   **Ableitung der *DD*-Kurve**

16.4.3   Faktoren, die zu einer Verschiebung der *DD*-Kurve führen

Die *DD*-Kurve wird von einer ganzen Reihe Faktoren beeinflusst: der Nachfrage der öffentlichen Haushalte, den Steuern und Investitionen, den inländischen und ausländischen Preisniveaus, Schwankungen des inländischen Konsumverhaltens und der Auslandsnachfrage nach Inlandsprodukten. Um die Wirkungen von Änderungen jedes dieser Faktoren zu verstehen, müssen wir untersuchen, wie sich *DD*-Kurve in ihrer Folge verschiebt. Bei sämtlichen unten beschriebenen Fällen sind alle übrigen Faktoren als konstant vorausgesetzt.

1. *Eine Änderung von G.* Abbildung 16.5 zeigt, wie sich eine Erhöhung der Staatsausgaben für Güterkäufe von G^1 auf G^2 bei einem festen Wechselkurs E^0 auf *DD* auswirkt. Wie im oberen Teil der Abbildung dargestellt, bedingt beim Ausgangsniveau der öffentlichen Nachfrage der Wechselkurs E^0 ein Gleichgewicht des Produktionsniveaus bei Y^1; Punkt 1 liegt folglich auf DD^1.

   Ein Anstieg von *G* verursacht, wie im oberen Teil der Abbildung gezeigt, eine Verschiebung der Gesamtnachfragekurve nach oben. Bei ansonsten unveränderten Bedingungen steigt die Produktion von Y^1 auf Y^2. Punkt 2 im unteren Teil der Abbildung zeigt das höhere Produktionsniveau Y^2, bei dem Gesamtnachfrage und Gesamtangebot nun gleich sind, *bei einem unveränderten Wechselkurs E^0.* Punkt 2 liegt auf einer neuen *DD*-Kurve, D^2.

   Bei allen gegebenen Wechselkursen steigt nach der Erhöhung von *G* das Produktionsniveau, bei dem Angebot und Nachfrage ausgeglichen sind. Wie in Abbildung 16.5 gezeigt, bedeutet eine Erhöhung von G folglich eine Rechtsverschiebung von *DD*. *Entsprechend führt ein Sinken von G zu einer Linksverschiebung von DD.*

   Die Methode und die Überlegungen, anhand derer wir die Verschiebung von *DD* infolge einer Erhöhung von *G* untersucht haben, können auch auf sämtliche unten stehenden Fälle angewendet werden. Im Folgenden fassen wir die Ergebnisse zusammen. Zeichnen Sie zur Überprüfung Ihres Verständnisses Schaubilder nach dem Vorbild von Abbildung 16.5, aus denen hervorgeht, in welcher Weise die unten aufgeführten ökonomischen Faktoren die Kurven verschieben.

2. *Eine Änderung von T.* Die Steuern, *T*, verändern das verfügbaren Einkommen und wirken sich dadurch bei jedem Niveau von *Y* auf die Gesamtnachfrage und damit den Konsum aus. Daraus folgt, dass eine Steuererhöhung bei gegebenem Wechselkurs *E* zu einer *Abwärtsverschiebung* der Gesamtnachfragefunktion in Abbildung 16.1 führt. Da dieser Effekt demjenigen eines Anstiegs von *G* genau entgegengesetzt ist, muss eine Erhöhung von *T* zu einer Linksverschiebung von *DD* führen. Entsprechend führt ein Sinken von *T* zu einer Rechtsverschiebung von *DD*.

3. *Eine Änderung von I.* Eine Erhöhung der Investitionsnachfrage hat dieselbe Wirkung wie ein Anstieg von *G*: Die Gesamtnachfragefunktion wird nach oben und *DD* nach rechts verschoben. Ein Rückgang der Investitionsnachfrage verschiebt *DD* nach links.

4. *Eine Änderung von P.* Bei gegebenen *E* und *P** verteuert ein Anstieg von *P* inländische Güter und Dienstleistungen im Verhältnis zu ausländischen und senkt die Nettoexportnachfrage. Die *DD*-Kurve verschiebt sich nach links, weil die gesamtwirtschaftliche Nachfrage zurückgeht. Ein Sinken von *P* verbilligt inländische Güter und bewirkt eine Rechtsverschiebung von *DD*.

5. *Eine Änderung von P*.* Bei gegebenen *E* und *P* verteuert ein Anstieg von *P** ausländische Güter und Dienstleistungen. Daher steigt die gesamtwirtschaftliche Nachfrage nach inländischen Produkten und *DD* verschiebt sich nach rechts. Entsprechend verursacht ein Sinken von *P** eine Linksverschiebung von *DD*.

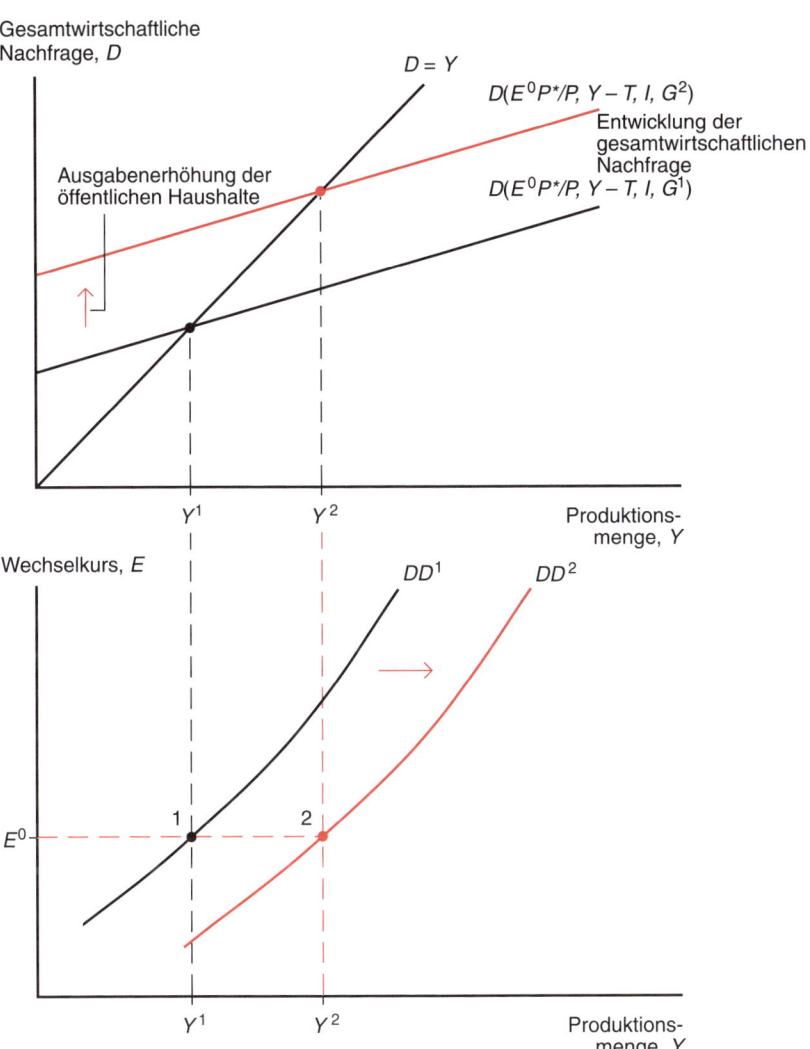

Gesamtwirtschaftliche Nachfrage, D

$D = Y$

$D(E^0 P^*/P, Y - T, I, G^2)$

Entwicklung der gesamtwirtschaftlichen Nachfrage

$D(E^0 P^*/P, Y - T, I, G^1)$

Ausgabenerhöhung der öffentlichen Haushalte

Y^1 Y^2

Produktionsmenge, Y

Wechselkurs, E

DD^1 DD^2

E^0

1 2

Y^1 Y^2

Produktionsmenge, Y

Eine Nachfrageerhöhung der öffentlichen Haushalte von G^1 nach G^2 führt bei jedem Stand des Wechselkurses zu einer Ausdehnung der Produktion. Infolgedessen verschiebt sich DD nach rechts.

Abbildung 16.5: Die Nachfrage der öffentlichen Haushalte und die Lage der DD-Kurve

6. *Eine Änderung der Konsumfunktion.* Angenommen, die Einwohner von Inland würden unvermittelt beschließen, bei jedem Niveau des verfügbaren Einkommens mehr zu konsumieren und weniger zu sparen. Wenn die Erhöhung der Konsumausgaben nicht ausschließlich auf Importe aus dem Ausland entfällt, steigt die Gesamtnachfrage nach inländischen Produkten und die Gesamtnachfragefunktion verschiebt sich bei jedem gegebenen Wechselkurs E nach oben. Dies impliziert eine Rechtsverschiebung

der *DD*-Kurve. Ein unvermittelter Konsumrückgang verschiebt (wenn er nicht ausschließlich auf einen Rückgang der Importnachfrage zurückgeht) die *DD*-Kurve nach links.

7. *Eine Verschiebung des Nachfrageverhältnisses zwischen ausländischen und inländischen Gütern.* Die inländische Konsumfunktion bleibe unverändert, doch die Einwohner von Inland und Ausland beschließen plötzlich, einen größeren Teil ihrer Ausgaben auf Güter und Dienstleistungen aus dem eigenen Land zu verwenden. Wenn das verfügbare Einkommen im Inland und der Wechselkurs konstant bleiben, *verbessert* diese Nachfrageverschiebung die Leistungsbilanz, indem sie die Exporte erhöht und die Importe senkt. Die Kurve der gesamtwirtschaftlichen Nachfrage verschiebt sich nach oben und *DD* wandert daher nach rechts. Dieselbe Überlegung zeigt, dass eine Verschiebung der Weltnachfrage zuungunsten von inländischen und zugunsten von ausländischen Produkten eine Linksverschiebung von *DD* bedingt.

Wie Sie vielleicht bemerkt haben, kann man anhand einer einfachen Regel die Wirkung jeder der oben aufgeführten Störungen auf *DD* vorhersagen: *Jede Störung, welche die gesamtwirtschaftliche Nachfrage nach inländischen Produkten hebt, verschiebt die DD-Kurve nach rechts; jede Störung, welche die gesamtwirtschaftliche Nachfrage nach inländischen Produkten senkt, verschiebt die DD-Kurve nach links.*

16.5   Der Vermögensmarkt im kurzfristigen Gleichgewicht: die *AA*-Kurve

Wir haben nun das erste Element der kurzfristige Bestimmung von Wechselkurs und Einkommen hergeleitet: das Verhältnis zwischen Wechselkurs und Produktionsmenge, bei dem Gesamtangebot und Gesamtnachfrage ausgeglichen sind. Dieses Verhältnis wird in Form der *DD*-Kurve dargestellt. Sie zeigt sämtliche Wechselkurs- und Produktionsniveaus, bei denen sich der Gütermarkt im kurzfristigen Gleichgewicht befindet. Wie im vorigen Abschnitt eingangs festgestellt, setzt das gesamtwirtschaftliche Gleichgewicht allerdings voraus, dass sich sowohl die Vermögensmärkte als auch die Gütermärkte im Gleichgewicht befinden. Und in dieser Hinsicht gibt es keinen zwingenden Grund für die Annahme, weshalb auf der *DD*-Kurve gelegene Punkte mit einem Vermögensmarktgleichgewicht verbunden sein sollten.

Zur Vervollständigung unserer Darstellung des kurzfristigen Gleichgewichts führen wir daher ein zweites Element ein, das gewährleistet, dass die dem Gütermarktgleichgewicht entsprechenden Niveaus von Wechselkurs und Produktion auch mit dem Vermögensmarktgleichgewicht in Einklang stehen. Die Kurve derjenigen Wechselkurs- und Produktionskombinationen, bei denen sich der inländische Geldmarkt und der Devisenmarkt im Gleichgewicht befinden, bezeichnet man als **AA-Kurve** bzw. **Vermögensmarktkurve**.

16.5.1 Produktion, Wechselkurs und Vermögensmarktgleichgewicht

Kapitel 13 behandelte die Zinsparität, der zufolge sich der Devisenmarkt nur dann im Gleichgewicht befindet, wenn die erwartete Verzinsung von Einlagen in inländischer und in ausländischer Währung gleich ist. In Kapitel 14 wurde aufgezeigt, dass die Zinssätze, die in die Zinsparität eingehen, durch den Ausgleich von realem Geldangebot und realer Geldnachfrage auf den nationalen Geldmärkten bestimmt werden. Nun verbinden wir diese Bedingungen für das Vermögensmarktgleichgewicht, um zu ermitteln, bei welchen Verhältnissen zwischen Wechselkurs und Produktion beide Vermögensmärkte simultan geräumt werden. Da wir uns zunächst auf die inländische Volkswirtschaft konzentrieren, wird der Auslandszinssatz als gegeben vorausgesetzt.

Bei einem gegebenen zukünftigen Wechselkurs E^e ist die Zinsparität, die das Devisenmarktgleichgewicht bestimmt, durch Gleichung (13-2) beschrieben:

$$R = R^* + (E^e - E)/E,$$

wobei R die Verzinsung inländischer Währungseinlagen und R^* die Verzinsung ausländischer Währungseinlagen bezeichnet. In Kapitel 14 sahen wir, dass der inländische Zinssatz, der die Zinsparität erfüllt, auch das reale inländische Geldangebot (M^S/P) auf dasselbe Niveau bringen muss wie die aggregierte reale Geldnachfrage [siehe Gleichung (14-4)]:

$$M^S/P = L(R, Y)$$

Wie Sie wissen, steigt bei sinkendem Zinssatz die aggregierte reale Geldnachfrage $L(R,Y)$, weil ein Sinken von R die Attraktivität verzinslicher nichtmonetärer Vermögenswerte senkt. (Umgekehrt senkt ein Zinsanstieg die reale Geldnachfrage.) Ein Anstieg der realen Produktionsmenge, Y, steigert die reale Geldnachfrage, indem er die anfallenden Geldtransaktionen vermehrt. (Ein Sinken der realen Produktionsmenge hingegen reduziert die reale Geldnachfrage, weil der Transaktionsbedarf nachlässt.)

Mit Hilfe der in Kapitel 14 entwickelten grafischen Darstellungsmethoden wird im Folgenden untersucht, welche Wechselkursänderungen mit Veränderungen der Produktionsmenge einhergehen müssen, um die Vermögensmärkte im Gleichgewicht zu halten. Abbildung 16.6 zeigt den inländischen Gleichgewichtszinssatz und den Gleichgewichtswechselkurs, der mit dem Produktionsniveau Y^1 verbunden ist. Die nominale Geldmenge M^S, das inländische Preisniveau P, der Auslandszinssatz R^* und der erwartete zukünftige Wechselkurs E^e sind dabei gegeben. Im unteren Teil der Abbildung sehen wir, dass bei einer realen Produktionsmenge Y^1 und einer realen Geldmenge M^S/P der inländische Geldmarkt bei einem Zinssatz von R^1 (Punkt 1) geräumt wird, und der Devisenmarkt bei einem Wechselkurs von E^1 (Punkt 1´). Der Wechselkurs E^1 führt deshalb zur Räumung des Devisenmarkts, weil er die erwartete Verzinsung ausländischer Währungseinlagen, gemessen in Inlandswährung, gleich R^1 setzt.

Eine Produktionsausdehnung von Y^1 auf Y^2 hebt die aggregierte reale Geldnachfrage von $L(R,Y^1)$ auf $L(R,Y^2)$ und verschiebt die gesamte Geldnachfragekurve im unteren Teil von Abbildung 16.6 nach außen. Dies wiederum hebt den inländischen Gleichgewichtszins-

satz auf R^2 (Punkt 2). Bei fixen E^e und R^* muss die Inlandswährung von E^1 auf E^2 aufwerten, um den Devisenmarkt an Punkt 2' in ein neues Gleichgewicht zu bringen. Die
Inlandswährung wertet gerade um so viel auf, dass ihre erwartete zukünftige *Abwertungsrate* den Vorteil aufhebt, der Einlagen in Inlandswährung infolge der Zinserhöhung zuge-
wachsen war. *Die Aufrechterhaltung des Vermögensmarktgleichgewichts erfordert, dass
eine Ausdehnung der inländischen Produktion bei ansonsten gleichen Bedingungen von
einer Aufwertung der eigenen Währung begleitet wird. Ein Rückgang der inländischen
Produktion muss von einer Abwertung der eigenen Währung begleitet werden.*

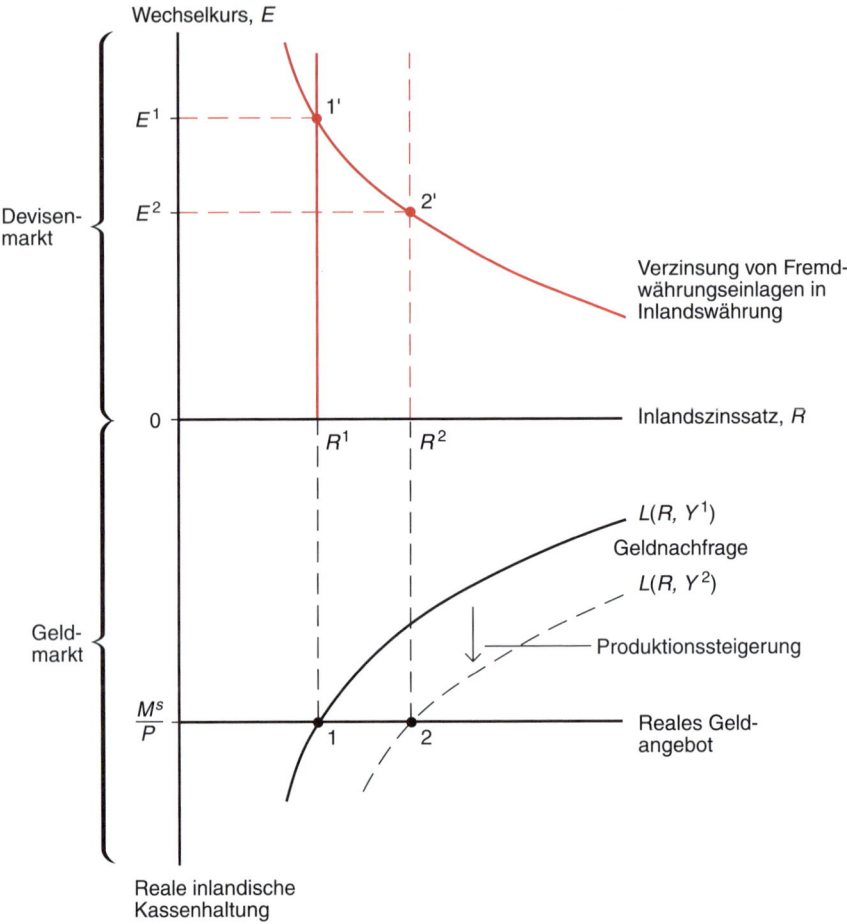

Das Gleichgewicht der Vermögensmärkte (Devisen- und Geldmarkt) bleibt nur dann gewahrt,
wenn eine Produktionsausdehnung bei ansonsten gleichen Bedingungen von einer Währungsaufwertung begleitet wird.

Abbildung 16.6:   **Produktion und Wechselkurs im Vermögensmarktgleichgewicht**

16.5.2   Ableitung der Vermögensmarktkurve

Die *DD*-Kurve zeigt, bei welchen Verhältnissen von Wechselkursen und Produktionsniveaus sich der Gütermarkt im Gleichgewicht befindet. Aus der *AA*-Kurve geht hervor,
welche Verhältnisse von Wechselkursen und Produktionsniveaus die Geld- und Devisenmärkte im Gleichgewicht halten. Abbildung 16.7 zeigt die *AA*-Kurve. An Abbildung 16.6
können wir ablesen, dass es für jedes Produktionsniveau Y genau einen Wechselkurs E
gibt, der die Zinsparität erfüllt (wenn reales Geldangebot, Auslandszinssatz und erwarteter zukünftiger Wechselkurs gegeben sind). Aus den oben stehenden Ausführungen wissen wir, dass bei ansonsten gleichen Bedingungen ein Anstieg von Y^1 auf Y^2 zu einer Aufwertung der Inlandswährung führt, d.h. zu einem Sinken des Wechselkurses von E^1 auf
E^2. Dies ist der Grund für die negative Steigung der *AA*-Kurve.

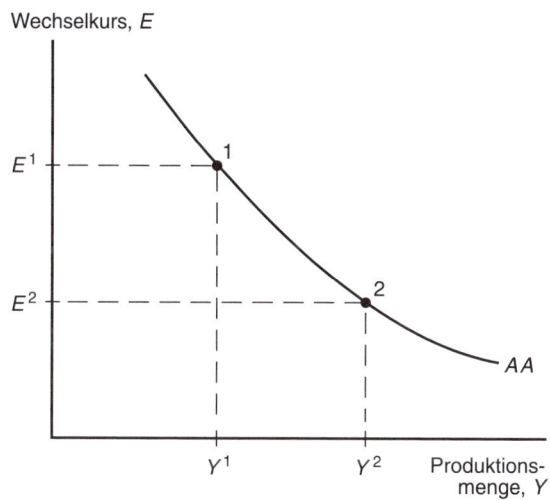

Die Kurve *AA*, die das Vermögensmarktgleichgewicht wiedergibt,
weist deshalb eine negative Steigung auf, weil eine Produktionsausdehnung von Y^1 nach Y^2 bei
ansonsten gleichen Bedingungen
zu einem Anstieg des Inlandszinssatzes und einer Aufwertung der
Inlandswährung von E^1 auf E^2
führt.

Abbildung 16.7:   Die *AA*-Kurve

16.5.3   Faktoren, die zur Verschiebung der *AA*-Kurve führen

Es gibt fünf Faktoren, die Verschiebungen der *AA*-Kurve auslösen können: Änderungen
der inländischen Geldmenge, M^S, Änderungen des inländischen Preisniveaus, P, Änderungen des erwarteten zukünftigen Wechselkurses, E^e, Änderungen des Auslandszinssatzes, R^*, und Änderungen der aggregierten realen Geldnachfrage.

1. *Eine Änderung von M^S.* Bei einem fixen Produktionsniveau führt eine Erhöhung von
   M^S bei ansonsten gleichen Bedingungen zu einer Abwertung der Inlandswährung auf
   dem Devisenmarkt (E steigt). Da der Wechselkurs E nach der Erhöhung von M^S bei
   jedem Produktionsniveau höher ist als zuvor, führt diese Steigerung der Geldmenge
   zu einer Verschiebung von *AA nach oben*. Eine Reduzierung von M^S führt entsprechend zu einer Verschiebung von *AA nach unten*.

2. *Eine Änderung von P.* Ein Anstieg von P senkt die reale Geldmenge und treibt den Zinssatz nach oben. Bei ansonsten gleichen Bedingungen (einschließlich konstantem Y) führt dieser Anstieg des Zinssatzes zu einem Sinken von E. Ein Anstieg von P verschiebt daher *AA nach unten.* Ein Rückgang von P verschiebt *AA* nach oben.

3. *Eine Änderung von E^e.* Angenommen, die Devisenmarktteilnehmer ändern plötzlich ihre Erwartungen hinsichtlich des zukünftigen Wechselkurses, sodass E^e steigt. Eine solche Änderung verschiebt die Kurve im oberen Teil von Abbildung 16.6 (welche die erwartete Verzinsung von Fremdwährungseinlagen in inländischer Währung zeigt) nach rechts. Folglich führt ein Anstieg von E^e bei ansonsten gleichen Bedingungen zu einer Abwertung der Inlandswährung. Da der Gleichgewichtswechselkurs des Devisenmarkts nach einem Anstieg von E^e bei gegebener Produktionsmenge steigt, wird *AA* bei einem Anstieg des erwarteten zukünftigen Wechselkurses nach oben verschoben. Sie wird nach unten verschoben, wenn der erwartete zukünftige Wechselkurs sinkt.

4. *Eine Änderung von R^*.* Ein Anstieg von R^* hebt die erwartete Verzinsung von Fremdwährungseinlagen und verschiebt daher die abfallende Kurve im oberen Teil von Abbildung 16.6 nach rechts. Bei gegebener Produktionsmenge muss die Inlandswährung abwerten, um die Zinsparität wiederherzustellen. Ein Anstieg von R^* hat daher dieselbe Wirkung auf *AA* wie ein Anstieg von E^e: Er verschiebt sie nach oben. Ein Sinken von R^* bedingt eine Verschiebung von *AA* nach unten.

5. *Eine Änderung der realen Geldnachfrage.* Angenommen, die Einwohner von Inland möchten fortan bei jedem Produktionsniveau und jedem Zinssatz eine geringere reale Geldmenge halten. (Eine solche Veränderung der Vermögenswertpräferenzen bedeutet einen *Rückgang der Geldnachfrage.*) Ein Rückgang der Geldnachfrage impliziert bei jedem fixen Y eine Verschiebung der aggregierten realen Geldnachfragekurve $L(R,Y)$ nach innen und führt daher zu einem niedrigeren Zinssatz und einem Anstieg von E. Ein Rückgang der Geldnachfrage hat also dieselbe Wirkung wie eine Erhöhung des Geldangebots, denn er verschiebt *AA* nach oben. Die umgekehrte Störung, eine Steigerung der Geldnachfrage, würde *AA* nach unten verschieben.

16.6 Das kurzfristige Gleichgewicht einer offenen Volkswirtschaft: die Kombination von *DD*- und *AA*-Kurve

Unter der Annahme vorübergehend fixer Güterpreise haben wir zwei Kurven für die Beziehung zwischen Wechselkurs und Produktionsniveau abgeleitet: die *DD*-Kurve, bei der sich der Gütermarkt im Gleichgewicht findet, und die *AA*-Kurve, bei der sich die Vermögensmärkte im Gleichgewicht befinden. Das kurzfristige Gleichgewicht der Volkswirtschaft als Ganzes muss auf *beiden* Kurven zugleich liegen, denn es muss sowohl für den Güter- als auch für den Vermögensmarkt gelten. Folglich kann das kurzfristige Gleichgewicht der Volkswirtschaft mit Hilfe des Schnittpunkts von *DD* und *AA* bestimmt werden. Die Annahme fixer Güterpreise bedeutet auch hier, dass dieser Schnittpunkt das *kurzfris-*

tige Gleichgewicht anzeigt. Die Analyse in diesem Abschnitt geht weiterhin davon aus, dass der Auslandszinssatz, R^*, und der erwartete zukünftige Wechselkurs, E^e, unverändert bleiben.

Abbildung 16.8 verbindet die Kurven *AA* und *DD* zur Ermittlung des kurzfristigen Gleichgewichts. Im Schnittpunkt von *DD* und *AA* (Punkt 1) liegt die einzige Kombination von Wechselkurs und Produktion, bei der *sowohl* Gesamtangebot und Gesamtnachfrage ausgeglichen sind *als auch* auf dem Vermögensmarkt Gleichgewicht herrscht. Die kurzfristigen Gleichgewichtsniveaus des Wechselkurses und der Produktionsmenge sind daher E^1 und Y^1.

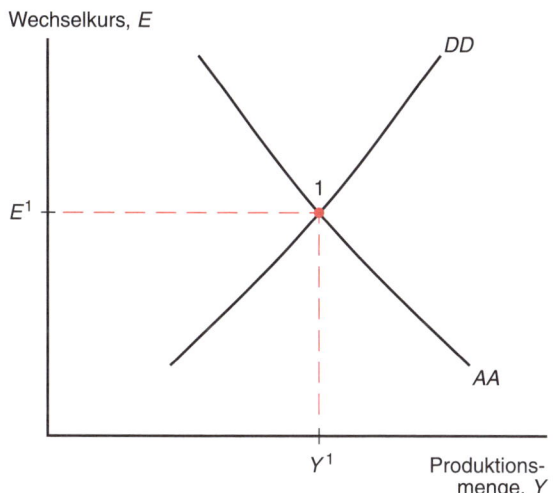

Das kurzfristige Gleichgewicht der Volkswirtschaft stellt sich an Punkt 1 ein, bei dem der Gütermarkt (dessen Gleichgewichtspunkte die *DD*-Kurve bilden) und der Vermögensmarkt (dessen Gleichgewichtspunkte die *AA*-Kurve bilden) simultan geräumt werden.

Abbildung 16.8: Kurzfristiges Gleichgewicht: der Schnittpunkt von *DD* und *AA*

Vergewissern Sie sich, dass sich die Volkswirtschaft tatsächlich bei Punkt 1 einpendeln wird, indem Sie annehmen, dass sie sich zunächst an Punkt 2 in Abbildung 16.9 befindet. An diesem Punkt, oberhalb von *AA* und *DD* gelegen, befinden sich weder die Güter- noch die Vermögensmärkte im Gleichgewicht. Weil E im Verhältnis zu *AA* überhöht ist, liegt auch die für die Zukunft insgesamt zu erwartende Aufwertungsrate höher als diejenige Aufwertungsrate, die für sich genommen ausreichen würde, um Zinsparität herzustellen. Daraus, dass die erwartete Verzinsung von Fremdwährungseinlagen in Inlandswährung hinter derjenigen von Einlagen in einheimischer Währung zurückbleibt, entsteht auf dem Devisenmarkt ein Nachfrageüberschuss nach Inlandswährung. Der hohe Stand von E in Punkt 2 verbilligt darüber hinaus inländische Güter für ausländische Käufer (aufgrund ihres in inländischer Währung berechneten Preises) und führt zu einem Nachfrageüberschuss nach Gütern.

Der Nachfrageüberschuss nach Inlandswährung führt zu einem unmittelbaren Sinken des Wechselkurses von E^2 auf E^3. Diese Aufwertung gleicht die erwarteten Renditen auf inländische und ausländische Währungseinlagen aus und bringt die Volkswirtschaft zu Punkt 3 auf der Kurve für das Vermögensmarktgleichgewicht, *AA*. Da Punkt 3 allerdings oberhalb der *DD*-Kurve liegt, besteht nach wie ein Nachfrageüberschuss nach inländischen Produkten. Weil die Unternehmen daraufhin ihre Produktion ausdehnen, um die Lager gefüllt zu halten, wandert die Volkswirtschaft entlang *AA* nach Punkt 1, wo sich Gesamtangebot und Gesamtnachfrage im Gleichgewicht befinden. Da die Vermögenswertpreise schlagartig steigen können, während Veränderungen der Produktionspläne langwieriger sind, bleibt das Gleichgewicht der Vermögensmärkte auch während der Zeit erhalten, in der sich die Produktion verändert.

Während sich die Volkswirtschaft auf ihrer Wanderung entlang *AA* Punkt 1 annähert, sinkt der Wechselkurs, weil die steigende nationale Produktion zu einer erhöhten Geldnachfrage führt und damit den Zinssatz stetig nach oben treibt. (Die Währung muss ständig aufwerten, um die erwartete Aufwertungsrate der Inlandswährung zu senken und die Zinsparität aufrechtzuerhalten.) Sobald die Wirtschaft bei Punkt 1 auf *DD* angelangt ist, sind Gesamtnachfrage und Gesamtangebot ausgeglichen und den Produzenten droht keine unfreiwillige Lagerräumung mehr. Die Volkswirtschaft findet daher zu ihrem Gleichgewicht an Punkt 1, dem einzigen Punkt, bei dem sowohl die Güter- als auch die Vermögensmärkte geräumt werden.

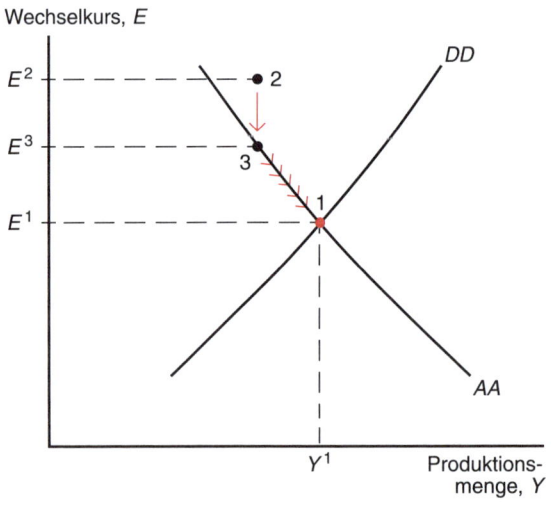

Weil sich die Vermögensmärkte sehr rasch anpassen, erhöht sich der Wechselkurs schlagartig von Punkt 2 auf Punkt 3. Die Volkswirtschaft wandert entlang der *AA*-Kurve zu Punkt 1, da die Produktion steigt, um die Gesamtnachfrage zu befriedigen.

Abbildung 16.9:   **Die Volkswirtschaft erreicht ihr kurzfristiges Gleichgewicht**

16.7   Vorübergehende Änderungen der Geld- und Fiskalpolitik

Da wir nun wissen, wie das kurzfristige Gleichgewicht der Volkswirtschaft bestimmt wird, können wir untersuchen, wie sich Veränderungen der makroökonomischen Politik von Seiten des Staates auf die Produktion und den Wechselkurs auswirken. Unser Interesse an den Folgen makroökonomischer politischer Maßnahmen richtet sich auf deren Eignung zur Abwehr wirtschaftlicher Störungen, die Schwankungen von Produktion,

Beschäftigung und Inflation auslösen. In diesem Abschnitt erfahren Sie, durch welche politischen Maßnahmen der Staat zur Aufrechterhaltung der Vollbeschäftigung in offenen Volkswirtschaften beitragen kann.

Wir konzentrieren uns auf zwei Formen staatlicher Politik: die **Geldpolitik**, die sich gezielter Veränderungen der Geldmenge bedient, und die **Fiskalpolitik**, mit welcher die Ausgaben der öffentlichen Haushalte oder die Steuern verändert werden.[7] Zur Vermeidung der Komplikationen, die sich aus der laufenden Inflation ergeben würden, klammern wir allerdings die von einem ständigem Wachstum der Geldmenge gekennzeichneten Situationen aus. Die einzige Art der Geldpolitik, die wir im Einzelnen behandeln, sind einmalige Erhöhungen oder Reduzierungen der Geldmenge.[8]

In diesem Abschnitt untersuchen wir *vorübergehende* politische Maßnahmen, die in den Augen der Öffentlichkeit in naher Zukunft wieder zurückgenommen werden. Der erwartete zukünftige Wechselkurs E^e wird nun gleich dem langfristigen Niveau gesetzt, das in Kapitel 15 behandelt wurde. Es handelt sich dabei also um den Wechselkurs, der vorherrscht, sobald der Vollbeschäftigungszustand erreicht worden ist und sich die Inlandspreise vollständig an frühere Störungen auf den Güter- und Vermögensmärkten angepasst haben. Im Rahmen dieser Interpretation wirkt sich eine vorübergehende politische Maßnahme *nicht* auf diesen erwarteten langfristigen Wechselkurs E^e aus.

Wir gehen im Folgenden stets davon aus, dass die von uns betrachteten konjunkturellen Ereignisse weder den Auslandszinssatz R^* noch das Preisniveau P^* beeinflussen und dass das Inlandspreisniveau P in kurzer Frist fix ist.

16.7.1 Geldpolitik

Abbildung 16.10 zeigt die kurzfristige Wirkung einer vorübergehenden Erhöhung der inländischen Geldmenge. Die erhöhte Geldmenge verschiebt AA^1 aufwärts nach AA^2, ändert jedoch nichts an der Lage von DD. Infolge dieser Verschiebung des Vermögensmarktgleichgewichts wandert die Volkswirtschaft von Punkt 1, mit einem Wechselkurs E^1 und einer Produktionsmenge Y^1, nach Punkt 2, mit einem Wechselkurs E^2 und einer Produktionsmenge Y^2. Eine Erhöhung der Geldmenge führt zur Abwertung der Inlandswährung, zur Ausdehnung der Produktion und somit zu einem Anstieg der Beschäftigung.

---

[7] Andere Formen der Politik, wie beispielsweise die Handelspolitik (Zölle, Quoten usw.), haben makroökonomische Nebenwirkungen. Da sie aber nicht systematisch zur Stabilisierung der makroökonomischen Entwicklung eingesetzt werden, werden sie in diesem Kapitel nicht behandelt. (In einer Übung zum Abschluss dieses Kapitels werden Sie aufgefordert, die makroökonomischen Wirkungen eines Zolls zu beurteilen.)

[8] Die unten aufgeführten Ergebnisse können auf den Fall einer laufenden Inflation übertragen werden, indem Sie die hier beschriebenen Änderungen des Wechselkurses und des Preisniveaus als Ausgangspunkte eines Zeitpfads nehmen, in dessen Verlauf sich E und P stetig erhöhen.

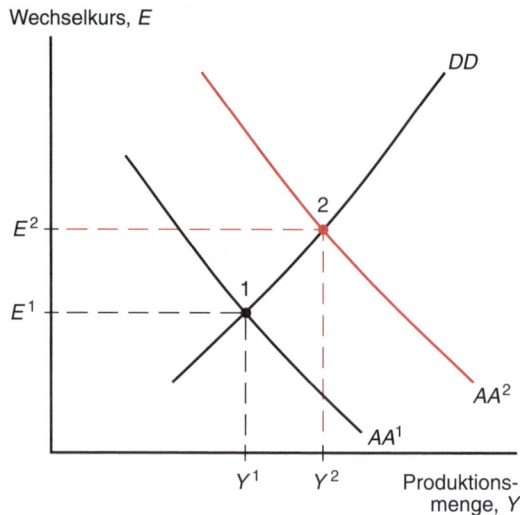

Indem eine vorübergehende Erhöhung der Geldmenge AA^1 nach oben verschiebt, verursacht sie eine Abwertung der Währung und eine Ausdehnung der Produktion.

Abbildung 16.10:   **Effekte einer vorübergehenden Erhöhung der Geldmenge**

Die diesen Ergebnissen zugrunde liegenden ökonomischen Kräfte werden deutlich, wenn Sie sich unsere obigen Ausführungen über das Vermögensmarktgleichgewicht und die Bestimmung der Produktionsmenge in Erinnerung rufen. Bei dem ursprünglichen Produktionsniveau Y^1 und dem gegebenen Preisniveau muss eine Erhöhung der Geldmenge den Inlandszinssatz R senken. Entsprechend unserer Annahme ist der geldpolitische Eingriff vorübergehend und hat keinen Einfluss auf den erwarteten zukünftigen Wechselkurs E^e. Die Aufrechterhaltung der Zinsparität bei sinkendem R (und unverändertem Auslandszinssatz $R*$) bedeutet zwangsläufig eine unmittelbare Abwertung des Wechselkurses. Nur so kann die für die Zukunft erwartete Aufwertungsrate über den Stand gehoben werden, den sie vor der Senkung von R hatte. Die unmittelbare Abwertung der Inlandswährung verbilligt aber inländische Produkte gegenüber ausländischen. Daher kommt es zu einer Steigerung der Gesamtnachfrage, die durch eine Ausdehnung der Produktion befriedigt werden muss.

16.7.2   Fiskalpolitik

Wie oben aufgezeigt, kann eine expansive Fiskalpolitik die Form gesteigerter Staatsausgaben, Steuersenkungen oder einer Kombination von beiden annehmen, die zur Erhöhung der Gesamtnachfrage führt. Eine derartige vorübergehende fiskalpolitische Expansion (die keinen Einfluss auf den erwarteten zukünftigen Wechselkurs hat) verschiebt daher die *DD*-Kurve nach rechts, ändert jedoch nichts an der Lage von *AA*.

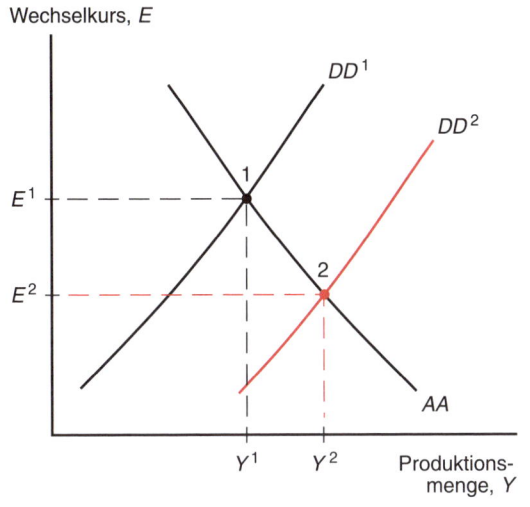

Indem eine vorübergehende expansive Fiskalpolitik DD^1 nach rechts verschiebt, verursacht sie eine Aufwertung der Währung und eine Ausdehnung der Produktion.

Abbildung 16.11:   **Effekte einer vorübergehenden expansiven Fiskalpolitik**

Abbildung 16.11 zeigt die Wirkung einer expansiven Fiskalpolitik auf die Volkswirtschaft in kurzer Frist. Ursprünglich befindet sich die Volkswirtschaft an Punkt 1, mit einem Wechselkurs E^1 und einer Produktionsmenge Y^1. Die Regierung beschließe nun Ausgaben in Höhe von 5 Milliarden Dollar, die in den Bau einer neuen Weltraumfähre fließen sollen. Diese einmalige Erhöhung der Staatsausgaben hebt die Volkswirtschaft auf Punkt 2 und verursacht damit eine Aufwertung der Währung auf E^2 und eine Ausdehnung der Produktion auf Y^2. In der gleichen Weise würde die Volkswirtschaft auch auf vorübergehende Steuersenkungen reagieren.

Welche ökonomischen Kräfte rufen die Bewegung von Punkt 1 nach Punkt 2 hervor? Die durch die erhöhten Staatsausgaben herbeigeführte Ausdehnung der Produktion steigert vermittels vermehrter Transaktionen die reale Geldnachfrage. Angesichts des gegebenen Preisniveaus treibt diese erhöhte Geldnachfrage den Zinssatz R nach oben. Da sich der erwartete zukünftige Wechselkurs E^e und der Auslandszinssatz $R*$ nicht geändert haben, muss die Inlandswährung aufwerten. Nur so kann die Erwartung einer späteren Abwertung erzeugt werden, die gerade groß genug sein wird, um die erhöhte internationale Zinssatzdifferenz zugunsten inländischer Währungseinlagen auszugleichen.

16.7.3   Vollbeschäftigungspolitik

Die Analyse dieses Abschnitts kann auf die Frage angewandt werden, wie in einer offenen Volkswirtschaft Vollbeschäftigung zu gewährleisten ist. Da temporäre geld- oder fiskalpolitische Expansionsmaßnahmen jeweils Produktion und Beschäftigung steigern, können sie zur Bekämpfung vorübergehender, eine Rezession auslösender Störungen dienen. Andererseits kann man Störungen, die zu Überbeschäftigung führen, durch Kontraktionsmaßnahmen entgegentreten.

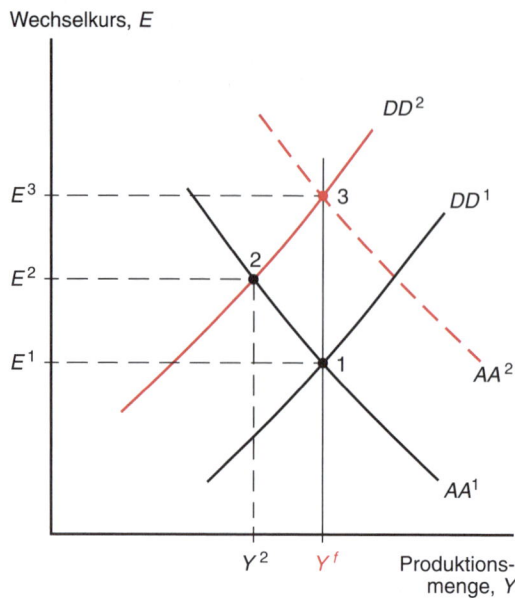

Infolge eines vorübergehenden Rückgangs der Weltnachfrage wandert DD^1 nach DD^2. Die Produktion sinkt von Y^1 nach Y^2, die Währung wertet von E^1 auf E^2 (Punkt 2) ab. Eine vorübergehende expansive Fiskalpolitik kann die Vollbeschäftigung (Punkt 2) wiederherstellen, indem sie die DD-Kurve wieder in ihre ursprüngliche Lage verschiebt. Eine vorübergehende Geldmengenausweitung kann die Vollbeschäftigung wiederherstellen (Punkt 3), indem sie AA^1 nach AA^2 verschiebt. Diese beiden politischen Eingriffe unterscheiden sich hinsichtlich ihrer Wirkung auf den Wechselkurs: Die fiskalpolitische Maßnahme stellt den ursprünglichen Wert der Währung wieder her (E^1), die geldpolitische Maßnahme führt zu einer zusätzlichen Abwertung der Währung auf E^3.

Abbildung 16.12:   **Aufrechterhaltung der Vollbeschäftigung nach einem vorübergehenden Rückgang der Weltnachfrage nach inländischen Produkten**

Abbildung 16.12 illustriert diesen Einsatz makroökonomischer politischer Maßnahmen. Das ursprüngliche Gleichgewicht der Volkswirtschaft befindet sich an Punkt 1, wo die Produktion auf Vollbeschäftigungsniveau ist (Y^f). Plötzlich ändert sich der Geschmack der Verbraucher vorübergehend zuungunsten einheimischer Produkte. Wie weiter oben in diesem Kapitel gesagt, senkt eine solche Verschiebung die Gesamtnachfrage nach inländischen Gütern und verschiebt die DD^1-Kurve nach links zu DD^2. An Punkt 2, dem neuen kurzfristigen Gleichgewicht, hat die Währung auf E^2 abgewertet und die Produktion liegt bei Y^2, d.h. unterhalb des Vollbeschäftigungsniveaus. Die Konjunktur befindet sich in einer Rezession. Da die Präferenzänderung vorübergehend ist, wird E^e nicht beeinflusst, sodass sich die Lage von AA^1 nicht ändert.

Zur Wiederherstellung der Vollbeschäftigung kann die Regierung geldpolitische, fiskalpolitische oder kombinierte politische Maßnahmen anwenden. Eine vorübergehende fiskalische Expansion schiebt DD^2 in ihre Ausgangslage zurück, stellt die Vollbeschäftigung wieder her und bringt den Wechselkurs wieder auf E^1. Eine vorübergehende Geldmengenausweitung verschiebt die Vermögensmarktkurve nach AA^2 und lässt die Volkswirtschaft nach Punkt 3 wandern, sodass wieder Vollbeschäftigung herrscht, die Inlandswährung aber noch weiter abwertet.

Eine weitere mögliche Rezessionsursache ist eine vorübergehende Steigerung der Geldnachfrage, wie in Abbildung 16.13 gezeigt. Diese treibt den Inlandszinssatz nach oben und wertet die Währung auf, sodass inländische Güter teurer werden und die Produktion schrumpft. Abbildung 16.13 zeigt diese Störung auf dem Vermögensmarkt als Aufwärtsverschiebung von AA^1 nach AA^2, sodass die Volkswirtschaft von ihrem ursprünglichen Vollbeschäftigungsgleichgewicht in Punkt 1 nach Punkt 2 wandert.

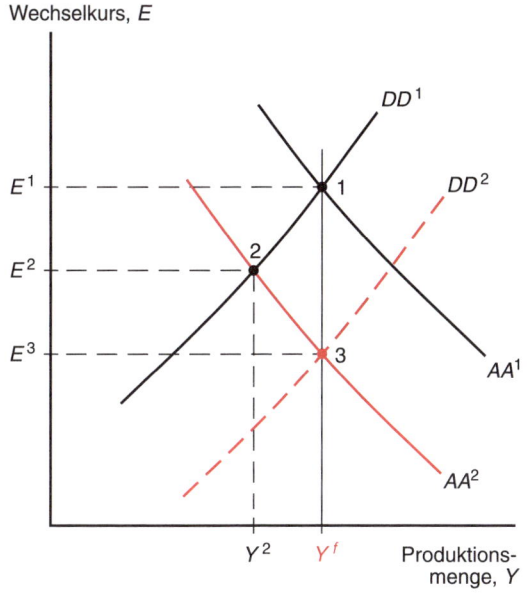

Nach einer vorübergehenden Steigerung der Geldnachfrage (angezeigt durch die Verschiebung von AA^1 nach AA^2) kann die Vollbeschäftigung entweder durch eine Erhöhung der Geldmenge oder durch eine vorübergehende fiskalische Lockerung aufrechterhalten werden. Diese beiden Maßnahmen unterscheiden sich hinsichtlich ihrer Wirkung auf den Wechselkurs. Die geldpolitische Maßnahme stellt den ursprünglichen Wechselkurs E^1 wieder her, die fiskalpolitische Maßnahme führt zu einer weiteren Währungsaufwertung (E^3).

Abbildung 16.13: Politische Maßnahmen zur Aufrechterhaltung der Vollbeschäftigung nach einer Steigerung der Geldnachfrage

Durch eine expansive makroökonomische Politik kann auch hier die Vollbeschäftigung wiederhergestellt werden. Eine vorübergehende Erhöhung der Geldmenge schiebt die AA-Kurve nach AA^1 zurück und bringt die Volkswirtschaft wieder in ihre Ausgangslage an Punkt 1. Diese vorübergehende Erhöhung der Geldmenge hebt die gesteigerte Geldnachfrage vollständig auf, indem sie den Einwohnern von Inland das Geld zur Verfügung stellt, das sie zu halten wünschen. Die vorübergehende fiskalische Expansion verschiebt DD^1 nach DD^2 und stellt an Punkt 3 die Vollbeschäftigung wieder her. Doch diese Verlagerung nach Punkt 3 bringt eine zusätzliche Aufwertung der Währung mit sich.

16.8 Inflationsbias und andere Probleme der Politikfindung

Die augenscheinliche Leichtigkeit, mit der in unserem Modell die Vollbeschäftigung gewährleistet wird, ist irreführend. Es wäre verfehlt, wenn Sie daraus schließen würden, dass es ein Leichtes ist, die Makroökonomie auf einem ruhigen Kurs zu halten. Im Folgenden sollen nur einige der zahlreichen möglichen Probleme genannt werden:

1. Die Starrheit der Nominalpreise verschafft Regierungen nicht nur die Möglichkeit, ein allzu geringes Produktionsniveau zu heben, sondern birgt auch die Versuchung, beispielsweise kurz vor Wahlen einen politisch opportunen Konjunkturaufschwung zu erzeugen. Ein solches Verhalten erzeugt Probleme, wenn Arbeitnehmer und Arbeitgeber von vornherein damit rechnen und daher Lohnforderungen und Preise in Erwartung einer expansiven Politik in die Höhe schrauben. Die Regierung muss dann am Ende nur

deshalb eine expansive Politik betreiben, um zu verhindern, dass die erhöhten Inlandspreise eine Rezession auslösen! Infolgedessen weisen makroökonomische politische
Maßnahmen einen **Inflationsbias** auf. Sie steigern die Inflationsrate, ohne die durchschnittliche Produktionsmenge zu erhöhen. Um dem Inflationsbias entgegenzuwirken,
sucht man nach anderen Institutionen, zum Beispiel Zentralbanken, die unabhängig von
der amtierenden Regierung sind und die Marktakteure davon überzeugen sollen, dass
die Regierung ihre politische Macht nicht in dieser kurzsichtigen Weise auf Kosten der
langfristigen Preisstabilität einsetzen wird. Viele Zentralbanken in aller Welt bemühen
sich heutzutage um das Erreichen öffentlich angekündigter (niedriger) Inflationsziele. In
den Kapiteln 20 und 22 werden einige dieser Bemühungen besprochen werden.[9]

2. In der Praxis ist es manchmal schwierig zu beurteilen, ob eine volkswirtschaftliche
   Störung ihren Ursprung im Güter- oder im Vermögensmarkt hat. Dies muss eine Regierung, die den Wechselkurseffekt ihrer Politik berücksichtigt, jedoch wissen, um
   sich zwischen geld- und fiskalpolitischen Maßnahmen zu entscheiden.

3. In der Praxis werden politische Entscheidungen häufig eher von bürokratischen
   Zwängen bestimmt als von einer genauen Abwägung, ob wirtschaftliche Schocks real
   sind (d.h. ihren Ursprung im Gütermarkt haben) oder monetär bedingt. Veränderungen der Fiskalpolitik sind oft erst nach langen parlamentarischen Beratungen möglich,
   während die Geldpolitik normalerweise von der Zentralbank gemacht wird. Um ver-
   fahrenstechnische Verzögerungen zu vermeiden, reagieren Regierungen auf Störungen gern mit einer Veränderung der Geldpolitik, selbst wenn eine Umgestaltung der
   Fiskalpolitik angemessener wäre.

4. Ein weiteres Problem der Fiskalpolitik liegt in ihren Folgen für den Staatshaushalt.
   Eine Steuersenkung oder eine Ausgabenerhöhung kann zu einem Haushaltsdefizit
   führen, das früher oder später durch eine fiskalische Kehrtwende behoben werden
   muss. Leider gibt es keine Garantie dafür, dass die Regierung den politischen Willen
   haben wird, diese Maßnahmen auf den Konjunkturzyklus abzustimmen. Oftmals hat,
   wie oben angemerkt, der Zyklus der Parlamentswahlen Vorrang.

5. Politische Maßnahmen, die in unserem einfachen Modell schnell funktionieren, wirken in der Realität mit unterschiedlicher zeitlicher Verzögerung. Die Schwierigkeit,
   Umfang und Dauerhaftigkeit eines gegebenen Schocks zu bestimmen, macht es darüber hinaus schwierig, die genaue Dosis der zu verabreichenden monetären oder fiskalischen Medizin festzulegen. Diese Ungewissheiten zwingen politische Entscheidungsträger, ihr Handeln auf Prognosen und Mutmaßungen zu stützen, die womöglich
   völlig verfehlt sind.

---

[9]   Eine verständliche und ausführliche Darstellung des Inflationsbias finden Sie in Kapitel 15 von
      Andrew B. Abel und Ben S. Bernanke, *Macroeconomics*. 3. Aufl., Reading, MA: Addison-Wes-
      ley, 1985. Wie Abel und Bernanke erklären, kann das Problem des Inflationsbias auch dann auf-
      treten, wenn die Maßnahmen der Regierung nicht politisch motiviert sind. Ihr Grundgedanke
      lautet: Wenn Faktoren wie der Mindestlohn die Produktion auf ein ineffizient niedriges Niveau
      senken, kann eine expansive Geldpolitik die Beschäftigung erhöhen und damit die Volkswirt-
      schaft zu einem effizienteren Einsatz ihrer Gesamtressourcen veranlassen. Möglicherweise
      möchte eine Regierung auch nur deshalb eine bessere Ressourcenallokation herbeiführen, weil
      dies jedem Bürger ihres Landes Nutzen bringt.

16.9 Dauerhafte Veränderungen der Geld- und Fiskalpolitik

Eine dauerhafte Veränderung der Politik beeinflusst nicht nur den aktuellen Stand der politischen Instrumente des Staates (Geldmenge, öffentliche Ausgaben, Steuern), sondern auch den *langfristigen* Wechselkurs. Dies wiederum wirkt sich auf die Erwartungen hinsichtlich der zukünftigen Wechselkurse aus. Weil diese Erwartungsänderungen großen Einfluss auf den kurzfristig vorherrschenden Wechselkurs haben, zeigt eine dauerhafte Veränderung der Politik andere Wirkungen als vorübergehende Verschiebungen. In diesem Abschnitt betrachten wir die Wirkungen dauerhafter Veränderungen der Geld- und Fiskalpolitik in kurzer und in langer Frist.[10]

Um die langfristigen Effekte dieser politischen Maßnahmen durchschaubarer zu machen, nehmen wir an, dass sich die Volkswirtschaft in ihrer Ausgangslage im Gleichgewicht befindet und dass (unter der gewohnten Klausel der „ansonsten gleichen Bedingungen") die von uns untersuchten politischen Eingriffe die einzigen Veränderungen sind, die in der Volkswirtschaft eintreten. Diese Voraussetzungen bedeuten, dass zunächst Vollbeschäftigung herrscht und sich der Wechselkurs auf seinem langfristigen Niveau befindet, wobei keine Wechselkursänderungen erwartet werden. Insbesondere wissen wir, dass der Inlandszinssatz in der Ausgangslage gleich dem Auslandszinssatz, R^*, sein muss.

16.9.1 Eine dauerhafte Erhöhung der Geldmenge

Abbildung 16.14 zeigt die kurzfristigen Effekte einer ständigen Erhöhung der Geldmenge auf eine Volkswirtschaft, deren Produktionsniveau sich zunächst auf dem Vollbeschäftigungsstand, Y^f (Punkt 1), befindet. Wie wir oben sahen, verursacht selbst eine vorübergehende Erhöhung von M^S eine Verschiebung der Vermögensmarktkurve nach oben, von AA^1 nach AA^2. Aufgrund ihres bleibenden Charakters beeinflusst die Erhöhung von M^S nun aber auch den für die Zukunft erwarteten Wechselkurs: Eine ständige Erhöhung von M^S muss letztendlich auch zu einem Anstieg von E im selben Verhältnis führen. Daher führt ein Anstieg von M^S zu einem proportionalen Anstieg von E^e, dem erwarteten Wechselkurs.

Da dieser Anstieg von E^e eine *dauerhafte* Erhöhung der Geldmenge begleitet, fällt die Aufwärtsverschiebung von AA^1 nach AA^2 größer aus als im Falle einer Erhöhung gleichen Umfangs, die jedoch nur vorübergehend ist. Punkt 2 zeigt das neue kurzfristige Gleichgewicht der Volkswirtschaft. Y und E sind beide höher als im Fall einer lediglich vorübergehenden Änderung der Geldmenge. (Punkt 3 zeigt das Gleichgewicht an, das sich bei einer vorübergehenden Erhöhung von M^S ergeben könnte.)

---

[10] Vielleicht stellen Sie sich die Frage, ob eine ständige Veränderung der Fiskalpolitik immer möglich ist. Wenn eine Regierung beispielsweise bei Amtsantritt einen ausgeglichenen Haushalt vorfindet, muss dann eine expansive Fiskalpolitik nicht zu einem Defizit führen und eine spätere fiskalische Kontraktion nach sich ziehen? Anhand von Übung 3 im Anschluss an dieses Kapitel soll diese Frage beantwortet werden.

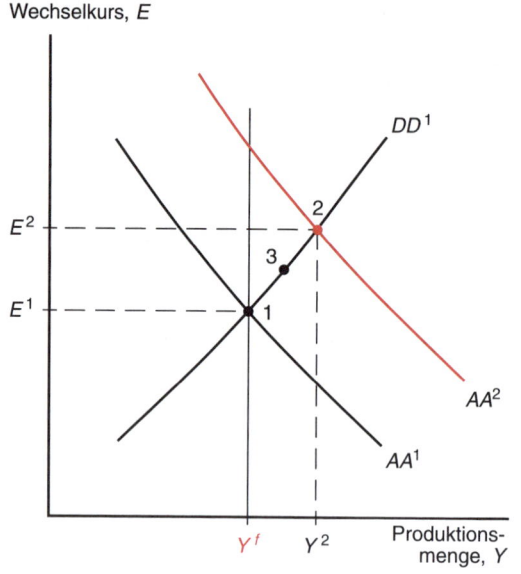

Wechselkurs, *E*

Eine ständige Erhöhung der Geldmenge, die AA^1 nach AA^2 verschiebt und die Volkswirtschaft von Punkt 1 nach Punkt 2 bewegt, hat stärkere Effekte auf den Wechselkurs und die Produktion als eine vorübergehende Erhöhung im selben Umfang. Letztere bewegt die Volkswirtschaft nur bis zu Punkt 3.

Abbildung 16.14:   **Kurzfristige Effekte einer ständigen Erhöhung der Geldmenge**

16.9.2   Anpassung an eine ständige Erhöhung der Geldmenge

Die in Abbildung 16.14 gezeigte Erhöhung der Geldmenge wird von der Zentralbank nicht rückgängig gemacht, so dass sich die Frage nach ihren *längerfristigen* Auswirkungen auf die Volkswirtschaft stellt. Im kurzfristigen Gleichgewicht, das in Abbildung 16.14 als Punkt 2 bezeichnet ist, liegt das Produktionsniveau oberhalb des Vollbeschäftigungsniveaus. Die Arbeitnehmer und die Maschinen leisten Überstunden. Da die Arbeitnehmer höhere Löhne fordern und die Produzenten zur Deckung ihrer steigenden Produktionskosten die Preise heraufsetzen, wird das Preisniveau nach oben gedrückt. Wie in Kapitel 14 gezeigt wurde, muss eine Erhöhung der Geldmenge zwar letztendlich zu einer proportionalen Erhöhung sämtlicher Geldpreise führen, hat jedoch keine bleibende Wirkung auf die Produktion, die relativen Preise oder die Zinssätze. Mit der Zeit bringt der inflationäre Druck, der sich infolge einer ständigen Geldmengenausweitung einstellt, das Preisniveau auf seinen neuen langfristigen Wert und stellt den Vollbeschäftigungszustand wieder her.

Abbildung 16.15 veranschaulicht die erneute Anpassung an die Vollbeschäftigung. Immer, wenn die Produktion oberhalb des Vollbeschäftigungsniveaus Y^f liegt und die Produktionsfaktoren überbeschäftigt sind, steigt das Preisniveau P, um mit den steigenden Produktionskosten Schritt zu halten. Die Kurven *DD* und *AA* sind hier für das konstante Preisniveau P gezeichnet, doch wie wir inzwischen wissen, werden sie bei einem Anstieg von P verschoben. Ein Anstieg von P verteuert inländische gegenüber ausländischen Gütern, hemmt Exporte und fördert Importe. Ein steigendes inländisches Preisniveau verursacht daher mit der Zeit eine Linksverschiebung von DD^1. Da ein steigendes Preisniveau mit der Zeit auch die reale Geldmenge reduziert, wandert auch AA^2 mit steigenden Preisen nach links.

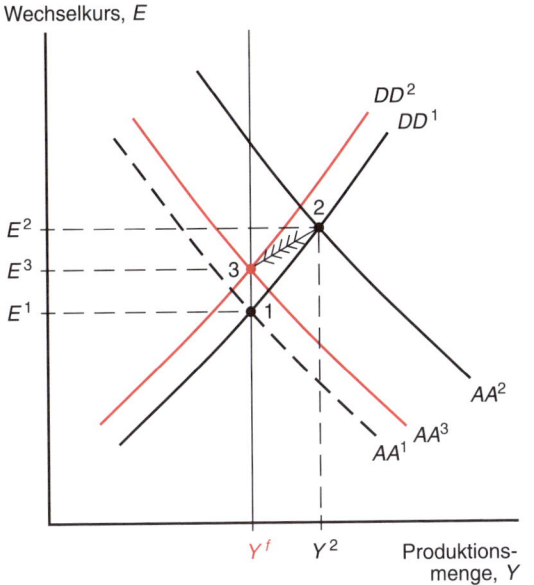

Wechselkurs, *E*

Nach einer ständigen Erhöhung der Geldmenge werden die Kurven *DD* und *AA* so lange nach links verschoben, bis sich in Punkt 3 ein neues langfristiges Gleichgewicht gebildet hat.

Abbildung 16.15:   Langfristige Anpassung an eine ständige Erhöhung der Geldmenge

Die Verschiebung der Kurven *DD* und *AA* kommt erst dann zum Stillstand, wenn sie sich bei dem Vollbeschäftigungs-Produktionsniveau Y^f schneiden. Solange die Produktionsmenge noch von Y^f abweicht, hält die Änderung des Preisniveaus und damit die Verschiebung der beiden Kurven an. Ihre Endlage wird in Abbildung 16.15 als DD^2 und AA^3 gezeigt. An ihrem Schnittpunkt, Punkt 3, sind der Wechselkurs *E* und das Preisniveau *P*, bedingt durch die Neutralität des Geldes in langer Frist, im selben Verhältnis gestiegen wie die Geldmenge. (AA^2 wird nicht ganz in ihre Ausgangslage zurückverschoben, weil E^e nach einer ständigen Erhöhung der Geldmenge auf einem höheren Niveau verbleibt: Auch E^e ist im selben Verhältnis gestiegen wie M^S.)

Beachten Sie, dass die Währung im Verlauf des Anpassungsprozesses vom ursprünglichen kurzfristigen Gleichgewicht (Punkt 2) zum langfristigen Gleichgewicht (Punkt 3) nach einer ersten schlagartigen Abwertung (von E^1 auf E^2) wieder aufgewertet (von E^2 auf E^3). Dieses Verhalten des Wechselkurses ist ein Beispiel für das in Kapitel 14 besprochene Phänomen des *Überschießens*: Die unmittelbare Reaktion des Wechselkurses auf eine gegebene Veränderung ist ausgeprägter als die langfristige Reaktion.[11]

Anhand unserer bisherigen Erkenntnisse kann die angemessene politische Reaktion auf eine ständige monetäre Störung benannt werden. Eine ständige Steigerung der Geldnachfrage kann beispielsweise durch eine entsprechende ständige Erhöhung der Geldmenge ausgeglichen werden. Eine solche politische Maßnahme wahrt die Vollbeschäftigung. Weil jedoch im Falle ihres Ausbleibens das Preisniveau sinken würde, zieht sie keine

---

[11] In dem in Abbildung 16.15 gezeigten Fall kommt es zwar zu einem unmittelbaren Überschießen des Wechselkurses, doch dieses muss nicht unter allen Umständen eintreten.

beschleunigte Inflation nach sich. Die Geldmengenausweitung kann die Volkswirtschaft direkt in ihren langfristigen Vollbeschäftigungszustand versetzen. Beachten Sie jedoch, dass es in der Praxis schwierig ist, die Ursache oder Dauerhaftigkeit eines gegebenen wirtschaftlichen Schocks zu diagnostizieren.

16.9.3   Eine ständige fiskalische Expansion

Eine ständige fiskalische Expansion hat nicht nur einen unmittelbaren Effekt auf den Gütermarkt, sondern wirkt vermittels ihres Einflusses auf die langfristigen Wechselkurserwartungen auch auf die Vermögensmärkte ein.

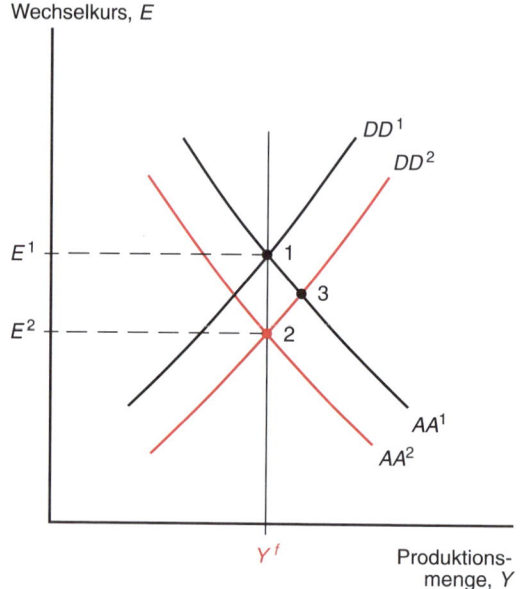

Da eine ständige fiskalische Expansion die Wechselkurserwartungen ändert, verschiebt sie AA^1 nach links und DD^1 nach rechts. Der Effekt auf die Produktion (Punkt 2) ist null, wenn sich die Volkswirtschaft anfänglich im langfristigen Gleichgewicht befindet. Infolge einer vergleichbaren *vorübergehenden* fiskalischen Expansion würde die Volkswirtschaft hingegen nach Punkt 3 wandern.

Abbildung 16.16: **Effekte einer ständigen fiskalischen Expansion, die den Kapitalstock verändert**

Abbildung 16.16 zeigt die kurzfristigen Effekte einer Entscheidung der Regierung, künftig jedes Jahr zusätzlich 5 Milliarden Dollar für die Weltraumfahrt auszugeben. Wie oben besteht der unmittelbare Effekt dieser gesteigerten staatlichen Nachfrage nach inländischen Gütern und Dienstleistungen in einer Rechtsverschiebung von DD^1 nach DD^2. Weil es sich jedoch in diesem Fall um eine ständige Steigerung der staatlichen Nachfrage nach inländischen Gütern und Dienstleistungen handelt, zieht sie, wie in Kapitel 15 erläutert, eine langfristige Aufwertung der Währung nach sich. Das dadurch bedingte Sinken von E^e verschiebt die Vermögensmarktkurve AA^1 abwärts nach AA^2. Punkt 2, der Schnittpunkt der neuen Kurven DD^2 und AA^2, zeigt das kurzfristige Gleichgewicht der Volkswirtschaft an. An diesem Punkt hat die Währung ausgehend von ihrem ursprünglichen Niveau auf E^2 aufgewertet, während die Produktion unverändert bei Y^f verbleibt.

Abbildung 16.16 illustriert einen wichtigen Befund: Die durch veränderte Wechselkurserwartungen bedingte zusätzliche Währungsaufwertung, die im Fall einer ständigen fiskalischen Expansion eintritt, vermindert die expansive Wirkung dieser fiskalpolitischen Maßnahme auf die Produktion. Ohne diesen zusätzlichen Erwartungseffekt, der auf die Dauerhaftigkeit der fiskalischen Änderung zurückzuführen ist, würde das Gleichgewicht zunächst in Punkt 3 liegen, der eine stärkere Produktionsausdehnung und eine geringere Aufwertung anzeigt. Je ausgeprägter die Abwärtsverschiebung der Vermögensmarktkurve, desto größer die Aufwertung der Währung. Diese Aufwertung „verdrängt" die gesamtwirtschaftliche Nachfrage nach inländischen Produkten, indem sie diese gegenüber ausländischen Produkten verteuert.

Abbildung 16.16 zeigt einen Fall, in dem die fiskalische Expansion, vielleicht im Gegensatz zu Ihren Erwartungen, keinen Einfluss auf die Produktion hat. Dies ist allerdings kein Sonderfall. Unter den von uns angenommenen Voraussetzungen ist er sogar unvermeidlich. Die Begründung hierfür soll nun in fünf Schritten erfolgen. Wenn Sie diese sorgfältig nachvollziehen, festigen Sie Ihr Verständnis des bisherigen Lehrstoffs.

1. Vergegenwärtigen Sie sich (vielleicht anhand von Kapitel 14) als Erstes nochmals, dass die fiskalische Expansion keine Wirkung auf das langfristige Preisniveau entfalten kann, weil sie weder die langfristige Geldmenge, M^S, noch den langfristigen Inlandszinssatz (der gleich dem Auslandszinssatz ist) noch das Produktionsniveau, Y^f, beeinflusst.

2. Rufen Sie sich unsere Annahme ins Gedächtnis zurück, dass in der Ausgangslage, dem langfristigen Gleichgewicht der Volkswirtschaft, der Inlandszinssatz R gleich dem Auslandszinssatz $R*$ ist, und die Produktion gleich Y^f. Beachten Sie außerdem, dass die fiskalische Expansion die reale Geldmenge, M^S/P, in kurzer Frist unberührt lässt (weder Zähler noch Nenner ändern sich).

3. Nehmen Sie nun im Gegensatz zu der in Abbildung 16.16 gezeigten Situation an, dass die Produktion doch über Y^f ansteigt. Da sich (Schritt 2) M^S/P in kurzer Frist nicht ändert, müsste in diesem Fall der Inlandszinssatz, R, über sein Ausgangsniveau von $R*$ steigen, um den Geldmarkt im Gleichgewicht zu halten. Da der Auslandszinssatz aber bei $R*$ verbleibt, impliziert jede Erhöhung von Y über Y^f hinaus eine erwartete *Abwertung* der Inlandswährung (vermittels der Zinsparität).

4. Doch diese Schlussfolgerung kann eigentlich nicht zutreffen: Wir wissen bereits (aus Schritt 1), dass das langfristige Preisniveau von der fiskalischen Expansion unberührt bleibt. Folglich stellen sich die durch eine veränderte Politik hervorgerufenen Erwartungen einer nominalen Abwertung der Inlandswährung nur dann ein, wenn während der Rückkehr der Volkswirtschaft zu ihrem langfristigen Gleichgewicht eine *reale* Abwertung der Währung stattfindet. Eine solche reale Abwertung, die inländische Produkte verhältnismäßig billig macht, würde aber die von uns angenommene Ausgangslage der Überbeschäftigung noch verschlimmern und somit eine Rückkehr der Produktion auf den Stand Y^f verhindern.

5. Dieser augenfällige Widerspruch löst sich nur dann auf, wenn die Produktion nach der fiskalpolitischen Maßnahme *nicht* zunimmt. Die einzig logische Möglichkeit besteht darin, das die Währung sofort auf ihren neuen langfristigen Stand aufwertet. Diese Aufwertung verringert die Nettoexportnachfrage um gerade so viel, dass die Produktion trotz der Erhöhung von G auf Vollbeschäftigungsniveau bleibt.

Beachten Sie, dass die Wechselkursänderung, die eine Räumung des Gütermarkts bei Vollbeschäftigung ermöglicht, auch das Gleichgewicht der Vermögensmärkte wahrt. Da sich der Wechselkurs schlagartig auf seinen neuen langfristigen Wert erhöht hat, bleibt R gleich $R*$. Wenn die Produktion allerdings ebenfalls bei Y^f verbleibt, ist die Bedingung für das langfristige Geldmarktgleichgewicht, $M^S/P = L(R*,Y^f)$, weiterhin, wie vor der fiskalpolitischen Maßnahme, erfüllt. Unsere Argumentation bleibt also schlüssig: Die Währungsaufwertung, die durch eine ständige fiskalische Expansion ausgelöst wird, bringt sowohl die Vermögensmärkte als auch den Gütermarkt unmittelbar in ihre langfristige Gleichgewichtslage.

Daraus schließen wir: *Wenn sich die Volkswirtschaft in ihrer Ausgangslage im langfristigen Gleichgewicht befindet, hat eine ständige Änderung der Fiskalpolitik keinen Nettoeffekt auf die Produktion. Stattdessen verursacht sie eine unmittelbare und ständige schlagartige Wechselkursänderung, die den direkten Effekt der Fiskalpolitik auf die gesamtwirtschaftliche Nachfrage genau ausgleicht.*

Der im folgenden Textkasten beschriebene Fall zeigt beispielhaft, wie sich durch fiskalpolitische Maßnahmen hervorgerufene Wechselkurserwartungen auf eine Volkswirtschaft auswirken können.

Beispiel 16.1: Der Wechselkurs des Dollars und der Wachstumseinbruch der USA in den Jahren 2000 und 2001

Die lang andauernde wirtschaftliche Expansion der USA während der 1990er Jahre endete im Herbst 2000, als ein starker Rückgang der Industrieproduktion einsetzte. Die Federal Reserve, die zuvor die Zinssätze heraufgesetzt hatte, um der Inflation entgegenzuwirken, vollzog einen abrupten Kurswechsel. Zwischen Januar und November 2001 senkte die Fed die Zielvorgabe für den Tagesgeldsatz (der Zinssatz, zu dem die Banken sich gegenseitig Kredite gewähren, die innerhalb von 24 Stunden zurückgezahlt werden müssen) von 6,5 auf 2 Prozent.

Da die gesamtwirtschaftliche Nachfrage nach Gütern aus den USA und die Zinssätze gleichzeitig fielen, schien eine Abwertung des Dollars zunächst unvermeidlich. Dennoch trat sie nicht ein. Wie die unten stehende Abbildung zeigt, sackte der Dollar, der vor dem Konjunkturabschwung ständig aufgewertet hatte, im Anschluss an die Zinssenkung zunächst tatsächlich ab, kehrte dann aber Anfang 2001 zu seiner Aufwertungstendenz zurück. (Die Abbildung zeigt den durchschnittlichen Wechselkurs des Dollars gegenüber einer Gruppe wichtiger Weltwährungen abweichend von unserer bisherigen Praxis in einer Mengennotierung, sodass eine Erhöhung dieses Werts eine Aufwertung anzeigt.) Die unerwartete Stärkung des Dollars schwächte die Nachfrage nach US-Produkten zusätzlich ab, während der Produktionsausstoß ohnehin zurückging.

Im Rahmen unseres Modells kann die Aufwertung des Dollars nur durch eine gleichzeitig einsetzende, bedeutende Aufwertungserwartung für die Zukunft erklärt werden. In diese Richtung weisen zumindest zwei Faktoren. Erstens hatte George W. Bush in seinem Wahlprogramm, mit dem er die Präsidentenwahlen des Jahres 2000 knapp gewann, umfangreiche Steuersenkungen versprochen. Die Erwartung einer bevorstehenden fiskalischen Expansion war daher ein Faktor für den Anstieg des Dollarkurses. Zweitens hatte die Volkswirtschaft der USA während der 1990er Jahre das weltweit dynamischste Wachstum durchgemacht, und daher verdüsterten sich mit der Verschlechterung ihrer konjunkturellen Lage gleichermaßen die Aussichten auf der ganzen Welt. Ein leitender Regierungsbeamter, der für Investitionen zuständig war, fasste dies gegenüber der Zeitung *New York Times* in die Worte: „Im Ausland weiß man, dass Schwierigkeiten der USA noch schlimmere Schwierigkeiten für die dortigen Volkswirtschaften nach sich ziehen, denn die USA sind die Lokomotive des weltweiten Wirtschaftswachstums. Wer Dollars hält, ist auf der sichersten Seite."*

Im August 2001 sank der Dollar bereits wieder, doch die Terroranschläge auf New York und Washington vom September 2001 lösten trotz einer weiteren Zinssenkung der Fed eine Aufwertung aus. Die beiden Faktoren, die Einfluss auf die Wechselkurserwartungen ausübten, waren im Wesentlichen dieselben wie zu Beginn von Präsident Bushs Amtszeit neun Monate zuvor. Man wusste, dass die militärische und sicherheitspolitische Reaktion auf den Angriff mit einer großen fiskalischen Expansion einhergehen würde. Darüber hinaus war den Märkten klar, dass der Angriff zwar die USA getroffen hatte, die übrigen großen Industrienationen jedoch noch weitaus anfälliger für Störungen waren.

*Siehe „A Strong Dollar Clouds Prospects for Quick Rebound", in: *New York Times*, 8. Juli 2001, S. 1.

16.10 Makroökonomische Politik und Leistungsbilanz

Politische Entscheidungsträger blicken oft besorgt auf den Stand der Leistungsbilanz. Wie wir in Kapitel 18 im Einzelnen ausführen werden, kann eine starke Unausgeglichenheit der Leistungsbilanz – ein Überschuss oder ein Defizit – unerwünschte langfristige Nebenwirkungen auf die nationale Wohlfahrt mit sich bringen. Infolge eines ausgeprägtes Missverhältnis in den Handelsbeziehungen mit dem Ausland kann die Regierung unter politischen Druck geraten, Handelsbeschränkungen einzuführen. Daher ist es wichtig zu wissen, wie sich geld- und fiskalpolitische Maßnahmen, die innenpolitischen Zielen dienen sollen, auf die Leistungsbilanz auswirken.

Abbildung 16.17 zeigt, wie das *DD-AA*-Modell erweitert werden kann, um die Wirkungen makroökonomischer Eingriffe der Politik auf die Leistungsbilanz abzubilden. Neben *DD* und *AA* enthält diese Abbildung eine weitere Kurve, die als *XX* bezeichnet ist. Sie zeigt diejenigen Kombinationen von Wechselkurs und Produktionsmenge, bei denen die Leistungsbilanz einem angestrebten Niveau entspricht, beispielsweise *NX(EP*/P, Y – T) = X*. Die Kurve zeigt einen steigenden Verlauf, weil bei ansonsten gleichen Bedingungen eine Ausdehnung der Produktion, die nicht von einer Währungsabwertung begleitet ist, Ausgaben für Importe fördert und dadurch die Leistungsbilanz verschlechtert. Da *NX* von der Zielgröße *X* abweichen kann, muss das kurzfristige Gleichgewicht der Volkswirtschaft *nicht unbedingt* auf der *XX*-Kurve liegen.

Das wichtigste Merkmal von Abbildung 16.17 besteht darin, dass *XX* einen *flacheren* Verlauf aufweist als *DD*. Der Grund erschließt sich anhand der Frage, wie sich die Leistungsbilanz ändert, wenn man von Punkt 1 aus, in dem sich alle drei Kurven schneiden, dem Verlauf der *DD*-Kurve nach oben folgt. (In diesem Ausgangspunkt ist *NX = X*.) Mit jedem höheren Punkt auf *DD* steigt *Y*, sodass die *Inlands*nachfrage nach inländischen Produkten in geringerem Maße zunimmt als die Produktion selbst (da ein Teil des Einkommens gespart wird und einige Ausgaben auf Importe entfallen). Allerdings muss für jeden Punkt auf *DD* die *gesamtwirtschaftliche Nachfrage gleich dem Gesamtangebot sein*. Um einen Angebotsüberschuss an inländischen Produkten zu verhindern, muss *E* daher während des gesamten Verlaufs von *DD* stark ansteigen, weil nur dann die Exportnachfrage schneller zunimmt als die Importe. Mit anderen Worten, die Nettoauslandsnachfrage – der Leistungsbilanzsaldo – muss parallel zu der Produktionsausdehnung entlang *DD* genügend steigen, um die infolge des inländischen Sparens verbliebene Restproduktion zu absorbieren. Rechts von Punkt 1, wo *NX > X*, liegt *DD* folglich oberhalb der *XX*-Kurve. Entsprechende Überlegungen zeigen, weshalb links von Punkt 1 (wo *NX < X*) *DD* unterhalb der *XX*-Kurve liegt.

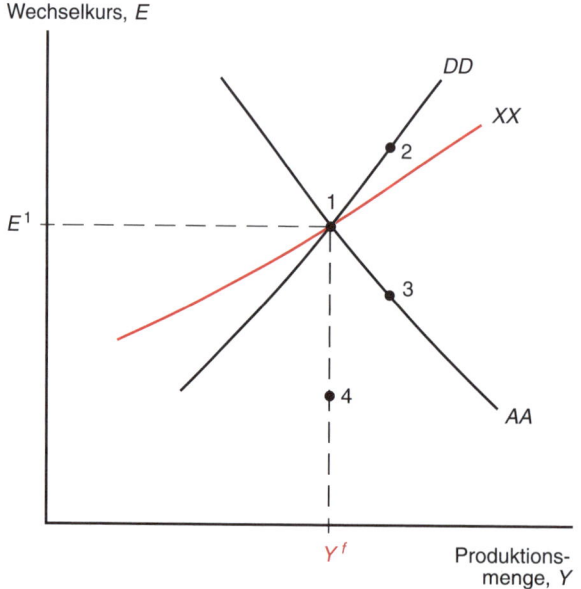

Wechselkurs, *E*

Entlang der *XX*-Kurve befindet sich der Leistungsbilanzsaldo konstant auf dem Zielniveau *NX = X*. Eine Geldmengenausweitung verschiebt die Volkswirtschaft nach Punkt 2 und hebt damit die Leistungsbilanz. Eine vorübergehende fiskalische Expansion verschiebt die Volkswirtschaft nach Punkt 3, eine ständige fiskalische Expansion nach Punkt 4. In beiden Fällen sinkt die Leistungsbilanz.

Abbildung 16.17: **Die Wirkung makroökonomischer politischer Maßnahmen auf die Leistungsbilanz**

Nun können wir die Effekte makroökonomischer politischer Maßnahmen auf die Leistungsbilanz untersuchen. Wie oben gezeigt, verschiebt eine Erhöhung der Geldmenge beispielsweise die Lage der Volkswirtschaft nach Punkt 2, indem sie die Produktion steigert und die Währung abwertet. Da Punkt 2 oberhalb von *XX* liegt, hat sich die Leistungsbilanz infolge dieses politischen Eingriffs verbessert. *Eine expansive Geldpolitik führt in kurzer Frist zu einer Vergrößerung des Leistungsbilanzsaldos.*

Betrachten wir als Nächstes eine vorübergehende fiskalische Expansion. Eine solche Maßnahme verschiebt *DD* nach rechts und die Lage der Volkswirtschaft nach Punkt 3 unserer Abbildung. Da die Währung aufwertet und das Nationaleinkommen steigt, verschlechtert sich die Leistungsbilanz. Eine ständige fiskalische Expansion verschiebt darüber hinaus *AA* nach links, sodass in Punkt 4 ein neues Gleichgewicht entsteht. Punkt 4 liegt ebenso wie Punkt 3 unterhalb von *XX*, sodass sich die Leistungsbilanz auch in diesem Fall verschlechtert. *Eine expansive Fiskalpolitik vermindert den Leistungsbilanzsaldo.*

16.11 Allmähliche Anpassung der Handelsströme und die Dynamik der Leistungsbilanz

Eine wichtige Annahme, die dem *DD-AA*-Modell zugrunde liegt, besteht darin, dass bei ansonsten gleichen Bedingungen eine reale Abwertung der Inlandswährung die Leistungsbilanz unmittelbar verbessert, während eine reale Aufwertung sie unmittelbar verschlechtert. In Wirklichkeit gestaltet sich das Verhalten der zugrunde liegenden Handelsströme weitaus komplexer als bisher angenommen. Es beinhaltet – auf der Angebots- und der Nachfrageseite – dynamische Elemente, aufgrund derer sich die Leistungsbilanz nur allmählich an Wechselkursänderungen anpasst. In diesem Abschnitt werden einige dieser dynamischen Faktoren vorgestellt, die für die Erklärung der tatsächlichen Muster der Leistungsbilanzanpassung eine wichtige Rolle spielen. Wir zeigen auf, wie ihre Wirkung die Prognosen unseres Modells beeinflusst.

16.11.1 Die J-Kurve

Manchmal ist zu beobachten, dass sich im Gegensatz zu den Annahmen, die wir bei der Herleitung der *DD*-Kurve zugrunde legten, die Leistungsbilanz eines Landes unmittelbar nach einer realen Währungsabwertung verschlechtert und erst einige Monate später zu verbessern beginnt. Wenn sich die Leistungsbilanz nach einer Abwertung zunächst verschlechtert, nimmt der erste Abschnitt ihres Zeitpfads die in Abbildung 16.18 gezeigte Form an, die an ein J erinnert. Er wird daher als **J-Kurve** bezeichnet.

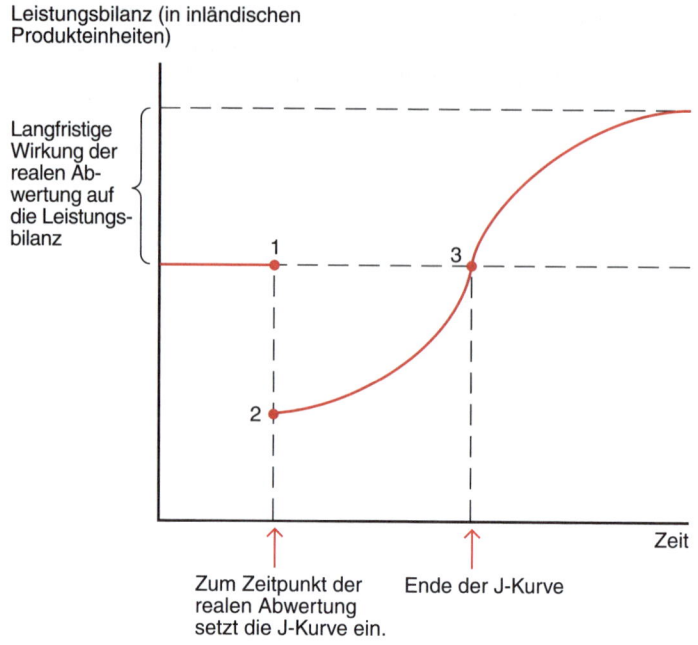

Leistungsbilanz (in inländischen
Produkteinheiten)

Die J-Kurve bildet
die zeitliche Verzö-
gerung ab, mit der
eine reale Wäh-
rungsabwertung die
Leistungsbilanz ver-
bessert.

Langfristige
Wirkung der
realen Ab-
wertung auf
die Leistungs-
bilanz

1

3

2

Zeit

Zum Zeitpunkt der
realen Abwertung
setzt die J-Kurve ein.

Ende der J-Kurve

Abbildung 16.18: Die J-Kurve

Die Leistungsbilanz, gemessen in inländischen Produktionseinheiten, kann sich direkt nach einer realen Währungsabwertung deutlich verschlechtern (angezeigt durch das Sinken von Punkt 1 nach Punkt 2), weil die meisten Importe und Exporte mehrere Monate im Voraus in Auftrag gegeben werden. In den ersten paar Monaten nach der Abwertung widerspiegelt die Export- und Importmenge daher bisweilen noch Entscheidungen, die auf der Grundlage des alten Wechselkurses getroffen worden waren: Der primäre Effekt der Abwertung besteht darin, den Wert der bereits in Auftrag gegebenen Importmenge gemessen in inländischen Produkteinheiten zu erhöhen. Da die Exporte, in inländischen Produktionseinheiten gemessen, unverändert bleiben, während die in gleichen realen Einheiten gemessenen Importe zunehmen, kommt es zu dem gezeigten unmittelbaren Abfall der Leistungsbilanz.

Selbst nach der Erfüllung der alten Export- und Importaufträge dauert es noch eine Weile, bis sich die neuen Lieferungen vollständig an die Veränderung der relativen Preise angepasst haben. Im Bereich der Produktion müssen die Hersteller manchmal zusätzliche Betriebsstätten errichten, Maschinen anschaffen oder Arbeitskräfte einstellen. Insoweit die Importe aus Vorprodukten bestehen, die in der inländischen Produktion eingesetzt werden, vollzieht sich die Importanpassung ebenfalls nur schrittweise. Die Importeure müssen sich erst auf die neuen Produktionstechniken einstellen, die Vorprodukte einsparen. Auch auf der Seite des Konsums gibt es Verzögerungen. Um beispielsweise den ausländischen Konsum inländischer Exporte deutlich zu steigern, müssen womöglich zunächst im Ausland unter hohem Zeitaufwand neue Vertriebsnetze aufgebaut werden.

Infolge dieser Verzögerungen der Anpassung verbessert sich die Leistungsbilanz nur allmählich, wie in Abbildung 16.18 mit der Wanderung von Punkt 1 nach Punkt 3 gezeigt. Erst wenn Punkt 3 überschritten ist, steigt die Leistungsbilanz über das vor der Abwertung herrschende Niveau. Sobald die Erhöhung der Leistungsbilanz zum Stillstand kommt, ist die Anpassung an die reale Abwertung abgeschlossen.

Die empirischen Daten zeigen, dass die J-Kurve in den meisten Industrieländern eine Zeitspanne von 6 bis 12 Monaten umfasst. Punkt 3 der Abbildung wird also normalerweise innerhalb eines Jahres nach der realen Abwertung erreicht, und im Anschluss daran setzt sich die Verbesserung der Leistungsbilanz fort.[12]

Die Existenz eines ausgeprägten J-Kurven-Effekts zwingt uns, einige unserer bisherigen Prognosen zumindest für die kurze Frist von einem Jahr oder weniger zu modifizieren. Beispielsweise kann eine Geldmengenausweitung die Produktion zunächst drosseln, indem sie eine Abwertung der Inlandswährung auslöst. In diesem Fall kann es einige Zeit dauern, bevor eine Erhöhung der Geldmenge in eine verbesserte Leistungsbilanz und damit eine höhere gesamtwirtschaftliche Nachfrage mündet.

Wenn die politische Maßnahme einer Geldmengenausweitung die Produktion in kurzer Frist drosselt, wird der inländische Geldmarkt nur dann geräumt, wenn der Inlandszinssatz über das normale Maß hinaus sinkt. Entsprechend stärker fällt das Überschießen des Wechselkurses aus, denn nur so kann die für die Zukunft erwartete Aufwertung der Inlandswährung so hochgetrieben werden, dass das Gleichgewicht auf dem Devisenmarkt gewährleistet bleibt. Die J-Kurve bildet eine zusätzliche Ursache für das Überschießen und verstärkt somit die Volatilität der Wechselkurse.

16.11.2 Wechselkurs-Preis-Zusammenhang und Inflation

Unsere Ausführungen über die Bestimmung der Leistungsbilanz im *DD-AA*-Modell gingen davon aus, dass Änderungen des nominalen Wechselkurses in kurzer Frist zu proportionalen Änderungen der realen Wechselkurse führen. Da sich im *DD-AA*-Modell die nominalen Güterpreise P und P^* nicht sprunghaft verändern können, sind Veränderungen des realen Wechselkurses, $q = EP^*/P$, in kurzer Frist gleich den Veränderungen des nominalen Wechselkurses E. In der Praxis decken sich die realen und nominalen Wechselkursänderungen selbst in kurzer Frist zwar annähernd, aber durchaus nicht vollständig. Um die Wirkung nominaler Wechselkursänderungen auf die Leistungsbilanz in kurzer Frist in allen Aspekten zu verstehen, müssen wir den Zusammenhang zwischen dem nominalen Wechselkurs und den Import- und Exportpreisen genauer untersuchen.

Der Preis ausländischer Güter in Inlandswährung ist das Produkt aus dem Wechselkurs und ihrem Preis in Auslandswährung bzw. EP^*. Bisher sind wir davon ausgegangen, dass, beispielsweise, P bei einem Anstieg von E fix bleibt, sodass der Preis importierter Güter in Inlandswährung im selben Verhältnis steigt wie E. Der Prozentsatz, um den die Importpreise bei einer einprozentigen Abwertung der Inlandswährung steigen, wird als

---

[12] Siehe die Ausführungen zu Tabelle 16III.1 in Anhang III zu Kapitel 16.

Wechselkurs-Preis-Zusammenhang bezeichnet. In der von uns betrachteten Version des *DD-AA*-Modells nimmt er den Wert 1 an. Jede Wechselkursänderung wirkt sich in vollem Umfang auf die Importpreise aus.

Im Gegensatz zu dieser Annahme kann der Wechselkurs-Preis-Zusammenhang allerdings auch eingeschränkt sein. Ein möglicher Grund für eine solche Einschränkung sind international segmentierte Märkte. Der damit verbundene unvollständige Wettbewerb ermöglicht den Unternehmen eine marktbezogene Preisfestsetzung, bei der sie für dasselbe Produkt in verschiedenen Ländern unterschiedliche Preise verlangen (siehe Kapitel 15). Wenn beispielsweise ein großes ausländisches Unternehmen, das Automobile in die USA liefert, außerordentlich um den Erhalt seiner Marktanteile besorgt ist, wird es vielleicht bei einer Abwertung des Dollars um 10 Prozent seine Preise in den USA nicht sofort um 10 Prozent erhöhen und zunächst in Kauf nehmen, dass seine Einnahmen aus dem Absatz in den USA gemessen in seiner eigenen Landeswährung sinken. Entsprechend sieht das Unternehmen bei einer Aufwertung des Dollars um 10 Prozent vielleicht zunächst davon ab, seine Preise in den USA im selben Verhältnis zu senken, weil es dadurch höhere Gewinne machen kann, ohne unmittelbar Ressourcen für zusätzliche Lieferungen in die USA aufzuwenden. In beiden Fällen wartet das Unternehmen ab, ob sich die Wechselkursänderung als dauerhaft erweist, bevor es sich auf Preis- und Produktionsänderungen einlässt, die nur zu hohen Kosten wieder rückgängig gemacht werden können. In der Praxis steigen im ersten Jahr nach einer typischen Dollarabwertung die Preise vieler Importgüter in den USA nur um rund die Hälfte der Abwertungsrate.

Während sich eine ständige Änderung des nominalen Wechselkurses in langer Frist also vollständig in den Importpreisen niederschlägt, kann der Wechselkurs-Preis-Zusammenhang in kurzer Frist einen weitaus geringeren Wert als 1 annehmen. Diese unvollständige Übertragung wirkt sich allerdings in komplizierter Weise auf die Anpassung der Leistungsbilanz aus. Auf der einen Seite wird der kurzfristige J-Kurven-Effekt einer nominalen Wechselkursänderung durch die geringe Reaktionsfähigkeit der Importpreise auf den Wechselkurs gedämpft. Auf der anderen Seite bedeutet ein eingeschränkter Wechselkurs-Preis-Zusammenhang, dass die Änderungsrate der relativen Preise, die das Handelsvolumen bestimmen, hinter derjenigen der Wechselkurse zurückbleibt. Die verzögerte Anpassung der relativen Preise wird wiederum von einer langsamen Anpassung des Handelsvolumens begleitet sein.

Beachten Sie außerdem, dass der Zusammenhang zwischen nominalem und realem Wechselkurs überdies durch die Reaktionen der *Inlands*preise abgeschwächt werden kann. In Volkswirtschaften mit hohen Inflationsraten ist es zum Beispiel schwierig, den realen Wechselkurs EP^*/P durch eine bloße Änderung des nominalen Kurses E zu beeinflussen, denn die dadurch bewirkte Steigerung der gesamtwirtschaftlichen Nachfrage beschleunigt sofort die inländische Inflation, die wiederum P in die Höhe treibt. In dem Maße, in dem nach einer Währungsabwertung die Exportpreise eines Landes steigen, verflüchtigt sich jede günstige Wirkung auf seine Wettbewerbsposition auf den Weltmärkten. Solche Exportpreiserhöhungen können allerdings ebenso wie ein eingeschränkter Wechselkurs-Preis-Zusammenhang den J-Kurven-Effekt abschwächen.

Zusammenfassung

1. Die *gesamtwirtschaftliche Nachfrage* (oder *Gesamtnachfrage*) nach der Produktion einer offenen Volkswirtschaft setzt sich aus vier Komponenten zusammen, die den vier Komponenten des BNE entsprechen: Konsumnachfrage, Investitionsnachfrage, Nachfrage der öffentlichen Haushalte und Leistungsbilanz (Nettoexportnachfrage). Ein wichtiger Bestimmungsfaktor der Leistungsbilanz ist der reale Wechselkurs, d.h. das Verhältnis des (in Inlandswährung gemessenen) ausländischen Preisniveaus zum inländischen Preisniveau.

2. Die Produktionsmenge wird in kurzer Frist durch die Gleichheit von Gesamtnachfrage und Gesamtangebot bestimmt. Wenn die gesamtwirtschaftliche Nachfrage die Produktion übersteigt, dehnen die Unternehmen die Produktion aus, um einer unfreiwilligen Räumung ihrer Lager vorzubeugen. Wenn die gesamtwirtschaftliche Nachfrage hinter der Produktion zurückbleibt, verringern die Unternehmen die Produktion, um eine unfreiwillige Vergrößerung ihrer Lagerbestände zu verhindern.

3. Das kurzfristige Gleichgewicht der Volkswirtschaft liegt bei dem Wechselkurs und Produktionsniveau, zu denen die Gesamtnachfrage gleich dem Gesamtangebot ist und sich die Vermögensmärkte ebenfalls im Gleichgewicht befinden. Preisniveau, Wechselkurserwartungen und die konjunkturelle Lage im Ausland werden dabei als gegeben vorausgesetzt. In einem Schaubild, auf dessen Achsen der Wechselkurs und die reale Produktionsmenge abgetragen sind, liegt das kurzfristige Gleichgewicht im Schnittpunkt der aufsteigende *DD*-Kurve, entlang derer die Gütermärkte geräumt werden, und der abfallenden *AA*-Kurve, entlang derer die Vermögensmärkte geräumt werden.

4. Eine vorübergehende Erhöhung der Geldmenge, die den langfristigen erwarteten Wechselkurs nicht ändert, bewirkt eine Abwertung der Währung und eine Ausdehnung der Produktion. Eine vorübergehende fiskalische Expansion führt ebenfalls zu einer Produktionsausdehnung, verursacht jedoch eine Aufwertung der Währung. Mit *geldpolitischen* und *fiskalpolitischen* Maßnahmen kann eine Regierung die Folgen wirtschaftlicher Störungen für Produktion und Beschäftigung bekämpfen.

5. Ständige Veränderungen der Geldmenge, die den langfristigen erwarteten Wechselkurs unberührt lassen, führen zu ausgeprägteren Wechselkursänderungen und haben daher stärkere kurzfristige Effekte auf die Produktion als vorübergehende Geldmengenänderungen. Bei Vollbeschäftigung führt eine ständige Erhöhung der Geldmenge zu einem erhöhten Preisniveau, das schließlich den Effekt einer ursprünglichen Abwertung des nominalen Wechselkurses auf den realen Wechselkurses umkehrt. In langer Frist kehrt die Produktion auf ihr Ausgangsniveau zurück und sämtliche Geldpreise steigen im selben Verhältnis wie die Geldmenge.

6. Da eine ständige fiskalische Expansion die Wechselkurserwartung für die lange Frist ändert, bewirkt sie eine stärkere Aufwertung der Währung als eine vorübergehende fiskalische Expansion in selber Höhe. Wenn sich die Volkswirtschaft in der Ausgangslage im langfristigen Gleichgewicht befindet, verteuert die zusätzliche Aufwertung inländische Güter und Dienstleistungen in einem solchen Maße, dass die daraus folgende „Verdrängung" der Nettoexportnachfrage den Effekt dieser politischen Maßnahme auf Produktion und Beschäftigung aufhebt. In diesem Fall zeigt eine ständige fiskalische Expansion nicht die geringste expansive Wirkung.

7. Die Fähigkeit einer Regierung, die Konjunktur zu beleben, setzt sie der Versuchung aus, wirtschaftspolitische Maßnahmen im Interesse kurzfristige politischer Ziele zu missbrauchen und damit einen Inflationsbias auszulösen. Die Verhinderung eines solchen Verhaltens stellt ein großes praktisches Problem dar. Weitere praktische Probleme ergeben sich daraus, dass die Ursachen und die Dauer ökonomischer Veränderungen schwer zu bestimmen sind und dass einmal beschlossene politische Maßnahmen erst mit zeitlicher Verzögerung umgesetzt werden können.

8. Wenn sich die Exporte und Importe allmählich an reale Wechselkursänderungen anpassen, verläuft die Leistungsbilanz im Anschluss an eine reale Währungsabwertung bisweilen nach dem Muster der J-Kurve: zunächst verschlechtert sich die Leistungsbilanz, um sich dann erst zu verbessern. Bei Vorliegen einer solchen J-Kurve kann eine Währungsabwertung das Produktionsniveau zunächst senken, was das Überschießen des Wechselkurses zusätzlich verstärkt. Neben inländischen Preiserhöhungen kann hingegen ein eingeschränkter Wechselkurs-Preis-Zusammenhang den Effekt einer Änderung des nominalen Wechselkurses auf den realen Wechselkurs abschwächen.

Schlüsselbegriffe

Übungen

1. Wie verändert sich die *DD*-Kurve bei einem Rückgang der Investitionsnachfrage?

2. Nehmen Sie an, die Regierung verhängt einen Zoll auf sämtliche Importe. Analysieren Sie anhand des *DD-AA*-Modells die Wirkungen einer solchen Maßnahme auf die Volkswirtschaft. Untersuchen Sie dabei sowohl den Fall vorübergehender als auch den Fall ständiger Zölle.

3. Der Kongress verabschiede einen Verfassungszusatz, wonach die Regierung der USA ständig einen ausgeglichenen Staatshaushalt aufrechterhalten muss. Wenn die Regierung also die Staatsausgaben erhöhen möchte, muss sie in selber Höhe die Steuern heraufsetzen, sodass G stets gleich T ist. Bedeutet der neue Verfassungszusatz, dass die Regierung keine fiskalpolitischen Maßnahmen mehr ergreifen kann, um Einfluss auf Beschäftigung und Produktion zu nehmen? (Hinweis: Analysieren Sie eine Erhöhung der Staatsausgaben im Zusammenhang mit einem „ausgeglichenen Haushalt", d.h. bei einer gleichzeitigen Steuererhöhung.)

4. Die private Gesamtnachfrage nach der Produktion eines Landes erfahre einen ständigen Rückgang (die gesamtwirtschaftliche Nachfragekurve verschiebt sich nach unten). Wie wirkt sich dies auf die Produktion aus? Welche politischen Maßnahmen würden Sie der Regierung empfehlen?

5. Wie wirkt sich eine ständige Steuersenkung auf die Leistungsbilanz aus? Wie wirkt sich eine ständige Erhöhung der Staatsausgaben auf die Leistungsbilanz aus? Lesen Sie noch einmal die erste Fallstudie in Kapitel 12 und überprüfen Sie, ob sich Ihre Antwort im Einklang mit den Erfahrungen der USA in den frühen 1980er Jahren befindet.

6. Wenn eine Regierung zunächst einen ausgeglichenen Staatshaushalt vorfindet, dann jedoch die Steuern senkt, erzeugt sie ein Defizit, das sie irgendwie decken muss. Die Bürger erwarten nun, dass die Regierung dieses Defizit finanzieren wird, indem sie das zur Begleichung ihrer heutigen Ausgaben erforderliche Geld drucken lässt. Würden Sie auch für diesen Fall erwarten, dass eine Steuersenkung zu einer Aufwertung der Währung führt?

7. Sie beobachten, dass die Währung eines Landes abwertet, seine Leistungsbilanz sich jedoch zur selben Zeit verschlechtert. Welche Daten könnten Sie heranziehen, um zu beurteilen, ob Sie es mit einem J-Kurven-Effekt zu tun haben? Welche andere makroökonomische Veränderung könnte eine Währungsabwertung herbeiführen, die mit einer Verschlechterung der Leistungsbilanz einhergeht, auch wenn keine *J*-Kurve vorliegt?

8. Eine neu gewählte Regierung kündigt an, dass sie nach ihrem Amtsantritt die Geldmenge erhöhen wird. Untersuchen Sie anhand des *DD-AA*-Modells die Reaktion der Volkswirtschaft auf diese Ankündigung.

→

9. Viele Ökonomen führen das fortdauernde Leistungsbilanzdefizit der USA während der späten 1980er Jahre auf die augenscheinlich geringe Änderung des Preisverhältnisses von Import- und Exportgütern der USA zurück. Die in Kapitel 12 vorgestellte Fallstudie brachte die langsame Anpassung der Leistungsbilanz jedoch mit dem privaten und staatlichen Sparverhalten in Zusammenhang. Versuchen Sie die Daten zur Leistungsbilanz im Zusammenhang darzustellen und dabei die Preis- und Ausgabeneffekte in Einklang zu bringen.

10. Wie würden Sie das *DD-AA*-Schaubild zeichnen, wenn die Reaktion der Leistungsbilanz auf Wechselkursänderungen einer J-Kurve folgte? Zeigen Sie anhand Ihres modifizierten Schaubilds die Effekte vorübergehender und ständiger Änderungen der Geld- und Fiskalpolitik auf.

11. Wie gestaltet sich die Marshall-Lerner-Bedingung, wenn die Leistungsbilanz des Landes, dessen realer Wechselkurs sich ändert, in der Ausgangslage *nicht* ausgeglichen ist? (Die Marshall-Lerner-Bedingung wird in Anhang III abgeleitet, wobei allerdings die „Standardannahme" einer ausgeglichenen Leistungsbilanz vorausgesetzt ist.)

12. Unser Modell nimmt das Preisniveau P für die kurze Frist als gegeben an. In Wirklichkeit kann die durch eine ständige fiskalische Expansion verursachte Währungsaufwertung dazu führen, dass P infolge der Senkung einiger Importpreise leicht zurückgeht. Trifft die Aussage, dass eine ständige fiskalische Expansion keine Produktionseffekte hat, auch dann zu, wenn P infolge einer ständigen fiskalischen Expansion leicht zurückgehen kann? (Gehen Sie wie oben von der Ausgangslage des langfristigen Gleichgewichts aus.)

13. Nehmen Sie an, dass die Zinsparität nicht exakt erfüllt ist, sondern dass die eigentliche Beziehung $R = R^* + (E^e - E)/E + r$ lautet. Dabei misst r die Risikodifferenz zwischen inländischen und ausländischen Einlagen. Nun setze eine ständige Erhöhung der inländischen Staatsausgaben ein, aus der sich die Erwartung zukünftiger Haushaltsdefizite ergibt und die dadurch auch r erhöht. Infolgedessen erhöht sich das Risiko von Einlagen in Inlandswährung. Beurteilen Sie unter diesen Voraussetzungen die Wirkung der erhöhten Staatsausgaben auf die Produktion.

14. Bleibt auch dann, wenn in der Volkswirtschaft *keine* Vollbeschäftigung herrscht, eine ständige Änderung der Fiskalpolitik ohne Folgen für die Produktion?

15. Versuchen Sie die Schritte der fünfstufigen Argumentation auf S. 589 nachzuvollziehen, um den Nachweis zu erbringen, dass eine ständige fiskalische Expansion keinen Produktionsrückgang auslösen kann.

Weiterführende Literatur

Victor Argy und Michael G. Porter, „The Forward Exchange Market and the Effects of Domestic and External Disturbances Under Alternative Exchange Rate Systems", in: *International Monetary Fund Staff Papers* 19, November 1972, S. 503–532. Fortgeschrittene Analyse eines makroökonomischen Modells, das dem in diesem Kapitel vorgestellten Modell ähnelt.

Victor Argy und Joanne K. Salop, „Price and Output Effects of Monetary and Fiscal Policies under Flexible Exchange Rates", in: *International Monetary Fund Staff Papers* 26, Juni 1979, S. 224–256. Die Effekte makroökonomischer politischer Maßnahmen unter verschiedenen Voraussetzungen über die Lohnindexierung und die allgemeine Anpassung der Löhne an die Preise.

C. Fred Bergsten, *International Adjustment and Financing: The Lessons of 1985–1991*. Washington, D.C.: Institute for International Economics, 1991. Analyse und Besprechung der Leistungsbilanz der gewerblichen Wirtschaft.

Ralph C. Bryant et al., Hrsg., *Empirical Macroeconomics for Interdependent Economies*. Washington, D.C.: Brookings Institution, 1988. Diese Studie vergleicht die Prognosen von 12 angesehenen ökonometrischen Modellen über die inländischen und ausländischen Effekte der makroökonomischen Politik einzelner Länder.

Rüdiger Dornbusch, „Exchange Rate Expectations and Monetary Policy", in: *Journal of International Economics* 6, August 1976, S. 231–244. Eine systematische Untersuchung der Geldpolitik und des Wechselkurses in einem Modell, das von der J-Kurve ausgeht.

Rüdiger Dornbusch und Paul Krugman, „Flexible Exchange Rates in the Short Run", in: *Brookings Papers on Economic Activity* 3:1976, S. 537–575. Theorie und praktische Beispiele für die kurzfristige Anpassung der Makroökonomie unter flexiblen Wechselkursen.

Peter Hooper und Jaime Marquez, „Exchange Rates, Prices, and External Adjustment in the United States and Japan", in: Peter B. Kenen, Hrsg. *Understanding Interdependence: The Macroeconomics of the Open Economy*. Princeton: Princeton University Press, 1995. Fasst die empirischen Studien über die makroökonomischen Determinanten von Handelsbilanzen zusammen.

Robert A. Mundell, *International Economics*. Kapitel 17, New York: Macmillan, 1968. Eine klassische Darstellung der Effekte makroökonomischer politischer Maßnahmen unter flexiblen Wechselkursen.

Subramanian Rangan und Robert Z. Lawrence, *A Prism on Globalization*. Washington, D.C.: Brookings Institution, 1999. Eine Studie über die Reaktionen multinationaler Unternehmen auf Wechselkursänderungen.

Anhang I zu Kapitel 16

Das *IS-LM*-Modell und das *DD-AA*-Modell

Dieser Anhang behandelt die Beziehung zwischen dem in Kapitel 16 vorgestellten *DD-AA*-Modell und einem weiteren Modell, das häufig auf Fragestellungen der internationalen Makroökonomie angewandt wird, dem *IS-LM*-Modell. Das *IS-LM*-Modell erweitert das *DD-AA*-Modell, indem es eine Beeinflussung der gesamtwirtschaftlichen Nachfrage durch den realen Inlandszinssatz zulässt.

Auf den Achsen des Schaubilds, das für die Analyse des *IS-LM*-Modells benutzt wird, sind nicht der nominale Wechselkurs und die Produktionsmenge, sondern der nominale Zinssatz und die Produktionsmenge abgetragen. Ebenso wie im *DD-AA*-Schaubild wird auch im *IS-LM*-Diagramm das kurzfristige Gleichgewicht der Volkswirtschaft als Schnittpunkt der Gleichgewichtskurven zweier verschiedener Märkte beschrieben, der *IS*-Kurve und der *LM*-Kurve. Die *IS*-Kurve zeigt die nominalen Zinssätze und Produktionsniveaus, bei denen sich Güter- und Devisenmarkt im Gleichgewicht befinden, die *LM*-Kurve gibt das Geldmarktgleichgewicht wieder.[1]

Das *IS-LM*-Modell geht davon aus, dass Investitionen und einige Arten von Konsumentscheidungen (z.B. der Kauf von Autos und anderen langlebigen Gebrauchsgütern) negativ mit der erwarteten Realzinsrate korreliert sind. Wenn der erwartete Realzinssatz niedrig ist, versprechen sich die Unternehmen Gewinne aus der Aufnahme von Krediten und der Planung von Investitionen. (Im Anhang zu Kapitel 7 wurde ein Modell des Zusammenhangs zwischen Investitionen und Realzinssatz vorgestellt.) Bei einem niedrigeren erwarteten Zinssatz verspricht überdies die Haltung von Lagerbeständen mehr Gewinn als andere Vermögensanlagen. Aus diesen beiden Gründen ist zu erwarten, dass die Investitionen bei sinkenden Realzinssätzen zunehmen. Weil bei niedrigen Zinsen Vermögensanlagen und das Sparen in den Augen der Konsumenten wenig attraktiv sind, steigen mit fallendem Zinssatz auch die zinselastischen Konsumausgaben. Wie allerdings der nächste Anhang aufzeigt, deuten sowohl theoretische Überlegungen als auch die empirische Datenlage darauf hin, dass der Konsum weniger empfindlich auf den Zinssatz reagiert als die Investitionen.

---

[1] Die ursprüngliche Darlegung des *IS-LM*-Modells, die von einer geschlossenen Volkswirtschaft ausgeht, findet sich bei J. R. Hicks, „Mr. Keynes and the ‚Classics': A Suggested Interpretation", in: *Econometrica* 5, April 1937, S. 147–159. Hicks´ Artikel ist auch heute noch lehrreich und lesenswert. Der Name *IS* rührt daher, dass in einer geschlossenen (aber nicht unbedingt in einer offenen!) Volkswirtschaft der Gütermarkt im Gleichgewicht ist, wenn Investitionen (*I*) und Sparen (*S*) gleich sind. Entlang der *LM*-Kurve ist die reale Geldnachfrage (*L*) gleich dem realen Geldangebot (M^S/P in unserer Notation). Die Version des Modells für eine offene Volkswirtschaft, in der aus Gründen der Vereinfachung der erwartete Wechselkurs E^e gleich E gesetzt wird, wird als *Mundell-Fleming-Modell* bezeichnet. Robert Mundell, ein Ökonom der Columbia University, erhielt im Jahr 1999 für seine Arbeit an diesem Modell einen Nobelpreis.

Im *IS-LM*-Modell wird die gesamtwirtschaftliche Nachfrage daher als Funktion des realen Wechselkurses, des verfügbaren Einkommens *und* des Realzinssatzes geschrieben:

$$D(EP^*/P, Y - T, R - \pi^e) = C(Y - T, R - \pi^e) + I(R - \pi^e) + G + NX(EP^*/P, Y - T, R - \pi^e),$$

wobei π^e für die erwartete Inflationsrate steht und $R - \pi^e$ für den erwarteten Realzinssatz. Das Modell geht davon aus, dass P, P^*, G, T, R^* und E^* alle gegeben sind. (Zur Vereinfachung der Notation haben wir G aus der Funktion für die gesamtwirtschaftliche Nachfrage D gestrichen.)

Um die *IS*-Kurve zu ermitteln, bei deren Kombinationen von R und Y die Gesamtnachfrage gleich der Gesamtproduktion ist, also

$$Y = D(EP^*/P, Y - T, R - \pi^e),$$

müssen wir diese Bedingung für das Gütermarktgleichgewicht zunächst so umformen, dass sie nicht von E abhängig ist.

Wir müssen also die Gleichung nach E auflösen. Dabei nehmen wir die Zinsparität $R = R^* + (E^e - E)/E$ zu Hilfe. Wenn wir diese letztere Gleichung nach E auflösen, erhalten wir

$$E = E^e/(1 + R - R^*).$$

Die Einsetzung dieses Terms in die Gesamtnachfragefunktion ergibt folgenden Ausdruck für die Bedingung des Gütermarktgleichgewichts:

$$Y = D[E^e P^*/P(1 + R - R^*), Y - T, R - \pi^e]$$

Um ein vollständiges Bild der Wirkung von Produktionsänderungen auf das Gütermarktgleichgewicht zu erhalten, müssen wir berücksichtigen, dass die Inflationsrate der Volkswirtschaft von der Differenz zwischen der realen Produktion, Y, und dem Produktionsniveau bei Vollbeschäftigung, Y^f, abhängt. Daher schreiben wir π^e als zunehmende Funktion dieser Differenz:

$$\pi^e = \pi^e(Y - Y^f)$$

Unter diesen Annahmen bezüglich der Erwartungen befindet sich der Gütermarkt im Gleichgewicht, wenn gilt:

$$Y = D[E^e P^*/P(1 + R - R^*), Y - T, R - \pi^e(Y - Y^f)]$$

Aus dieser Bedingung geht hervor, dass ein Sinken des Nominalzinssatzes R die gesamtwirtschaftliche Nachfrage auf zwei Wegen steigert: 1) Angesichts des erwarteten Wechselkurses führt ein Sinken von R zu einer Abwertung der Inlandswährung, welche die Leistungsbilanz verbessert. 2) Angesichts der erwarteten Inflation bildet ein Sinken von R einen direkten Anreiz für Konsum- und Investitionsausgaben, die nur zum Teil auf Importe entfallen. Nur der zweite dieser Wege – die Wirkung des Zinssatzes auf die Ausgaben – existiert auch im *IS-LM*-Modell für eine geschlossene Volkswirtschaft.

Die *IS*-Kurve wird ermittelt, indem man untersucht, wie die Produktion auf eine solche Zinssenkung reagieren muss, um den Gütermarkt im Gleichgewicht zu halten. Da ein Sinken von R die gesamtwirtschaftliche Nachfrage steigert, bleibt der Gütermarkt nur dann im Gleichgewicht, wenn Y steigt. Daher hat die *IS*-Kurve, wie in Abbildung 16AI.1 gezeigt, einen abfallenden Verlauf. Obwohl sowohl die *IS*- als auch die *DD*-Kurve das Gütermarktgleichgewicht anzeigen, fällt *IS*, während *DD* steigt. Der Grund für diesen Unterschied liegt darin, dass Zinssatz und Wechselkurs bei gegebenen Wechselkurserwartungen vermittels der Zinsparität in umgekehrtem Verhältnis zueinander stehen.[2]

Die Steigung der *LM*-Kurve (der Geldmarktkurve) lässt sich weitaus leichter ableiten. Der Geldmarkt befindet sich im Gleichgewicht, wenn $M^S/P = L(R,Y)$. Da ein Anstieg des Zinssatzes die Geldnachfrage senkt, erzeugt er bei einem gegebenen Produktionsniveau einen Angebotsüberschuss an Geld. Um nach einem Anstieg von R den Geldmarkt im Gleichgewicht zu halten, muss daher auch Y steigen (weil eine Produktionsausdehnung die Transaktionsnachfrage nach Geld erhöht). Die *LM*-Kurve hat daher die in Abbildung 16AI.1 gezeigte positive Steigung. Der Schnittpunkt (1) der Kurven *IS* und *LM* zeigt den Produktionswert im kurzfristigen Gleichgewicht, Y^1, und den nominalen Zinssatz, R^1. Der Gleichgewichtszinssatz wiederum bestimmt vermittels der Zinsparität den kurzfristigen Gleichgewichtswechselkurs.

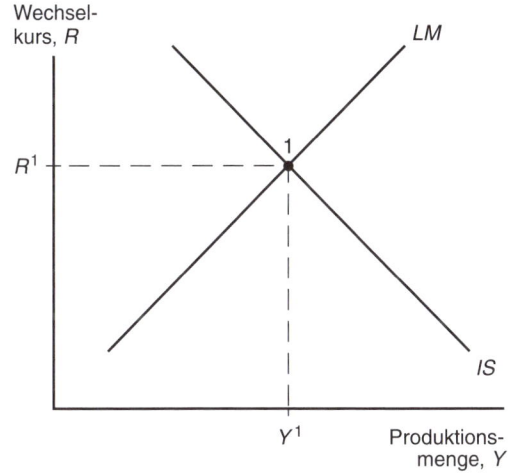

Das Gleichgewicht liegt in Punkt 1, bei dem sowohl Güter- als auch Geldmarkt geräumt werden.

Abbildung 16AI.1: Das kurzfristige Gleichgewicht im *IS-LM*-Modell

Mit Hilfe des *IS-LM*-Modells lassen sich die Wirkungen geld- und fiskalpolitischer Maßnahmen analysieren. Eine vorübergehende Ausweitung der Geldmenge führt beispielsweise zu einer Rechtsverschiebung von *LM*, sodass der Zinssatz sinkt und die Produktion

---

[2] Wir schlossen auf eine negative Steigung von *IS*, weil unserer Argumentation zufolge eine Produktionsausdehnung die durch das Sinken von R bedingte Überschussnachfrage nach Gütern reduziert. Diese Reduzierung des Nachfrageüberschusses stellt sich ein, weil der Anstieg der Konsumnachfrage hinter der sie auslösenden Produktionsausdehnung zurückbleibt. Beachten Sie jedoch, dass eine Produktionsausdehnung auch die erwartete Inflation erhöht und damit die Nachfrage stimuliert. Es ist also denkbar, dass ein Produktionsrückgang, anstelle einer Produktionsausdehnung, den Nachfrageüberschuss auf dem Gütermarkt beseitigt. Diese anormale Möglichkeit (die eine aufsteigende *IS*-Kurve bedingen würde) schließen wir an dieser Stelle aus.

ausgedehnt wird. Eine *ständige* Ausweitung der Geldmenge hingegen führt zwar ebenfalls zu einer Rechtsverschiebung von *LM*, verschiebt aber darüber hinaus auch *IS* nach
rechts, da letztere Kurve in einer offenen Volkswirtschaft von E^e abhängt, das nun steigt.
Die rechte Seite von Abbildung 16AI.2 gibt diese Verschiebungen wieder. In dem neuen
kurzfristigen Gleichgewicht, das einer ständigen Erhöhung der Geldmenge folgt (Punkt
2), sind Produktion und Zinssatz auf einem höheren Niveau als in dem kurzfristigen
Gleichgewicht (Punkt 3), das sich nach einer vorübergehenden Geldmengenerhöhung
desselben Umfangs einstellt. Der Nominalzinssatz kann an Punkt 2 sogar höher sein als
an Punkt 1. Diese Möglichkeit ist ein weiteres Beispiel für den in Kapitel 15 besprochenen Fisher-Effekt, der nach einer Geldmengenausweitung den Nominalzins nach oben
treiben kann.

Die linke Seite von Abbildung 16AI.2 zeigt, wie sich Geldmengenänderungen auf den
Wechselkurs auswirken. Es handelt sich um unsere übliche Darstellung des Devisenmarktgleichgewichts, die allerdings gegen den Uhrzeigersinn gedreht wurde, sodass eine Bewegung nach links entlang der horizontalen Achse ein Steigen von *E* (eine Abwertung der
Inlandswährung) anzeigt. Der Zinssatz R^2, der sich nach einer ständigen Geldmengenerhöhung einstellt, impliziert ein Devisenmarktgleichgewicht an Punkt 2', da der damit
einhergehende Anstieg von E^e die Kurve verschiebt, welche die erwartete Verzinsung von
Fremdwährungseinlagen in Inlandswährung angibt. Im Falle einer vorübergehenden Erhöhung der Geldmenge verschiebt sich diese Kurve nicht, sodass der Gleichgewichtszinssatz
R^3, der sich für diesen Fall ergibt, ein Devisenmarktgleichgewicht an Punkt 3' bedingt.

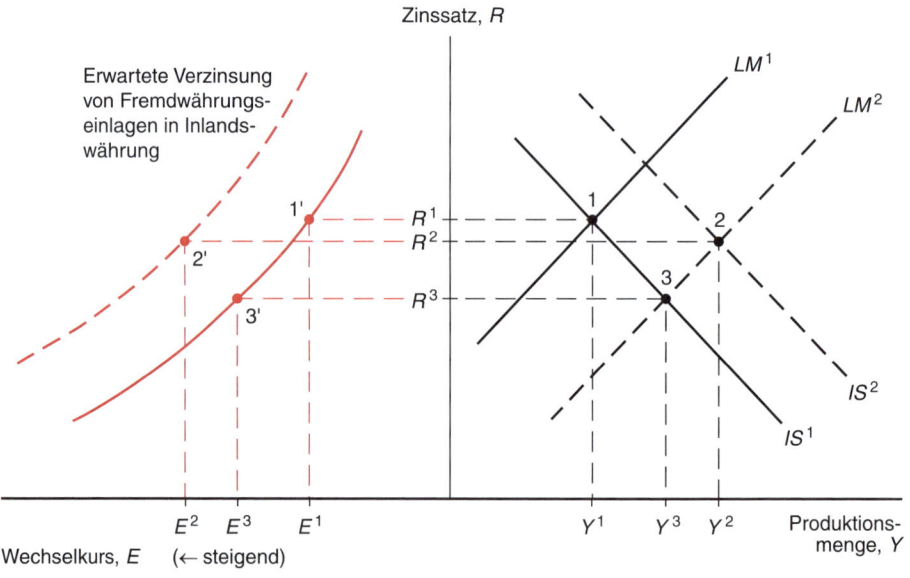

Eine vorübergehende Erhöhung der Geldmenge verschiebt nur die *LM*-Kurve nach rechts, eine
ständige Erhöhung hingegen verschiebt sowohl die *IS*- als auch die *LM*-Kurve in diese Richtung.

Abbildung 16AI.2:   **Effekte einer ständigen und einer vorübergehenden Erhöhung der
Geldmenge im *IS-LM*-Modell**

Abbildung 16AI.3, deren Ausgangslage ein langfristiges Gleichgewicht ist, analysiert die Fiskalpolitik. Eine vorübergehende Erhöhung der Staatsausgaben beispielsweise führt zu einer Rechtsverschiebung von IS^1, lässt jedoch LM unberührt. Das neue kurzfristige Gleichgewicht an Punkt 2 zeigt eine Produktionsausdehnung und einen Anstieg des Nominalzinssatzes an, während das Devisenmarktgleichgewicht in Punkt 2' eine vorübergehende Währungsaufwertung erkennen lässt. Eine ständige Erhöhung der Staatsausgaben senkt den langfristigen Gleichgewichtswechselkurs und damit E^e. Folglich verschiebt sich die IS-Kurve nicht so weit nach außen, wie im Fall eines vorübergehenden politischen Eingriffs. In der Tat verschiebt sie sich überhaupt nicht: Genau wie im *DD-AA*-Modell *hat eine ständige fiskalische Expansion keine Wirkung auf die Produktion oder den Inlandszinssatz.* Der Grund, weshalb ständige fiskalpolitische Maßnahmen eine geringere Wirkung zeigen als vorübergehende, lässt sich an der linken Seite der Abbildung ablesen (Punkt 3'). Die mit ständigen Maßnahmen einhergehende Änderung der Wechselkurserwartungen erzeugt eine stärkere Währungsaufwertung, deren Folgen für die Nettoexporte die Wirkung auf die gesamtwirtschaftliche Nachfrage vollständig aufhebt.[3]

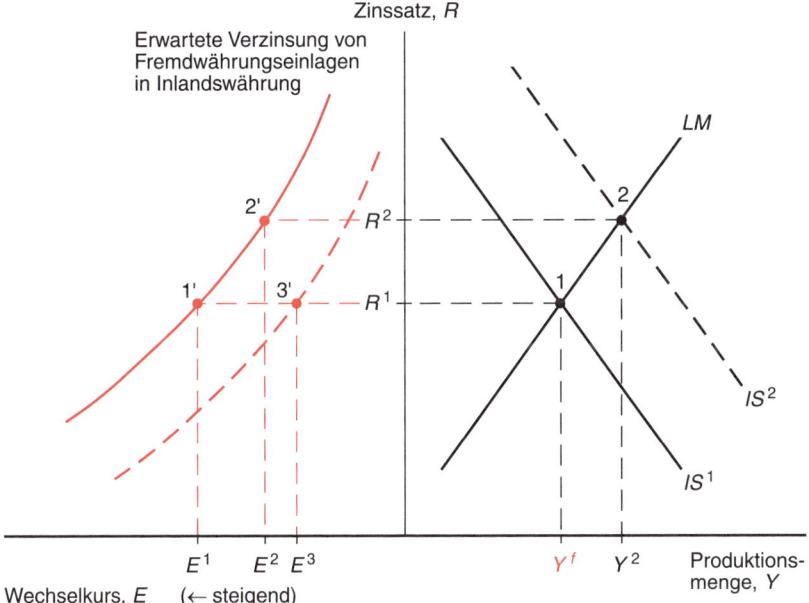

Eine vorübergehende fiskalische Expansion wirkt sich erkennbar auf die Produktion aus, eine ständige fiskalische Expansion zeigt keine solche Wirkung.

Abbildung 16AI.3: **Effekte einer ständigen und einer vorübergehenden fiskalischen Expansion im *IS-LM*-Modell**

[3] Das *IS-LM*-Modell unterscheidet sich unter anderem darin vom *DD-AA*-Modell, dass eine Geldmengenausweitung in ersterem (auch ohne J-Kurven-Effekt) zu einer Verschlechterung der Leistungsbilanz führen kann, indem sie den Realzinssatz senkt und damit die Ausgabenneigung im Inland verstärkt. Interessierte Studenten mögen die *IS-LM*-Version der in diesem Kapitel behandelten *XX*-Kurve selbst herleiten.

Anhang II zu Kapitel 16

Intertemporaler Handel und Konsumnachfrage

Wie in Kapitel 16 angenommen, ist die private Konsumnachfrage eine Funktion des verfügbaren Einkommens, $C = C(Y^d)$. Sie hat die Eigenschaft, bei einem Anstieg von Y^d in einem geringeren Verhältnis zu steigen (sodass das Sparen, $Y - C(Y^d)$, ebenfalls steigt). Dieser Anhang interpretiert diese Annahme im Rahmen des intertemporalen Modells des Konsumverhaltens, das im Anhang zu Kapitel 7 vorgestellt wurde.

In Kapitel 7 gingen wir davon aus, dass die Wohlfahrt der Konsumenten von der gegenwärtigen Konsumnachfrage, D_P, und der zukünftigen Konsumnachfrage, D_F, abhängig ist. Bei einem gegenwärtigen Einkommen von Q_P und einem zukünftigen Einkommen von Q_F können die Konsumenten Geld verleihen oder sparen, um ihren Konsum im Rahmen der *intertemporalen Budgetbeschränkung* zeitlich zu verlagern:

$$D_P + D_F/(1 + r) = Q_P + Q_F/(1 + r),$$

wobei r der Realzinssatz ist.

Abbildung 16AII.1 zeigt nochmals, wie Konsum und Sparen gemäß der Darstellung in Kapitel 7 bestimmt wurden. Wenn die gegenwärtige und die zukünftige Produktion ursprünglich bei Punkt 1 der Abbildung liegt, befindet sich das Haushaltsoptimum dort, wo die höchste Indifferenzkurve die intertemporale Budgetrestriktion berührt. Daher liegt auch der Konsum bei Punkt 1.

Wir haben das Sparen in Punkt 1 als Null angenommen, um den Effekt einer Ausdehnung der gegenwärtigen Produktion, zu der wir als Nächstes kommen, möglichst deutlich zu zeigen. Angenommen, die gegenwärtige Produktion steige, die zukünftige jedoch nicht. Die Einkommenszuteilung wandert zu Punkt 2', der in selber Höhe rechts von Punkt 1 liegt. Wie Sie sehen, versucht jeder Konsument, die dadurch ermöglichte Konsumsteigerung auf seine *gesamte* Lebenszeit zu verteilen. Er erreicht dies, indem er einen Teil seines gegenwärtigen Einkommenszuwachses, $Q_P^2 - Q_P^1$, spart und nach oben links auf seiner Budgetlinie verschiebt, von Punkt 2' nach Punkt 2.

Wenn wir nun die Notation so interpretieren, dass die gegenwärtige Produktion, Q_P, dem verfügbaren Einkommen, Y^d, entspricht, und die gegenwärtige Konsumnachfrage gleich $C(Y^d)$ ist, wird deutlich, dass der Konsum durchaus auch von anderen Faktoren als dem gegenwärtig verfügbaren Einkommen abhängt – insbesondere vom zukünftigen Einkommen und dem Realzinssatz. Dennoch ist erkennbar, dass bei einer Erhöhung des lebenslangen Einkommens, das vor allem in der Gegenwart erwirtschaftet wird, der gegenwärtige Konsum tatsächlich in geringerem Maße steigt als das gegenwärtige Einkommen. Da die in diesem Kapitel untersuchten Produktionsänderungen sämtlich vorübergehender Natur waren, weil sie sich nur aus der kurzfristigen Starrheit der inländischen Geldpreise ergaben, erfasst die in Kapitel 16 zunächst einfach vorausgesetzte Entwicklung des Kon-

sums in der Tat das entscheidende Merkmal des intertemporalen Konsumverhaltens, das
für das Funktionieren des *DD-AA*-Modells unverzichtbar ist.

Abbildung 16AII.1 zeigt uns auch die Konsumeffekte des Realzinssatzes, die in Anhang I
eingeführt wurden. Wenn die Ausgangslage der Volkswirtschaft bei Punkt 1 liegt, dreht
sich infolge eines Sinkens von *r* die Budgetlinie gegen den Uhrzeigersinn um Punkt 1,
sodass der gegenwärtige Konsum steigt. Wenn die Volkswirtschaft in ihrer Ausgangslage,
wie durch Punkt 2 angezeigt, eine positive Sparmenge angesammelt hat, wird derselbe
Effekt kein eindeutiges Resultat hervorbringen und damit die gegensätzlichen Wirkungen
des Einkommens- und des Substitutionseffekts widerspiegeln, die in Kapitel 5 eingeführt
wurden. Die empirische Datenlage lässt vermuten, dass der positive Effekt eines niedrigeren Realzinssatzes auf den Konsum gering ist.

Es würde an dieser Stelle zu weit führen, anhand des hier ausgeführten Rahmens die
intertemporalen Aspekte der Fiskalpolitik zu analysieren, obwohl dies eines der faszinie-
rendsten Themen der Makroökonomie ist. Wir verweisen den Leser stattdessen auf ein
beliebiges gutes Lehrbuch der Makroökonomie.[1]

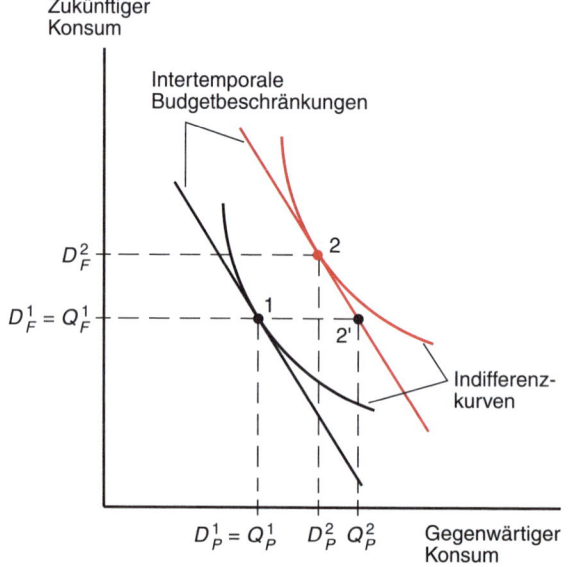

Abbildung 16AII.1:   **Änderungen der Produktionsmenge und des Sparens**

---

[1]   siehe z.B. Abel und Bernanke, *Macroeconomics*, Kapitel 16.

Anhang III zu Kapitel 16

Die Marshall-Lerner-Bedingung und empirische Schätzungen der Import- und Exportelastizitäten

In Kapitel 16 wurde angenommen, dass eine reale Abwertung der Währung eines Landes dessen Leistungsbilanz verbessert. Wie wir allerdings festhielten, hängt diese Annahme von den Reaktionen der Import- und Exportmengen auf Änderungen des realen Wechselkurses ab. In diesem Anhang leiten wir eine Bedingung her, unter der diese Reaktionen unsere Annahme bestätigen. Sie wird als Marshall-Lerner-Bedingung bezeichnet und besagt, dass bei ansonsten gleichen Bedingungen eine reale Abwertung die Leistungsbilanz dann verbessert, wenn die Export- und Importmengen in Bezug auf den realen Wechselkurs hinreichend elastisch sind. (Ihren Namen verdankt diese Bedingung zwei der Ökonomen, die sie entdeckten, Alfred Marshall und Abba Lerner.) Sobald wir die Marshall-Lerner-Bedingung hergeleitet haben, betrachten wir empirische Schätzungen über Import- und Exportelastizitäten und analysieren ihre Bedeutung für die Reaktion der Leistungsbilanz auf reale Wechselkursänderungen.

Schreiben wir zunächst die Leistungsbilanz, gemessen in inländischen Produktionseinheiten, als Differenz zwischen dem ebenso gemessenen Export und Import von Gütern und Dienstleistungen:

$$NX(EP^*/P, Y^d) = EX(EP^*/P) - IM(EP^*/P, Y^d)$$

Die Exportnachfrage ist hier ausschließlich als Funktion von EP^*/P geschrieben, weil das Auslandseinkommen konstant gehalten wird.

Nun sei q der reale Wechselkurs, EP^*/P, und EX^* die Inlandsimporte gemessen in *ausländischen*, nicht in inländischen Produktionseinheiten. Die Notation EX^* wird deshalb verwendet, weil Inlandsimporte aus dem Ausland, gemessen in ausländischer Produktion, gleich der Menge der Auslandsexporte ins Inland sein müssen. Wenn wir q mit dem Preis ausländischer Produkte, gemessen in inländischen Produkten, gleichsetzen, dann stehen IM und EX^* in folgender Beziehung zueinander:

$$IM = q \times EX^*,$$

d.h. die Importe gemessen in Inlandsproduktion = (inländische Produktionseinheiten/ausländische Produktionseinheit) × (Importe gemessen in ausländischen Produktionseinheiten).[1]

Die Leistungsbilanz kann daher folgendermaßen geschrieben werden:

$$NX(q, Y^d) = EX(q) - q \times EX^*(q, Y^d)$$

Nun stehe EX_q für den Effekt eines Anstiegs von q (einer realen Abwertung) auf die Exportnachfrage, und EX_q^* für den Effekt eines Anstiegs von q auf das Importvolumen. Folglich ergibt sich:

$$EX_q = \Delta EX/\Delta q,\ EX_q^* = \Delta EX^*/\Delta q$$

Wie wir in Kapitel 16 sahen, ist EX_q ein positiver Wert (eine reale Abwertung verbilligt inländische Produkte gegenüber ausländischen und fördert den Export), während EX_q^* negativ ist (eine relative Verbilligung der Inlandsprodukte senkt die inländische Importnachfrage). Mit Hilfe dieser Definitionen können wir nun untersuchen, wie ein Anstieg von q bei ansonsten gleichen Bedingungen auf die Leistungsbilanz wirkt.

Eine hochgestellte [1] stehe für den ursprünglichen Wert einer Variablen, eine hochgestellte [2] für ihren Wert nach einer Veränderung von q um $\Delta q = q^2 - q^1$. Die durch eine Änderung des realen Wechselkurses ausgelöste Leistungsbilanzänderung beträgt dann:

$$\Delta NX = NX^2 - NX^1 = (EX^2 - q^2 \times EX^{*2}) - (EX^1 - q^1 \times EX^{*1})$$

$$= \Delta EX - (q^2 \times \Delta EX^*) - \Delta q \times EX^{*1})$$

Nach Division durch q erhält man die Reaktion der Leistungsbilanz auf eine Veränderung von q:

$$\Delta NX/\Delta q = EX_q - (q^2 \times EX_q^*) - EX^{*1}$$

Diese Gleichung fasst beide Wirkungen einer realen Abwertung zusammen, die in Kapitel 16 behandelt wurden, den *Werteffekt* und den *Mengeneffekt*. Die Terme mit EX_q und EX_q^* stehen für den Mengeneffekt, d.h. die Wirkung einer Änderung von q auf die Anzahl der exportierten und importierten Produktionseinheiten. Sie sind stets positiv, weil $EX_q > 0$ und $EX_q^* < 0$. Der letzte oben aufgeführte Term, EX^{*1}, steht für den Werteffekt. Ihm geht ein Minuszeichen voraus. Aus diesem letzten Term geht hervor, dass ein Anstieg von q

---

[1] In Kapitel 16 wurde bereits darauf hingewiesen, dass die Gleichsetzung des realen Wechselkurses mit den relativen Produktpreisen nicht ganz exakt ist, da unserer Definition zufolge der reale Wechselkurs der relative Preis von Warenkörben ist. Für die meisten praktischen Zwecke fällt die Diskrepanz jedoch qualitativ nicht ins Gewicht. Ein schwerwiegenderer Mangel unserer Analyse besteht darin, dass die nationale Produktion zum Teil aus nichthandelbaren Gütern besteht und dass der reale Wechselkurs deren Preise weniger gut erfasst als diejenigen der handelbaren Güter. Um die gesteigerte Komplexität zu vermeiden, die sich aus einer detaillierteren Aufschlüsselung der nationalen Produktion ergeben würde, nehmen wir bei der Herleitung der Marshall-Lerner-Bedingung an, dass der Wechselkurs ungefähr mit dem relativen Preis der Importgüter, gemessen in Exportgütern, gleichgesetzt werden kann.

die Leistungsbilanz in dem Maße verschlechtert, wie sie den Wert der ursprünglichen Importmenge gemessen in inländischen Produktionseinheiten erhöht.

Uns interessiert nun, weshalb die rechte Seite der obigen Gleichung positiv ist, sodass eine reale Abwertung zu einer Erhöhung der Leistungsbilanz führt. Um diese Frage zu beantworten, definieren wir zunächst die *Elastizität der Exportnachfrage* in Bezug auf q:

$$\eta = (q^1/EX^1)EX_q,$$

und die *Elastizität der Importnachfrage* in Bezug auf q:

$$\eta^* = -(q^1/EX^{*1})\, EX_q^*.$$

(Die Definition von η wird deshalb von einem Minuszeichen eingeleitet, weil $EX_q^* < 0$, und wir definieren die Import- und Exportelastizitäten als positive Zahlen.) Kehren wir nun zu unserer Gleichung für NX/q zurück und multiplizieren wir ihre rechte Seite mit (q^1/EX^{*1}), um ihre Elastizität zu erhalten. Wenn die Leistungsbilanz dann in der Ausgangslage Null beträgt ($EX^1 = q^1 \times EX^{*1}$), dann zeigt dieser letzte Schritt, dass NX/q einen positiven Wert annimmt, wenn

$$\eta + (q^2/q^1)\, \eta^* - 1 > 0.$$

Wenn die Änderung von q so klein ist, dass $q^2 \approx q^1$, dann lautet die Bedingung dafür, dass ein Anstieg von q die Leistungsbilanz verbessert:

$$\eta + \eta^* > 1$$

Das ist die Marshall-Lerner-Bedingung. Sie besagt Folgendes: Wenn die Leistungsbilanz ursprünglich Null beträgt, verursacht eine Währungsabwertung dann einen Leistungsbilanzüberschuss, wenn die Summe der relativen Preiselastizitäten von Export- und Importnachfrage größer ist als 1. (Wenn die Leistungsbilanz ursprünglich nicht bei Null liegt, gestaltet sich die Bedingung erheblich komplexer.) Denken Sie bei der Anwendung der Marshall-Lerner-Bedingung stets daran, dass ihre Ableitung bei jeder Änderung von q ein konstantes verfügbares Einkommen voraussetzt.

Nun, da wir die Marschall-Lerner-Bedingung kennen, können wir die Frage stellen, ob die empirischen Schätzungen von Handelsgleichungen auf Preiselastizitäten schließen lassen, die sich im Einklang mit unserer Annahme befinden, dass eine reale Wechselkursabwertung die Leistungsbilanz verbessert. Tabelle 16AIII.1 enthält die Schätzungen des Internationalen Währungsfonds über die Preiselastizitäten gehandelter Industrieprodukte. Sie zeigt die über drei zunehmend längere Zeitspannen hinweg gemessenen Export- und Import-Preiselastizitäten und berücksichtigt damit die Möglichkeit, dass sich Export- und Importnachfrage allmählich an relative Preisänderungen anpassen, wie es auch im Falle der *J*-Kurve und der Brückenkopf-Effekte geschieht. Die unter „sofortige Wirkung" aufgeführten Elastizitäten messen die Reaktion der Handelsströme auf relative Preisänderungen in den ersten sechs Monaten nach deren Eintreten. Die „kurzfristigen" Elastizitäten beziehen sich auf eine Anpassungsperiode von 12 Monaten und die „langfristigen" Elastizitäten messen die Reaktion der Handelsströme auf die Preisänderungen für eine hypothetische, unendlich lange Anpassungsperiode.

Für die meisten Länder sind die unmittelbaren Elastizitäten so gering, dass die Summe der Export- und Importelastizitäten in dieser Spalte weniger als 1 beträgt. Da diese Schätzungen in der Regel die Marshall-Lerner-Bedingung nicht erfüllen, lassen sie auf einen ursprünglichen J-Kurven-Effekt schließen, der zu einer Verschlechterung der realen Leistungsbilanz in der unmittelbaren Folge einer realen Abwertung führt.

Doch die meisten in dieser Tabelle aufgeführten Länder erfüllen die Marshall-Lerner-Bedingung in kurzer Frist, und in langer Frist gilt sie für nahezu alle Länder. Die Daten bestätigen daher die Annahme, von der wir in Kapitel 16 ausgingen: Abgesehen von kurzen Zeitperioden führt eine reale Abwertung in der Regel zu einer Verbesserung der Leistungsbilanz, eine reale Aufwertung hingegen zu einer Verschlechterung.

Land	η			$\eta*$		
	Sofortige Wirkung	In kurzer First	In langer Frist	Sofortige Wirkung	In kurzer Frist	In langer Frist
Belgien	0,18	0,59	1,55	–	–	0,70
Dänemark	0,82	1,13	1,13	0,55	0,93	1,14
Deutschland	–	–	1,41	0,57	0,77	0,77
Frankreich	0,20	0,48	1,25	–	0,49	0,60
Großbritannien	–	–	0,31	0,60	0,75	0,75
Italien	–	0,56	0,64	0,94	0,94	0,94
Japan	0,59	101	1,61	0,16	0,72	0,97
Kanada	0,08	0,40	0,71	0,72	0,72	0,72
Niederlande	0,24	0,49	0,89	0,71	1,22	1,22
Norwegen	0,40	0,74	1,49	–	0,01	0,71
Österreich	0,39	0,71	1,37	0,03	0,36	0,80
Schweden	0,27	0,73	1,59	–	–	0,94
Schweiz	0,28	0,42	0,73	0,25	0,25	0,25
USA	0,18	0,48	1,67	–	1,06	1,06

Tabelle 16AIII.1:   **Geschätzte Preiselastizitäten für den internationalen Handel mit Industrieprodukten**

Anmerkung: Die Schätzungen entstammen Jacques R. Artus und Malcolm D. Knight, *Issues in the Assessment of the Exchange Rates of Industrial Countries*, Occasional Paper 29, Washington, D.C.: International Monetary Fund, Juli 1984, Tabelle 4. Fehlende Schätzwerte werden durch einen Querstrich angezeigt.

Kapitel

17 Feste Wechselkurse und Devisenmarktinterventionen

Kapitelübersicht

Beispiele

Das in den zurückliegenden Kapiteln entwickelte Modell half uns zu verstehen, wie die Interaktion von Vermögens- und Gütermarkt den Wechselkurs und das Nationaleinkommen eines Landes bestimmt. Dieses Modell gab Aufschluss über die geld- und fiskalpolitischen Maßnahmen, mit denen Vollbeschäftigung und ein stabiles Preisniveau gewährleistet werden können.

Im Interesse der Einfachheit gingen wir von *völlig flexiblen* Wechselkursen aus, setzten also voraus, dass die nationalen Währungsbehörden nicht selbst auf dem Devisenmarkt handeln, um die Wechselkurse zu beeinflussen. In Wirklichkeit trifft die Annahme einer völligen Wechselkursflexibilität selten zu. Wie an früherer Stelle erwähnt, herrschte vom Ende des Zweiten Weltkriegs bis 1973 ein System, das von *festen* Wechselkursen anderer Währungen gegenüber dem Dollar gekennzeichnet war. Die Zentralbanken handelten in diesem Rahmen regelmäßig mit Devisen, um ihre Wechselkurse auf den international vereinbarten Niveaus zu halten. Heute benutzen die Industrieländer das Mischsystem des **kontrollierten Floatens**. Dabei bemühen sich die Regierungen um die Glättung von Wechselkursschwankungen, ohne die Wechselkurse starr festzuschreiben. Eine Reihe von Entwicklungsländern hat aus Gründen, die in Kapitel 22 besprochen werden, die staatliche Wechselkursfestlegung in der einen oder anderen Form beibehalten.

In diesem Kapitel untersuchen wir, auf welche Weise Zentralbanken auf dem Devisenmarkt intervenieren, um die Wechselkurse zu fixieren, und wie makroökonomische politische Maßnahmen unter der Voraussetzung fester Wechselkurse wirken. Dabei wird deutlicher werden, in welcher Weise die Devisenmarktinterventionen der Zentralbanken im Rahmen des kontrollierten Floatens zur Bestimmung der Wechselkurse beitragen.

17.1   Weshalb beschäftigen wir uns mit festen Wechselkursen?

Eine Abhandlung über feste Wechselkurse mag heutzutage, da die Zeitungen immer wieder ausgeprägte Wechselkursänderungen zwischen den Währungen der wichtigen Industrieländer melden, etwas antiquiert erscheinen. Doch unser Interesse an festen Wechselkursen entspringt keineswegs nostalgischen Neigungen oder der Schrulle, ständig hypothetische Welten zu erfinden. Es gibt vier Gründe, weshalb wir uns zunächst über feste Wechselkurse Klarheit verschaffen müssen, bevor wir aktuelle Probleme der makroökonomischen Politik analysieren können:

1. *Kontrolliertes Floaten.* Wie oben gesagt, intervenieren die Zentralbanken häufig in die Devisenmärkte, um die Wechselkurse zu beeinflussen. Die Regierungen der Industrieländer legen die Dollarkurse ihrer Währungen zwar nicht fest, lassen sie aber auch nicht frei schwanken. Das bestehende System der schwankenden Dollarwechselkurse wird oft als kontrolliertes oder „schmutziges" Floaten bezeichnet, im Unterschied zum „reinen" Floaten, bei dem die Regierungen keinen direkten Einfluss auf die Fremdwährungswerte zu nehmen versuchen. (Das in früheren Kapiteln entwickelte Wechselkursmodell ging von einem völlig flexiblen, rein floatenden Wechselkurs aus.[1]) Weil das gegenwärtige Wechselkurssystem eine Mischform aus einem Festkurssystem und einem System flexibler Wechselkurse darstellt, verstehen wir die Wirkungen einer Devisenmarktintervention bei flexiblen Wechselkursen besser, wenn wir sie zuvor unter der Voraussetzung fixer Kurse untersucht haben.

2. *Regionale Währungsabkommen.* Einige Länder gehören einer Währungsunion an, deren Mitglieder ihre Währungen aneinander binden, deren Wert aber gegenüber den Währungen von Nichtmitgliedsländern schwanken lassen. Gegenwärtig hat beispielsweise Dänemark den Wert seiner Währung im Rahmen des Europäischen Währungssystems an den Euro gebunden.

3. *Entwicklungsländer und Reformländer.* Die Industrieländer, die ihre Währungen im Allgemeinen gegenüber dem Dollar schwanken lassen, machen weniger als ein Sechstel aller Nationen der Welt aus. Viele Entwicklungsländer und ehemals kommunistische Staaten versuchen ihre Währungen an andere Währungen zu binden. Dabei orientieren sie sich oft am Dollar, manchmal aber auch an einer anderen Währung

---

[1]   Es ist zweifelhaft, ob es in der Realität je ein wirklich reines Floaten gegeben hat. Die meisten staatlichen Maßnahmen wirken sich auf den Wechselkurs aus und Regierungen betreiben selten eine bestimmte Politik, ohne deren Folgen für den Wechselkurs zu berücksichtigen.

oder an einem von den Behörden zusammengestellten „Währungskorb". Wie aus Tabelle 17.1 hervorgeht, bemüht sich etwa die Hälfte aller Länder der Welt um die Anbindung ihrer Währung. Marokko bindet seine Währung beispielsweise an einen Währungskorb, Barbados an den US-Dollar und Senegal an den Französischen Franc. Man kann die Probleme der Entwicklungsländer nicht ernsthaft untersuchen, ohne die Implikationen fester Wechselkurse zu berücksichtigen.

Wechsel-kurssystem (Anzahl Länder)	Geldpolitischer Rahmen					
	Währungsanker		Geld-aggregat	Rahmen für Infla-tionsziel	Vom IWF unterstütztes oder anderes geldpolitisches Programm	Sonstige
Festkurs-system ohne getrennte gesetzliche Zahlungs-mittel (39)	**Andere Währung als gesetzliches Zahlungs-mittel** Ecuador* Kiribati Marshall-Inseln, Republik Mikronesien Palau Panama San Marino **Gebiet des CFA-Franc** **WAEMU** Benin* Burkina Faso* Elfenbein-küste* Guinea-Bis-sau* Mali* Niger* Senegal* Togo	ECCU[2] Antigua & Barbuda Domini-kanische Republik Grenada St. Kitts & Nevis St. Lucia St. Vincent & the Grenadines **CAEMC** Kamerun* Zentral-afrikanische Republik* Tschad* Republik Kongo* Guinea Gabun*			Benin* Burkina Faso* Kamerun* Zentral-afrikanische Republik* Tschad* Republik Kongo* Elfenbein-küste* Ecuador* Gabun* Guinea-Bissau Mali* Niger* Senegal*	**Eurozone**[3, 4] Belgien Deutschland Finnland Frankreich Griechenland Irland Italien Luxemburg Österreich Niederlande Portugal Spanien
Currency Boards (8)	Argentinien* Bosnien-Herzegowina* Brunei Bulgarien* Volksrep. China, Hongkong Dschibuti* Estland* Litauen*				Argentinien* Bosnien-Herzegowina* Bulgarien* Dschibuti* Estland* Litauen*	

Tabelle 17.1: Wechselkurssysteme und Anker der Geldpolitik (Stand: 31. März 2001)[1]

Wechsel-kurssystem (Anzahl Länder)	Geldpolitischer Rahmen					
	Währungsanker		Geld-aggregat	Rahmen für Infla-tionsziel	Vom IWF unterstütztes oder anderes geldpolitisches Programm	Sonstige
Andere Abkommen zur Währungs-bindung (ein-schließlich de-facto-Bindung unter Wechselkurs-steuerung) (44)	**An eine einzige Währung (31)** Aruba Bahamas[5] Bahrain[6,7] Barbados Belize Bhutan Cap Verde Volksrep. China, Festland*[6] Komoren[8] Dem. Rep. Kongo El Salvador[13] Eritrea Iran[5,6] Irak Jordanien*[6] Libanon[6]	Lesotho* Mazedonien*[6] Malaysia Malediven[6] Namibia Nepal Niederl. Antillen Oman Qatar[6,7] Saudi-Arabien[6,7] Swasiland Syrien[5] Trinidad & Tobago*[6] Turkmenistan[6] Vereinigte Arabische Emirate[6,7]	Volksrep. China, Festland*[6]		Jordanien*[6] Lettland* Lesotho* Mazedonien*[6] Trinidad & Tobago*[6]	
	An einen Währungskorb (13) Bangladesch Botswana[5] Fidschi Kuwait Lettland* Malta Marokko	Myanmar[5] Samoa Seychellen Salomon-inseln Tonga Vanuatu				
Wechselkurs-bindung inner-halb einer bestimmten Bandbreite (6)[9]	**In Zusammen-arbeit mit dem EWS II (1)** Dänemark	**Andere Band-breiten (5)** Ägypten[5] Libyen Surinam[5] Vietnam[6] Zypern				
Systematische Wechselkurs-anpassung (Crawling Pegs) (4)[6]	Bolivien* Costa Rica* Nicaragua* Simbabwe				Bolivien* Nicaragua* Simbabwe*	
Systematische Wechselkurs-anpassung (Crawling Bands) (5)[6,10]	Israel* Honduras* Ungarn Uruguay* Venezuela			Israel*	Honduras* Uruguay*	

Tabelle 17.1:   Wechselkurssysteme und Anker der Geldpolitik (Stand: 31. März 2001)[1] (Forts.)

Wechselkurssystem (Anzahl Länder)	Geldpolitischer Rahmen				
	Währungsanker	Geldaggregat	Rahmen für Inflationsziel	Vom IWF unterstütztes oder anderes geldpolitisches Programm	Sonstige
Kontrolliertes Floaten ohne vorher angekündigte Zielkurse (33)		Jamaica*[6] Slowenien Tunesien	Tschechische Republik Norwegen	Äthiopien Jamaica*[6] Kambodscha[5] Kasachstan Kenia Kirgistan Kroatien Mauretanien Nigeria Pakistan Rumänien Russische Föderation Ruanda Sri Lanka Sudan Ukraine Republik Jugoslawien	Algerien[3] Aserbeidschan Burundi[3] Dominikanische Republik[3,5] Guatemala[3] Indien[3] Laos[3,5] Paraguay[3] Singapur Slowakische Republik[3] Usbekistan[3,5] Weißrussland[3,5]
Flexible Kurse (47)		Gambia* Ghana* Guinea* Mauritius* Malawi* Mexiko Mongolei* Peru* Philippinen* São Tomé und Príncipe* Sierra Leone* Türkei* Yemen*	Australien Brasilien[12] Chile[5] Kolumbien* Island Kanada Korea Neuseeland Polen Südafrika Schweden Thailand* Vereinigtes Königreich	Albanien Angola Armenien Gambia* Georgien Ghana* Guinea* Guyana* Haiti Indonesien Kolumbien* Madagaskar Malawi* Moldawien Mongolei Mosambik Papua-Neuguinea Peru* Philippinen* São Tomé und Príncipe* Sambia Sierra Leone* Tadschikistan Tansania Thailand* Türkei* Uganda Yemen*	Afghanistan[5,11] Japan[3] Liberia[3] Somalia[5,11] Schweiz[3] USA[3]

Tabelle 17.1: Wechselkurssysteme und Anker der Geldpolitik (Stand: 31. März 2001)[1] (Forts.)

Quelle: International Monetary Fund, International Financial Statistics, August 2001.

Wechselkursabkommen ohne eigenes gesetzliches Zahlungsmittel: Die Währung eines anderen Landes zirkuliert als einziges gesetzliches Zahlungsmittel, oder das Land gehört einer Währungsunion an, dessen Mitglieder dasselbe gesetzliche Zahlungsmittel teilen.
Currency Board: Dieses Wechselkurssystem basiert auf einer expliziten gesetzgeberischen Entscheidung, die Inlandswährung zu einem festgelegten Wechselkurs an eine bestimmte Fremdwährung zu binden. Die Geldbehörde ist verpflichtet, sich an die entsprechenden Auflagen zu halten.
Andere gebräuchliche Wechselkursbindungen: Das Land bindet seine Währung (offiziell oder de facto) zu einem festen Kurs an eine international anerkannte Währung oder an einen Währungskorb, wobei der Wechselkurs nur innerhalb einer geringen Bandbreite von ±1 Prozent um einen zentralen Wert schwankt.
Wechselkursbindung innerhalb horizontaler Bandbreiten: Der Wert der Währung wird innerhalb von Schwankungsbreiten um einen formal oder de facto festgelegten Kurs festgelegt, die größer als ±1 Prozent sind.
Systematische Wechselkursanpassung (Crawling Pegs): Die Währung wird in regelmäßigen Abständen in festen, vorab angekündigten Raten, oder an die Entwicklung ausgewählter quantitativer ökonomischer Indikatoren angepasst.
Systematische Wechselkursanpassung (Crawling Bands): Die Währung wird innerhalb bestimmter Schwankungsbreiten um einen zentralen Kurs gehalten, der in regelmäßigen Abständen in festen, vorab angekündigten Raten, oder an die Entwicklung ausgewählter quantitativer Indikatoren angepasst wird.
Kontrolliertes Floaten ohne vorab angekündigte Zielraten für den Wechselkurs: Die Geldbehörde beeinflusst die Entwicklung des Wechselkurses durch aktive Interventionen in den Devisenmarkt, ohne sich von vornherein auf eine Zielrate für den Wechselkurs festzulegen.
Flexible Kurse (reines Floaten): Der Wechselkurs wird vom Markt bestimmt. Devisenmarktintervention finden nur statt, um Schwankungsraten zu verringern und übermäßige Fluktuationen des Wechselkurses zu verhindern, nicht aber, um eine Zielrate zu erreichen.

---

1   **ECCU: Eastern Caribbean Currency Union; WAEMU: West African Economic and Monetary Union, CAEMC: Central African Economic and Monetary Community.
     Hinweis: Die Länderbezeichnungen beziehen sich nicht unbedingt auf ein territoriales Gebilde, das nach internationalem Recht und den üblichen Gepflogenheiten als Staat aufgefasst wird. An dieser Stelle gilt auch die Eurozone als Land, ebenso wie einige territoriale Einheiten, die keine staatliche Souveränität genießen, jedoch auf internationaler Ebene eigene statistische Daten veröffentlichen.
     Ein * zeigt an, dass dieses Land mehr als einen nominalen Anker verwendet. Aus praktischen Gründen ist es jedoch nicht möglich, dieser Tabelle zu entnehmen, welcher Anker für die Geldpolitik die Hauptrolle spielt.
2   Diese Länder haben ein gemeinsames Currency Board
3   Das Land hat keinen ausdrücklich festgelegten nominalen Anker, überwacht im Rahmen seiner Geldpolitik aber verschiedene Indikatoren.
4   Bis Anfang 2002 blieben die nationalen Währungen in ihren Ländern als gesetzliches Zahlungsmittel anerkannt.
5   Die Mitgliedsländer unterhalten Wechselkursabkommen mit mehr als einem Markt. In der Tabelle ist der wichtigste dieser Märkte angegeben.
6   Das Land unterhält ein De-facto-Abkommen, da seine offizielle Politik im kontrollierten oder freien Floaten besteht. Jordanien hat seine Währung de jure an den SDR, de facto jedoch an den US-Dollar gebunden. Die Behörden von Mauritius praktizieren ein reines Floaten mit nur seltenen Interventionen der Zentralbank.
7   Die Wechselkurse werden auf der Grundlage einer festen Beziehung zum SDR bestimmt, mit Bandbreiten von bis zu ±7,25 %. Aufgrund einer relativ stabilen Beziehung zum US-Dollar werden diese Bandbreiten jedoch nicht immer eingehalten.
8   Die Komoren haben dasselbe Abkommen mit dem französischen Finanzministerium wie die Länder der CFA-Franc-Zone.
9   Die Bandbreiten für diese Länder sind: Zypern (±2,25 %), Dänemark (±2,25 %), Ägypten (±1 %), Libyen (±77,5 %), Surinam (±9,1 %), und Vietnam (±0,1 % tägliche Abweichung in eine Richtung).
10   Die Bandbreiten für diese Länder sind: Honduras (±7 %), Ungarn (±2,25 %), Israel (±20 %), Uruguay (±3 %) und Venezuela (±7,5 %).
11   Für dieses Land sind keine relevanten Daten verfügbar.
12   Brasilien hat ein vom IWF unterstütztes Programm.
13   In El Salvador ist auch der US-Dollar gesetzliches Zahlungsmittel, alle Konten des Finanzsystems werden in US-Dollars geführt.

---

4. *Lehren aus der Vergangenheit.* In zahlreichen Perioden, beispielsweise in den Jahrzehnten vor dem Ersten Weltkrieg, von Mitte der Zwanzigerjahre bis 1931 und noch einmal von 1945 bis 1973, waren feste Wechselkurse die Norm. Heute schlagen einige Ökonomen und Politiker, die das System der flexiblen Wechselkurse kritisieren, die Erarbeitung neuer internationaler Abkommen vor, die in der einen oder anderen Form die Rückkehr zu einem System fester Wechselkurse bedeuten würden. Würde die Weltwirtschaft von einem solchen Projekt profitieren? Wer wären die Gewinner, wer die Verlierer eines solchen Systems? Um die Vorteile fester und schwankender Wechselkurse zu vergleichen (das Thema von Kapitel 19), muss man zunächst die Wirkungsweise fester Wechselkurse verstehen.

17.2 Zentralbankinterventionen und Geldmenge

In Kapitel 14 definierten wir die Geldmenge einer Volkswirtschaft als die Gesamtmenge des umlaufenden Geldes und der Sichteinlagen von Privathaushalten und Unternehmen. Dabei gingen wir von der Annahme aus, dass die Zentralbank den Banknotenumlauf bestimmt. Um die Wirkungsweise von Devisenmarktinterventionen der Zentralbank zu verstehen, müssen wir zunächst untersuchen, wie die finanziellen Transaktionen der Zentralbank auf die Geldmenge wirken.[2]

17.2.1 Die Zentralbankbilanz und die Geldmenge

Das wichtigste Hilfsmittel für das Studium der Zentralbanktransaktionen auf den Vermögensmärkten ist die **Zentralbankbilanz**, die Forderungen und Verbindlichkeiten der Zentralbank verzeichnet. Wie jede Bilanz ist sie nach den Prinzipien der doppelten Buchführung angelegt. Jeder Erwerb eines Vermögenswerts wird mit einem positiven Wert unter den Forderungen verbucht, jede Abgabe unter den Verbindlichkeiten.

Hier die Zentralbankbilanz für das hypothetische Land Pecunia.

Zentralbankbilanz

Aktiva		Passiva	
Auslandsaktiva (Forderungen an Ansässige außerhalb des Währungsgebietes)	$1000	Einlagen der Privatbanken (Verbindlichkeiten gegenüber Kreditinstituten im Währungsgebiet)	$500
Inlandsaktiva (Forderungen an Ansässige innerhalb des Währungsgebietes)	$1500	Banknotenumlauf	$2000

Auf der Aktivseite der pecunianischen Zentralbankbilanz sind zwei Arten von Forderungen aufgeführt: Auslandaktiva, dazu gehören im Wesentlichen Forderungen an Ansässige außerhalb eines Währungsgebietes, und Inlandsaktiva, dazu sind im Wesentlichen Forderungen an Ansässige innerhalb eines Währungsgebietes („Inländer") zu rechnen. Auslandsaktiva bestehen vor allem aus Fremdwährungsanleihen, und Auslandsaktiva bilden die Währungsreserven der Zentralbank. Ihr Niveau ändert sich, wenn die Zentralbank

---

[2] Wie in Kapitel 12 festgestellt, können auch andere Staatsorgane als die Zentralbanken am Devisenmarkt intervenieren, doch ihre Interventionen wirken sich im Gegensatz zu jenen der Zentralbanken nicht wesentlich auf die nationale Geldmenge aus. (Gemäß der unten eingeführten Terminologie werden Interventionen von anderen Organen als der Zentralbank automatisch *neutralisiert*.) Der Einfachheit halber halten wir, falls es nicht irreführend ist, die Annahme aufrecht, dass allein die Zentralbanken Devisenmarktinterventionen durchführen.

durch den Ankauf oder Verkauf von Fremdwährungen im Devisenmarkt interveniert. Aus historischen Gründen, die weiter unten in diesem Kapitel besprochen werden, schließen die Währungsreserven auch das Gold ein, das sich im Besitz der Zentralbank befindet. Das entscheidende Merkmal dieser Reserven besteht darin, dass sie entweder Forderungen an Ausländer („Ansässige außerhalb des Währungsgebietes") oder ein allgemein anerkanntes internationales Zahlungsmittel darstellen (wie z.B. Gold). In obigem Beispiel hält die Zentralbank den Gegenwert von $1000 in Auslandsaktiva.

Inlandsaktiva sind Ansprüche der Zentralbank auf künftige Zahlungen ihrer eigenen Bürger oder inländischer Institutionen (z.B. Kreditinstitute, öffentliche Haushalte). Diese Forderungen nehmen für gewöhnlich die Form inländischer Staatsanleihen und von Krediten an inländische Privatbanken an. Die Staatsbank von Pecunia hat Inlandsaktiva in Höhe von $1500. Ihre gesamten Aktiva belaufen sich daher auf $2500, die Summe ihrer Inlands- und Auslandsaktiva.

Die Passivseite der Bilanz führt als Verbindlichkeiten die Einlagen von Privatbanken und den Banknotenumlauf an. (Unternehmen oder Haushalte, die keine Banken sind, können kein Geld bei der Zentralbank einzahlen, während die Banken im Allgemeinen gesetzlich verpflichtet sind, im Rahmen der Absicherung ihrer eigenen Verbindlichkeiten Zentralbankeinlagen zu unterhalten.) Die Einlagen der Privatbanken stellen deshalb Verbindlichkeiten der Zentralbank gegenüber diesen Kreditinstituten dar, weil das Geld bei Bedarf jederzeit abgehoben werden kann. Der Banknotenumlauf wird in erster Linie aus historischen Gründen zu den Verbindlichkeiten der Zentralbank gezählt. Früher waren die Zentralbanken verpflichtet, auf Wunsch an jedermann gegen Inlandswährung eine bestimmte Menge Gold oder Silber abzugeben. Die obige Bilanz zeigt, dass die pecunianischen Privatbanken bei der Zentralbank Einlagen in Höhe von $500 haben. Der Banknotenumlauf macht $2000 aus, sodass sich die Summe aller Verbindlichkeiten der Zentralbank auf $2500 beläuft.

Die Summe aller Forderungen der Zentralbank ist gleich der Summe ihrer Verbindlichkeiten plus ihrem Eigenkapital, für das wir in unserem Beispiel Null angenommen haben. Weil Veränderungen des Eigenkapitals der Zentralbank für unsere Analyse keine besondere Rolle spielen, werden wir sie ebenfalls vernachlässigen.[3]

Die zusätzliche Annahme eines konstanten Eigenkapitals bedeutet, dass die von uns im Folgenden betrachteten Veränderungen der Forderungen *automatisch* Veränderungen der Verbindlichkeiten nach sich ziehen. Wenn die Zentralbank beispielsweise eine Forderung erwirbt, kann sie diese auf zweierlei Weise bezahlen. Eine Barzahlung erhöht den Banknotenumlauf um den Wert des Kaufs. Eine Bezahlung per Scheck stellt ein Versprechen dar, dem Empfänger Zentralbankeinlagen in Höhe der Forderung auszuhändigen. Wenn der Empfänger den Scheck bei seiner Geschäftsbank einreicht, erhöhen sich die Forderungen der Geschäftsbank gegenüber der Zentralbank (und damit die Verbindlichkeiten der Zen-

---

[3] Das Eigenkapital einer Zentralbank kann sich auf verschiedene Weise ändern. Beispielsweise kann die Regierung der Zentralbank gestatten, einen bestimmten Anteil der Zinserträge ihrer Vermögenswerte behalten, und diese Zinseinnahmen würden, wenn sie erneut investiert werden, den Eigenkapital der Bank steigern. Solche Veränderungen des Eigenkapitals sind in der Praxis normalerweise so klein, dass sie in der makroökonomischen Analyse vernachlässigt werden können.

tralbank gegenüber der Geschäftsbank) um eben diesen Betrag. In beiden Fällen steigert der Erwerb von Forderungen seitens der Zentralbank ihre Verbindlichkeiten im gleichen Ausmaß. Ein Verkauf von Forderungen seitens der Zentralbank verringert entsprechend den Banknotenumlauf oder die Forderungen der Privatbanken gegenüber der Zentralbank und damit die Verbindlichkeiten der Zentralbank gegenüber dem Privatsektor.

Es ist wichtig, die Zentralbankbilanz zu verstehen, weil Änderungen ihrer Forderungen auch die inländische Geldmenge verändern. Unsere Ausführungen über die Gleichheit von Forderungen und Verbindlichkeiten der Zentralbank verdeutlichen diesen Mechanismus.

Wenn die Zentralbank beispielsweise von der Allgemeinheit eine Forderung erwirbt, dann geht ihre Zahlung – ob in bar oder per Scheck – direkt in die Geldmenge ein. Die mit dem Kauf verbundene Erhöhung der Verbindlichkeiten der Zentralbank führt also zu einer Geldmengenausweitung. Dagegen nimmt die Geldmenge ab, wenn die Zentralbank der Allgemeinheit eine Forderung verkauft, denn die Zahlung, die sie erhält (sei es in bar oder als Scheck), wird dem Umlauf entzogen und verringert die Verbindlichkeiten der Zentralbank gegenüber der Allgemeinheit. Jede Veränderung der Zentralbankforderungen zieht eine entsprechende Veränderung der Geldmenge nach sich, weil sich die Verbindlichkeiten der Zentralbank in selber Höhe ändern müssen.

Der hier beschriebene Vorgang ist Ihnen vielleicht aus Seminaren über Offenmarktgeschäfte der Zentralbank bekannt. Offenmarktgeschäfte beinhalten per definitionem den Ankauf oder Verkauf inländischer Forderungen, doch offizielle Transaktionen mit Auslandsaktiva haben denselben direkten Effekt auf die Geldmenge. Wie Sie sicher wissen, fällt beispielsweise dann, wenn die Zentralbank Forderungen erwirbt, die Erhöhung der Geldmenge aufgrund der multiplen Geldschöpfung im Geschäftsbankensystem im Allgemeinen *größer* aus als der ursprüngliche Kaufbetrag. Dieser Effekt des Geldmengenmultiplikators, der die Wirkung der Zentralbanktransaktionen auf die Geldmenge verstärkt, unterstreicht unsere wichtigste Erkenntnis: *Jeder Erwerb von Forderungen seitens der Zentralbank führt automatisch zu einer Ausdehnung der inländischen Geldmenge, während der Verkauf von Forderungen seitens der Zentralbank die Geldmenge automatisch reduziert.*[4]

17.2.2 Devisenmarktintervention und Geldmenge

Ziehen wir ein Beispiel heran, um die Wirkung einer Devisenmarktintervention auf die Geldmenge genauer zu betrachten. Die Bank von Pecunia verkaufe am Devisenmarkt gegen einheimische Währung ausländische Schuldverschreibungen im Wert von $100. Dieser Verkauf senkt ihre offiziellen Auslandsaktiva von $1000 auf $900, sodass die Aktivseite der Zentralbankbilanz von $2500 auf $2400 sinkt.

---

[4] Eine detaillierte Beschreibung der multiplen Geldschöpfung und des Geldmengenmultiplikators finden Sie bei Frederic S. Mishkin, *The Economics of Money, Banking and Financial Markets*, 5. Aufl., Kapitel 16. Reading, MA: Addison-Wesley, 1998.

Die Zahlung, welche die Bank von Pecunia für diese Auslandsaktiva erhält, senkt automatisch auch ihre Verbindlichkeiten um ebenfalls $100. Wenn die Bank von Pecunia in inländischer Währung bezahlt wird, geht diese in ihre Tresore ein und wird dem Geldumlauf entzogen, der sich daher um $100 reduziert. Infolge des Verkaufs von Auslandsaktiva verändert sich die Zentralbankbilanz in folgender Weise:

Zentralbankbilanz nach dem Verkauf von Auslandsaktiva zu $100 (Käufer bezahlt durch Bargeld)

Forderungen (Aktiva)		Verbindlichkeiten (Passiva)	
Auslandsaktiva	$900	Einlagen der Privatbanken	$500
Inlandsaktiva	$1500	Banknotenumlauf	$1900

Nach wie vor entsprechen die Forderungen den Verbindlichkeiten, doch beide haben um $100 abgenommen – um den Betrag, den die Bank von Pecunia durch ihre Devisenmarktintervention dem Geldumlauf entzogen hat. Die Verkürzung der Zentralbankbilanz zeigt eine Schrumpfung der pecunianischen Geldmenge an.

Was geschieht, wenn der Käufer die Bank von Pecunia mit einem Scheck über $100 bezahlt, die von seinem Konto bei Pecuniacorp, einer inländischen Geschäftsbank, abgebucht werden? Die Bank von Pecunia belastet das Zentralbankkonto von Pecuniacorp mit $100, und Pecuniacorp belastet das Girokonto des Käufers mit $100. Die Einlagen der Privatbanken bei der Zentralbank sinken um $ 100, und die Bilanz der Bank von Pecunia sieht nun folgendermaßen aus:

Zentralbankbilanz nach dem Verkauf eines ausländischen Vermögenswerts zu $100 (Käufer bezahlt per Scheck)

Forderungen (Aktiva)		Verbindlichkeiten (Passiva)	
Auslandsaktiva	$900	Einlagen der Privatbanken	$400
Inlandsaktiva	$1500	Banknotenumlauf	$2000

Auch hier sind die Verbindlichkeiten der Bank von Pecunia um $100 gesunken und ist die pecunianische Geldmenge geschrumpft.

Der *Kauf* von Auslandsaktiva im Wert von $100 würde die Verbindlichkeiten der Bank von Pecunia um diesen Betrag erhöhen. Bei Barzahlung seitens der Zentralbank würde der Banknotenumlauf um $100 wachsen. Wenn sie einen Scheck auf sich selbst ausstellen würde, dann würden die Einlagen der Privatbanken bei der Bank von Pecunia um $100 zunehmen. In beiden Fällen käme es zu einer Ausweitung der inländischen Geldmenge.

17.2.3   Neutralisierung

Manchmal führen Zentralbanken zu gleicher Zeit entgegengesetzte Transaktionen in inländischen und ausländischen Vermögenswerten durch, um die Wirkung ihrer Devisengeschäfte auf die inländische Geldmenge zu neutralisieren. Diese Politik bezeichnet man als **neutralisierte (sterilisierte) Devisenmarktintervention**. Das folgende Beispiel soll ihre Wirkungsweise veranschaulichen.

Die Bank von Pecunia verkaufe erneut $100 ihrer Auslandsaktiva und erhalte dafür eine Gutschrift der Geschäftsbank Pecuniacorp über $100. Diese Transaktion senkt sowohl die Forderungen als auch die Verbindlichkeiten der Zentralbank gegenüber dem Ausland um $100, und infolgedessen sinkt die inländische Geldmenge. Um die Wirkung ihres Verkaufs auf die Geldmenge aufzuheben, kann die Zentralbank gleichzeitig Inlandsaktiva, beispielsweise Staatsanleihen, im Wert von $100 kaufen. Diese zweite Maßnahme erhöht die Forderungen und die Verbindlichkeiten der Bank von Pecunia um $100 und gleicht auf diese Weise den Geldmengeneffekt des Verkaufs von Forderungen an das Ausland vollständig aus. Wenn die Zentralbank die Wertpapiere beispielsweise per Gutschrift bezahlt, dann schlagen sich die beiden Transaktionen (Verkauf ausländischer Vermögenswerte für $100 und Kauf inländischer Vermögenswerte für $100) folgendermaßen in ihrer Bilanz nieder:

Zentralbankbilanz vor dem neutralisierten Verkauf von Auslandsaktiva zu $100

Aktiva		Passiva	
Auslandsaktiva	$1000	Einlagen der Privatbanken	$500
Inlandsaktiva	$1500	Banknotenumlauf	$2000

Zentralbankbilanz nach dem neutralisierten Verkauf von Auslandsaktiva zu $100

Aktiva		Passiva	
Auslandsaktiva	$900	Einlagen der Privatbanken	$500
Inlandsaktiva	$1600	Banknotenumlauf	$2000

Der Reduzierung der Auslandsaktiva um $100 steht eine Erhöhung der Inlandsaktiva im gleichen Umfang gegenüber, und die Passivseite der Bilanz bleibt unverändert. Der neutralisierte Devisenverkauf hat daher keine Wirkung auf die Geldmenge.

Tabelle 17.2 vergleicht zusammenfassend die Wirkungen neutralisierter und nicht neutralisierter Devisenmarktinterventionen.

Maßnahme der Zentralbank	Wirkung auf die inländische Geldmenge	Wirkung auf die Inlandsaktiva der Zentralbank	Wirkung auf die Auslandsaktiva der Zentralbank
Nicht neutralisierter Devisenkauf	+ $100	0	+ $100
Neutralisierter Devisenkauf	0	– $100	+ $100
Nicht neutralisierter Devisenverkauf	– $100	0	– $100
Neutralisierter Devisenverkauf	0	+ $100	– $100

Tabelle 17.2: Wirkungen einer Devisenmarktintervention im Wert von $100: Zusammenfassung

17.2.4 Devisenbilanz und Geldmenge

Im Zusammenhang mit der volkswirtschaftlichen Gesamtrechnung definierten wir in Kapitel 12 die Devisenbilanz eines Landes als den Saldo des Nettoerwerbs von Auslandsaktiva durch die inländische Zentralbank und des Nettoerwerbs von Inlandsaktiva durch ausländische Zentralbanken. In anderen Worten, die Devisenbilanz ist die Summe aus Leistungsbilanzsaldo und dem Bestandteil der Kapitalbilanz, der nicht aus Währungsreserven besteht, d.h. der internationalen Zahlungslücke, welche die Zentralbanken durch ihre Transaktionen mit Währungsreserven decken müssen. Ein Devisenbilanzdefizit (eine Abnahme der Währungsreserven) des Inlands bedeutet zum Beispiel, dass die Verbindlichkeiten in Fremdwährungen gegenüber den Zentralbanken anderer Länder netto zunehmen. Eine bestimmte Kombination von Währungsreserveverkäufen durch die inländische Zentralbank und -käufen durch ausländische Zentralbanken kann ein Leistungsbilanzdefizit des Inlands ausgleichen, das durch private Kapitalzuflüsse nicht gedeckt würde, oder einen Leistungsbilanzüberschuss des Inlands, dem kein ausreichender privater Kapitalabfluss gegenübersteht.

Das in diesem Abschnitt Gelernte illustriert den wichtigen Zusammenhang zwischen der Devisenbilanz und dem Geldmengenwachstum im In- und Ausland. *Wenn die Zentralbanken keine Neutralisierung vornehmen, dann impliziert eine Zunahme der Währungsreserven (ein „Devisenbilanzüberschuss") eine Zunahme der Forderungen der Zentralbank gegenüber dem Ausland und damit eine erhöhte inländische Geldmenge. Entsprechend impliziert der damit einhergehende Rückgang der Forderungen einer ausländischen Zentralbank an das Inland eine Reduzierung der ausländischen Geldmenge.*

In der Praxis ist es jedoch höchst ungewiss, inwieweit sich die in der Devisenbilanz dargestellte Zahlungsbilanzabweichung auf die Geldmenge von In- und Ausland auswirkt. Zum einen muss bekannt sein, wie die Last des Zahlungsbilanzausgleichs auf die Zentralbanken aufgeteilt ist, d.h. in welchen Teilen die Finanzierungslücke durch inländische und ausländische Zentralbankinterventionen gedeckt wird. Diese Aufteilung hängt von verschiedenen Faktoren ab, beispielsweise von den makroökonomischen Zielen der Zentralbanken und von institutionellen Regelungen über die Interventionen (die weiter unten in diesem Kapitel behandelt werden). Zum anderen neutralisieren die Zentralbanken bisweilen auch mit dem Ziel, den geldpolitischen Effekten von Reserveänderungen entgegenzuwirken. Und schließlich tragen, wie in Kapitel 12 festgestellt, einige Zentralbanktransaktionen zwar indirekt zur Finanzierung des Zahlungsbilanzdefizits eines anderen Landes bei, tauchen aber in dessen offiziellen Zahlungsbilanzstatistiken nicht auf. Dennoch können sich solche Transaktionen auf die geldpolitischen Verbindlichkeiten der sie ausführenden Zentralbank auswirken.

17.3 Wie die Zentralbank den Wechselkurs fixiert

Nachdem wir nun wissen, wie Devisenmarkttransaktionen der Zentralbank die Geldmenge beeinflussen, können wir uns der Frage zuwenden, wie eine Zentralbank durch Devisenmarktinterventionen den Wechselkurs fixiert.

Um den Wechselkurs konstant zu halten, muss eine Zentralbank jederzeit bereit sein, im Handel mit privaten Devisenmarktteilnehmern Währungen zum festgesetzten Wechselkurs zu kaufen oder zu verkaufen. Um den Dollar auf einen Yen-Dollar-Wechselkurs von ¥120 pro Dollar zu fixieren, muss die japanische Zentralbank bereit sein, mit ihren Dollarreserven in jeder vom Markt gewünschten Menge Yen zum Preis von ¥120 pro Dollar zu kaufen. Außerdem muss sie bereit sein, jede vom Markt gewünschte Menge Dollarreserven zu diesem Wechselkurs gegen Yen zu verkaufen. Wenn die japanische Zentralbank solche Angebots- oder Nachfrageüberschüsse für den Yen nicht durch Marktinterventionen beseitigen würde, dann müsste das Gleichgewicht über Wechselkursänderungen wiederhergestellt werden.

Die Zentralbank kann den Wechselkurs nur dann fix halten, wenn ihre finanziellen Transaktionen gewährleisten, dass die Vermögensmärkte bei dem festgelegten Wechselkursniveau im Gleichgewicht bleiben. Wir verdeutlichen das Verfahren zur Aufrechterhaltung des Vermögensmarktgleichgewichts anhand des in früheren Kapiteln erläuterten Modells des simultanen Devisen- und Geldmarktgleichgewichts.

17.3.1 Das Devisenmarktgleichgewicht bei festem Wechselkurs

Untersuchen wir als Erstes, wie das Devisenmarktgleichgewicht aufrechterhalten werden kann, wenn die Zentralbank den Wechselkurs dauerhaft auf das Niveau E^0 festsetzt. Der Devisenmarkt befindet sich im Gleichgewicht, wenn die Zinsparität erfüllt ist, d.h. wenn der Inlandszinssatz, R, gleich dem Auslandszinssatz, R^*, plus der erwarteten Abwertungsrate der Inlandswährung gegenüber der Auslandswährung, $(E^e - E)/E$, ist. Wenn der

Wechselkurs jedoch auf E^0 festgelegt ist und die Marktteilnehmer auch für die Zukunft von diesem Zustand ausgehen, dann ist die erwartete Abwertungsrate der Inlandswährung gleich Null. Die Zinsparität impliziert daher, dass E^0 nur dann der heutige Gleichgewichtswechselkurs sein kann, wenn

$$R = R*.$$

Da die Devisenmarktteilnehmer keine Wechselkursänderung erwarten, halten sie nur dann bereitwillig das Angebot an inländischen und ausländischen Währungseinlagen, wenn diese dieselbe Verzinsung versprechen.[5]

Um bei einer dauerhaften Festlegung des Wechselkurses auf E^0 das Gleichgewicht auf dem Devisenmarkt zu gewährleisten, muss die Zentralbank daher dafür sorgen, dass R gleich $R*$ ist. Da der Inlandszinssatz durch die Interaktion von realer Geldnachfrage und realem Geldangebot bestimmt wird, müssen wir uns nun dem Geldmarkt zuwenden, um unsere Analyse der Wechselkursfestlegung zu vervollständigen.

17.3.2   Das Geldmarktgleichgewicht bei festem Wechselkurs

Um den Inlandszinssatz bei $R*$ zu halten, muss die Zentralbank durch eine Devisenmarktintervention die Geldmenge so anpassen, dass R* die aggregierte reale inländische Geldnachfrage und das reale Geldangebot zum Ausgleich bringt:

$$M^S/P = L(R*, Y)$$

Bei gegebenen P und Y geht aus dieser Gleichgewichtsbedingung hervor, wie hoch das Geldangebot sein muss, wenn ein dauerhaft fester Wechselkurs bei einem Auslandszinssatz $R*$ mit dem Vermögensmarktgleichgewicht konsistent ist.

Wenn die Zentralbank interveniert, um den Wechselkurs fix zu halten, muss sie *automatisch* die inländische Geldmenge anpassen, sodass das Geldmarktgleichgewicht bei $R = R*$ erhalten bleibt. Betrachten wir ein Beispiel, um uns diesen Vorgang zu vergegenwärtigen. Die Zentralbank habe E auf E^0 festgelegt und die Devisenmärkte befinden sich zunächst im Gleichgewicht. Plötzlich steigt die Produktion. *Unter der Voraussetzung*, dass die Marktteilnehmer auch für die Zukunft von E^0 ausgehen, besteht eine notwendige Bedingung für die Aufrechterhaltung des festen Wechselkurses E^0 darin, dass die Zentralbank bei diesem Kurs das heutige Vermögensmarktgleichgewicht wiederherstellt. Wir stellen die Frage also folgendermaßen: *Welche geldpolitischen Maßnahmen halten den aktuellen Wechselkurs bei gegebenen unveränderten Zukunftserwartungen konstant?*

---

[5]   Selbst wenn ein Wechselkurs heute auf ein bestimmtes Niveau festgelegt ist, können die Marktteilnehmer davon ausgehen, dass die Zentralbank dies ändern wird. In solchen Situationen muss der Inlandszinssatz gleich dem Auslandszinssatz plus (wie üblich) der erwarteten Abwertungsrate der Inlandswährung sein, damit der Devisenmarkt im Gleichgewicht bleibt. Auf eine solche Situation kommen wir weiter unten in diesem Kapitel zurück, vorerst nehmen wir jedoch an, dass keine Änderung des Wechselkurses seitens der Zentralbank erwartet wird.

Eine Produktionsausdehnung hebt die Nachfrage nach inländischem Geld, und diese gesteigerte Geldnachfrage würde normalerweise den Inlandszinssatz nach oben treiben. Um die Aufwertung der Inlandswährung zu verhindern, die sich in diesem Fall einstellen müsste (da die Wechselkurserwartungen unverändert von E^0 ausgehen), muss die Zentralbank in den Devisenmarkt intervenieren und ausländische Vermögenswerte erwerben. Dieser Kauf beseitigt den Nachfrageüberschuss nach inländischem Geld, weil die Zentralbank Geld ausgibt, um die von ihr erworbenen Auslandsaktiva zu bezahlen. Die Bank erhöht auf diese Weise automatisch so lange das Geldangebot, bis die Vermögensmärkte bei $E = E^0$ und $R = R^*$ wieder geräumt werden.

Kann die Zentralbank den Wechselkurs auch dann bei E^0 halten, wenn sie im Falle einer Produktionsausdehnung *keine* Auslandsaktiva kauft, sondern stattdessen die Geldmenge konstant hält? Die Antwort lautet Nein. Wenn die Zentralbank die durch den Produktionsanstieg ausgelöste zusätzliche Geldnachfrage nicht befriedigen würde, dann würde der Inlandszinssatz nach und nach über den Auslandszinssatz, R^*, steigen, um den inländischen Geldmarkt auszugleichen. Die Devisenhändler, denen (bei gegebenen Erwartungen) die höhere Verzinsung inländischer Währungseinlagen nicht entgeht, würden durch eine erhöhte Nachfrage den Preis der Inlandswährung gemessen in Auslandswährung nach oben treiben. Ohne eine Zentralbankintervention würde der Wechselkurs folglich unter E^0 sinken. Um diese Aufwertung zu verhindern, muss die Bank Inlandswährung verkaufen und Auslandswährung kaufen, denn damit erhöht sie das Geldangebot und verhindert, dass eine erhöhte Geldnachfrage den Inlandszinssatz über das Niveau von R^* treibt.

17.3.3   Die Analyse anhand eines Schaubilds

Der oben beschriebene Mechanismus zur Festlegung der Wechselkurse kann mit Hilfe eines in früheren Kapiteln entwickelten Schaubilds dargestellt werden. Abbildung 17.1 zeigt das simultane Gleichgewicht des Devisen- und des Geldmarkts bei einem festen Wechselkurs E^0, der auch für die Zukunft in gleicher Höhe erwartet wird.

Das Geldmarktgleichgewicht befindet sich ursprünglich an Punkt 1 im unteren Teil der Abbildung. Das Schaubild zeigt, dass bei einem gegebenen Preisniveau P und einem gegebenen Nationaleinkommensniveau Y^1 das Geldangebot gleich M^1 sein muss, wenn der Inlandszinssatz gleich dem Auslandszinssatz R^* ist. Der obere Teil der Abbildung zeigt das Gleichgewicht des Devisenmarkts bei Punkt 1'. Wenn der erwartete zukünftige Wechselkurs bei E^0 liegt, ist die Zinsparität bei $R = R^*$ nur dann erfüllt, wenn der heutige Wechselkurs ebenfalls gleich E^0 ist.

Um zu sehen, wie die Zentralbank auf makroökonomische Veränderungen reagieren muss, um den Wechselkurs dauerhaft bei E^0 zu halten, soll erneut das Beispiel einer Nationaleinkommenserhöhung herangezogen werden. Ein Einkommensanstieg (von Y^1 auf Y^2) hebt bei jedem Zinssatz die Nachfrage nach realer Kassenhaltung und verschiebt dadurch die Kurve der aggregierten Geldnachfrage in Abbildung 17.1 nach unten. Wie oben festgestellt, besteht eine notwendige Bedingung für die Aufrechterhaltung des festen Wechselkurses in der Wiederherstellung des *heutigen* Vermögensmarktgleichgewichts, da E^0 unverändert der erwartete zukünftige Wechselkurs ist. Wir können also davon ausgehen, dass sich die Lage der fallenden Kurve im oberen Teil der Abbildung nicht ändert.

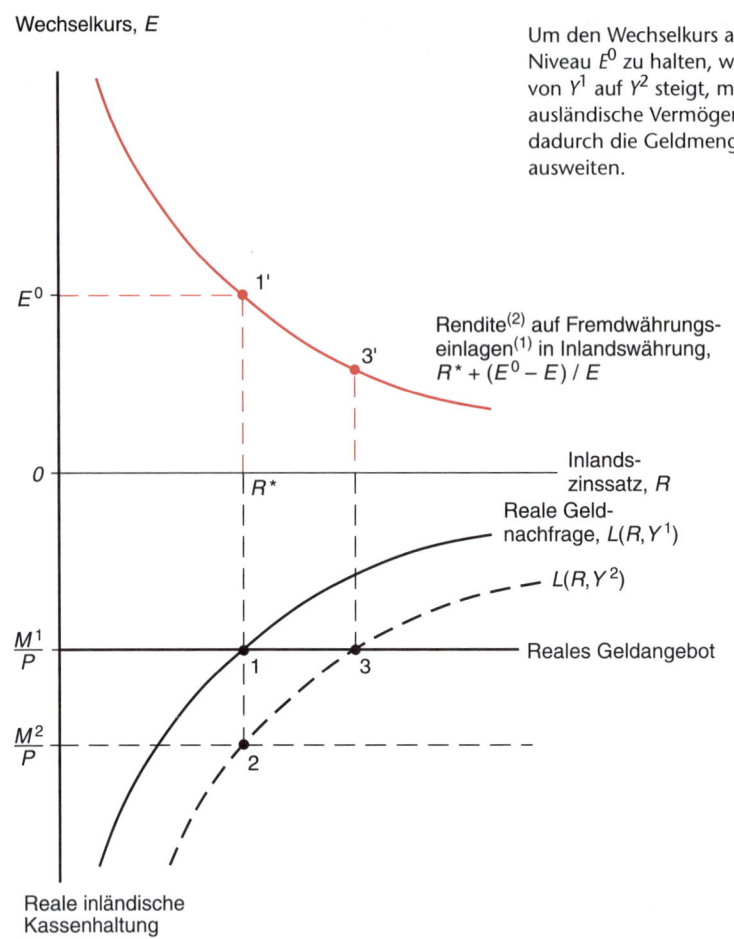

Wechselkurs, *E*

Um den Wechselkurs auf dem festen Niveau E^0 zu halten, wenn die Produktion von Y^1 auf Y^2 steigt, muss die Zentralbank ausländische Vermögenswerte kaufen und dadurch die Geldmenge von M^1 auf M^2 ausweiten.

E^0

1'

3'

Rendite$^{(2)}$ auf Fremdwährungs-einlagen$^{(1)}$ in Inlandswährung,
$R^* + (E^0 - E)\,/\,E$

0

R^*

Inlands-zinssatz, *R*

Reale Geld-nachfrage, $L(R,Y^1)$

$L(R,Y^2)$

$\dfrac{M^1}{P}$

1   3

Reales Geldangebot

$\dfrac{M^2}{P}$

2

Reale inländische
Kassenhaltung

Abbildung 17.1:   **Vermögensmarktgleichgewicht bei einem festen Wechselkurs E^0**

Wenn die Zentralbank nichts unternehmen würde, dann käme das neue Geldmarktgleichgewicht an Punkt 3 zustande. Da der Inlandszinssatz an Punkt 3 über R^* liegt, müsste die Währung aufwerten, um den Devisenmarkt an Punkt 3' ins Gleichgewicht zu bringen.

Die Zentralbank kann diese Aufwertung der Inlandwährung nicht zulassen, wenn sie den Wechselkurs fixiert hat, und wird folglich ausländische Vermögenswerte kaufen. Wie wir gesehen haben, geht die Zunahme der Auslandsaktiva im Besitz der Zentralbank mit einer Ausdehnung der inländischen Geldmenge einher. Die Zentralbank wird so lange ausländische Vermögenswerte kaufen, bis die inländische Geldmenge auf M^2 angewachsen ist. Im daraus folgenden Geldmarktgleichgewicht (Punkt 2 der Abbildung) ist der Inlandszinssatz wieder gleich R^*. Angesichts dieses Inlandszinssatzes verbleibt das Devisenmarktgleichgewicht an Punkt 1', an dem der Gleichgewichtswechselkurs nach wie vor E^0 beträgt.

17.4 Stabilisierungspolitik bei einem festen Wechselkurs

Nachdem wir nun wissen, wie die Zentralbank den Wechselkurs vermittels Devisenmarktinterventionen festlegt, können wir die Wirkungsweise verschiedener makroökonomischer Eingriffe analysieren. Dieser Abschnitt stellt drei Möglichkeiten vor: geldpolitische Maßnahmen, fiskalpolitische Maßnahmen und eine abrupte Änderung des festen Wechselkursniveaus, E^0.

Die im letzten Kapitel behandelten politischen Stabilisierungsmaßnahmen entfalten eine verblüffend andere Wirkung, wenn die Zentralbank den Wechselkurs selbst festlegt, anstatt seine Bestimmung dem Devisenmarkt zu überlassen. Indem die Zentralbank den Wechselkurs festlegt, verzichtet sie auf die Fähigkeit, die Konjunktur durch geldpolitische Maßnahmen zu beeinflussen. Doch dafür wird die Fiskalpolitik zu einem umso effektiveren Instrument zur Beeinflussung von Produktion und Beschäftigung.

Wie im vorherigen Kapitel beschreiben wir das kurzfristige wirtschaftliche Gleichgewicht anhand des *DD-AA*-Modells. Wie Sie bereits wissen, zeigt die *DD*-Kurve diejenigen Kombinationen von Wechselkurs und Produktion an, bei denen sich der Gütermarkt im Gleichgewicht befindet. Auf der *AA*-Kurve liegen diejenigen Kombinationen von Wechselkurs und Produktion, bei denen sich die Vermögensmärkte im Gleichgewicht befinden, und das kurzfristige Gleichgewicht der Volkswirtschaft insgesamt liegt im Schnittpunkt von *DD* und *AA*. Um das Modell auf den Fall eines dauerhaft festgelegten Wechselkurses anzuwenden, gehen wir von der zusätzlichen Annahme aus, dass der erwartete zukünftige Wechselkurs, E^e, gleich E^0 ist, den die Zentralbank aufrechterhält.

17.4.1 Geldpolitik

Abbildung 17.2 zeigt das kurzfristige Gleichgewicht der Volkswirtschaft an Punkt 1, wenn die Zentralbank den Wechselkurs auf das Niveau E^0 festlegt. An Punkt 1 ist die Produktion gleich Y^1, und wie bereits im letzten Abschnitt befindet sich die Geldmenge auf dem Niveau, auf dem der inländische Geldmarkt bei einem Inlandszinssatz, der gleich dem Auslandszinssatz (R^*) ist, geräumt wird. Nun beschließe die Zentralbank, die eine Produktionserhöhung erreichen möchte, die Geldmenge durch den Kauf inländischer Forderungen zu erhöhen.

Bei einem schwankenden Wechselkurs würde die Vermehrung der Inlandsaktiva im Besitz der Zentralbank die ursprüngliche Vermögensmarktkurve AA^1 nach rechts zu AA^2 verschieben. Das Ergebnis wäre ein neues Gleichgewicht an Punkt 2 und eine Abwertung der Währung. Um diese Abwertung zu verhindern und den Wechselkurs bei E^0 zu halten, verkauft die Zentralbank auf dem Devisenmarkt Auslandsaktiva gegen inländisches Geld. Das Geld, das die Bank erhält, wird der umlaufenden Geldmenge entzogen, und infolge dieses Rückgangs der inländischen Geldmenge kehrt das Vermögensmarktgleichgewicht auf seinen Ausgangsstand zurück. Erst wenn die Geldmenge auf ihr ursprüngliches

Niveau zurückgekehrt ist, sodass die Vermögensmarktkurve wieder AA^1 ist, steht der Wechselkurs nicht länger unter Druck. Der Versuch, die Geldmenge bei einem festen Wechselkurs zu erhöhen, belässt die Volkswirtschaft also in ihrem Ausgangsgleichgewicht (Punkt 1). *Unter Bedingungen eines festen Wechselkurses kann die Zentralbank die Geldmenge und die Produktionsmenge nicht mit geldpolitischen Instrumenten beeinflussen.*

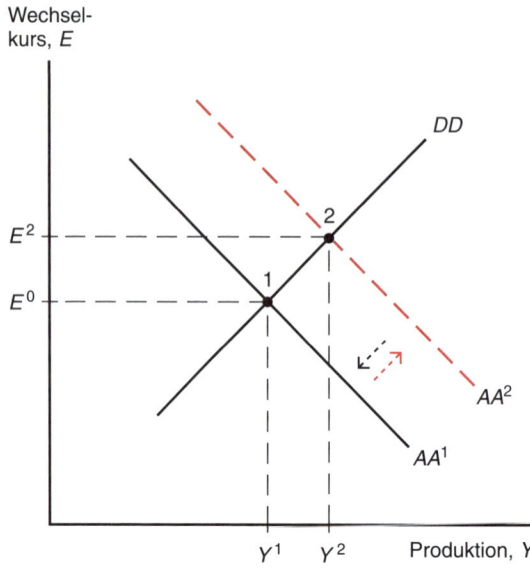

Wechsel-
kurs, E

DD

E^2

2

1

E^0

AA^2

AA^1

Y^1 Y^2 Produktion, Y

Das ursprüngliche Gleichgewicht befindet sich an Punkt 1, bei dem die Güter- und Vermögensmärkte bei einem festen Wechselkurs E^0 und einer Produktionsmenge Y^1 simultan geräumt werden. Die Zentralbank möchte die Produktion steigern und erhöht daher durch den Kauf inländischer Vermögenswerte die Geldmenge, sodass AA^1 nach AA^2 verschoben wird. Weil die Zentralbank allerdings E^0 aufrechterhalten muss, ist sie gezwungen, ausländische Vermögenswerte gegen inländische Währung zu verkaufen. Diese Maßnahme senkt unmittelbar die Geldmenge und verschiebt AA^2 zurück nach AA^1. Das Gleichgewicht der Volkswirtschaft verbleibt daher an Punkt 1 und die Produktion verbleibt unverändert bei Y^1.

Abbildung 17.2:   **Unter der Bedingung eines festen Wechselkurses bleibt eine Ausdehnung der Geldmenge wirkungslos**

Dieser Befund unterscheidet sich grundlegend von unserer Erkenntnis aus Kapitel 16, dass die Zentralbank mit Hilfe geldpolitischer Maßnahmen bei einem schwankenden Wechselkurs die Geldmenge und die Produktion erhöhen kann. Wie kommt es zu diesem Unterschied? Indem die Zentralbank bei einem schwankenden Wechselkurs inländische Vermögenswerte kauft, verursacht sie zunächst ein Überangebot an inländischem Geld, das den Inlandszinssatz drückt und zugleich die Währung schwächt. Bei einem festen Wechselkurs wird die Zentralbank dagegen jeder Abwertungstendenz der Währung entgegenwirken, indem sie ausländische Vermögenswerte gegen inländisches Geld verkauft und damit den Geldangebotsüberschuss, den sie durch ihre politische Maßnahme zunächst ausgelöst hat, wieder beseitigt. Da jede auch noch so geringe Ausdehnung der inländischen Geldmenge eine Abwertung der Inlandswährung auslösen wird, muss die Zentralbank so lange ausländische Vermögenswerte verkaufen, bis die Geldmenge auf ihr Ausgangsniveau zurückgekehrt ist. Am Ende wird der Zuwachs an inländischen Vermögenswerten im Besitz der Zentralbank durch eine Reduzierung ihrer offiziellen Währungsreserven in gleicher Höhe ausgeglichen. Entsprechend würde der Versuch, die Geldmenge durch den Verkauf inländischer Vermögenswerte zu senken, zu einer *Erhöhung* der Währungsreserven in gleichem Umfang führen, die am Ende eine Änderung der

Geldmenge verhindern würde. Unter der Bedingung fester Wechselkurse kann die Geldpolitik ausschließlich die Währungsreserven beeinflussen.

Mit der Festlegung des Wechselkurses büßt die Zentralbank also die Fähigkeit ein, geldpolitische Maßnahmen zum Zweck der makroökonomischen Stabilisierung einzusetzen. Das
zweite wichtige Stabilisierungsinstrument des Staates, die Fiskalpolitik, ist allerdings bei
einem festen Wechselkurs weitaus effizienter als unter einem schwankenden Wechselkurs.

17.4.2   Fiskalpolitik

Abbildung 17.3 illustriert die Wirkungen einer expansiven Fiskalpolitik bei einem
ursprünglichen Gleichgewicht in Punkt 1. Wie wir in Kapitel 16 sahen, verschiebt die fiskalische Expansion die Gütermarktgleichgewichtskurve nach rechts. DD^1 wird also nach
DD^2 verschoben. Wenn die Zentralbank von jeglicher Devisenmarktintervention absehen
würde, dann würde die Produktion auf Y^2 steigen und der Wechselkurs infolge einer Erhöhung des Inlandszinssatzes auf E^2 fallen (was einer Währungsaufwertung entspricht).

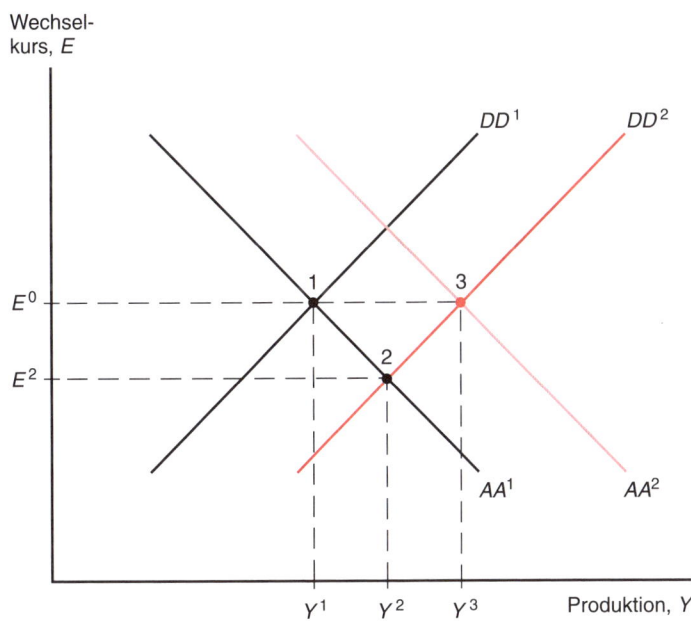

Durch die fiskalische
Expansion (ange-
zeigt durch die Ver-
schiebung von DD^1
nach DD^2) und die
damit einhergehende
Intervention (die Ver-
schiebung von AA^1
nach AA^2) wird das
wirtschaftliche
Gleichgewicht von
Punkt 1 nach Punkt 3
verlagert.

Abbildung 17.3:   Fiskalische Expansion unter den Bedingungen eines festen Wechselkurses

Wie hält die Zentralbankintervention nach der fiskalischen Expansion den Wechselkurs
auf einem festen Niveau? Dieser Vorgang wurde bereits in Abbildung 17.1 aufgezeigt. In
der Ausgangslage besteht ein Nachfrageüberschuss nach Geld, weil die Produktionsausdehnung die Geldnachfrage hebt. Um zu verhindern, dass diese überhöhte Geldnachfrage
den Inlandszinssatz nach oben treibt und zur Aufwertung der Währung führt, muss die
Zentralbank gegen eigenes Geld ausländische Vermögenswerte kaufen und dadurch die

Geldmenge erhöhen. In Bezug auf Abbildung 17.3 bedeutet dies, dass die Intervention den Wechselkurs bei E^0 hält, indem AA^1 nach rechts zu AA^2 verschoben wird. Im neuen Gleichgewicht (Punkt 3) ist die Produktion gegenüber der Ausgangslage erhöht, der Wechselkurs ist unverändert und die offiziellen Währungsreserven (sowie die Geldmenge) sind ebenfalls erhöht.

Im Gegensatz zur Geldpolitik ist die Fiskalpolitik geeignet, unter den Bedingungen eines festen Wechselkurses die Produktion zu beeinflussen. Sie lässt sich zu diesem Zweck sogar wirkungsvoller einsetzen als unter einem schwankenden Wechselkurs! Bei einem schwankenden Wechselkurs geht die fiskalische Expansion mit einer Aufwertung der Inlandswährung einher, die inländische Güter und Dienstleistungen verteuert und dadurch dem direkten Effekt auf die volkswirtschaftliche Gesamtnachfrage entgegenwirkt. Um eine solche Aufwertung zu verhindern, ist eine den Wechselkurs fixierende Zentralbank gezwungen, die Geldmenge durch den Kauf ausländischer Währungen zu erhöhen. Der zusätzliche expansive Effekt dieser unfreiwilligen Ausdehnung der Geldmenge erklärt, weshalb ein fester Wechselkurs die Wirksamkeit fiskalpolitischer Maßnahmen erhöht.

17.4.3   Änderungen des Wechselkurses

Ein Land, das den Wechselkurs seiner Währung festlegt, beschließe eine unvermittelte Änderung des Werts der eigenen Währung in Auslandswährung. Eine Devalvation oder politisch administrierte **Abwertung** bedeutet, dass die Zentralbank den Preis der Inlandswährung in Auslandswährung, E, erhöht. Eine Revalvation oder politisch administrierte **Aufwertung**[6] bedeutet, dass die Zentralbank E senkt. Die Zentralbank kann eine Ab- oder Aufwertung ganz einfach dadurch herbeiführen, dass sie ihre Bereitschaft erklärt, zum neuen Wechselkurs in beliebiger Menge inländische gegen ausländische Währung einzutauschen.[7]

Abbildung 17.4 zeigt die Wirkung einer Abwertung auf die Volkswirtschaft. Ein Anstieg des festen Wechselkursniveaus, von E^0 auf E^1, verbilligt inländische Güter und Dienstleistungen im Verhältnis zu ausländischen (vorausgesetzt, dass P und P^* in kurzer Frist fix sind.) Die Produktion wandert daher auf das höhere Niveau Y^2, das durch Punkt 2 auf der DD-Kurve angezeigt wird. Punkt 2 liegt allerdings nicht auf der ursprünglichen Vermögensmarktkurve AA^1. An Punkt 2 besteht zunächst ein Nachfrageüberschuss nach Geld, weil die Produktionsausdehnung mit vermehrten Transaktionen verbunden ist. Diese überhöhte Geldnachfrage würde den Inlandszinssatz über den Weltzinssatz treiben,

---

[6]   Der deutsche Sprachgebrauch kennt nicht die englische Unterscheidung zwischen depreciation und devaluation bzw. appreciation und revaluation, dennoch werden wir die im Deutschen gängigen, jedoch ungenauen Begriffe Abwertung und Aufwertung verwenden, in der Hoffnung, dass sich ihre Bedeutung jeweils aus dem Kontext fester oder flexibler Wechselkurse ergibt.

[7]   Man beachte den Unterschied zwischen einer Ab- oder Aufwertung, die unter Bedingungen eines Festkurssystems durch aktive Maßnahmen seitens der Zentralbank herbeigeführt wird, und der Bildung des Wechselkurses am Markt unter einem System flexibler Wechselkurse, bei der die Währung ohne Zutun der politischen Akteure aufwertet oder abwertet.

wenn die Zentralbank nicht auf dem Devisenmarkt intervenieren würde. Um den Wechselkurs auf seinem neuen festen Niveau E^1 zu halten, muss die Zentralbank daher Auslandsaktiva kaufen und dadurch die Geldmenge so lange ausdehnen, bis die Vermögensmarktkurve bei AA^2 angelangt ist und durch Punkt 2 verläuft. Die Abwertung führt folglich zu einer Produktionsausdehnung, einer Zunahme der offiziellen Reserven und einer Ausweitung der Geldmenge. In der Zahlungsbilanz steht dem Anstieg der Währungsreserven der Zentralbank (einem offiziellen Kapitalabfluss) der Zufluss privaten Kapitals gegenüber.[8]

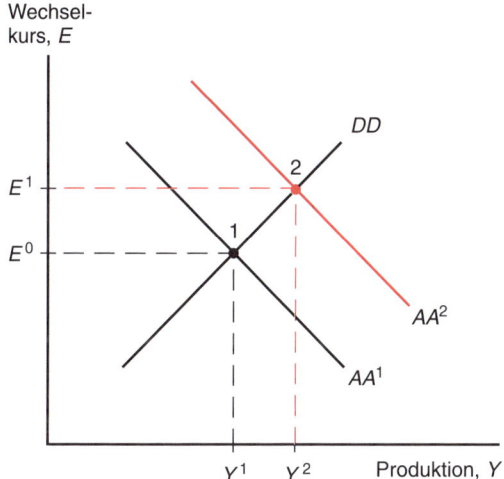

Wenn eine Währung von E^0 auf E^1 abgewertet wird, wandert das Gleichgewicht der Volkswirtschaft von Punkt 1 nach Punkt 2, da sowohl die Produktion als auch die Geldmenge zunehmen.

Abbildung 17.4: Wirkung einer politisch administrierten Währungsabwertung

Aus den Wirkungen der Währungsabwertung sind die drei wichtigsten Gründe ersichtlich, aus denen sich Regierungen bisweilen zu dieser Maßnahme entschließen. Erstens ermöglicht die Abwertung dem Staat die Bekämpfung der inländischen Arbeitslosigkeit auch ohne eine effektive Geldpolitik. Wenn beispielsweise Staatsausgaben und Haushaltsdefizite auf politischen Widerstand stoßen oder wenn die Gesetzgebungsverfahren langwierig sind, erscheint eine Abwertung womöglich als bequemstes Mittel zur Förderung der gesamtwirtschaftlichen Nachfrage. Ein zweiter Grund für Abwertungen ist die dadurch erzielte Verbesserung der Leistungsbilanz, die der Regierung eventuell wün-

---

[8] Nach der Abwertung der Inlandswährung erwarten die Marktteilnehmer für die Zukunft einen neuen, erhöhten Wechselkurs. Allein diese Erwartungsänderung verschiebt AA^1 nach rechts, doch ohne eine Intervention der Zentralbank reicht dieser Effekt nicht aus, um AA^1 bis nach AA^2 zu verschieben. An Punkt 2 ist wie an Punkt 1 $R = R^*$, wenn der Devisenmarkt geräumt wird. Weil jedoch die Produktion an Punkt 2 höher ist als an Punkt 1, ist an ersterem die Geldnachfrage ebenfalls höher. Bei fixem P ist daher eine Geldmengenausweitung notwendig, um Punkt 2 in Einklang mit dem Geldmarktgleichgewicht, d.h. auf die neue AA-Kurve zu bringen. Zentralbankankäufe von Auslandsaktiva sind daher ein notwendiger Bestandteil der Anpassung der Volkswirtschaft an ihren neuen Gleichgewichtswechselkurs.

schenswert erscheint. Das dritte Motiv hinter Abwertungen ist ihre Wirkung auf die Währungsreserven der Zentralbank. Wenn diese zur Neige gehen, können sie mit Hilfe einer plötzlichen, einmaligen Abwertung wieder aufgefüllt werden.[9]

17.4.4   Anpassung an Veränderungen der Fiskalpolitik und des Wechselkurses

Dauerhafte Änderungen der Fiskalpolitik und des Wechselkurses, die eine ursprünglich gegebene Vollbeschäftigung beeinträchtigen, führen schließlich zu einer Veränderung des inländischen Preisniveaus, das die Vollbeschäftigung wiederherstellt. Zum Verständnis dieses dynamischen Prozesses erläutern wir die Anpassung der Volkswirtschaft an eine fiskalische Expansion und eine daraus folgende Abwertung.

Wenn in der Ausgangslage Vollbeschäftigung herrscht, steigert die fiskalische Expansion die Produktion, und mit dieser Produktionsausdehnung über das Vollbeschäftigungsniveau hinaus setzt ein Anstieg des inländischen Preisniveaus P ein. Mit steigendem P verteuern sich die inländischen Güter, sodass die gesamtwirtschaftliche Nachfrage zu sinken beginnt und die Produktion auf ihr ursprüngliches Vollbeschäftigungsniveau zurückkehrt. Sobald dieses Niveau erreicht ist, endet der Druck zur Erhöhung des Preisniveaus. In kurzer Frist kommt es zu keiner realen Aufwertung, wie sie im Falle eines schwankenden Wechselkurses eintreten würde. Doch unabhängig davon, ob der Wechselkurs schwankend oder fest ist, wertet er real *in langer Frist* im selben Umfang auf.[10] Im hier besprochenen Fall nimmt die reale Aufwertung (ein Sinken von EP^*/P) die Form eines Anstiegs von P, und nicht eines Sinkens von E an.

Auf den ersten Blick scheint die langfristige Preisniveauerhöhung, die durch eine fiskalische Expansion bei festen Wechselkursen bewirkt wird, der Schlussfolgerung aus Kapitel 14 zu widersprechen, wonach sich das Preisniveau und die Geldmenge bei gegebenem Produktionsniveau und gegebenem Zinssatz langfristig im gleichen Verhältnis ändern. Doch in Wirklichkeit besteht kein Widerspruch, weil die fiskalische Expansion *tatsächlich* die Geldmenge erhöht, indem sie die Zentralbank zur Devisenmarktintervention zwingt. Um den Wechselkurs während des Anpassungsprozesses zu fixieren, muss die Zentralbank durch eine Intervention die Geldmenge proportional zu dem langfristigen Anstieg von P erhöhen.

Die Anpassung an eine Abwertung verläuft ähnlich. Da eine Abwertung die langfristigen Nachfrage- und Angebotsverhältnisse auf dem Gütermarkt nicht ändert, erhöht sie das

---

[9]   Weil eine unerwartete Abwertung den Wert der Verbindlichkeiten des Staates gegenüber dem Privatsektor in Fremdwährung gemessen senkt, wird der unmittelbare Reservenzuwachs der Zentralbank im Wesentlichen durch eine überraschende Besteuerung der Halter von Staatspapieren und Geld finanziert.

[10] Der Grund liegt darin, dass für den langfristigen Gleichgewichtswechselkurs, EP^*/P, in beiden Fällen die Gleichung $Y^f = D(EP^*/P, Y^f - T, I, G)$ erfüllt sein muss, wobei Y^f, wie in Kapitel 16, das Produktionsniveau bei Vollbeschäftigung ist.

langfristige Preisniveau im gleichen Verhältnis, wie der Wechselkurs steigt. Eine Abwertung unter einem Festkurssystem hat denselben langfristigen Effekt wie eine proportionale Geldmengenausweitung unter einem System schwankender Wechselkurse. Ebenso wie Letztere ist auch die Abwertung eine in langer Frist neutrale politische Maßnahme, weil ihre einzige Wirkung auf das langfristige wirtschaftliche Gleichgewicht in einer proportionalen Erhöhung sämtlicher nominaler Preise und der Geldmenge besteht.

Beispiel 17.1: Fixierung des Wechselkurses als Ausweg aus einer Liquiditätsfalle

Während der lang andauernden Großen Depression der 1930er Jahre sank der Nominalzins in den USA auf Null und das Land fand sich, wie die Ökonomen sagen, in einer *Liquiditätsfalle* wieder. Wie Sie aus Kapitel 13 wissen, stellt Geld den *liquidesten* aller Vermögenswerte dar, der am leichtesten gegen Güter ausgetauscht werden kann. Die Bezeichnung Liquiditätsfalle rührt daher, dass die Zentralbank den Nominalzins, sobald er einmal auf Null gefallen ist, durch keine weitere Erhöhung der Geldmenge (d.h. Steigerung der Liquidität der Volkswirtschaft) mehr senken kann. Der Grund liegt darin, dass bei einem Nominalzins von unter Null die Geldhaltung weitaus attraktiver wäre als die Haltung von Anleihen, an denen sich folglich ein Überangebot einstellen würde. Ein Zinssatz von Null freut zwar die Kreditnehmer, die sich kostenlos Geld ausleihen können, ist aber unangenehm für die Gestalter der makroökonomischen Politik, die sich ihrer Fähigkeit beraubt sehen, die Konjunktur durch eine konventionelle Geldmengenausweitung zu steuern. Wie diese Fallstudie allerdings zeigt, kann ein Staat der Liquiditätsfalle entkommen, wenn er den Wechselkurs seiner Währung auf einem hinreichend tiefen Niveau festlegt.

Die Ökonomen hielten Liquiditätsfallen eigentlich für eine Erscheinung der Vergangenheit, als sich Ende der 1990er Jahre plötzlich Japan in einer solchen Lage wiederfand. Trotz mehrfacher Zinssenkungen seitens der japanischen Zentralbank stagnierte die Konjunktur seit mehr als zehn Jahren. Im Jahr 1999 war es so weit, dass die Zinssätze für kurzfristige Kredite praktisch auf Null gesunken waren. Im November 2001 beispielsweise gab die Bank von Japan als Tagesgeldzinssatz 0,004 Prozent an.

Das Dilemma, vor das die Zentralbank gestellt wird, sobald die Konjunktur durch eine Liquiditätsfalle abgebremst wird, ergibt sich aus der Zinsparität bei einem Inlandszinssatz von $R = 0$:

$$R = 0 = R^* + (E^e - E)/E$$

Nehmen wir einmal an, der erwartete zukünftige Wechselkurs E^e sei fest. Die Zentralbank erhöhe die inländische Geldmenge, um die Währung vorübergehend abzuwerten (d.h. um E momentan zu erhöhen, später aber auf E^e zurückzubringen). Die Zinsparität-Gleichung zeigt, dass E nicht mehr steigen kann, wenn R gleich 0 ist, weil in diesem Fall der Zinssatz einen *negativen* Wert annehmen müsste. Stattdessen bleibt trotz der Geldmengenausweitung der Wechselkurs konstant auf dem Niveau:

$$E = \frac{E^e}{1 - R^*}$$

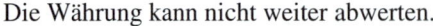

Die Währung kann nicht weiter abwerten.

Wie ist dies möglich? Unsere bisherige Argumentation, dass eine vorübergehende Ausweitung der Geldmenge den Zinssatz senkt (und die Währung abwertet), beruht auf der Annahme, dass die Menschen ihr Vermögen nur dann in Geld halten, wenn die Attraktivität von Anleihen nachlässt. Bei einem Zinssatz von $R = 0$ stehen sie dieser Frage gleichgültig gegenüber – die Verzinsung von Geld und Anleihen ist jeweils Null. Ein Offenmarktankauf von Anleihen gegen Geld lässt die Märkte daher unbeeindruckt: die Menschen akzeptieren das zusätzliche Geld bereitwillig im Tausch gegen ihre Wertpapiere. Der Zinssatz ändert sich nicht und daher bleibt auch der Wechselkurs unverändert. Im Gegensatz zu dem in Kapitel 16 betrachteten Fall zeigt eine Erhöhung der Geldmenge keine Wirkung auf die Konjunktur! Eine Zentralbank, welche die Geldmenge durch den Verkauf von Anleihen immer weiter reduziert, wird den Zinssatz irgendwann mit Erfolg nach oben drücken – ohne eine gewisse Menge Geld kann die Volkswirtschaft nicht funktionieren –, doch diese Möglichkeit ist mitten in einer Rezession nicht empfehlenswert.

Abbildung 17.5 zeigt, wie das AA-DD-Schaubild modifiziert werden kann, um die Gleichgewichtspunkte zu bestimmen, an denen eine Liquiditätsfalle eintreten kann. Die DD-Kurve bleibt unverändert, doch die AA^1-Kurve enthält nun einen flachen Abschnitt, auf dem die Produktion so gering ist, dass der Geldmarkt bei einem Zinssatz $R = 0$ geräumt wird. Der flache Abschnitt von AA zeigt, dass die Währung nicht unter das Niveau $E^e/(1 - R^*)$ abwerten kann. Am Gleichgewichtspunkt 1 steckt die Produktion auf dem Niveau Y^1 fest, das unterhalb des Vollbeschäftigungsniveaus Y^f liegt.

Betrachten wir nun die Wirkung einer Offenmarktexpansion der Geldmenge in dieser eigenartigen Welt mit ihrem Nullzinssatz. Eine solche Maßnahme *verschiebt AA nach rechts*: bei einem unveränderten Wechselkurs steigert eine Ausdehnung der Produktion Y die Geldnachfrage, sodass die Menschen bereit sind, zum unveränderten Zinssatz R ihre Geldhaltung zu vergrößern. Beachten Sie, dass sich infolgedessen der horizontale Abschnitt von AA verlängert. Da mehr Geld im Umlauf ist, können reale Produktion und Geldnachfrage so lange in größerem Maße steigen als zuvor, bis der Nominalzinssatz durch die erhöhte Geldnachfrage in den positiven Bereich gedrückt wird. (Dies führt entlang des fallenden Abschnitts von AA zu einer Währungsaufwertung.) Das verblüffende Resultat besteht darin, dass das Gleichgewicht schlicht an Punkt 1 verbleibt. Die Geldmengenausweitung hat keine Wirkung auf Produktion oder Wechselkurs. In diesem Sinne sitzt die Volkswirtschaft „in der Falle".

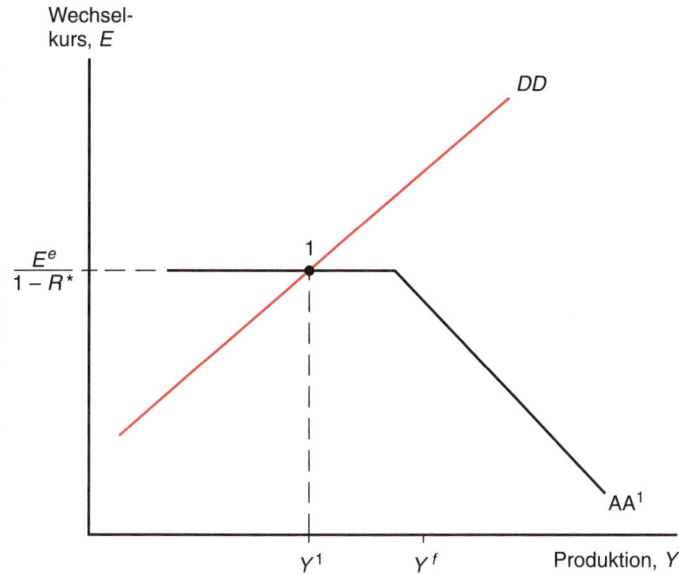

An Punkt 1 befindet sich die Produktion unterhalb des Vollbeschäftigungsniveaus. Da aber die Wechselkurserwartung E^e fest ist, wird eine Geldmengenausweitung lediglich AA^1 nach rechts verschieben und damit das ursprüngliche Gleichgewicht nicht verändern. Der horizontale Abschnitt von AA^1 steht für die Liquiditätsfalle.

Abbildung 17.5:   **Die Liquiditätsfalle bei geringer Produktionsmenge**

Unsere frühere Annahme, dass der erwartete zukünftige Wechselkurs bei E^e festgelegt ist, stellt einen entscheidenden Bestandteil der Liquiditätsfalle dar. Nehmen wir an, dass die Zentralbank glaubwürdig eine *dauerhafte* Ausdehnung der Geldmenge in Aussicht stellen kann, sodass E^e simultan mit der Geldmenge steigt. In diesem Falle wird die *AA*-Kurve sowohl nach oben als auch nach rechts verschoben: Die Produktion wird steigen und die Währung abwerten. Beobachter der japanischen Lage geben jedoch zu bedenken, dass die zuständigen Führungskräfte (genau wie viele Leiter der Zentralbanken in den 1930er Jahren) bekanntlich eine derartige Angst vor Abwertung und Inflation haben, dass die Märkte ihren Versprechungen einer dauerhaften Währungsabwertung keinen Glauben schenken würden. Vielmehr würden sie dahinter die Absicht vermuten, zu einem späteren Zeitpunkt einen höheren Wechselkurs festzulegen, und jede Geldmengenausweitung als vorübergehend behandeln.[11]

---

[11] Diese Argumentation vertritt Paul R. Krugman, „It's Baaack : Japan's Slump and the Return of the Liquidity Trap", in: *Brookings Papers on Economic Activity* 2; 1998, S. 137–205. Siehe auch Ronald McKinnon und Kenichi Ohno, „The Foreign Exchange Origins of Japan's Slump and Low Interest Liquidity Trap", in: *World Economy* 24, März 2001, S. 279–315.

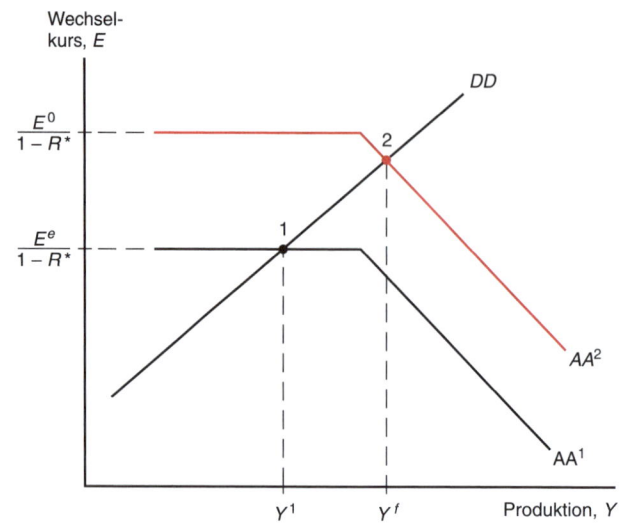

Durch die Festlegung des Wechselkurses auf E^0 verändert die Regierung die Wechselkurserwartungen und verschiebt AA^1 nach AA^2. Auf diesem Wege kann die Volkswirtschaft der Liquiditätsfalle entkommen und zur Vollbeschäftigung zurückkehren.

Abbildung 17.6: Festlegung des Wechselkurses zur Wiederherstellung der Vollbeschäftigung

Einen zuverlässigeren Weg zur Belebung der japanischen Volkswirtschaft entwickelte Lars E. O. Svensson von der Princeton University. Er empfiehlt die Festlegung des Wechselkurses auf ein abgesenktes Niveau, um die Markterwartungen direkter zu steuern. Abbildung 17.6 zeigt Svenssons Ansatz in vereinfachter Form.[12] In dieser Abbildung führt eine dauerhafte Festlegung des Wechselkurses auf das höhere Niveau E^0 zu einer Aufwärtsverschiebung von AA^1 nach AA^2 und verlagert das Gleichgewicht der Volkswirtschaft unmittelbar nach Punkt 2, an dem die Vollbeschäftigung wiederhergestellt wird. Beachten Sie, dass in dieser Abbildung Punkt 2 auf dem fallenden Abschnitt der neuen AA-Kurve liegt, sodass der Nominalzins R sogar steigt. Doch auch die Produktion nimmt zu, da die Währungsabwertung die Weltnachfrage zugunsten japanischer Produkte verschiebt, sodass die politische Maßnahme dennoch eine expansive Wirkung entfaltet.[13]

Wird sich Japan einen solchen Plan zu eigen machen? Die Alternative dazu ist eine lange Deflationsperiode, die zu einer äquivalenten realen Währungsabwertung führt. Da Japans Probleme nicht nur ökonomischer, sondern auch politischer Natur sind, lässt sich schwer vorhersagen, ob und wann das Land aus seiner Liquiditätsfalle herausfinden wird.

---

[12] Eine ausführlichere Darstellung finden Sie in Svenssons Artikel, „How Japan Can Recover", in: *Financial Times*, 25. September 2001.

[13] Eine Abwertung würde im Allgemeinen von einer Änderung der nominalen Geldmenge begleitet, die mit der Festschreibung des Wechselkurses endogen würde. Da die in Abbildung 17.6 gezeigte politische Maßnahme simultan den Nominalzinssatz und die Produktion hebt, lässt sich nicht vorhersagen, ob die Geldmenge steigen oder sinken wird. In ersterem Fall wird der vertikale Abschnitt von AA verlängert, in letzterem verkürzt.

17.5   Zahlungsbilanzkrisen und Kapitalflucht

Bisher gingen wir davon aus, dass ein fester Wechselkurs in den Erwartungen der Devisenmarktteilnehmer für unbegrenzte Zeit auf seinem Niveau bleibt. In vielen praktischen Situationen will oder kann die Zentralbank den aktuellen festen Wechselkurs allerdings nicht aufrechterhalten. Mögliche Gründe hierfür wären beispielsweise, dass ihre Währungsreserven knapp werden oder dass sie einer hohen Arbeitslosigkeit im eigenen Land gegenübersteht. Weil die Marktteilnehmer wissen, dass die Zentralbank auf solche Situationen möglicherweise mit einer Abwertung der Währung reagiert, wäre es unvernünftig, wenn sie den aktuellen Wechselkurs als für alle Zeiten gegeben voraussetzen würden.

Die Erwartung des Marktes, dass eine Wechselkursänderung unmittelbar bevorsteht, ruft eine **Zahlungsbilanzkrise** hervor, d.h. eine abrupte Änderung der offiziellen Währungsreserven, die durch Erwartungsänderungen hinsichtlich des zukünftigen Wechselkurses ausgelöst wird. In diesem Abschnitt untersuchen wir anhand unseres Modells des Vermögensmarktgleichgewichts, wie unter festen Wechselkursen eine Zahlungsbilanzkrise entstehen kann.

Abbildung 17.7 zeigt die Vermögensmarktgleichgewichte an Punkt 1 (Geldmarkt) und Punkt 1' (Devisenmarkt), wobei der Wechselkurs bei E^0 festgelegt ist und den Erwartungen zufolge zeitlich unbegrenzt auf diesem Niveau verbleiben wird. M^1 ist die mit diesem Ausgangsgleichgewicht konsistente Geldmenge. Nun löse beispielsweise eine plötzliche Verschlechterung der Leistungsbilanz auf dem Devisenmarkt die Erwartung aus, dass die Regierung die Währung in Zukunft abwerten und einen neuen fixen Wechselkurs E^1 festlegen wird, der oberhalb des gegenwärtigen Niveaus E^0 liegt. Der obere Teil der Abbildung zeigt diese Erwartungsänderung als Rechtsverschiebung der Kurve, welche die erwartete Verzinsung von ausländischen Vermögenswerten in Inlandswährung anzeigt. Da der aktuelle Wechselkurs nach wie vor bei E^0 liegt, erfordert das Gleichgewicht auf dem Devisenmarkt (Punkt 2') einen Anstieg des Inlandszinssatzes auf $R* + (E^1 - E^0)/E^0$, der nun gleich der erwarteten Verzinsung von ausländischen Vermögenswerten in Inlandswährung ist.

Zunächst verbleibt der Inlandszinssatz jedoch bei $R*$, d.h. unterhalb der erwarteten neuen Verzinsung von ausländischen Vermögenswerten. Dieser Abstand verursacht einen Nachfrageüberschuss nach ausländischen Vermögenswerten auf dem Devisenmarkt. Um den Wechselkurs weiterhin bei E^0 zu halten, muss die Zentralbank Währungsreserven verkaufen und damit die inländische Geldmenge reduzieren. Die Intervention der Zentralbank wird eingestellt, sobald die Geldmenge auf M^2 gefallen ist. Das Geldmarktgleichgewicht liegt dann bei einem Zinssatz von $R* + (E^1 - E^0)/E^0$, zu dem der Devisenmarkt geräumt wird (Punkt 2). *Die Erwartung einer zukünftigen Abwertung verursacht eine Zahlungsbilanzkrise, die durch eine drastische Abnahme der Reserven und einen Anstieg des Inlandszinssatzes über den Weltzinssatz gekennzeichnet ist. Entsprechend führt die Erwartung einer Aufwertung zu einem abrupten Anstieg der Währungsreserven und einem Sinken des Inlandszinssatzes unter den Weltzinssatz.*

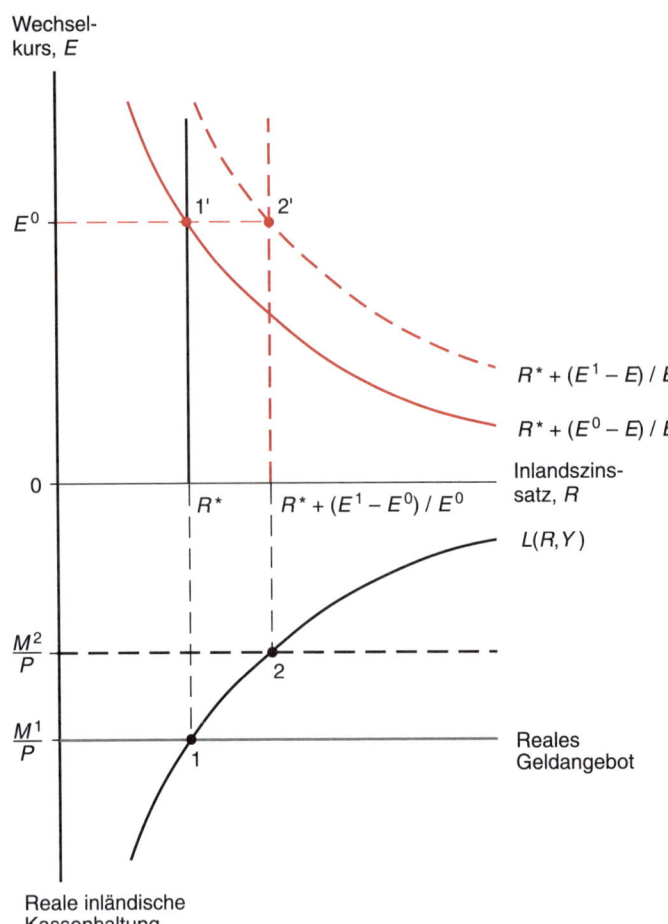

Um den Wechselkurs bei dem festgelegten Niveau E^0 zu halten, wenn der Markt eine Herabsetzung auf E^1 erwartet, muss die Zentralbank ihre Reserven einsetzen, um einen Abfluss privaten Kapitals zu finanzieren, der die Geldmenge reduziert und den Inlandszinssatz hebt.

Abbildung 17.7:   Kapitalflucht, Geldmenge und Zinssatz

Dieser Reservenverlust geht mit der Angst vor einer Abwertung einher, die oft als **Kapitalflucht** bezeichnet wird, weil das damit verbundene Debit der Zahlungsbilanz einen Abfluss privaten Kapitals ausweist. Die Einwohner eines Landes flüchten aus ihrer eigenen Währung, indem sie diese gegen Fremdwährung an die Zentralbank verkaufen und den Erlös im Ausland anlegen. Die Kapitalflucht stellt insbesondere dann eine großes Problem für einen Staat dar, wenn Abwertungsängste deshalb um sich greifen, weil die Zentralbankreserven ohnehin schon auf einem niedrigen Stand sind. Die Kapitalflucht senkt diese Reserven noch weiter ab und kann die Zentralbank zwingen, eine frühere und stärkere Abwertung vorzunehmen als ursprünglich vorgesehen.[14]

---

[14]   Wenn die gesamtwirtschaftliche Nachfrage (wie im *IS-LM*-Modell) vom Realzinssatz abhängt, senkt die Kapitalflucht die Produktion, indem sie die Geldmenge reduziert und den Realzinssatz hebt. Diese mögliche Kontraktionswirkung der Kapitalflucht ist ein weiterer Grund, weshalb politische Entscheidungsträger sie abzuwenden versuchen.

Wodurch werden Währungskrisen ausgelöst? Oft ist die Wirtschaftspolitik der Regierung langfristig nicht mit der Aufrechterhaltung eines festen Wechselkurses vereinbar. Sobald die Marktteilnehmer ihre Erwartungen an dieser Politik ausrichten, werden die Zinssätze des betreffenden Landes zwangsläufig nach oben getrieben. Beispielsweise kauft die Zentralbank eines Landes von der eigenen Regierung ausgegebene Staatsanleihen, um die Finanzierung anhaltender Haushaltsfehlbeträge zu ermöglichen. Diese Käufe von Inlandsaktiva seitens der Zentralbank führen zu einem ständigen Abschmelzen der Währungsreserven der Zentralbank und können diese so weit senken, dass sich die Zentralbank ihrer Mittel zur Stützung des Wechselkurses beraubt sieht. Mit zunehmender Wahrscheinlichkeit eines Zusammenbruchs steigen die inländischen Zinssätze so lange, bis der Zentralbank tatsächlich die Währungsreserven ausgehen und der feste Wechselkurs aufgegeben wird. (In Anhang III zu diesem Kapitel wird ein detailliertes Modell dieses Falls vorgestellt. Es zeigt, dass der Zusammenbruch des festen Wechselkurses durch einen aggressiven *spekulativen Angriff* ausgelöst werden kann, bei dem die Devisenhändler schlagartig sämtliche verbliebenen Währungsreserven einer Zentralbank aufkaufen.) Die Zentralbank kann ein solches Schicksal nur abwenden, indem sie aufhört, die Geldmittel zur Finanzierung des staatlichen Haushaltsdefizits bereitzustellen, und die Regierung damit – hoffentlich – zwingt, nicht länger über ihre Verhältnisse zu leben.

In unserem letzten Beispiel sind die Erschöpfung der Währungsreserven und das Ende des festen Wechselkurse angesichts der gegebenen makroökonomischen Politik unvermeidlich. Der mit einer Währungskrise einhergehende Kapitalabfluss beschleunigt lediglich das Eintreten des unvermeidlichen Zusammenbruchs, zu dem es etwas später auch dann gekommen wäre, wenn sich sämtliche privaten Kapitalflüsse verbieten ließen. Doch nicht alle Krisen sind so beschaffen. Eine Volkswirtschaft kann Währungsspekulationen gegenüber auch dann anfällig sein, wenn sie sich nicht in einem derart schlechten Zustand befindet, dass ein Zusammenbruch ihres festen Wechselkurssystems unvermeidlich ist. Währungskrisen, die unter solchen Umständen auftreten, werden häufig als **selbst erfüllende Währungskrisen** bezeichnet. Allerdings kann die Verantwortung für solche Krisen auch bei einer Regierung liegen, die Schwächen der inländischen Volkswirtschaft herbeiführt oder duldet, welche Spekulanten zum Angriff auf die Währung ermutigen.

Betrachten Sie beispielshalber eine Volkswirtschaft, in der die Verbindlichkeiten der inländischen Privatbanken in erster Linie aus kurzfristigen Einlagen bestehen, und in der viele der Kredite dieser Banken an Unternehmen im Falle einer Rezession schwerlich zurückgezahlt werden dürften. Wenn die Spekulanten nun eine baldige Abwertung vermuten, werden die Zinssätze steigen und damit die Kosten der Kreditaufnahme für die Banken deutlich in die Höhe treiben, während gleichzeitig der Wert ihrer Einlagen sinkt. Nun ist es durchaus möglich, dass die Zentralbank zur Abwendung eines finanziellen Zusammenbruchs des eigenen Landes den Privatbanken Geld leiht, dabei Währungsreserven einbüßt und vielleicht nicht länger in der Lage ist, den Wechselkurs auf dem festgelegten Niveau zu halten. Die in diesem Fall entstehenden Abwertungserwartungen der Devisenhändler treiben die Volkswirtschaft in eine Krise und erzwingen eine Änderung des Wechselkurses.

Im verbleibenden Teil dieses Kapitels gehen wir weiterhin davon aus, dass der Markt bei festen Wechselkursen keine Wechselkursänderungen erwartet. Doch in späteren Kapiteln werden wir wiederholt auf die obige Analyse zurückkommen, wenn wir die Erfahrungen verschiedener Länder mit festen Wechselkursen besprechen.

17.6   Kontrolliertes Floaten und neutralisierte Intervention

In den oben stehenden Abschnitten wurde aufgezeigt, dass eine Regierung, die einen festen Wechselkurs aufrechterhält, auf die Fähigkeit verzichtet, durch geldpolitische Maßnahmen Einfluss auf die Produktion zu nehmen. Beim kontrollierten Floaten wird hingegen die Geldpolitik von Wechselkursänderungen beeinflusst, ohne vollständig den Anforderungen eines fixen Kurses unterworfen zu sein. Stattdessen muss die Zentralbank zwischen inländischen Zielen, wie dem Beschäftigungsniveau oder der Inflationsrate, und der Wechselkursstabilität abwägen. Die Zentralbank versuche beispielsweise, die Geldmenge zu erhöhen, um die inländische Arbeitslosigkeit zu bekämpfen, verkaufe aber zur gleichen Zeit Währungsreserven, um die daraus resultierende Abwertung der Inlandswährung zu begrenzen. Die Devisenmarktintervention wirkt dann in Richtung einer *Reduzierung* der Geldmenge, was die Bemühungen der Zentralbank um eine Senkung der Arbeitslosigkeit zwar behindert, aber nicht außer Kraft setzt.

Diskussionen über Devisenmarktinterventionen in politischen Gesprächsrunden oder der Presse klammern häufig die enge Verbindung zwischen diesen647

Interventionen und der Geldmenge aus, die wir oben ausführlich erläutert haben. Sie gehen allerdings oft stillschweigend davon aus, dass die Devisenmarktintervention *neutralisiert* wird, dass also entgegengesetzte inländische Vermögenstransaktionen ihren Einfluss auf die Geldmenge aufheben. Empirische Studien über das Verhalten von Zentralbanken bestätigen diese Annahme und haben durchgängig ergeben, dass Zentralbanken während des gesamten zwanzigsten Jahrhunderts und auch früher neutralisierte Interventionen durchgeführt haben.[15]

Trotz der starken Verbreitung neutralisierter Interventionen sind ihre Wirkungen unter Ökonomen stark umstritten. In diesem Abschnitt untersuchen wir die Rolle der neutralisierten Intervention in der Wechselkurssteuerung.

---

[15] Drei empirische Studien sind: Leroy O. Laney und Thomas D. Willett, „The International Liquidity Explosion and Worldwide Inflation: The Evidence from Sterilization Coefficient Estimates", in: *Journal of International Money and Finance* 1, August 1982, S. 141-152; Robert E. Cumby und Maurice Obstfeld, „Capital Mobility and the Scope for Sterilization: Mexico in the 1970s", in: Pedro Aspe Armella, Rüdiger Dornbusch und Maurice Obstfeld, Hrsg., *Financial Policies and the World Capital Market: The Problem of Latin American Countries*, Chicago: University of Chicago Press, 1983, S. 245-269; und Christina Mastropasque, Stefano Micossi und Roberto Rinaldi, „Interventions, Sterilization, and Monetary Policy in the European Monetary System Countries, 1979-87", in: Francesco Giavazz, Stefano Micossi und Marcus Miller, Hrsg., *The European Monetary System*, Cambridge: Cambridge University Press, 1988, S. 252-287.

Beispiel 17.2: Die mexikanische Zahlungsbilanzkrise von 1994

Die Ereigniskette, die zu der Abwertung des mexikanischen Peso im Dezember 1994 führte, ist ein anschauliches Beispiel für Entstehung und Verlauf einer Zahlungsbilanzkrise. Im Rahmen eines umfassenden ökonomischen Stabilisierungsprogramms, das 1987 eingeleitet wurde, begrenzte Mexiko die Schwankung des Peso gegenüber dem US-Dollar. Das Hauptziel dieser Wechselkursstabilisierung bestand darin, den Inflationsbias der mexikanischen Geldpolitik einzudämmen, der die Inflationsrate des Landes in den Vorjahren auf ein sehr hohes Niveau getrieben hatte.

Der zunächst einsetzende Erfolg des Stabilisierungsprogramms brachte den mexikanischen Staatsführern weltweit Anerkennung ein. Doch im März 1994 löste eine Verlangsamung des Wirtschaftswachstums und der schockierende Mord an dem Präsidentschaftskandidaten der Regierungspartei unter den Investoren die Befürchtung aus, dass die Regierung im Gegensatz zu ihren Ankündigungen eine deutliche Abwertung vornehmen könnte. Die unten stehende Abbildung zeigt, wie der Peso-Zinssatz sprunghaft anstieg, während die Devisenreserven stark abschmolzen, genau wie in unserer Interpretation von Abbildung 17.7 vorhergesagt. Nach einem zweiten politischen Mordanschlag im November und der Amtseinführung eines neuen Präsidenten am 1. Dezember verstärkten sich die Abwertungsgerüchte. Ein neuerlicher sprunghafter Zinsanstieg und die nahezu vollständige Erschöpfung der Währungsreserven des Landes waren das Ergebnis. Am 20. Dezember verfügte die mexikanische Regierung schließlich eine Abwertung des Peso.

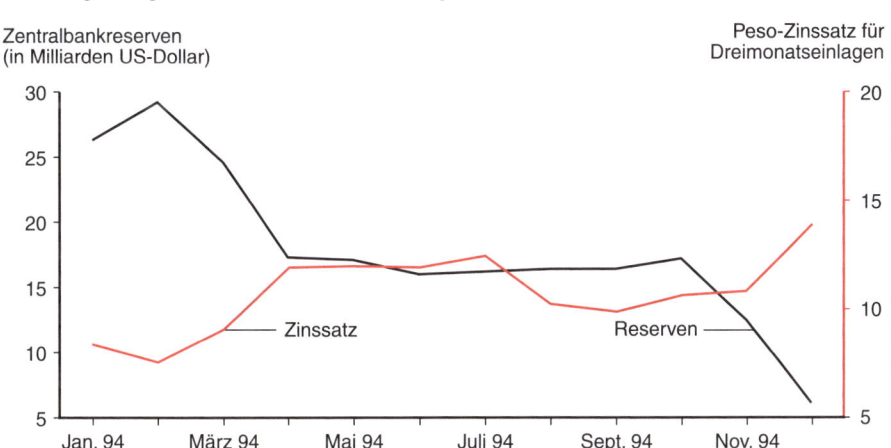

Als im Laufe des Jahres die Befürchtung um sich griff, die Regierung könne die Währung abwerten, sanken die Währungsreserven und stiegen die Zinssätze in Mexiko. Gezeigt ist die Verzinsung eines Dreimonats-*Cetes*, einer in Peso bewerteten Staatsanleihe.
Quelle: Jeffrey Sachs, Aaron Tornell und Andrés Velasco, „The Collapse of the Mexican Peso: What Have We Learned?", in: *Economic Policy* 22, April 1996, S. 13-63.

Devisenreserven und Zinssätze in Mexiko, Januar bis Dezember 1994

17.6.1   Die vollständige Ersetzbarkeit der Vermögenswerte und die Wirkungslosigkeit neutralisierter Interventionen

Wenn eine Zentralbank eine neutralisierte Devisenmarktintervention durchführt, bleibt die inländische Geldmenge von diesen Transaktionen unberührt. Anhand des bislang entwickelten Modells der Wechselkursbestimmung lässt sich kaum eine gute Begründung für diese Politik finden, denn der Prognose dieses Modells zufolge kann die Zentralbankintervention ohne eine begleitende Änderung der Geldmenge keine Wirkung auf den Inlandszinssatz entfalten und damit den Wechselkurs nicht beeinflussen.

Eine weitere Prognose unseres Modells besagt, dass die Neutralisierung unter einem festen Wechselkurs keine Wirkung zeigt. Das Beispiel einer fiskalischen Expansion veranschaulicht, weshalb eine Zentralbank unter einem festen Wechselkurs eventuell neutralisieren möchte, und weshalb diese Politik unserem Modell zufolge zum Scheitern verurteilt ist. Wie Sie wissen, muss die Zentralbank Auslandsaktiva kaufen und die inländische Geldmenge ausweiten, wenn sie den Wechselkurs bei einer expansiveren Fiskalpolitik konstant halten möchte. Diese Politik steigert die Produktion, löst jedoch auch eine Inflation aus, zu deren Vermeidung die Zentralbank die von ihrer Fiskalpolitik ausgelöste Erhöhung der Geldmenge neutralisieren könnte. Doch sobald die Zentralbank zum Zweck der Geldmengenreduzierung Inlandsaktiva verkauft, muss sie sofort mehr Auslandsaktiva *kaufen*, weil sie nur so den Wechselkurs fix halten kann. Die Wirkungslosigkeit der Geldpolitik unter einem festen Wechselkurs impliziert, dass die Neutralisierung ebenfalls aussichtslos ist.

Das wichtigste Merkmal unseres Modells, das diese Resultate herbeiführt, besteht in der Annahme, dass sich der Wechselkurs nur dann im Gleichgewicht befindet, wenn die erwarteten Verzinsungen inländischer und ausländischer Anleihen gleich sind.[16] Diese Annahme wird oft als **vollständige Ersetzbarkeit (Substituierbarkeit) der Vermögenswerte** bezeichnet. Zwei Vermögenswerte sind vollständig ersetzbar, wenn, wie in unserem Modell angenommen, die Investoren gegenüber der Aufteilung ihres Portfolios auf diese gleichgültig sind, da sie dieselbe erwartete Rendite abwerfen. Bei vollständiger Ersetzbarkeit der Vermögenswerte am Devisenmarkt ist der Wechselkurs daher durch die Zinsparität bestimmt. Unter diesen Voraussetzungen kann die Zentralbank durch Devisenmarktinterventionen nichts erreichen, das sie nicht auch durch auf das Inland beschränkte Offenmarktgeschäfte bewerkstelligen könnte.

Im Gegensatz zur vollständigen Ersetzbarkeit der Vermögenswerte herrscht eine **unvollständige Ersetzbarkeit der Vermögenswerte**, wenn deren erwartete Verzinsungen im Marktgleichgewicht voneinander abweichen können. Wie wir in Kapitel 13 sahen, ist das *Risiko* der wichtigste Faktor, der eine unvollständige Ersetzbarkeit der Vermögenswerte

---

[16]   Wir nehmen an, dass sämtliche verzinslichen (nichtmonetären) Vermögenswerte, die in *der gleichen* Währung bewertet sind, ob illiquide Termineinlagen oder Staatsanleihen, in den Portfolios uneingeschränkt ersetzbar sind. Für alle diese Vermögenswerte wird hier im Allgemeinen der Begriff „Wertpapiere" verwendet.

am Devisenmarkt bedingen kann. Wenn in verschiedenen Währungen bewertete Wertpapiere mit unterschiedlichen Risiken behaftet sind, dann nehmen manche Investoren bei weniger riskanten Wertpapieren auch niedrigere erwartete Renditen in Kauf. Entsprechend halten sie sehr riskante Vermögenswerte nur dann, wenn sie eine relativ hohe erwartete Rendite bieten.

Bei vollständiger Ersetzbarkeit der Vermögenswerte geht es den Devisenmarktteilnehmern ausschließlich um die erwarteten Renditen; da diese Renditen von der Geldpolitik bestimmt werden, haben Maßnahmen wie die neutralisierte Intervention, welche die Geldmenge nicht beeinflussen, auch keine Wirkung auf den Wechselkurs. Bei unvollständiger Ersetzbarkeit der Vermögenswerte spielen *sowohl* das Risiko *als auch* die Rendite eine Rolle, sodass die Zentralbank durch Maßnahmen, die das Risiko von in Inlandswährung bewerteten Vermögenswerten ändern, auch bei gleich bleibender Geldmenge den Wechselkurs beeinflussen kann. Um zu verstehen, auf welche Weise neutralisierte Interventionen das Risiko inländischer Vermögenswerte ändern können, müssen wir allerdings unser Modell des Devisenmarktgleichgewichts modifizieren.

17.6.2 Das Devisenmarktgleichgewicht bei unvollständiger Ersetzbarkeit der Vermögenswerte

Wenn Anleihen in inländischer und ausländischer Währung vollständig ersetzbar sind, dann befindet sich der Devisenmarkt nur dann im Gleichgewicht, wenn die Zinsparität erfüllt ist:

$$R = R^* + (E^e - E)/E \qquad (17\text{-}1)$$

Bei *unvollständiger* Ersetzbarkeit zwischen inländischen und ausländischen Anleihen ist die oben aufgeführte Bedingung nicht generell erfüllt. Stattdessen erfordert das Devisenmarktgleichgewicht, dass der Inlandszinssatz gleich der erwarteten Verzinsung ausländischer Vermögenswerte zuzüglich einer **Risikoprämie** ist, welche die Risikodifferenz zwischen inländischen und ausländischen Vermögenswerten wiedergibt:

$$R = R^* + (E^e - E)/E + \rho \qquad (17\text{-}2)$$

Anhang I zu diesem Kapitel entwickelt ein detailliertes Modell des Devisenmarktgleichgewichts bei unvollständiger Ersetzbarkeit der Vermögenswerte. Die wichtigste Schlussfolgerung aus diesem Modell lautet, dass die Risikoprämie für inländische Vermögenswerte steigt, wenn der Bestand der angebotenen inländischen Staatsanleihen zunimmt, und sinkt, wenn die Inlandsaktiva der Zentralbank zunehmen. Die privaten Investoren werden umso anfälliger gegenüber unerwarteten Änderungen des Wechselkurses der Inlandswährung, je mehr inländische Staatsanleihen sie halten. Sie werden dieses erhöhte Risiko, das mit der vermehrten Haltung inländischer Staatsanleihen verbunden ist, nur dann übernehmen, wenn sie durch eine höhere erwartete Rendite auf inländische Vermögenswerte entschädigt werden. Ein erhöhter Schuldenstand der öffentlichen Hand vergrößert daher die Differenz zwischen den erwarteten Renditen auf inländische ausländische Schuldverschreibungen.

Wenn die Zentralbank Inlandsaktiva kauft, muss der Markt diese nicht länger halten; die Anfälligkeit privater Anleger gegenüber dem Wechselkursrisiko der eigenen Währung ist daher geringer und die Risikoprämie auf Vermögenswerte in Inlandswährung sinkt.

Dieses alternative Modell des Devisenmarktgleichgewichts impliziert, dass die Risikoprämie abhängig ist von der Menge inländischer Staatsanleihen (B) abzüglich der Inlandsaktiva der Zentralbank (A):

$$\rho = \rho(B - A) \tag{17-3}$$

Die Risikoprämie auf inländische Anleihen steigt daher, wenn der Wert $B - A$ steigt. Diese Beziehung zwischen der Risikoprämie und den Inlandsaktiva der Zentralbank ermöglicht es dieser, durch neutralisierte Devisenmarktinterventionen Einfluss auf den Wechselkurs zu nehmen. Darüber hinaus impliziert sie, dass offizielle Geschäfte mit inländischen und ausländischen Vermögenswerten unterschiedliche Auswirkungen auf die Vermögensmärkte haben können.[17]

17.6.3 Die Effekte der neutralisierten Intervention bei unvollständiger Ersetzbarkeit der Vermögenswerte

Abbildung 17.8 modifiziert unsere frühere Darstellung des Devisengleichgewichts. Sie ist ergänzt um die unvollständige Ersetzbarkeit der Vermögenswerte, um zu veranschaulichen, wie sich eine neutralisierte Intervention auf den Wechselkurs auswirken kann. Der untere Teil der Abbildung, der das Geldmarktgleichgewicht in Punkt 1 zeigt, ändert sich nicht. Auch der obere Teil der Abbildung ist größtenteils unverändert, doch die fallende Kurve zeigt nun, in welcher Weise die *Summe* der erwarteten Renditen auf ausländische Vermögenswerte in Inlandswährung *und* der Risikoprämie vom Wechselkurs abhängt. (Die Kurve ist weiterhin fallend, weil die Risikoprämie unseren Annahmen zufolge nicht vom Wechselkurs abhängt.) Das Devisenmarktgleichgewicht liegt an Punkt 1', der einer Staatsschuld von B und Inlandsaktiva der Zentralbank von A^1 entspricht. An diesem Punkt ist der Inlandszinssatz gleich der risikobereinigten Verzinsung ausländischer Einlagen in Inlandswährung (ebenso wie in Gleichung (17-2)).

Untersuchen wir anhand des Schaubilds den Effekt eines neutralisierten Ankaufs von Auslandsaktiva seitens der Zentralbank. Indem sie diesen Ankauf durch den Verkauf von Inlandsaktiva ausgleicht, hält die Zentralbank die Geldmenge konstant bei M^S und vermeidet jede Veränderung im unteren Teil der Abbildung 17.8. Infolge des Verkaufs von Inlandsaktiva sinkt deren Vorrat im Besitz der Zentralbank (auf A^2) und die Menge der Inlandsaktiva, die der Markt halten muss, $B - A^2$, ist größer als die ursprüngliche Menge $B - A^1$. Diese Erhöhung steigert die Risikoprämie ρ und verschiebt die fallende Kurve im oberen Teil der Abbildung nach rechts. Der Devisenmarkt pendelt sich nun bei Punkt 2' ein und die Inlandswährung wertet auf E^2 ab.

---

[17] Der Vorrat einer Zentralbank an Inlandsaktiva wird oft als Zentralbankkredit bezeichnet.

Unter den Bedingungen einer unvollständigen Ersetzbarkeit der Vermögenswerte können selbst neutralisierte Fremdwährungskäufe zur Abwertung der Inlandswährung führen. Entsprechend wertet die Inlandswährung infolge neutralisierte Fremdwährungsverkäufe auf. Eine leichte Modifikation unserer Analyse zeigt, dass die Zentralbank neutralisierte Interventionen auch dann zur Fixierung des Wechselkurses einsetzen kann, wenn sie gleichzeitig die Geldmenge ändert, um innenpolitische Zielsetzungen, beispielsweise Vollbeschäftigung, zu erreichen. In kurzer Frist können Wechselkurs- und Geldpolitik faktisch unabhängig voneinander betrieben werden, wenn die neutralisierte Intervention Wirkung zeigt.

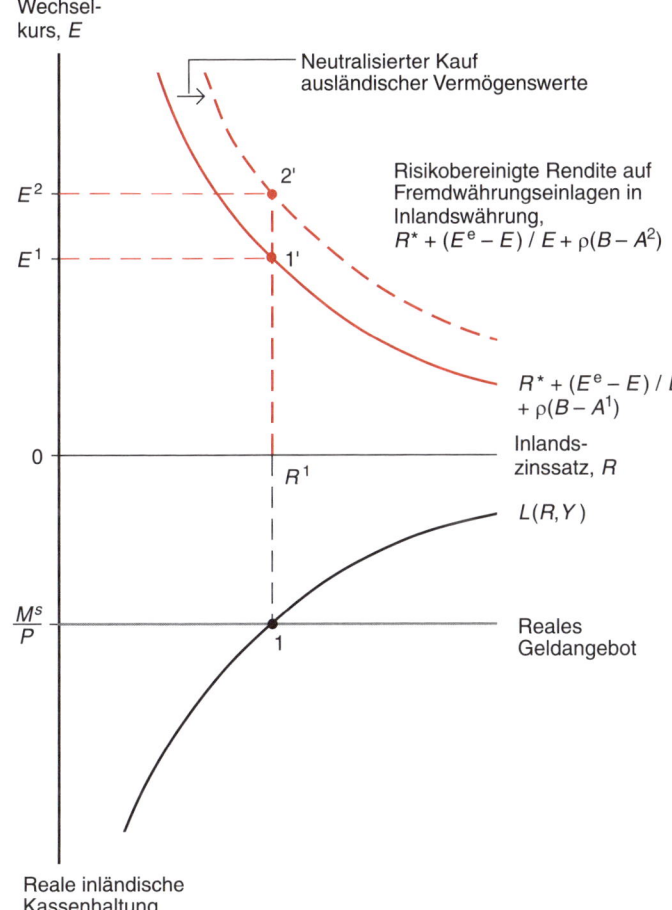

Ein neutralisierter Kauf von Auslandsaktiva lässt die Geldmenge unverändert, erhöht jedoch die risikobereinigte Verzinsung, die Einlagen in Inlandswährung im Marktgleichgewicht erbringen müssen. Infolgedessen verschiebt sich die Renditekurve im oberen Teil der Abbildung nach rechts oben. Bei ansonsten gleichen Bedingungen ergibt sich daraus eine Abwertung der Inlandswährung von E^1 auf E^2.

Abbildung 17.8:   Effekt eines neutralisierten Ankaufs von Auslandsaktiva seitens der Zentralbank bei unvollständiger Substituierbarkeit der Vermögenswerte

17.6.4   Beweise für die Wirkung der neutralisierten Intervention

Zu Beginn der 1980er Jahre forderten die europäischen Länder die USA auf, systematische Devisenmarktinterventionen durchzuführen und starken Schwankungen des Dollarkurses gegenüber anderen Währungen entgegenzuwirken. Während eines Wirtschaftsgipfel, der im Juni 1982 in Versailles einberufen wurde, besprachen die Führer der sieben größten Industrienationen diese Art der Intervention.[18] Anschließend beauftragten die Regierungen Ökonomen ihrer Länder mit der Ausarbeitung einer Studie über die Wirkungen alternativer Interventionsmöglichkeiten.

Die Ergebnisse dieser Studie erschienen 1983 unter dem Titel: „Bericht der Arbeitsgruppe zur Devisenmarktintervention" („Report of the Working Group on Exchange Market Intervention"). Der Bericht befasste sich insbesondere mit der Frage, ob die Zentralbanken mit Hilfe neutralisierter Interventionen die Wechselkurse kontrollieren könnten, ohne ihre innere Geldpolitik entsprechend anzupassen. Er fand wenig Beweise für die These, dass die neutralisierte Intervention ein wichtiger unabhängiger Einflussfaktor auf die Wechselkurse gewesen war.

Diese Schlussfolgerung deckt sich mit den Befunden der meisten wissenschaftlichen Studien über die neutralisierte Intervention.[19] Wie in Kapitel 21 ausführlich dargestellt wird, gibt es auch zahlreiche Gegenbeweise zu der Ansicht, dass in verschiedenen Währungen bewertete Wertpapiere untereinander vollständig ersetzbar sind. Einige Ökonomen schlussfolgern aus den widersprüchlichen Ergebnissen, dass Risikoprämien zwar eine wichtige Rolle spielen, jedoch in einer komplizierteren Beziehung zu Zentralbanktransaktionen stehen, als unser Modell annimmt.[20] Andere vertreten den Standpunkt, dass die zur Überprüfung der neutralisierten Interventionseffekte eingesetzten Tests unzulänglich waren.[21] Angesichts der spärlichen Beweise dafür, dass die neutralisierte Intervention die Wechselkurse zuverlässig beeinflussen kann, dürfte eine skeptische Haltung angebracht sein.

---

[18] Vertreten waren Großbritannien, Frankreich, Deutschland, Italien, Japan, Kanada und die USA.

[19] Ein Artikel von Kenneth Rogoff analysiert Daten aus Kanada und Umfrageergebnisse aus anderen Ländern. Siehe Rogoff, „On the Effects of Sterilized Intervention: An Analysis of Weekly Date", in: *Journal of Monetary Economics* 14, September 1984, S. 133-150. Die Erkenntnisse der Ökonomen, die im Auftrag der Federal Reserve an dem Versailler Projekt mitwirkten, sind in dem Text von Hernerson und Sampson zusammengefasst, der in den Literaturhinweisen aufgeführt wird.

[20] Diesen Standpunkt vertreten Robert J. Hodrick und Sanjay Srivastava, „An Investigation of Risk and Return in Forward Foreign Exchange", in: *Journal of International Money and Finance* 2, April 1984, S. 5-29.

[21] Siehe z.B. Richard N. Cooper, „Comment", in: *Brookings Papers on Economic Activity* 2, 1985, S. 451-456.

17.6.5 Die Signalwirkung einer Intervention

Das Phänomen, das bisweilen als „**Signalwirkung von Devisenmarktinterventionen**" bezeichnet wird, gestaltet die Bemühungen um die ökonometrische Darstellung der Neutralisierungseffekte besonders schwierig. Wir gingen bislang davon aus, dass eine neutralisierte Intervention die Wechselkurserwartungen des Marktes nicht ändert. Wenn sich die Marktteilnehmer aber über die künftige Richtung der makroökonomischen Politik nicht sicher sind, kann eine neutralisierte Intervention einen Hinweis darauf bieten, welche Wechselkursentwicklung die Zentralbank erwartet (oder wünscht). Dieses Signal kann wiederum die Zukunftserwartungen des Markts verändern und auch dann eine unmittelbare Wechselkursänderung auslösen, wenn die in verschiedenen Währungen bewerteten Wertpapiere vollständig ersetzbar sind.

Diese Signalwirkung spielt besonders dann eine große Rolle, wenn die Regierung das bestehende Wechselkursniveau nicht gutheißt und öffentlich erklärt, dass sie ihre Geld- oder Fiskalpolitik einsetzen werde, um es zu verändern. Durch eine gleichzeitige Intervention auf neutralisierter Grundlage kann die Zentralbank einer solchen Verlautbarung Glaubwürdigkeit verleihen. Der neutralisierte Kauf von Auslandsaktiva kann den Markt beispielsweise davon überzeugen, dass die Zentralbank in der Tat eine Währungsabwertung herbeiführen möchte, denn im Falle einer Aufwertung würde sie in diesem Fall Geld verlieren. Und selbst Zentralbanken müssen ihr Geld zusammenhalten!

Die Regierung kann allerdings die Signalwirkung auch für kurzfristige Ziele ausnutzen, wenn sie gar nicht die Absicht hat, ihre Geld- oder Fiskalpolitik im Interesse einer langfristigen Wechselkursänderung zu ändern. Doch diese Strategie nach dem Motto „Haltet den Dieb!" hat auf dem Devisenmarkt die gleichen Folgen wie anderswo. Wenn Regierungen ihren Devisenmarktsignalen keine konkreten politischen Maßnahmen folgen lassen, verlieren die Signale bald ihre Wirkung. Sie stellen also kein politisches Instrument dar, das unabhängig von der Geld- und Fiskalpolitik verwendet werden könnte.[22]

17.7 Reservewährungen im Weltwährungssystem

Bisher sind wir von einem einzelnen Land ausgegangen, das seinen Wechselkurs gegenüber einer hypothetischen Fremdwährung festlegt, indem es bei Bedarf inländische gegen ausländische Vermögenswerte kauft und verkauft. In Wirklichkeit gibt es viele Währungen, und ein Land kann den Wechselkurs seiner Währung gegenüber einigen Fremd-

---

[22] Die Rolle der Signalwirkung im Zusammenhang mit jüngeren Wechselkursentwicklungen diskutiert Owen F. Humpage, „Intervention and the Dollar's Decline", in: *Federal Reserve Bank of Cleveland Economic Review* 24, 2. Quartal 1988, S. 2-16; Maurice Obstfeld, „The Effectiveness of Foreign-Exchange Intervention: Recent Experience, 1985-1988", in: William H. Branson, Jacob A. Frenkel und Morris Goldstein, Hrsg., *International Policy Coordination and Exchange Rate Fluctuations*, Chicago, University of Chicago Press, 1990. S. 197-237; und Kathryn M. Dominguez und Jeffrey A. Frenkel, *Does Foreign Exchange Intervention Work?*, Washington, D. C.: Institute for International Economics, 1993.

währungen festlegen und gegenüber anderen schwanken lassen. Eben dies geschah im Rahmen des Europäischen Währungssystems, dessen Mitglieder ihre Währungen untereinander fixierten, während sie ihre Preise in Dollar schwanken ließen.

In diesem und dem folgenden Abschnitt wird das makroökonomische Verhalten der Weltwirtschaft aus einem globalen Blickwinkel untersucht. Dabei betrachten wir zwei mögliche Systeme, mit denen die Wechselkurse *sämtlicher* Währungen untereinander festgelegt werden können.

Das erste solche Festkurssystem ähnelt stark unserem bisherigen Modell. Nun wird jedoch eine Währung zur **Reservewährung** bestimmt, in der die Zentralbanken ihre Währungsreserven halten, und die Zentralbank jedes Landes fixiert den Wechselkurs ihrer Währung gegenüber der Reservewährung, indem sie jederzeit bereit ist, zu diesem Kurs einheimische Währung gegen Reservewährung zu kaufen und zu verkaufen. Vom Ende des Zweiten Weltkriegs bis zum Jahr 1973 war der US-Dollar die wichtigste Reservewährung und nahezu jedes Land fixierte den Wechselkurs seiner Währung gegenüber dem Dollar.

Das zweite Festkurssystem (das im nächsten Abschnitt behandelt wird) ist der **Goldstandard**. Dabei fixieren die Zentralbanken den Preis ihrer Währungen gegenüber dem Goldpreis und halten Gold als offizielle Reserve. Die Blütezeit des internationalen Goldstandards waren die Jahre 1870 bis 1914. Nach dem Ersten Weltkrieg bemühten sich viele Länder 1918 vergeblich um die Wiedereinführung eines stabilen Goldstandards.

Sowohl der Standard der Reservewährung als auch der Goldstandard bedingen fixe Wechselkurse zwischen *sämtlichen* Währungen der Welt. Sie haben jedoch ganz unterschiedliche Implikationen im Hinblick auf die Finanzierung von Zahlungsbilanzdefiziten und auf das Wachstum und die Steuerung der nationalen Geldmengen.

17.7.1 Die Wirkungsweise einer Reservewährung

Die Wirkungsweise eine Reservewährung illustriert das auf dem US-Dollar basierende System, das nach dem Zweiten Weltkrieg eingeführt wurde. Unter diesem System fixierte jede Zentralbank den Wechselkurs ihrer Währung gegenüber dem Dollar, indem sie auf dem Devisenmarkt Inlandswährung gegen Dollar kaufte und verkaufte. Der häufige Interventionsbedarf brachte es mit sich, dass jede Zentralbank über genügend Dollarreserven verfügte, um jedem möglichen Überangebot der eigenen Währung zu begegnen. Die Zentralbanken hielten daher einen großen Teil ihrer internationalen Reserven in Form von US-Schatzanleihen und kurzfristigen Dollareinlagen, die Zinsen abwerfen und zu relativ geringen Kosten flüssig gemacht werden können.

Da der Dollarpreis jeder Währung von der Zentralbank festgelegt wurde, fixierte die Arbitrage auf dem Devisenmarkt automatisch den Wechselkurs zwischen zwei beliebigen anderen Währungen. Ein Beispiel soll diesen Mechanismus verdeutlichen: Der Preis des Dollar in Französischen Francs war auf FFr 5 pro Dollar fixiert, der Dollarpreis in Deutscher Mark auf DM 4 pro Dollar. Der Wechselkurs zwischen Franc und DM musste konstant bei DM 0,80 pro Franc bleiben, da DM 0,80 pro Franc = (DM 4 pro Dollar) ÷ (FFr 5 pro Dollar) – selbst wenn keine Zentralbank direkt Francs gegen DM austauschte, um den relativen Preis beider Währungen fix zu halten. Bei einem DM/FFr-Wechselkurs von DM 0,85 pro Franc hätte man einen sicheren Gewinn machen können, indem man der damaligen französischen Zentralbank \$100 für FFr 500 verkauft hätte, für diese FFr 500 dann auf dem Devisenmarkt für (FFr 500) × (DM 0,85 pro Franc) = DM 425 gekauft und diese wiederum für (DM 425) ÷ (DM 4 pro Dollar) = \$106,25 an die Deutsche Bundesbank (Zentralbank bis 1999) verkauft hätte. Wenn allerdings jeder versucht hätte, diese durch den Verkauf von Francs am Devisenmarkt gegebene Gewinnmöglichkeit zu nutzen, dann hätte die DM gegenüber dem Franc so lange aufgewertet, bis der DM/FFr-Wechselkurs bei DM 0,80 pro Franc angelangt wäre. Bei einem Kurs von DM 0,75 pro Franc hätte der Druck des Devisenmarkts eine Abwertung der DM gegenüber dem Franc erzwungen, bis der Kurs von DM 0,80 pro Franc erreicht worden wäre.

Obwohl jede Zentralbank den Wechselkurs ihrer Währung nur an den Dollar band, hielten die Marktkräfte sämtliche anderen Wechselkurse automatisch auf dem Wert, der durch den Kurs gegenüber dem Dollar vorgegeben war. Im System der Zeit nach dem Zweiten Weltkrieg war der Wechselkurs zwischen zwei beliebigen Währungen fixiert.[23]

17.7.2 Die Sonderstellung des Ursprungslandes der Reservewährung

Das Land, dessen Währung als Reservewährung dient, nimmt in diesem System eine Sonderstellung ein, weil es niemals in den Devisenmarkt intervenieren muss. Denn bei N Ländern mit N Währungen gibt es nur $N-1$ Wechselkurse gegenüber der Reservewährung. Wenn sämtliche $N-1$ Länder, deren Währungen keine Reservewährung sind, ihre Wechselkurse gegenüber der Reservewährung fixieren, dann verbleibt kein Wechselkurs mehr, den ihr Ursprungsland fixieren könnte. Dieses Land muss also niemals intervenieren und ist von den Lasten des Zahlungsbilanzausgleichs befreit.

Diese Regelung verschafft dem Land der Reservewährung eine bevorzugte Stellung, denn es kann trotz fester Wechselkurse seine Makroökonomie mit Hilfe geldpolitischer Maßnahmen stabilisieren. Wie wir weiter oben in diesem Kapitel sahen, können die Bemühungen eines Landes, seine Geldmenge zu erhöhen, während es zugleich durch Interventionen seinen Wechselkurs konstant halten muss, leicht durch den Abfluss internationaler Reserven zunichte gemacht werden. Weil jedoch das Land der Reservewährung die Vorteile fester Wechselkurse genießt, ohne Devisenmarktinterventionen durchführen zu müssen, kann es seine Konjunktur mit Hilfe geldpolitischer Maßnahmen stabilisieren.

Wie würde sich ein Ankauf von Inlandsaktiva seitens der Zentralbank dieses Landes auswirken? Die daraus resultierende Ausweitung seiner Geldmenge würde seinen Zinssatz kurzfristig unter denjenigen der übrigen Länder treiben und dadurch auf dem Devisenmarkt einen Nachfrageüberschuss nach den Währungen dieser Länder erzeugen. Um eine Aufwertung ihrer Währungen gegenüber der Reservewährung zu verhindern, wären alle

---

[23] Die Regeln des Nachkriegssystems ermöglichten Abweichungen um bis zu 1 Prozent oberhalb und unterhalb des „offiziellen" Dollarwerts der Währungen. Die bilateralen Wechselkurse anderer Währungen konnten daher um bis zu 4 Prozent schwanken.

anderen Zentralbanken des Systems gezwungen, mit ihrer eigenen Währung Reservewährung zu kaufen, um ihre Geldmengen zu erhöhen und ihre Zinssätze auf das Niveau hinabzudrücken, das im Land der Reservewährung festgelegt wurde. Die Produktion würde also auf der ganzen Welt und im eigenen Land zunehmen, nachdem das Land der Reservewährung einheimische Vermögenswerte gekauft hätte.

Unsere Darstellung der Geldpolitik unter einem Reservewährungssystem lässt also auf eine grundlegende Asymmetrie schließen. Das Land der Reservewährung verfügt über die Möglichkeit, sowohl die eigene Konjunktur als auch diejenige anderer Länder mit Hilfe der Geldpolitik zu beeinflussen. Aufgrund ihrer Verpflichtung, ihre Währungen an die Reservewährung zu binden, müssen andere Zentralbanken gezwungenermaßen auf die Geldpolitik als Stabilisierungsinstrument verzichten und passiv die Geldpolitik des Reservewährungslandes „importieren".

Die immense ökonomische Macht, die dem Ursprungsland der Reservewährung auf diesem Wege zuwächst, muss früher oder später zu politischen Auseinandersetzungen innerhalb dieses Wechselkurssystems führen. Eben solche Probleme trugen zum Zusammenbruch des „Dollarstandards" der Nachkriegszeit im Jahr 1973 bei – ein Thema, das in Kapitel 18 ausführlich behandelt wird.

17.8   Der Goldstandard

Ein internationaler Goldstandard vermeidet die dem Reservewährungssystem innewohnende Unausgewogenheit, indem er das Problem der „N-ten Währung" beseitigt. Unter einem Goldstandard fixiert jedes Land den Preis seiner Währung gegenüber dem Goldpreis, indem es sich bereit erklärt, bei Bedarf inländische Währung gegen Gold einzutauschen, um den offiziellen Preis zu verteidigen. Da es N Währungen und N in diesen Währungen gemessene Goldpreise gibt, nimmt keine Währung innerhalb dieses Systems eine bevorzugte Stellung ein: Jeder einzelnen obliegt es, den Preis seiner Währung an den des Golds als offizieller internationaler Reserve zu binden.

17.8.1   Die Wirkungsweise des Goldstandards

Wenn die Länder ihre Währungen an einen Goldstandard binden, nehmen die offiziellen internationalen Reserven die Form von Gold an. Die Regeln des Goldstandards erfordern überdies, dass jedes Land den ungehinderten Import und Export von Gold zulässt. Unter diesen Voraussetzungen bedingt ein Goldstandard ebenso wie eine Reservewährung fixe Wechselkurse zwischen sämtlichen Währungen. Wenn beispielsweise die Federal Reserve den Goldpreis auf $35 pro Feinunze festlegt und die Bank of England auf £14,58, dann ist der Dollar/Pfund-Wechselkurs konstant ($35 pro Feinunze) ÷ (£14,58 pro Feinunze) = $2,40 pro Pfund. Dieselbe Arbitrage, die unter einem Reservewährungssystem die Wechselkurse fix hält, wirkt auch unter dem Goldstandard.[24]

---

[24] In der Praxis führten die Kosten für den Transport und die Versicherung des Goldes zu engen Bandbreiten, innerhalb derer Wechselkursschwankungen möglich waren.

17.8.2   Symmetrischer monetärer Ausgleich unter dem Goldstandard

Aufgrund der inhärenten Ausgeglichenheit des Goldstandards nimmt in diesem System kein Land eine bevorzugte Stellung ein, die es der Notwendigkeit zu Devisenmarktinterventionen entheben würde. Ein Beispiel für die internationalen Folgewirkungen eines Kaufs von Inlandsaktiva durch eine Zentralbank soll im Einzelnen zeigen, wie die Geldpolitik unter dem Goldstandard funktioniert.

Die Bank of England erhöht die inländische Geldmenge durch den Kauf von Inlandsaktiva. Durch die Erhöhung der britischen Geldmenge sinken die britischen Zinssätze und Auslandsaktiva werden attraktiver als britische. Die Besitzer von Pfundeinlagen, die diese für ausländische Einlagen zu verkaufen versuchen, werden keinen *privaten* Käufer finden. Bei schwankenden Wechselkursen würde das Pfund gegenüber Fremdwährungen so lange abwerten, bis die Zinsparität wiederhergestellt wäre. Doch diese Abwertung ist nicht möglich, wenn sämtliche Währungen an das Gold gebunden sind. Was geschieht nun? Da die Zentralbanken verpflichtet sind, ihre Währung zu einem festen Kurs gegen Gold zu kaufen und zu verkaufen, können die unzufriedenen Pfundhalter ihre Währung gegen Gold an die Bank of England verkaufen, dieses Gold dann an andere Zentralbanken gegen deren Währung verkaufen und mit dem Erlös Einlagen erwerben, die eine höhere Verzinsung aufweisen als den Pfundzinssatz. Großbritannien erlebt also einen Abfluss, die anderen Länder hingegen einen Zufluss privaten Kapitals.

Dieser Prozess stellt das Gleichgewicht auf dem Devisenmarkt wieder her. Die Bank of England verliert Währungsreserven, da sie gezwungen ist, Pfund zu kaufen und Gold zu verkaufen, um den Pfundpreis des Goldes fix zu halten. Die ausländischen Zentralbanken gewinnen Reserven hinzu, da sie mit ihrer Währung Gold *ankaufen*. Die Länder tragen die Last des Zahlungsbilanzausgleichs zu gleichen Teilen. Weil die offiziellen Währungsreserven in Großbritannien abnehmen und in anderen Ländern steigen, sinkt die britische Geldmenge und treibt den britischen Zinssatz wieder nach oben. Die ausländischen Geldmengen wachsen und die ausländischen Zinssätze werden nach unten gedrückt. Sobald die Zinssätze der verschiedenen Länder wieder ausgeglichen sind, befinden sich die Vermögensmärkte im Gleichgewicht, sodass die Bank of England kein weiteres Gold einbüßt und die ausländischen Zentralbanken keines mehr hinzugewinnen.

Unser Beispiel zeigt den symmetrischen Charakter des internationalen monetären Ausgleichs unter dem Goldstandard. Wenn ein Land Reserven verliert und infolgedessen seine Geldmenge schrumpft, gewinnen andere Länder Reserven hinzu und ihre Geldmengen[25]

---

[25] Ursprünglich stellten Goldmünzen einen erheblichen Teil der umlaufenden Geldmenge in den am Goldstandard beteiligten Ländern dar. Wenn ein Land Gold an das Ausland verlor, musste dies daher nicht unbedingt die Form einer Abnahme der Goldvorräte seiner Zentralbank annehmen: Private Bürger konnten Goldmünzen zu Barren einschmelzen und ins Ausland bringen, wo sie entweder zu ausländischen Goldmünzen umgeprägt oder gegen Banknoten an die dortige Zentralbank verkauft wurden. Im Rahmen unserer obigen Analyse der Zentralbankbilanz werden Goldmünzen nicht zu den Verbindlichkeiten der Zentralbank gezählt. Jede Form des Goldexports würde daher zu einem Sinken der inländischen und zu einer Erhöhung der ausländischen Geldmenge führen.

wachsen. Im Rahmen eines Reservewährungssystems ist der monetäre Ausgleich hingegen höchst unausgewogen. Länder können Reserven gewinnen oder verlieren, ohne dass sich die Geldmenge des Ursprungslandes der Reservewährung ändert, und nur Letzteres hat die Möglichkeit, die monetären Gegebenheiten im In- und Ausland zu beeinflussen.

17.8.3   Vorteile und Nachteile des Goldstandards

Die Befürworter des Goldstandards führen an, dass er neben seiner Ausgewogenheit noch eine weitere günstige Eigenschaft habe. Da die Zentralbanken überall auf der Welt verpflichtet sind, den Geldpreis des Goldes festzulegen, können sie nicht zulassen, dass ihre Geldangebote schneller wachsen als die reale Geldnachfrage, denn eine solches rasches Anwachsen der Geldmenge erhöht die Geldpreise sämtlicher Güter und Dienstleistungen einschließlich des Goldes. Ein Goldstandard setzt daher der Erhöhung des nationalen Preisniveaus durch eine expansive Geldpolitik von vornherein bestimmte Grenzen. Diese Grenzen machen den realen Wert der nationalen Währungen stabiler und berechenbarer, dies wiederum erhöht den Nutzen des Geldes als Tauschmittel (siehe Kapitel 14). Ein Reservewährungssystem setzt der Geldschöpfung keine solchen Grenzen, das Land der Reservewährung sieht sich keiner automatischen Begrenzung seiner Geldschöpfung ausgesetzt.

Diesem Vorteil des Goldstandards stehen eine Reihe von Nachteilen gegenüber:

1. Der Goldstandard setzt dem Einsatz der Geldpolitik zur Bekämpfung der Arbeitslosigkeit unerwünschte Grenzen. Im Falle einer weltweiten Rezession möchten vielleicht alle Länder gemeinsam ihre Geldmengen ausweiten, selbst wenn dies den Goldpreis gemessen in ihren Währungen heben würde.

2. Die Bindung der Währungen an das Gold sorgt nur dann für ein stabiles Gesamtpreisniveau, wenn der relative Preis des Golds gegenüber anderen Gütern und Dienstleistungen stabil bleibt. Der Goldpreis in Dollar sei beispielsweise $35 pro Feinunze und der Preis eines typischen Warenkorbs gemessen in Gold ein Drittel Korb pro Feinunze, sodass wir ein Preisniveau von $105 pro Warenkorb haben. Nun würden in Südamerika große Goldvorkommen entdeckt, und der relative Preis des Golds gemessen im Warenkorb sinke auf einen Viertel Korb pro Feinunze. Bei einem unveränderten Goldpreis von $35 pro Feinunze wäre das Preisniveau nun von $105 auf $140 pro Warenkorb gestiegen. Studien über das Zeitalter des Goldstandards haben erstaunlich große Preisniveauschwankungen nachgewiesen, die sich aus Änderungen des relativen Goldpreises ergaben.[26]

3. Ein auf dem Gold basierendes internationales Zahlungssystem ist deshalb mit Schwierigkeiten verbunden, weil die Zentralbanken im Falle wirtschaftlichen Wachstums ihre internationalen Reserven nur dann erhöhen können, wenn ständig neue Goldvorkommen entdeckt werden. Jede Zentralbank müsste gewisse Goldvorräte halten, um den Goldpreis ihrer Währung zu fixieren und einen Puffer für den Fall konjktureller

---

[26] Siehe z.B. Richard N. Cooper, „The Gold Standard: Historical Facts and Future Prospects", in: *Brookings Papers on Economic Activity* 1, 1982, S. 1-45.

Probleme bereitzuhalten. Die Zentralbanken könnten also eine weltweite Arbeitslosigkeit herbeiführen, wenn sie im Kampf um Reserven inländische Vermögenswerte verkaufen und dadurch ihre Geldmenge unverhältnismäßig reduzieren würden.

4. Der Goldstandard würde Ländern mit potenziell großer Goldförderung, wie beispielsweise Russland und Südafrika, die Möglichkeit verschaffen, die makroökonomische Entwicklung der ganzen Welt durch Goldverkäufe zu beeinflussen.

Aufgrund dieser Nachteile treten heute nur wenige Ökonomen für eine Rückkehr zum Goldstandard ein. Schon 1923 bezeichnete der britische Ökonom John Maynard Keynes das Gold als „barbarisches Relikt" eines vergangenen Weltwährungssystems.[27] Nach seiner Amtsübernahme im Jahr 1981 richtete US-Präsident Reagan unter der Leitung der Wissenschaftlerin Anna Jacobson Schwartz eine Kommission ein, die beauftragt war zu untersuchen, ob die USA zum Goldstandard zurückkehren sollten. Die Kommission sprach sich dagegen aus. Während die meisten Zentralbanken nach wie vor im Rahmen ihrer internationalen Reserven auch Gold halten, spielt der Goldpreis in Bezug auf die nationale Geldpolitik heute keine hervorgehobene Rolle mehr.

17.8.4 Der Bimetall-Standard

Bis in die frühen 1870er Jahre herrschte in vielen Ländern der **Bimetall-Standard**, nach dem die Währung sowohl auf Silber als auch auf Gold basierte. Die USA hatten von 1837 bis zum amerikanischen Bürgerkrieg (1861 – 1865) ein bimetallisches Währungssystem. Die wichtigste Macht mit einem Bimetall-Standard war in jener Zeit allerdings Frankreich, das ihn 1873 zugunsten des Goldstandards aufgab.

Unter dem Bimetall-Standard prägt die Münzanstalt eines Landes (für gewöhnlich gegen Gebühr) nationale Währungseinheiten aus einer bestimmten Menge Gold *oder* Silber. In der Zeit vor dem amerikanischen Bürgerkrieg wurden beispielsweise aus 371,25 Gran (1 Gran = 0,02 Gramm) Silber oder 23,22 Gran Gold ein Silber- bzw. ein Golddollar geprägt. Aufgrund dieser Münzparität war Gold 371,25/23,22 = 16 Mal so viel wert wie Silber.

Die Münzparität konnte allerdings je nach dem relativen Marktpreis der beiden Metalle variieren, und in diesem Fall wurde der Umlauf einer Münze bisweilen eingestellt. Wenn zum Beispiel der Goldpreis gemessen in Silber auf 20 zu 1 stieg, d.h. das Silber im Vergleich zur Münzparität von 16 zu 1 abgewertet wurde, dann wollte bei der Münzanstalt niemand mehr Gold zu Golddollars prägen lassen. Man konnte sich mehr Dollars sichern, indem man für sein Gold Silber kaufte und dieses zu Dollars prägen ließ. Infolgedessen wurde das Gold dem Geldumlauf entzogen, wenn sein relativer Preis über den relativen Münzpreis fiel, im umgekehrten Fall verschwanden die Silbermünzen.

Siehe Keynes, „Alternative Aims in Monetary Policy", Reprint in seinen *Essays in Persuasion*, New York: W. W. Norton & Company, 1963. Eine abweichende Meinung zum Goldstandard vertritt Robert A. Mundell, „International Monetary Reform: The Optimal Mix in Big Countries", in: James Tobin, Hrsg., *Macroeconomics, Prices and Quantities*, Washington, D. C., Brookings Institution, 1983, S. 285-293.

Der Vorteil des Bimetall-Systems liegt darin, dass es die Instabilität des Preisniveaus senkt, die sich aus dem Gebrauch nur eines Metalls ergeben kann. Im Falle einer Verknappung und Verteuerung des Goldes konnte Silber zur vorherrschenden Form des Geldes werden und damit die Deflation dämpfen, die sich bei einem reinen Goldstandard eingestellt hätte. Trotz dieses Vorteils waren gegen Ende des 19. Jahrhunderts die meisten Länder, dem Vorbild der damals führenden Industriemacht Großbritannien folgend, zu einem reinen Goldstandard übergegangen.

17.8.5   Der Gold-Devisen-Standard

Ein Mittelding zwischen dem Goldstandard und einem reinen Reservewährungssystem ist der **Gold-Devisen-Standard**. Dabei bestehen die Reserven der Zentralbank aus Gold *und* Fremdwährungen, deren Preise gegenüber dem Goldpreis festgelegt sind, und jede Zentralbank bindet den Wechselkurs ihrer Währung an einen festen Goldpreis. Der Gold-Devisen-Standard hemmt, ebenso wie der Goldstandard, das übermäßige Wachstum der Geldmenge auf der ganzen Welt, ermöglicht aber ein größeres Wachstum der internationalen Reserven, die auch in anderen Vermögenswerten als Gold gehalten werden können. Doch darüber hinaus weist der Gold-Devisen-Standard dieselben oben aufgeführten Nachteile auf wie der Goldstandard.

Das nach dem Zweiten Weltkrieg errichtete, dollarzentrierte Reservewährungssystem war ursprünglich als Gold-Devisen-Standard konzipiert gewesen. Während die Zentralbanken die Wechselkurse festlegen sollten, bestand die Aufgabe des Federal Reserve System in den USA darin, den Goldpreis bei $35 pro Feinunze zu halten. Doch bereits Mitte der 1960er Jahre orientierte sich das System in der Praxis mehr an der Reservewährung als am Goldstandard. Aus Gründen, die im nächsten Kapitel untersucht werden, hob Präsident Nixon im August 1971 auf den alleinigen Beschluss der US-Regierung hin die Bindung des Dollars an das Gold auf. Kurz darauf wurde das System der festen Dollar-Wechselkurse aufgegeben.

Zusammenfassung

1. Es besteht ein direkter Zusammenhang zwischen einer Devisenmarktintervention der Zentralbank und der inländischen Geldmenge. Wenn die Zentralbank eines Landes Auslandsaktiva ankauft, wächst automatisch die Geldmenge ihres Landes. Entsprechend sinkt die inländische Geldmenge bei einem Verkauf von Auslandsaktiva. Der Einfluss der Devisenmarktintervention auf die Geldmenge geht aus der *Zentralbankbilanz* hervor, denn die Passiva der Zentralbank, die mit ihren Aktiva steigen oder fallen, bilden die Grundlage des inländischen Geldangebots. Mit Hilfe der *Neutralisierung* kann die Zentralbank die Wirkung ihrer Intervention auf die Geldmenge aufheben. Ohne Neutralisierung hängt die Beziehung zwischen Zahlungsbilanz und nationalen Geldmengen davon ab, wie die Zentralbanken die Last des Zahlungsbilanzausgleichs untereinander aufteilen.

2. Eine Zentralbank kann den Wechselkurs ihrer Währung gegenüber einer Fremd-währung fixieren, indem sie sich bereit erklärt, zu diesem Kurs inländische Wäh-rung in unbeschränkter Menge gegen ausländische Währung zu kaufen oder zu ver-kaufen. Zur Fixierung des Wechselkurses muss die Zentralbank bei Bedarf am Devisenmarkt intervenieren, um die Entstehung eines Nachfrage- oder Angebots-überschusses inländischer Währung zu verhindern. Dabei passt die Zentralbank ihre Auslandsaktiva – und damit die inländische Geldmenge – so an, dass sich die Vermögensmärkte zu dem festen Wechselkurs stets im Gleichgewicht befinden.

3. Die Verpflichtung zur Fixierung des Wechselkurses zwingt die Zentralbank zur Aufgabe ihrer Fähigkeit, die Konjunktur durch geldpolitische Maßnahmen zu sta-bilisieren. Ein Ankauf einheimischer Vermögenswerte durch die Zentralbank führt zu einer Abnahme ihrer offiziellen Währungsreserven in gleichem Umfang, sodass Geldangebot und Produktion unberührt bleiben. Entsprechend führt ein Verkauf von Inlandsaktiva durch die Zentralbank zu einem Anstieg der Währungsreserven in gleichem Umfang, hat jedoch keine weiteren Wirkungen.

4. Im Gegensatz zur Geldpolitik entfaltet die Fiskalpolitik bei festen Wechselkursen eine stärkere Wirkung als bei schwankenden Wechselkursen. Unter den Bedingun-gen eines festen Wechselkurses führt eine fiskalische Expansion in kurzer Frist zu keiner realen Abwertung, welche die gesamtwirtschaftliche Nachfrage „ver-drängt". Stattdessen zwingt sie die Zentralbank zum Ankauf von Auslandsaktiva und zur Ausweitung der Geldmenge. Auch eine *Abwertung* erhöht in kurzer Frist die gesamtwirtschaftliche Nachfrage und die Geldmenge. (Eine *Aufwertung* hat die entgegengesetzte Wirkung.) In langer Frist führt eine fiskalische Expansion zu ei-ner realen Aufwertung, einer Ausweitung der Geldmenge und einem Anstieg des inländischen Preisniveaus. Eine Abwertung hingegen führt zu einem proportiona-len Anstieg der langfristigen Geldmengen- und Preisniveaus.

5. *Zahlungsbilanzkrisen* stellen sich ein, wenn die Marktteilnehmer erwarten, dass die Zentralbank den bestehenden Wechselkurs ändern wird. Wenn der Markt beispiels-weise zu der Überzeugung gelangt ist, dass eine Abwertung bevorsteht, steigt der Inlandszinssatz über den Weltzinssatz und die Währungsreserven nehmen rasch ab, weil das private Kapital ins Ausland flieht. *Selbst erfüllende Währungskrisen* kön-nen eintreten, wenn eine Volkswirtschaft gegenüber Spekulationen anfällig ist. Un-ter anderen Umständen kann der Zusammenbruch eines Wechselkurses auch das unvermeidliche Resultat einer inkonsequenten Regierungspolitik sein.

6. Das System des *kontrollierten Floatens* ermöglicht der Zentralbank die Aufrecht-erhaltung einer gewissen Kontrolle über die einheimische Geldmenge, führt jedoch zu einer erhöhten Instabilität des Wechselkurses. Bei *vollständiger Ersetzbarkeit* zwischen inländischen und ausländischen Anleihen gelingt es der Zentralbank allerdings bisweilen, durch neutralisierte Devisenmarktinterventionen sowohl die Geldmenge als auch den Wechselkurs zu steuern. Die empirischen Daten liefern kaum Beweise für die These, dass neutralisierte Interventionen direkten Einfluss

auf die Wechselkurse haben. Selbst wenn inländische und ausländische Wertpapiere *vollständig ersetzbar* sind, sodass keine *Risikoprämie* im Spiel ist, kann die neutralisierte Intervention eine indirekte *Signalwirkung* haben, welche die Markterwartungen hinsichtlich der zukünftigen Politik ändert.

7. Ein Weltsystem fester Wechselkurse, in dem jedes Land die Preise seiner Währung an eine *Reservewährung* bindet, erzeugt eine deutliche Unausgewogenheit. Das Ursprungsland der Reservewährung, das keinen Wechselkurs fixieren muss, kann vermittels seiner Geldpolitik die wirtschaftliche Entwicklung im In- und Ausland beeinflussen. Im Gegensatz dazu ist sämtlichen anderen Ländern die Möglichkeit genommen, durch geldpolitische Maßnahmen Einfluss auf ihre Produktion oder die Produktion im Ausland zu nehmen. Diese politische Unausgewogenheit widerspiegelt die Tatsache, dass das Land der Reservewährung von der Last des Zahlungsbilanzausgleichs befreit ist.

8. Der *Goldstandard*, bei dem alle Länder die Preise ihrer Währungen gegenüber dem Goldpreis festlegen, beseitigt die dem Reservewährungssystem innewohnende Unausgewogenheit und begrenzt überdies das Geldmengenwachstum der beteiligten Länder. (Ein verwandtes System war der *Bimetall-Standard*, der sowohl auf Silber als auch auf Gold basierte.) Der Goldstandard hat jedoch schwer wiegende Nachteile, aufgrund derer er nicht als Grundlage des heutigen internationalen Währungssystems dienen kann. Selbst der auf dem Dollar beruhende *Gold-Devisen-Standard*, der im Anschluss an den Zweiten Weltkrieg eingeführt wurde, erwies sich als nicht praktikabel.

Schlüsselbegriffe

Übungen

1. Zeigen Sie auf, wie sich unter den Bedingungen eines festen Wechselkurses eine Zunahme der Inlandsaktiva im Besitz der Zentralbank auf deren Bilanz auswirkt. Wie schlagen sich die Zentralbanktransaktionen auf dem Devisenmarkt in der Leistungsbilanz nieder?

2. Wiederholen Sie Übung 1 für den Fall einer Erhöhung der Staatsausgaben.

3. Beschreiben Sie die Effekte einer unerwarteten Abwertung auf die Zentralbankbilanz und auf die Zahlungsbilanz.

4. Erklären Sie, weshalb eine Abwertung dem in diesem Kapitel vorgestellten Modell zufolge die Leistungsbilanz verbessert. (Hinweis: Erinnern Sie sich an die *XX*-Kurve aus dem letzten Kapitel.)

5. Die folgenden Absätze erschienen am 22. September 1986 in der *New York Times* („Europeans May Prop the Dollar", S. D1):
Um eine Abwertung des Dollars gegenüber der Deutschen Mark zu verhindern, müssten die europäischen Zentralbanken Deutsche Mark ankaufen und Dollars verkaufen – ein Verfahren, das als Intervention bezeichnet wird. Doch der am Markt vertretene Währungspool ist weitaus größer als die Währungsreserven sämtlicher Regierungen. Tag für Tag werden Währungen im Wert von Milliarden Dollars umgeschlagen. Ohne Unterstützung aus den USA und Japan ist es unwahrscheinlich, dass eine Intervention selbst der beiden ökonomisch einflussreichsten Mitglieder der Europäischen Gemeinschaft – Großbritannien und die Bundesrepublik Deutschland – auf den Märkten viel ausrichten könnte. Doch die soeben erklärte Interventionsabsicht der Zentralbanken der Gemeinschaft könnte allein durch ihre psychologische Wirkung die Märkte erschüttern.
Ökonomen zufolge funktioniert eine Intervention nur dann, wenn sich die Märkte ungewöhnlich erratisch gebärden, wie beispielsweise nach dem Mord an einem Präsidenten, oder wenn die Intervention dazu dient, sie weiter in eine Richtung zu treiben, die sie ohnehin eingeschlagen haben.

   a. Stimmen Sie mit der Aussage des Artikels überein, dass Deutschland wenig Möglichkeiten hatte, den Wechselkurs der DM zu beeinflussen?

   b. Stimmen Sie mit der im letzten Absatz geäußerten Einschätzung über die Effektivität einer Intervention überein?

   c. Schildern Sie, wie „allein die soeben erklärte Interventionsabsicht" eine „psychologische Wirkung" auf die Märkte ausüben könnte.

   d. Versuchen Sie die obigen Absätze in eine präzisere Sprache zu fassen, sodass sie wiedergeben, was Sie in diesem Kapitel gelernt haben.

6. Können Sie sich Gründe vorstellen, aus denen eine Regierung bereit sein könnte, zugunsten stabilerer Wechselkurse ihre geldpolitische Handlungsfähigkeit einzuschränken?

7. Wie wirkt sich eine fiskalische Expansion unter den Bedingungen eines festen Wechselkurses auf die Leistungsbilanz aus?

→

8. Erklären Sie, weshalb vorübergehende und dauerhafte fiskalische Expansionen unter einem System fester Wechselkurse, im Gegensatz zu den Bedingungen schwankender Wechselkurse, keine unterschiedlichen Wirkungen haben.

9. Abwertungen werden von Staaten oft zur Verbesserung ihrer Leistungsbilanz vorgenommen. Da die Leistungsbilanz gleich dem nationalen Sparen abzüglich der Inlandsinvestitionen ist (siehe Kapitel 12), kann diese Verbesserung allerdings nur eintreten, wenn die Investitionen zurückgehen, das Sparen zunimmt, oder beides eintritt. Wie könnte sich die Abwertung auf das nationale Sparen und die Inlandsinvestitionen auswirken?

10. Analysieren Sie anhand des *DD-AA*-Modells die Produktions- und Zahlungsbilanzwirkungen eines Importzolls unter einem System fester Wechselkurse. Was würde geschehen, wenn alle Länder der Welt gleichzeitig versuchen würden, durch die Einführung von Zöllen die Beschäftigungslage und die Zahlungsbilanz zu verbessern?

11. Wenn eine Zentralbank im Anschluss an eine Zahlungsbilanzkrise die einheimische Währung abwertet, nimmt sie normalerweise Währungsreserven ein. Kann dieser Kapitalzufluss anhand unseres Modells erklärt werden? Was würde geschehen, wenn der Markt mit einer weiteren Abwertung in naher Zukunft rechnen würde?

12. Nehmen Sie an, dass die Zentralbanken außerhalb der USA unter dem Nachkriegssystem des „Dollarstandards" in ihren Tresoren versteckte grüne Dollarnoten anstatt US-Schatzanleihen gehalten hätten. Wäre der Mechanismus des internationalen monetären Ausgleichs in diesem Fall ausgewogen oder unausgewogen gewesen? (Hinweis: Wie entwickeln sich die Geldmengen in den USA und Japan, wenn die japanische Zentralbank Yen gegen Dollarnoten verkauft und Letztere dann behält?)

13. „Wenn vollständige Ersetzbarkeit zwischen inländischen und ausländischen Anleihen herrschte, dann dürfte es einer Zentralbank gleichgültig sein, ob sie ihre Geldpolitik unter Einsatz inländischer oder ausländischer Vermögenswerte betreibt." Diskutieren Sie diese Aussage.

14. Die Devisenmarktinterventionen der USA werden manchmal vom Exchange Stabilization Fund(ESF) durchgeführt, einer Abteilung des Finanzministeriums, die ein Portfolio aus US-Staatsanleihen und ausländischen Anleihen verwaltet. Eine ESF-Intervention zur Stützung des Yen würde beispielsweise die Form einer Portfolioverschiebung annehmen, bei der Dollaraktiva in Yenaktiva umgeleitet werden. Zeigen Sie auf, dass ESF-Interventionen automatisch neutralisiert werden und die Geldmenge nicht ändern. Wie wirken sich ESF-Geschäfte auf die Risikoprämie der Fremdwährung aus?

15. Erläutern Sie anhand eines Schaubilds nach dem Vorbild von Abbildung 17.8, wie eine Zentralbank bei unvollständiger Ersetzbarkeit der Vermögenswerte den Inlandszinssatz ändern und dabei den Wechselkurs fix halten kann.

Weiterführende Literatur

William H. Branson, „Causes of Appreciation and Volatility of the Dollar", in: *The U.S. Dollar – Recent Developments, Outlook, and Policy Options*, Kansas City: Federal Reserve Bank of Kansas City, 1985, S. 33–52. Entwicklung und Anwendung eines Modells der Wechselkursbestimmung bei unvollständiger Ersetzbarkeit der Vermögenswerte.

Hali J. Edison, *The Effectiveness of Central-Bank Intervention: Survey of the Literature after 1982*. Princeton Special Papers in International Economics, 18. International Finance Section, Department of Economics, Princeton University, Juli 1993. Zusammenfassung von Theorie und empirischen Daten zur neutralisierten Devisenmarktintervention.

Milton Friedman, „Bimetallism Revisited", in: *Journal of Economic Perspectives* 4 (Herbst 1990), S. 85–104. Faszinierende Neubewertung der wirtschaftswissenschaftlichen Einschätzungen des dualen Silber-Gold-Standards.

Dale W. Henderson und Stephanie Sampson, „Intervention in Foreign Exchange Markets: A Summary of Ten Staff Studies", in: *Federal Reserve Bulletin* 69, November 1983, S. 830–836. Die wichtigsten Ergebnisse der Interventionsstudie im Auftrag der Federal Reserve, die nach dem Versailler Wirtschaftsgipfel im Juni 1982 in Auftrag gegeben wurde.

Owen F. Humpage, „Institutional Aspects of U.S. Intervention", in: *Federal Reserve Bank of Cleveland Economic Review* 30, 1. Quartal 1994, S. 2–19. Wie das US-Finanzministerium und die Federal Reserve die Devisenmarktintervention koordinieren.

Olivier Jeanne, *Currency Crises: A Perspective on Recent Theoretical Developments*, Princeton Special Papers in International Economics, 20. International Finance Section, Department of Economics, Princeton University, März 2000. Jüngere Überlegungen zu spekulativen Krisen und Angriffen.

Ronald I. McKinnon, *A New Tripartite Monetary Agreement or a Limping Dollar Standard?*, Princeton Essays in International Finance, 106. International Finance Section, Department of Economics, Princeton University, October 1974. Kritische Analyse der Interventionsbestimmungen unter dem System fester Wechselkurse in der Zeit nach dem Zweiten Weltkrieg.

Robert A. Mundell, „Capital Mobility and Stabilization Policy Under Fixed and Flexible Exchange Rates", in: *Canadian Journal of Economics and Political Science* 29, November 1963, S. 475–485. Als Kapitel 18 aufgenommen in Mundells *International Economics*. New York: Macmillan, 1968. Klassische Darstellung der Wirkungen geld- und fiskalpolitischer Maßnahmen unter verschiedenen Wechselkurssystemen.

Michael Mussa, „The Exchange Rate, the Balance of Payments and Monetary and Fiscal Policy Under a Regime of Controlled Floating", in: Jan Herin, Assar Lindbeck und Johan Myhrman, Hrsg., *Flexible Exchange Rates and Stabilization Policy*, Boulder, CO: Westview Press, 1977, S. 97–116. Erläutert die monetären Ansätze zur Zahlungsbilanz- und Wechselkursanalyse.

Michael Mussa, *The Role of Official Intervention*, Occasional Paper 6. New York: Group of Thirty, 1981. Theorie und Praxis der Zentralbank-Devisenmarktintervention unter den Voraussetzungen des „schmutzigen" Floatens.

Maurice Obstfeld, „Models of Currency Crises with Self-Fulfilling Features", in: *European Economic Review* 40, April 1996, S. 1037–1048. Weiteres zur Beschaffenheit von Zahlungsbilanzkrisen.

Lucio Sarno und Mark P. Taylor, „Official Intervention in the Foreign Exchange Market: Is It Effective and, If So, How Does It Work?", in: *Journal of Economic Literature* 39, September 2001. Eine aktualisierte Darstellung der Devisenmarktintervention.

Anhang I zu Kapitel 17

Das Devisenmarktgleichgewicht bei unvollständiger Ersetzbarkeit der Vermögenswerte

Dieser Anhang entwickelt ein Modell des Devisenmarkts, in dem aufgrund von Risikofaktoren keine vollständige Ersetzbarkeit zwischen Inlands- und Auslandsaktiva besteht. Das Modell zeigt die Entstehung einer Risikoprämie auf, einer Differenz zwischen den erwarteten Renditen auf Inlands- und Auslandsaktiva.[1]

17AI.1   Nachfrage

Individuen meiden riskante Situationen, die ihr Vermögen täglich starken Schwankungen aussetzen. Daher treffen sie ihre Entscheidungen über dessen Aufteilung auf verschiedene Vermögenswerte nicht nur anhand der erwarteten Rendite, sondern auch anhand des Risikos, das mit dem jeweiligen Portfolio einhergeht. Wer sein Vermögen ausschließlich in britischen Pfund anlegt, erhält vielleicht eine hohe Rendite, kann jedoch bei einer plötzlichen Abwertung des Pfunds ein Fiasko erleben. Eine sinnvollere Strategie besteht darin, in mehrere Währungen zu investieren, auch wenn diese zum Teil eine geringere Rendite versprechen als das Pfund, und dadurch die Vermögensverluste infolge der nachteiligen Entwicklung einer dieser Währungen zu mindern. Durch diese Streuung des Risikos auf mehrere Währungen kann ein Individuum die Wertschwankungen seines Vermögens eindämmen.

Es ist aufgrund von Risikoerwägungen anzunehmen, dass die Nachfrage eines Individuums nach verzinslichen Inlandsaktiva zunimmt, wenn ihr Zinssatz (R) im Verhältnis zur Rendite auf Auslandsaktiva steigt [$R^* + (E^e - E)/E$]. Mit anderen Worten, ein Individuum wird nur dann bereit sein, das Risiko seines Portfolios durch stärkere Investitionen in Inlandsaktiva zu erhöhen, wenn es durch eine Erhöhung der relativen erwarteten Rendite entschädigt wird.

Wir fassen diese Annahme zusammen, indem wir die Nachfrage des Individuums i nach in einheimischer Währung bewerteten Anleihen, B_i^d, als zunehmende Funktion der Differenz zwischen einheimischen und ausländischen Anleihenrenditen schreiben:

$$B_i^d = B_i^d \, [R - R^* - (E^e - E)/E]$$

---

[1]   Das mathematische Postskriptum zu Kapitel 21 entwickelt ein mikroökonomisches Modell der individuellen Nachfrage nach risikobehafteten Vermögenswerten.

Dabei hängt B_i^d natürlich auch von Faktoren ab, die sich aus den besonderen Eigenschaften des Individuums, wie beispielsweise seinem Vermögen und seinem Einkommen, ergeben. Die Nachfrage nach in inländischer Währung bewerteten Anleihen kann negativ oder positiv sein; in ersterem Falle ist das Individuum i ein Nettokreditnehmer in einheimischer Währung, d.h. ein *Anbieter* inländischer Anleihen.

Um die private Gesamtnachfrage nach in einheimischer Währung bewerteten Anleihen zu ermitteln, müssen wir die individuellen Nachfragen B_i^d sämtlicher Individuen i der Welt addieren. Diese Summe ergibt die private Gesamtnachfrage nach inländischen Anleihen, B^d, die ebenfalls eine zunehmende Funktion der erwarteten Renditedifferenz zugunsten von Inlandsaktiva ist. Daher gilt:

$$\text{Nachfrage} = B^d[R - R^* - (E^e - E)/E]$$

$$= \text{die Summe aller } i \text{ von } B_i^d\,[R - R^* - (E^e - E)/E]$$

Da einige Privatpersonen Kredite aufnehmen und daher Anleihen anbieten, sollte B^d als die *Netto*nachfrage des Privatsektors nach in inländischer Währung bewerteten Anleihen interpretiert werden.

17AI.2   Angebot

Da wir B^d als die Nettonachfrage des Privatsektors nach in einheimischer Währung bewerteten Anleihen interpretieren, ergibt sich als zugehörige Angebotsvariable zur Definition des Marktgleichgewichts das Nettoangebot dieser Anleihen an den Privatsektor, d. h. das Angebot derjenigen Anleihen, die keine Verbindlichkeit irgendeines privaten Individuums darstellen. Das Nettoangebot ist daher gleich dem Wert der in inländischer Währung bewerteten *Staats*anleihen, die von der Öffentlichkeit gehalten werden, B, abzüglich des Werts der Inlandsaktiva im Besitz der Zentralbank, A:

$$\text{Angebot} = B - A$$

A muss zwecks Ermittlung des Nettoangebots an Anleihen von B subtrahiert werden, weil Anleihenkäufe der Zentralbank das Privatinvestoren zur Verfügung stehende Angebot reduzieren. (In einem noch umfassenderen Ansatz würden wir auch die von ausländischen Zentralbanken gehaltenen Inlandsaktiva von B subtrahieren.)

17AI.3   Gleichgewicht

Die Risikoprämie, ρ, wird durch das Wechselspiel von Angebot und Nachfrage bestimmt. Sie ist definiert als:

$$\rho = R - R^* - (E^e - E)/E,$$

d.h. als erwartete Renditedifferenz zwischen inländischen und ausländischen Anleihen. Wir können daher die Nettonachfrage des privaten Sektors nach in einheimischer Währung bewerteten Anleihen als zunehmende Funktion von r schreiben. Abbildung 17AI.1

zeigt diese Beziehung, indem die Nachfragekurve der in inländischer Währung bewerteten Anleihen eine positive Steigung aufweist.

Die Angebotskurve der Anleihen ist eine Vertikale durch $B - A^1$, weil das Nettoangebot der Anleihen am Markt nicht von der Risikoprämie, sondern von Entscheidungen der Regierung und der Zentralbank abhängt. Das Gleichgewicht liegt an Punkt 1 (bei einer Risikoprämie von ρ^1), wo die Nettonachfrage des Privatsektors gleich dem Nettoangebot an inländischen Anleihen ist. Beachten Sie, dass bei gegebenen Werten für R, R^* und E das im Schaubild gezeigte Gleichgewicht auch als Bestimmung des Wechselkurses interpretiert werden kann, da $E = E^e/(1 + R - R^* - \rho)$.

Abbildung 17AI.1 zeigt, wie sich ein Verkauf von Inlandsaktiva durch die Zentralbank auswirkt, in dessen Folge die von ihr gehaltenen Inlandsaktiva auf $A^2 < A^1$ sinken. Dieser Verkauf hebt das Nettoangebot einheimischer Anleihen auf $B - A^2$ und verschiebt die Angebotskurve nach rechts. Das neue Gleichgewicht stellt sich an Punkt 2 ein, bei einer Risikoprämie von $\rho^2 > \rho^1$. Eine Zunahme der staatlichen Schuldverschreibungen in Inlandswährung, B, würde entsprechend die Risikoprämie erhöhen.

Das Modell erbringt also den Nachweis, dass die Risikoprämie eine zunehmende Funktion von $B - A$ ist. Eben dies hatten wir in unserer Darstellung der neutralisierten Intervention angenommen, die zu Gleichung (17-3) führte.

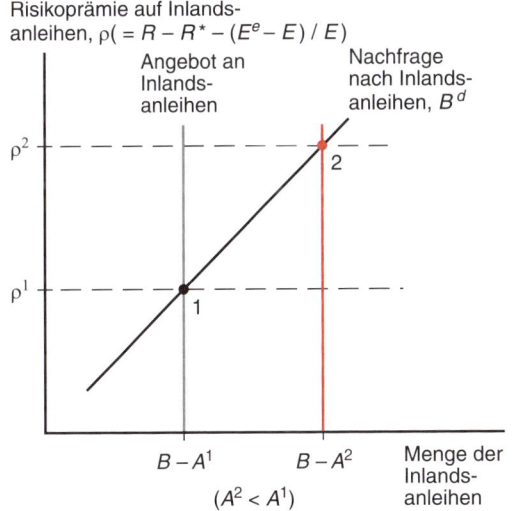

Risikoprämie auf Inlands-
anleihen, $\rho(= R - R^* - (E^e - E)/E)$

Angebot an Inlands-anleihen

Nachfrage nach Inlands-anleihen, B^d

ρ^2

2

ρ^1

1

$B - A^1$ $B - A^2$ Menge der Inlands-anleihen
$(A^2 < A^1)$

Eine Zunahme des Angebots in einheimischer Währung bewerteter Anleihen, die der Privatsektor halten muss, erhöht die Risikoprämie auf Inlandsaktiva.

Abbildung 17AI.1:   **Das Angebot an einheimischen Wertpapieren und die Risikoprämie auf Fremdwährungen bei unvollständiger Ersetzbarkeit der Vermögenswerte**

Anhang II zu Kapitel 17

Der monetäre Ansatz zur Zahlungsbilanztheorie

Aufgrund des oben erläuterten engen Zusammenhangs zwischen der Zahlungsbilanz und der Geldmenge eines Landes können Schwankungen der Zentralbankreserven auf Veränderungen auf dem Geldmarkt zurückgeführt werden. Diese Methode zur Analyse der Zahlungsbilanz wird als *monetärer Ansatz zur Zahlungsbilanztheorie* bezeichnet. Der monetäre Ansatz wurde in den 1950er und 1960er Jahren von der Forschungsabteilung des Internationalen Währungsfonds unter der Leitung von Jacques J. Polak sowie von Harry G. Johnson, Robert A. Mundell und ihren Studenten an der University of Chicago entwickelt.[1]

Der monetäre Ansatz kann anhand eines einfachen Modells verdeutlicht werden, das die Zahlungsbilanz mit Entwicklungen auf dem Geldmarkt in Zusammenhang bringt. Wie Sie wissen, befindet sich der Geldmarkt im Gleichgewicht, wenn das reale Geldangebot gleich der realen Geldnachfrage ist, d.h. wenn gilt:

$$M^S/P = L(R, Y) \qquad \text{(17AII-1)}$$

Nun stehe F^* für die (in einheimischer Währung gemessenen) Auslandsaktiva der Zentralbank und A für ihre Inlandsaktiva (Forderungen gegenüber dem Inland). Wenn m der *Geldmengenmultiplikator* ist, der die Beziehung zwischen den gesamten Finanzaktiva der Zentralbank ($F^* + A$) und der Geldmenge definiert, dann gilt:

$$M^S = m(F^* + A) \qquad \text{(17AII-2)}$$

Die Veränderung der Auslandsaktiva der Zentralbank über jede beliebige Zeitspanne hinweg, F^*, ist gleich der Devisenbilanz (eines Landes, dessen Währung nicht Reservewährung ist). Durch die Kombination von (17AII-1) und (17AII-2) können wir die Auslandsaktiva der Zentralbank folgendermaßen wiedergeben:

$$F^* = (1/m)PL(R, Y) - A$$

Wenn wir m als Konstante annehmen, dann ist der in der Devisenbilanz erfasste Zahlungsbilanzüberschuss:

$$\Delta F^* = (1/m)\Delta[PL(R, Y)] - \Delta A \qquad \text{(17AII-3)}$$

Die letzte Gleichung fasst den monetären Ansatz zusammen. Der erste Term auf der rechten Seite widerspiegelt Veränderungen der nominalen Geldnachfrage und gibt Aufschluss darüber, dass bei ansonsten gleichen Bedingungen eine Steigerung der Geldnachfrage zu

---

[1] Viele der ersten Artikel, die den monetären Ansatz verwenden, sind zusammengestellt in Jacob A. Frenkel und Harry G. Johnson, Hrsg., *The Monetary Approach to the Balance of Payments*, London: George Allen and Unwin, 1976, und: International Monetary Fund, *The Monetary Approach to the Balance of Payments*, Washington, D. C.: International Monetary Fund, 1977.

einem Zahlungsbilanzüberschuss und einer parallelen Steigerung des Geldangebots führt, die das Geldmarktgleichgewicht aufrechterhält. Der zweite Term der Zahlungsbilanzgleichung widerspiegelt die Angebotsfaktoren auf dem Geldmarkt. Eine Erhöhung der Forderungen gegenüber dem Inland hebt bei ansonsten gleichen Bedingungen das Geldangebot im Verhältnis zur Geldnachfrage, sodass ein Zahlungsbilanzdefizit entstehen muss, um die Geldmenge zu reduzieren und das Geldmarktgleichgewicht wiederherzustellen.

Da die Zahlungsbilanz gleich der Summe der Überschüsse aus Leistungs- und Kapitalbilanz (ohne Währungsreserven) ist (siehe Kapitel 12), führte die wirtschaftswissenschaftliche Literatur, die vor der Entwicklung des monetären Ansatzes erschien, Zahlungsbilanzänderungen in der Regel auf Veränderungen der Leistungs- oder der Kapitalbilanz zurück. Eine bedeutende Leistung des monetären Ansatzes bestand darin, dass er Zahlungsbilanzprobleme in vielen Fällen als direktes Resultat von Ungleichgewichten auf dem Geldmarkt auffasste und daher den Einsatz geldpolitischer Instrumente als geeignetste Gegenmaßnahme empfahl. Ein großes Zahlungsbilanzdefizit kann beispielsweise auf eine übermäßige inländische Kreditschöpfung zurückgehen. Obwohl ein solches Zahlungsbilanzdefizit normalerweise mit Defiziten sowohl in der Leistungs- als auch im privaten Teil der Kapitalbilanz einhergeht, wäre es irreführend, es in erster Linie auf einen exogenen Rückgang der relativen Weltfrage nach inländischen Gütern oder Vermögenswerten zurückzuführen.

Es gibt allerdings viele realistische Fälle, in denen eine auf dem monetären Ansatz basierende Zahlungsbilanzanalyse umständlich und als politische Richtschnur eher ungeeignet ist. Gehen wir beispielsweise von dem Fall eines vorübergehenden Rückgangs der Auslandsnachfrage nach Inlandsprodukten aus. Diese Veränderung verursacht eine Verschlechterung der Leistungsbilanz und der Devisenbilanz, der man jedoch (falls die Kapitalbilanz keinen strengen Auflagen unterliegt) durch eine vorübergehende expansive Fiskalpolitik entgegenwirken kann.

Da die Produktion und damit die Geldnachfrage zurückgehen, würde der monetäre Ansatz das Zahlungsbilanzdefizit auf ein Sinken der Exportnachfrage zurückführen. Es wäre jedoch falsch, wenn die politischen Entscheidungsträger daraus die Schlussfolgerung ziehen würden, dass man dem (in der Devisenbilanz aufscheinenden) Zahlungsbilanzdefizit, da es mit einer verringerten Geldnachfrage einhergeht, am besten durch eine Verringerung der Forderungen gegenüber dem Inland begegnete. Denn wenn die Zentralbank diese Forderungen beschränken würde, um die Zahlungsbilanz zu verbessern, dann würde die Arbeitslosigkeit hoch bleiben oder sogar steigen.

Der monetäre Ansatz eignet sich hervorragend zu Analysezwecken, muss aber bei der Suche nach Lösungen für makroökonomische Störungen mit Vorsicht angewandt werden. Die Lösungen, zu denen er führt, sind auf diejenigen politischen Probleme zugeschnitten, die durch direkte Verschiebungen des inländischen Geldangebots oder der inländischen Geldnachfrage bedingt sind.

Anhang III zu Kapitel 17

Der Zeitpunkt von Zahlungsbilanzkrisen

In unserem Modell folgte eine Zahlungsbilanzkrise einem plötzlichen Vertrauensverlust des Markts gegenüber dem Versprechen der Zentralbank, den Wechselkurs auch in Zukunft auf einem festen Niveau zu halten. Wie bereits festgestellt, ist eine Währungskrise allerdings häufig nicht, wie krisengeplagte Politiker gern behaupten, das Ergebnis unvorhersehbarer Stimmungsänderungen des Marktes. Ein Zusammenbruch des Wechselkurses kann auch das unvermeidliche Ergebnis einer Regierungspolitik sein, die nicht mit der dauerhaften Aufrechterhaltung eines festen Wechselkurses in Einklang steht. In solchen Fällen kann man den Zeitpunkt der Krise anhand einfacher wirtschaftswissenschaftlicher Theorien voraussagen, indem man die Regierungspolitik und die rationale Reaktion des Marktes darauf sorgfältig analysiert.[1]

Zur Erläuterung der wichtigsten Punkte bedienen wir uns der Annahmen und Notationen des monetären Ansatzes zur Zahlungsbilanztheorie (siehe Anhang II zu diesem Kapitel) und des monetären Ansatzes der Wechselkursbestimmung (Kapitel 15). Der Einfachheit halber gehen wir weiter von vollständiger Flexibilität der Güterpreise und konstanter Produktion auf Vollbeschäftigungsniveau aus. Darüber hinaus nehmen wir an, dass die Marktteilnehmer die Zukunft präzise vorhersehen können, sodass willkürliche Erwartungsänderungen ausgeschlossen sind.

Der genaue Zeitpunkt einer Zahlungsbilanzkrise kann nicht unabhängig von der Regierungspolitik bestimmt werden. Insbesondere müssen wir nicht nur berücksichtigen, wie sich die Regierung heute benimmt, sondern auch beschreiben, wie sie auf künftige wirtschaftliche Entwicklungen zu reagieren beabsichtigt. Zwei Annahmen hinsichtlich des staatlichen Verhaltens werden an dieser Stelle vorausgesetzt: 1) Die Zentralbank lässt auf unbeschränkte Dauer eine ständige Ausdehnung der Forderungen gegenüber dem Inland, A, zu. 2) Die Zentralbank fixiert den Wechselkurs heute auf das Niveau E^0, wird aber auf unbeschränkte Dauer ein freies Schwanken des Wechselkurses zulassen, falls ihre Währungsreserven, F^*, je auf Null zurückgehen. Darüber hinaus verteidigen die staatlichen Institutionen E^0 bis zum bitteren Ende, indem sie so lange, wie sie noch über Währungsreserven verfügen, diese auch zum festgelegten Preis verkaufen.

Diese Annahmen sind nicht besonders realistisch, doch andere, komplizierte Szenarien würden zu ähnlichen Ergebnissen führen. Annahme 1 widerspiegelt das Bedürfnis der Regierung, ihr Haushaltsdefizit zu decken, indem sie *direkt* Geld von der Zentralbank leiht.

---

[1] Alternative Modelle von Zahlungsbilanzkrisen finden Sie bei Paul Krugman, „A Model of Balance-of-Payments-Crises", in: *Journal of Money, Credit and Banking*, 11. August 1979, S. 311–325; Robert P. Flood und Peter M. Garber, „Collapsing Exchange Rate Regimes: Some Linear Examples", in: *Journal of International Economics* 17, August 1984, S. 1–14, und Maurice Obstfeld, „Rational and Self-Fulfilling Balance-of-Payments Crises", in: *American Economic Review* 76, März 1986, S. 72–81. Siehe auch die in den Literaturhinweisen aufgeführte Studie von Obstfeld.

Eine solche Politik würde mit der Zeit natürlich A erhöhen, indem sie die Forderungen der Zentralbank gegenüber der Regierung erhöht – die als Inlandsaktiva gelten. Annahme 2 begrenzt die Fähigkeit der Zentralbank, Fremdwährungen zu leihen, um die einheimische Währung gegen einen spekulativen Angriff zu verteidigen. Sobald die Zentralbank ihre Reserven und ihren Fremdwährungskreditrahmen erschöpft hat, bleibt ihre keine andere Wahl, als das Spiel aufzugeben und sich aus dem Devisenmarkt zurückzuziehen.

Die Zentralbankpolitik krankt daran, dass sie nicht im Einklang mit der unbeschränkten Aufrechterhaltung eines festen Wechselkurses steht. Der monetäre Ansatz geht davon aus, dass die Währungsreserven parallel zu dem ständigen Anstieg der Inlandsaktiva zurückgehen. Daher sind die Reserven früher oder später erschöpft und der feste Wechselkurs E^0 muss aufgegeben werden. Die Spekulanten werden eine Entscheidung erzwingen, indem sie in einem spekulativen Angriff sämtliche Zentralbankreserven aufkaufen, solange es sie noch gibt.

Der Zeitpunkt dieser Krise lässt sich mit Hilfe einer Definition und eines Schaubilds bestimmen. Der schwankende *Schatten*wechselkurs zum Zeitpunkt t, bezeichnet als E_t^S, ist derjenige Wechselkurs, der vorherrschen würde, wenn die Zentralbank zwar keine Währungsreserven mehr hätte und den Wechselkurs freigeben würde, aber dennoch ein weiteres Wachstum der Forderungen gegenüber dem Inland zuließe. Aus dem monetären Ansatz der Wechselkursbestimmung wissen wir, dass dies zu einer *laufenden Inflation* führen würde, bei der E_t^S im selben Verhältnis steigen würde wie die Wachstumsrate der Forderungen gegenüber dem Inland. Der obere Teil von Abbildung 17AIII.1 zeigt diese Aufwärtsentwicklung des schwankenden Schattenwechselkurses im Vergleich zum Niveau E^0, auf das der Wechselkurs vorerst festgelegt ist. Auf der horizontalen Zeitachse ist der Zeitpunkt T markiert, zu dem der Schattenwechselkurs das Niveau E^0 erreicht.

Der untere Teil der Abbildung zeigt, wie sich die Reserven entwickeln, wenn die Forderungen gegenüber dem Inland stetig zunehmen. (Ein Anstieg der Reserven bedeutet eine vom Ursprung ausgehende Abwärtsbewegung entlang der vertikalen Achse.) Wir haben die Entwicklung der Reserven als eine abbrechende Kurve dargestellt, die bis zum Zeitpunkt T, zu dem die Reserven mit einem Schlag auf Null sinken, langsam fällt. Der dann einsetzende schlagartige Reservenverlust (im Umfang F_T^*) ist der spekulative Angriff, der die Aufhebung des festen Wechselkurses erzwingt. Im Folgenden wird nachgewiesen, dass ein solcher Angriff genau zum Zeitpunkt T erfolgen muss, wenn die Vermögensmärkte stets geräumt werden sollen.

Unter der Voraussetzung einer festen Produktionsmenge Y besagt Gleichung (17AII-3), dass die Reserven im selben Maße abnehmen werden wie die Forderungen gegenüber dem Inland steigen, solange sich der Inlandszinssatz R nicht ändert. Wir wissen, dass der Zinssatz R bei einem überzeugend festgelegten Wechselkurs gleich dem Auslandszinssatz R^* sein wird, weil keine Abwertungserwartung besteht. Daher nehmen, wie in Abbildung 17AIII.1 gezeigt, die Reserven allmählich ab, solange der Wechselkurs bei E^0 fixiert bleibt.

Nehmen Sie nun an, die Reserven würden zum Zeitpunkt T', d.h. zu einem *späteren* Zeitpunkt als T, auf Null sinken. Unser Schattenwechselkurs E^S ist definiert als derjenige frei schwankende Wechselkurs, der bei Währungsreserven von Null dem Gleichgewichtskurs entspräche. Wenn also die Reserven zum Zeitpunkt T' bei Null anlangen, geben die Behörden E^0 für alle Zeiten auf und der Wechselkurs erhöht sich sofort sprunghaft auf E_T^S. Doch mit diesem „Gleichgewicht" kann etwas nicht stimmen: Jeder Marktteilnehmer weiß, dass die Inlandswährung zum Zeitpunkt T' stark abwerten wird, und wird davon zu profitieren versuchen, indem er unmittelbar *vor* T' der Zentralbank zum niedrigen Preis E^0 Währungsreserven abkauft. Infolgedessen büßt die Zentralbank bereits *vor* T' ihre sämtlichen Reserven ein. Dies steht im Gegensatz zu unserer Ausgangsannahme, dass die Reserven erst bei T' erschöpft sind. Wir hatten also überhaupt keinen Gleichgewichtszustand vor uns.

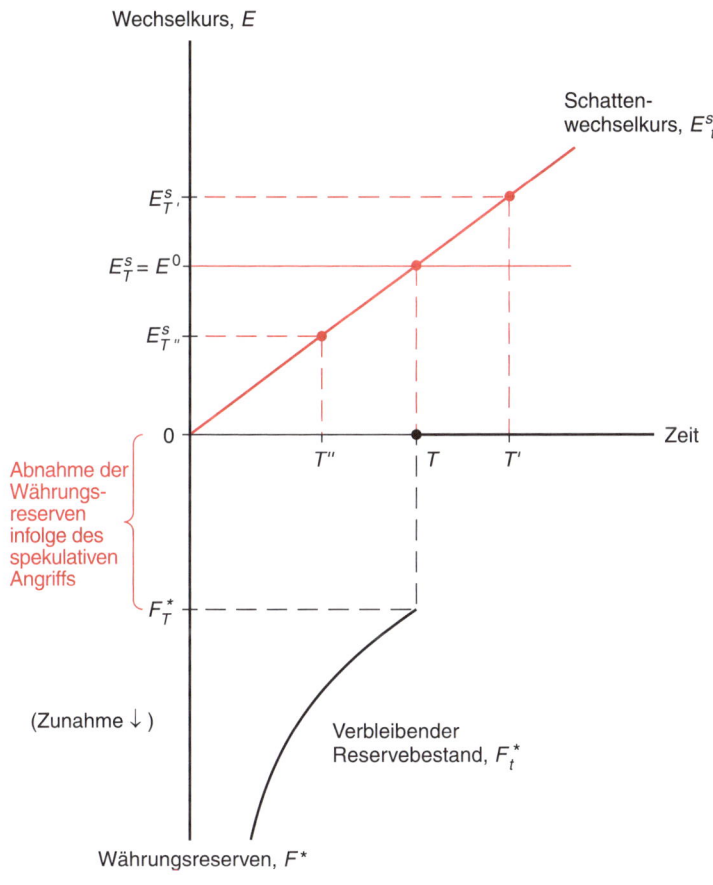

Der Markt unternimmt einen spekulativen Angriff und kauft die verbliebenen Währungsreserven F_T^* zum Zeitpunkt T, zu dem der Schattenwechselkurs E_T^S gleich dem festen Wechselkurs E^0 ist, der vor dem Zusammenbruch herrscht.

Abbildung 17AIII.1: Die Bestimmung des Zeitpunkts einer Zahlungsbilanzkrise

Ergibt sich ein Gleichgewicht, wenn wir stattdessen annehmen, dass die Spekulanten zum Zeitpunkt T'', d.h. zu einem früheren Zeitpunkt als T, bereits sämtliche offiziellen Reserven aufkaufen? Auch hier lautet die Antwort Nein, wie Sie erkennen, wenn Sie sich die Optionen eines individuellen Besitzers von Finanzaktiva vor Augen führen. Er weiß, dass die Währung von E^0 auf E_T^S aufwerten wird, sobald sich die Zentralbank aus dem Devisenmarkt zurückzieht, weil die Währungsreserven zum Zeitpunkt T'' auf Null gesunken sind. Er tut daher gut daran, sich keinem spekulativen Angriff anzuschließen, der die Reserven genau zum Zeitpunkt T'' auf Null bringt. Besser wäre es, er würde unmittelbar vor dem Zeitpunkt T'' so viel Fremdwährung wie möglich an die Zentralbank verkaufen und sie dann zu dem niedrigeren marktbestimmten Preis zurückkaufen, der sich nach der Krise einstellen wird. Da ein solches Verhalten im Interesse jedes Marktteilnehmers liegt, kann es vor dem Zeitpunkt T zu keinem spekulativen Angriff kommen. Kein Spekulant würde zum Preis E^0 Zentralbankreserven kaufen wollen, wenn er weiß, dass ein eigenständiger Kapitalverlust unmittelbar bevorsteht.

Nur wenn die Währungsreserven genau zum Zeitpunkt T bei Null ankommen, befinden sich die Vermögensmärkte ständig im Gleichgewicht. Wie oben gesagt ist der Zeitpunkt T durch folgende Bedingung definiert:

$$E_T^S = E^0$$

Sie besagt, dass bei einem plötzlichen Abfall der Reserven auf Null zum Zeitpunkt T der Wechselkurs zunächst auf seinem festgelegten Niveau verbleibt und erst nach seiner Freigabe zu steigen beginnt.

Das Fehlen jedes vorhergesehenen ersten Sprungs des Wechselkurses nach oben oder unten beseitigt die (oben beschriebenen) Arbitragemöglichkeiten, die spekulative Angriffe zu anderen Zeitpunkten, wie etwa T' oder T'', verhindern. Darüber hinaus verbleibt der Geldmarkt zum Zeitpunkt T auch dann im Gleichgewicht, wenn sich der Wechselkurs nicht sprunghaft ändert, weil sich die im Folgenden genannten beiden Faktoren gegenseitig neutralisieren: Wenn die Reserven schlagartig auf Null fallen, nimmt die Geldmenge ab (siehe Gleichung (17AII-2)). Wie wir darüber hinaus wissen, erwarten die Menschen eine einsetzende Abwertung der Währung, sobald der feste Wechselkurs aufgegeben wird. Daher steigt der Inlandszinssatz, um die Zinsparität aufrechtzuerhalten, und diese Veränderung reduziert die reale Geldnachfrage entsprechend dem Rückgang des Geldangebots.

Wir haben damit das genaue Datum ermittelt, zu dem eine Zahlungsbilanzkrise die Behörden zur Freigabe des Wechselkurses zwingt. Beachten Sie nochmals, dass es in unserem Beispiel aufgrund einer verschwenderischen Geldpolitik *früher oder später* zu einer Krise kommen muss. Die Tatsache, dass sie bereits eintritt, solange die Zentralbank noch über Reserven verfügt, verleitet oberflächliche Beobachter zu der Schlussfolgerung, dass unbegründete Stimmungen des Marktes eine vorzeitige Panik auslösen würden. Doch dies ist nicht der Fall. Der von uns analysierte spekulative Angriff ist das einzige Szenario, das den Marktteilnehmern keine Gelegenheit zur Arbitrage bietet.[2] Daneben gibt es jedoch Modelle selbsterfüllender Währungskrisen, in deren Rahmen es auch dann zu Angriffen kommen kann, wenn der Wechselkurs in Abwesenheit eines Angriffs auf unbeschränkte Dauer aufrechterhalten werden könnte.

---

[2] Unser Befund, dass die Reserven infolge eines einzigen Angriffs auf Null sinken, folgt aus unseren Annahmen, dass der Markt den zukünftigen Entwicklungsverlauf präzise vorhersehen kann und dass der Handel nicht unterbrochen wird. Wenn wir stattdessen in einem Bereich eine gewisse Unsicherheit zulassen – zum Beispiel hinsichtlich der Wachstumsrate der Forderungen gegenüber dem Inland –, dann würde angesichts der erhöhten Wahrscheinlichkeit eines Zusammenbruchs der Inlandszinssatz steigen. Dies wiederum würde vor der endgültigen Erschöpfung der Währungsreserven eine Serie „spekulativer" Rückgänge der Geldnachfrage auslösen. Jeder dieser vorläufigen Angriffe würde einen ähnlichen Verlauf nehmen wie die in Kapitel 17 beschriebene Krise.

Teil 4
Internationale makroökonomische Politik

Kapitelübersicht

Kapitel

18 Das internationale Währungssystem, 1870 –1973

Kapitelübersicht

Beispiele

In den vorangegangenen beiden Kapiteln wurde aufgezeigt, wie ein einzelnes Land mittels geld- und fiskalpolitischer Maßnahmen sowie der Steuerung des Wechselkurses Einfluss auf das Beschäftigungs- und Produktionsniveau innerhalb seiner Grenzen nehmen kann. Bei dieser Analyse gingen wir davon aus, dass die makroökonomischen Gegebenheiten der übrigen Welt von der Politik dieses einzelnen Landes nicht betroffen sind, doch diese Annahme trifft im Allgemeinen nicht zu: Jede Änderung des einheimischen realen Wechselkurses zieht automatisch eine entgegengesetzte Änderung des ausländischen realen Wechselkurses nach sich, und jede Verschiebung der inländischen Gesamtausgaben verändert die Inlandsnachfrage nach Auslandsprodukten. Wenn das betreffende Land nicht so klein ist, dass es überhaupt nicht ins Gewicht fällt, beeinflusst die Entwicklung innerhalb seiner Grenzen die makroökonomischen Bedingungen im Ausland und stellt die Außenpolitiker vor zusätzliche Probleme.

Die immanente gegenseitige Abhängigkeit offener nationaler Volkswirtschaften macht es Regierungen bisweilen schwer, politische Ziele wie beispielsweise Vollbeschäftigung und Preisniveaustabilität zu erreichen. Die Beschaffenheit dieser Abhängigkeit hängt wiederum davon ab, welche Regelungen die Länder im Hinblick auf ihre Währungen und Wechselkurse vereinbaren – von der Gesamtheit der Institutionen, die als *internationales Währungssystem* bezeichnet wird. Dieses Kapitel untersucht die Bedeutung des internationalen Währungssystems für die politische Ausgestaltung und Effizienz der Makroökonomie in drei Epochen: dem Zeitalter des Goldstandards (1870 – 1914), der Zwischenkriegszeit (1918 – 1939) und den Jahren nach dem Zweiten Weltkrieg, in denen die Wechselkurse unter dem Bretton-Woods-Abkommen festgelegt waren (1946 – 1973).

In einer offenen Volkswirtschaft bestehen auf dem Gebiet der Makroökonomie in erster Linie zwei politische Zielsetzungen: binnenwirtschaftliches Gleichgewicht (Vollbeschäftigung bei Preisniveaustabilität) und außenwirtschaftliches Gleichgewicht (Vermeidung übermäßiger Zahlungsbilanzungleichgewichte). Da ein Land seine Zahlungsbilanzposition gegenüber anderen Ländern nicht ändern kann, ohne dort eine entgegengesetzte Änderung der Zahlungsbilanz in gleicher Höhe auszulösen, beeinflusst es durch die Verfolgung der eigenen makroökonomischen Ziele unweigerlich Erfolg oder Misserfolg der entsprechenden Bestrebungen anderer Länder. Das Ziel des außenwirtschaftlichen Gleichgewichts lässt daher besonders deutlich werden, dass im Ausland getroffene politische Maßnahmen geeignet sind, die Lage einer Volkswirtschaft im Verhältnis zu den Vorstellungen der Regierung zu verändern.

Auf welchen Wegen und mit welchem Erfolg versuchten die Nationen während der Zeitspanne von 1870 bis 1973, bei unterschiedlichen internationalen Währungsordnungen, ein inneres und äußeres wirtschaftliches Gleichgewicht herbeizuführen? Berücksichtigten die verantwortlichen Politiker die internationalen Folgewirkungen ihres Handelns oder griffen sie sämtlich zu nationalistischen Maßnahmen, die der Weltwirtschaft als Ganzes schadeten? Die Antwort auf diese Fragen hängt davon ab, welches internationale Währungssystem zu dem fraglichen Zeitpunkt in Kraft war.

18.1   Makroökonomische Zielsetzungen in einer offenen Volkswirtschaft

Die Ziele der politischen Entscheidungsträger offener Volkswirtschaften sind das binnenwirtschaftliche und das außenwirtschaftliche Gleichgewicht. Das **binnenwirtschaftliche Gleichgewicht** erfordert, einfach definiert, die Vollbeschäftigung der Ressourcen eines Landes und innere Preisniveaustabilität. Das **außenwirtschaftliche Gleichgewicht** ist hergestellt, wenn die Leistungsbilanz eines Landes weder ein so hohes Defizit aufweist, dass das Land künftig seine Schulden gegenüber dem Ausland nicht zurückzahlen kann, noch einen so hohen Überschuss, dass das Ausland in diese Lage gerät.

In der Praxis deckt keine dieser beiden Definitionen sämtliche potenzielle politische Problemstellungen ab. Neben der Vollbeschäftigung und der Stabilität des Gesamtpreisniveaus können die führenden Politiker beispielsweise auch eine bestimmte Einkommensverteilung für ihr Land anstreben. Je nach Währungssystem bereiten ihnen manchmal Veränderungen der Zahlungsbilanz Kopfzerbrechen, die nicht auf die Leistungsbilanz zurückzuführen sind. Erschwerend kommt hinzu, dass zwischen außen- und binnenwirtschaftlichen Zielen keine klare Trennungslinie verläuft. In welche Kategorie fällt beispielsweise ein bestimmtes Beschäftigungsziel für die Exportbranchen, da doch das Exportwachstum die Fähigkeit der Volkswirtschaft zur Begleichung ihrer Auslandsschulden beeinflusst?

Doch immerhin erfassen die oben angeführten einfachen Definitionen des binnenwirtschaftlichen und außenwirtschaftlichen Gleichgewichts die Ziele, welche die meisten politischen Entscheidungsträger unabhängig von den Besonderheiten ihrer jeweiligen Volkswirtschaft teilen. Daher richten wir unsere Analyse an diesen Definitionen aus und kommen auf zusätzliche Aspekte des binnen- oder außenwirtschaftlichen Gleichgewichts zu sprechen, sobald diese relevant werden.

18.1.1 Binnenwirtschaftliches Gleichgewicht: Vollbeschäftigung und Preisniveaustabilität

Wenn die produktiven Ressourcen eines Landes in vollem Umfang beschäftigt sind und das Preisniveau stabil ist, herrscht binnenwirtschaftliches Gleichgewicht. Es liegt auf der Hand, welche Ressourcenvergeudung und Not sich bei Unterbeschäftigung einstellt. Doch auch eine konjunkturelle „Überhitzung", bei der die Ressourcen *überbeschäftigt* sind, ist mit einer (wohl weniger schädlichen) Verschwendung anderer Art verbunden. Überstunden leistende Arbeitnehmer würden vielleicht gern weniger arbeiten und etwas mehr Freizeit haben, sind jedoch vertraglich verpflichtet, in Zeiten hoher Nachfrage länger im Betrieb zu bleiben. Maschinen, die übermäßig intensiv eingesetzt werden, gehen häufiger kaputt und werden schneller abgenutzt.

Unter- und Überbeschäftigung führen auch zu allgemeinen Preisniveauänderungen, welche die Leistungsfähigkeit der Volkswirtschaft beeinträchtigen, indem sie die Verlässlichkeit des realen Werts der Geldeinheit und damit deren Nutzen als Grundlage wirtschaftlicher Entscheidungen schmälern. Da die Löhne und Preise im Inland steigen, wenn die Nachfrage nach Arbeit und Produkten über das Vollbeschäftigungsniveau hinausgeht, und im umgekehrten Fall sinken, muss die Regierung verhindern, dass die gesamtwirtschaftliche Nachfrage zu stark vom Angebot des Vollbeschäftigungsniveaus abweicht. Nur so kann sie ein stabiles, berechenbares Preisniveau gewährleisten.

Inflation oder Deflation können natürlich auch unter Vollbeschäftigungsbedingungen auftreten, sobald die Erwartungen der Arbeitnehmer und Arbeitgeber über die künftige Geldpolitik eine Preisspirale nach oben oder unten in Gang setzen. Eine solche Spirale kann sich jedoch nur dann weiterdrehen, wenn die Zentralbank diesen Erwartungen gerecht wird, indem sie wiederholt Geld in Umlauf bringt oder abzieht (Kapitel 14).

Besonders schädlich wirkt sich ein instabiles Preisniveau auf den realen Wert von Kreditverträgen aus. Da Kredite in Geldeinheiten bewertet werden, können unerwartete Preisniveauänderungen zu einer Einkommensumverteilung zwischen Gläubigern und Schuldnern führen. Eine plötzliche Erhöhung des Preisniveaus in den USA begünstigt beispielsweise diejenigen, die Dollarschulden haben, da das Geld, das sie ihren Gläubigern zurückzahlen müssen, gemessen in Gütern und Dienstleistungen an Wert verliert. Die Gläubiger stellen sich entsprechend schlechter. Der Schaden, den die Opfer solcher zufälliger Einkommensumverteilungen erleiden, bietet den Regierungen einen weiteren Grund für die Aufrechterhaltung der Preisstabilität.[1]

Theoretisch würde eine berechenbare Entwicklung steigender oder fallender Preise keine allzu hohen Kosten verursachen, denn jeder könnte den realen Wert des Geldes zu jedem gegebenen Zeitpunkt in der Zukunft problemlos ausrechnen. Doch in der Realität gibt es offenbar keine vorhersehbare Inflationsrate. Die Erfahrung zeigt vielmehr, dass die Unberechenbarkeit des allgemeinen Preisniveaus in Zeiten rascher Preisniveauänderungen immens zunimmt. In der Nachkriegszeit sind die Kosten der Inflation beispielsweise in Argentinien, Brasilien und Russland besonders deutlich geworden. Astronomische Erhöhungen des Preisniveaus setzten die Funktion der einheimischen Währung als Recheneinheit praktisch außer Kraft. (Die Flucht der Bürger aus der Inlandswährung veranlasste Argentinien und Brasilien zu einer Währungsreform.)

Um eine Instabilität des Preisniveaus zu vermeiden, muss die Regierung daher große Fluktuationen der Produktionsmenge verhindern, die ohnehin nicht wünschenswert sind. Darüber hinaus muss sie einer laufenden Inflation und Deflation entgegenwirken, indem sie gewährleistet, dass die Geldmenge weder zu schnell noch zu langsam wächst.

18.1.2   Außenwirtschaftliches Gleichgewicht: Das optimale Niveau der Leistungsbilanz

Der Begriff des außenwirtschaftlichen Gleichgewichts ist schwieriger zu definieren als derjenige des binnenwirtschaftlichen Gleichgewichts, weil an die Außenbeziehungen der Volkswirtschaft keine natürlichen Maßstäbe wie „Vollbeschäftigung" oder „Preisstabilität" angelegt werden können. Ob der Handel einer Volkswirtschaft mit dem Ausland makroökonomische Probleme mit sich bringt, hängt von mehreren Faktoren ab: der besonderen Lage der Volkswirtschaft, den Bedingungen in der sie umgebenden Welt und den institutionellen Regelungen, die ihre Wirtschaftsbeziehungen zum Ausland bestimmen. Ein Land, das sich verpflichtet hat, den Wechselkurs seiner Währung gegenüber einer Fremdwährung zu fixieren, kann das außenwirtschaftliche Gleichgewicht durchaus anders definieren als ein Land, dessen Währung schwankt.

---

[1] Etwas anders sieht es aus, wenn die Regierung selbst erhebliche Schulden in Inlandswährung hat. In einem solchen Fall kann eine überraschende Inflation, die den realen Wert der Staatsschulden senkt, ein einfacher Weg zur Besteuerung der Allgemeinheit sein. Diese Methode ist in Entwicklungsländern gang und gäbe (siehe Kapitel 22), wurde andernorts jedoch nur zögernd und in Ausnahmesituationen (beispielsweise im Kriegsfall) eingesetzt. Die Politik, die Öffentlichkeit mit einer Geldentwertung zu überrumpeln, untergräbt die Glaubwürdigkeit der Regierung und verschlechtert vermittels des Fisher-Effekts die Bedingungen, zu denen die Regierung in der Zukunft Kredite aufnehmen kann.

Lehrbücher der Außenwirtschaftstheorie setzen außenwirtschaftliches Gleichgewicht häufig mit einer ausgeglichenen Leistungsbilanz gleich. Diese Definition kann unter bestimmten Umständen angemessen sein, taugt jedoch nicht als allgemeine Regel. Wie Sie aus Kapitel 12 wissen, leiht sich ein Land, dessen Leistungsbilanz im Defizit ist, von der übrigen Welt Ressourcen, die es in der Zukunft zurückzahlen muss. Diese Situation kann durchaus wünschenswert sein. Die Investitionsmöglichkeiten der geliehenen Ressourcen können beispielsweise in dem betreffenden Land besser sein als in allen anderen. In diesem Fall stellt die Rückzahlung des Kredits aus dem Ausland kein Problem dar, denn der Ertrag einer gewinnträchtigen Investition wird ausreichen, um Kapitalbetrag und Zinsen des Kredits zu begleichen. Auch ein Leistungsbilanzüberschuss ist dann kein Problem, wenn das inländische Sparen zu Investitionen im Ausland führt, die profitabler sind als Investitionen im Inland.

Allgemeiner gesprochen kann man Leistungsbilanzungleichgewichte als eine weitere Illustration für Außenhandelsgewinne auffassen. Sie widerspiegeln den *intertemporalen Handel*, d.h. den Tausch von Konsummöglichkeiten zu verschiedenen Zeitpunkten (siehe Kapitel 7). Länder, deren Fähigkeit zur Güterproduktion sich zu einem bestimmten Zeitpunkt unterscheidet, verzeichnen solche Gewinne, wenn sie sich bei der Produktion auf ihre Stärken konzentrieren und Außenhandel treiben. Alle Länder können davon profitieren, dass die Investitionen der Welt in diejenigen Volkswirtschaften fließen, die am besten geeignet sind, gegenwärtige in zukünftige Produktion zu verwandeln. Länder mit schwachen Investitionsmöglichkeiten sollten im eigenen Land wenig investieren und ihr Erspartes in produktivere Investitionen im Ausland lenken. Mit anderen Worten, diejenigen Länder, in denen Investitionen verhältnismäßig unproduktiv sind, sollten Nettoexporteure gegenwärtig verfügbarer Produktion sein (und daher einen Leistungsbilanzüberschuss aufweisen), während diejenigen Länder, in denen verhältnismäßig produktive Investitionsmöglichkeiten bestehen, Nettoimporteure gegenwärtiger Produktion sein (und Leistungsbilanzdefizite aufweisen) sollten. Um die Auslandsschulden zu begleichen, sobald sich die Investitionen auszuzahlen beginnen, sollten die letztgenannten Länder Produkte in die erstgenannten exportieren und damit den Austausch gegenwärtiger gegen zukünftige Produktion abschließen.

Auch andere Überlegungen können eine unausgeglichene Leistungsbilanz rechtfertigen. Ein Land, dessen Produktion vorübergehend (z.B. wegen einer ungewöhnlich schlechten Ernte) zurückgeht, kann mit Hilfe von Auslandskrediten den starken zeitweiligen Konsumrückgang vermeiden, der sich andernfalls einstellen würde. Ohne eine solche Kreditaufnahme wäre der Preis der gegenwärtigen Produktion gemessen in zukünftiger Produktion in dem Land, dessen Produktion gesunken ist, höher als im Ausland, sodass der intertemporale Handel, der diesen Preisunterschied aufhebt, für beide Seiten von Vorteil ist.

Die einfache Zielsetzung, dass die Leistungsbilanz sämtlicher Länder ausgeglichen sein sollte, übersieht diese wichtigen Außenhandelsgewinne, die sich aus Handel über die Zeit ergeben. Kein realistischer Entscheidungsträger würde eine ausgeglichene Zahlungsbilanz unter allen Umständen zum politischen Ziel erklären.

Allerdings setzen sich die politischen Entscheidungsträger stets ein gewisses Leistungsbilanzziel, und dieses Ziel definiert das von ihnen angestrebte außenwirtschaftliche Gleichgewicht. Zwar ist die Zielgröße des Leistungsbilanzsaldos selten gleich Null, doch die Regierungen versuchen für gewöhnlich, übermäßig große Überschüsse oder Defizite zu vermeiden, wenn diese nicht eindeutig durch potenzielle intertemporale Außenhandelsgewinne gerechtfertigt sind. (Nach dem steilen Anstieg der Ölpreise in den frühen 1970er Jahren ließ beispielsweise die norwegische Regierung eine hohe Kreditaufnahme im Ausland zu, um die Erschließung der Erdölvorkommen ihres Landes in der Nordsee zu finanzieren.) Die diesbezügliche Zurückhaltung der Regierungen erklärt sich daraus, dass es schwer, wenn nicht gar unmöglich ist, exakt zu bestimmen, welcher Stand der Leistungsbilanz die Gewinne des intertemporalen Handels maximiert. Darüber hinaus kann sich diese optimale Leistungsbilanz in unvorhersehbarer Weise ändern, sobald eine neue konjunkturelle Lage eintritt. Und Leistungsbilanzen, die sehr starke Abweichungen aufweisen, können ernste Probleme verursachen.

Probleme übermäßiger Leistungsbilanzdefizite. Weshalb bemühen sich Regierungen um die Vermeidung allzu großer Leistungsbilanzdefizite? Wie oben gesagt, ist ein Leistungsbilanzdefizit (das anzeigt, dass sich die Volkswirtschaft gegenüber dem Ausland verschuldet) kein Problem, wenn die geliehenen Mittel in produktive einheimische Investitionsprojekte fließen, die sich aus ihrem späteren Ertrag selbst finanzieren. Manchmal widerspiegeln ausgeprägte Leistungsbilanzdefizite jedoch einen zeitweiligen hohen Konsum, der sich aus einer fehlgeleiteten Regierungspolitik oder anderen Fehlfunktionen der Volkswirtschaft ergibt. Manchmal sind Investitionsprojekte, die mit geliehenen Geldern aus dem Ausland finanziert werden, auch schlecht geplant oder basieren auf übertrieben optimistischen Erwartungen hinsichtlich ihrer zukünftigen Erträge. In solchen Fällen ist es besser, wenn die Regierung das Leistungsbilanzdefizit sofort senkt, anstatt später nicht zu wissen, wie sie ihre Schulden gegenüber dem Ausland zurückzahlen soll. Insbesondere ein durch eine expansive Fiskalpolitik verursachtes großes Leistungsbilanzdefizit, das keine inländischen Investitionsmöglichkeiten profitabler macht, ist ein Signal für die Notwendigkeit, dass die Regierung das außenwirtschaftliche Gleichgewicht durch eine veränderte Wirtschaftspolitik wiederherstellt.

Es kommt vor, dass die angestrebte außenwirtschaftliche Position von der Regierung nicht selbst gewählt, sondern ihr von außen vorgegeben wird. Wenn es Ländern schwer fällt, ihren aus früheren Auslandskrediten herrührenden Zahlungsverpflichtungen nachzukommen, gewähren die ausländischen Gläubiger neue Mittel nur zögernd oder verlangen sogar zunächst die sofortige Rückzahlung früherer Kredite. Nach 1982 sahen sich viele Entwicklungsländer (insbesondere in Lateinamerika) dem Problem gegenüber, dass sie im Ausland nur noch bedingt Kredite aufnehmen konnten. In solchen Fällen muss die einheimische Regierung harte Maßnahmen ergreifen, um den Kreditbedarf gegenüber dem Ausland auf das machbare Niveau zu senken. Ein hohes Leistungsbilanzdefizit kann das Vertrauen ausländischer Investoren untergraben und zur Entstehung einer Schuldenkrise beitragen.

Probleme übermäßiger Leistungsbilanzüberschüsse. Ein übermäßiger Leistungsbilanzüberschuss bringt andere Probleme mit sich als ein Defizit. Ein Überschuss der Leistungsbilanz zeigt an, dass das Land im Ausland befindliche Vermögenswerte anhäuft. Weshalb können zunehmende inländische Forderungen auf ausländisches Vermögen überhaupt je zum Problem werden? Ein möglicher Grund ergibt sich aus der Tatsache, dass bei einem gegebenen Niveau des nationalen Sparens ein erhöhter Leistungsbilanzüberschuss abnehmende Investitionen in inländische Produktionsstätten anzeigt. (Dies folgt aus der Identität des Nationaleinkommens, $S = NX + I$, die besagt, dass das gesamte nationale Sparen, S, auf den Erwerb ausländischer Vermögenswerte, NX, und Inlandsinvestitionen, I, aufgeteilt wird.) Mehrere Faktoren können bedingen, dass politische Entscheidungsträger die durch das inländische Sparen ermöglichten Investitionen lieber im Inland als im Ausland sehen möchten. Erstens können Erträge auf einheimisches Kapital leichter besteuert werden als diejenigen von Vermögenswerten im Ausland. Zweitens kann eine Zunahme des einheimischen Kapitalstocks zur Senkung der Arbeitslosigkeit beitragen und daher zu einem höheren Nationaleinkommen führen als eine Zunahme der ausländischen Vermögenswerte in gleicher Höhe. Und schließlich können bei Investitionen eines Unternehmens im Inland andere einheimische Produzenten von der Verbreitung des technologischen Wissens profitieren, das von dem investierenden Unternehmen selbst nicht verwertet werden kann.

Wenn ein großer inländischer Leistungsbilanzüberschuss eine übermäßige Außenverschuldung von Ausländern anzeigt, dann ist das betreffende Land in der Zukunft womöglich nicht in der Lage, das ihm geschuldete Geld einzutreiben. Mit anderen Worten, es verliert einen Teil seines Auslandsvermögens, wenn die Ausländer mehr Kredit aufgenommen haben, als sie zurückzahlen können. Wenn dagegen ein Inländer einem anderen geliehenes Geld nicht zurückgibt, führt dies lediglich zu einer Umverteilung innerhalb des Landes, ändert jedoch nicht den Stand des nationalen Reichtums.

Auch aus politischen Gründen kann ein übermäßiger Leistungsbilanzüberschuss unangenehm sein. Länder mit hohen Überschüssen ziehen manchmal diskriminierende protektionistische Maßnahmen von Handelspartnern mit hohem außenwirtschaftlichem Defizit auf sich. Um solche schädlichen Handelsbeschränkungen abzuwenden, sollten solche Länder bemüht sein, ihren Leistungsbilanzüberschuss einzudämmen.

Obwohl hohe Überschüsse ebenso zu Problemen führen können wie hohe Defizite, stehen diejenigen Regierungen, deren Volkswirtschaften ein Leistungsbilanzdefizit aufweisen, für gewöhnlich unter einem weitaus größeren politischen Druck, das außenwirtschaftliche Gleichgewicht wiederherzustellen. Dieser Unterschied widerspiegelt eine grundlegende Asymmetrie. Ein Schuldnerland ist abhängig von seinen Gläubigern, die ihre Kreditvergabe jederzeit einstellen können. Ein Gläubigerland hingegen sieht sich keiner solchen marktbedingten Beschränkung seines Überschusses ausgesetzt. Selbst wenn der Überschuss der nationalen Wohlfahrt schadet, kann seine Regierung den außenwirtschaftlichen Ausgleich auf unbestimmte Zeit hinauszögern.

Ziel des außenwirtschaftlichen Gleichgewichts ist also ein solcher Stand der Leistungsbilanz, der es ermöglicht, über eine bestimmte Zeitspanne hinweg die wichtigsten Außenhandelsgewinne zu gewährleisten, ohne die oben erörterten Risiken einzugehen. Da die Regierungen diesen Stand nicht exakt bestimmen können, versuchen sie für gewöhnlich, große Defizite oder Überschüsse zu vermeiden, solange keine eindeutigen Beweise für große intertemporale Außenhandelsgewinne vorliegen.

18.2   Die internationale makroökonomische Politik unter dem Goldstandard, 1870 – 1914

Der Goldstandard der Jahre 1870 bis 1914 beruhte auf ganz anderen Vorstellungen über die internationale Koordination der Makroökonomie als die Währungsabkommen der zweiten Hälfte des zwanzigsten Jahrhunderts. Dennoch verdient diese Zeit unsere Aufmerksamkeit, denn die späteren Bemühungen, das internationale Währungssystem auf der Grundlage fester Wechselkurse zu reformieren, können als Versuch gewertet werden, die Vorteile des Goldstandards zu nutzen und seine Nachteile auszuschalten. (Einige dieser Vor- und Nachteile wurden in Kapitel 17 erläutert.) Dieser Abschnitt beschreibt die Wirkungsweise des Goldstandards in der Zeit vor dem Ersten Weltkrieg und untersucht, in welchem Maße er den beteiligten Ländern ermöglichte, die Ziele des binnen- und außenwirtschaftlichen Gleichgewichts zu erreichen.

18.2.1   Die Wurzeln des Goldstandards

Der Ursprung des Goldstandards liegt im Gebrauch von Goldmünzen als Tauschmittel, Recheneinheit und Wertaufbewahrungsmittel. Zwar wurde Gold seit dem Altertum zu diesen Zwecken verwendet, doch der gesetzlich festgelegte Goldstandard geht auf den *Resumption Act* zurück, den das britische Parlament 1819 verabschiedete. Der Name dieses Gesetzes rührt daher, dass es die Bank of England verpflichtete, den garantierten Umtausch von Banknoten in Gold wieder einzuführen (to *resume*), den sie nach den Napoleonischen Kriegen (1793 – 1815) vier Jahre lang eingestellt hatte. Der Resumption Act stellt die erste Einführung eines echten Goldstandards dar, weil er zugleich langjährige Exportbeschränkungen für Goldmünzen und -barren aus Großbritannien aufhob.

Später im 19. Jahrhundert führten auch Deutschland, Japan und andere Länder den Goldstandard ein. Großbritannien war damals die führende Wirtschaftsmacht der Welt und die anderen Nationen erhofften sich von der Nachahmung britischer Institutionen ähnliche wirtschaftliche Erfolge. Die USA schlossen sich dem Goldstandard de facto im Jahr 1879 an, als sie den Wert der während des amerikanischen Bürgerkriegs ausgegebenen Dollarnoten, der „greenbacks", an den Goldpreis banden. Der U.S. Gold Standard Act von 1900 schrieb die Dollar-Gold-Bindung gesetzlich fest. Da Großbritannien im Welthandel die führende Stellung einnahm und über die fortgeschrittensten Finanzinstitutionen verfügte, wurde London zum natürlichen Zentrum des internationalen Währungssystems, das auf dem Goldstandard basierte.

18.2.2   Das außenwirtschaftliche Gleichgewicht unter dem Goldstandard

Unter dem Goldstandard bestand die vorrangige Aufgabe der Zentralbank darin, die offizielle Parität zwischen ihrer Währung und dem Gold zu wahren. Zur Aufrechterhaltung dieses Preises benötigte die Zentralbank einen hinreichenden Goldvorrat. In den Augen der politischen Entscheidungsträger stellte sich das außenwirtschaftliche Gleichgewicht daher nicht als ein bestimmtes Leistungsbilanzziel dar, sondern als eine Situation, in der die Zentralbank weder Gold aus dem Ausland einnahm noch (die wichtigere Seite) mit allzu hoher Geschwindigkeit Gold an das Ausland abgab.

In der modernen Terminologie aus Kapitel 12 würde man sagen: Die Zentralbanken versuchten starke Schwankungen der *Devisenbilanz* zu vermeiden, die als Summe der Leistungsbilanz, der Vermögensübertragungsbilanz und der Kapitalbilanz ohne die Reservetransaktionen der Zentralbank aufgefasst wird. Da die Reserven während dieser Zeit in Form von Gold gehalten wurden, mussten Überschüsse oder Defizite der Devisenbilanz durch Goldlieferungen von einer Zentralbank zur anderen beglichen werden.[2] Um umfangreiche Goldtransporte zu vermeiden, ergriffen die Banken Maßnahmen, durch die der nicht durch Reservetransaktionen verursachte Teil des Kapitalbilanzdefizits (oder -überschusses) auf den Stand der Summe von Leistungs- und Kapitalbilanzdefizit (oder -überschuss) gebracht wurde. Ein Land befindet sich dann im **Zahlungsbilanzgleichgewicht**, wenn die Summe seiner Leistungsbilanz, Vermögensübertragungsbilanz und Kapitalbilanz ohne Reservetransaktionen gleich Null ist, sodass die Summe aus Leistungs- und Kapitalbilanz ausschließlich durch internationale Kreditvergabe und nicht durch Reservebewegungen finanziert wird.

Viele Regierungen bezogen eine Laisser-faire-Haltung gegenüber der Leistungsbilanz. Der Leistungsbilanzüberschuss Großbritanniens betrug in der Zeit von 1870 bis zum Ersten Weltkrieg durchschnittlich 5,2 Prozent seines BSP, ein nach den Maßstäben der Zeit nach 1945 außerordentlich hoher Stand. (Heute würde ein etwa halb so großes Verhältnis zwischen Leistungsbilanz und BNE bereits als hoch gelten.) Mehreren Schuldnerländern fiel es dennoch bisweilen schwer, ihre Auslandsschulden zu begleichen. Die wirtschaftswissenschaftlichen Schriften aus dem Zeitalter des Goldstandards widmen den Problemen des Leistungsbilanzausgleichs wenig Aufmerksamkeit. Der Grund mag darin liegen, dass Großbritannien damals beim Export nicht nur von Kapital, sondern auch von außenwirtschaftlichen Theorien die weltweite Spitzenstellung einnahm.[3]

---

[2]   Allerdings begannen die Zentralbanken schon vor 1914, auch Fremdwährungen als Reserve zu halten. (Das Pfund Sterling war die wichtigste Reservewährung.) Dennoch wurde der Zahlungsbilanzausgleich in dieser Zeit hauptsächlich durch Goldlieferungen finanziert.

[3]   Während die wirtschaftlichen Folgen der Leistungsbilanz (zumindest in den Überschussländern) häufig übergangen wurden, beschränkten die Regierungen manchmal die internationale Kreditvergabe ihrer Bürger, um politischen Druck auf ausländische Regierungen auszuüben. Die politischen Dimensionen der internationalen Kapitalflüsse vor dem Ersten Weltkrieg sind Gegenstand einer berühmten Studie von Herbert Feis, *Europe, the World's Banker*, New Haven: Yale University Press, 1930.

18.2.3   Der Goldautomatismus

Der Goldstandard birgt einige starke, automatisch wirksame Mechanismen, die auf ein simultanes Zahlungsbilanzgleichgewicht sämtlicher Länder hinwirken. Der wichtigste dieser Mechanismen, der **Goldautomatismus (Geldmengen-Preis-Mechanismus)**, wurde bereits im 18. Jahrhundert erkannt. Der schottische Philosoph David Hume beschrieb den Goldautomatismus 1752 in folgenden Worten:

> *„Angenommen, vier Fünftel des gesamten Geldes in Großbritannien würden über Nacht vernichtet, und die Nation wäre damit in Hinsicht auf Hartgeld in den gleichen Zustand versetzt wie unter der Regierung der Heinrichs und Eduards, was wäre die Folge? Müsste nicht der Preis aller Arbeit und Waren entsprechend sinken und alles so billig verkauft werden wie zu jenen Zeiten? Welche Nation könnte dann mit uns auf ausländischen Märkten konkurrieren oder zu den gleichen Preisen Schifffahrt betreiben oder Waren verkaufen wollen, die uns ausreichenden Profit einbrächten? In welch kurzer Zeit müsste uns dies also das Geld zurückbringen, das wir verloren hätten, und uns auf die Ebene aller benachbarten Nationen erheben? Wo wir, nachdem wir sie erreicht hätten, sofort allen Vorteil durch billige Arbeit und Waren verlieren würden und der weitere Geldfluss durch unsere Fülle und Sättigung gebremst würde.*

> *Nimmt man weiter an, dass alles Geld in Großbritannien in einer Nacht um das Fünffache vermehrt würde, müsste nicht der gegenteilige Effekt auftreten? Müssten nicht alle Arbeit und Waren in so astronomische Höhen steigen, dass keine benachbarte Nation es sich leisten könnte, von uns zu kaufen, während andererseits ihre Waren vergleichsweise so billig würden, dass sie uns trotz aller Gesetze, die man dagegen erlassen würde, überschwemmen und uns unser Geld entziehen würden, bis wir auf eine Ebene mit den Ausländern gesunken wären und jene große Überlegenheit im Reichtum verloren hätten, die uns solche Nachteile gebracht hatte?[4]“*

Es ist nicht schwer, Humes Beschreibung des Goldautomatismus in eine modernere Sprache zu übersetzen. Angenommen, Großbritanniens laufender Überschuss der Leistungs- und Vermögensübertragungsbilanz übersteige das Defizit der Kapitalbilanz (ohne Währungsreserven). Da die Nettoimporte des Auslands aus Großbritannien nicht vollständig aus britischen Krediten finanziert werden, muss ein gewisser Teil durch den Zufluss internationaler Reserven – d.h. Gold – nach Großbritannien gedeckt werden. Dieser Goldzufluss senkt automatisch die ausländischen Geldmengen und dehnt die britische Geldmenge aus, sodass die Auslandspreise nach unten und die britischen Preise nach oben gedrückt werden. (Wie Sie sehen, verstand Hume in vollem Umfang die Aussage

---

[4]   David Hume, „Über die Handelsbilanz", in: *Politische und ökonomische Essays*, Bd. 2, Hamburg 1988, S. 234 – 235.

von Kapitel 14, dass sich Preisniveaus und Geldmengen in langer Frist proportional entwickeln.[5])

Der simultane Anstieg der britischen und Rückgang der ausländischen Preise – angesichts des festen Wechselkurses eine reale Aufwertung des Pfunds – senkt die Auslandsnachfrage nach britischen Gütern und Dienstleistungen und erhöht zugleich die britische Nachfrage nach ausländischen Gütern und Dienstleistungen. Diese Nachfrageverschiebungen bewirken eine Reduzierung des britischen Leistungsbilanzüberschusses und des ausländischen Leistungsbilanzdefizits. Irgendwann kommen daher die Reservebewegungen zum Stillstand und beide Länder erreichen ein Zahlungsbilanzgleichgewicht. Derselbe Vorgang kann auch in umgekehrter Richtung verlaufen und damit eine Ausgangssituation beheben, in der im Ausland ein Überschuss und in Großbritannien ein Defizit herrscht.

18.2.4 Die „Spielregeln" des Goldstandards: Mythos und Wirklichkeit

Unter dem Goldstandard bewirkte der Goldautomatismus, dass die Leistungs- und Kapitalbilanzen der beteiligten Länder ausgeglichen und internationale Goldbewegungen aufgehoben wurden. Doch auch die Reaktionen der Zentralbanken auf Zu- und Abflüsse von Gold stellten einen Mechanismus dar, der zum Zahlungsbilanzausgleich beitragen konnte. Zentralbanken mit anhaltenden Goldverlusten liefen Gefahr, irgendwann ihre Verpflichtung zum Umtausch von Banknoten nicht mehr erfüllen zu können. Sie bemühten sich daher, im Falle von Goldverlusten ihre inländischen Vermögenswerte einzulösen, setzten die Zinssätze herauf und zogen Kapital aus dem Ausland an. Diejenigen Zentralbanken, denen das Geld zufloss, waren einem weitaus geringeren Anreiz ausgesetzt, ihre Importe des Edelmetalls einzustellen. Der Hauptanreiz bestand in den höheren Renditen verzinslicher Inlandsaktiva im Vergleich zu Gold. Eine Zentralbank, die Gold anhäufte, war der Versuchung ausgesetzt, Inlandsaktiva zu erwerben, damit den Kapitalabfluss zu steigern und Gold ins Ausland zu treiben.

Diese von den Zentralbanken unternommenen Maßnahmen verstärkten den Goldautomatismus, indem sie ebenfalls auf ein Zahlungsbilanzgleichgewicht aller Länder hinwirkten. Nach dem Ersten Weltkrieg wurden der Verkauf von Inlandsaktiva im Falle eines Defizits und der Kauf von Inlandsaktiva im Falle eines Überschusses als die „Spielregeln des Goldstandards" bekannt – ein Ausdruck, der dem Vernehmen nach von Keynes geprägt wurde. Da solche Maßnahmen die Entwicklung aller Länder auf ihre angestrebten außen-

---

[5] Wie in Fußnote 25 in Kapitel 17 festgestellt wurde, konnte die Reduzierung der ausländischen Geldmengen und die damit einhergehende Erhöhung der britischen Geldmenge in den Zeiten Humes auf verschiedenen Wegen erfolgen. Ausländer konnten Goldmünzen zu Barren einschmelzen und damit Importe bezahlen. Die britischen Empfänger der Goldbarren konnten diese gegen britische Münzen oder Banknoten an die Bank of England verkaufen. Alternativ dazu konnten die Ausländer ihrer Zentralbank gegen Gold Banknoten verkaufen und dieses Gold nach Großbritannien transportieren. Da Goldmünzen damals Teil der Geldmenge waren, hatten beide Transaktionen die gleichen Auswirkungen auf die Geldmenge.

wirtschaftlichen Gleichgewichtsziele hin beschleunigten, steigerten sie die Effizienz der automatischen Anpassungsprozesse, die dem Goldstandard innewohnten.

Spätere Forschungen ergaben, dass bereits vor 1914 häufig gegen die angeblichen „Spielregeln" des Goldstandards verstoßen wurde. Wie oben gesagt, wirkten die Anreize zur Einhaltung der Spielregeln auf Defizitländer weitaus stärker als auf Überschussländer, sodass in der Praxis die Defizitländer die Last des Zahlungsbilanzausgleichs *sämtlicher* Länder schulterten. Indem die Überschussländer den Goldzufluss durchaus nicht immer beschränkten, verschärften sie ein Problem der internationalen Koordination, das dem System ohnehin innewohnte: Die Defizitländer, die um ein beschränktes Angebot an Goldvorräten konkurrierten, konnten eine übermäßig kontraktive Geldpolitik anwenden und dadurch ihre Geldmenge so stark reduzieren, dass es der Beschäftigung schadete, während ihre Reserven kaum vermehrt wurden.

Oft kehrten die Länder die Regeln sogar um und *neutralisierten* Zu- und Abflüsse von Gold, d.h. sie verkauften Inlandsaktiva, wenn die Reserven stiegen, und kauften Inlandsaktiva, wenn die Reserven abnahmen. Auch die staatliche Einmischung in private Goldexporte unterhöhlte das System. Das Bild eines harmonischen und automatischen Zahlungsbilanzausgleichs in der Zeit vor dem Ersten Weltkrieg entspricht daher durchaus nicht immer der Wirklichkeit. Manchmal setzten sich die Regierungen über die „Spielregeln" ebenso hinweg wie über die Folgen ihres Handelns für andere Länder.[6]

Beispiel 18.1: Hume und die Merkantilisten

David Humes eindrucksvolle Beschreibung des Goldautomatismus ist ein weiteres Beispiel für die geschickte Nutzung der Wirtschaftstheorie im Sinne wirtschaftspolitischer Ziele. Die einflussreiche ökonomische Schule der *Merkantilisten* vertrat den Standpunkt, dass Großbritannien infolge von Zahlungsbilanzdefiziten die Verarmung und ein Mangel seiner umlaufenden Goldwährung drohte, wenn der internationale Handel und Zahlungsverkehr nicht starken Einschränkungen unterworfen würde. Hume widerlegte ihre Argumente, indem er nachwies, das die Anpassung der Zahlungsbilanz automatisch ein hinreichendes Geldangebot in allen Ländern gewährleisten würde.

Der Merkantilismus, dessen Wurzeln ins 17. Jahrhundert zurückreichen, sah in Silber und Gold die Hauptstützen des nationalen Wohlstands und die wesentliche Voraussetzung für einen lebhaften Handel. Daher versetzte jeder Abfluss der Edelmetalle die Merkantilisten in große Sorge. Ihr wichtigstes politisches Ziel bestand darin, einen ständigen Überschuss der Zahlungsbilanz (d.h. einen ständigen Zustrom von Edelmetallen) zu gewährleisten. In diesem Sinne schrieb der Merkantilist Thomas Mun um 1630: „Das natürliche Mittel zur Steigerung unseres Wohlstands und Reichtums ist folglich der Außenhandel, bei dem wir stets folgende Regel beachten müssen: jedes Jahr den Fremden mehr an Wert zu verkaufen, als wir von ihnen verbrauchen."

---

[6]   Eine einflussreiche moderne Studie der Zentralbankmaßnahmen unter dem Goldstandard ist diejenige von Arthur I. Bloomfield, *Monetary Policy Under the International Gold Standard: 1880 – 1914*, New York: Federal Reserve Bank of New York, 1959.

Hume wies in seinen Ausführungen nach, dass ein ständiger Überschuss ein Ding der Unmöglichkeit ist: Da der Zufluss der Edelmetalle die Inlandspreise erhöht und die Zahlungsbilanz ausgleicht, verschwindet der Überschuss mit der Zeit. Entsprechend senkt ein Mangel an Zahlungsmitteln die Inlandspreise und erzeugt einen Überschuss im Zahlungsverkehr mit dem Ausland, der schließlich Geld in der benötigten Menge in das Land hereinbringt. Jede Einmischung des Staates in den internationalen Handel, so Hume, würde der Volkswirtschaft schaden, ohne den Zuwachs an „Wohlstand und Reichtum" zu erzeugen, der den Merkantilisten vorschwebte.

Hume wies darauf hin, dass die Merkantilisten einen einzigen und verhältnismäßig untergeordneten Bestandteil des nationalen Wohlstands, die Edelmetalle, überbewerteten, während sie seine wichtigste Quelle, die produktive Kapazität, übersahen. Mit dieser Feststellung nahm Hume einen ausgesprochen modernen Standpunkt ein. Dennoch konzentrierten sich bis weit in das zwanzigste Jahrhundert hinein Politiker, die ein außenwirtschaftliches Gleichgewicht herbeiführen wollten, oft auf die internationalen Goldbewegungen und vernachlässigten dabei die umfassenderen Indikatoren für die Entwicklung des nationalen Wohlstands. Da die Merkantilisten der Kritik Humes und seiner Gleichgesinnten nicht standhalten konnten, erstaunt diese relative Gleichgültigkeit gegenüber der Leistungsbilanz sowie deren Beziehung zu den Inlandsinvestitionen und der Produktivität. Vielleicht lebten die merkantilistischen Instinkte in den Herzen einiger Zentralbanker fort.

18.2.5 Das binnenwirtschaftliche Gleichgewicht unter dem Goldstandard

Die Bindung der Währungspreise an das Gold unter dem Goldstandard stellte einen Versuch dar, das Geldmengenwachstum in der Weltwirtschaft zu begrenzen und damit die Weltpreisniveaus zu stabilisieren. Während die Preisniveaus der am Goldstandard beteiligten Länder von 1870 bis 1914 weniger stark stiegen als nach dem Zweiten Weltkrieg, wiesen ihre nationalen Preisniveaus über kürzere Zeitspannen hinweg durch den Wechsel von Inflation und Deflation unvorhersehbare Schwankungen auf. Die verschiedenartigen Wirkungen des Goldstandards auf die Preisstabilität widerspiegeln ein Problem, das im letzten Kapitel angesprochen wurde: die Änderung der relativen Preise von Gold und anderen Waren.

Außerdem scheint der Goldstandard nicht viel zur Gewährleistung der Vollbeschäftigung beigetragen zu haben. In den USA beispielsweise betrug die Arbeitslosenrate in den Jahren von 1890 bis 1913 im Durchschnitt 6,8 Prozent, von 1946 bis 1992 aber weniger als 5,7 Prozent.[7]

---

[7] Angaben über die Preisniveaus finden Sie bei Cooper (der bereits in Kapitel 17 zitiert wurde), die obigen Angaben über die Arbeitslosigkeit sind derselben Quelle entnommen. Bei dem Vergleich der Arbeitslosendaten aus der Zeit des Goldstandards und jener nach dem Zweiten Weltkrieg ist jedoch Vorsicht geboten, weil die früheren Daten mit weitaus unvollkommeneren Methoden erhoben wurden. Eine kritische Studie über die Arbeitslosenzahlen der USA in der Zeit vor 1930 verfasste Christina D. Romer, „Spurious Volatility in Historical Unemployment Data", in: *Journal of Political Economy* 94, Februar 1986, S. 1–37.

Eine grundlegende Ursache für die kurzfristige binnenwirtschaftliche Instabilität unter dem Goldstandard der Jahre vor 1914 bestand in der Unterordnung der Wirtschaftspolitik unter äußere Ziele. Vor dem Ersten Weltkrieg stellte die Aufrechterhaltung des binnenwirtschaftlichen Gleichgewichts in den Augen der Regierungen noch keine so herausragende Aufgabe dar wie nach dem Zweiten Weltkrieg. In den USA führte die daraus resultierende wirtschaftliche Not, wie in der unten stehenden Fallstudie geschildert, zu politischer Opposition gegen den Goldstandard. Infolge der weltweiten wirtschaftlichen Instabilität der Zwischenkriegsjahre, 1918 – 1939, wurde binnenwirtschaftlichen Zielsetzungen nach dem Ersten Weltkrieg größere Aufmerksamkeit zuteil. Die unerwünschten binnenwirtschaftlichen Folgen der Versuche, nach 1918 den Goldstandard wiedereinzuführen, prägten das Denken der Urheber des Systems fester Wechselkurse, das nach 1945 eingeführt wurde. Um zu verstehen, in welcher Weise das nach dem Zweiten Weltkrieg geschaffene internationale Währungssystem die Ziele des binnen- und des außenwirtschaftlichen Gleichgewichts in Einklang bringen sollte, müssen wir daher die wirtschaftliche Entwicklung in der Zeit zwischen den beiden Weltkriegen untersuchen.

Beispiel 18.2: Die politische Ökonomie von Wechselkursregimen: Der Streit um den Währungsstandard Amerikas während der 1890er Jahre

Wie wir in Kapitel 17 erfuhren, hatten die USA bis zum Amerikanischen Bürgerkrieg ein bimetallisches Währungssystem, bei dem sowohl Silber als auch Gold im Umlauf waren. Als der Krieg ausbrach, ging das Land zu Banknoten (den „greenbacks") und zu einem flexiblen Wechselkurs über, doch 1879 wurde ein reiner Goldstandard (und ein fester Wechselkurs gegenüber anderen Goldstandard-Währungen wie beispielsweise dem britischen Pfund Sterling) eingeführt.

Das weltweite Goldangebot hatte nach der Entdeckung neuer Vorkommen in Kalifornien 1849 stark zugenommen, doch die Rückführung des Dollars auf die Goldparität der Vorkriegszeit im Jahr 1879 erforderte dennoch eine Deflation in den USA. Darüber hinaus drückte eine globale Goldknappheit noch lange nach der Rückkehr Amerikas zum Goldstandard die Preisniveaus nach unten. Im Jahr 1896 lag das Preisniveau der USA um etwa 40 Prozent unterhalb desjenigen von 1869. Wirtschaftliche Not breitete sich aus, die sich infolge einer Bankenpanik im Jahr 1893 verschlimmerte. Besonders hart traf es die Farmer, denn die Preise für Agrarprodukte sanken weitaus schneller als das allgemeine Preisniveau.

In den 1890er Jahren drängte ein breites populistisches Bündnis aus amerikanischen Farmern, Bergarbeitern und anderen auf eine Wiedereinführung des bimetallischen Silber-Gold-Standards aus der Zeit vor dem Bürgerkrieg. Dem Bündnis schwebte eine Rückkehr zu der alten Parität von 16 zu 1 zwischen Silber- und Goldmünzen vor, doch in den frühen 1890er Jahren war der Marktpreis für Gold in Silber bereits auf rund 30 gestiegen. Die Populisten gingen davon aus, dass die Monetarisierung von Silber bei einem Verhältnis von 16:1 zu einer Zunahme der Silbergeldvorräte und zu einer möglichen Umkehr der Deflation führen werde, denn die Menschen würden ihre Golddollars verwenden, um auf dem Markt billig Silber zu erwerben und dieses von der Münzanstalt prägen zu lassen. Eine solche Entwicklung hätte aus Sicht der Farmer und ihrer Bündnispartner mehrere Vorteile mit sich gebracht. Sie hätte beispielsweise die ungünstige Entwicklung aufgehalten, welche die Terms of Trade in den vorangegangenen Jahrzehnten genommen hatten, und die hypothekarische Belastung der Höfe real gesenkt. Insbesondere die Besitzer der Silberminen im Westen der USA waren Feuer und Flamme. Die Bankiers aus dem Osten wiederum hielten „solides Geld" – Gold – für die wesentliche Voraussetzung einer vollständigeren Integration Amerikas in die Weltmärkte.

Ihren Höhepunkt erreichte die Bewegung für das Silber im Jahr 1896. Die Demokratische Partei nominierte William Jennings Bryan zu ihrem Präsidentschaftskandidaten, nachdem dieser in einer fulminanten Parteitagsrede ausgerufen hatte: „Du sollst die Menschheit nicht an ein goldenes Kreuz schlagen." Doch noch 1896 begannen neue Goldfunde in Südafrika, Alaska und anderswo die deflationären Entwicklungen auf der ganzen Welt umzukehren, sodass das Silber bald kein politisches Thema mehr war. Bryan verlor die Wahlen von 1896 und 1900 gegen den Republikaner William McKinley, und im März 1900 verabschiedete der Kongress den Gold Standard Act, der den Dollar endgültig auf eine ausschließliche Goldgrundlage stellte.

Heutige Leser des Kinderbuchklassikers aus dem Jahr 1900, *Der Zauberer von Oz* von L. Frank Baum, merken meistens gar nicht, dass das Märchen von Dorothy, Toto und ihren Freunden eine allegorische Wiedergabe der amerikanischen politischen Auseinandersetzung über das Gold darstellt. Die gelbe Pflastersteinstraße steht für das falsche Versprechen auf Gold, der Name „Oz" ist eine Anspielung auf eine Unze („oz." ist die englische Abkürzung) Gold, und Dorothys silberne Pantoffeln – die in dem bekannten Hollywood-Farbfilm rubinrot werden – weisen den wahren Weg nach Hause in den stark verschuldeten, landwirtschaftlich geprägten Bundesstaat Kansas.[8]

Die Verschuldung der Farmer wird zwar häufig als herausragender Faktor für die Auseinandersetzungen angeführt, die sich in den 1890er Jahren um das Silber entspannen, doch der Politikwissenschaftler Jeffrey Frieden aus Harvard hat nachgewiesen, dass der Wunsch der Farmer und Minenbesitzer, die Preise ihrer Produkte im Verhältnis zu nichthandelbaren Gütern zu heben, weitaus relevanter war.[9] Die mit Importen konkurrierenden Hersteller von Industrieprodukten hatten zu ihrem Schutz, als Gegengewicht gegen die Deflation, die Verhängung von Zöllen erwirkt. Als Gruppe hatten sie daher wenig Interesse an der Änderung des Währungsstandards. Da die USA nahezu ausschließlich Rohstoffe exportierten, hätten Importzölle den Farmern

---

[8] Eine informative und geistreiche Interpretation finden Sie bei Hugh Rockoff, „The 'Wizard of Oz' as a Monetary Allegory", in: *Journal of Political Economy* 98, August 1990, S. 739–760.

[9] Siehe „Monetary Populism in Nineteenth-Century America: An Open Economy Interpretation", in: *Journal of Economic History* 57, Juni 1997, S. 367–395.

→

und Minenbesitzern allerdings wenig Nutzen gebracht. Eine Abwertung des US-Dollars hingegen wäre mit einer Erhöhung der Dollarpreise von Rohstoffen im Verhältnis zu nichthandelbaren Gütern einhergegangen. Anhand einer sorgfältigen statistischen Analyse der Kongressabstimmungen über Gesetzesvorlagen, die das Währungssystem betrafen, weist Frieden nach, dass die Unterstützung der Abgeordneten für den Silberstandard nicht mit dem Schuldenniveau ihres Bundesstaats korreliert ist, wohingegen eine sehr enge Korrelation mit der Anzahl der Beschäftigten in der Landwirtschaft und im Bergbau ihres Bundesstaates besteht.

18.3   Die Zwischenkriegsjahre, 1918 – 1939

Während des Ersten Weltkriegs hoben die Staaten den Goldstandard de facto auf und finanzierten ihre immensen Militärausgaben zum Teil mit Hilfe der Notenpresse. Darüber hinaus führten die Kriegsverluste zu einer starken Verminderung der Arbeitskräfte und der Produktionskapazitäten. Infolgedessen waren die Preisniveaus zum Kriegsende 1918 allerorten höher als zuvor.

In mehreren Ländern lösten die Versuche der Regierungen, den Wiederaufbau durch öffentliche Ausgaben voranzutreiben, eine galoppierende Inflation aus. Die betreffenden Regierungen hatten das Geld, das sie benötigten, ebenso wie bei verschiedenen Gelegenheiten in Kriegszeiten einfach drucken lassen. Das Ergebnis war ein starker Anstieg der Geldmengen und der Preisniveaus.

18.3.1   Die Hyperinflation in Deutschland

Der bekannteste Fall einer Inflation in den Zwischenkriegsjahren ist die deutsche Hyperinflation, in deren Verlauf der deutsche Preisindex von 262 im Januar 1919 auf das Niveau von 126.160.000.000.000 im Dezember 1923 stieg – um einen Faktor von 481,5 Milliarden!

Der Versailler Vertrag, der den Ersten Weltkrieg beendete, bürdete Deutschland immense Reparationszahlungen an die Alliierten auf. Anstatt zur Begleichung dieser Zahlungsverpflichtungen Steuern zu erheben, setzte die deutsche Regierung die Notenpresse in Gang. Die Inflation beschleunigte sich vor allem im Januar 1923, als Frankreich, das Deutschland die mangelnde Erfüllung der Versailler Verpflichtungen vorwarf, das Ruhrgebiet als wichtigstes Industriezentrum Deutschlands besetzte. Die deutschen Arbeiter traten aus Protest gegen die französische Besatzung in den Streik und die deutsche Regierung unterstützte sie, indem sie noch mehr Geld in Umlauf brachte, um für ihren Lohn aufzukommen. Innerhalb eines Jahres stieg das Preisniveau um den Faktor 452.998.200. Unter diesen Umständen waren die Menschen nicht bereit, die deutsche Währung, die praktisch nutzlos wurde, zu halten.

Die Hyperinflation wurde gegen Ende des Jahres 1923 zum Stillstand gebracht. Deutschland führte eine Währungsreform durch, bekam einige Erleichterungen der Reparationslasten zugesagt und bewegte sich auf einen ausgeglichenen Staatshaushalt zu.

18.3.2 Die vorübergehende Rückkehr zum Goldstandard

Die USA führten im Jahr 1919 den Goldstandard wieder ein. Doch zu Beginn der 1920er Jahre sehnten sich auch immer mehr andere Länder nach der relativen finanziellen Stabilität der Goldstandardära zurück. Im Jahr 1922 einigte sich eine Gruppe von Ländern – Großbritannien, Frankreich, Italien und Japan – auf der internationalen Wirtschaftskonferenz in Genua auf ein Programm, das die allgemeine Rückkehr zum Goldstandard und die Zusammenarbeit der Zentralbanken im Interesse außen- und binnenwirtschaftlicher Ziele vorsah. In der Erkenntnis, dass das Goldangebot eventuell nicht ausreichen würde, um die Nachfrage der Zentralbanken nach Währungsreserven zu befriedigen (ein Problem des Goldstandards, das wir in Kapitel 17 vermerkten), beschloss die Konferenz von Genua einen eingeschränkten Gold-*Devisen*-Standard, demzufolge kleinere Länder auch die Währungen mehrerer großer Länder, deren Währungsreserven ausschließlich aus Gold bestehen würden, als eigene Reserven halten konnten.

Im Jahr 1925 kehrte Großbritannien zum Goldstandard zurück, indem es das Pfund zum Vorkriegspreis an das Gold band. Finanzminister Winston Churchill, der sich für die Rückkehr zu der alten Parität einsetzte, argumentierte, dass jede Abweichung von dem Vorkriegspreis das Vertrauen der Welt in die Stabilität der britischen Finanzinstitutionen, die seit den Tagen des Goldstandards die führende Rolle im internationalen Finanzsystem gespielt hatten, untergraben würde. Obwohl das Preisniveau Großbritanniens seit dem Krieg gesunken war, befand es sich 1925 immer noch auf einem höheren Niveau als zu Zeiten des Goldstandards. Um den Pfundpreis des Golds auf das Vorkriegsniveau zurückzubringen, war die Bank of England folglich gezwungen, eine Politik der Geldverknappung zu betreiben, die zu einer starken Erhöhung der Arbeitslosigkeit beitrug.

Die britische Stagnation der 1920er Jahre beschleunigte Londons Abstieg als führendes Finanzzentrum der Welt. Die Schwächung der britischen Volkswirtschaft gefährdete die Stabilität des wiederhergestellten Goldstandards. Gemäß den Empfehlungen der Konferenz von Genua hielten viele Länder ihre Währungsreserven in der Form von Pfundeinlagen in London. Doch die britischen Goldvorräte waren begrenzt und die anhaltende Stagnation des Landes weckte kein Vertrauen in seine Fähigkeit, seine Verbindlichkeiten gegenüber dem Ausland zu erfüllen. Dem Beginn der Großen Depression im Jahr 1929 folgten rasch Bankenzusammenbrüche auf der ganzen Welt. Großbritannien sah sich im Jahr 1931 zur Aufhebung des Goldstandards gezwungen, als ausländische Halter von Pfund (darunter mehrere Zentralbanken) kein Vertrauen mehr hatten, dass Großbritannien den Wert seiner Währung verteidigen werde, und ihre Pfundguthaben in Gold umzutauschen begannen.

18.3.3   Der Zerfall der Weltwirtschaftsordnung

Als die Depression andauerte, sagten sich zahlreiche Länder von der Verpflichtung auf den Goldstandard los und ließen ihre Währungen auf dem Devisenmarkt schwanken. Die USA gaben den Goldstandard 1933 auf, kehrten jedoch 1934 zu ihm zurück, nachdem sie den Dollarpreis des Goldes von $20,67 auf $35 pro Feinunze angehoben hatten. Die Länder, die am Goldstandard festhielten, ohne ihre Währungen abzuwerten, litten am meisten unter der Großen Depression. Jüngere Forschungen führen inzwischen einen großen Teil der Verantwortung für die weltweite Ausbreitung der Depression sogar auf den Goldstandard selbst zurück (siehe die unten stehende Fallstudie).

Die Beschränkung des internationalen Handels- und Finanzverkehrs richtete großen wirtschaftlichen Schaden an. Immer mehr Länder versuchten Importe fern zu halten und die gesamtwirtschaftliche Nachfrage auf das eigene Land zu beschränken. Der Smoot-Hawley-Act, den die USA 1930 verabschiedeten, schadete der Beschäftigung im Ausland. Das Ausland führte zur Vergeltung Handelsbeschränkungen und Präferenzabkommen unter bestimmten Ländergruppen ein. Eine Maßnahme zur Erhöhung der einheimischen Wohlfahrt wird dann als Beggar-thy-neighbor-Politik bezeichnet, wenn sie dem Inland nur dadurch nützt, dass sie dem Ausland schadet (siehe Kapitel 11). Während der weltweiten Depression lösten Zölle und andere Maßnahmen nach diesem Sankt-Florians-Prinzip unweigerlich ausländische Vergeltungsmaßnahmen aus, sodass es am Ende allen Ländern schlechter ging als zuvor.

Die Ungewissheit über die künftige Regierungspolitik führte bei Ländern mit gebundenen Wechselkursen zu starken Reservebewegungen und bei Ländern mit flexiblen Kursen zu heftigen Wechselkursschwankungen. Viele Länder verboten private Kapitalbilanztransaktionen, um diese Folgen von Devisenmarktentwicklungen zu beschränken. Einige Regierungen griffen auch zu administrativen Methoden oder zu multiplen Wechselkursen, um die knappen Währungsreserven auf konkurrierende Verwendungsarten aufzuteilen. Die Handelsbeschränkungen und die Deflation in den Industrieländern Amerikas und Europas führten dazu, dass insbesondere lateinamerikanische Länder, deren Exportmärkte sich auflösten, ihre Auslandsschulden nicht mehr anerkannten. Kurz, die Weltwirtschaft zerfiel zu Beginn der 1930er Jahre in zunehmend autarke nationale Einheiten.

Angesichts der Großen Depression hatten viele Länder den Konflikt zwischen binnen- und außenwirtschaftlichem Gleichgewicht dahin gehend gelöst, dass sie ihre Handelsverbindungen zur Außenwelt verringerten und somit per Regierungsdekret die Möglichkeit eines größeren außenwirtschaftlichen Ungleichgewichts beseitigten. Doch dieser Weg kam die Weltwirtschaft teuer zu stehen, denn er senkte die Außenhandelsgewinne und trug dazu bei, dass die Erholung nur langsam einsetzte und in vielen Ländern auch 1939 noch nicht abgeschlossen war. Ein freierer Welthandel hätte allen Ländern mehr Wohlstand gebracht, vorausgesetzt, dass eine internationale Zusammenarbeit ihnen erleichtert hätte, ihre außenwirtschaftliche und finanzielle Stabilität zu wahren, ohne die binnenwirtschaftlichen Ziele zu opfern. Eben diese Erkenntnis bildete die Grundlage für das internationale Währungssystem der Nachkriegszeit, das **Bretton-Woods-Abkommen**.

Beispiel 18.3: Der internationale Goldstandard und die Große Depression

Eines der hervorstechendsten Merkmale der Großen Depression, die 1929 einsetzte und zehn Jahre andauerte, war ihr globaler Charakter. Der Konjunkturabschwung beschränkte sich nicht auf die USA und ihre wichtigsten Handelspartner, sondern griff in Windeseile und ausgesprochen heftig auf Europa, Lateinamerika und andere Gebiete über. Wie ist der nahezu universale Umfang der Großen Depression zu erklären? Jüngere Forschungen haben ergeben, dass der internationale Goldstandard entscheidend zur Verursachung, Vertiefung und Verbreitung der größten Wirtschaftskrise des zwanzigsten Jahrhunderts beitrug.[10]

Im Jahr 1929 waren die meisten marktwirtschaftlich organisierten Volkswirtschaften der Welt wieder zum Goldstandard zurückgekehrt. Die USA hatten versucht, ihre überhitzte Konjunktur durch eine Reduzierung der Geldmenge zu verlangsamen, und Frankreich hatte soeben eine Inflationsperiode beendet und war zum Goldstandard zurückgekehrt. Beide Länder verzeichneten nun große Kapitalzuflüsse, und im Zuge ihrer dadurch bedingten großen Zahlungsbilanzüberschüsse absorbierten sie in atemberaubendem Tempo die monetären Goldvorräte der ganzen Welt. (Im Jahr 1932 hielten allein die USA und Frankreich mehr als 70 Prozent dieser Goldmenge!) Den übrigen Ländern, die sich den Goldstandard zu eigen gemacht hatten, blieb nichts anderes übrig, als Inlandsaktiva zu verkaufen, um ihre schwindenden Goldvorräte zu verteidigen. Die daraus folgende weltweite Geldverknappung löste in Verbindung mit den Erschütterungen des New Yorker Börsenkrachs von 1929 eine tiefe weltweite Rezession aus.

Ganze Serien von Bankenzusammenbrüchen rund um die Welt beschleunigten lediglich die Abwärtsspirale der Weltkonjunktur. Auch hier trifft den Goldstandard ein großer Teil der Schuld, denn viele Länder wollten ihre Goldvorräte schützen, um den Goldstandard aufrechterhalten zu können. Dieses Bestreben hielt sie oftmals davon ab,

---

[10] Einige wichtige Forschungsbeiträge sind: Ehsan U. Choudhri und Levis A. Kochin, „The Exchange Rate and the International Transmission of Business Cycle Disturbances: Some Evidence from the Great Depression", in: *Journal of Money, Credit and Banking* 12, 1980, S. 565–574, Peter Tenin, *Lessons from the Great Depression*, Cambridge, MA: MIT Press, 1989, und Barry Eichengreen, *Golden Fetters, The Gold Standard and the Great Depression*, 1919–1939, New York, Oxford University Press, 1992. Eine knappe und klare Zusammenfassung bietet Ben S. Bernanke, „The World on a Cross of Gold: A Review of ´Golden Fetters: the Gold Standard and the Great Depression 1919–1939´", in: *Journal of Monetary Economics* 31, April 1993, S. 251–267.

den Banken die Liquidität zur Verfügung zu stellen, die ihnen vielleicht das Überleben ermöglicht hätte. Denn jede finanzielle Hilfe der Regierung für die Banken hätte die potenziellen privaten Ansprüche auf die kostbaren Goldreserven des Staates nur gesteigert.[11]

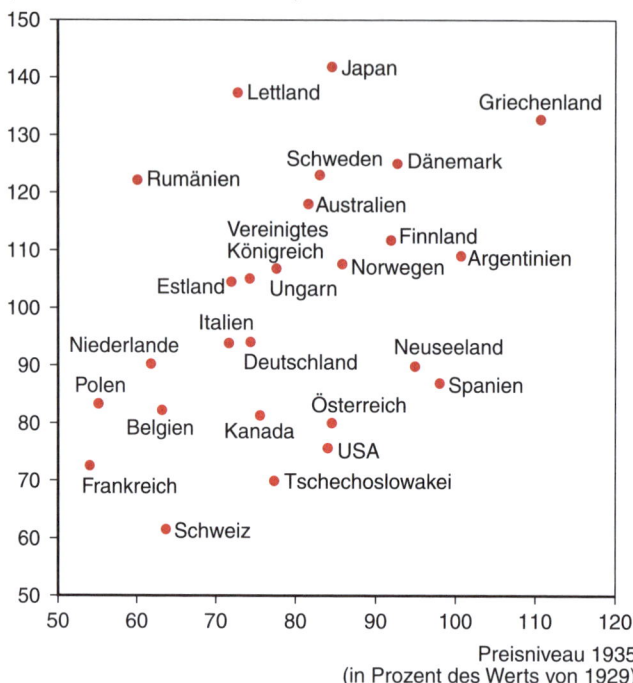

Industrieproduktion 1935
(in Prozent des Werts von 1929)

In Ländern wie Australien und dem Vereinigten Königreich, die den Goldstandard frühzeitig aufgaben und die Deflation mit geldpolitischen Maßnahmen bekämpften, ging die Produktion während der Großen Depression weniger stark zurück. In Ländern wie Frankreich und der Schweiz, die länger am Goldstandard festhielten, sanken das Preisniveau und die Produktionsmengen stärker ab.
Quelle: Ben Bernanke und Kevin Carey, „Nominal Wage Stickiness and Aggregate Supply in the Great Depression", in: *Quarterly Journal of Economics 111*, August 1996, S. 853–883.

Abbildung 18.1: **Industrieproduktion und Entwicklung des Großhandels-Preisindex, 1929 – 1935**

---

[11] Chang-Tai Hsieh und Christina D. Romer argumentieren, dass die Weigerung der US-amerikanischen Regierung, zu Beginn der 1930er Jahre die Geldmenge auszuweiten, nicht mit ihrer Angst vor einer erzwungenen Aufgabe des Goldstandards erklärt werden kann. Siehe: „Was the Federal Reserve Fettered? Devaluation Expectations in the 1932 Monetary Expansion", Working Paper 8113, National Bureau of Economic Research, Februar 2001.

18.4 Das Bretton-Woods-System und der Internationale Währungsfonds

Im Juli 1944 trafen sich Vertreter von 44 Nationen in Bretton Woods (New Hampshire), wo sie das Abkommen über die Gründung des **Internationalen Währungsfonds (IWF)** aufsetzten und unterzeichneten. Noch bevor der Krieg zu Ende war, bereiteten die Staatsführer der Alliierten den notwendigen Rahmen für das Wirtschaftsleben der Nachkriegszeit vor. Eingedenk der katastrophalen wirtschaftlichen Entwicklungen der Zwischenkriegszeit wollten sie ein internationales Währungssystem schaffen, das Vollbeschäftigung und Preisstabilität fördern und zugleich den Mitgliedsländern ermöglichen sollte, auch ohne Beschränkungen des Außenhandels ein außenwirtschaftliches Gleichgewicht zu erreichen.[12]

Das durch das Bretton-Woods-Abkommen geschaffene System sah feste Wechselkurse gegenüber dem US-Dollar und einen unveränderlichen Dollarpreis für Gold vor: 35 Dollar pro Feinunze. Die Mitgliedsländer hielten ihre offiziellen Währungsreserven vorwiegend in der Form von Gold oder Dollareinlagen und hatten das Recht, bei der Federal Reserve zum offiziellen Preis Gold gegen Dollars zu kaufen. Es handelte sich also um einen Gold-Devisen-Standard, als dessen wichtigste Reservewährung der Dollar diente. In der Terminologie von Kapitel 17 war der Dollar die „N-te Währung", in der die übrigen $N–1$ Wechselkurse definiert wurden. Die USA selbst intervenierten nur selten in den Devisenmarkt. Normalerweise intervenierten bei Bedarf die $N–1$ Zentralbanken, um die $N–1$ Wechselkurse des Systems zu fixieren, während den USA theoretisch die Verantwortung oblag, den Dollarpreis des Golds fix zu halten.

18.4.1 Ziele und Aufbau des IWF

Die Artikel des IWF-Abkommens waren stark von den Erfahrungen der Zwischenkriegszeit geprägt: Instabilität des Geld- und Preisniveaus, Arbeitslosigkeit und Zerfall der internationalen Wirtschaftsbeziehungen. Man versuchte, durch eine Kombination von festen Regeln und Flexibilität eine Wiederholung solcher Entwicklungen für die Zukunft auszuschließen.

---

[12] Auf derselben Konferenz wurde eine weitere Institution ins Leben gerufen, die Weltbank. Sie sollte den kriegführenden Nationen beim Wiederaufbau ihrer zerstörten Volkswirtschaften helfen und die ehemaligen Kolonialgebiete bei der Entwicklung und Modernisierung ihrer Volkswirtschaften unterstützen. Das Allgemeine Zoll- und Handelsabkommen (GATT) wurde erst 1947 als Forum für den multilateralen Abbau von Handelsbeschränkungen gegründet. Das GATT war als Vorläufer einer Internationalen Handelsorganisation (International Trade Organization, ITO) konzipiert, die auf dem Gebiet des Handels dieselben Ziele verfolgen sollte wie der IWF auf dem Gebiet der Finanzen. Leider scheiterte die Gründung der ITO daran, dass der amerikanische Kongress und das britische Parlament ihre Satzung nicht ratifizierten. Erst viel später, im Jahr 1990, wurde das GATT von der heutigen Welthandelsorganisation (World Trade Organization, WTO) abgelöst.

Die wichtigste geldpolitische Vorschrift bestand darin, dass die Wechselkurse an den Dollar gebunden werden mussten, der seinerseits an das Gold gebunden war. Wenn eine andere Zentralbank als die Federal Reserve eine übermäßige monetäre Expansion betrieb, würde sie Währungsreserven einbüßen und früher oder später nicht mehr in der Lage sein, den festen Wechselkurs ihrer Währung gegenüber dem Dollar aufrechtzuerhalten. Da eine starke Geldmengenausweitung in den USA dazu führen würde, dass die Zentralbanken der anderen Länder Dollars ansammeln, wurde die Fed in ihrer Geldpolitik durch die Verpflichtung eingeschränkt, diese Dollars jederzeit gegen Gold einzutauschen. Der offizielle Goldpreis von \$35 pro Feinunze erlegte der amerikanischen Geldpolitik zusätzliche Beschränkungen auf, denn die Ausgabe zu vieler Dollars würde diesen Preis nach oben treiben. Von den festen Wechselkursen versprach man sich allerdings mehr als die Erzwingung geldpolitischer Disziplin. Zu Recht oder zu Unrecht waren die Architekten des IWF aufgrund der Erfahrung aus der Zeit zwischen den Weltkriegen zu der Überzeugung gelangt, dass flexible Wechselkurse, da sie Spekulationen ermöglichten, eine Quelle der Instabilität darstellten und dem Welthandel schadeten.

Überdies hatte die Erfahrung der Zwischenkriegszeit gezeigt, dass nationale Regierungen nicht bereit waren, den Freihandel und feste Wechselkurse auch um den Preis einer lang andauernden einheimischen Arbeitslosigkeit aufrechtzuerhalten. Nach der Großen Depression ging man weithin davon aus, dass die Regierungen für die Gewährleistung der Vollbeschäftigung verantwortlich seien. Das IWF-Abkommen sollte daher Raum für genügend Flexibilität lassen, damit die einzelnen Nationen in geordneter Weise zu einem außenwirtschaftlichen Gleichgewicht gelangen könnten, ohne ihre binnenwirtschaftlichen Ziele oder die festen Wechselkurse aufgeben zu müssen.

Zwei Punkte des IWF-Abkommens sollten zur Gewährleistung dieser außenwirtschaftlichen Flexibilität beitragen:

1. *Kreditfazilitäten des IWF.* Der IWF war bereit, Mitgliedsstaaten Kredite in Fremdwährungen zur Verfügung zu stellen, wenn deren Leistungsbilanz ein Defizit aufwies, eine restriktivere Geld- oder Fiskalpolitik jedoch negative Auswirkungen auf die einheimische Beschäftigung hätte. Die Mittel, die der IWF für diesen Zweck vorsah, entstammten den Gold- und Währungsbeiträgen, welche die Mitgliedsstaaten dem IWF zur Verfügung stellen.

   Wie war die Kreditvergabe des IWF geregelt? Ein neuer Mitgliedsstaat, der dem IWF beitrat, erhielt eine bestimmte *Quote* zugeteilt, die sowohl seine Subskriptionsverpflichtung für die Kapitalausstattung des IWF als auch sein Recht auf Finanzhilfen aus diesen Reserven festlegte. Jedes Mitglied brachte eine Goldmenge ein, die einem Viertel seiner Quote entsprach. Die übrigen drei Viertel bestanden aus seiner einheimischen Währung. Jeder Mitgliedsstaat hatte das Recht, vorübergehend dem IWF mit seiner eigenen Währung Gold oder Fremdwährung im Wert seines Goldbeitrags abzukaufen. Auch darüber hinaus konnte es (bis zu einer bestimmten Grenze) vom IWF weitere Gold- oder Fremdwährungsreserven als Kredit erhalten, dies jedoch nur unter einer immer strengeren Überwachung seiner makroökonomischen Politik von Seiten des IWF. Diese Überwachung der Politik von Mitgliedsländern, die sich gegenüber dem Fonds hoch verschuldet haben, wird als **IWF-Konditionalität** bezeichnet.

2. *Regulierbare Paritäten.* Der Wechselkurs der Währung jedes Staates war zwar festgelegt, konnte jedoch – durch Auf- oder Abwertung gegenüber dem Dollar – geändert werden, wenn der IWF ein „fundamentales Zahlungsbilanzungleichgewicht" diagnostizierte. Dieser Begriff, der im Gründungsabkommen nicht näher definiert ist, traf auf Länder zu, die dauerhafte nachteilige Verschiebungen der Weltnachfrage nach ihren Produkten erlitten. Ohne eine Abwertung wären die Arbeitslosigkeit und das Leistungsbilanzdefizit in einem solchen Land so lange gestiegen, bis das inländische Preisniveau tief genug gefallen wäre, um das binnen- und außenwirtschaftliche Gleichgewicht wiederherzustellen. Ein Abwertung hingegen konnte die Beschäftigungslage und die Leistungsbilanz zugleich verbessern und damit den langen und schmerzhaften Anpassungsprozess abwenden, in dessen Verlauf überdies der Bestand der Währungsreserven gefährdet gewesen wäre. Eingedenk der Erfahrungen, die Großbritannien mit seiner überbewerteten Währung in den Jahren nach 1925 gemacht hatte, sorgten die Gründer des IWF für Flexibilität durch die Möglichkeit (hoffentlich seltener) Wechselkursanpassungen. Für die „N-te Währung" des Bretton-Woods-Systems, den US-Dollar, war diese Möglichkeit allerdings nicht gegeben.

18.4.2   Konvertibilität

Genau wie die allgemeine Akzeptanz der nationalen Währung die Kosten des Tauschhandels innerhalb einer einzelnen Volkswirtschaft aufhebt, so führt der Einsatz nationaler Währungen im internationalen Handel zu einer größeren Effizienz der Weltwirtschaft. Zur Förderung eines effizienten multilateralen Außenhandels forderte das Gründungsdokument des IWF die Mitgliedsstaaten dringend auf, ihre nationalen Währungen so bald wie möglich konvertibel zu machen. Eine **konvertible Währung** kann unbeschränkt in Fremdwährungen umgetauscht werden. Der US-amerikanische und der kanadische Dollar wurden 1945 konvertibel. Dies bedeutete beispielsweise, dass ein Bürger Kanadas, der US-Dollars erwarb, mit diesen in den USA einkaufen konnte, sie auf dem Devisenmarkt für kanadische Dollar eintauschen oder sie an die kanadische Zentralbank verkaufen konnte, die wiederum das Recht hatte, sie (zu dem festen Dollar/Gold-Wechselkurs) gegen Gold an die Federal Reserve zu verkaufen. Ein generelles Fehlen der Konvertibilität hätte den Außenhandel überaus schwierig gestaltet. Ein französischer Bürger wäre wohl nicht bereit gewesen, einem Deutschen für nicht konvertierbare Mark Güter zu verkaufen, denn er hätte die so eingenommenen Mark nur im Rahmen der Beschränkungen verwenden können, die ihm die deutsche Regierung auferlegte. Ohne Markt für nicht konvertible Francs wäre es dem Deutschen nicht möglich gewesen, französische Währung zu erhalten, mit der er französische Güter erwerben konnte. Außenhandel hätte nur noch auf dem Wege des direkten Tauschhandels stattfinden können.

Die IWF-Gründungsartikel verlangten Konvertibilität nur für Transaktionen, die in die Leistungsbilanz eingingen. Beschränkungen von Transaktionen der Kapitalbilanz wurden ausdrücklich zugelassen, falls die betreffenden Länder den freien Gebrauch ihrer Währungen für die Transaktionen der Leistungsbilanz garantierten. Aufgrund der Erfahrungen der Jahre 1918 – 1939 erachteten die politischen Entscheidungsträger private Kapitalbewegungen als einen Faktor, der zu wirtschaftlicher Instabilität beitrug. Sie befürchteten, dass die grenzüberschreitende Bewegung von „Spekulationsgeldern" ihr Ziel, den Freihandel auf der

Grundlage fester Wechselkurse, untergraben könnte. Die Architekten des Bretton-Woods-Systems beschränkten die Konvertibilität auf Leistungsbilanztransaktionen, um den Freihandel zu fördern und gleichzeitig zu verhindern, dass private Kapitalflüsse die äußere Handlungsfähigkeit der staatlichen Politik beeinträchtigen könnten.[13] Die meisten europäischen Länder führten die Konvertibilität erst 1958 wieder ein; Japan folgte im Jahr 1964.

Seine frühzeitige Konvertibilität und seine Sonderstellung im Bretton-Woods-System machten den US-Dollar zur wichtigsten Weltwährung der Nachkriegszeit. Aufgrund der freien Konvertibilität des Dollars wurde ein großer Teil des Welthandels in Dollar abgerechnet und sowohl Importeure als auch Exporteure führten ihre Bilanzen in Dollar. De facto wurde der Dollar zu einer internationalen Währung – universales Tauschmittel, universale Recheneinheit und universales Wertaufbewahrungsmittel. Auch die Stärke der amerikanischen Volkswirtschaft im Verhältnis zu den kriegsverwüsteten Volkswirtschaften in Europa und Japan trug zur Dominanz des Dollars bei. Nur gegen Dollars konnte man dringend benötigte Güter und Dienstleistungen erwerben, die nur die USA anbieten konnten. Daher war es für die Zentralbanken natürlich vorteilhaft, ihre Währungsreserven in Form verzinslicher Dollar-Aktiva zu halten.

18.5   Binnenwirtschaftliches und außenwirtschaftliches Gleichgewicht unter dem Bretton-Woods-System

Auf welche Weise ermöglichte das in Bretton Woods geschaffene internationale Währungssystem seinen Mitgliedsstaaten, ihre Verpflichtungen gegenüber dem Ausland mit den binnenwirtschaftlichen Zielen der Vollbeschäftigung und der Preisstabilität in Einklang zu bringen? Mit der Weiterentwicklung der Weltwirtschaft in den Jahren nach dem Zweiten Weltkrieg änderte sich auch die Bedeutung des Begriffs „außenwirtschaftliches Gleichgewicht". Binnen- und außenwirtschaftliche Zielsetzungen gerieten mehrfach in Gegensatz zueinander, und diese Konflikte gefährdeten zunehmend das System der festen Wechselkurse. Besonders das außenwirtschaftliche Ungleichgewicht der USA, des Ursprungslands der wichtigsten Reservewährung, bot Anlass zu Sorge und löste Reformvorschläge aus.

18.5.1   Die veränderte Bedeutung des außenwirtschaftlichen Gleichgewichts

In den ersten zehn Jahren des Bretton-Woods-Systems war der Wiederaufbau der durch den Krieg zerstörten Volkswirtschaften in vielen Ländern mit Leistungsbilanzdefiziten verbunden. Da das wichtigste außenwirtschaftliche Problem dieser Ländergruppe darin

---

[13] Man war der Ansicht, dass offizielle Kapitalflüsse, wie beispielsweise Bewegungen der Reserven und Kredite der Weltbank, den Nationen die größten Gewinne aus intertemporalem Handel garantieren würden.

bestand, genügend Dollars für die notwendigen Importe aus den USA zu erwerben, werden diese Jahre oft als die Zeit der „Dollarknappheit" bezeichnet. Die USA milderten diese Knappheit durch den Marshallplan, ein 1948 eingeführtes Hilfsprogramm, in dessen Rahmen die USA den europäischen Ländern Dollars zur Verfügung stellten.

Eine Beschränkung des Leistungsbilanzdefizits jedes einzelnen Landes ergab sich aus der Schwierigkeit, unter den Bedingungen stark eingeschränkter Kapitalbilanztransaktionen Fremdwährungskredite aufzunehmen. Da so gut wie keine privaten Kapitalbewegungen stattfanden, mussten Ungleichgewichte in der Leistungsbilanz nahezu ausschließlich durch offizielle Reservetransaktionen und staatliche Kredite finanziert werden. (Das Gesamtdefizit der Leistungs- und Vermögensübertragungsbilanz ist gleich dem Gesamtüberschuss der privaten und der offiziellen Kapitalbilanz.) Ohne Zugang zu ausländischen Krediten konnten die Staaten daher nur dann Leistungsbilanzdefizite unterhalten, wenn sich ihre Zentralbanken zur Reduzierung der Währungsreserven bereit fanden. Doch die Zentralbanken ließen ein allzu starkes Absinken dieser Reserven nicht zu, was zumindest teilweise daran lag, dass sie um ihre Fähigkeit zur Fixierung des Wechselkurses fürchteten.

Mit der Wiederherstellung der Konvertibilität im Jahr 1958 begannen sich die rigiden außenwirtschaftlichen Rahmenbedingungen zu ändern. Die Zunahme des Devisenhandels führte zu einer engeren Verflechtung der Finanzmärkte – ein wichtiger Schritt hin zur Schaffung des heutigen, weltweiten Devisenmarkts. Mit den zunehmenden Möglichkeiten grenzüberschreitender Vermögensbewegungen bildete sich eine stärkere Abhängigkeit zwischen den nationalen Zinssätzen, und eine veränderte Politik konnte nun zu einem rascheren Zufluss oder Abfluss von Währungsreserven führen. Von 1958 an, insbesondere in den folgenden 15 Jahren, mussten die Zentralbanken die finanzielle Lage des Auslands genau verfolgen, wenn sie nicht Gefahr laufen wollten, sich infolge eines plötzlichen Verlusts von Reserven ihrer Mittel zur Wechselkursfixierung beraubt zu sehen. Bei einem plötzlichen Anstieg der Auslandszinssätze wäre eine Zentralbank beispielsweise gezwungen gewesen, Inlandsaktiva zu verkaufen und den Inlandszinssatz zu heben, um ihre Währungsreserven stabil zu halten.

Die Wiedereinführung der Konvertibilität führte nicht zu einer unmittelbaren und vollständigen internationalen Integration der Finanzsysteme, wie in dem Modell der festen Wechselkurse aus Kapitel 17 angenommen wurde. Im Gegenteil, die meisten Länder hielten, wie oben festgestellt, Beschränkungen für Kapitalbilanztransaktionen aufrecht. Doch die Möglichkeiten *versteckter* Kapitalflüsse wurden deutlich erhöht. Beispielsweise konnten die Importeure eines Landes de facto Auslandsaktiva erwerben, indem sie ihre ausländischen Lieferanten bezahlten, noch bevor die erworbenen Güter eintrafen. Umgekehrt war eine verzögerte Bezahlung gleichbedeutend mit einem bei ausländischen Lieferanten aufgenommenen Kredit. Diese Außenhandelspraktiken sind nur zwei Beispiele für die zahlreichen Wege, auf denen die offiziellen Beschränkungen privater Kapitalbewegungen umgangen werden konnten. Obwohl die im vorigen Kapitel angenommene internationale Gleichheit der Zinssätze nicht in vollem Umfang gegeben war, wurde der Zusammenhang zwischen den nationalen Zinssätzen mit zunehmender Reife des Bretton-Woods-Systems immer enger.

18.5.2   Spekulative Kapitalflüsse und Krisen

Unter den neuen Bedingungen der erhöhten Mobilität privaten Kapitals gewannen Leistungsbilanzdefizite und -überschüsse zusätzliches Gewicht. Ein Land mit großem und anhaltendem Leistungsbilanzdefizit konnte gemäß dem IWF-Abkommen eines „fundamentalen Zahlungsbilanzungleichgewichts" verdächtigt und damit zum Kandidaten für eine Währungsabwertung werden. Diese Erwartung einer bevorstehenden Abwertung konnte wiederum eine Zahlungsbilanzkrise auslösen (siehe Kapitel 17).

Bei einer Abwertung des Pfunds würden beispielsweise sämtliche Halter von Pfundeinlagen Verluste erleiden, da der Wert der in Pfund bewerteten Vermögenswerte, gemessen in Fremdwährung, auf einen Schlag entsprechend der Wechselkursänderung sinken würde. Ein Leistungsbilanzdefizit Großbritanniens würde die Pfundhalter folglich beunruhigen und sie würden ihr Vermögen in anderen Währungen anlegen. Um den Wechselkurs des Pfunds gegenüber dem Dollar zu verteidigen, müsste die Bank of England Pfund ankaufen und den Marktteilnehmern die Auslandsaktiva anbieten, die sie zu halten wünschen. Ein solcher Verlust von Währungsreserven könnte, wenn er einen gewissen Umfang erreichen würde, zu einer erzwungenen Abwertung führen, weil der Bank of England nicht mehr genügend Reserven zur Stützung des Wechselkurses verblieben.

Entsprechend könnten Länder mit großen Leistungsbilanzüberschüssen in den Augen des Marktes Kandidaten für eine Aufwertung darstellen. In diesem Fall würden ihre Zentralbanken mit Auslandsaktiva überschwemmt, weil sie ihre einheimische Währung auf dem Devisenmarkt verkaufen würden, um eine Aufwertung zu verhindern. Eine Nation, die sich in dieser Lage befände, stünde vor dem Problem eines unkontrollierbaren Geldmengenwachstums, welches das Preisniveau erhöhen und das binnenwirtschaftliche Gleichgewicht gefährden könnte.

Während der 1960er und 1970er Jahre kam es zu immer häufigeren und schwereren Zahlungsbilanzkrisen. Ein Rekorddefizit der britischen Außenhandelsbilanz im Jahr 1964 leitete eine Periode der Spekulation gegen das Pfund ein, die den britischen Politikern das Leben schwer machte, bis das Pfund im November 1967 schließlich abgewertet wurde. Im Gefolge ähnlicher spekulativer Angriffe wertete Frankreich im Jahr 1969 den Franc ab und Deutschland die Mark auf. Diese Krisen nahmen zu Beginn der 1970er Jahre derartige Ausmaße an, dass sie das Bretton-Woods-System der festen Wechselkurse schließlich zum Einsturz brachten. Die Entwicklung, die zu diesem Zusammenbruch führte, wird weiter unten in diesem Kapitel beschrieben.

Die Möglichkeit einer Zahlungsbilanzkrise verlieh also dem außenwirtschaftlichen Ziel einer ausgeglichenen Leistungsbilanz erhöhtes Gewicht. Jedes Ungleichgewicht der Leistungsbilanz konnte, auch wenn es durch unterschiedliche Investitionsmöglichkeiten in verschiedenen Ländern oder durch vorübergehende Faktoren gerechtfertigt war, den Verdacht des Marktes wecken, dass eine Wechselkursanpassung unmittelbar bevorstand. Unter diesen Umständen mussten die politischen Entscheidungsträger bemüht sein, größere Leistungsbilanzänderungen zu vermeiden.

18.6 Analyse der politischen Optionen unter dem Bretton-Woods-System

Kehren wir zu dem in Kapitel 17 entwickelten Rahmen zurück, um das Problem eines einzelnen Landes (mit Ausnahme der USA) zu beschreiben, das unter dem Bretton-Woods-System fester Wechselkurse ein binnen- und außenwirtschaftliches Gleichgewicht anstrebte. Dabei seien der Inlands- und der Auslandszinssatz stets gleich, also

$$R = R^*.$$

Diese Gleichheit trifft, wie oben gesagt, auf die Lage unter dem Bretton-Woods-Abkommen (insbesondere kurz nach 1958) nicht exakt zu, ergibt aber dennoch ein hinlänglich genaues Bild der äußeren Beschränkungen, denen der Einsatz makroökonomischer Instrumente unterworfen war. Wie der hier verwendete Rahmen zeigen wird, entschieden das Niveau des festen Wechselkurses, E, und die Fiskalpolitik eines Landes darüber, inwieweit es seine binnen- und außenwirtschaftlichen Ziele erreichen konnte. E ist dabei stets der Preis des Dollar in Inlandswährung. Die Analyse bezieht sich auf die kurze Frist, weil die Inlands- und Auslandspreisniveaus (P und P^*) als fix vorausgesetzt werden.[14]

18.6.1 Aufrechterhaltung des binnenwirtschaftlichen Gleichgewichts

Betrachten wir zunächst das binnenwirtschaftliche Gleichgewicht. Wenn sowohl P^* als auch E dauerhaft festgelegt sind, hängt die inländische Inflation in erster Linie vom Umfang der gesamtwirtschaftlichen Nachfrage ab, und nicht von Inflationserwartungen. Das binnenwirtschaftliche Gleichgewicht erfordert daher lediglich Vollbeschäftigung, d. h. die Gesamtnachfrage muss gleich dem Vollbeschäftigungsniveau der Produktion, Y^f, sein.[15]

Wie Sie wissen, setzt sich die gesamtwirtschaftliche Nachfrage nach inländischen Produkten zusammen aus der Konsumnachfrage, C, der Investitionsnachfrage, I, der Nachfrage der öffentlichen Haushalte, G, und der Leistungsbilanz NX. Die Konsumnachfrage ist eine steigende Funktion des verfügbaren Einkommens, $Y - T$, wobei T für die Nettosteuern steht. Der Leistungsbilanzüberschuss ist eine abnehmende Funktion des verfügbaren Einkommens und eine steigende Funktion des realen Wechselkurses EP^*/P (Kapi-

---

[14] Wir gehen davon aus, dass keine Zahlungsbilanzkrise vorliegt, also keine zukünftige Wechselkursänderung erwartet wird. Durch diese Annahme wird besonders deutlich, wie schwierig sich die politischen Entscheidungen selbst unter den günstigsten Voraussetzungen gestalteten.

[15] Wenn P* beispielsweise infolge einer Inflation im Ausland instabil ist, kann allein die Vollbeschäftigung im Rahmen eines Festkurssystems keine Preisstabilität gewährleisten. Dieses komplexe Problem wird weiter unten im Zusammenhang mit der weltweiten Inflation unter festen Wechselkursen behandelt.

tel 16). Die Investitionsnachfrage wird als konstant vorausgesetzt. Daraus ergibt sich folgende Bedingung für das binnenwirtschaftliche Gleichgewicht:

$$Y^f = C(Y^f - T) + I + G + NX(EP^*/P, Y^f - T) \qquad \text{(18-1)}$$

Aus Gleichung (18-1) ist ersichtlich, welche politischen Instrumente in kurzer Frist die gesamtwirtschaftliche Nachfrage und damit die Produktion beeinflussen. Eine fiskalische Expansion (ein Anstieg von G oder eine Sinken von T) stimuliert die gesamtwirtschaftliche Nachfrage und löst eine Produktionssteigerung aus. Eine Abwertung der Währung (ein Anstieg von E) verbilligt einheimische Güter und Dienstleistungen im Vergleich zu denjenigen, die vom Ausland verkauft werden, und erhöht ebenfalls Nachfrage und Produktion. Durch fiskalpolitische Maßnahmen oder Wechselkursänderungen kann also die Produktion konstant auf Vollbeschäftigungsniveau, Y^f, gehalten werden.

Beachten Sie, dass bei festen Wechselkursen die Geldpolitik keine Option darstellt. Wie in Kapitel 17 aufgezeigt, führt der Versuch der Zentralbank, die Geldmenge durch den An- oder Verkauf von Inlandsaktiva zu ändern, unter festen Wechselkursen zu einer ausgleichenden Anpassung der Währungsreserven, sodass die Geldmenge unverändert bleibt. Die Zentralbank kann Transaktionen mit Inlandsaktiva durchführen, um das Niveau der Währungsreserven zu verändern, sie kann damit jedoch keinen Einfluss auf Beschäftigung oder Produktion nehmen.

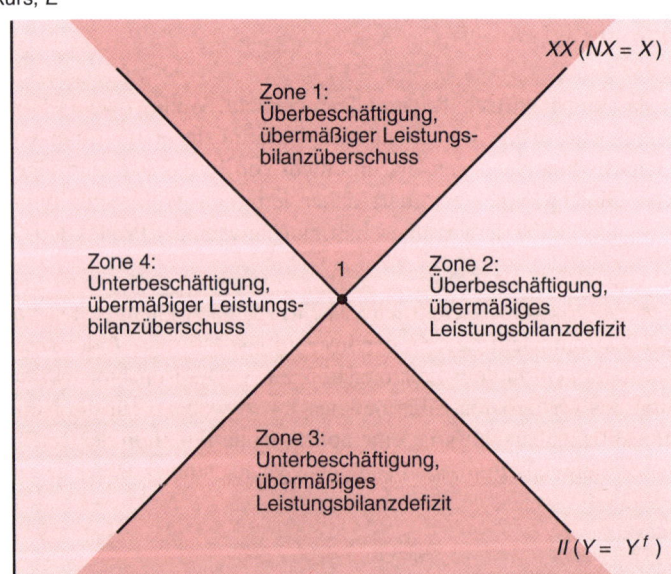

Das Schaubild zeigt, wie sich verschiedene Niveaus des Wechselkurses und der fiskalischen Lockerung auf die Beschäftigung und die Leistungsbilanz auswirken. Entlang der Linie II befindet sich die Produktion auf ihrem Vollbeschäftigungsniveau, Y^f. Entlang XX befindet sich die Leistungsbilanz auf ihrem angestrebten Stand X.

Abbildung 18.2: Binnenwirtschaftliches Gleichgewicht (II), außenwirtschaftliches Gleichgewicht (XX) und die „vier Zonen konjunktureller Missstände"

Linie *II* in Abbildung 18.2 zeigt diejenigen Kombinationen von Wechselkurs und Fiskalpolitik, bei denen die Produktion konstant bei Y^f verbleibt und somit binnenwirtschaftliches Gleichgewicht herrscht. Die Linie fällt, weil sowohl eine Abwertung der Währung
(ein Anstieg von *E*) als auch eine fiskalische Expansion (ein Anstieg von *G* oder ein Sinken von *T*) die Produktion erhöhen. Um die Produktion konstant zu halten, muss daher
eine Aufwertung der Währung (welche die Gesamtnachfrage senkt) mit einer fiskalischen
Expansion (welche die Gesamtnachfrage erhöht) einhergehen. Linie *II* zeigt, wie sich bei
einer Änderung von *E* die fiskalische Situation angleichen muss, um weiterhin Vollbeschäftigung zu gewährleisten. Rechts von *II* ist die Fiskalpolitik expansiver, als es zur
Aufrechterhaltung der Vollbeschäftigung notwendig wäre, sodass die Produktionsfaktoren der Volkswirtschaft überbeschäftigt sind. Links von *II* ist die Fiskalpolitik zu restriktiv, sodass es zu Arbeitslosigkeit kommt.

18.6.2 Aufrechterhaltung des außenwirtschaftlichen Gleichgewichts

Wir haben gesehen, auf welche Weise fiskalpolitische Maßnahmen oder Änderungen der
Wechselkurse eingesetzt werden können, um die Produktion zu beeinflussen und dem
binnenwirtschaftlichen Ziel der Vollbeschäftigung näher zu kommen. Wie wirken dieselben politischen Instrumente auf das außenwirtschaftliche Gleichgewicht? Um die Antwort auf diese Frage zu finden, nehmen wir zunächst an, dass die Regierung einen Leistungsbilanzüberschuss von *X* anstrebe. Um auch ein außenwirtschaftliches Gleichgewicht
herbeizuführen, müssen die Fiskalpolitik und der Wechselkurs so festgelegt werden, dass
folgende Gleichung erfüllt ist:

$$NX(EP^*/P, Y - T) = X \qquad\qquad \text{(18-2)}$$

Bei gegebenen *P* und *P** verbilligt ein Anstieg von *E* einheimische Güter und verbessert
die Leistungsbilanz. Eine fiskalische Expansion allerdings hat den entgegengesetzten
Effekt auf die Leistungsbilanz. Ein Sinken von *T* hebt die Produktion, *Y*; die daraus folgende Zunahme des verfügbaren Einkommens erhöht die inländischen Ausgaben für ausländische Güter und verschlechtert die Leistungsbilanz. Entsprechend führt eine Erhöhung
von *G* vermittels der dadurch bedingten Steigerung von *Y* zu einem Rückgang von *NX*.

Um die Leistungsbilanz bei einer Abwertung der Währung (d.h. einem Heraufsetzen von
E) bei *X* zu halten, müssen die Investitionen der öffentlichen Haushalte erhöht oder die
Steuern gesenkt werden. Folglich hat die Linie *XX*, die das außenwirtschaftliche Gleich-
gewicht wiedergibt, wie in Abbildung 18.2 gezeigt einen steigenden Verlauf. Aus der *XX*-
Linie geht hervor, welcher Umfang einer fiskalischen Expansion erforderlich ist, um den
Leistungsbilanzüberschuss nach einer gegebenen Abwertung der Währung bei *X* zu hal-
ten.[16] Da ein Anstieg von *E* die Nettoexporte erhöht, ist der Leistungsbilanzüberschuss

---

[16] Können Sie nachvollziehen, wie die in Abbildung 18.2 gezeigte *XX*-Linie aus der in Abbildung
16.17 gezeigten anderen (verwandten) *XX*-Kurve abgeleitet werden kann? (Hinweis: Analysieren Sie anhand der Letzteren die Wirkungen einer fiskalischen Expansion.)

oberhalb von *XX* höher als das Zielniveau *X*. Unterhalb von *XX* befindet sich die Leistungsbilanz im Verhältnis zu ihrem Zielniveau *X* im Defizit.[17]

18.6.3   Ausgabenänderung und Ausgabenumleitung

Die Linien *II* und *XX* unterteilen das Schaubild in vier Bereiche, die manchmal als die „vier Zonen konjstureller Missstände" bezeichnet werden. Jeder dieser Bereiche zeigt die Begleiterscheinungen verschiedener politischer Umstände. In Zone 1 ist das Beschäftigungsniveau überhöht und der Leistungsbilanzbilanzüberschuss zu groß, in Zone 2 das Beschäftigungsniveau überhöht und das Leistungsbilanzdefizit zu groß, in Zone 3 haben wir Unterbeschäftigung und ein übermäßiges Defizit und in Zone 4 geht die Unterbeschäftigung mit einem überhöhten Leistungsbilanzüberschuss einher. Ein koordinierter Einsatz der Fiskal- und Wechselkurspolitik kann die Volkswirtschaft in den Zustand bringen, der durch den Schnittpunkt von *II* und *XX* angezeigt wird (Punkt 1). In diesem Punkt herrscht sowohl binnen- als auch außenwirtschaftliches Gleichgewicht. Punkt 1 zeigt die wirtschaftliche Lage an, die von den politischen Entscheidungsträgern angestrebt wird.

Wenn sich die Volkswirtschaft ursprünglich nicht an Punkt 1 befindet, sind entsprechende Anpassungen der Fiskalpolitik und des Wechselkurses erforderlich, um das binnen- und außenwirtschaftliche Gleichgewicht herzustellen. Die Fiskalpolitik, die zu Punkt 1 führt, wird als **Ausgabenänderungs-Politik** bezeichnet, weil sie das *Niveau* der gesamtwirtschaftlichen Nachfrage nach Gütern und Dienstleistungen insgesamt ändert. Die damit einhergehende Anpassung der Wechselkurse bezeichnet man als **Ausgabenumleitungs-Politik**, weil sie die *Richtung* der Nachfrage ändert, indem sie deren Aufteilung auf einheimische und importierte Güter verschiebt. Im Allgemeinen sind sowohl Ausgabenänderung als auch Ausgabenumleitung erforderlich, um ein binnen- und außenwirtschaftliches Gleichgewicht herbeizuführen.

Den Regeln des Bretton-Woods-Systems zufolge sollten Wechselkursänderungen (Ausgabenumleitungs-Politik) nur selten stattfinden. Daher verblieb die Fiskalpolitik als wichtigstes Instrument zur Erreichung des wirtschaftlichen Gleichgewichts nach innen und außen. Wie jedoch aus Abbildung 18.2 hervorgeht, reicht ein Instrument, in diesem Falle

---

[17] Da die Zentralbank durch einen Offenmarktverkauf von Inlandsaktiva die Konjunktur nicht beeinflusst, ist in Abbildung 18.2 keine Beschränkung im Hinblick auf die Reserven aufgezeigt. Die Bank kann ungehindert Reserven aus dem Ausland ausleihen, indem sie Inlandsaktiva verkauft. (Vor dem Hintergrund von Abwertungsängsten würde diese Taktik nicht funktionieren, weil niemand der Bank für einheimische Währung Auslandsaktiva verkaufen würde.) Unsere Analyse geht jedoch von einer vollständigen Ersetzbarkeit inländischer und ausländischer Vermögenswerte aus (siehe Kapitel 17). Unter den Bedingungen unvollständiger Ersetzbarkeit der Vermögenswerte würden Verkäufe von Inlandsaktiva durch die Zentralbank, die Währungsreserven erwerben möchte, den Inlandszinssatz gegenüber dem Auslandszinssatz in die Höhe treiben. Die unvollständige Ersetzbarkeit der Vermögenswerte würde der Zentralbank also ein zusätzliches politisches Instrument an die Hand geben (die Geldpolitik). Damit würde ihr jedoch auch die Verantwortung für ein weiteres politisches Ziel zufallen (der Inlandszinssatz). Wenn die Regierung den Inlandszinssatz im Auge hat, weil er beispielsweise die Investitionstätigkeit beeinflusst, dann würde dieses zusätzliche politische Instrument die Optionen, die der Zentralbank offen stehen, nicht unbedingt erweitern. Im Rahmen des Bretton-Woods-Systems versuchten die Zentralbanken die unvollständige Ersetzbarkeit der Vermögenswerte auszunutzen, doch sie konnten die oben beschriebenen politischen Dilemmata dadurch nicht lösen.

die Fiskalpolitik, im Allgemeinen nicht aus, um beide Ziele zu erreichen. Nur in dem Fall, dass die Volkswirtschaft in horizontaler Richtung von Punkt 1 abweichen würde, könnte allein die Fiskalpolitik für binnen- und außenwirtschaftliches Gleichgewicht sorgen. Hinzu kommt, dass die Fiskalpolitik ein schwerfälliges Instrument darstellt, da sie häufig nicht ohne parlamentarische Zustimmung eingesetzt werden kann. Ein weiterer Nachteil besteht darin, dass die Fiskalpolitik nach einiger Zeit womöglich wieder umgekehrt werden muss, wenn sie beispielsweise zu chronischen Haushaltsdefiziten führt.

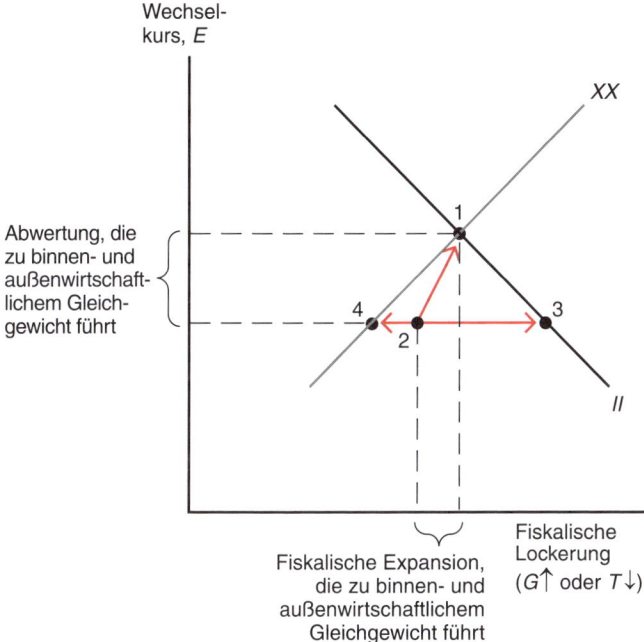

Das binnen- und außenwirtschaftliche Gleichgewicht (Punkt 1) kann nur durch eine Kombination einer Abwertung der Währung mit einer Lockerung der Fiskalpolitik erreicht werden. Die Fiskalpolitik allein kann entweder das binnenwirtschaftliche (Punkt 3) oder das außenwirtschaftliche Gleichgewicht (Punkt 4) herbeiführen, dies allerdings nur um den Preis einer weiteren Entfernung der Volkswirtschaft von dem Ziel, das geopfert wird.

Abbildung 18.3: Politische Maßnahmen zur Herbeiführung des binnen- und außenwirtschaftlichen Gleichgewichts

Die mangelnde Flexibilität des Wechselkurses kann die politischen Entscheidungsträger in verschiedene Dilemmata stürzen. Bei der Fiskalpolitik und dem Wechselkurs, die in Abbildung 18.3 durch Punkt 2 angezeigt sind, stellen sich Unterbeschäftigung und ein übermäßiges Leistungsbilanzdefizit ein. Nur die Verbindung von Abwertung und fiskalischer Expansion, die in der Abbildung gezeigt ist, stellt das binnen- und außenwirtschaftliche Gleichgewicht her (Punkt 1). Eine expansive Fiskalpolitik allein kann die Arbeitslosigkeit beseitigen, indem sie die Volkswirtschaft zu Punkt 3 bringt, doch die damit verbundenen Kosten bedingen ein höheres außenwirtschaftliches Defizit. Eine restriktivere Fiskalpolitik als einzige Maßnahme kann ebenfalls ein außenwirtschaftliches Gleichgewicht herbeiführen (Punkt 4), doch dann sinkt die Produktion und die Volkswirtschaft entfernt sich noch weiter von ihrem inneren Gleichgewicht. Es ist nicht verwunderlich, dass das politisches Dilemma, das durch Punkt 2 angezeigt wird, Abwertungsgerüchte nährt. Eine Abwertung verbessert die Leistungsbilanz und die gesamtwirtschaftliche Nachfrage, indem sie den realen Wechselkurs EP^*/P mit einem Schlag erhöht; die Alternative dazu ist eine lange und politisch unerquickliche Periode der Arbeitslosigkeit, die durch eine Senkung von P schließlich den gleichen Anstieg des realen Wechselkurses herbeiführen würde.[18]

In der Praxis änderten Staaten manchmal tatsächlich ihren Wechselkurs, um dem binnen- und außenwirtschaftlichen Gleichgewicht näher zu kommen, doch diese Änderungen wurden normalerweise von Zahlungsbilanzkrisen begleitet. Viele Länder unterwarfen auch die in der Kapitalbilanz erfassten Transaktionen einer schärferen Kontrolle, um den Zusammenhang zwischen Inlands- und Auslandszinssatz zu lockern und die Geldpolitik effizienter zu machen. Dies gelang nur bedingt, wie die zum Zusammenbruch des Bretton-Woods-Systems führenden Entwicklungen bewiesen.

18.7   Das außenwirtschaftliche Ungleichgewicht der USA

Das Problem der USA im Hinblick auf ihr außenwirtschaftliches Gleichgewicht war anders beschaffen als dasjenige der übrigen Länder des Bretton-Woods-Systems. Als Heimat der N-ten Währung mussten die USA nicht dafür sorgen, den Wechselkurs des Dollars stabil zu halten. Ihre wichtigste Aufgabe bestand darin, den Dollarpreis des Golds bei $35 pro Feinunze zu halten und insbesondere zu gewährleisten, dass die ausländischen Zentralbanken zu diesem Preis ihre Dollareinlagen in Gold umtauschen konnten. Zu diesem Zweck mussten sie genügend Goldreserven halten.

Da die USA verpflichtet waren, im Handel mit ausländischen Zentralbanken Gold gegen Dollars einzulösen, setzte die Möglichkeit, dass andere Länder ihre Dollarreserven in Gold umwandeln könnten, der makroökonomischen Politik der USA eigentlich äußere Grenzen. In der Praxis waren die ausländischen Banken allerdings uneingeschränkt bereit, an ihren angesammelten Dollars festzuhalten, da diese Zinsen abwarfen und als internationale Währung dienten. Und die Logik des Gold-Devisen-Standards bedingte, dass die Zentralbanken auch weiterhin Dollars anhäuften. Da das weltweite Goldangebot nicht schnell genug wuchs, um mit dem Wachstum der Weltwirtschaft Schritt zu halten, konnten die Zentralbanken nur durch die Ansammlung von Dollar-Aktiva ein angemessenes Niveau ihrer Währungsreserven gewährleisten. Wenn gelegentlich Dollars offiziell in Gold umgetauscht wurden, blickte man mit Sorge auf die schrumpfenden amerikanischen Goldvorräte. Doch solange die meisten Zentralbanken willens waren, ihre Reserven durch Dollars aufzustocken, und auf das Recht verzichteten, diese gegen amerikanisches Gold einzutauschen, waren die USA in ihrer Wirtschaftspolitik offenkundig weniger rigi den Beschränkungen unterworfen als die übrigen Länder des Bretton-Woods-Systems.[19]

---

[18] Weisen Sie zur Überprüfung Ihres Verständnisses nach, dass ein Sinken von P bei ansonsten gleichen Bedingungen sowohl II als auch XX senkt und Punkt 1 vertikal nach unten verschiebt.

[19] Insbesondere Frankreich zeigte sich *nicht* länger bereit, weiterhin Dollars anzusammeln. Präsident Charles de Gaulle, der das Bretton-Woods-System wegen der „exorbitanten Begünstigung" der USA kritisierte, ließ 1965 einen großen Teil der von Frankreich gehaltenen Dollars in Gold umtauschen. Doch diese aggressive Maßnahme de Gaulles, die mit seiner breit angelegten Kampagne gegen die „angelsächsische Dominanz" im westlichen Bündnis zusammenhing, war nicht typisch für das Verhalten der meisten Staaten.

In einem einflussreichen Werk, das 1960 erschien, machte der Ökonom Robert Triffin (Yale University) auf ein grundlegendes, langfristiges Problem des Bretton-Woods-Systems aufmerksam: das **Vertrauensproblem**.[20] Zu der Zeit, da Triffin sein Buch schrieb, überstiegen die Goldvorräte der USA noch ihre Dollarverbindlichkeiten gegenüber anderen Zentralbanken. Doch Triffin erkannte, dass mit dem Wachstum der Währungsreserven ausländischer Zentralbanken zwangsläufig auch deren Dollareinlagen zunahmen und schließlich den Wert der US-amerikanischen Goldvorräte übersteigen würden. Ihrer Zusage, diese Dollars gegen $35 pro Feinunze Gold einzulösen, könnten die USA nicht mehr nachkommen, wenn sämtliche Halter von Dollars gleichzeitig versuchen würden, diese in Gold umzutauschen. So entstand ein Vertrauensproblem: Im Wissen, dass ihre Dollars nicht länger „Gold wert" waren, würden die Zentralbanken irgendwann womöglich keine weiteren Dollars mehr ansammeln wollen und vielleicht sogar versuchen, das ganze System zum Einsturz zu bringen, indem sie für die in ihrem Besitz befindlichen Dollars Gold verlangten. Es gab einen historischen Präzedenzfall für Triffins Vorhersage. Wie Sie bereits wissen, trugen die offiziellen Halter von Pfund Sterling im Wissen um die kargen Goldvorräte Großbritanniens zum Zusammenbruch des Goldstandards bei, indem sie plötzlich versuchten, ihre Pfund gegen Gold einzulösen.

Eine mögliche Lösung hätte damals darin bestanden, den offiziellen Goldpreis nicht nur in Dollars, sondern auch in sämtlichen anderen Währungen heraufzusetzen. Doch eine solche Erhöhung hätte die Inflation beschleunigt und als politisch unerwünschte Nebenwirkung die wichtigsten Gold produzierenden Länder bereichert. Außerdem hätten sich die Zentralbanken durch eine solche Maßnahme veranlasst gesehen, für die Zukunft eine weitere Abnahme des Goldwerts ihrer Dollarreserven zu erwarten, sodass das Vertrauensproblem nicht gelöst, sondern verschlimmert worden wäre!

Triffin selbst entwickelte einen Plan, wonach der IWF eine eigene Währung ausgeben solle, die anstelle des Dollars als Reservewährung der Zentralbanken dienen könne. Diesem Plan zufolge würde der IWF in der gleichen Weise für ein angemessenes Wachstum des Angebots an Währungsreserven sorgen, wie eine Zentralbank für eine angemessene Ausweitung der inländischen Geldmenge sorgt. Triffins Plan lief darauf hinaus, den IWF zu einer Weltzentralbank zu machen.[21]

Im Jahr 1967 beschlossen die Mitgliedsstaaten des IWF die Schaffung der **Sonderziehungsrechte (SZR)**, einem künstlichen Reservemedium ähnlich der von Triffin vorgeschlagenen IWF-Währung. Die SZR finden bei den Transaktionen zwischen den Zentralbanken Verwendung, hatten jedoch relativ wenig Einfluss auf die Funktionsweise des internationalen Währungssystems. Ihr Wirkung blieb zum Teil deshalb beschränkt, weil das System der festen Wechselkurse in den späten 1960er Jahren bereits erste Anzeichen seines baldigen Zusammenbruchs erkennen ließ. Diese Anzeichen hingen eng mit der Sonderstellung der USA zusammen.

---

[20] Siehe Triffin, *Gold and the Dollar Crisis*, New Haven: Yale University Press, 1960.
[21] Triffins Plan ähnelte einem Plan, den Keynes bei der ersten Konzipierung des IWF zu Beginn der 1940er Jahre vorgelegt hatte, der jedoch nicht angenommen wurde.

Beispiel 18.4: Niedergang und Fall des Bretton-Woods-Systems

Ohne eigenständige Wechselkursanpassungen konnten die Staaten im Rahmen der festen Paritäten kaum ein binnen- und außenwirtschaftliches Gleichgewicht errei- chen. Noch schwieriger wurde diese Aufgabe, als mit zunehmender Vereinfachung des grenzüberschreitenden Vermögenstransfers die bloße Möglichkeit, dass die Wechselkurse geändert werden *könnten*, spekulative Kapitalbewegungen hervorrief. Der Zusammenbruch des Bretton-Woods-Systems ergab sich aus den erfolglosen Versuchen, im Rahmen seiner Regeln die Ziele des binnenwirtschaftlichen und des außenwirtschaftlichen Gleichgewichts miteinander zu vereinbaren.

Die Ruhe vor dem Sturm: 1958 – 1965

Im Jahr 1958, in dem auch die Konvertibilität der Währungen in Europa wiederherge- stellt wurde, ging der Leistungsbilanzüberschuss der USA deutlich zurück. Für das Jahr 1959 ergab sich ein Defizit. Zwar verbesserte sich 1960 die Leistungsbilanz mit dem Einsetzen einer Rezession der US-Konjunktur, doch im selben Jahr tauschten ausländische Zentralbanken Guthaben in Höhe von nahezu 2 Milliarden Dollar in Gold um. In den Jahren 1958 und 1959 waren es rund 3 Milliarden Dollar gewesen. Das Jahr 1960 bezeichnete das Ende der „Dollarknappheit" und den Anbruch einer Periode, die von der Befürchtung gekennzeichnet war, dass die USA den Dollar gegenüber dem Gold abwerten könnten.

Insgesamt gesehen nahmen die Jahre von 1961 bis 1965 für die USA einen ruhigen Verlauf, während einige andere Länder, vor allem Großbritannien, mit außenwirt- schaftlichen Problemen zu kämpfen hatten. Der Leistungsbilanzüberschuss der USA wuchs und die Gefahr eines umfangreichen Umtauschs von Dollars in Gold seitens ausländischer Zentralbanken ging zurück. Allerdings bereitete der anhaltende Abfluss privaten Kapitals aus den USA, der den Dollaranteil der ausländischen Währungs- reserven erhöhte, den Regierungen Kennedy und Johnson einiges Kopfzerbrechen. Von 1963 an besteuerten die USA den Erwerb ausländischer Vermögenswerte und ver- suchten durch eine Reihe weiterer Maßnahmen, den Kapitalabfluss zu bremsen.

Bereits zu Beginn dieser Periode stand die Bundesrepublik Deutschland vor einem Dilemma hinsichtlich des binnen- und des außenwirtschaftlichen Gleichgewichts, das sich zum Ende dieses Jahrzehnts in verschärfter Form wiederholen sollte. Deutsch- land erlebte 1960 einen Beschäftigungsboom, der mit einem starken Zustrom von Währungsreserven verbunden war. Es befand sich in Zone 1 von Abbildung 18.2. Alle Versuche, die überhitzte Konjunktur durch eine kontraktive Geldpolitik zu dämpfen, führten der Bundesbank nur immer rascher zusätzliche Währungsreserven zu, sodass die Zentralbank gezwungen war, eine Aufwertung der Mark durch deren Verkauf gegen Dollars zu verhindern. Eine geringfügige Aufwertung der Mark (um 5 Prozent) im März 1961 brachte die Volkswirtschaft dem inneren und äußeren Gleich- gewicht näher, da sich die Produktionsausdehnung verlangsamte und der Leistungs- bilanzüberschuss zurückging. Zwar konnte eine schwere Krise des Bretton-Woods- Systems in diesem Fall abgewendet werden, doch dies war zum Teil nur der Auffassung des Devisenmarktes zu verdanken, dass die Aufwertung der Mark eher die makroöko-nomischen Probleme Deutschlands als Amerikas zum Ausdruck brachte. Diese Auf-fassung sollte sich im Verlauf der nächsten zehn Jahre ändern.

Das verstärkte militärische Engagement in Vietnam und das soziale Reformprogramm von Präsident Johnson: 1965 – 1968

Viele Ökonomen hielten das makroökonomische Maßnahmenpaket der USA für die Jahre 1965 – 1968 für einen schweren Fehler, der zur Auflösung des festen Wechsel-kurssystems beitrug. Im Jahr 1965 begannen die Militärausgaben des Staates zu stei-gen, da Präsident Lyndon B. Johnson das Engagement der USA im Vietnamkonflikt verstärkte. Zur gleichen Zeit stiegen auch die Ausgaben anderer Bereiche der öffentli-chen Haushalte, da das unter der Bezeichnung „Great Society" initiierte soziale Reformprogramm des Präsidenten ausgeweitet wurde. (Unter anderem wurden die Ausgaben für das Bildungswesen und die Sanierung der Innenstädte erhöht.) Abbil-dung 18.4a zeigt die Wachstumsrate der nominalen Staatsausgaben, die 1965 zunächst langsam und im nächsten Jahr recht steil anstieg. Diesen erhöhten Staatsausgaben stand keine unmittelbare Steuererhöhung gegenüber: Das Jahr 1966 war ein Wahljahr und Präsident Johnson war nicht daran gelegen, durch die Forderung nach einer Steuer-erhöhung die Aufmerksamkeit des Kongresses auf seine Ausgabenpolitik zu lenken.

Abbildung 18.4: Makroökonomische Daten der USA, 1964 – 1972
Quelle: *Economic Report of the President*, 1985. Die Wachstumsrate der Geldmenge gibt den pro-zentualen Anstieg von M1 von Dezember bis Dezember wieder. Die Inflationsrate ist der prozen-tuale Anstieg des durchschnittlichen Verbraucherpreisindex gegenüber dem Vorjahr.

Das Ergebnis war eine erhebliche fiskalische Expansion, die zu einem Preisauftrieb in den USA beitrug und den Leistungsbilanzüberschuss stark abschmelzen ließ (Abbildungen 18.4b und 18.4c). Obwohl die Geldpolitik (gemessen an der Wachstumsrate der Geldmenge) infolge der Produktionsausdehnung zunächst nicht mehr expansiv war, sah sich die Federal Reserve aufgrund der negativen Folgen der so entstandenen hohen Zinssätze für die Baubranche veranlasst, 1967 und 1968 einen expansiveren Kurs einzuschlagen (Abbildung 18.4d). Wie Abbildung 18.4b zeigt, erzeugte dieser weitere Anschub des inländischen Preisniveaus zum Ende jenes Jahres in den USA eine jährliche Inflationsrate von nahezu 6 Prozent.

Von der Goldkrise zum Zusammenbruch: 1968 – 1973

Auf dem Londoner Goldmarkt kündigte sich die bevorstehende Krise frühzeitig an. Ende 1967 und Anfang 1968 begannen private Spekulanten in der Erwartung eines künftigen höheren Dollarpreises Gold aufzukaufen Damals führte man diese Spekulation auf eine Abwertung des britischen Pfunds im November 1967 zurück, doch die ausgeprägte geldpolitische Expansion und die zunehmende Inflation, die im selben Jahr in den USA stattfanden, dürften die Spekulationswelle ebenfalls genährt haben. Nach umfangreichen Goldverkäufen der Federal Reserve und der europäischen Zentralbanken stellte die Bank of England am 15. März 1968 den Goldhandel ein. Zwei Tage später gaben die Zentralbanken die *Zweiteilung* des Goldmarkts in einen privaten und einen staatlichen Bereich bekannt. Die privaten Goldhändler waren weiterhin auf dem Londoner Goldmarkt tätig, doch der dort festgelegte Goldpreis durfte schwanken. Im Handel der Zentralbanken untereinander, auf dem staatlichen Markt, galt dagegen nach wie vor der offizielle Preis von 35 Dollar pro Feinunze Gold.

Die Spaltung des Goldmarkts war ein Wendepunkt in der Entwicklung des Bretton-Woods-Systems. Immerhin hatte eines der vorrangigen Ziele des in Bretton Woods geschaffenen Goldstandards darin bestanden, durch einen festgelegten Dollarpreis des Goldes eine Inflation zu verhindern. Indem die Zentralbanken die Verbindung zwischen dem Dollarangebot und einem festen *Marktpreis* des Goldes durchtrennten, gaben sie die dem System innewohnende Schutzvorrichtung gegen eine Inflation auf. Die neue Regelung befreite die USA nicht von jeglichen außenwirtschaftlichen Beschränkungen, denn die Zentralbanken behielten das Recht, von der Federal Reserve Gold gegen Dollars zu kaufen. Doch der *offizielle* Goldpreis war zu einem fiktiven Medium des Bilanzausgleichs zwischen den Zentralbanken geworden und setzte der weltweiten Geldmengenausweitung keine automatischen Grenzen mehr.

Wie Abbildung 18.4b zeigt, stieg die Inflation in den USA im Jahr 1970 ungeachtet einer einsetzenden Rezession. Die Inflationserwartungen hatten sich inzwischen verfestigt und schlugen sich trotz des Konjunkturrückgangs in den Lohnabschlüssen nieder. Allerdings trug der Rückgang der gesamtwirtschaftlichen Nachfrage im Jahr 1970 auch zu einer Verbesserung der Leistungsbilanz der USA bei.

Doch diese Verbesserung erwies sich als vorübergehend. Eine ungünstige Zahlungsbilanz, die Anfang 1971 veröffentlicht wurde, löste umfangreiche private DM-Ankäufe auf dem Devisenmarkt aus, denn man erwartete eine Aufwertung der Mark gegenüber dem Dollar. An einem einzigen Tag, dem 4. Mai 1971, musste die Bundesbank 1 Milliarde Dollar kaufen, um den Dollarwechselkurs angesichts der großen Nachfrage nach ihrer eigenen Währung stabil zu halten. Am Morgen des 5. Mai kaufte die Bundesbank bereits in der ersten Stunde des Devisenhandels 1 Milliarde Dollar! Dann kapitulierte sie und gab den Wechselkurs ihrer Währung lieber frei, als das inländische Geldangebot durch weitere Dollarkäufe noch stärker aufzublähen.

Nach einigen Wochen waren die Märkte davon überzeugt, dass der Dollar gegenüber allen wichtigen europäischen Währungen abgewertet werden müsse. Die Arbeitslosigkeit war 1971 in den USA nach wie vor hoch und das Preisniveau war gegenüber den Vorjahren deutlich gestiegen. Um wieder Vollbeschäftigung und eine ausgeglichene Leistungsbilanz herzustellen, mussten die USA irgendwie eine reale Abwertung des Dollars herbeiführen.

Diese reale Abwertung konnte auf zwei Wegen erfolgen. Die erste Möglichkeit war ein Rückgang des US-amerikanischen Preisniveaus als Reaktion auf die einheimische Arbeitslosigkeit, verbunden mit einem Anstieg der ausländischen Preisniveaus als Reaktion auf die anhaltenden Dollarkäufe der Zentralbanken. Die zweite Möglichkeit war, dass der Nominalwert des Dollars gegenüber anderen Währungen gesenkt wurde. Der erste Weg – Arbeitslosigkeit in den USA und Inflation im Ausland – erschien den politischen Entscheidungträgern zu dornig. Die Märkte gingen zu Recht davon aus, dass eine Änderung des Dollar-Wechselkurses unvermeidlich war. In diesem Wissen kam es zu weiteren Dollarverkäufen auf den Devisenmärkten, die im August 1971 ihren Höhepunkt erreichten.

Doch eine Abwertung war für die USA nicht einfach. Jedes andere Land konnte seinen Wechselkurs gegenüber allen anderen Währungen einfach dadurch ändern, dass es den Wechselkurs für den *Dollar* neu festsetzte. Der Dollar als N-te Währung konnte jedoch nur dann abgewertet werden, wenn sich die ausländischen Regierungen bereit erklärten, ihre Währungen auch zu dem neuen Kurs an den Dollar zu binden. Dies bedeutete, dass sämtliche Länder übereinkommen mussten, ihre Währungen gegenüber dem Dollar gleichzeitig *aufzuwerten*. Eine Abwertung des Dollars konnte folglich nur durch ausführliche bilaterale Verhandlungen herbeigeführt werden. Und einige Länder legten durchaus keinen Wert auf eine solche Aufwertung ihrer Währung, weil diese ihre Güter gegenüber amerikanischen Produkten verteuert und dadurch ihren Exportbranchen sowie den mit Importen konkurrierenden Branchen geschadet hätte.

Am 15. August 1971 erzwang Präsident Richard M. Nixon die Entscheidung. Als Erstes schob er den Goldverlusten der USA einen Riegel vor, indem er bekannt gab, dass die USA den Zentralbanken fortan nicht länger automatisch Gold gegen Dollars verkaufen würden. Diese Maßnahme durchtrennte die noch verbliebene Verbindung zwischen Dollar und Gold. Zweitens verkündete der Präsident eine zehnprozentige Besteuerung sämtlicher Importe in den USA, die so lange in Kraft bleiben sollte, bis sich die Handelspartner Amerikas bereit erklärten, ihre Währungen gegenüber dem Dollar aufzuwerten.

Im Dezember 1971 kam es in der Smithsonian Institution in Washington, D. C., zu einer internationalen Einigung über die Neufestlegung der Wechselkurse. Der Dollar wurde gegenüber anderen Währungen um durchschnittlich 8 Prozent abgewertet, und die 10-prozentige Importgebühr, welche die USA zur Erzwingung einer solchen Maßnahme verhängt hatten, wurde wieder aufgehoben. Der offizielle Goldpreis wurde auf \$38 pro Feinunze heraufgesetzt, doch dies war in ökonomischer Hinsicht ohne Belang, weil die USA sich nicht bereit erklärten, die Goldverkäufe an ausländische Zentralbanken wiederaufzunehmen. Das Washingtoner Währungsabkommen (Smithsonian Agreement) zeigte, dass man die letzten Überreste des Goldstandards aufgegeben hatte.

Doch dieses Abkommen, das von Präsident Nixon noch als „bedeutendstes Währungsabkommen der Weltgeschichte" hochgehalten wurde, hatte keine 15 Monate Bestand. Anfang Februar 1973 setzte eine weitere riesige Spekulationswelle gegen den Dollar ein und der Devisenmarkt wurde geschlossen, damit die USA und ihre wichtigsten Handelspartner über Stützungsmaßnahmen für den Dollar verhandeln konnten. Am 12. Februar wurde eine neuerliche Abwertung des Dollars um 10 Prozent bekannt gegeben, doch kaum hatten die Regierungen der Wiedereröffnung des Devisenmarktes zugestimmt, setzte die Spekulation gegen den Dollar wieder ein. Nachdem die europäischen Zentralbanken am 1. März 1973 3,6 Milliarden Dollar gekauft hatten, um eine Aufwertung ihrer Währungen zu verhindern, wurde der Devisenmarkt abermals geschlossen.

Als der Devisenmarkt am 19. März wieder eröffnet wurde, ließ man die Währungen Japans und der meisten europäischen Länder gegenüber dem Dollar floaten.[22] Die Tatsache, dass die Industrieländer den Wechselkurs ihrer Währungen gegenüber dem Dollar freigaben, galt damals als vorübergehende Reaktion auf unkontrollierbare spekulative Kapitalbewegungen. Doch die im März 1973 beschlossene Übergangslösung wurde zum Dauerzustand. Sie bedeutete das Ende der festen Wechselkurse und den Beginn einer turbulenten neuen Periode in den internationalen Währungsbeziehungen.

---

[22] Viele Entwicklungsländer banden ihre Währungen weiterhin an den Dollar und einige europäische Länder legten im Rahmen eines informellen Abkommens, das als „Währungsschlange" bezeichnet wurde, die Wechselkurse ihrer Währungen untereinander fest. Wie in Kapitel 20 aufgezeigt wird, entwickelte sich die Währungsschlange zum Europäischen Währungssystem und schließlich zur europäischen Einheitswährung, dem Euro.

18.8 Die weltweite Inflation und der Übergang zu flexiblen Wechselkursen

Die in Abbildung 18.4b gezeigte Beschleunigung der amerikanischen Inflation Ende der 1960er Jahre war ein weltweites Phänomen. Wie aus Tabelle 18.1 hervorgeht, hatte sich die Inflation zu dieser Zeit auch in den europäischen Volkswirtschaften beschleunigt. Die in Kapitel 17 vorgestellte Theorie prognostiziert, dass ein beschleunigtes Geldmengenwachstum im Land der Reservewährung – wie in der zweiten Hälfte der 1960er Jahre in den USA – unter anderem dazu führt, dass auch im Ausland die Wachstumsrate der Geldmenge und die Inflation steigen, da die ausländischen Zentralbanken Reservewährung kaufen, um ihren Wechselkurs aufrechtzuerhalten, und dadurch ihre Geldmengen vergrößern. Eine Interpretation des Zusammenbruchs des Bretton-Woods-Systems besagt, dass die anderen Länder vermittels des in Kapitel 17 geschilderten Mechanismus die US-Inflation gezwungenermaßen *importierten*: Um ihre Preisniveaus zu stabilisieren und ihr binnenwirtschaftliches Gleichgewicht wiederherzustellen, mussten sie die festen Wechselkurse aufgeben und ihre Währungen floaten lassen. In welchem Maße liegt die Verantwortung für den Zusammenbruch des Systems bei der makroökonomischen Politik der USA?

Land	1966	1967	1968	1969	1970	1971	1972
Großbritannien	3,6	2,6	4,6	5,2	6,5	9,7	6,9
Frankreich	2,8	2,8	4,4	6,5	5,3	5,5	6,2
Deutschland	3,4	1,4	2,9	1,9	3,4	5,3	5,5
Italien	2,1	2,1	1,2	2,8	5,1	5,2	5,3

Tabelle 18.1: Inflationsraten in ausgewählten europäischen Ländern, 1966 – 1972 (in Prozent pro Jahr)
Quelle: Organization for Economic Cooperation and Development, Main Economic Indicators: Historical Statistics, 1964 – 1983. Die Zahlen geben den prozentualen Anstieg des durchschnittlichen Verbraucherpreisindex gegenüber dem Vorjahr wieder.

Um zu verstehen, wie bei einer ausbleibenden Anpassung der Wechselkurse die Inflation aus dem Ausland importiert werden kann, ziehen wir erneut die grafische Darstellung des binnen- und außenwirtschaftlichen Gleichgewichts in Abbildung 18.2 heran. Nun sehe sich das Inland einer Inflation im Ausland gegenüber. Oben haben wir das ausländische Preisniveau, P^*, als gegeben vorausgesetzt, nun jedoch steigt P^* infolge der Inflation. Abbildung 18.5 zeigt die Auswirkungen einer solchen Entwicklung auf die inländische Volkswirtschaft.

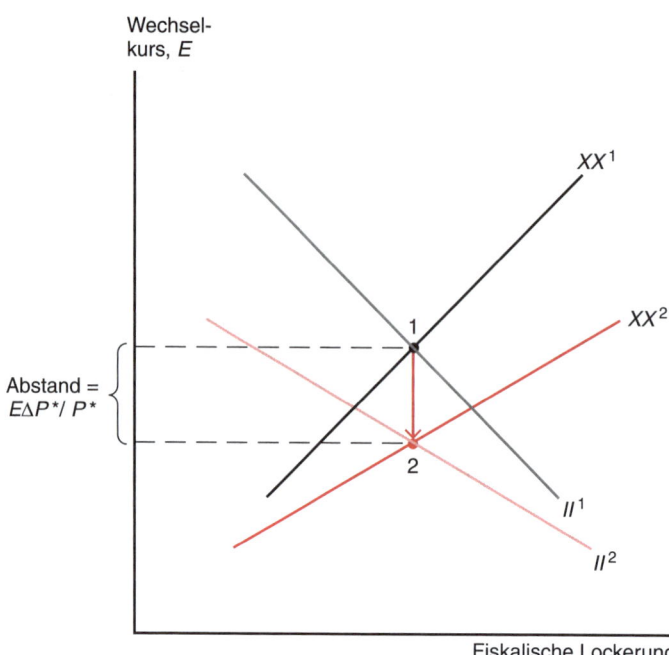

Nach einem Anstieg von *P** kommt Punkt 1 in Zone I zu liegen (Überbeschäftigung und erhöhter Leistungsbilanzüberschuss). Eine Aufwertung (ein Sinken von *E*) stellt das Gleichgewicht unmittelbar wieder her, indem sie die politischen Rahmenbedingungen nach Punkt 2 verschiebt.

Abbildung 18.5:   **Wirkung einer Erhöhung des ausländischen Preisniveaus *P** auf das binnen- und außenwirtschaftliche Gleichgewicht**

Die Verschiebung der Kurven wird einsichtig, wenn man sich vergegenwärtigt, was geschieht, sobald der nominale Wechselkurs im selben Verhältnis sinkt, wie *P** steigt. In diesem Fall würde sich der reale Wechselkurs EP^*/P nicht ändern (da *P* gegeben ist) und die Volkswirtschaft würde ihr gegebenenfalls bestehendes inneres oder äußeres Gleichgewicht beibehalten. Abbildung 18.5 zeigt daher, dass bei einem gegebenen ursprünglichen Wechselkurs ein Anstieg von *P** sowohl II^1 als auch XX^1 im selben Maße (um das Produkt aus ursprünglichem Wechselkurs und dem proportionalen Anstieg von *P**) nach unten verschiebt. Der Schnittpunkt der neuen Kurven II^2 und XX^2 (Punkt 2) liegt direkt unter Punkt 1.

Wenn sich die Volkswirtschaft an Punkt 1 befindet, gerät sie infolge eines Anstiegs von *P**, bei *gegebenem* festem Wechselkurs und inländischem Preisniveau, in die Zone 1, in der Arbeitslosigkeit und ein übermäßig hoher Leistungsbilanzüberschuss herrschen. Der Faktor, der dieses Ergebnis herbeiführt, ist eine reale Abwertung, welche die Weltnachfrage auf das Inland lenkt (EP^*/P steigt infolge des Anstiegs von *P**).

Wenn der Staat nicht eingreift, erzeugt die Überbeschäftigung einen Auftrieb des inländischen Preisniveaus, und dieser Auftrieb schiebt die beiden Kurven allmählich wieder in ihre Ausgangslage zurück. Sie kommen zum Stillstand, sobald *P* im selben Verhältnis gestiegen ist wie *P**. In diesem Stadium befinden sich der reale Wechselkurs, die Beschäftigung und die Leistungsbilanz auf ihrem ursprünglichen Niveau, sodass Punkt 1 wieder dem Zustand des binnen- und außenwirtschaftlichen Gleichgewichts entspricht.

Ein Inflationsimport kann durch eine Aufwertung der Währung (d.h. eine Senkung von E) und die damit einhergehende Bewegung zu Punkt 2 verhindert werden. Eine Aufwertung stellt das binnen- und außenwirtschaftliche Gleichgewicht unmittelbar wieder her, ohne im Inland eine Inflation auszulösen, indem mit Hilfe des nominalen Wechselkurses die Wirkung eines Anstiegs von $P*$ auf den realen Wechselkurs ausgeglichen wird. Als Reaktion auf einen bloßen Anstieg der Auslandspreise genügt eine Politik der Ausgabenumleitung.

Der Anstieg der Inlandspreise, der sich bei Ausbleiben einer Aufwertung einstellt, erfordert eine Ausdehnung der inländischen Geldmenge, da sich Preise und Geldmenge in langer Frist im selben Verhältnis entwickeln. Der Mechanismus, der diesen Anstieg auslöst, ist eine Devisenmarktintervention der inländischen Zentralbank. Wenn nach dem Anstieg von $P*$ Produktion und Preise im Inland ansteigen, schrumpft die reale Geldmenge und wächst die Nachfrage nach realen Kassenhaltungen, sodass der Inlandszinssatz nach oben gedrückt wird. Um zu verhindern, dass dies zu einer Aufwertung der Währung führt, muss die Zentralbank Währungsreserven erwerben und die inländische Geldmenge ausdehnen. Auf diesem Wege kann eine inflationsfördernde Politik im Land der Reservewährung die Geldmengen der übrigen Länder beeinflussen.

Der in Tabelle 18.1 und Abbildung 18.4 veranschaulichte enge Zusammenhang zwischen der Inflation in den USA und in anderen Ländern lässt vermuten, dass die Inflation in Europa zum Teil aus den USA importiert wurde. Die Zeitpunkte der Inflationsschübe hingegen zeigen, dass auch Faktoren beteiligt waren, die sich aus den Eigenarten der individuellen Volkswirtschaften ergaben. Großbritannien beispielsweise weist im Jahr 1968, das der Abwertung des Pfunds folgte, eine deutlich beschleunigte Inflation auf. Da (wie im letzten Kapitel aufgezeigt) die Abwertung in langer Frist neutral ist, muss sie das langfristige inländische Preisniveau im selben Verhältnis anheben. Die Abwertung dürfte die Steigerung der britischen Inflation also zum Teil erklären. In Frankreich führten die Streiks von 1968 zu umfangreichen Lohnerhöhungen, einer deutsch-französischen Währungskrise und einer Abwertung des Franc im Jahr 1969. Diese Entwicklungen erklären zum Teil die starke Zunahme der Inflation in den Jahren 1968 und 1969. In Deutschland spielte die importierte Inflation die größte Rolle, denn die dortigen Entscheidungsträger waren aufgrund der leidvollen Erfahrungen des Landes mit der Hyperinflation fest entschlossen, Preisniveausteigerungen abzuwenden.

Die Daten zur Geldmengenentwicklung zeigen, dass die Wachstumsraten der Geldmenge in Europa und Japan, wie unsere Theorie prognostiziert, in den späten 1960er Jahren stiegen. Tabelle 18.2 zeigt die Entwicklung der Währungsreserven und der Geldmenge der Bundesrepublik Deutschland in den Jahren 1968 bis 1972. Wie aus der Tabelle hervorgeht, nahm das Geldmengenwachstum nach 1969 dramatisch zu, weil die Bundesbank zusätzliche Währungsreserven erwarb.[23] Diese Daten stehen im Einklang mit der Ansicht, dass Deutschland die amerikanische Inflation importierte, indem die Bundesbank auf dem Devisenmarkt Dollars erwarb.

---

[23] Die Entwicklung der Reserven in den Jahren 1968 und 1969 – erst ein starker Anstieg, dann ein starker Rückgang – widerspiegelt die Spekulation auf eine Aufwertung der Mark gegenüber dem Franc während der deutsch-französischen Währungskrise jener Jahre.

Wachstumsrate der	1968	1969	1970	1971	1972
Geldmenge	6,4	– 6,3	8,9	12,3	14,7
offiziellen Devisenreserven	37,8	– 43,6	215,7	36,1	35,8

Tabelle 18.2: **Entwicklung von Geldmenge und Währungsreserven der Bundesrepublik Deutschland, 1968 – 1972 (in Prozent pro Jahr)**
Quelle: Organization for Economic Cooperation and Development, *Main Economic Indicators: Historical Statistics, 1964 – 1983*, Paris. OECD, 1984. Angegeben sind die prozentualen Erhöhungen der Geldmenge und der Währungsreserven (ohne Goldreserven) am Jahresende gegenüber dem Ende des Vorjahres.

Allerdings greift es wahrscheinlich zu kurz, die Beschleunigung des deutschen Geldmengenwachstums ausschließlich und unmittelbar auf das beschleunigte Geldmengenwachstum in den USA zurückzuführen. Wie aus dem Vergleich von Abbildung 18.4 und Tabelle 18.2 hervorgeht, beschleunigte sich das Geldmengenwachstum in Deutschland nach 1969 weitaus stärker als in den USA. Dieser Unterschied deutet darauf hin, dass das Wachstum der Währungsreserven in Deutschland zu einem großen Teil die Spekulation auf eine mögliche Dollarabwertung zu Beginn der 1970er Jahre widerspiegelte, infolge derer die Marktteilnehmer verstärkt Dollar-Aktiva abstießen und DM-Aktiva erwarben.

Auch die Geldpolitik der USA trug vermittels ihrer direkten Wirkung auf Preise und Geldmengen zweifellos zur Inflation im Ausland bei. Ihr Anteil an der Zerstörung des Festkurssystems bestand darin, dass sie die politischen Entscheidungsträger im Ausland vor die Wahl zwischen festen Wechselkursen und importierter Inflation stellte. Doch auch die Fiskalpolitik der USA, die ebenfalls eine Dollarabwertung notwendig machte, trug ihren Teil zur Inflation im Ausland bei, indem sie den Abzug spekulativer Kapitalströme aus dem Dollar förderte. Die Fiskalpolitik der USA in den späten 1960er Jahren muss als weitere Ursache für den Untergang des Bretton-Woods-Systems gewertet werden.

Der Zusammenbruch des Bretton-Woods-Systems ergab sich also zum Teil aus der einseitigen makroökonomischen Machtstellung der USA. Er lag jedoch auch in der Tatsache begründet, dass das wichtigste Instrument zur Ausgabenumleitung im Interesse des binnen- und außenwirtschaftlichen Gleichgewichts – einzeln verfügte Wechselkursanpassungen – zu spekulativen Angriffen einlud, welche die Erreichung des Gleichgewichts immer schwieriger gestalteten. Die Architekten des Bretton-Woods-Systems hatten gehofft, dass sein mächtigstes Mitgliedsland jenseits rein innenpolitischer Ziele eine Politik zum Wohle der gesamten Weltwirtschaft betreiben würde. Als die USA nach der Mitte der 1960er Jahre nicht mehr willens waren, diese Verantwortung zu übernehmen, zerfiel das System der festen Wechselkurse.

Zusammenfassung

1. In einer offenen Volkswirtschaft bemühen sich die politischen Entscheidungsträger um die Aufrechterhaltung des *binnenwirtschaftlichen Gleichgewichts* (Vollbeschäftigung und Preisniveaustabilität) und des *außenwirtschaftlichen Gleichgewichts* (eine Leistungsbilanz, die weder so negativ ist, dass das Land seine Auslandsschulden möglicherweise nicht mehr bedienen kann, noch so positiv, dass das Ausland in diese Lage geraten könnte). Die Definition des außenwirtschaftlichen Gleichgewichts hängt von einer Reihe Faktoren ab, unter ihnen das Wechselkurssystem und der Zustand der Weltwirtschaft. Da die makroökonomische Politik jedes Landes Fernwirkungen im Ausland entfaltet, hängt die Fähigkeit eines Landes, ein binnen- und außenwirtschaftliches Gleichgewicht zu erreichen, von der Politik der übrigen Länder ab.

2. Das System des Goldstandards birgt einen wirkungsvollen Automatismus, den so genannten *Goldautomatismus* (Geldmengen-Preis-Mechanismus). Die durch Defizite und Überschüsse bedingten Goldbewegungen führen zu Preisänderungen, welche Ungleichgewichte der Zahlungsbilanz ausgleichen und auf diesem Wege tendenziell alle Länder wieder in den Zustand des außenwirtschaftlichen Gleichgewichts bringen. In Bezug auf die Gewährleistung des binnenwirtschaftlichen Gleichgewichts zeigt der Goldstandard weniger eindeutige Wirkungen. Mit dem Ausbruch des Ersten Weltkriegs im Jahr 1914 wurde der Goldstandard ausgesetzt.

3. Die Versuche, nach 1918 zum Goldstandard der Vorkriegszeit zurückzukehren, scheiterten. Als die Weltwirtschaft nach 1929 in eine allgemeine Depression eintrat, zerfiel der restaurierte Goldstandard und die Integration der Weltwirtschaft ließ nach. Unter den turbulenten wirtschaftlichen Verhältnissen jener Zeit räumten die Regierungen dem binnenwirtschaftlichen Gleichgewicht oberste Priorität ein und versuchten das Problem des außenwirtschaftlichen Gleichgewichts zu umgehen, indem sie ihre Volkswirtschaften teilweise von der übrigen Welt abschotteten. So geriet die Weltwirtschaft in einen Zustand, in dem internationale Zusammenarbeit die Lage aller Länder verbessert hätte.

4. Die Architekten des *Internationalen Währungsfonds (IWF)* hofften ein System fester Wechselkurse zu schaffen, welches das Wachstum des Welthandels fördern und zugleich die Voraussetzungen für das außenwirtschaftliche Gleichgewicht so flexibel gestalten würde, dass es ohne Verzicht auf das binnenwirtschaftliche Gleichgewicht erreicht werden konnte. Zu diesem Zweck sahen die Artikel des Internationalen Währungsfonds Finanzierungsfazilitäten für Defizitländer vor und ließen im Falle eines „fundamentalen Zahlungsbilanzungleichgewichts" eine Anpassung der Wechselkurse zu. Alle Länder banden ihre Währung an den Dollar. Die USA banden den Dollar an das Gold und erklärten sich bereit, gegenüber den Zentralbanken zum Preis von $ 35 pro Feinunze Dollars gegen Gold einzulösen.

→

5. Nach der 1958 erfolgten Wiederherstellung der Konvertibilität von Währungen in Europa wuchsen die Finanzmärkte der Länder enger zusammen, die Geldpolitik büßte (mit Ausnahme der USA) an Wirksamkeit ein und die internationalen Bewegungen der Währungsreserven nahmen zu. Diese Veränderungen legten eine inhärente Schwäche des Systems bloß. Die simultane Gewährleistung des binnen- und des außenwirtschaftlichen Gleichgewichts erforderte sowohl eine Politik der *Ausgabenumleitung* als auch der *Ausgabenänderung*. Doch die Ausgabenumleitung (Wechselkursänderungen) barg die Möglichkeit spekulativer Kapitalströme, welche die festen Wechselkurse unterhöhlten. Als Land der wichtigsten Reservewährung standen die USA vor einem besonderen Problem des außenwirtschaftlichen Gleichgewichts: dem *Vertrauensproblem*, das sich daraus ergab, dass die offizielle Dollarhaltung im Ausland unweigerlich über die Goldhaltung der USA hinauswachsen würde.

6. Die makroökonomische Politik der USA in den späten 1960er Jahren war ein Auslöser für den Zusammenbruch des Bretton-Woods-Systems Anfang des Jahres 1973. Eine übermäßig expansive Fiskalpolitik der USA trug dazu bei, dass eine Dollarabwertung zu Beginn der 1970er Jahre unvermeidlich wurde, und entsprechende Befürchtungen lösten eine spekulative Kapitalflucht aus dem Dollar aus, die zu einer Aufblähung der nationalen Geldmengen außerhalb der USA führte. Ein beschleunigtes Wachstum der Geldmenge der USA befeuerte die Inflation im In- und Ausland, sodass die Regierungen außerhalb der USA zunehmend Bedenken hatten, vermittels fester Wechselkurse die Inflation aus den USA zu importieren. Eine Reihe internationaler Krisen, die im Frühjahr 1971 einsetzten, führte schrittweise zur Aufhebung sowohl der Bindung des Dollars an das Gold als auch der festen Dollar-Wechselkurse für die Industrieländer.

Schlüsselbegriffe

Übungen

1. Nehmen Sie an, Sie seien für die makroökonomische Politik einer kleinen offenen Volkswirtschaft verantwortlich. Welchen qualitativen Auswirkungen hätten die folgenden Entwicklungen jeweils auf das von Ihnen angestrebte außenwirtschaftliche Gleichgewicht?
   a. Auf dem Gebiet Ihres Landes werden große Uranvorkommen entdeckt.
   b. Der Weltpreis Ihres wichtigsten Exportguts, Kupfer, steigt auf Dauer.
   c. Der Weltkupferpreis steigt vorübergehend.
   d. Der Weltpreis für Erdöl steigt vorübergehend.

2. Beschreiben Sie ausgehend von dem Goldstandard, wie ihn Hume analysierte, auf welche Weise nach einem Einkommenstransfer von Land B nach Land A das Zahlungsbilanzgleichgewicht zwischen beiden Ländern wiederhergestellt würde.

3. Trotz der Mängel des Goldstandards aus der Zeit vor 1914 kam es damals nur selten zu Änderungen der Wechselkurse. In der Zwischenkriegszeit wurden solche Änderungen hingegen recht häufig. Welche Ursachen könnten für diesen Unterschied verantwortlich sein?

4. Unter einem Goldstandard ist es möglich, dass sämtliche Länder eine übermäßig kontraktive Geldpolitik betreiben, weil alle vergeblich bemüht sind, ihren Anteil an den beschränkten Weltgoldreserven zu erhöhen. Kann dasselbe Problem auch unter einem Reservewährungssystem auftreten, wenn die in verschiedenen Währungen bewerteten Anleihen vollkommene Substitute sind?

5. Eine Zentralbank, die sich für einen festen Wechselkurs entscheidet, verzichtet womöglich auf ihre Autonomie bei der Festlegung der einheimischen Geldpolitik. Manchmal wird argumentiert, dass die Zentralbank in diesem Fall auch auf die Fähigkeit verzichtet, mit Hilfe der Geldpolitik der Lohn-Preis-Spirale entgegenzutreten. Diese Argumentation verläuft folgendermaßen: „Angenommen, die Arbeitgeber geben höheren Lohnforderungen der Arbeitnehmer nach, erhöhen dann aber die Produktpreise, um ihre gestiegenen Kosten zu decken. Nun ist das Preisniveau höher und die reale Geldmenge vorübergehend niedriger als zuvor. Wenn die Zentralbank nun eine Zinssteigerung verhindern möchte, mit der die Währung aufgewertet würde, muss sie Devisen ankaufen und die Geldmenge ausdehnen. Durch dieses Vorgehen ergänzt sie die ursprünglichen Lohnforderungen durch ein Geldmengenwachstum, sodass die Volkswirtschaft dauerhaft auf ein höheres Lohn- und Preisniveau gehoben wird. Ein fester Wechselkurs macht es unmöglich, Löhne und Preise niedrig zu halten." Weshalb trifft diese Argumentation nicht zu?

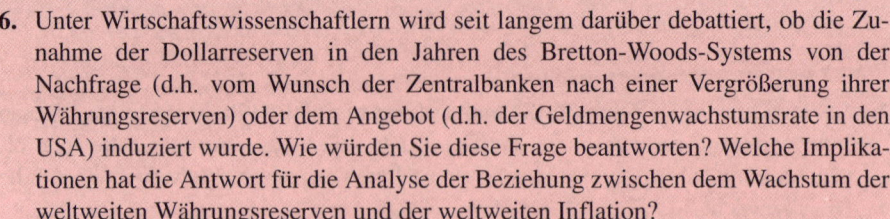

6. Unter Wirtschaftswissenschaftlern wird seit langem darüber debattiert, ob die Zunahme der Dollarreserven in den Jahren des Bretton-Woods-Systems von der Nachfrage (d.h. vom Wunsch der Zentralbanken nach einer Vergrößerung ihrer Währungsreserven) oder dem Angebot (d.h. der Geldmengenwachstumsrate in den USA) induziert wurde. Wie würden Sie diese Frage beantworten? Welche Implikationen hat die Antwort für die Analyse der Beziehung zwischen dem Wachstum der weltweiten Währungsreserven und der weltweiten Inflation?

7. Die Zentralbank eines kleinen Landes konstatiert einen Anstieg des Weltzinssatzes, R^*. Wie wirkt sich dies auf ihre Währungsreserven aus? Wie wirkt es sich auf ihre Geldmenge aus? Können diese Wirkungen durch Offenmarktgeschäfte im Inland abgewendet werden?

8. In welcher Weise können sich unter einem Festkurssystem Beschränkungen privater Transaktionen der Kapitalbilanz auf das Ziel des binnen- und außenwirtschaftlichen Gleichgewichts auswirken? Welche Kosten würden solche Beschränkungen mit sich bringen?

Weiterführende Literatur

Michael D. Bordo und Barry Eichengreen, Hrsg., *A Retrospective on the Bretton Woods System*, Chicago: University of Chicago Press, 1993. Eine Anthologie zur Neubewertung des Bretton-Woods-Systems.

W. Max Corden, „The Geometric Representation of Policies to Attain Internal and External Balance", in: Richard N. Cooper, Hrsg., *International Finance*, Harmondsworth, U.K.: Penguin Books, 1969, S. 256–290. Eine klassische Schaubild-Analyse der makroökonomischen Ausgabenumleitungs- und Ausgabenänderungs-Politik.

Barry Eichengreen und Marc Flandreau, Hrsg., *The Gold Standard in Theory and History*, zweite Aufl., London: Routledge, 1997. Eine gute Textsammlung zum Goldstandard in verschiedenen historischen Perioden.

Richard N. Gardner, *Sterling-Dollar Diplomacy in Current Perspective*, New York: Columbia University Press, 1980. Leicht lesbare Schilderung der Verhandlungen, die zur Gründung von IWF, Weltbank und GATT führten.

Harold James, *The End of Globalization: Lessons from the Great Depression*, Cambridge, MA: Harvard University Press, 2001. Politische und ökonomische Analyse der Desintegration der Weltwirtschaft von 1914 bis 1939.

Charles P. Kindleberger, *The World in Depression 1929–1939*, überarbeitete Aufl. Berkeley and Los Angeles: University of California Press, 1986. Ein führender Außenwirtschaftstheoretiker untersucht Ursachen und Folgen der Großen Depression.

Lawrence B. Krause und Walter S. Salant, Hrsg., *Worldwide Inflation: Theory and Recent Experience*, Washington, D.C.: Brookings Institution, 1977. Eine Zusammenstellung analytischer Studien zur weltweiten Inflation in den 1960er und frühen 1970er Jahren.

Ronald I. McKinnon, „The Rules of the Game: International Money in Historical Perspective", in: *Journal of Economic Literature* 31 (März 1993), S. 1–44. Ein aufschlussreicher Überblick über die Mechanismen und inhärenten Regeln alternativer Währungssysteme.

Ragnar Nurkse, *International Currency Experience: Lessons of the Inter-War Period*, Geneva: League of Nations, 1944. Klassische Kritik der nationalistischen makroökonomischen Politik, die sich viele Länder zwischen den Weltkriegen zu eigen machten.

Maurice Obstfeld, „International Finance", in: *The New Palgrave Dictionary of Money & Finance*, Bd. 2. New York: Stockton Press, 1992, S. 457–466. Abhandlung über die Entwicklung der Konzeptionen des binnenwirtschaftlichen und außenwirtschaftlichen Gleichgewichts.

Robert Solomon, *The International Monetary System*, 1945–1981, New York: Harper & Row, 1982. Die Kapitel 1–14 enthalten eine chronologische Schilderung der internationalen monetären Beziehungen vom Zweiten Weltkrieg bis zu den frühen 1970er Jahren. Der Autor leitete während der Periode, die in den Zusammenbruch der festen Wechselkurse mündete, die Abteilung für internationales Geldwesen der Federal Reserve.

Kapitel

19 Makroökonomische Politik und Koordination unter flexiblen Wechselkursen

Kapitelübersicht

Beispiele

Als das Festkurssystem von Bretton Woods Ende der 1960er Jahre deutliche Risse erkennen ließ, empfahlen zahlreiche Ökonomen eine freie Kursbildung auf dem Devisenmarkt. Als die Regierungen der Industrieländer Anfang 1973 die Wechselkurse freigaben, betrachteten sie dies allerdings als einen vorübergehenden Notbehelf und folgten nicht bewusst dem Rat der Ökonomen, die damals für die dauerhafte Einführung eines flexiblen Wechselkurssystems plädierten. Doch es hat sich bis auf den heutigen Tag als unmöglich erwiesen, das Festkurssystem wiederherzustellen: Seit 1973 lassen die Industrieländer den Dollar-Wechselkurs ihrer Währungen schwanken.

Die Befürworter der Wechselkursfreigabe sahen darin eine Lösung für die Gegensätze zwischen dem binnen- und dem außenwirtschaftlichen Gleichgewicht, die sich unter den rigiden Wechselkursen des Bretton-Woods-Systems häufig ergaben. Mitte der 1980er Jahre beurteilten die Ökonomen und politischen Entscheidungsträger die Vorzüge eines flexiblen Weltwährungssystems allerdings wieder skeptischer. Einige Kritiker bezeichneten die Währungsordnung der Zeit nach 1973 als „Nicht-System", als allgemeines Gerangel, bei dem die Ziele der makroökonomischen Politik verschiedener Länder häufig in Gegensatz zueinander gerieten. Zahlreiche heutige Beobachter halten das gegenwärtige Wechselkurssystem für dringend reformbedürftig.

Weshalb wurden die flexiblen Wechselkurse den in sie gesetzten Erwartungen nicht gerecht, und worauf sollte eine Reform des heutigen Systems abzielen? In diesem Kapitel wenden wir unsere Modelle fester und flexibler Wechselkurse an, um die Wirkungsweise der flexiblen Kurse in jüngster Zeit auszuwerten und die Probleme der makroökonomischen Politik unter verschiedenen Wechselkurssystemen zu vergleichen.

19.1   Die Argumentation zugunsten flexibler Wechselkurse

Mit wachsendem Umfang und zunehmender Häufigkeit der Währungskrisen in der zweiten Hälfte der 1960er Jahre rieten immer mehr Ökonomen zu einer größeren Flexibilität der Wechselkurse. Viele führten an, dass ein System flexibler Wechselkurse (bei dem die Zentralbanken nicht zur Kursfixierung auf den Devisenmärkten intervenierten) der Weltwirtschaft in mehrerer Hinsicht nutzen würde. Die Argumentation zugunsten flexibler Wechselkurse ruhte auf drei Säulen:

1. *Geldpolitische Autonomie*. Wenn die Zentralbanken nicht länger verpflichtet wären, zur Fixierung der Wechselkurse auf den Devisenmärkten zu intervenieren, dann könnten die Regierungen mit Hilfe geldpolitischer Maßnahmen das binnen- und außenwirtschaftliche Gleichgewicht gewährleisten. Außerdem wäre kein Land gezwungen, Inflation (oder Deflation) aus dem Ausland zu importieren.

2. *Symmetrie*. Ein System flexibler Wechselkurse würde die dem Bretton-Woods-System innewohnenden Asymmetrien beseitigen und den USA die Möglichkeit nehmen, im Alleingang über die monetären Gegebenheiten der gesamten Welt zu bestimmen. Gleichzeitig würden die USA wie alle anderen Länder auch die Möglichkeit erhalten, den Außenwert ihrer Währung zu beeinflussen.

3. *Wechselkurse als automatische Stabilisatoren*. Selbst ohne aktive Geldpolitik würde die rasche Anpassung marktbestimmter Wechselkurse die Gewährleistung des inneren und äußeren Gleichgewichts bei Veränderungen der gesamtwirtschaftlichen Nachfrage erleichtern. Die langen und quälenden Spekulationsperioden, die den Wechselkursanpassungen unter den Bretton-Woods-Regeln vorausgingen, würden bei flexiblen Kursen entfallen.

19.1.1   Geldpolitische Autonomie

Unter dem Festkurssystem von Bretton Woods hatten die Staaten mit Ausnahme der USA wenig Spielraum für geldpolitische Maßnahmen, um ein binnen- und außenwirtschaftliches Gleichgewicht herbeizuführen. Die Geldpolitik wurde durch die Mechanismen einander ausgleichender Kapitalströme in ihrer Wirksamkeit eingeschränkt (siehe Kapitel 17). Wenn die Zentralbank beispielsweise Inlandsaktiva ankaufte, drückte sie vorübergehend den Inlandszinssatz nach unten und schwächte die Inlandswährung auf dem Devisenmarkt. Daher musste sie den Wechselkurs durch den Verkauf von Währungsreserven stützen. Der Druck auf den Zinssatz und die Wechselkurse ließ erst dann nach, wenn die einheimische Geldmenge durch den Abfluss von Währungsreserven wieder ihr ursprüngliches Niveau erreicht hatte. Um die Kontrolle über ihre Geldmengen nicht zu verlieren, erließen die Zentralbanken daher in den letzten Jahren des Festkurssystems immer striktere Restriktionen für internationale Zahlungen. Doch diese Restriktionen konnten die Wirksamkeit der Geldpolitik nur beschränkt steigern und brachten unerwünschte Verzerrungen des Außenhandels mit sich.

Die Befürworter flexibler Kurse verwiesen darauf, dass das Entfallen der Verpflichtung, die Währungskurse zu stützen, die Kontrolle der Zentralbank über die Geldmenge wiederherstellen würde. Falls die Zentralbank beispielsweise der Arbeitslosigkeit durch eine Ausdehnung der Geldmenge begegnen wollte, würde die dadurch bedingte Währungsabwertung durch keine gesetzliche Schranke mehr behindert. Wie in Kapitel 16 aufgezeigt, würde die Währungsabwertung der Arbeitslosigkeit entgegenwirken, indem sie den relativen Preis der Inlandsprodukte senken und die Weltnachfrage nach diesen erhöhen würde. Entsprechend könnte die Zentralbank im Falle einer Konjunkturüberhitzung die Geldmenge verknappen, ohne befürchten zu müssen, dass ein unerwünschter Fremdwährungszufluss ihre Stabilisierungsbemühungen untergräbt. Eine verbesserte Kontrolle über die Geldpolitik würde den Staaten ermöglichen, die Verzerrungen erzeugenden Beschränkungen internationaler Zahlungen abzubauen.

Außerdem führten die Befürworter der Wechselkursfreigabe an, dass flexible Kurse jedem Land gestatten würden, sein eigenes langfristiges Inflationsziel zu wählen, anstatt passiv die im Ausland erzeugte Inflationsrate zu importieren. Im letzten Kapitel sahen wir, dass ein Land im Falle eines Anstiegs des ausländischen Preisniveaus aus dem Gleichgewicht geworfen wird und die Inflation aus dem Ausland importiert, wenn es seinen Wechselkurs fixiert: Zum Ende der 1960er Jahre hatten viele Länder den Eindruck, dass sie die Inflation aus den USA importierten. Durch eine Aufwertung seiner Währung – d.h. durch die Senkung des Preises der Fremdwährung in Inlandswährung – kann sich ein Land gegenüber einem inflationsbedingten Anstieg der Auslandspreise abschotten und sein binnen- und außenwirtschaftliches Gleichgewicht wahren. Eines der überzeugendsten theoretischen Argumente zugunsten flexibler Wechselkurse besagte, dass diese automatische Wechselkursänderungen herbeiführen konnten, die eine Volkswirtschaft gegen eine laufende Inflation im Ausland abschirmten.

Der Mechanismus, der diese Abschirmung bewirkt, ist die Kaufkraftparität (Kapitel 15). Wie Sie wissen, gilt die KKP in langer Frist, wenn sämtliche Veränderungen der Weltwirtschaft rein monetärer Natur sind: Die Entwicklung der Wechselkurse gleicht am Ende nationale Inflationsunterschiede exakt aus. Wenn das Geldmengenwachstum in den USA langfristig zu einer Verdopplung des dortigen Preisniveaus führt, während das Preisniveau in Deutschland konstant bleibt, dann prognostiziert die KKP für die lange Frist eine Halbierung des Dollarpreises in DM. Diese Veränderung des nominalen Wechselkurses lässt den *realen* DM/Dollar-Wechselkurs unberührt, sodass das binnen- und außenwirtschaftliche Gleichgewicht Deutschlands gewahrt bleibt. Mit anderen Worten, die von der KKP prognostizierte langfristige Wechselkursänderung entspricht genau der Anpassung, mit der sich Deutschland von der Inflation in den USA abschottet.

Außerdem verursacht ein geldmengeninduzierter Anstieg der US-Preise bei flexiblen Wechselkursen eine *unmittelbare* Aufwertung der Fremdwährungen gegenüber dem Dollar. In kurzer Frist kann der Umfang dieser Aufwertung von den Prognosen der KKP abweichen, doch die Devisenspekulanten, von deren Seite bei festen Dollarkursen ein Angriff zu erwarten gewesen wäre, beschleunigen bei flexiblen Kursen den Anpassungsprozess. Da sie wissen, dass die Fremdwährungen gemäß der KKP aufwerten werden, handeln sie diesen Erwartungen entsprechend und treiben damit die Wechselkurse in Richtung ihrer langfristigen Niveaus.

Unter den Regeln des Bretton-Woods-Systems konnten die Staaten ihre Dollarwechselkurse nur fix halten, indem sie entweder die Inflation der USA übernahmen oder ihre Währungen in gezielten Einzelmaßnahmen dem Anstieg der US-Preise entsprechend aufwerteten. Bei flexiblen Kursen hingegen führt der Devisenmarkt automatisch die Wechselkursänderungen herbei, welche die anderen Staaten gegenüber der US-Inflation abschirmen. Da dies keine politischen Interventionen von staatlicher Seite erfordert, werden die Aufwertungskrisen des Festkurssystems vermieden.[1]

19.1.2　Symmetrie

Die zweite Säule, auf der die Argumentation der Befürworter flexibler Wechselkurse ruhte, war die Aufhebung der Asymmetrien des Bretton-Woods-Systems, die in den 1960er und frühen 1970er Jahren für erhebliche internationale Verstimmungen gesorgt hatten. Es gab im Wesentlichen zwei solche Asymmetrien, die beide auf die zentrale Stellung des Dollars im internationalen Währungssystem zurückgingen. Erstens: Da die Zentralbanken ihre Währungen an den Dollar banden und Dollars als Währungsreserve anhäuften, bestimmte die Federal Reserve der USA im Wesentlichen über das internationale Geldangebot, und den übrigen Zentralbanken blieb wenig Spielraum für die Festlegung ihrer eigenen nationalen Geldmengen. Zweitens: Jedes andere Land konnte im Falle eines „fundamentalen Zahlungsbilanzungleichgewichts" seine Währung gegenüber dem Dollar abwerten, doch den USA räumte das Bretton-Woods-System diese Möglichkeit nicht ein. Als der Dollar im Dezember 1971 schließlich doch abgewertet wurde, war dies nur nach langen und der Konjunktur abträglichen multilateralen Verhandlungen möglich.

Ein System flexibler Wechselkurse, so dessen Befürworter, würde diese Asymmetrien beseitigen. Da die Staaten die Dollarwechselkurse nicht länger fixieren oder Dollars zu diesem Zweck halten müssten, würden sie Gestaltungsmöglichkeiten für die Geldpolitik im eigenen Land gewinnen. Die USA würden aus demselben Grund nicht länger daran gehindert, durch geld- oder fiskalpolitische Maßnahmen ihren Wechselkurs zu ändern. Die Wechselkurse sämtlicher Länder würden in symmetrischer Weise vom Devisenmarkt und nicht von staatlichen Entscheidungen bestimmt.[2]

---

[1]　Durch die Wechselkursfreigabe können die Staaten auch den unerwünschten Import einer *Deflation* abwenden, da die obige Analyse umgekehrt auch für einen Rückgang des ausländischen Preisniveaus gilt.

[2]　Das Symmetrie-Argument richtet sich nicht gegen Festkurssysteme im Allgemeinen, sondern gegen die besondere Art des Festkurssystems, das zu Beginn der 1970er Jahre zusammenbrach. Wie wir in Kapitel 17 sahen, kann ein auf dem Goldstandard basierendes Festkurssystem vollkommen symmetrisch sein. Die Schaffung einer künstlichen Reservewährung, des SZR, gegen Ende der 1960er Jahre war ein Versuch, die Symmetrie eines Goldstandards herzustellen, ohne sich dessen Nachteile einzuhandeln.

19.1.3   Wechselkurse als automatische Stabilisatoren

Das dritte Argument zugunsten flexibler Kurse bezog sich darauf, dass sie in der Theorie für eine rasche und verhältnismäßig schmerzfreie Anpassung an bestimmte konjunkturelle Änderungen sorgen könnten. Eine bereits besprochene solche Änderung ist eine verstärkte Inflation im Ausland. Abbildung 19.1, die auf dem in Kapitel 16 vorgestellten *DD-AA*-Modell basiert, gibt eine weitere Änderung wieder. Sie vergleicht die Reaktion der Volkswirtschaft auf einen vorübergehenden Rückgang der Auslandsnachfrage nach ihren Exporten unter den Bedingungen fester und flexibler Wechselkurse.

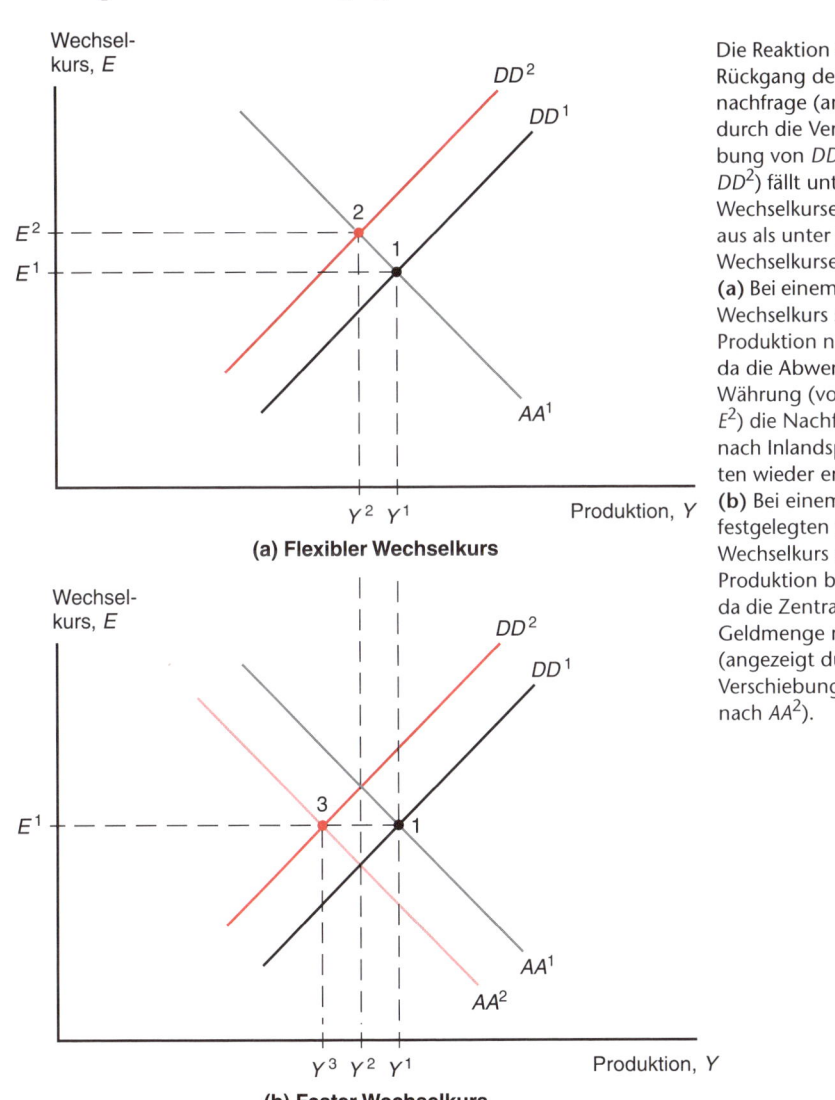

Die Reaktion auf einen Rückgang der Exportnachfrage (angezeigt durch die Verschiebung von DD^1 nach DD^2) fällt unter festen Wechselkursen anders aus als unter flexiblen Wechselkursen.
(a) Bei einem flexiblen Wechselkurs sinkt die Produktion nur auf Y^2, da die Abwertung der Währung (von E^1 auf E^2) die Nachfrage nach Inlandsprodukten wieder erhöht.
(b) Bei einem auf E^1 festgelegten fixen Wechselkurs sinkt die Produktion bis auf Y^3, da die Zentralbank die Geldmenge reduziert (angezeigt durch die Verschiebung von AA^1 nach AA^2).

(a) Flexibler Wechselkurs

(b) Fester Wechselkurs

Abbildung 19.1:   Auswirkungen eines Rückgangs der Exportnachfrage

Ein Rückgang der Nachfrage nach den Exporten des Landes senkt bei jedem Niveau von E die gesamtwirtschaftliche Nachfrage und verschiebt die DD-Kurve nach links, von DD^1 nach DD^2. (Wie Sie wissen, zeigt die DD-Kurve diejenigen Kombinationen von Wechselkurs und Produktion an, bei denen die gesamtwirtschaftliche Nachfrage gleich der Gesamtproduktion ist.) Abbildung 19.1a zeigt, wie sich diese Verschiebung bei einem flexiblen Wechselkurs auf das volkswirtschaftliche Gleichgewicht auswirkt. Da wir von einer vorübergehenden Nachfrageänderung ausgehen, bleibt der langfristig erwartete Wechselkurs und damit die Kurve für das Vermögensmarktgleichgewicht, AA^1, unverändert. (Wie Sie wissen, zeigt die AA-Kurve diejenigen Kombinationen von Wechselkurs und Produktion an, bei denen der Devisenmarkt und der inländische Geldmarkt im Gleichgewicht sind.) Das kurzfristige Gleichgewicht der Volkswirtschaft liegt daher an Punkt 2; im Vergleich zum Ausgangsgleichgewicht an Punkt 1 wertet die Währung ab (E steigt) und die Produktion sinkt. Weshalb steigt der Wechselkurs von E^1 auf E^2? Da mit dem Rückgang von Nachfrage und Produktion die Transaktionsnachfrage nach Geld abnimmt, muss auch der Inlandszinssatz sinken, um den Geldmarkt im Gleichgewicht zu halten. Dieser Rückgang des Inlandszinssatzes führt zur Abwertung der Inlandswährung auf dem Devisenmarkt, sodass der Wechselkurs von E^1 auf E^2 steigt.

Abbildung 19.1b zeigt die Auswirkung der gleichen Störung der Exportnachfrage unter einem Festkurssystem. Da die Zentralbank die sich bei flexiblen Kursen einstellende Währungsabwertung verhindern muss, kauft sie gegen Fremdwährung Inlandswährung an. Diese Maßnahme bewirkt eine Schrumpfung der Geldmenge und eine Linksverschiebung von AA^1 nach AA^2. Das neue kurzfristige Gleichgewicht der Volkswirtschaft liegt unter den Bedingungen eines festen Wechselkurses bei Punkt 3, mit der Produktion Y^3.

Aus Abbildung 19.1 geht hervor, dass die Produktion bei einem festen Kurs stärker sinkt als bei einem flexiblen Kurs – nicht nur bis Y^2, sondern bis Y^3. Mit anderen Worten, die Bewegung des flexiblen Wechselkurses stabilisiert die Volkswirtschaft, indem sie die Auswirkungen der Störung auf die Beschäftigung im Vergleich zu den Bedingungen fester Kurse abfedert. Die Währungsabwertung bei flexiblen Kursen verbilligt inländische Güter und Dienstleistungen, sobald die Nachfrage nach ihnen zurückgeht, und gleicht damit den Nachfragerückgang teilweise wieder aus. Die Abwertung vermindert die durch den Rückgang der Exportnachfrage bedingte Abweichung vom binnenwirtschaftlichen Gleichgewicht und reduziert darüber hinaus das Leistungsbilanzdefizit, das sich unter festen Wechselkursen einstellen würde, indem sie inländische Produkte auf den Weltmärkten konkurrenzfähiger macht.

Unsere bisherigen Schlussfolgerungen bezogen sich auf einen vorübergehenden Rückgang der Exportnachfrage; auf einen *dauerhaften* Rückgang treffen sie in verstärktem Maße zu. In diesem Fall steigt auch der erwartete Wechselkurs E^e, sodass AA nach oben verschoben wird. Eine dauerhafte Störung verursacht eine stärkere Abwertung als eine vorübergehende, daher federt die Wechselkursbewegung im Falle einer dauerhaften Störung den inländischen Produktionsrückgang in verstärktem Maße ab.

Unter dem Bretton-Woods-System hätte ein Rückgang der Exportnachfrage, wie er in Abbildung 19.1b gezeigt wird, zu einem „fundamentalen Zahlungsbilanzungleichgewicht" geführt, das eine fallweise Abwertung der Währung oder eine lange Periode inländischer Arbeitslosigkeit infolge gesunkener Exportpreise nach sich gezogen hätte. Die Ungewissheit hinsichtlich des weiteren Vorgehens der Regierung hätte spekulative Kapitalabflüsse gefördert, sodass sich die Lage am Arbeitsmarkt durch ein Abschmelzen der Zentralbankreserven und eine Verknappung der inländischen Geldmenge noch verschlimmert hätte. Die Befürworter flexibler Wechselkurse machten geltend, dass der Devisenmarkt durch eine Veränderung des nominalen Wechselkurses automatisch die erforderliche *reale* Währungsabwertung herbeiführen würde. Diese Wechselkursänderung würde die Notwendigkeit, das Preisniveau auf dem Wege der Arbeitslosigkeit zu senken, reduzieren oder ganz beseitigen. Weil sie sich sofort einstellen würde, entfiele auch das unter einem Festkurssystem bestehende Risiko einer Störung durch Spekulation.

19.2 Die Argumentation gegen flexible Wechselkurse

Die Erfahrungen, die in der Zeit zwischen den beiden Weltkriegen mit flexiblen Wechselkursen gesammelt wurden, boten nach wie vor Anlass zu Zweifeln an ihrer praktischen Wirkungsweise nach einer Abschaffung der Bretton-Woods-Vorschriften. Einige Ökonomen bezweifelten die Ansichten der Befürworter der Wechselkursfreigabe und warnten, dass flexible Wechselkurse der Weltwirtschaft Schaden zufügen würden. Die Argumentation gegen flexible Wechselkurse ruhte auf fünf Säulen:

1. *Disziplin.* Ohne die Verpflichtung zur Fixierung ihrer Wechselkurse könnten die Zentralbanken eine inflationsfördernde Politik betreiben. Mit anderen Worten, die den einzelnen Staaten durch ein Festkurssystem aufgezwungene „Disziplin" ginge verloren.

2. *Destabilisierende Spekulation und Geldmarktstörungen.* Die Spekulation auf Veränderungen der Wechselkurse könnte die Devisenmärkte destabilisieren, und diese Instabilität könnte sich wiederum negativ auf das binnen- und außenwirtschaftliche Gleichgewicht auswirken. Störungen der inländischen Geldmärkte könnten unter einem flexiblen Wechselkurs stärker ausfallen als unter einem festen Kurs.

3. *Beeinträchtigung des Außenhandels und der internationalen Investitionen.* Flexible Wechselkurse würden die relativen Preise auf den Weltmärkten weniger berechenbar machen und dadurch dem Außenhandel und den internationalen Investitionen schaden.

4. *Unkoordinierte Wirtschaftspolitik.* Die Abkehr von den Wechselkursanpassungen des Bretton-Woods-Systems würde der Möglichkeit Tür und Tor öffnen, dass die Staaten zum Schaden der Weltwirtschaft wirtschaftliche Streitigkeiten vermittels der Währungspolitik austragen. Genau wie in den Zwischenkriegsjahren könnten sie nach dem Beggar-thy-neighbor-Prinzip Maßnahmen ergreifen, ohne deren Folgen für andere Länder zu berücksichtigen. Dadurch würde am Ende allen Staaten geschadet.

5. *Keine echte geldpolitische Autonomie.* Flexible Wechselkurse würden in Wirklichkeit keine größere politische Autonomie mit sich bringen. Wechselkursänderungen hätten derart weit reichende makroökonomische Effekte, dass sich die Zentralbanken auch ohne formelle Fixierungspflicht gezwungen sehen würden, massiv auf dem Devisenmarkt zu intervenieren. Folglich würden flexible Kurse die Unbeständigkeit der Volkswirtschaft erhöhen, ohne tatsächlich eine größere politische Handlungsfreiheit in Bezug auf die Makroökonomie herbeizuführen.

19.2.1 Disziplin

Die Befürworter flexibler Kurse führten an, dass diese den Regierungen mehr geldpolitischen Spielraum verschaffen würden. Nach Ansicht einiger Kritiker bedeuteten flexible Kurse hingegen nicht Handlungsspielraum, sondern Narrenfreiheit: Befreit von der Sorge um den Abfluss von Währungsreserven könnten die Regierungen eine übermäßig expansive Fiskal- oder Geldpolitik betreiben und dem in Kapitel 16 besprochenen Inflationsbias verfallen. Alle möglichen Faktoren, von einer gezielten Politik (z.B. konjunkturfördernde Maßnahmen in Vorwahlzeiten) bis hin zu schlichter Unfähigkeit, könnten eine Inflationsspirale auslösen. In den Augen derjenigen Ökonomen, die mit der Disziplin argumentierten, war die deutsche Hyperinflation der 1920er Jahre das drastischste Beispiel für die monetäre Instabilität, die durch flexible Kurse ermöglicht würde.

Die Befürworter der Wechselkursfreigabe hielten dem entgegen, dass ein flexibler Wechselkurs inflationäre Störungen eines Landes, die auf das Fehlverhalten der Regierung zurückgingen, unterdrücken würde. Es bliebe schließlich den Wählern überlassen, eine neue Regierung mit einer besseren Politik zu wählen. Das Bretton-Woods-System hatte den USA recht wenig Disziplin auferlegt, was sicherlich zu der Beschleunigung der weltweiten Inflation Ende der 1960er Jahre beigetragen hatte. Ein Festkurssystem, das nicht auf einer unantastbaren Verknüpfung zwischen den Währungen und einem Edelmetall wie Gold ruhte, bliebe stets anfällig für menschliches Versagen. Wie in Kapitel 17 ausgeführt, bringen Währungsstandards, die auf einem Edelmetall basieren, allerdings Probleme mit sich, die sie in der Praxis ungeeignet machen.

19.2.2 Destabilisierende Spekulation und Geldmarktstörungen

Eine weitere Befürchtung, die sich aus der Erfahrung der Zwischenkriegsperiode ergab, bestand darin, dass die Spekulation auf den Devisenmärkten zu heftigen Ausschlägen der Wechselkurse führen könnte. Sobald die Devisenhändler, so dieses Argument, die Abwertung einer Währung wahrnehmen würden, würden sie diese womöglich ganz unabhängig von ihren langfristigen Entwicklungstendenzen in Erwartung einer zunächst fortgesetzten Abwertung abstoßen. Immer mehr Händler würden auf diesen Zug aufspringen und die Abwertungserwartungen würden durch diese Verkäufe erfüllt. Eine solche **destabilisierende Spekulation** würde tendenziell die Schwankungen um den langfristigen Wechselkurs verstärken, die sich infolge unerwarteter ökonomischer Störungen normalerweise einstellen. Der destabilisierende Verkauf einer schwachen Währung würde nicht nur den Außenhandel beeinträchtigen, sondern auch Inflationserwartungen verstärken und eine inländische Lohn-Preis-Spirale in Gang setzen, die auf eine weitere Abwertung hinwirken würde. So könnten die betroffenen Länder in einem „Teufelskreis" von Abwertung und Inflation geraten, dem sie nur schwer wieder entkommen dürften.

Die Befürworter flexibler Kurse bezweifelten, dass die Betreiber dieser destabilisierenden Spekulation im Geschäft bleiben könnten. Wenn sie eine Währung ständig weiterverkaufen würden, nachdem diese bereits unter ihren langfristigen Kurs abgewertet wäre, oder weiter ankaufen würden, nachdem sie über ihren langfristigen Kurs gestiegen wäre, würden sie auf lange Sicht Verluste einfahren. Sie müssten, so die Befürworter flexibler Kurse, ihre Geschäfte aufgeben und den Markt denjenigen Spekulanten überlassen, die langfristige Verluste vermeiden, indem sie die *Anpassung* der Wechselkurse an ihren langfristigen Stand beschleunigen.

Außerdem wiesen die Befürworter flexibler Kurse darauf hin, dass unter einem Festkurssystem die Kapitalströme destabilisierend wirken konnten. Unerwartete Reserveneinbußen einer Zentralbank konnten Abwertungserwartungen wecken und eine massenhaftes Abfließen von Reserven auslösen, sobald die Spekulanten Inlandsaktiva abstoßen würden. Eine solche Kapitalflucht könnte sogar zu einer unnötigen Abwertung Anlass geben, wenn sich andere Maßnahmen der Regierung zur Wiederherstellung des Vertrauens als unzulänglich erwiesen.

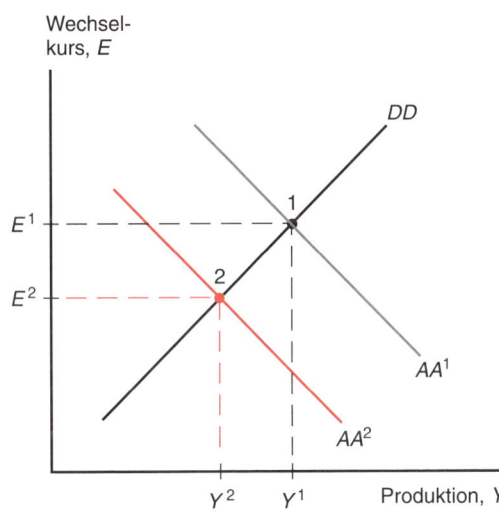

Ein Anstieg der Geldnachfrage (die Verschiebung von AA^1 nach AA^2) wirkt genau wie ein Rückgang des Geldangebots, er führt zur Aufwertung der Währung auf E^2 und zum Rückgang der Produktion auf Y^2. Unter den Bedingungen eines festen Wechselkurses würde die Zentralbank die Verschiebung von AA^1 durch den Ankauf von Fremdwährung verhindern und damit automatisch das Geldangebot so weit ausdehnen, wie es der erhöhten Geldnachfrage entspricht.

Abbildung 19.2: **Anstieg der Geldnachfrage unter den Bedingungen eines flexiblen Wechselkurses**

Ein überzeugenderes Argument gegen flexible Kurse besagt, dass sie die Wirtschaft anfälliger machen gegenüber Störungen, die vom inländischen Geldmarkt ausgehen. Abbildung 19.2 veranschaulicht dies anhand des *DD-AA*-Modells. Sie zeigt den Effekt eines Anstiegs der realen Geldnachfrage im Inland (d.h. eines Anstiegs der realen Geldmenge, welche die Menschen bei jedem Zinssatz- und Einkommensniveau zu halten wünschen) unter einem flexiblen Wechselkurs. Da die Menschen die angebotene reale Geldmenge nun (bei gegebenem E) bei einem geringeren Einkommensniveau halten als zuvor, wird AA^1 nach links zu AA^2 verschoben. Das Einkommen sinkt von Y^1 auf Y^2, da die Währung von E^1 auf E^2 aufwertet. Der Anstieg der Geldnachfrage wirkt in genau der gleichen Weise wie ein Rückgang des Geldangebots, und wenn er dauerhaft ist, wird er früher oder später zu einem Absinken des inländischen Preisniveaus führen. Im Falle eines festen Wechselkurses hingegen hat die Veränderung der Geldnachfrage überhaupt keine Auswirkungen auf die Volkswirtschaft. Um eine Aufwertung der Inlandswährung zu verhindern, kauft die Zentralbank gegen inländisches Geld so lange Währungsreserven, bis die reale Geldmenge entsprechend dem Anstieg der realen Geldnachfrage ausgedehnt worden ist. Diese Intervention bedingt, dass die Linie AA^1 in ihrer Ausgangslage verbleibt und jede Veränderung von Produktions- oder Preisniveau abgewendet wird.

Ein fester Wechselkurs verhindert daher automatisch, dass eine Störung des inländischen Geldmarkts die Konjunktur beeinträchtigt. Das ist ein durchschlagendes Argument zugunsten fester Kurse, *falls* die meisten Störungen ihren Ursprung tatsächlich auf dem Geldmarkt haben (d.h. auf Verschiebungen von *AA* zurückgehen). Wenn allerdings Störungen des Gütermarktes (Verschiebungen von *DD*) vorherrschen, dann wird die Festlegung des Wechselkurses, wie wir im vorigen Abschnitt sahen, die makroökonomischen Verhältnisse im Durchschnitt verschlechtern.

19.2.3   Beeinträchtigung des Außenhandels und der internationalen Investitionen

Die Kritiker der Wechselkursfreigabe führten außerdem an, dass die flexiblen Wechselkursen innewohnende Variabilität dem Außenhandel und den grenzüberschreitenden Investitionen schaden würde. Flexible Wechselkurse steigern die Unsicherheit der Importeure hinsichtlich der Preise, die sie künftig für Güter entrichten müssen, und die Unsicherheit der Exporteure hinsichtlich der Preise, die sie erhalten werden. Diese Ungewissheit, so hieß es, würde die Kosten des Außenhandels steigern, sodass das Handelsvolumen – und damit die Außenhandelsgewinne – abnehmen würden. In ähnlicher Weise könnte eine gesteigerte Ungewissheit hinsichtlich der Erträge von Investitionen produktive grenzüberschreitende Kapitalströme beeinträchtigen.

Die Befürworter der Wechselkursfreigabe hielten dem entgegen, dass das Wechselkursrisiko durch Transaktionen auf dem Devisenterminmarkt (siehe Kapitel 13) ausgeschaltet werden könne. Flexible Wechselkurse würden Umfang und Effizienz des Devisenterminmarkts erhöhen. Die Skeptiker entgegneten, dass der Gebrauch des Devisenterminmarkts zu kostspielig sei, und bezweifelten, ob sämtliche Wechselkursrisiken durch Termingeschäfte abgedeckt werden könnten.

Allgemeiner gesprochen fürchteten die Gegner flexibler Wechselkurse um die Tauglichkeit des Geldes als Richtschnur für rationale Planungen und Berechnungen in jedem Land. Denn wenn die Kaufkraft des Geldes im Hinblick auf Importe nicht von vornherein feststeht, wird die Eignung des Geldes als Recheneinheit geschmälert.

19.2.4   Unkoordinierte Wirtschaftspolitik

Einige Verteidiger des Bretton-Woods-Systems waren der Ansicht, dass seine Vorschriften zu einem geordneten Welthandel beigetragen hätten, indem sie einen Abwertungswettlauf wie während der Großen Depression verhinderten. Wenn den Ländern wieder erlaubt werde, ihre Wechselkurse beliebig zu verändern, so ihr Argument, dann könne sich die Geschichte wiederholen. Die Länder könnten erneut eine eigennützige makroökonomische Politik betreiben, die am Ende allen schade und niemandem nütze.

Die Befürworter einer Wechselkursfreigabe erwiderten, dass die Bretton-Woods-Vorschriften hinsichtlich der Wechselkursanpassung zu unbeweglich seien. Darüber hinaus seien sie ungerecht, weil in der Praxis die Defizitländer unter Druck gesetzt wurden, entweder eine restriktive makroökonomische Politik zu betreiben oder ihre Währungen abzuwerten. Das Festkurssystem habe das Problem der internationalen geldpolitischen Zusammenarbeit lediglich dahingehend „gelöst", dass es den USA eine Vormachtstellung einräumte, die diese am Ende missbrauchten.

19.2.5 Keine echte geldpolitische Autonomie

Ein letztes Argument der Kritiker lautete, dass die geldpolitische Autonomie, die von den Befürwortern flexibler Kurse in Aussicht gestellt werde, zum Teil auf einer Illusion beruhe. Zwar könne ein flexibler Wechselkurs in der Theorie die ausländische Inflation auf lange Sicht abwehren und den Zentralbanken gestatten, ihre Geldmengen nach Gutdünken festzulegen. Doch der Wechselkurs sei eine derart wichtige makroökonomische Variable, dass die politischen Entscheidungsträger trotzdem keine geldpolitische Maßnahme im Inland verfügen könnten, ohne deren Auswirkungen auf den Wechselkurs zu berücksichtigen.

Dieser Sichtweise zufolge nahm der Wechselkurs im inländischen Inflationsprozess einen zentralen Stellenwert ein. Eine Währungsabwertung, mit der die Importpreise erhöht wurden, könnte die Arbeitnehmer zu höheren Lohnforderungen veranlassen, um ihren gewohnten Lebensstandard zu halten. Die höheren Lohnkosten würden dann auf die Endproduktpreise abgewälzt, sodass eine weitere Inflation des Preisniveaus und neuerliche Lohnerhöhungen ausgelöst würden. Darüber hinaus würde eine Abwertung der Währung unmittelbar die Preise der in der inländischen Produktion eingesetzten Importgüter heben. Man müsse daher davon ausgehen, dass das Preisniveau bei flexiblen Wechselkursen beschleunigt auf eine Geldmengenausdehnung reagieren würde. Flexible Kurse implizierten zwar eine stärkere Kontrolle der Zentralbank über die nominale Geldmenge, M^S, jedoch nicht unbedingt eine stärkere Kontrolle über das politische Instrument, mit dem die Beschäftigung und andere reale ökonomische Variablen beeinflusst werden können, nämlich die *reale* Geldmenge, M^S/P. In denjenigen Volkswirtschaften, deren Warenkorb zu einem großen Teil aus Importen bestand, würden die Inlandspreise besonders rasch auf Wechselkursänderungen reagieren, denn in diesen Ländern wirken sich solche Veränderungen ganz erheblich auf die Kaufkraft der Arbeitnehmer aus.

In den Augen der Skeptiker nahmen sich darüber hinaus die Abschottungswirkungen eines flexiblen Wechselkurses eher bescheiden aus. Sie räumten ein, dass der flexible Wechselkurs *langfristig* eine durch übermäßiges Geldmengenwachstum ausgelöste Preisinflation im Ausland abwehren könne. Angesichts der allgemein herrschenden Preisstarrheit würden die Länder aber dennoch von monetären Entwicklungen im Ausland betroffen, die sich in kurzer Frist auf die Realzinsen und die realen Wechselkurse auswirkten. Außerdem gebe es selbst in der Theorie keinen Grund, weshalb die Fiskalpolitik eines Landes keine Fernwirkungen im Ausland entfalten sollte.

Die Gegner der Wechselkursfreigabe vertraten also den Standpunkt, dass die potenziellen Vorteile gegenüber den Nachteilen übertrieben wurden. Die makroökonomischen Entscheidungen der Politik würden auch bei flexiblen Wechselkursen unter dem Zwang stehen, übermäßige Wechselkursschwankungen zu vermeiden. Doch durch die Abkehr von festen Wechselkursen würden die Vorteile aufgegeben, die berechenbare Währungskurse für den Welthandel und für internationale Investitionen mit sich brachten.

Beispiel 19.1: Die Entwicklung der Wechselkurse zwischen den Ölpreisschocks, 1973 – 1980

Welche Gruppe hatte Recht, die Befürworter flexibler Wechselkurse oder deren Kritiker? In den folgenden beiden Fallstudien beleuchten wir die Erfahrungen mit flexiblen Wechselkursen seit 1973, um der Antwort auf diese Frage näher zu kommen. Dabei soll gleich eingangs eingeräumt werden, dass, wie so oft in den Wirtschaftswissenschaften, die Daten kein eindeutiges Urteil zulassen. Zwar wurden einige Prognosen der Kritiker von der späteren Entwicklung bestätigt, doch es lässt sich nicht eindeutig beurteilen, ob ein Festkurssystem die ökonomischen Unwetter überstanden hätte, welche die Weltwirtschaft nach 1973 heimsuchten.

Der erste Ölpreisschock und seine Folgen, 1973 – 1975

Als die Wechselkurse der Industrieländer im März 1973 freigegeben wurden, sollte ein offizieller Ausschuss, der sämtliche IWF-Mitglieder repräsentierte, eine neue Weltwährungsordnung erarbeiten. Dieses im Herbst 1972 gegründete „Committee of Twenty" wurde mit dem Entwurf eines neuen Festkurssystems beauftragt, das die Asymmetrien von Bretton Woods beseitigen sollte. Als der Ausschuss allerdings im Juli 1974 seinen ersten „Reformentwurf" vorlegte, hatte eine Erschütterung des Welterdölmarktes jede baldige Rückkehr zu festen Wechselkursen bereits undenkbar werden lassen.

Die Energiepreise und die Rezession von 1974 – 1975. Im Oktober 1973 brach ein Krieg zwischen Israel und den arabischen Ländern aus. Aus Protest gegen die Unterstützung Israels durch die USA und die Niederlande verhängte die Organisation Erdöl exportierender Länder (Organization of Petroleum Exporting Countries, OPEC), ein internationales Kartell der größten Ölproduzenten, ein Embargo über Öllieferungen an diese beiden Länder. Aus Angst vor umfassenderen Beeinträchtigungen des Ölgeschäfts bemühten sich die Käufer um den Aufbau von Ölvorräten und trieben dadurch die Marktpreise nach oben. Ermutigt durch diese Entwicklungen auf dem Ölmarkt setzten die OPEC-Länder gegenüber ihren Hauptabnehmern, den großen Ölgesellschaften, den Ölpreis herauf. Im März 1974 hatte sich der Ölpreis gegenüber seinem Vorkriegspreis von 3 Dollar auf 12 Dollar pro Barrel vervierfacht.

Die starke Ölpreissteigerung hob die von den Verbrauchern zu entrichtenden Energiepreise und die Betriebskosten Energie verbrauchender Unternehmen. Sie übertrug sich auch auf die Preise anderer Ölprodukte wie zum Beispiel Plastik. Man macht sich die Wirkung dieser Preissteigerungen am besten klar, wenn man sie als eine hohe Steuer auffasst, welche die in der OPEC zusammengeschlossenen Ölproduzenten den Ölimporteuren auferlegten. Der Ölpreisschock hatte dieselbe makroökonomische Wirkung wie ein simultaner Anstieg der Verbrauchs- und Unternehmenssteuern. Der Konsum und die Investitionen gingen allerorten zurück und die Weltwirtschaft geriet in eine Rezession. Die Leistungsbilanzen der Öl importierenden Länder verschlechterten sich.

Die Beschleunigung der Inflation. Das in den Kapiteln 13 bis 17 entwickelte Modell prognostiziert, dass sich die Inflation während eines Konjunkturaufschwungs beschleunigt und während eines Abschwungs verlangsamt. Doch als die Welt 1974 in eine tiefe Rezession eintrat, beschleunigte sich die Inflation in den meisten Ländern. Aus Tabelle 19.1 geht hervor, in welchem Maße die Inflation in jenem Jahr in den sieben wichtigsten Industrieländern nach oben schnellte. In einer Reihe dieser Länder verdoppelten sich die Inflationsraten nahezu, obwohl die Arbeitslosigkeit zunahm.

Land	1973	1974	1975	1976	1977	1978	1979	1980
USA	6,2	11,1	9,1	5,7	6,5	7,6	11,3	13,5
Großbritannien	9,2	16,0	24,2	16,5	15,8	8,3	13,4	18,0
Kanada	7,6	10,9	10,8	7,5	8,0	8,9	9,2	10,2
Frankreich	7,3	13,7	11,8	9,6	9,4	9,1	10,8	13,6
Deutschland	6,9	7,0	6,0	4,5	3,7	2,7	4,1	5,5
Italien	10,8	19,1	17,0	16,8	17,0	12,1	14,8	21,2
Japan	11,7	24,5	11,8	9,3	8,1	3,8	3,6	8,0

Tabelle 19.1: Inflationsraten der wichtigsten Industrieländer, 1973 – 1980 (Prozent pro Jahr) **Quelle:** Organization for Economic Cooperation and Development, Economic Outlook: Historical Statistics, 1960 – 1986, Paris: OECD, 1987. Angegeben ist der prozentuale Anstieg des durchschnittlichen Verbraucherpreisindex gegenüber dem Vorjahr.

Wie konnte es dazu kommen? Ein wichtiger beteiligter Faktor war der Ölpreisschock selbst: Indem er die Preise für Erdölprodukte und die Kosten Energie verbrauchender Branchen direkt anhob, erhöhte er die Preisniveaus. Darüber hinaus hatte der seit Ende der 1960er Jahre angestaute weltweite Inflationsdruck zu höheren Lohn- und Gehaltsabschlüssen der Tarifpartner geführt, sodass die Inflation trotz der verschlechterten Beschäftigungslage weiter anstieg. Dieselben Inflationserwartungen, die den neuen Lohnabschlüssen Auftrieb gaben, trieben auch die Warenpreise zusätzlich in die Höhe, da Spekulanten Waren, für die sie Preiszuwächse erwarteten, zu horten begannen.

Und schließlich war die Ölkrise – ein Unglück kommt selten allein – nicht die einzige Erschütterung, von der die Weltwirtschaft damals heimgesucht wurde. Von 1972 an kam es infolge des Zusammentreffens widriger Angebotsstörungen auch zu einem Preisauftrieb bei den Agrarprodukten, der zur allgemeinen Inflation beitrug. Diese Angebotsstörungen umfassten Missernten in den USA und in der Sowjetunion, eine Zucker- und Kakaoknappheit sowie das mysteriöse Verschwinden der peruanischen

Sardellen aus ihren angestammten Gewässern. Wer glaubt, Sardellen seien nur für die Verbraucher von Pizza und Cäsarensalat von Bedeutung, der sollte wissen, dass sie auch einen wichtigen Bestandteil der von Viehzüchtern verfütterten Fischnahrung darstellen. Der starke Rückgang des Sardellenfangs führte zu deutlichen Preissteigerungen bei konkurrierenden Futtersorten (vorwiegend Getreide und Sojabohnen).

Stagflation. Zur Beschreibung der ungewöhnlichen makroökonomischen Gegebenheiten von 1974 – 1975 prägten die Ökonomen einen neuen Begriff, der seither Allgemeingut wurde: **Stagflation**, die Verbindung von stagnierender Produktion und hoher Inflation. Die Stagflation wurde durch zwei Faktoren bedingt:

1. Erhöhungen der Warenpreise, die zu einer direkten Beschleunigung der Inflation führten, während sie zugleich die gesamtwirtschaftliche Nachfrage und das Gesamtangebot senkten.

2. Inflationserwartungen, die ungeachtet von Rezession und wachsender Arbeitslosigkeit die Löhne und andere Preise in die Höhe trieben.

Schon vor dem Ölpreisschock hatte der Übergang zu flexiblen Wechselkursen den Industrieländern ermöglicht, eine restriktivere Geld- und Fiskalpolitik zu betreiben, um die Inflation zu bremsen. Diese bereits bestehende restriktive Politik vertiefte den Abschwung von 1974 – 1975.

Die Wiederherstellung des binnen- und außenwirtschaftlichen Gleichgewichts. Infolge der Rohstoffpreisschocks gerieten die meisten Erdöl importierenden Länder in weitere Entfernung von ihrem binnen- und außenwirtschaftlichen Gleichgewicht als bei der ursprünglichen Wechselkursfreigabe 1973. Sie waren nicht in der Lage, die Vorteile der Ausgabenumleitung, die sich mit der Wechselkursflexibilität boten, aufzugeben und die Geldpolitik mit der Aufrechterhaltung eines festen Wechselkurses zu belasten. In dieser Zeit, in der die Länder ganz unterschiedliche Inflationsraten aufwiesen und Schocks ausgesetzt waren, die dauerhafte Änderungen der Produktionskosten herbeiführten, wäre die Verpflichtung auf feste Kurse in keiner Weise glaubwürdig gewesen. Die spekulativen Angriffe, die bereits das Festkurssystem zum Einsturz gebracht hatten, hätten jeglichen Versuch zur Wiederherstellung fester Paritäten auf der Stelle unterhöhlt.

In welcher Weise setzten die Länder ihre politischen Instrumente ein, um das binnen- und außenwirtschaftliche Gleichgewicht wiederherzustellen? Als sich die Rezession im Laufe des Jahres 1974 und Anfang 1975 vertiefte, gingen die meisten Regierungen zu einer expansiven Fiskal- und Geldpolitik über. In den sieben wichtigsten Industrieländern stiegen von 1974 bis 1975 die Wachstumsraten der Geldmengen – eine Reaktion der Zentralbanken auf die wachsende Arbeitslosigkeit. Infolge dieser politischen Maßnahmen hatten die meisten Industrieländer in der zweiten Hälfte des Jahres 1975 eine deutliche Erholung der Produktion auf den Weg gebracht. Gleichzeitig verlangsamte sich die Inflation (siehe Tabelle 19.1). Doch leider kehrten die Arbeitslosenraten der Industrieländer auch unter diesen Bedingungen nicht auf den Stand aus der Zeit vor der Rezession zurück.

Das Leistungsbilanzdefizit der Gruppe der Industrieländer von 1974 verwandelte sich mit sinkenden Ausgaben im Jahr 1975 in einen Überschuss und lag 1976 nahe Null. Die OPEC-Länder, die ihre Ausgaben nicht ebenso schnell erhöhen konnten wie ihre Einnahmen, wiesen 1975 und 1976 einen erheblichen Leistungsbilanzüberschuss auf, dem jedoch das Defizit der Erdöl importierenden Entwicklungsländer gegenüberstand. Da die kein Erdöl exportierenden Entwicklungsländer ihre Ausgaben nicht ebenso drastisch senkten wie die Industrieländer, geriet das Wachstum des BSP in der Gruppe der Entwicklungsländer im Jahr 1975 nicht, wie in zahlreichen Industrieländern, in den negativen Bereich. Die Entwicklungsländer finanzierten ihre Defizite aus dem Ölhandel zum Teil durch Kredite aus Geldeinlagen der OPEC-Länder in den Finanzzentren der Industrieländer.

Die meisten Ökonomen und politischen Entscheidungsträger werteten die internationale Anpassung an den ersten Ölpreisschock als Erfolg der flexiblen Wechselkurse. Befreit von dem Zwang zur Aufrechterhaltung eines festen Wechselkurses hatte jede Regierung diejenige geld- und fiskalpolitische Reaktion gewählt, die ihr am angemessensten erschienen war. Die USA und Deutschland waren sogar in der Lage gewesen, die vor 1974 eingeführten Kontrollen des Kapitalverkehrs zu lockern. Diese Lockerung dämpfte die Anpassungsprobleme der Entwicklungsländer, die dadurch auf den Finanzmärkten der Industrieländer leichter Kredite erlangen konnten, um ihre eigenen Ausgaben und ihr wirtschaftliches Wachstum zu finanzieren. Die relativ starke Nachfrage der Entwicklungsländer nach Exporten der Industrieländer trug wiederum dazu bei, die Rezession von 1974 – 1975 abzuschwächen.

Die Reform der IWF-Statuten, 1975 – 1976

Da sich die flexiblen Kurse unter widrigen Umständen bewährt hatten, erklärten sich die Regierungen der Industrieländer gegen Ende 1975 bereit, sich auf unabsehbare Zeit mit flexiblen Wechselkursen zu arrangieren. Während eines Treffens auf Schloss Rambouillet nahe Paris, dem ersten einer Reihe jährlicher Wirtschaftsgipfel, forderten die Führer der wichtigsten Industrieländer eine Anpassung des IWF-Abkommens an die Realität flexibler Wechselkurse. Die vertretenen Regierungen verpflichteten sich, „erratischen Schwankungen" ihrer Wechselkurse entgegenzuwirken, trafen aber keine Vorkehrungen für eine Rückkehr zu festen Paritäten.

Auf die Beschlüsse von Rambouillet hin trafen sich die IWF-Direktoren im Januar 1976 in Kingston auf Jamaika, um eine Reform von Artikel IV des IWF-Abkommens zu beschließen, der die Wechselkursbestimmungen regelte. Der neue Artikel IV hieß flexible Kurse ausdrücklich gut, indem er jedes Mitgliedsland ermächtigte, sein Wechselkurssystem frei zu wählen. Die Regierungen wurden dringend zu einer makroökonomischen Politik aufgefordert, die Preisstabilität und Wachstum förderte, und sollten „die Wechselkurse nicht manipulieren ... um einen unfairen Wettbewerbsvorteil gegenüber anderen Mitgliedern zu erlangen". Genauer spezifizierte Beschränkungen für die Politik der Mitgliedsländer wurden nicht erlassen.

Der reformierte Artikel IV forderte den IWF auf, die Wechselkurspolitik seiner Mitglieder zu überwachen, um die Befolgung der neuen Richtlinien zu gewährleisten. Obwohl diese „Überwachung" der Wechselkurspolitik insofern über die IWF-Konditionalität hinausging, als sie Länder betraf, die keine Kredite des Fonds erhielten, sanktionierte der neu gefasste Artikel lediglich eine Praxis, die bereits seit nahezu drei Jahren gang und gäbe gewesen war: eine dezentralisierte politische Entscheidungsfindung, bei der jedes Land in seinem eigenen Interesse handelte.

Die Dollarschwäche, 1976 – 1979

Als die Erholung nach der Rezession von 1974 – 1975 an Schwung verlor und die Arbeitslosigkeit hoch blieb, forderten die USA die anderen beiden größten Industrienationen, Deutschland und Japan, zu einer gemeinsamen expansiven Politik auf, mit der die Flaute der Weltwirtschaft überwunden werden sollte. Erst auf dem Bonner Gipfel im Juli 1978 erklärten sich Deutschland und Japan, die nun weniger Angst vor einer Inflation hatten als zwei Jahre zuvor, als „Lokomotiven" des weltwirtschaftlichen Wachstums zur Zusammenarbeit mit den USA bereit. Bis zu diesem Zeitpunkt hatten die USA versucht, dieses Ziel im Alleingang zu erreichen. Ihre Politik hatte zwar zu einem starken Rückgang der Arbeitslosenrate in den USA (auf 6 Prozent im Jahr 1978 nach einem Höchststand von 8,3 Prozent während der Rezession 1975) geführt, dafür aber die Inflation erneut befeuert und die Leistungsbilanz der USA in ein Defizit getrieben. In Deutschland und Japan dagegen war die Inflation im Jahr 1978 auf relativ niedrige Niveaus zurückgegangen (siehe Tabelle 19.1).

Das Ergebnis dieser politischen Unausgewogenheit – eine lebhafte Expansion in den USA, der keine vergleichbare Entwicklung in den übrigen Ländern entsprach – war eine starke Abwertung des Dollars, die 1976 einsetzte. Abbildung 19.3 zeigt das Ausmaß dieser Abwertung anhand der **Indices des nominalen und des realen multilateralen Außenwerts** des Dollars. Diese Indices erfassen den Preis eines Dollars gemessen in einem Korb von Fremdwährungen bzw. den Preis der US-Produktion gemessen in einem Korb ausländischer Produkte. Ein Anstieg eines der beiden Indices (des nominalen oder des realen) steht also für eine Dollaraufwertung, ein Sinken entsprechend für eine Dollarabwertung.

Die internationalen Investoren setzten angesichts des zunehmenden Abstands zwischen der Inflation in den USA und anderen Ländern wenig Vertrauen in den zukünftigen Wert des Dollars. Darüber hinaus heizte der schwache Dollar die Inflation in den USA weiter an, indem er die Importpreise ebenso hob wie die Inflationserwartungen der Tarifpartner. Um das Vertrauen in den Dollar wiederherzustellen, ernannte Präsident Carter Paul A. Volcker zum neuen Vorsitzenden des Federal Reserve Board, einen Mann mit langjähriger Erfahrung in der internationalen Finanzpolitik. Die Schwäche des Dollars auf dem Devisenmarkt hielt an, bis Volcker im Oktober 1979 eine Straffung der US-amerikanischen Geldpolitik und eine rigidere Kontrolle der Federal Reserve über das Geldmengenwachstum bekannt gab.

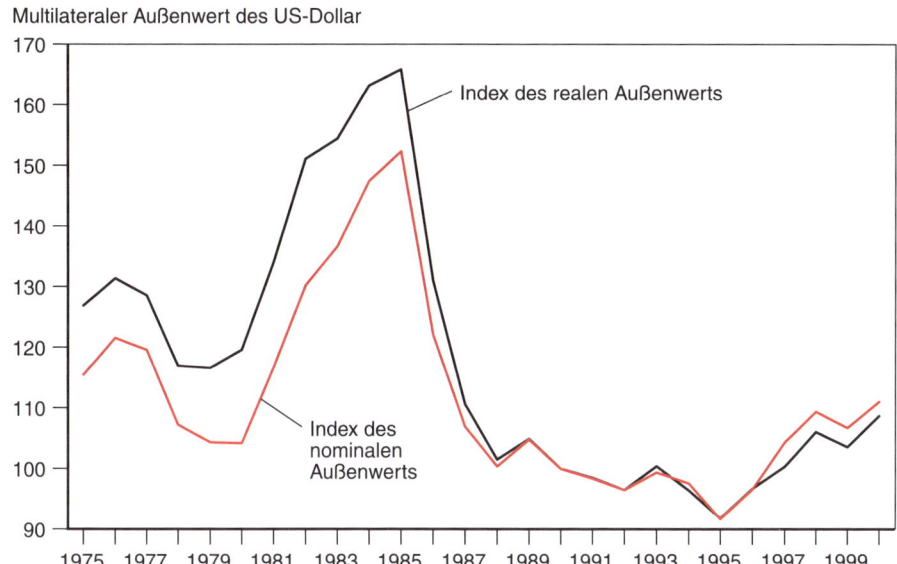

Multilateraler Außenwert des US-Dollar

Die Indices erfassen den nominalen und den realen Wert des US-Dollars gemessen in einem Korb der Währungen von 15 Industrieländern. Ein Anstieg der Indices zeigt eine Dollaraufwertung, ein Sinken eine Dollarabwertung. Für beide Indices ist der Wert von 1990 gleich 100 gesetzt.
Quelle: International Monetary Fund, *International Financial Statistics*

Abbildung 19.3: **Indices des nominalen und des realen multilateralen Dollar-Außenwerts, 1975 – 2000**

Die abrupte geldpolitische Kehrtwende der USA im Jahr 1979 bestätigte ein Argument der Gegner flexibler Wechselkurse: Die Regierungen konnten sich der Entwicklung der Wechselkurse gegenüber nicht gleichgültig verhalten. Gezwungenermaßen opferten sie einen Teil ihrer politischen Handlungsfreiheit in anderen Bereichen, um Wechselkursänderungen zu verhindern, die sie als schädlich für ihre Volkswirtschaften erachteten.

Der zweite Ölpreisschock, 1979 – 1980

Der Sturz des Schahs von Persien im Jahr 1979 unterbrach die Öllieferungen aus dem Iran und löste eine zweite Ölpreiswelle aus. Die Ölpreise stiegen von rund 13 Dollar pro Barrel 1978 auf nahezu 32 Dollar pro Barrel 1980. Ebenso wie nach der Episode von 1973 – 1974 wurden die Öl importierenden Volkswirtschaften von einer Stagflation heimgesucht. Wie Tabelle 19.1 zeigt, beschleunigte sich die Inflation in sämtlichen Industrieländern von 1978 bis 1980 deutlich. Das Produktionswachstum ging allgemein zurück und die Arbeitslosigkeit stieg allenthalben, doch diese Effekte waren weder so einheitlich noch so dramatisch wie infolge des ersten Ölpreisschocks. Die Öl importierenden Entwicklungsländer erfuhren ebenso wie die entwickelten Länder eine mit einem verlangsamten Wachstum verbundene Inflationssteigerung.

Auf den ersten Ölpreisschock hatten die politischen Entscheidungsträger der Industrieländer im Jahr 1975 mit einer expansiven Geld- und Fiskalpolitik reagiert. Auf den zweiten Ölpreisschock hin verhielten sie sich ganz anders. In den Jahren 1979 und 1980 wurde das Geldmengenwachstum in den meisten großen Industrieländern *beschränkt*, um nach Möglichkeit die mit der Ölpreiserhöhung einhergehende Inflation abzuwenden. Nachdem die Zentralbanken in der ersten Hälfte der 1970er Jahre um die Absenkung einer erhöhten Inflation bemüht gewesen waren, befürchteten sie nun, dass die Beschleunigung der Inflation von 1979 – 1980 später schwer zu korrigieren wäre, wenn man zuließe, dass sie sich in den Inflationserwartungen und in den Lohnabschlüssen niederschlug.

Der Kampf gegen die Inflation wurde in den Bereichen Beschäftigung und Produktion teuer bezahlt. Die Arbeitslosenquoten wiesen 1982 einen deutlichen Anstieg auf (siehe Tabelle 19.2) und die restriktive makroökonomische Politik verhinderte einen durchgreifenden Aufschwung der Produktion. Bevor es noch zu einer echten Erholung von dem Ölpreisschock kommen konnte, schlitterte die Weltwirtschaft 1981 in die tiefste Rezession seit der Großen Depression der 1930er Jahre.

19.3   Makroökonomische Unabhängigkeit unter flexiblen Wechselkursen

Bislang konzentrierte sich unsere Modellierung einer offenen Volkswirtschaft auf den verhältnismäßig einfachen Fall eines kleinen Landes, das mit seiner Geld- und Fiskalpolitik keinen Einfluss auf Produktionsmengen, Preisniveaus oder Zinssätze im Ausland nehmen kann. Diese Beschreibung passt natürlich nicht auf die USA, deren nationales Produktionsniveau etwa ein Fünftel der gesamten Weltproduktion ausmacht. Um die makroökonomische Interaktion zwischen den USA und der übrigen Welt zu beschreiben, müssen wir daher davon ausgehen, dass die Politik aller Länder vermittels flexibler Wechselkurse miteinander verknüpft ist. An dieser Stelle folgt eine knappe und anschauliche Darstellung. Wir verzichten auf ein formales Modell und beschränken uns auf die kurze Frist, für die wir von fixen nominalen Produktpreisen ausgehen können.

Die Weltwirtschaft bestehe wieder aus zwei großen Ländern, Inland und Ausland. Wir möchten herausfinden, wie sich die makroökonomische Politik von Inland auf Ausland auswirkt. Unser größtes Problem besteht darin, dass keines der beiden Länder mehr von einem feststehenden Auslandszinssatz oder einem unveränderlichen Niveau der ausländischen Exportnachfrage ausgehen kann. Der Einfachheit halber beschränken wir uns auf den Fall *dauerhafter* Veränderungen der Geld- und Fiskalpolitik.

Jahr	USA	Groß-britannien	Kanada	Frankreich	Deutschland	Italien	Japan
1978	6,1	5,7	8,4	4,7	3,0	5,3	2,2
1979	5,8	4,7	7,5	5,3	2,7	5,8	2,1
1980	7,2	6,2	7,5	5,8	2,6	5,6	2,0
1981	7,6	9,7	7,6	7,0	4,0	6,2	2,2
1982	9,7	11,1	11,0	7,7	5,7	6,8	2,4
1983	9,6	11,1	11,9	8,1	6,9	7,7	2,7
1984	7,5	11,1	11,3	9,7	7,1	8,1	2,7
1985	7,2	11,5	10,5	10,1	7,2	8,4	2,6
1986	7,0	11,5	9,6	10,2	6,5	9,2	2,8
1987	6,2	10,6	8,8	10,4	6,3	9,9	2,8
1988	5,5	8,7	7,8	9,8	6,2	10,0	2,5
1989	5,3	7,3	7,5	9,3	5,6	10,0	2,3
1990	5,6	7,1	8,1	9,0	4,8	9,1	2,1
1991	6,8	8,8	10,4	9,5	4,2	8,8	2,1
1992	7,5	10,1	11,3	10,4	4,5	9,0	2,2
1993	6,9	10,5	11,2	11,7	7,9	10,3	2,5
1994	6,1	9,6	10,4	12,3	8,4	11,4	2,9
1995	5,6	8,8	9,5	11,7	8,2	11,9	3,1
1996	5,4	8,2	9,7	12,4	8,9	12,0	3,4
1997	4,9	7,0	9,1	12,3	9,9	11,7	3,4
1998	4,5	6,3	8,3	11,8	9,3	11,8	4,1
1999	4,2	6,1	7,6	11,2	8,6	11,3	4,7
2000	4,0	5,5	6,8	9,5	7,9	10,5	4,7

Tabelle 19.2: **Arbeitslosenraten der wichtigsten Industrieländer, 1978 – 2000 (in Prozent der zivilen Arbeitskräftereserven)**

Quelle: Organization for Economic Cooperation and Development, OECD Economic Outlook 62, Dezember 1997, Juni 2001. Anhang Tabelle 22. Die Angaben für Deutschland beziehen sich auf das Gebiet der alten Bundesländer.

Betrachten wir zunächst eine dauerhafte Geldmengenausdehnung von Inland. Wir wissen, dass im Falle eines kleinen Landes (Kapitel 16) die Inlandswährung abwerten und die Inlandsproduktion zunehmen würden. Dasselbe geschieht bei einer großen Volkswirtschaft, doch nun wird auch die übrige Welt von dieser Entwicklung betroffen. Da die Inlandswährung eine reale Abwertung erfährt, muss die Auslandswährung eine reale *Aufwertung* erfahren, sodass sich die ausländischen Güter im Verhältnis zu den inländischen verteuern und die Produktion in Ausland gedrosselt wird. Die Steigerung der Produktion in Inland wirkt jedoch in die entgegengesetzte Richtung, da Inland einen Teil seines Einkommenszuwachses für ausländische Güter ausgibt und damit die gesamtwirtschaftliche Nachfrage nach Auslandsprodukten hebt. Die monetäre Expansion in Inland übt daher zwei entgegengesetzte Wirkungen auf die Produktion von Ausland aus, und das Endresultat hängt davon ab, welche der beiden Effekte stärker ist. Die Produktion von Ausland kann also entweder steigen oder fallen.[3]

Betrachten wir nun eine dauerhafte expansive Fiskalpolitik in Inland. Im Fall eines kleinen Landes, der in Kapitel 16 besprochen wurde, verursachte eine dauerhafte fiskalische Expansion eine reale Währungsaufwertung sowie eine Verschlechterung der Leistungsbilanz, die jede positive Wirkung auf die gesamtwirtschaftliche Nachfrage aufhob. Die expansive Wirkung der fiskalischen Lockerung in Inland wurde sogar in vollem Umfang auf das Ausland übertragen (da der verschlechterten Leistungsbilanz in Inland eine verbesserte Leistungsbilanz in Ausland gegenüberstehen muss). Auch im Falle eines großen Landes steigt die Produktion in Ausland, da seine Exporte sich infolge einer Aufwertung der Inlandswährung verbilligen. Darüber hinaus bedingt ein Teil der Ausgabenerhöhung von Ausland eine Exportsteigerung von Inland, sodass die Inlandsproduktion ebenso wie die Auslandsproduktion zunimmt.[4]

Wir fassen unsere Ausführungen über die makroökonomische Abhängigkeit zwischen großen Ländern wie folgt zusammen:

1. *Effekt einer dauerhaften monetären Expansion von Inland.* Die Inlandsproduktion steigt, die Inlandswährung wertet ab, die Auslandsproduktion kann entweder steigen oder fallen.

2. *Effekt einer dauerhaften fiskalischen Expansion von Inland.* Die Inlandsproduktion steigt, die Inlandswährung wertet auf, die Auslandsproduktion steigt.

---

[3]   Die Bedingung für das Geldmarktgleichgewicht von Ausland ist $M^*/P^* = L(R^*, Y^*)$. Da M^* unverändert bleibt und P^* starr und daher in kurzer Frist fix ist, kann die Produktion in Ausland nur dann steigen, wenn auch sein Nominalzins steigt, und nur dann zurückgehen, wenn der Nominalzins sinkt. Der Nominalzins von Inland sinkt in jedem Fall.

[4]   Wenn Sie sich (analog zu Fußnote 3) die Bedingung für das Geldmarktgleichgewicht in Inland vor Augen führen, erkennen Sie, dass der Nominalzins von Inland steigen muss. Parallele Überlegungen zeigen, dass zugleich der Auslandszinssatz steigt.

Beispiel 19.2: Inflationsabbau, Wachstum, Krise und Rezession, 1980 – 2002

Die Jahre nach 1980 bescherten der Weltwirtschaft eine Reihe durchgreifender Änderungen. Positiv ist zu vermerken, dass die Inflationsraten der Industrieländer noch unter das Niveau der Bretton-Woods-Jahre sanken (siehe Tabelle 19.3). Endlich schien die Preisstabilität wiederhergestellt. Doch die negativen Entwicklungen dieser Zeitspanne waren derart gravierend, dass sie das verhältnismäßig offene Welthandels- und Weltfinanzsystem gefährdeten, das nach dem Zweiten Weltkrieg unter großen Mühen aufgebaut worden war. Zahlreiche Ökonomen und Politiker sahen in den flexiblen Wechselkursen nunmehr eine Hauptursache für die Probleme der Weltwirtschaft und drängten auf eine Rückkehr zu einer stärker eingeschränkten Wechselkursflexibilität.

Inflationsabbau und die Rezession von 1981 – 1983

Im Oktober 1979 gab der Vorsitzende der Federal Reserve, Paul A. Volcker, eine abrupte Änderung der Geldpolitik der USA bekannt, um die Inflation zu bekämpfen und eine weitere Abwertung des Dollars zu verhindern. Die von Volcker verfügte Drosselung der Geldmenge überzeugte die Devisenmärkte, dass der Vorsitzende der Fed die Inflationsbekämpfung ernst meinte. Als Ronald Reagan, der in seinem Wahlprogramm die Geldentwertung angeprangert hatte, im November 1980 zum Präsidenten gewählt wurde, stieg der Wert des Dollars sprunghaft an. Von Ende 1979 bis Ende 1981 wertete der Dollar gegenüber der Mark um 23,2 Prozent auf. Auch die Zinssätze in den USA zogen Ende 1979 stark an; im Jahr 1981 hatten sich die kurzfristigen Zinssätze in den USA gegenüber 1978 nahezu verdoppelt.

Indem die Maßnahmen der USA deren Zinssatz in die Höhe trieben und bei den Investoren die Erwartung eines stärkeren Dollars weckten, lösten sie eine unmittelbare Dollaraufwertung aus. Diese Aufwertung verteuerte US-Produkte gegenüber ausländischen Gütern und senkte dadurch die Produktionsmengen der USA.

Obwohl die Aufwertung des Dollars den Volkswirtschaften außerhalb der USA, die sich in einer Periode langsamen Wachstums befanden, theoretisch einen positiven Anstoß hätte verleihen können, wurde sie dort nicht begrüßt. Der Grund lag darin, dass ein stärkerer Dollar die Inflationsbekämpfung in diesen Ländern erschwerte, indem er zum einen ihre Importpreise hob und zum anderen höheren Lohnforderungen Vorschub leistete. In den USA hatte die Stärkung des Dollars die umgekehrte Wirkung, sie beschleunigte den Rückgang der Inflation. Die restriktive Geldpolitik der USA hatte daher einen Beggar-thy-neigbor-Effekt auf die übrigen Volkswirtschaften, denn sie senkte die Inflation in Amerika zum Teil durch deren Export.

Die Zentralbanken außerhalb der USA reagierten darauf mit Devisenmarktinterventionen, um den Dollaranstieg zu bremsen. Durch den Verkauf von Dollarreserven und den Ankauf ihrer eigenen Währungen senkten einige Zentralbanken in den Jahren 1980 und 1981 die Wachstumsraten ihrer Geldmengen und setzten die Zinssätze herauf.

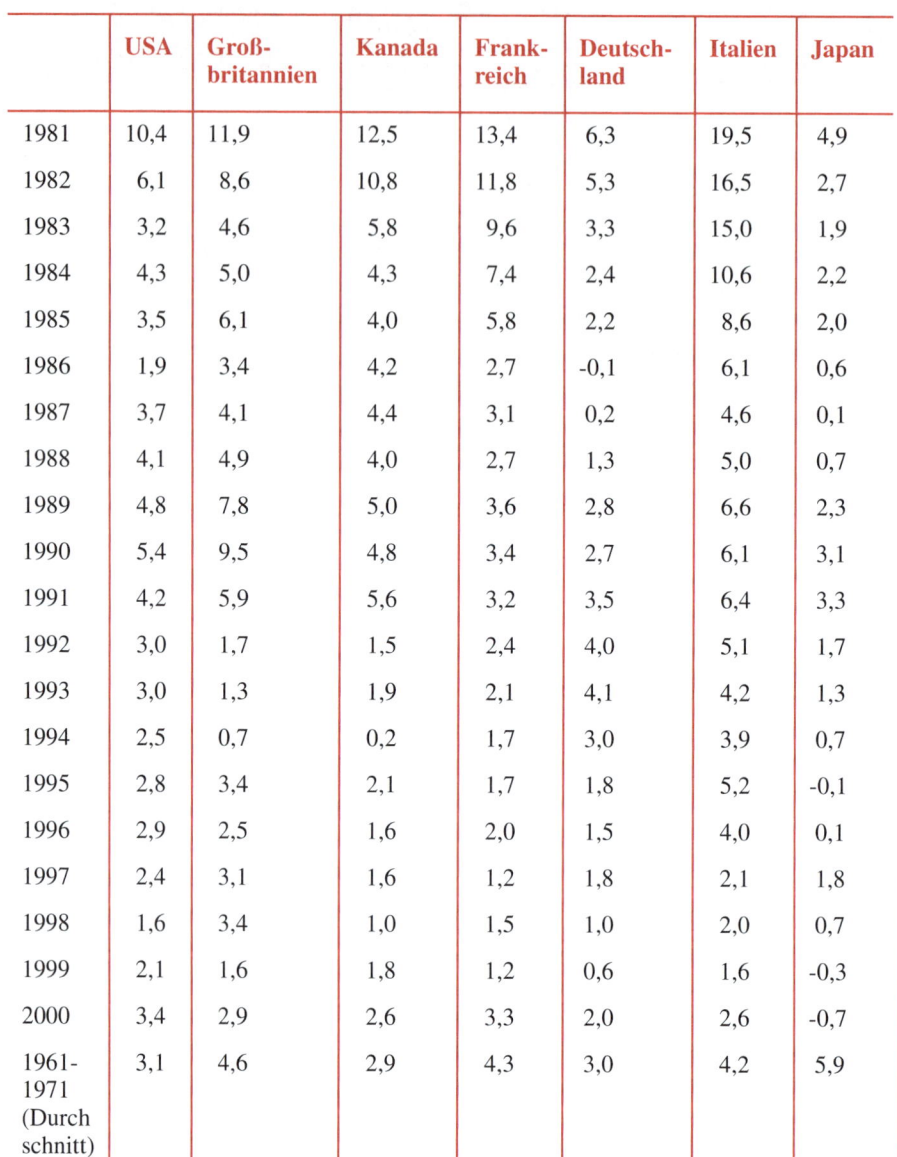

	USA	Groß-britannien	Kanada	Frank-reich	Deutsch-land	Italien	Japan
1981	10,4	11,9	12,5	13,4	6,3	19,5	4,9
1982	6,1	8,6	10,8	11,8	5,3	16,5	2,7
1983	3,2	4,6	5,8	9,6	3,3	15,0	1,9
1984	4,3	5,0	4,3	7,4	2,4	10,6	2,2
1985	3,5	6,1	4,0	5,8	2,2	8,6	2,0
1986	1,9	3,4	4,2	2,7	-0,1	6,1	0,6
1987	3,7	4,1	4,4	3,1	0,2	4,6	0,1
1988	4,1	4,9	4,0	2,7	1,3	5,0	0,7
1989	4,8	7,8	5,0	3,6	2,8	6,6	2,3
1990	5,4	9,5	4,8	3,4	2,7	6,1	3,1
1991	4,2	5,9	5,6	3,2	3,5	6,4	3,3
1992	3,0	1,7	1,5	2,4	4,0	5,1	1,7
1993	3,0	1,3	1,9	2,1	4,1	4,2	1,3
1994	2,5	0,7	0,2	1,7	3,0	3,9	0,7
1995	2,8	3,4	2,1	1,7	1,8	5,2	-0,1
1996	2,9	2,5	1,6	2,0	1,5	4,0	0,1
1997	2,4	3,1	1,6	1,2	1,8	2,1	1,8
1998	1,6	3,4	1,0	1,5	1,0	2,0	0,7
1999	2,1	1,6	1,8	1,2	0,6	1,6	-0,3
2000	3,4	2,9	2,6	3,3	2,0	2,6	-0,7
1961-1971 (Durch schnitt)	3,1	4,6	2,9	4,3	3,0	4,2	5,9

Tabelle 19.3: **Durchschnittliche Inflationsraten der wichtigen Industrieländer, 1981 – 2000 und 1961 – 1971 (Prozent pro Jahr)**
Quelle: Organization for Economic Cooperation and Development, Main Economic Indicators, diverse Ausgaben. Angegeben ist der prozentuale Anstieg des durchschnittlichen Verbraucherpreisindex gegenüber dem Vorjahr.

Diese zeitlich aufeinander abgestimmte Geldmengenverknappung innerhalb und außerhalb der USA, die dem zweiten Ölpreisschock auf dem Fuße folgte, trieb die Weltwirtschaft in die schwerste Rezession seit der Großen Depression der 1930er Jahre. Wie aus Tabelle 19.2 hervorgeht, stieg die Arbeitslosigkeit in den wichtigen Industrieländern. In den Jahren 1982 und 1983 stieg die Arbeitslosigkeit in der ganzen Welt höher als jemals zuvor in der Periode nach dem Zweiten Weltkrieg. Ein Vergleich der damaligen Arbeitslosenraten mit den Angaben der Jahre 1963 – 1972 (3,2 Prozent) für dieselben sieben Länder zeigt das unerhörte Ausmaß dieses Problems. Wie aus Tabelle 19.3 hervorgeht, führten die Verknappung der Geldmenge und die dadurch ausgelöste Rezession allerdings auch zu einem raschen, deutlichen Inflationsrückgang in den Industrieländern.

Fiskalpolitik, Leistungsbilanz und das Wiederaufleben des Protektionismus

Präsident Reagan hatte in seinem Wahlkampf Steuersenkungen und einen Ausgleich der Leistungsbilanz versprochen. Beide Versprechen löste er im Jahr 1981 ein, als der Kongress einer Senkung der Einkommensteuer und der Einführung von fiskalischen Investitionsanreizen für Unternehmen zustimmte. Gleichzeitig erhöhte die Reagan-Regierung die Verteidigungsausgaben und kürzte die Gelder für innenpolitische Programme. Das Endergebnis dieser und weiterer Beschlüsse des Kongresses waren eine Aufblähung des Staatsdefizits der USA und ein starker fiskalischer Anstoß für die Konjunktur.

Eine Analyse der fiskalischen Maßnahmen der USA ist deshalb schwierig, weil die 1981 beschlossene Fiskalpolitik in mehreren Schritten umgesetzt wurde, die erst 1982 begannen und deren expansive Wirkung sich erst 1983 voll entfaltet haben dürfte. Die *Erwartung* der kommenden fiskalischen Expansion im Jahr 1981 konnte lediglich zur Aufwertung des Dollars beitragen und damit die Rezession von 1981 – 1983 in ihren Anfangsstadien vertiefen. Erst für Ende 1982 oder 1983 können wir aufgrund der Ausführungen in obigem Abschnitt schlussfolgern, dass die fiskalische Expansion in den USA die Produktion im In- und Ausland stimulierte.

Während dieser gesamten Zeit förderte die fiskalische Politik der USA allerdings die anhaltende Aufwertung des Dollars (siehe Abbildung 19.3). In dieselbe Richtung wirkte die kontraktive Fiskalpolitik, die damals von Deutschland und Japan betrieben wurde. Im Februar 1985 belief sich die kumulative Aufwertung des Dollars gegenüber der DM seit Ende 1979 bereits auf 47,9 Prozent. Im Dezember 1982 erreichte die Rezession in den USA ihren Tiefpunkt und sobald der fiskalische Impuls durch die stetige Aufwertung des Dollars auf das Ausland übertragen wurde, begann sich die Produktion sowohl innerhalb als auch außerhalb der USA zu erholen. Daneben trug die Fed durch eine Lockerung der Geldpolitik zu dem erneuten Aufschwung bei.

Die Zentralbanken außerhalb der USA befürchteten nach wie vor, durch eine eigene expansive Politik die Inflation zu fördern. Als eine gelockerte Geldpolitik der USA allerdings in der zweiten Hälfte des Jahres 1982 die Dollarzinssätze senkte, gelangten einige dieser Zentralbanken zu dem Schluss, dass sie ihrerseits die Geldpolitik lockern könnten, ohne eine allzu starke Abwertung ihrer Währungen auszulösen. Zu Beginn des Jahres 1984 war die Arbeitslosigkeit in den USA gesunken und die US-Produktion stieg rasch an. In den übrigen Industrieländern blieb die Arbeitslosigkeit jedoch hoch und das Produktionswachstum vollzog sich nach historischen Maßstäben nur langsam.

Während die fiskalische Expansion in den USA zur Erholung der Weltwirtschaft beitrug, boten ihre wachsenden Staatsdefizite Anlass zu ernsten Sorgen über die zukünftige Stabilität der Weltwirtschaft. Diesen steigenden Defiziten standen keine ausgleichenden Erhöhungen der privaten Ersparnisse oder Investitionsrückgänge gegenüber, sodass sich die amerikanische Leistungsbilanz rasch verschlechterte. Im Jahr 1987 wurden die USA zum Nettoschuldner gegenüber dem Ausland und ihr Leistungsbilanzdefizit erreichte den Nachkriegs-Rekordstand von 3,6 Prozent des BSP. Einige Beobachter befürchteten, dass ausländische Gläubiger das Vertrauen in den zukünftigen Wert ihrer Dollaraktiva verlieren und diese abstoßen könnten, sodass eine schlagartige, umfangreiche Abwertung des Dollars eintreten könnte.

Nicht weniger beunruhigend war die Auswirkung des starken Dollars auf die Einkommensverteilung innerhalb der USA. Die Aufwertung des Dollars hatte die Inflation in den USA gesenkt und den Verbrauchern ermöglicht, Importe billiger zu erwerben. Doch die Gruppen, die durch diese Veränderung der Terms of Trade geschädigt wurden, waren besser organisiert und brachten ihre Anliegen vernehmlicher vor als die Nutznießer. Die zu Beginn der 1980er Jahre anhaltende schlechte Wirtschaftsleistung hatte einen zunehmenden Druck auf die Regierungen ausgelöst, die Exportbranchen und die mit Importen konkurrierenden Branchen zu schützen. Als sich der Aufschwung in den USA Ende 1984 verlangsamte, nahmen die Forderungen nach protektionistischen Maßnahmen lawinenartig zu.

Die Reagan-Regierung hatte den Devisenmarkt von Anfang an sich selbst überlassen und sich nur unter außergewöhnlichen Umständen (zum Beispiel nach dem gescheiterten Mordanschlag auf Präsident Reagan) zu Interventionen bereit erklärt. Doch im Jahr 1985 konnte der Zusammenhang zwischen dem starken Dollar und dem immer lauteren Ruf nach Protektionismus nicht mehr ignoriert werden.

Vom Plaza-Abkommen zum Louvre-Akkord und darüber hinaus: Bemühungen um eine Kontrolle der Wechselkurse

Die Wirtschaftslenker der Gruppe der fünf wichtigsten Industrienationen (G5) – USA, Großbritannien, Frankreich, Deutschland und Japan – befürchteten eine Katastrophe des Welthandelssystems. Auf einer Tagung im New Yorker Plaza-Hotel gaben sie daher am 22. September 1985 bekannt, dass sie gemeinsam auf dem Devisenmarkt intervenieren würden, um eine Abwertung des Dollars herbeizuführen. Am nächsten

Tag verlor der Dollar stark an Wert und sank während des gesamten Jahres 1986 und Anfang 1987 weiter ab, da die USA ihre lockere Geldpolitik beibehielten und die Dollarzinssätze im Verhältnis zu den Fremdwährungszinssätzen nach unten drückten (siehe Abbildung 19.3).

Das Plaza-Abkommen der G5 stand für eine politische Kehrtwende der Reagan-Regierung, eine Abkehr von ihrer Ablehnung jeglicher Devisenmarktinterventionen. Wie aus dem Plaza-Kommuniqué hervorging, machte sich in den Regierungskreisen eine zunehmende Unzufriedenheit über die Wirkungsweise der flexiblen Wechselkurse breit. Es war der Beginn einer Periode, in der zahlreiche Länder unter Einschluss der USA bereitwillig, bisweilen massiv, und koordiniert auf dem Devisenmarkt intervenierten, um Einfluss auf die Wechselkurse zu nehmen.

Ende des Jahres 1986 herrschte zwischen den Regierungen der Industrieländer Uneinigkeit über die Frage des Dollarkurses. Das Leistungsbilanzdefizit der USA war nach wie vor groß. Da sich das Ausland nicht ohne weiteres zu einer Politik der Ausgabenänderung bereit fand, versuchten die führenden Politiker der USA, das außenwirtschaftliche Gleichgewicht durch eine Ausgabenumleitungs-Politik, d.h. eine weitere Dollarabwertung, wiederherzustellen. Die Führer der anderen Industrieländer waren allerdings der Ansicht, dass die Aufwertung ihrer Währungen weit genug gegangen sei. Ihre Branchen hatten bereits Mühe, gegen die Konkurrenz aus dem Ausland anzukommen, und daher favorisierten sie eine Ausgabenänderungs-Politik der USA in Form einer fiskalischen und monetären Kontraktion.

Auf einem Treffen im Pariser Louvre am 22. Februar 1987 bemühte man sich erneut um eine Zusammenarbeit in Bezug auf die Wechselkurse. Die Finanzminister und Notenbankchefs der G5-Länder und Kanadas veröffentlichten eine Erklärung, in der sie sich verpflichteten, die nominalen Wechselkurse in etwa auf dem bestehenden Niveau zu stabilisieren, das in ihren Augen „im Großen und Ganzen den ökonomischen Grunddaten" und auch dem Ziel eines allgemeinen außenwirtschaftlichen Gleichgewichts entsprach. Der Louvre-Akkord war kein bloßes Lippenbekenntnis zur Wechselkursstabilisierung. In einem nicht veröffentlichten Ergänzungsabkommen legten die Regierungen Zielzonen für die Wechselkurse fest und kamen überein, diese durch Devisenmarktinterventionen zu verteidigen. Zwar wurden diese Zielzonen nicht öffentlich bekannt gegeben, doch nach Ansicht von Beobachtern sah der Louvre-Akkord Bandbreiten von plus/minus 5 Prozent um die Wechselkurse von DM 1,8250 pro Dollar und ¥153,50 pro Dollar vor. (Im Gegensatz dazu lagen die Wechselkurse in den Wochen nach dem Plaza-Abkommen im Bereich von DM 2,750 pro Dollar und ¥250 pro Dollar.)

Nach einer Anpassung der Zielzone für den Yen/Dollar-Kurs im April 1987 gelang es den Industrieländern, ihre neuen Wechselkursbandbreiten mehrere Monate lang aufrechtzuerhalten. Das Leistungsbilanzdefizit der USA blieb dennoch hoch und der starke Verkaufsdruck auf den Dollar hielt an. Die Bandbreiten konnten daher nur beibehalten werden, wenn das Wachstum des Geldangebots in den USA gebremst wurde und die Zinsdifferenz stetig zugunsten von Dollaraktiva stieg. Die Marktteilnehmer stellten sich die Frage, ob die Konjunktur der USA in eine Rezession getrieben würde, um nominale Wechselkursziele zu erreichen, die angesichts der Produktpreise in den USA und im Ausland in immer stärkeren Widerspruch zu einer ausgeglichenen Leistungsbilanz gerieten.

Im Oktober 1987 fand die kurze Periode der Wechselkursstabilität ein jähes Ende, als die Börse in den USA absackte und dann zusammenbrach, nachdem die USA eine Heraufsetzung der Zinsen in Deutschland kritisiert hatten. Die wichtigen Börsen der Welt wurden vom Sog des schwindelerregenden Falls der Wall Street erfasst. In den USA konnte der neue Vorsitzende der Fed, Alan Greenspan, eine allgemeine Wirtschaftskrise abwenden, indem er die Bereitschaft der Fed erklärte, dem Finanzsystem in seiner Krise Liquidität zur Verfügung zu stellen. Die Vorsitzenden der Zentralbanken außerhalb der USA verhielten sich ähnlich, sodass die Zinssätze in der ganzen Welt gesenkt wurden. Im Zuge dieser Entwicklung ließen die Währungsbehörden der USA allerdings zu, dass der Dollar weit unter die im Louvre-Akkord vereinbarte Grenze abwertete.

Anschließend wurden neue Wechselkurszielzonen festgelegt, die jedoch augenscheinlich mehrmals geändert wurden, ohne dass dies jemals öffentlich dokumentiert worden wäre. Doch zu Beginn der 1990er Jahre hatte man die Zielzonen eindeutig aufgegeben. Abbildung 19.4 vermittelt einen Überblick über die Wechselkursbewegungen nach dem Louvre-Akkord. Die Kritiker der impliziten Zielzonen führen an, dass diese für die Wechselkurse keine reale Bedeutung gehabt hätten. Durch ihre Weigerung, die Zielzonen bekannt zu geben, anstatt die Märkte im Unklaren zu lassen, hätten die Währungsbehörden lediglich ihr wiederholtes Versagen gegenüber dem Druck des Marktes vertuschen wollten. Die Befürworter halten dem entgegen, dass die Wechselkursschwankungen ohne die Zielzonen noch stärker ausgefallen wären, als es ohnehin der Fall war. Fest steht, dass die offiziellen Bemühungen um eine Beeinflussung der Wechselkurse nur dann Erfolg hatten, wenn sie von einer veränderten Geld- oder Fiskalpolitik unterstützt wurden. Das sanftere Mittel der (bisweilen umfangreichen) neutralisierten Intervention zeigte kaum Wirkung. Die Währungsbehörden mussten daher in einem schwierigen und manchmal schmerzhaften Prozess zwischen dem binnenwirtschaftlichen Gleichgewicht und der Wechselkursstabilität abwägen. Eben dies hatten die USA im Oktober 1987 getan. Keine Regierung hat im Ernstfall der Wechselkursstabilität Vorrang eingeräumt.

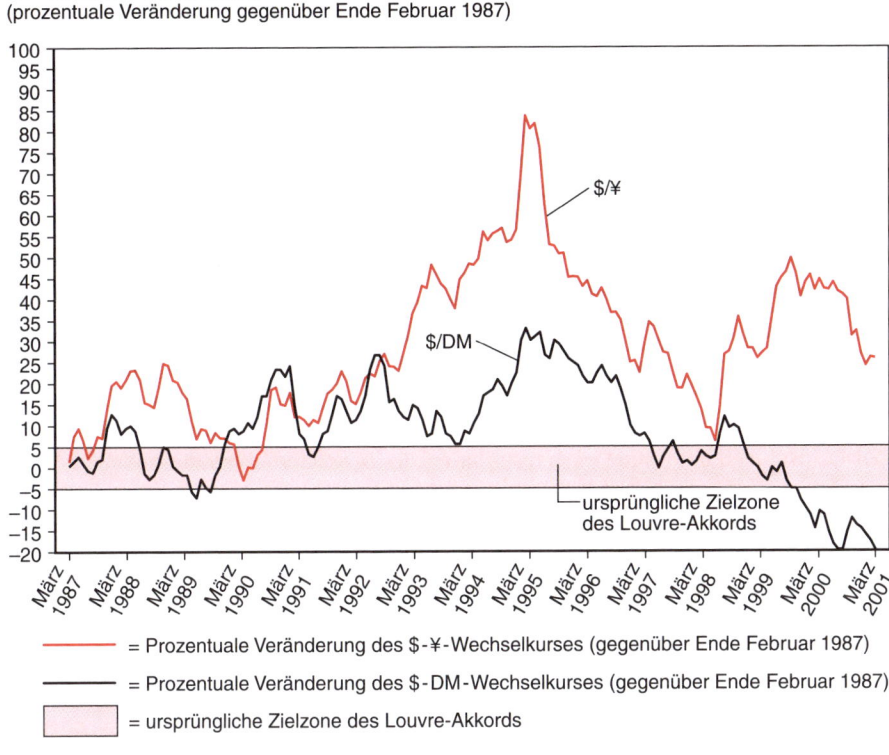

$/¥- und $/DM-Wechselkurse
(prozentuale Veränderung gegenüber Ende Februar 1987)

———— = Prozentuale Veränderung des $-¥-Wechselkurses (gegenüber Ende Februar 1987)

———— = Prozentuale Veränderung des $-DM-Wechselkurses (gegenüber Ende Februar 1987)

▨ = ursprüngliche Zielzone des Louvre-Akkords

Der Dollarpreis der deutschen und der japanischen Währung war nach dem Louvre-Akkord im Februar 1987 starken Schwankungen ausgesetzt, obwohl man sich international darauf geeinigt hatte, diese Wechselkursänderungen innerhalb einer Bandbreite von 10 Prozent zu halten.
Quelle: Internationaler Währungsfonds, *International Financial Statistics.*

Abbildung 19.4:   **Wechselkursänderungen seit dem Louvre-Akkord**

Eine neuerliche globale Rezession, Erholung, Krise und Verlangsamung der Konjunktur

Gegen Ende der 1980er Jahre gerieten die wichtigsten Industrieländer erneut unter Inflationsdruck (siehe Tabelle 19.3). Die Inflation ging nicht auf eine weltwirtschaftliche Störung, sondern auf nationale Entwicklungen zurück und machte sich je nach Land zu unterschiedlichen Zeitpunkten und mit unterschiedlicher Intensität bemerkbar.

→

In den USA trug die rasche Geldmengenausdehnung in den Jahren 1985 und 1986 dazu bei, dass die Inflation 1987 und 1988 anstieg. Die Federal Reserve reagierte mit einer außerordentlich straffen Geldpolitik, welche die USA im Sommer 1990 in einen langen konjunkturellen Abschwung stieß. Die wirtschaftliche Erholung der USA, die 1992 einsetzte, leitete eine anhaltende Expansion der amerikanischen Volkswirtschaft ein, die sich durch niedrige Inflationsraten, einen Börsenboom und niedrige Arbeitslosenraten auszeichnete, wie man sie seit der Zeit vor dem ersten Ölpreisschock zu Beginn der 1970er Jahre nicht mehr gekannt hatte.

Die Herstellung der Währungs- und Wirtschaftsunion aus DDR und BRD zum 1. Juli 1990, welche nach dem Zerfall der sowjetischen Vorherrschaft über Osteuropa die offizielle Wiedervereinigung Deutschlands einleitete, löste verstärkte Inflationstendenzen in Deutschland aus. Gleichzeitig banden andere europäische Länder im Rahmen des Europäischen Währungssystems (EWS), des regionalen Systems fester Wechselkurse der EU, ihre Währungen an die DM. Die kontraktive Geldpolitik, mit der Deutschland auf seinen inneren Inflationsdruck reagierte, verlangsamte das Wirtschaftswachstum seiner EWS-Partner, obwohl diese zumeist nicht von einer beschleunigten Inflation betroffen waren. Die daraus resultierenden widersprüchlichen Tendenzen innerhalb des EWS lösten einen massiven Angriff auf die festen Paritäten des EWS aus, wie wir in Kapitel 20 aufzeigen werden.

Die japanische Inflation nahm 1989 zu, was zum Teil durch eine relativ lockere Geldpolitik in den Jahren 1986 bis 1988 bedingt war. Zwei sehr augenfällige Symptome dieses Drucks waren die rasanten Preissteigerungen für japanische Immobilien und Wertpapiere. Die Strategie der japanischen Zentralbank, diesen aufgeblähten Vermögenspreisen durch eine restriktive Geldpolitik und erhöhte Zinsen entgegenzuwirken, ging glatt auf, und der Nikkei-Aktienkursindex der Tokioter Börse sank von 1990 bis 1992 um nahezu die Hälfte. Unglücklicherweise geriet durch den starken Rückgang der Vermögenspreise das japanische Bankensystem Anfang 1992 in eine Krise und die Volkswirtschaft in eine Rezession. Noch 2001 war die Bankenkrise ungelöst.

Im Jahr 1996 setzte in Japan ein erneutes Wirtschaftswachstum ein, doch die Regierung erhöhte angesichts einer zunehmenden Staatsverschuldung die Steuern. Die Konjunktur verlangsamte sich 1997, die tief verwurzelten und weit verbreiteten Probleme der japanischen Kreditinstitute traten immer offener zutage, und der Yen sank stark ab, von ¥80 pro Dollar Anfang 1995 auf nicht weniger als ¥145 pro Dollar im Sommer 1998. Anschließend erholte er sich etwas. Dennoch schien sich die japanische Volkswirtschaft im Jahr 1998 im freien Fall zu befinden. Das BIP sank, die Preise fielen und die Arbeitslosigkeit befand sich auf dem höchsten Stand seit mehr als vierzig Jahren.

Die Probleme der japanischen Volkswirtschaft übertrugen sich auf die Entwicklungsländer Ostasiens, zu denen Japan umfangreiche Handelsbeziehungen unterhält. Wie wir in Kapitel 22 sehen werden, hatte das BIP mehrerer dieser Volkswirtschaften bis 1997 über viele Jahre hinweg spektakuläre Wachstumsraten erreicht. Viele dieser Länder hatten darüber hinaus ihre Wechselkurse gegenüber dem US-Dollar festgelegt oder hielten sie der US-Währung gegenüber innerhalb enger Zielzonen. Der Konjunkturabschwung Japans im Jahr 1997 schwächte die Volkswirtschaften Ostasiens sowohl auf direktem Wege als auch vermittels der Wechselkurse. Da die ostasiatischen Währungen an den Dollar gebunden waren, werteten sie tendenziell gegenüber dem Yen auf, als dieser gegenüber dem Dollar an Wert verlor. Sie bekamen daher nicht nur die direkten Folgen des verlangsamten japanischen Wachstums für die Nachfrage nach ihren Importen zu spüren, sondern mussten zugleich feststellen, dass ihre Exporte auf den Auslandsmärkten zu teuer wurden.

Das Ergebnis war eine Serie immer heftigerer spekulativer Angriffe auf die ostasiatischen Währungen. Sie richteten sich im Frühjahr 1997 zunächst gegen den thailändischen Baht und anschließend gegen die Währungen Malaysias, Indonesiens und Südkoreas. Diese Volkswirtschaften gerieten in eine schwere Rezession, die wir in Kapitel 22 eingehender beleuchten werden. Sie wurden von Japan nach unten gezogen, rissen aber ihrerseits in einer Art Teufelskreis auch Japan tiefer in den Abgrund. Auch andere Volkswirtschaften der Region, wie beispielsweise Singapur, Hongkong und China, erfuhren im Jahr 1998 ein verlangsamtes Wachstum. Dasselbe gilt für Lateinamerika. Russland konnte seine Verbindlichkeiten gegenüber dem In- und Ausland nicht mehr bedienen, sodass unter den globalen Investoren ein großes Zittern und in Russland selbst ein finanzielles Chaos ausbrach. Die Angst vor einer weltweiten Depression veranlasste die Federal Reserve Ende 1998 zu einer Reihe von Zinssenkungen. Aus demselben Grund unternahmen elf europäische Länder als Vorbereitung auf die Einführung des Euro im Jahr 1999 eine koordinierte Zinssenkung, wie es sie in dieser Weise nie zuvor gegeben hatte.

Diese Maßnahmen trugen dazu bei, einen Zusammenbruch der Weltwirtschaft zu verhindern. Ende 1999 erschien die Talsohle der Finanzkrise überwunden. Doch im Frühjahr 2001 ging das zehnjährige traumhafte Wachstum in den USA zu Ende, und die Konjunktur trat in eine leichte Rezession ein. Während der 1990er Jahre war Amerika der wichtigste Motor des weltwirtschaftlichen Wachstums gewesen. Da sich die Probleme Japans nur verschärften und auch die Konjunktur in Europa lahmte, kam der Kapitalzufluss in die Entwicklungsländer zum Stillstand. In der ersten Hälfte des Jahres 2002 ließ das Wachstum der Weltwirtschaft immer noch auf sich warten.

19.4   Lehren aus der Zeit seit 1973

Die ersten beiden Abschnitte dieses Kapitels umrissen die wichtigsten Argumente für und gegen flexible Wechselkurse. Nachdem wir die Entwicklung der jüngsten Periode flexibler Wechselkurse betrachtet haben, vergleichen wir nun diese Erfahrungen mit den Prognosen, die vor 1973 von den Befürwortern und Gegnern der Wechselkursfreigabe getroffen worden waren, und stellen die Frage, ob die jüngere Geschichte ein abschließendes Urteil über Reformvorschläge für das heutige Wechselkurssystem zulässt.

19.4.1   Geldpolitische Autonomie

Es steht außer Frage, dass die Wechselkursfreigabe die Zentralbanken in die Lage versetzte, ihre Geldmengen zu kontrollieren und über die Inflationstendenz zu entscheiden. Ein Vergleich der Tabellen 19. 1 und 19.3 (der Inflationsraten in der Zeit flexibler Kurse) mit den Tabellen 18.1 und 18.3 (die sich auf die Zeit der Festkurse beziehen) zeigt, dass die flexiblen Kurse eine weitaus größere Divergenz der Inflationsraten verschiedener Länder zuließen. Wurden die Inflationsunterschiede während der Periode flexibler Kurse durch Währungsabwertungen ausgeglichen? Abbildung 19.5 vergleicht die Währungsabwertungen der sechs größten marktwirtschaftlich organisierten Industrieländer gegenüber dem Dollar mit der Differenz zwischen den Inflationsraten dieser Länder und der USA. Die KKP-Theorie prognostiziert, dass die sich daraus ergebenden Punkte entlang der 45-Grad-Linie liegen, die für eine proportionale Entwicklung von Wechselkurs und relativem Preisniveau steht. Doch dies trifft nicht genau zu. Abbildung 19.5 bestätigt zwar die Aussage aus Kapitel 15, dass die KKP nicht exakt erfüllt wurde, zeigt jedoch, dass Länder mit hoher Inflation in der Regel schwächer bewertete Währungen aufweisen als Länder mit niedriger Inflation. Darüber hinaus sind die Unterschiede in den Abwertungsraten größtenteils durch Inflationsunterschiede bedingt, sodass sich die KKP als ein wichtiger Faktor für die Variabilität der Wechselkurse in langer Frist erweist.

Für die lange Frist wird die Aussage bestätigt, dass eine eigenständige Geldpolitik zur Inflationsabwehr geeignet ist, doch sowohl die ökonomische Analyse als auch die Erfahrung zeigen, dass in kurzer Frist die Geld- und Fiskalpolitik auch unter flexiblen Kursen über nationale Grenzen hinweg Wirkungen entfaltet. Das weiter oben entwickelte makroökonomische Zwei-Länder-Modell zeigt beispielsweise, dass die Geldpolitik in der kurzen Frist die Produktion sowohl im Inland als auch im Ausland beeinflusst, sofern sie den realen Wechselkurs verändert. Die Kritiker der Wechselkursfreigabe hatten also zu Recht gewarnt, dass flexible Wechselkurse nicht geeignet seien, Länder gegenüber vom Ausland ausgehenden Störungen vollständig abzuschotten.

Darüber hinaus bestätigt die Erfahrung voll und ganz das Argument der Skeptiker, wonach sich eine Zentralbank gegenüber dem Wert ihrer Währung auf dem Devisenmarkt nicht gleichgültig verhalten kann. Nach 1973 haben die Zentralbanken wiederholt auf dem Devisenmarkt interveniert, um den Außenwert ihrer Währungen zu beeinflussen, und selbst die Reagan-Regierung gab mit dem Plaza-Abkommen der G5 im September 1985 ihre Laisser-faire-Politik gegenüber dem Dollarkurs auf. Das Schwanken der Wechselkurse nach 1973 wird im Gegensatz zu dem „reinen Floaten" häufig als „schmutziges Floaten" bezeichnet, da die Zentralbanken bei Bedarf intervenierten und auch weiterhin Währungsreserven hielten (Kapitel 17). Die Befürworter flexibler Wechselkurse hatten argumentiert, dass die Zentralbanken auf solche Reserven verzichten könnten, doch von 1972 bis zum Dezember 1999 stieg der Wert der Währungsreserven der Industrieländer von 113 Milliarden auf 755 Milliarden Dollar.

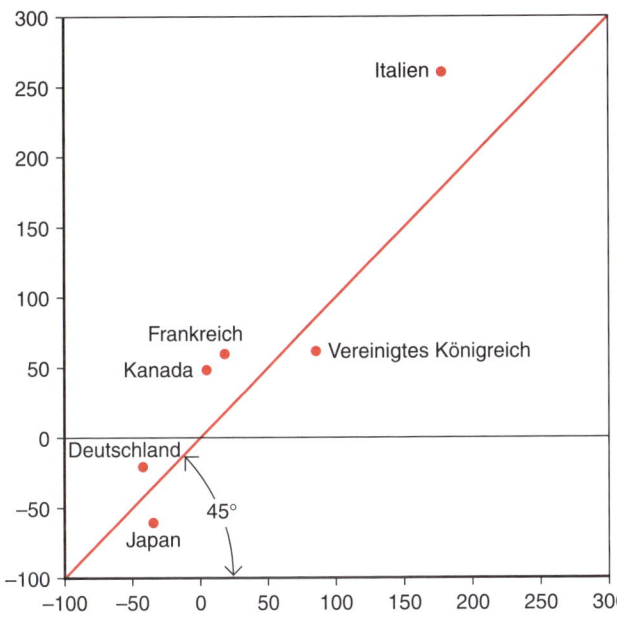

Prozentuale Veränderung der Preisnotierung des US-Dollar, 1973–2000

Prozentuale Veränderung des Preisniveaus außerhalb der USA abzüglich der prozentualen Veränderung des Preisniveaus innerhalb der USA, 1973–2000

Wenn man die Periode flexibler Wechselkurse als Ganzes betrachtet, war eine erhöhte Inflation mit einer verstärkten Abwertung der entsprechenden Währung verbunden. Die von der relativen KKP prognostizierte Beziehung wurde aber für die meisten Länder nicht exakt erfüllt. Der auf der horizontalen Achse abgetragene Inflationsunterschied ist berechnet als $(\pi - \pi_{US}) \div (1 + \pi_{US}/100)$, wobei die auf S. 505 (Fußnote 1, Kapitel 15) angegebene exakte KKP zugrunde gelegt wird.
Quelle: *International Financial Statistics Yearbook*, 2001

Abbildung 19.5: Wechselkursentwicklung und Inflationsunterschiede, 1973 – 2000

Weshalb intervenierten die Zentralbanken weiterhin, obwohl sie nicht mehr dazu verpflichtet waren? Wie wir anhand des Beispiels einer Veränderung der inländischen Geldnachfrage sahen, kann eine Intervention zur Fixierung des Wechselkurses die Produktion und das Preisniveau bei bestimmten Störungen stabilisieren, und bisweilen führten die Zentralbanken Wechselkursbewegungen auf solche Faktoren zurück. Doch auch bei Störungen des Gütermarktes bemühten sich die Zentralbanken um eine Dämpfung von Wechselkursschwankungen, um abrupte Veränderungen der internationalen Wettbewerbsfähigkeit ihrer Handelsgüter abzuwenden. Denn die spätere Umkehr solcher Veränderungen kann zu übermäßigen Fluktuationen der Beschäftigung in bestimmten Sektoren führen und politische Forderungen nach Protektionismus auslösen. Schließlich befürchteten die Zentralbanken, dass auch vorübergehende Wechselkursänderungen mittelfristige Inflationseffekte auslösen könnten, von denen die Volkswirtschaften nur unter großen Anstrengungen wieder zu befreien wären.

Die Kritiker, die das Argument der geldpolitischen Autonomie anzweifelten, hatten außerdem vorhergesagt, dass die Freigabe der Wechselkurse den Zentralbanken zwar die Kontrolle über die nominalen Geldmengen verschaffen würde, ihre Einflussmöglichkeiten auf die Produktion aber dennoch beschränkt blieben, weil das Preisniveau unter flexiblen Wechselkursen rascher auf monetäre Veränderungen reagieren würde. Diese Vorhersage wurde von der Erfahrung zum Teil bestätigt. Monetäre Veränderungen hatten unter einem flexiblen nominalen Wechselkurs einen weitaus größeren kurzfristigen Effekt auf den *realen* Wechselkurs als unter einem festen Kurs, sodass der unmittelbare Einfluss der Geldmenge auf die Produktion in einigen Ländern zunahm. In vielen Ländern erwies sich dieser Einfluss jedoch als kurzlebig. Die rasche Reaktion des Wechselkurses auf Veränderungen der Geldmenge beeinflusste die Importpreise und die Lohnabschlüsse und verkürzte damit die Zeitspanne, innerhalb derer die Geldmenge die reale Wirtschaftstätigkeit ändern konnte, ohne die nominalen Produktpreise zu beeinflussen. Der Zusammenhang zwischen einer Währungsabwertung und der Inflation zeigte sich anhand der Erfahrung der USA von 1976 bis 1979 und anhand der raschen Inflation, die sich zu verschiedenen Zeitpunkten in Großbritannien, Frankreich und Italien einstellte, als diese Länder versuchten, durch eine Geldmengenausweitung das Wachstum der Produktion zu beschleunigen. Der Inflationsabbau in den USA nach 1979 machte deutlich, dass ein flexibler Wechselkurs auch die Übersetzung einer Geldmengenverknappung in eine niedrigere Inflation beschleunigen konnte.

19.4.2   Symmetrie

Da die Zentralbanken auch weiterhin Dollarreserven hielten und intervenierten, stellte sich im internationalen Währungssystem nach 1973 keine Symmetrie ein. Die DM und der Yen gewannen als Reservewährungen an Bedeutung (die das britische Pfund einbüßte), doch der Dollar blieb wichtigster Bestandteil der Währungsreserven der meisten Zentralbanken.

Der an der Stanford University lehrende Ökonom Ronald McKinnon argumentiert, dass das gegenwärtige System flexibler Wechselkurse in vieler Hinsicht dem asymmetrischen Reservewährungssystem ähnelt, das dem Bretton-Woods-Abkommen zugrunde lag.[5] Er nimmt an, dass ein stärker symmetrisch gestalteter Anpassungsmechanismus der Währungen die Schwankungen der weltweiten Geldmenge gedämpft hätte. Interventionen ausländischer Zentralbanken zur Begrenzung der Dollaraufwertung nach 1979 führten beispielsweise in diesen Ländern zu einer Geldmengenkontraktion, ohne dass es in den USA zu einer symmetrischen Geldmengenexpansion gekommen wäre. Diese Asymmetrie verstärkte die Krise des Weltwährungssystems und trug zur Vertiefung der folgenden Rezession bei.

---

[5]   Ronald I. McKinnon, *An International Standard for Monetary Stabilization, Policy Analyses in International Economics*, Washington, D.C.: Institute for International Economics, 1984.

19.4.3   Wechselkurse als automatische Stabilisatoren

Die Struktur der Weltwirtschaft hat sich seit 1973 durchgreifend gewandelt. Da diese Wandlung die relativen nationalen Produktpreise änderte (Abbildung 19.5), ist zweifelhaft, ob ein Festkurssystem ohne bedeutende Änderungen der Paritäten zu halten gewesen wäre. Die Industrieländer hätten die beiden Ölpreisschocks mit Sicherheit weniger gut überstanden, wenn sie damals feste Wechselkurse verteidigt hätten. Wie jüngere Erfahrungen zeigen, wäre es in Abwesenheit von Kapitalverkehrskontrollen zu ähnlichen spekulativen Angriffen gekommen, wie sie den Zusammenbruch des Bretton-Woods-Systems einleiteten. Unter flexiblen Wechselkursen konnten dagegen viele Länder die zuvor verhängten Beschränkungen des Kapitalverkehrs lockern. Diese stufenweise Lockerung der Kontrollen förderte die rasche Entstehung einer globalen Finanzbranche und ermöglichte den Ländern die vermehrte Realisierung intertemporaler Außenhandelsgewinne.

Die Folgen der fiskalischen Expansion der USA nach 1981 bestätigen die stabilisierenden Eigenschaften eines flexiblen Wechselkurses. Mit der Aufwertung des Dollars ging die Inflation in den USA zurück, die amerikanischen Verbraucher profitierten von verbesserten Terms of Trade und die konjunkturelle Erholung griff auf das Ausland über.

Die Aufwertung des Dollars nach 1981 widerspricht außerdem der Ansicht, dass flexible Wechselkurse realwirtschaftliche Störungen, wie beispielsweise Veränderungen der Gesamtnachfrage, abfedern könnten. Zwar wird die *Gesamtwirkung* auf Produktion und Preisniveau gedämpft, doch einzelne Sektoren können durchaus geschädigt werden. Die Dollaraufwertung trug in der 1980er Jahren beispielsweise zur Übertragung der fiskalischen Expansion ins Ausland bei, verschlechterte aber zugleich die Stellung der US-Landwirtschaft, die nicht direkt von der erhöhten Nachfrage der öffentlichen Haushalte profitierte. Reale Wechselkursänderungen können in einigen Branchen gesteigerte Anpassungsprobleme auslösen und Forderungen nach protektionistischen Maßnahmen laut werden lassen.

Dauerhafte Veränderungen der Gütermarktbedingungen erfordern früher oder später eine Anpassung der realen Wechselkurse, die durch ein System flexibler Kurse beschleunigt werden kann. Devisenmarktinterventionen zur Aufrechterhaltung der nominalen Wechselkurse können diese Anpassung nicht unbegrenzt verhindern, weil die Geldmenge in langer Frist neutral ist und daher die relativen Preise nicht dauerhaft verändern kann. Wie die Entwicklung der 1980er Jahre zeigt, ist es jedoch in Fällen, in denen die Verlagerung der Produktionsfaktoren von einer Branche zur anderen hohe Kosten verursacht, durchaus angebracht, die Wechselkurse bei vorübergehenden Störungen der Gütermärkte zu stützen. Unglücklicherweise stellt diese Erkenntnis die politischen Entscheidungsträger vor die schwierige Aufgabe, zu beurteilen, ob eine Störung vorübergehender oder dauerhafter Natur ist.

Bisweilen verurteilt man das System flexibler Kurse unter Hinweis auf das schwache Wirtschaftswachstum der Industrieländer in den 1970er und 1980er im Vergleich zu den 1950er und 1960er Jahren. Wie oben ausgeführt, stiegen die Arbeitslosenraten der Industrieländer nach den 1960er Jahren stark an; außerdem gingen die Arbeitsproduktivität und das reale BSP zurück. Diese ungünstige Entwicklung folgte der Einführung flexibler Dollarwechselkurse, doch dieses zeitliche Zusammenfallen beweist nicht, dass sie durch die

Wechselkursfreigabe verursacht wurde. Zwar hat die Wirtschaftswissenschaft die Verlangsamung des Wachstums und den Anstieg der Arbeitslosigkeit noch nicht restlos erklärt, doch dürften die Ursachen in strukturellen Veränderungen liegen, die wenig mit den flexiblen Wechselkursen zu tun hatten. Hierzu zählen die Ölpreisschocks, ein restriktiver Arbeitsmarkt und der Abbau von Arbeitsplätzen, der durch den Aufstieg mehrerer Entwicklungsländer zu bedeutenden Exporteuren von Industrieprodukten ausgelöst wurde. Ein großer Teil des Außenhandels im Rahmen des Europäischen Währungssystems fand zu festen Wechselkursen statt, doch die EWS-Länder schnitten bei der Schaffung von Arbeitsplätzen und der Bekämpfung der Arbeitslosigkeit nicht besser ab als die USA oder Japan.

19.4.4   Disziplin

Wurde die durch flexible Wechselkurse ermöglichte eigenständige Geldpolitik missbraucht? Die Inflationsraten der verschiedenen Länder stiegen nach 1973 und verblieben während des zweiten Ölpreisschocks auf einem hohen Niveau. Doch der konzertierte Inflationsabbau der Industrieländer nach 1979 erbrachte den Beweis, dass die Zentralbanken den Inflationsversuchungen unter flexiblen Wechselkursen widerstehen konnten. Mehrmals gaben die Wähler in den Industrieländern zu verstehen, dass sie eine schwache Währung als Zeichen wirtschaftspolitischen Versagens werteten. Aus diesem Grund löste eine Abwertung der Währung manchmal abrupte Änderungen der Geldpolitik aus, so auch 1979 in den USA.

Das System flexibler Kurse erlegte der Fiskalpolitik ganz offenkundig weniger Beschränkungen auf, wie beispielsweise die hohen Staatsdefizite der USA in den 1980er Jahren belegen. Die Argumente einiger Beobachter, dass feste Kurse eine bescheidenere Fiskalpolitik Amerikas erzwungen hätten, konnten nicht überzeugen. Die festen Kurse der späten 1960er Jahre hatten die fiskalische Expansion der Johnson-Regierung, die zum Zusammenbruch des Bretton-Woods-Systems beitrug, ebenso wenig verhindert, wie sich Deutschland zu Beginn der 1990er Jahre in seiner Fiskalpolitik vom EWS zurückhalten ließ.

19.4.5   Destabilisierende Spekulation

Flexible Wechselkurse legten eine weitaus größere Volatilität an den Tag, als ihre Befürworter ursprünglich erwartet hatten, doch wie wir in Kapitel 13 sahen, sind Wechselkurse Vermögenspreise, und so war eine erhebliche Volatilität zu erwarten. In der Zeit vor den 1970er Jahren hatten die Ökonomen diesen Charakter der Wechselkurse als Vermögenspreise noch nicht in vollem Umfang begriffen.

Selbst rückblickend bleibt es allerdings schwierig, kurzfristige Wechselkursbewegungen mit bestimmten Nachrichten über ökonomische Entwicklungen in Zusammenhang zu bringen, die den Außenwert von Währungen beeinflussen. Zum Teil ist diese Schwierigkeit dadurch bedingt, dass Regierungsvertreter oftmals versuchen, die Wechselkursentwicklung durch Andeutungen bevorstehender Politikänderungen zu beeinflussen, und dadurch die Markterwartungen über die künftige makroökonomische Politik selbst desta-bilisieren. Ob die Wechselkursvolatilität im Verhältnis zu den theoretischen Determinan-ten der Wechselkurse „übertrieben" ausfällt, ist umstritten und bildet einen Gegenstand laufender akademischer Forschungen (Kapitel 21).

In langer Frist widerspiegelten die Wechselkurse allerdings durchaus grundlegende Ver-änderungen der Geld- und Fiskalpolitik, und ihre allgemeine Entwicklung scheint nicht durch destabilisierende Spekulation bedingt. Die Abwertung des Dollars in den späten 1970er Jahren (Abbildung 19.3) fällt mit einer gelockerten Geldpolitik der USA zusam-men, während seine starke Aufwertung von 1980 bis 1985 einsetzte, als die USA sich dem Inflationsabbau verschrieben und eine stärkere fiskalische Expansion einleiteten als jemals zuvor in Friedenszeiten. Während die meisten Ökonomen darin übereinstimmen, dass die Richtung dieser Wechselkursänderungen angemessen war, hält die Auseinander-setzung über ihren Umfang an. Einige halten die Reaktion des Devisenmarkts auf die Maßnahmen der Regierung für übertrieben und vertreten die Ansicht, dass eine systema-tischere Intervention auf den Devisenmärkten angebracht gewesen wäre.

Die Vorstellung, dass willkürliche Wechselkursbewegungen zu einem „Teufelskreis" aus Inflation und Abwertung führen könnten, wurde durch die Erfahrungen mit flexiblen Wechselkursen nicht bestätigt. Großbritannien, Italien und in geringerem Maße auch Frankreich erlebten Inflationsspiralen, die den entsprechenden Prognosen ähnelten. Doch die Währungsabwertung, die damit einherging, war nicht das willkürliche Resultat einer destabilisierenden Wechselkursspekulation. Wie Abbildung 14.10 (S. 487) zeigt, wiesen diejenigen Industrieländer, deren Inflation sich unter flexiblen Wechselkursen ungünstig entwickelte, in der Regel auch ein relativ rasches Geldmengenwachstum auf.

19.4.6 Außenhandel und internationale Investitionen

Die Kritiker der Wechselkursfreigabe hatten vorhergesagt, dass der Außenhandel und die internationalen Investitionen unter der erhöhten Unsicherheit leiden würden. Diese Prog-nose erwies sich für die Investitionen eindeutig als falsch, denn der internationale Finanzaustausch nahm nach 1973 stark zu, da die Länder die Beschränkungen für Kapi-talbewegungen lockerten (siehe Kapitel 21).

Die Effekte flexibler Wechselkurse auf den Außenhandel sind umstritten. Die Inanspruch-nahme von Termingeschäften und anderen Derivaten nahm, den Erwartungen der Befür-worter flexibler Wechselkurse entsprechend, dramatisch zu, und zwecks Vermeidung des Wechselkursrisikos wurden innovative Finanzinstrumente entwickelt. Nach Ansicht einiger Ökonomen verringerten die Kosten für die Ausschaltung des Wechselkursrisikos, ähnlich wie internationale Transportkosten, allerdings die anfallenden Außenhandelsgewinne. Ihrer Argumentation zufolge wuchs der Welthandel infolge dieser Kosten langsamer, als es unter einem hypothetischen Festkurssystem der Fall gewesen wäre.

Ein sehr grober, aber direkter Maßstab für den Umfang des Außenhandels eines Landes ist das Durchschnittsvolumen seiner Importe und Exporte von Gütern und Dienstleistun-gen im Verhältnis zu seiner eigenen Produktionsmenge. In den meisten Ländern hat die-ser Umfang während der gesamten Nachkriegsperiode zugenommen, ohne dass sich diese

Tendenz nach dem Übergang zu flexiblen Kursen deutlich verlangsamt hätte. Wenn man das Wachstum des Welthandels vor und nach den 1970er Jahren vergleicht, wird man außerdem den flexiblen Wechselkursen nicht gerecht, weil die Zeit der 1950er und 1960er Jahre von einer umfassenden Liberalisierung des Welthandels geprägt war, während es in den 1970er und 1980er Jahren zu einem Wiederaufleben nichttarifärer Handelsbeschränkungen kam.[6]

Die Aktivitäten multinationaler Unternehmen, die ihre internationale Produktion in den Jahren nach 1973 oftmals enorm ausgebaut haben, erschweren die Bewertung der Folgen flexibler Kurse für den Welthandel zusätzlich. Angesichts einer zunehmend unberechenbaren wirtschaftlichen Umgebung haben die multinationalen Unternehmen ihre Aktivitäten auf immer mehr Länder aufgeteilt, um ihre Abhängigkeit von der Wirtschaftspolitik einzelner Regierungen zu vermindern. Da Außenhandel und Kapitalbewegungen jedoch Substitute füreinander darstellen, muss eine gewisse Verschiebung des Außenhandels infolge von Produktionsverlagerungen ins Ausland nicht unbedingt bedeuten, dass wohlfahrtssteigernde Außenhandelsgewinne verloren gegangen sind.[7]

In jüngerer Zeit wurde der Welthandel durch ein Wiederaufleben des Protektionismus bedroht. Dies ist ein Symptom des verlangsamten Wirtschaftswachstums und starker Abweichungen der realen Wechselkurse von ihren Gleichgewichtswerten, die als „misalignments" bezeichnet werden. (Als Paradebeispiel gilt die Abweichung des Dollarkurses Mitte der 1980er Jahre, die aus Abbildung 19.3 hervorgeht). Ähnliche Tendenzen zur Beschränkung des Außenhandels hätten jedoch auch unter einem Festkurssystem entstehen können. Abweichungen der Währungskurse von ihrem Gleichgewichtswert schädigen insbesondere diejenigen Personen, die dadurch ihre Arbeitsplätze verlieren und über geringe finanzielle Rücklagen verfügen.

19.4.7 Koordination der Politik

Flexible Wechselkurse an sich haben die Koordination der internationalen Wirtschaftspolitik nicht gefördert. Während des Inflationsabbaus der frühen 1980er Jahre hätten die Industrieländer als Gruppe ihre makroökonomischen Ziele bei mehreren Gelegenheiten effektiver erreichen können, wenn sie sich auf ein gemeinsames Vorgehen geeinigt hätten.

---

[6] Eine umfangreiche ökonometrische Literatur befasst sich mit der Frage, wie sich die Wechselkursvolatilität auf das Wachstum des Handels auswirkt, und einige Autoren gelangen zu anderen Schlussfolgerungen als der oben stehende Absatz. Leider verwenden die verschiedenen Forscher unterschiedliche Maßstäbe für das Handelsvolumen, unterschiedliche Definitionen der Wechselkursvolatilität und unterschiedliche Beobachtungszeiträume, sodass es schwierig ist, aus diesen Arbeiten unzweideutige Schlüsse zu ziehen. Im nächsten Kapitel wird dieses Thema im Einzelnen aufgegriffen.

[7] Eine Studie von Robert E. Lipsey und Irving B. Kravis dokumentiert die Zunahme der Exporttaktivitäten von US-amerikanischen multinationalen Unternehmen: „The Competitiveness and Comparative Advantage of U.S. Multinationals, 1957 – 1984", in: *Banca Nazionale del Lavoro Quarterly Review*, Juni 1987, S. 147 – 165.

Der Anhang zu diesem Kapitel stellt ein formales Modell vor, das aufzeigt, auf welche Weise alle Länder von einer internationalen Koordination der Politik profitieren können.

Zwar kam es gelegentlich zu Maßnahmen, die als Beggar-thy-neighbor-Politik gewertet werden können, doch die Kritiker flexibler Wechselkurse bleiben den überzeugenden Nachweis schuldig, dass dieses Problem unter einem anderen Wechselkurssystem verschwinden würde. Unter einem Festkurssystem beispielsweise können Länder ihre Währungen jederzeit einseitig abwerten, um nationalistische Ziele zu erreichen. Die Ergebnisse der im Louvre-Akkord vereinbarten informellen Zielzonen zeigen, dass zwischen bloßen Wechselkursvereinbarungen und einer tatsächlichen Koordination der Politik noch ein himmelweiter Unterschied besteht.

Regierungen lassen sich ebenso wie Einzelne oft stärker von ihren eigenen Interessen als von den Anliegen der Gemeinschaft leiten. Gesellschaftsschädigendes Verhalten von Individuen wird strafrechtlich verfolgt. Sanktionen, die souveräne Regierungen binden, lassen sich weniger einfach aufstellen. Es erscheint zweifelhaft, ob ein Wechselkurssystem allein eine Regierung davon abhalten kann, sich bei der Formulierung der makroökonomischen Politik von ihren vermeintlich eigenen Interessen leiten zu lassen.

19.5 Sind feste Wechselkurse für die meisten Länder überhaupt denkbar?

Die Erfahrungen seit dem Ende des Bretton-Woods-Systems legen eine andere Hypothese nahe: Dauerhafte Festkurssysteme sind vielleicht gar nicht *möglich*. In einer finanziell integrierten Welt, in der sich Gelder ohne zeitliche Verzögerung zwischen nationalen Finanzmärkten bewegen, können feste Wechselkurse auf lange Sicht überhaupt nicht glaubhaft gewährleistet werden, es sei denn, die Nationen sind (wie z.B. China) bereit, sämtliche Kapitalbewegungen strikten Kontrollen zu unterwerfen oder – das andere Extrem – mit ihren geldpolitischen Partnern eine gemeinsame Währung einzuführen (wie im Falle Europas). Weniger starke Maßnahmen zur Fixierung der Wechselkurse können, so glaubt man, die von ihren Befürwortern erhofften Vorteile nicht gewährleisten.[8]

Diese pessimistische Bewertung flexibler Wechselkurse basiert auf der Theorie selbst erfüllender spekulativer Währungskrisen (Kapitel 17). Dieser Auffassung zufolge kann auch ein Land, das eine umsichtige Geld- und Fiskalpolitik betreibt, zum Opfer spekulativer Angriffe auf seinen festen Wechselkurs werden. Sobald in einem solchen Land der

---

[8] Die Hypothese, dass feste Wechselkurse in Verbindung mit Kapitalmobilität instabil wären, wurde frühzeitig formuliert von Maurice Obstfeld, „Floating Exchange Rates: Experience and Prospects", in: *Brookings Papers on Economic Activity* 2, 1985, S. 369 – 450. Ausführungen jüngeren Datums finden Sie bei Barry Eichengreen, *International Monetary Arrangements for the 21st Century*, Washington, D. C.: Brookings Institution, 1994; Lars E. O. Svensson, „Fixed Exchange Rates as a Means to Price Stability: What Have We Learned?", in: *European Economic Review* 38, Mai 1994, S. 447 – 468; und Maurice Obstfeld und Kenneth Rogoff, „The Mirage of Fixed Exchange Rates", in: *Journal of Economic Perspectives* 9, Herbst 1995, S. 73 – 96.

unvermeidliche konjunkturelle Umschwung einsetzt, werden die Währungsspekulanten zuschlagen, den Inlandszinssatz in astronomische Höhen treiben und so viel ökonomischen Schaden anrichten, dass die Regierung ihr Wechselkursziel aufgeben muss.

An der Wende zum 21. Jahrhundert kam es immer häufiger zu spekulativen Angriffen auf Festkurssysteme – in Europa, Ostasien und andernorts. Anzahl und Umstände dieser Krisen ließen es immer plausibler erscheinen, dass eine langfristige Festlegung der Wechselkurse nicht möglich ist, solange die Offenheit der Kapitalmärkte und die Souveränität der nationalen Politik gewährleistet bleiben sollen.

19.6   Reformansätze

Die Erfahrung mit flexiblen Wechselkursen seit dem Jahr 1973 zeigt, dass weder die Prognosen der Befürworter noch der Gegner in vollem Umfang zutrafen. Das System flexibler Wechselkurse funktionierte nicht reibungslos, erwies sich jedoch auch nicht als das Fiasko, das seine Kritiker vorausgesagt hatten.

Eine wichtige Lehre aus diesem und dem vorigen Kapitel besteht darin, dass kein Wechselkurssystem gut funktioniert, wenn Länder „im Alleingang" handeln und nur ihr engstirnig aufgefasstes Eigeninteresse verfolgen. Das Bretton-Woods-System bewährte sich nur so lange, bis die USA unter Präsident Lyndon B. Johnson einseitig eine übermäßig expansive Politik in die Wege leiteten. Ein weiteres Beispiel ist die im nächsten Kapitel beschriebene Erfahrung des EWS. Auch hier führte das System flexibler Wechselkurse zu ernsten Problemen, als es den Ländern nicht gelang, gemeinsame makroökonomische Probleme in koordinierter Weise anzugehen. Eine global ausgewogene und stabile Politik ist die Voraussetzung für den Erfolg eines jeden internationalen Währungssystems.

Die heutigen Vorschläge für eine Reform des internationalen Währungssystems reichen von einem ausgefeilten Zielzonensystem für den Dollar bis hin zur Wiederherstellung fester Kurse und der Einführung einer einheitlichen Weltwährung. Da die Nationen nicht gewillt scheinen, auf die geldpolitische Autonomie zu verzichten, die ihnen flexible Dollarkurse verschaffen, ist nicht mit der Umsetzung irgendeines dieser Reformvorschläge zu rechnen.[9] Seit dem Plaza-Abkommen vom September 1985 legen die USA allerdings ein größeres Bewusstsein ihrer Abhängigkeit von anderen industrialisierten Volkswirtschaften an den Tag. Diese Entwicklung hat zwar nicht verhindert, dass es in der Wirtschaftspolitik zu schweren internationalen Verstimmungen kam, ist aber dennoch ein positiver Schritt zur Verbesserung des bestehenden Systems.

---

[9]   Einen Vorschlag erweiterter Zielzonen erarbeiteten John Williamson und Marcus H. Miller in *Targets and Indicators: A Blueprint for the International Coordination of Macroeconomic Policies*, Policy Analyses in International Economics 22, Washington, D. C.: Institute for International Economics, 1987. McKinnon entwirft in dem in Fußnote 5 angeführten Text ein Programm zur Wiedereinführung fester Wechselkurse für die Währungen der wichtigsten Industrieländergruppen. Eine Einheitswährung für die demokratischen Industrieländer befürwortet Richard N. Cooper, „A Monetary System for the Future", in: *Foreign Affairs* 63, 1984, S. 166 – 184.

Wenn die wichtigsten Spieler ihre Politik in verstärktem Maße koordinieren, besteht kein Grund, weshalb die flexiblen Wechselkurse nicht auch in der Zukunft leidlich funktionieren sollten. Internationale politische Zusammenarbeit hat es bereits früher gegeben, wie die GATT-Runden zum Zollabbau und die Gründung von IWF, Weltbank und WTO beweisen. Die Entwicklungen der letzten Jahre zeigen allerdings, dass diese Zusammenarbeit als Ziel an sich aufgefasst werden sollte und nicht als bloße Begleiterscheinung von Wechselkursvereinbarungen, deren Glaubwürdigkeit sich durch wiederholte Änderungen oder Verstöße abnutzt.

Zusammenfassung

1. Aufgrund der Schwächen des Bretton-Woods-Systems rieten viele Ökonomen bereits vor 1973 zur Freigabe der Wechselkurse. Sie führten im Wesentlichen drei Argumente zugunsten flexibler Wechselkurse an. Erstens würden flexible Kurse die geldpolitische Autonomie der Entscheidungsträger bei der makroökonomische Steuerung ihrer Volkswirtschaften erhöhen. Zweitens würden sie die Asymmetrien des Bretton-Woods-Systems beseitigen. Und drittens würden flexible Wechselkurse in kurzer Zeit die „fundamentalen Zahlungsbilanzungleichgewichte" beseitigen, die unter dem Festkurssystem zu Änderungen der Paritäten und zu spekulativen Angriffen Anlass geboten hatten.

2. Die Kritiker der Wechselkursfreigabe machten mehrere Gegenargumente geltend. Einige befürchteten, dass flexible Wechselkurse Exzesse der Geld- und Fiskalpolitik und eine Politik nach dem Beggar-thy-neighbor-Prinzip begünstigen würden. Andere waren der Ansicht, dass flexible Wechselkurse einer destabilisierenden Spekulation unterworfen würden und dass die Ungewissheit hinsichtlich ihrer Entwicklung den Außenhandel und die internationalen Investitionen beeinträchtigen würde. Und schließlich bezweifelten einige Ökonomen, dass die Nationen in der Praxis bereit sein würden, sich bei der Formulierung ihrer Geld- und Fiskalpolitik jeglicher Einflussnahme auf den Wechselkurs zu enthalten. Der Wechselkurs stellte ihrer Ansicht nach einen derart wichtigen Preis dar, dass er ein eigenständiges Objekt der makroökonomischen Politik abgeben würde.

3. Von 1973 bis 1980 schienen sich die flexiblen Wechselkurse im Großen und Ganzen zu bewähren. Insbesondere hätten die Industrieländer unter den Bedingungen der durch die beiden Ölpreisschocks erzeugten *Stagflation* feste Wechselkurse schwerlich aufrechterhalten können. Der Dollar erlitt nach 1976 allerdings eine starke Abwertung, da die USA eine expansivere makroökonomische Politik einleiteten als die übrigen Industrieländer.

→

4. Eine politische Kehrtwende, die zur Verlangsamung des Geldmengenwachstums und zu einer wachsenden Staatsverschuldung der USA führte, trug von 1980 bis Anfang 1985 zu einer starken Aufwertung des Dollars bei. Andere industrielle Volkswirtschaften schlossen sich dem Inflationsabbau der USA an und die daraus resultierende weltweite monetäre Kontraktion, die kurz auf den zweiten Ölpreisschock folgte, führte in die tiefste Rezession seit den 1930er Jahren. Als sich die Erholung von dieser Rezession 1984 verlangsamte und die Leistungsbilanz der USA Rekorddefizite verzeichnete, wurden in Washington Forderungen nach umfangreichen Handelsbeschränkungen laut. Die Entwicklung zum Protektionismus wurde gedämpft (aber nicht aufgehoben), als sich die G5-Länder im September 1985 auf konzertierte Maßnahmen zur Senkung des Dollarkurses einigten. Ein durch den Louvre-Akkord vom Februar 1987 eingeleitetes Experiment mit vage definierten Wechselkurszielzonen sorgte mit nur mäßigem Erfolg für stabilere Wechselkurse. In den 1990er Jahren rückte die Wechselkursstabilität als politisches Ziel in den Hintergrund. Stattdessen waren die Regierungen bemüht, die Inflation im eigenen Land zu begrenzen und gleichzeitig die Fortsetzung des wirtschaftlichen Wachstums zu gewährleisten.

5. Die Erfahrungen mit flexiblen Wechselkursen bestätigen weder die ursprünglichen Befürworter noch die ursprünglichen Gegner dieses Wechselkurssystems in vollem Umfang. Sie beweisen jedoch unzweideutig, dass ohne internationale wirtschaftspolitische Zusammenarbeit kein Wechselkurssystem gut funktioniert. Einschneidende Beschränkungen der Wechselkursflexibilität sind für die nähere Zukunft nicht zu erwarten. Doch eine engere Abstimmung zwischen den politischen Entscheidungsträgern der Industrieländer sollte zu einem reibungsloseren Funktionieren der flexiblen Wechselkurse beitragen.

Schlüsselbegriffe

Destabilisierende Spekulation	S. 732	Stagflation	S. 738
Indices des nominalen und realen multilateralen Außenwerts	S. 740		

Übungen

1. Untersuchen Sie mit Hilfe des *DD-AA*-Modells die Folgen eines einmaligen Anstiegs des ausländischen Preisniveaus, P^*. Dabei steige der erwartete zukünftige Wechselkurs E^e (gemäß der KKP) unmittelbar im selben Verhältnis wie P^*. Kommt es zu einer Störung der Volkswirtschaft, wenn sich diese in der Ausgangslage im binnen- und außenwirtschaftlichen Gleichgewicht befindet?

2. Analysieren Sie einen vorübergehenden Anstieg des Auslandszinssatzes, R^*. Unter welchem Wechselkurssystem fällt die Wirkung auf die Produktion geringer aus – unter einem System fester oder flexibler Wechselkurse?

3. Gehen Sie nun von einem dauerhaften Anstieg von R^* aus. Wie wirkt sich dieser auf die Volkswirtschaft aus und in welcher Weise hängt Ihre Antwort davon ab, ob der Anstieg eine Erhöhung des realen Auslandszinssatzes oder gesteigerte Inflationserwartungen für das Ausland (Fisher-Effekt) wiederspiegelt?

4. Würden Sie im Falle eines dauerhaften Anstiegs der Inflationsrate im Ausland davon ausgehen, dass ein flexibler Wechselkurs die Volkswirtschaft des Inlands in kurzer Frist gegen diese Entwicklung abschirmt? Wie stellt sich die lange Frist dar? Beachten Sie bei Ihrer Antwort auf die letztere Frage die langfristige Beziehung zwischen den Nominalzinsen im In- und Ausland.

5. Gehen Sie von einer vollständigen Ersetzbarkeit zwischen inländischen und ausländischen Währungsanleihen aus und nehmen Sie an, dass sich die Nachfrage der Investoren plötzlich zugunsten der ausländischen Anleihen verschiebt, sodass die Risikoprämie der Inlandsaktiva steigt (Kapitel 17). Welches Wechselkurssystem dämpft die Folgen dieser Entwicklung für die Produktion – ein Festkurssystem oder ein System flexibler Kurse?

6. Analysieren Sie den Einsatz geld- und fiskalpolitischer Maßnahmen zur Gewährleistung des binnen- und außenwirtschaftlichen Gleichgewichts unter einem System flexibler Wechselkurse.

7. In diesem Kapitel wurde geschildert, wie die USA nach 1985 versuchten, durch eine beschleunigte Geldmengenausdehnung und durch eine Abwertung des Dollars ihr Leistungsbilanzdefizit abzubauen. Nehmen Sie an, dass sich die USA im binnenwirtschaftlichen Gleichgewicht befanden, die Herstellung des außenwirtschaftlichen Gleichgewichts jedoch sowohl eine Politik der Ausgabensenkung (Senkung des Staatsdefizits) als auch der Ausgabenumleitung erforderte, wie sie durch eine Währungsabwertung herbeigeführt wird. Welche Folgen hätte der alleinige Einsatz der Geldmengenausdehnung auf die US-amerikanische Volkswirtschaft in langer und in kurzer Frist?

8. Nach 1985 forderten die USA Deutschland und Japan zu einer fiskalischen und geldpolitischen Expansion auf, um die Auslandsnachfrage nach US-Produkten zu erhöhen und das amerikanische Leistungsbilanzdefizit abzubauen. Wären diese Ziele durch eine fiskalische Expansion Deutschlands oder Japans erreicht worden? Wären sie durch eine geldpolitische Expansion erreicht worden? Würde sich Ihre Antwort ändern, wenn Sie davon ausgingen, dass eine geänderte Politik in Deutschland und Japan auch eine Änderung der US-Politik erleichtern würde?

9. Im Zusammenhang mit dem Louvre-Akkord kam es 1987 zu umfangreichen Devisenmarktinterventionen. Welche Daten geben Aufschluss darüber, ob ein großer Teil dieser Interventionen neutralisiert wurde? Versuchen Sie die relevanten Angaben für Deutschland und Japan in zurückliegenden Ausgaben der vom Internationalen Währungsfonds herausgegebenen *International Financial Statistics* zu finden.

10. Die Regierungen der USA und Japans möchten beide ihre Währungen abwerten, um ihre Exportindustrie zu unterstützen, befürchten dadurch jedoch die Inflation anzuheizen. Zwei politische Möglichkeiten stehen ihnen offen: 1) eine expansive Geldpolitik, 2) keine Veränderung der Geldpolitik. Entwickeln Sie nach dem Vorbild des Anhangs zu diesem Kapitel eine Analyse, aus der die jeweiligen Folgen dieser beiden Wege hervorgehen. Können Japan und die USA bessere Ergebnisse erzielen, wenn sie nicht getrennt, sondern koordiniert handeln?

Weiterführende Literatur

Ralph C. Bryant, *International Coordination of National Stabilization Policies*, Washington, D.C.: Brookings Institution, 1995. Untersucht die Interaktion zwischen wirtschaftspolitischen Maßnahmen auf nationaler Ebene und den Möglichkeiten der internationalen Koordination.

Richard H. Clarida, *G-3 Exchange Rate Relationships: A Review of the Record and Proposals for Change*, Princeton Essays in International Economics 219. International Economics Section, Department of Economics, Princeton University, September 2000. Kritische Darstellung diverser Vorschläge für Zielzonen.

Martin S. Feldstein, „Distinguished Lecture on Economics in Government: Thinking About International Economic Coordination", in: *Journal of Economic Perspectives* 2, Frühjahr 1988, S. 3–13. Die Argumentation *gegen* eine internationale Koordination der makroökonomischen Politik.

Milton Friedman, „The Case for Flexible Exchange Rates", in: *Essays in Positive Economics*. Chicago: University of Chicago Press, 1953, S. 157–203. Eine klassische Darlegung der Vorteile flexibler Wechselkurse.

Morris Goldstein, *The Exchange Rate System and the IMF: A Modest Agenda*, Policy Analyses in International Economics 39. Washington, D.C.: Institute for International Economics, 1995. Eine Analyse der internationalen Koordination und des IWF im heutigen Wechselkurssystem.

Harry G. Johnson, „The Case for Flexible Exchange Rates, 1969", in: *Federal Reserve Bank of St. Louis Review* 51, Juni 1969, S. 12–24. Eine viel beachtete Argumentation für die Ablösung des Bretton-Woods-Systems durch flexible Wechselkurse.

Charles P. Kindleberger, „The Case for Fixed Exchange Rates, 1969", in: *The International Adjustment Mechanism*, Conference Series 2. Boston: Federal Reserve Bank of Boston, 1970, S. 93–108. Vorausschauende Analyse der Probleme eines flexiblen Wechselkurssystems.

Michael Mussa, „Macroeconomic Interdependence and the Exchange Rate Regime", in: Rüdiger Dornbusch und Jacob A. Frenkel, eds. *International Economic Policy*. Baltimore: Johns Hopkins University Press, 1979, S. 160–204. Analysiert die Interaktionen makroökonomischer Maßnahmen unter festen und flexiblen Wechselkursen.

Maurice Obstfeld, „International Currency Experience: New Lessons and Lessons Relearned", in: *Brookings Papers on Economic Activity* 1:1995, S. 119–220. Ein breit angelegter Überblick über die Entwicklung der Wechselkurse und der damit verbundenen politischen Entscheidungen seit der Einführung flexibler Kurse.

Robert Solomon, *The International Monetary System*, 1945–1981, New York: Harper & Row, 1982. Die Kapitel 15 – 19 behandeln die Anfangsjahre der flexiblen Wechselkurse.

Robert Solomon, *Money on the Move: The Revolution in International Finance since 1980*. Princeton, NJ: Princeton University Press, 1999. Umfassende Abhandlung über die internationalen finanziellen Entwicklungen seit 1980.

John Williamson, *The Exchange Rate System*, 2. Aufl., Policy Analyses in International Economics 5. Washington, D.C.: Institute for International Economics, 1985. Fällt ein vernichtendes Urteil über flexible Wechselkurse und tritt für die Einführung von Zielzonen ein.

Anhang zu Kapitel 19

Versagen der internationalen politischen Koordination

Dieser Anhang veranschaulicht die Bedeutung der internationalen Koordination der makroökonomischen Politik, indem er aufzeigt, dass ausschließlich auf den Eigennutz abgestellte politische Entscheidungen allen Ländern schaden. Dieses Phänomen ist ein weiteres Beispiel für das aus der Spieltheorie bekannte Gefangenen-Dilemma (Kapitel 9). Wenn Regierungen ihre Politik in kooperativer Weise festlegen, erzielen sie bessere makroökonomische Resultate.

Dies weisen wir anhand eines Beispiels nach, das auf dem Inflationsabbau der frühen 1980er Jahre basiert. Wie Sie wissen, trug damals die kontraktive Geldpolitik der Industrieländer dazu bei, die Weltwirtschaft 1981 in eine tiefe Rezession zu stürzen. Die Länder hofften durch die Verlangsamung des Geldmengenwachstums die Inflation zu senken, doch der Einfluss der Wechselkurse auf das Preisniveau gestaltete diese Aufgabe schwierig. Eine Regierung, die eine weniger restriktive Geldpolitik verfolgt als ihre Nachbarn, kann leicht mit einer Abwertung ihrer Währung konfrontiert werden, die ihre Bemühungen um den Inflationsabbau zunichte macht.

Viele Beobachter sind der Ansicht, dass die Gruppe der Industrieländer durch ihre individuellen Versuche, der Abwertung ihrer jeweiligen Landeswährung entgegenzuwirken, eine übermäßig straffe Geldpolitik betrieb, welche die Rezession vertiefte. Allen Regierungen wäre damit gedient gewesen, wenn sämtliche Länder eine lockerere Geldpolitik betrieben hätten, doch angesichts der Politik der übrigen Regierungen konnte keine Einzelregierung ein Interesse daran haben, ihren Kurs zu ändern.

Ein einfaches Modell soll diese Argumentation präzisieren. Es gebe zwei Länder, Inland und Ausland. Beiden stehen zwei Politikoptionen offen: eine stark restriktive Geldpolitik und eine leicht restriktive Geldpolitik. Abbildung 19A.1, die einem früheren Schaubild zur Analyse der Handelspolitik ähnelt, zeigt die Ergebnisse der verschiedenen Optionen für beide Länder. Jede Reihe entspricht einer bestimmten Geldpolitik von Inland und jede Spalte einer bestimmten Geldpolitik von Ausland. Die Kästen enthalten Angaben über die Veränderungen der jährlichen Inflationsraten ($\Delta\pi$ und $\Delta\pi^*$) sowie der Arbeitslosenraten (ΔU und ΔU^*). Innerhalb jedes Kastens beziehen sich die Einträge unten links auf Inland und die Einträge oben rechts auf Ausland.

Die hypothetischen Einträge in Abbildung 19A.1 können anhand des in diesem Kapitel verwendeten Zweiländermodells interpretiert werden. Unter einer leicht restriktiven Politik sinken beispielsweise in beiden Ländern die Inflationsraten um 1 Prozent und steigen die Arbeitslosenraten ebenfalls um 1 Prozent. Wenn Inland plötzlich zu einer stark restriktiven Politik übergeht, während Ausland so weitermacht wie zuvor, dann wertet in Inland die Währung auf, sinkt die Inflation weiter ab und steigt die Arbeitslosigkeit. Die zusätzliche Verknappung der Geldmenge von Inland wirkt sich in zweierlei Hinsicht auf

Ausland aus. Die Arbeitslosenrate von Ausland sinkt, weil jedoch die *Auf*wertung der Inlandswährung eine *Ab*wertung der Auslandswährung darstellt, steigt in Ausland die Inflation wieder auf das Niveau, auf dem sie sich vor den politischem Maßnahmen zum Inflationsabbau befunden hatte. In Ausland werden die deflationären Effekte der höheren Arbeitslosigkeit von der inflationstreibenden Wirkung einer abgewerteten Währung auf die Importpreise und die Lohnforderungen aufgehoben. Die strafferen geldpolitischen Maßnahmen von Inland haben daher einen Beggar-thy-neighbor-Effekt auf Ausland, das sich gezwungen sieht, einen Teil der Inflation von Inland zu „importieren".

Um die in Abbildung 19A.1 gezeigten Resultate in politischen Gewinn zu übertragen, nehmen wir als Ziel beider Regierungen an, eine möglichst große Reduzierung der Inflation bei einem möglichst geringen Verlust an Arbeitsplätzen zu erreichen. Jede Regierung strebt also eine Maximierung von $-\Delta\pi/\Delta U$ an, d.h. des Inflationsabbaus pro Einheit, um den die Arbeitslosigkeit steigt. Die in Abbildung 19A.1 angenommenen Zahlen führen zu der in Abbildung 19A.2 gezeigten Matrix des politischen Gewinns.

Abbildung 19A.1:   **Hypothetische Effekte verschiedener Kombinationen der Geldpolitik auf Inflation und Arbeitslosigkeit**

Wie verhalten sich Inland und Ausland angesichts der in dieser Matrix gezeigten Resultate? Nehmen wir an, dass jede Regierung „im Alleingang" handelt und sich für diejenige Politik entscheidet, die ihr angesichts der Politik des anderen Spielers den maximalen Gewinn verspricht. Wenn Ausland eine leicht restriktive Politik verfolgt, stellt sich Inland besser mit einer stark restriktiven Politik (Gewinn: 8/7) als mit einer leicht restriktiven (Gewinn: 1) Wenn sich Ausland stark restriktiv verhält, geht es Inland besser, wenn es ebenfalls eine stark restriktive Politik betreibt (Gewinn: 5/6), und weniger gut, wenn es sich für eine leicht restriktive Politik entscheidet (Gewinn: 0). Egal, wie sich Ausland verhält, Inland hat von einer stark restriktiven Geldpolitik stets den größeren Gewinn.

Ausland befindet sich in einer symmetrischen Lage. Auch Ausland stellt sich unabhängig vom Verhalten Inlands mit einer stark restriktiven Politik besser. Im Ergebnis werden sich beide Länder für eine stark restriktive Geldpolitik entscheiden und beide einen Gewinn von 5/6 erzielen.

Wie Sie sehen, erzielen *beide* Länder bessere Resultate, wenn sie sich gleichzeitig für eine leicht restriktive Politik entscheiden. Der Wert lautet dann für beide 1, liegt also über 5/6. Bei dieser Konfiguration der Politik sinkt die Inflation zwar in beiden Ländern weniger stark, doch der Anstieg der Arbeitslosigkeit fällt weitaus geringer aus als unter einer stark restriktiven Politik.

Weshalb also entscheiden sich beide Länder nicht für eine leicht restriktive Politik, obwohl diese vorteilhafter wäre? Die Antwort auf diese Frage führt uns zum Kern des Problems der politischen Koordination. Unsere Analyse ging davon aus, dass jedes Land „im Alleingang" handelt, um seine eigenen Gewinne zu maximieren. Unter dieser Annahme wäre eine Situation, in der beide Länder eine leicht restriktive Politik betreiben, nicht stabil: Jedes Land würde versuchen, sein Geldmengenwachstum immer weiter zu beschränken, und seinen Wechselkurs benutzen, um auf Kosten seines Nachbarn den eigenen Inflationsabbau zu beschleunigen.

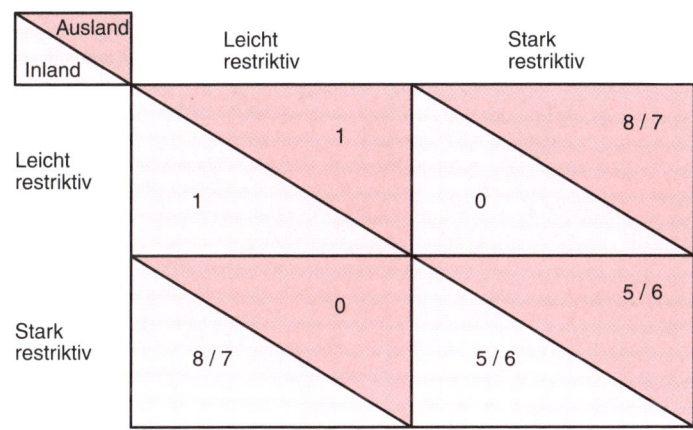

Jeder Eintrag steht für die Reduzierung der Inflation pro Anstieg der Arbeitslosenrate um eine Einheit (berechnet als −$\Delta\pi/\Delta U$). Wenn jedes Land „im Alleingang" handelt, entscheiden sich beide für eine stark restriktive Politik. Doch wenn beide Länder eine leicht restriktive Politik verfolgen, erzielen beide ein besseres Resultat.

Abbildung 19A.2:   Matrix der Gewinne unterschiedlicher geldpolitischer Strategien

Um das überlegene Ergebnis in der oberen linken Ecke der Matrix zu verwirklichen, müssen Inland und Ausland ein explizites Abkommen treffen, also ihre Politik *koordinieren*. Beide Länder müssen übereinkommen, auf die auf dem Beggar-thy-neighbor-Prinzip beruhenden Gewinne einer stark restriktiven Politik zu verzichten, und jedes Land muss sich unbedingt an dieses Abkommen halten. Wenn es Inland und Ausland gelingt zusammenzuarbeiten, dann erreichen beide eine günstigere Kombination von Inflation und Arbeitslosigkeit.

In der Praxis gestaltet sich die Koordination der Politik komplizierter als in diesem einfachen Beispiel, weil die Wahlmöglichkeiten und Resultate zahlreicher und ungewisser sind. Diese zusätzliche Komplexität schmälert die Bereitschaft der politischen Entscheidungsträger zu Kooperationsabkommen ebenso wie ihre Zuversicht, dass diese von den Partnern im Ausland eingehalten werden.

Kapitelübersicht

Beispiele

Am 1. Januar 1999 führten elf Mitgliedsländer der Europäischen Union (EU) die Gemeinschaftswährung Euro ein. Zwei Jahre später schloss sich ihnen Griechenland an. Das kühne Experiment der Europäischen Wirtschafts- und Währungsunion (WWU), das nur wenige Jahre zuvor vielen noch als visionäre Fantasie erschienen war, schuf einen Währungsraum mit mehr als 300 Millionen Verbrauchern – eine Bevölkerungszahl, die jene der USA um etwa 10 Prozent übertraf. Mit dem Beitritt der osteuropäischen Länder zur EU könnte der Euroraum am Ende mehr als 25 Länder umfassen und sich vom Eismeer im Norden bis zum Mittelmeer im Süden, vom Atlantik im Westen bis zum Schwarzen Meer im Osten erstrecken. Abbildung 20.1 zeigt die Ausdehnung des Euroraums im Jahr 2001.

Die Einführung des Euro bedingte feste Wechselkurse zwischen sämtlichen Mitgliedsländern der WWU. Mit der Entscheidung für eine Einheitswährung verzichteten die WWU-Länder auf ein größeres Maß an geldpolitischer Souveränität, als es ein Festkurssystem normalerweise verlangt. Sie beschlossen die völlige Abschaffung nationaler Währungen und übertrugen die Kontrolle über ihre Geldpolitik auf das Europäische System der Zentralbanken (ESZB).

Die europäische Erfahrung wirft eine Vielzahl wichtiger Fragen auf. Wie und weshalb schuf sich Europa eine Einheitswährung? Wird der Euro den Volkswirtschaften der beteiligten Länder nützen? Wie wird sich der Euro auf die Länder außerhalb der WWU auswirken, insbesondere auf die USA? Und welche Lehren lassen sich aus der Erfahrung Europas für andere potenzielle Währungsblöcke ableiten, wie beispielsweise den Wirtschaftsverbund Mercosur in Südamerika?

Dieses Kapitel konzentriert sich auf die europäischen Erfahrungen mit der Währungsunion, um die wirtschaftlichen Gewinne und Verluste eines Festkurssystems und umfas-
senderer Zusammenschlüsse zu beleuchten. Wie die Erfahrung Europas zeigt, birgt der
Beitritt zu einem Währungsverbund komplexe Folgen, die entscheidend von Faktoren
sowohl der Mikro- als auch der Makroökonomie abhängen. Aus unseren Ausführungen
über Europa wird nicht nur hervorgehen, welche Faktoren auf einen Zusammenschluss
nationaler Volkswirtschaften hinwirken, sondern auch deutlich werden, weshalb die Entscheidung zugunsten des vollständigen Verzichts auf eine eigene Geldpolitik von jedem
Land äußerst sorgfältig abgewogen werden muss.

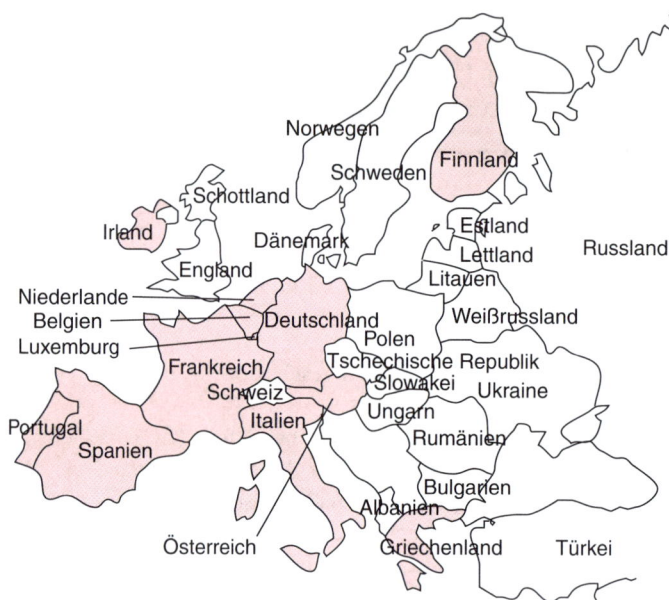

Eingefärbt sind die
zwölf Mitgliedsstaaten
der WWU: Belgien,
Deutschland, Finn-
land, Frankreich,
Griechenland, Irland,
Italien, Luxemburg, die
Niederlande, Öster-
reich, Portugal und
Spanien.

Abbildung 20.1:   Mitglieder des Euroraums am 1. Januar 2001

EZB	Europäische Zentralbank
ESZB	Europäisches System der Zentralbanken
EWS	Europäisches Währungssystem
WKM	Wechselkursmechanismus
WWU	Wirtschafts- und Währungsunion
SWP	Stabilitäts- und Wachstumspakt

Tabelle 20.1:   Einige Abkürzungen

20.1 Die Vorgeschichte der europäischen Einheitswährung

Das (1973 zusammengebrochene) Bretton-Woods-System legte den Wechselkurs jeder Landeswährung gegenüber dem US-Dollar fest und bestimmte damit zugleich die Wechselkurse zwischen jeweils zwei Nichtdollar-Währungen. Frühere Kapitel beschrieben die Ursachen für den Zusammenbruch des Bretton-Woods-Systems und die Hoffnungen, der Übergang von festen zu flexiblen Dollar-Wechselkursen werde jedem Land eine eigenständige Geldpolitik ermöglichen. Während die EU-Länder ihre Währungen gegenüber dem Dollar schwanken ließen, waren sie jedoch bemüht, die Wechselkursfluktuationen ihrer Währungen untereinander immer weiter einzuschränken. Diese Bemühungen gipfelten in der Einführung des Euro am 1. Januar 1999.

Welche Faktoren veranlassten die europäischen Staatsführer, Schwankungen in den Wechselkursen ihrer Währungen möglichst auszuschalten? Auf welchem Wege führte das Streben nach Wechselkursstabilität innerhalb Europas zur Entstehung der europäischen Einheitswährung? Die Ursprünge des Euro und seiner Evolution liegen in den späten 1960er Jahren, als die Wechselkursbeziehungen innerhalb Europas durch Währungskrisen erschüttert wurden.

20.1.1 Währungspolitische Reforminitiativen in Europa, 1969 – 1978

Im Dezember 1969 brachten die europäischen Staats- und Regierungschefs in Den Haag die währungspolitische Einigung Europas auf den Weg. Sie beriefen Pierre Werner, den damaligen Premier und Finanzminister Luxemburgs, zum Vorsitzenden einer Expertengruppe, die beauftragt war, konkrete Schritte zur Beseitigung der innereuropäischen Wechselkursfluktuationen zu entwerfen, die geldpolitischen Entscheidungen der Europäischen Gemeinschaften zu zentralisieren und die noch verbliebenen Handelsbeschränkungen innerhalb Europas abzubauen. Der Werner-Plan, den der Rat der Europäischen Gemeinschaften im März 1971 annahm, umfasste drei Stufen. An ihrem Ende sollten unveränderliche Wechselkurse innerhalb der Gemeinschaft und der Zusammenschluss der nationalen Zentralbanken zu einem föderativen europäischen Bankensystem stehen.

Welche Beweggründe veranlassten die Länder der Europäischen Gemeinschaften Ende der 1960er Jahre zu einer engeren Koordination ihrer Geldpolitik und zur Schaffung einer größeren Wechselkursstabilität? Die folgenden beiden Hauptmotive bildeten auch die wichtigsten Gründe für die Einführung des Euro:

1. *Die Verbesserung der Stellung Europas im internationalen Währungssystem.* Im Zuge der Währungskrisen von 1969 schwand das Vertrauen Europas in die Bereitschaft der USA, ihrer Verantwortung für das internationale Währungssystem Vorrang vor ihren nationalen Interessen einzuräumen (Kapitel 18). Indem sie in Fragen der Währungspolitik mit einer Stimme sprachen, hofften die Länder Europas, angesichts der zuneh-

menden Konzentration der USA auf sich selbst ihre eigenen wirtschaftlichen Interessen effektiver zu behaupten.

2. *Die Schaffung eines einheitlichen europäischen Markts.* Die Römischen Verträge, die Gründungsverträge der Europäischen Gemeinschaften, hatten zwar 1957 eine Zollunion geschaffen, dennoch bestanden noch erhebliche offizielle Beschränkungen der Bewegung von Waren und Produktionsfaktoren innerhalb Europas. Ein durchgängiges Ziel der Europäischen Gemeinschaften und später der Europäischen Union bestand darin, Europa in einen riesigen, einheitlichen Markt nach dem Vorbild der USA zu verwandeln. In den Augen der europäischen Staatsführer stellten die Unsicherheiten der Wechselkurse ebenso wie die offiziellen Außenhandelsbeschränkungen eine schwer wiegende Beeinträchtigung des innereuropäischen Handels dar. Außerdem befürchteten sie, dass Wechselkursschwankungen, die zu großen Veränderungen der relativen Preise innerhalb Europas führen würden, Wasser auf den Mühlen der politischen Gegner des Freihandels in Europa wären. Ihrer Ansicht nach konnte ein wirklich einheitlicher europäischer Markt nur dann entstehen, wenn die europäischen Wechselkurse untereinander festgelegt waren.[1]

Der Schlüssel zu den beachtlichen Fortschritten auf dem Weg zu einem einheitlichen Markt und einer gemeinsamen Währung liegt in der geschichtlichen Erfahrung Europas. Nach 1945 sahen viele europäische Staatsführer in der wirtschaftlichen Zusammenarbeit und Integration der ehemaligen Kriegsgegner den besten Schutz vor einer Wiederholung der katastrophalen beiden Weltkriege des 20. Jahrhunderts. Dies ermöglichte eine allmähliche Übertragung der nationalen wirtschaftspolitischen Entscheidungsbefugnisse auf zentralisierte europäische Institutionen, wie beispielsweise die Europäische Kommission in Brüssel (das Exekutivorgan der EU) und das Europäische System der Zentralbanken (ESZB), dessen Hauptsitz sich in Frankfurt/ Main befindet. Die Bereitschaft der Europäer, auf einen Teil ihrer nationalen politischen Souveränität zu verzichten, widerspiegelt den starken Wunsch der Mehrheit der Bevölkerung, durch den wirtschaftlichen Zusammenschluss ihrer Länder den Frieden zu bewahren. Viele Menschen in Europa hoffen nach wie vor, dass die weit fortgeschrittene wirtschaftliche Vereinigung, die im Rahmen der EU erreicht wurde, auch zu einer politischen Einigung führen wird.

---

[1]   Ein sehr wichtiger administrativer Grund, aus dem die Europäer größere Bewegungen der europäischen Wechselkurse untereinander verhindern wollten, hängt mit der Gemeinsamen Agrarpolitik (GAP), dem europäischen System der Agrarsubventionen, zusammen. Vor der Einführung des Euro wurden die Agrarpreise in der europäischen Währungseinheit European Currency Unit (ECU) angegeben, die einen Währungskorb darstellte. Wechselkursanpassungen innerhalb Europas hätten den realen Wert der subventionierten Preise im Inland auf einen Schlag geändert und dadurch Proteste der Bauern in den entsprechenden Ländern ausgelöst. Das in den Literaturhinweisen aufgeführte Buch von Giavazzi und Giovannini beschreibt, zu welchen politischen Verrenkungen sich die Europäische Gemeinschaft veranlasst sah, um im Gefolge von Wechselkursanpassungen solche inneren Umverteilungen zu minimieren. Die überaus mühselige Verwaltung der GAP unter Bedingungen von Wechselkursanpassungen trug mit Sicherheit entscheidend dazu bei, die Europäer auf den Weg zur Gemeinschaftswährung zu bringen, doch die beiden oben angeführten Motive spielten eine bedeutendere Rolle.

20.1.2   Das Europäische Währungssystem, 1979 – 1998

Mit der Vision einer zentralisierten europäischen Währungspolitik war der Werner-Plan seiner Zeit voraus. Angesichts der wirtschaftlichen Turbulenzen im Zusammenhang mit den Dollarkrisen von 1971 – 1973 wollten die meisten europäischen Staatsführer nicht völlig auf die Möglichkeit verzichten, mit Hilfe einer eigenständigen Geldpolitik innenpolitische Ziele zu verfolgen. Stattdessen schlossen sich Deutschland, die Niederlande, Belgien und Luxemburg zu einem informellen Verbund zusammen, der seine Währungen en bloc gegenüber dem Dollar schwanken ließ – die so genannte europäische Währungsschlange. Obwohl sich Frankreich, Italien und Großbritannien nur kurzfristig und sporadisch daran beteiligten, wurde die Schlange zum Vorläufer des umfassenderen **Europäischen Währungssystems (EWS)**.

Der mit dem EWS geschaffene Wechselkursmechanismus umfasste zunächst acht Mitgliedsstaaten – Frankreich, Deutschland, Italien, Belgien, Dänemark, Irland, Luxemburg und die Niederlande – und trat im März 1979 in Kraft. Damit waren die beteiligten Währungen in einem offiziellen System aneinander gebunden. Ein komplexes Interventionssystem sollte ihre Wechselkursfluktuationen innerhalb spezifizierter Bandbreiten halten.[2]

Als das EWS auf Initiative Deutschlands und Frankreichs gegründet wurde, warnten seine Kritiker, dass es nicht besser funktionieren werde als seine Vorläuferin, die Währungsschlange: Spekulative Angriffe würden seine Paritäten in Kürze zerschlagen und Frankreich, Italien und einige der kleineren Länder zum Austritt zwingen. Die Aussichten auf ein erfolgreiches regionales Festkurssystem in Europa erschienen zu Beginn des Jahres 1979 in der Tat wenig vielversprechend. Die Inflationsraten der zurückliegenden Jahre variierten zwischen 2,7 Prozent in Deutschland und 12,1 Prozent in Italien (siehe Tabelle 19.1). Dennoch konnte das EWS durch politische Zusammenarbeit und wiederholte Neufestsetzungen der Leitkurse überleben und sogar wachsen. Spanien trat ihm 1989 bei, Großbritannien im Jahr 1990 und Portugal Anfang 1992. Erst im September 1992 erlitt dieses Wachstum einen plötzlichen Rückschlag: Großbritannien und Italien schieden aus dem Wechselkursmechanismus des EWS aus. Es war der Beginn einer lang andauernden europäischen Währungskrise, in deren Folge sich die verbliebenen Mitglieder im August 1993 gezwungen sahen, die Bandbreiten für Kursschwankungen ganz beträchtlich zu erweitern.

Das Funktionieren des EWS wurde durch einige Sicherheitsvorrichtungen gewährleistet, mit denen die Häufigkeit solcher Krisen verringert wurde. Die meisten Wechselkurse, die bis August 1993 durch das EWS „festgelegt" waren, konnten de facto um bis zu ±2,25 Prozent gegenüber bilateralen Leitkursen schwanken. Der spanischen Peseta und dem portugiesischen Escudo wurden Bandbreiten von ±6 Prozent zugestanden, ebenso dem britischen Pfund, bevor sein Wechselkurs im September 1992 gegenüber den EWS-Währungen wieder freigegeben wurde. Auch die italienische Lira hatte eine Wechselkurs-

---

[2] Eigentlich gehörten sämtliche Mitglieder der Europäischen Gemeinschaften auch dem EWS an, doch nur diejenigen EWS-Mitglieder, die den Kurs ihrer Währungen innerhalb der beschlossenen Bandbreiten hielten, gehörten auch dem *Wechselkursmechanismus (WKM)* an.

Bandbreite von 6 Prozent nach oben und unten, bis Italien im Januar 1990 ebenfalls den Standard von ±2,25 Prozent einführte. Die Inflationsrate war in Italien während der gesamten 1970er Jahre äußerst instabil, und die besondere Bandbreite sollte dem Land bei der Wahl seiner Geldpolitik einen größeren Spielraum einräumen als den übrigen Mitgliedern des Wechselkursmechanismus. In ähnlicher Weise wünschten die späteren Beitrittsländer Spanien, Portugal und Großbritannien für die Anfangszeit einen größeren Handlungsspielraum und wählten daher zunächst erweiterte Bandbreiten. Im August 1993 wurden die Bandbreiten für sämtliche EWS-Wechselkurse (mit Ausnahme desjenigen zwischen der DM und dem Holländischen Gulden) unter dem Druck spekulativer Angriffe auf ±15 Prozent erweitert.

Als weitere Sicherheitsvorkehrung von entscheidender Bedeutung sah das EWS schließlich großzügige finanzielle Beistandsmechanismen vor, in deren Rahmen Mitglieder mit starken Währungen Kredite an Mitglieder mit schwachen Währungen vergeben konnten. Wenn beispielsweise der Kurs des Französischen Franc gegenüber der DM zu stark absackte, sollte die Deutsche Bundesbank der Banque de France DM zur Verfügung stellen, die dann auf dem Devisenmarkt gegen Francs verkauft werden konnten.

In den ersten Jahren des Systems verringerten darüber hinaus mehrere Mitglieder (insbesondere Frankreich und Italien) die Möglichkeit eines spekulativen Angriffs, indem sie vermittels *Devisenkontrollen* den Verkauf von Inlandswährung durch Ansässige des französischen Währungsgebiets unmittelbar beschränkten. In Verlauf eines mehrstufigen Prozesses wurden bis 1990 sämtliche Devisenkontrollen von Seiten Frankreichs, Italiens, Dänemarks und Belgiens abgeschafft. Alle übrigen Beschränkungen des Zahlungsverkehrs wurden 1995 aufgehoben.

Die Wechselkurse der EWS-Währungen wurden in regelmäßigen Abständen angepasst. Insgesamt kam es in der Zeit von der Gründung des EWS im März 1979 bis zum Januar 1987 zu elf Leitkursanpassungen. Die Devisenkontrollen trugen entscheidend dazu bei, die Währungsreserven der Mitgliedsländer während dieser Anpassungen vor spekulativen Angriffen zu schützen.

Von 1987 an stieg im Zuge des mehrstufigen Abbaus der Devisenkontrollen die Wahrscheinlichkeit spekulativer Angriffe, sodass die Regierungen sich fortan weniger offen über bevorstehende Abwertungen oder Aufwertungen äußerten. Gleichzeitig büßten diejenigen Länder, die ihre Devisenkontrollen abbauten, einen großen Teil ihrer Fähigkeit ein, vermittels geldpolitischer Maßnahmen innere Beschäftigungs- oder Inflationsziele zu erreichen (die Wirkungslosigkeit geldpolitischer Maßnahmen unter diesen Bedingungen wurde in Kapitel 17 erläutert). Der freie Zahlungs- und Kapitalverkehr innerhalb der Europäischen Union und ihrer Vorläuferinnen spielte seit jeher eine Schlüsselrolle im Bemühen um die Schaffung eines einheitlichen europäischen Marktes. Die Übereinkunft der europäischen Regierungen hinsichtlich der Abschaffung der Devisenkontrollen bedeutete, dass sie die beschleunigte Herbeiführung eines europäischen Binnenmarktes höher bewerteten als den Einsatz der Geld- und Währungspolitik für innenpolitische Ziele.

Nach dem Januar 1987 gab es fünfeinhalb Jahre lang keine ungünstige wirtschaftliche Entwicklung, die das Festhalten des EWS an festen Wechselkursen erschüttern konnte. Doch im Jahr 1992 änderte sich die Lage. Die 1990 erfolgte Wiedervereinigung Deutschlands führte zu einem asymmetrischen makroökonomischen Druck auf Deutschland und auf seine wichtigsten Partner im EWS.

Die deutsche Wiedervereinigung war von einer umfangreichen fiskalischen Expansion begleitet, da die Bonner Regierung Kredite aufnahm, um den Wiederaufbau der neuen Bundesländer und den Einkommenstransfer an deren relativ arme Bürger zu finanzieren. Gleichzeitig weckte die Wiedervereinigung große wirtschaftliche Erwartungen der ehemaligen DDR-Bürger, die ihren Konsum steigerten und höhere Löhne verlangten. Das Ergebnis dieser Entwicklungen war ein Konjunkturaufschwung in Deutschland und eine beschleunigte Inflation, der die Bundesbank eine deutliche Erhöhung der Leitzinsen entgegensetzte.

Doch die übrigen EWS-Länder, beispielsweise Frankreich, Italien und das Vereinigte Königreich, verzeichneten damals keinen Aufschwung. Indem sie der deutschen Zinserhöhung folgen mussten, um ihre Währungen gegenüber der DM stabil zu halten, trieben sie ihre eigenen Volkswirtschaften wider Willen in eine tiefe Rezession. Aus Angst vor einer Inflation im eigenen Land verweigerte sich Deutschland den Aufforderungen seiner Partner, die Zinsen zu senken. Gleichzeitig befürchteten andere EWS-Länder, dass sie durch eine Abwertung ihrer Währung im Interesse der Konjunkturförderung die Einführung der europäischen Gemeinschaftswährung hinauszögern und damit die politische Glaubwürdigkeit verspielen würden, die sie durch die Vermeidung jeder Wechselkursanpassung über fünf Jahre hinweg aufgebaut hatten. Dieser politische Konflikt zwischen Deutschland und seinen Partnern löste eine Reihe heftiger spekulativer Angriffe auf die EWS-Paritäten aus, die im September 1992 einsetzten. Im August 1993 sah sich das EWS, wie oben ausgeführt, zu einer starken Erweiterung der Bandbreiten (auf ±15 Prozent) gezwungen, die bis zur Einführung des Euro im Jahr 1999 in Kraft blieb.[3]

20.1.3 Die monetäre Vormachtstellung Deutschlands und die Glaubwürdigkeitstheorie des EWS

Weiter oben wurden zwei Gründe genannt, aus denen die Europäische Gemeinschaft ihre internen Wechselkurse festlegen wollte: die effektivere Verfolgung der europäischen Interessen in der Weltwirtschaft und das Bemühen um eine verstärkte wirtschaftliche Einigung.

Die europäische Erfahrung einer hohen Inflation in den 1970er Jahren deutet auf einen weiteren Zweck hin, den das EWS erfüllen sollte. Durch die Anbindung ihrer Währungen an die DM importierten die übrigen EWS-Länder quasi die Glaubwürdigkeit der Deutschen Bundesbank als Hüterin der Geldwertstabilität und wirkten damit der Entstehung

---

[3] Trotz der Erweiterung der Bandbreiten im August 1993 werteten sowohl Portugal als auch Spanien anschließend ihre Währungen innerhalb des EWS ab. Das Irische Pfund wurde im März 1998 leicht aufgewertet.

eines Inflationsauftriebs im eigenen Land entgegen, der sie andernfalls vielleicht in Versuchung gebracht hätte, eine Geldmengenausdehnung vorzunehmen. Diese Überlegung, die **Glaubwürdigkeitstheorie des EWS**, ist eine Variante des „Disziplinarguments" gegen flexible Wechselkurse (Kapitel 19): Die politischen Kosten eines Verstoßes gegen ein internationales Währungsabkommen können Regierungen davon abhalten, ihre Währungen im Interesse einer kurzfristigen Konjunkturbelebung abzuwerten und sich damit die langfristigen Kosten einer erhöhten Inflation einzuhandeln.

Zur Bewertung der Glaubwürdigkeitstheorie müssen wir zunächst rekapitulieren, wie die Deutsche Bundesbank ihren Ruf als Garantin niedriger Inflationsraten erlangte. Die Erfahrungen Deutschlands mit der Hyperinflation in den 1920er Jahren und erneut im Anschluss an den Zweiten Weltkrieg hatten bei seiner Wählerschaft eine tief verwurzelte Inflationsangst hinterlassen. Aus diesem Grund erklärte das Gesetz zur Gründung der Bundesbank die Verteidigung des realen Werts der DM zum Hauptziel der neuen Zentralbank. Gemäß diesem Ziel wurde der Vorstand der Bundesbank mit Vollmachten und Berufungsregelungen ausgestattet, die ihm eine ungewöhnlich große Unabhängigkeit gegenüber den Politikern verschaffen, die Deutschland in den übrigen Bereichen regieren.[4]

Die Entwicklung der Interventionspraktiken des EWS ab Mitte der 1980er Jahre spricht für die Einschätzung, dass die EWS-Partner Deutschlands dessen Glaubwürdigkeit bei der Inflationsbekämpfung importieren wollten. Zunehmend hielten sie die DM als Reservewährung und benutzten sie als Interventionsmedium, sobald ihre Wechselkurse zu weit von der offiziell festgelegten DM-Parität abwichen. (Auch Deutschland führte, insbesondere in turbulenten Zeiten, einige Interventionen mit EWS-Währungen durch, neutralisierte jedoch umgehend jegliche Auswirkungen dieser Interventionen auf die eigene Geldmenge.) Auf diesem Wege entstand ein System, das ganz ähnliche Asymmetrien aufwies wie das Bretton-Woods-System unter der Vorherrschaft der USA. In der Praxis wurde das Problem der N-ten Währung (Kapitel 17) im EWS dadurch gelöst, dass man Deutschland die Geldpolitik des Systems bestimmen ließ, während die übrigen Länder den Außenwert ihrer Währungen an die DM banden.

In EWS-Ländern mit starker Inflationsneigung, wie beispielsweise Italien, gewannen die politischen Entscheidungsträger eindeutig an Glaubwürdigkeit, indem sie die geldpolitischen Entscheidungen in die Hände der deutschen Zentralbank legten. Abwertungen waren zwar immer noch möglich, jedoch nur unter den Auflagen des EWS. Da die Politiker außerdem befürchteten, sich durch eine Währungsabwertung in den Augen der Wäh-

---

[4] Zwei interessante Studien weisen nach, auf welche Weise die Unabhängigkeit der Zentralbank mit der niedrigen Inflation zusammenhängt. Siehe Vittorio Grilli, Donato Masciandaro und Guido Tabellini, „Political and Monetary Institutions and Public Financial Policies in the Industrial Countries", in: *Economic Policy* 13, Oktober 1991, S. 341 – 392, und Albeno Alesina und Lawrence H. Summers, „Central Bank Independence and Macroeconomic Performance: Some Comparative Evidence", in: *Journal of Money, Credit and Banking* 25, Mai 1993, S. 151 – 162. Diese und ähnliche empirische Studien haben dazu beigetragen, die Unabhängigkeit der Zentralbanken auf der ganzen Welt zu fördern. Eine kritische Stellungnahme zu dieser Literatur finden Sie bei Adam Posen, „Declarations Are Not Enough: Financial Sector Sources of Central Bank Independence", in: *NBER Macroeconomic Annual* 10, 1995, S. 253 – 274.

ler zu diskreditieren, bezeugten sie durch die Anbindung ihrer Währung an die DM zugleich den weitgehenden Verzicht auf ihren Willen und ihre Fähigkeit, die Inflation anzuheizen.[5]

Die Glaubwürdigkeitstheorie wird auch von der Entwicklung der Inflationsraten im Verhältnis zur deutschen Inflationsrate bestätigt. Abbildung 20.2 zeigt die Inflationsraten der sechs Gründungsmitglieder des EWS.[6] Wie aus der Abbildung hervorgeht, konvergierten die jährlichen Inflationsraten allmählich mit derjenigen Deutschlands. Selbst Frankreich gelang es Anfang der 1990er Jahre, seine Inflationsrate unter diejenige Deutschlands zu drücken, was die meisten Beobachter noch zehn Jahre zuvor für unmöglich gehalten hätten.[7]

20.1.4   Die Schaffung des Europäischen Binnenmarktes 1992

Nicht nur durch die Festlegung ihrer gegenseitigen Wechselkurse, sondern auch durch direkte Maßnahmen zur Förderung des freien Verkehrs von Waren, Dienstleistungen und Produktionsfaktoren haben die Länder der EU eine größere innere Einheit zu erreichen versucht. Weiter unten in diesem Kapitel wird erläutert, dass das Ausmaß der Integration von Güter- und Faktormärkten in Europa die Wirkung der festen Wechselkurse auf die makroökonomische Stabilität mit bestimmt. Die Bemühungen Europas um die Hebung der *mikroökonomischen* Effizienz durch eine direkte Marktliberalisierung verstärkten wiederum auf der *makroökonomischen* Ebene sein Streben nach festen Wechselkursen. Die jüngste Phase der Marktliberalisierung der EU, das ehrgeizige Projekt „1992" – so bezeichnet, weil alle seine Ziele zum 1. Januar 1993 erfüllt sein sollten –, spielt daher für unsere Bewertung der europäischen Wechselkurspolitik eine wichtige Rolle.

Die Schaffung eines einheitlichen Binnenmarktes, die mit der Zollunion der Europäischen Wirtschaftsgemeinschaft begann, war 30 Jahre später immer noch nicht abgeschlossen. In einer Reihe von Wirtschaftszweigen, beispielsweise der Automobilindustrie und der Tele-

---

[5]   Die allgemeine Theorie, dass ein inflationsgefährdetes Land von der Übergabe seiner geldpolitischen Entscheidungen an eine „konservative" Zentralbank profitiert, wird in einem viel beachteten Aufsatz von Kenneth Rogoff ausgeführt. Siehe „The Optimal Degree of Commitment to an Intermediate Monetary Target", in: *Quarterly Journal of Economics* 100, November 1995, S. 1169 – 1189. Eine Anwendung auf das EWS findet sich bei Franceso Giavazzi und Marco Pagano, „The Advantage of Tying One's Hands: EMS Discipline and Central Bank Credibility", in: *European Economic Review* 32, Juni 1988, S. 1055 – 1982.

[6]   Luxemburg ist in Abbildung 20.2 nicht aufgenommen, weil dieses Land vor 1999 in einer Währungsunion mit Belgien zusammengeschlossen war und fast die gleiche Inflationsrate aufwies wie dieses.

[7]   Die Kritiker der Glaubwürdigkeitstheorie im Hinblick auf die Konvergenz der Inflationsraten des EWS verweisen darauf, dass die USA, Großbritannien und Japan ihre Inflation während der 1980er Jahre auch ohne Wechselkursfixierung auf niedrige Niveaus brachten. Nach der Einführung des Euro 1999 kam es, wie weiter unten aufgezeigt, zu einer gewissen Vergrößerung der Inflationsdifferenzen.

kommunikationsbranche, wurde der innereuropäische Handel durch staatliche Standards und Zulassungen behindert; oft verliehen die Behörden durch ihre Lizenzvergabe oder öffentlichen Aufträge den eigenen Herstellern auf den Inlandsmärkten eine regelrechte Monopolstellung. Auch unterschiedliche Steuersysteme sowie Gesundheits- und Sicherheitsvorschriften behinderten den Außenhandel. Länder mit einer hohen Mehrwertsteuer mussten beispielsweise ihre Bürger durch Grenzkontrollen hindern, unverzollte Waren aus Nachbarländern mit niedrigerer Mehrwertsteuer einzuführen. Die Zollämter mussten außerdem gewährleisten, dass nationale Produktstandards erfüllt wurden. Auch die Faktorbewegungen innerhalb Europas unterlagen nach wie vor starken Beschränkungen.[8]

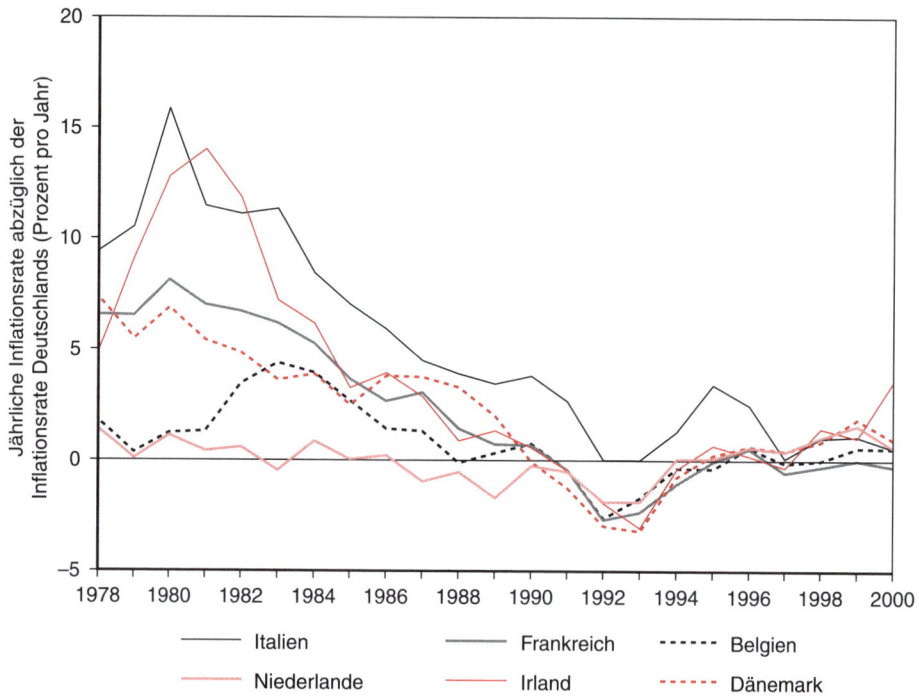

Die Abbildung zeigt die Inflationsdifferenzen zwischen Deutschland und den sechs Gründungsmitgliedern des EWS Belgien, Dänemark, Frankreich, Irland, Italien und den Niederlanden. Im Jahr 1997 hatten sich alle nationalen Inflationsraten ganz in der Nähe des deutschen Niveaus eingependelt.
Quelle: International Monetary Fund, *International Financial Statistics*

Abbildung 20.2:   **Inflationskonvergenz zwischen sechs Gründungsmitgliedern der EWS, 1978 – 2000**

[8]   Eine hervorragende Darstellung der mikroökonomischen Ziele von 1992 findet sich bei Harry Flam, „Product Markets and 1992: Full Integration, Large Gains?“, in: *Journal of Economic Perspectives* 6, Herbst 1992, S. 7 – 30.

Im Jahr 1985 gab die Europäische Kommission, das Exekutivorgan der Europäischen Gemeinschaften, ein Weißbuch mit 300 Vorschlägen zur „Vollendung des Binnenmarktes" heraus. Bis Ende 1992 sollten sämtliche innereuropäischen Beschränkungen des Handels, des Kapitalverkehrs und der Arbeitsmigration aufgehoben werden. In der Einheitlichen Europäischen Akte von 1986 (einer Reform der Römischen Verträge) unternahm die Europäische Gemeinschaft die maßgeblichen politischen Schritte, um das Weißbuch bis 1992 in die Tat umzusetzen. Insbesondere wurde die in den Römischen Verträgen vorgeschriebene Einstimmigkeit in Bezug auf alle Maßnahmen zur Einführung des Binnenmarktes abgeschafft, sodass nicht länger ein oder zwei Mitgliedsstaaten aus eigennützigen Erwägungen heraus Maßnahmen zur Liberalisierung des Außenhandels blockieren konnten. Die Einheitliche Europäische Akte gab der Europäischen Gemeinschaft also die praktischen Verfahrensmöglichkeiten zur Erreichung ihres ehrgeizigen Ziels, dass „der Binnenmarkt ein Gebiet ohne innere Grenzen umfassen sollte, in dem die freie Bewegung von Gütern, Personen, Dienstleistungen und Kapital gewährleistet ist".

Zum gegenwärtigen Zeitpunkt sind nahezu sämtliche Integrationsmaßnahmen, die zur Schaffung des europäischen Binnenmarktes 1992 vorgesehen waren, in die Tat umgesetzt worden. Die wirtschaftlichen Grenzen zwischen den Ländern der EU sind generell durchlässiger als in der Mitte der 1980er Jahre, doch die Fortschritte fielen auf verschiedenen Gebieten unterschiedlich aus. Finanzkapital kann sich beispielsweise nicht nur innerhalb der Europäischen Union, sondern auch zwischen ihr und Regionen mit anderer Gerichtsbarkeit frei bewegen.

Die freie Bewegung von *Personen* innerhalb der Europäischen Union wurde nicht mit dem gleichen Erfolg verwirklicht. Zwar haben die Arbeitnehmer das Recht, ihren Wohnsitz und ihren Arbeitsplatz innerhalb der EU frei zu wählen, doch die Mobilität der Arbeit bleibt beschränkt. Mehrere EU-Mitglieder befürchteten eine verstärkte illegale Einwanderung von außerhalb der Europäischen Union, und das ursprüngliche Ziel, zum 1. Januar 1993 sämtliche Passkontrollen an den innereuropäischen Grenzen abzuschaffen, wurde nicht in vollem Umfang erreicht.

20.1.5 Die Europäische Wirtschafts- und Währungsunion

Es gibt zahlreiche Möglichkeiten, wie Länder ihre Währungen aneinander binden können. Man kann sich diese Möglichkeiten als ein Spektrum vorstellen, das von einem geringen bis zum vollständigen Verzicht auf die geldpolitische Eigenständigkeit reicht.

Das frühe EWS, das von häufigen Wechselkursanpassungen und einer umfassenden staatlichen Kontrolle über Kapitalbewegungen geprägt war, ließ noch erheblichen Spielraum für eine nationale Geldpolitik. Im Jahr 1989 empfahl ein Ausschuss unter dem Vorsitz von Jacques Delors, dem damaligen Präsidenten der Europäischen Kommission, einen dreistufigen Übergang zu dem entgegengesetzten Ende des Spektrums. Das von ihm benannte Ziel war die **Wirtschafts- und Währungsunion (WWU)**, in der die nationalen

Währungen ersetzt würden durch eine Einheitswährung, die von einer einzigen Zentralbank im Auftrag sämtlicher EU-Mitglieder verwaltet werden sollte.

Stufe 1 des Delors-Berichts bestand darin, dass sämtliche EU-Mitglieder dem Wechselkursmechanismus des EWS beitraten. In Stufe 2 sollten die Bandbreiten der Wechselkurse verringert und die Entscheidungen über bestimmte makroökonomische Maßnahmen unter eine stärker zentralisierte Kontrolle gestellt werden. Stufe 3 des Delors-Plans sah schließlich die Ersetzung der nationalen Währungen durch eine europäische Einheitswährung und die Übertragung sämtlicher geldpolitischer Entscheidungen auf ein europäisches System der Zentralbanken vor, dessen Struktur sich an dem Federal Reserve System der USA orientierte und an dessen Spitze eine europäische Zentralbank stehen sollte.

Am 10. Oktober 1991 trafen sich die Staats- und Regierungsvertreter der EG-Länder in der historischen niederländischen Stadt Maastricht und beschlossen, ihren nationalen Parlamenten weit reichende Reformen der Römischen Verträge zur Ratifikation vorzulegen. Durch diese Reform sollte die EG auf den direkten Weg zur Wirtschafts- und Währungsunion gebracht werden. Der 250 Seiten starke **Vertrag von Maastricht** (Vertrag über die Europäische Union) sah vor, dass Stufe 2 des Delors-Plans am 1. Januar 1994 und Stufe 3 spätestens am 1. Januar 1999 in Kraft treten sollten. Zusätzlich zu Regelungen der *Währungspolitik* sah der Vertrag von Maastricht Schritte zur Harmonisierung der *Sozialpolitik* innerhalb der Europäischen Union vor (dies betraf z.B. Arbeitsschutzbestimmungen, Verbraucherschutz und Einwanderungsbestimmungen) sowie eine Zentralisierung außen- und sicherheitspolitischer Entscheidungen, die jedes EU-Mitglied bislang noch autonom trifft. Im Jahr 1993 hatten sämtliche zwölf damaligen Mitgliedsstaaten der EU den Vertrag von Maastricht ratifiziert. Mit ihrem Beitritt zur EU im Jahr 1995 übernahmen Österreich, Finnland und Schweden die Regelungen des Vertrags (ebenso wie die übrigen Gesetze der EU).[9]

Weshalb gaben die EU-Länder das EWS auf, um sich dem weitaus ehrgeizigeren Ziel einer Gemeinschaftswährung zu verschreiben? Es gab dafür im Wesentlichen vier Gründe:

1. Man ging davon aus, dass eine einheitliche EU-Währung eine umfassendere Integration der europäischen Märkte herbeiführen würde als feste Wechselkurse, weil sie die Gefahr von Wechselkursanpassungen im Rahmen des EWS und die Umtauschkosten für EWS-Währungen beseitigte. Die Einheitswährung galt als notwendige Ergänzung zur Schaffung des Europäischen Binnenmarktes im Jahr 1992.

2. Nach Ansicht einiger Staatschefs der EU hatte die Tatsache, dass Deutschland die Währungspolitik des EWS leitete, zu einer einseitigen Betonung der deutschen makroökonomischen Ziele auf Kosten der übrigen EWS-Partner geführt. Die Europäische Zentralbank, die im Rahmen der WWU an Stelle der Deutschen Bundesbank treten sollte, würde sich den Problemen der übrigen Länder gegenüber aufgeschlossener zeigen und ihnen automatisch die Möglichkeit einräumen, ebenso wie Deutschland an geldpolitischen Entscheidungen beteiligt zu werden, die das Gesamtsystem betrafen.

---

[9] Dänemark und Großbritannien ratifizierten den Vertrag von Maastricht unter bestimmten Vorbehalten, die ihnen das Recht einräumen, aus den Währungsbestimmungen des Vertrags „auszusteigen" und ihre nationalen Währungen beizubehalten.

3. Angesichts der fortan uneingeschränkten Kapitalmobilität innerhalb der EU barg der Erhalt nationaler Währungen mit festen (anpassungsfähigen) Paritäten anstelle ihrer unwiderruflichen Verknüpfung durch eine Einheitswährung nur wenige Chancen, aber viele Risiken. Jedes Festkurssystem für getrennte nationale Währungen würde, wie bereits 1992 – 1993, heftigen spekulativen Angriffen ausgesetzt werden. Wenn die Europäer dauerhaft fixierte Wechselkurse mit freien Kapitalbewegungen verbinden wollten, dann war eine Einheitswährung die beste Lösung.

4. Wie oben festgestellt, hofften sämtliche Regierungschefs der EU-Länder, dass der Vertrag von Maastricht die politische Stabilität Europas gewährleisten würde. Über ihre rein ökonomische Funktion hinaus sollte die Einheitswährung als starkes Symbol für den Wunsch Europas dienen, seine Zusammenarbeit höher zu bewerten als die nationalen Rivalitäten, die in der Vergangenheit oft zu Kriegen geführt hatten. Unter diesen Voraussetzungen sollte die neue Währung die wirtschaftlichen Interessen der beteiligten Nationen in Einklang bringen, um eine unerschütterliche politische Grundlage für den Frieden in Europa zu schaffen.

Die Gegner des Vertrags von Maastricht bestritten diese positiven Wirkungen und wandten sich gegen die Abtretung staatlicher Vollmachten an die Europäische Union. In ihren Augen war die Wirtschafts- und Währungsunion symptomatisch für die Neigung der Institutionen der Europäischen Union, sich über lokale Bedürfnisse hinwegzusetzen, sich in lokale Angelegenheiten einzumischen und hoch geschätzte Symbole der nationalen Identität (zu denen natürlich auch die Landeswährung gehört) herabzusetzen.

20.2 Der Euro und die Wirtschaftspolitik im Euroraum

Die vagen Initiativen des Vertrags von Maastricht auf dem Gebiet der sozialen und politischen Integration zeigten nur geringe Wirkung, doch seine präziseren Planungen für die WWU wurden mit der Einführung des Euro in elf EU-Ländern zum Jahresbeginn 1999 pünktlich umgesetzt. Interessanterweise verwendet der Vertrag von Maastricht nicht die Bezeichnung „Euro", sondern spricht von der Einheitswährung als ECU (European Currency Unit). Der Name „Euro" wurde erst im Dezember 1995 gewählt (siehe Textkasten auf S. 789). In Abbildung 20.3, die wir der *Financial Times* entnommen haben, wird aufgezeigt, wie sich der Euro seit seiner Einführung gegenüber anderen wichtigen Währungen entwickelt hat.

Nach welchen Kriterien wurden die ursprünglichen Mitglieder der WWU ausgewählt, wie sieht das Aufnahmeverfahren für neue Mitglieder aus und wie sind die komplexen finanziellen und politischen Institutionen aufgebaut, die über die Wirtschaftspolitik des Euroraums entscheiden? Der folgende Abschnitt bietet einen Überblick.

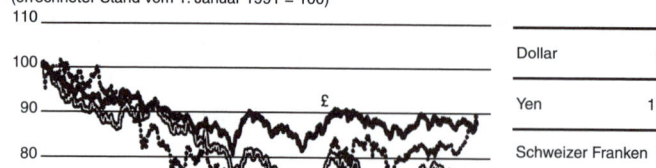

Entwicklung des Euro

Wechselkurs des Euro gegenüber wichtigen Währungen
(errechneter Stand vom 1. Januar 1991 = 100)

	Euro-Kurse		
Dollar	0,8947	Pfund Sterling	0,6207
Yen	117,282	Dänische Krone	7,4413
Schweizer Franken	1,4769	Schwedische Krone	9,2375

Der bescheidene Kursaufschwung des Euro in der vergangenen Woche ging am Freitag zu Ende, sodass der Wechselkurs in etwa wieder dem Durchschnitt der letzten zwölf Monate entspricht.

Quelle: Thomson Financial Datastream

Jeden Montag gibt die *Financial Times* einen Überblick über die Entwicklung des Euro auf dem Devisenmarkt. Nach seiner Einführung wertete der Euro gegenüber dem Dollar ab.
Quelle: *Financial Times*, 22. Februar 1999, S. 1

Abbildung 20.3: Entwicklung des Euro-Wechselkurses gegenüber anderen wichtigen Währungen

20.2.1   Die Konvergenzkriterien von Maastricht und der Stabilitäts- und Wachstumspakt

Laut dem Vertrag von Maastricht müssen die Mitgliedsländer der EU eine Reihe makroökonomischer Konvergenzkriterien erfüllen, bevor sie zur WWU zugelassen werden können. Diese Kriterien lauten:

1. Die Inflationsrate darf im letzten Jahr vor dem Beitritt um höchstens 1,5 Prozent über der durchschnittlichen Inflationsrate derjenigen drei Mitgliedsstaaten liegen, welche die größte Preisstabilität aufweisen.

2. Das Land muss mindestens zwei Jahre lang innerhalb des EWS einen stabilen Wechselkurs aufrechterhalten und darf seine Währung nicht aus eigener Initiative abgewertet haben.

3. Das Haushaltsdefizit darf nicht mehr als 3 Prozent des BIP betragen (wobei dieser Wert ausnahmsweise und vorübergehend überschritten werden darf).

4. Die öffentliche Verschuldung muss den Referenzwert von 60 Prozent des BIP unterschreiten oder sich diesem rasch nähern.

Gemäß dem Maastricht-Vertrag überwacht die Europäische Kommission auch nach der Aufnahme eines Landes in die WWU weiterhin die Einhaltung der Kriterien 3 und 4. Der Ministerrat kann Sanktionen gegen Länder beschließen, die gegen diese fiskalischen Vorschriften verstoßen bzw. ein übermäßiges Defizit oder eine übermäßige Verschuldung nicht beheben. Ein hoch verschuldetes Mitgliedsland der WWU, das vor einer Rezession steht, kann daher möglicherweise keine expansive Fiskalpolitik in die Wege leiten, wenn es fürchten muss, dadurch die in Maastricht festgelegten Grenzen zu überschreiten – ein

Verlust an politischer Autonomie, der es teuer zu stehen kommen kann, da auch keine nationale Geldpolitik mehr möglich ist!

Mit dem ergänzenden **Stabilitäts- und Wachstumspakt (SWP)**, der 1997 ausgehandelt wurde, wurde die fiskalische Zwangsjacke noch enger gezogen. Der SWP definiert als mittelfristiges Ziel einen ausgeglichenen oder einen Überschuss aufweisenden Haushalt. Außerdem sieht er zeitlich abgestufte finanzielle Sanktionen gegen Mitgliedsländer vor, die ein übermäßiges Defizit und eine übermäßige Verschuldung nicht rasch genug korrigieren. Ob der SWP in der Praxis strikt eingehalten wird, muss sich noch weisen.

Was steht hinter den makroökonomischen Konvergenzkriterien, der Angst vor einer hohen öffentlichen Verschuldung und dem SWP? Die Länder mit niedrigen Inflationsraten, wie beispielsweise Deutschland, wollten den Vertrag von Maastricht nur dann unterschreiben, wenn sie sicher sein konnten, dass ihre WWU-Partner sich auf eine geringe Inflation und fiskalische Zurückhaltung verpflichten würden. Sie befürchteten andernfalls eine Schwächung des Euro, der nicht der gleichen Politik zum Opfer fallen sollte, die seit den frühen 1970er Jahren wiederholt die Inflation in Frankreich, Italien, Portugal, Spanien und Großbritannien angeheizt hatte. Außerdem befürchteten die Architekten des Maastricht-Vertrags, dass die neue Europäische Zentralbank im Falle hoher Haushaltsdefizite und hoher Schuldenstände unter Druck geraten würde, direkt staatliche Schuldverschreibungen zu erwerben und damit Geldmengenwachstum und Inflation zu beschleunigen.[10]

Im Jahr 1997, als die WWU näher rückte, war die öffentliche Meinung in Deutschland nach wie vor gegen den Euro eingestellt, weil allgemein angezweifelt wurde, dass sich die neue Währung als ebenso stabil erweisen würde wie die DM. Die deutsche Regierung bestand auch deshalb auf dem SWP, weil sie ihre eigenen Wähler überzeugen wollte, dass das neue Eurosystem eine niedrige Inflationsrate gewährleisten werde.

Im Mai 1998 stand fest, dass anhand der Daten des Jahres 1997 elf Länder die Konvergenzkriterien erfüllt hatten und der WWU von Anfang an angehören würden: Belgien, Deutschland, Finnland, Frankreich, Irland, Italien, Luxemburg, die Niederlande, Österreich, Portugal und Spanien. Großbritannien und Dänemark machten von ihrem Recht Gebrauch, sich der Währungsunion nicht anzuschließen. Schweden konnte das Wechselkurskriterium (Punkt 2) nicht erfüllen, weil es dem EWS nicht angehört hatte. Griechenland hatte 1998 kein einziges Kriterium erfüllt, bestand aber später sämtliche Tests und schloss sich zum 1. Januar 2001 der WWU an.

---

[10] Eine hervorragende Darstellung der Verhandlungen, die dem Abkommen und den Konvergenzkriterien zugrunde lagen, finden Sie in dem Buch von Kenen, das in den Literaturangaben aufgeführt wird. Die Bemühungen um die Erfüllung der Kriterien bis 1997 beschreibt Maurice Obstfeld, „Europe's Gamble", in: *Brookings Papers on Economic Activity* 2, 1997, S. 241 – 317.

20.2.2   Das Europäische System der Zentralbanken

Das Europäische System der Zentralbanken, das die Geldpolitik des Euroraums durchführt, besteht aus der Europäischen Zentralbank in Frankfurt/ Main und den zwölf nationalen Zentralbanken, deren Rolle heute jener der regionalen Federal-Reserve-Banken in den USA entspricht. Das Beschlussorgan des ESZB ist der EZB-Rat, in dem das sechsköpfige Direktorium der EZB (einschließlich des Präsidenten, zur Zeit der Niederländer Willem F. Duisenberg) und die Präsidenten der nationalen Zentralbanken vertreten sind. Auf diese Weise arbeitet das EZB-Direktorium, dem die zentrale Leitung obliegt, mit den Vertretern der nationalen Zentralbanken zusammen, um die Geldpolitik für das gesamte Währungsgebiet des Euro zu beschließen. (Genau genommen gehören *sämtliche* nationalen Zentralbanken der EU, ob sie dem Euroraum angehören oder nicht, der ESZB an, und ihre Präsidenten sind im Erweiterten Rat der EZB vertreten. Doch der Erweiterte Rat verfügt über weniger Vollmachten als der EZB-Rat und trifft keine Entscheidungen über die Zinssätze des Euroraums.)

Die Urheber des Vertrags von Maastricht hatten eine unabhängige Zentralbank schaffen wollen, die keinen potenziell inflationsfördernden politischen Einflüssen ausgesetzt sein sollte. Der Vertrag beauftragt das ESZB in erster Linie mit der Wahrung der Preisstabilität und enthält zahlreiche Regelungen, mit denen die Geldpolitik frei von politischen Einflüssen gehalten werden soll. Darüber hinaus wirkt das ESZB im Unterschied zu allen anderen Zentralbanken der Welt unabhängig von jeglicher nationalen Regierung. In den USA beispielsweise könnte der Kongress ohne weiteres ein Gesetz verabschieden, das die Unabhängigkeit der Federal Reserve beschneidet. Das ESZB ist zwar verpflichtet, dem Europäischen Parlament in regelmäßigen Abständen über seine Tätigkeit Rechenschaft abzulegen, doch das Europäische Parlament ist nicht befugt, das Statut des ESZB zu ändern. Dies würde eine Änderung des Maastricht-Vertrags voraussetzen, der die Parlamente oder Wähler jedes EU-Mitgliedsstaates zustimmen müssten. Nach Ansicht seiner Kritiker schirmt das Abkommen das ESZB zu stark gegen normale demokratische Prozesse ab. In ihren Augen wirkt die Sonderstellung des ESZB abschreckend auf die Öffentlichkeit, weil sie keinen Mechanismus enthält, mit dessen Hilfe die Wählerschaft das ESZB zur Verantwortung ziehen könnte.

Ungeachtet seiner ausgeprägten rechtlichen Souveränität hängt das ESZB in mindestens zweierlei Hinsicht doch von den Entscheidungen der Politiker ab. Erstens erfolgt die Ernennung der Mitglieder ihrer Beschlussorgane auf politischen Grundlagen (wobei ihre Amtszeit festgelegt ist und nicht verlängert werden kann). Zweitens belässt der Vertrag von Maastricht die *Wechselkurspolitik* für den Euroraum in den Händen der politischen Institutionen. Diese Aufgabenverteilung ist verwirrend, da Entscheidungen über die Wechselkurse die Voraussetzungen für geldpolitische Entscheidungen schaffen und das ESZB keine wirkliche geldpolitische Unabhängigkeit genießen kann, wenn es nicht die alleinige Befugnis zur Festlegung der Euro-Wechselkurse hat. Selbst in den Monaten unmittelbar vor der Einführung des Euro diskutierten die Finanzminister Deutschlands und Frankreichs über mögliche Zielzonen für die Wechselkurse des Euro, des Dollars und des Yen. Es bleibt abzuwarten, ob es zwischen den Politikern der WWU und dem ESZB zu einem offenen Konflikt über den Wechselkurs des Euro kommen wird. Nach der geltenden Rechtslage der EU ist das ESZB eindeutig befugt, die Wechselkursziele der Politiker abzulehnen, wenn diese die Preisstabilität gefährden.

Beispiel 20.1: Entwurf und Benennung einer neuen Währung

Das Erscheinungsbild und der Name der neuen europäischen Einheitswährung waren zwei eher untergeordnete Probleme der vom Maastricht-Vertrag vorgesehenen umfassenden Währungsunion. Dennoch war es nicht einfach, einen Konsens zu finden.

Nach den Wünschen einiger europäischer Führer sollte auf den von ihren nationalen Zentralbanken ausgegebenen europäischen Banknoten weiterhin ein nationales Symbol abgebildet sein, selbst wenn sie in ganz Europa umlaufen würden, so wie auf den US-Dollarnoten, die in New York benutzt werden, auch die Federal Reserve Bank von Chicago abgebildet ist. Insbesondere für die Briten waren Banknoten ohne das Antlitz ihrer Monarchin undenkbar, was immer auch das übrige Europa davon halten mochte. Am Ende einigte man sich auf einen Kompromiss. Auf den Eurobanknoten ist kein nationales Symbol abgebildet. Die Euromünzen hingegen haben eine „europäische" und eine „nationale" Seite, auf der nationale Symbole des Landes, das sie ausgegeben hat, abgebildet sein dürfen.

Auf einer ersten exemplarischen Eurobanknote sah man die EU-Flagge auf einem imaginären architektonischen Meisterwerk Europas. Die Europäische Union informierte ihre Bürger umfassend über die Gestaltung der Banknoten und ihre Gründe (siehe die Website der EU unter `http://europa.eu.int/euro`):

> „Es gibt 7 Euro-Scheine. Sie sind von unterschiedlicher Farbe und Größe und haben einen Wert von jeweils 500, 200, 100, 50, 20, 10 und 5 Euro. Die Banknoten werden für das gesamte Euro-Gebiet einheitlich sein; anders als bei Münzen wird es keine so genannte nationale Seite geben. Die Abbildungen symbolisieren das architektonische Erbe Europas. Es werden jedoch keine Denkmäler in bestimmten Ländern abgebildet. Die Vorderseite jeder Banknote zeigt Fenster und Portale als Symbol der Offenheit und Zusammenarbeit in der EU. Die Rückseite zeigt jeweils eine Brücke aus einer bestimmten Epoche als Symbol der Verbindung zwischen den Völkern Europas und zwischen Europa und dem Rest der Welt. Die endgültigen Entwürfe wurden auf der Tagung des Europäischen Rates vom Dezember 1996 in Dublin angekündigt. Alle Banknoten werden mit modernsten Sicherheitsmerkmalen ausgestattet."

Allerdings wurden auch weitaus exotischere Vorschläge gehandelt, bevor man sich auf die endgültige Gestaltung einigte. Einige Überlegungen gingen dahin, den David Michelangelos oder die phönizische Prinzessin Europa abzubilden, die von Zeus (der aus diesem Anlass die Gestalt eines Stiers annahm) nach Kreta entführt wurde.

Die Information der EU über die Euromünzen lautet:

> „Es gibt 8 Euro-Münzen im Wert von jeweils 2 und 1 Euro sowie 50, 20, 10, 5, 2 und 1 Cent. Jede Euro-Münze wird eine gemeinsame europäische Seite haben. Die Rückseite kann jeder Mitgliedsstaat nach Belieben gestalten. *Jede der Münzen kann überall in den 12 Mitgliedsstaaten verwendet werden. Beispielsweise kann ein französischer Bürger in Berlin einen Hot Dog mit einer Euro-Münze bezahlen, auf welcher der König von Spanien abgebildet ist.* Die gemeinsame Bildseite stellt die Karte der Europäischen Union dar, vor dem Hintergrund transversaler Linien, an denen die Sterne der europäischen Flagge hängen. Die Abbildungen auf den 1, 2 und 5 Cent-Münzen symbolisieren die Stellung Europas in der Welt, die 10, 20 und 50 Cent-Münzen die Union als Bund von Nationen. Die 1 und 2 Euro-Münzen stellen Europa ohne Grenzen dar. Das endgültige Design wurde auf der Tagung des Europäischen Rates vom Juni 1997 in Amsterdam gebilligt.“

Bevor man sich im Dezember 1995 auf die Bezeichnung „Euro“ geeinigt hatte, war auch der Name der neuen Währung umstritten. Im Vertrag von Maastricht wurde die Einheitswährung, wie oben gesagt, als ECU bezeichnet, doch die meisten führenden europäischen Politiker hielten es für irreführend und unangemessen, den Namen eines bereits bestehenden Währungskorbs zu übernehmen, der überdies gegenüber der DM stark abgewertet hatte. Darüber hinaus erhob der deutsche Bundeskanzler Helmut Kohl dem Vernehmen nach den Einwand, „ein ECU“ klinge genauso wie „eine Kuh“.* Als alternative Namen wurden unter anderem Franken und Schilling vorgeschlagen.

Die Taufe der neuen Währung auf den Namen „Euro“ war für manche Beteiligte ein schwer verdaulicher Kompromiss. Der britische Premierminister klagte, dass das Wort „Euro“ sein Blut nicht in Wallung bringe (was dem „Pfund“ offenbar gelingt). Die Griechen merkten an, dass „Euro“ in ihrer Sprache wie das Wort für „Urin“ klinge.** Aber wie dem auch sei, man entschied sich für „Euro“.

* siehe „What Fits in Europe's Wallet?“, in: *New York Times*, 11. Juli 1995, S. C1.

** „Europeans Agree on New Currency“, in: *New York Times*, 16. Dezember 1995, S. 1

20.2.3 Die Reform des Wechselkursmechanismus

Für EU-Staaten, die der Wirtschafts- und Währungsunion noch nicht beigetreten sind, gilt der reformierte Wechselkursmechanismus II (WKM II), der erweiterte Wechselkurszielzonen gegenüber dem Euro sowie beidseitige Interventionsverpflichtungen zur Einhaltung dieser Zielzonen vorsieht. Der WKM II soll einem Abwertungswettlauf der außen stehenden EU-Mitglieder gegenüber dem Euro vorbeugen und Anwärtern auf die WWU-Mitgliedschaft eine Möglichkeit geben, das im Maastricht-Vertrag festgelegte Konvergenzkriterium der Wechselkursstabilität zu erfüllen. Nach den Regeln des WKM II kann entweder die EZB oder eine nationale Zentralbank eines EU-Mitgliedsstaates mit eigener Währung ihre Interventionen dann aussetzen, wenn die dadurch bedingten Geldmengenänderungen die Preisstabilität des betreffenden Landes gefährden. Der WKM II ist ebenso asymmetrisch angelegt wie der alte Wechselkursmechanismus: Die kleineren Länder binden ihre Währung an den Euro und passen sich an die Zinsentscheidungen der EZB an.

20.3   Die Theorie optimaler Währungsräume

Es steht außer Frage, dass der Prozess der monetären Integration Europas die *politischen* Ziele der europäischen Einigung befördert, indem er die Stellung der Europäischen Union in der Weltpolitik stärkt. Doch der Fortbestand und die zukünftige Entwicklung des europäischen Währungsexperiments hängen in erster Linie davon ab, ob die EU ihre *wirtschaftlichen* Ziele erreicht. Hier bietet sie ein weniger eindeutiges Bild, denn die Festlegung des Wechselkurses kann einem Land im Prinzip nicht nur ökonomischen Nutzen bringen, sondern auch Opfer abverlangen.

Wie wir in Kapitel 19 sahen, kann ein Land durch die Änderung seines Wechselkurses die schädliche Wirkung diverser ökonomischer Schocks dämpfen. Andererseits können flexible Wechselkurse auch bedrohliche Folgen nach sich ziehen, indem sie etwa die Unberechenbarkeit der relativen Preise steigern oder die Entschlossenheit der Regierung zur Inflationsbekämpfung untergraben. Um die wirtschaftlichen Kosten, die mit dem Anschluss an eine durch ein Festkurssystem verbundene Ländergruppe einhergehen, gegen den Nutzen abzuwägen, benötigen wir einen begrifflichen Rahmen, mit dessen Hilfe wir überprüfen können, auf welche Stabilisierungsmöglichkeiten ein Land verzichtet und welches Maß an Effizienz und Glaubwürdigkeit es hinzugewinnt.

Die Vor- und Nachteile des Beitritts zu einer Region, in der ein Festkurssystem wie das EWS herrscht, hängen von der erreichten Integration der Volkswirtschaft des Anwärters mit derjenigen seiner potenziellen Partner ab. Dies soll im folgenden Abschnitt nachgewiesen werden. Unsere Analyse führt zu dem Schluss, dass sich ein Währungsverbund, d. h. ein Gebiet mit festen Wechselkursen, am besten für solche Wirtschaftsräume eignet, die durch Außenhandel und Faktorbewegungen stark integriert sind. Dies besagt die Theorie der **optimalen Währungsräume**.[11]

---

[11] Die ursprüngliche Theorie finden Sie in Robert Mundells Klassiker, „The Theory of Optimum Currency Areas", in: *American Economic Review*, September 1961, S. 717 – 725. Spätere Beiträge sind in dem Buch von Tower und Willett angegeben, das in den Literaturhinweisen aufgeführt wird.

20.3.1   Wirtschaftliche Integration und die Vorteile eines Gebiets mit festen Wechselkursen: die *GG*-Kurve

Welche Überlegungen stellt ein Land – beispielsweise Norwegen – an, um zu entscheiden, ob es sich einem Gebiet mit festen Wechselkursen – beispielsweise dem Euro-Währungsraum – anschließen soll? Unser Ziel besteht darin, ein einfaches Schaubild zu entwickeln, das den Entscheidungsprozess verdeutlicht.

Leiten wir zunächst das erste der beiden Elemente dieses Schaubilds her, eine als *GG* bezeichnete Kurve. Sie zeigt, dass der potenzielle Gewinn, den Norwegen aus dem Beitritt zum Euroraum ziehen kann, von seinen Handelsbeziehungen zu dieser Region abhängt. Nehmen wir an, Norwegen erwäge die Anbindung seiner Währung, der Krone, an den Euro.

Ein wesentlicher ökonomischer Vorteil fester Wechselkurse besteht darin, dass sie wirtschaftliche Kalkulationen erleichtern und gegenüber flexiblen Kursen eine berechenbarere Grundlage für Entscheidungen liefern, die mit internationalen Transaktionen verbunden sind. Stellen Sie sich vor, wie viel Zeit und Geld amerikanische Verbraucher und Unternehmer Tag für Tag vergeuden müssten, wenn sämtliche 50 Bundesstaaten der USA eine eigene Währung hätten, deren Wert gegenüber den Währungen aller übrigen Bundesstaaten schwanken würde! Ähnlichen Nachteilen sieht sich Norwegen in seinem Außenhandel mit dem Euroraum ausgesetzt, wenn es die Krone gegenüber dem Euro frei schwanken lässt. Der **monetäre Effizienzgewinn**, der sich aus dem Beitritt zu dem Festkurssystem ergibt, entspricht den gesamten Unsicherheits-, Konfusions-, Kalkulations- und Transaktionskosten, die flexible Wechselkurse mit sich bringen.[12]

In der Praxis lässt sich der monetäre Effizienzgewinn, den Norwegen aus der Anbindung seiner Währung an den Euro ziehen würde, schwerlich genau bestimmen. Er fällt jedoch mit Sicherheit umso höher aus, je umfangreicher der Außenhandel zwischen Norwegen und den Ländern des Euroraums ist. Wenn der Handel Norwegens mit dem Euroraum 60 Prozent seines BNE ausmacht, sein Handel mit den USA jedoch nur 5 Prozent, dann ziehen die norwegischen Exporteure und Importeure aus einem festen Krone/Euro-Wechselkurs zweifellos einen größeren monetären Effizienzgewinn als aus einem festen Krone/Dollar-Kurs. Entsprechend fällt auch der Effizienzgewinn aus einem festen Krone/Euro-Kurs umso höher aus, je umfangreicher der Handel zwischen Norwegen und dem Euroraum.

Der monetäre Effizienzgewinn einer Anbindung der Krone an den Euro wächst auch dann, wenn die Produktionsfaktoren ungehindert zwischen Norwegen und dem Euroraum wandern können. Norweger, die in den Euroraum investieren, profitieren von berechenbareren Erträgen dieser Investitionen. Norweger, die in einem Land des Euroraums arbeiten,

---

[12] Zur Illustration nur einer Komponente der monetären Effizienzgewinne, nämlich der potenziellen Einsparung der Makler- und Bankgebühren für Devisentransaktionen, schätzt Charles R. Bean von der London School of Economics, dass nach einer „Rundreise" durch sämtliche EU-Währungen am Ende nur noch die Hälfte der ursprünglichen Geldsumme vorhanden wäre. Siehe dazu den in den Literaturhinweisen aufgeführten Aufsatz von Bean.

profitieren von einem festen Wechselkurs, der ihre Löhne im Verhältnis zu den Lebenshaltungskosten in Norwegen verlässlicher macht.

Aus dem Gesagten schließen wir, dass *ein hohes Maß an wirtschaftlicher Integration zwischen einem bestimmten Land und einem Gebiet mit festen Wechselkursen die monetären Effizienzgewinne erhöht, die dieses Land aus der Festlegung seines Wechselkurses gegenüber den Währungen des Festkurssystems ziehen kann.* Je umfangreicher der Außenhandel und die grenzüberschreitenden Faktorbewegungen, desto größer der Gewinn aus einem festen grenzüberschreitenden Wechselkurs.

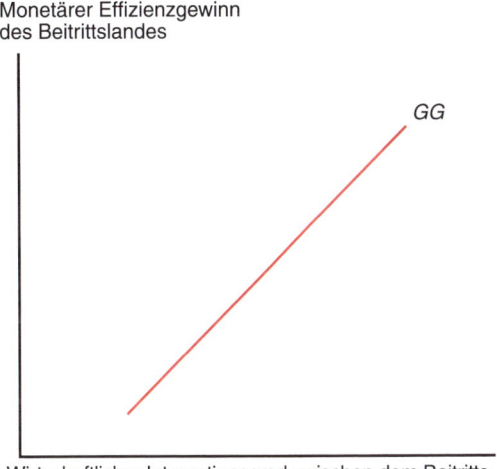

Monetärer Effizienzgewinn des Beitrittslandes

GG

Wirtschaftlicher Integrationsgrad zwischen dem Beitrittsland und den Ländern des regionalen Festkurssystems

Die steigende *GG*-Kurve zeigt, dass der monetäre Effizienzgewinn aus dem Beitritt zu einem Gebiet mit festen Wechselkursen umso größer ausfällt, je stärker die wirtschaftliche Integration zwischen dieser Region und dem Beitrittsland ausgeprägt ist.

Abbildung 20.4: Die *GG*-Kurve

Die steigende Kurve *GG* in Abbildung 20.4 veranschaulicht die Beziehung zwischen der wirtschaftlichen Integration eines Landes mit einem Wechselkursverbund und dem monetären Effizienzgewinn aus einem Beitritt zu diesem Gebiet. Die horizontale Achse misst die wirtschaftliche Integration Norwegens (in unserem Beispiel das Beitrittsland) in die Güter- und Faktormärkte des Euroraums. Die vertikale Achse misst die monetären Effizienzgewinne, die Norwegen aus der Anbindung seiner Währung an den Euro zieht. In der positiven Steigung von *GG* kommt zum Ausdruck, dass die monetären Effizienzgewinne aus dem Beitritt zu einem Wechselkursverbund umso größer ausfallen, je stärker das beitretende Land wirtschaftlich mit diesem Gebiet verflochten ist.

In unserem Beispiel setzten wir stillschweigend voraus, dass das größere Währungsgebiet, der Euroraum, ein stabiles und berechenbares Preisniveau aufweist. Wenn diese Voraussetzung nicht erfüllt ist, dann würde die größere Variabilität des norwegischen Preisniveaus, die sich nach einem Beitritt zu dem Wechselkursgebiet einstellen würde, die potenziellen monetären Effizienzgewinne aus einem festen Wechselkurs wahrscheinlich aufheben. Ein anders geartetes Problem stellt sich, wenn die Wirtschaftsakteure Norwegens Verpflichtung zur Fixierung des Krone/Euro-Wechselkurses nicht für glaubwürdig halten. In einer solchen Situation würde eine gewisse Wechselkursunsicherheit bestehen bleiben und der monetäre Effizienzgewinn Norwegens würde entsprechend geschmälert. Wenn allerdings das Preisniveau des Euroraums stabil ist und Norwegens Wechselkursverpflichtung nicht angezweifelt wird, dann ergibt sich als wichtigste Schlussfolgerung: Wenn Norwegen seine Währung an den Euro bindet, dann gewinnt es aufgrund der Stabilität seiner Währung gegenüber dem Euro, und dieser Effizienzgewinn fällt umso größer aus, je enger die norwegischen Märkte mit den Märkten des Euroraums verflochten sind.

Wie wir weiter oben in diesem Kapitel erfahren haben, besteht ein mögliches Motiv für die Anbindung des Wechselkurses an eine Region mit Preisstabilität darin, dass das betreffende Land die konsequente Inflationsbekämpfung der Währungsbehörden dieser Region importieren möchte. Je enger die Integration zwischen der Volkswirtschaft des seine Währung anbindenden Landes und der Region mit niedriger Inflation, desto leichter fällt ersterem die Senkung seiner Inflationsrate. Der Grund besteht darin, dass eine enge wirtschaftliche Integration zu einer internationalen Preiskonvergenz führt und daher den Spielraum für eigenständige Preisniveauschwankungen des anbindenden Landes verringert. Dies ist ein weiterer Grund, weshalb ein hohes Maß an wirtschaftlicher Integration mit einem Währungsverbund die Gewinne eines Beitrittslandes steigert.

20.3.2   Wirtschaftliche Integration und die Kosten eines Währungsverbunds: die *LL*-Kurve

Die Mitgliedschaft in einem Währungsverbund kann nicht nur Gewinne, sondern auch Kosten verursachen, selbst wenn das betreffende Gebiet eine niedrige Inflationsrate aufweist. Diese Kosten entstehen deshalb, weil das Beitrittsland auf seine Fähigkeit verzichtet, Produktion und Beschäftigung mit Hilfe währungs- und geldpolitischer Maßnahmen zu stabilisieren. Dieser **Verlust wirtschaftlicher Stabilität** ist ebenso wie der monetäre Effizienzgewinn durch das Maß an wirtschaftlicher Integration bestimmt. Zur grafischen Darstellung dieser Beziehung soll eine zweite Kurve, die *LL*-Kurve, hergeleitet werden.

Im Rahmen der Ausführungen über die Vor- und Nachteile fester und flexibler Wechselkurse in Kapitel 19 kamen wir zu dem Schluss, dass im Falle einer Gütermarktstörung (einer Verschiebung der *DD*-Kurve) ein flexibler Wechselkurs günstiger ist als ein fester Kurs: Er dämpft automatisch die Folgen der Störung für die Produktion und Beschäftigung der betroffenen Volkswirtschaft, indem er eine sofortige Änderung der relativen Preise inländischer und ausländischer Güter herbeiführt. Wie Sie darüber hinaus aus Kapitel 17 wissen, erschwert ein fester Wechselkurs gezielte Stabilisierungsmaßnahmen, weil er jede geldpolitische Beeinflussung der inländischen Produktion ausschließt. Angesichts dieser beiden Erkenntnisse ist zu erwarten, dass sich Veränderungen der *DD*-Kurve besonders schädlich auf eine Volkswirtschaft auswirken, deren Währungsbehörde ihren Wechselkurs gegenüber einer Gruppe ausländischer Währungen fixieren muss. Diese durch den festen Wechselkurs verursachte *zusätzliche* Instabilität ist der Verlust wirtschaftlicher Stabilität.[13]

Zur Herleitung der *DD*-Kurve müssen wir den Zusammenhang zwischen der wirtschaftlichen Integration Norwegen in den Euroraum und dem Ausmaß dieses Verlusts wirtschaftlicher Stabilität verstehen. Nehmen wir an, Norwegen habe seine Währung an den Euro gebunden und die Gesamtnachfrage nach norwegischen Produkten gehe zurück, d.h. die *DD*-Kurve Norwegens verschiebe sich nach links. Wenn sich zufällig die *DD*-Kurven der übrigen Länder des Euroraums zu diesem Zeitpunkt ebenfalls nach links verschieben, wird der Euro einfach gegenüber anderen Währungen abwerten und damit die automatische Stabilisierung herbeiführen, die wir im letzten Kapitel erörtert haben. Norwegen steht also nur dann vor einem ernsten Problem, wenn es das *einzige* Land ist, das sich einem Nachfragerückgang ausgesetzt sieht. Dieser Fall wäre beispielsweise gegeben, wenn die Weltnachfrage nach Erdöl, einem der wichtigsten Exportprodukte Norwegens, zurückgeht.

Wie reagiert Norwegen auf diesen Schock? Da der Euro, an den seine Währung gebunden ist, nicht gelitten hat, bleibt der Außenwert der Krone gegenüber *allen* Fremdwährungen stabil. Erst nach einem verlustreichen Konjunkturabschwung, in dem die Preise aller norwegischen Güter und die Löhne der norwegischen Arbeiter sinken, wird die Vollbeschäftigung wiederhergestellt.

Welcher Zusammenhang besteht zwischen dem Ausmaß dieses Abschwungs und der Integration zwischen der norwegischen Volkswirtschaft und derjenigen der WWU-Länder? Je ausgeprägter die Integration, desto schwächer der konjunkturelle Einbruch, und desto geringer folglich die Kosten der Anpassung an die ungünstige Verschiebung von *DD*. Zwei Gründe sind für diese verringerten Anpassungskosten verantwortlich. Erstens: Wenn Norwegen enge Handelsbeziehungen zum Euroraum unterhält, dann führt eine geringfügige Senkung seiner Preise im Euroraum zu einer im Verhältnis zur norwegischen Gesamtproduktion starken Nachfragesteigerung nach norwegischen Gütern. Daher kann die Vollbeschäftigung relativ schnell wiederhergestellt werden. Zweitens: Wenn der

---

[13] Man sollte annehmen, dass sich Norwegen ein Mindestmaß an geldpolitischer Eigenständigkeit bewahren könnte, wenn es seinen Wechselkurs gegenüber dem Euro einseitig festlegt, die Krone jedoch gegenüber anderen Währungen weiterhin schwanken lässt. Doch diese intuitive Annahme erweist sich erstaunlicherweise als *falsch*. Jede eigenständige Veränderung der norwegischen Geldmenge würde die Zinssätze der Krone und damit auch den Krone/Euro-Wechselkurs unter Druck setzen. Daher büßt Norwegen jegliche Kontrolle über seine Geldmenge ein, indem es die Krone an nur eine einzige Fremdwährung bindet. Dies hat jedoch auch eine positive Seite für Norwegen. Nach der einseitigen Anbindung der Krone an den Euro wirken sich Störungen des inländischen Geldmarktes (Verschiebungen der *AA*-Kurve) nicht länger auf die inländische Produktion aus, obwohl die Krone gegenüber anderen Fremdwährungen weiterhin schwankt. Der Grund liegt darin, dass der Zinssatz Norwegens gleich dem Eurozinssatz sein muss und daher Verschiebungen, die ausschließlich die *AA*-Kurve betreffen, zu unmittelbaren Zu- oder Abflüssen von Währungsreserven führen (wie in Kapitel 19 beschrieben), sodass der norwegische Zinssatz unverändert bleibt. Daher genügt ein fester Kurs zwischen Krone und Euro für eine automatische Absicherung gegenüber allen monetären Schocks, die zu einer Verschiebung der *AA*-Kurve führen. Aus diesem Grund können wir uns in diesem Kapitel ganz auf Verschiebungen der *DD*-Kurve konzentrieren.

Arbeits- und der Kapitalmarkt Norwegens eng mit den entsprechenden Märkten des benachbarten Euroraums verflochten sind, dann können Arbeitnehmer, die ihre Stelle verloren haben, leicht im Ausland eine neue Beschäftigung suchen und inländisches Kapital kann im Ausland gewinnträchtiger eingesetzt werden. Da die Produktionsfaktoren ins Ausland wandern können, fällt die Arbeitslosigkeit in Norwegen milder aus und sinken die Renditen von Investoren in geringerem Umfang.[14]

Beachten Sie, dass unsere Schlussfolgerungen auch auf eine *Nachfragesteigerung* (eine Rechtsverschiebung der *DD*-Kurve) nach norwegischen Produkten zutreffen. Wenn Norwegen eng mit den Volkswirtschaften des Euroraums verbunden ist, dann führt eine kleine Steigerung seines Preisniveaus in Verbindung mit einem gewissen Zustrom von Kapital und Arbeit aus dem Ausland rasch zu einer Beseitigung der Überschussnachfrage nach norwegischen Produkten.[15]

Beachten Sie weiter, dass engere Handelsbeziehungen zwischen Norwegen und Ländern *außerhalb* des Euroraums ebenfalls die Anpassung des Landes an Verschiebungen der *DD*-Kurve beschleunigen, die nur in Norwegen und nicht im Euroraum stattfinden. Die größere Integration durch Außenhandel mit Ländern außerhalb des Euroraums ist allerdings ein zweischneidiges Schwert, das nicht nur positive, sondern auch negative Folgen für die makroökonomische Stabilität haben kann. Denn wenn Norwegen die Krone an den Euro bindet, wirken sich Störungen innerhalb des Euroraums, die den Wechselkurs des Euro ändern, umso stärker auf Norwegen aus, je umfangreichere Handelsbeziehungen es zu Ländern außerhalb des Euroraums unterhält. Diese Effekte wären analog zu einer stärkeren Verschiebung der norwegischen *DD*-Kurve und würden den Verlust wirtschaftlicher Stabilität, der sich aus der Bindung an den Euro ergibt, noch verstärken. Keine dieser Überlegungen ändert allerdings etwas an unserer obigen Schlussfolgerung, dass der Verlust wirtschaftlicher Stabilität für Norwegen infolge eines festen Krone/Euro-Wech-

---

[14] Bestehende Produktionsanlagen lassen sich nur unter hohen Kosten ins Ausland transportieren oder umstellen. Die Erträge der Besitzer solch relativ immobilen norwegischen Kapitals sinken also infolge einer ungünstigen Entwicklung der Nachfrage nach norwegischen Gütern. Wenn jedoch der norwegische Kapitalmarkt mit demjenigen der benachbarten WWU-Länder zusammengeschlossen ist, haben die Norweger einen Teil ihres Vermögens in anderen Ländern angelegt, während sich ein Teil des norwegischen Kapitalstocks im Besitz von Bürgern anderer Staaten befindet. Infolge dieser internationalen *Diversifizierung* des Vermögens (siehe Kapitel 21) werden unerwartete Veränderungen der Rendite auf norwegisches Kapital automatisch auf die Investoren im gesamten Währungsverbund aufgeteilt. Wenn die norwegische Volkswirtschaft einen freien Kapitalverkehr zulässt, können daher selbst die Besitzer immobilen Kapitals die Verluste wirtschaftlicher Stabilität begrenzen, die sich infolge fester Wechselkurse einstellen.

Bei nur geringer Ausprägung oder völligem Fehlen der internationalen Mobilität der Arbeit kann der Fall eintreten, dass die internationale Kapitalmobilität den aus festen Wechselkursen folgenden Verlust wirtschaftlicher Stabilität *nicht* reduziert. Dieses Szenario wird in der Fallstudie auf S. 800 vorgestellt, die sich mit der europäischen Erfahrung befasst.

[15] Diese Überlegung gilt generell für Störungen, die den norwegischen Gütermarkt in anderer Weise betreffen als denjenigen seiner Wechselkurspartner. In einer Übungsaufgabe am Ende dieses Kapitels werden Sie aufgefordert, die Effekte einer Nachfragesteigerung nach WWU-Exporten aufzuzeigen, welche die norwegische Exportnachfrage unberührt lässt.

selkurses umso geringer ausfällt, je stärker die Integration zwischen Norwegen und dem Euroraum entwickelt ist.

Eine weitere Überlegung, die wir bisher noch nicht angesprochen haben, spricht ebenfalls dafür, dass Norwegen infolge der Bindung der Krone an den Euro umso weniger an wirtschaftlicher Stabilität einbüßt, je umfangreicher die Handelsbeziehungen zwischen beiden Währungsgebieten. Da die Importe aus dem Euroraum in diesem Fall einen großen Anteil des Konsums der norwegischen Arbeitnehmer ausmachen, können sich Veränderungen des Krone/Euro-Wechselkurses rasch auf die norwegischen Nominallöhne auswirken und dadurch jegliche Wirkungen auf die Beschäftigung aufheben. Wenn eine große Menge Güter aus dem Euroraum importiert wird, zieht beispielsweise eine Abwertung der Krone gegenüber dem Euro eine deutliche Verschlechterung des Lebensstandards der Norweger nach sich. Die Arbeitnehmer werden dann wahrscheinlich höhere Löhne und Gehälter fordern, um diesen Verlust auszugleichen. Unter diesen Umständen kann ein flexibler Wechselkurs die makroökonomische Stabilität Norwegens nur geringfügig verbessern, sodass das Land durch eine Fixierung des Krone/Euro-Wechselkurses wenig zu verlieren hat.

Unsere Schlussfolgerung lautet, dass *ein hohes Maß an wirtschaftlicher Integration zwischen einem Land und dem Währungsverbund, dem es beitritt, den Verlust wirtschaftlicher Stabilität infolge von Gütermarktstörungen reduziert.*

Die in Abbildung 20.5 gezeigte *LL*-Kurve fasst diese Schlussfolgerung zusammen. Die horizontale Achse misst die wirtschaftliche Integration des Beitrittslandes mit dem Währungsverbund, die vertikale Achse misst seinen Verlust wirtschaftlicher Stabilität. Wie wir gesehen haben, weist *LL* eine negative Steigung auf, weil der Verlust wirtschaftlicher Stabilität, der sich aus der Anbindung seiner Währung ergibt, mit zunehmender gegenseitiger Abhängigkeit der Volkswirtschaften sinkt.

Verlust wirtschaftlicher Stabilität
für das Beitrittsland

Die fallende *LL*-Kurve zeigt, dass der Verlust wirtschaftlicher Stabilität eines Landes, das einem Währungsverbund beitritt, mit zunehmender wirtschaftlicher Integration zwischen dem Beitrittsland und den Ländern des Währungsverbunds abnimmt.

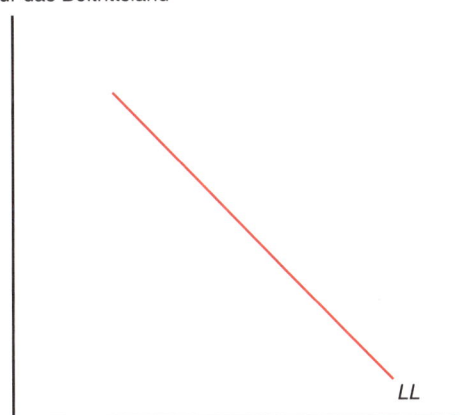

LL

Wirtschaftlicher Integrationsgrad zwischen dem Beitrittsland und den Ländern des regionalen Festkurssystems

Abbildung 20.5: Die *LL*-Kurve

20.3.3   Die Entscheidung über den Beitritt zu einem Währungsverbund: die Kombination von *GG*- und *LL*-Kurve

Die Kombination von *GG*-Kurve und *LL*-Kurve in Abbildung 20.6 zeigt, auf welcher Grundlage Norwegen über die Festlegung des Krone-Wechselkurses gegenüber dem Euro entscheiden sollte. Eine positive Entscheidung ist angezeigt, wenn die Integration zwischen den Märkten Norwegens und denjenigen des Euroraums mindestens gleich θ_1 ist, d.h. dem Schnittpunkt von *GG* und *LL* in Punkt 1 entspricht.

Untersuchen wir die Gründe für dieses Kriterium. Wie aus Abbildung 20.6 hervorgeht, liegt für alle Niveaus der wirtschaftlichen Integration unterhalb von θ_1 die *GG*-Kurve unterhalb der *LL*-Kurve. Der Verlust, den Norwegen infolge seines Beitritts in Form einer größeren Instabilität von Produktion und Beschäftigung erleiden würde, übersteigt also den monetären Effizienzgewinn, und das Land täte besser daran, außerhalb des Währungsverbunds zu bleiben.

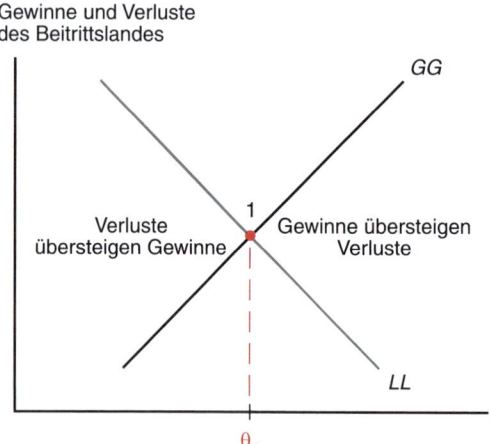

Gewinne und Verluste des Beitrittslandes

GG

1

Verluste übersteigen Gewinne

Gewinne übersteigen Verluste

LL

θ_1

Wirtschaftlicher Integrationsgrad zwischen dem Beitrittsland und den Ländern des regionalen Festkurssystems

Der Schnittpunkt von *GG* und *LL* zeigt an, welches Niveau θ_1 die wirtschaftliche Integration zwischen einem Währungsverbund und einem potenziellen Beitrittsland mindestens erreicht haben sollte. Bei jedem Integrationsniveau oberhalb von θ_1 ist die Entscheidung zugunsten des Beitritts mit wirtschaftlichen Vorteilen für das Beitrittsland verbunden.

Abbildung 20.6:   Die Entscheidung über die Anbindung des Wechselkurses

Bei einem Integrationsniveau, das bei θ_1 oder darüber liegt, fällt der durch *GG* angezeigte monetäre Effizienzgewinn jedoch größer aus als der von *LL* angezeigte Stabilitätsverlust, sodass Norwegen summa summarum von einem festen Krone-Wechselkurs gegenüber dem Euro profitiert. Der Schnittpunkt von *GG* und *LL* bestimmt also das Mindestniveau der Integration (in unserem Beispiel θ_1), bei dem eine Anbindung der norwegischen Währung an den Euro angezeigt ist.

Aus dem *GG-LL*-Modell geht darüber hinaus hervor, wie sich Veränderungen in der wirtschaftlichen Umgebung eines Landes auf seine Bereitschaft zur Festlegung seines Wechselkurses gegenüber einem anderen Währungsgebiet auswirken. Betrachten wir das Beispiel vermehrter abrupter Änderungen von Umfang und Häufigkeit der Nachfrage nach den Exporten des betreffenden Landes. Wie in Abbildung 20.7 gezeigt, verschiebt eine solche Veränderung LL^1 aufwärts nach LL^2. Nun vergrößert sich für jedes Niveau der wirtschaftlichen Integration mit dem Währungsgebiet die zusätzliche Instabilität in den Bereichen Produktion und Beschäftigung, die mit einer Festlegung des Wechselkurses einhergeht. Infolgedessen steigt das Niveau der wirtschaftlichen Integration, bei dem sich der Beitritt zu dem Währungsgebiet lohnt, auf θ_2 (das durch den Schnittpunkt von *GG* und *LL*2 bestimmt wird). Bei ansonsten gleichen Bedingungen senkt eine erhöhte Variabilität der Produktmärkte eines Landes also dessen Bereitschaft, einem Währungsverbund beizutreten. Diese Diagnose hilft zu erklären, weshalb die Staaten nach dem Ölpreisschock von 1973 wenig Neigung verspürten, das Festkurssystem von Bretton Woods wiederzubeleben (Kapitel 19).

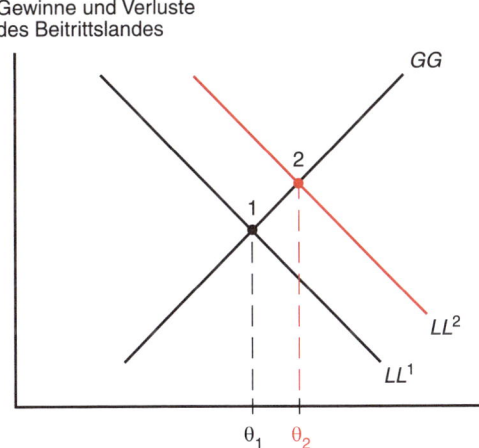

Gewinne und Verluste des Beitrittslandes

Wirtschaftlicher Integrationsgrad zwischen dem Beitrittsland und den Ländern des regionalen Festkurssystems

Eine Zunahme von Umfang und Häufigkeit spezifischer Störungen der Produktmärkte des Beitrittslandes verschiebt die *LL*-Kurve nach oben, von LL^1 nach LL^2, weil sich bei jedem gegebenen Niveau der wirtschaftlichen Integration mit dem Währungsverbund der Verlust wirtschaftlicher Integration infolge der Wechselkursanbindung erhöht. Die Verschiebung von *LL* hebt das Niveau der wirtschaftlichen Integration, bei dem der Beitritt zum Währungsverbund angezeigt ist, auf θ_2.

Abbildung 20.7: **Folgen einer gesteigerten Gütermarktvariabilität**

20.3.4 Was ist ein optimaler Währungsraum?

Das oben entwickelte *GG-LL*-Modell lässt bereits auf eine Theorie des optimalen Währungsraums schließen. *Optimale Währungsräume* bestehen aus Regionen, deren Volkswirtschaften durch den Handel mit Gütern und Dienstleistungen und durch ihre Faktormobilität eng miteinander verflochten sind. Dies ergibt sich aus unserer Feststellung, dass ein Währungsverbund den wirtschaftlichen Interessen jedes Mitgliedslandes dann am besten dient, wenn zwischen den beteiligten Ländern ein hohes Maß an Güter- und Faktorbewegungen stattfindet.

Diese Sichtweise verdeutlicht auch, weshalb es sinnvoll sein dürfte, dass die USA, Japan und Europa die gegenseitigen Wechselkurse ihrer Währungen schwanken lassen. Zwar findet zwischen diesen Gebieten Handel statt, doch sein Umfang nimmt sich gegenüber den regionalen BNE bescheiden aus, und die Arbeitsmobilität zwischen ihnen ist gering. Im Jahr 1997 machten die Handelswaren, die zwischen den USA und Westeuropa ausgetauscht wurden, nur etwa zwei Prozent des BNE der USA aus. Noch geringfügiger war der Handel der USA mit Japan.

Interessanter ist die Frage, ob Europa selbst einen optimalen Währungsraum bildet. Sie ist auch ausschlaggebend für den wirtschaftlichen Erfolg der WWU. Dies ist unser nächstes Thema.

Beispiel 20.2: Ist Europa ein optimaler Währungsraum?

Die Theorie der optimalen Währungsräume bildet einen Beurteilungsrahmen dafür, ob eine gegebene Ländergruppe aus der Festlegung ihrer gegenseitigen Wechselkurse Gewinn ziehen kann. Welche Verluste und Gewinne einer Nation durch den Anschluss an einen Währungsverbund entstehen, lässt sich schwer in Zahlen angeben, doch durch die Kombination unserer Theorie mit realen Wirtschaftsdaten können wir beurteilen, ob Europa, dessen Länder zum größten Teil den Euro einführen oder ihre Währung an diesen binden werden, einen optimalen Währungsraum darstellt.

Der Umfang des innereuropäischen Handels

Aus unseren bisherigen Ausführungen ergab sich, dass ein Land dann den größten Nutzen vom Beitritt zu einem Währungsgebiet haben dürfte, wenn dessen Volkswirtschaft eng mit seiner eigenen verflochten ist. Das Gesamtmaß der wirtschaftlichen Integration beurteilt man anhand der Integration der Gütermärkte, d.h. des Handelsvolumens zwischen Beitrittsland und Währungsgebiet, sowie der Integration der Faktormärkte, d.h. der Mobilität von Arbeit und Kapital zwischen Beitrittsland und Währungsgebiet.

Die meisten EU-Mitglieder exportieren 10 bis 20 Prozent ihrer Produktion in andere EU-Länder. Dieser Anteil übersteigt die entsprechenden Angaben für den Handel zwischen der EU und den USA, der nur rund 2 Prozent des BNE der USA und einen noch geringeren Anteil des BNE der EU ausmacht. Er bleibt allerdings weit hinter dem Handel zwischen den verschiedenen Regionen der USA zurück. Wenn wir als Maß der Integration den Handel in Beziehung zum BNE setzen, dann zeigt das im letzten Abschnitt vorgestellte *GG-LL*-Modell, dass ein gemeinsames Block-Floaten der europäischen Währungen gegenüber der übrigen Welt für die EU-Mitglieder eine günstigere Strategie darstellen würde als ein fester Dollar/Euro-Wechselkurs. Der innereuropäische Handel ist allerdings nicht so groß, dass er als solcher bereits eine überzeugende Begründung für den Charakter der Europäischen Union als optimaler Währungsraum abgeben würde.

Bis zu einem bestimmten Grad wurde der innereuropäische Handel möglicherweise von Handelsbeschränkungen gehemmt, die mit der Schaffung des Europäischen Binnenmarktes 1992 weitgehend entfielen. Zum jetzigen Zeitpunkt, Jahre nach 1992, ist der EU-Binnenhandel allerdings nur geringfügig über seinen vorherigen Höhepunkt (1989) angestiegen (siehe Abbildung 20.8). Außerdem sind nach wie vor Abweichungen vom Gesetz der Preiseinheitlichkeit zu beobachten. Bei manchen Gütern (z.B. im Bereich der Unterhaltungselektronik) kam es in den Ländern der EU zu einer starken Preiskonvergenz, doch es gibt auch Produktarten, bei denen ähnliche Artikel an verschiedenen Orten in Europa nach wir vor zu völlig unterschiedlichen Preisen verkauft werden. Ein besonders auffallendes Beispiel ist der Automobilmarkt. Im Jahr 1998 wichen die Preise für den BMW 520i in Großbritannien und den Niederlanden um bis zu 29,5 Prozent voneinander ab. Die Preise für den Ford Fiesta unterschieden sich zwischen Großbritannien und Portugal um nicht weniger als 43,5 Prozent![16]

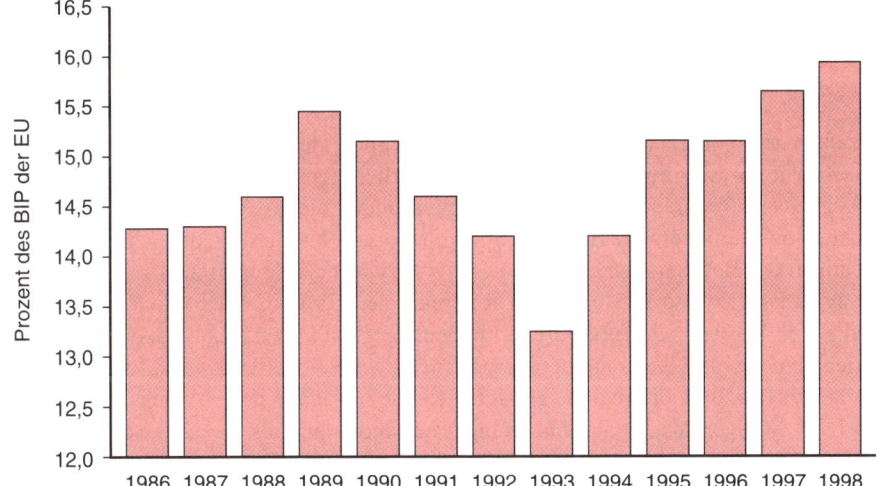

Der innereuropäische Handel lässt seit den späten 1980er Jahren keine eindeutige Entwicklungstendenz erkennen. Er bewegte sich immer zwischen durchschnittlich 10 und 20 Prozent des BIP der EG bzw. EU. Die Abbildung basiert auf der Definition des Außenhandels eines EU-Landes mit anderen EU-Ländern als dem Durchschnitt seiner entsprechenden Importe und Exporte. Die abgebildeten Werte ergaben sich aus der Division des gesamten Außenhandels innerhalb der EU (von allen EU-Mitgliedern) durch das gesamte BIP der EU.
Quelle: *Eurostat Yearbook*, 1997, 2000

Abbildung 20.8: Verhältnis des innereuropäischen Handels zum BIP der EU (in Prozent)

---

[16] Siehe „What's $ 9,99 in Euros, Then?", in: *Financial Times*, 21. April 1998, S. 27. Ein wichtiger Faktor hinter großen Preisunterschieden innerhalb der EU-Autobranche besteht darin, dass die Händler eine Preisdiskriminierung nach der Nationalität der Käufer vornehmen. Der oben angeführte Zeitungsartikel berichtet beispielsweise, dass die Europäische Kommission Volkswagen eine Buße auferlegt habe, weil das Unternehmen seinen Händlern in Italien verboten habe, Autos an Kunden aus Österreich und Deutschland zu verkaufen.

Eine Hypothese im Hinblick auf den Fortbestand solcher Preisunterschiede geht davon aus, dass sich die Reformen von 1992 erst nach und nach auswirken. Eine andere Hypothese, die von den Euro-Enthusiasten bevorzugt wird, besagt, dass die großen Preisdiskrepanzen durch die frühere Vielfalt der Währungen ermöglicht wurde. Es bleibt abzuwarten, ob der Euro eine verbesserte Transparenz im Preisvergleich herbeiführt und damit eine größere Integration der WWU-Produktmärkte begünstigt. Doch selbst wenn sich eine deutliche Tendenz zur Preiskonvergenz bemerkbar machen wird, kann ihre Ursache auch in einem Faktor liegen, der gar nichts mit der Schaffung des Europäischen Binnenmarkts zu tun hat: dem Internet-Marketing.

Insgesamt erscheint es eher zweifelhaft, ob die Maßnahmen von 1992 Europa auf dem Weg zum optimalen Währungsraum wirklich einen großen Schritt weitergebracht haben. Möglicherweise wird die Einheitswährung als solche den Handel zwischen den Mitgliedern des Euroraums steigern. Der Textkasten auf S. 806 stellt dazu einige Daten neueren Ursprungs vor.

Wie mobil sind die Arbeitnehmer Europas?

Wie oben erwähnt, gelang es der Europäischen Union nicht, sämtliche Passkontrollen zwischen ihren Mitgliedsländern zum ursprünglich geplanten Termin am 1. Januar 1993 abzuschaffen. Doch die Grenzkontrollen bilden nicht das größte Hindernis der Arbeitsmobilität innerhalb Europas. Sprachliche und kulturelle Unterschiede beeinträchtigen die Bewegungen des Faktors Arbeit zwischen europäischen Ländern stärker als beispielsweise zwischen den Regionen der USA. In einer ökonometrischen Studie zum Vergleich der strukturellen Arbeitslosigkeit in den Regionen der USA mit denjenigen der EU-Länder stellte Barry Eichengreen von der University of California (Berkeley) fest, dass die regionalen Unterschiede hinsichtlich der Arbeitslosigkeit in den USA weniger ausgeprägt und weniger beständig sind als die Unterschiede zwischen den nationalen Arbeitslosenraten in der Europäischen Union.[17]

Selbst *innerhalb* der einzelnen europäischen Länder scheinen staatliche Vorschriften die Arbeitsmobilität zu beschränken. In einigen Ländern können Arbeitnehmer beispielsweise erst dann Arbeitslosengeld erhalten, wenn sie ihren Wohnsitz dorthin verlegt haben. Dies erschwert Arbeitnehmern die Arbeitssuche in Regionen, die weit von

---

[17]   Siehe Eichengreen, „One Money for Europe? Lessons of the U.S. Currency Union", in: *Economic Policy* 10, April 1990, S. 118 – 166. Weitere Studien über den Arbeitsmarkt in den USA haben ergeben, dass eine regionale Arbeitslosigkeit nahezu vollständig durch die Abwanderung der Arbeitnehmer, und nicht durch Veränderungen der regionalen Reallöhne abgebaut wird. Dieses Anpassungsmuster des Arbeitsmarkts ist in Europa für die absehbare Zukunft nicht zu erwarten. Siehe Olivier Jean Blanchard und Lawrence F. Katz, „Regional Evolutions", in: *Brookings Papers on Economic Activity* 1, 1992, S. 1 – 75.

ihrem gegenwärtigen Wohnort entfernt liegen. Tabelle 20.2 zeigt die Häufigkeit, mit der Arbeitnehmer in den größten EU-Ländern ihren Wohnort in eine andere Region verlegen, im Vergleich zu den entsprechenden Angaben für die USA. Zwar müssen diese Daten mit Vorsicht interpretiert werden, weil sich die Definition des Begriffs „Region" von Land zu Land unterscheidet, dennoch ist offenkundig, dass in einem typischen Jahr die Japaner und Amerikaner eine viel größere örtliche Ungebundenheit an den Tag legten als die Europäer.[18]

Großbritannien	Frankreich	Deutschland	Italien	Japan	USA
1,1	1,3	1,1	0,6	2,6	3,0

Tabelle 20.2: Anzahl der Wohnsitzverlegungen in eine andere Region, 1986 (in Prozent der Gesamtbevölkerung)
Quelle: Organization for Economic Cooperation and Development, OECD Employment Outlook, Paris, OECD, Juli 1993, Tabelle 3.3.

Ergänzende Überlegungen

Das *GG-LL*-Modell erleichtert zwar die systematische Beurteilung optimaler Währungsräume, liefert aber kein vollständiges Bild der Realität. Es gibt mindestens zwei weitere Elemente, die unsere Diagnose über den bisherigen und zukünftigen Erfolg des Euro-Währungsgebiets beeinflussen.

Ähnlichkeit der Wirtschaftsstruktur. Aus dem *GG-LL*-Modell geht hervor, dass sich ein Mitgliedsstaat an Gütermarktstörungen, die ihn selbst anders betreffen als seine Partner in der Währungsunion, umso besser anpassen kann, je umfangreicher sein Handel mit dem Rest des Euroraums ist. Es gibt jedoch keinen Aufschluss über die Faktoren, die Häufigkeit und Umfang solcher für ein Mitgliedsland spezifischer Gütermarktschocks bedingen.

Ein Schlüsselelement zur Minimierung solcher Störungen ist die Ähnlichkeit der Wirtschaftsstruktur, insbesondere im Hinblick auf die hergestellten Produkte. Wie der außerordentlich große Umfang des *brancheninternen* bzw. *intrasektoralen* Handels (siehe Kapitel 6) innerhalb von Europa zeigt, weisen die Länder des Euroraums in ihrer Industriestruktur durchaus eine gewisse Ähnlichkeit auf. Dennoch bestehen wichtige Unterschiede. Die Länder Nordeuropas verfügen über eine bessere Ausstattung mit Kapital und qualifizierter Arbeit als die Länder im Süden, und diejenigen Produkte der EU, bei deren Herstellung in hohem Maße gering qualifizierte Arbeit eingesetzt wird, stammen mit einiger Wahrscheinlichkeit aus Portugal, Spanien, Griechenland oder Süditalien. Es lässt sich noch nicht abschließend beurteilen, ob die Vollendung des Europäischen Binnenmarktes diese Unterschiede ausgleichen wird,

---

[18] Eine ausführlichere Auswertung dieser Daten finden Sie bei Maurice Obstfeld und Giovanni Peri, „Regional Non-Adjustment and Fiscal Policy", in: *Economic Policy* 26, April 1998, S. 205 – 259.

→

indem sie eine Neuverteilung von Arbeit und Kapital in ganz Europa bedingt, oder ob sie die Gegensätze verstärken wird, weil die Ausnutzung von Größenvorteilen die regionale Spezialisierung noch weiter vorantreibt.

Die ersten Jahre des Euro waren von sehr unterschiedlichen Wachstumserfolgen der WWU-Mitglieder geprägt. Die Geldpolitik der Europäischen Zentralbank dürfte nicht für alle beteiligten Länder angemessen gewesen sein. Dies führte unter anderem zu gewissen Abweichungen bei den Inflationsraten. Abbildung 20.9 zeigt für einen Zeitraum von zwölf Monaten die Differenz zwischen den Inflationsraten von Irland und den Niederlanden auf der einen Seite und den drei niedrigsten nationalen Inflationsraten des Euroraums auf der anderen Seite. Sowohl Irland als auch die Niederlande verzeichneten ein rascheres Wirtschaftswachstum als der Durchschnitt des Euroraums, und infolgedessen führte die Politik der EZB dort zu einer höheren Inflation. Beide Länder verstießen sogar gegen das Konvergenzkriterium der Inflationsbeschränkung (Kriterium 1 auf S. 786), aufgrund dessen sie sich für den Beitritt zur WWU qualifiziert hatten!

Fiskalföderalismus. Ein weiteres Kriterium zur Beurteilung des Euroraums ist die Fähigkeit der Europäischen Union, ökonomische Ressourcen von Ländern mit gesunden Volkswirtschaften in diejenigen Länder zu transferieren, deren Volkswirtschaft einen Rückschlag erleidet. In den USA erhalten beispielsweise Bundesstaaten, denen es im Verhältnis zu der übrigen Nation nicht gut geht, in Form von Sozialleistungen und anderen föderalen Transferzahlungen, die aus den Steuern der übrigen Bundesstaaten finanziert werden, automatisch Unterstützung aus Washington. Dieser **Fiskalföderalismus** kann dazu beitragen, dem mit festen Wechselkursen einhergehenden Verlust wirtschaftlicher Stabilität entgegenzuwirken. Dies ist in den USA der Fall. Leider ist das Recht der EU, Steuern zu erheben, ziemlich beschränkt, sodass sie den Fiskalföderalismus nur in sehr geringem Umfang praktizieren kann.

Fazit

Wie muss Europa im Lichte der Theorie optimaler Währungsräume beurteilt werden? Insgesamt deutet wenig darauf hin, dass die Güter- und Faktormärkte Europas hinreichend vereint sind, um bereits jetzt einen optimalen Währungsraum zu bilden. Der Handel mit EU-Partnern macht in der Regel immer noch weniger als ein Viertel des BNE jedes Mitgliedslandes aus, und während sich das Kapital nahezu ungehindert bewegen kann, bleibt die Mobilität der Arbeit weit hinter dem Niveau zurück, das nötig wäre, um Störungen auf den Produktmärkten durch die Arbeitsmigration ohne weiteres auszugleichen. Allerdings gibt es durchaus Anzeichen dafür, dass die Integration der nationalen Finanzmärkte durch die Einführung des Euro verstärkt wurde.

In mancher Hinsicht hat die mit der Schaffung des Binnenmarktes einhergehende wirtschaftliche Liberalisierung die Europäische Union dem Zustand eines optimalen Währungsraums näher gebracht, doch die Arbeitsmobilität innerhalb Europas wurde dadurch sehr wenig gefördert. Da das Arbeitseinkommen etwa zwei Drittel des BNE der Europäischen Union ausmacht und Arbeitslosigkeit daher schlimme Folgen hat, bedeutet die geringe Mobilität der Arbeit innerhalb und zwischen den Ländern der

EU, dass der Verlust wirtschaftlicher Stabilität, der sich aus der Mitgliedschaft zum Euroraum ergibt, recht stark ausfallen könnte. Die anhaltend hohen Arbeitslosenraten in einigen Ländern des Euroraums lassen darauf schließen, dass dieser Verlust ausgesprochen hohe Kosten verursacht (siehe Tabelle 19.2).

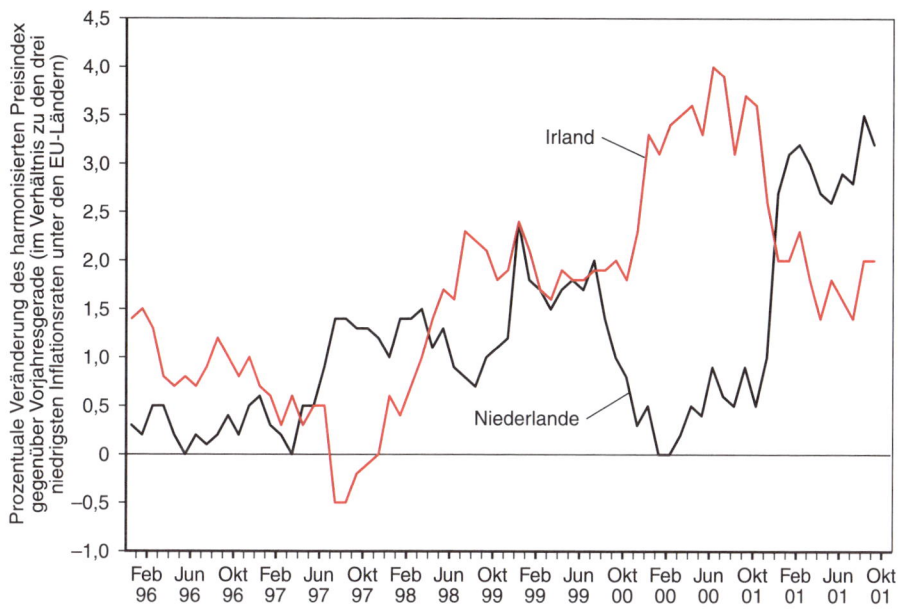

Im Jahr 1997 lagen die Inflationsraten Irlands und der Niederlande höchstens 1,5 Prozent über dem Durchschnitt der drei Länder mit den niedrigsten Inflationsraten der EU. Doch in der weiteren Entwicklung verstießen beide Länder gegen diese Norm, die eines der Kriterien darstellt, die der Maastricht-Vertrag für den Beitritt zum Euro-Währungsgebiet festlegt.

Abbildung 20.9: **Inflationsunterschiede innerhalb des Euroraums**

Die gegenwärtige Verbindung von rascher Kapitalmigration und eingeschränkter Arbeitsmigration innerhalb der Europäischen Union *hebt* möglicherweise die Kosten der Anpassung an Gütermarktschocks, bei denen keine Wechselkursänderungen erfolgen können. Wenn die Niederlande beispielsweise eine ungünstige Nachfrageverschiebung bei ihren Gütern erfahren, dann kann das niederländische Kapital ins Ausland fliehen und dabei mehr Arbeitslose zurücklassen, als wenn das Kapital durch gesetzliche Bestimmungen innerhalb der nationalen Grenzen gehalten würde. Auf diese Weise könnte es zu schweren und lang andauernden regionalen Konjunktureinbrüchen kommen, die noch dadurch verschlimmert werden, dass die relativ wenigen Arbeitnehmer, denen die Abwanderung gelingt, in der Regel ausgerechnet die am besten qualifizierten, zuverlässigsten und rührigsten sind. Angesichts der anhaltenden relativen Immobilität der Arbeit in Europa ist es denkbar, dass die erfolgreiche Liberalisierung der Kapitalströme innerhalb der Europäischen Union ungewollt den Verlust wirtschaftlicher Stabilität verstärkt hat, der mit der Bildung der Währungsunion einhergeht. Dies ist ein weiteres Beispiel für die *Theorie des Zweitbesten* (Kapitel 9), die besagt, dass die Liberalisierung eines Marktes (des Kapitalmarktes) die Effizienz der EU-Volkswirtschaften reduzieren kann, wenn ein anderer Markt (der Arbeitsmarkt) weiterhin schlecht funktioniert.

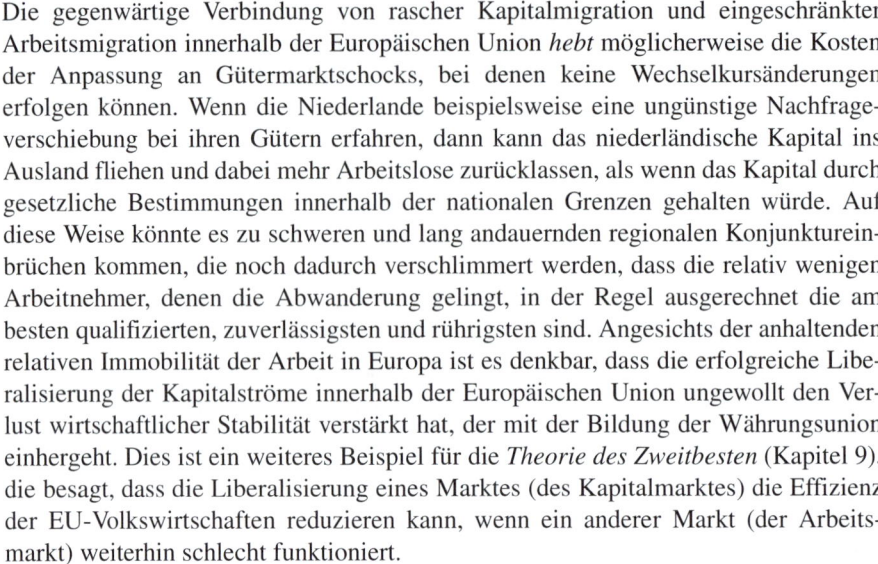

Beispiel 20.3: Wie viel Handel wird durch eine Währungsunion geschaffen?

Ökonometrische Studien, die sich mit den Auswirkungen der Wechselkursvolatilität auf den Außenhandel befassen, gelangten in der Regel zu keinem eindeutigen Befund. Die WWU ist jedoch weitaus mehr als ein bloßes Festkurssystem. Sie ist eine wirkliche *Währungsunion*, deren Mitglieder eine von einer einzigen Zentralbank ausgegebene Währung teilen. Es ist also durchaus nicht gesagt, dass die verringerte Wechselkursvolatilität die einzige Folge der WWU für den Außenhandel darstellt. Zusätzlich werden auch die Möglichkeiten der Abwertung, Aufwertung und der Devisenkontrollen ein für alle Mal abgeschafft; die Kosten des Währungsumtauschs entfallen; in der gesamten Währungsunion herrscht ein alle Länder umfassendes kostengünstiges Zahlungssystem; und der Preisvergleich ist für sämtliche Länder vollkommen transparent.

Im Prinzip kann sich eine Währungsunion wie die WWU daher sehr positiv auf die Entwicklung des Handels unter ihren Mitgliedern auswirken, selbst wenn die Reduzierung der Wechselkursvolatilität als solche weitaus geringere Effekte hat.

Andrew Rose von der University of California (Berkeley) überprüfte diese Hypothese anhand statistischer Daten aus den Jahren 1970 bis 1990. Die Angaben bezogen sich auf 186 Länder, Hoheitsgebiete und Kolonien. Eine wichtige Neuerung dieser Studie bestand darin, dass die durchschnittlichen Effekte einer Währungsunion nicht nur über verschiedene Zeitspannen, sondern auch über verschiedene Ländergrenzen hinweg untersucht wurden. Eine weitere wichtige Innovation war die berichtigte Einschätzung der übrigen Bestimmungsfaktoren des Außenhandels, die neben der Währungsunion wirksam sind: Einkommen, Entfernung zwischen den Handelspartnern, Unterzeichnung von Freihandelsabkommen usw.*

Die Ergebnisse waren eine unerwartet eindeutige Bestätigung für die Hypothese der handelsfördernden Wirkung einer Währungsunion. Rose stellte fest, dass zwei Länder, die der gleichen Währungsunion angehören, im Durchschnitt *drei Mal so viel* miteinander handeln wie Länder, die keine gemeinsame Währung teilen. Dies ist ein bemerkenswert großer Handelseffekt. Auch die Reduzierung der Wechselkursvolatilität hat Rose zufolge eine erhebliche handelsschaffende Wirkung, selbst wenn sie nicht auf eine Währungsunion zurückgeht. Doch diese Effekte sind weitaus geringer als diejenigen einer Währungsunion.

Gegen die Befunde der Rose-Studie wurden eine Reihe von Einwänden erhoben. Beispielsweise gibt es Länder, zwischen denen aus Gründen, die gar nichts mit den Währungen zu tun haben, enge Handelsbeziehungen bestehen. Es ist denkbar, dass solche Länder eine erhöhte Neigung zur Bildung einer Währungsunion aufweisen. Unter den Ländern, die Rose vor der Bildung der WWU in seine Studie einbezog, finden sich außerdem sehr wenige Beispiele für eine Währungsunion. Weniger als 1 Prozent der von ihm untersuchten Fälle sind einer Währungsunion angeschlossen, und überdies handelt es sich dabei meistens um sehr kleine Länder. Es ist also nicht klar, ob seine Befunde auf die Folgewirkungen einer Währungsunion für die Mitgliedsstaaten der WWU, die zumeist recht groß sind, übertragen werden können. Eine relevante Fallstudie, die zu diesem Problem verfügbar ist, befasst sich mit der Auflösung des mehr als 50 Jahre alten Währungsverbunds zwischen England und Irland im Jahr 1979. Irland trat damals dem EWS bei und musste daher seine Währung von dem Pfund Sterling abkoppeln. (Wie Sie wissen, blieb Großbritannien dem EWS bis zu seiner kurzen und vom Pech verfolgten Mitgliedschaft Anfang der 1990er Jahre fern.) Der Handel zwischen Irland und Großbritannien hat darum keinen besonderen Schaden genommen.**

Rose nimmt in seiner Studie einige dieser Einwände vorweg und versucht sie zu widerlegen. Er weist darauf hin, dass selbst eine Erhöhung des Handelsvolumens im Euroraum um nur 50 Prozent (und nicht um 200 Prozent, wie er annimmt) eine enorme wohlfahrtssteigernde Wirkung für die Bevölkerung hätte.*** Ob die Einführung des Euro die Prognosen der Rose-Studie bestätigt, wird sich weisen.

➜

* Andrew K. Rose, „One Money, One Market: The Effect of Common Currencies on Trade", in: *Economic Policy* 30, April 2000, S. 8 – 45.

** Siehe Rodney Thom und Brendan Walsh, „The Effect of a Common Currency on Trade: Ireland before and after the Sterling Link", in: *European Economic Review* 46, Juni 2002.

*** Eine spätere Studie von Rose und Eric van Wincoop, der an der University of Virginia tätig ist, kommt in der Tat zu dem Ergebnis, dass die Zunahme des inner-europäischen Handels infolge des Euro wohl näher bei 50 Prozent liegen wird. Siehe „National Money as a Barrier to International Trade: The Real Case for Currency Union", in: *American Economic Review* 91, Mai 2001, S. 386 – 390. Diese Schätzung der handelsschaffenden Wirkung bleibt hinter derjenigen von Roses ursprünglicher Studie zurück, weil Rose und van Wincoop hier ein komplexeres Modell der Außen-handelsstrukturen verwenden.

20.4   Die Zukunft der WWU

Das Experiment der europäischen Einheitswährung ist der bislang kühnste Versuch, einer großen und heterogenen Gruppe souveräner Staaten zu den Effizienzgewinnen einer gemeinsamen Währung zu verhelfen. Wenn die WWU Erfolg hat, wird sie die politische wie auch wirtschaftliche Integration Europas vorantreiben und in dieser Region, die der-einst auch Osteuropa einschließen könnte, Frieden und Wohlstand schaffen. Wenn die WWU allerdings scheitert, wird ihre treibende Kraft, das Ziel der politischen Einigung Europas, einen Rückschlag erleiden.

Welche Schwierigkeiten muss die WWU in den kommenden Jahren meistern? Es sind mehrere, die wir zum Teil bereits angesprochen haben:

1. Europa ist kein optimaler Währungsraum. Daher wird es schwierig sein, asymmetri-sche wirtschaftliche Entwicklungen in verschiedenen Ländern des Euroraums – Ent-wicklungen, die unter einem System nationaler Einzelwährungen durchaus unter-schiedliche Zinssätze begründen würden – mit Hilfe geldpolitischer Maßnahmen auszugleichen. Schon während der letzten Vorbereitungen zur Einführung des Euro, Ende 1998, verzeichnete Deutschland beispielsweise negative Wachstumsraten, wäh-rend Spanien, Portugal und Irland ein gesundes Wachstum erfuhren. Da die nationalen Regierungen der EU bis vor kurzem daran gewohnt waren, die volle Souveränität über ihre nationale Wirtschaftspolitik auszuüben, dürften solche makroökonomischen Asymmetrien zu politischem Druck auf die EZB führen, der weitaus stärker sein wird als der entsprechende Druck in Regionen, die seit langem eine politische Einheit bil-den, wie beispielsweise die USA.

2. Ein damit verwandtes Problem besteht darin, dass die gemeinsame Währung die wirt-schaftliche Einheit auf ein weitaus höheres Niveau gebracht hat, als es die EU auf poli-

tischer Ebene erreichen konnte (oder wollte). Die wirtschaftliche Einheit Europas basiert auf einem zentralisierten Machtorgan (der EZB) und findet in dem Euro ihren fassbaren Ausdruck; die politische Einheit hingegen steht auf viel schwächeren Füßen. Viele Europäer hoffen, dass die wirtschaftliche Einheit zu einer engeren politischen Einheit führt, doch möglicherweise wird dieses Ziel durch unerquickliche Auseinandersetzungen über die Wirtschaftspolitik beeinträchtigt werden. Außerdem könnte das Fehlen eines starken politischen Zentrums der EU die politische Legitimität der EZB in den Augen der europäischen Öffentlichkeit schmälern. Es besteht die Gefahr, dass die Wähler in ganz Europa die EZB als eine abgehobene und keiner politischen Kontrolle unterworfene Technokratengruppe wahrnehmen, die sich nicht um die Bedürfnisse der Bevölkerung kümmert. Die Bundesbank wurde in Deutschland deshalb zu einer geachteten und mächtigen Institution, weil sie über lange Jahre hinweg für Preisstabilität sorgte und ständig bemüht war, die deutsche Öffentlichkeit an die Gefahren der Inflation zu erinnern. Die EZB genießt keinen solchen Vertrauensvorschuss – und ist mit einer europäischen Öffentlichkeit konfrontiert, bei der die geschichtliche Erfahrung weniger Inflationsängste hinterlassen hat als bei den Deutschen.

3. In den meisten größeren EU-Ländern ist der Arbeitsmarkt von einem nach wie vor hohen gewerkschaftlichen Organisationsgrad, von einer starken Abgabenbelastung der Beschäftigungsverhältnisse und von anderen gesetzlichen Bestimmungen geprägt, welche die Mobilität der Arbeit zwischen Branchen und Regionen einschränken. Das Ergebnis ist ein anhaltend hohes Niveau der Arbeitslosigkeit. Wenn die Arbeitsmärkte nicht deutlich flexibler werden, wie es in der Währungsunion der USA der Fall ist, dann wird den einzelnen Ländern des Euroraums die Anpassung an wirtschaftliche Schocks schwer fallen. Die Befürworter des Euro machten geltend, dass die Einheitswährung, indem sie die Möglichkeit von Wechselkursanpassungen innerhalb der WWU beseitigt, die Lohn- und Gehaltsforderungen einer strengeren Disziplin unterwerfen und eine angemessene Arbeitsallokation unter den nationalen Volkswirtschaften beschleunigen werde. Ebenso denkbar ist jedoch, dass die Arbeitnehmer in den verschiedenen Ländern des Euroraums eine Harmonisierung der Löhne und Gehälter verlangen, um den ausgesprochen hohen Migrationsanreiz zu dämpfen, den die Länder mit dem niedrigsten Lohnniveau auf das Kapital ausüben.

4. Die Einschränkungen der nationalen Fiskalpolitik, die der Stabilitäts- und Wachstumspakt (SWP) beinhaltet, dürften angesichts des ausgesprochen geringen Fiskalföderalismus innerhalb der EU schmerzhafte Folgen haben. Es bleibt abzuwarten, ob der SWP im Wortlaut umgesetzt wird, und ob die EU komplexere Institutionen entwickeln wird, um innerhalb des Euroraums Fiskaltransfers von einem Staat zum anderen vorzunehmen. Im Vorfeld von 1998 unternahmen die EU-Länder heroische Anstrengungen, ihre Haushaltsdefizite unterhalb der Drei-Prozent-Grenze zu halten, die der Vertrag von Maastricht vorsieht. Dennoch werden einige Länder des Euroraums den SWP womöglich nicht erfüllen können, weil ihre augenfälligen fiskalischen Kürzungen in vielen Fällen einmalige Maßnahmen oder der „kreativen Buchführung" geschuldet waren. Alle diese Länder müssen ihre fiskalische Umstrukturierung in jedem Fall fortsetzen, um riesige zukünftige Haushaltsdefizite zu vermeiden. Leider könnte der SWP, wenn er in der praktischen Umsetzung nicht gelockert wird, ausgerechnet in

Rezessionsperioden, wenn die kontraktiven Wirkungen am schädlichsten wären, besonders harte Umstrukturierungsmaßnahmen erfordern.

5. Die EU erwägt eine Erweiterung ihrer Mitgliedschaft um mehrere Länder Osteuropas und des Mittelmeerraums. Dieser Plan birgt viele weit reichende Herausforderungen für die EU, die zum Teil unverkennbare Folgen für die WWU haben. Der EZB-Rat, in dem jedes Mitglied der Eurozone mit einer Stimme vertreten ist, würde zum Beispiel äußerst schwerfällig, wenn sich die Anzahl der in ihm vertretenen Zentralbank-Präsidenten verdoppeln würde. Man müsste sich dann auf irgendein Rotationssystem einigen, doch es ist kaum anzunehmen, dass beispielsweise Deutschland seinen Sitz, und sei es auch nur vorübergehend, für so kleine Länder wie Lettland oder Zypern räumen würde. Je mehr Länder dem Euroraum beitreten, desto höher steigt die Wahrscheinlichkeit asymmetrischer wirtschaftlicher Schocks, sodass die Bereitschaft der Mitgliedsländer, ihr Stimmrecht an regionale Vertreter zu delegieren, eher ab- als zunehmen dürfte.

Die WWU steht also in den kommenden Ländern vor großen Herausforderungen. Die Erfahrung der USA zeigt, dass eine große Währungsunion, die ganz unterschiedliche Wirtschaftsregionen umfasst, recht gut funktionieren kann. Wenn die WWU einen vergleichbaren wirtschaftlichen Erfolg erzielen möchte, muss sie allerdings einen flexiblen, EU-weiten Arbeitsmarkt schaffen, ihre Fiskalsysteme reformieren und ihre politische Einheit ausbauen. Die europäische Einigung selbst gerät in Gefahr, wenn es der WWU und ihrer wichtigsten Institution, die EZB, nicht gelingt, neben Preisstabilität auch Wohlstand zu schaffen.

Zusammenfassung

1. Die Länder der Europäischen Union hatten zwei Hauptmotive für die Entscheidung, die Wechselkurse ihrer Währungen untereinander festzulegen: Die währungspolitische Zusammenarbeit sollte ihr Gewicht in internationalen Wirtschaftsverhandlungen erhöhen und die festen Wechselkurse sollten die Schaffung des gemeinsamen Europäischen Binnenmarktes unterstützen.

2. Das Europäische Währungssystem, mit dem die Wechselkurse innerhalb der EG festgelegt wurden, trat im März 1979 in Kraft. Dieser Währungsverbund umfasste zunächst Belgien, Dänemark, Frankreich, Deutschland, Irland, Italien, Luxemburg und die Niederlande. Österreich, Großbritannien, Portugal und Spanien schlossen sich erst viel später an. Bis Mitte der 1980er Jahre waren Kapitalkontrollen und häufige Anpassungen der Leitkurse wesentliche Bestandteile dieses Systems, doch in der Vorbereitung des 1992 eingeführten Europäischen Binnenmarktes wurden die Kontrollen abgeschafft. Während der Währungskrise vom September 1992 gaben Großbritannien und Italien die Wechselkurse ihrer Währungen frei. Im August 1993 wurden die meisten Bandbreiten der EWS-Wechselkurse angesichts anhaltender spekulativer Angriffe auf ± 15 Prozent erweitert.

3. In der Praxis waren sämtliche EWS-Währungen an die DM gebunden. Infolgedessen bestimmte Deutschland über die Geldpolitik des EWS, genau wie die USA über diejenige des Bretton-Woods-Systems bestimmt hatten. Die *Glaubwürdigkeitstheorie des EWS* besagt, dass die Regierungen der übrigen Mitgliedsländer, die ihre Währungen an die DM banden, von dem Ruf der Deutschen Bundesbank als Hüterin der Preisstabilität profitierten. Und tatsächlich konvergierten die Inflationsraten der EWS-Länder schließlich um die in der Regel niedrige Inflationsrate Deutschlands. Die Kritiker Deutschlands erheben allerdings den Vorwurf, dass es seine Vormachtstellung gelegentlich missbraucht habe, indem es die Fernwirkungen seiner Politik auf andere EWS-Länder vernachlässigte.

4. Am 1. Januar 1999 führten elf EU-Länder die *Wirtschafts- und Währungsunion (WWU)* ein, indem sie den vom Europäischen System der Zentralbanken (ESZB) ausgegebenen Euro als gemeinsame Währung einführten. (Zwei Jahre später kam Griechenland hinzu.) Das ESZB besteht aus den nationalen Zentralbanken der EU-Länder und der in Frankfurt/ Main ansässigen Europäischen Zentralbank. Die Entscheidungen über die Geldpolitik der WWU liegen in den Händen des EZB-Rats. Der Übergang vom Festkurssystem des EWS zur WWU wurde im *Vertrag von Maastricht* festgelegt, den die europäischen Regierungschefs im Dezember 1991 unterzeichneten.

5. Der Vertrag von Maastricht stellte eine Reihe makroökonomischer Konvergenzkriterien auf, deren Erfüllung die Voraussetzung für den Beitritt von EU-Ländern zur WWU bildet. Ein wichtiger Zweck der Konvergenzkriterien bestand darin, die Wähler in Ländern mit geringen Inflationsraten, wie beispielsweise Deutschland, davon zu überzeugen, dass die neue, gemeinsame europäische Währung genauso inflationsresistent sein werde, wie es die DM war. Ein von den Führern der EU auf Drängen Deutschlands hin ausgearbeiteter Stabilitäts- und Wachstumspakt (SWP), der 1997 verabschiedet wurde, kann die WWU-Mitglieder auf nationaler Ebene in ihrer fiskalpolitischen Flexibilität einschränken. Es ist also denkbar, dass die Kombination von SWP und WWU den einzelnen Ländern des Euroraums auf nationaler Ebene sowohl ihre fiskalischen als auch ihre geldpolitischen Handlungsmöglichkeiten nimmt.

6. Die Theorie optimaler Währungsräume besagt, dass sich ein Land dann einem Währungsverbund anschließen sollte, wenn es durch Außenhandel und Faktormobilität eng mit dessen Volkswirtschaften verflochten ist. Die Entscheidung eines Landes über den Anschluss an einen Währungsverbund hängt ab vom Verhältnis zwischen dem *monetären Effizienzgewinn* und dem *Verlust wirtschaftlicher Stabilität*. Erst bei einem bestimmten Maß an wirtschaftlicher Integration ist der Anschluss sinnvoll.

7. Die Europäische Union erfüllt nicht sämtliche Kriterien eines optimalen Währungsraums. Zwar wurden mit der Schaffung des Europäischen Binnenmarktes 1992 zahlreiche Hindernisse der Marktintegration innerhalb der Europäischen Union beseitigt, dennoch bleibt der Handel innerhalb der EU beschränkt. Darüber hinaus ist die Arbeitsmobilität zwischen und innerhalb den EU-Ländern geringer als in anderen großen Währungsräumen, wie beispielsweise den USA. Und schließlich ist der Fiskalföderalismus in der Europäischen Union zu wenig entwickelt, um die Mitgliedsländer gegen ungünstige wirtschaftliche Entwicklungen abzusichern.

Schlüsselbegriffe

Übungen

1. Weshalb haben die Regelungen des EWS, wonach die Zentralbanken von Ländern mit starken Währungen Kreditbeihilfen an Länder mit schwachen Währungen vergeben können, zur Stabilität der Wechselkurse im Rahmen des EWS beigetragen?

2. Vor dem September 1992 konnte der Lira/DM-Wechselkurs im Rahmen des EWS um bis zu 2,25 Prozent *in beide Richtungen* schwanken. Nehmen Sie nun an, dass Leitkurs und Bandbreite unveränderlich gewesen wären. Was wäre in diesem Fall die maximale Zinsdifferenz zwischen Lira- und DM-Einlagen *mit einjähriger Laufzeit* gewesen? Was wäre die maximale Zinsdifferenz bei Lira- und DM-Einlagen *mit sechsmonatiger Laufzeit* gewesen? Mit dreimonatiger Laufzeit? Überraschen Sie die Antworten? Finden Sie eine plausible Erklärung.

3. Nehmen Sie in Fortsetzung der vorigen Übung an, dass der Jahreszinssatz für eine Staatsanleihe mit fünfjähriger Laufzeit in Italien 11 Prozent und in Deutschland 8 Prozent beträgt. Welche Folgen hätte dies für die Glaubwürdigkeit des gegebenen Lira/DM-Wechselkurses?

4. Müssen Sie zur Beantwortung der letzten beiden Fragen davon ausgehen, dass die Zinssätze und die erwarteten Wechselkursänderungen durch die Zinsparität verbunden sind? Begründen Sie Ihre Antwort.

5. Norwegen bindet seine Währung an den Euro, doch bald darauf profitiert die WWU von einer vorteilhaften Verschiebung der Weltnachfrage nach nicht-norwegischen WWU-Exporten. Welche Folgen hat dies für den Wechselkurs der Norwegischen Krone gegenüber Nicht-Euro-Währungen? Welche Folgen hat es für Norwegen? In welcher Weise hängt das Ausmaß dieser Folgen vom Handelsvolumen zwischen Norwegen und den Volkswirtschaften des Euroraums ab?

6. Zeigen Sie anhand eines *GG-LL*-Schaubilds auf, wie sich eine Steigerung von Umfang und Häufigkeit unerwarteter Verschiebungen der Geldnachfragefunktion eines Landes auf die wirtschaftliche Integration mit einem Währungsgebiet auswirkt, dem das betreffende Land beitreten möchte.

7. Während des spekulativen Drucks auf den Wechselkursmechanismus des EWS kurz vor dem Ausscheiden des Pfund Sterling im September 1992 kommentierte der in London erscheinende *Economist*:

> Die Kritiker der [britischen] Regierung möchte niedrigere Zinssätze herbeiführen und versprechen sich diese Möglichkeit von einer gezielten Abwertung des Pfund Sterling, um derentwillen sie bereit wären, das EWS zu verlassen. Sie irren. Der Austritt aus dem EWS würde in kurzer Frist zu höheren anstatt niedrigeren Zinssätzen führen, da die Lenker der britischen Volkswirtschaft die Glaubwürdigkeit verlieren würden, die ihnen die EWS-Mitgliedschaft bescherte. Vor zwei Jahren warfen britische Staatsanleihen eine um drei Prozentpunkte höhere Rendite ab als deutsche. Heute beträgt dieser Abstand einen halben Prozentpunkt und widerspiegelt damit die Überzeugung der Investoren, dass die britische Inflation dauerhaft zurückgeht. (siehe „Crisis? What Crisis?", in: *Economist*, 29. August 1992, S. 51).

  a. Weshalb hielten die Kritiker der britischen Regierung eine Zinssenkung nach einem Ausscheiden des Pfund Sterling aus dem EWS für möglich? (Als dieser Artikel erschien, befand sich Großbritannien in einer tiefen Rezession.)

  b. Weshalb war der *Economist* der Ansicht, dass ein Austritt Großbritanniens aus dem EWS die entgegengesetzte Wirkung hätte?

  c. In welcher Weise hat die Mitgliedschaft im EWS möglicherweise die Glaubwürdigkeit der britischen Politik erhöht? (Großbritannien trat dem EWS im Oktober 1990 bei.)

  d. Weshalb sollten britische Nominalzinsen, die im Verhältnis zu Deutschland hoch waren, die Erwartung einer rascheren britischen Inflation wecken? Sind auch andere Erklärungen denkbar?

  e. Geben Sie zwei mögliche Gründe an, weshalb die britischen Zinssätze zum damaligen Zeitpunkt etwas höher gewesen sein könnten als die deutschen, obwohl die Überzeugung vorherrschte, „dass die britische Inflation dauerhaft zurückgeht".

8. Nehmen Sie an, das sich das EWS in eine Währungsunion mit einer einheitlichen Währung verwandelt hätte, ohne dass eine Europäische Zentralbank geschaffen worden wäre. Die Geldpolitik sei stattdessen den verschiedenen nationalen Zentralbanken überlassen worden, die alle das Recht hätten, die europäische Währung in beliebigen Mengen auszugeben und Offenmarktgeschäfte durchzuführen. Welche Probleme hätten sich aus einem solchen System ergeben?

Weiterführende Literatur

Tamim Bayoumi, „A Formal Model of Optimum Currency Areas", in: *International Monetary Fund Staff Papers* 41, Dezember 1994, S. 537–554. Ein neues Modell und eine neue Wohlfahrtsanalyse optimaler Währungsräume.

Charles R. Bean, „Economic and Monetary Union in Europe", in: *Journal of Economic Perspectives* 6, Herbst 1992, S. 31–52. Zusammenfassung der Debatte über die europäische Währungsunion, entstand unmittelbar vor der Währungskrise im Herbst 1992.

W. Max Corden, *Monetary Integration*, Princeton Essays in International Finance 32. International Finance Section, Department of Economics, Princeton University, April 1972. Klassische Analyse der Währungsunion.

Barry Eichengreen und Charles Wyplosz, „The Stability Pact: More Than a Minor Nuisance?", in: *Economic Policy* 26, April 1998, S. 65–113. Eine umfassende Kritik und Analyse des Stabilitäts- und Wachstumspakts.

Martin Feldstein, „The Political Economy of the European Economic and Monetary Union: Political Sources of an Economic Liability", in: *Journal of Economic Perspectives* 11, Herbst 1997, S. 23–42. Die Argumentation eines führenden amerikanischen Ökonomen gegen die WWU.

Francesco Giavazzi und Alberto Giovannini, *Limiting Exchange Rate Flexibility: The European Monetary System*. Cambridge, MA: MIT Press, 1989. Eine ausführliche und fesselnd geschriebene Darstellung der Institutionen und Erfahrungen des EWS.

Peter B. Kenen, *Economic and Monetary Union in Europe*. Cambridge, U.K.: Cambridge University Press, 1995. Eine gründliche ökonomische Analyse der vom Maastricht-Abkommen anvisierten WWU und der praktischen Probleme bei ihrer Einführung.

Jay H. Levin, *A Guide to the Euro*. Boston: Houghton Mifflin, 2000. Ein knapper, aber guter Überblick über die Schaffung der Europäischen Währungsunion.

Swedish Economic Policy Review 4, Frühjahr 1997, Herbst 1997. Diese beiden Ausgaben der Zeitschrift sind ausschließlich der Analyse verschiedener Aspekte der WWU gewidmet. Die Aufsätze bildeten den Hintergrund für die Entscheidung Schwedens, sich der ersten Beitrittsrunde der WWU nicht anzuschließen.

Edward Tower und pfThomas D. Willett, *The Theory of Optimal Currency Areas and Exchange Rate Flexibility*, Princeton Special Papers in International Economics 11, International Finance Section, Department of Economics, Princeton University, Mai 1976. Zusammenfassung der Theorie optimaler Währungsräume.

Kapitel

21 Der globale Kapitalmarkt: Funktionsweise und politische Probleme

Kapitelübersicht

Beispiele

Wenn ein Financier namens Rip van Winkle Anfang der 1990er Jahre nach dreißigjährigem Schlaf wiedererwacht wäre, dann hätte er fassungslos vor den Veränderungen in Charakter und Umfang internationaler Finanzaktivitäten gestanden. In den früheren 1960er Jahren waren beispielsweise die meisten Bankgeschäfte auf Währung und Kunden des Inlands beschränkt. Zwanzig Jahre später stammte ein Großteil des Gewinns der Banken aus internationalen Geschäften. Rip hätte zu seiner Verwunderung festgestellt, dass er Niederlassungen der Citibank im brasilianischen São Paulo und Zweigstellen der britischen National Westminster Bank in New York finden konnte. Außerdem hätte er entdeckt, dass es zu Beginn der 1980er Jahre ganz normal geworden war, dass eine amerikanische Bank in London von einem schwedischen Unternehmen eine in japanischen Yen denominierte Einzahlung annahm, oder dass sie einem niederländischen Industrieunternehmen einen Kredit in Schweizer Franken gewährte.

Der Markt, auf dem die Einwohner verschiedener Länder Vermögenswerte handeln, heißt **internationaler Kapitalmarkt**. Der internationale Kapitalmarkt ist eigentlich kein einzelner Markt, sondern eine Gruppe eng verflochtener Märkte, deren Handel eine internationale Dimension hat. Der internationale Handel mit Währungen findet auf dem Devisenmarkt statt, der einen wichtigen Bestandteil des internationalen Kapitalmarkts ausmacht. Die wichtigsten Akteure des internationalen Kapitalmarkts sind dieselben wie auf dem Devisenmarkt (Kapitel 13): Geschäftsbanken, große Unternehmen, bankfremde Finanzdienstleister, Zentralbanken und andere staatliche Einrichtungen. Auch der internationale Kapitalmarkt verfügt, wie der Devisenmarkt, über ein Netz von Weltfinanzplätzen, die durch modernste Kommunikationssysteme verbunden sind. Die auf dem internationalen Kapitalmarkt gehandelten Vermögenswerte schließen aber neben Bankeinlagen, die in verschiedenen Landeswährungen bewertet sind, auch Aktien und Anleihen aus verschiedenen Ländern ein.

Dieses Kapitel behandelt drei wichtige Problemfelder des internationalen Kapitalmarkts. Erstens, auf welche Weise steigert dieses gut geölte globale Finanznetzwerk die Außenhandelsgewinne aller beteiligten Länder? Zweitens, welche Ursachen hatte die rasche Zunahme der internationalen Finanzaktivitäten seit Beginn der 1960er Jahre? Und drittens, wie können die politischen Entscheidungsträger die mit einem weltweiten Kapitalmarkt einhergehenden Schwierigkeiten minimieren, ohne seinen Nutzen zu stark zu mindern?

21.1   Der internationale Kapitalmarkt und die Außenhandelsgewinne

In früheren Kapiteln wurden die Außenhandelsgewinne in erster Linie aus dem Austausch von Gütern und Dienstleistungen abgeleitet. Durch die Bereitstellung eines weltweiten Zahlungssystems, das die Transaktionskosten senkt, steigern die auf dem internationalen Kapitalmarkt tätigen Banken die Außenhandelsgewinne, die ein solcher Austausch mit sich bringt. Doch die meisten Geschäfte, die auf dem internationalen Kapitalmarkt getätigt werden, sind mit dem Austausch von Vermögenswerten zwischen den Einwohnern verschiedener Länder verbunden, zum Beispiel mit dem Tausch eines IBM-Aktienanteils gegen bestimmte britische Staatsanleihen. Dieser Handel mit Vermögenswerten wird zwar bisweilen als unproduktive „Spekulation" abgetan, erzeugt aber Außenhandelsgewinne, die den Verbrauchern auf der ganzen Welt zugute kommen können.

21.1.1   Drei Arten von Außenhandelsgewinnen

Sämtliche Transaktionen zwischen den Einwohnern verschiedener Länder lassen sich einer von drei Kategorien zuordnen: Austausch von Gütern oder Dienstleistungen gegen Güter oder Dienstleistungen, Austausch von Gütern oder Dienstleistungen gegen Vermögenswerte, und Austausch von Vermögenswerten gegen Vermögenswerte. Abbildung 21.1 (die von zwei Ländern, Inland und Ausland, ausgeht) zeigt diese drei Kategorien internationaler Transaktionen, bei denen jeweils unterschiedlich geartete Außenhandelsgewinne anfallen.

Bisher haben wir in diesem Buch zwei Arten von Außenhandelsgewinnen besprochen. In den Kapiteln 2 bis 6 wurde aufgezeigt, dass Länder solche Gewinne realisieren können, indem sie sich auf diejenige Produktion konzentrieren, bei der sie am effizientesten sind, und mit einem Teil ihrer Produkte Importe aus dem Ausland bezahlen. Der obere horizontale Pfeil in Abbildung 21.1 steht für den Austausch von Gütern und Dienstleistungen zwischen Inland und Ausland.

Eine zweite Art von Außenhandelsgewinnen ergibt sich aus dem *intertemporalen* Handel, dem Tausch von Güter und Dienstleistungen gegen Ansprüche auf zukünftige Güter und Dienstleistungen, d.h. gegen Vermögenswerte (Kapitel 7 und 18). Wenn ein Entwicklungsland einen Auslandskredit aufnimmt (d.h. eine Anleihe an das Ausland verkauft), damit es Materialien für ein Investitionsprojekt im eigenen Land importieren kann, so betreibt es intertemporalen Handel: das Kredit gebende Land gewinnt dabei, weil es einen Vermögenswert erhält, der eine höhere Rendite abwirft, als es im Inland möglich wäre. Der diagonale Pfeil in Abbildung 21.1 steht für den Austausch von Gütern und Dienstleistungen gegen Vermögenswerte. Wenn Inland beispielsweise gegenüber Ausland ein Leistungsbilanzdefizit aufweist, dann ist es ein Nettoexporteur von Vermögenswerten nach Ausland und ein Nettoimporteur von Gütern und Dienstleistungen aus Ausland.

Der untere horizontale Pfeil von Abbildung 21.1 zeigt die letzte Kategorie internationaler Transaktionen, den Austausch von Vermögenswerten gegen Vermögenswerte, wie beispielsweise einer in Frankreich befindlichen Immobilie gegen US-Schatzanleihen. Der Tabelle 12.2, welche die Zahlungsbilanz der USA für das Jahr 2000 zeigt, können Sie unter der Kapitalbilanz entnehmen, dass Einwohner der USA für $5553,3 Milliarden Auslandsaktiva erwarben (ein Kapitalabfluss) und Einwohner anderer Länder für $952,4 Milliarden US-Finanzaktiva kauften (ein Kapitalzufluss). Zwar hätten die USA ihr Leistungsbilanzdefizit in Höhe von $435,4 Milliarden im Jahr 2000 einfach dadurch finanzieren können, dass sie Finanzaktiva im Wert von $435,4 Milliarden an das Ausland verkauften, doch in Wirklichkeit fand daneben ein umfangreicher bloßer Austausch zwischen In- und Ausland statt. Ein derart umfangreiches Handelsvolumen bei Vermögenswerten ist dadurch bedingt, dass der internationale Handel mit Vermögenswerten, ebenso wie der Handel mit Gütern und Dienstleistungen, für alle beteiligten Länder vorteilhaft ist.

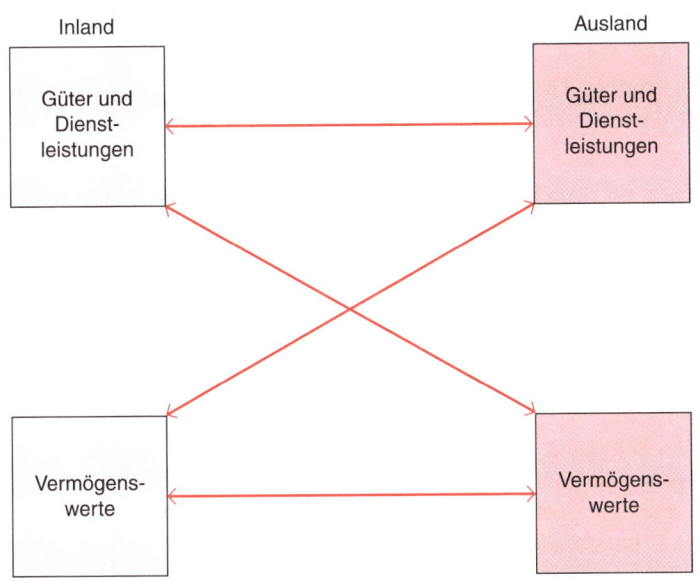

Folgende Möglichkeiten des Handels zwischen den Einwohnern verschiedener Länder sind möglich: Güter und Dienstleistungen gegen andere Güter und Dienstleistungen, Güter und Dienstleistungen gegen Vermögenswerte (d.h. zukünftige Güter und Dienstleistungen) und Vermögenswerte gegen Vermögenswerte. Alle drei Arten des Austauschs erzeugen Außenhandelsgewinne.

Abbildung 21.1: Drei Arten internationaler Transaktionen

21.1.2   Risiko-Aversion

Bei der Entscheidung für den Erwerb eines Vermögenswerts spielt die Risikobehaftung der Rendite eine wichtige Rolle. Die meisten Menschen meiden bei ansonsten gleichen Bedingungen das Risiko. Die Ökonomen bezeichnen diese Präferenz als **Risiko-Aversion**. Wie in Kapitel 17 aufgezeigt wurde, berücksichtigen risikoscheue Anleger bei der Wahl ausländischer Vermögenswerte nicht nur deren erwartete Rendite, sondern auch das (durch die Risikoprämie gemessene) Risiko.

Ein Beispiel soll die Bedeutung der Risiko-Aversion veranschaulichen. Angenommen, man bietet Ihnen die Teilnahme an einem Glücksspiel an, bei dem Sie in der Hälfte aller Runden $ 1000 gewinnen, in der anderen Hälfte $1000 verlieren. Da beides gleich wahrscheinlich ist, beläuft sich der durchschnittliche Spielgewinn – sein *erwarteter Wert* – auf (½) × ($1000) + (½) × (– $1000) = 0. Wenn Sie die Eigenschaft der Risiko-Aversion teilen, dann werden Sie dieses Angebot ablehnen, weil in Ihren Augen die Möglichkeit des Verlusts von $ 1000 schwerer wiegt als die Gewinnmöglichkeit in gleicher Höhe, obwohl beide Ergebnisse gleich wahrscheinlich sind. Manche Menschen sind zwar risikofreudig und würden dennoch spielen, doch vieles spricht dafür, dass die Risiko-Aversion die Norm darstellt. Sie erklärt beispielsweise die guten Geschäfte von Versicherungsgesellschaften, deren Policen Individuen oder ihre Familienangehörigen gegen die finanziellen Risiken von Diebstahl, Krankheiten oder anderen Schicksalsschlägen absichern.

Risiko-Aversion bedeutet, dass die Zusammenstellung (das Portfolio) der Vermögenswerte nicht nur auf der Grundlage ihrer erwarteten Rendite erfolgt, sondern dass auch das Risiko dieser Rendite eine Rolle spielt. Daher entscheiden sich Anleger wegen eines günstigen Rendite-Risiko-Verhältnisses oftmals für den Erwerb mehrerer Anleihen, die in verschiedenen Währungen bewertet sind, obwohl deren Zinssätze nicht durch die Zinsparität aneinander gebunden sind. Im Allgemeinen ist ein Portfolio, dessen Rendite von Jahr zu Jahr stark schwankt, weniger begehrt als eines, das bei nur leichten jährlichen Fluktuationen die gleiche Durchschnittsrendite erbringt. Diese Beobachtung ist von grundlegender Bedeutung, um die Ursachen für den internationalen Austausch von Vermögenswerten zu verstehen.

21.1.3   Portfolio-Diversifizierung als Motiv für den internationalen Handel mit Vermögenswerten

Der internationale Handel mit Vermögenswerten kann für beide Handelspartner von Vorteil sein, indem er ihnen ermöglicht, das mit ihrer Rendite verbundene Risiko zu verringern. Handel gewährleistet diese Risikominderung, indem er beiden Parteien ermöglicht, ihre Portfolios zu diversifizieren, d.h. ihr Vermögen auf ein breiteres Spektrum von Vermögenswerten aufzuteilen und damit auf jeden einzelnen eine geringere Geldsumme zu setzen. Der inzwischen verstorbene Ökonom James Tobin von der Yale University, der zu den Urhebern der Theorie der Portfolio-Wahl aufgrund von Risiko-Aversion zählt, drückte den Gedanken der **Portfolio-Diversifizierung** einmal mit dem Satz aus: „Man soll nicht alle Eier in einen Korb legen." Wenn eine Volkswirtschaft gegenüber dem internationalen Kapitalmarkt geöffnet wird, kann sie das damit verbundene Risiko für ihr Vermögen dadurch verringern, dass sie ihre „Eier" auf mehrere ausländische „Körbe" verteilt. Diese Risikominderung ist das Hauptmotiv für den Handel mit Vermögenswerten.

Ein einfaches Zweiländerbeispiel soll zeigen, auf welche Weise der Handel mit Vermögenswerten beiden Ländern nützt. Die Einwohner von Inland und Ausland besitzen beide nur einen Vermögenswert, nämlich Boden, der jeweils eine Jahresernte Kiwis abwirft.

Der Ertrag des Bodens ist allerdings ungewiss. In der Hälfte aller Jahre wirft der Boden von Inland eine Ernte von 100 Tonnen Kiwis ab, während der Boden von Ausland nur 50 Tonnen erzeugt. In der anderen Hälfte der Jahre ist es umgekehrt: Die Ernte von Ausland beträgt 100 Tonnen, diejenige von Inland nur 50 Tonnen. Im Durchschnitt fährt also jedes Land eine Jahresernte von $(½) \times (100) + (½) \times (50) = 75$ Tonnen Kiwis ein, doch seine Einwohner können sich nie sicher sein, ob ihnen ein fettes oder ein mageres Jahr bevorsteht.

Als Nächstes nehmen wir an, dass die beiden Länder Besitzanteile an ihren Vermögenswerten handeln. Ein inländischer Besitzer eines 10-prozentigen Anteils an ausländischem Boden erhält zum Beispiel 10 Prozent der jährlichen Kiwi-Ernte von Ausland, und ein ausländischer Besitzer eines 10-prozentigen Anteils an inländischem Boden entsprechend 10 Prozent der Inlandsernte. Welche Folgen hat die Zulassung von Handel mit diesen beiden Vermögenswerten? Die Einwohner von Inland erwerben insgesamt einen 50-prozentigen Anteil am Boden des Auslands, und bezahlen diesen, indem sie den Einwohnern von Ausland einen 50-prozentigen Anteil am Inlandsboden geben.

Diese Aufteilung ist eine Folge der Renditen auf die Portfolios von Inland und Ausland, wenn beide in gleichen Anteilen aus Vermögenstiteln für inländischen und ausländischen Boden bestehen. Wenn die Ernte in Inland gut (und daher in Ausland schlecht) ausfällt, entfällt auf das Portfolio jedes Landes die gleiche Rendite: die Hälfte der Inlandsernte (100 Tonnen Kiwi) plus die Hälfte der Auslandsernte (50 Tonnen Kiwi), bzw. 75 Tonnen. Wenn die Portfolios beider Länder in gleichen Teilen auf beide Vermögenswerte aufgeteilt sind, erhält daher jedes eine *gesicherte* Rendite von 75 Tonnen Kiwi, die beider Durchschnittsernte vor der Zulassung von Außenhandel entspricht.

Da die zwei verfügbaren Vermögenswerte – inländischer und ausländischer Boden – die gleiche Durchschnittsrendite erbringen, wirft jedes Portfolio, das aus diesen Vermögenswerten zusammengesetzt ist, eine erwartete (durchschnittliche) Rendite von 75 Tonnen Früchte ab. Da die Menschen allerorten eine Risiko-Aversion aufweisen, bevorzugen sie alle das oben genannte 50:50-Portfolio, das ihnen Jahr für Jahr eine gesicherte Rendite von 75 Tonnen beschwert. Nach Eröffnung des Handels tauschen die Einwohner beider Länder so lange Vermögenstitel auf Boden aus, bis der Zustand der 50:50-Aufteilung erreicht ist. Da dieser Handel das Risiko beider Länder beseitigt, ohne ihre Durchschnittsrendite zu senken, stellen sich beide Länder durch den Handel mit Vermögenswerten eindeutig besser als zuvor.

Dieses Beispiel ist stark simplifizierend, weil der internationale Handel mit Vermögenswerten niemals *sämtliche* Risiken ausschalten kann. (Im Gegensatz zum Modell bleibt auch die Welt als Ganzes nicht von Risiken verschont!) Dennoch zeigt es, dass Länder das Risiko, dem ihr Vermögen ausgesetzt ist, durch die internationale Diversifizierung ihres Portfolios verringern können. Eine Hauptfunktion des internationalen Kapitalmarkts besteht darin, diese Diversifizierung zu ermöglichen.[1]

21.1.4   Die Auswahl an internationalen Vermögenswerten: Kredit oder Beteiligung

Beim internationalen Handel mit Vermögenswerten können ganz unterschiedliche Arten von Vermögenswerten ausgetauscht werden. Zu den zahlreichen Finanzaktiva, die auf dem internationalen Kapitalmarkt gehandelt werden, gehören in verschiedenen Währungen bewertete Anleihen und Einlagen, Aktienanteile und kompliziertere Finanzierungsinstrumente wie Aktien oder Währungsoptionen. Auch durch den Kauf von Immobilien oder den direkten Erwerb einer Fabrik in einem anderen Land kann eine internationale Diversifizierung gewährleistet werden.

Die Unterscheidung zwischen Instrumenten der **Kreditfinanzierung** und der **Beteiligungsfinanzierung** kann das Verständnis des Handels mit Vermögenswerten erleichtern. Anleihen und Bankeinlagen sind Kreditfinanzierungsinstrumente, da ihr Aussteller unabhängig von den konjunkturellen Gegebenheiten eine festgelegte Summe (Kapitalbetrag plus Zinsen) zurückzahlen muss. Im Gegensatz dazu ist ein Kapitalanteil ein Beteiligungsfinanzierungsinstrument: Er stellt einen Anspruch auf die Gewinne eines Unternehmens dar, und nicht auf eine festgelegte Zahlung, und sein Ertrag hängt von den konjunkturellen Umständen ab. Auch die in unserem Beispiel angeführten Anteile an der Kiwi-Ernte sind Beteiligungsfinanzierungsinstrumente. Durch die Aufteilung ihres Portfolios auf Kreditfinanzierungs- und Beteiligungsfinanzierungsinstrumente können Individuen und Nationen ungeachtet unterschiedlicher Eventualitäten Konsum und Investitionen nahe bei dem gewünschten Niveau halten, auch wenn es zu widrigen Entwicklungen kommt.

Die Unterscheidung zwischen Kredit- und Beteiligungsfinanzierung ist in der Praxis nicht immer eindeutig. Selbst wenn die Geldsumme, die ein Finanzierungsinstrument in verschiedenen Staaten abwirft, stets dieselbe ist, hängt sein *realer* Ertrag in einem gegebenen Staat von den nationalen Preisniveaus und den Wechselkursen ab. Darüber hinaus kann ein durch ein gegebenes Instrument in Aussicht gestellter Ertrag ausbleiben, wenn ein

---

[1] Im mathematischen Postskriptum zu diesem Kapitel wird ein detailliertes Modell der internationalen Portfolio-Diversifizierung entwickelt. Wie Sie vielleicht bemerkt haben, könnten die Länder das Risiko auch durch andere Maßnahmen als den oben beschriebenen Austausch von Vermögenswerten reduzieren. Das Land mit der großen Produktionsmenge könnte beispielsweise einen Leistungsbilanzüberschuss verzeichnen und dem anderen Land Kredite gewähren, sodass die Unterschiede im Konsum jedes Staats verringert würden. Die ökonomischen Funktionen des intertemporalen Handels und des reinen Austauschs von Vermögenswerten überschneiden sich also bisweilen. In gewissem Maße kann der zeitversetzte Handel einfach deshalb an die Stelle des durch natürliche Gegebenheiten bedingten Handels treten (und umgekehrt), weil sich verschiedene ökonomische Zustände in der Welt zu verschiedenen Zeitpunkten einstellen. Doch im Allgemeinen sind diese beiden Arten des Außenhandels nicht vollständig gegeneinander austauschbar.

Unternehmen in Konkurs geht, die Regierung ausländische Vermögenswerte beschlagnahmt usw. Manche Vermögenswerte, wie beispielsweise minderwertige Unternehmensanleihen, die auf den ersten Blick Kreditfinanzierungsinstrumente darstellen, sind in der Praxis eher Beteiligungsfinanzierungsinstrumente, weil ihre Erträge von dem zweifelhaften finanziellen Schicksal des Emittenten abhängen. Dasselbe gilt, wie wir in Kapitel 22 sehen werden, für die Kredite zahlreicher Entwicklungsländer.

21.2 Das internationale Bankwesen und der internationale Kapitalmarkt

Das obige Beispiel der Kiwi-Ernte von Inland und Ausland stellte eine hypothetische Welt mit nur zwei Vermögenswerten dar. Doch die enorme Anzahl tatsächlich verfügbarer Vermögenswerte hat spezialisierte Institutionen entstehen lassen, welche die Käufer und Verkäufer von Vermögenswerten aus verschiedenen Ländern zusammenführen.

21.2.1 Die Struktur des internationalen Kapitalmarkts

Die Hauptakteure auf dem internationalen Kapitalmarkt sind, wie oben gesagt, Geschäftsbanken, Unternehmen, bankfremde Finanzdienstleister (z.B. Versicherungsgesellschaften oder Pensionsfonds), Zentralbanken und andere staatliche Einrichtungen.

1. *Geschäftsbanken*. Geschäftsbanken stehen nicht nur wegen der von ihnen getragenen internationalen Zahlungsabwicklung, sondern auch wegen vielfältiger anderer Finanzgeschäfte im Zentrum des internationalen Kapitalmarkts. Die Passiva der Banken bestehen hauptsächlich aus Einlagen mit unterschiedlichen Laufzeiten, ihre Aktiva bestehen größtenteils aus Krediten (an Unternehmen und den Staat), Einlagen anderer Banken (Interbankeneinlagen) und Anleihen. Multinationale Banken führen auch in großem Umfang andere Arten von Vermögenswerttransaktionen durch. Beispielsweise übernehmen sie als *Unterzeichner* die Emission von Unternehmensaktien oder -anleihen und garantieren damit gegen Gebühr, für die Gesamtheit dieser Wertpapiere zu einem festen Preis Käufer zu finden. Eine Grundtatsache des internationalen Bankwesens besteht darin, dass die Banken im Ausland oft ungehindert Geschäften nachgehen können, die in ihren Heimatländern nicht erlaubt wären. Diese Asymmetrie der staatlichen Auflagen hat während der vergangenen vierzig Jahre die Ausbreitung der internationalen Bankentätigkeit beschleunigt.

2. *Unternehmen*. Unternehmen – insbesondere diejenigen, deren Tätigkeit sich über mehrere Länder erstreckt – greifen bei ihren Investitionen regelmäßig auf ausländische Finanzierungsquellen zurück. Zu diesem Zweck verkaufen sie Aktienanteile, die ihre Besitzer an den Vermögenswerten des Unternehmens beteiligen, oder benutzen Kreditfinanzierungsinstrumente. Letztere nehmen oft die Form eines Kredits an, der bei internationalen Banken oder anderen institutionellen Anlegern aufgenommen oder durch diese vermittelt wird. Wenn Unternehmen längerfristige Kredite benötigen, können sie auf dem internationalen Kapitalmarkt Kreditfinanzierungsinstrumente an-

bieten. Häufig denominieren Unternehmen ihre Anleihen in der Währung des Finanzplatzes, an dem sie zum Verkauf angeboten werden. Zunehmend verfolgen sie allerdings neue Bewertungsstrategien, welche die Attraktivität ihrer Anlagen auf ein breiteres Spektrum potenzieller Käufer ausdehnen soll.

3. *Bankfremde Finanzdienstleister.* Bankfremde Finanzdienstleister wie z.B. Versicherungsgesellschaften, Pensionsfonds und Investmentfonds haben ihre Portfolios zunehmend durch Auslandsaktiva diversifiziert und sind dadurch zu wichtigen Spielern auf dem internationalen Kapitalmarkt geworden. Eine besonders wichtige Rolle spielen *Investmentbanken* wie die First Boston Corporation, Goldman Sachs und Lazard Frères, die gar keine Banken sind, sondern sich in erster Linie mit der Übernahme und Platzierung der Aktien und Anleihen von Unternehmen und (gelegentlich) Regierungen befassen. Den amerikanischen Geschäftsbanken ist dieses Wertpapiergeschäft (ebenso wie die meisten anderen inländischen Transaktionen mit Unternehmensaktien und -anleihen) seit 1933 innerhalb der USA verboten. Inzwischen nimmt die Regierung der USA allerdings einige diesbezügliche Vorschriften zurück. Im Ausland dürfen US-amerikanische Geschäftsbanken aber seit langem Wertpapiergeschäfte tätigen, und Banken wie z.B. Citicorp, Morgan Guaranty und Bankers Trust konkurrieren auf diesem Gebiet stark mit spezialisierten Investmentbanken. Abbildung 21.2 gibt die Anzeige wieder, mit der ein internationales Emissionskonsortium die Ausgabe von in Euro bewerteten Anleihen eines Tabakunternehmens bekannt gab.

4. *Zentralbanken und andere staatliche Einrichtungen.* Die Zentralbanken sind vermittels ihrer Devisenmarktinterventionen regelmäßig auf den internationalen Finanzmärkten tätig. Daneben nehmen auch andere staatliche Einrichtungen häufig im Ausland Kredite auf. Die Regierungen und öffentlichen Unternehmen von Entwicklungsländern haben umfangreiche Kredite bei Geschäftsbanken aufgenommen. Selbst die Regierungen einiger osteuropäischer Länder wie beispielsweise Polen und Ungarn, die einst im kommunistischen Machtbereich lagen, sind bei den kapitalistischen Banken des Westens hoch verschuldet.

This announcement appears as a matter of record only.

BRITISH AMERICAN TOBACCO

B.A.T. International Finance p.l.c.

€1.7 billion
4.875% Eurobonds due 2009

Guaranteed by British American Tobacco p.l.c.
Issued under US$3,000,000,000
Euro Medium Term Note Programme

Sole Bookrunner and Joint Lead Manager

Dresdner Kleinwort Benson

Joint Lead Managers

Banque Nationale de Paris   **HSBC Markets**

Senior Co-Lead Manager

SG Investment Banking

Co-Lead Managers

ABN AMRO   **Banco Central Hispano**

Morgan Stanley Dean Witter   **Salomon Smith Barney International**

Sumitomo Finance International plc

February 1999

Im Jahr 1999 übernahm ein internationales Emissionskonsortium die Ausgabe von in Euro bewerteten Anleihen eines Tabakunternehmens.
Quelle: *Financial Times*, 3. März 1999. Abdruck mit Genehmigung der Dresdner Kleinwort Benson.

Abbildung 21.2:   Kreditaufnahme auf dem internationalen Kapitalmarkt

21.2.2 Das Wachstum des internationalen Kapitalmarkts

Das Transaktionsvolumen auf dem internationalen Kapitalmarkt ist seit den frühen 1970er Jahren ungleich schneller gewachsen als das weltweite BIP. Ein wichtiger Faktor für diese Entwicklung besteht darin, dass fast alle Staaten, dem Beispiel der Industrieländer folgend, die Beschränkungen des grenzüberschreitenden privaten Kapitalflusses immer weiter abgebaut haben.

Ein wichtiger Grund für diese Entwicklung hängt mit den Wechselkurssystemen zusammen. Wie wir in Kapitel 17 sahen, gibt ein Land, das den Wechselkurs seiner Währung festlegt und zugleich internationale Kapitalbewegungen zulässt, die Kontrolle über seine innere Geldpolitik auf. Wie dieser Verzicht beweist, kann jedes Land nur zwei der drei folgenden Ziele gleichzeitig ansteuern:

1. Fester Wechselkurs

2. Einsatz der Geldpolitik für binnenwirtschaftliche Ziele

3. Freizügigkeit für internationale Kapitalbewegungen

Daraus ergibt sich ein „Trilemma" der Politik – ein *Tri*lemma, kein *Di*lemma, weil es drei Kombinationsmöglichkeiten gibt: 1 und 2, 1 und 3, oder 2 und 3. Unter dem Goldstandard (Kapitel 18) verzichteten die Länder beispielsweise zugunsten fester Wechselkurse und eines freien internationalen Zahlungsverkehrs auf eine eigenständige Geldpolitik, entschieden sich also für ein Währungssystem, das die Punkte 1 und 3 verwirklichte.

Nach der Abkehr von festen Wechselkursen zum Ende der Bretton-Woods-Periode schufen sich die Industrieländer ein System, das die internationale Mobilität des Kapitals mit einer innenpolitisch orientierten Geldpolitik kombinierte. Es war ihnen daher ohne weiteres möglich, einen freieren internationalen Handel mit Vermögenswerten zuzulassen. Die Länder der europäischen Wirtschafts- und Währungsunion schlugen im Hinblick auf ihre gegenseitigen Wechselkurse einen anderen Weg ein. Indem sie die Geldpolitik einer gemeinsamen Zentralbank übertrugen, verzichteten sie auf Punkt 2, gewannen dafür aber 1 und 3. Gegenüber anderen Währungen schwankt der Euro allerdings frei, und der Euroraum als Ganzer richtet seine Geldpolitik auf innere makroökonomische Ziele aus, während er einen freien grenzüberschreitenden Zahlungsverkehr zulässt.

21.2.3 Off-Shore-Bankgeschäfte und Off-Shore-Devisengeschäfte

Ein allgegenwärtiges Merkmal der Geschäftsbanken in den 1990er Jahren besteht in der Globalisierung ihrer Tätigkeit. Die Banken eröffneten zunehmend Niederlassungen in ausländischen Finanzzentren. Im Jahr 1960 verfügten lediglich acht US-amerikanische Banken über Niederlassungen im Ausland, heute sind es Hunderte. Auch die Anzahl der Niederlassungen ausländischer Banken in den USA ist kontinuierlich gestiegen.

Die Tätigkeiten der Auslandsniederlassungen werden als **Off-Shore-Bankgeschäft** bezeichnet. Die Banken können, nach der US-Bankengesetzgebung, ihr Auslandsgeschäft durch drei Arten von Einrichtungen betreiben:

1. Eine im Ausland betriebene *Zweigniederlassung (agency)*, die im Auftrag ihrer Bank Kredite vergibt und Überweisungen tätigt, jedoch keine Einlagengeschäfte anbieten darf.

2. Eine im Ausland betriebene *Tochtergesellschaft (subsidiary)*. Die Tochtergesellschaft einer ausländischen Bank ist in den USA zugelassen und unterscheidet sich von einer einheimischen Bank nur dadurch, dass sie sich mehrheitlich in ausländischem Besitz befindet. Tochtergesellschaften unterliegen den gleichen Vorschriften wie einheimische Banken und nicht der Rechtsprechung des Landes, in dem ihre Muttergesellschaft ansässig ist.

3. Eine *Filiale (branch)*, die einfach eine Zweigstelle der Bank in einem anderen Land darstellt. Diese Filialen führen dieselben Geschäfte durch wie einheimische Banken und unterliegen normalerweise den gesetzlichen Vorschriften des Landes, in dem sie sich befinden, ebenso wie dem Land des Hauptsitzes ihrer Bank. Oft können sich Filialen diese unterschiedlichen Regelungen zunutze machen.

Die Zunahme von **Off-Shore-Devisengeschäften** vollzog sich parallel zur Ausbreitung der Off-Shore-Bankgeschäfte. Eine Offshore-Einlage ist einfach eine Bankeinlage, die in einer anderen Währung denominiert ist als derjenigen des Währungsgebiets, in dem die Bank ansässig ist – z.B. eine Yen-Einlage in einer Londoner Bank oder eine Dollar-Einlage in Zürich. Ein großer Teil der Einlagen, die auf dem Devisenmarkt gehandelt werden, sind Off-Shore-Einlagen. Off-Shore-Deviseneinlagen werden für gewöhnlich als **Eurowährungen** bezeichnet. Dies ist ziemlich irreführend, weil ein großer Teil des Handels mit Eurowährungen in außerhalb Europas gelegenen Zentren wie Singapur und Hongkong stattfindet. Außerhalb der USA befindliche Dollareinlagen bezeichnet man als **Eurodollars**. Banken, die in Eurowährungen (einschließlich Eurodollar) denominierte Einlagen annehmen, heißen **Eurobanken**. Die Einführung des Euro als neuer europäischer Währung hat diese Terminologie noch verwirrender gemacht, als sie es ohnehin schon war!

Ein Grund für die rasche Verbreitung von Off-Shore-Bankgeschäften und dem Off-Shore-Devisenhandel war das Wachstum des Welthandels und der zunehmend multinationale Charakter von Unternehmen. Amerikanische Unternehmen, die Außenhandel treiben, benötigen Finanzdienstleister im Ausland, und amerikanische Banken haben ihr Inlandsgeschäft auf natürlichem Wege mit Hilfe solcher Dienstleister auf das Ausland ausgedehnt. Eine beschleunigte Zahlungsabwicklung sowie die Flexibilität und das Vertrauen, die aus früheren Geschäftsbeziehungen herrühren, sind die Wettbewerbsvorteile amerikanischer Banken gegenüber ausländischen Banken, die ebenfalls amerikanische Kunden bedienen. Der Handel mit Eurowährungen ist eine weitere natürliche Begleiterscheinung des zunehmenden Welthandels mit Gütern und Dienstleistungen. Britische Importeure amerikanischer Güter haben beispielsweise häufig Bedarf an Dollareinlagen, und es ist für in London ansässige Banken nur natürlich, um diese Kunden zu werben.

Allerdings kann das Wachstum des Welthandels allein die Ausbreitung des internationalen Bankwesens seit den 1960er Jahren nicht erklären. Mehrere weitere Faktoren haben es über das Maß hinaus getrieben, das die Zunahme des Welthandels eigentlich erforderte.

Einer dieser Faktoren ist das Bestreben der Banken, den gesetzlichen Bestimmungen ihres eigenen Landes (und manchmal auch den Steuern) auszuweichen, indem sie einen Teil ihrer Geschäftstätigkeit ins Ausland und in Fremdwährungen verlagern. Ein zweiter Faktor ist teilweise politisch bedingt: der Wunsch einiger Anleger, Währungen außerhalb der Rechtsprechung ihrer Ursprungsländer zu halten. In jüngster Zeit hat die zunehmende Öffnung nationaler Finanzmärkte für Ansässige anderer Währungsgebiete den internationalen Banken ermöglicht, auf globaler Ebene um neue Kunden zu konkurrieren.

21.2.4   Die Zunahme des Handels mit Eurowährungen

Die Zunahme des Handels mit Eurowährungen ist ein anschauliches Beispiel für den wichtigen Beitrag aller dieser Faktoren zur Internationalisierung des Bankwesens.

Die Eurodollars entstanden in den späten 1950er Jahren. Sie waren eine Reaktion auf die Bedürfnisse, die durch das wachsende Volumen des Welthandels entstanden. Europäische Unternehmen, die Außenhandel trieben, hatten oft Bedarf an Dollarguthaben oder Dollarkrediten. In vielen Fällen hätten in den USA ansässige Banken diese Bedürfnisse erfüllen können, doch für die Europäer war es häufig billiger und bequemer, sich an lokale Banken zu wenden, die mit ihrer Situation vertraut waren. Als nach dem Ende der 1950er Jahre neben dem Dollar zahlreiche andere Währungen konvertibel wurden, entstanden auch für diese Off-Shore-Märkte.

Zwar stellte der bequeme Umgang mit lokalen Banken einen Schlüsselfaktor für die Erfindung der Eurodollars dar, doch das Wachstum des Eurodollar-Handels wurde bereits in einem frühen Stadium auch durch die beiden anderen oben erwähnten Faktoren gefördert: gesetzliche Vorschriften und politische Erwägungen.

Im Jahr 1957, auf dem Höhepunkt einer Zahlungsbilanzkrise, untersagte die britische Regierung den britischen Banken die Vergabe von Pfundkrediten zur Finanzierung nichtbritischen Außenhandels. Diese Kreditvergabe war ein höchst profitables Geschäft gewesen, und um es nicht zu verlieren, begannen die britischen Banken den gleichen Handel zu finanzieren, indem sie Dollareinlagen anzogen und nicht mehr Pfund Sterling, sondern Dollar verliehen. Da strenge finanzrechtliche Bestimmungen jegliche Auswirkungen der Fremdwährungs-Transaktionen der britischen Banken auf die inländischen Vermögensmärkte Großbritanniens verhinderten, nahm die britische Regierung gegenüber diesen Devisengeschäften eine Laisser-faire-Haltung ein. Auf diesem Wege wurde London zum führenden Handelsplatz für Eurowährungen, eine Stellung, die es bis heute innehat.

Der politische Faktor, der das frühe Wachstum des Eurodollarmarkts anregte, dürfte überraschen: Es war der Kalte Krieg zwischen den USA und der UdSSR. Während der 1950er Jahre erwarb die Sowjetunion Dollars (in erster Linie durch den Verkauf von Gold und anderen Rohstoffen), um vom Westen Güter wie beispielsweise Getreide kaufen zu können. Die sowjetische Regierung befürchtete, dass die USA Dollarguthaben auf amerikanischen Banken konfiszieren könnten, falls sich der Kalte Krieg zuspitzen würde. Sie deponierte ihre Dollars daher auf europäischen Banken, die sich außerhalb der amerikanischen Gerichtsbarkeit befanden. Im internationalen Bankwesen geht sogar die Anekdote um, dass der Begriff „Eurobank" ursprünglich der Telex-Kode einer sowjetisch kontrollierten Bank in Paris war.

Weil die USA in den 1960er Jahren neue Beschränkungen für Kapitalabflüsse und neue Vorschriften für Bankgeschäfte erließen, breitete sich das Eurodollar-System rasch aus. Als sich die amerikanische Zahlungsbilanz in den 1960er Jahren verschlechterte, verabschiedeten die Regierungen Kennedy und Johnson eine Reihe von Maßnahmen, um die Kreditvergabe der USA an das Ausland zu drosseln. Die erste dieser Maßnahmen war die Zinsausgleichssteuer von 1963, die Amerikaner vom Erwerb ausländischer Vermögenswerte abhalten sollte, indem deren Renditen besteuert wurden. Im Jahr 1965 folgten „freiwillige" Richtlinien zum Umfang der Kreditvergabe US-amerikanischer Geschäftsbanken an das Ausland, denen sich drei Jahre später umfassende obligatorische Kontrollen anschlossen. Weil diese Maßnahmen es potenziellen Kreditnehmern im Ausland erschwerten, die von ihnen benötigten Gelder in den USA zu erhalten, steigerten sie die Nachfrage nach Eurodollar-Krediten.

Auch die Federal Reserve erließ Vorschriften für US-Banken, die in den 1960er Jahren die Schaffung von Eurodollars – und neuen Eurobanken – förderten. Die von der Fed erlassene „Regulation Q" (die nach 1980 stufenweise auslief) legte eine Obergrenze für die Zinssätze fest, die US-Banken auf Termineinlagen gewähren durften. Als die Geldpolitik der USA zum Ende der 1960er Jahre gestrafft wurde, um den wachsenden Inflationsauftrieb zu bekämpfen (siehe Kapitel 18), stiegen die Marktzinssätze über diese Obergrenze, sodass die amerikanischen Banken keine Termineinlagen mehr anziehen konnten, um diese Gelder weiterzuverleihen. Die Banken umgingen das Problem, indem sie sich bei ihren europäischen Niederlassungen verschuldeten, die Eurodollareinlagen beliebig verzinsen durften und dadurch Einlagen von Investoren anziehen konnten, die ihr Geld andernfalls, wenn es keine Regulation Q gegeben hätte, vielleicht auf amerikanischen Banken deponiert hätten. Viele amerikanische Banken, die zuvor keine Auslandsniederlassungen gehabt hatten, gründeten diese in den späten 1960er Jahren zwecks Umgehung von Regulation Q.

Mit der Freigabe der Wechselkurse im Jahr 1973 begannen die USA und andere Länder, die Kontrollen für grenzüberschreitende Kapitalflüsse abzuschaffen. Damit entfiel eine bedeutende Triebkraft für das Wachstum der Eurowährungsmärkte in früheren Jahren. Doch dann kam wieder ein bedeutender politischer Faktor ins Spiel. Die arabischen Mitglieder der OPEC hatten infolge der Ölpreisschocks von 1973 – 1974 und 1979 – 1980 enorme Reichtümer angehäuft, zögerten jedoch aus Angst vor einer möglichen Konfiszierung, ihr Geld bei amerikanischen Banken einzuzahlen. Stattdessen vertrauten sie es den Eurobanken an. (Im Jahr 1979 fror Präsident Carter die iranischen Guthaben bei US-amerikanischen Banken und deren europäischen Filialen ein, nachdem die amerikanische Botschaft in Teheran besetzt und deren Personal als Geiseln genommen worden war. Ähnlich erging es den irakischen Guthaben in den USA, nachdem dieser Staat 1990 im benachbarten Kuwait einmarschiert war, und den Guthaben des Terrorismus verdächtiger Organisationen nach den Anschlägen auf das World Trade Center in New York und auf das Pentagon am 11. September 2001.)

Die Geschichte der Eurowährungen zeigt, wie das Wachstum des Welthandels, gesetzliche Beschränkungen des Kapitalverkehrs und politische Erwägungen bei der Herausbildung des gegenwärtigen Systems zusammenwirkten. Der wichtigste Grund, weshalb sich der Handel in Eurowährungen nach wie vor lohnt, sind allerdings die gesetzlichen Vorschriften: In ihrer Bankengesetzgebung unterscheiden die Regierungen der wichtigsten Eurowährungszentren zwischen in einheimischer Währung und in Fremdwährung denominierten Einlagen, und ebenso zwischen Transaktionen mit einheimischen und mit ausländischen Kunden. Die Einlagen in einheimischer Währung unterliegen strengen Vorschriften, die der Aufrechterhaltung der Kontrolle über die inländische Geldmenge dienen, während die Banken bei ihren Fremdwährungsgeschäften weitaus größere Freiheiten haben. Einlagen in einheimischer Währung, die von ausländischen Kunden gehalten werden, genießen allerdings in bestimmten Fällen einen Sonderstatus, wenn die Gesetzgeber der Meinung sind, dass sie das inländische Finanzsystem gegenüber Nachfrageverschiebungen seitens dieser ausländischen Kunden abschotten können.

Das Beispiel der *Mindestreservevorschriften* in den USA macht deutlich, wie Asymmetrien bei der Gesetzgebung die Gewinne aus dem Handel in Eurowährungen steigern. Jedes Mal, wenn eine US-amerikanische Bank im eigenen Land eine Einlage entgegennimmt, muss sie einen bestimmten Prozentsatz davon als Anteil ihrer Mindestreserven an die Fed abführen, die dafür keine Zinsen gewährt.[2] Die britische Regierung schreibt Mindestreserven für Einlagen in *Pfund Sterling* innerhalb ihrer Staatsgrenzen vor, diese gelten jedoch nicht für *Dollareinlagen* in Großbritannien. Ebenso wenig unterliegen die Filialen US-amerikanischer Banken in London den Mindestreservevorschriften der USA für Dollareinlagen, vorausgesetzt, dass diese Einlagen nur außerhalb der USA zur Auszahlung kommen können. Eine Eurobank in London verfügt daher bei Dollareinlagen über einen Wettbewerbsvorteil gegenüber einer Bank in New York: Sie kann ihren Kunden bei gleichen Betriebskosten mehr Zinsen zahlen als die New Yorker Bank. Der Wettbewerbsvorteil der Eurobank entstammt ihrer Fähigkeit, eine „Steuer" (die Mindestreservevorschrift) zu umgehen, welche die Fed auf die Dollareinlagen einheimischer Banken erhebt.

Die Freistellung von Mindestreservevorschriften ist für Banken und deren Kunden wahrscheinlich der wichtigste rechtliche Faktor, der die Attraktivität des Handels in Eurowährungen ausmacht, aber nicht der einzige. Eurodollareinlagen sind mit kürzeren Laufzeiten erhältlich als die entsprechenden Termineinlagen, die Banken in den USA ausgeben dürfen. Solche Asymmetrien der Gesetzeslage erklären, weshalb diejenigen Finanzzentren, deren Regierungen Devisengeschäfte der Banken am wenigsten beschränken, zu den wichtigsten Eurowährungszentren geworden sind. London ist dafür das beste Beispiel, doch ihm folgten Luxemburg, Bahrain, Hongkong und andere Länder, die international tätige Banken anzuziehen versuchten, indem sie die gesetzlichen Beschränkungen für die Tätigkeit ausländischer Banken innerhalb ihrer Staatsgrenzen lockerten und deren Besteuerung senkten.

Weder die USA noch Deutschland haben einen bedeutenden Anteil des Eurowährungs-Geschäfts an sich gezogen, weil in beiden Ländern für alle Einlagen im Inland, egal in welcher Währung, relativ einheitliche Vorschriften gelten. In jüngster Zeit hat die US-Regierung allerdings versucht, der amerikanischen Bankenbranche zu einem größeren Anteil des Kuchens zu verhelfen. Im Jahr 1981 gestattete die Fed in den USA ansässigen Banken die Einrichtung **internationaler Bankfazilitäten** (IBFs), die in den USA Termin-

---

[2]   Alternativ dazu könnte die Bank dieselbe Summe auch ihrem in Tresoren aufbewahrten Barbestand hinzufügen, der ebenfalls keine Zinsen abwirft. Wir gehen davon aus, dass die Bank ihre Mindestreserven bei der Fed hält.

einlagen annehmen und Kredite an ausländische Kunden vergeben dürfen. Die IBFs unterliegen weder Mindestreservevorschriften noch Zinsbeschränkungen, und sie müssen weder an ihren Bundesstaat noch an ihre Kommune Steuern abführen. Allerdings darf eine IBF keine Einlagen von Einwohnern der USA annehmen oder diesen Kredite gewähren (ausgenommen sind die Bank, der sie angehören, oder andere IBFs). Vor dem Jahr 1981 wurde der größte Teil der Geschäfte, die jetzt von IBFs abgewickelt werden, weniger effizient von Off-Shore-Zweigstellen in der Karibik getätigt.

Rein technisch gesehen stellt eine Dollareinlage bei einer IBF keine Eurodollars dar, weil die IBF innerhalb der USA angesiedelt ist. Doch nach der neuen Gesetzgebung werden die IBFs ebenso effektiv von einheimischen Banken abgeschottet, als ob sie sich im Ausland befänden. Die IBFs sind ein hervorragendes Beispiel für die Versuche verschiedener Länder, das lukrative internationale Bankgeschäft anzuziehen und gleichzeitig das einheimische Finanzsystem gegenüber den internationalen Aktivitäten dieser Banken abzuschotten. Ähnliche Enklaven internationaler Banken in anderen Ländern sind die Offshore Banking Units in Bahrain, die Asian Currency Units in Singapur und der Tokyo Offshore Market.

21.3 Regulierung des internationalen Bankwesens

Viele Beobachter sind der Ansicht, dass das weit gehende Fehlen rechtlicher Auflagen für globale Bankgeschäfte das Weltfinanzsystem der Gefahr gigantischer Bankenzusammenbrüche aussetzt. Besteht diese Gefahr tatsächlich? Welche Maßnahmen wurden gegebenenfalls zu ihrer Verminderung ergriffen?

21.3.1 Das Problem des Bankenzusammenbruchs

Eine Bank bricht zusammen, wenn sie nicht in der Lage ist, ihren Verpflichtungen gegenüber ihren Einlegern nachzukommen. Die Banken verwenden deren Einlagen für die Vergabe von Krediten und den Erwerb anderer Vermögenswerte. Gläubiger der Banken sind manchmal nicht in der Lage, ihre Schulden zurückzuzahlen, und auch aus anderen Gründen können die Aktiva der Banken an Wert verlieren. Unter diesen Umständen ist eine Bank möglicherweise nicht mehr zur Auszahlung von Einlagen in der Lage.

Ein besonderes Merkmal des Bankwesens besteht darin, dass das finanzielle Wohlergehen einer Bank vom Vertrauen ihrer Einleger in den Wert ihrer Aktiva abhängt. Wenn die Einleger zu der Überzeugung gelangen, dass die Aktiva an Wert verloren haben, besteht für jeden von ihnen ein Anreiz, sein Geld abzuziehen und auf eine andere Bank zu bringen. Eine Bank, die in großem Umfang Einlagen verliert, muss aber möglicherweise selbst dann den Betrieb einstellen, wenn ihre Bilanz im Grunde gesund ist. Der Grund liegt darin, dass viele Bankaktiva illiquide sind und nur unter erheblichen Verlusten kurzfristig veräußert werden könnten, um die Ansprüche der Einleger zu befriedigen. Wenn sich unter diesen eine Panikstimmung verbreitet, beschränkt sich der Zusammenbruch nicht auf die Banken, die sich tatsächlich eines Missmanagements ihrer Aktiva schuldig gemacht haben. Es liegt im Interesse jedes Einlegers, sein Geld von einer Bank abzuziehen, wenn alle anderen sich ebenso verhalten. Dies gilt auch dann, wenn die Finanzlage der Bank im Grunde stabil ist.

Bankenzusammenbrüche bedeuteten natürlich eine schwere finanzielle Schädigung der einzelnen Einleger, die ihr Geld verlieren. Doch über diese individuellen Verluste hinaus können sie auch die makroökonomische Stabilität der Volkswirtschaft erschüttern. Die Schwierigkeiten einer Bank können rasch auf andere Banken übergreifen, wenn diese unter den Verdacht geraten, der schlingernden Bank Kredite gewährt zu haben. Ein solcher allgemeiner Vertrauensverlust gegenüber den Banken unterhöhlt das Zahlungssystem, das die Volkswirtschaft in Gang hält. Die Fähigkeit des Bankensystems, Investitionen und Ausgaben für dauerhafte Konsumgüter zu finanzieren, nimmt infolge einer Serie von Bankenzusammenbrüchen ganz erheblichen Schaden, sodass die gesamtwirtschaftliche Nachfrage sinkt und ein Konjunkturabschwung einsetzt. Manches deutet darauf hin, dass der Zusammenbruch mehrerer US-Banken in Folge, der zu Beginn der 1930er Jahre einsetzte, zum Ausbruch und zur Vertiefung der Großen Depression beitrug.[3]

Wegen ihrer potenziell überaus schädlichen Folgen versuchen die Regierungen Bankenzusammenbrüche durch umfassende gesetzliche Regelungen für ihre einheimischen Bankensysteme zu verhindern. Gut geführte Banken treffen auch in Abwesenheit solcher Bestimmungen Vorkehrungen gegen einen Zusammenbruch. Da jedoch die Kosten eines Zusammenbruchs weit über die Besitzer der Bank hinausreichen, sehen sich manche Banken durch ihr Eigeninteresse veranlasst, ein größeres als das gesellschaftlich optimale Risiko einzugehen. Darüber hinaus können auch Banken, die vorsichtige Investitionsstrategien verfolgen, Bankrott gehen, wenn sie ins Gerede kommen. Ein großer Teil der vorbeugenden Gesetzgebung für das Bankwesen, die heute in Kraft ist, geht direkt auf die Erfahrungen der Großen Depression zurück.

In den USA besteht ein umfassendes „Sicherheitsnetz", mit dem das Risiko von Bankenzusammenbrüchen vermindert werden soll. Andere Industrieländer haben ähnliche Vorsichtsmaßnahmen getroffen. Die wichtigsten Sicherheitsvorkehrungen der USA sind folgende:

1. *Einlagenversicherung.* Die Federal Deposit Insurance Corporation (FDIC) versichert Einleger gegen Verluste in Höhe von bis zu $100.000. Die Banken müssen Beiträge an die FDIC abführen, um die Kosten dieser Versicherung zu decken. Die FDIC-Versicherung beugt einer Panik unter den Bankkunden vor, denn wenn kleine Einleger wissen, dass ihre Verluste vom Staat übernommen werden, dann besteht für sie kein Anreiz mehr, ihre Konten zu räumen, bloß weil andere sich so verhalten.[4] Seit 1989

---

[3]   Siehe dazu Ben S. Bernanke, „Nonmonetary Effects of the Financial Crisis in the Propagation of the Great Depression", in: *American Economic Review* 73, Juni 1983, S. 257 – 276.

[4]   Für Halter von Einlagen, deren Wert $ 100.000 übersteigt, besteht dieser Anreiz natürlich fort. Als sich im Mai 1984 das Gerücht verbreitete, die Continental Illinois National Bank habe in großer Zahl Kredite vergeben, die nicht zurückgezahlt werden könnten, wurden die großen, nicht versicherten Einlagen in rascher Folge abgezogen. Im Rahmen einer Rettungsaktion dehnte das FDIC seine Versicherungsgarantie auf sämtliche Einlagen bei der Continental Illinois, unabhängig von ihrer Größe, aus. Diese und spätere Episoden haben die Öffentlichkeit davon überzeugt, dass die FDIC den Zusammenbruch von Großbanken nicht zulasse und daher die Einleger bei den größten Banken in vollem Umfang schütze. Offiziell besteht jedoch die Beschränkung der Versicherung auf Einlagen bis zu der Obergrenze von $ 100.000 fort.

versichert das FDIC auch Einlagen bei den US-amerikanischen Spar- und Darlehenskassen, den Savings and Loan (S&L) Associations.

2. *Mindestreservevorschriften.* Mindestreservevorschriften spielen in der Geldpolitik eine entscheidende Rolle, denn durch sie beeinflusst die Zentralbank die Beziehung zwischen der monetären Basis und den Geldmengenaggregaten. Gleichzeitig zwingen Mindestreservevorschriften die Bank dazu, einen Teil ihrer Aktiva in liquider Form zu halten, sodass ein unvermittelter Abzug von Einlagen problemlos bewältigt werden kann.

3. *Eigenkapitalvorschriften und Anlagebeschränkungen.* Die Differenz zwischen Aktiva und Passiva einer Bank, ihr Eigenwert, wird auch als ihr *Eigenkapital* bezeichnet. Es besteht aus den Anteilen, welche die Aktionäre der Bank erworben haben, und da es gleich den Aktiva der Bank ist, die *keine* Einlagen darstellen, stellt es eine Absicherung der Bank gegen die Entwertung anderer Aktiva dar. In den USA sind Mindestniveaus für das Eigenkapital vorgeschrieben, um das Bankensystem zu stabilisieren. Andere Vorschriften untersagen Banken den Erwerb „übermäßig riskanter" Aktiva, wie beispielsweise Stammaktien, deren Preise in der Regel starken Schwankungen unterliegen. Darüber hinaus dürfen die Banken nur einen bestimmten Anteil ihrer Aktiva an einen einzelnen Privatkunden oder an eine ausländische Regierung verleihen.

4. *Bankenaufsicht.* Die Fed, das FDIC und eine weitere Aufsichtsbehörde, das Office of the Comptroller of the Currency, sind berechtigt, die Buchführung der Banken einzusehen, um die Einhaltung von Eigenkapitalvorschriften und anderen Bestimmungen zu überprüfen. Die Banken können verpflichtet werden, Aktiva zu verkaufen, die in den Augen der Aufsichtsbehörden ein zu großes Risiko bergen, oder ihre Bilanzen zu berichtigen, indem sie Kredite abschreiben, deren Rückzahlung nach Ansicht der Aufseher nicht gewährleistet ist.

5. *Gläubiger der letzten Instanz (Lender of Last Resort).* Die US-Banken können die Refinanzierungsstelle (Diskontfaziliäten) der Fed in Anspruch nehmen. Die Diskontierung ist eigentlich ein Instrument der Geldpolitik, kann von der Fed jedoch auch eingesetzt werden, um eine Bankenpanik zu verhindern. Aufgrund ihrer Geldschöpfungsbefugnis kann die Fed Banken, die mit einem massiven Einlagenverlust konfrontiert sind, so viel Kredit zur Verfügung stellen, wie sie brauchen, um die Ansprüche ihrer Einleger zu befriedigen. Diese Rolle der Fed bezeichnet man als **Gläubiger der letzten Instanz (Lender of Last Resort, LLR)** gegenüber den Banken. Das Wissen, dass die Fed als LLR zur Verfügung steht, erhöht das Vertrauen der Einleger in die Fähigkeit der Bank, eine Panik zu überstehen, sodass sie bei Finanzkrisen weniger zu panischen Reaktionen neigen. Die Verwaltung der LLR-Fazilitäten ist allerdings kompliziert. Wenn die Banken annehmen, dass die Zentralbank sie *unter allen Umständen* retten wird, dann gehen sie auch überhöhte Risiken ein. Die Zentralbank muss also den Zugang zu ihren Diensten als LLR von einem rechtlich einwandfreien Verhalten der Bank abhängig machen. Um beurteilen zu können, ob in Schwierigkeiten geratene Banken durch das Eingehen unverantwortlicher Risiken selbst ihre Lage selbst verschuldet haben, muss der LLR in die Bankenaufsicht einbezogen werden.

Zwischen den oben aufgeführten Sicherheitsvorkehrungen der Banken besteht eine gegenseitige Abhängigkeit. Nachlässigkeit auf einem dieser Gebiete kann zum Versagen anderer führen. Die Einlagenversicherung kann, für sich genommen, Banken beispielsweise zur Vergabe riskanter Kredite verleiten, weil die Einleger keinen Grund mehr haben, ihre Gelder von einer nachlässig geführten Bank abzuziehen. Die Krise der US-amerikanischen Spar- und Darlehenskassen (S&L), einer Art von Bausparkassen, ist dafür ein gutes Beispiel. Zu Beginn der 1980er Jahre wurden die zuvor strikten gesetzlichen Auflagen für die S&Ls abgeschafft. Vor dieser Deregulierung waren sie weitgehend auf die Vergabe von Hypotheken für Eigenheime beschränkt gewesen, danach durften sie weitaus riskantere Kredite vergeben, zum Beispiel auf gewerblich genutzte Immobilien. Zum Zeitpunkt der Deregulierung war die Bankenaufsicht auf die neue Lage nicht eingestellt und die Einleger hatten im Vertrauen auf die staatliche Versicherung keinen Grund, sich vor unvernünftigen finanziellen Unternehmungen der S&L-Vorstände in Acht zu nehmen. Das Ergebnis war eine Serie von S&L-Zusammenbrüchen, für deren versicherte Einlagen am Ende die Steuerzahler aufkommen mussten.

Das Sicherheitsnetz für die US-amerikanischen Geschäftsbanken funktionierte bis zum Ende der 1980er Jahre verhältnismäßig gut, doch infolge der Deregulierung, der Rezession von 1990 – 1991 und einem starken Wertverfall bei Geschäftsgebäuden mussten immer mehr Banken den Betrieb einstellen, und die Mittel der FDIC-Versicherung gingen zur Neige. Auch andere Länder, die ihr einheimisches Bankwesen in den 1980er Jahren deregulierten – Japan, die skandinavischen Länder, Großbritannien und die Schweiz – sahen sich zehn Jahre später erheblichen Problemen gegenüber. Viele haben daraufhin ihr System der Sicherheitsvorkehrungen für das Bankwesen reformiert.

21.3.2   Schwierigkeiten bei der Regulierung internationaler Bankgeschäfte

In einem internationalen Umfeld, in dem Banken ihre Geschäftstätigkeit zwischen verschiedenen rechtlichen Rahmenbestimmungen verschieben können, verlieren Regulierungen des Bankwesens, wie sie in den USA und anderen Ländern üblich sind, stark an Wirksamkeit. Die Gründe, weshalb ein internationales Bankensystem schwieriger zu regulieren ist als ein nationales, werden deutlich, wenn man sich vor Augen führt, wie die Effektivität der oben beschriebenen Sicherheitsvorkehrungen für die USA durch Off-Shore-Bankgeschäfte abgeschwächt wird.

1. Einlagenversicherungen gibt es im internationalen Bankwesen eigentlich nicht. Nationale Einlagenversicherungen können Einleger aus dem In- und Ausland schützen, doch sie verfügen mit Sicherheit über nicht genügend Mittel, um Einlagen der Größe abzudecken, wie sie in internationalen Bankgeschäften üblich sind. Insbesondere Interbankeneinlagen sind nicht abgesichert.

2. Das Fehlen von Mindestreservevorschriften war ein wichtiger Faktor für das Wachstum des Handels in Eurowährungen. Die Freistellung von dieser Auflage verschafft den Eurobanken zwar einen Wettbewerbsvorteil, zieht jedoch gesellschaftliche Kosten in Form einer verringerten Stabilität des Bankensystems nach sich. Kein Land kann dieses Problem auf eigene Faust lösen, indem es die Auslandsniederlassungen seiner eigenen Banken zur Haltung von Mindestreserven verpflichtet. Doch ein gemeinsa-

mes internationales Vorgehen wird durch die politischen und verfahrenstechnischen Schwierigkeiten verhindert, die mit der Verabschiedung eines weltweit einheitlichen Regulierungssystems verbunden sind. Außerdem haben einige Länder Angst, durch eine Straffung ihrer Vorschriften die Banken zu vertreiben.

3. und **4.** Die Erzwingung eines Mindestbestands an Eigenkapital und eines eingeschränkten Aktiva-Erwerbs gestaltet sich in einem internationalen Umfeld schwieriger als in einem nationalen. Nationale Einrichtungen der Bankenaufsicht überprüfen für gewöhnlich gründlich die Bilanzen einheimischer Banken und ihrer ausländischen Filialen. Weniger genau überwachen sie dagegen die ausländischen Tochtergesellschaften der einheimischen Banken, die weniger eng mit Letzteren verbunden sind, deren finanzielles Schicksal sich aber durchaus auf die Zahlungsfähigkeit ihrer Muttergesellschaften auswirken kann. Die Banken nutzen diese relative Laxheit oftmals aus, um riskante Geschäfte, die ihre einheimischen Aufsichtsbehörden argwöhnisch unter die Lupe nehmen würden, in Gebiete mit anderer Gerichtsbarkeit zu verlagern, wo weniger Fragen gestellt werden. Außerdem ist oft nicht klar, welche Aufsichtsbehörden für die Aktiva einer gegebenen Bank zuständig sind. Nehmen wir beispielsweise die Londoner Niederlassung einer italienischen Bank, die vorwiegend Eurodollargeschäfte durchführt. Fallen ihre Aktiva in den Zuständigkeitsbereich der britischen, der italienischen oder der amerikanischen Aufsichtsbehörden?

5. Es besteht Ungewissheit darüber, welche Zentralbank bei internationalen Bankgeschäften für LLR-Dienste zuständig ist bzw. ob überhaupt eine Zentralbank für diese Rolle in Frage kommt. Dieses Problem ist ähnlich gelagert wie die Verteilung der Zuständigkeiten für die Bankenaufsicht. Kehren wir unseren Beispiel der Londoner Niederlassung einer italienischen Bank zurück. Obliegt es der Fed, bei einem plötzlichen Abfluss ihrer Dollareinlagen einzuspringen? Sollte die Bank of England eingreifen? Oder liegt die Verantwortung in letzter Hinsicht bei der Banca d'Italia? Wenn Zentralbanken Hilfestellung in ihrer Funktion als LLR leisten, erhöhten sie ihre inländische Geldmenge und untergraben damit womöglich makroökonomische Ziele der eigenen Regierung. Auf internationaler Ebene müsste eine Zentralbank gegebenenfalls auch einer im Ausland ansässigen Bank, deren Verhalten sie nicht kontrollieren kann, Ressourcen zur Verfügung stellen. Daher stehen die Zentralbanken einer entsprechenden Erweiterung ihres Aufgabenbereichs als LLR skeptisch gegenüber. Der Zusammenbruch der italienischen Banco Ambrosiano, der im unten stehenden Textkasten beschrieben wird, ist ein Beispiel dafür, dass die internationale Tätigkeit der Banken Lücken in die Absicherung durch einen LLR reißen kann.

Beispiel 21.1: Der Zusammenbruch der Banco Ambrosiano

Der Zusammenbruch der wichtigsten Privatbank Italiens im Juni 1982 ist ein anschauliches Beispiel dafür, wie die enge grenzüberschreitende Verflechtung zwischen Finanzinstitutionen die Bankenaufsicht ausschalten und finanzielle Krisen auslösen kann. Der Bankrott der Banco Ambrosiano ist besonders anrüchig, weil der Präsident der Bank enge Verbindungen zu einem politischen Geheimbund und zum Vatikan unterhielt. Robert Calvi, der Präsident der Banco Ambrosiano, bildete das Zentrum eines ausgedehnten internationalen Finanznetzwerks, das sich über Europa, die Karibik und Südamerika erstreckte. Im Jahr 1981 wurde er des Verstoßes gegen Devisenhandelsbestimmungen Italiens für schuldig befunden. Zur selben Zeit geriet eine Mitgliederliste der politisch rechts stehenden, geheimen Freimaurerloge Propaganda-2 (bzw. P-2) in die Hände der Staatsanwaltschaft. Calvi und zahlreiche weitere einflussreiche Persönlichkeiten des öffentlichen Lebens in Italien, unter ihnen zwei Minister, gehörten der P-2 an. Die Regierung unter Premierminister Arnaldo Forlani musste zurücktreten und die Loge wurde verboten.

Als die Banco Ambrosiano von Seiten des Staates und der Presse nun genau unter die Lupe genommen wurde, stellte sich bald heraus, dass einige ihrer Kredite auf schwachen Füßen standen. Diese Enthüllung führte zu einem Run auf ihre Einlagen. Die italienische Zentralbank, die Banca d'Italia, gründete ein Konsortium der wichtigsten Banken Italiens, die einen großen Teil der Aktiva und Passiva der Banco Ambrosiano übernahmen und eine neue Bank gründeten, die Nuovo Banco Ambrosiano.

Die Banca d'Italia übte ihre Funktion als LLR aus, indem sie dafür sorgte, dass die Nuovo Banco Ambrosiano den Verpflichtungen ihrer Vorgängerin gegenüber den Einlegern im In- und Ausland nachkam. Die Zentralbank lehnte es allerdings ab, für die Verbindlichkeiten der ausländischen Töchter der Banco Ambrosiano aufzukommen. Die Banco Ambrosiano und ihre Töchter unterhielten dem Vernehmen nach umfangreiche finanzielle Beziehungen zum katholischen Institut für die Werke der Religion (besser bekannt unter der Bezeichnung Vatikanbank). Infolge der zahlreichen Ansprüche, die durch den Zusammenbruch der Banco Ambrosiano entstanden, gerieten auch die Finanzen des Vatikans ins Fadenkreuz der gerichtlichen Ermittlungen.

Calvi selbst erlebte die weit reichenden Folgen des Zusammenbruchs seiner Bank nicht mehr. Mitte Juni 1982 verschwand er aus Italien. Kurz darauf wurde er tot aufgefunden. Der „Bankier Gottes" hing von der Blackfriars Bridge in London, die Taschen voller Steine. Ob es Selbstmord oder Mord war, ist bis heute ungeklärt.*

*Über den Skandal um die Banco Ambrosiano und seinen Hintergrund sind zahlreiche Bücher erschienen. Empfehlenswert ist Rupert Cornwell, *God's Banker*, New York: Dodd, Mead & Company, 1984. Der Film „Der Pate, Teil III" basiert in seiner Handlung zum Teil auf der Banco-Ambrosiano-Affäre.

21.3.3 Internationale Zusammenarbeit der Aufsichtsbehörden

Die Internationalisierung des Bankwesens hat die nationalen Sicherheitsvorkehrungen gegen Bankenzusammenbrüche geschwächt, zugleich aber den Bedarf an einem effektiven Schutz erhöht. Off-Shore-Bankgeschäfte sind mit Interbankeneinlagen enormen Umfangs verbunden – rund 80 Prozent aller Eurowährungs-Einlagen befinden sich beispielsweise im Besitz von Privatbanken. Ein hohes Niveau an Interbankeneinlagen bringt es mit sich, dass Probleme, die eine Bank befallen, rasch auf andere Banken, die als ihre Geschäftspartner gelten, übergreifen können. Aufgrund dieses Ausbreitungseffekt ist es vorstellbar, dass eine örtlich begrenzte Störung in eine weltweite Bankenpanik mündet.

Dieses Albtraum-Szenario verfolgt die Verantwortlichen in den Zentralbanken und anderen Regierungsstellen, seitdem in den 1960er Jahren das rasche Wachstum der Off-Shore-Bankgeschäfte einsetzte. Doch erst 1974 wurden energische Maßnahmen ergriffen. In diesem Jahr brach eine Reihe von Banken aufgrund von Devisenverlusten zusammen, unter ihnen die Franklin National Bank in den USA und das deutsche Bankhaus I. D. Herstatt. Diese Bankrotte erschütterten die internationalen Finanzmärkte und die internationale Kreditvergabe ging stark zurück.

Als Reaktion auf die Bankenkrisen von 1974 gründeten die Präsidenten der Zentralbanken von 11 Industrieländern den **Baseler Ausschuss für Bankenaufsicht und -regulierung**, dessen Auftrag darin bestand, „eine bessere Koordination der von nationalen Behörden durchgeführten Aufsicht über das internationale Bankensystem zu gewährleisten". (Der Name der Stadt Basel wurde gewählt, weil dort die Bank für Internationalen Zahlungsausgleich als Treffpunkt der Zentralbanker ihren Sitz hat.) Der Baseler Ausschuss ist bis heute das wichtigste Forum für die Zusammenarbeit der Bankenaufsichtsbehörden verschiedener Länder.

Im Jahr 1975 einigte sich der Baseler Ausschuss auf ein so genanntes Konkordat, das die Verantwortlichkeiten für die Überwachung multinationaler Banken zwischen dem Land ihres Hauptsitzes und dem Land ihrer Niederlassungen aufteilte. (Im Jahr 1983 kam eine reformierte Fassung des Konkordats heraus.) Darüber hinaus sieht das Konkordat vor, dass die Aufsichtsbehörden dieser Länder Informationen austauschen und „auf dem Gebiet der Niederlassung Inspektionen durch die Behörden oder im Auftrag der Behörden des Hauptsitzes zulassen".[5] In seiner weiteren Arbeit deckte der Baseler Ausschuss Lücken in der Überwachung multinationaler Banken auf und brachte diese den nationalen Behörden zur Kenntnis. Unter anderem empfahl der Ausschuss, dass die Aufsichtsbehörden nicht nur die Filialen (branches), sondern auch die Töchter (subsidiaries) der Banken überwachen sollten. Ein großer Teil seiner Arbeit war darauf gerichtet, bessere Daten über die Bilanzen der multinationalen Banken zu erlangen, eine Voraussetzung für eine effektivere Aufsicht.

---

[5] Mit diesen Worten fasste W. P. Cooke von der Bank of England, der damalige Vorsitzende des Baseler Ausschusses, das Konkordat zusammen, in: „Developments in Co-operation Among Banking Supervisory Authorities", in: *Bank of England Quarterly Bulletin* 21, Juni 1981, S. 238 – 244.

Ein großer Schritt zur Vereinheitlichung der Aufsichtstätigkeit erfolgte im Januar 1988, als sich der Baseler Ausschuss auf gemeinsame Vorschriften über eine hinreichende Ausstattung der Banken mit Eigenkapital einigte. Demnach brauchen international tätige Banken ein Eigenkapital in Höhe von mindestens 8 Prozent der Summe ihrer risikogewichteten Aktiva und bilanzunwirksamen Verpflichtungen. Es hat sich als schwierig erwiesen, die Baseler Mindestkapitalvereinbarung in den verschiedenen Ländern auf einheitliche Weise durchzusetzen. Die nationalen Aufsichtsbehörden neigen zu einer großzügigen Auslegung der Standards zugunsten einheimischer Banken, sodass die Vorschriften verwässert werden. Die japanischen Aufsichtsbehörden gestatten einheimischen Banken beispielsweise, eigene Aktienanteile zum Kaufpreis anstatt zum niedrigeren Marktpreis zu bewerten. Andernfalls wären die japanischen Banken gezwungen gewesen, ihr Kreditvolumen zu senken. Der Baseler Ausschuss hat an diesen Problemen gearbeitet und 2003 eine neue Mindestkapitalvereinbarung verabschiedet.

Ein grundlegender Umbruch in den internationalen Finanzbeziehungen war während der 1990er Jahre die rasch wachsende Bedeutung der neuen **aufstrebenden Märkte** als Ursprung und Bestimmungsort internationaler privater Kapitalströme. Als aufstrebende Märkte bezeichnet man die Kapitalmärkte ärmerer Entwicklungsländer, die ihre Finanzsysteme liberalisiert haben, um den privaten Außenhandel mit Vermögenswerten zuzulassen. Brasilien, Mexiko, Indonesien und Thailand gehören zu denjenigen Ländern, die Anfang und Mitte der 1990er Jahre einen großen Zustrom privaten Kapitals aus den Industrieländern verzeichneten.

Die Finanzinstitutionen der aufstrebenden Märkte erwiesen sich gegenüber denjenigen der Industrieländer allerdings als schwach. Ihre Anfälligkeit war ein Grund für die schwere Krise der Finanzmärkte, die sich 1997 – 1999 entwickelte (Kapitel 22). Die Entwicklungsländer, die ohnehin mit zahlreichen Problemen belastet sind, verfügen im Allgemeinen über wenig Erfahrung auf dem Gebiet der Bankenaufsicht und haben daher weniger strenge Rücklagen- und Bilanzierungsvorschriften als die entwickelten Länder. Daher neigten sie eher dazu, den einheimischen Banken implizit zu garantieren, im Notfall ihre finanzielle Rettung zu übernehmen.

Vor diesem Hintergrund wird es heute als äußerst dringlich angesehen, die weltweit akzeptierten Aufsichtsstandards auf die aufstrebenden Marktwirtschaften zu übertragen. Im September 1997 verabschiedete der Baseler Ausschuss *Grundsätze für eine wirksame Bankenaufsicht*, die gemeinsam mit Vertretern zahlreicher Entwicklungsländer erarbeitet worden waren. Die 25 Grundsätze, die dieses Dokument benannte, legen die notwendigen Mindestanforderung für eine effektive Überwachung der Banken fest: Zulassung, Überwachungsmethoden, Meldepflichten für Banken und für grenzüberschreitende Bankgeschäfte. Der Baseler Ausschuss und der IWF kontrollieren die Umsetzung dieser Standards auf der ganzen Welt.

Die Arbeit des Baseler Ausschusses hat die Überwachung multinationaler Banken verbessert, jedoch wenig dazu beigetragen, die Aufteilung der LLR-Verantwortlichkeiten auf die verschiedenen Länder zu klären. Nach den Bankenzusammenbrüchen von 1974 erwogen die Zentralbanker die Schaffung internationaler LLR-Fazilitäten, gaben jedoch kein abschließendes Ergebnis bekannt. Man munkelt, dass es eine entsprechende Vereinbarung gebe, die jedoch von den Präsidenten der Zentralbanken geheim gehalten werde, um dem

Eindruck vorzubeugen, dass Banken, die infolge unvernünftiger Risiken in Schwierigkeiten geraten, automatisch gerettet würden.

Die internationalen Aktivitäten der bankfremden Finanzdienstleister stellen ein weiteres potenzielles Minenfeld dar. Auf dem Gebiet der Bankenaufsicht hat die internationale Zusammenarbeit seit den frühen 1970er Jahren große Fortschritte gemacht, und nun wenden sich die Aufsichtsinstitutionen den Problemen zu, die durch die bankfremden Finanzdienstleister entstehen. Sie erfüllen damit eine wichtige Aufgabe. Der Zusammenbruch eines größeren Wertpapierhauses könnte beispielsweise, ebenso wie der Bankrott einer Bank, nationale Zahlungs- und Kreditsysteme schwer in Mitleidenschaft ziehen. Die zunehmende **Verbriefung** (die Neuverpackung von Bankaktiva in marktgängige Formen) sowie der Handel mit Optionen und anderen „Wertpapierderivaten" erschwert es den Aufsichtsbehörden, sich allein anhand der Bilanzen der Banken ein genaues Bild über die globalen Finanzströme zu machen. Es ist daher dringend erforderlich, dass sie Daten über die internationalen Aktivitäten von bankfremden Dienstleistern erheben und sammeln. Mit dem Beinahe-Zusammenbruch des globalen Investmentfonds Long Term Capital Management im September 1998 wurde der Albtraum wahr, der die Verantwortlichen der internationalen Bankenaufsicht bisweilen um den Schlaf bringt (siehe die unten stehende Fallstudie).

Beispiel 21.2: Der Tag, an dem der Weltuntergang nahe war

Long Term Capital Management (LTCM), 1994 gegründet, war ein bekannter und erfolgreicher Investmentfonds, der zwei Gewinner des Nobelpreises für Ökonomie zu seinen Teilhabern zählte. Die Leser der Finanzpresse waren daher geschockt, als sie am 23. September 1998 erfahren mussten, dass LTCM am Rande des Zusammenbruchs stehe und von einem Konsortium großer Finanzinstitutionen übernommen worden sei. Die Gründe für die Schwierigkeiten des Investmentfonds und die Befürchtungen, welche die Federal Reserve Bank von New York bewogen, seine Übernahme durch das Konsortium zu leiten, zeigen beispielhaft, auf welche Weise bankfremde Finanzdienstleister, die nur geringen Kontrollen unterliegen, durch ihre Aktivitäten das gesamte internationale Finanzsystem schwächen und sogar für einen Zusammenbruch anfällig machen können.

Long Term Capital Management spezialisierte sich auf Geschäfte mit ähnlichen Wertpapieren, deren Erträge aufgrund ihrer unterschiedlichen Liquidität oder Risikobeschaffenheit geringfügig voneinander abwichen. Ein typisches Geschäft sah so aus, dass LTCM einen Kredit erhielt gegen die Zusage, ihn mit neu aufgelegten Schatzanleihen der USA, deren Laufzeit 30 Jahre betrug, zurückzuzahlen. Anschließend investierte der Fonds das auf diesem Wege erhaltene Geld in *bereits früher* aufgelegte Schatzanleihen mit 30-jähriger Laufzeit, deren Markt kleiner ist als derjenige für neue Schatzanleihen, die sich also schwerer verkaufen lassen (weniger liquide sind) und daher einen etwas höheren Ertrag abwerfen. Long Term Capital Management schloss solche Geschäfte immer dann ab, wenn die liquiditätsbedingte Ertragsdifferenz zwischen den alten und den neuen Anleihen besonders groß war. Da sie aber selbst dann nur einen Bruchteil eines Prozents ausmacht, mussten diese Geschäfte einen außerordentlich großen Umfang haben, um einen nennenswerten Gewinn abzuwerfen. Woher nahm LTCM das dafür notwendige Geld?

Da LTCM im Ruf eines raffinierten Finanzjongleurs stand und auf eine ungewöhnliche Erfolgsgeschichte zurückblickte, erhielt der Fonds Zugang zu vielen großen Kreditgebern, die bereit waren, ihm für seine Geschäfte riesige Summen zur Verfügung zu stellen. Angesichts dieser Mittel und im Interesse der Diversifizierung schloss LTCM länder- und währungsübergreifende Geschäfte ab. Das Unternehmen häufte ein riesiges globales Portfolio von Forderungen und Verbindlichkeiten an, deren Differenz das von seinen Teilhabern und Kunden investierte Kapital ausmachte. Anfang 1998 verfügte LTCM über ein Kapital von $4,8 Milliarden; doch die finanziellen Verträge, an denen es beteiligt war, hatten einen Umfang von insgesamt nahezu $1,3 Billionen, d.h. von ungefähr 15 Prozent des jährlichen BNE der USA! (Solche Größenordnungen sind für große Finanzinstitutionen nicht ungewöhnlich.) Die riesigen Positionen von LTCM warfen zwar hohe Gewinne ab, wenn sich die Märkte günstig entwickelten, bargen jedoch auch die Möglichkeit ebenso gigantischer Verluste, sollte ein bestimmter Anteil der Wertpapiere von LTCM im Wert sinken, während der Wert der Wertpapiere, zu deren Rückzahlung er sich verpflichtet hatte, gleichzeitig stieg. Eine Analyse der bisherigen Geschäfte von LTCM ließ allerdings darauf schließen, dass eine solche Entwicklung äußerst unwahrscheinlich war.

Doch im August und September 1998 trat das äußerst Unwahrscheinliche ein. Die im August erklärte Zahlungsunfähigkeit Russlands (die in Kapitel 22 besprochen wird) löste, wie der Internationale Währungsfonds es formulierte, „eine Periode von Wirren auf den Märkten der Industrienationen aus, wie man sie in Abwesenheit eines größeren inflationären oder konjunkturellen Schocks praktisch noch nie erlebt hat".[6] Der Wert der Forderungen von LTCM nahm stark ab und der Wert seiner Verbindlichkeiten stieg, da verängstigte Finanzmarktteilnehmer rund um die Welt die Flucht in Sicherheit und Liquidität antraten. Da LTCM nunmehr als höchst riskanter Fonds galt, trockneten seine Finanzierungsquellen aus und er musste sein eigenes Kapital aufwenden, um Kredite zurückzuzahlen und seinen Gläubiger zusätzliche Sicherheiten zu bieten.

Als das Kapital des LTCM auf „klägliche" $600 Millionen zusammengeschrumpft war, organisierte die Federal Reserve Bank von New York eine Rettungsaktion. Vierzehn große amerikanische und europäische Finanzinstitutionen, die meisten von ihnen Gläubiger von LTCM, stellten dem Unternehmen zusätzliches Kapital im Umfang von $3,6 Milliarden zur Verfügung. Als Gegenleistung beanspruchten sie 90 Prozent der Gewinne *und* die Kontrolle über sämtliche wichtigen Entscheidungen des Fonds. Die meisten Institutionen, die sich an diesem Konsortium beteiligten, hätten im Falle eines Zusammenbruchs von LTCM, der bei Ausbleiben einer koordinierten Rettungsaktion unausweichlich gewesen wäre, große unmittelbare Verluste zu ver-

---

[6] Siehe *World Economic Outlook and International Capital Markets: Interim Assessment.* Washington, D. C.: International Monetary Fund, Dezember 1998, S. 36.

zeichnen gehabt. Doch selbst die Nachricht, dass LTCM der Katastrophe knapp entgangen sei, genügte, um die Märkte in noch größere Aufruhr zu versetzen. Erst viel später kehrte wieder so etwas wie Ruhe auf den Weltvermögensmärkten ein.

Weshalb engagierte sich die New Yorker Fed für eine Rettung von LTCM, anstatt den schlingernden Fonds einfach dem Untergang anheim zu geben? Die Fed fürchtete, dass ein Zusammenbruch von LTCM eine weltweite Panik auf den Finanzmärkten auslösen und zu einer Serie von Bankenzusammenbrüchen auf der ganzen Welt führen könnte – und dies ausgerechnet zu einem Zeitpunkt, in dem sich Asien und Lateinamerika auf einer rasanten konjunkturellen Talfahrt befanden. Die Finanzpanik im Falle eines Zusammenbruchs von LTCM hätte sich auf mehreren Wegen ausbreiten können. Eine Möglichkeit war ein Sturm der Einleger auf die Banken, die Kredite an LTCM vergeben hatten. Eine rasche Auflösung relativ illiquider Anlagen seitens LTCM (um die Ansprüche seiner Gläubiger zu befriedigen) hätte deren Preise stark nach unten gedrückt, die globalen Zinssätze nach oben getrieben und die Zahlungsfähigkeit vieler weiterer Finanzinstitutionen, deren Portfolios ähnlich strukturiert waren wie jene von LTCM, in Frage gestellt. Die von der Fed verfolgte Strategie gab der LTCM Zeit, ihre Positionen allmählich aufzulösen, ohne eine Verkaufspanik auszulösen.

War die Rettungsaktion der Fed notwendig oder angebracht? Ihre Kritiker behaupten, dass internationale Investoren überhöhte Risiken eingehen, wenn sie davon ausgehen, dass der Staat sie in jedem Fall vor den Folgen ihrer eigenen Unvorsichtigkeit bewahren wird. Ein solches durch Absicherung bedingtes unvorsichtiges Verhalten bezeichnet man als **moralisches Wagnis**. (Die nationale Bankenaufsicht dient dazu, das moralische Wagnis zu verringern, das durch die Einlagenversicherung und die Verfügbarkeit eines Gläubigers der letzten Instanz bedingt wird und die Banken andernfalls zur übermäßigen Vergabe von Risikokrediten verleiten würde.)

Die Fed hielt ihren Kritikern entgegen, dass sie LTCM nicht in ihrer Funktion als LLR zu Hilfe geeilt sei. Dem angeschlagenen Fonds wurden keine öffentlichen Gelder zur Verfügung gestellt. Stattdessen wurden die wichtigsten Gläubiger herangezogen, indem sie aufgefordert wurden, einen größeren Teil ihres Geldes zu riskieren, um LTCM über Wasser zu halten. Die zusätzlichen Risiken, die sie übernehmen mussten, stellten – ebenso wie die Kosten der Teilhaber von LTCM, die ihr Vermögen und ihre Kontrolle über den Fonds verloren hatten – eine hinreichende Abschreckung vor moralischen Wagnissen dar. Dennoch wurde nach diesem Vorfall vielfach der Ruf nach einer behördlichen Aufsicht über große globale Fonds wie LTCM laut.

Die Auseinandersetzung über diese Frage dauert an, was nicht überrascht, da die Abwägung zwischen finanzieller Stabilität und moralischem Wagnis ein ständiger, unausweichlicher Balanceakt ist. Jede Maßnahme einer Regierung, mit der das den Finanzmärkten innewohnende Risiko vermindert werden soll, reduziert auch die Risiken in der Wahrnehmung der privaten Marktteilnehmer und fördert damit übertriebene Finanzspekulationen. Im Falle von LTCM hielt die Fed das Risiko einer Kernschmelze der Weltfinanzmärkte eindeutig für nicht hinnehmbar.

21.4   Wie gut funktioniert der internationale Kapitalmarkt?

Die Risiken finanzieller Instabilität, die der gegenwärtigen Struktur des internationalen Kapitalmarkts innewohnen, können nur durch eine enge Zusammenarbeit der Bankaufsichtsbehörden vieler Länder gesenkt werden. Doch dasselbe Gewinnstreben, das die multinationalen Finanzdienstleister veranlasst, nationale Vorschriften zu umgehen, kann auch den Verbrauchern ansehnliche Vorteile bescheren. Wie wir sahen, ermöglicht der internationale Kapitalmarkt den Einwohnern verschiedener Länder die Diversifizierung ihrer Portfolios durch den Handel mit Risikoaktiva. Indem der Markt darüber hinaus einen raschen internationalen Informationsfluss hinsichtlich weltweiter Anlagemöglichkeiten gewährleistet, kann er dazu beitragen, die Ersparnisse der Welt ihren produktivsten Verwendungen zuzuführen. Wie gut hat der internationale Kapitalmarkt diese Funktionen bisher erfüllt?

21.4.1   Das Ausmaß der internationalen Portfolio-Diversifizierung

Da es oft unmöglich ist, genaue Daten über die gesamten Portfolio-Positionen der Einwohner eines Landes zu erheben, entzieht sich das Ausmaß der internationalen Portfolio-Diversifizierung der direkten Beobachtung. Anhand einiger Daten aus den USA gewinnt man allerdings ein grobes Bild der Veränderungen, die sich auf diesem Gebiet in den letzten Jahren vollzogen haben.

In den 1970er Jahren entsprach der Wert der ausländischen Vermögenswerte, die sich im Besitz von Einwohnern der USA befanden, 6,2 Prozent des Kapitalstocks der USA. Die ausländischen Forderungen an die USA beliefen sich auf 4,0 Prozent ihres Kapitalstocks (einschließlich Wohneigentum). Im Jahr 1999 machten die in amerikanischem Besitz befindlichen Vermögenswerte im Ausland rund 30 Prozent des US-Kapitals aus, die in ausländischem Besitz befindlichen Vermögenswerte in den USA etwa 36 Prozent.

Diese Anteile erscheinen zu klein; bei einer umfassenden internationalen Portfolio-Diversifizierung sollte man erwarten, dass sie eher der Größe der US-amerikanischen Volkswirtschaft im Verhältnis zur übrigen Welt entsprechen. In einer vollständig diversifizierten Weltwirtschaft müssten sich etwa 80 Prozent des Kapitalstocks der USA in den Händen von Ausländern befinden, während sich der Wert der Forderungen von Einwohnern der USA gegenüber dem Ausland ebenfalls auf etwa 80 Prozent des US-amerikanischen Kapitalstocks belaufen müsste. Eine einflussreiche Studie des französischen Finanzökonomen Bruno Solnik schätzt beispielsweise, dass ein US-amerikanischer Anleger, der nur amerikanische Aktien hält, das Risiko seines Portfolios durch eine weitere Diversifizierung in Aktien europäischer Länder mehr als halbieren könnte.[7]

---

[7]   Siehe Solnik, „Why Not Diversify Internationally Rather Than Domestically?", in: *Financial Analysts Journal*, Juli – August 1974, S. 48 – 54.

Die verfügbaren Daten zeigen allerdings, dass die Diversifizierung im Zuge des Wachstums, das der internationale Kapitalmarkt seit 1970 erfahren hat, in bedeutendem Maße zunahm. Darüber hinaus sind die Vermögenswerte, die im Ausland gehalten werden, absolut gesehen sehr umfangreich. Zum Ende des Jahres 1999 beliefen sich die US-amerikanischen Forderungen gegenüber dem Ausland beispielsweise auf $7,21 Billionen bzw. 76 Prozent des US-amerikanischen BNE in diesem Jahr, während die Forderungen des Auslands gegenüber den USA $8,61 Billionen bzw. etwa 93 Prozent des BNE der USA betrugen. Die Kommunikationsverbindungen zwischen den Börsenplätzen rund um die Welt werden immer enger, und die Unternehmen zeigen eine zunehmende Bereitschaft, ihre Aktien an ausländischen Börsen anzubieten. Japan leitete (wie oben erwähnt) Ende der 1970er Jahre eine allmähliche, aber stetige Öffnung seiner Finanzmärkte in die Wege. Großbritannien hob 1979 gesetzliche Bestimmungen auf, die seine Bürger von den internationalen Vermögensmärkten ausgeschlossen hatten; und die Europäische Union leitete Ende der 1980er Jahre ein umfassendes Programm in die Wege, mit dem seine Finanzmärkte besser in den internationalen Kapitalmarkt integriert werden sollen.

Das augenscheinlich geringe Maß der internationalen Portfolio-Diversifizierung, das bislang erreicht wurde, spricht nicht gegen den Weltkapitalmarkt. Der Markt hat seit den frühen 1970er Jahren trotz verbliebener Beschränkungen internationaler Kapitalbewegungen zweifellos das seine zu einer zunehmenden Diversifizierung beigetragen. Außerdem lässt sich das gesellschaftlich optimale Maß der Diversifizierung schwerlich genau bestimmen; die Gewinne aus dem internationalen Handel mit Vermögenswerten können insbesondere durch die Existenz nichthandelbarer Produkte deutlich geschmälert werden. Sicher scheint jedoch, dass der Handel mit Vermögenswerten weiter wachsen wird, solange die Beschränkungen des internationalen Kapitalverkehrs weiter abgebaut werden.

21.4.2 Der Umfang des intertemporalen Handels

Einen anderen Ansatz zur Bewertung der Effizienz des Weltkapitalmarkts entwickelten die Ökonomen Martin Feldstein und Charles Horioka. Nach Feldstein und Horioka ermöglicht ein reibungslos funktionierender internationaler Kapitalmarkt ein erhebliches Auseinanderklaffen von nationaler Investitions- und Sparquote. In dieser idealisierten Welt werden die Ersparnisse weltweit ihren produktivsten Verwendungen zugeführt, unabhängig von deren Ort. Zugleich werden die inländischen Investitionen nicht auf die nationale Ersparnis beschränkt, weil ihnen ein globaler Finanzpool zur Verfügung steht.

In vielen Ländern sind allerdings seit dem Zweiten Weltkrieg keine großen Abweichungen zwischen den nationalen Investitions- und Sparquoten aufgetreten. Länder, die über lange Perioden hinweg hohe Sparquoten aufwiesen, hatten auch hohe Investitionsquoten, wie in Abbildung 21.3 ausgewiesen. Feldstein und Horioka schlossen von diesen Daten auf eine geringe grenzüberschreitende Kapitalmobilität in dem Sinne, dass jede Steigerung der nationalen Ersparnis zu einer vermehrten Kapitalakkumulation im Inland führt. Der Weltkapitalmarkt trägt dieser Sichtweise zufolge wenig zur Realisierung langfristiger Gewinne aus dem intertemporalen Außenhandel bei.[8]

---

[8] Siehe Martin Feldstein und Charles Horioka, „Domestic Savings and International Capital Flows", in: *Economic Journal* 90, S. 314 – 329.

Der Hauptmangel der Argumentation von Feldstein und Horioka besteht darin, dass man überhaupt nicht beurteilen kann, ob der intertemporale Handel zu gering ist, wenn man nicht weiß, ob tatsächlich Außenhandelsgewinne ungenutzt bleiben, und dieses Wissen erfordert mehr Informationen über die reale Beschaffenheit der Volkswirtschaften, als uns normalerweise zur Verfügung stehen. Ersparnis und Investitionen eines Landes können sich beispielsweise einfach deshalb parallel entwickeln, weil diejenigen Faktoren, die eine hohe Sparquote bedingen (beispielsweise ein rasches Wirtschaftswachstum), auch zu einer hohen Investitionsquote führen. In solchen Fällen ist es möglich, dass die Gewinne aus intertemporalem Außenhandel wenig ins Gewicht fallen. Eine andere Erklärung für eine starke Korrelation von Ersparnis und Investitionen liegt im Einsatz makroökonomischer Maßnahmen zur Vermeidung hoher Leistungsbilanzungleichgewichte. Wie dem auch sei, die Auseinandersetzung über diese These erscheint vor dem Hintergrund der jüngsten Entwicklungen überholt. Im Falle der industrialisierten Länder ergab sich für die jüngere Zeit eine Abschwächung des von Feldstein und Horioka empirisch festgestellten Zusammenhangs, da die USA, Deutschland und Japan nach historischen Maßstäben hohe außenwirtschaftliche Ungleichgewichte aufweisen.

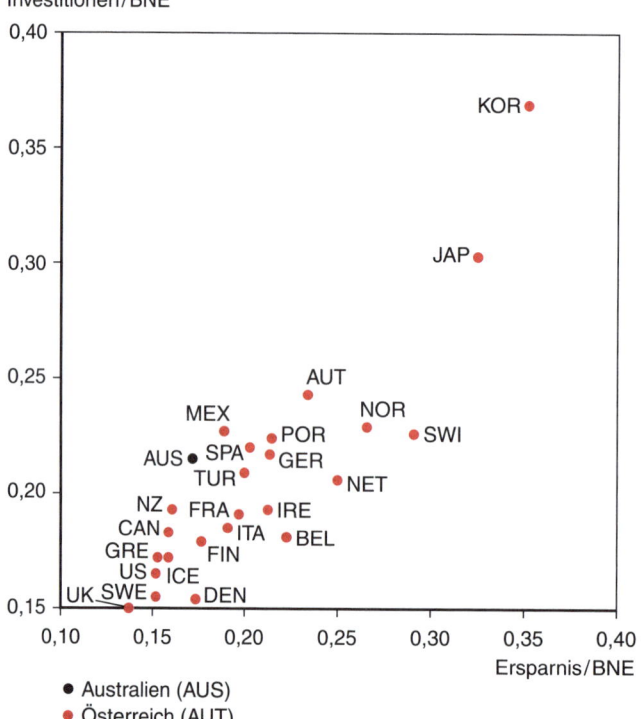

In der Regel besteht eine positive Korrelation zwischen den Spar- und Investitionsquoten (Verhältnis der Ersparnis bzw. der Investitionen zum BNE) der OECD-Länder. **Quelle:** OECD, *National Income Accounts*

Abbildung 21.3: Die Spar- und Investitionsquoten von 25 Ländern, Durchschnittswerte der Jahre 1990 – 1997

21.4.3 Zinsdifferenzen zwischen On-Shore- und Off-Shore-Märkten

Ein ganz anderer Maßstab für die Funktion des internationalen Kapitalmarkts ist die Beziehung zwischen On-Shore- und Off-Shore-Zinssätzen auf ähnliche Vermögenswerte, die in der gleichen Währung denominiert sind. Wenn der Weltkapitalmarkt in effizienter Weise Informationen über globale Investitionsmöglichkeiten vermittelt, dann müssten sich diese Zinssätze in enger Abhängigkeit voneinander entwickeln und stets nahe beieinander liegen. Große Zinsdifferenzen wären ein starker Beweis für nicht realisierte Außenhandelsgewinne.

Abbildung 21.4 enthält Angaben über die Zinssatzdifferenzen, die seit 1982 zwischen zwei vergleichbaren Dollarpassiva von Banken bestanden haben, nämlich Dollareinlagen mit dreimonatiger Laufzeit in Europa und in den USA. Aus diesen Daten ergibt sich kein Hinweis auf irgendwelche ungenutzten Gewinnmöglichkeiten.

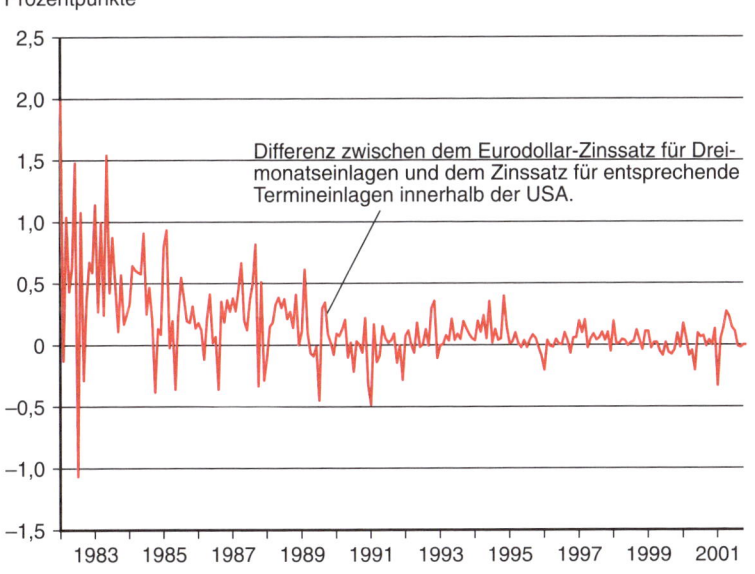

Prozentpunkte

Differenz zwischen dem Eurodollar-Zinssatz für Dreimonatseinlagen und dem Zinssatz für entsprechende Termineinlagen innerhalb der USA.

Mit zunehmender internationaler Kapitalmobilität tendierte die Zinsdifferenz zwischen Dollareinlagen innerhalb und außerhalb der USA gegen Null. **Quelle:** Datastream und International Financial Statistics, Monatsberichte

Abbildung 21.4: Vergleich zwischen den Zinssätzen für Dollareinlagen innerhalb und außerhalb der USA

Studien über Deutschland und die Niederlande, deren Kapitalmärkte seit langem offen sind, ergaben ebenfalls eine annähernde Gleichheit der On-Shore- und Off-Shore-Zinssätze. Dasselbe gilt für Japan, seit dieses im Dezember 1980 in seiner abgestuften Kapitalmarktliberalisierung einen großen Schritt nach vorn getan hat. Frankreich und Italien hielten bis in die späten 1980er Jahre hin Kapitalverkehrskontrollen aufrecht, doch ihre

On-Shore- und Off-Shore-Zinssätze, die sich schon zuvor parallel entwickelt hatten, konvergierten rasch, nachdem auch diese Länder mit dem Abbau der Beschränkungen begonnen hatten.[9]

21.4.4 Die Effizienz des Devisenmarkts

Der Devisenmarkt ist ein zentraler Bestandteil des internationalen Kapitalmarkts, und die durch ihn bestimmten Wechselkurse sind unter anderem ausschlaggebend für den Gewinn, den internationale Transaktionen jeder Art abwerfen. Die Wechselkurse übermitteln Privathaushalten und Unternehmen, die Außenhandel und internationale Investitionen betreiben, daher wichtige ökonomische Signale. Wenn diese Signale nicht sämtliche verfügbaren Informationen über Marktchancen widerspiegeln, kommt es zur Fehlallokation von Ressourcen. Studien über die Verwertung verfügbarer Informationen durch den Devisenmarkt spielen daher eine wichtige Rolle für die Beurteilung, ob der internationale Kapitalmarkt den Märkten die richtigen Signale vermittelt.

Studien auf der Grundlage der Zinsparität. Die Zinsparität, die unseren Ausführungen über die Wechselkursbestimmung in Kapitel 13 zugrunde lag, wurde auch in Untersuchungen angewendet, die sich mit der Frage befassen, ob in die marktbestimmten Wechselkurse alle verfügbaren Informationen eingehen. Wie Sie wissen, ist die Zinsparität erfüllt, wenn die Zinsdifferenz zwischen in verschiedenen Währungen bewerteten Einlagen prozentual der vom Markt erwarteten Wechselkursänderung zwischen diesen Währungen entspricht. Zum Zweck einer formalen Darstellung sei R_t der Zinssatz für Einlagen in Inlandswährung zum Zeitpunkt t, R_t^* der Zinssatz für Einlagen in Auslandswährung, E_t der Wechselkurs (in Preisnotierung) und E_{t+1}^e der von den Marktteilnehmern für den Fälligkeitstermin dieser Einlagen erwartete Wechselkurs. In diesem Fall ist die Zinsparität erfüllt, wenn gilt:

$$R_t - R_t^* = (E_{t+1}^e - E_t)/E_t \qquad \textbf{(21.1)}$$

Mit Hilfe von Gleichung (21.1) lässt sich leicht überprüfen, ob der Devisenmarkt anhand der verfügbaren Informationen eine gute Prognose der Wechselkurse erstellt. Da die Zinsdifferenz $R_t - R_t^*$ die Prognose des Marktes darstellt, vergleichen wir diese *prognostizierte*

---

[9]   Zu den europäischen Ländern siehe Francesco Giavazzi und Marco Pagano, „Capital Controls and the European Monetary System", in: *Capital Controls and Foreign Exchange Legislation*, Occasional Paper 1, Mailand: Europmobiliare, Juni 1985, S. 19 – 38. Den Fall Japans untersucht Takatoshi Ito, „Capital Controls and Covered Interest Parity", in: *Economic Studies Quarterly* 37, September 1986, S. 223 – 241. Eine detaillierte Studie der USA finden Sie bei Lawrence L. Kreicher, „Eurodollar Arbitrage", in: *Federal Reserve Bank of New York Quarterly Review* 7, 1982, S. 10 – 21. Eine Studie über Deutschland für die Zeit von 1970 bis 1974, in der noch Kapitalverkehrskontrollen in Kraft waren, ergab große Differenzen zwischen On-Shore- und Off-Shore-Zinssätzen für die DM. Siehe Michael P. Dooley und Peter Isard, „Capital Controls, Political Risk, and Deviations from Interest-Rate Parity", in: *Journal of Political Economy* 88, April 1980, S. 370 – 384. Der in den Literaturhinweisen aufgeführte Aufsatz von Obstfeld gibt einen Überblick über dieses Thema.

mit der später tatsächlich erfolgenden Wechselkursänderung, um die Voraussicht des Marktes zu beurteilen.[10]

Statistische Untersuchungen über die Beziehung zwischen Zinsdifferenzen und späteren Abwertungsraten haben ergeben, dass Zinsdifferenzen kaum Rückschlüsse auf spätere Wechselkursänderungen zulassen, da sie größere Kursausschläge in keinem Fall vorweggenommen hatten. Überdies erlaubte die Zinsdifferenz in der Regel keine zutreffenden Prognosen über die *Richtung*, in die sich der Wechselkurs auf dem Kassamarkt ändern würde. Wenn die Zinsdifferenz zwar ungenaue, aber in die richtige Richtung gehende Prognosen ermöglichen würde, dann könnte man argumentieren, dass der Markt den Wechselkurs gemäß der Zinsparität so gut bestimme, wie dies in einer sich rasch wandelnden Welt, die jede Prognose erschwert, eben möglich sei. Wenn jedoch nicht einmal die Richtung stimmt, dann kann diese Interpretation nicht zutreffen.

Die Zinsparität bietet auch die Grundlage für die Überprüfung einer weiteren Implikation der Hypothese, dass der Markt sämtliche verfügbaren Informationen in die Bestimmung des Wechselkurses einbezieht. Wenn E^e_{t+1} der tatsächliche zukünftige Wechselkurs ist, den die Marktteilnehmer erraten möchten, dann kann die Abweichung ihrer Prognose über die zukünftige Abwertung, u_{t+1}, als Differenz aus tatsächlicher und erwarteter Abwertung geschrieben werden:

$$u_{t+1} = (E_{t+1} - E_t)/E_t - (E^e_{t+1} - E_t)/E_t \qquad (21.2)$$

Wenn der Markt alle verfügbaren Informationen verwertet, dann dürfte seine Fehlprognose u_{t+1} in keinem statistisch nachweisbaren Zusammenhang zu den Daten stehen, die dem Markt zum Zeitpunkt t, in dem sich seine Erwartungen bildeten, bekannt sind. Mit anderen Worten, es sollten keine ungenutzten Daten verbleiben, durch deren Verwertung der Markt seine Erwartungsirrtümer hätte korrigieren können.

Bei gegebener Zinsparität kann diese Hypothese überprüft werden, indem u_{t+1} geschrieben wird als die tatsächlich erfolgende Währungsabwertung minus der internationalen Zinsdifferenz:

$$u_{t+1} = (E_{t+1} - E_t)/E_t - (R_t - R^*_t) \qquad (21.3)$$

---

[10] Die meisten Studien über die Effizienz des Devisenmarktes untersuchen, inwieweit der auf dem Devisenterminmarkt geltende Wechselkursaufschlag die folgende Wechselkursänderung auf dem Kassamarkt richtig vorwegnimmt. Dieses Verfahren entspricht demjenigen, das wir für die Zinsparität anwenden. Die Zinsdifferenz $R_t - R^*_t$ ist gleich dem Terminaufschlag (siehe Anhang zu Kapitel 13). Wie in Kapitel 13 festgestellt, gilt weitgehend als nachgewiesen, dass die gedeckte Zinsparität dann erfüllt ist, wenn die verglichenen Zinssätze für Einlagen am selben Finanzplatz gelten – zum Beispiel für die Eurowährungskurse in London.

Mit Hilfe statistischer Methoden lässt sich nachweisen, ob u_{t+1} unter Heranziehung früherer Informationen im Durchschnitt vorhersagbar ist. Eine Reihe von Wissenschaftlern hat festgestellt, dass Fehlprognosen, wie sie oben definiert sind, in der Tat vorhergesagt werden können. Beispielsweise können frühere Fehlprognosen, die allgemein bekannt sind, zur Vorhersage künftiger Irrtümer herangezogen werden.[11]

Die Rolle von Risikoprämien. Eine Erklärung der oben beschriebenen Forschungsergebnisse besagt, dass der Devisenmarkt bei der Bestimmung der Wechselkurse leicht zugängliche Informationen schlicht übergeht. Ein solcher Befund würde die Fähigkeit des internationalen Kapitalmarkts zur Vermittlung richtiger Preissignale in Frage stellen. Bevor wir übereilt diesen Schluss ziehen, sollten wir uns jedoch in Erinnerung rufen, dass bei gegebener Risiko-Aversion der Marktteilnehmer die Zinsparität unter Umständen keinen *vollständigen* Aufschluss über die Bestimmung der Wechselkurse gewährt. Wenn nämlich in den Augen der Anleger *keine* vollständige Ersetzbarkeit zwischen in verschiedenen Währungen bewerteten Anleihen besteht, dann ist die internationale Zinsdifferenz gleich der erwarteten Währungsabwertung *plus* einer Risikoprämie, ρ_t:

$$R_t - R_t^* = (E_{t+1}^e - E_t)/E_t + \rho_t \qquad \textbf{(21.4)}$$

(siehe Kapitel 17). In diesem Fall entspricht die Zinsdifferenz nicht unbedingt der vom Markt prognostizierten zukünftigen Abwertung. Bei unvollständiger Ersetzbarkeit der Vermögenswerte können aus den eben dargelegten empirischen Forschungsergebnissen also keine Rückschlüsse auf die Effizienz des Devisenmarktes hinsichtlich der Informationsverarbeitung gezogen werden.

Da sich die Erwartungen der Marktteilnehmer naturgemäß der direkten Beobachtung entziehen, fällt die Wahl zwischen Gleichung (21.4) und der Zinsparität schwer, wobei Letztere einen Sonderfall der Ersteren darstellt, in dem ρ_t gleich Null ist. Mehrere ökonometrische Studien haben sich bemüht, Abweichungen von der Zinsparität auf der Grundlage verschiedener Theorien zur Risikoprämie zu erklären, doch keiner ist bislang der Nachweis eines solchen Zusammenhangs überzeugend gelungen.[12]

Die uneinheitlichen empirischen Befunde lassen zwei Möglichkeiten zu: Entweder spielen Risikoprämien bei der Wechselkursbestimmung eine wichtige Rolle oder der Devisenmarkt ignoriert die Chance, aus leicht zugänglichen Informationen Gewinn zu schlagen. Die zweite Möglichkeit ist angesichts des ausgeprägten Gewinnstrebens der

---

[11] Weitere Ausführungen finden Sie bei Robert E. Cumby und Maurice Obstfeld, „International Interest Rate and Price Level Linkages Under Flexible Exchange Rates: A Review of Recent Evidence", in: John F. O. Bilson und Richard C. Marston, Hrsg., *Exchange Rate Theory and Practice*, Chicago: University of Chicago Press, 1984, S. 121 – 151; und Lars Peter Hansen und Robert J. Hodrick, „Forward Exchange Rates as Optimal Predictors of Future Spot Rates: An Econometric Analysis", in: *Journal of Political Economy* 88, Oktober 1980, S. 829 – 853.

[12] Eine Zusammenfassung der Studien jüngeren Datums finden Sie bei Charles Engel, „The Forward Discount Anomaly and the Risk Premium: A Survey of Recent Evidence", in: *Journal of Empirical Finance* 3, 1996, S. 123 – 192; und Karen Lewis, „Puzzles in International Finance", in: Gene M. Grossman und Kenneth Rogoff, *Handbook of International Economics*, Bd. 3, Amsterdam: North-Holland, 1996.

Devisenhändler eher unwahrscheinlich. Doch der fundierte statistische Nachweis für das Zutreffen der ersten Möglichkeit steht noch aus. Die in Kapitel 17 besprochenen Daten bestätigen sie mit Sicherheit nicht, denn aus ihnen ging hervor, dass neutralisierte Devisenmarktintervention kein geeignetes Instrument zur Kontrolle der Wechselkurse darstellen. Komplexere Theorien zeigen jedoch, dass die neutralisierte Intervention selbst bei unvollständiger Ersetzbarkeit der Vermögenswerte wirkungslos sein kann. Die Feststellung, dass die neutralisierte Intervention nicht greift, muss daher nicht bedeuten, dass keine Risikoprämien bestehen.

Tests für überhöhte Volatilität. Eines der beunruhigendsten Forschungsergebnisse besteht darin, dass die statistischen Modelle zur Wechselkursprognose, die mit den üblichen Variablen der „Fundamentaldaten" wie beispielsweise Geldmenge, Staatsdefizit und Produktion operieren, schlecht funktionieren – und dies selbst dann, wenn zur Wechselkursprognose die *bestehenden* (anstatt der prognostizierten) Werte der Fundamentaldaten eingesetzt werden! In einer berühmten Studie haben Richard A. Meese von der University of California (Berkeley) und Kenneth Rogoff von der Harvard University nachgewiesen, dass ein naives „Zufallspfadmodell", das einfach den heutigen Wechselkurs als wahrscheinlichsten Wert für den morgigen setzt, bessere Vorhersagen ermöglicht. Jüngere Forschungen haben allerdings gezeigt, dass das Zufallspfadmodell komplexeren Modellen nur bei solchen Prognosen überlegen ist, die sich auf Zeiträume bis zu einem Jahr erstrecken, dass aber die komplexeren Modelle einen besseren Einblick in langfristige Wechselkursbewegungen gewährleisten.[13]

Eine weiterer Strang der Devisenmarktforschung untersucht, ob die Volatilität der Wechselkurse vielleicht übermäßig hoch ausfällt, weil der Devisenmarkt zu „Überreaktionen" neigt. Der Nachweis einer überhöhten Volatilität würde bedeuten, dass der Devisenmarkt den Händlern und Anlegern, die ihre Entscheidungen auf die Wechselkurse basieren, irreführende Signale vermittelt. Doch an welchem Punkt schlägt eine hohe Wechselkursvolatilität in eine „überhöhte" Volatilität um? Wie wir in Kapitel 13 sahen, ist eine gewisse Volatilität wünschenswert, weil die Wechselkurse nur dann die richtigen Preissignale aussenden können, wenn sie rasch auf Nachrichten aus dem Wirtschaftsleben reagieren. Wechselkurse haben im Allgemeinen eine geringere Volatilität als Aktienpreise. Doch dies schließt nicht aus, dass ihre Volatilität erheblich höher ist als diejenige der zugrunde liegenden Faktoren, die Wechselkursbewegungen auslösen – wie beispielsweise die Geldmenge, die nationale Produktionsmenge und fiskalische Variablen. Vergleiche der Wechselkursvolatilität mit den Schwankungen der ihnen zugrunde liegenden Determinanten

---

[13] Die ursprüngliche Studie von Meese und Rogoff erschien unter dem Titel „Empirical Exchange Rate Models of the Seventies: Do They Fit out of Sample?", in: *Journal of International Economics* 14, Februar 1983, S. 3 – 24. Mit längerfristigen Prognosen befassen sich Menzie D. Chinn und Richard A. Meese, „Banking on Currency Forecasts: How Predictable Is Change in Money?", in: *Journal of International Economics* 38, Februar 1995, S. 161 – 178; und Nelson C. Mark, „Exchange Rates and Fundamentals: Evidence on Long-Horizon Predictability", in: *American Economic Review* 85, März 1995, S. 201 – 218.

haben jedoch keine eindeutigen Ergebnisse erbracht.[14] Ein Grundproblem aller Tests auf überhöhte Volatilität besteht in der Unmöglichkeit, sämtliche Variablen, die relevante Informationen über die zukünftige wirtschaftliche Entwicklung wiedergeben, genau zu quantifizieren. Wie soll man beispielsweise einen Mordanschlag auf einen Politiker oder einen großen Bankenzusammenbruch in Zahlen fassen?

Fazit. Die uneindeutigen Befunde über die Effizienz des Devisenmarkts lassen es ratsam erscheinen, für neue Erkenntnisse aufgeschlossen zu bleiben. Eine solche Einstellung empfiehlt sich besonders deshalb, weil die statistischen Methoden, die bislang bei der Untersuchung der Wechselkurse angewendet wurden, höchst unvollkommen sind. Die Schlussfolgerung, dass der Markt seine Aufgaben gut erfüllt, würde dafür sprechen, dass die Regierungen eine Laisser-faire-Haltung einnehmen und den gegenwärtigen Trend zur zunehmenden finanziellen Integration der Industrieländer über die nationalen Grenzen hinweg nicht behindern. Die Schlussfolgerung, dass der Markt versagt, würde stattdessen auf die Notwendigkeit verstärkter Devisenmarktinterventionen der Zentralbanken und der Abkehr von der fortschreitenden Liberalisierung des Kapitalverkehrs hinweisen. Beide Schlussfolgerungen haben weit reichende Konsequenzen und eine endgültige Entscheidung bedarf weiterer Forschungen und Erfahrungswerte.

Zusammenfassung

1. Die Risiko-Aversion der meisten Menschen bringt es mit sich, dass Länder vom Austausch risikobehafteter Vermögenswerte profitieren. Diese Außenhandelsgewinne bestehen darin, dass der Konsum jedes Landes geringeren Risiken ausgesetzt wird. Die internationale *Portfolio-Diversifizierung* kann durch den Austausch von *Kreditfinanzierungsinstrumenten* oder von *Beteiligungsfinanzierungsinstrumenten* erfolgen.

2. Auf dem internationalen Kapitalmarkt handeln Einwohner verschiedener Länder mit Vermögenswerten. Einer seiner wichtigen Bestandteile ist der Devisenmarkt. Banken stehen im Zentrum des internationalen Kapitalmarkts und verlagern ihre Tätigkeit oft in Off-Shore-Gebiete, d.h. in Gebiete außerhalb der Länder ihrer Hauptsitze.

3. Off-Shore-Bankgeschäfte werden durch Faktoren der Bankenaufsicht und der Politik begünstigt. Dieselben Faktoren fördern auch Off-Shore-Devisengeschäfte, d.h. den Handel mit Bankeinlagen, die in anderen Währungen als der Heimatwährung der Bank bewertet sind. Ein weiterer Anreiz zu diesen *Eurowährungsgeschäften* ging davon aus, dass Eurobanken keinen Mindestreservevorschriften unterworfen sind.

---

[14]   Siehe z.B. Richard A. Meese, „Testing for Bubbles in Exchange Markets: A Case of Sparkling Rates?", in: *Journal of Political Economy* 94, April 1986, S. 345 – 373; und Kenneth D. West, „A Standard Monetary Model and the Variability of the Deutschemark-Dollar Exchange Rate", in: *Journal of International Economics* 23, August 1987, S. 57 – 76.

4. Eine Eurowährungseinlage entsteht nicht deshalb, weil die betreffende Währung ihr Ursprungsland verlässt; es genügt, dass eine Eurobank eine in dieser Währung denominierte Einlage annimmt. Eurowährungen gefährden daher nicht die Kontrolle der Zentralbanken über ihre einheimische monetäre Basis. Jegliche Befürchtungen, dass beispielsweise die *Eurodollars* eines Tages die USA „überfluten" könnten, sind daher fehl am Platze. Die Schöpfung von Eurowährung kann jedoch, indem sie die Geldmengenmultiplikatoren in unvorhersehbarer Weise verändert, die umfassenderen Geldmengenaggregate aufblähen und die Kontrolle der Zentralbank über die Geldmenge erschweren.

5. Off-Shore-Bankgeschäfte werden von den Sicherheitsvorkehrungen der Nationalstaaten, die dem Zusammenbruch inländischer Banken vorbeugen sollen, weitgehend nicht erfasst. Die den Banken gegebene Möglichkeit, bestimmte Geschäftstätigkeiten in den Off-Shore-Bereich zu verlagern, hat darüber hinaus die Wirksamkeit der nationalen Bankenaufsicht unterhöhlt. Seit 1974 arbeitet der *Baseler Ausschuss für Bankenaufsicht und -regulierung* im Auftrag der Industrieländer daran, die Zusammenarbeit der Aufsichtsinstitutionen auf internationaler Ebene zu verbessern. Das Konkordat des Baseler Ausschusses aus dem Jahr 1975 regelt die nationalen Zuständigkeiten für die Überwachung der Bankunternehmen sowie den Informationsaustausch. Es ist jedoch nach wie vor ungeklärt, inwieweit eine Zentralbank verpflichtet ist, auf internationaler Ebene als *Gläubiger der letzten Instanz* aufzutreten. Dieser Rest an Ungewissheit geht möglicherweise auf das Bestreben der internationalen Organe zurück, das *moralische Wagnis* zu verringern. Der Trend zur *Verbriefung* erhöht die Notwendigkeit internationaler Zusammenarbeit bei der Überwachung und Regulierung bankfremder Finanzdienstleister. Dasselbe gilt für die Entwicklung der *aufstrebenden Märkte*.

6. Der internationale Kapitalmarkt hat seit den 1970er Jahren zu einer Steigerung der internationalen Portfolio-Diversifizierung beigetragen, doch gegenüber den zu erwartenden Prognosen der Wirtschaftstheorie nimmt sich diese Diversifizierung gering aus. Einige Beobachter behaupten analog dazu, dass auch der Umfang des intertemporalen Handels im Verhältnis zu den Leistungsbilanzen der Länder zu gering ausfällt. Die Beurteilung solcher Einschätzungen setzt detailliertere Informationen über die Funktionsweise der Weltwirtschaft voraus, als bislang verfügbar sind. Der Vergleich der internationalen Zinssätze lässt eindeutigere Schlüsse zu, die wiederum für ein effizientes Funktionieren des Marktes sprechen. Die Renditen auf ähnliche Einlagen liegen an den großen Weltfinanzplätzen eng beieinander.

7. Es lässt sich nicht eindeutig feststellen, ob der Devisenmarkt den internationalen Händlern und Anlegern die richtigen Preissignale übermittelt. Auf der Zinsparität basierende Tests deuten darauf hin, dass der Markt bei der Bestimmung der Wechselkurse leicht verfügbare Informationen übergeht, doch da die Theorie der Zinsparität die Risiko-Aversion und die dadurch bedingten Risikoprämien nicht berücksichtigt, zeichnet sie womöglich ein übermäßig simplifiziertes Bild der Realität. Die Bemühungen um eine empirische Modellierung der Risikofaktoren verliefen bislang nicht besonders erfolgreich. Auch die Tests hinsichtlich einer überhöhten Volatilität der Wechselkurse ergeben ein uneinheitliches Urteil über die Effizienz des Devisenmarkts.

Schlüsselbegriffe

Übungen

1. Welches Portfolio ist besser diversifiziert, eines mit Aktien eines Unternehmens für Zahnmedizin und eines Süßigkeitenherstellers, oder eines mit Aktien eines Unternehmens für Zahnmedizin und einer Molkerei?

2. Gehen Sie von einer aus zwei Ländern bestehenden Welt aus, in der unerwartete Veränderungen der Geldpolitik die einzige Ursache für Aktienpreisfluktuationen darstellen. Unter welchem Wechselkurssystem würden die Gewinne aus dem internationalen Handel mit Vermögenswerten am höchsten ausfallen: unter einem Festkurssystem oder unter einem System flexibler Kurse?

3. Wie in diesem Kapitel erklärt wird, ist die Zinsparität für in verschiedenen Währungen bewertete Einlagen, die am selben Finanzplatz gehandelt werden, recht genau erfüllt. Woran könnte es liegen, dass die ungedeckte Zinsparität beim Vergleich von Einlagen an *verschiedenen* Finanzplätzen nicht erfüllt ist?

4. Wenn eine US-amerikanische Bank eine Einlage von einer ihrer Auslandsfilialen oder von ihren eigenen Internationalen Bankfazilitäten annimmt, dann unterliegt diese Einlage den Mindestreservevorschriften der Fed. Diese Vorschriften gelten auch für jeden Kredit einer Auslandsfiliale einer US-amerikanischen Bank an einen Bürger der USA, oder für jeden Vermögenswert, den eine Auslandsfiliale von ihrem Mutterunternehmen in den USA erwirbt. Worin liegt Ihrer Ansicht nach der Grund für diese Vorschriften?

5. Der schweizerische Ökonom Alexander Swoboda vertritt den Standpunkt, dass das frühe Wachstum des Eurodollarmarkts von dem Wunsch der außerhalb der USA ansässigen Banken motiviert war, sich einen Teil der Einnahmen anzueignen, die den USA als dem Ursprungsland der wichtigsten Reservewährung zuteil wurden. (Die Begründung dieser Ansicht finden Sie in *The Euro-Dollar Market: An Interpretation*, Princeton University, Februar 1968.) Stimmen Sie Swobodas Einschätzung zu?

6. Nach dem Beginn der Schuldenkrise der Entwicklungsländer im Jahr 1982 (siehe Kapitel 22) verschärfte die Bankenaufsicht der USA ihre Kontrollbestimmungen über die Kreditvergabe amerikanischer Banken und deren Tochtergesellschaften. Im Verlauf der 1980er Jahre ging der Anteil der US-amerikanischen Banken an den Bankgeschäften des Finanzplatzes London zurück. Welcher Zusammenhang könnte zwischen diesen beiden Entwicklungen bestehen?

7. Weshalb macht es die zunehmende Verbriefung der Bankenaufsicht schwerer, den Überblick über die dem Finanzsystem drohenden Gefahren zu behalten?

Weiterführende Literatur

Ralph C. Bryant, *International Financial Intermediation*. Washington, D.C.: Brookings Institution, 1987. Zusammenfassung über Wachstum und Regulierung der internationalen Kapitalmärkte, mit besonderer Betonung der gegenseitigen Abhängigkeit nationaler Kontrollen.

Kenneth A. Froot und Richard H. Thaler, „Anomalies: Foreign Exchange", in: *Journal of Economic Perspectives* 4, Sommer 1990, S. 179–192. Klare, allgemein verständliche Ausführungen über die Effizienz des Devisenmarkts.

Morris Goldstein, *The Case for an International Banking Standard*. Washington, D.C.: Institute for International Economics, 1997. Ein Vorschlag zur finanziellen Stabilisierung des internationalen Bankenwesens.

Jack Guttentag und Richard Herring, *The Lender-of-Last-Resort Function in an International Context*, Princeton Essays in International Finance 151. International Finance Section, Department of Economics, Princeton University, Mai 1983. Eine Studie über die Notwendigkeit und Machbarkeit eines internationalen Gläubigers der letzten Instanz.

Richard M. Levich, „Is the Foreign Exchange Market Efficient?", in: *Oxford Review of Economic Policy* 5, 1989, S. 40–60. Guter Überblick über den Stand der Forschung zur Effizienz des Devisenmarkts.

Haim Levy und Marshall Sarnat, „International Portfolio Diversification", in: Richard J. Herring, Hrsg., *Managing Foreign Exchange Risk*. Cambridge, U.K.: Cambridge University Press, 1983, S. 115–142. Gut lesbare Ausführungen über die Logik der internationalen Vermögensdiversifizierung.

Warren D. McClam, „Financial Fragility and Instability: Monetary Authorities as Borrowers and Lenders of Last Resort", in: Charles P. Kindleberger und Jean-Pierre Laffargue, Hrsg., *Financial Crises: Theory, History, and Policy*. Cambridge, U.K.: Cambridge University Press, 1982, S. 256–291. Historischer Überblick über die Instabilität des internationalen Kapitalmarkts.

Maurice Obstfeld, „The Global Capital Market: Benefactor or Menace?", in: *Journal of Economic Perspectives* 12, Herbst 1998, S. 9–30. Überblick über die Funktionen und die Wirkungsweise des internationalen Kapitalmarkts sowie über seine Implikationen für die nationale Souveränität.

Maurice Obstfeld und Alan M. Taylor, „The Great Depression as a Watershed: International Capital Mobility Over the Long Run", in: Michael D. Bordo, Claudia Goldin, and Eugene N. White, Hrsg., *The Defining Moment: The Great Depression and the American Economy in the Twentieth Century*, Chicago: University of Chicago Press, 1998, S. 353–402. Behandelt die Zusammenhänge zwischen Kapitalmobilität, Wechselkurssystem und Geldpolitik.

22 Die Entwicklungsländer: Wachstum, Krise und Reform

Kapitelübersicht

Beispiele

Bisher studierten wir die makroökonomischen Wechselbeziehungen zwischen industrialisierten Marktwirtschaften, wie sie in den USA und Westeuropa gegeben sind. Diese durch politische Stabilität gekennzeichneten Länder, die reich mit Kapital und qualifizierter Arbeit ausgestattet sind, erzeugen für ihre Einwohner ein Einkommen auf hohem Niveau. Und ihre Märkte sind, verglichen mit denjenigen einiger ärmerer Länder, seit langem relativ frei von direkter staatlicher Kontrolle.

Dagegen boten die makroökonomischen Probleme der Entwicklungsländer seit Beginn der 1980er Jahre wiederholt Anlass zu ernsten Sorgen um die Stabilität der gesamten Weltwirtschaft. Nach dem Zweiten Weltkrieg dehnte sich der Handel zwischen den Entwicklungsländern und den Industrienationen, ebenso wie die Kreditaufnahme der Entwicklungsländer bei den reicheren Nationen, zunächst mehr als vierzig Jahre lang aus. Mit der zunehmenden Verflechtung beider Gruppen von Volkswirtschaften wuchs wiederum deren gegenseitige Abhängigkeit von ihrem beiderseitigen Wohlergehen. Ereignisse in den Entwicklungsländern haben daher einen erheblichen Einfluss auf Wohlfahrt und Politik in den fortgeschritteneren Ländern. Erst im Jahr 1997 zeigte sich diese wechselseitige Abhängigkeit wieder sehr deutlich, als die Finanzkrisen zahlreicher Entwicklungsländer das Wachstum der Weltwirtschaft bremsten.

Dieses Kapitel untersucht die makroökonomischen Probleme der Entwicklungsländer und die Fernwirkungen dieser Probleme auf die Industrieländer. Zwar gelten die Erkenntnisse über internationale makroökonomische Zusammenhänge, die wir in früheren Kapiteln gewonnen haben, auch für die Entwicklungsländer, doch die spezifischen Probleme, die sich diesen Ländern im Bemühen um den Aufschluss zu den reichen Volkswirtschaften stellen, verdienen eine gesonderte Darstellung. Darüber hinaus sind die Auswirkungen makroökonomischer Krisen in den Entwicklungsregionen aufgrund ihrer niedrigeren Einkommensniveaus weitaus schmerzhafter als in den entwickelten Volkswirtschaften, sodass ihre Folgen den politischen und gesellschaftlichen Zusammenhalt in Frage stellen können.

22.1   Einkommen, Wohlstand und Wachstum in der Weltwirtschaft

Armut ist das Grundproblem der Entwicklungsländer, und ihre vordringliche ökonomische und politische Aufgabe besteht darin, aus dieser Armut herauszufinden. Im Vergleich zu den industrialisierten Volkswirtschaften sind die meisten Entwicklungsländer arm an den Produktionsfaktoren, ohne die eine moderne Industrie undenkbar ist: Kapital und qualifizierte Arbeit. Die relative Knappheit dieser Faktoren führt zu niedrigen Pro-Kopf-Einkommen und hindert die Entwicklungsländer oft daran, die Vorteile der Massenproduktion zu nutzen, die vielen reicheren Nationen zugute kommen. Politische Instabilität, unsichere Eigentumsrechte und eine fehlgeleitete Wirtschaftspolitik behindern oft Investitionen in Kapital und Ausbildung und mindern auch in anderer Hinsicht die Effizienz der Volkswirtschaft.

22.1.1   Die Kluft zwischen Arm und Reich

Die Volkswirtschaften der Welt können anhand ihres jährlichen Pro-Kopf-Einkommens in vier Hauptkategorien eingeteilt werden: Länder im Segment niedriger Einkommen (Indien, Pakistan und ihre Nachbarn, sowie ein großer Teil Afrikas südlich der Sahara), Länder im unteren Segment mittlerer Einkommen (China ohne Taiwan, die kleineren Länder Lateinamerikas und der Karibik, viele früher dem sowjetischen Block angehörende Staaten und die meisten übrigen lateinamerikanischen Länder), Länder im oberen Segment mittlerer Einkommen (die größten lateinamerikanischen Länder, Saudi-Arabien, Malaysia, Türkei, Südafrika, Polen, Ungarn, Tschechische Republik, Slowakische Republik), und Länder im Segment hoher Einkommen (die reichen Industrieländer und eine Handvoll ausnehmend erfolgreiche „Entwicklungsländer" wie z.B. Israel, das an Erdölvorkommen reiche Kuwait und Singapur). Zu den ersten drei Kategorien zählen in erster Linie Länder, deren industrielle Entwicklung hinter derjenigen der Industrieländer zurückgeblieben ist. Tabelle 22.1 zeigt das durchschnittliche jährliche Pro-Kopf-Einkommen (gemessen in Dollars) des Jahres 1999 für diese Ländergruppen sowie einen weiteren Indikator des wirtschaftlichen Wohlergehens, nämlich die durchschnittliche Lebenserwartung zum Zeitpunkt der Geburt.

Tabelle 22.1 verdeutlicht das ausgeprägte Auseinanderklaffen der internationalen Einkommensniveaus zum Ausgang des 20. Jahrhunderts. Das durchschnittliche Pro-Kopf-Einkommen der reichsten Länder ist 63 Mal so hoch wie der entsprechende Durchschnittswert für die ärmsten Entwicklungsländer! Selbst die Länder mit mittlerem Einkommen der oberen Einkommensgrenze verfügen über nur ein Fünftel des Pro-Kopf-Einkommens der Gruppe der Industrieländer. Die Angaben über die Lebenserwartung widerspiegeln generelle internationale Einkommensunterschiede. Die durchschnittliche Lebenserwartung sinkt mit wachsender Armut.[1]

Einkommensgruppe	BNE pro Kopf (in US-Dollars)	Lebenserwartung (in Jahren)
Niedriges Einkommen	410	60,0
Mittleres Einkommen, unteres Segment	1.200	69,5
Mittleres Einkommen, oberes Segment	4.900	70,5
Hohes Einkommen	25.730	78,0

Tabelle 22.1: Indikatoren der wirtschaftlichen Wohlfahrt von vier Ländergruppen, 1999
Quelle: Weltbank, Weltentwicklungsbericht 2000/2001.

22.1.2 Hat sich die weltweite Einkommenskluft verringert?

Die Erklärung der Einkommensunterschiede zwischen verschiedenen Ländern ist eines der ältesten Ziele der Wirtschaftswissenschaften. Nicht zufällig trägt Adam Smiths Klassiker aus dem Jahr 1776 den Titel *Wealth of Nations*! Spätestens seit der Zeit der Merkantilisten versuchen die Ökonomen nicht nur zu erklären, weshalb sich die Einkommen von Ländern zu einem gegebenen Zeitpunkt unterscheiden, sondern auch das vertrackte Rätsel zu lösen, weshalb einige Länder reich werden, andere jedoch stagnieren. Die Frage, welche politischen Maßnahmen das wirtschaftliche Wachstum am besten fördern, ist, wie wir in diesem Kapitel zeigen werden, seit jeher Gegenstand leidenschaftlicher Debatten.

---

[1] Wie in Kapitel 15 aufgezeigt wurde, ergibt der internationale Vergleich der Dollareinkommen ein ungenaues Bild der relativen Wohlfahrtsniveaus, weil sich die in der gleichen Währung (US-Dollar) gemessenen Preisniveaus der Länder unterscheiden. In der Quelle, der die Angaben in Tabelle 22.1 entnommen sind, dem *Weltentwicklungsbericht* der Weltbank für die Jahre 2000/2001, finden Sie eine genaue Beschreibung des zu ihrer Herleitung angewandten Verfahrens. Der Weltbankbericht enthält auch Angaben zum Volkseinkommen, die Abweichungen von der Kaufkraftparität (KKP) berücksichtigen. Wenn man diese Angaben berücksichtigt, werden die in Tabelle 22.1 angegebenen großen Unterschiede stark reduziert, jedoch nicht beseitigt. In KKP-berichtigten Dollars von 1999 betrugen die durchschnittlichen Pro-Kopf-Einkommen der vier in der Tabelle aufgeführten Ländergruppen $1.730, $3.960, $8.320 und $24.430 (in dieser Reihenfolge). Nach diesem Maßstab beträgt das Verhältnis des Durchschnittseinkommens der obersten zu demjenigen der untersten Ländergruppe „nur" noch etwa 14 zu 1.

Welches Gewicht der Frage des Wirtschaftswachstums zukommt und welchen Gewinn eine wachstumsfördernde Politik verspricht, verdeutlicht Tabelle 22.2. Sie zeigt die *Wachstumsraten* der Pro-Kopf-Produktion mehrerer Ländergruppen für die Jahre 1960 bis 1992. (Dabei wurden die realen Produktionsdaten korrigiert, um Abweichungen von der Kaufkraftparität zu berücksichtigen.) Während dieser Zeitspanne wuchs die Volkswirtschaft der USA um rund 2 Prozent, eine Rate, die nach Ansicht der meisten Ökonomen das langfristige Maximum einer voll entwickelten Volkswirtschaft darstellt. Die Volkswirtschaft Kanadas, die 1960 um 27 Prozent ärmer war als diejenige seines Nachbarlands im Süden, ist zwischenzeitlich schneller gewachsen, sodass ihr Rückstand im Jahr 1992 nur noch 9 Prozent betrug. Der frühere Abstand zwischen den Einkommen wurde um zwei Drittel verringert.

Das Aufholen Kanadas steht für ein allgemeineres Phänomen: die Unterschiede im Lebensstandard verschiedener *Industrieländer* verringerten sich während der Nachkriegsperiode. Die Theorie, die diese empirisch konstatierbare **Konvergenz** der Pro-Kopf-Einkommen erklärt, ist verführerisch einfach. Wenn Freihandel herrscht, wenn das Kapital jeweils in die Länder mit den höchsten Renditen wandern kann, und wenn sich Wissen ungehindert von politischen Grenzen verbreitet, sodass alle beteiligten Länder stets Zugang zu den modernsten Produktionstechniken haben, dann gibt es keinen Grund für eine lange Fortdauer internationaler Einkommensunterschiede.

Diese einfache Theorie leuchtet zwar unmittelbar ein, doch wie Tabelle 22.2 zeigt, weist die Welt als Ganzes keine erkennbare Tendenz zur Einkommenskonvergenz auf. Vielmehr sehen wir, dass die langfristigen Wachstumsraten der verschiedenen regionalen Ländergruppen weit auseinander klaffen, und können keine allgemeine Tendenz eines rascheren Wachstums ärmerer Länder ausmachen. Die Länder in Afrika befinden sich zwar zumeist am unteren Ende der Welteinkommensskala, bleiben jedoch auch hinsichtlich ihrer Wachstumsraten weit hinter den Industrieländern zurück.[2] Auch in Lateinamerika verlief das wirtschaftliche Wachstum verhältnismäßig langsam, nur wenige Länder erreichten dort, trotz weitaus niedrigerer Einkommensniveaus, die Wachstumsrate Kanadas.

Die Länder Ostasiens hingegen weisen, im Einklang mit der Konvergenztheorie, in der Regel Wachstumsraten auf, die tatsächlich weit über denjenigen der Industrieländer liegen. Südkorea, dessen Einkommensniveau im Jahr 1960 etwa demjenigen Ghanas entsprach, verzeichnete seither ein jährliches Wachstum von nahezu 7 Prozent und wurde 1997 von der Weltbank als Entwicklungsland mit hohem Einkommen klassifiziert. Auch Singapur erreichte mit einer durchschnittlichen jährlichen Wachstumsrate von 6,6 Prozent den Status eines Landes mit hohem Einkommen.

Bereits eine jährliche Wachstumsrate von 3 Prozent ermöglicht einem Land, sein reales Pro-Kopf-Einkommen innerhalb einer Generation zu verdoppeln. Doch bei den Wachstumsraten, die bis in die jüngste Zeit in ostasiatischen Ländern wie Hongkong, Singapur,

---

[2]   Natürlich gibt es auch Ausnahmen zu dieser Verallgemeinerung. Botswana, im südlichen Afrika gelegen, verzeichnete während der 30 Jahre nach 1960 eine durchschnittliche Pro-Kopf-Wachstumsrate von weit über 5 Prozent. Daher ordnet die Weltbank das Land mittlerweile auch den Ländern mit mittlerem Einkommen, obere Einkommensgrenze, zu.

Südkorea und Taiwan erreicht wurden, *verfünffachte* sich das reale Pro-Kopf-Einkommen innerhalb einer Generation! Weiter unten in diesem Kapitel wird im Einzelnen aufgezeigt werden, wie das rasche Wachstum der ostasiatischen Volkswirtschaften Ende der 1990er Jahre durch eine schwere Finanzkrise zum Stillstand gebracht wurde.

Land	1960	1992	1960 – 1992 jährliche Wachstumsrate (in Prozent pro Jahr)
Nordamerika			
Kanada	7.240	16.371	2,6
USA	9.908	17.986	1,9
Afrika			
Ghana	886	956	0,2
Kenia	646	915	1,1
Nigeria	560	978	1,8
Senegal	1.062	1.145	0,3
Lateinamerika			
Argentinien	4.481	4.708	0,2
Brasilien	1.780	3.886	2,5
Chile	2.897	4.886	1,6
Mexiko	2.825	6.250	2,5
Ostasien			
Hongkong	2.231	16.461	6,4
Malaysia	1.409	5.729	4,5
Singapur	1.626	12.633	6,6
Südkorea	898	6.665	6,9
Thailand	940	3.924	4,6
Taiwan	1.255	8.067	6,4

Tabelle 22.2: **Pro-Kopf-Produktion ausgewählter Länder, 1960 – 1992 (in US-Dollars von 1985)**
Anmerkung: Die Angaben für Argentinien, Senegal, Taiwan und Korea beziehen sich nur auf die Zeit bis 1990. Die Daten entstammen dem Penn World Table, Mark 5.6. Dessen Vergleich der Nationaleinkommen beruht auf KKP-basierten Wechselkursen. Nähere Ausführungen dazu finden Sie bei Robert Summers und Alan Heston, „The Penn World Table (Mark 5): An Expanded Set of *International Comparisons*, 1950 – 1988", in: Quarterly Journal of Economics 106, Mai 1991, S. 327 – 368.

Wodurch erklären sich die starken Abweichungen im langfristigen Wachstum, wie sie aus Tabelle 22.2 hervorgehen? Die Antwort liegt in den ökonomischen und politischen Merkmalen der Entwicklungsländer und in deren Reaktion auf internationale Ereignisse und auf innenpolitische Gegensätze. Die strukturellen Merkmale der Entwicklungsländer entschieden neben weiteren Faktoren über ihren Erfolg im Hinblick auf andere makroökonomische Ziele, die neben raschem Wachstum von entscheidender Bedeutung sind: eine niedrige Inflationsrate, eine niedrige Arbeitslosenrate und die Stabilität des Finanzsektors.

22.2   Strukturelle Merkmale der Entwicklungsländer

Die heutigen Entwicklungsländer unterscheiden sich sehr stark voneinander und lassen sich nicht anhand einer einzigen Liste „typischer" Merkmale beschreiben. Zu Beginn der 1960er Jahre waren sie sich weitaus ähnlicher, was ihre handelspolitischen Ansätze, ihre makroökonomische Politik und andere staatliche Eingriffe in die Volkswirtschaft anging. Doch dann begannen sich die Verhältnisse zu ändern. Die ostasiatischen Länder gaben die Strategie der importsubstituierenden Industrialisierung auf und machten sich stattdessen eine exportorientierte Entwicklungsstrategie zu eigen. Später bauten auch verschiedene Länder Lateinamerikas Handelsbeschränkungen ab und versuchten gleichzeitig die Rolle des Staates im Wirtschaftsleben zurückzunehmen, um die chronisch hohen Inflationsraten zu senken und in vielen Fällen ihren Kapitalverkehr für private Transaktionen zu öffnen.

Ungeachtet der Bemühungen vieler Entwicklungsländer, ihre Volkswirtschaften durch Reformen den Strukturen der erfolgreichen Industrieländer anzugleichen, ist dieser Prozess noch nicht abgeschlossen, und die meisten Entwicklungsländer weisen zumindest eines der folgenden Merkmale auf:

1. Es besteht die Tradition einer umfangreichen staatlichen Kontrolle über die Volkswirtschaft. Hierzu zählen Beschränkungen des Außenhandels, staatliches Eigentum an oder staatliche Kontrolle über große Industrieunternehmen, direkte staatliche Kontrolle über Finanztransaktionen im Inland und ein hoher Anteil des Konsums der öffentlichen Haushalte am BNE. Die Rolle des Staates in der Wirtschaft wurde in den Entwicklungsländern im Verlauf der letzten etwa zehn Jahre in höchst unterschiedlichem Maße abgebaut.

2. Die Inflationsrate ist traditionell hoch. In vielen Ländern war die Regierung nicht in der Lage, allein durch ihre Steuereinnahmen die hohen Staatsausgaben und die Verluste staatlicher Unternehmen zu decken. Angesichts der allgegenwärtigen Steuerhinterziehung und des Abwanderns eines großen Teils der wirtschaftlichen Tätigkeit in die Illegalität bestand die einfachste Lösung darin, neue Banknoten zu drucken. Der realwirtschaftliche Gewinn, den eine Regierung aus dem Drucken von Geld bezieht, das sie für Güter und Dienstleistungen ausgibt, wird in den Wirtschaftswissenschaften als **Seignorage** (Münzgewinn) bezeichnet. Wenn die Regierungen von Entwicklungsländern auf diesem Wege ständig die Geldmenge ausdehnten, kam es zu Inflation oder Hyperinflation (siehe z.B. den Textkasten zu Inflation und Geldmengenwachstum in Lateinamerika, Kapitel 14, S. 488)

3. In denjenigen Ländern, deren Finanzmärkte liberalisiert wurden, entstanden häufig schwache Kreditinstitute in großer Zahl. Die Banken vergeben oftmals Gelder, die sie selbst geliehen haben, für die Finanzierung schlecht geplanter oder sehr riskanter Projekte. Diese Kreditvergabe erfolgt bisweilen auf der Grundlage persönlicher Beziehungen anstelle der in Aussicht stehenden Rendite, und die Sicherheitsvorkehrungen der Regierung gegen einen Zusammenbruch des Finanzsystems, wie beispielsweise die Bankenaufsicht (siehe Kapitel 21), zeigen infolge von Inkompetenz, Erfahrungsmangel und offenem Betrug oftmals wenig Wirkung. Zwar werden auf vielen aufstrebenden Märkten Aktienanteile mittlerweile öffentlich gehandelt, doch es ist für ihre Besitzer in Entwicklungsländern für gewöhnlich schwierig, in Erfahrung zu bringen, wofür das Unternehmen sein Geld ausgibt, oder die Unternehmensleitung zur Rechenschaft zu ziehen. Auch der rechtliche Rahmen für die Auflösung von Vermögensbesitz im Falle eines Konkursverfahrens ist für gewöhnlich unklar. Ihre Funktion, die Ersparnis den effizientesten Investitionsverwendungen zuzuführen, erfüllen die Finanzmärkte in den Entwicklungsländern daher weniger zuverlässig als in den Industrieländern. Das Ergebnis ist in der Regel eine gesteigerte Krisenanfälligkeit der Finanzmärkte.

4. Die Wechselkurse werden von der Regierung festgelegt oder zumindest stark kontrolliert. Deren Maßnahmen zur Beschränkung der Wechselkursflexibilität widerspiegeln zum einen den Wunsch, die Inflation unter Kontrolle zu halten, und zum anderen die Befürchtung, dass frei schwankende Wechselkurse auf den relativ kleinen Märkten für die Währungen der Entwicklungsländer mit einer übermäßigen Volatilität verbunden wären. Die Allokation von Fremdwährungen erfolgt traditionell eher durch Regierungsverordnungen als durch den Markt – eine Praxis, genannt *Devisenkontrolle*, die einige Entwicklungsländer bis auf den heutigen Tag aufrechterhalten. Insbesondere haben die meisten Entwicklungsländer versucht, Kapitalbewegungen zu kontrollieren, indem sie Devisentransaktionen im Zusammenhang mit dem Vermögenshandel beschränkten. Einige lassen inzwischen jedoch privaten Kapitalverkehr zu.

5. Natürliche Rohstoffe oder landwirtschaftliche Erzeugnisse machen einen großen Anteil des Exports vieler Entwicklungsländer aus. Beispiele sind Erdöl aus Russland, Nutzholz aus Malaysia, Gold aus Südafrika und Kaffee (und Kokain) aus Kolumbien.

6. Das Umgehen von staatlichen Kontrollen, Steuern und Vorschriften hat dazu beigetragen, dass Korruption, Bestechung und Erpressung in vielen, wenn nicht in allen Entwicklungsländern alltäglich geworden sind. Die Entstehung eines illegalen Wirtschaftslebens hat in manchen Fällen die wirtschaftliche Effizienz erhöht, indem eine gewisse marktbedingte Ressourcenallokation wiederhergestellt wurde, doch summa summarum ist eindeutig erkennbar, dass Korruption und Armut Hand in Hand gehen.

Wie Abbildung 22.1 anhand eines großen Querschnitts von Entwicklungs- und Industrieländern zeigt, besteht ein ausgeprägter Zusammenhang zwischen dem realen jährlichen BIP und dem von der Organisation Transparency International veröffentlichen Korruptionsindex, der in umgekehrter Richtung von 1 (höchste Korruptionsstufe) zu 10 (niedrigste Korruptionsstufe) reicht.[3] Dieser starken positiven Korrelation liegen mehrere Faktoren zugrunde. Staatliche Vorschriften, die der Korruption Vorschub leisten, schaden auch dem wirtschaftlichen Wohlstand. Statistische Studien haben ergeben, dass die Korruption an sich Effizienz und Wachstum der Volkswirtschaft negativ beeinflusst.[4] Und schließlich fehlen den armen Ländern die Mittel zur effektiven Bekämpfung der Korruption mit polizeilichen Maßnahmen, und allein die Armut erhöht die Bereitschaft zu Regelverstößen.

Viele der allgemeinen Merkmale, die nach wie vor zahlreiche Entwicklungsländer charakterisieren, bildeten sich in den 1930er Jahren heraus und können auf die Große Depression (Kapitel 18) zurückgeführt werden. Die meisten Entwicklungsländer experimentierten mit direkten Kontrollen über den Außenhandel und den Zahlungsverkehr, um ihre Währungsreserven zu schützen und ein gewisses Beschäftigungsniveau im Inland zu gewährleisten. Angesichts eines massiven Zusammenbruchs des Weltmarkts ließen sowohl die Industrieländer als auch die Entwicklungsländer zu, dass ihre Regierungen in den Bereichen Produktion und Beschäftigung eine immer direktere Rolle übernahmen. Oftmals reorganisierten sie die Arbeitsmärkte, verhängten eine strengere Kontrolle über die Finanzmärkte, legten die Preise fest und verstaatlichten die wichtigsten Industriebranchen. Die Neigung zu staatlicher Kontrolle über die Volkswirtschaft erwies sich in den Entwicklungsländern als besonders zählebig, in denen die politischen Institutionen dieje-

---

[3]   In der Rangfolge, die Transparency International für das Jahr 2000 aufstellte, erreichte Finnland (mit der nahezu perfekten Wertung 9,9) die Spitzenstellung des Landes mit dem geringsten Korruptionsniveau, während Nigeria (mit einer miserablen 1) am schlechtesten abschnitt. Die USA wurden mit 7,6 bewertet. Detaillierte Angaben und einen allgemeinen Überblick über die Ökonomie der Korruption finden Sie bei Vito Tanzi, „Corruption around the World", in: *International Monetary Fund Staff Papers* 45, Dezember 1998, S. 559 – 594.

[4]   Natürlich herrscht kein Mangel an Anekdoten, welche die mit Korruption einhergehende Vergeudung wirtschaftlicher Ressourcen belegen. Ein Beispiel ist die folgende Beschreibung unternehmerischer Tätigkeit in Brasilien, das von Transparency International im Jahr 2000 mit 4 bewertet wurde und von der Weltbank im selben Jahr als Entwicklungsland mit mittlerem Einkommen, obere Einkommensgrenze, klassifiziert wurde:

„Doch die Korruption geht weit über das Ausnehmen von Straßenhändlern hinaus. Nahezu jede denkbare wirtschaftliche Aktivität ist irgendwelchen Erpressungsmaßnahmen seitens der Behörden unterworfen.

Die brasilianischen Großunternehmen erklären sich im Allgemeinen zur Zahlung von Bestechungsgeldern bereit, doch multinationale Unternehmen weigern sich für gewöhnlich und entrichten lieber Bußgelder. Das Geld – das auf kommunaler, einzelstaatlicher und bundesstaatlicher Ebene eingeht – wird zwischen den Bürokraten und ihren politischen Ziehvätern aufgeteilt. Sie sorgen dafür, dass es unmöglich ist, sämtliche verwickelten Gesetze, Vorschriften, Erlasse und Anordnungen einzuhalten.

Die Bestechungs- und Strafgelder sind Bestandteil der Brasilienkosten, d.h. der vielfältigen Ausgaben, die jede geschäftliche Tätigkeit in Brasilien verteuern."

Siehe „Death, Decay in São Paulo May Stir Reformist Zeal", in: *Financial Times*, 20./21. März 1999, S. 4.

nigen Kräfte gewähren ließen, die ein handfestes Interesse an der Aufrechterhaltung des Status quo hatten.

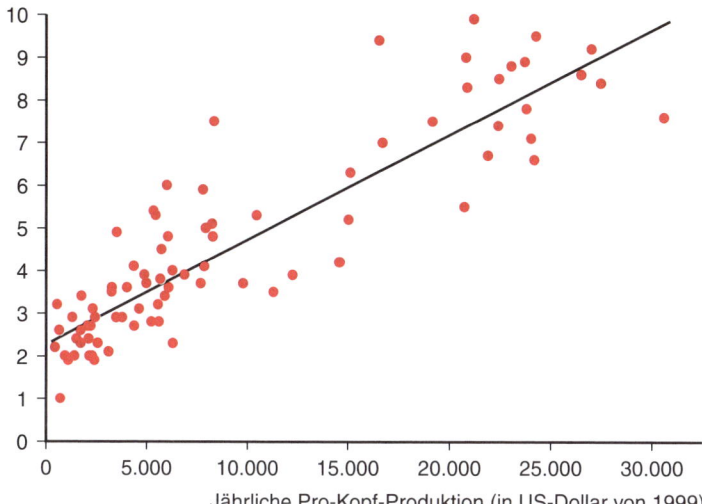

Umgekehrter Korruptionsindex (geringste Korruptionsstufe = 10)

Die Korruption steigt tendenziell mit sinkendem realem Pro-Kopf-Einkommen.

Jährliche Pro-Kopf-Produktion (in US-Dollar von 1999)

Anmerkung: Die Abbildung zeigt die Werte eines (umgekehrten) Korruptionsindex für das Jahr 2000 und die Werte der KKP-berichtigten Pro-Kopf-Produktion für das Jahr 1999, gemessen in US-Dollars des Jahres 1999 (der Kaufkraft eines Dollars in den USA im Jahr 1999). Die gerade Linie gibt das statistisch wahrscheinlichste Korruptionsniveau wieder, das aus dem realen Pro-Kopf-Einkommen abgeleitet werden kann.
Quellen: Transparency International (Angaben zur Korruption); *Weltentwicklungsbericht 2000/ 2001* (Produktionsdaten).

Abbildung 22.1: Korruption und Pro-Kopf-Einkommen

Da die Entwicklungsländer während des Zweiten Weltkriegs keinen Zugang zu den traditionellen Anbietern von Industriegütern hatten, förderten sie den Aufbau neuer, eigener Industriebranchen. Der politische Druck, diese Branchen zu schützen, war ein Grund für die Popularität der importsubstituierenden Industrialisierung während der ersten Nachkriegsjahrzehnte. Darüber hinaus waren die nach dem Krieg befreiten ehemaligen Kolonien der Ansicht, dass sie durch eine rasche, staatlich geleitete Industrialisierung und Urbanisierung die Einkommensniveaus ihrer ehemaligen Beherrscher erreichen könnten. Und schließlich befürchteten die Staatsführer der Entwicklungsländer, dass ihnen der Ausweg aus der Armut versperrt bliebe, wenn sie sich weiterhin auf den Export von Grundstoffen wie Kaffee, Kupfer und Getreide spezialisieren würden. In den 1950er Jahren argumentierten eine Reihe einflussreicher Ökonomen, dass sich die Terms of Trade der Entwicklungsländer ständig weiter verschlechtern würden, wenn sie nicht mit Hilfe wirtschaftspolitischer Maßnahmen Ressourcen vom Rohstoffexport in die Importsubstitution umleiten würden.

22.3 Kreditaufnahme und Verschuldung von Entwicklungsländern

Ein weiteres Kennzeichen der Entwicklungsländer trägt ebenfalls in hohem Maße zu deren makroökonomischen Problemen bei: Sie sind stark von Kapitalzuflüssen aus dem Ausland abhängig, um Investitionen im Inland zu finanzieren. Vor dem Ersten Weltkrieg und in der Periode, die der Großen Depression voranging, empfingen die Entwicklungsländer (zu denen während fast des gesamten 19. Jahrhunderts auch die USA zählten) große Kapitalzuflüsse aus reicheren Ländern. In den Jahrzehnten, die sich dem Zweiten Weltkrieg anschlossen, erhielten die Entwicklungsländer erneut Mittel aus den Ersparnissen der reicheren Länder und verschuldeten sich in erheblichem Maße gegenüber dem Rest der Welt (Ende 1996 betrug der Schuldenstand etwa $2,1 Billionen). Diese Schulden standen im Zentrum mehrerer internationaler Kreditkrisen, welche die wirtschaftspolitischen Entscheidungsträger in den letzten beiden Jahrzehnten des 20. Jahrhunderts in Atem hielten.

22.3.1 Die Ökonomie der Kapitalzuflüsse in die Entwicklungsländer

Viele Entwicklungsländer haben umfangreiche Kapitalzuflüsse aus dem Ausland erhalten und sind jetzt gegenüber dem Ausland stark verschuldet. Tabelle 22.3 zeigt die Kreditaufnahme der Entwicklungsländer, die über keine erschlossenen Erdölvorkommen verfügen, in jüngerer Zeit. Diese Summen nehmen sich besonders dann beträchtlich aus, wenn man bedenkt, wie klein die Volkswirtschaft der Entwicklungsregionen gegenüber der industrialisierten Welt ist. Welche Faktoren liegen diesen Kapitalzuflüssen in die Entwicklungsländer zugrunde?

Sie kennen (aus Kapitel 12) die Identität, welche das nationale Sparen, S, die Inlandsinvestitionen, I, und die Leistungsbilanz, NX: $S - I = NX$, zueinander in Beziehung setzt. Wenn das nationale Sparen hinter den Inlandsinvestitionen zurückbleibt, dann ist die Differenz das Leistungsbilanzdefizit. Aufgrund der Armut und der schlecht funktionierenden Finanzeinrichtungen ist das nationale Sparen in Entwicklungsländern oft gering. Da diese Länder allerdings relativ schlecht mit Kapital ausgestattet sind, können dennoch reichhaltige Möglichkeiten für den gewinnträchtigen Auf- oder Ausbau von Fabrikanlagen oder Maschinen bestehen. Solche Möglichkeiten rechtfertigen ein hohes Investitionsniveau. Ein Defizit in der Leistungsbilanz ermöglicht einem Land, auch dann Investitionsressourcen aus dem Ausland anzuziehen, wenn sein eigenes inländisches Sparen gering ausfällt. Ein Defizit in der Leistungsbilanz bedeutet allerdings, dass das Land Kredite im Ausland aufnimmt. Als Gegenleistung dafür, dass es heute mehr ausländische Güter importieren kann, als es dem Gegenwert seiner aktuellen Exporte entspricht, muss das Land versprechen, in Zukunft entweder Kapitalbetrag und Zinsen der Kredite zurückzuzahlen oder Dividenden auf Unternehmensanteile auszuschütten, die an das Ausland verkauft wurden.

Jahr	Große Ölexporteure	Übrige Entwicklungsländer	Industrieländer
1973	9,86	−8,51	Keine Angabe
1974	71,90	−23,86	−41,56
1975	43,75	−38,10	−9,27
1976	40,12	−26,28	−27,08
1977	23,91	−20,33	−32,84
1978	4,57	−31,29	4,91
1979	60,74	−37,42	−38,26
1980	99,98	−54,36	−78,03
1981	49,70	−82,90	−42,58
1982	−8,47	−69,60	−34,33
1983	−17,09	−41,97	−26,64
1984	−8,80	−31,91	−51,85
1985	−1,95	−37,16	−55,74
1986	−31,54	−41,27	−13,77
1987	−11,98	−25,73	−43,14
1988	−21,46	−34,69	−30,75
1989	1,87	−40,67	−56,12
1990	17,65	−42,44	−86,33
1991	−59,92	−38,09	−23,75
1992	−24,69	−54,21	−17,50
1993	−25,22	−96,10	61,75
1994	−6,90	−82,67	32,72
1995	1,16	−96,57	51,35
1996	31,23	−103,11	33,51
1997	19,85	−82,44	71,79
1998	−29,60	−57,20	35,80
1999	19,00	−29,50	−121,10
2000	97,90	−37,70	−248,40

Tabelle 22.3: Leistungsbilanzen der großen Ölexporteure, der übrigen Entwicklungsländer und der Industrieländer, 1973 – 2000 (in Milliarden US-Dollar)

Quelle: Internationaler Währungsfonds. Der Saldo der Leistungsbilanzen für die gesamte Welt ergibt möglicherweise nicht Null, weil Irrtümer und Auslassungen vorliegen können und einige Länder nicht berücksichtigt wurden (z.B. die Mitglieder des ehemaligen Machtbereichs der Sowjetunion).

Die Kreditaufnahme der Entwicklungsländer könnte daher zu einem großen Teil mit den Beweggründen für *intertemporalen Handel* erklärt werden, die in Kapitel 7 besprochen wurden. Länder mit niedrigem Einkommen erzeugen zu wenig eigene Ersparnis, um sämtliche gewinnträchtigen Investitionsmöglichkeiten im eigenen Land zu nutzen, und müssen daher Kredite im Ausland aufnehmen. In kapitalreichen Ländern hingegen sind die produktivsten Investitionsmöglichkeiten bereits ausgeschöpft, doch das nationale Sparen befindet sich auf einem relativ hohen Niveau. Die Sparer in den Industrieländern können höhere Renditen erzielen, indem sie Mittel für die Finanzierung von Investitionen in Entwicklungsländern zur Verfügung stellen.

Wie Sie sehen, profitieren beide Seiten, Gläubiger und Schuldner, wenn die Entwicklungsländer Kredite aufnehmen, um produktive Investitionen durchzuführen, zu denen sie andernfalls nicht in der Lage wären. Die Schuldner profitieren, weil sie ungeachtet ihres beschränkten nationalen Sparens ihren Kapitalstock erweitern können. Die Gläubiger profitieren ebenfalls, weil sie auf ihre Ersparnis höhere Renditen erhalten, als es im eigenen Land möglich wäre.

Die oben aufgeführten Überlegungen bieten zwar eine Erklärung für die Defizite und Verschuldung der Entwicklungsländer, doch damit ist nicht gesagt, dass sämtliche Kredite von Industrieländern an Entwicklungsländer gerechtfertigt sind. Kredite zur Finanzierung unprofitabler Investitionen – wie zum Beispiel riesiger Einkaufszentren, die überhaupt nicht genutzt werden – oder für den Import von Konsumgütern können eine Situation herbeiführen, in der die Schuldner nicht mehr zur Zurückzahlung ihrer Kredite in der Lage sind. Darüber hinaus kann auch eine verfehlte Regierungspolitik, welche die nationalen Sparquoten künstlich niedrig hält, zu einer überhöhten Kreditaufnahme im Ausland führen.

22.3.2   Das Problem des Zahlungsausfalls

Die potenziellen Vorteile der internationalen Kreditaufnahme und Kreditvergabe bleiben ungenutzt, solange die Gläubiger nicht auf die Rückzahlung vertrauen. Man spricht von einem **Ausfall**, wenn der Schuldner ohne Einverständnis des Gläubigers nicht, dem Kreditvertrag entsprechend, pünktlich seine Rückzahlungen entrichtet. Die gesellschaftliche und politische Instabilität der Entwicklungsländer sowie die häufige Schwäche ihres öffentlichen Finanzwesens und ihrer Finanzinstitutionen bringen es mit sich, dass Kredite an Entwicklungsländer mit einem höheren Risiko einhergehen als Kredite an Industrieländer. Entsprechend herrscht in der Geschichte der Kapitalzuflüsse in Entwicklungsländer kein Mangel an Finanzkrisen und nicht erfüllten Kreditverträgen.

1. Zu Beginn des 19. Jahrhunderts bezahlte eine Reihe US-amerikanischer Bundesstaaten die Kredite aus Europa nicht zurück, mit denen sie den Bau von Kanälen finanziert hatten.

2. Während des gesamten 19. Jahrhunderts gerieten lateinamerikanische Länder immer wieder mit ihrer Kreditrückzahlung in Verzug. Dies gilt insbesondere für Argentinien, das in den 1890er Jahren eine globale Finanzkrise (die Baring-Krise) auslöste, weil es seinen Verpflichtungen nicht nachkommen konnte.

3. Im Jahr 1917 erklärte die neue sowjetische Regierung nach der russischen Revolution die von den früheren Herrschern eingegangenen Kreditverpflichtungen gegenüber dem Ausland für ungültig. Sie riegelte die sowjetische Volkswirtschaft gegenüber dem Rest der Welt ab und setzte, oftmals unter Anwendung brutaler Gewalt, ein Programm der zentralen Wirtschaftsplanung durch.

4. Während der Großen Depression der 1930er Jahre kam die Weltwirtschaft zum Stillstand, und die Entwicklungsländer standen vor einer protektionistischen Mauer, die ihnen jeden Zugang zu den Exportmärkten der Industrieländer verwehrte (Kapitel 18). Infolgedessen stellte nahezu jedes Entwicklungsland die Rückzahlung seiner Auslandsschulden ein und der private Kapitalzufluss in Entwicklungsländer kam für vierzig Jahre zum Erliegen. Selbst einige Industrieländer, wie beispielsweise das unter nationalsozialistischer Herrschaft stehende Deutschland, kamen ihren Zahlungsverpflichtungen gegenüber dem Ausland nicht mehr nach.

Starke Kontraktionen in den Bereichen Produktion und Beschäftigung stellen sich stets infolge einer Krise ein, bei der das Land plötzlich jeden Zugang zu Finanzierungsquellen im Ausland verliert. Auf einer ganz elementaren Ebene kann man die Unvermeidbarkeit solcher Kontraktionen an der Identität der Leistungsbilanz ablesen, $S - I = NX$. Angenommen, ein Land habe in der Ausgangslage ein Leistungsbilanzdefizit (und daher Kredite aus dem Ausland) in Höhe von 5 Prozent seines BNE. Plötzlich befürchten die ausländischen Gläubiger einen Ausfall und stellen jede weitere Kreditvergabe ein. Da dadurch die Leistungsbilanz zwangsläufig auf mindestens Null gebracht wird ($NX \geq 0$), besagt die Identität $S - I = NX$, dass durch irgendeine Kombination von Investitionsrückgang und Ersparniszunahme $S - I$ um mindestens 5 Prozent steigen muss. Die dazu erforderliche drastische Abnahme der gesamtwirtschaftlichen Nachfrage muss unbedingt zu einem dramatischen Produktionsrückgang führen. Selbst wenn das Land zunächst gar nicht am Rande der Zahlungsunfähigkeit stand – und die ausländischen Gläubiger unvermittelt von einer irrationalen Panik erfasst wurden – macht der heftige Produktionseinbruch, den das Land erleidet, die Zahlungsunfähigkeit zu einer realen Möglichkeit.

Wahrscheinlich wird das Land in eine noch schlimmere Lage geraten, als das obige Beispiel vermuten lässt. Die ausländischen Gläubiger, die einen Ausfall befürchten, werden nicht nur neue Kredite zurückhalten, sondern natürlich auch versuchen, so viel Geld wie möglich aus dem Land zu holen, indem sie die *vollständige* Rückzahlung jeglicher Kredite verlangen, deren Kapitalbetrag kurzfristig gefordert werden kann (z.B. liquide kurzfristige Bankeinlagen). Wenn das Entwicklungsland den Kapitalbetrag seiner Schulden zurückzahlt, erhöht es sein Nettoauslandsvermögen (ein Kapitalabfluss), und diese Rückzahlungen gehen mit negativen Vorzeichen in die Kapitalbilanz ein. Um den spiegelbildlichen positiven Bilanzeintrag zu erzeugen (siehe Kapitel 12), muss das Land auf irgendeine Weise seinen Nettoexport steigern. In einer solchen Kreditkrise muss das Land also seine Leistungsbilanz nicht nur bei Null halten, sondern in Wirklichkeit einen Überschuss herbeiführen ($NX > 0$). Je umfangreicher die *kurzfristigen* Auslandsschulden des Landes – d.h. Schulden, deren Kapitalbetrag von den Gläubigern zurückgefordert werden kann –, desto größer die Ersparniszunahme oder der Investitionsrückgang, die notwendig sind, um einen Ausfall bei den Auslandsschulden zu verhindern.

Wie Sie vielleicht bemerkt haben, werden die Kreditausfallkrisen eines Entwicklungslandes von einem selbst erfüllenden Mechanismus vorangetrieben, dessen Wirkung analog zu selbst erfüllenden Zahlungsbilanzkrisen (Kapitel 17) und einem Run auf die Banken (Kapitel 21) aufgefasst werden kann. Die zugrunde liegende Logik ist in allen Fällen dieselbe. Darüber hinaus werden Kreditausfallkrisen von Entwicklungsländern in der Regel von Zahlungsbilanzkrisen (bei einem festen Wechselkurs) *und* einem Run auf die Banken begleitet. Eine Devisenbilanzkrise stellt sich ein, weil die Währungsreserven des Landes oftmals die einzigen verfügbaren Mittel darstellen, mit denen es kurzfristige Auslandsschulden zurückzahlen kann. Durch die Verringerung der Währungsreserven (ein Kapitalzufluss) kann die Regierung die gesamtwirtschaftliche Nachfrage stützen, denn sie verringert dadurch den Leistungsbilanzüberschuss, der notwendig ist, um den Zahlungsforderungen der Gläubiger nachzukommen.[5] Doch infolge des Verlusts an Währungsreserven ist die Regierung nicht länger in der Lage, den Wechselkurs zu stabilisieren. Gleichzeitig bekommen die Banken Probleme, da Einleger aus dem In- und Ausland aus Angst vor einer Abwertung der Währung sowie den Folgen eines Ausfalls Gelder abziehen und ausländische Reserven erwerben, weil sie hoffen, eigene Schulden in ausländischer Währung zurückzahlen oder ihr Vermögen sicher ins Ausland bringen zu können. Da die Banken oftmals von vornherein auf schwachen Füßen stehen, werden sie durch einen umfangreichen Abzug von Einlagen leicht an den Rand des Zusammenbruchs gebracht.

Diese drei Komponenten der Krise verstärken sich gegenseitig, sodass jede Finanzkrise eines Entwicklungslandes in der Regel eine schwere Krise darstellt, die Volkswirtschaft als Ganzes negativ beeinflusst und sehr rasch immer weitere Kreise zieht. Der unmittelbare Ursprung eines solchen umfassenden wirtschaftlichen Zusammenbruchs kann in der Kapitalbilanz, im Devisenmarkt oder im Bankensystem liegen, je nach den besonderen Umständen des betroffenen Landes.

In den ersten dreißig Jahren nach dem Zweiten Weltkrieg waren Kreditausfallkrisen selten. Die Kreditaufnahme von Entwicklungsländern war beschränkt und die Kreditgeber waren normalerweise staatliche Einrichtungen oder offizielle internationale Institutionen wie der Internationale Währungsfonds (IWF) und die Weltbank. Als jedoch von den frühen 1970er Jahren an der freie Fluss globalen privaten Kapitals zunahm, kam es wiederholt zu großen Kreditausfallkrisen, die, wie wir sehen werden, viele Beobachter dazu veranlassten, die Stabilität des kapitalistischen Weltmarkts in Frage zu stellen.[6]

---

5   Vergewissern Sie sich, dass Sie diese Zusammenhänge verstehen. Ziehen Sie gegebenenfalls Kapitel 12 zu Rate, in dem die Teilbilanzen der Zahlungsbilanz einer offenen Volkswirtschaft erläutert werden.

6   Zur Geschichte solcher Ausfälle bis zur Mitte der 1980er Jahre siehe Peter H. Lindert und Peter J. Morton, „How Sovereign Debt Has Worked", in: Jeffrey D. Sachs, Hrsg., *Developing Country Debt and Economic Performance*, Bd. 1, Chicago: University of Chicago Press, 1989. Einen guten Überblick über private Kapitalzuflüsse in Entwicklungsländer während derselben Periode geben Eliana A. Cardoso und Rüdiger Dornbusch, „Foreign Private Capital Inflows", in: Hollis Chenery und T. N. Srinivasan, Hrsg., *Handbook of Development Economics*, Bd. 2, Amsterdam: Elsevier Science Publishers, 1989.

22.3.3 Alternative Formen des Kapitalzuflusses

Wenn ein Entwicklungsland ein Leistungsbilanzdefizit aufweist, verkauft es Vermögenswerte an Ausländer, um die Differenz zwischen seinen Ausgaben und seinen Einnahmen zu decken. Bisher haben wir diese Vermögensverkäufe unter dem Sammelbegriff *Verschuldung* zusammengefasst, doch die Kapitalzuflüsse, mit denen die Defizite der Entwicklungsländer (bzw. aller Länder) finanziert werden, können verschiedenen Formen annehmen. In verschiedenen historischen Perioden herrschten verschiedene Arten von Kapitalzufluss vor. Da sich daraus unterschiedliche Verbindlichkeiten gegenüber ausländischen Gläubigern ergeben, kann man die makroökonomischen Umstände der Entwicklungsländer nur verstehen, wenn man die fünf wichtigsten Finanzierungsmöglichkeiten für ihr außenwirtschaftliches Defizit sorgfältig unterscheidet:

1. *Finanzierung durch Anleihen*. Manchmal verkaufen Entwicklungsländer zur Finanzierung ihres Defizits Anleihen an private ausländische Investoren. Diese Finanzierung durch Anleihen herrschte in der Periode vor 1914 und in den Zwischenkriegsjahren (1918 – 1939) vor. Im Zuge der ab 1990 einsetzenden Bemühungen vieler Entwicklungsländer, ihre Finanzmärkte zu liberalisieren und zu modernisieren, griff man wieder verstärkt darauf zurück.

2. *Finanzierung durch Geschäftsbanken*. Von Anfang der 1970er bis Ende der 1980er Jahre nahmen die Entwicklungsländer hohe Kredite bei Geschäftsbanken der Industrieländer auf. Im Jahr 1970 stammte rund ein Viertel aller Gelder, die Entwicklungsländer aus dem Ausland bezogen, von Geschäftsbanken. Im Jahr 1981 entsprachen die von Geschäftsbanken zur Verfügung gestellten Gelder ungefähr dem gesamten Leistungsbilanzdefizit sämtlicher Entwicklungsländer, die kein Erdöl förderten, für dieses Jahr. Die Geschäftsbanken geben nach wie vor direkte Kredite an Entwicklungsländer, doch in den 1990er Jahren verlor die Finanzierung durch Geschäftsbanken an Bedeutung.

3. *Offizielle Kredite*. Manchmal erhalten Entwicklungsländer Kredite von offiziellen ausländischen Institutionen wie der Weltbank oder der Inter-American Development Bank. Solche Kredite können „vergünstigt", d.h. zu einem Zinssatz erfolgen, der unterhalb des Marktniveaus liegt, oder zu Marktbedingungen, die dem Gläubiger die gängige Marktrendite versprechen. Der Umfang der offiziellen Kreditströme an Entwicklungsländer hat im Verhältnis zu den Gesamtfinanzströmen in der Nachkriegsperiode abgenommen, sie spielen aber für einige Länder nach wie vor die wichtigste Rolle, z.B. für einen großen Teil der Länder Afrikas, die südlich der Sahara liegen.

4. *Ausländische Direktinvestitionen*. Im Falle ausländischer Direktinvestitionen erwirbt oder erweitert ein Unternehmen, das sich mehrheitlich im Besitz von Ansässigen des Auslands befindet, ein Tochterunternehmen oder eine Fabrik im Inland (Kapitel 7). Ein Kredit von IBM an sein Montagewerk in Mexiko wäre ein Beispiel für eine Direktinvestition der USA in Mexiko. Eine solche Transaktion würde als Kapitalzufluss in Mexikos Zahlungsbilanz verbucht (und entsprechend als Kapitalabfluss gleicher Höhe in der Zahlungsbilanz der USA). Seit dem Zweiten Weltkrieg bilden Direktinvestitionen durchgängig eine wichtige Kapitalquelle der Entwicklungsländer.

Privatisation Announcement

Republic of Senegal

The Government of Senegal, as part of its program to liberalise the economy through the implementation of market based reforms, announces its intention to privatise SONACOS (Société Nationale de Commercialisation des Oléagineux du Sénégal).

SONACOS, the leading agro-industrial company in Senegal, is active in three main areas: refining and exporting of peanut oil and related by-products, importing, refining and marketing of vegetable oil and manufacturing of consumer products (soap, mustard, vinegar, margarine, etc.). A summary of the company's strengths follows:

- leading supplier of peanut oil to Europe
- estimated 90% market share of the edible oil market in Senegal
- large industrial base in Senegal (5 factories including 2 port facilities)
- turnover of FCFA 98 billion (USD 176 million) expected for 1998

The Government is seeking to sell a minimum of 51% of the share capital to a strategic investor with the industrial know how and financial strength to realise SONACOS's full potential. Tender documents will be available after March 15, 1999 at a cost of FCFA 250,000.

For further information, interested investors are invited to contact the Ministry of the Economy and Finance with copy to the adviser to the Government, HSBC Equator Bank, at the addresses mentioned below.

Ministère de l'Economie et des Finances, Cellule de Gestion et de Contrôle du Portefeuille de l'Etat: Mr. Serigne Ahmadou CAMARA 11, rue Malan - Immeuble Electra II - 3e étage Dakar, Senegal phone: (221) 823 34 28 facsimile: (221) 822 56 31	HSBC Equator Bank plc: Mr. James N. SHEFFIELD 66 Warwick Square SW1V 2AL London, UK phone: (44) 171 821-8797 facsimile: (44) 171 821-6221

HSBC Equator Bank plc

Member HSBC Group
Regulated by the SFA

Im Jahr 1999 warb die Regierung von Senegal mit dieser Anzeige um einen großen privaten Investor, der einen Mehrheitsanteil an einem staatlichen Hersteller von Pflanzenöl-produkten erwerben sollte. **Quelle:** *Financial Times*, 4. März 1999. S. 14

Abbildung 22.2: Privatisierung in Afrika

5. *Portfolio-Investitionen in Unternehmensanteile.* Seit Beginn der 1990er Jahre legen Investoren aus Industrieländern einen wachsenden Appetit auf Anteile an Unternehmen der Entwicklungsländer an den Tag. Die **Privatisierungspolitik** zahlreicher Entwicklungsländer – der Verkauf großer staatlicher Unternehmen in Schlüsselbranchen

wie der Stromversorgung, der Telekommunikation und der Erdölbranche – hat diesen Trend verstärkt. (Abbildung 22.2 zeigt eine Anzeige des afrikanischen Staates Senegal aus dem Jahr 1999, mit der um private Aktionäre für einen großen staatlichen Nahrungsmittelhersteller geworben wurde.) In den USA bieten zahlreiche Finanzdienstleister Investmentfonds an, die auf Unternehmensanteile aus aufstrebenden Märkten spezialisiert sind.

Die fünf oben beschriebenen Finanzierungsmöglichkeiten können zwei Kategorien zugeordnet werden: *Kreditfinanzierung* und *Beteiligungsfinanzierung* (Kapitel 21). Anleihen sowie Kredite von Geschäftsbanken und offiziellen Institutionen sind Formen der Kreditfinanzierung. Der Schuldner muss, unabhängig von seiner konjunkturellen Lage, den Nennwert des Kredits plus Zinsen zurückzahlen. Direktinvestitionen und Portfolio-Investitionen sind hingegen Formen der Beteiligungsfinanzierung. Die ausländischen Besitzer einer Direktinvestition haben zum Beispiel Anspruch auf einen Anteil ihrer Nettorendite, und nicht auf die regelmäßige Zahlung festgelegter Summen. Ungünstige konjunkturelle Umstände im Empfängerland führen daher zu einem automatischen Rückgang der Erträge aus diesen Direktinvestitionen und der an Ausländer abgeführten Dividenden.

Die Unterscheidung zwischen Kredit- und Beteiligungsfinanzierung ermöglicht eine genauere Analyse, wie sich bei unvorhergesehenen Ereignissen, beispielsweise einer Rezession oder einer Veränderung der Terms of Trade, die Zahlungen von Entwicklungsländern an Ausländer verändern. Wenn die Verbindlichkeiten eines Landes die Form von Krediten haben, dann zieht ein Rückgang ihres Realeinkommens keinen parallelen Rückgang ihrer festgelegten Zahlungen an die Gläubiger nach sich. Es kann für das Land in diesem Fall sehr schmerzhaft werden, seinen finanziellen Verpflichtungen gegenüber dem Ausland weiterhin nachzukommen – so schmerzhaft, dass es die Zahlungen vielleicht einstellt. Die Beteiligungsfinanzierung macht den Schuldnerländern das Leben oft leichter. Im Falle einer Beteiligungsfinanzierung führt ein Rückgang des Nationaleinkommens automatisch zu geringeren Einnahmen der ausländischen Anteilseigner, ohne dass gegen irgendeinen Kreditvertrag verstoßen würde. Durch den Erwerb von Beteiligungen erklären sich die ausländischen Investoren de facto bereit, das Schicksal der betreffenden Volkswirtschaft im Guten wie im Schlechten zu teilen. Die Beteiligungsfinanzierung setzt ein Entwicklungsland daher in viel geringerem Maße dem Risiko einer Verschuldungskrise gegenüber dem Ausland aus, als dies bei der Kreditfinanzierung der Fall ist.

22.4 Lateinamerika: Von der Krise zu unausgewogenen Reformen

Obwohl Lateinamerika über reichhaltige Rohstoffvorkommen verfügt, lebt ein großer Teil seiner Bevölkerung nach wie vor in bitterer Armut, und die Region wurde wiederholt von Finanzkrisen gebeutelt. Unsere Fallstudie zu Argentinien (S. 874) zeigt, dass die Bemühungen dieses Landes, das zu Beginn des 20. Jahrhunderts wohlhabend war, um die Wiederherstellung eines stabilen Wirtschaftswachstums immer wieder scheiterten. Die Probleme Argentiniens bestehen fort, obwohl es ernsthafte (wenn auch unvollständige) Versuche unternommen hat, seine Volkswirtschaft zu reformieren. Viele seiner Nachbarländer bemühten sich mit unterschiedlichem Erfolg ebenfalls, die politischen Fehler der Vergangenheit zu vermeiden. Mehrere Länder der Region haben noch harte Maßnahmen vor sich, doch einige verzeichnen bereits deutliche Fortschritte auf dem Weg zu wirtschaftlicher Stabilität und einer nachhaltigen Hebung des Lebensstandards. Dieser Abschnitt fasst die Fortschritte zusammen, die Lateinamerika bis zur allgemeinen Wirtschaftskrise der Entwicklungsländer im Jahr 1997 gelangen. Seine Erfahrungen beinhalten wichtige Lehren für die Länder anderer Regionen.

22.4.1   Die Inflation und die Schuldenkrise der 1980er Jahre in Lateinamerika

Die tatsächlichen Kosten des Entwicklungsansatzes, der von der binnenorientierten Importsubstitution ausging, zeigten sich in Lateinamerika erst in den 1970er Jahren. Vor dem Hintergrund des weltweit wachsenden Wohlstands der 1950er und 1960er Jahre konnten viele Länder gesunde (wenn auch nicht spektakuläre) Wachstumsraten erzielen, indem sie die zunächst hohen Anfangsrenditen ausnutzten, die sich aus der Verlagerung von Ressourcen aus ineffizienter landwirtschaftlicher Produktion in die Industrie ergaben. Diese Quelle einfachen Gewinns versiegte mit der Zeit. Als die mit der Planung der nationalen Wirtschaftsentwicklung beauftragten Entscheidungsträger zunehmend komplexe Investitionsentscheidungen treffen mussten, die besser den Kräften des Marktes überlassen worden wären, breitete sich allenthalben Ineffizienz aus. Unter dem Schutz protektionistischer Barrieren beherrschten die einheimischen Branchen auf Kosten der Verbraucher den Markt. Wer einen Anteil der eingeschlossenen Binnenmärkte an sich reißen konnte, dem winkten reichliche Einkünfte. Und so stritten sich verschiedene Lobbygruppen um Importlizenzen und Ausnahmeregelungen, Korruption machte sich breit. Mit der Zeit wuchs sowohl die soziale Ungleichheit in den Volkswirtschaften, die Importsubstitute produzierten, als auch die Armut der untersten Einkommensschichten.

Die Ölpreisschocks der frühen 1970er Jahre und die Verlangsamung des Produktivitätszuwachses in den Industrieländern leiteten in Verbindung mit dem Ende des Bretton-Woods-Systems (Kapitel 18) und der Freigabe der Wechselkurse eine Periode ein, in der die Makroökonomie vieler lateinamerikanischer Länder einen ungünstigen Entwicklungsverlauf nahm. Die Regierungen steigerten ihre Ausgaben, um die Forderungen nach mehr sozialer Gleichheit zu erfüllen. Gleichzeitig versuchten sie, durch eine erhöhte Nachfrage der öffentlichen Haushalte den Folgen der Ölpreiserhöhung entgegenzuwirken. Zur Finanzierung dieser fiskalischen Expansion nahmen die Regierungen umfangreiche Kredite im Ausland auf. Sie verschuldeten sich stärker als zu jedem anderen Zeitpunkt seit dem Zweiten Weltkrieg. Außerdem ließen sie immer mehr Geld drucken, um eine höhere Seignorage zu realisieren. Das Ergebnis dieser Politik war eine explosionsartige Steigerung der Inflation und der Auslandsverschuldung. Die so geschaffenen ökonomischen Missstände ebneten in vielen Fällen Militärdiktatoren den Weg an die Macht.

Beispiel 22.1: Die einfache Algebra des moralischen Wagnisses

Die Erwartung garantierter staatlicher Absicherungen erzeugt in Verbindung mit einer schlechten Überwachung der abgesicherten Einrichtung eine Bereitschaft zum moralischen Wagnis, die in vielen Volkswirtschaften zu Investitionen mit überhöhtem Spekulationsrisiko führte. Ziehen wir zur Veranschaulichung ein Beispiel heran. Eine potenzielle Investition – ein Immobilienprojekt – koste im Voraus $70 Millionen. Wenn alles gut geht, wird das Projekt eine Rendite von $100 Millionen abwerfen, doch die Chancen auf diesen günstigen Ausgang stehen nur bei eins zu drei. Mit einer Wahrscheinlichkeit von zwei Dritteln wird die Investition nur $25 Millionen abwerfen. Die erwartete Rendite beträgt daher nur (1/3 × $100 Millionen) + (2/3 × $25 Millionen) = $50 Millionen, also weitaus weniger als die Investitionskosten von $70 Millionen. Normalerweise würde niemand diese Investition tätigen.

Doch staatliche Absicherungsgarantien ändern die Lage. Angenommen, ein Immobilienhändler kann die gesamte Summe von $70 Millionen als *Kredit* aufnehmen, weil er die Kreditinstitute davon überzeugt hat, dass der Staat für ihn aufkommen wird, falls sein Projekt scheitert und er seine Schulden nicht begleichen kann. Von seinem Standpunkt hat er dann eine Chance von einem Drittel, $30 Millionen (= $100 Millionen – $70 Millionen) zu verdienen. Wenn es nicht klappt, lässt er das Projekt einfach fallen. Er handelt nach dem todsicheren Motto: Entweder ich streiche den Gewinn ein oder die Steuerzahler kommen für den Verlust auf.

Dies scheint ein extremes Beispiel zu sein, doch diese Logik hat in vielen Ländern, die USA nicht ausgenommen, zu finanziellen Katastrophen geführt. In den 1980er Jahren genossen die US-amerikanischen Spar- und Darlehenskassen, die Savings and Loan Associations, ein Privileg, das mit keinerlei Auflagen verbunden war: der Staat garantierte für ihre Einlagen, ohne zu überwachen, ob sie übermäßige Risiken eingingen. Dafür wurde den US-amerikanischen Steuerzahlern schließlich eine Rechnung in Höhe von $150 Milliarden präsentiert. Ähnliche Fehler in Bezug auf die Leitung des Finanzsektors führten in den 1990er Jahren zu hohen Verlusten von Banken in den verschiedensten Industrieländern, beispielsweise in Schweden und Japan. In den Entwicklungsländern hatten solche Finanzkrisen in der Regel noch weitaus verheerendere Folgen als in den Industrieländern.

Erfolglose Bemühungen um die Eindämmung der Inflation: die „Tablitas" der 1970er Jahre. Im Jahr 1978 machten sich Argentinien, Chile und Uruguay eine neue Strategie der Inflationsbekämpfung zu eigen, die auf dem Wechselkurs basierte. Die spanische Bezeichnung dieses Ansatzes lautete „*Tablita*" (kleine Tabelle). Dabei handelte es sich um eine im Voraus festgelegte, abgestufte Abwertung der Inlandswährung gegenüber dem US-Dollar. Die Tablitas waren ein Wechselkursregime, das man als **Crawling Peg** bezeichnet. Bei früheren Anwendungen dieser Art von Wechselkursanpassungen in kleinen Schritten hatten lateinamerikanische Länder versucht, eine inflationsbedingte übermäßige Verteuerung inländischer Güter im Vergleich zu ausländischen Gütern, d.h. eine reale Aufwertung der Währung, zu verhindern. Die Tablita-Strategie basierte auf einem anderen Ansatz: einer stetig abnehmenden Abwertungsrate der einheimischen Währung gegenüber dem Dollar. Diese sollte, indem sie die Preissteigerungsrate international handelbarer Güter reduzierte, das Gesamtniveau der Inflation senken.[7] Alle drei Länder leiteten gleichzeitig Handelsreformen in die Wege, räumten den Banken und Finanzinstitutionen größere Freiheiten ein und öffneten ihre Volkswirtschaften für den privaten Kapitalfluss.

Doch die Inflationsrate sank nicht im selben Verhältnis wie die in den Tablitas festgelegten Abwertungsraten. In Chile beispielsweise lag die Inflation immer noch bei 2,5 Prozent *pro Monat*, als die Regierung im Juni 1979 entschied, den Wechselkurs ihrer Währung gegenüber dem Dollar festzuschreiben. Da ihre einheimische Inflation weit oberhalb derjenigen der USA lag und die Abwertung ihrer Währungen weit hinter der Inflationsdifferenz zurückblieb, erfuhren Argentinien, Chile und Uruguay infolge des Tablita-Experiments eine starke reale Aufwertung ihrer Währungen und hohe Leistungsbilanzdefizite.[8] (Die Felder (a) und (b) von Abbildung 22.3 zeigen die Angaben für Argentinien und Chile. Eine Aufwärtsbewegung entlang der linken Achse zeigt einen Anstieg des Leistungsbilanzdefizits an, und eine Aufwärtsbewegung entlang der rechten Achse eine reale *Aufwertung* der einheimischen Währung gegenüber dem US-Dollar.)

Die *privaten* Kapitalzuflüsse in diese Länder überstiegen ihre Leistungsbilanzdefizite bei weitem, weil die Zentralbanken Währungsreserven ansammelten. Private Gelder aus dem Ausland flossen oft in die soeben liberalisierten, jedoch noch ungenügend überwachten Finanzinstitutionen, die dazu neigten, dieses Geld für riskante einheimische Kredite zu verwenden. In den Fällen von Argentinien und Uruguay dienten diese Kapitalzuflüsse auch zur Finanzierung staatlicher Defizite, die im Wesentlichen auf dem Niveau verblieben, das sie bereits vor der Einführung der *Tablitas* erreicht hatten. Eines der Modelle für spekulative Angriffe, das in Kapitel 17 vorgestellt wurde, beschreibt folgenden Verlauf: Ein Land, das seinen Wechselkurs festlegt, während es gleichzeitig ein großes Staatsdefizit unterhält, braucht früher oder später seine Währungsreserven auf und wird einem spekulativen Angriff auf seine einheimische Währung ausgesetzt. Entsprechende Tendenzen traten auch im Falle Chiles, Argentiniens und Uruguays auf, wurden jedoch zunächst

---

[7]   Hinter der Tablita-Strategie stand also ein ähnlicher Grundgedanke wie hinter den festen Wechselkursen im Rahmen der „Glaubwürdigkeitstheorie" des Europäischen Währungssystems (Kapitel 20).

[8]   Eine solche reale Aufwertung kommt im Rahmen von Wechselkursstabilisierungsplänen recht häufig vor und hat mehrere potenzielle Ursachen. Erstens kann eine anhaltende Inflation, deren Grund in einer langsamen Anpassung der Erwartungen oder einer verzögerten Indexierung von Handelsverträgen liegt, eine reale Aufwertung bedingen. Zweitens kann mangelnde Glaubwürdigkeit der angekündigten Wechselkursänderungsrate die Preissetzer veranlassen, in Erwartung einer ungeplanten Abwertung eine relativ hohe Inflation zu erzeugen. Und schließlich können Produktivitätsverschiebungen, die sich aus einer niedrigeren Inflation oder damit einhergehenden Reformen ergeben, eine reale Aufwertung bedingen. Dieser Fall ist in Kapitel 15 im Zusammenhang mit dem Balassa-Samuelson-Effekt beschrieben. Der letztgenannte Grund für eine reale Aufwertung ist harmlos, während die ersten beiden die Regierung, die sich um die Inflationsbekämpfung bemüht, für gewöhnlich gehörig in Bedrängnis bringen.

durch die umfangreichen Währungszuflüsse verdeckt, die mit den Anfangsphasen des Tablita-Programms verbunden waren.

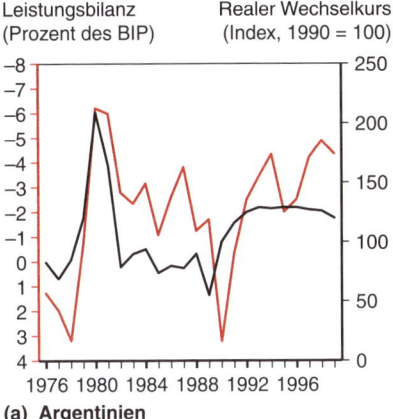

(a) **Argentinien**

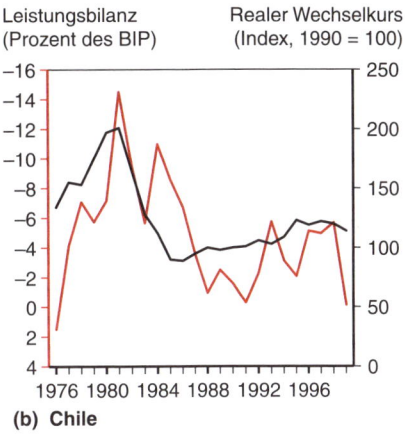

(b) **Chile**

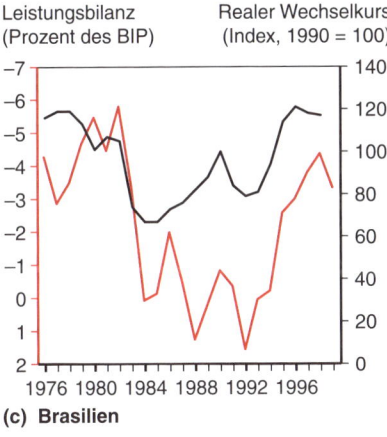

(c) **Brasilien**

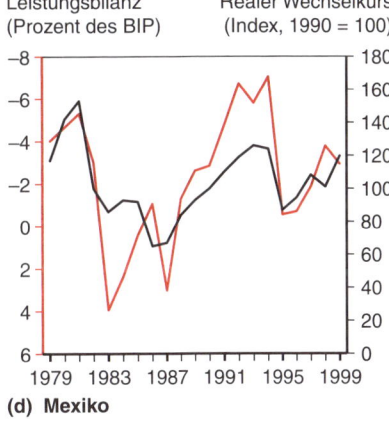

(d) **Mexiko**

——— Leistungsbilanz
——— Realer Wechselkurs

Die Länder, die durch eine Festlegung ihrer nominalen Wechselkurse die Inflation eindämmen wollten, erfuhren starke Fluktuationen der realen Wechselkurse und starke Schwankungen ihrer Leistungsbilanz.

Quelle: Internationaler Währungsfonds, *International Financial Statistics*, und Weltbank, *World Economic Indicators*. Die linke vertikale Achse zeigt das Leistungsbilanzdefizit, die rechte vertikale Achse den realen Wechselkurs. Dieser ist definiert als P/EP_{US}, wobei P für das einheimische Preisniveau steht und E für den Preis des US-Dollars in einheimischer Währung (sodass eine Erhöhung des realen Wechselkursindex einer realen Aufwertung der einheimischen Währung gegenüber dem Dollar entspricht).

Abbildung 22.3: **Leistungsbilanzdefizite und reale Aufwertung der Währungen in vier Volkswirtschaften, die einem Stabilisierungsprogramm unterworfen waren, 1976 – 1997**

Im Laufe der Jahre 1981 – 1982, als die Zinssätze in den Industrieländern einen historischen Höchststand erreicht hatten, konnten die drei genannten lateinamerikanischen Länder ihre hohen realen Wechselkurse und Leistungsbilanzdefizite nicht länger aufrechterhalten. Vor dem Hintergrund spekulativer Angriffe auf ihre Wechselkurse und einem Run auf ihre brüchigen Finanzinstitutionen gaben sie ihre Stabilisierungsprogramme auf.

Eine Analyse der finanziellen Krisenanfälligkeit dieser Länder beinhaltet einige Lehren über die Bedeutung des Bankwesens in Entwicklungsländern, auf die wir im Verlauf dieses Kapitels mehrfach zurückkommen werden. Chile ist dafür ein besonders eindringliches Beispiel. Vor der Krise von 1981 – 1982 hatten die chilenischen Finanzinstitutionen umfangreiche Kredite im Ausland aufgenommen und die damit verbundenen Einnahmen hemmungslos weiterverliehen, weil sie davon ausgingen, dass die Regierung sie im Falle eines Kreditausfalls in vollem Umfang retten werden. Entsprechende Garantien der Regierung erzeugten in Kombination mit der damals wenig entwickelten Bankenaufsicht eine extreme Form des Problems, das im vorigen Kapitel als *moralisches Wagnis* beschrieben wurde. Der Beispielkasten auf S. 871 zeigt anhand eines konkreten Beispiels, auf welchen Wegen die von Chile geförderte Form des moralischen Wagnisses Kreditnehmer zu unvorsichtigen Investitionen verleitete. Die ohnehin auf schwachen Füßen stehenden Banken des Landes wurden innerhalb kurzer Zeit zahlungsunfähig, als sich zu Beginn der 1980er Jahre die wirtschaftliche Lage verschlechterte. Die daraufhin erfolgenden staatlichen Rettungsaktionen bedeuteten eine enorme zusätzliche finanzielle Belastung des chilenischen Staates und verschlimmerten die Krise, in der sich das Land befand.[9]

Nach dem Scheitern der Tablita-Programme hielt die chronische Inflation in Chile, Argentinien und Uruguay heftiger denn zuvor wieder Einzug. Doch das Ausmaß des damit verbundenen Zusammenbruchs ging nicht auf rein einheimische Probleme zurück. Das Jahr 1982 kennzeichnete den Beginn einer weitaus umfassenderen Schuldenkrise der Entwicklungsländer, in deren Folge die Kreditvergabe an Lateinamerika bis zum Ende jenes Jahrzehnts verlangsamt wurde.

Beispiel 22.2: Die Stagnation der argentinischen Volkswirtschaft

Argentinien war zu Beginn des 20. Jahrhunderts eines der reichsten Länder der Erde gewesen, doch seither verarmte es zunehmend im Vergleich zu den Industrieländern, gegenüber denen es sich im Jahr 1900 so wohlhabend ausgenommen hatte. Einen Tiefpunkt erreichte diese Entwicklung zu Beginn der 1990er Jahre, als die Weltbank Argentinien auf den Status eines Entwicklungslandes mit mittlerem Einkommen, unteres Segment, zurückstufte. Die unten stehende Tabelle widerspiegelt diese Geschichte, die Ökonomen und Wirtschaftshistorikern bis heute Rätsel aufgibt:

---

[9]   Eine klassische Darstellung dieser Ereignisse finden Sie bei Carlos F. Díaz Alejandro, „Good-bye Financial Repression, Hello Financial Crash", in: *Journal of Development Economics* 19, September-Oktober 1985, S. 1 – 24. Im Jahr 1975 hatte der chilenische Finanzminister verkündet: „Sämtliche finanziellen Geschäfte des Bankensystems und der Sparkassenvereine werden von der Zentralbank abgesichert. Sie ist stets für die Defizite der Sparkassenvereine aufgekommen und wird dies bei Bedarf auch weiterhin tun." Solche eindeutig formulierten, bedingungslosen staatlichen Garantien, die überdies nicht von vorbeugenden Maßnahmen gegen übermäßige Risiken begleitet werden, führen unbedingt zu Problemen.

Land	1900	1913	1929	1950	1973	1987
Argentinien	1.284	1.770	2.036	2.324	3.713	3.302
Australien	2.923	3.390	3.146	4.389	7.696	9.533
Kanada	1.808	2.773	3.286	4.822	9.350	12.702
OECD	1.817	2.224	2.727	3.553	7.825	10.205

Pro-Kopf-Produktion seit 1900: Argentinien im Vergleich mit den Industrieländern (in Dollars von 1980)
Quelle: Angus Maddison, The World Economy in the 20th Century, Paris: OECD, 1989.

Im Jahr 1987 war die Produktion Argentiniens gegenüber ihrem Stand von 1900 um nur 157 Prozent gewachsen. Das Einkommen Kanadas hingegen war um 603 Prozent gestiegen, und dasjenige der OECD als Ganzes um 462 Prozent. Die Produktion Australiens war im Jahr 1987 gegenüber 1900 um lediglich 226 Prozent gestiegen, doch Australien war von einem mehr als doppelt so hohen Wohlstandsniveau ausgegangen wie Argentinien! Das miserable Wachstum Argentiniens führte dazu, dass es zum Ende des 20. Jahrhunderts nur etwa ein Drittel so vermögend war wie Australien.

Wo liegen die Ursachen für den Abstieg Argentiniens vom Millionär zum Tellerwäscher? Die Antwort ist auch in diesem Fall komplex, die Hauptverantwortung scheint jedoch bei der nach innen gerichteten Orientierung des Landes und in seiner makroökonomischen Instabilität zu liegen.

Die nach innen gewandte Orientierung während der Zwischenkriegsperiode (1918 – 1939) war zum Teil vom Ausland erzwungen worden. Vor 1914 war das nationale Sparen Argentiniens gering ausgeprägt, sodass das Land Investitionen und Wachstum nur mit Hilfe von Kapitalzuflüssen finanzieren konnte, die in erster Linie aus Großbritannien stammten. Alan M. Taylor von der University of California (Davis) argumentiert, dass der Erste Weltkrieg, in dessen Folge Großbritannien seine Stellung als Hauptgläubiger der Welt verlor, Argentinien seiner gewohnten Ersparnisquellen beraubte. Die dadurch bedingte Verlangsamung der Kapitalakkumulation schlug sich notwendigerweise in einem langsameren Produktionswachstum nieder. Die weltweite Depression der 1930er Jahre, die Kapitalbewegungen und Außenhandel zum Stillstand brachte, festigte die wirtschaftliche Isolation Argentiniens.[10]

---

[10] Siehe Taylor, „External Dependence, Demographic Burdens, and Argentine Economic Decline after the Belle Époque", in: *Journal of Economic History* 52, Dezember 1992, S. 907 – 936.

➜

Mit dem Regierungsantritt von Juan Perón (dem Ehemann der berühmten Evita) im Jahr 1946 wurde die bis dahin offene argentinische Volkswirtschaft stärker nach außen hin abgeschottet. Perón, der die Unterstützung der städtischen Arbeiter gewinnen wollte, förderte noch stärker, als es in den 1930er Jahren der Fall gewesen war, die Herstellung von importsubstituierenden Industrieprodukten gegenüber der Produktion traditioneller landwirtschaftlicher Exportgüter wie beispielsweise Weizen und Rindfleisch. Expansive fiskalpolitische Maßnahmen zur Förderung des privaten Konsums hemmten die Investitionstätigkeit, sodass die Zahlungsbilanz absackte und die Inflation angeheizt wurde.

Rückblickend muss bezweifelt werden, ob die von Argentinien betriebene Politik der Importsubstitution auch nur ihr erklärtes Ziel, die Förderung der Industrialisierung, erreicht hat. Carlos Díaz Alejandro, einer der großen Wirtschaftshistoriker Lateinamerikas, stellte fest, dass die Industrieproduktion Argentiniens von 1900 bis 1929 um 5,6 Prozent jährlich wuchs, während in der Periode der Industrialisierung durch Importsubstitution, von 1929 bis 1965, die jährliche Wachstumsrate der Produktion lediglich 3,7 Prozent betrug.[11]

Die von Perón gegründete politische Bewegung hat bis zum heutigen Tag in Argentinien großen Einfluss, und ihre Stärke erschwerte den nachfolgenden argentinischen Regierungen den Abbau von Handelsbeschränkungen, die Flexibilisierung der Arbeitsmärkte, den Rückzug des Staates aus der Industrie sowie die Kontrolle über die Ausgaben der öffentlichen Haushalte und die Inflation. Das Ergebnis waren makroökonomische Instabilität und ein langsames Wachstum. Erst nachdem das Land am Ende der 1980er Jahre eine echte Hyperinflation durchgemacht hatte, gelang es einer reformorientierten Regierung von 1991 an, langjährige Hindernisse für das wirtschaftliche Wachstum abzubauen (siehe die Ausführungen ab S. 878). Zunächst reagierte die argentinische Volkswirtschaft positiv auf die 1991 eingeleiteten Reformen. Sie wuchs mit einem Jahresdurchschnitt von 6 Prozent (bis Ende 1997 die Entwicklungsländer von einer Rezession erfasst wurden) und stieg wieder in den Rang eines Entwicklungslandes im oberen Bereich des mittleren Einkommenssegments vor. Doch anschließend verlangsamte sich, wie wir aufzeigen werden, das Wachstum dramatisch, und im Jahr 2002 steckte die argentinische Volkswirtschaft bereits wieder in einer Krise.

Die Schuldenkrise der 1980er Jahre. In den Jahren 1981 – 1983 machte die Weltwirtschaft eine tiefe Rezession durch. Genau wie die Große Depression den Entwicklungsländern die Rückzahlung ihrer Auslandskredite erschwert hatte – und rasch zu einem nahezu universalen Ausfall führte –, so löste auch die große Rezession zu Beginn der 1980er Jahre eine Schuldenkrise der Entwicklungsländer aus.

---

[11] Carlos F. Díaz Alejandro, *Essays on the Economic History of the Argentine Republic*, New Haven: Yale University Press, 1970, S. 138.

Wie in Kapitel 19 beschrieben wurde, leitete das Federal Reserve System in den USA im Jahr 1979 eine straffe Politik der Inflationsbekämpfung ein, die zu der Rezession der Weltwirtschaft im Jahr 1981 beitrug. Der Rückgang der gesamtwirtschaftlichen Nachfrage in den Industrieländern hatte natürlich direkte negative Auswirkungen auf die Entwicklungsländer, doch drei weitere Mechanismen spielten eine noch größere Rolle. Da die Entwicklungsländer umfangreiche in Dollar bewertete Schulden hatten, stieg die Belastung durch die Zinszahlungen, die sie leisten mussten, unmittelbar dramatisch an. Verschärft wurde dieses Problem durch die starke Aufwertung des Dollars auf dem Devisenmarkt, die den realen Wert der Dollar-Schuldenlast erheblich steigerte. Und schließlich brachen die Rohstoffpreise ein, sodass sich die Terms of Trade vieler armer Länder verschlechterten.

Die Krise begann im August 1982, als Mexiko bekannt gab, dass die Währungsreserven seiner Zentralbank erschöpft seien und dass es seinen Zahlungsverpflichtungen im Zusammenhang mit seinen Auslandsschulden in Höhe von $ 80 Milliarden nicht mehr nachkommen könne. Angesichts der potenziell ähnlichen Beschaffenheit anderer großer lateinamerikanischer Schuldnernationen wie beispielsweise Argentinien, Brasilien und Chile, beeilten sich die Banken der Industrieländer – die größten privaten Kreditgeber Lateinamerikas – ihre Risiken zu vermindern, indem sie keine neuen Kredite mehr vergaben und die Rückzahlung bereits erfolgter Kredite verlangten.

Die meisten Entwicklungsländer erwiesen sich daraufhin als unfähig, ihre aus früheren Krediten herrührenden Verbindlichkeiten zu erfüllen, und man trieb rasch auf einen allgemeinen Ausfall zu. Lateinamerika war vielleicht am härtesten getroffen, doch auch Länder des sowjetischen Machtbereichs, die Kredite bei europäischen Banken aufgenommen hatten, wie beispielsweise Polen, wurden schwer in Mitleidenschaft gezogen. Die afrikanischen Länder, die in erster Linie Kredite bei offiziellen Institutionen wie dem IWF und der Weltbank aufgenommen hatten, konnten ihrem Schuldendienst ebenfalls nicht mehr pünktlich nachkommen. Den meisten Ländern in Ostasien gelang es, ihr wirtschaftliches Wachstum fortzusetzen und eine Umschuldung (d.h. die Gewährung eines verlängerten Zahlungsziels gegen das Versprechen zusätzlicher Zinszahlungen) zu vermeiden. Dennoch waren Ende 1986 mehr als 40 Länder in ernste Finanzierungsschwierigkeiten geraten. Das Wachstum hatte sich in den meisten Entwicklungsländern stark verlangsamt (oder sogar ins Negative verkehrt).

Ursprünglich hatten die Industrieländer unter starker Beteiligung des Internationalen Währungsfonds versucht, die großen Banken zur Fortsetzung der Kreditvergabe zu überreden. Sie argumentierten, dass eine koordinierte Kreditvergabe die beste Gewähr für die Rückzahlung früherer Kredite liefere. Die politischen Entscheidungsträger der Industrieländer befürchteten, dass Großbanken wie die Citicorp oder die Bank of America, die große Kredite an Lateinamerika vergeben hatten, im Falle eines allgemeinen Ausfalls zusammenbrechen und das Weltfinanzsystem mit in den Abgrund reißen würden. Doch die Krise konnte erst 1989 beendet werden, als die USA, die eine politische Instabilität an ihren südlichen Landesgrenzen fürchteten, darauf bestanden, dass amerikanische Banken den Entwicklungsländern einen gewissen Schuldenerlass gewährten. Im Jahr 1990 erklärten sich die Banken bereit, die Schulden Mexikos um 12 Prozent zu senken, und innerhalb des nächsten Jahres wurden weitere Schuldenerlassabkommen mit den Philippinen,

Costa Rica, Venezuela, Uruguay und Niger ausgehandelt. Als dann Argentinien und Brasilien im Jahr 1992 eine vorläufige Einigung mit ihren Gläubigern erzielten, schien die Schuldenkrise endlich beigelegt.

22.4.2   Reformen, Kapitalzuflüsse und Rückkehr der Krise

Zu Beginn der 1990er Jahre setzte der Zufluss privaten Kapitals in die Entwicklungsländer wieder ein. Zu den Empfängern zählten auch einige hoch verschuldete lateinamerikanische Länder, die im Zentrum der Schuldenkrise der 1980er Jahre gestanden hatten. Wie Tabelle 22.3 zeigt, nahm die Kreditaufnahme der Gruppe kein Erdöl fördernder Entwicklungsländer von 1992 an wieder stark zu.

Von den Anfang der 1990er Jahre niedrigen Zinssätzen in den USA ging zweifellos ein erster Anstoß zu diesem neuerlichen Kapitalfluss aus. Von noch größerer Bedeutung dürften allerdings die ernsthaften Bemühungen der Empfängerländer gewesen sein, ihre Inflation unter Kontrolle zu bekommen. Zu diesem Zweck mussten die Regierungen die Rolle des Staates in der Volkswirtschaft begrenzen und die Steuerhinterziehung eindämmen. Gleichzeitig bemühten sich die Regierungen um den Abbau von Handelsbeschränkungen, um die Deregulierung der Arbeits- und Gütermärkte sowie um eine verbesserte Effizienz der Finanzmärkte. Umfangreiche Privatisierungsmaßnahmen dienten sowohl mikroökonomischen als auch makroökonomischen Zielen. Auf der Ebene der Mikroökonomie förderten sie Effizienz und Wettbewerb, und auf makroökonomischer Ebene dienten sie dem Ziel der Regierung, die öffentlichen Haushalte von den Verlusten staatlicher Unternehmen zu entlasten, die keinem Wettbewerb ausgesetzt und schlecht geführt waren.

Welche Faktoren veranlassten diese Länder am Ende doch zu ernsthaften Reformen, obwohl einflussreiche Kräfte ein handfestes Interesse an der Aufrechterhaltung des Status quo hatten? Einer dieser Faktoren war eben die Schuldenkrise der 1980er Jahre, die, in den Worten zahlreicher Beobachter, ein „verlorenes Jahrzehnt" für das lateinamerikanische Wachstum einleitete. Viele der relativ jungen politischen Entscheidungsträger, die zum Ende der Schuldenkrise in Lateinamerika an die Macht kamen, waren gut ausgebildete Ökonomen, nach deren Überzeugung die bisherige, verfehlte Wirtschaftspolitik und deren Institutionen die Krise herbeiführt und ihre Folgen verschlimmert hatten. Ein weiterer Faktor war das Vorbild Ostasiens, das die Schuldenkrise der 1980er Jahre nahezu unbeschadet überstanden hatte. Obwohl Ostasien noch im Jahr 1960 ärmer gewesen war als Lateinamerika, verfügte es mittlerweile über einen größeren Wohlstand.

Die Wirtschaftsreformen aus jüngerer Zeit haben in verschiedenen lateinamerikanischen Ländern unterschiedliche Formen angenommen, und einige machten nur geringe Fortschritte. Im Folgenden vergleichen wir die makroökonomischen Aspekte der Reformansätze vier großer Länder, die weitreichende (aber nicht gleichermaßen erfolgreiche) Reformbemühungen unternommen haben.

Argentinien. Wie wir gesehen haben, unternahm Argentinien in den 1970er Jahren den erfolglosen Versuch, die Inflation durch einen Crawling Peg unter Kontrolle zu bekommen. Eine Achillesferse dieser gescheiterten Politik bestand darin, dass sie das staatliche

Haushaltsdefizit nicht dauerhaft senken konnte. Im Laufe der 1980er Jahre führten verschiedene argentinische Regierungen mehrere Inflationsbekämpfungsprogramme durch, in deren Rahmen Währungsreformen, Preiskontrollen und andere Maßnahmen eingesetzt wurden. Das Grundproblem der Staatsdefizite wurde dadurch nicht behoben, und alle neuen Programme scheiterten stets nach einer kurzen, viel versprechenden Anfangsperiode. Die generelle Instabilität der Volkswirtschaft griff auf die einheimischen Finanzinstitutionen über. Es kam zu panikartigen Abzügen von Bankeinlagen und zu Bankenzusammenbrüchen. Argentinien rutschte in eine Hyperinflation. Allein im Juli 1989, dem Monat, in dem nach Straßenkämpfen und einem regelrechten Zusammenbruch des argentinischen Zahlungssystems der Perónist Carlos Menem das Präsidentenamt übernahm, stieg das Preisniveau um 197 Prozent!

Argentinien entschloss sich schließlich zu einer radikalen Reform seiner Institutionen, um seiner traurigen Inflationstradition ein Ende zu bereiten. Im Januar 1991 ernannte Präsident Menem Domingo Cavallo, einen in Harvard ausgebildeten Ökonomen, zum Wirtschaftsminister. Unter seiner Leitung wurden Importzölle drastisch gesenkt, staatliche Ausgaben beschnitten, große staatliche Unternehmen, unter ihnen die nationale Fluggesellschaft, privatisiert und Steuerreformen durchgeführt, welche die Einnahmen des Staates erhöhten.

Die kühnste Komponente von Cavallos Programm war allerdings das neue Konvertibilitätsgesetz vom April 1991, mit dem die argentinische Währung, der damalige Austral, gegenüber dem Dollar uneingeschränkt konvertierbar wurde, und zwar zu einem *festgelegten* Kurs von 10.000 Austral pro Dollar, der nur auf Beschluss des argentinischen Parlaments verändert konnte. Zu Beginn des neuen Jahres trat eine Währungsreform in Kraft, bei der ein neuer argentinischer Peso 10.000 Austral ersetzte, sodass sich ein äußerst handhabbarer Wechselkurs von genau einem Peso pro Dollar einstellte.

Das Konvertibilitätsgesetz schrieb weiterhin vor, dass die monetäre Basis vollständig durch Gold oder Fremdwährung gedeckt sein musste, und nahm dadurch der Zentralbank auf einen Schlag einen großen Teil ihrer Möglichkeiten, durch die ständige Ausgabe neuen Geldes die Staatsdefizite zu finanzieren. Das argentinische Konvertibilitätsgesetz war eine extreme Version des wechselkursbasierten Ansatzes der Inflationsbekämpfung, der bereits in früheren Zeiten häufig angewandt worden war.

Dieses Mal hatte er Erfolg. Der Cavallo-Plan, der von echten ökonomischen und politischen Reformen begleitet wurde, hatte dramatische Auswirkungen auf die Inflation, die seit ihrem Rückgang von 800 Prozent im Jahr 1990 auf 5 Prozent im Jahr 1995 auf einem ausgesprochen niedrigen Niveau verharrt. Die trotz des festen Wechselkurses anhaltende Inflation in den ersten Jahren des Konvertibilitätsplans war gleichbedeutend mit einer starken realen Aufwertung des Peso. Von 1990 bis 1995 erfuhr die argentinische Währung eine reale Aufwertung um rund 30 Prozent (siehe Feld a in Abbildung 22.3).

Die reale Aufwertung des Peso zog Arbeitslosigkeit und ein wachsendes Leistungsbilanzdefizit nach sich. Als zur Jahreswende 1994/1995 in Mexiko eine Finanzkrise ausbrach, holten die Spekulanten zum Angriff auf die argentinische Währung aus, sodass die einheimischen Zinssätze stark anzogen. Die nun unerwartet hohen Kreditkosten übten einen starken Druck auf die argentinischen Banken aus. Die Zentralbank konnte ihnen wenig helfen, weil das Konvertibilitätsgesetz ihre Möglichkeiten beschränkte, neue Pesos zu drucken und diese in ihrer Funktion als Gläubiger letzter Instanz den Banken zur Verfügung zu stellen. Stattdessen sorgte die Regierung für Kredite offizieller ausländischer Institutionen wie der Weltbank. Dennoch ging die Produktion stark zurück und schnellte die Arbeitslosigkeit in die Höhe. Im Jahr 1996 entließ Präsident Menem seinen Wirtschaftsminister Cavallo.

Aus Angst vor einer neuerlichen Hyperinflation unterstützten die Argentinier trotz Cavallos Entlassung weiterhin das neue Währungssystem. Die reale Aufwertung des Peso kam zum Stillstand und die argentinische Regierung behob die Schwächen des Bankensystems, die in der Krise von 1995 zutage getreten waren. Im Jahr 1997 wuchs die Wirtschaft wieder in raschem Tempo, wenn sich dieses Wachstum auch im Zuge der bald einsetzenden Krise der Entwicklungsländer verlangsamte. Später verkehrte sich das Wachstum ins Negative, und als die Weltwirtschaft im Jahr 2001 in eine Rezession eintrat, erhielt Argentinien im Ausland keine Kredite mehr. Das Land stellte im Dezember 2001 die Rückzahlung seiner Schulden ein und löste im Januar 2002 die Anbindung des Peso an den Dollar.

Brasilien. Ebenso wie Argentinien erlitt auch Brasilien in den 1980er Jahren eine rasante Inflation und mehrere gescheiterte Stabilisierungsversuche, die mit Währungsreformen verbunden waren. Das Land brauchte jedoch länger, um die Inflation unter Kontrolle zu bekommen, und betrieb die Inflationsbekämpfung weniger systematisch als Argentinien.[12]

Im Jahr 1994 führte die brasilianische Regierung den Real als neue, an den Dollar angebundene Währung ein. Um den Preis zahlreicher Bankenzusammenbrüche verteidigte Brasilien im Jahr 1995 den neuen Wechselkurs mit hohen Zinssätzen und ging anschließend, angesichts einer erheblichen realen Aufwertung, zu einem Crawling Peg mit festgelegten Aufwertungsraten über (siehe Feld c von Abbildung 22.3). Die Inflation sank von einer jährlichen Rate von 2.669 Prozent (1994) auf weniger als 10 Prozent (1997).

Doch das wirtschaftliche Wachstum blieb weiterhin bescheiden. Obwohl die brasilianische Regierung für eine Senkung der Importschranken, für Privatisierungen und fiskalische Reformen sorgte, gingen die Wirtschaftsreformen in ihrem Land weitaus langsamer voran als im Falle Argentiniens, und der Haushaltsfehlbetrag des Staates blieb besorgniserregend hoch. Ein großes Problem bestand in den extrem hohen Zinssätzen, die der Staat für seine Kredite entrichten musste. Sie widerspiegelten die Skepsis der Märkte, ob der beschränkte Crawling Peg, der zu einer allmählichen Aufwertung des Real gegenüber dem Dollar führte, aufrechterhalten werden könnte. Diese Skepsis erwies sich, wie wir weiter unten in diesem Kapitel sehen werden, im Jahr 1999 als berechtigt.

Chile. Chile hatte die Lehren aus seiner hohen Arbeitslosigkeit und seinem finanziellen Zusammenbruch zum Beginn der 1980er Jahre gezogen. Noch im selben Jahrzehnt verwirklichte das Land konsequentere Reformen. Vor allem wurden die einheimischen Finanzinstitutionen einer strengen staatlichen Aufsicht unterworfen, und die Regierung

---

[12] Eine genauere Schilderung finden Sie bei Rüdiger Dornbusch, „Brazil's Incomplete Stabilization and Reform", in: *Brookings Papers on Economic Activity* 1, 1997, S. 367 – 404.

nahm ihre explizite Bürgschaft für die Banken zurück. Mit Hilfe eines Wechselkursregimes nach dem Muster des Crawling Peg wurde die Inflation allmählich gesenkt, doch eine flexible Handhabung des Systems sollte die extreme reale Aufwertung, zu der es in den späten 1980er Jahren gekommen war, verhindern (siehe Abbildung 22.3, Feld b). Die chilenische Zentralbank erhielt 1990 (im selben Jahr, in dem eine demokratische Regierung das ehemalige Militärregime ablöste) eine unabhängige Stellung gegenüber den Finanzbehörden. Diese Maßnahme festigte ihre Entschlossenheit, nicht durch eine Erhöhung des Zahlungsmittelumlaufs die Staatsdefizite zu finanzieren.[13]

Eine weitere neue politische Bestimmung legte fest, dass sämtliche Kapitalzuflüsse (mit Ausnahme des Erwerbs von Beteiligungen) mit einer nicht verzinslichen Zwölfmonatseinlage im Wert von vollen 30 Prozent der Transaktion verbunden sein mussten. Da diese Pflichteinlage befristet war, traf sie gerade kurzfristige Zuflüsse, die im Falle einer Krise von ausländischen Investoren am ehesten abgezogen werden, besonders hart. Ein Beweggrund für diese indirekte Besteuerung von Kapitalzuflüssen bestand darin, die reale Währungsaufwertung zu beschränken, ein weiterer war die Reduzierung des Risikos einer Finanzkrise infolge eines plötzlichen Abzugs kurzfristig angelegter ausländischer Gelder. Ob die chilenischen Kapitalzuflussbeschränkungen ihren Zweck erfüllten, ist unter Ökonomen heftig umstritten. Jedenfalls dürften sie keinen großen Schaden angerichtet haben.[14]

Chiles Politik zahlte sich auf der ganzen Linie aus. Von 1991 bis 1997 erreichte das Land jährliche Wachstumsraten in Höhe von durchschnittlich mehr als 8 Prozent. Gleichzeitig sank die Inflation von 26 Prozent im Jahr 1990 auf nur 6 Prozent 1997. Chile wurde nicht nur als das am wenigsten von Korruption befallene Land in Lateinamerika klassifiziert, sondern schnitt in dieser Hinsicht auch besser ab als mehrere Mitgliedsstaaten der Europäischen Union.

Mexiko. Mexiko leitete im Jahr 1987 ein breit angelegtes Stabilisierungs- und Reformprogramm in die Wege, das eine aggressive Senkung der Defizite im öffentlichen Sektor und der Verschuldung mit Wechselkurszielen und Lohn-Preis-Richtlinien verband, die mit Vertretern der Unternehmen und der Gewerkschaften ausgehandelt worden waren.[15]

Im selben Jahr ging das Land mit dem Beitritt zum GATT eine bedeutende Verpflichtung zur Einführung des Freihandels ein. (Später schloss sich Mexiko der Organisation für wirtschaftliche Zusammenarbeit und Entwicklung, OECD an, und 1994 der Nordamerikanischen Freihandelszone, NAFTA.)

---

[13] Einen Überblick über die Aspekte des chilenischen Ansatzes zur Wirtschaftsreform bieten Barry P. Bosworth, Rüdiger Dornbusch und Raúl Labán, Hrsg., *The Chilean Economy: Policy Lessons and Challenges*, Washington, D. C: Brookings Institution, 1994.

[14] Ausführungen zu dieser Frage finden Sie in Kapitel 5 des in den Literaturhinweisen am Ende dieses Kapitels aufgeführten Buchs von Kenen.

[15] Die dem mexikanischen Ansatz zugrunde liegenden Ideen erläutert einer seiner Architekten, Pedro Aspe Armella, ein am Massachusetts Institute of Technology ausgebildeter Ökonom, der von 1988 – 1994 mexikanischer Finanzminister war. Siehe sein Buch, *Economic Transformation the Mexican Way*, Cambridge, MA: MIT Press, 1993. Siehe auch Nora Lustig, *Mexiko: The Remaking of an Economy*, Washington, D. C.: Brookings Institution, 1992.

Ende des Jahres 1987 fixierte Mexiko den Wechselkurs der Landeswährung Peso gegenüber dem US-Dollar, Anfang 1989 ging es zu einem Crawling Peg über, und Ende 1991 zu einem Crawling Band. Die Regierung legte eine unverrückbare Obergrenze für die mögliche Aufwertung des Peso fest, verschob jedoch nach 1991 gemäß dem Vorbild der *Tablitas* Jahr für Jahr die Grenze für die geduldete Abwertung der Währung ein kleines Stück weiter. Die zulässigen Wechselkursfluktuationen wurden also mit der Zeit erweitert.

Trotz dieser potenziellen Flexibilität hielten die mexikanischen Behörden den Wechselkurs in der Nähe der Aufwertungsobergrenze. Der Peso erfuhr daher eine starke reale Aufwertung, sodass ein großes Leistungsbilanzdefizit entstand; siehe Abbildung 22.3, Feld (d). Während des Jahres 1994 sanken die Währungsreserven des Landes auf ein sehr niedriges Niveau. Innere Unruhen, ein bevorstehender Präsidentenwechsel und Abwertungsängste trugen das ihre dazu bei. (Denken Sie an die Zahlungsbilanzkrise Mexikos im Jahr 1994, die in einem Textkasten von Kapitel 17 auf S. 645 beschrieben wurde.) Ein weiterer wichtiger Faktor hinter dem Abfließen der Währungsreserven war allerdings auch die anhaltende Vergabe staatlicher Kredite an Banken, die Kreditverluste erlitten. Mexiko hatte seine Banken hastig privatisiert, ohne durch Aufsichtsregelungen die notwendige Sicherheit zu schaffen, und hatte sich auch dem privaten Kapitalverkehr geöffnet, sodass die Banken ungehinderten Zugang zu ausländischen Geldern hatten. Ebenso wie ein Dutzend Jahre zuvor in Chile war das moralische Wagnis allgegenwärtig.

In der Hoffnung auf eine Beschleunigung des Wachstums und eine Senkung des Leistungsbilanzdefizits, das damals beinahe 8 Prozent des BSP betrug, wertete die mexikanische Regierung den Peso um 15 Prozent mehr ab, als nach dem im Vorjahr angekündigten Abwertungslimit zulässig gewesen wäre. Sofort griffen Spekulanten den niedriger festgelegten Kurs an. Die Regierung trat den Rückzug an und gab den Wechselkurs des Peso frei. Die ausländischen Investoren gerieten in Panik, sodass der Peso-Kurs steil abfiel, und bald musste Mexiko feststellen, dass es nur noch zu Höchstzinssätzen Kredite erhalten konnte. Wie schon 1982 drohte die Zahlungsunfähigkeit. Nur mit Hilfe eines vom US-Finanzministerium und dem IWF ausgehandelten Notkredits in Höhe von $50 Milliarden konnte das Land einer Katastrophe entgehen.

Die Inflation, die von 159 Prozent (1987) auf nur 7 Prozent (1994) zurückgegangen war, stieg mit der Abwertung des Peso sprunghaft an. Die nationale Produktion Mexikos sank im Jahr 1995 um mehr als 6 Prozent. Die Arbeitslosigkeit stieg vor dem Hintergrund einschneidender fiskalischer Kürzungen, extrem hoher Zinssätze und einer allgemeinen Bankenkrise um mehr als das Doppelte. Doch die Kontraktion währte nur ein Jahr. Im Jahr 1996 begann die Inflation nachzulassen und die Volkswirtschaft erholte sich, während der Wechselkurs des Peso weiterhin frei schwankte. Mexiko erhielt wieder Zugang zu privaten Kapitalmärkten und beglich seine Schulden gegenüber dem US-Finanzministerium sogar vor dem geplanten Termin.

22.5 Ostasien: Erfolg und Krise

Bis 1997 wurde Ostasien von sämtlichen Entwicklungsländern beneidet. Die hohen Wachstumsraten der ostasiatischen Länder sorgten für eine rasche wirtschaftliche Entwicklung und brachten viele von ihnen in greifbare Nähe zu dem Status einer Industrienation. Doch dann traf sie eine katastrophale Finanzkrise. Die Geschwindigkeit, mit welcher der wirtschaftliche Erfolg Ostasiens in ein wirtschaftliches Chaos umschlug, war für die meisten Beobachter ein herber Schock. Der Rückschlag Ostasiens löste eine umfassendere Krise aus, die noch weit entfernte Entwicklungsländer, wie beispielsweise Russland und Brasilien, erfasste. Dieser Abschnitt schildert die Erfahrung Ostasiens und die weltweiten Folgewirkungen der Krise dieser Region. Die Lehren daraus ergänzen und bestätigen die Lehren aus den Erfahrungen Lateinamerikas.

22.5.1 Das ostasiatische Wirtschaftswunder

Wie Tabelle 22.2 zeigt, war Südkorea in den 1960er Jahren ein bettelarmes Land, das über wenig Industrie verfügte und scheinbar wenig Aussichten auf eine wirtschaftliche Entwicklung hatte. Doch 1963 leitete das Land eine Reihe von Wirtschaftsreformen ein und wechselte von einer binnenorientierten Entwicklungsstrategie der Importsubstitution zu einer auf Export ausgerichteten Strategie. Und nun setzte ein bemerkenswerter wirtschaftlicher Aufstieg ein. Während der nächsten 33 Jahre steigerte Südkorea sein BIP pro Kopf der Bevölkerung um den Faktor 8. Das entspricht etwa der Steigerung, welche die USA über das gesamte vergangene Jahrhundert hinweg erreichten.

Und Südkorea war, was diese Entwicklung noch bedeutsamer machte, kein Einzelfall. Parallel zu seinem ökonomischen Aufstieg vollzog sich eine entsprechende Entwicklung einiger weiterer ostasiatischer Volkswirtschaften. Die erste Welle umfasste Hongkong, Taiwan und Singapur, in denen in den 1960er Jahren ein rasches Wachstum einsetzte. Im Verlauf der 1970er und 1980er Jahre wurde der Club der rasch wachsenden asiatischen Volkswirtschaften erweitert um Malaysia, Thailand, Indonesien und – beängstigenderweise – China, die bevölkerungsreichste Nation der Erde. Zum ersten Mal seit dem Aufstieg Japans zu einer Industriemacht am Ende des 19. Jahrhunderts schien eine beträchtliche Ländergruppe den Übergang von der Dritten zur Ersten Welt zu schaffen.

Die Gründe für dieses „Wirtschaftswunder" sind, wie in Kapitel 10 ausgeführt, nach wie vor umstritten. In den frühen 1990er Jahren war es unter einigen Beobachtern Mode, das Wachstum Asiens auf ein gemeinsames, asiatisches System zurückzuführen, das die Strukturpolitik und die Zusammenarbeit zwischen Unternehmern und Regierungen regelte. Doch schon ein flüchtiger Blick auf die betreffenden Volkswirtschaften lässt die Existenz eines solchen gemeinsamen Systems zweifelhaft erscheinen. Unter den Volkswirtschaften mit hohen Wachstumsraten befanden sich Staaten wie Südkorea, dessen Regierung aktiv in die Kapitalallokation auf verschiedene Branchen eingriff, doch auch solche wie Hongkong und Taiwan, in denen es praktisch keine sektorale Strukturpolitik gab. Einige Volkswirtschaften, beispielsweise diejenigen Taiwans und Singapurs, basierten in hohem Maße auf der Niederlassung örtlicher Tochtergesellschaften multinationaler Unternehmen. Andere, wie etwa Südkorea und Hongkong, stützten sich in erster Linie auf einheimische Unternehmer.

Die Gemeinsamkeiten der schnell wachsenden Volkswirtschaften bestanden in hohen Spar- und Investitionsquoten, einer raschen Verbesserung des Ausbildungsniveaus der Arbeitnehmer und, wenn nicht einem freien Handel, dann zumindest einer ausgeprägten Offenheit und Integration mit den Weltmärkten.

Es mag überraschen, dass die meisten schnell wachsenden asiatischen Volkswirtschaften vor 1990 ihre hohen Investitionsquoten überwiegend aus ihrer einheimischen Ersparnis finanzierten. In den 1990er Jahren löste die wachsende Beliebtheit der „aufstrebenden Märkte" bei Kreditgebern und Investoren der Industrieländer einen erheblichen Kapitalzufluss in die asiatischen Entwicklungsregionen aus. Wie aus Tabelle 22.4 hervorgeht, verzeichneten mehrere asiatische Länder infolge dieses Zuflusses nun große Leistungsbilanzdefizite im Verhältnis zu ihrem BIP. Einige wenige Ökonomen argwöhnten, dass diese Defizite die Gefahr einer Krise mit sich brächten, die derjenigen Mexikos im Jahr 1994 ähneln würde, doch die meisten Beobachter waren der Ansicht, dass umfangreiche Kapitalströme in derart schnell wachsende und makroökonomisch stabile Volkswirtschaften durch die erwartete Gewinnträchtigkeit der Investitionsmöglichkeiten gerechtfertigt waren.

Land	1990	1991	1992	1993	1994	1995	1996	1997
Indonesien	−2,6	−3,3	−2,0	−1,3	−1,6	−3,2	−3,4	−2,3
Südkorea	−0,8	−2,8	−1,3	0,3	−1,0	−1,7	−4,4	−1,7
Malaysia	−2,0	−8,5	−3,7	−4,5	−6,1	−9,7	−4,4	−5,9
Philippinen	−6,1	−2,3	−1,9	−5,5	−4,6	−2,7	−4,8	−5,3
Thailand	−8,5	−7,7	−5,7	−5,1	−5,6	−8,1	−8,1	−2,0

Tabelle 22.4: Das Verhältnis NX/BIP für Ostasien
Quelle: Weltbank, World Economic Indicators

Beispiel 22.3: Was hat Asien richtig gemacht?

Das Wachstum der asiatischen Volkswirtschaften von den 1960er bis zu den 1990er Jahren zeigte, dass ein Land auf der Leiter der Entwicklung rasch nach oben steigen kann. Doch was waren die Ingredienzen dieses Erfolgs?

Eine Antwort auf diese Frage bieten die besonderen Merkmale, welche die Weltbank 1993 in einer Studie unter dem Titel „Das Wunder Ostasiens" bei den asiatischen Hochleistungs-Volkswirtschaften ausmachte, die sie abgekürzt als SWAVs (schnell wachsende asiatische Volkswirtschaften) bezeichnete.

Ein wichtiger Erfolgsfaktor war eine hohe Sparquote: Im Jahr 1990 sparten die SWAVs 34 Prozent ihres BIPs. In Lateinamerika war es nur die Hälfte, in Südasien geringfügig mehr.

Ein weiterer wichtiger Bestandteil war die starke Förderung des Bildungssystems. Bereits im Jahr 1965, als die SWAVs noch recht arm waren, erhielten praktisch alle Kinder in Hongkong, Singapur und Südkorea eine grundlegende Schulbildung. Selbst in Indonesien, das unter verzweifelter Armut litt, gingen 70 Prozent aller Kinder zur Schule. Im Jahr 1987 lag der Anteil der Jugendlichen, die eine weiterführende Schule besuchten, in Asien weit höher als in lateinamerikanischen Ländern wie beispielsweise Brasilien.

Zwei weitere Kennzeichen der SWAVs waren relativ stabile makroökonomische Gegebenheiten, frei von hohen Inflationsraten oder starken Konjunktureinbrüchen, und ein hoher Anteil des Außenhandels am BIP. Die unten stehende Tabelle zeigt die durchschnittlichen jährlichen Inflationsraten von 1961 bis 1991 und die Außenhandelsanteile von 1988 (die Summe von Exporten und Importen als Anteil des BIP) für ausgewählte asiatische Länder im Vergleich zu anderen Entwicklungsregionen. Die im Vergleich zu Lateinamerika weitaus größere Stabilität und Öffnung kommt in diesen Zahlen ausgesprochen deutlich zum Ausdruck.

Diese Unterschiede trugen erheblich dazu bei, viele führende Persönlichkeiten in Lateinamerika und anderswo zu ökonomischen Reformen zu „bekehren", sodass sie sich sowohl der Preisstabilität als auch der Öffnung ihrer Märkte gegenüber dem Ausland verschrieben.

Land	Inflationsrate, 1961 – 1991	Außenhandelsanteil, 1988 (Verhältnis)
Hongkong	8,8	2,82
Indonesien	12,4	0,42
Südkorea	12,2	0,66
Malaysia	3,4	1,09
Singapur	3,6	3,47
Taiwan	6,2	0,90
Thailand	5,6	0,35
Südasien	8,0	0,19
Lateinamerika	192,1	0,23

22.5.2   Die Schwächen Asiens

Dennoch sollten die asiatischen Volkswirtschaften im Jahr 1997 einer schweren Finanzkrise nicht entgehen. Und rückblickend kann man in der Tat einige Schwächen ihrer Wirtschaftsstrukturen ausmachen, die zum Teil von lateinamerikanischen Ländern geteilt wurden, die ebenfalls Krisen durchlebt hatten. Insbesondere drei Bereiche fallen dabei ins Auge:

- *Produktivität.* Obwohl das schnelle Wachstum der asiatischen Volkswirtschaften in keiner Hinsicht illusionär war, hatte bereits vor der Krise eine Reihe von Studien darauf hingewiesen, dass sich gewisse Grenzen abzeichneten. Der überraschendste Befund mehrerer Studien bestand darin, dass das asiatische Produktionswachstum überwiegend durch die bloße rasche Steigerung des Einsatzes von Produktionsfaktoren – Kapital und Arbeit – erklärt werden konnte, und dass die Produktivität, d.h. die Produktionsmenge pro eingesetzter Faktoreinheit, verhältnismäßig wenig gestiegen war. Im Falle Südkoreas beispielsweise erklärte sich die Annäherung an das Pro-Kopf-Produktionsniveau eines Industrielandes in erster Linie aus einer raschen Abwanderung der Arbeiter aus der Landwirtschaft in die Industrie, einer Erhöhung des Bildungsniveaus und einer massiven Erhöhung des Kapitaleinsatzes (im Verhältnis zum Arbeitseinsatz) im Industriesektor. Belege für eine Verringerung des technologischen Abstands zum Westen waren unerwartet schwierig zu finden. Die Schlussfolgerungen dieser Studien besagten, dass anhaltende hohe Raten der Kapitalakkumulation früher oder später zu sinkenden Erträgen führten, und dass die hohen Kapitalzuflüsse vielleicht doch nicht durch die Aussicht auf künftige Gewinne gerechtfertigt waren.

- *Bankenaufsicht.* Ein eher unmittelbarer Auslöser der Krise war der schlechte Zustand der Bankenaufsicht in den meisten asiatischen Volkswirtschaften. Einheimische Anleger und ausländische Investoren hielten die asiatischen Banken für sicher, nicht nur wegen der Stärke der Volkswirtschaften, sondern auch, weil ihrer Meinung nach im Falle von Schwierigkeiten der Staat einspringen würde. Doch im Hinblick auf die Risiken, die sie eingingen, unterlagen die Banken und andere Finanzdienstleister keiner effektiven staatlichen Aufsicht. Wie die Erfahrung Lateinamerikas gezeigt haben sollte, herrschte kein Mangel an moralischen Wagnissen. Trotzdem hatten mehrere ostasiatische Länder in den 1990er Jahren den privaten Zugang zu Kapitalzuflüssen erleichtert. Sowohl die ostasiatischen Banken als auch die dortigen Unternehmen erhielten problemlos Kredite aus dem Ausland.

In mehreren asiatischen Ländern haben offenbar auch die engen Verflechtungen zwischen Unternehmen und Regierungsbeamten dazu beigetragen, dass die Kreditvergabe häufig mit einem erheblichen moralischen Wagnis behaftet war. In Thailand vergaben so genannte „Finanzunternehmen", die oft von Verwandten der Regierungsbeamten betrieben wurden, Kredite für höchst spekulative Immobilienprojekte. In Indonesien waren die Kreditgeber allzu eifrig bemüht, Unternehmungen von Familienangehörigen des Präsidenten zu finanzieren. Diese Faktoren erklären weitgehend, weshalb die ostasiatischen Länder trotz ihrer hohen Sparquoten so viel investierten, dass ihre Leistungsbilanzen bereits vor der Krise im Defizit waren.

Einige Wissenschaftler vertraten die These, dass die durch das moralische Wagnis bedingte übermäßige Kreditvergabe dazu beitrug, in den asiatischen Volkswirtschaften, insbesondere im Immobiliensektor, einen kurzfristigen Aufschwung zu erzeugen, der vorübergehend die mangelhafte Qualität vieler Investitionen verdeckte, und dass das unvermeidliche Ende dieses Aufschwungs zu einer Abwärtsspirale aus sinkenden Preisen und zusammenbrechenden Banken führen musste. Sicherlich war das moralische Wagnis ein Faktor im Vorfeld der Krise, doch die Stärke seines Einflusses ist nach wie vor umstritten.

- *Rechtliche Rahmenbedingungen.* Eine bedeutende Schwäche der asiatischen Volkswirtschaften wurde erst nach ihrem Straucheln sichtbar: das Fehlen brauchbarer rechtlicher Rahmenbedingungen für den Umgang mit Unternehmen, die in Schwierigkeiten geraten waren. In den USA gibt es bewährte Verfahren, nach denen insolvente Unternehmen Konkurs anmelden können. In diesem Fall übernehmen die Gerichte im Auftrag der Gläubiger das Unternehmen und suchen nach einem Weg, deren Ansprüche so weit wie möglich zu befriedigen. Oft bleibt dabei das Unternehmen erhalten und die Kredite, die es nicht zurückzahlen kann, werden in Besitzanteile umgewandelt. In den asiatischen Ländern hingegen war das Konkursrecht kaum entwickelt, was zum Teil daran lag, dass das erstaunliche Wachstum der Volkswirtschaften Unternehmenspleiten zu einer Seltenheit gemacht hatten. Als jedoch die mageren Jahre einsetzten, entstand ein destruktiver Engpass. Unternehmen, die in Schwierigkeiten gerieten, stellten die Rückzahlung ihrer Schulden einfach ein. Anschließend konnten sie nicht mehr effektiv arbeiten, weil ihnen niemand mehr einen Kredit gewährte, bevor sie ihre offenen Schulden beglichen hatten. Doch die Gläubiger hatten keine Möglichkeit, den Schuldnern das Besitzrecht auf ihre Krisenunternehmen streitig zu machen.

Natürlich ist keine Volkswirtschaft vollkommen, doch die Leistung der ostasiatischen Volkswirtschaften war derart spektakulär gewesen, dass niemand ihren Schwächen besondere Aufmerksamkeit geschenkt hatte. Selbst die Ökonomen, die einige Probleme der „Wirtschaftswunderländer" erkannt hatten, konnten nicht ahnen, welche Katastrophe sie im Jahr 1997 befallen sollte.

22.5.3 Die asiatische Finanzkrise

Der Beginn der asiatischen Finanzkrise wird allgemein auf den 2. Juli 1997 datiert, an dem der thailändische Bath abgewertet wurde. Thailand hatte seit einem guten Jahr Symptome finanzieller Probleme gezeigt. Im Verlauf des Jahres 1996 wurde deutlich, dass viel zu viele Bürotürme gebaut worden waren. Erst geriet der Immobilienmarkt des Landes in eine Krise, dann folgte die Börse. In der ersten Hälfte des Jahres 1997 führten Spekulationen über eine mögliche Abwertung des Baht zu einem immer rascheren Abfluss von Währungsreserven, und am 2. Juli versuchten die Behörden, den Baht in kontrollierter Weise um 15 Prozent abzuwerten. Doch wie bereits in Mexiko im Jahr 1994 geriet der Versuch einer moderaten Abwertung außer Kontrolle. Er löste eine massive Spekulationswelle und eine weitaus stärkere Abwertung aus.

Thailand ist an sich eine kleine Volkswirtschaft. Dennoch folgten der starken Abwertung seiner Währung Spekulationswellen, die sich zunächst gegen die Währung seines unmittelbaren Nachbarn Malaysias, dann Indonesiens, und schließlich gegen die Währung der weitaus größeren und entwickelteren Volkswirtschaft Südkoreas richteten. In den Augen der Spekulanten teilten alle diese Volkswirtschaften die oben genannten Schwächen Thailands. Ausnahmslos spürten sie im Jahr 1997 die Auswirkungen der verlangsamten Konjunktur bei ihrem größten industriellen Nachbarn, Japan. Sämtliche Regierungen standen vor einem schwierigen Dilemma, das zum Teil aus der Abhängigkeit ihrer Volkswirtschaften vom Außenhandel herrührte, und zum Teil aus der Tatsache, dass ihre einheimischen Banken und Unternehmen hohe, in Dollar bewertete Kredite aufgenommen hatten. Wenn sie einfach eine Abwertung ihrer Währungen zuließen, dann drohte die Gefahr einer gefährlichen Inflation infolge erhöhter Importpreise, und die dadurch bedingte Erhöhung der Auslandsschulden, gemessen in inländischer Währung, würde viele im Grunde überlebensfähige Banken und Unternehmen möglicherweise in den Konkurs treiben. Die Verteidigung der Landeswährungen hingegen würde eine zumindest vorübergehende Zinserhöhung erfordern, und hohe Zinsen könnten ebenfalls zu einem konjunkturellen Einbruch und zu Bankenzusammenbrüchen führen.

Alle betroffenen Länder, mit Ausnahme Malaysias, baten den IWF um Unterstützung und erhielten von ihm Kredite. Als Gegenleistung mussten sie sich zu schadensbegrenzenden Maßnahmen verpflichten: eine Erhöhung der Zinssätze, um die Wechselkursabsenkung zu beschränken, die Vermeidung hoher Haushaltsdefizite und „Strukturreformen" zur Behebung der Schwächen, welche die Krise ausgelöst hatten. Doch trotz der Hilfe des IWF lösten die Währungskrisen einen steilen Konjunkturabschwung aus. Wie Tabelle 22.5 zeigt, traten sämtliche Krisenländer, deren Wachstumsraten 1996 noch über 6 Prozent betragen hatten, im Jahr 1998 in eine schwere Kontraktion ein, die sich nach Ansicht vieler Beobachter 1999 fortsetzen würde.

Am schlimmsten traf es Indonesien. Die wirtschaftliche Krise und die politische Instabilität verbanden sich dort zu einer tödlichen Abwärtsspirale. Erschwerend kam hinzu, dass die Bewohner des Landes das Vertrauen in seine Banken verloren. Im Sommer 1998 hatte die indonesische Rupie 85 Prozent ihres ursprünglichen Werts verloren, und nur ganz wenige große Unternehmen waren noch zahlungsfähig. Die indonesische Bevölkerung litt unter Massenarbeitslosigkeit und konnte sich vielfach nicht einmal mehr die einfachsten Grundnahrungsmittel leisten. Es kam zum Ausbruch gewaltsamer Konflikte zwischen verschiedenen Volksgruppen.

Der Vertrauensverlust erzwang überdies eine dramatische Umkehr der Leistungsbilanzpositionen der asiatischen Krisenländer: Wie Tabelle 22.5 zeigt, verwandelten sich die großen Defizite des Jahres 1996 nach nur zwei Jahren in riesige Überschüsse. Diese Umkehr war zum größten Teil nicht durch gesteigerte Exporte, sondern durch einen enormen Rückgang der Importe infolge der wirtschaftlichen Kontraktion bedingt.

In der gesamten asiatischen Krisenregion stabilisierten sich schließlich die Währungen und gingen die Zinssätze wieder zurück, doch die direkten Auswirkungen des Einbruchs führten zu einer konjunkturellen Verlangsamung oder zu Rezessionen in mehreren Nachbarländern, beispielsweise in Hongkong, Singapur und Neuseeland. Auch in Japan und selbst in Teilen Europas und Lateinamerikas machten sich die Nachwirkungen bemerkbar. Die meisten Regierungen verabreichten ihren Volkswirtschaften weiterhin gehorsam die vom IWF verordnete Medizin, doch im September 1998 scherte Malaysia – das kein

Variable	1996	1997	1998	1999	2000	2001
Reales Produktionswachstum (in Prozent pro Jahr)	7,0	4,5	–8,1	6,9	7,0	1,6
Leistungsbilanz (in Prozent der Produktion)	–5,1	–2,7	10,5	7,6	5,1	3,9

Tabelle 22.5: Wachstum und Leistungsbilanz fünf asiatischer Krisenländer
Die Zahlen beziehen sich auf dieselben Länder wie in Tabelle 22.4.
Quelle: Institute for International Finance

IWF-Programm angenommen hatte – aus und verhängte umfassende Kontrollen über Kapitalbewegungen. Das Land hoffte, auf diese Weise die Geld- und Fiskalpolitik lockern zu können, ohne die Währung ins Trudeln zu bringen.

Glücklicherweise verlief der Abschwung in Ostasien nach dem Muster der „V-Kurve": Nach einem starken Produktionsrückgang im Jahr 1998 stellte sich 1999 ein erneutes Wachstum ein (siehe Tabelle 22.5), da die abgewerteten Währungen für Exportsteigerungen sorgten. Nicht alle Volkswirtschaften der Region hatten den gleichen Erfolg, und die Wirksamkeit des malaysischen Experiments mit Kapitalverkehrskontrollen ist bis heute umstritten. Als jedoch im Jahr 2001 eine Rezession der US-amerikanischen Volkswirtschaft einsetzte, ließ das Wachstum in Asien deutlich nach.

22.5.4 Krisen in anderen Entwicklungsregionen

Die Nöte Asiens bewogen die Investoren zu einer allgemeinen Flucht aus aufstrebenden Märkten, sodass die Wirtschaftspolitik auch weit entfernter Entwicklungsländer unter starken Druck geriet. Zwei Länder, Russland und Brasilien, bekamen die Auswirkungen bald zu spüren. Ein drittes Land, Argentinien, hielt noch drei qualvolle Jahre lang an seinem festen Wechselkurs fest, bevor es im Januar 2002 vor dem Druck des Markts kapitulierte und seine Währung ebenfalls abwertete.

Die Krise Russlands. Von 1989 an schüttelten die Länder des sowjetischen Machtbereichs, und schließlich die Sowjetunion selbst, die kommunistische Herrschaft ab und begannen mit dem Übergang von der zentralen Planung zur Marktwirtschaft.

Dieser Übergang nahm überall traumatische Formen an. Es kam zu hohen Inflationsraten, extremen Produktionsrückgängen und zu einem Phänomen, das man unter den Bedingungen der Planwirtschaft in den meisten Ländern nicht gekannt hatte – Arbeitslosigkeit. Diese traumatischen Anfangserfahrungen waren unvermeidlich. In den meisten ehemals kommunistischen Ländern musste nahezu die gesamte Volkswirtschaft privatisiert werden. Finanzmärkte und Bankgeschäfte waren weitgehend unbekannt, es gab keine rechtlichen Rahmenbedingungen für private Wirtschaftsbeziehungen oder für die Leitung von Unternehmen, und die Eigentumsrechte waren zunächst ungeklärt. Die Staaten verfügten über keine modernen fiskalischen Institutionen, mit deren Hilfe Industrieländer Steuern festlegen und einziehen, und angesichts der Zurückhaltung ausländischer Investoren und dem Fehlen einheimischer Kapitalmärkte bot die Notenpresse die einzige Möglichkeit zur Finanzierung unabdingbarer sozialer Ausgaben.

Zum Ende der 1990er Jahre hatten eine Handvoll osteuropäischer Volkswirtschaften, unter ihnen Polen, Ungarn und die Tschechische Republik, den Übergang zur kapitalistischen Ordnung erfolgreich vollzogen.[16] Es überrascht nicht, dass alle diese Länder nahe an der Grenze zur EU liegen, in ihrer jüngeren Geschichte (vor der sowjetischen Besatzung Ende der 1940er Jahre) vom Industriekapitalismus geprägt waren und von daher auf ein überliefertes Vertrags- und Eigentumsrecht zurückgreifen konnten. Vielen anderen Nachfolgestaaten, die aus den Ruinen der Sowjetunion hervorgegangen sind, ging es noch zum Ende des 20. Jahrhunderts sehr schlecht. Das größte dieser Länder ist Russland, das nach wie vor über die von der Sowjetunion hinterlassenen Nuklearwaffen verfügt. Tabelle 22.6 vergleicht die Produktionsleistung und die Inflationsraten Russlands mit den entsprechenden Angaben für eines der erfolgreichsten Länder der Region, Polen.

	1991	1992	1993	1994	1995	1996	1997	1998	1999	2000
Reales Produktionswachstum										
Russland	−5,4	−19,4	−10,4	−11,6	−4,2	−3,4	0,9	−4,9	3,2	7,5
Polen	−7,0	2,6	4,3	5,2	6,8	6,0	6,8	4,8	4,1	4,1
Inflationsrate										
Russland	92,7	1.353,0	875,0	307,0	197,0	47,6	14,7	27,7	85,7	20,8
Polen	70,3	43,0	35,3	32,2	27,9	19,9	14,9	11,8	7,3	10,1

Tabelle 22.6: **Reales Produktionswachstum und Inflationsraten: Russland und Polen, 1991 – 2000 (Prozent pro Jahr)**
Quelle: IWF, World Economic Outloook, diverse Ausgaben

Während der 1990er Jahre war die schwache Regierung Russlands nicht in der Lage, Steuern einzutreiben oder auch nur die Einhaltung der einfachsten Gesetze zu gewährleisten. Überall im Land herrschten Korruption und das organisierte Verbrechen. Es ist nicht verwunderlich, dass die statistisch erfasste Produktion ständig zurückging und die Inflation kaum zu kontrollieren war, sodass es zum Ende der 1990er Jahre den meisten Russen erheblich schlechter ging als unter der früheren sowjetischen Herrschaft. Im Jahr 1997 gelang es der Regierung mit Hilfe von IWF-Krediten, den Rubel zu stabilisieren und die Inflation zu senken, und es gelang sogar, der Volkswirtschaft ein (minimales) Wachstum des BIP zu entlocken. Die Regierung hatte allerdings die Inflation dadurch verlangsamt, dass sie anstelle der Seignorage Kredite aufgenommen hatte. Weder bei der Steuereintreibung noch bei der Ausgabenbeschränkung verzeichnete sie erkennbare Erfolge, sodass

---

[16] Diese drei Länder wurden 1999 in das nordatlantische Verteidigungsbündnis, die NATO, aufgenommen, und auch die Europäische Union (EU) hat zu Beginn des 21. Jahrhunderts ihren Beitrittsgesuchen stattgegeben.

die Staatsverschuldung ins Unermessliche gestiegen war. Als darüber hinaus die Krise in Asien auf die Preise für Erdöl und andere wichtige russische Exportgüter drückte, griff im Frühjahr 1998 unter den Investoren die Befürchtung um sich, dass der Rubel, wie viele asiatische Währungen im Jahr zuvor, vor einer starken Abwertung stand. Die Zinssätze für Staatskredite stiegen, sodass der Fehlbetrag im russischen Staatshaushalt zunahm.

Obwohl Russland frühere Stabilisierungsprogramm des IWF nicht umgesetzt hatte, schloss der IWF ein weiteres Abkommen mit seiner Regierung, in dessen Rahmen er Milliardenbeträge zur Stützung des Rubelkurses zur Verfügung stellte. Der IWF befürchtete, dass ein Zusammenbruch Russlands in den Entwicklungsländern erneute Turbulenzen auslösen und auch eine atomare Bedrohung heraufbeschwören könnte, sollte Russland beschließen, sein Waffenarsenal zu verkaufen. Mitte August 1998 gab die russische Regierung allerdings ihr Wechselkursziel auf. Gleichzeitig mit der Abwertung ihrer Währung gab sie bekannt, dass sie die Rückzahlung ihrer Schulden einstellte, und fror alle internationalen Zahlungen ein. Die Regierung setzte erneut die Notenpresse in Gang, um ihre Rechnungen zu bezahlen, und innerhalb eines Monats hatte der Rubel die Hälfte seines Werts verloren. Wie Tabelle 22.6 zeigt, kam es zu einer beschleunigten Inflation und einem starken Produktionsrückgang. Obwohl Russland für das Vermögen der internationalen Investoren von untergeordneter direkter Bedeutung war, lösten seine Maßnahmen eine Panik auf den Weltkapitalmärkten aus, da die Investoren versuchten, durch den Verkauf von Wertpapieren der aufstrebenden Märkte ihre Liquidität zu erhöhen. Die US-amerikanische Federal Reserve reagierte mit einer starken Senkung der Dollarzinssätze und vermied damit möglicherweise (Gewissheit werden wir nie erlangen!) einen weltweiten Finanzkollaps. Im Jahr 1999 erholte sich die Produktion wieder etwas, und im Jahr 2000 setzte ein rasches Wachstum ein, das durch höhere Weltölpreise und die infolge der starken Rubelabwertung niedrigen Preise russischer Produkte gefördert wurde.

Die Krise Brasiliens 1999. Das massenhafte Abstoßen von Wertpapieren im Gefolge der russischen Krise traf Brasilien besonders hart. Ebenso wie Russland litt auch Brasilien an einer gigantischen Verschuldung der öffentlichen Haushalte. Eine anhaltende Spekulation gegen den Real hatte die einheimischen Zinssätze in die Höhe getrieben und das Staatsdefizit anschwellen lassen. Im Herbst 1998 verstärkte sich der Spekulationsdruck und die brasilianischen Währungsreserven begannen sehr schnell abzufließen.

Der IWF befürchtete, dass eine Krise Brasiliens die Weltkapitalmärkte noch weiter destabilisieren und die hart erkämpfte Stabilität der Nachbarländer Argentinien, Chile und Mexiko gefährden würde. Er richtete daher einen $40 Milliarden umfassenden Stabilisierungsfonds ein, um Brasilien bei der Verteidigung des Real zu unterstützen. Diese Kreditfazilität, die Brasiliens Währungsreserven praktisch verdoppelte, sollte die Ängste der Investoren dämpfen und Brasilien Zeit geben, seine fiskalischen Verhältnisse zu ordnen.

Der Plan scheiterte: Im Januar 1999 wertete Brasilien den Real um 8 Prozent ab und ließ ihn anschließend floaten. Innerhalb kürzester Zeit verlor der Real gegenüber dem Dollar 40 Prozent seines Werts. Anschließend setzte eine Rezession ein, während die Regierung darum kämpfte, einen freien Fall des Real zu verhindern. Doch diese Rezession erwies sich als kurzlebig, die Inflation hielt sich in Grenzen und ein Zusammenbruch des Finanzsektors blieb aus (weil die brasilianischen Finanzinstitutionen, im Gegensatz zu denjenigen Ostasiens, keine hohen Dollarkredite aufgenommen hatten).

Die Krise Argentiniens, 2001 – 2002. Die unmittelbar einsetzenden Befürchtungen, dass die Abwertung des Real von Seiten Brasiliens dessen große Nachbarn in der Region, insbesondere Argentinien, in Krisen stürzen werde, erwiesen sich als unbegründet. Während die flexiblen Wechselkurssysteme Chiles und Mexikos ihre Fähigkeit zur Anpassung an globale Konjunkturveränderungen unter Beweis stellten, erwies sich die feste Anbindung des argentinischen Peso an den US-Dollar als umso schmerzhafter, je mehr der Dollar auf dem Devisenmarkt aufwertete. Wie Feld a) von Abbildung 22.3 zeigt, verblieb der reale Wechselkurs des Peso auf einem hohen Niveau, obwohl weder die Arbeitslosigkeit noch das Leistungsbilanzdefizit Argentiniens zurückgingen. Im Jahr 1999 kam eine neue Regierung an die Macht, doch die im Jahr 2000 einsetzende Verlangsamung des Wachstums in den USA, die mit einer Verschlimmerung der Staatsdefizite gekoppelt war, verschreckte ausländische Anleger, die ansonsten vielleicht weiterhin in Argentinien investiert hätten. Im Jahr 2001 explodierten die Zinssätze für Kredite des Auslands an Argentinien. Selbst die immer verzweifelteren Bemühungen Domingo Cavallos – der Architekt des Konvertibilitätsgesetzes, der aus dem Privatleben zurückgerufen wurde, um die wirtschaftliche Entwicklung umzukehren – erwiesen sich als unzulänglich. Gegen Ende des Jahres 2001 beschränkte die Regierung die Summen, welche die Bürger von ihren Bankkonten abheben durften, um dem Run auf den Peso entgegenzuwirken. Anschließend stellte die Regierung die Rückzahlung ihrer Auslandsschulden ein. Im Januar 2002 führte die Regierung ein duales Wechselkurssystem ein, in dessen Rahmen der Kapitalabfluss überwacht wurde und für den Im- und Export von Gütern andere Wechselkurse galten als für Finanztransaktionen. Der erstere Wechselkurs wurde auf ein abgesenktes Niveau von 1,40 Pesos pro Dollar festgelegt, während sich der frei schwankende Wechselkurs für den Finanzsektor rasch auf 2 Pesos pro Dollar zubewegte – eine Verdoppelung des Kurses gegenüber dem vorangegangenen Jahrzehnt. Einen Monat später wurde ein einheitliches Floating-System für den Peso geschaffen. Zu einem späteren Zeitpunkt im Jahr 2002 wurde der Zugang der Bürger zu ihren Bankkonten gesperrt, und der Wechselkurs stieg bis auf 4 Pesos pro Dollar. Wie bereits so oft in der Vergangenheit, stand Argentinien erneut vor dem politischen und ökonomischen Chaos.

Beispiel 22.4: Können Currency Boards festen Wechselkursen Glaubwürdigkeit verleihen?

Das argentinische Gesetz aus dem Jahr 1991, das eine einhundertprozentige Deckung der monetären Basis durch Währungsreserven vorschrieb, ist ein Beispiel für ein **Currency Board**. Dabei wird die gesamte monetäre Basis durch Fremdwährungen gedeckt, und die Zentralbank hält daher keine Inlands-Aktiva (Kapitel 17). Neben den Schranken, die es der Fiskalpolitik auferlegt, besteht ein weiterer großer Vorteil des Currency-Board-Systems darin, dass der Zentralbank bei einem spekulativen Angriff auf den Wechselkurs niemals die Währungsreserven ausgehen können.[17]

---

[17] Streng genommen enthielt die argentinische Version des Currency Boards ein kleines Schlupfloch. Ein begrenzter Anteil der monetären Basis konnte in Form von in US-Dollar denominierten argentinischen Staatsschulden gehalten werden. Diese Regelung entsprach der „ungedeckten Notenausgabe", zu der die Zentralbanken unter dem bis 1914 herrschenden Goldstandard berechtigt waren.

Die Einführung eines Currency Boards wird den Entwicklungsländern von Beobachtern oft angeraten. Wie funktionieren Currency Boards, und eignen sie sich zur Abschirmung einer Volkswirtschaft vor spekulativen Angriffen?

Unter einem Currency-Board-System gibt eine Banknoten ausgebende Behörde einen Wechselkurs gegen eine bestimmte Fremdwährung bekannt und verkauft dann einfach zu diesem Wechselkurs so viel einheimische Währung für die gewählte Ankerwährung, wie es die Öffentlichkeit wünscht. Jeglicher Erwerb von *Inlands*-Aktiva ist dem Currency Board gesetzlich untersagt, sodass sämtliches Geld, das es ausgibt, automatisch in vollem Umfang durch Währungsreserven gedeckt ist. In den meisten Fällen ist die Notenausgabebehörde noch nicht einmal eine Zentralbank; ihre Hauptfunktion könnte genauso gut ein Verkaufsautomat übernehmen.

Das Currency-Board-System wurde ursprünglich in den Kolonialgebieten der europäischen Mächte entwickelt. Durch die Einführung eines Currency Boards trat die Kolonie de facto die Kontrolle über ihre Geldpolitik an den Imperialherrscher ab und überließ der sie beherrschenden Nation die gesamte Seignorage, die sich aus der Geldnachfrage der Kolonie ergab. Auf diesen Ursprung geht das Currency Board Hongkongs zurück, wenn auch die britische Kronkolonie (der Status Hongkongs vor seiner Rückgabe an China am 1. Juli 1997) nach dem Zusammenbruch des Bretton-Woods-System ihr Currency Board von Pfund Sterling auf US-Dollar umstellte.

In jüngerer Zeit galt der Automatismus, der die Currency Boards auszeichnet, als eine Möglichkeit, die Glaubwürdigkeit der Geldwertstabilität aus dem Land der Ankerwährung zu importieren. Vor dem Hintergrund seiner früheren Hyperinflation richtete Argentinien im Rahmen seines Konvertibilitätsgesetzes von 1991 ein Currency Board ein, um eine skeptische Welt davon zu überzeugen, dass ihm fortan die Option einer inflationstreibenden Politik überhaupt nicht mehr offen stehe. Auch Estland und Lettland, die nach der jahrzehntelangen sowjetischen Herrschaft auf keine geldpolitische Erfahrung verweisen konnten, hofften nach ihrer Unabhängigkeit durch die Einführung von Currency-Board-Systemen einen glaubwürdigen Ruf als Niedriginflationsländer zu gewinnen.

Ein Currency Board hat zwar den Vorteil, dass die Geldpolitik verstärkt außer Reichweite der Politiker gerückt wird, die sie missbrauchen könnten. Sie birgt jedoch auch Nachteile, und dies selbst im Vergleich zur Alternative eines konventionellen festen Wechselkurses. Da das Currency Board keine einheimischen Vermögenswerte erwerben darf, kann es in Zeiten einer Finanzpanik (die Argentinien bekanntlich erleben musste) den Banken nicht nach Bedarf Inlandswährung zur Verfügung stellen. Die Regierung kann Bankeinlagen auch auf andere Weise abfangen, zum Beispiel durch eine Einlagenversicherung, die auf eine Zusicherung der Regierung hinausläuft, nötigenfalls von ihrem Recht auf Steuererhebung Gebrauch zu machen, um die Einleger auszuzahlen. Doch die Flexibilität, dann Banknoten zu drucken, wenn die Öffentlichkeit sie von den Banken verlangt, verleiht der staatlichen Einlagengarantie zusätzliche Überzeugungskraft.

Ein weiterer Nachteil gegenüber einem konventionellen festen Wechselkurs besteht in dem Betätigungsfeld der Stabilisierungspolitik. Für ein Land, das vollkommen offen für internationale Kapitalbewegungen ist, zeigt die Geldpolitik unter einem festen Wechselkurs ohnehin keine Wirkung, sodass der Verzicht auf Offenmarktgeschäfte mit Inlands-Aktiva nichts kostet (siehe Kapitel 17). Dies gilt jedoch nicht für die zahlreichen Entwicklungsländer, die gewisse Beschränkungen des Kapitalverkehrs aufrechterhalten. Für sie können geldpolitische Maßnahmen auch unter einem festen Wechselkurs effektiv sein, weil die Inlandszinssätze nicht fest mit den internationalen Zinssätzen verknüpft sind. Wie wir in Kapitel 17 sahen, kann darüber hinaus eine Abwertung, welche die Marktteilnehmer *überrascht*, auch bei vollständiger Kapitalmobilität zum Abbau der Arbeitslosigkeit beitragen. Die Abwertungsoption gestaltet sich allerdings schwierig, wenn sie von den Menschen *erwartet* wird. In diesem Fall treiben allein die Abwertungserwartungen die Realzinsen nach oben und bremsen die Konjunktur ab. Die Länder, die ein Currency-Board-System einführen, schwören damit der Abwertungsoption ab und erhoffen sich von dieser Maßnahme eine langfristige Stabilisierung der Erwartungen, die schwerer wiegt als der Verzicht auf die Möglichkeit, die Märkte gelegentlich zu überraschen.

Nach der mexikanischen Krise von 1994 – 1995 rieten mehrere Kritiker der Politik dieses Landes zur Einführung eines Currency Boards. Die Krise, die anschließend in Asien einsetzte, führte zu Forderungen nach Currency Boards in Indonesien, Brasilien und sogar Russland. Ist ein Currency Board wirklich geeignet, die Glaubwürdigkeit fester Wechselkurse und einer auf niedrige Inflationsraten ausgerichteten Politik zu steigern?

Da ein Currency Board normalerweise keine Staatsschulden erwerben kann, sehen manche in ihm ein Mittel gegen fiskalische Defizite und damit gegen eine Hauptursache von Inflation und Abwertung (wenn auch die Erfahrung Argentiniens auf diesem Gebiet ein Gegenbeispiel lieferte). Das hohe Niveau von Fremdwährungsreserven gegenüber der monetären Basis steigert ebenfalls die Glaubwürdigkeit. Doch andere Faktoren, unter ihnen die stärkere Anfälligkeit des Bankensektors, können die Regierung unter Druck setzen, die durch das Currency Board verwirklichte Wechselkursanbindung gänzlich aufzugeben. Wenn die Märkte die Möglichkeit einer Abwertung vorwegnehmen, büßt das Currency Board möglicherweise einen Teil seines potenziellen Nutzens ein, wie das Beispiel Argentiniens bestätigt. Aus eben diesem Grund traten einige politische Entscheidungsträger in Argentinien dafür ein, dass ihr Land eine Politik der **Dollarisierung** betreibt. Dabei würde es völlig auf eine einheimische Währung verzichten und stattdessen einfach den US-Dollar verwenden. Der einzige Verlust, so argumentierten sie, wäre der Transfer eines Teils der Seignorage an die USA. Doch die Möglichkeit einer Abwertung wäre gebannt und damit ein Sinken der Inlandszinssätze gewährleistet.

In einem Land, das in seiner Geschichte oft mit hohen Inflationsraten zu kämpfen hatte, bietet auch das frommste Bekenntnis zur Stützung des Wechselkurses keinen automatischen Schutz vor Spekulation. Selbst die langjährige Anbindung der Währung Hongkongs an den US-Dollar geriet während der Asienkrise unter den Beschuss der Spekulanten, was zu extrem hohen Zinssätzen und einer tiefen Rezession führte. Currency Boards können nur dann Glaubwürdigkeit erzeugen, wenn die sie einführenden Länder auch den politischen Willen haben, die Schwächen ihrer Volkswirtschaft, die sie für spekulative Angriffe anfällig machen, zu beheben. Typische solche Schwächen sind starre Arbeitsmärkte, brüchige Bankensysteme und ein auf schwachen Füßen stehendes öffentliches Finanzwesen. Indonesien und Brasilien erfüllen dieses politische Kriterium wahrscheinlich nicht, und Russland ganz gewiss nicht. Argentinien konnte ihm nicht gerecht werden, weil es nicht genügend Flexibilität bei den Löhnen und ein instabiles öffentliches Finanzwesen hatte. Entwicklungsländer, die zu instabil sind, um flexible Wechselkurse erfolgreich kontrollieren zu können, sind am besten beraten, wenn sie ihre nationale Währung ganz aufgeben und stattdessen eine weit verbreitete und stabile Fremdwährung einführen.[18] Und selbst dann bleibt ihre Anfälligkeit für Kreditkrisen bestehen, wenn ausländische Kreditgeber einen Ausfall befürchten.

22.6 Lehren aus den Krisen der Entwicklungsländer

Die Krise der aufstrebenden Märkte, die mit der Abwertung des thailändischen Baht im Jahr 1997 begann, führte zu einer regelrechten Orgie gegenseitiger Schuldzuweisungen. Einige Beobachter im Westen schoben die Schuld auf die politischen Verhältnisse in Asien selbst, auf eine von Vetternwirtschaft geprägte Form des Kapitalismus, in der zwischen Unternehmern und Politikern ein Übermaß an Vertraulichkeit herrschte. Einige Führungspersönlichkeiten aus Asien machten ihrerseits die Machenschaften der westlichen Finanziers für die Krise verantwortlich. Selbst Hongkong, sonst stets eine Bastion der Befürworter des freien Marktes, griff zu Interventionen, um eine angebliche Verschwörung der Spekulanten gegen seine Börsen und seine Währung abzuwehren. Und nahezu jeder kritisierte den IWF, wobei einige die Meinung vertraten, er dürfe Ländern

[18] Einen klaren Überblick über die Theorie und Praxis von Currency Boards finden Sie bei Owen F. Humpage und Jean M. McIntire, „An Introduction to Currency Boards", in: *Federal Reserve Bank of Cleveland Economic Review* 31, 2. Quartal 1995, S. 2 – 11. Siehe auch Tomás J. T. Baliño, Charles Enoch et. al., *Currency Board Arrangements: Issues and Experiences*, Occasional Paper 151, Washington, D. C.: International Monetary Fund, August 1997. Eine skeptische Beurteilung selbst der Dollarisierung finden Sie bei Sebastian Edwards, „The False Promise of Dollarization", in: *Financial Times*, 11. Mai 2001, S. 17.

nicht anraten, die Abwertung ihrer Währung zu begrenzen, während andere es für falsch hielten, überhaupt irgendeine Abwertung zuzulassen.

Dennoch lassen sich aus einer sorgfältigen Analyse der jüngsten Krise und auch früherer Krisen von Entwicklungsländern in Lateinamerika und anderswo einige unbestreitbare Lehren ziehen:

1. *Wahl des angemessenen Wechselkursregimes.* Die Fixierung des Wechselkurses ist gefährlich für ein Entwicklungsland, es sei denn, es verfügt über die erforderlichen Mittel und die Entschlossenheit, diesen Wechselkurs unter allen Umständen zu verteidigen. Die ostasiatischen Länder machten die Erfahrung, dass das Vertrauen der Anleger in die offiziellen Wechselkursziele die Aufnahme von Fremdwährungskrediten förderte. Als dennoch eine Abwertung eintrat, wurden ein großer Teil des Finanzsektors und zahlreiche Unternehmen zahlungsunfähig. Diejenigen Entwicklungsländer, denen die Stabilisierung der Inflation gelang, machten sich ein flexibleres Wechselkurssystem zu eigen oder gingen nach einer kurzen Anfangsperiode der Wechselkursanbindung, mit der die Inflationserwartungen gedämpft werden sollten, bald zu einer größeren Flexibilität über. In den Fällen, in denen sie sich anders verhielten, erfuhren sie in der Regel reale Aufwertungen und Leistungsbilanzdefizite, die sie gegenüber spekulativen Angriffen verwundbar machten. Selbst in Argentinien, wo die Angst der Öffentlichkeit vor einer Rückkehr der Hyperinflation eine allgemeine Entschlossenheit zur Inflationsbekämpfung hervorgebracht hat, erwies sich ein fester Wechselkurs langfristig als unhaltbar. Die Erfahrung Mexikos seit dem Jahr 1995 zeigt, dass größere Entwicklungsländer mit einem frei schwankenden Wechselkurs gut zurechtkommen, und es ist unwahrscheinlich, dass Mexiko mit einem festen Kurs das Jahr 1998 ohne Währungskrise überstanden hätte.

2. *Zentrale Bedeutung des Bankwesens.* Die Asienkrise fiel zum großen Teil deshalb so verheerend aus, weil sie keine reine Währungskrise war, sondern als solche unauflöslich mit einer Banken- und Finanzkrise verflochten war. In einem ganz unmittelbaren Sinne standen die Regierungen vor der schwierigen Wahl, entweder die Geldmenge zu reduzieren, um die Währung zu stützen, oder große Mengen an Geld zu drucken, um den Run auf die Banken aufzufangen. Allgemeiner gesprochen brachte der Zusammenbruch zahlreicher Banken das wirtschaftliche Geschehen zum Stillstand, indem er Kreditquellen verschloss und es selbst profitablen Unternehmen schwer machte, ihren Betrieb aufrechtzuerhalten. Dies hätte in Asien eigentlich niemanden mehr überraschen dürfen. Ähnliche Effekte der Bankenschwäche gab es bereits in den Krisen der großen Länder im Süden Lateinamerikas während der 1980er Jahre, der Krise Mexikos von 1994 – 1995, und selbst in den Krisen von Industrieländern, wie beispielsweise Schweden, während der spekulativen Angriffe auf das EWS im Jahr 1992 (Kapitel 20). Leider hatte der spektakuläre wirtschaftliche Erfolg, den Asien vor der Krise verzeichnete, die Menschen für seine finanziellen Schwachstellen blind gemacht. In Zukunft sollten Regierungen, wenn sie klug sind, keine Mühen scheuen, um ihre Bankensysteme gegen das moralische Wagnis abzusichern und so die Bedrohung durch finanzielle Katastrophen zu vermindern.

3. *Richtige Reihenfolge der Reformmaßnahmen.* Die Gestalter der Wirtschaftsreformen in den Entwicklungsländern mussten durch schmerzhafte Erfahrungen lernen, dass die Reihenfolge, in der Liberalisierungsmaßnahmen umgesetzt werden, eine große Rolle spielt. Diese Wahrheit ergibt sich auch aus der elementaren Wirtschaftstheorie: Das Prinzip des *Zweitbesten* (Kapitel 9) lehrt uns, dass der Zustand einer Volkswirtschaft, die an multiplen Verzerrungen leidet, durch die Beseitigung nur einiger weniger dieser Verzerrungen nicht verbessert, sondern verschlechtert wird. Entwicklungsländer sind in der Regel von sehr vielen Verzerrungen gezeichnet, sodass diese Feststellung für sie von besonderer Bedeutung ist. Betrachten Sie als Beispiel die Reihenfolge, in der die Liberalisierung des Kapitalverkehrs und die Reform des Finanzsektors vorgenommen werden. Es ist eindeutig ein Fehler, den Kapitalverkehr freizugeben, bevor für eine solide Absicherung und Überwachung der einheimischen Finanzinstitutionen gesorgt wurde. Andernfalls wird die Möglichkeit der Kreditaufnahme im Ausland die einheimischen Banken einfach zu einer abenteuerlichen Kreditpolitik ermuntern. Im Falle einer Konjunkturverlangsamung wird das Auslandskapital dann fliehen und zahlungsunfähige einheimische Banken hinterlassen. Ein Entwicklungsland sollte daher seinen Kapitalverkehr erst dann liberalisieren, wenn das einheimische Finanzsystem stark genug ist, um dem bisweilen ungestümen Wechsel von Ebbe und Flut des Weltkapitals standzuhalten. Außerdem plädieren Ökonomen dafür, dass die Liberalisierung des Außenhandels der Liberalisierung des Kapitalverkehrs vorangehen sollte. Die Liberalisierung des Kapitalverkehrs kann zu einer erhöhten Volatilität des Wechselkurses führen und dadurch die Verlagerung der Produktionsfaktoren aus den Branchen nicht handelbarer Güter in diejenigen, die handelbare Güter herstellen, behindern.

4. *Gefahr der Ansteckung.* Eine letzte Lehre aus der Erfahrung der Entwicklungsländer ist die Erkenntnis der Anfälligkeit scheinbar gesunder Volkswirtschaften gegenüber Vertrauenskrisen, die durch ein Ereignis an einem anderen Ort der Welt ausgelöst wurden – ein Domino-Effekt, der als **Ansteckung** bezeichnet wird. Er kam zum Tragen, als die Krise in Thailand, einer kleinen Volkswirtschaft in Südostasien, in rund 11.300 km Entfernung eine weitere Krise in Südkorea auslöste, dessen Volkswirtschaft viel größer ist. Ein noch spektakuläreres Beispiel datiert vom August 1998, als eine starke Abwertung des russischen Rubels eine massive Spekulation gegen den brasilianischen Real auslöste. Die Gefahr der Ansteckung und die Angst, dass selbst die umsichtigste Wirtschaftspolitik keinen umfassenden Schutz davor bietet, steht mittlerweile im Zentrum der Diskussion über mögliche Reformen des internationalen Finanzsystems, der wir in uns im Folgenden zuwenden.

22.7   Die Reform der weltweiten „Finanzarchitektur"

Wirtschaftliche Schwierigkeiten lösen unweigerlich wirtschaftliche Reformvorschläge aus. Die asiatische Wirtschaftskrise und ihre Nachwirkungen veranlassten viele Menschen zu der Meinung, dass das internationale Währungssystem zumindest im Hinblick auf die Entwicklungsländer überholt werden müsse. Die dahingehenden Vorschläge subsumiert man inzwischen unter der imposanten, wenn auch vagen Überschrift: Pläne für eine neue „Finanzarchitektur".

Weshalb überzeugte ausgerechnet die Asienkrise, nicht aber die früheren Krisen der 1990er Jahre, nahezu jedermann von der dringenden Notwendigkeit, die internationalen Geldbeziehungen auf den Prüfstand zu stellen? Ein Grund lag darin, dass die Probleme der asiatischen Länder in erster Linie in ihren Beziehungen zum Kapitalmarkt begründet schienen. Die Krise zeigte eindeutig, dass ein Land selbst dann für eine Währungskrise anfällig sein kann, wenn seine Lage allen gängigen Maßstäben zufolge in Ordnung zu sein scheint. Keine der asiatischen Volkswirtschaften, die von der Krise betroffen waren, hatte ein schwer wiegendes Haushaltsdefizit, übermäßige Geldmengenwachstumsraten, beunruhigende Inflationsniveaus oder zeigte irgendwelche anderen Symptome, die normalerweise eine Anfälligkeit gegenüber spekulativen Angriffen erkennen lassen. Insoweit diese Volkswirtschaften ernste Schwächen aufwiesen – und dies ist umstritten, da sie nach Ansicht einiger Ökonomen ohne die spekulativen Angriffe völlig gesund geblieben wären –, so betrafen diese beispielsweise die Stärke des Bankensystems und andere Probleme, die ohne die starken Währungsabwertungen vielleicht gar nicht zum Tragen gekommen wären.

Der zweite Grund dafür, dass das internationale Finanzsystem in Frage gestellt wurde, war die offenkundige Aggressivität, mit der sich die Ansteckung auf den internationalen Kapitalmärkten verbreitete. Das Tempo und die Heftigkeit, mit denen Marktstörungen auf weit entfernte Volkswirtschaften übergriffen, weckten die Befürchtung, dass vorbeugende Maßnahmen auf der Ebene einzelner Volkswirtschaften nicht ausreichen würden. Genau wie der Entwurf des Bretton-Woods-Systems im Jahr 1944 vom Wissen um die gegenseitige wirtschaftliche Abhängigkeit der Nationen geprägt war, setzten die Entscheidungsträger der Weltpolitik auch nun wieder die Reform des internationalen Finanzsystems auf die Tagesordnung. Zwar lässt sich nicht sagen, welcher Plan, oder ob überhaupt irgendein Plan, Aussicht auf Annahme hat, doch wir können zumindest einige der wichtigsten Diskussionsthemen beleuchten.

22.7.1 Die Kapitalmobilität und das Trilemma des Wechselkursregimes

Ein Effekt der Asienkrise bestand darin, dass sie jegliche noch verbliebene Illusionen zerschlagen hat, es gebe einfache Antworten auf die Probleme der internationalen Makroökonomie und des internationalen Finanzwesens. Die Krise und ihre Ausbreitung zeigten überdeutlich, dass einige altbekannte politische Problemstellungen in offenen Volkswirtschaften nach wie vor in der einen oder anderen Weise entschieden werden müssen, wobei die Abwägung der jeweiligen Vor- und Nachteile vielleicht schwerer ist also jemals zuvor.

Kapitel 21 beschrieb das grundlegende *Trilemma* der makroökonomischen Politik offener Volkswirtschaften. Von drei Zielen, welche die meisten Länder teilen – eine *eigenständige Geldpolitik*, ein *stabiler Wechselkurs* und *freie Kapitalbewegungen* –, können jeweils nur zwei verwirklicht werden. Abbildung 22.4 stellt diese drei Ziele schematisch als die Ecken eines Dreiecks dar. Die Wechselkursstabilität ist für ein typisches Entwicklungsland wichtiger als für ein typisches Industrieland. Entwicklungsländer können ihre Terms of Trade weniger beeinflussen als Industrieländer, und die Wechselkursstabilität ist in ihrem Fall besser geeignet, die Inflationserwartungen zu dämpfen.

Die Dilemmata, die sich den Reformplanern im Hinblick auf die weltweite Finanzarchitektur stellen, können also folgendermaßen zusammengefasst werden: Aufgrund der Gefahr von Währungskrisen, wie sie 1994 – 1995 Mexiko und 1997 Asien befielen, scheint es schwierig, wenn nicht gar unmöglich zu sein, alle drei Ziele zugleich zu verwirklichen. Um eines zu erreichen, muss ein anderes geopfert werden. Um im Bild zu bleiben: Man muss sich für eine Seite des Dreiecks entscheiden.

Bis in die späten 1970er Jahre hinein hielten die meisten Entwicklungsländer Devisenkontrollen aufrecht und beschränkten, wie wir sahen, insbesondere die privaten Kapitalbewegungen. (Einige wichtige Entwicklungsländer, vor allem China und Indien, halten solche Kontrollen nach wie vor aufrecht.) Sie werden zwar oft umgangen, verlangsamen aber dennoch den Kapitalverkehr. Infolgedessen konnten diese Länder ihre Wechselkurse über lange Zeitspannen hinweg festschreiben, d.h. für Wechselkursstabilität sorgen. Dabei hatten sie jedoch auch die Möglichkeit, ihre Währungen gelegentlich neu zu bewerten, was ihnen ein beträchtliches Maß an geldpolitischer Autonomie verschaffte. Dieses System der „anpassungsfähigen Festschreibung" wird durch eine weitere Seite des Dreiecks in Abbildung 22.4 angezeigt. Sein Hauptmangel besteht in einer starken Einschränkung internationaler Transaktionen, die effizienzsenkend und korruptionsfördernd wirkt.

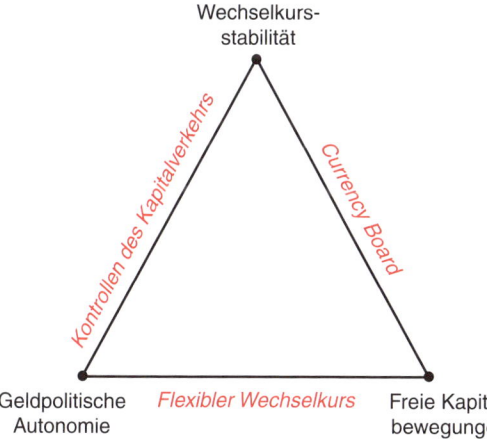

Die Ecken des Dreiecks stehen für die drei Ziele der Politik in offenen Volkswirtschaften. Leider lassen sich nur jeweils zwei gleichzeitig miteinander vereinbaren: Man muss sich für eine der drei Seiten entscheiden. Die gezeigten politischen Systeme (frei schwankende Wechselkurse, Currency Board, Kapitalverkehrskontrollen) stehen jeweils im Einklang mit den beiden Zielen, die an ihren Eckpunkten aufgeführt sind.

Abbildung 22.4: Das Trilemma der Politik in offenen Volkswirtschaften

In den letzten zwanzig Jahren des 20. Jahrhunderts erhöhte sich die Mobilität des Kapitals ganz erheblich. Der Grund lag in erster Linie in der Aufhebung von Kontrollen, aber auch in der verbesserten Kommunikationstechnik. Diese neue Kapitalmobilität machte anpassungsfähige feste Wechselkurse extrem verwundbar gegenüber der Spekulation, denn schon auf die leiseste Andeutung einer möglichen Abwertung hin floh das Kapital aus der betroffenen Währung. (Dasselbe Phänomen trat in den 1960er Jahren, wie in Kapitel 18 beschrieben, in den Industrieländern auf.) Das Ergebnis war, dass die Entwicklungsländer immer stärker einer der beiden anderen Seiten des Dreiecks zuneigten: entweder starr fixierte Wechselkurse und der Verzicht auf geldpolitische Autonomie – wie im Falle des auf den Seiten 892 bis 895 beschriebenen Currency-Board-Systems – oder kontrolliert (bzw. sogar frei) schwankende Wechselkurse. Doch obwohl die Erfahrung bewiesen hat, dass jede Zwischenlösung gefährlich ist, wollten sich die Entwicklungsländer nur ungern für eines der beiden Extreme entscheiden. Während eine große Volkswirtschaft, wie diejenige der USA, einen schwankenden Wechselkurs mit starken Fluktuationen verkraften kann, fällt es einer kleineren Volkswirtschaft häufig schwer, die Kosten einer solchen Volatilität zu tragen. Außerdem kann ein starres System, wie beispielsweise ein Currency Board, einem Land einen großen Teil der Flexibilität rauben, die insbesondere zur Bewältigung von Finanzkrisen, bei denen die Zentralbank als Gläubiger der letzten Instanz auftreten muss, dringend erforderlich ist.

Einige renommierte Ökonomen, unter ihnen Jagdish Bhagwati von der Columbia University und Dani Rodrik von der Harvard University, vertreten den Standpunkt, dass Entwicklungsländer Beschränkungen der Kapitalmobilität beibehalten oder wiedereinführen sollten, um sowohl eine eigenständige Geldpolitik betreiben zu können als auch die Vorteile stabiler Wechselkurse zu nutzen.[19] Angesichts der jüngsten Krise haben beispielsweise China und Indien ihre Pläne zur Liberalisierung des Kapitalverkehrs auf Eis gelegt; einige andere Länder, die Kapitalbewegungen bereits liberalisiert hatten, erwogen die Wiedereinführung von Beschränkungen (Malaysia verwirklichte sie). Doch die meisten politischen Entscheidungsträger, sowohl in den Entwicklungsländern als auch im Westen, halten Kapitalverkehrskontrollen weiterhin für nicht durchführbar oder für eine übermäßige Behinderung normaler Geschäftsbeziehungen (und für eine potenzielle Korruptionsquelle). Die Diskussion über die Gestaltung der Finanzarchitektur konzentrierte sich daher in erster Linie auf lindernde Maßnahmen – darauf, die unvermeidlichen Entscheidungen weniger schmerzhaft zu gestalten.

22.7.2 „Vorbeugende" Maßnahmen

Da die Wahl des Wechselkursregimes gerade durch das Risiko einer Finanzkrise sehr erschwert wird, konzentriert sich eine Reihe neuerer Vorschläge auf die Senkung dieses Risikos. Es folgt eine Beschreibung der gängigen Ansätze:

- *Mehr „Transparenz".* Die Asienkrise rührte zumindest zum Teil daher, dass ausländische Banken und andere Investoren asiatischen Unternehmen Geld geliehen hatten, ohne sich über die genauen Risiken im Klaren zu sein, und dann ihr Geld ebenso blindlings wieder abzogen, als deutlich wurde, dass diese Risiken größer waren, als sie angenommen hatten. Aus diesem Grund wurden zahlreiche Vorschläge zur Verbesserung der „Transparenz" entwickelt, d.h. zur besseren Verfügbarkeit finanzieller Informationen, so wie auch die Unternehmen in den USA verpflichtet sind, genaue Berichte über ihre Finanzverhältnisse zu veröffentlichen. Man hofft, dass eine erhöhte Transparenz beiden Tendenzen entgegenwirken würde, sowohl einem überhöhten

---

[19] Siehe Jagdish N. Bhagwati, „The Capital Myth", in: *Foreign Affairs* 77, Mai/Juni 1998; und Dani Rodrik, „Who Needs Capital-Account Convertibility?", in Stanley Fischer et. al., *Should the IMF Pursue Capital-Account Convertibility?*, Princeton Essays in International Finance 207, Mai 1998.

Geldzufluss in Länder, deren Wirtschaft es gut geht, als auch einem übereilten Abzug, sobald sich herausstellt, dass die Wirklichkeit dem rosigen Bild nicht entspricht.

- *Stärkere Bankensysteme.* Wie wir sahen, bildete die Wechselwirkung zwischen der Währungskrise und dem Run auf die Banken einen Faktor, der die Asienkrise zusätzlich verschärfte. Es ist zumindest möglich, dass diese Wechselwirkung gedämpft würde, wenn die Banken selbst stärker wären. Viele Vorschläge zielen daher auf eine Stärkung der Banken ab, sowohl durch eine schärfere Überwachung der von ihnen eingegangenen Risiken als auch durch eine Heraufsetzung der Mindestkapitalvorschriften, die gewährleisten, dass das Risiko der Geldbesitzer stets in erheblichem Maße diese selbst trifft.

- *Erweiterte Kreditlinien.* Einige Reformer möchten außerdem spezielle Kreditlinien einführen, auf die der Staat im Falle von Währungskrisen zurückgreifen kann. Dieser Vorschlag läuft auf eine Erweiterung der nationalen Währungsreserven hinaus. Sein Grundgedanke besteht darin, dass die bloße Existenz dieser Kreditlinien ihre Inanspruchnahme im Normalfall verhindern würde, denn solange die Spekulanten wüssten, dass ein Land genügend Kredit aufnehmen könnte, um selbst einem großen Kapitalabfluss zu begegnen, würden sie nicht hoffen oder fürchten, dass sie durch ihre Aktivitäten eine plötzliche Abwertung herbeiführen könnten. Solche Kreditlinien könnten entweder von Privatbanken oder von öffentlichen Institutionen wie beispielsweise dem IWF zur Verfügung gestellt werden.

- *Gesteigerter Zufluss von Beteiligungskapital im Verhältnis zu Kreditzuflüssen.* Wenn die Entwicklungsländer einen größeren Anteil ihres Zuflusses an privatem Auslandskapital nicht durch Verschuldung, sondern durch Kapitalanlagen in Beteiligungen oder durch direkte Auslandsinvestitionen finanzieren würden, dann würde die Wahrscheinlichkeit eines Ausfalls erheblich sinken. Die Zahlungen des Landes an Ausländer wären dann direkter an seine konjunkturelle Entwicklung gekoppelt und würden in schlechten Zeiten automatisch zurückgehen.

Die mögliche Effektivität dieser Maßnahmen ist umstritten. Zyniker machen geltend, dass bereits vor der Krise eine Fülle an negativen Informationen über die Volkswirtschaften Asiens vorlag, von den Investoren aber nicht zur Kenntnis genommen worden sei. Ihrer Ansicht nach hätte die Wucht der Kapitalflucht, die später einsetzte, die Dämme jeder erdenklichen Eigenkapitalausstattung der Banken und aller Kreditlinien durchbrochen. Dennoch ist es zum Zeitpunkt, da dieses Buch geschrieben wird, recht wahrscheinlich, dass einige der genannten vorbeugenden Maßnahmen in Kraft treten werden.

22.7.3   Krisenbewältigung

Selbst bei entsprechender Vorbeugung würden mit Sicherheit weitere Krisen ausbrechen. Einige Vorschläge betrafen daher auch einen veränderten Umgang der Welt mit solchen Krisen.

Viele dieser Vorschläge betreffen Rolle und Politik des IWF. In dieser Hinsicht sind die Meinungen überaus geteilt. Einige konservative Kritiker vertreten den Standpunkt, dass der IWF kurzerhand abgeschafft werden sollte. Ihrer Ansicht nach fördert seine bloße

Existenz eine unverantwortliche Kreditvergabe, weil sie die Kreditgeber zu dem Glauben veranlasst, dass sie in jedem Fall vor den Folgen ihres Verhaltens gerettet werden – eine Version der oben beschriebenen Argumentation mit dem moralischen Wagnis. Andere Kritiker vertreten den Standpunkt, dass der IWF zwar notwendig sei, jedoch ein falsches Verständnis seiner eigenen Rolle habe, weil er zum Beispiel auf der Forderung nach Strukturreformen beharre, während er sich eigentlich auf rein finanzielle Fragen beschränken sollte. Und schließlich argumentieren die Verteidiger des IWF, und auch einige seiner Kritiker, dass dem Fonds schlicht nicht genügend Mittel zur Verfügung stünden, um seinen Aufgaben gerecht zu werden, dass er unter den Bedingungen einer hohen globalen Kapitalmobilität in der Lage sein müsse, sehr viel schneller sehr viel umfangreichere Kredite zur Verfügung zu stellen, als es gegenwärtig der Fall ist.

Eine weitere Gruppe von Vorschlägen geht davon aus, dass ein Land manchmal seine Schulden tatsächlich nicht zurückzahlen kann, und dass daher eine Art Konkursverfahren für Nationen geschaffen werden muss. Der Vorschlag, einen internationalen „Chapter 11"-Mechanismus einzurichten (benannt nach dem relevanten Paragraphen des US-amerikanischen Konkursgesetzes), sieht ein formales Verfahren vor, nach dem ein Land nach internationalem Recht die Befugnis erlangen kann, seinen Schuldendienst einzustellen und anschließend ein Abkommen auszuhandeln, das ihm eine verlängerte Zahlungsfrist einräumt oder im äußersten Falle einen Teil seiner Verbindlichkeiten erlässt. Wie wir im Zusammenhang mit der lateinamerikanischen Schuldenkrise der 1980er Jahre vermerkten, konnte diese Krise durch den Erlass eines Teils der Schulden allerdings nicht beendet werden. Die Befürworter eines Konkursverfahrens für Nationen vertreten den Standpunkt, dass ein solches Verfahren zwar nicht routinemäßig angewandt, aber zumindest in geregelten Bahnen verlaufen sollte. Ihre Kritiker halten dem entgegen, dass dies entweder ineffektiv oder kontraproduktiv wäre, weil sich die Länder in dem Wissen, dass sie ihre Schulden problemlos für ungültig erklären lassen können, zu einer übermäßigen Kreditaufnahme ermutigt fühlen würden – ein weiteres Beispiel für das moralische Wagnis.

22.7.4   Verworrene Zukunftsaussichten

Wenn dieser Abriss bei Ihnen den Eindruck hinterlassen hat, dass hinsichtlich der Finanzarchitektur der Zukunft ein hohes Maß an Verwirrung herrscht, dann liegen Sie durchaus nicht falsch. Das Einzige, was gegenwärtig wirklich feststeht, ist die Tatsache, dass große Industrieländer mit frei schwankenden Wechselkursen und internationaler Kapitalmobilität gut zurechtkommen, während die Entwicklungsländer dazu keine wirklich befriedigenden Alternativen haben. Man darf erwarten, dass es in den unmittelbar bevorstehenden Jahren eine Menge Experimente mit vielen verschiedenen globalen Reformplänen geben wird, bei denen einzelne Entwicklungsländer zahlreiche verschiedene Ansätze ausprobieren – frei schwankende Wechselkurse (wie in Mexiko und Brasilien), Kapitalkontrollen (wie in China und Malaysia), Currency Boards (wie in Estland und Hongkong) und vielleicht sogar die Abschaffung nationaler Währungen und die Einführung des Dollars oder des Euro für inländische Transaktionen. Ob oder wann sich aus diesem allgemeinen Gerangel eine einheitliche Architektur herausbilden wird, weiß heute noch niemand.

Zusammenfassung

1. Länder, die sich auf unterschiedlichen Stufen der wirtschaftlichen Entwicklung befinden, weisen extreme Unterschiede hinsichtlich ihres Pro-Kopf-Einkommens und ihres Wohlstands auf. Darüber hinaus lassen die Entwicklungsländer keine allgemeine Tendenz zur *Konvergenz* mit den Einkommensniveaus der Industrieländer erkennen. Einige Entwicklungsländer allerdings, insbesondere mehrere solche Länder Ostasiens, erfuhren seit den 1960er Jahren eine dramatische Steigerung ihres Lebensstandards. Die Aufdeckung der Gründe für die anhaltende Armut einiger Länder und die Beantwortung der Frage, welche Politik das Wirtschaftswachstum fördern kann, ist nach wie vor eine der wichtigsten Aufgaben der Wirtschaftswissenschaften.

2. Die Entwicklungsländer sind eine heterogene Gruppe, und diese Heterogenität wurde dadurch verstärkt, dass einige von ihnen ihre Volkswirtschaften in jüngerer Zeit umfassenden Reformprogrammen unterzogen haben. Die meisten weisen zumindest einige der folgenden Merkmale auf: umfangreiche staatliche Eingriffe in das Wirtschaftsleben und in diesem Zusammenhang ein hoher Anteil der öffentlichen Ausgaben am BNE; eine lange Geschichte hoher Inflationsraten, die normalerweise aus den Versuchen der Regierung herrühren, angesichts einer mangelhaften Steuereintreibung mit Hilfe der *Seignorage* Geld einzunehmen; schwache Kreditinstitute und schwach entwickelte Kapitalmärkte, Anbindung der Währung und Devisen- oder Kapitalverkehrskontrollen; in diesem Zusammenhang auch Crawling-Peg-Wechselkurssysteme, die auf die Inflationskontrolle oder die Verhinderung einer realen Aufwertung ausgerichtet sind, und eine starke Abhängigkeit vom Rohstoffexport. Die Korruption scheint parallel zur relativen Armut zu wachsen. Viele der genannten Merkmale von Entwicklungsländern haben ihren Ursprung in der Zeit der Großen Depression der 1930er Jahre, als sich die Industrieländer nach außen abschotteten und die Weltmärkte zusammenbrachen.

3. Da viele Entwicklungsländer Investitionsmöglichkeiten mit großem Gewinnpotenzial bieten, ist es nur natürlich, dass sie Leistungsbilanzdefizite aufweisen und sich bei reicheren Ländern verschulden. Im Prinzip kann die Kreditaufnahme der Entwicklungsländer zu Außenhandelsgewinnen führen, die sowohl die Kreditnehmer als auch die Kreditgeber bereichern. In der Praxis führte die Verschuldung der Entwicklungsländer allerdings gelegentlich zu Krisen des *Zahlungsausfalls*, die im Allgemeinen mit Währungs- und Bankenkrisen einhergingen. Ebenso wie Währungs- und Bankenkrisen können auch Ausfallkrisen ein Element der Selbsterfüllung enthalten, obwohl ihr Eintreten durchaus von grundlegenden Schwächen des Schuldnerlandes bedingt wird.

→

4. In den 1970er Jahren, als das Bretton-Woods-System zusammenbrach, setzte in den Ländern Lateinamerikas im Hinblick auf Wachstum und Inflation eine Ära ausgesprochen schlechter makroökonomischer Verhältnisse ein. In den 1970er Jahren führten die erfolglosen Versuche Chiles, Argentiniens und Uruguays, die Inflationsbekämpfung auf den Wechselkurs zu basieren, ausnahmslos zu einer massiven realen Aufwertung und dem Zusammenbruch der Währung. Unkontrollierte Kreditaufnahmen im Ausland mündeten in den 1980er Jahren in eine allgemeine Schuldenkrise der Entwicklungsländer, die sich in Lateinamerika und in Afrika am stärksten geltend machte. Einige große lateinamerikanische Länder, als Erstes Chile in der Mitte der 1980er Jahre, leiteten schließlich umfassendere Wirtschaftsreformen ein. Deren Ziele waren nicht nur der Inflationsabbau, sondern auch die Kontrolle der öffentlichen Haushalte, eine konsequente *Privatisierung*, Deregulierung und Reform der Außenhandelspolitik. Argentinien führte 1991 ein *Currency Board* ein. Nicht überall in Lateinamerika konnte das Reformziel stabilerer Banken erreicht werden, und Mitte der 1990er Jahre kam es zu Zusammenbrüchen in Mexiko und Argentinien.

5. Ungeachtet ihrer erstaunlichen Leistungen in Form eines starken Produktionswachstums und niedriger Inflationsraten sowie geringer Haushaltsdefizite wurden mehrere wichtige Entwicklungsländer in Ostasien 1997 von einer schweren Panik und verheerenden Währungsabwertungen heimgesucht. Rückblickend lassen sich mehrere Schwachpunkte der betroffenen Länder ausmachen, die zumeist mit der weit verbreiteten Bereitschaft zum moralischen Wagnis im einheimischen Bank- und Finanzwesen zusammenhingen. Die Fernwirkungen der Krise trafen so weit entfernte Länder wie Russland und Brasilien, ein Beweis für das Element der *Ansteckung*, das in heutigen internationalen Finanzkrisen eine wichtige Rolle spielt. Dieser Faktor und die Tatsache, dass die ostasiatischen Länder vor der Krise nur wenige erkennbare Probleme hatten, boten Anlass zu Forderungen nach einer Umgestaltung der internationalen „Finanzarchitektur".

6. Die Reformvorschläge für die internationale Finanzarchitektur lassen sich zwei Kategorien zuordnen: Vorbeugende Maßnahmen oder krisenbekämpfende Maßnahmen, die angewendet werden, sobald die Sicherheitsvorkehrungen eine Krise nicht verhindern konnten. Zu den Präventivmaßnahmen zählen eine größere Transparenz der Politik und der finanziellen Verhältnisse des Landes, eine verbesserte Aufsicht über das einheimische Bankwesen und erweiterte Kreditlinien, die entweder von privaten Instituten oder vom IWF zur Verfügung gestellt werden. Zu den vorgeschlagenen krisenbekämpfenden Maßnahmen zählt eine umfangreichere Kreditvergabe des IWF sowie eine Art offizielles Konkursverfahren für die geordnete Regelung von Gläubigeransprüchen an Entwicklungsländer, die ihren Zahlungsverpflichtungen nicht in vollem Umfang nachkommen können. Einige Beobachter treten für einen vermehrten Einsatz von Kapitalverkehrskontrollen ein, um Krisen zu verhindern oder zu bewältigen. In den kommenden Jahren werden Entwicklungsländer zweifellos mit Kapitalverkehrskontrollen, Dollarisierung, frei schwankenden Wechselkursen und anderen Systemen experimentieren. Es lässt sich noch nicht absehen, welche Architektur auf diesem Wege schließlich entstehen wird.

Schlüsselbegriffe

Ansteckung	S. 897	Dollarisierung	S. 894
Ausfall	S. 864	Konvergenz	S. 856
Crawling Peg	S. 871	Privatisierung	S. 868
Currency Board	S. 892	Seignorage, Münzgewinn	S. 858

Übungen

1. Kann eine Regierung stets mehr Seignorage gewinnen, indem sie einfach ein schnelleres Wachstum der Geldmenge zulässt? Begründen Sie Ihre Antwort.

2. Die Inflationsrate eines Landes habe sowohl 1980 als auch 1990 100 Prozent betragen, doch im Jahr 1980 sank sie, während sie 1990 stieg. In welchem Jahr fielen die Einnahmen aus der Seignorage bei ansonsten gleichen Bedingungen größer aus? (Gehen Sie davon aus, dass die Vermögensbesitzer den Inflationsverlauf richtig vorhersahen.)

3. Zu Beginn der 1980er Jahre gewann die Regierung Brasiliens, bei einer durchschnittlichen Inflationsrate von 147 Prozent, nur 1,0 Prozent der Produktionsmenge in Form von Seignorage, während die Regierung von Sierra Leone bei einer Inflationsrate, die nicht einmal ein Drittel derjenigen Brasiliens betrug, 2,4 Prozent gewann. Welche Unterschiede in der Finanzstruktur könnten diesen Gegensatz teilweise erklären? (Hinweis: In Sierra Leone betrug das Verhältnis der umlaufenden Geldmenge zur nominalen Produktionsmenge im Durchschnitt 7,7 Prozent, in Brasilien hingegen nur 1,4 Prozent.)

4. Eine Volkswirtschaft, die für internationale Kapitalbewegungen offen ist, habe ein Crawling-Peg-System, unter dem ihre Währung kontinuierlich um 10 Prozent jährlich abgewertet wird. Wie verhält sich in diesem Fall der inländische Nominalzins zum ausländischen Nominalzins? Was geschieht, wenn die Glaubwürdigkeit des Crawling Peg angeschlagen ist?

5. Die steigende Auslandsverschuldung, die einige Entwicklungsländer (beispielsweise Argentinien) in den 1970er Jahren anhäuften, ging zum Teil auf die durch Abwertungserwartungen bedingte (legale oder illegale) Kapitalflucht zurück. (Die Regierung und die Zentralbanken nahmen Fremdwährungskredite auf, um ihre Wechselkurse zu stützen, und diese Gelder fanden den Weg in private Hände und auf Bankkonten in New York und anderswo.) Da eine Kapitalflucht der Regierung hohe Schulden hinterlässt, doch auf der anderen Seite denjenigen Bürgern, die ihr Geld ins Ausland bringen, dort Vermögenswerte verschafft, ändert sich die Netto-Gesamtverschuldung des Landes nicht. Bedeutet dies, dass Länder, deren Staatsverschuldung gegenüber dem Ausland hauptsächlich auf Kapitalflucht zurückgeht, kein Schuldenproblem haben?

6. Einen großen Teil der Kredite, die in den 1970er Jahren an Entwicklungsländer vergeben wurden, hatten staatliche Unternehmen aufgenommen. In einigen dieser Länder wurden staatliche Unternehmen im Rahmen der Privatisierung verkauft. Hätten diese Länder mehr oder weniger Kredite aufgenommen, wenn die Privatisierungen früher durchgeführt worden wären?

7. Wie könnte sich die Entscheidung eines Entwicklungslandes, Außenhandelsbeschränkungen wie beispielsweise Importzölle abzubauen, auf seine Kreditwürdigkeit auf dem Weltkapitalmarkt auswirken?

8. Ein Land kann bei gegebener Produktionsmenge seine Leistungsbilanz verbessern, indem es entweder die Investitionen oder den Konsum (der privaten oder öffentlichen Haushalte) reduziert. Nach Beginn der Schuldenkrise der 1980er Jahre verbesserten viele Länder ihre Leistungsbilanz durch Einsparungen bei den Investitionen. Ist diese Strategie sinnvoll?

9. Während der Schuldenkrise der 1980er Jahre schlug der Ökonom Peter B. Kenen von der Princeton University die Schaffung einer staatlich unterstützten International Debt Discount Corporation (IDDC) vor, deren Aufgabe darin bestehen sollte, den Banken im Austausch für ihre Kredite an Entwicklungsländer eigene langfristige Anleihen des IDDC zu geben. Welche Probleme könnte der Betrieb einer solchen Einrichtung mit sich bringen? (Ein Symposium zu diesen und verwandten Fragen finden Sie in der Ausgabe des *Journal of Economic Perspectives* vom Winter 1990.)

10. Weshalb müsste Argentinien seine Seignorage an die USA abtreten, wenn es den Peso abschaffen und seine Volkswirtschaft einer vollständigen Dollarisierung unterziehen würde? Wie könnte man den Seignorage-Verzicht Argentiniens messen? (Überlegen Sie, welche Schritte Argentinien im Einzelnen unternehmen müsste, um diese Dollarisierung durchzuführen. Gehen Sie davon aus, dass die Aktiva der argentinischen Zentralbank zu 100 Prozent aus verzinslichen US-Schatzanleihen bestehen.)

Weiterführende Literatur

Bela Balassa, „Adjustment Policies in Developing Countries: A Reassessment", in: *World Development* 12, September 1984, S. 955–972. Zusammenfassung der Außenhandelspolitik und der makroökonomischen Politik der Entwicklungsländer nach 1973.

Guillermo A. Calvo und Carmen M. Reinhart, „Fear of Floating", in: *Quarterly Journal of Economics* 117, Mai 2002. Die Autoren vertreten den Standpunkt, dass Entwicklungsländer mit angeblich frei schwankenden Wechselkurse diese in Wirklichkeit stark kontrollieren.

Paul Collier und Jan Willem Gunning, „Explaining African Economic Performance", in: *Journal of Economic Literature* 37, März 1999, S. 69–111. Beschreibt die Ursachen des generell schwachen Wirtschaftswachstums und der wirtschaftlichen Instabilität in Afrika.

Susan M. Collins, „Multiple Exchange Rates, Capital Controls, and Commercial Policy", in: Rüdiger Dornbusch und F. Leslie C. H. Helmers, Hrsg., *The Open Economy: Tools for Policymakers in Developing Countries*, New York: Oxford University Press (im Auftrag der Weltbank), 1988. Beschreibt die Regulierung des Außenhandels und der Kapitalströme durch Entwicklungsländer im Interesse politischer Ziele.

Sebastian Edwards, *Crisis and Reform in Latin America: From Despair to Hope*, Oxford, U.K.: Oxford University Press, 1995. Eine umfassende Schilderung des Hintergrunds und Fortschritts jüngerer Initiativen zur Wirtschaftsreformen in Lateinamerika.

Stanley Fischer, „Exchange Rate Regimes: Is the Bipolar View Correct?", in: *Journal of Economic Perspectives* 15 (Frühjahr 2001), S. 3–24. Eine Einschätzung, auf welchen Grundlagen Länder die Wahl zwischen immer extremeren Wechselkursregimen treffen müssen.

Albert Fishlow, „Lessons from the Past: Capital Markets During the 19th Century and the Interwar Period", in: *International Organization* 39, Sommer 1985, S. 383–439. Historischer Rückblick auf die Kreditaufnahme im Ausland, enthält Vergleiche mit der 1982 einsetzenden Schuldenkrise.

Peter B. Kenen, *The International Financial Architecture: What's New? What's Missing?*, Washington, D.C.: Institute for International Economics, 2001. Bespricht die Krisen aus jüngerer Zeit und die dadurch ausgelösten Reformvorschläge für das globale Finanzsystem.

Charles P. Kindleberger, *Manias, Panics, and Crashes: A History of Financial Crises*, 3. Aufl., New York: John Wiley & Sons, 1996. Ein geschichtlicher Abriss über internationale Finanzkrisen vom 17. Jahrhundert bis heute.

David S. Landes, *The Wealth and Poverty of Nations*, New York: Norton, 1999. Breit angelegter Überblick über globale Erfahrungen mit wirtschaftlicher Entwicklung.

Ronald I. McKinnon, *The Order of Economic Liberalization: Financial Control in the Transition to a Market Economy*, 2. Auf.. Baltimore: Johns Hopkins University Press, 1993. Essays über die richtige Abfolge wirtschaftliche Reformen.

Dani Rodrik, „Getting Interventions Right: How South Korea and Taiwan Grew Rich", in: *Economic Policy* 20, April 1995, S. 53–107. Skeptische Beurteilung der Bedeutung der Außenhandelsreform für das Wachstum Ostasiens.

Mathematische
Postskripta

Postskriptum zu Kapitel 3

3P   Das Modell spezifischer Faktoren

In diesem Postskriptum bringen wir das Modell spezifischer Produktionsfaktoren, das in Kapitel 3 erläutert wurde, in eine mathematische Form. Diese trägt zu einem vertieften Verständnis des Modells bei und bietet uns überdies Gelegenheit zur Entwicklung von Begriffen und Techniken, die auch auf spätere Modelle angewandt werden können. Insbesondere bietet sich in diesem Zusammenhang die Einführung der so genannten „Hütchen-Algebra" an, eines außerordentlich nützlichen Analyse-Instruments.

3P.1   Faktorpreise, Kosten und Faktornachfrage

Das Modell spezifischer Faktoren geht von zwei Sektoren aus: Industrieprodukten und Lebensmitteln. In jedem Sektor werden zwei Produktionsfaktoren eingesetzt: Kapital und Arbeit im Industriesektor, Boden und Arbeit im Lebensmittelsektor. Untersuchen wir, bevor wir uns dem Modell als Ganzem zuwenden, zunächst im Allgemeinen, wie die Kosten und die Nachfrage nach den Produktionsfaktoren mit den Faktorpreisen zusammenhängen, wenn die Produzenten beide Faktoren einsetzen.

Gehen wir von der Produktion eines Gutes aus, bei der die Produktionsfaktoren Kapital und Arbeit eingesetzt werden. Wenn dabei konstante Skalenerträge anfallen, kann die Produktionstechnologie mit Hilfe der *Einheitsisoquante* (*II* in Abbildung 3P.1) dargestellt werden, einer Kurve, die sämtliche Kombinationen von Kapital- und Arbeitseinsatz zeigt, mit denen eine Gütereinheit hergestellt werden kann. Wie die Kurve *II* zeigt, hängt die eingesetzte Kapitalmenge pro Gütereinheit, a_K, von der eingesetzten Arbeitsmenge a_L ab, und umgekehrt. Die Krümmung der Isoquante widerspiegelt die Annahme, dass der Ersatz von Arbeit durch Kapital mit wachsender Kapitalintensität immer schwieriger wird, und umgekehrt.

In einer Marktwirtschaft mit vollständigem Wettbewerb wählen die Produzenten die jeweils kostenminimierende Kapitalintensität (Kapital-Arbeits-Verhältnis). Diese kostenminimierende Wahl ist in Abbildung 3P.1 als Punkt *E* wiedergegeben. In diesem Punkt tangiert die Einheitsisoquante *II* eine Linie, deren Steigung gleich dem negativen Wert des Quotienten aus dem Preis der Arbeit, w, und dem Preis des Kapitals, r, ist.

Die Produktionskosten, C, sind gleich der Summe der Einsatzkosten von Kapital und Arbeit,

$$C = a_K r + a_L w, \tag{3P-1}$$

wobei die Faktoreinsatzkoeffizienten, a_K und a_L, so gewählt wurden, dass C minimiert wird.

Da bereits die kostenminimierende Kapitalintensität gewählt wurde, können die Kosten durch keine weitere Veränderung dieses Quotienten gesenkt werden. Es ist also nicht möglich, durch eine Erhöhung von a_K bei gleichzeitiger Senkung von a_L, oder umgekehrt, die Kosten zu reduzieren. Daraus folgt, dass eine unendlich kleine Abweichung der Kapitalintensität von ihrem kostenminimierenden Wert keine Kostenwirkung entfaltet. Nun seien da_K und da_L kleine Abweichungen vom optimalen Faktoreinsatz. Dann gilt für jede Bewegung entlang der Einheitsisoquante:

$$r\,da_K + w\,da_L = 0 \tag{3P-2}$$

Als Nächstes ändern sich die Faktorpreise r und w. Diese Änderung hat zwei Wirkungen: Sie ändert die Wahl von a_K und a_L, und sie ändert die Produktionskosten.

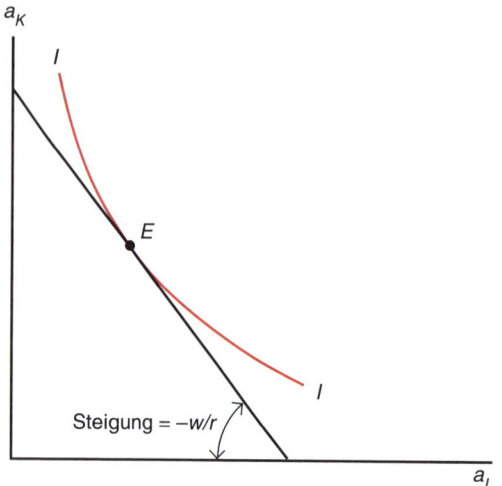

Die kostenminimierende Kapitalintensität hängt von den Faktorpreisen ab.

Abbildung 3P.1:   Effiziente Produktion

Betrachten wir als Erstes die Wirkung auf die relativen Einsatzmengen von Kapital und Arbeit bei der Produktion einer Gütereinheit. Die kostenminimierende Kapitalintensität hängt von dem Verhältnis des Preises der Arbeit zum Preis des Kapitals ab:

$$\frac{a_K}{a_L} = \Phi\!\left(\frac{w}{r}\right) \tag{3P-3}$$

Auch die Produktionskosten ändern sich. Für kleine Veränderungen der Faktorpreise, dr und dw, ist die Veränderung der Produktionskosten:

$$dC = a_K\,dr + a_L\,dw + r\,da_K + w\,da_L \tag{3P-4}$$

Wir wissen jedoch aus Gleichung (3P-2), dass die Summe der letzten beiden Terme der Gleichung (3P-4) gleich Null ist. Daher kann die Wirkung der Faktorpreise auf die Kosten folgendermaßen geschrieben werden:

$$dC = a_K\,dr + a_L\,dw \tag{3P-4'}$$

Die Ableitung einer etwas anderen Gleichung aus Gleichung (3P-4') wird uns gute Dienste leisten. Durch Division und Multiplikation einiger Elemente dieser Gleichung erhalten wir folgende neue Gleichung:

$$\frac{dC}{C} = \left(\frac{a_K r}{C}\right)\left(\frac{dr}{r}\right) + \left(\frac{a_L w}{C}\right)\left(\frac{dw}{w}\right) \tag{3P-5}$$

Der Term dC/C kann interpretiert werden als die *prozentuale Änderung* von C, und wird der Einfachheit halber mit einem „Hütchen" als $\hat{C}$ geschrieben; entsprechend dr/r als $\hat{r}$ und dw/w als $\hat{w}$. Der Term $a_K r/C$ kann als *Anteil der Kapitalkosten an den Gesamtproduktionskosten* aufgefasst und der Einfachheit halber als θ_K geschrieben werden. Wir können daher Gleichung (3P-5) in folgender verkürzter Form wiedergeben:

$$\hat{C} = \theta_K \hat{r} + \theta_L \hat{w}, \tag{3P-5'}$$

wobei gilt:

$$\theta_K + \theta_L = 1.$$

Dies ist ein Beispiel für die „Hütchen-Algebra", ein äußerst hilfreiches Verfahren zur Darstellung mathematischer Beziehungen in der Außenwirtschaftstheorie.

Die Beziehung zwischen Faktorpreisen und Kapitalintensität kann ebenfalls mit Hilfe der „Hütchen-Algebra" ausgedrückt werden. Ein Anstieg des Preises der Arbeit im Verhältnis zum Preis des Kapitals senkt den Arbeitseinsatz im Verhältnis zum Kapitaleinsatz (die Arbeitsintensität). Diese Aussage kann in folgender Form wiedergeben werden:

$$\hat{a}_L - \hat{a}_K = -\sigma(\hat{w} - \hat{r}), \tag{3P-6}$$

wobei σ die prozentuale Veränderung der Arbeitsintensität darstellt, die sich aus einer 1-prozentigen Veränderung der Faktorpreise ergibt. Dieser Wert σ wird als *Substitutionselastizität* bezeichnet.

3P.2 Bestimmung der Faktorpreise im Modell spezifischer Faktoren

Das Modell spezifischer Faktoren geht von zwei Sektoren aus, die sich beide wie oben beschrieben verhalten. Industrieprodukte werden hergestellt unter dem Einsatz von Kapital (dem spezifischen Faktor) und Arbeit:

$$Q_M = Q_M(K, L_M). \tag{3P-7}$$

Lebensmittel werden hergestellt unter dem Einsatz von Boden (als spezifischem Faktor) und Arbeit:

$$Q_F = Q_F(T, L_F). \tag{3P-8}$$

Die Angebotsmengen von Kapital und Boden in jedem Sektor spielen dabei keine Rolle. Allerdings kann die Arbeit beiden Sektoren zugeteilt werden:

$$L_M + L_F = \overline{L}, \tag{3P-9}$$

wobei $\overline{L}$ das Gesamtangebot an Arbeit ist, das der Volkswirtschaft zur Verfügung steht.

In einer Volkswirtschaft mit vollständigem Wettbewerb muss der Preis jedes Gutes genau gleich seinen Produktionskosten sein. Daher gilt im Industriesektor:

$$P_M = a_{KM}r_K + a_{LM}w, \tag{3P-10}$$

wobei r_K der Preis des Kapitals ist, w der Lohnsatz der Arbeit, und a_{KM} und a_{LM} die Einsatzkoeffizienten pro Gütereinheit. Gemäß der in Gleichung (3P-6) eingeführten Notation ergibt sich:

$$\hat{P}_M = \theta_{KM}\,\hat{r}_K + \theta_{LM}\,\hat{w} \tag{3P-11}$$

oder

$$\hat{r}_K = \left(\frac{1}{\theta_{KM}}\right)\!\left(\hat{P}_M - \theta_{LM}\,\hat{w}\right) = \hat{P}_M + \left(\frac{\theta_{LM}}{\theta_{KM}}\right)\!\left(\hat{P}_M - \hat{w}\right) \tag{3P-12}$$

Mit der entsprechenden Notation ergibt sich für den Lebensmittelsektor:

$$\hat{r}_T = \left(\frac{1}{\theta_{TF}}\right)\!\left(\hat{P}_F - \theta_{LF}\hat{w}\right) = \hat{P}_F + \left(\frac{\theta_{LF}}{\theta_{TF}}\right)\!\left(\hat{P}_F - \hat{w}\right) \tag{3P-13}$$

Die Gleichungen (3P-12) und (3P-13) ermöglichen bei gegebenen Preisveränderungen für Industrieprodukte, Lebensmittel und Arbeit die Ableitung der Veränderungen der Preise für Kapital und Boden. Der nächste Schritt besteht in der Ableitung der Veränderung des Lohnsatzes. Dies erreichen wir, indem wir Angebot und Nachfrage der Arbeit untersuchen.

Zunächst gilt:

$$K = a_{KM}Q_M \tag{3P-14}$$

sowie

$$L_M = a_{LM}Q_M. \tag{3P-15}$$

Daraus folgt:

$$L_M = \left(\frac{a_{LM}}{a_{KM}}\right) K. \tag{3P-16}$$

Da das Angebot an Kapital als dem spezifischen Faktor fix ist, kann sich der Arbeitseinsatz in der Industrieproduktion nur durch eine direkte Veränderung der Kapitalintensität ändern. Mit Hilfe der „Hütchen"-Notation kann folgende Gleichung hergeleitet werden:

$$\hat{L}_M = \hat{a}_{LM} - \hat{a}_{KM} = -\sigma\left(\hat{w} - \hat{r}_K\right). \tag{3P-17}$$

Mit Hilfe von Gleichung (3P-12) kann gezeigt werden, dass

$$\hat{r}_K - \hat{w} = \left(\frac{1}{\theta_{KM}}\right)\left(\hat{P}_M - \hat{w}\right) \qquad \text{(3P-18)}$$

Folglich gilt:

$$\hat{L}_M = \sigma_M\left(\frac{1}{\theta_{KM}}\right)\left(\hat{P}_M - \hat{w}\right) \qquad \text{(3P-19)}$$

wobei σ_M die Substitutionselastizität im Industriesektor darstellt, sodass analog gilt:

$$\hat{L}_F = \sigma_F\left(\frac{1}{\theta_{TF}}\right)\left(\hat{P}_F - \hat{w}\right) \qquad \text{(3P-20)}$$

Wenden wir uns nun der Vollbeschäftigungsbedingung für die Arbeit zu, d.h. Gleichung (3P-9). Wenn die Gesamtbeschäftigung unverändert bleiben soll, dann muss eine Erhöhung der Beschäftigung in einem Sektor durch einen Beschäftigungsrückgang im anderen Sektor ausgeglichen werden:

$$dL_M + dL_F = 0. \qquad \text{(3P-21)}$$

Wie zuvor kann auch diese Gleichung gemäß der „Hütchen-Algebra" umformuliert werden:

$$\left(\frac{dL_M}{L_M}\right)\left(\frac{L_M}{L}\right) + \left(\frac{dL_F}{L_F}\right)\left(\frac{L_F}{L}\right) = 0 \qquad \text{(3P-22)}$$

oder

$$\alpha_M\hat{L}_M + \alpha_F\hat{L}_F = 0, \qquad \text{(3P-22')}$$

wobei $\alpha_M = L_M/L$ der Anteil der in der Industrieproduktion eingesetzten Arbeit am Gesamtarbeitsangebot der Volkswirtschaft ist.

Der letzte Schritt besteht darin, die Gleichungen für die Arbeitsnachfrage, (3P-19) und (3P-20), in Gleichung (3P-22') einzusetzen:

$$(\alpha_M \sigma_M/\theta_{KM})\,\hat{P}_M + (\alpha_F \sigma_F/\theta_{TF})\,\hat{P}_F = [(\alpha_M \sigma_M/\theta_{KM}) + (\alpha_F \sigma_F/\theta_{TF})]\hat{w} \qquad \text{(3P-23)}$$

oder

$$\hat{w} = \frac{[(\alpha_M \sigma_M/\theta_{KM})\hat{P}_M + (\alpha_F \sigma_F/\theta_{TF})\hat{P}_F]}{[(\alpha_M \sigma_M/\theta_{KM}) + (\alpha_F \sigma_F/\theta_{TF})]} \qquad \text{(3P-23')}$$

Der Anstieg des Lohnsatzes ist also das gewichtete Mittel der Preiserhöhungen für Industrieprodukte und Lebensmittel.

3P.3   Auswirkungen einer Veränderung der relativen Preise

Der Preis der Industrieprodukte steige nun im Verhältnis zu jenem der Lebensmittel, d.h. $\hat{P}_M > \hat{P}_F$. Da die Veränderung des Lohnsatzes ein gewichtetes Mittel der Veränderung der beiden Güterpreise ist, gilt:

$$\hat{P}_M > \hat{w} > \hat{P}_F$$

Der Effekt auf die Arbeitsallokation ergibt sich unmittelbar aus den Gleichungen (3P-19) und (3P-20): Da $\hat{P}_M > \hat{w}$, $\hat{L}_M > 0$; da $\hat{P}_F < \hat{w}$, $\hat{L}_F < 0$. Die Beschäftigung im Industriesektor steigt und die Beschäftigung im Lebensmittelsektor sinkt.

Die Effekte auf die Preise von Kapital und Boden können an den Gleichungen (3P-12) und (3P-13) abgelesen werden. Da auch hier $\hat{P}_M > \hat{w}$, muss $\hat{r}_K$ *stärker* ansteigen als P_M, während umgekehrt r_T weniger ansteigt als P_F. Die Beziehung zwischen Veränderungen der Güter- und Faktorpreise ist daher:

$$\hat{r}_K > \hat{P}_M > \hat{w} > \hat{P}_F > \hat{r}_T \qquad \textbf{(3P-24)}$$

Da der Preis des Kapitals im Verhältnis zu beiden Gütern steigt, verbessert sich eindeutig die Lage jeder Person, die ihr Einkommen ausschließlich aus Kapital bezieht. Da der Preis des Bodens im Verhältnis zu beiden Gütern sinkt, verschlechtert sich eindeutig die Lage einer Person, die ihr Einkommen ausschließlich aus Boden bezieht. Eine Person, die ihr Einkommen aus Arbeit bezieht, stellt fest, dass die Kaufkraft dieses Einkommens in Bezug auf Lebensmittel zugenommen und in Bezug auf Industrieprodukte abgenommen hat.

Postskriptum zu Kapitel 4

4P Das Faktorproportionenmodell

Das Faktorproportionenmodell mit flexiblen Koeffizienten ist dem Modell spezifischer Faktoren in vielerlei Hinsicht ähnlich: Es geht von zwei Sektoren aus, in denen jeweils zwei Produktionsfaktoren eingesetzt werden. Der einzige Unterschied besteht darin, dass dies *dieselben* Produktionsfaktoren sind, sodass sowohl die Arbeit als auch der andere Faktor (in unserem Beispiel Boden) sektorübergreifend eingesetzt werden können.

4P.1 Die grundlegenden Gleichungen des Faktorproportionenmodells

Ein Land produziere zwei Güter, X und Y, unter Einsatz von zwei Produktionsfaktoren, Boden und Arbeit. X sei das bodenintensive Gut. Der Preis beider Güter muss gleich ihren Produktionskosten sein:

$$P_X = a_{TX}r + a_{LX}w, \qquad \text{(4P-1)}$$

$$P_Y = a_{TY}r + a_{LY}w, \qquad \text{(4P-2)}$$

wobei a_{TX}, a_{LX}, a_{TY}, a_{LY} bei einem gegebenen Preis des Bodens, r, und der Arbeit, w, die kostenminimierenden Faktoreinsatzmengen sind.

Außerdem müssen die Produktionsfaktoren der Volkswirtschaft vollbeschäftigt sein:

$$a_{TX}Q_X + a_{TY}Q_Y = T, \qquad \text{(4P-3)}$$

$$a_{LX}Q_X + a_{LY}Q_Y = L, \qquad \text{(4P-4)}$$

wobei T und L für das Gesamtangebot an Boden und Arbeit stehen.

Die Faktorpreisgleichungen (4P-1) und (4P-2) implizieren, genau wie im Falle des Modells spezifischer Faktoren, Gleichungen für die Änderungsrate der Faktorpreise:

$$\hat{P}_X = \theta_{TX}\hat{r} + \theta_{LX}\hat{w}, \qquad \text{(4P-5)}$$

$$\hat{P}_Y = \theta_{TY}\hat{r} + \theta_{LY}\hat{w}, \qquad \text{(4P-6)}$$

wobei θ_{TX} der Anteil der Bodenkosten an den Produktionskosten von X ist, usw. Dabei ist $\theta_{TX} > \theta_{TY}$ und $\theta_{LX} < \theta_{LY}$, weil X bodenintensiver ist als Y.

Beim Umgang mit den Mengengleichungen (4P-3) und (4P-4) ist größere Vorsicht angezeigt. Die Faktoreinsatzeinheiten a_{TX} usw. können sich bei Änderungen der Faktorpreise ebenfalls ändern. Bei konstanten Güterpreisen ändern sich die Faktorpreise allerdings nicht. Für *gegebene* Preise von X und Y können daher auch abgewandelte Gleichungen für das Faktorangebot und die Produktionsmengen geschrieben werden:

$$\alpha_{TX}\hat{Q}_X + \alpha_{TY}\hat{Q}_Y = \hat{T}, \tag{4P-7}$$

$$\alpha_{LX}\hat{Q}_X + \alpha_{LY}\hat{Q}_Y = \hat{L}, \tag{4P-8}$$

dabei steht α_{TX} für den Anteil des Bodenangebots der Volkswirtschaft, der in der Produktion von X eingesetzt wird, usw. Dabei ist $\alpha_{TX} > \alpha_{LX}$ und $\alpha_{TY} < \alpha_{LY}$, weil X bodenintensiver ist als Y.

4P.2   Güterpreise und Faktorpreise

Die Faktorpreisgleichungen (4P-5) und (4P-6) können so aufgelöst werden, dass die Faktorpreise als abhängig von den Güterpreisen dargestellt werden (diese Lösungen basieren darauf, dass $\theta_{LX} = 1 - \theta_{TX}$ und $\theta_{LY} = 1 - \theta_{TY}$):

$$\hat{r} = \left(\frac{1}{D}\right)[(1-\theta_{TY})\hat{P}_X - \theta_{LX}\hat{P}_Y], \tag{4P-9}$$

$$\hat{w} = \left(\frac{1}{D}\right)[\theta_{TX}\hat{P}_Y - \theta_{TY}\hat{P}_X], \tag{4P-10}$$

wobei $D = \theta_{TX} - \theta_{TY}$ (womit impliziert ist, dass $D > 0$). Diese Gleichungen können umformuliert werden zu:

$$\hat{r} = \hat{P}_X + \left(\frac{\theta_{LX}}{D}\right)(\hat{P}_X - \hat{P}_Y), \tag{4P-9'}$$

$$\hat{w} = \hat{P}_Y + \left(\frac{\theta_{TY}}{D}\right)(\hat{P}_X - \hat{P}_Y). \tag{4P-10'}$$

Nun steige der Preis von X im Verhältnis zum Preis von Y, sodass $\hat{P}_X > \hat{P}_Y$. Daraus folgt, dass

$$\hat{r} > \hat{P}_X > \hat{P}_Y > \hat{w}. \tag{4P-11}$$

Der reale Preis des Bodens steigt also gemessen in beiden Gütern, während der reale Preis der Arbeit gemessen in beiden Gütern sinkt. Wenn der Preis von X stiege, während der Preis von Y konstant bliebe, dann würde der Lohnsatz sogar sinken.

4P.3   Faktorangebote und Produktionsmengen

Solange die Güterpreise als gegeben vorausgesetzt werden, können die Gleichungen (4P-7) und (4P-8) gelöst werden. Dabei macht man sich zunutze, dass $\alpha_{TY} = 1 - \alpha_{TX}$ und $\alpha_{LY} = 1 - \alpha_{LX}$, um die Änderung der Produktionsmenge jedes Gutes als Resultat veränderter Faktorangebote darzustellen:

$$\hat{Q}_X = \left(\frac{1}{\Delta}\right)\left[\alpha_{LY}\hat{T} - \alpha_{TY}\hat{L}\right], \tag{4P-12}$$

$$\hat{Q}_Y = \left(\frac{1}{\Delta}\right)\left[-\alpha_{LX}\hat{T} + \alpha_{TX}\hat{L}\right], \tag{4P-13}$$

wobei $\Delta = \alpha_{TX} - \alpha_{LX}$, $\Delta > 0$.

Diese Gleichungen können auch in folgender Form geschrieben werden:

$$\hat{Q}_X = \hat{T} + \left(\frac{\alpha_{TY}}{\Delta}\right)\left(\hat{T} - \hat{L}\right), \tag{4P-12'}$$

$$\hat{Q}_Y = \hat{L} - \left(\frac{\alpha_{LX}}{\Delta}\right)\left(\hat{T} - \hat{L}\right), \tag{4P-13'}$$

Nun blieben P_X und P_Y konstant, während das Angebot an Boden im Verhältnis zum Arbeitsangebot steige, $\hat{T} > \hat{L}$. Daraus ist unmittelbar ersichtlich, dass

$$\hat{Q}_X > \hat{T} > \hat{L} > \hat{Q}_Y. \tag{4P-14}$$

Wenn T bei konstantem L zunimmt, steigt die Produktion von X überproportional dazu an, während die Produktion von Y zurückgeht.

Postskriptum zu Kapitel 5

5P Außenhandel und Weltwirtschaft

5P.1 Angebot, Nachfrage und Gleichgewicht

Die Weltwirtschaft im Gleichgewicht

Zu Zwecken der grafischen Wiedergabe ist es zwar am einfachsten, das Gleichgewicht der Weltwirtschaft als Ausgleich zwischen relativem Angebot und relativer Nachfrage abzubilden, doch für mathematische Berechnungen bietet sich eine andere Darstellung an. Dieser Ansatz konzentriert sich auf die Ausgeglichenheit von Angebot und Nachfrage bei jeweils einem der beiden Güter, Textilien und Lebensmittel. Für welches Gut man sich entscheidet, spielt keine Rolle, weil ein Gleichgewicht auf dem Textilmarkt ein ebensolches auf dem Lebensmittelmarkt impliziert, und umgekehrt.

Dieser Zusammenhang erschließt sich aus folgenden Überlegungen: Q_c und Q_c^* stünden für die Textilproduktion von Inland und Ausland, D_c und D_c^* für die Nachfragemengen der jeweiligen Länder, und die entsprechenden Variablen für F beziehen sich auf den Lebensmittelmarkt. Zusätzlich sei p der relative Textilpreis gegenüber Lebensmitteln.

Die weltweiten Ausgaben sind stets gleich dem Welteinkommen. Das Welteinkommen ist die Einkommenssumme aus dem Textilien- und Lebensmittelverkauf; die Weltausgaben sind die Summe der Textilien- und Lebensmittelkäufe. Die Gleichheit von Einkommen und Ausgaben kann also folgendermaßen dargestellt werden:

$$p(Q_C + Q_C^*) + Q_F + Q_F^* = p(D_C + D_C^*) + D_F + D_F^* \qquad \textbf{(5P-1)}$$

Nun befinde sich der Welttextilmarkt im Gleichgewicht, sodass

$$Q_C + Q_C^* = D_C + D_C^*. \qquad \textbf{(5P-2)}$$

Dann folgt aus Gleichung (5P-1), dass

$$Q_F + Q_F^* = D_F + D_F^*. \qquad \textbf{(5P-3)}$$

Der Lebensmittelmarkt muss sich also auch im Gleichgewicht befinden. Es ist unmittelbar einsichtig, dass auch die umgekehrte Bedingung erfüllt ist: Wenn sich der Lebensmittelmarkt im Gleichgewicht befindet, dann gilt dies auch für den Textilmarkt.

Zur Bestimmung des relativen Preises im Gleichgewicht genügt es daher, sich auf den Textilmarkt zu konzentrieren.

Produktion und Einkommen

Jedes Land hat eine Transformationskurve, entlang derer es die Produktionsmengen von Textilien und Lebensmitteln gegeneinander abwägen kann. Das Produktionsoptimum der Volkswirtschaft liegt an dem Punkt der Transformationskurve, an dem der Produktionswert bei jedem gegebenen relativen Textilpreis maximiert ist. Dieser Wert kann folgendermaßen dargestellt werden:

$$V = pQ_C + Q_F. \qquad (5P\text{-}4)$$

Wie bei den in den vorangegangenen Postskripta beschriebenen Fällen der Kostenminimierung impliziert das wertmaximierende Produktionsoptimum, dass eine geringfügige Abweichung der Produktion vom Optimum entlang der Transformationskurve den Wert der Produktion nicht beeinträchtigt:

$$pdQ_C + dQ_F = 0. \qquad (5P\text{-}5)$$

Eine Änderung des relativen Textilpreises ändert sowohl die Zusammenstellung als auch den Wert der Produktion. Die Wertänderung ist:

$$dV = Q_C dp + pdQ_C + dQ_F; \qquad (5P\text{-}6)$$

weil jedoch die beiden letzten Terme nach Gleichung (5P-5) gleich Null sind, reduziert sich dieser Ausdruck auf

$$dV = Q_C dp. \qquad (5P\text{-}6')$$

Entsprechend gilt für Ausland:

$$dV^* = Q_C^* dp. \qquad (5P\text{-}7)$$

Einkommen, Preise und Nutzen

Wir behandeln jedes Land, als ob es ein Individuum wäre. Seine Präferenzen können als Nutzenfunktion dargestellt werden, in Abhängigkeit vom Konsum an Textilien und Lebensmitteln:

$$U = U(D_C, D_F). \qquad (5P\text{-}8)$$

Das Einkommen des Landes, in Lebensmitteln gemessen, sei I. Seine Gesamtausgaben müssen diesem Einkommen gleich sein, sodass

$$pD_C + D_F = I. \qquad (5P\text{-}9)$$

Die Konsumenten maximieren ihren Nutzen bei allen gegebenen Einkommen und Preisen. Nun seien MU_C und MU_F der Grenznutzen, den die Konsumenten aus Textilien und Lebensmitteln beziehen. Die Veränderung des Nutzens, die sich aus jeder beliebigen Konsumänderung ergibt, ist daher

$$dU = MU_C dD_C + MU_F dD_F. \qquad (5P\text{-}10)$$

Eben weil die Konsumenten bei gegebenen Einkommen und Preisen ihren Nutzen maximieren, gibt es für sie keine bezahlbare Konsumänderung, die ihre Wohlfahrt erhöht. Diese Bedingung impliziert für das Optimum

$$\frac{MU_C}{MU_F} = p. \tag{5P-11}$$

Als Nächstes betrachten wir die Auswirkung veränderter Einkommen und Preise auf den Nutzen. Durch Differenzierung von Gleichung (5P-9) erhalten wir

$$pdD_C + dD_F = dI - D_C dp. \tag{5P-12}$$

Aus den Gleichungen (5P-10) und (5P-11) erhalten wir jedoch

$$dU = MU_F[pdD_C + dD_F]. \tag{5P-13}$$

Daher gilt:

$$dU = MU_F[dI - D_C dp]. \tag{5P-14}$$

An dieser Stelle bietet sich die Einführung einer neuen Definition an: Der Quotient aus Nutzenänderung und Grenznutzen der Lebensmittel als der Ware, in der das Einkommen gemessen wird, kann als Änderung des *Realeinkommens* definiert werden, die durch das Symbol dy wiedergegeben wird:

$$dy = \frac{dU}{MU_F} = dI - D_C dp. \tag{5P-15}$$

Das Einkommen der Volkswirtschaft als Ganzes ist gleich dem Wert ihrer Produktion: $I = V$. Der Effekt einer Änderung des relativen Textilpreises auf das gesamtwirtschaftliche Realeinkommen ist daher:

$$dy = [Q_C - D_C]dp. \tag{5P-16}$$

Die Menge $Q_C - D_C$ ist die von der Volkswirtschaft exportierte Textilmenge. Ein Anstieg des relativen Textilpreises nützt daher einer Textilien exportierenden Volkswirtschaft; er stellt eine Verbesserung ihrer Terms of Trade dar. Es ist aufschlussreich, diesen Gedanken in einer leicht abgewandelten Form darzustellen:

$$dy = [p(Q_C - D_C)]\left(\frac{dp}{p}\right). \tag{5P-17}$$

Der in eckige Klammern gesetzte Term ist der Wert der Exporte; der in runde Klammern gesetzte Ausdruck gibt die prozentuale Veränderung der Terms of Trade wieder. Diese Formel besagt daher: Der reale Einkommensgewinn aus einer gegebenen prozentualen Veränderung der Terms of Trade ist gleich dem Produkt aus prozentualer Veränderung der Terms of Trade und dem ursprünglichen Exportwert. Wenn ein Land ursprünglich 100 Milliarden Dollar exportiert und sich seine Terms of Trade um 10 Prozent verbessern, dann entspricht der Gewinn einer Steigerung des Nationaleinkommens um 10 Milliarden Dollar.

5P.2   Angebot, Nachfrage und Stabilität des Gleichgewichts

Auf dem Textilmarkt induziert eine Veränderung des relativen Preises Veränderungen sowohl der Angebots- als auch der Nachfrageseite.

Auf der Angebotsseite veranlasst ein Anstieg von p sowohl Inland als auch Ausland zur Steigerung der Textilproduktion. Wir bezeichnen diese Reaktion des Angebots als s bzw. s^*, sodass

$$dQ_C = s\,dp, \tag{5P-18}$$

$$dQ_C^* = s^*\,dp. \tag{5P-19}$$

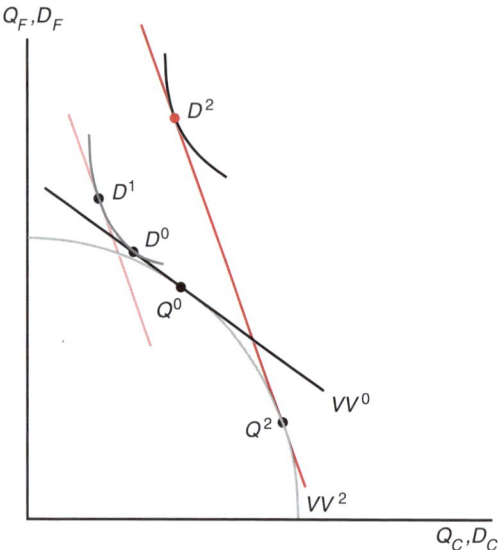

Eine Veränderung des relativen Preises bewirkt sowohl Einkommens- als auch Substitutionseffekte.

Abbildung 5P.1:   **Konsumeffekte einer Preisänderung**

Die Nachfrageseite gestaltet sich komplexer. Hier bewirkt eine Änderung von p sowohl *Einkommens-* als auch *Substitutionseffekte*. Abbildung 5P.1 veranschaulicht diese Effekte. Die Abbildung zeigt eine Volkswirtschaft, in der ursprünglich der durch die Steigung der Linie VV^0 angezeigte relative Preis herrscht. Bei diesem relativen Preis liegt das Produktionsoptimum an Punkt Q^0 und das Konsumoptimum an Punkt D^0. Nun steige der relative Textilpreis auf das Niveau, das durch die Steigung von VV^2 wiedergegeben ist. Wenn der Nutzen nicht ebenfalls steigt, verschiebt sich der Konsum nach D^1, ein eindeutiger Rückgang des Textilverbrauchs. Daneben verändert sich jedoch auch das Realeinkommen der Volkswirtschaft; im Fall der hier betrachteten Volkswirtschaft steigt es, weil sie in der Ausgangslage ein Nettoexporteur von Textilien war. Diese Veränderung verschiebt den Konsum über D^1 hinaus nach D^2, und dieser Einkommenseffekt hebt tendenziell den Textilverbrauch. Um die Nachfragewirkung einer Änderung von p zu bestimmen, muss man sowohl den Substitutionseffekt – die Konsumänderung, die bei konstantem Realeinkommen eintreten würde – berücksichtigen als auch den Einkommenseffekt, d.h. die zusätzliche Konsumänderung, die sich aus einer Änderung des Realeinkommens ergibt.

Der Substitutionseffekt sei $-e\,dp$; sein Wert ist immer negativ. Der Einkommenseffekt sei $n\,dy$; solange Textilien ein normales Gut sind, dessen Nachfrage mit dem Realeinkommen steigt, ist er positiv, wenn das Land ein Nettoexporteur von Textilien ist, und negativ, wenn es ein Nettoimporteur ist.[1] Die Gesamtwirkung einer Änderung von p auf die Inlandsnachfrage nach Textilien ist daher

$$dD_C = -e\,dp + n\,dy$$

$$= [-e + n(Q_C - D_C)]dp. \qquad \text{(5P-20)}$$

Die Wirkung auf die Nachfrage von Ausland ist entsprechend:

$$dD_C^* = [-e^* + n^*(Q_C^* - D_C^*)]dp. \qquad \text{(5P-21)}$$

Da $Q_c^* - D_c^*$ negativ ist, ist auch der Einkommenseffekt in Ausland negativ.

Aus der Verbindung von Angebots- und Nachfrageeffekt ergibt sich nun der Gesamteffekt einer Änderung von p auf den Textilmarkt. Das *Überschussangebot* an Textilien ergibt sich aus der Differenz zwischen der gewünschten Weltproduktion und dem Verbrauch:

$$ES_C = Q_C + Q_C^* - D_C - D_C^* \qquad \text{(5P-22)}$$

Der Effekt einer Änderung von p auf das weltweite Überschussangebot ist:

$$dES_C = [s + s^* + e + e^* - n(Q_C - D_C) - n^*(Q_C^* - D_C^*)]dp. \qquad \text{(5P-23)}$$

Wenn sich der Markt in der Ausgangslage allerdings im Gleichgewicht befindet, sind die Exporte von Inland gleich den Importen von Ausland, sodass $Q_C^* - D_C^* = -(Q_C - D_C)$; der Effekt von p auf das Überschussangebot kann daher folgendermaßen geschrieben werden:

$$dES_C = [s + s^* + e + e^* - (n - n^*)(Q_C - D_C)]dp. \qquad \text{(5P-23')}$$

Angenommen, der relative Textilpreis habe sich in der Ausgangslage geringfügig oberhalb des Gleichgewichtsniveaus befunden. Wenn dies zu einem Überschussangebot an Textilien führen würde, dann würden die Marktkräfte den relativen Textilpreis senken und das Gleichgewicht wiederherstellen. Auf der anderen Seite würde ein überhöhter relativer Textilpreis noch weiter steigen, wenn er auch eine überhöhte *Nachfrage* nach Textilien nach sich zieht, sodass die Volkswirtschaft noch weiter vom Gleichgewicht abgedrängt würde. Das Gleichgewicht ist also nur dann *stabil*, wenn eine geringfügige Erhöhung des relativen Textilpreises auch zu einem Überschussangebot an Textilien führt, d.h. wenn

---

[1] Wenn auch Lebensmittel ein normales Gut sind, dann muss n kleiner sein als $1/p$. Dies wird klar, wenn Sie sich Folgendes vergegenwärtigen: Wenn I bei konstantem p um dI steigen würde, dann würden die Ausgaben für Textilien um $np\,dI$ wachsen. Daher muss $n < 1/p$ gelten, weil andernfalls der Anteil des Einkommenszuwachses, der für Textilien ausgegeben wird, über 100 Prozent hinausgehen würde.

$$\frac{dES_C}{dp} > 0. \tag{5P-24}$$

Ein genauerer Blick auf Gleichung (5P-23) gibt Aufschluss darüber, welche Faktoren über die Stabilität des Gleichgewichts bestimmen. Sowohl die Angebots- als auch die Substitutionseffekte auf der Nachfrageseite wirken stabilisierend. Die einzig mögliche Quelle von Instabilität liegt in den Einkommenseffekten. Der Nettoeinkommenseffekt ist uneindeutig: Er hängt davon ab, ob $n > n^*$, d.h. ob Inland bei Erhöhungen des Realeinkommens eine höhere marginale Konsumneigung für Textilien aufweist als Ausland. Wenn $n > n^*$, dann wirkt der Einkommenseffekt destabilisierend, während er dann, wenn $n < n^*$, die übrigen Stabilitätsfaktoren verstärkt.

Im Folgenden gehen wir davon aus, dass die Gleichung (5P-24) erfüllt ist, dass die Weltwirtschaft also ein stabiles Gleichgewicht aufweist.

5P.3   Effekte von Änderungen des Angebots und der Nachfrage

Die Methode der komparativen Statik

Zur Bewertung der Effekte von Veränderungen in der Weltwirtschaft wird die Methode der *komparativen Statik* angewandt. In jedem der in unserem Text behandelten Fälle ist die Weltwirtschaft bestimmten Veränderungen unterworfen, die zu einer Änderung des relativen Welttextilpreises führen. Der erste Schritt der komparativen Statik besteht darin, den Effekt der weltwirtschaftlichen Veränderung auf das Überschussangebot an Textilien *bei ursprünglichem p* zu berechnen. Diese Veränderung wird als $dES|_p$ bezeichnet. Die Änderung des relativen Preises, mit der das Gleichgewicht wiederhergestellt werden kann, lässt sich dann mit folgender Gleichung berechnen:

$$dp = \frac{-dES|_p}{(dES/dp)}, \tag{5P-25}$$

wobei dES/dp die oben beschriebenen Angebots-, Einkommens- und Substitutionseffekte wiedergibt.

Die nationalen Wohlfahrtseffekte einer gegebenen Veränderung in der Weltwirtschaft können also in zwei Schritten berechnet werden. Erstens haben wir gegebenenfalls den direkten Effekt auf das Realeinkommen, der als $dy|_p$ dargestellt wird; und zweitens den indirekten Effekt der veränderten Terms of Trade, der mit Hilfe von Gleichung (5P-16) errechnet werden kann. Der Gesamteffekt auf die Wohlfahrt ist daher:

$$dy = dy|_p + (Q_C - D_C)dp. \tag{5P-26}$$

5P.4   Wirtschaftliches Wachstum

Betrachten wir den Effekt eines Wachstums der inländischen Volkswirtschaft. Wie in Kapitel 5 erläutert, verstehen wir unter Wachstum eine Verschiebung der Transformationskurve nach außen. Diese Veränderung wirkt sich bei dem ursprünglichen relativen Preis p sowohl auf die Textil- als auch auf die Lebensmittelproduktion aus, wir bezeichnen deren Produktionsveränderungen als dQ_C und dQ_F. Wenn sich das Wachstum stark auf einen Sektor konzentriert, dann kann eine dieser beiden Veränderungen einen negativen Wert annehmen, weil jedoch die Produktionsmöglichkeiten gewachsen sind, muss der Wert der Gesamtproduktion gemessen im ursprünglichen Preis p zunehmen:

$$dV = p\, dQ_C + dQ_F = \left. dy\right|_p > 0. \tag{5P-27}$$

Zum ursprünglichen p steigt das Textilangebot um dQ_C. Auch die Nachfrage nach Textilien steigt, und zwar um $n\, \left. dy\right|_p$. Der Nettoeffekt auf das weltweite Überschussangebot an Textilien ist daher:

$$\left. dES\right|_p = dQ_C - n(p\, dQ_C + dQ_F) \tag{5P-28}$$

Dieser Ausdruck kann einen negativen oder einen positiven Wert annehmen. Nehmen wir als Erstes an, dass sich das Wachstum auf den Textilsektor konzentriert, sodass $dQ_C > 0$, jedoch $dQ_F \leq 0$. In diesem Fall steigt die Nachfrage nach Textilien um

$$dD_C = n(p\, dQ_C + dQ_F) \leq np\, dQ_C > dQ_C.$$

(siehe Fußnote 1).

Der Gesamteffekt auf das Überschussangebot ist also

$$\left. dES\right|_p = dQ_C - dD_C > 0.$$

Daher ist $dp = -\left. dES\right|_p/(dES/dp) < 0$: Die Terms of Trade von Inland verschlechtern sich.

Wenn sich das Wachstum andererseits stark auf den Lebensmittelsektor konzentriert, sodass $dQ_C \leq 0$ und $dQ_F > 0$, dann ist die Wirkung auf das Textilangebot zum ursprünglichen p negativ, während der Effekt auf die Textilnachfrage positiv bleibt. Daraus folgt:

$$\left. dES\right|_p = dQ_C - dD_C < 0,$$

sodass $dp > 0$: Die Terms of Trade von Inland verbessern sich.

Wenn das Wachstum weniger stark auf einen Sektor konzentriert ist, kann sich p in beide Richtungen verändern, je nachdem, wie sich die Gewichtung des Wachstums zur marginalen Einkommensverteilung von Inland verhält.

Betrachten wir nun die Wohlfahrtseffekte. Im Falle von Ausland hängen sie nur von den Terms of Trade ab. Im Falle Inlands werden sie jedoch bestimmt von der Kombination der ursprünglichen Einkommensveränderung mit der nachfolgenden Veränderung der Terms of Trade, wie in Gleichung (5P-26) gezeigt. Wenn das Wachstum die Terms of Trade für Inland verschlechtert, dann wirkt dies dem unmittelbaren günstigen Wachstumseffekt entgegen.

Können die Terms of Trade durch Wachstum derart verschlechtert werden, dass es dem das Wachstum erfahrende Land im Endeffekt schlechter geht als zuvor? Wie die folgenden Überlegungen zeigen, ist dies durchaus möglich. Nehmen wir zunächst den Fall eines Landes, das infolge einer unausgewogenen Verschiebung seiner Produktionsmöglichkeiten eine Erhöhung von Q_C und eine Senkung von Q_F erfährt, während der Wert seiner Gesamtproduktion zu den ursprünglichen relativen Preisen unverändert bleibt. (Eine solche Veränderung würde man nicht unbedingt als Wachstum werten, weil es gegen die in Gleichung (5P-27) formulierte Annahme verstößt, dennoch eignet sie sich als Ausgangspunkt dieser Überlegungen.) In diesem Fall käme es zu keiner Nachfrageveränderungen zum ursprünglichen p, das Textilangebot würde jedoch steigen. Folglich muss p sinken. Die Veränderung des Realeinkommens ist $dI|_p - (Q_C - D_C)dp$; aus der Beschaffenheit dieses Falls ergibt sich allerdings, dass $dI|_p = 0$, sodass dy unbedingt negativ sein muss.

Dieses Land verzeichnete kein Wachstum im üblichen Sinne, weil der Wert der Produktion zu den ursprünglichen Preisen nicht stieg. Weil wir jedoch zuließen, dass die Produktion eines Guts in einem etwas stärkeren Maße wuchs, war die Definition des Wachstums dennoch erfüllt. Wenn das zusätzliche Wachstum hinreichend gering ausfällt, gleicht es den Wohlfahrtsverlust, der sich aus dem Sinken von p ergibt, allerdings nicht aus. Daher kann ein Wachstum, das sich in hinreichendem Maße auf einen Sektor konzentriert, die Wohlfahrt des Landes tatsächlich senken.

5P.5   Das Transferproblem

Inland übertrage einen Teil seines Einkommens auf Ausland, beispielsweise im Rahmen eines Hilfsprogramms. Dieser Transfer habe, gemessen in Lebensmitteln, einen Umfang von da. Welchen Effekt hat diese Änderung?

Bei unveränderten relativen Preisen bleibt das Angebot unberührt. Nur die Nachfrage ist betroffen. Das Einkommen Inlands wird um da gesenkt, dasjenige Auslands steigt um denselben Betrag. Diese Anpassung führt zu einem Rückgang von D_C um $-n\,da$, während D_C^* um n^*da steigt. Daher gilt:

$$dES|_p = (n - n^*)da, \qquad\qquad \text{(5P-29)}$$

und die Veränderung der Terms of Trade ist:

$$dp = -da\,\frac{(n - n^*)}{(dES/dp)} \qquad\qquad \text{(5P-30)}$$

Die Terms of Trade von Inland verschlechtern sich, wenn $n > n^*$, was allgemein als der Normalfall gilt. Sie verbessern sich hingegen, wenn $n^* > n$.

In der Wirkung auf das Realeinkommen von Inland verbinden sich der direkte negative Effekt des Transfers und der indirekte Terms-of-Trade-Effekt, der in beide Richtungen gehen kann. Kann ein Einkommensverlust eventuell durch einen günstigen Terms-of-Trade-Effekt aufgehoben werden? In unserem Modell ist dies nicht möglich.

Der Grund ergibt sich aus folgenden Zusammenhängen:

$$dy = dy\big|_p + (Q_C - D_C)dp$$

$$= - da + (Q_C - D_C)dp$$

$$= - da \left\{ 1 + \frac{(n - n^*)(Q_C - D_C)}{s + s^* + e + e^* - (n - n^*)(Q_C - D_C)} \right\}$$

$$= - da \; \frac{(s + s^* + e + e^*)}{[s + s^* + e + e^* - (n - n^*)(Q_C - D_C)]}. \qquad \textbf{(5P-31)}$$

Entsprechende algebraische Berechnungen ergeben, dass ein Transfer die Lage des Empfängers nicht verschlechtern kann.

Folgende Überlegungen bieten eine plausible Erklärung für diesen Befund. Angenommen, p steige so stark an, dass es Inland genauso gut geht, wie es ihm ohne die Abführung der Transferleistung gegangen wäre, und dass Ausland durch den Transfer keinen Wohlfahrtsgewinn verzeichnet. In diesem Fall würde die weltweite Nachfrage nicht durch Einkommensänderungen verändert. Der erhöhte Preis würde jedoch sowohl eine gesteigerte Textilproduktion bedingen als auch die Nachfrage nach Textilien senken, sodass sich ein Überschussangebot einstellen und die Preise wieder senken würde. Dieses Ergebnis zeigt, dass ein p, das so hoch ist, dass es die direkten Wohlfahrtseffekte des Transfers umkehren würde, oberhalb des Gleichgewichtswerts von p liegt.

Wie im Kapitel erwähnt, erbrachten jüngere Forschungsarbeiten den Nachweis, dass widersinnige Effekte eines Transfers dennoch möglich sind. Dieser Nachweis gelingt allerdings nur, indem die Annahmen unseres Modells gelockert werden. Entweder verstoßen sie gegen die Voraussetzung, dass jedes Land wie ein Individuum behandelt wird, oder sie gehen von mehr als zwei Ländern aus.

5P.5.1   Ein Zoll

Inland verlange nun einen Importzoll, eine Steuer in Höhe des Preisanteils t. Bei einem gegebenen relativen Welttextilpreis p gilt für die Konsumenten und Produzenten von Inland also ein relativer Binnenpreis von $\bar{p} = p/(1 + t)$. Wenn der Zoll hinreichend klein ist, beläuft sich der relative Binnenpreis ungefähr auf:

$$\bar{p} = p - pt. \qquad \textbf{(5P-32)}$$

Ein Zoll wirkt sich nicht nur auf p aus, sondern erhöht auch die Einnahmen, die, wie wir annehmen, auf die übrige Volkswirtschaft verteilt werden.

Zu den ursprünglichen Terms of Trade beeinflusst ein Zoll das Überschussangebot an Textilien in zweierlei Hinsicht. Erstens senkt der niedrigere relative Textilpreis innerhalb von Inland die Textilproduktion und bietet den Verbrauchern einen Anreiz, ihre Ausgaben von Lebensmitteln auf Textilien zu verschieben. Zweitens kann sich der Zoll auf das Realeinkommen von Inland auswirken und damit die Nachfrage beeinflussen. Wenn Inland in der Ausgangslage keinen Zoll erhob und dann einen kleinen Zoll einführt, wird die Fragestellung vereinfacht, weil die Auswirkung des Zolls auf das Realeinkommen vernachlässigt werden kann. Diesen Zusammenhang erkennen Sie, wenn Sie sich vergegenwärtigen, dass

$$dy = p \, dD_C + dD_F.$$

Der Wert der Produktion und der Wert des Konsums müssen zu Weltmarktpreisen immer gleich sein, sodass unter den ursprünglichen Terms of Trade

$$p \, dD_C + dD_F = p \, dQ_C + dQ_F.$$

Weil aber die Volkswirtschaft vor der Einführung des Zolls den Wert der Produktion maximiert hatte, gilt

$$p \, dQ_C + dQ_F = 0.$$

Da sich kein Einkommenseffekt einstellt, verbleibt nur der Substitutionseffekt. Das Sinken des relativen Binnenpreises $\bar{p}$ induziert einen Produktionsrückgang und eine Konsumsteigerung:

$$dQ_C = - sp \, dt, \tag{5P-33}$$

$$dD_C = ep \, dt, \tag{5P-34}$$

wobei dt für die Erhöhung durch den Zoll steht. Daraus ergibt sich:

$$dES|_p = - (s + e)p \, dt < 0, \tag{5P-35}$$

woraus folgt

$$dp = \frac{- dES|_p}{(dES / dp)}$$

$$= \frac{p \, dt(s+e)}{[s + s^* + e + e^* - (n - n^*)(Q_C - D_C)]} > 0. \tag{5P-36}$$

Dieser Ausdruck zeigt, dass ein Zoll eindeutig die Terms of Trade des ihn erhebenden Landes verbessert.

Kann ein Zoll die Terms of Trade so stark verbessern, dass der relative Binnenpreis des importierten Guts sinkt und der Binnenpreis des exportierten Guts steigt? Die Veränderung von $\bar{p}$ ist

$$d\bar{p} = dp - p \, dt, \tag{5P-37}$$

sodass dieses paradoxe Resultat eintreten wird, wenn $dp > p \, dt$.

Ein genauer Blick auf Gleichung (5P-36) zeigt, dass dieses Resultat, das berühmte Metzler-Paradox, tatsächlich möglich ist. Wenn $s^* + e^* - (n - n^*)(Q_C - D_C) < 0$, dann tritt das Metzler-Paradox ein. Dies muss keine Instabilität bedeuten, weil die zusätzlichen Terme s und e dazu beitragen, den Nenner in den positiven Bereich zu bringen.

Postskriptum zu Kapitel 6

6P   Das Modell des monopolistischen Wettbewerbs

Im Folgenden soll untersucht werden, wie sich eine Änderung der Marktgröße auf das Gleichgewicht in einer von monopolistischem Wettbewerb gekennzeichneten Branche auswirkt. Für jedes Unternehmen gilt die Gesamtkostenfunktion:

$$C = F + cX. \tag{6P-1}$$

Dabei steht c für die Grenzkosten, F für die Fixkosten und X für die Produktion des Unternehmens. Dies impliziert eine Durchschnittskostenkurve der Form

$$AC = C/X = F/X + c. \tag{6P-2}$$

Außerdem sieht sich jedes Unternehmen einer Nachfragekurve gegenüber, die durch folgende Funktion beschrieben wird:

$$X = S[1/n - b(P - \overline{P})], \tag{6P-3}$$

wobei S für den (als gegeben vorausgesetzten) Gesamtabsatz der Branche steht, n für die Anzahl der Unternehmen und $\overline{P}$ für den durchschnittlichen Preis, den die anderen Unternehmen verlangen (und den hier jedes Unternehmen als gegeben hinnehme).

Jedes Unternehmen entscheidet sich für den Preis, der seine Gewinne maximiert. Die Gewinne eines typischen Unternehmens sind:

$$\pi = PX - C = PS[1/n - b(P - \overline{P})] - F - cS[1/n - b(P - \overline{P})]. \tag{6P-4}$$

Im Interesse der Gewinnmaximierung setzt jedes Unternehmen die Ableitung $d\pi/dP = 0$. Dies impliziert

$$X - SbP + Sbc = 0. \tag{6P-5}$$

Da alle Unternehmen symmetrisch sind, gilt im Gleichgewicht $P = \overline{P}$ und $X = S/n$. Daher folgt aus (6P-5)

$$P = 1/bn + c, \tag{6P-6}$$

dieselbe Beziehung, die in Kapitel 6 hergeleitet wurde.

Da $X = S/n$, sind die Durchschnittskosten eine Funktion von S und n,

$$AC = Fn/S + c. \tag{6P-7}$$

In einem Gleichgewichtszustand, in dem keine Gewinne anfallen, muss der von einem typischen Unternehmen verlangte Preis gleich seinen Durchschnittskosten sein. Es muss also gelten

$$1/bn + c = Fn/S + c, \tag{6P-8}$$

woraus wiederum folgt

$$n = \sqrt{S/bF}. \tag{6P-9}$$

Dies zeigt, dass eine erweiterte Marktgröße, S, zu einer Erhöhung der Anzahl Unternehmen, n, führt, jedoch nicht im selben Verhältnis. Eine Verdoppelung der Marktgröße erhöht beispielsweise die Anzahl der Unternehmen ungefähr um den Faktor 1,4.

Der Preis, den ein typisches Unternehmen verlangt, ist

$$P = 1/bn + c = c + \sqrt{F/Sb}, \tag{6P-10}$$

was zeigt, dass eine Marktvergrößerung zu niedrigeren Preisen führt.

Beachten Sie schließlich noch die Gleichung für den Absatz pro Unternehmen, X:

$$X = S/n = \sqrt{SbF} \tag{6P-11}$$

Die Größe jedes einzelnen Unternehmens nimmt demnach mit wachsender Größe des Marktes zu.

Postskriptum zu Kapitel 21

21P Risiko-Aversion und internationale Portfolio-Diversifizierung

Dieses Postskriptum entwickelt ein Modell der internationalen Portfolio-Diversifizierung für risikoscheue Investoren. Aus diesem Modell geht hervor, dass Investoren im Allgemeinen nicht nur die Rendite, sondern auch das Risiko ihrer Portfolios berücksichtigen. Insbesondere halten sie bisweilen an Vermögenswerten fest, deren erwartete Renditen verhältnismäßig niedrig sind, wenn diese Strategie das Risiko ihres Gesamtvermögens vermindert.

Eine typische Investorin kann ihr reales Vermögen, W (für *wealth*), auf eine inländische und eine ausländische Anlage aufteilen. Dabei seien zwei Zukunftsszenarien möglich, doch lässt es sich nicht vorhersagen, welches von beiden eintreten wird. Im Falle von Szenario 1, das mit der Wahrscheinlichkeit q eintritt, erbringt eine Vermögenseinheit, die in eine Inlandsanlage investiert wird, den Ertrag H_1, und eine Vermögenseinheit, die in eine Auslandsanlage investiert wird, den Ertrag F_1. Im Falle von Szenario 2, das mit der Wahrscheinlichkeit $1 - q$ eintritt, ergeben sich entsprechend die Erträge H_2 und F_2.

Nun sei α der Vermögensanteil, der in eine Inlandsanlage investiert wird, und $1 - \alpha$ der in *eine Auslandsanlage investierte Vermögensanteil. Falls sich Szenario 1 einstellt, kann die Investorin den gewichteten Durchschnitt des Werts beider Finanzanlagen konsumieren,*

$$C_1 = [\alpha H_1 + (1 - \alpha)F_1] \times W. \qquad \text{(21P-1)}$$

Entsprechend ergibt sich bei Szenario 2 der Konsum

$$C_2 = [\alpha H_2 + (1 - \alpha)F_2] \times W. \qquad \text{(21P-2)}$$

Im Falle beider Szenarien zieht die Investorin den Nutzen $U(C)$ aus dem Konsumniveau C. Da die Investorin im Voraus nicht weiß, welches Szenario sich einstellen wird, entscheidet sie sich für das Portfolio, das den durchschnittlichen bzw. *erwarteten* Nutzen des zukünftigen Konsums maximiert:

$$qU(C_1) + (1 - q)U(C_2)$$

21P.1 Eine analytische Ableitung des optimalen Portfolios

Nach Einsetzen der durch (21P-1) und (21P-2) gegebenen Konsumniveaus in die obige Funktion des erwarteten Nutzens kann die Fragestellung der Investorin auch folgendermaßen ausgedrückt werden: Sie muss den Portfolio-Anteil α bestimmen, der den erwarteten Nutzen maximiert.

$$qU = \{[\alpha H_1 + (1 - \alpha)F_1] \times W\} + (1 - q)U\{[\alpha H_2 + (1 - \alpha)F_2] \times W\}$$

Dieses Problem wird (wie üblich) dadurch gelöst, dass die oben gezeigte Funktion des erwarteten Nutzens nach α differenziert und die Ableitung gleich 0 gesetzt wird.

$U'(C)$ sei die nach C abgeleitete Nutzenfunktion $U(C)$, d.h. $U'(C)$ ist der *Grenznutzen* des Konsums. Dann maximiert α den erwarteten Nutzen, wenn gilt:

$$\frac{H_1 - F_1}{H_2 - F_2} = -\frac{(1 - q)U'\{[\alpha H_2 + (1 - \alpha)F_2] \times W\}}{qU'\{[\alpha H_1 + (1 - \alpha)F_1] \times W\}} \qquad \textbf{(21P-3)}$$

Diese Gleichung kann aufgelöst werden nach α als dem optimalen Portfolio-Anteil.

Für risikoscheue Investoren sinkt mit steigendem Konsum der Grenznutzen des Konsums, $U'(C)$. Diese Abnahme des Grenznutzens erklärt, weshalb eine risikoscheue Investorin sich auf keine Wette einlässt, deren erwarteter Ertrag gleich Null ist: Der zusätzliche Konsumnutzen im Falle ihres Gewinnens hat in ihren Augen weniger Gewicht als der eingebüßte Konsumnutzen im Falle ihres Verlierens. Wenn sich der Grenznutzen des Konsums nicht mit diesem ändert, bezeichnen wir die Investorin hingegen als *risikoneutral*. Eine risikoneutrale Investorin legt ihr Vermögen auch dann an, wenn der erwartete Ertrag Null ist.

Im Falle einer risikoneutralen Investorin, bei dem $U'(C)$ für alle C konstant ist, wird allerdings Gleichung (21P-3) zu

$$qH_1 + (1 - q)H_2 = qF_1 + (1 - q)F_2.$$

Diese neue Gleichung besagt, *dass die erwarteten Renditen auf Inlands- und Auslandsanlagen gleich sind*. Dieser Befund bildet die Grundlage der in Kapitel 13 aufgestellten Behauptung, dass im Gleichgewichtszustand sämtliche Vermögenswerte dieselbe Rendite erbringen müssen, solange das Risiko (und die Liquidität) unberücksichtigt bleiben. Die in Kapitel 13 erläuterte Bedingung der Zinsparität ist also unter der Voraussetzung eines risikoneutralen Verhaltens erfüllt. Doch unter der Voraussetzung der Risiko-Aversion ist im Allgemeinen keine Zinsparität gegeben.

Die oben vorgestellte Analyse ergibt nur dann einen Sinn, wenn weder die Inlands- noch die Auslandsanlage bei Eintreten *beider* Szenarien eine höhere Rendite abwirft. Wenn eine Anlage der anderen in dieser Weise überlegen wäre, dann würde die linke Seite der Gleichung (21P-3) einen positiven Wert annehmen, die rechte hingegen einen negativen (weil der Grenznutzen des Konsums normalerweise als positiv angenommen wird). Damit wäre (21P-3) nicht lösbar. Es ist unmittelbar einsichtig, dass sich keine Investorin für eine bestimmte Vermögensanlage entscheiden würde, wenn eine andere Vermögensanlage *immer* eine bessere Rendite abwirft. Wenn sich eine Investorin dennoch so verhalten würde, dann könnten andere Investoren risikolos Arbitragegewinne machen, indem sie den Vermögenswert mit der niedrigen Rendite verkaufen und mit dem Erlös denjenigen mit der hohen Rendite kaufen.

Wir nehmen also der Eindeutigkeit halber an, dass $H_1 > F_1$ und $H_2 < F_2$, sodass die Inlandsanlagen im Falle von Szenario 1 besser und im Falle von Szenario 2 schlechter abschneiden. Gestützt auf diese Annahme entwickeln wir im Folgenden eine grafische Analyse, die weitere Implikationen des Modells veranschaulicht.

21P.2 Eine grafische Ableitung des optimalen Portfolios

Abbildung 21P.1 zeigt die Indifferenzkurven für die durch $qU(C_1) + (1 - q)U(C_2)$ beschriebene Funktion des erwarteten Nutzens. Die auf ihnen liegenden Punkte geben gewissermaßen Alternativpläne für die Konsumniveaus der verschiedenen Szenarien wieder. Die dargestellten Präferenzen beziehen sich auf diese alternativen Konsumpläne, und nicht auf den Konsum verschiedener Güter unter den Voraussetzungen eines einzigen Szenarios. Wie gewöhnliche Indifferenzkurven gibt jede Kurve in Abbildung 21P.1 eine Menge von Alternativplänen wieder, mit denen die Investorin gleichermaßen zufrieden gestellt ist.

Um die Investorin für einen Rückgang des Konsums im Falle von Szenario 1 (C_1) zu entschädigen, muss der Konsum im Falle von Szenario 2 (C_2) steigen. Daher haben die Indifferenzkurven einen fallenden Verlauf. Mit sinkendem C_1 und steigendem C_2 wird dieser allerdings flacher. Diese Eigenschaft der Indifferenzkurven widerspiegelt die Eigenschaft von $U(C)$, dass der Grenznutzen des Konsums mit steigendem C sinkt. Bei sinkendem C_1 kann die Investorin nur dann zum Festhalten an ihrer ursprünglichen Indifferenzkurve bewogen werden, wenn die Steigerungen von C_2 sukzessive größer ausfallen: Jede weitere Steigerung von C_2 wird als weniger erstrebenswert empfunden, jeder weitere Rückgang von C_1 als immer schmerzhafter.

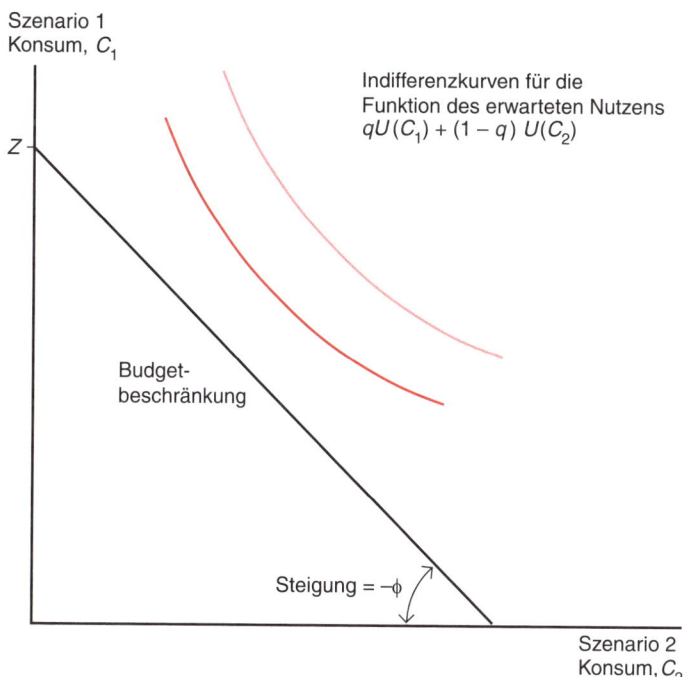

Szenario 1
Konsum, C_1

Indifferenzkurven für die
Funktion des erwarteten Nutzens
$qU(C_1) + (1 - q) U(C_2)$

Z

Budget-
beschränkung

Steigung $= -\phi$

Szenario 2
Konsum, C_2

Die Punkte auf den Indifferenzkurven stehen für alternative Konsumpläne für den Fall verschiedener Zukunftsszenarien, mit denen die Investorin gleichermaßen zufrieden gestellt ist. Die Budgetbeschränkung beschreibt, wie sich bei einer Verschiebung des Portfolios zwischen Inlands- und Auslandsanlagen der Konsum zwischen Szenario 1 und Szenario 2 aufteilen kann.

Abbildung 21P.1: Indifferenzkurven und Budgetbeschränkung bei der Portfolio-Wahl

Die Gleichungen (21P-1) und (21P-2) implizieren, dass eine Investorin mit der durch α gegebenen Aufteilung ihres Portfolios auch ihr Konsumniveau für beide Szenarien wählt. Die Wahl eines optimalen Portfolios ist also gleichbedeutend mit der Wahl der optimalen alternativen Konsumniveaus C_1 und C_2. Daher können die in Abbildung 21P.1 gezeigten Indifferenzkurven zur Bestimmung des optimalen Portfolios verwendet werden. Zu diesem Zweck muss die Analyse lediglich vervollständigt werden, indem die Linie der Budgetbeschränkung hinzugefügt wird, aus der hervorgeht, welche Wahlmöglichkeiten zwischen dem Konsum von Szenario 1 und dem Konsum von Szenario 2 der Markt zur Verfügung stellt.

Diese Wahlmöglichkeiten sind durch die Gleichungen (21P-1) und (21P-2) vorgegeben. Wenn die Gleichung (21P.2) nach α aufgelöst wird, dann ergibt sich:

$$\alpha = \frac{F_2 W - C_2}{F_2 W - H_2 W}$$

Wenn wir diesen Ausdruck in (21P-1) für α einsetzen, erhalten wir

$$C_1 + \phi C_2 = Z, \tag{21P-4}$$

wobei $\phi = (H_1 - F_1)/(F_2 - H_2)$ und $Z = W \times (H_1 F_2 - H_2 F_1)/(F_2 - H_2)$. Beachten Sie, dass sowohl ϕ als auch Z positiv sind, weil $H_1 > F_1$ und $H_2 < F_2$. Gleichung (21P-4) entspricht also der Bestimmung der Budgetbeschränkung in der gängigen Analyse der Konsumentscheidung, wobei f die Rolle des relativen Preises übernimmt und Z die Rolle des Einkommens, gemessen im Konsum von Szenario 1. Die Budgetbeschränkung erscheint in Abbildung 21P.1 als eine gerade Linie mit der Steigung $-\phi$, welche die vertikale Achse in Punkt Z schneidet.

Dabei kann ϕ interpretiert werden als die vom Markt bestimmte Aufteilung des Konsums auf Szenario 1 und Szenario 2 (d.h. als Preis des Konsums von Szenario 2, gemessen im Konsum von Szenario 1). Dies wird deutlich, wenn man annimmt, dass die Investorin eine Vermögenseinheit von den Inlands- auf die Auslandsanlagen verschiebt. Da die Inlandsanlagen im Falle von Szenario 1 einen höheren Ertrag abwerfen, beträgt ihr Nettoverzicht auf Konsum des Szenarios 1 genau H_1 minus dem Ertrag der Auslandsanlagen bei Szenario 1, F_1. Entsprechend beträgt ihr Nettogewinn an Konsum des Szenarios 2 $F_2 - H_2$; die Investorin muss folglich bei Szenario 1 auf Konsum im Umfang von $H_1 - F_1$ verzichten. Der Preis einer Konsumeinheit C_2 gemessen in C1 ist daher gleich $H_1 - F_1$ dividiert durch $F_2 - H_2$, und dies ist wiederum gleich f, dem Steigungsbetrag der Budgetlinie (21P-4).

Abbildung 21P.2 zeigt, wie die Entscheidungen für C_1 und C_2 – und damit auch die Wahl des Portfolioanteils α – bestimmt werden. Wie gewöhnlich entscheidet sich die Investorin für die durch Punkt 1 angezeigten Konsumniveaus, denn in Punkt 1 tangiert die Budgetlinie die höchste erreichbare Indifferenzkurve, II_1. Bei einer gegebenen Wahl von C_1 und C_2 lässt sich mit Hilfe von Gleichung (21P-1) oder (21P-2) der Wert α berechnen. Je weiter wir uns entlang der Budgetlinie nach unten und nach rechts bewegen, desto stärker sinkt der Portfolioanteil der Inlandsanlage. (Weshalb?)

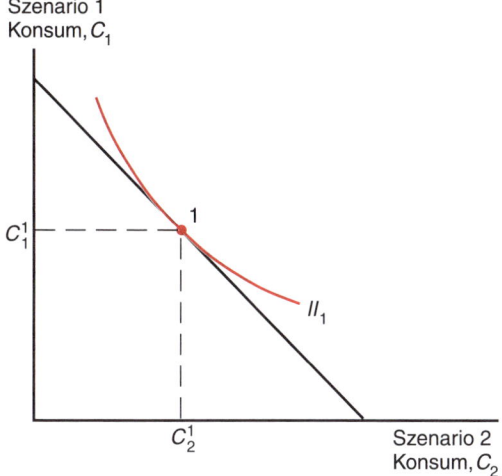

Szenario 1
Konsum, C_1

C_1^1

1

II_1

C_2^1

Szenario 2
Konsum, C_2

Zur Maximierung des erwarteten Nutzens trifft die Investorin in Abhängigkeit von den Zukunftsszenarien die durch Punkt 1 angezeigten Konsumentscheidungen. In Punkt 1 tangiert die Budgetlinie die höchste erreichbare Indifferenzkurve, II_1. Der optimale Portfolioanteil, α, kann berechnet werden als $(F_2 W - C_2^1) \div (F_2 W - H_2 W)$.

Abbildung 21P.2: **Die Entscheidung der internationalen Investorin**

Für einige Werte von C_1 und C_2 kann α einen negativen Wert annehmen oder über 1 steigen. Diese Möglichkeiten liegen innerhalb des Rahmens unseres Modells. Ein negativer α-Wert bedeutet beispielsweise, dass die Investorin Inlandsanlagen „blanko verkauft" hat, d.h. eine beliebige positive Menge szenarienabhängiger Forderungen ausgegeben hat, die ihren Haltern bei Szenario 1 H_1 Ertragseinheiten, und bei Szenario 2 H_2 Einheiten in Aussicht stellen. Der Erlös aus dieser Kreditaufnahme fließt in die Vergrößerung des Portfolioanteils der Auslandsanlagen, $1 - \alpha$, sodass diese einen höheren Wert als 1 annehmen.

21P.3 Die Effekte veränderter Renditen

Anhand des oben entwickelten Schaubilds kann der Effekt veränderter Renditen unter Bedingungen der Risiko-Aversion aufgezeigt werden. Nehmen wir beispielsweise an, dass der Ertrag der Inlandsanlage in Szenario 1 steigt, während sämtliche anderen Erträge und das Vermögen der Investorin, W, unverändert bleiben. Der Anstieg von H_1 erhöht θ, den relativen Preis des Konsums unter Szenario 2, und erhöht daher auch die Steigung der in Abbildung 21P.3 gezeigten Budgetlinie.

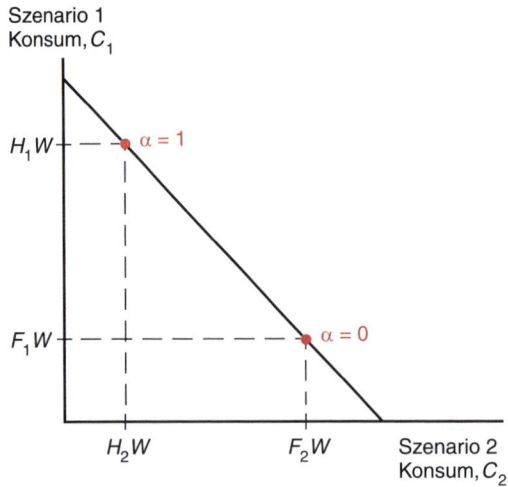

Wenn $\alpha = 1$, hält die Investorin ihr gesamtes Vermögen in Inlandsanlagen. Wenn $\alpha = 0$, hält sie ihr gesamtes Vermögen in Auslandsanlagen. Eine Bewegung entlang der Budgetlinie nach oben und links von $\alpha = 1$ entspricht einem Blankoverkauf der Auslandsanlage, in deren Folge α auf einen Wert über 1 steigt. Eine Bewegung nach unten und rechts von $\alpha = 0$ entspricht einem Blankoverkauf der Inlandsanlage, in deren Folge α unter 0 sinkt.

Abbildung 21P.3:   **Nicht diversifizierte Portfolios**

Wir benötigen allerdings zusätzliche Informationen, um vollständig zu beschreiben, wie sich die Lage der Budgetlinie in Abbildung 21P.3 bei einem Anstieg von H_1 verändert. Die folgenden Überlegungen bringen diese Informationen hervor. Betrachten Sie die Portfolio-Allokation $\alpha = 0$ in Abbildung 21P.3, bei der das gesamte Vermögen in Auslandsanlagen investiert wird. Die alternativen Konsumniveaus, die mit dieser Investitionsstrategie verbunden sind, $C_1 = F_1W$, $C_2 = F_2W$, bleiben infolge eines Anstiegs von H_1 unverändert, weil das von uns betrachtete Portfolio keine Inlandsanlage enthält. Da sich die mit $\alpha = 0$ verbundene Konsumkombination bei einem Anstieg von H_1 nicht ändert, bildet $C_1 = F_1W$, $C_2 = F_2W$ einen Punkt auf der neuen Budgetlinie: Auch nach einem Anstieg von H_1 kann die Investorin durchaus ihr gesamtes Vermögen in die Auslandsanlage investieren. Daraus folgt, dass der Effekt eines Anstiegs von H_1 darin besteht, die Linie der Budgetbeschränkung in Abbildung 21P.3 im Uhrzeigersinn um den Punkt $\alpha = 0$ zu drehen.

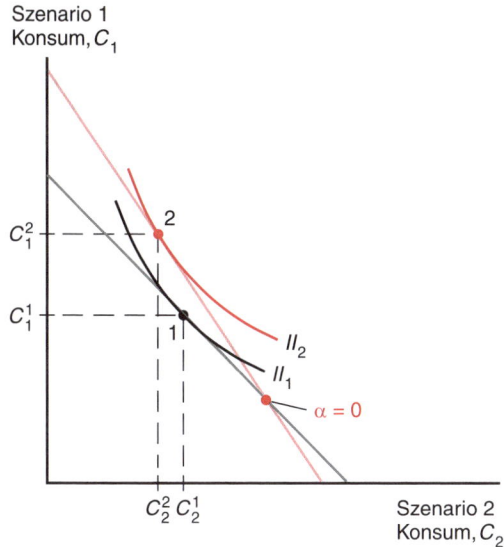

Ein Anstieg von H_1 führt zu einer Drehung der Budgetlinie im Uhrzeigersinn um den Punkt $\alpha = 0$, und das Optimum der Investorin wandert nach Punkt 2. Der Konsum von Szenario 1 steigt immer, in dem hier gezeigten Fall sinkt der Konsum von Szenario 2.

Abbildung 21P.4: Effekte eines Anstiegs von H_1 auf den Konsum

Abbildung 21P.4 zeigt den Effekt eines Anstiegs von H_1 auf die Investorin. Die Abbildung geht davon aus, dass ursprünglich $\alpha > 0$ (d.h., die Investorin besitzt zunächst eine positive Menge der Inlandsanlage).[1] Wie üblich trägt sowohl ein „Substitutions-" als auch ein „Einkommenseffekt" dazu bei, den alternativen Konsumplan der Investorin von Punkt 1 nach Punkt 2 zu verschieben. Der Substitutionseffekt besteht in der Tendenz, mehr C_1 (dessen relativer Preis gesunken ist) und weniger C_2 (dessen relativer Preis gestiegen ist) zu fordern. Doch der Einkommenseffekt eines Anstiegs von H_1 verschiebt die Budgetlinie als Ganze nach außen und hebt dadurch tendenziell den Konsum für *beide* Szenarien (solange in der Ausgangslage $\alpha > 0$). Da die Investorin bei Szenario 1 reicher ist, kann sie es sich leisten, einen Teil ihres Vermögens in Auslandsanlagen zu verlagern (die bei Szenario 2 den höheren Ertrag bieten) und dadurch ihr Konsumniveau für beide Szenarien auszugleichen. Der Wunsch der Investorin, große Konsumfluktuationen zwischen beiden Szenarien zu vermeiden, entspringt der Risiko-Aversion. Wie aus Abbildung 21P.4 hervorgeht, steigt C_1 auf jeden Fall, während C_2 entweder steigen oder fallen kann. (In dem hier dargestellten Fall ist der Substitutionseffekt größer als der Einkommenseffekt und C_2 sinkt.)

Dieser Uneindeutigkeit entspricht die Uneindeutigkeit des Effekts eines Anstiegs von H_1 auf den Portfolio-Anteil α. Abbildung 21P.5 zeigt die beiden hier bestehenden Möglichkeiten. Der Schlüssel zum Verständnis dieser Abbildung liegt in folgender Beobachtung: Wenn die Investorin auf einen Anstieg von H_1 hin *keine* Änderung von α vornimmt, werden ihre Konsummöglichkeiten durch Punkt 1' angezeigt, der auf der neuen Budgetbeschränkung vertikal oberhalb des ursprünglichen Konsumpunkts 1 liegt. Wie kommt es zu

---

[1] Den Fall der Ausgangslage, in der $\alpha < 0$, überlassen wir Ihnen zu Übungszwecken.

diesem Ergebnis? Gleichung (21P-2) impliziert, dass sich $C_2^1 = [\alpha H_2 + (1 - \alpha)F_2] \times W$ nicht ändert, solange sich α nicht ändert. Das neue, erhöhte Konsumniveau von Szenario 1, das der ursprünglichen Wahl des Portfolios entspricht, wird dann durch denjenigen Punkt auf der neuen Budgetlinie angezeigt, der direkt oberhalb von C_2^1 liegt. In beiden Feldern von Abbildung 21P.5 zeigt die Steigung des Strahls OR, der den Ursprung mit Punkt 1´ verbindet, dasjenige Verhältnis C_1/C_2 an, das nach einem Anstieg von H_1 durch die ursprüngliche Zusammensetzung des Portfolios bedingt wird.

Inzwischen ist allerdings deutlich geworden, dass die Investorin, um einen niedrigeren Wert von C_2 zu erreichen, den Portfolio-Anteil α über seinen Ursprungswert heben muss; sie muss also ihr Portfolio zugunsten der Inlandsanlage verschieben. Eine Erhöhung von C_2 erfordert andererseits eine Reduzierung von α, d.h. eine Verschiebung des Portfolios zugunsten der Auslandsanlage. Abbildung 21P.5a zeigt erneut den Fall, dass der Substitutionseffekt gegenüber dem Einkommenseffekt überwiegt. In diesem Fall sinkt C_2, da die Investorin ihr Portfolio zugunsten der Inlandsanlage verschiebt, deren erwartete Rendite im Verhältnis zu derjenigen der Auslandsanlage gestiegen ist. Diese Konstellation entspricht den im Text besprochenen Fällen, bei denen der Portfolio-Anteil einer Anlage mit deren erwarteter Rendite stieg.

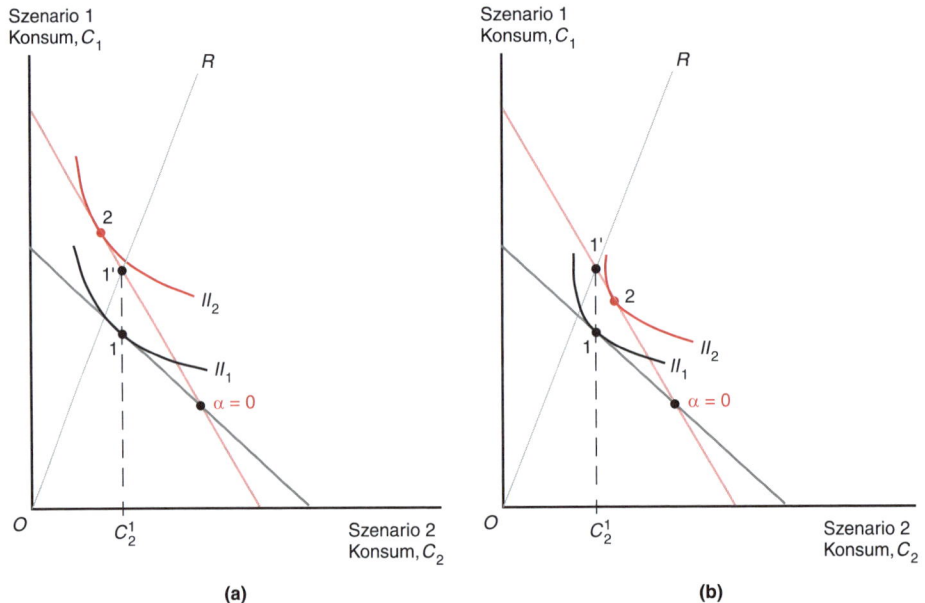

Feld a): Wenn die Investorin nicht allzu risikoscheu ist, verschiebt sie ihr Portfolio zugunsten der Inlandsanlage und entscheidet sich für ein Verhältnis C_1/C_2, das größer ist als das durch die Steigung von OR angezeigte. Feld b): Eine sehr risikoscheue Investorin steigert vielleicht den Konsum des Szenarios 2, indem sie ihr Portfolio zugunsten der Auslandsanlage verschiebt.

Abbildung 21P.5: Effekte eines Anstiegs von H_1 auf die Portfolio-Anteile

Abbildung 21P.5b zeigt den entgegengesetzten Fall, in dem C_2 steigt und α sinkt, sodass sich das Portfolio zugunsten der Auslandsanlage verschiebt. Der Faktor, der diese Möglichkeit bedingt, ist die stärkere Krümmung der Indifferenzkurven II in Abbildung 21P.5b. Auf eben diese Krümmung beziehen sich die Ökonomen, wenn sie von Risiko-Aversion sprechen. Mit zunehmender Risiko-Aversion stellen die Konsumkombinationen verschiedener Szenarien in den Augen der Investorin in immer geringerem Maße Substitute dar. Daher ist eine größere Erhöhung des Konsums bei Szenario 1 notwendig, um einen Konsumrückgang bei Szenario 2 auszugleichen (und umgekehrt). Beachten Sie, dass der in Abbildung 21P.5b gezeigte Fall, in dem ein Anstieg der erwarteten Rendite die Investoren zur Verringerung der Nachfrage nach der betreffenden Anlage veranlasst, in der Praxis nicht wahrscheinlich ist. Eine erhöhte Verzinsung einer Währung beispielsweise hebt bei ansonsten gleichen Bedingungen die erwartete Rendite auf Einlagen in dieser Währung unter allen Szenarien, nicht nur unter einem. Der Substitutionseffekt zugunsten dieser Währung in Bezug auf das Portfolio fällt daher weitaus stärker aus.

Wir sind hier also zu ganz anderen Ergebnissen gelangt, als es im Falle einer risikoneutralen Investorin der Fall gewesen wäre. Eine risikoneutrale Investorin würde ihr gesamtes Vermögen in diejenige Anlage investieren, welche die höchste erwartete Rendite bietet, und das damit einhergehende Risiko nicht berücksichtigen.[2] Je größer die Risiko-Aversion, desto ausgeprägter allerdings die Sorge um die Risikobehaftung des Portfolios als Ganzes.

---

[2] Ein risikoneutraler Investor würde für die Anlage mit der niedrigen Rendite immer die maximal mögliche Verkaufsposition wählen, und für die Anlage mit der hohen Rendite die maximal mögliche Kaufposition. Eben dieses Verhalten bedingt die Zinsparität.

Sachregister

A

(F) ... finden Sie in der Fußnote.

B

(F) ... finden Sie in der Fußnote.

(F) ... finden Sie in der Fußnote.

(F) ... finden Sie in der Fußnote.

(F) ... finden Sie in der Fußnote.

(F) ... finden Sie in der Fußnote.

G

(F) ... finden Sie in der Fußnote.

(F) ... finden Sie in der Fußnote.

(F) ... finden Sie in der Fußnote.

(F) ... finden Sie in der Fußnote.

M

(F) ... finden Sie in der Fußnote.

(F) ... finden Sie in der Fußnote.

(F) ... finden Sie in der Fußnote.

(F) ... finden Sie in der Fußnote.

(F) ... finden Sie in der Fußnote.

(F) ... finden Sie in der Fußnote.

(F) ... finden Sie in der Fußnote.

(F) ... finden Sie in der Fußnote.

(F) ... finden Sie in der Fußnote.

Makroökonomie

Olivier Blanchard / Gerhard Illing

Zum Buch:

Das Buch führt in die Grundmethoden der Makroökonomie ein und zeigt dabei, wie sie auf konkrete wirtschaftspolitische Fragestellungen angewendet werden können. Die amerikanische Originalausgabe von Olivier Blanchard ist eines der international meistverkauften Lehrbücher der Makroökonomie. Die deutsche Adaption durch Gerhard Illing geht weit über eine reine Übersetzung hinaus. Sie aktualisiert und erweitert die Inhalte und betont die europäische und deutsche Sichtweise. Zahlreiche aktuelle Beispiele zeigen plastisch, wie die theoretischen Ansätze dazu beitragen, wirtschaftspolitische Entwicklungen zu analysieren – angefangen von den Auswirkungen der einheitlichen Geldpolitik im Europäischen Währungsraum über die hohe Arbeitslosigkeit in Europa, die Implikationen sinkender Aktienkurse in den Vereinigten Staaten bis hin zu den Konsequenzen der Deflation in Japan.

Aus dem Inhalt:

- Das BIP pro Kopf – Ein zuverlässiges Maß für Lebensqualität?
- Bruttoinlandsprodukt versus Bruttonationaleinkommen: Das Beispiel Kuwait und Irland.
- Die deutsche Wiedervereinigung und das Tauziehen zwischen Geld- und Fiskalpolitik.
- Rentenversicherungsreform und Kapitalakkumulation.
- Die Neue Ökonomie und das Produktivitätswachstum.
- Technischer Fortschritt, Arbeitslosigkeit und der Aufschwung in den USA Ende der 90er Jahre.
- Welche Rolle spielen Erwartungen? Aktienkursschwankungen und Konsum.
- Depression, Deflation und Arbeitslosigkeit.
- Die geldpolitische Praxis der Europäischen Zentralbank.
- Der Europäische Stabilitäts- und Wachstumspakt.

Über die Autoren:

Olivier Blanchard zählt zu den weltweit renommiertesten Makroökonomen. Neben seiner Lehrtätigkeit in *Harvard* und am *Massachussets Institute of Technology* (MIT) war er für mehrere Regierungen und Internationale Organisationen tätig, u.a. für den IWF, die OECD und die EU-Kommission. Er ist Leiter des *Department of Economics* am *MIT*.

Gerhard Illing ist Inhaber des Lehrstuhls für Makroökonomie am *Institut für Volkswirtschaftslehre der LMU München* und Forschungsdirektor am *ifo Institut*. Er ist Herausgeber der *CESifo Economic Studies* und Mitglied des theoretischen Ausschusses sowie des Ausschusses für Industrieökonomie im Verein für Socialpolitik.

ISBN: 3-8273-7051-8
€ 39,95; sFr 62,50
ca. 1000 Seiten

Pearson-Studium-Produkte erhalten Sie im Buchhandel und Fachhandel
Pearson Education Deutschland GmbH • Martin-Kollar-Str. 10 – 12 • D-81829 München
Tel. (089) 46 00 3 - 222 • Fax (089) 46 00 3 - 100 • www.pearson-studium.de

Mikroökonomie

Robert S. Pindyck, Daniel L. Rubinfeld

Zum Buch:

Dieses etablierte Standardwerk vermittelt Grundlagen und Spezialaspekte der Mikroökonomie in leicht verständlicher, klarer Sprache. Viele Beispiele und Fallstudien helfen, einerseits praktische Anwendungen der theoretischen Konzepte zu erkennen und andererseits die Konzepte besser zu verstehen. Desweiteren werden sämtliche Bereiche der modernen Mikroökonomie abgedeckt. Das Werk betont die Relevanz der Mikroökonomie für Managemententscheidungen und politische Entscheidungen. Ausführliche Beispiele sind direkt in die Darstellung integriert. Alles in allem eine fundierte Lehrbuchdarstellung, die den Anforderungen der Studierenden in Grund- und Hauptstudium gerecht wird.

Aus dem Inhalt:

- Märkte und Preis/Angebot und Nachfrage
- Produzenten, Konsumenten und Wettbewerbsmärkte
- Gewinnmaximierung und Wettbewerbsangebot
- Marktstruktur und Wettbewerbsmärkte
- Marktmacht
- Information, Marktversagen und die Rolle des Staates

Über die Autoren:

Robert S. Pindyck gehört zu den angesehendsten Mikroökonomen der Welt und lehrt an der renommierten *Sloan School of Management des Massachusetts Institute of Technology in Cambridge, MA. Daniel L. Rubinfeld* ist Professor für Wirtschaft und Recht an der *University of California in Berkeley.*

ISBN: 3-8273-7025-0
€ 49,95; sFr 77,50
1008 Seiten

wi   VWL

Pearson-Studium-Produkte erhalten Sie im Buchhandel und Fachhandel
Pearson Education Deutschland GmbH • Martin-Kollar-Str. 10–12 • D-81829 München
Tel. (089) 46 00 3 - 222 • Fax (089) 46 00 3 - 100 • www.pearson-studium.de

Statistische Methoden der VWL und BWL

Theorie und Praxis

Josef Schira

Zum Buch:

Das Buch ist – im Gegensatz zu vielen der auf dem Markt befindlichen »erweiterten Vorlesungsbeilagen« – auch hervorragend zum Selbststudium geeignet. Es vermittelt einerseits den »Standardstoff«, wie er an den wirtschaftswissenschaftlichen Fakultäten der deutschen Hochschulen gelehrt wird. Andererseits werden dem Leser auch fortgeschrittene Methoden vorgestellt und einzelne Fragestellungen vertieft behandelt. Dabei schafft es der Autor, die statistischen Methoden nicht nur durch interessante Beispiele plausibel und verständlich zu machen, sondern setzt gleichzeitig ein formal solides in sich konsistentes Fundament, auf dem eine weiterführende Beschäftigung mit Statistik problemlos aufbauen kann.

Aus dem Inhalt:

– Beschreibende Statistik
– Wahrscheinlichkeitsrechnung
– Schließende Statistik

Über den Autor:

Josef Schira ist Professor für Statistik und Ökonometrie an der *Gerhard-Mercator-Universität Duisburg.*

ISBN: 3-8273-7041-8,
€ 34,95; sFr 54,50
626 Seiten

Pearson-Studium-Produkte erhalten Sie im Buchhandel und Fachhandel
Pearson Education Deutschland GmbH • Martin-Kollar-Str. 10–12 • D-81829 München
Tel. (089) 46 00 3 - 222 • Fax (089) 46 00 3 - 100 • www.pearson-studium.de

Statistik für Wirtschaftswissenschaftler

Peter Zöfel

Zum Buch:

Das Buch orientiert sich am Lehrplan für Statistik für Wirtschaftswissenschafter und an den dafür notwendigen praktischen Anforderungen und verzichtet auf langwierige theoretische Herleitungen. Stattdessen werden zahlreiche Beispiele geboten. Die benutzten Datendateien können aus dem Internet heruntergeladen werden. Dabei wird stets im Auge behalten, dass wohl niemand mehr statistische Analysen per Hand rechnet, sondern dazu Computerprogramme einsetzt. Im Buch wird auf das Programmsystem SPSS verwiesen. Zu jedem Kapitel werden Aufgaben gestellt, deren Lösungen am Schluss des Buches gezeigt werden.

Aus dem Inhalt:

– Variabelenklassifikation
– Deskriptive Statistik
– Wahrscheinlichkeitsrechnung
– Analytische Statistik
– Signifikanztests,
  Korrelationen

– Varianz- und Regressionsanalyse
– Konzentrationsmessung
– Zeitreihenanalyse
– Computerprogramm SPSS
– Aufgaben, Lösungen

Über den Autor:

Peter Zöfel ist am Hochschulrechenzentrum der *Philipps-Universität Marburg* tätig und Autor mehrerer Statistikbücher und Bücher über SPSS.

ISBN: 3-8273-7062-0
€ 17,95; sFr 28,50
ca. 220 Seiten

Klartext Statistik

Pearson-Studium-Produkte erhalten Sie im Buchhandel und Fachhandel
Pearson Education Deutschland GmbH • Martin-Kollar-Str. 10 – 12 • D-81829 München
Tel. (089) 46 00 3 - 222 • Fax (089) 46 00 3 - 100 • www.pearson-studium.de

Grundlagen des Marketing

Philip Kotler , Gary A. Armstrong,
John Saunders, Veronica Wong

Zum Buch:

Kotlers Standardwerk Grundlagen des Marketing wendet sich als Lehrbuch und Nachschlagewerk an Studenten und Dozenten an Universitäten und Fachhochschulen. Unentbehrlich ist das Buch auch für alle, die einen verlässlichen Ratgeber für die tägliche Praxis im Unternehmen benötigen. Zahlreiche deutsche und internationale Beispiele, Marketing-Highlights und Fallstudien illustrieren die Umsetzung theoretischer Konzepte in die Praxis. In klarer, verständlicher und stets anschaulicher Sprache bietet der international führende Marketing-Experte Kotler einen Überblick über die aktuell gültigen Grundlagen des Marketing in allen Aspekten.

Aus dem Inhalt:

Teil 1: Marketing
Teil 2: Das Marketingumfeld
Teil 3: Strategien der Markterschliessung
Teil 4: Das Produkt
Teil 5: Der Preis

Über den Autor:

Philip Kotler konnte mit seine Büchern und Publikationen, die Gesamtauflagen in Millionenhöhe erreicht haben, die Disziplin Marketing entscheidend prägen. Er gilt international als einer der führenden Marketing-Experten und lehrt an der *Kellogg Graduate School of Management, Northwestern University* in *Evanston, Illinois*.

ISBN: 3-8273-7024-8,
€ 39,95, sFr 62,50
3., überarbeitete Auflage
1050 Seiten

wirtschaft | marketing

Pearson-Studium-Produkte erhalten Sie im Buchhandel und Fachhandel
Pearson Education Deutschland GmbH • Martin-Kollar-Str. 10 – 12 • D-81829 München
Tel. (089) 46 00 3 - 222 • Fax (089) 46 00 3 - 100 • www.pearson-studium.de

Konsumentenverhalten

Der europäische Markt

Michael Solomon, Gary Bamossy,
Søren Askegaard

Zum Buch:

Dieses Buch untersucht die verschiedenen Aspekte des europäischen Konsumentenverhaltens. Die Autoren zeigen anhand von zahlreichen, speziell ausgewählten Beispielen, wie zentral die Rolle des Konsumentenverhaltens für die Formulierung von
erfolgreichen Marketingstrategien ist. Der Solomon hebt sich aus der Menge ähnlicher Lehrwerke hervor, indem er erstmals einen fundierten und umfassenden Einblick in das europäische Konsumentenverhalten ermöglicht.

Aus dem Inhalt:

- Konsumenten im Markt
- Konsumenten als Individuen
- Konsumenten als Entscheider
- Porträt der europäischen Verbraucher
- Kultur und europäische Lebensart

Über den Autor:

Michael R. Solomon lehrt und forscht als Professor für Konsumentenverhalten an der
Auburn University in Alabama, USA.
Gary Bamossy unterrichtet Marketing an der *Vrije Universiteit* in Amsterdam.
Søren Askegaard ist Associate Professor an der *Odense Universitity* in Dänemark.

ISBN: 3-8273-7004-3
1. Auflage
€ 49,95 [D], sFr 77,50
689 Seiten

wirtschaft | marketing

Pearson-Studium-Produkte erhalten Sie im Buchhandel und Fachhandel
Pearson Education Deutschland GmbH • Martin-Kollar-Str. 10-12 • D-81829 München
Tel. (089) 46 00 3 - 222 • Fax (089) 46 00 3 - 100 • www.pearson-studium.de

Marketing-Kommunikation

Konzepte und Strategien

Chris Fill

Zum Buch:

Im Gegensatz zu den zahlreichen Büchern, die zeigen, wie Marketing-Kommunikation in der Praxis funktioniert, nähert sich dieses Buch dem Thema aus einer theoretischen Perspektive. Es regt zur kritischen, analytischen Beschäftigung mit Theorien und Modellen der Marketing-Kommunikation an. Dabei sieht der Autor die Kommunikation als zentrales Instrument des strategischen Denkens und Managements.

Aus dem Inhalt:

- Kommunikationstheorie
- Kontexte: Ethik, Käufer, Stakeholder, Interessensgruppen, externes und internes Umfeld
- Inhalte: Werbung, Medien, Verkaufsförderung, Sponsoring, Direktmarketing
- Strategien: Werbeziele, Kommunikation, Zielgruppen, Kommunikationspläne

Über den Autor:

Chris Fill lehrt Marketing und Strategisches Management an der *University of Portsmouth.* Er ist außerdem als Senior Examiner für Marketing-Kommunikation am *Chartered Institute of Marketing* tätig.

ISBN: 3-8273-7005-1
2. Auflage
€ 49,95 [D], sFr 77,50
710 Seiten

wirtschaft | marketing

Pearson-Studium-Produkte erhalten Sie im Buchhandel und Fachhandel
Pearson Education Deutschland GmbH • Martin-Kollar-Str. 10-12 • D-81829 München
Tel. (089) 46 00 3 - 222 • Fax (089) 46 00 3 - 100 • www.pearson-studium.de